中国好人传

2021年卷

《中国好人传》编辑委员会 编

人民出版社

责任编辑：王璐瑶
装帧设计：汪　阳

图书在版编目（CIP）数据

中国好人传 . 2021 年卷 / 《中国好人传》编辑委员会编 . —北京：人民出版社，2024.12
ISBN 978 – 7 – 01 – 026395 – 3

I. ①中⋯　II. ①中⋯　III. ①人物 – 先进事迹 – 中国 – 现代　IV. ① K820.7

中国国家版本馆 CIP 数据核字（2024）第 051251 号

中国好人传
（2021 年卷）
ZHONGGUO HAOREN ZHUAN

《中国好人传》编辑委员会　编

人民出版社 出版发行
（100706　北京市东城区隆福寺街 99 号）

北京新华印刷有限公司印刷　新华书店经销

2024 年 12 月第 1 版　2024 年 12 月北京第 1 次印刷
开本：889 毫米 ×1194 毫米 1/16　印张：40
字数：1295 千字

ISBN 978 – 7 – 01 – 026395 – 3　定价：168.00 元

邮购地址 100706　北京市东城区隆福寺街 99 号
人民东方图书销售中心　电话（010）65250042　65289539

目录

一　月

助人为乐

见义勇为

诚实守信

敬业奉献

孝老爱亲

二　月

助人为乐

见义勇为

诚实守信

敬业奉献

孝老爱亲

四　月

助人为乐

见义勇为

诚实守信

敬业奉献

诚实守信

敬业奉献

孝老爱亲

七　月

助人为乐

见义勇为

诚实守信

敬业奉献

孝老爱亲

八　月

助人为乐

见义勇为

诚实守信

敬业奉献

孝老爱亲

十　月

助人为乐

见义勇为

诚实守信

敬业奉献

孝老爱亲

十一月

助人为乐

见义勇为

诚实守信

敬业奉献

孝老爱亲

十二月

助人为乐

一月

纪德勇

伤残退役军人自主创业热心助人

人物故事 THE STORY

纪德勇，男，1978年生，北京市怀柔区残联盲协主席、北京纪师傅盲人保健按摩中心总经理，创建了“纪师傅中医保健按摩”品牌。

怀柔区龙山街道望怀社区很多人得到过他的帮扶和资助。在了解到残疾人协管员周立虎经济困难，光凭微薄的工资难以支撑家庭的开支后，纪德勇不仅在经济上给予他帮助，还将保健按摩技术传授于他，在很大程度上帮助周立虎解决了一家人的经济困难。东关社区有位患脑血栓卧床多年的大妈，纪德勇在给予她经济帮助的同时，定期上门为其做保健按摩并传授康复理疗知识，坚持了5年之后，大妈竟然奇迹般地下床走路并生活自理，令其家人十分感激。

早在2003年，纪德勇就与望怀社区签订了帮扶协议。每到养老助残日、重阳节等，他都为社区的弱势群体无偿开展保健按摩、举办健康保健知识讲座等活动。除此以外，他还每月固定捐赠600元给社区，由社区发放给生活困难的居民，十几年来，从未间断。为望怀社区失学儿童成立了8个人的帮扶小分队，每人每月捐赠200元作为资助金，至今已实行了5年之久。

据统计，十几年来，纪德勇已累计帮扶困难群体468人次，捐款达10万元以上。纪德勇常说：公益事业是我每天要做的事情，我的快乐来自帮助他人，奉献社会。

（首都文明办供稿）

王　涛

爱心企业家积极回报社会传递人间大爱

人物故事 THE STORY

王涛，男，1980年生，北京方圣时尚科技集团有限公司董事长。

多年来，他积极参与公益事业、国家“万企帮万村”计划，与西藏自治区当雄纳木湖乡恰嘎村签订精准扶贫协议，助力恰嘎村实现脱贫摘帽；连续多年参加东城区“千户家庭送温暖”和青少年学生捐资助学活动；多次赴内蒙古自治区化德县和河北省张家口市崇礼区参与北京市东城区对口帮扶工作，签订扶贫车间，向希望小学捐赠千余套校服；多次参与湖北省青少年基金会发起的公益捐助活动等。

疫情初期，他克服原材料工厂企业停产、物流车队停运等困难，投入约600万元用于医疗物资生产线的转产，短短几天实现了6条生产线改造。对医用防护服、医用隔离衣等产品进行研发设计，连续奋战36个小时，不眠不休设计出符合规定的样衣。

疫情期间，他的企业生产的防疫物资，只捐不卖，生产车间连日24小时不停歇生产，产出6万余件医用物资，价值约合人民币600万元，全部免费捐赠运往武汉、黄冈、十堰等湖北疫区及全国抗疫一线。为了更精准对接各地区捐赠需求，王涛还要求企业专门开通了24小时捐赠专线，精准高效对接捐赠事宜。作为一名新时代青年企业家，他带领企业员工承担了一个企业应有的社会担当。

（首都文明办供稿）

刘 静

志愿服务 16 载　用行动温暖身边人

人物故事 THE STORY

刘静，女，1982 年生，中共党员，天津市河东区环境卫生机扫队科员。

2019 年，刘静成为天津市河东区志愿服务协会理事、天津纯公益志愿服务团队的项目负责人。她积极围绕多种活动，搭建服务平台，扩展志愿服务领域，创新活动形式，带动更多人参与志愿服务，用行动展现津城向上向善的精神风貌。

刘静说："我加入志愿服务的初衷很简单，就是想多做些事，别人有困难了能帮就帮一把，看到受助人的笑容，我就特别开心。"给社区老人开展智能手机讲座、为空巢老人开展"爱心益剪进社区"活动、带头资助四川孩子成长成才，一件件小事激励着刘静投身公益事业。陪老人聊天、读报，为环卫工人包饺子、送绿豆汤，跟随团队前往全国重点贫困县，为贫困孩子送去助学款……

2020 年初，刘静组织志愿者和社会力量认购滞销的红肖梨，并全部捐赠给抗疫一线的工作人员。她组织参与助医"碧血丹心"志愿者项目，成立无偿献血队伍，缓解因疫情影响造成的"血库"紧张；她组织多家志愿服务团队进行"公园值守"，确保市民安心踏青，为疫情防控战线点亮阻隔的"红绿灯"。

"志愿者是快乐的，以后的路还很漫长，奉献的心永远在路上。我会用自己的实际行动带动身边更多人一同收获志愿的快乐。"刘静说。

（天津市文明办供稿）

王景新

好医生妙手仁心累计减免贫困患者费用千余万元

人物故事 THE STORY

王景新，男，1972 年生，河北赋生堂健康产业集团董事长。

2015 年 10 月 28 日，王景新联合元氏铁甲医院免费为广宗县东牛庄村民牛华明做了强直性脊柱炎手术，帮助其扔掉双拐。2018 年 8 月，王景新回乡探亲，为"最美学姐"杨艳会的母亲以及道德模范曹世保、张巧芝免费看病，为身患癌症的"中国好人"郑文峰的女儿提供带薪实习机会……

"赋生堂自然健康公益万里行"踏遍偏远乡村、学校、工厂、社区，进行了 100 多场公益讲座。专门针对贫困人群设立"王景新医疗救助基金"，贫困病人医保报销后可以凭相关证明到河北省红十字会王景新医疗救助基金进行二次报销，截至目前，共为患者节约费用 1000 余万元。

2016 年 7 月 18 日至 20 日，河北省发生特大暴雨，石家庄全城停水，赋生堂无偿为居民提供生活用水。新华区委、区政府专程送来感谢信，肯定了赋生堂无私奉献的行为。

疫情期间，王景新带领医护人员主动请战，积极响应区委区政府号召，组建四支志愿服务团队参加隔离点防疫消杀、疾控中心值守、高速路口排查等工作。防疫用品紧缺时，他通过多方协调和紧急采购，让防护用品全部到位。并且还向新华区抗疫人员捐赠了两批价值 100 万元的物资，为抗疫工作作出巨大贡献。

（河北省文明办供稿）

李笑冰

少年宫教师热衷志愿服务 彰显人间大爱

人物 THE STORY 故事

李笑冰，女，1977年生，中共党员，山西省太原市杏花岭区少年宫教师。

2015年3月，她成为山西省博物院的一名志愿者。从此，她便常常利用志愿日热情为参观人员导览讲解。她流畅且极富情感的讲解深深感染着现场的每一位游客，众多参观团队纷纷啧啧称赞。每次讲解，她都兴致盎然地以“晋魂”为主题，为游客们详细讲解三晋泱泱五千年的恢宏历史和灿烂文化，她的讲解目前已成为山西省博物院一道亮丽的风景。

她怀揣传播大爱的梦想，在“公益”的这条路上奋力奔跑。社区里，她常常孜孜不倦为留守儿童辅导功课；托老院中，她总是乐此不疲，为年迈的老人读书读报；福利院中，她又总是满怀深情地和折翼天使们一起游戏聊天……更值得一提的是，无论是寒风凛冽的冬日，还是骄阳似火的酷暑，每个周二下午，她都会雷打不动地来到阳曲县偏远山区的东黄水镇的五所学校，为那里的孩子传授博物院里的各种知识，让孩子们充分感受文物知识的精髓。

作为一名怀揣着教育梦想的教师，二十余年来，她在平凡中演绎着生命的精彩。工作之余，志愿服务的经历跃然纸上，累计志愿服务2000余小时，走访山野乡村30万公里。她与志愿团队募集衣物789件，学习用品567件，爱心捐款10000余元，与50多名留守儿童结对帮扶，这些数字是她无私奉献的最美印记。

（山西省文明办供稿）

田永成

花甲老人退休后乐当“小区管家” 助人为乐赢得信任

人物 THE STORY 故事

田永成，男，1960年生，内蒙古自治区乌海市海勃湾区凤凰岭街道长青社区天顺小区居民。

田永成退休前是一名国企职工。在单位时，他就是个爱张罗的人，谁有困难就帮谁。退休后，他发挥余热，服务邻里，只要是有利于居民生活的事，他都尽心尽力，有时甚至自掏腰包，渐渐地，居民都知道了这位热心肠的老田，大家亲切地称呼他“小区管家”。

田永成热衷于帮助他人，在敬老爱老、为孤老排忧解难方面尤为用心。他看到辖区有一部分老人孤身一人，生活难自理，就在节日时为他们送上生活必需品；小区的活动场所少，他便多方争取社会热心人士的支持，在小区内开设棋牌室、阅览室等活动室。田永成小区工作的忙碌程度不亚于上班，他说：“业主信任我，推选我当业委会主任，我就要服务好他们！”

新冠疫情期间，田永成连续90多天坚守在小区值守岗。寒冷的冬天，他穿着志愿者红马甲，对来往车辆和人员进行详细登记。大家担心他岁数大了熬不住，都劝他回去休息一会儿，他总是说：“我不能休息，我得守护好小区。”

田永成深知“小区管家”要上接政府职能转移，下为居民提供服务，是整个社会治理体系中不可或缺的一环。他在“小区管家”的工作岗位上兢兢业业、无私奉献，积极带领广大业主参与小区自治，全力争创文明小区。

（内蒙古自治区文明办供稿）

盖秀芝

坚持捐款二十余年 古稀老人成立教育基金

人物故事 THE STORY

盖秀芝，女，1944年生，中共党员，辽宁省大连市西岗区人民广场街道九三社区（原北京街道九三社区）居民。

“做端碗吃党饭，放碗忘党恩的事，绝对不行！”这是盖秀芝在提交入党申请书时反复说的一句话。2016年，盖秀芝在自己72岁生日的时候，郑重提交了入党申请书。

从2000年到现在，从每年捐款到每月捐款，从几百元到上千元……盖秀芝共资助了50名贫困学生，累计自掏腰包10多万元。为了帮助更多困难家庭孩子读书考大学，2015年6月，她把老父亲生前留下的3万元遗产一次性捐给了大连市希望工程，成立了以本人命名的“盖秀芝教育基金”。

多年来，她养成了一个习惯，每月提前将钱分配好，始终留有一部分用于捐资助学，用于捐助的钱“再急也不能动”。其实盖秀芝本人并不富裕，还先后做过八次大小手术，给家庭带来了不小的经济负担，老伴住院期间经济支出猛增，也一度犯难，那时儿子女儿支持她：“妈，您别急，爸治病的钱我们出！您捐助的事还是按照您的计划来，我们都支持您！”在她的影响下，全家四代人先后累计捐款20余万元。

“老人用20多年将捐助养成了习惯，这是凡人造就的伟大善举。慈善、助人为乐，是她传给后代的最美家风。”

（辽宁省文明办供稿）

李小英

超级管家用心用情服务小区居民 助人为乐显担当

人物故事 THE STORY

李小英，女，1968年生，中共党员，江苏省常州市新北区三井街道太湖花园小区业主，担任太湖花园业委会副主任。

2011年5月，李小英担任太湖花园业委会副主任后，面对小区环境差、物业费收缴率低等情况，带领业委会工作人员挨家挨户走访391户住户，提出“先服务、后收费”的管理理念。她拿出“铁娘子”的工作作风，下大力气整改小区基础设施安全隐患，美化小区环境，细致周到地帮扶有困难的住户，小区物业费收缴率从不到30%提高到98%。

2013年6月的一个深夜，李小英接到了业主的求助电话，说脏水从阳台倒灌了进来。为解除险情，李小英主动上前，她扒开护栏，翻身上墙，爬到楼顶，帮助居民解决了困难，之后，李小英又帮助业主排水，联系保险公司做好善后工作。

小区里的老人，一直是李小英最放心不下的一个群体，她的电话就是小区老人的专属求助热线。小区住户朱奶奶患有先天性心脏病和严重的类风湿，女儿因病去世，女婿则早已离家，外孙女也患有心脏病，无劳动能力。考虑到朱奶奶家中的困境，李小英不仅免去了朱奶奶的物业费，还常常帮着跑前跑后，解决朱奶奶在生活中遇到的困难。

多年来，李小英始终坚持用真情解民忧、用真干得民心，真诚为民办实事。她以坚忍、拼搏、奉献的工作干劲和精神风貌温暖、感染、激励并带动身边更多的人，一起为小区建设作贡献。

（江苏省文明办供稿）

李叶红

15年为4000亩荒山披上绿装的致富带头人

人物 THE STORY 故事

李叶红，女，1972年生，江苏省淮安市盱眙县石马山生态农业有限公司总经理。

2006年秋天，李叶红搭进家里的全部积蓄，承包了石马山数千亩荒山，种下8万株小杨树苗。十几年来，她为4000多亩荒山披上绿装，荒山变成“聚宝盆”。在她的带动和支持下，村里的人都活跃在这座山上，涌现出了一批专注于树木种植、木材收购、林下经济、蔬菜大棚的专业户。近年来，李叶红经营的果木年产值都在1000万元以上，但她没有把自己的种植经验束之高阁，而是积极向村民传授现代农业种植技术，带动周边农户致富。李叶红引进南京农科院果木新品种后，在石马山上新发展果园500余亩，她把这片新开发的果园全部优先承包给了北山村致富无门的农户，且无偿为他们解决技术、资金、销售等方面的难题。她牵头组织成立合作社，带动周边村民走上致富路，把村里50余名家有困难又不能外出打工的妇女招到自己的公司，从事水果采摘和果木修剪等工作，让她们在家门口既有一定的收入又不耽误自家农活。

李叶红说，绿色产业刚刚起步，未来将乘着各界对生态林业发展给予更有力政策扶持的东风，积极投身高效生态林业园区建设，加大科研投入力度，让农民朋友掌握更多的新品种新技术。

（江苏省文明办供稿）

王远志

基层税务人无偿献血15年 长期资助贫困儿童上学

人物 THE STORY 故事

王远志，男，1974年生，中共党员，江苏省南京经济技术开发区税务局纳税服务科副科长。

王远志自2006年以来坚持无偿献血15年，累计献血132次，共计45800毫升。在他的带动下，原服役部队的战士及现税务战线的同事，纷纷加入献血队伍。每年八一建军节，血液中心都会到江苏省武警总队直属分队（原部队）集中采血，在他的带领下，税务系统的好几位同事也先后获得全国无偿献血奉献奖。

王远志长期资助新疆、拉萨、甘肃等地贫困儿童。2015年，他主动参与水滴公益，每年拿出数千元的助学费，给留守儿童和贫困地区的儿童送上新书包。2017年5月，王远志从成都骑行至拉萨，用时19天，行程2250公里，体重骤减了7公斤，脸晒成了红黑色，亲手为当地的贫困儿童们送上爱心帮扶物资。

王远志用一名党员的坚忍和执着尽己所能地奉献爱心，回报社会。当别人夸赞他的大爱善举时，他总微笑着说道：“我所做的都是一些微不足道的小事，但我会在这条路上一直走下去，用我的力量帮助更多需要帮助的人。”

（江苏省文明办供稿）

童开军

远近闻名的“搜救 110”

人物故事 THE STORY

童开军，男，1970 年生，浙江省金华市金东区孝川救援队队长。

童开军长期热衷公益，2015 年，他组织建立了救援队并担任队长，逐渐走上专业化公益之路。5 年来，他带领队员参与里东山体滑坡、兰溪暴洪、遂昌泥石流等救援行动 50 多场，组织参与生命救援、安全知识宣讲、扶贫济困等志愿服务 3000 多场，成功找到走失老人 300 多人，个人服务时长 7700 小时，行程 8 万多公里。因为他的有求必应、有召必到，成了远近闻名的“搜救 110”。新冠疫情暴发以来，他以强有力的组织能力，10 分钟内就召集百名志愿者赶赴企业生产一线，协助两家防护用品生产企业复工 2600 人次，迅速恢复了 80% 的产能，有效缓解了口罩生产企业用工荒，该活动获多方认可点赞。身为防疫主力的童开军，24 小时在线，80 多天过家门不归，带头参与防护物资运输、卡口执勤、入户排查、防疫消杀等抗疫志愿活动，累计服务 1 万多人次。

（浙江省文明办供稿）

孙嘉怿

“85 后”青年组建寻亲队 坚持 8 年帮 600 余位烈士找到亲人

人物故事 THE STORY

孙嘉怿，女，1985 年生，中共党员，浙江省宁波市海曙区志愿者协会副秘书长。

2008 年，孙嘉怿参加了一个关爱抗战老兵的志愿服务团队，听到老兵们常感叹“很多烈士都是就地掩埋，再也回不了家了”，她的内心悄悄埋下了一颗种子。2012 年起，孙嘉怿养成了一个习惯，每次出差都要去当地的烈士陵园，并将拍摄的陵园照片和个人感受发到微博平台上。2017 年初，一位安徽烈属辗转联系上孙嘉怿，请她寻找牺牲在宁波的王心恒烈士的陵墓。当她把宁波各烈士陵园走了个遍后，终于看到了王心恒的名字时，她激动得手都在发抖。这是孙嘉怿第一次“寻亲”成功。

之后，为了帮更多烈士找到亲人，孙嘉怿买了许多书，研究相关史料，花大量时间从中找线索。2017 年孙嘉怿在新浪微博发起“我为烈士来寻亲”公益话题，并成立公益团队。

2018 年 4 月初，孙嘉怿曾陪同 60 多位烈属前往朝鲜寻亲。当看着白发苍苍的老人找不到父亲墓碑，叫天不应、叫地不灵的痛苦状，她倍感为烈士“寻亲”的迫切。近 4 年来，她几乎把所有的业余时间都用在“我为烈士来寻亲”公益项目上，在她的影响下，公益团队从 20 余人发展到百余人，接力整理烈士信息两万余条，帮助 603 位烈士“寻亲”成功。

（浙江省文明办供稿）

单三毛

扶贫干部连续捐献“生命种子”两次挽救患者生命

人物故事 THE STORY

单三毛，男，1979年生，中共党员，安徽省亳州市疾控中心工作人员，2018年亳州市委组织部第七批选派帮扶干部，时任蒙城县坛城镇张圩村第一书记、扶贫工作队队长。

2011年5月，在中华骨髓库安徽分库亳州工作站成立的第一天，单三毛就报名采集了造血干细胞样本，加入造血干细胞志愿者库。2018年2月，单三毛与一名33岁的急性骨髓系白血病女性初配成功。4月13日，他正式捐献造血干细胞，成为亳州市第七例造血干细胞捐献者。完成首次捐献后，放不下工作的单三毛婉拒了组织劝他先休养身体的好意，于4月份当月就赶往蒙城县坛城镇张圩村，开始了自己的扶贫工作。

2020年9月，单三毛突然接到红十字会的通知：患者病情复发，需要他捐献淋巴细胞。没有任何准备的单三毛，一听说是“救命”，当即答应。他知道每次捐献对患者来说都是生的希望，家里老人不同意，单三毛就瞒着；扶贫工作忙，单三毛就自己想办法克服……好在妻子非常支持他，给他做可口的饭，补充营养。

2020年11月2日，单三毛在病床上躺了5个小时，成功捐献126毫升的淋巴细胞。时隔两年，单三毛再次为同一名血液病患者带来生的希望。

（安徽省文明办供稿）

严明友

九旬老党员用忠诚书写信仰以奉献坚守初心

人物故事 THE STORY

严明友，男，1929年生，中共党员，安徽省滁州市定远县朱湾镇朱湾中学退休教师。

1942年，一支新四军队伍驻扎在严明友家里，他耳闻目睹革命队伍救苦救难的革命义举，毅然报名参军成为一名文艺兵。后因年龄小，入伍不到一年被精减回家。回家后，严明友志向不改二次参军。两次参军历练，坚定了他对党和人民事业的信仰和忠诚。

1952年转业时，严明友被调到盱眙县当会计，得知农村师资紧缺，仅当了63天会计的他就申请到条件艰苦的学校去教书，一教就是近40年。退休时，他本该享受离休待遇，却说：“党培养我这么多年，我不应该向组织伸手要待遇、要福利。”他放弃离休待遇，无偿到多所农村学校教授音乐课。他每天身背挎包，步行去学校上课，自带干粮，中午在教室里就着白开水、咸菜吃馒头，从不麻烦学校。他为了更好地教学，在70多岁的时候，利用暑假，连续3年自费到北京参加钢琴培训班。

一间不到20平方米的瓦房就是严明友的家，除了各类书籍和报纸，最值钱的就是那架他视为生命依托的钢琴。他把省下来的钱一分不留地捐给了灾区、偏远的乡村学校、贫困家庭的孩子，几十年捐出多少钱，他已记不清。在他的上衣口袋里，一直装着人体器官捐献志愿者登记表复印件，他希望将来自己的器官可以用作医学研究，让生命在奉献中延续。

（安徽省文明办供稿）

申　慧

中学教师组建团队 为儿童保护撑起一片爱的晴空

人物故事 THE STORY

申慧，女，1972 年生，江西省抚州市崇仁县第一中学高中生物教师，女童保护基金崇仁志愿者义工团队负责人。

自 2014 年申慧加入崇仁县志愿者协会、2018 年 2 月组建女童保护基金崇仁志愿者义工团队以来，申慧一直默默致力于儿童预防性侵害安全教育，以母亲般的情怀，为儿童保护撑起一片爱的晴空。为了“上一堂课，播一粒种，成一棵树，守护每个孩子的童年”这个梦想，申慧老师和她的讲师团队不辞辛劳，行走在县城的每一条巷道和乡村的每一条小路上，与每一个困惑的、抑郁的、困难的孩子贴心对话。只要一有条件，他们就进入社区为留守儿童的爷爷奶奶外公外婆们、为全县妇联干部做儿童防性侵家长版讲座。迄今为止，申慧带领团队讲师们为崇仁县、南城县、资溪县 4 万多名儿童、家长送上了近千堂儿童防性侵安全课程，发放儿童防性侵（儿童版）手册 4 万多本，家长版手册 1000 多本。

多年来，做公益和教学一样成为申慧生活的一部分，在同事们的眼中，申慧要么在上课的路上，要么在去做公益的路上。她常说：我做的都是一些平凡的事情，做公益的路上，其实自己收获更多，因为能够用另外一种眼光去看这个世界，去理解这个世界，会变得更加包容，变得更加美好。因为真能推动真，善能摇动善，爱能唤醒爱。

（江西省文明办供稿）

姜福芳

利用节假日坚持志愿服务十余载 得到大家认可的“芳姐”

人物故事 THE STORY

姜福芳，女，1971 年生，中共党员，江西省上饶市广信区志愿者协会副会长。

飞燕（化名）的养父母是农民，飞燕两岁时，养父出门打工一去不回，不久养母改嫁，飞燕跟着年迈多病的养爷爷、养奶奶生活。2009 年 12 月，姜福芳走进了飞燕的生活。之后，姜福芳每年都多次看望飞燕，给飞燕带去生活用品和补贴家用的钱，教飞燕做家务，联系大学生帮飞燕解答学习上的困扰，姜福芳成为飞燕的“姜妈妈”。2020 年飞燕以优异的成绩考进江西师范大学。

2011 年 3 月，3 岁的子婷（化名）查出了白血病，邻居们都不敢接近她。姜福芳组织志愿者带上慰问品去看子婷，鼓励子婷读经典、看励志故事，同子婷在院子里亲密地做游戏，让邻居相信白血病是不会传染的。

姜福芳一直把志愿活动当成事业来做。自 2008 年起，姜福芳组织参与春运志愿服务 10 余年、“星火燎原”扶危济困志愿服务 9 届、爱心送考志愿服务 8 年，连续 10 年带队到敬老院为老人服务。姜福芳组织集资义卖，到偏远山区关爱留守儿童 800 余人，姜福芳牵头的资助行动，让 600 多个困难家庭走出困境。姜福芳进单位、社区、企业、学校、街道宣讲急救知识，受众达 2 万余人次。

姜福芳心有大爱，熟悉的人都称她“芳姐”。姜福芳说：“温暖他人，就是温暖自己，我会用志愿服务温暖自己的一生。”

（江西省文明办供稿）

盛卫川　王玉娥

七旬夫妇摆渡25载 累计运送两岸村民10万人次

人物 THE STORY 故事

盛卫川，男，1950年生；王玉娥，女，1949年生，二人皆为河南省漯河市城乡一体化示范区姬石镇小潭村村民。

在漯河市城乡一体化示范区姬石镇的沙河边上，有个小潭渡口，周边群众出行、上学、就医都需要在此乘坐渡船。1995年，盛卫川、王玉娥夫妇接过了摆渡的重任。从此，他们风里来雨里去，夏天要防汛，冬天要挨冻，摆渡却一天没有耽搁。本村及附近的村民乘坐渡船，他们一律不收钱。老两口摆渡的收入加起来，每月不到1000元，这些钱还要用于船只的日常维修保养，不挣钱不说，有时还要自己倒贴。

起初，夫妇俩摆渡用的是木船，完全依靠人力拉或者木桨划，由于长时间用力，他们手上的茧子磨掉一层又一层。后来他们自己先后买过3条运沙船。2009年区交通局配备了大铁船，工作条件才有了改善。

多年来，盛卫川曾经多次不顾危险从湍急的河中救人。问起盛卫川这些年摆渡和救人危难的事情，他嘿嘿一笑："这是做人的本分，都是应该做的。"

25年来，夫妇俩一直坚守在渡口，为周边村民出行提供方便，累计运送村民10万人次、1万余辆机动车安全送达河对岸。盛卫川说："渡口离不了人，只要我俩身体中，就会一直干下去，直到干不动了为止。"

（河南省文明办供稿）

方　凯

助人为乐

企业家热心公益 累计捐款1600余万元帮扶上千人

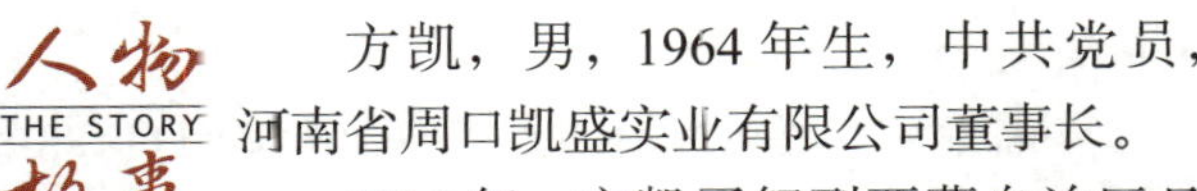

方凯，男，1964年生，中共党员，河南省周口凯盛实业有限公司董事长。

2016年，方凯了解到西藏自治区日喀则市聂拉木县琐作乡中心小学的学生因为贫困缺少防寒衣，他立即联系学校并捐赠了1760件防寒服。2017年，方凯得知鹿邑县小泽（化名）得了红斑狼疮，他捐款13万元。2019年以来，方凯加大了助学力度，在团省委组织的希望工程助力脱贫攻坚圆梦行动西华县助学金发放仪式上，他捐助了25名贫困大学生；2019年，他出资260万元为西华县红花集镇杜岗村小学扩建了两栋教学楼；2020年，他为西华县患白血病学生小欣（化名）捐款10万元，并带领公司员工为西华县清河驿乡高古洞小学捐赠价值5.5万元的过冬衣服。同时，他还先后为葛店中心小学、李瓦小学，西华县田口乡后王小学等学校捐赠校服共计1302套，价值31.5万元。截至目前，方凯已资助155名贫困学生圆了大学梦。

方凯的母亲去世后，他便把对母亲的孝心转到了孤寡老人们的身上，2017年至今，他坚持到西华县敬老院、光荣院看望慰问孤寡老人，为他们送去价值50余万元的生活用品。2020年新冠疫情暴发，方凯以个人名义向西华县红十字会捐款10万元，为该县抗疫一线募集捐款160343元。

10年来，他长期资助贫困家庭、贫困学子，定期到敬老院看望慰问老人，每年为学校、环卫工人、灾区、西藏边区学校捐赠校服和防寒服等，累计捐款捐物价值1600余万元。

（河南省文明办供稿）

李翠利

小卖店店长开公益书苑十四年 惠及五十余万人

人物故事 THE STORY

李翠利，女，1980年生，中共党员，河南省安阳市内黄县马上乡李石村人。

2005年，李翠利在村里开了一家乡村小卖店。2008年为了抵制“三俗”文化（低俗、庸俗、媚俗）对父老乡亲，特别是孩子们的影响，李翠利把自家超市最好的位置腾出来，自费购书500余册创办“微光书苑”，以零门槛借阅模式推广乡村阅读。

“微光书苑”建成初期，由于没有阅读意识和阅读习惯，无人借阅。李翠利就在小朋友们中间开展“借书发糖吃”“借阅送礼品”活动，慢慢地越来越多的乡亲光顾书苑。微光书苑也随即迎来了新的问题——书籍资源，为了募集书籍，她把“微光书苑”的喷绘简介绑在三轮车，沿街收买、街头求赠、网络募捐等，只要能想到的办法，她都会去尝试。2012年底，李翠利在乡间推广阅读的事迹，被媒体报道，很多的单位和爱心人士纷纷给予书籍支持和爱心帮助，书源的问题迎刃而解。随后，李翠利又开始发展微光书苑合作店，微光书苑现存合作店10余家。

2017年，在县文明办主导下，李翠利发起内黄县全民阅读公益项目。如今，许多从这里走出去的青少年以志愿者的身份回归，组织“微光书苑”及村内各类活动开展，李翠利说，这是她最欣慰的事。

（河南省文明办供稿）

刘　毅

坚守初心不动摇 志愿助人路上勇做先锋

人物故事 THE STORY

刘毅，男，1989年生，湖北省荆门市盘古新能源科技有限公司职工，荆门市蓝天救援队队员。

2020年1月，春节之际，新冠疫情暴发，刘毅瞒着母亲，第一时间踏上了抗疫行程。在湖北联合应急仓库，刘毅被编入物资转运组，主要负责援助物资的上下货和紧急运输等工作。由于援助物资都是在紧急状态下运送过来的，包装零散，无法使用装卸设备，只能靠人力运输。在每天转运量以吨计算，周转时间以分钟精确的连续作业下，为了不让物资出现损坏，转运接力过程中，刘毅通常用身体进行缓冲，有时候直砸得脸上鼻血直流，但为了争分夺秒保障物资转运，根本不能停下工作。面对随时突发的转运任务，刘毅都是和衣而睡，衣服、鞋袜从里到外湿透了再焐干再湿透，每天近18个小时的高强度作业，脚底板和袜子、鞋垫早就黏为一体。

后来，很多人都说刘毅是英雄。刘毅总说：“哪有什么英雄，都是千万个普普通通的人共同努力与坚持。如果哪一天，我们的祖国再次面临‘考验’，我仍然愿以吾辈之青春，继续捍卫这盛世之中华。”

（湖北省文明办供稿）

谢 斌

基层教师28年真情呵护“疯子”同学及其母亲

人物故事 THE STORY

谢斌，男，1966年生，湖南省岳阳市岳阳县公田镇甘田学校正高级教师。

1995年，在一次偶然的情况下，谢斌得知昔日同窗高路恩因练气功导致精神失常后，决心帮助其脱离困境。他拿出家里全部积蓄送高路恩住院治疗，但杯水车薪，高昂的医药费成了最棘手的问题。无奈之下，谢斌便联络各地同学、亲朋好友爱心捐助。为了筹措医药费，20多年来，他的足迹遍布了岳阳、汨罗、临湘等城镇，共筹措资金20多万元，先后7次送高路恩入院治疗。同窗住院期间，他与医院主治医生保持密切联系，每半个月就准时出现在康复医院，陪高路恩聊天谈心。2017年高路恩出走，流落上海，谢斌通过上海救助站将其找到，并托人把他送往上海市精神医院治疗。2018年3月，在接连遭受失去理智的高路恩两次拳脚相加后，谢斌毫无怨言，想尽一切办法将他转送至岳阳市康复医院治疗至今。

高路恩生病20多年来，高母无依无靠。谢斌常行十多公里路，为老人挑水、种菜、做饭，逢年过节，便将高母接到家中一起过节。2018年4月高母被诊断为咽喉癌早中期，谢斌带上家中仅有的5000元存款，送老人至医院治疗。高母回家保守治疗之后，谢斌隔天就去看望一次，并自掏腰包请附近的邻居照顾她的饮食起居。

高母在世时常言，谢斌让她找回了亲情。谢斌的故事感动了身边很多人，言传身教影响着他的学生。

（湖南省文明办供稿）

闫文英

85岁老人变他乡为故乡 成立志愿服务队 资助贫困学生传承民族技艺

人物故事 THE STORY

闫文英，女，1936年生，中共党员，退休前在北京市光荣院工作，退休后来到海南五指山发动志愿者成立志愿服务队。

2006年，已经71岁的闫文英来到海南五指山，这是解放战争时期老伴曾经战斗过的地方。她原本只想走走看看，却最终留在了这里。

退休之后，闫文英每个月的退休金有5000多元，在朋友们看来，闫文英可以过上常人眼中“潇洒”的晚年生活。可是，闫文英却生活简朴。在她看来，退休金要用在更为重要的地方。

“能够帮助别人，比什么都重要。”闫文英带动身边的朋友，一起做志愿服务，成为这座城市的热心人。她所带领的五指山鸿雁志愿者协会由最初的11人发展为158人，所有的志愿者都是来自全国各地的“候鸟老人”（形容临近冬季至南方过冬，春夏返回北方的老年人，犹如候鸟迁徙）。志愿者们定期慰问琼崖老战士、看望孤寡老人，用退休金资助品学兼优的贫困学生。

最近几年，闫文英刻苦钻研学习黎锦编织。“民族工艺品是一种具有创造力的艺术品，不同的人能够做出不同的风格，成本低价值高，如果能够进行义卖，可以获得善款帮助更多的贫困学生和孤寡老人。”在闫文英的号召下，最多时有几十位志愿者与她一起制作黎锦，目前已经通过义卖筹得了数千元善款，用于志愿服务。

（海南省文明办供稿）

沈应财　王家平

含泪捐献独女器官
以爱之名让多人重获新生

人物 THE STORY 故事

沈应财，男，1964年生；王家平，女，1973年生，夫妇二人均为重庆市永川区大安街道陈家祠社区居民。

沈应财、王家平夫妇的女儿沈倩原是一名教师。2020年9月底，24岁的沈倩因脑膜炎导致脑死亡。面对独女的突然离世，悲痛之余，夫妇俩做了一个艰难却又彰显大爱的决定——捐献女儿的器官和遗体，让她的生命以另外一种方式在这个世界上延续。

2020年10月1日，在重庆医科大学附属第二医院江南院区，沈应财含泪在人体器官捐献志愿登记表上替女儿签名并摁下手印。

沈倩捐献的肾脏使两名肾衰竭患者获得新生，捐献的肝脏挽救了两名肝衰竭患者的生命，捐献的眼角膜使两名眼疾患者重见光明。

沈倩去世后的第二天，沈应财、王家平夫妇还将当初在募捐平台筹集到的给女儿治病的善款悉数原路退回。其实早在8年前，沈应财就因肾肿瘤开刀住过院。在死亡边缘走过一趟的他当时就萌发了一个念头，自己去世后要把遗体捐献出来用于医学研究，为医学事业发展作贡献。

人有旦夕祸福，白发人送黑发人，悲痛之余，沈应财替女儿先作了这个伟大的决定，并且捐献自己遗体的决定依然不变。

（重庆市文明办供稿）

汤　琼　张　英

母婴店两工作人员成功挽救新生婴儿

人物 THE STORY 故事

汤琼，女，1983年生；张英，女，1969年生，二人原为贵州省安顺市金牛母婴店职工。

2020年8月24日，在安顺市经开区南马大道安顺金牛母婴店工作的汤琼、张英听到店外人声喧哗。走到店外，两人看见店铺旁边公厕中间的单人厕所里有大面积的血迹，纸篓里面塞着一个刚出生的婴儿。孩子蜷缩成一团，小手还在划动。围观的群众已经报警。汤琼心想："这样不行，人命关天，再拖下去小孩可能就有生命危险。"当即抱起婴儿，将蒙着头部的胎膜撕开，孩子才哭出声音，开始正常呼吸。同事张英马上从店里拿来毛巾将婴儿包裹。

两人抱着孩子，和闻讯赶来的同事一起将孩子送到距离最近的一家医院。给孩子剪掉脐带，简单处理后，汤琼、张英一行人又把孩子抱回店里，此时120急救人员和110民警已到达现场。汤琼、张英将婴儿交到急救医生手中，又在店里拿了小毯子给她裹着，怕她着凉。

孩子被送到安顺贵航302医院，医生再次进行检查，确认一切正常。安顺金牛母婴店全体店员将一些新生儿必需品送到医院，希望孩子健康。

生活中，有很多像汤琼、张英一样心存正义、不求回报的人，她们热心善良的品质让社会充满了温情，给予社会满满的正能量。

（贵州省文明办供稿）

赵 涛

“90后”小伙勇敢逆行 六次运送物资驰援武汉

人物 THE STORY 故事

赵涛，男，1992年生，陕西省西安市周至县尚村镇龚家庄村货车司机。

2020年春节前夕，新冠疫情在武汉暴发，全国各地纷纷驰援。赵涛在微信小程序上发现了一个发往武汉火神山医院的医疗物资运输需求，了解到那批物资是给ICU（重症加强护理病房）、手术室、隔离病房用的专用空调。他当即就取消了其他送货行程，连夜装货，以最快的速度将这批物资送往指定地点。

如果说第一次是“不知者无畏”，那么后面只身前往武汉就是“明知山有虎，偏向虎山行”。一个多月的时间里，赵涛6次驰援武汉，跑了12000多公里，雷神山医院、火神山医院、金银潭医院……这些数字和坐标的背后，是一个普通的货车司机在疫情中逆行而上交出的答卷。

当货车司机5年多了，赵涛似乎已经完全习惯了“居无定所”的生活，用他的话说，以车为家是常态，“出发”从来都不难。只不过这次有点特殊，因为去的是武汉，在车上的日子有点漫长。除了送货，大部分时间都蜷缩在自己的车里。他在自己的抖音平台账号上，拍摄了装满医用空调的货车和戴着口罩的自己，视频画面上写了简单的几个字：“驰援武汉，义不容辞。”

疫情期间，“出发”从来都不是难事，难的是能够坚定地逆向而行。正是因为有了无数像赵涛这样温暖善良的人，我们的生活才暖意融融。

（陕西省委文明办供稿）

罗仙菊

“85后”税务女孩积极投身公益活动 将所学运用到实处

人物 THE STORY 故事

罗仙菊，女，1985年生，中共党员，现任宁夏回族自治区吴忠市税务局考核考评科副科长。

2009年7月，罗仙菊通过国家公务员考试进入盐池县国税局。她先后参与和经历了金税三期单轨测试、金三系统上线，营改增和国地税征管体制改革、减税降费等重大工作任务。在完成各项工作任务之余，她热心公益，关爱未成年人健康成长，在盐池县发起“小橘灯”公益阅读会。4年来，累计开展上百次志愿活动，带动6000多个家庭、10000余人次参与小橘灯活动，并在盐池县图书馆成立盐池县首家亲子阅读体验基地。

2020年以来，在她的带领和发动下，盐池县税务局率先建立“小橘灯”税收志愿队，在太阳山税务局打造“点亮小橘灯　逐梦税务蓝”特色党建品牌，在吴忠市税务局拓展升级全市税务系统的“聚志愿微光　做税务暖阳”税收志愿品牌。“小橘灯公益阅读”项目也被评为宁夏回族自治区2020年优秀志愿项目。

“看着那些跟随着小橘灯一路成长起来的孩子，一张张清澈纯真的笑脸，亮晶晶的眼睛折射出对新知识的好奇和渴望，让我觉得一切都值得，能够在工作之余发挥自己的力量，照亮更多孩子的读书梦，感到由衷的幸福和快乐。”罗仙菊说。

（宁夏回族自治区文明办供稿）

陈　江

昨日受助者　今日志愿者

人物故事 THE STORY

陈江，女，1956年生，新疆维吾尔自治区昌吉回族自治州呼图壁县阿同汗社区志愿服务队副队长、呼图壁县阿同汗志愿者协会理事会成员。

2012年是陈江最艰难的一年，本就高度近视的她不得不接受丈夫瘫痪在床的事实。2012年也是陈江最温暖的一年，因为在新疆维吾尔自治区道德模范王桂珍阿姨的帮助下，她走出了困境，还加入了阿同汗服务队。她从心底里感恩那些帮助过她的人，她也想力所能及地去帮助他人。多年来，陈江慢慢成为志愿者服务团队的主力军，她主动用自己学到的康复知识为重度残疾人潘刚做按摩、照顾孤寡老人阿依提拉汗的生活起居、资助残疾人陈少云的女儿读完大学……

陈江一直帮助一位82岁身患残疾的孤寡老人——阿依提拉汗。每年快过年了，陈江就和队员们提前去给老人收拾房子，洗锅刷碗，购买糖果、馓子、油果等年货。平常也总是自己掏钱为老人购买日常所需蔬菜、粮油、生活用品等。每月陈江都会不定期地上门探望阿依提拉汗老人，了解老人的困难和诉求，为老人在生活上提供无微不至的关心。在一般人眼里，陈江和队员们做的这些都是小事情，但对一个身患残疾的老人来说，这些点滴都是暖人心的大事。

她用自己的行动以帮助他人为乐，从自我做起，从身边小事做起，"点滴善举，生生不息"，起到了助人为乐的先锋模范作用。

（新疆维吾尔自治区文明办供稿）

王小印

74岁退役军人勇救落水儿童

人物故事 THE STORY

王小印，男，1946年生，中共党员，退伍军人，河北省邢台市隆尧县固城镇固城村村民。

2020年7月26日下午，74岁的王小印开着三轮车带着瘫痪的妻子到隆尧县泜河生态涵养区游玩，行至县城泜河官庄桥时，突然传来两个孩子的呼救声："有人掉进水里了，快来救人啊！"循着呼救声望去，王小印看见桥北水坝西南侧方向，一个十几岁的小孩正在水里艰难挣扎。危急时刻他立即停下三轮车，叮嘱老伴一声，撒腿就往落水点跑。到达河边后，王小印迅速判断落水儿童位置，然后一头扎进水里实施救援。游到落水儿童身边后，王小印一个猛子下去，抓住了他的胳膊，出于本能反应，孩子奋力挣扎，不小心抓伤了老人的腹部，但王小印凭着过硬的素质和极强的水性，最终将溺水儿童成功救上岸来。在孩子逐渐恢复意识并得到妥善安顿后，浑身湿透的王小印忍着伤痛，带着老伴悄悄离开了人群。

落水儿童父母在了解情况后，找到王小印家中表示感谢，并送上2000元现金。但老人当即拒绝了他们，并表示："这是我作为一名中共党员和退役军人应该做的，我救人不是为了钱，我不能要这个钱！"

（河北省文明办供稿）

李荣庭

楼道配电设施自燃 退伍军人危急时刻徒手抢险

人物故事 THE STORY

李荣庭，男，蒙古族，1973 年生，中共党员，现任内蒙古自治区呼和浩特市赛罕区烟草专卖局党支部副书记、副局长。

2020 年 5 月 17 日中午，呼和浩特市赛罕区林业小区配电箱自燃起火，刚办完公事路过这里的李荣庭发现小区配电箱正在冒浓烟。在呼和浩特市赛罕区烟草专卖局分管安全生产的他知道，380 伏入户电力电缆产生的火电会顺着电缆直接引向外墙保温层，或急速引燃 220 伏电线，进入线管，引向小区居民家中。当时正值周日中午，风力很大，很多小区居民还在家中午休，周边商厦正在营业，火电如炬，极易引发重大火灾。他不顾居民反对，毅然只身前往徒手拉下浓烟滚滚的空气阀门断电。拉阀门瞬间，配电箱电线爆裂，高压电瞬间穿过他全身，手被电弧灼伤致二度烧伤，手部肌肉神经组织和心肺功能损伤。

手被电弧灼伤，心却坚如磐石。他不止一次说："如果我当时不冲上去切断电源，小区里都是行动不便的老人，假如真发生火灾再补救，就来不及了！"把人民群众的生命、财产安全放在第一位，这样的信念在他的心里扎得牢靠。

"你看看爸爸的这只手漂亮，还是这一只手漂亮？"李荣庭在家养伤期间问女儿。女儿指了指他缠满绷带的右手说，"这只手好看，因为它保护了大家。"征衣虽解，军魂犹存，急难险重前，李荣庭用实际行动履行了一名党员的初心和使命。

（内蒙古自治区文明办供稿）

张德江

见义勇为

冒着烈火 "小黄"勇救"小蓝"

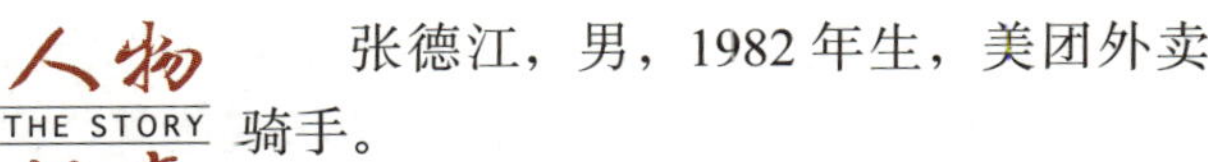

人物故事 THE STORY

张德江，男，1982 年生，美团外卖骑手。

2020 年，一则"小黄"勇救"小蓝"的新闻登上央视、《人民日报》等各大央媒公众号头条，收获了全国网友点赞。在火场中勇救他人的"小黄"，正是张德江。

2020 年 11 月 15 日，一辆重型罐式货车在大连市高新区黄浦路西行左转过程中，车辆后部水管因受阻拉伸突然断裂，拖拽着一条细钢丝线。在货车后方行驶的蓝衣外卖员头部不慎撞到钢丝线，车辆失控撞上路缘石爆燃起火。危急时刻，张德江迅速停车冲向事故地点，拼尽全力将受伤人员拖离火场。由于施救及时，被救外卖员脱离生命危险。

谈到自己奋不顾身的救人举动，张德江说当时没有考虑太多，"人命关天，救人是第一位的。就算外卖送晚了得个差评，也无法与生命相比。"

2020 年 11 月 26 日，大连市见义勇为基金会授予张德江"见义勇为先进个人"荣誉称号，奖励 5 万元。得知这一消息时，张德江正在送外卖，他十分激动，说："什么也没有人命重要，从没想过荣誉和奖金，如果下回遇到这事，我还会伸把手。"他表示考虑以后在大连安家，通过自己加倍努力，来回报社会。张德江是万千见义勇为外卖骑手的一个缩影，他用实际行动彰显了外卖小哥舍己救人、不畏艰险、无私奉献的优秀品质与高尚情怀。

（辽宁省文明办供稿）

见义勇为

季青山
下班路上救了个人　退伍军人施援手

人物 THE STORY 故事

季青山，男，1969 年生，现任国家税务总局本溪市溪湖区税务局东风税务所二级主办。

2016 年 10 月的一天早上，季青山上班时途经本溪衍水大桥，听到“有人落水了”。当时救援现场情况复杂，仅凭人力难以施救，季青山四下搜寻，发现附近水电站有只水面作业用的橡皮艇，便与消防救援人员合力将橡皮艇拖出放入水中，他想也不想跳了上去。落水者奄奄一息抓不住他递过去的划桨，他忘了自己不会游泳，一脚伸入冰冷的水中，斜跨在剧烈晃动的橡皮艇上，双手拽住落水者的裤腰，用尽全身力气将其拖上橡皮艇，落水者终于获救。

因为单位有急事，他急匆匆跑去上班，直到被单位同事看到湿透的衣裤，追问之下才知道他救了人。而这，也不是他第一次挺身而出。2008 年 8 月，高速公路一辆吉普车翻倒，底盘冒出滚滚浓烟，随时可能爆炸，他毫不犹豫，下车救出一家四口。

残疾人运动员、2008 年奥运会轮椅火炬手姚革，被季青山从 1990 年照顾到现在。“季哥就是我的腿，有了他，我就是一个健全人。”两人的相识就是因为看到姚革行动困难，季青山把他背起送回家。从那以后，只要姚革有需要，季青山总会第一时间赶到，帮他洗衣、做饭、洗澡、清理厕所、修下水道，几十年如一日。

1987 年 11 月入伍，2004 年 9 月转业地方，季青山坦言，只要国家和人民需要，他都会义无反顾地冲上前。

（辽宁省文明办供稿）

王　越
电力维修工钓鱼时勇救落入深水儿童

人物 THE STORY 故事

王越，男，1985 年生，中共党员，退伍军人，黑龙江省海林市卷烟厂二车间电工班组维修工。

2020 年 7 月 19 日下午，王越一家三口在海林市敖头水坝游玩。当时也有老两口带着一名 4 岁左右的孩子在河边玩耍，孩子距离爷爷奶奶 3 米远，独自在水边用水枪吸水时不慎掉入河里。

王越第一时间发现了落水儿童，出于军人的本能，不会游泳的他没有一丝犹豫，扑通一声跳进水中奔向孩子。湍急的河流没过了他的胸口，滚滚翻涌的河水淹没了孩子的头，王越使劲抓了一把没有抓住孩子，他急忙在水中再次往前探身。趁着波浪荡漾孩子露头的瞬间，他奋力奔向孩子，并将孩子紧紧抓牢。然后使出浑身力气将孩子拖向岸边，终于靠近水泥台阶，爷爷奶奶使劲拉住了孩子，王越再次奋力一举，筋疲力尽的他和孩子一起脱险上岸。获救孩子家长当面致谢：“小伙子你今天不是救了我孙子一个人，你是救了我们全家人呀。”

事后，面对媒体采访，王越只是说，“看见孩子掉水里了，谁不会水都能跳下去，水还那么急，任何人都会去救孩子”。

王越在危急时刻不忘党性军魂，彰显英雄本色，冒着生命危险，勇救落水儿童，用见义勇为谱写了新时代共产党员的先锋乐章。

（黑龙江省文明办供稿）

盛晓涵

花甲老伯发病倒地 高一男生"教科书式"救人一命

人物 THE STORY 故事

盛晓涵，男，2005年生，原为上海市格致中学学生。

2020年10月27日晚，盛晓涵在回家途中看到有一位老伯晕倒在地。当时老伯看似已昏迷，并伴有尿失禁的情况，盛晓涵见状，赶紧上前帮忙。盛晓涵回忆说，自己敢冲上去不光是救人心切，多少也是有底气的——10月学校里刚进行了心肺复苏和救护包扎技能培训和考核。虽说学习和实践是两回事，但老伯看上去情况危急，他根据学习到的知识，判断老伯可能是心脏出了问题。于是，盛晓涵一边疏散围观人员，一边解开老人胸前纽扣，进行胸外按压，经过五六分钟的连续按压，他发现老伯从微弱的喘息变成有了自主的呼吸，直到120赶到，盛晓涵一刻也没有放松，始终持续按压。救了人，盛晓涵一开始并没有放在心上，直到后来老伯找到他，才知道原来老伯当时大面积心肌梗死，医生说还好抢救及时才捡回一条命。

在救人现场盛晓涵不愿留下姓名，最后还是凭借围观人群拍下的一张他穿着校服的照片，大家才找到他所在的格致中学，而老师看了照片，一眼就认出了照片上的盛晓涵。他的举动引来了全网"刷屏"点赞。冬天虽冷，但他却有比火还热的心。

（上海市文明办供稿）

陈杏妹

八旬老人寒冬勇救落水孩童 危急关头托举生命的力量

人物 THE STORY 故事

陈杏妹，女，1937年生，江苏省江阴市利港街道西石桥社区居家湾居民。

2020年12月3日早晨，84岁高龄的陈杏妹像往常一样来到河边码头打水准备喂养家禽，远远地看到河对岸水面上有一个红色的漂浮物，再仔细一看，是一个孩子在水中挣扎。陈杏妹立即一边呼救，一边扔掉手中的水桶，向河对岸拼命赶过去。眼见周围无人，不会游泳的她顾不上自己的安危，跳入冰冷的河水中，一手拉着码头边缘，一手用力去捞孩子。所幸，孩子的落水处离岸只有一米多的距离，气喘吁吁、浑身发颤的陈杏妹手脚并用，使尽全身力气将孩子从水里拖了上来，由于心神紧张、体力不支，老人半爬半推着把孩子安全送到了家。

因为救人受凉，陈杏妹的支气管炎发作，咳喘不止，去医院挂了两天吊瓶才好转，但回忆起那天惊险的一幕，老人却直言："孩子都是父母心头肉，谁也不会忍心看着孩子出事，我虽然年纪大、不会水，遇到这种事脑子里没想这么多，救人第一。"

在邻居口中，陈杏妹平时就是一个乐于助人的人，经常会给住在周围的困难邻居送一些自家种的菜。她勤劳节约、正直善良、为人和气，亲朋好友都喜欢上她家做客，邻里也喜欢上她家串门，村里谁家有什么事情都喜欢找她帮忙，是亲朋邻里眼中的好长辈、好亲人、好邻居。

（江苏省文明办供稿）

贾 云 姚玉莲

2岁男童从13楼阳台坠落 “85后”夫妻成功救起

人物故事 THE STORY

贾云，男，中共党员，1987年生，安徽省合肥市包河区淝河镇贾大郢社区居委委员；姚玉莲，女，1988年生，安徽省合肥市仓河区淝河镇贾大郢社区居民。

2020年11月22日晚上10时许，包河区安百苑A区12楼住户贾云和妻子姚玉莲在家中洗漱完毕正准备休息，妻子突然听到阳台有异响。妻子小心翼翼走近察看，赫然发现卧室阳台的防盗窗外挂着个人影，吓得大声尖叫。贾云听到叫声赶紧冲到阳台。一看，是一个约摸两岁的小男孩，悬在半空中，摇摇欲坠。丈夫贾云赶紧一把抓住孩子胳膊，并让妻子报警求助。孩子悬挂在阳台外，吓得一直在声嘶力竭地哭，全靠贾云的臂力抓住。贾云怕后面支撑不住，让妻子找来武装带绑住孩子进行加固。为了拉住孩子，贾云一脚踏在防盗窗上，一脚踏在阳台上，半个身子探在12楼外。担心防盗窗不能长时间支撑两个人的重量，贾云还要不时地转移重心，此时，每一分每一秒都显得格外漫长。情况紧急，到场的消防员迅速用钳子剪断两根防盗窗扩开一个口子，才将孩子救出来，而贾云夫妇挺身救人的举动也赢得了市民们的称赞。

（安徽省文明办供稿）

胡红卫

商行个体户深夜勇救车内两名伤者

人物故事 THE STORY

胡红卫，男，1968年生，安徽省黄山市徽州区岩寺镇下街村村民，烟酒商行个体户。

2020年1月17日凌晨4时许，黄山市徽州区黄山路中街大厦附近“轰”的一声巨响打破了凌晨的寂静，一辆白色轿车冲上道路右侧人行道，在撞断两棵行道树和一根路灯杆之后翻倒在路边。巨大的响声惊醒了正在商铺内熟睡的胡红卫，睡眼惺忪的他立即起床冲出去，见事故车辆发动机处蹿出火苗，车内还有被困人员在呼救，火苗有增大之势，随时有爆炸的危险。情况十分危急，胡红卫定了定神，接连拨打120、110、119，简要明确地报告事发地点和现场情况，接着迅速跑回自家店铺取出灭火器对事故车辆喷洒，待火势得到短暂控制后，他急忙打开后座车门，救出一名被困人员。

胡红卫发现火势越来越大，而车内的驾驶员已经昏迷不醒。他立即返回店内拿出榔头，打破驾驶室的车窗玻璃，在热心群众的帮助下，车门被成功打开，昏迷的驾驶员被众人拖拽出来，并护送至安全地带，为公安、消防、卫生等部门救援处置争取到了宝贵时间。

在急救和消防人员到达后，胡红卫协助医务人员将两名伤者抬上救护车。送走伤者之后，他才发现手臂被玻璃碎片割出深浅不一的伤口，鲜血直流。由于救助及时，车祸中两名受伤乘客顺利脱离危险。当别人问他当时是否害怕时，他说：“那是两个鲜活的生命呀！根本顾不上害怕，只想着赶紧把他们救出来。”

（安徽省文明办供稿）

邹爱江

落水母女被救起 施救者留下“最美脚印”

人物 THE STORY 故事

邹爱江，男，1966年生，中共党员，江西省吉安市峡江农商银行保卫部职员。

“感恩好心人在寒冷的冬夜，从冰凉刺骨的湖水中把我们母女救起，感谢救命之恩。”2020年12月1日，峡江县水边镇坑西村村民周丽华将锦旗送到邹爱江手上。

回到2020年11月27日晚8时许，在江西省峡江县湿地公园发生了惊险一幕。一对母女意外跌落人工湖，情况危急。

有群众惊呼：“救人啊，有人落水了！”此时在离落水处百米开外健身的邹爱江听到呼救声，迅速朝湖边飞奔跑去。来不及脱下上衣和外裤，他就跳入了水冷刺骨的湖水中，向落水母女游去。浸湿的衣服让人游起来十分费力，但他咬牙坚持，很快就和同伴将落水的母女俩救上了岸，围观群众也积极地帮助落水者进行简单的急救，所幸脸色发青的母女俩只是呛了几口水，没有生命危险，在确认母女俩没有大碍后，浑身湿透的邹爱江默默离开了，现场只留下一串串湿漉漉的脚印。

救人过后的第二天，当记者辗转找到邹爱江时，他才与记者细数起当时的惊险状况：“两三米深，一个成年男子都够不着底，夜晚视线不好，湖中有水草和淤泥可能对救人造成阻碍……但是在现场，来不及多想，第一反应便是救人，也是一名党员义不容辞的责任。”

（江西省文明办供稿）

程　英

退伍消防员三入火场灭火

人物 THE STORY 故事

程英，男，1980年生，中共党员，江西省景德镇市珠山区竟成街道纪工委书记。

2020年9月1日晚，珠山区昌河菜市场附近的一家餐馆内，由于厨师操作不当，厨房里的炒锅突然起火，火苗有半米多高，厨师也吓得从厨房里跑了出来，餐馆内众人慌作一团，纷纷往外跑。刚进来准备就餐的程英见情况危急，立刻奔进厨房试图用锅盖和湿抹布灭火，但因没找到合适的工具而未能成功。刚退出厨房的程英眼看油锅里的火苗已经蹿到厨房的天花板，便再次冲进厨房，忍着高温把油锅端了出来，却被锅里溅出来的热油烫伤了脚，自己也滑倒在地，火势进一步蔓延到了整个小吃店。就在程英冲出火场打算拨打火警电话时，发现旁边的工地上有几只灭火器，在确认灭火器能使用后，程英又独自冲进店内，用灭火器把火彻底熄灭。程英先后三次进入火场，整个灭火过程仅5分钟，避免了火灾事故损失进一步扩大。

当被问到为什么敢一个人冲进去灭火时，程英回答说：“当时没想着害怕，我是党员，也是一个退役消防老兵，当时在场的人里可能只有我最清楚怎么灭火，这种情形，我不上谁上？”

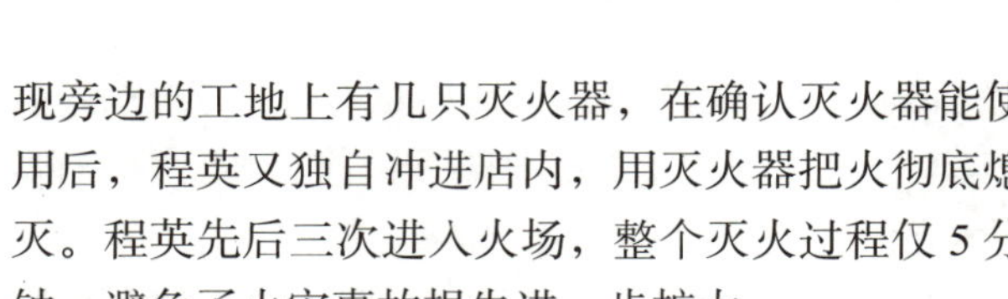
退役不褪色，转身不转心。虽然已多年不再穿制服，但是看到人民群众有危险的时候，依然不假思索地冲上去！他用实际行动诠释了消防员的职责与担当、用实际行动守住了党员的初心和使命。

（江西省文明办供稿）

姚　鹏

“00后”军人回乡探亲期间危急关头勇救3人

人物故事 THE STORY

姚鹏，男，2001年生，河南省驻马店市确山县盘龙镇居民，东部战区空军某场站现役军人。

2020年10月18日，河南省确山县的小可、小丽、小玲（均为化名）三人乘坐电动三轮车，一起返回县城。途经邢河桥时，因下坡路拐弯时刹车失灵，连人带车一起冲入河中。不会游泳的三个人，只能在河水中一边挣扎，一边大声呼救。

此时，在家探亲的姚鹏和伯母正好经过，听到河中有人喊“救命”，姚鹏立即让伯母停车，毫不犹豫地跳入河中救人。深秋的河水冰冷刺骨，他咬紧牙关游到小可身旁，将她拖到岸边。又游到河中，将只露着头顶的小丽拖向河岸。此时的姚鹏体力已接近极限，但他没有放弃，第三次跳入河中，用尽全力向还在水中的小玲游去，把已经失去知觉的她救上岸。

最后被救上岸的小玲因溺水时间过长，已失去意识。姚鹏让伯母拨打急救电话，自己顾不上休息，立即用在部队学到的急救知识对其进行倒立控水和心肺复苏，直至救护车赶到。在救护车上，护士反复询问姚鹏的名字和联系方式，姚鹏没有回答，只告诉护士自己是一名士兵。

三名被救女子清醒后，为寻找救命恩人请求医院护士查询120急救电话记录，这才知道了姚鹏的名字。当被救者拿着3万元前往姚鹏家中表示感谢时，姚鹏婉拒了，他说：“我是一名人民解放军战士，这都是我应该做的。”

（河南省文明办供稿）

关腾飞

奋不顾身跳河救人英勇牺牲

人物故事 THE STORY

关腾飞，男，1997年生，湖北省孝感市云梦县义堂镇周熊村人，生前系云南省曲靖市7725部队退伍军人。

关腾飞是一名退伍军人，在部队服役期间，他参加过救火等抢险工作，退伍后，他依然保持着军人本色，积极主动帮助身边群众。2020年6月，关腾飞从老家云梦来到东莞，在东莞茶山大桥桥头附近的修理店跟着姨父学习电动三轮车的维修技术。

6月28日下午1时许，关腾飞正在店里午休，突然听到有人大喊：“前面河里有人落水了！”关腾飞和姨父、表姐夫三人听到呼救声，一起冲了出去。当他们冲到河边时，看见一个年轻人在水里挣扎，情况十分危急，关腾飞想也没想就一头扎进水中，直奔落水者游去。当姨父带着轮胎游到离大桥一百五十米左右的时候，却发现只有落水者浮出水面，救人的关腾飞却沉入水中不见踪影。6月29日14时50分，经过茶山消防队救援队员整整一天一夜的搜救后，舍己救人牺牲的退伍军人关腾飞的遗体在距桥下800多米处被打捞上岸，生命永远定格在了23岁。

关腾飞身处人生最美好的年华，在人民群众危难之际，将个人安危置之度外、挺身而出，在寒溪河畔纵身一跃，英勇救助，献出了自己宝贵的生命。

（湖北省文明办供稿）

董恩营
税务干部勇救落水女青年

董恩营，男，1967年生，中共党员，湖北省黄石市阳新县税务局干部。

2020年11月1日下午3时许，董恩营驾车在阳新御湖湾环湖路行驶，突然看到湖面疑似有一人形漂浮物，他连忙停车前去查看，在确认有人落水后，立即拨打了110。

民警快速赶到现场后，立刻联系消防救援人员，准备用工具捞起落水人员。这时，敏锐的董恩营发现落水人员还有生命迹象，为争取抢救时间，他自告奋勇下水救人。

“我是阳新长跑协会和游泳协会的会员，经常晨跑和游泳，也掌握一些自救救援方法。人在水里多待一分钟就多一分危险，我请求立即下水救人！”董恩营一边说着一边从后备箱里拿出了救生圈和绳子。

在民警的帮助下，董恩营跳下三四米深的水中，先是用树枝轻触，见其没有挣扎，便赶紧抓住其衣领，用树枝和绳子把人架住，慢慢拖回岸边。

整个施救过程约5分钟，因为岸边有很多乱石，他的手臂也被划伤。上岸后，董恩营和民警立刻把人放平，帮其排出体内污水。待医院救护车赶来并确认落水女子没有生命危险后，董恩营才放心离开。

“我觉得这是我应该做的，我只是做了一件力所能及、微不足道的小事。”面对社会的赞许和家属的感谢，董恩营总是这样说。

（湖北省文明办供稿）

李　专
中学教师凌晨被火情惊醒 立即投入救火抢险救人

见义勇为

李专，男，1975年生，广西壮族自治区桂林市兴安县高尚中学化学教师。

2020年4月25日凌晨3时45分，兴安县兴安镇向阳路发生火灾，李专被楼下的呼救声惊醒。他立即下楼冲到火场，首先查看火势及周边情况，随后迅速组织赶到现场的群众分工抢险。时间紧迫，他先组织人打电话报警、逐层敲门疏散住户；周边车辆太多，他又组织人联系挪车。几排电瓶车、摩托车已经燃烧起来，并引燃了商铺，为减少损失，李专不顾个人安危，摸黑切断电源，还高声提醒大家要注意安全。经过努力，4点40分时火势被控制。李专的英勇行为使四十余人获救，他自己却因高声呼叫及呛烟喉咙受伤，在解除警报后，又默默地赶回学校上课去了。

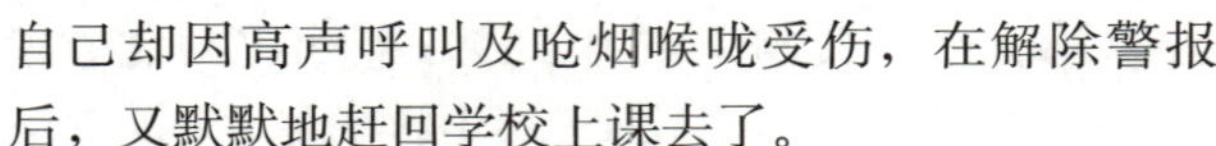

早在1999年，李专就为了保护学生英勇负伤，还因未得到及时治疗留下了后遗症。2020年新冠疫情袭来，李专第一时间参与抗疫，一线坚守40多天毫无怨言。他还曾在班车上呵斥吓退小偷，洪水时数次拖着伤腿帮助转运物资、守护危险路段。他还多次参加献血，拖着靠内置钢板支撑的腿奔走在巡堤护校、志愿服务、送教上门的一线，他一直在用自己的热心热肠温暖着他人。

（广西壮族自治区文明办供稿）

黄建章

危急时刻显担当 庄稼汉上演“英雄壮举”

人物故事 THE STORY

黄建章，男，1959年生，重庆市云阳县黄石镇杨柳村村民。

2021年9月7日，黄建章和弟弟黄玉权突然听到一声巨响，赶忙前往发出声响的堰塘处查看情况，只见一辆白色小轿车翻了个底朝天，正一点点往堰塘中间沉陷，车内传来一阵阵嘶哑又绝望的呼救声。

堰塘宽约30米、长达70米，最深处有3米多。黄建章试图用手中的锄头施救，但无奈锄头长度不够，找不到着力点。水正慢慢浸入车内，人在车中拼命挣扎，当时周边没有其他人，57岁的弟弟黄玉权又身患重疾，心有余而力不足。

眼看形势越来越危急，黄建章来不及多想便纵身一跃跳入水中，利用水的浮力将车辆翻正，并迅速打开车窗，将3名落水者相继营救上岸。随后，当地镇政府工作人员、派出所民警、120医护人员等陆续赶到现场。所幸，经检查，3人只是受了惊吓和一些皮外伤，并无大碍。

原来，50岁的黄女士当天开车载着舅舅、舅妈回家，当车辆行驶至事发地时，因操作不当撞坏防撞墩冲进了堰塘。对于救命恩人，黄女士有道不完的感谢。

面对乡邻间“救人英雄”的赞誉，黄建章表示，举手之劳没什么了不起，换了谁都不会袖手旁观。

（重庆市文明办供稿）

何光才　何贤扬

家住山顶两村民深夜发现山脚火情 飞速跑去救火护村寨

人物故事 THE STORY

何光才，男，1968年生；何贤扬，男，1995年生，二人均系贵州省毕节市金沙县石场乡茶树沟村村民。

2019年11月6日23时左右，住在茶树沟村山顶的何贤扬关灯准备就寝，山涧里一道火光映入眼帘，他朝窗外一看，“不好，着火了！”他立即跑到邻居何光才家，叫醒已经睡下的何光才，两人拿着简易的救火工具，迅速往着火地点赶去。路上，何贤扬给住在半山腰的村支书报告火灾警情，并根据看到的情况，很快确定火灾地点是山脚下的一户村民家。

为了与时间赛跑，二人时而从坡地边缘跳下，时而手脚并用抓着灌木丛往下滑，手脚刮伤了不觉得疼，衣服扯破了没察觉……仅用了10分钟就跑完平常要走半个多小时的崎岖山路。赶到失火村民家中，该户夫妇俩已经从房间跑出。火势凶猛，火苗四处乱窜，有着丰富灭火经验的何光才当机立断，冒着浓烟冲进着火房间，先用锄头把大的火源阻断，再把屋里容易着火的物品带走，以免引发更大火势。不一会儿，村支书带着3名村干部赶到现场。他们和何光才、何贤扬一起，用水管接上自来水，对着火房间实施灭火，用锄头等工具掏开易燃物。

直到凌晨2时，在大家共同的努力下，大火终于熄灭，整个村庄有惊无险。由于冲进着火房间灭火，何光才的头发被烧焦，手严重烧伤，留下了一条长长的疤痕。

（贵州省文明办供稿）

敖家强

"90后"退役武警跳水救人以生命托举落水者

人物 THE STORY 故事

敖家强，男，1991年生，中共党员，湖南长沙某公司员工，曾服役于武警广东总队广州支队。

2019年9月26日，敖家强跟朋友在浏阳河边散步，忽然听见呼救声，循声望去，发现有人溺水，他不顾生命危险，立即跳入水中施救。溺水者距离岸边近100米，水性本就不好的他，硬是凭借过硬的体质奋力游向溺水者，从其身后将他往岸边推。

这时，岸边的群众开始聚集。有人从清淤船上找来一个救生圈扔进河中，已经筋疲力尽的敖家强将救生圈套在落水者身上。溺水者得救了，虚脱的敖家强却献出了自己年轻的生命，年仅28岁。而很多认识他的人都知道，这并不是他第一次救人，就在2018年7月，还是在浏阳河畔，他救起了一名河码头边落水的小男孩。

敖家强是一名优秀的共产党员，在他短短的28年的生命里，无论在部队里，还是社会上，只要有任务和需要，他都会全力以赴。人民不会忘记他。

2019年10月2日，敖家强的父亲带着他的骨灰回来了，回到龙海山下南盘江畔，回到了生他养他的家乡陆良。

（云南省文明办供稿）

巫明平

修鞋匠数次英勇救人于危难之间

见义勇为

人物 THE STORY 故事

巫明平，男，1973年生，陕西省安康市镇坪县城关镇居民。

他是一个靠修鞋擦鞋手艺谋生的平凡人，却是人们公认的"百姓英雄"。2000年6月，巫明平在镇坪南江河畔散步，偶遇失足落水儿童，千钧一发之际，他不惧生死，跳入河中将溺水儿童救上了岸，并用自己掌握的急救知识让小男孩成功脱离危险。2006年7月，巫明平从西安返镇途中，遇到一起车祸，出事司机从30多米高的悬崖跌落，巫明平挺身而出，一边呼救，一边顺着悬崖往下爬，在其他路人的协助下，把受伤司机挪到了主干道并护送至医院。2016年2月，巫明平路过镇坪清水广场，发现一个小女孩径直往深水区走，无论他怎么呼喊，小女孩丝毫没有回头的打算，在命悬一线的危急关头，他奋不顾身，跳入冰冷刺骨的水中，用自己瘦弱的身体挽救了一条鲜活的生命。

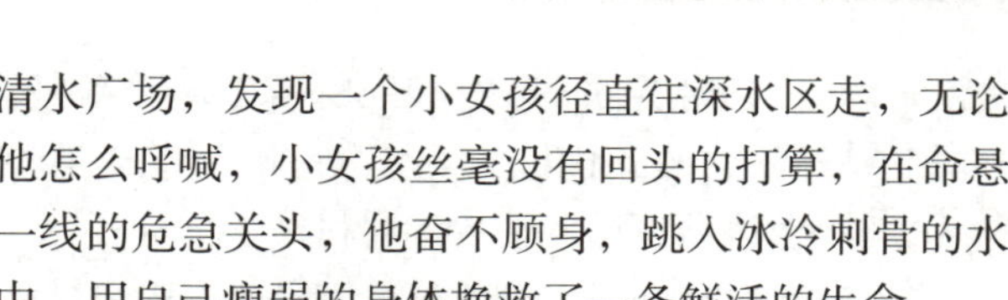

巫明平不仅是见义勇为的英雄，也是诚实守信、助人为乐的典范。在店里拾到贵重物品，他总能如数归还；他还是一名志愿者，长期免费为老人修鞋、擦鞋、修水管、疏通下水道，总是尽力帮助他人。

"在日常生活中多帮助别人，在危急时刻拉别人一把，这也是在实现我生命的价值。"巫明平说。

（陕西省委文明办供稿）

甘永德

母子不慎被困河滩 村民勇敢救人不幸牺牲

人物 THE STORY 故事

甘永德，男，1977年生，生前系甘肃省兰州市红古区花庄镇柳家村村民。

2020年4月15日中午12时许，花庄镇柳家村村民杨惠莲带三岁的儿子在湟水河柳家村段河滩游玩，突遇上游水电站放水，水流骤然增大，母子两人顿时被上涨的河水困在河滩中。杨慧莲大声向周围呼喊求救，此时，正在干农活的甘永德听到呼救声，立刻起身，他循声赶到河边，没有多想就纵身跳入河中，他机智地游到小孩身后，抓住了他的双腿，向岸边靠去，经过连续多次的推送，终于将小孩子推送至岸边浅水处，小孩子成功获救。之后水势越来越猛，水位不停上涨，甘永德又反身跳进河水，一把拉着杨慧莲艰难地往回走。由于水势太猛，在冰冷的河水中浸泡太久，再加上杨慧莲的不断挣扎，甘永德渐渐失去了力气，支撑不住的甘永德和杨慧莲两人瞬间被湍急的水流卷入河中，失去了踪影。随后，村民在离事发地150米左右的河流中发现了甘永德，由于深度溺水，最终抢救无效，甘永德永远离开了自己深爱的亲人和眷恋的故土。

甘永德为保护他人的人身安全，面对危险，奋不顾身，积极施救，献出了个人宝贵的生命。甘永德舍己救人的行为，传递了新时代的正能量，弘扬了中华民族的传统美德。记住甘永德，是记住一种精神，也是留存一个榜样。

（甘肃省文明办供稿）

周洪富

耄耋党员为烈士守墓 传承英烈精神28年

人物 THE STORY 故事

周洪富，男，1937年生，中共党员，浙江省宁波市奉化区溪口镇壶潭村村民。

周洪富出生在革命老区壶潭村，从小就听说过烈士们可歌可泣的故事，心中早已种下一颗“红色种子”。自20世纪60年代起，周洪富就开始搜集、整理本村当年的革命斗争史和6位烈士的事迹。1992年从教育系统退休后，身为共产党员的周洪富开始坚持为壶潭村烈士墓地清扫杂物、揩擦墓碑28年，每年至少要用掉20把扫帚。即使身患脑卒中、行动不便，他仍然坚持拄着拐杖上山。他说：“活着，就要坚守。”

周洪富不仅为烈士守墓，还为当地烈士陈列馆担任义务讲解员，他的讲解，让更多的人了解这青山底下的故事。每逢节假日和周末，陈列馆内有游客前来参观时，周洪富都会及时赶往陈列馆，耐心地向游客介绍壶潭村的历史沿革，仔细地向游客讲解革命烈士的英勇事迹。几十年如一日，周洪富始终用坚守的精神和专业的讲解让英雄故事广为流传，让革命精神历久弥新。如今，已经86岁高龄的他即使行动不便，仍一如既往，用自己的行动书写着“活着，就要坚守”的承诺和誓言，坚守着不断攻坚克难勇往直前的革命精神。

（浙江省文明办供稿）

施献荣　朱水银

听障夫妻深巷修车 38 载 凡人善举温暖湖城

人物 THE STORY 故事

施献荣，男，1970 年生；朱水银，女，1970 年生，二人系浙江省湖州市吴兴区环渚街道华丰村村民。

施献荣和妻子朱水银，一出生便坠入了无声世界，但他们对生活充满了热爱和感恩。施献荣凭借修车的好手艺，开了家“哑巴修车行”，至今已有 38 年。

每天早上 6 点，天刚蒙蒙亮，“哑巴修车行”就开张了。因为在施献荣的心里，他担心上班和上学的街坊们半路车子抛锚，找不到可以修理的地方。38 年来，这份默默的守候曾经温暖过很多这样“不幸”的人。

一个清晨，邻居史顺英出门买菜，回家的路上自行车坏了，推着车来到摊位发现没人，敲开施献荣家门后得知他得了重感冒。“施师傅身体不舒服还回到摊位帮我修自行车。”令史顺英没想到的是，摊位没有合适的螺丝，施献荣又骑车去其他地方买，总共花了 3 个多小时，连早饭都没顾上吃。这样温暖的小故事还有很多，有位老伯的自行车坏在了路上，施献荣骑车 20 分钟赶到现场，只收了 5 元零件钱。

夫妻俩诚实做人、诚信经营，收获了街坊邻居的无数点赞。在“哑巴修车行”门口，长年放着一个免费电动充气泵。凡老人、未成年人、残疾人过来修车，只要不更换大配件，就不收钱。

“我们虽然不会说话，但想凭自己的双手，多做善事，奉献爱心。”夫妻俩用手语表达了初心，传播着暖暖的正能量。

（浙江省文明办供稿）

汤金德

诚实守信

七旬老党员践诺诚信 脱贫路上为已故儿子还债 24 万元

人物 THE STORY 故事

汤金德，男，1949 年生，中共党员，福建省漳州市长泰区坂里乡新春村村民。

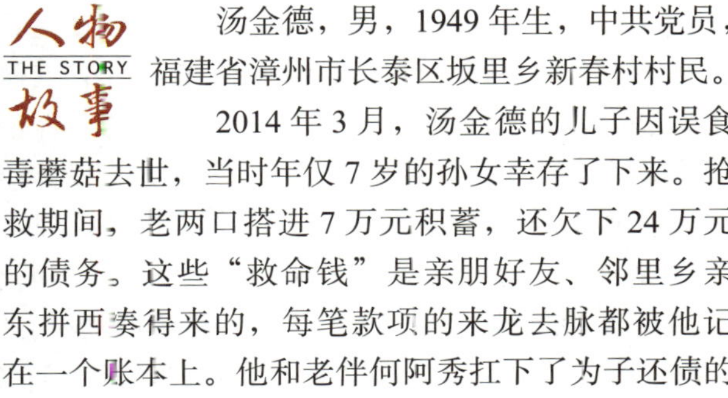

2014 年 3 月，汤金德的儿子因误食毒蘑菇去世，当时年仅 7 岁的孙女幸存了下来。抢救期间，老两口搭进 7 万元积蓄，还欠下 24 万元的债务。这些“救命钱”是亲朋好友、邻里乡亲东拼西凑得来的，每笔款项的来龙去脉都被他记在一个账本上。他和老伴何阿秀扛下了为子还债的重担。

看到汤家的不幸遭遇，再加上汤金德瘦弱的身体状况，“债主们”谁也没跟他提起还钱的事。但是，汤金德夫妇的心里跟明镜似的：“这钱，无论如何一定得还上！大家都不容易，在我们最困难的时候，乡亲们帮了我们。我是一名有 46 年党龄的老党员，诚实守信更是万万不能丢。”

2016 年，汤金德一家被列为建档立卡贫困户，汤金德夫妇起早贪黑、埋头苦干，成为乡里的脱贫能手和示范户。一诺重千斤，家里一有收入，汤金德便委托女婿登门认债还款，终于在 2020 年初还清所有欠款，为已故儿子还债 24 万元。

7 年来，汤金德恪守诚信、勤劳节俭、知恩图报，在脱贫攻坚政策的扶持下，老两口不仅摘掉了贫困户的帽子，还践诺了“诚信”二字，彰显了共产党员的责任与担当。

（福建省委文明办供稿）

李浩浩

人无信不立　企业无信不兴
一位年轻海归企业家的诚信与担当

人物 THE STORY 故事

李浩浩，男，1993 年生，山东新富控股集团有限公司董事长、潍坊高新建设集团董事长。

“人无信不立，企业无信不兴。”这是李浩浩坚守的人生信条。2017 年，新富专家公寓项目（公司开发建设）进行绿化升级改造。为抓好改造质量，李浩浩把设计图纸放到车上，只要有工夫就随时到工地，对照图纸实地检查工程质量。有一次，他发现一个路段刚栽植的十棵法桐树胸径与设计要求有较大差距，他立即找来工作人员实际测量，结果差了两三厘米。这种情况让李浩浩十分吃惊和气恼，他把所有项目经理全部叫来，召开现场质量反思会：“看得见的工作就有如此漏洞，那些看不见的地方呢？是不是问题更严重？工程质量无小事，轻则经济处罚、撤销职务，重则承担刑事责任！”当着大家的面，他找来挖掘机把这十棵树全部挖了出来。

这次“挖树事件”在公司上下引起巨大反响，有人拍手叫好，也有人手心出汗——从此之后，公司再也无人敢触碰“质量”这条红线！2018 年，该小区被评为“山东省优秀住宅小区”“山东省十大宜居楼盘”“山东省园林式小区”。

在这种诚信理念的指引下，公司建立了一套完整的企业诚信经营管理制度，创名牌工程、精品工程，坚持靠质量赢得市场、以信誉铸造品牌。

（山东省文明办供稿）

孙玉波

诚实守信

企业经理诚信经营　坚持不减薪不裁员

人物 THE STORY 故事

孙玉波，男，1986 年生，中共党员，河南鹏威体育产业发展有限公司总经理。

2011 年，技术人员提出，公司生产的“鹏之威”系列品牌球类可使用某廉价复合材料，既可丰富球类的观感，又可降低成本，孙玉波当即予以否决，他斩钉截铁地说：“我们生产的系列球类之所以能够得到客户认可，靠的就是材料过关和纯手工打造这两个亮点，我们宁可成本高一点，也绝不让劣质产品流入市场和各种体育赛事。有害体育精神的事情，我们坚决不能做。”

2017 年，孙玉波向客户作出“不满意，就退货”的承诺。当年 6 月，新乡超前商贸公司购置鹏威 40 多万元室内健身器材，在安装半年后出现大量无法使用的现象。经检查，原因是该公司安装人员将个别部件安装错误。按照合同，鹏威公司不负任何责任，但为了对客户负责，孙玉波果断决定承担损失，将所有器材全部更换，履行了“不满意，就退货”的承诺。

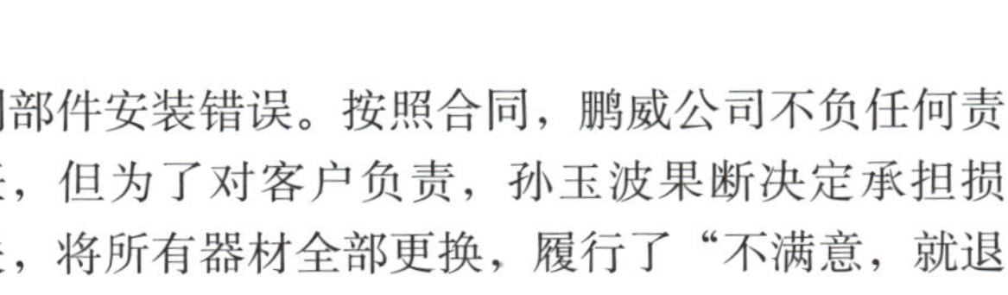

2018 年，面对市场竞争带来的严峻挑战，孙玉波向公司员工承诺“不撤场、不减薪、不裁员”，积极转型，迅速将汗蒸、瑜珈、咖啡馆、尤尼克斯等时尚元素引入鹏威健身房，将健身房打造成为一个集娱乐、休闲、购物、健身、体育教育于一体的品质生活场馆，做到健身房一人未裁，员工薪酬一分未减，践行对员工的承诺，树立企业良好的形象。

（河南省文明办供稿）

张崇鱼

老人历时二十余年搜集十三万名红军名录　建起川陕苏区将帅碑林

人物故事 THE STORY

张崇鱼，男，1938年生，中共党员，四川省巴中市川陕苏区将帅碑林纪念馆终身名誉馆长。

因对红军的敬仰，对红军精神、红军文化的尊崇，自1992年以来，张崇鱼先后170多次，行程80余万公里，拜访1000多个单位和6000多位红军将士及亲属，征集到红军史料3000余册，字数达三亿字以上，红军将士的简历、手迹5000余件，照片2万余张，红军将士捐献的纪念物品10000余件；编印红军回忆录、书刊52部；先后征集题字题词500余件；八方筹措建碑资金3000余万元……在南龛风景名胜区120余亩土地上，创建了川陕苏区将帅碑林，为传承红军精神作出突出贡献。

2005年11月，川陕苏区将帅碑林被中宣部公布为全国爱国主义教育示范基地。如今，这里已建有红四方面军主要将领纪念像园、纪念单碑长廊、红军将士英名纪念碑等十四大碑区，共嵌碑4580余块，刻写红军名录13.8万人，成为全国最大的红军碑林。

（四川省文明办供稿）

蒋光宁

公交集团带头人树诚信之风　十米车厢内每年涌现好人好事千余件

人物故事 THE STORY

蒋光宁，男，1972年生，中共党员，四川省内江市公交集团党委书记、总裁。

从事内江公交行业18载，蒋光宁扛起社会责任，深化企业改革，开创民营公益企业现代企业制度新征程。

他始终践行“人民公交为人民”的服务理念。2018年11月，他把“八免两减”惠民政策扩展为“九免三减”，即城区范围内65岁以上老年人、残疾人、低保户、革命伤残军人、义务兵、离休干部、劳动模范、1.2米以下儿童、户籍不在城区但居住于城区敬老院的65岁以上老年人等九种群体持IC卡免费乘坐公交车；推行“普通群体持IC卡八折”“学生持IC卡五折”“就读幼儿园身高超1.2米幼儿持IC卡五折”等三项优惠政策，每年仅此支出3500余万元，在全国公交行业中实属罕见。

2020年新冠疫情暴发，蒋光宁组建3支党员志愿者服务队、23个党员先锋岗，开通4条医务人员专线，运送乘客991万人次，实现内江无一条城市公交线路停运、无一名乘客因乘坐公交被传染、无一名集团员工感染病毒、无一名员工因疫情致困。

他积极支持公益事业，带头并号召员工为灾区捐款捐物累计150余万元；连续9年开展金秋助学及栋梁工程，圆了20余名学子大学梦。在他的带领下，内江公交涌现出沉着冷静、妥善处置突发公共安全事件的车长肖田和“中国最美公交司机”邱仲国等典型人物，10米车厢内每年涌现好人好事1300余件次。

（四川省文明办供稿）

张民智

民营企业家按约定价收购 宁可亏损仍信守口头承诺

人物故事 THE STORY

张民智，男，1964年生，中共党员，陕西省咸阳市礼泉县人，陕西省咸阳市民源集团公司董事长。

1999年，张民智成立民源物流公司，当时的张民智心里立下一条“创业有成一定回报家乡”的誓言。多年来他始终秉承“诚信守法经营、忠诚履行合同约定”的创业理念，严把各个环节和关口，诚信纳税，守法经营，并时刻心系家乡发展，践行承诺，造福桑梓。

2016年，在家乡苹果滞销时期，张民智承诺帮助家乡果农销售苹果。当时，苹果收购价持续下跌，正式开始收购时，价格已突破了当初承诺的收购价格。虽然双方当初并没有书面的合同约定，但张民智信守承诺，坚持按照当初的承诺价格对果农的苹果进行全部收购，公司共垫资300余万元。此举，解了群众之难，但因为收购成本过高，加之运输、包装等环节都坚持高质量的标准，结果盘点下来，自己亏损了30余万元。张民智说：“做人做事都要讲信用，承诺的事情就要不折不扣地兑现。生意上我自己吃一点亏没有啥，但咱没有失信于人、没有让家乡父老失望，信誉上咱还是赚了！”

“用诚坚守道德底线，用信赢得消费对象。”张民智一直用实际行动践行着守信重诺的人生信条，他的责任与担当不仅让大家钦佩感动，更让他的企业发展之路越走越宽。

（陕西省委文明办供稿）

宋世强

扫黑队长冲锋一线 嫉恶如仇铁血担当

人物故事 THE STORY

宋世强，男，1971年生，中共党员，天津市公安局北辰分局小淀派出所政委。

宋世强带领民警始终发扬“三不怕”精神，以打造“无黑北辰”为目标，严厉打击各类黑恶势力。其间，抓获各类犯罪嫌疑人156人，侦破黑社会性质犯罪组织2个、恶势力犯罪团伙15个，破获黑恶案件100余起，冻结黑恶势力资产2亿余元，收回被黑恶势力强占的土地2830余亩，拆除违法建筑面积70余万平方米，为国家挽回经济损失40亿元。

2019年6月，宋世强同志担任北辰分局副局长职务，他牢记宗旨，践行使命，严格履行管党治党责任，狠抓分管单位队伍的教育管理；他以赤子情怀，守卫着北辰大地的和谐安宁，以实际行动诠释新时代天津公安精神；他处处身先士卒，率先示范，带领刑侦民警刑事拘留犯罪嫌疑人1424人，抓获网上逃犯169人，侦破各类刑事案件2328起，特别是侦破了“7·12”电信诈骗案件和“12·13”特大侵犯著作权案件，受到了公安部、市委政法委和市局领导的好评。

（天津市文明办供稿）

王 西

缺氧不缺精神 勇做援藏保电的“光明使者”

人物 THE STORY 故事

王西，男，1976年生，中共党员，国网河北省电力有限公司沧州市盐山县供电分公司望树供电所营销员。

2018年10月，国网盐山县供电公司员工王西作为沧州第一批到改则县援藏的“电力人”，远离家乡开始了为期一年半的帮扶保电工作。

到达改则后，他克服高原反应身体不适等困难，积极投入工作。先后完成改善办公环境、机构设置和岗位人员调整、财务清产核资、规范绩效考核、编制电网规划等工作。同时结合公司实际，成立了党、团、工会组织，并完善了“三重一大”、“三会一课”、民主生活会等相关制度。安全生产是电力企业的生命线，他多方求援，协调、调配培训教材和安全工具，组织“安全第一课”，对31名施工作业人员进行培训，为安全生产夯实了基础。通过各项举措，改则县供电公司经营管理水平有了明显提升，公司当年实现营业收入580万元，同比增长22.88%。

王西援藏期间，正值改则县10千伏及以下中低压配电工程建设项目启动，总投资74亿元，涉及工程造价1.046亿元，是关系2.7万多人的惠民工程。作为项目负责人，他风雨无阻，每天都到施工现场把关安全施工。2020年6月10日，该项目主体工程“百日攻坚”计划提前20天全部竣工，共计投运10千伏线路391.18千米、低压线路93千米、新增容量4800千伏安，新增用户1723户，为服务改则县脱贫攻坚和经济社会发展提供了有力保障。

（河北省文明办供稿）

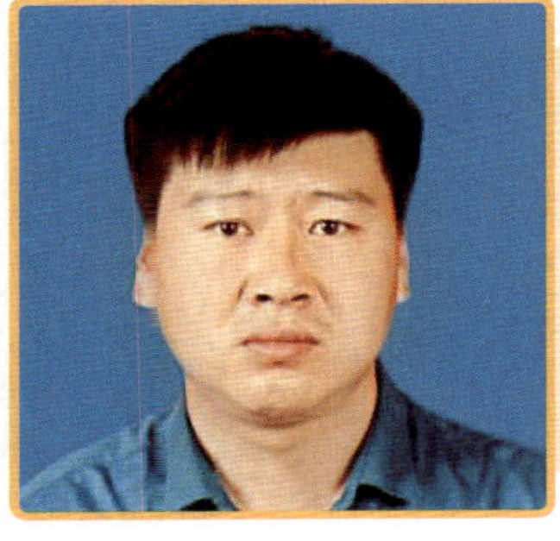

李 蟠

“85后”村支书心无旁骛为乡梓 勇当致富带头人

人物 THE STORY 故事

李蟠，男，1985年生，中共党员，河北省邯郸市复兴区康庄乡石坡村党支部书记兼村民委员会主任。

2017年6月，32岁的李蟠当选村委党支部书记，从那天起，一心一意把石坡村建好，专心致志把乡亲们引上富裕道路，成为李蟠心无旁骛努力的方向。三年来，石坡村从脏乱差到洁齐美，人居环境焕然一新，游人如织，发生了翻天覆地的变化。

石坡村曾因煤而兴，也因煤而困，生态环境遭到严重破坏。李蟠带头拆除自家洗煤厂，成为全村的第一“拆”。上任后，他着力打造美丽乡村建设，又开启了他的第一“建”。主导铺设自来水网管1万余米，解决村民吃水难难题；主导铺设污水管网6000余米，解决村民日常污水排放问题；多方协调，解决村民使用天然气问题；主持修路13条实现村道路硬化……真正解决民生问题。

立足长远发展，李蟠立志把石坡村建设成为周边地区发展旅游业的“第一村”。他召集村“两委”，探讨发展旅游产业的可行性。从申请政府补贴，到利用市场经济招商引资，再到带动村民以宅基地的形式入股，最后拆违建、清垃圾、种花木、建游园、修古建，如今的石坡村成为邯郸市近郊的旅游热点，2020年被评为“河北省文明村”。

石坡村面貌日新月异，凝聚着一个富有朝气的农村村支部书记的初心和奉献。如今，这个“85后”的年轻人依然在他钟爱的石坡村思考着、忙碌着。

（河北省文明办供稿）

刘宝荣

致富领头人勇做美丽乡村开拓人

刘宝荣，男，1958年生，山西省太原市阳曲县侯村乡西黄水村村民委员会主任。

他从小有志，20世纪80年代成为村里致富的领头人，村里谁有困难他都帮，所以深得村民信赖。2009年村委换届，他高票当选为村民委员会主任，一干就是十多年。

2017年，西黄水美丽乡村大开建，村里要修一条直通太原的大公路，刘宝荣抢抓机遇，组织发动全体村民推进各项工程。开工第一天，刘宝荣领着“两委”干部丈量耕地，一共涉及7户村民占地，刘宝荣就一家一家登门解释，终于得到了大家的支持，于是立马指挥着铲车开工了。这天一直干到晚上7点钟，刘宝荣疲惫地回到家，冷锅、冷灶，东寻西找没吃的，冰箱里只有一包冻水粉。放在锅里热了热，他就狼吞虎咽喝了下去。饭毕，躺在了床上，长长地叹一声，“唉！这是为了谁？”脑子一转，自己给自己找出了答案：“谁叫咱是主任呢……”

如今，西黄水已建成美丽宜居乡村，四条进村路全部达到硬化、绿化、亮化、美化。连续四年被评为“山西省文明村”，又被选为省级3A级“乡村旅游示范村”。亮了窗口，引来游客，富了村民，农民的获得感、幸福感超过了城里人。

但是在赞扬声中，在荣誉面前，刘宝荣依旧不骄不躁，一如既往带领全体村民继续努力实现乡村全面振兴！

（山西省文明办供稿）

赵　亮

抗疫装备“大管家”用忠诚筑牢物资保障防线

敬业奉献

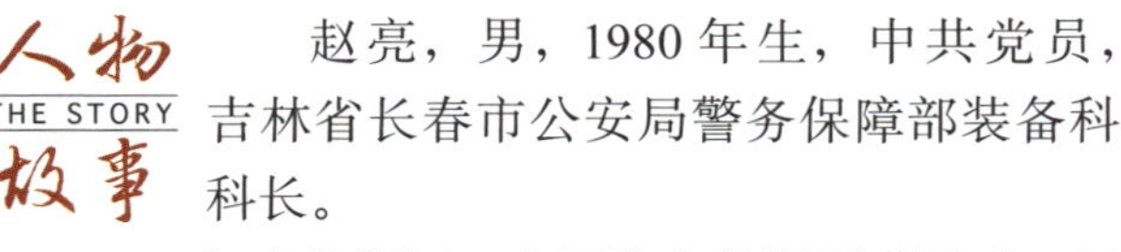

赵亮，男，1980年生，中共党员，吉林省长春市公安局警务保障部装备科科长。

2020年春节期间，全国防疫物资严重匮乏，赵亮不分昼夜地联系防疫物资生产厂家，以一己之力从腊月二十九到正月初五，以低于市场价格先后为全局2.8万名警务人员筹措到各类优质口罩12.4万只，防护服、护目镜等防疫物资5万余件（套）。截至2020年3月15日，共筹措和接收口罩、护目镜、防护服、手套、抗菌喷剂、药品、消杀物品、物资50余万件。

为确保将物品、物资精准及时发放到一线防疫民警每个人手中，他夜以继日地了解掌握各卡点、分局突击队、调查专班、入户调查队、火车站、客运、地铁、窗口、日夜巡等岗位需求，不分昼夜地带领科里同志反复讨论、认真梳理，精准地对全局参与防疫的各类人员进行了科学的划分，制定了详尽的各类防疫物资分配预案和类型复杂、领取简单、再分便捷的配发表，为全局民警提供了充足的物资保障。

自防疫工作开始以来，赵亮每天接打电话数百次，手机总是处于滚烫的状态。尽管吃了3盒消炎药、5盒含片，但他的嗓子依旧处于干哑失声状态。过年期间，没有工人卸载防疫物资，赵亮和战友们都当起了搬运工，所有的货物都是自己收、自己卸、自己查、自己摆、自己送，平均每天每人搬运物资500余公斤，践行了党员的积极模范作用。

（吉林省文明办供稿）

郁　淼

援鄂医疗队前线上 他是科室的一面党员旗帜

人物 THE STORY 故事

郁淼，男，1965年生，中共党员，上海健康医学院附属崇明医院检验科副主任。

2020年初，新冠疫情在武汉暴发，医院发出号召驰援武汉，郁淼第一个报名。考虑他年龄较大，妻子车祸后尚未完全恢复，家里还需要他照顾，科室并没有把他作为第一人选，但他执意说："我是一名党员，也是支部书记，一定让我去！"

就这样，郁淼作为上海第三批援鄂医疗队成员驰援武汉。检验科抽血窗口直接面对面接触病人，在样品离心的过程中还会产生气溶胶，感染风险大。同样的工作量，工作难度和时间比平时增加了4倍到5倍。高压下的工作状态时常会让他出现入眠困难，晚上需要借助药物入睡，但这些郁淼都挺了过来。他说，参加援鄂的所有医务人员都一样，很早就奋战在第一线的武汉抗疫医务工作者更值得敬佩，我们检验人员是默默前行者，我们做的一切都是医者的初心和使命。

其实早在2003年"非典"时期，已是检验科副主任的郁淼考虑到当时临时建设的"非典"治疗定点医院都是新设备，技术方面更需要临床检验、生化检验都能承担的同志，那时年富力强的他就说了一句："我是党员，我去吧！"便毅然投身"前线"。他说，治病救人本来就是医生的天职，如果我们做医生的不去救人，那么谁还敢去一线呢？我不在乎能不能当英雄，但是我一定不会当逃兵。

（上海市文明办供稿）

张怀红

电焊工坚守一线20年 用焊花为大国重器增辉

人物 THE STORY 故事

张怀红，男，1982年生，中共党员，江苏省徐州重型机械有限公司电焊工。

2001年进入徐工后，张怀红勤思好学，每天第一个到岗给老师傅打下手，虚心询问每一个焊接要点，反复琢磨、尝试，逐渐成为行家里手。在电焊这个"苦脏累"的工种上，摸爬滚打20年。张怀红每天都是第一个到岗，平焊、立焊、横焊、仰焊样样精通，经他手工焊过的焊道超过40万米。20年来，他亲身经历了中国制造向中国创造的转变，18岁刚进厂时，焊接的还是中小吨位起重机，现在徐工连续创造了"全球第一吊"产品纪录。张怀红坦言，工作生涯中最有挑战的就是焊接"全球第一吊"2600吨全地面起重机吊臂，焊缝总长度超百米，稍有不慎就会出现焊接缺陷，给企业造成巨大损失。在张怀红的带领下，团队成功完成1100兆帕高强钢吊臂焊接工艺攻坚，为量产提供了强力支撑。从业多年来，他累计培训专业技能人员350余人次，培养出技师6名、高级工24名、多能工50余名，满足了企业对高技能电焊工的需求。

"我是一名普通工人，唯一坚持的就是把每天的工作做好，为国家和社会作更多的贡献。对我来说，这就是一种获得感。"张怀红说。

（江苏省文明办供稿）

闵　敏

把感动写在老百姓心里的“拼命书记”

人物 THE STORY 故事

闵敏，女，1984 年生，中共党员，生前系江苏省扬州市广陵区汤汪乡东升花园社区党总支书记、居委会主任。

闵敏自 2016 年担任扬州市广陵区汤汪乡东升花园社区党总支书记、居委会主任以来，始终把社区工作放在第一位，以群众事为先。2017 年，她实施党员点赞积星制管理，量化考核每一名党员，使党员成了“主角”，形成比学赶超氛围。2018 年，她在小区建立“民情茶馆”，并配备民情簿，听民声、察民情、解民忧。2019 年，她超前谋划“三件喜事”：盖一座“微凉亭”、加装一部电梯、推动三里新村老小区改造。2020 年疫情防控期间，她率先提出“红色代跑”项目，为居家观察人员提供外出代办服务，打牢了抗疫的基础。

2020 年 8 月 11 日，她倒在了工作岗位上，年仅 36 岁。生命的最后一刻，她仍在操劳社区事务，与居民通着电话。8 月 20 日凌晨 4 时许，社区居民自发前来送别他们的好书记。

“我是党员，我应该到祖国最需要的地方去。趁着年轻，向下、扎根，到最基层的地方去。”这是刚刚成为大学生村官的闵敏对组织的承诺。一句誓言，一辈子履行。从基层成长起来的闵敏，用生命践行了一名共产党员、一个基层支部书记最质朴的初心。

（江苏省文明办供稿）

孙乐颜

小“片儿警”也有大本领 “飞扑”追捕嫌疑人获点赞

人物 THE STORY 故事

孙乐颜，男，1990 年生，中共党员，江苏省连云港市东海县公安局石榴派出所副所长、埝河中心警务室社区民警。

2014 年 9 月，孙乐颜初到石榴派出所工作。他坚持每天在辖区的街道、小巷主要出入口，特别是商店、公共娱乐服务场所等重点场所进行详细摸排，还认真梳理多发性案件的发案地点、特性和活动规律，进行针对性巡逻，提高巡逻效率。社区里白天外出务工人员较多，大多数白天只有老人孩子在家，工作时间很难走访到位，孙乐颜便利用“5+2”“白 + 黑”“错时入户”的工作模式，将这些社区的居民信息摸了个遍，从而确保入户走访信息的真实性。他认真执行社区巡逻制度、警民联系制度，不仅能让社区居民及时知晓社区治安状况，还随时收集线索。

2020 年 8 月 28 日上午，孙乐颜带领队员在嫌疑人可能藏身的小区蹲点守候。在抓捕过程中被带倒，在地上连续滚了两圈，致全身多处挫伤。而此时的他已顾不上这些，上前与队友一起将嫌疑人制伏，之后才到医院拍片检查。这一幕被小区监控拍下传到网络后，迅速引起关注，《人民日报》、央视新闻、中新社等媒体聚焦报道，全国网友纷纷为孙乐颜点赞。

当老百姓遇到难事时，孙乐颜总是耐心细致地为其沟通解决困难，共调解 300 余起较大矛盾。

（江苏省文明办供稿）

王炳华

银行行长变身"核桃县长" 开创金融扶贫新模式

人物 THE STORY 故事

王炳华，男，1973年生，中共党员，招商银行台州分行资深三级专员，云南省楚雄彝族自治州武定县挂职副县长。

2018年10月，王炳华作为招商银行的专职扶贫干部，被派往国家级深度贫困县云南武定出任挂职副县长。临行前他庄严许下承诺："我不怕苦，只怕干不好，但一定会努力干好！"

在武定工作期间，他首创"无偿捐赠+委托贷款"的扶贫模式，帮助1334户苗族同胞改造危房，建设4个"金葵花苗寨"项目，开创了云南金融扶贫先例。他在调研中发现，当地核桃质优价廉，却苦于没有销路。他积极谋划，通过举办采摘节、网红直播、创办合作社等方式，彻底打响了"武定核桃"品牌，使核桃成为当地的"明星产业"，被当地百姓亲切地称为"核桃县长"。王炳华深谙"扶贫先扶智"的道理。他身体力行开展支教，千方百计引入优质教育资源。由他牵线引进的教育帮扶项目就达30多个，培养当地教师100多名，累计链接社会资金200万元，惠及2万余名学生，帮助武定县顺利入选2019年全国义务教育发展基本均衡县。新冠疫情期间，武定的农产品严重滞销，他立即组建高原小净菜"爱心蔬菜包"项目组，帮助35户建档立卡贫困户解决蔬菜滞销难题，使他们的收入不降反升。

"为官一任，造福一方"，这是王炳华的人生信条。"我和武定有缘，有机会我还会来这里为老百姓做些实事。"王炳华说。

（浙江省文明办供稿）

徐冬梅

一位患癌大学教授永不停歇的扶贫路

人物 THE STORY 故事

徐冬梅，女，1962年生，中共安徽省委党校（安徽行政学院）副教授。

2017年，徐冬梅派驻安徽省阜阳市颍泉区王寨村驻村扶贫，担任扶贫工作队副队长。工作期间，她与同事一起走村串户，摸实情谋实招，不到一年时间，村集体经济收入翻了28倍，达到163000元，贫困发生率降到了2%以下，实现从"输血式扶贫"向"造血式扶贫"的转变。2017年底，徐冬梅被检查患有肺部肿瘤，但她始终坚守在扶贫一线，直到癌细胞扩散，患上甲状腺癌，她才请假去医院治疗。化疗结束后，她带着抗癌药物继续返回王寨村开展扶贫工作，帮助王寨村178户379人顺利脱贫。

2018年6月，由于肺部手术后体力严重不支、药物反应等，学院党委在向省委组织部报告后，将徐冬梅从一线调回。住院期间，徐冬梅还时刻和驻村扶贫工作队联系，积极为村庄发展建言献策。同年10月，徐冬梅获评全国脱贫攻坚贡献奖，并登上中央电视台接受表彰。央视主持人海霞问她："您身体已经这样了，还要继续扶贫吗？"徐冬梅肯定地回答道："是的，只要身体允许，我会继续扶贫。扶贫是我的梦想，看到贫困村一天天变得美丽，我的心里充满快乐！"

（安徽省文明办供稿）

张跃木

融媒体记者坚守新闻一线 25 年 生命定格在工作一线

敬业奉献

人物故事 THE STORY

张跃木，男，1978 年生，中共党员，原安徽省宿州市泗县融媒体中心制作部主任。

工作 25 年来，张跃木始终把“干一行，爱一行，钻一行，精一行”作为自己的立身之本、干事之基，在同事眼里，他就是拿起笔能写、扛起机器能拍、进机房能剪，集编、导、摄、制等多项技能于一身的“多面手”。无论是顶着酷暑的挥汗如雨、冒着严寒的蹒跚前行，还是伴着星光的通宵达旦，和同事在一起并肩作战时，张跃木总爱冲在前面。但在家人眼中，他是“爱缺席”的爸爸，还在上幼儿园的小女儿最爱黏着爸爸，却很难见到爸爸。

2020 年 9 月 7 日中午，42 岁的张跃木在加班赶制专题片时突发脑出血，同事上班以后发现了已经接近昏迷的他，立即将他送医进行抢救。不幸的是，在 ICU 病房里的四天四夜并没有能够挽回张跃木的生命，9 月 11 日，他永远地离开了。2005 年至今，他获奖作品多达二十多部，其中电视专题片《“愚公”新说》《镌刻在扶贫路上的心碑》《逆行青春》获安徽省广播电视奖二等奖、宿州市广播电视奖一等奖；电教片《扶贫扶到点子上》《数字背后的审计故事》入选“全国优秀电教片”；快闪作品《我和我的祖国》被“学习强国”等平台采用，累计点击率高达三百多万次。

（安徽省文明办供稿）

张成武

敬业书记防汛抢险一线 用生命守护群众安全

人物故事 THE STORY

张成武，男，1973 年生，中共党员，生前系安徽省六安市金安区东河口镇党委副书记。

2020 年 7 月 18 日，六安市金安区东河口镇的降雨量在 4 小时内突破了 269 毫米，境内 25 座水库超警戒水位，9 个地质灾害点出现滑坡。面对严峻的防汛形势，张成武同志第一时间奔赴防汛现场，与其他党员干部一样冲锋在前，工作起来连轴转。

18 日上午 12 时 40 分，大水已漫过街道，镇政府大院也已进水。当时雨很大，张成武冒着雨与大家一起在河道拉起警戒线，一户一户喊人，一直忙到下午 1 点 30 分左右，总算把街道被淹的几户居民转移到安置点，随后又接到紧急通知，街道北头的长岭村 21 户 50 多名群众需要转移。出街的路水深过膝，张成武紧急调来备用抢险农用车，率应急分队爬上车斗往长岭村安置点赶去。到了安置点，张成武全身都被大雨淋湿了，他突然滑倒在地，脸色发白，同行的陈圣炎提议陪他休息一会儿，但是张成武却拒绝了，继续转移受灾群众。长时间的高负荷工作，导致张成武突发脑出血，经抢救无效于 9 月 13 日逝世，年仅 46 岁。

（安徽省文明办供稿）

肖茂盛

农艺师推广农技36年 任劳任怨甘当"田间华佗"

人物故事 THE STORY

肖茂盛，男，1965年生，中共党员，就职于安徽省芜湖市三山区农业综合服务中心。

肖茂盛1984年7月自农校毕业，默默奉献在农业生产第一线36年。每年三伏天是农作物病虫害发生的高峰期，他不顾炎热，放弃节假日，深入田间地头，密切监测虫情变化。他及时发布病虫信息，积极开展病虫绿色防控，指导农户选择抗病虫品种，普及农田生态平衡知识。为当地农业增效、农民增收作出了贡献，被当地人誉为"田间华佗"。

2008—2011年，肖茂盛独立完成4000余份土样采集、4万余项次土壤养分化验，为主要农作物科学施肥提供了第一手资料。他积极开展测土配方技术培训，指导科学平衡施肥，实现粮食增产1000余吨，农民增收300余万元。

2013年，面对连续高温干旱，他多次帮助承包户分析苗情，科学施策，让承包户在大灾之年有好收成。2016年，面对连续强降雨，他精心指导，使种粮大户在大水之年仍获得亩均450公斤的好收成。如果以每亩挽回200斤粮食计算，肖茂盛就帮他们挽回了16万斤的粮食，约合人民币20万元。

2019年，肖茂盛负责11.5万亩农作物的病虫害测报与防治、农作物测土配方施肥技术、农田杂草化学防除技术。指导科学防治面积20余万亩次，挽回粮食损失3400余吨。

（安徽省文明办供稿）

单文增

独臂教师自强不息 练就全国技术能手

人物故事 THE STORY

单文增，男，1986年生，中共党员，江西现代职业技术学院教师。

由于儿时的一次意外，单文增失去了左臂的下半肢，但他没有沉沦下去，2005年，通过努力考入江西现代职业技术学院，就读计算机信息管理专业。打字对单文增来说是个不小的挑战。他夜以继日地练习，经过一个学期的苦练，他摸索出"一手两用"的打字方法，打字速度由原来的每分钟10个提升到60个、100个……

2008年，单文增以优异的成绩顺利毕业，能有高薪岗位的他却选择了留校任教。2011年，单文增作为中国代表团成员赴韩国首尔参加第八届国际残疾人职业技能大赛，获得第三名。之后，他越战越勇，先后获全国ITAT（信息技术应用培训）教育工程就业技能大赛二等奖、全国残疾人职业技能大赛计算机程序项目冠军。2016年3月，单文增参加第九届国际残疾人职业技能大赛，夺得计算机编程比赛银牌。

单文增还积极发挥职业教育特色，深化产教融合，开发事业单位人事管理系统，为1.8万家事业单位提供服务；开发意风在线教育平台，有力保障了疫情防控期间教育教学正常进行。

谈起为什么留校任教，单文增说，正是因为他在学院受到了良好教育以及学院领导、老师的关心和帮助，才有如今的他。他想把自己学到的知识和技能，还有得到的爱，传递给更多的学生。

（江西省文明办供稿）

程家训

耄耋老人倾注一生传承非遗文化遗产西河戏

人物故事 THE STORY

程家训，男，1942年生，江西省庐山市星子镇幸福村人，国家级非物质文化遗产——西河戏第六代传人。

西河戏又称星子西河戏、“弹腔戏”。程家训14岁那年，西河戏第五代传人程世柳有感于他的戏曲艺术天赋，正式收他为徒，从此他开始50多年的艺术生涯。从1955年第一次登台演出开始，凭着出色全面的演技，他一步一步在西河戏领域获得斐然艺绩。

传承戏曲文化，一直是程家训的心愿。2010年，他自费创建西河戏培训中心，把西河戏的传承与求新任务，放在培养新生力量上。他不仅自己全力投入培训中心，还自费聘请多位优质戏师开展教学，学员们通过定期登台演出、到各乡镇义演等形式，既丰富了群众文化生活，又在实际的演出中得到有效锻炼。截至2021年，程家训先后培训200余人，其中获得省、市、县级传承人称号的有4名，他们为西河戏注入新的生命力，让西河戏文化焕发新光彩。

程家训不仅唱戏教学，还在原有西河戏剧本的基础上，进行改良创新。经他整理、改编后，一些冗长的剧本变得精简、通俗，登台演出效果大为改善，受到群众一致好评！

他为西河戏倾注一生，成为传承文化的先行者和实践者，发誓用自己的一生，将西河戏这项祖先留给我们的文化遗产保护好、传承好。

（江西省文明办供稿）

牛伟国

连续担任驻村第一书记8年甘做扶贫战线上的“老黄牛”

人物故事 THE STORY

牛伟国，男，1969年生，中共党员，山东省潍坊市发展改革委产业发展促进中心政研科科长、峡山开发区赵戈村第一书记。

从2013年起，牛伟国连续8年奋战在脱贫攻坚一线，两次主动请缨担任驻村第一书记。他舍小家顾大家，带着手术刚出院的妻子住到村里，一头又扎进了工作中；他抓党建、兴产业、促发展，带领一个个帮扶村蹚出一条条致富路，被称为“扶贫战线老黄牛”。

数字见证了他的8年扶贫历程：累计募集款物1820万元，带动吸引社会资金投入6000万元，用于贫困村基础设施改造、扶贫产业发展、民生事业及党建硬件提升等。其中，硬化路面12万平方米、建设文化大院3处、修建温室大棚12座、发展农业基地8处、扶持发展奶牛养殖场1处、建成分布式光伏发电200千瓦、自己捐款捐物2万余元，帮助安置28名弱劳力残疾人就业……每一个数字的背后都是艰辛的汗水和付出，无不映照着他默默奉献的奋进足迹。他说，能够让几个人、部分人的日子过得越来越好，就是他最大的心愿。

（山东省文明办供稿）

季大勇

“弘扬沂蒙精神好党员”驻村推动乡村全面振兴

人物故事 THE STORY

季大勇，男，1974年生，中共党员，现任山东省临沂市住房和城乡建设局正科级干部，曾任山东省临沂市平邑县仲村镇兴合村、地方镇九间棚村第一书记。

2014年起，季大勇到兴合村任职第一书记，自觉做沂蒙精神传承者、践行者，发誓要让任职村父老乡亲得到看得见、摸得着的实惠。在兴合村任期，季大勇邀请相关专家免费为兴合村制定了2014年至2024年十年发展规划，并划定一个示范起步区有效带动，启动了五项民生工程，穿插开展了百余项主题活动。自他担任第一书记以来，先后引资1700余万元用于兴合村建设。任期当年，兴合村集体经营收入突破20万元，村民人均纯收入达到12036元。2016年任职结束前夕，党员群众自发摁红手印真心挽留他。由此，他成为一名“撤身不撤心”的第一书记。

2018年，他听从组织安排，又背上行囊，来到缔造了闻名全国的“九间棚精神”的九间棚村任职第一书记，与党支部一班人同肩打造乡村全面振兴齐鲁样板。任职期间，他与九间棚村“两委”抢抓机遇、凝聚合力，全力打造省美丽村居、省乡村文明行动示范村等；同时，坚定和铸牢“绿水青山就是金山银山”理念，大力发展乡村旅游等，助力村集体、村民双增收。

季大勇说，驻村经历是一笔无价财富，会受用一生。今后无论在哪里、从事什么工作，他都会继续践行“当一天第一书记、做一生第一书记”的诺言。

（山东省文明办供稿）

樊石滚

乡村医生坚持52年开良心处方日接诊上百人

人物故事 THE STORY

樊石滚，男，1953年生，河南省洛阳市伊川县白沙镇焦王村卫生所乡村医生。

在河南省伊川县白沙镇焦王村，有一位坚持开良心处方的村医樊石滚，他的挂号、诊疗免费，平均单张处方10块钱。除了常见病、多发病的一般诊疗外，樊石滚还负责居民健康档案建立、慢性病管理、督促村民预防接种疫苗等。

从1969年至今，樊石滚52年来一直坚持服务基层医疗卫生事业。20世纪70年代，农村卫生条件恶劣，疟疾多发，药物紧缺。樊石滚就把地里的黄蒿、麦糠、狗尾巴草等拧成绳子点燃驱蚊。焦王村沟多、窑洞多，樊石滚身背麦秸秆走遍全村300余户窑洞。在交通不便的年代，为了给村民送药，樊石滚步行20公里，亲自送到家里。有的病人在城里医院做完手术，恢复期过后就来村卫生所拆线，樊石滚不收一分钱，村民在大医院拍完片子，还会拿回来给樊大夫瞧一瞧。为了督促患者坚持锻炼身体，樊石滚每天5点钟起床，在卫生所门口集合多人，带领村民晨跑。

“在农村看病，实在太难了。”樊石滚说，年轻人学成都扎堆往大医院去，很少有人能守在基层、踏踏实实做一名村医。而在村里留守的，大多是老人和孩子，他们恰恰又是最需要医护人员关注的群体。而对于乡亲们怕他退休的担忧，樊石滚笑着说：“只要我活着，就会守在这里。”

（河南省文明办供稿）

敬业奉献

黄桂云
三峡珍稀植物的“保护神”

人物 THE STORY 故事

黄桂云，女，1971年生，中共党员，中国长江三峡集团有限公司长江生态环境工程研究中心长江珍稀植物研究所副所长。

怀揣着对植物的热爱和保护物种延续的使命，黄桂云主动要求加入野外科考工作。她经常穿梭于荆棘丛生的深山峡谷，腿脚被荆棘划伤，用布条一缠接着干；手臂被马蜂蜇伤，扯把草药敷在肿痛处继续赶路；右脚踝摔成粉碎性骨折，也不顾劝说，带着嵌在腿上的钢钉，再次上山……20多年来，她始终奋战在三峡地区珍稀植物抢救保护一线，常年参与植物野外调查，用脚步丈量着5.5万平方公里的三峡库区，成为三峡坝区珍稀植物的“活词典”和“活地图”。

她带领科研团队迁地保护三峡濒危珍稀特有资源性保护植物1000余种2.4万余株，受三峡工程建设影响的560种植物全部得到有效的保护。

她和她的团队先后获得了国家发明专利10余项，起草编制三峡珍稀植物保护湖北省地方标准1项，三峡集团企业标准9项。在她的带领下，植物所已发展成为国内种类最多、规模最大的长江流域特有珍稀植物保育基地，被称为三峡库区珍稀植物“博物馆”，成为长江生态恢复的一张“绿色名片”。

（湖北省文明办供稿）

宋庆礼
从军营走出来的“鸡司令”带领当地农民享受产业红利

人物 THE STORY 故事

宋庆礼，男，土家族，1983年生，十三届全国人大代表、湖北省恩施州鹤峰县五里乡金泰牧家庭农场场长。

2008年从部队退役后，宋庆礼选择回到家乡鹤峰县五里乡南村村，承包了两个山头，以家庭农场模式养殖“六趾鸡”。2016年12月，融媒体平台直播秀《帮·直播》联合媒体平台帮他销售土鸡，一天的网络销售额就达到60万元，这一下，宋庆礼成了网红，乡亲们都喊他“鸡司令”。宋庆礼依靠“互联网+”把事业做大后，始终不忘自己回到大山、改变大山的那份初心，带领鹤峰县五里乡南村村周边近200户贫困户顺利脱贫。

2021年，宋庆礼在武汉开办了“鹤峰特产馆”。他将鹤峰茶、土蜂蜜、葛根粉等来自家乡的300多种农产品带到武汉，面向全国进行销售，助力农产品出山。宋庆礼说，正是这次尝试让他感受到了甜头和乐趣。接下来他将继续致力于打通销售渠道，做好品牌和运营，助力农产品出山。

宋庆礼作为第十三届全国人大代表，履职几年来，几乎每年都在为改善贫困地区交通条件而呼吁，在历次全国两会上，多次提交关于加大对湘鄂边地区交通基础设施的投入力度的建议，推进山区交通运输通道连片成网，巩固武陵山连片贫困地区脱贫攻坚成果，推动乡村全面振兴。随着宜鹤高速建成通车、沿江高铁宜昌至涪陵段勘测工作基本完成，宋庆礼的梦想一步步变为现实。

（湖北省文明办供稿）

张利华　吴仲宏　尹奇兵

三代师生演绎“愚公接力” 扎根乡村孕育“桃李三千”

人物 THE STORY 故事 张利华，男，1973年生；吴仲宏，男，1978年生；尹奇兵，男，1989年生，三人均为湖北省武汉市新洲区第四中学物理教师。

新洲四中是武汉市唯一一所不靠集镇的高中，被称为“稻田里的中学”。1996年，张利华毕业分配到此，因条件艰苦，不到几年，一同进校的12名老师，有9人选择离开。“我也是来自农村的孩子，我必须留下！”张利华说服自己。他担任备课组长，这一干就是二十多年。

2004年，张利华的学生吴仲宏大学毕业后主动选择回到四中教书。“四中培养了我，我也要为她培养更多更优秀的人才。”来学校报到的当天，10名老师中就有人申请调离。张利华再三叮嘱吴仲宏：“来了，就意味着奉献，要在这里扎下根。”吴仲宏牢记在心，主动请缨当班主任，后来担任高二年级组长。面对新课改，他敢于啃“硬骨头”，到高一年级当班主任，挑战新课改教学。

2012年，吴仲宏的学生尹奇兵从华师毕业，他同样选择了回到母校。2018年高考前半个月，尹奇兵的父亲被查出脑部肿瘤，爱人也怀孕6个多月，尹奇兵只能将全部重担默默扛在肩上。他白天辅导学生备战高考，晚上11点多下班后再赶到医院照顾父亲。2018年，他所带班上的35名学生，有29人考取第一批本科院校，刷新了新洲四中多项高考纪录。尹奇兵说：“四中虽然远离城区，但三代师生同在一起奋斗，我们乐在其中。”

（湖北省文明办供稿）

邓述东

农技专家开辟“一亩田脱贫”模式 帮助1547户贫困户实现脱贫

人物 THE STORY 故事 邓述东，男，1973年生，湖南省湘潭市湘潭县射埠镇农业综合服务中心高级农艺师。

他扎根乡镇基层从事农业技术推广和研发工作28年，因热爱岗位和农田，多次主动放弃提拔机会，一心扑在研究农业新品种新技术怎样为农民增产增收的事业上，建设了自己的农业科技产品孵化园，突破了50多项技术难题，取得了10多项科研成果。创办校农合作教学模式，累计培训学生近30万人次。

2017年，他综合自身各项科研成果创建“一亩田脱贫”模式，主要采用稻菇循环种植法，可达到“春种水稻千斤粮，秋种蘑菇万元钱”的双丰收效果，该模式对有劳动能力的贫困户采取“五包”措施，使其无技术障碍、无资金压力、无销售难题，对无劳动能力的贫困户采取“五带一集资助弱”的帮扶措施，构建了乡村整体脱贫模式。个人直接帮助1547户贫困户脱贫，户均亩增收1万—3万元，形成“技术团队＋村集体＋贫困户＋公司”的产业化发展链条，为全国的产业扶贫工作探索了一条可示范、可复制、可推广的典型工作模式。

他深知为农民服务没有终点，只有砥砺前行，不忘初心，用自己的智慧和汗水在追梦道路上不断前行。

（湖南省文明办供稿）

唐良云

三十七年如一日坚守乡村学校 “中国好老师”让语文课堂更有魅力

人物 THE STORY 故事

唐良云，男，1963年生，中共党员，湖南省永州市东安县鹿马桥中学语文教师。

1984年，唐良云在鹿马桥镇沙子山村小学任教，发现不少学生对上语文课不感兴趣，却都爱看连环画，于是他思考怎样帮助学生爱上语文课。“借助连环画，发展语言思维训练，改革作文教学。”唐良云决定购买与课文有关的连环画，让学生们阅读，再带孩子们“顺势”进入课文内容。经过三年努力，他走出了一条教学改革创新之路，学生们的阅读能力、写作能力进步很快。1987年，唐良云学生唐巍的作文《吃灯盏油的教训》荣获《小学生优秀作文选》全国征文赛三等奖，学生袁艳玲的作文在《小学生科普报》发表。

随着电视、互联网的普及，唐良云适时调整教学方法，在借助连环画的同时，结合课堂多媒体视频、图文等开展教学，效果良好。2019年5月，唐良云指导49名学生参加第十四届全国青少年冰心文学大赛预赛，全部获奖，其中23人分获一、二等奖。

37年来，他扎根山区，默默奉献在乡村学校，勇于探索并不断进行教学改革。他所教的学生中，已有600余名学生在全国各类刊物发表作文1700余篇，在国内各级比赛中获奖500余人次。他在《中国教师报》等10多种报刊上发表教学论文和通讯1600多篇，有23篇教学论文在全国教师征文中获奖，其中12篇获一等奖。

（湖南省文明办供稿）

冯清川

擎起广厦万千的智造“拓荒者”

人物 THE STORY 故事

冯清川，男，1972年生，中共党员，中建钢构工程有限公司副总工程师。

作为工业4.0时代中国钢结构智能制造领域的拓荒者，冯清川带领团队建成了全国首条建筑钢结构智能制造生产线，获批行业首个工信部智能制造新模式应用项目，实现了国内钢结构智能制造从无到有、再到先进的全面突破。冯清川始终将个人的成长融入国家的发展之中，先后主持了深圳两个时期的第一高楼（深圳平安中心和深圳京基100）、广州两个时期的第一高楼（广州东塔和广州西塔）、深圳国际会展中心以及巴布亚·新几内亚布图卡学园等工程的构件制造任务，为粤港澳大湾区建设和“一带一路”建设贡献力量。2020年春节，冯清川临危受命，担任深圳市应急医院（1000个床位）装配式生产总指挥，带领200名“逆行者”连续奋战5个日夜，出色完成制造任务，继而转战工地现场，助力项目20天完成医院建设任务。

冯清川带着经年不变的匠心跻身行业前列，专注钢构擎起广厦万千，披荆斩棘开中国钢结构智能制造的先河，以工匠精神雕琢时代品质。

（广东省文明办供稿）

毛鸿丽

“优秀护士”勇战疫　巾帼英雄展英姿

人物故事 THE STORY

毛鸿丽，女，1986年生，中共党员，广西壮族自治区桂林市南溪山医院心血管内科二病区护士长。

2020年初，毛鸿丽主动请缨到医院隔离病区参加新冠病人的救治工作，因为表现突出，23天后她又被挑选成为广西第六批援鄂医疗队队员，并担任护理组组长。在武汉抗疫期间，作为护理组长的毛鸿丽全面负责护理组工作与病区管理工作，她与其他护士长制定各项护理工作制度及流程，与武汉市中心医院的病区护士长对接工作，了解病人收治、资料物资储备、督察护理工作质量、院感及医务人员防护落实工作情况，承担危重症患者抢救及护理技术指导工作，协助医疗队负责后勤保障工作。她还加入中心医院后湖院区联合护理部，多次参加联合护理部会议及各个病区护理质量督导。在湖北抗疫的35天中，毛鸿丽和她的同伴们成功救治了34名新冠病人，他们的辛勤和付出得到了湖北人民的赞誉。

毛鸿丽从湖北凯旋，在完成隔离观察后马上投入紧张的医疗工作之中，她在认真完成本职工作的同时，还积极主动参加医院党委组织开展的抗疫公益宣讲活动，多次到学校、机关、企事业单位等进行抗疫精神和疫情防控知识的宣讲，助力桂林的复学、复课、复工、复产工作。

（广西壮族自治区文明办供稿）

王　晶

舍小家顾大家
躬身力行践行为民初心

人物故事 THE STORY

王晶，女，1981年生，中共党员，重庆市南岸区弹子石街道东山坪社区居委会主任。

在东山坪社区5年，王晶走遍辖区每个角落，是群众公认的“铁娘子”。推出空巢老人必访制度、打造百姓会客厅、成立重庆第一个妇女小组……在她的带领下，东山坪社区连续多年被评为“先进社区”，成为南岸区委党校和区创新社会治理示范教学点。

2020年初，面对突如其来的新冠疫情，王晶舍小家顾大家，毅然奔赴抗疫第一线。她每天都要重复核查疫情防控大数据，逐门逐户上门服务，全力保障119户居家隔离人员生活必需品供应，经常回到家都是深夜。谈及家人，王晶说得最多的一个词就是“愧疚”。

同年8月19日，南岸区遇洪水险情，王晶没有置身事外，再度召集社区妇女小组成员组成“抗洪突击队”，前往长江沿线的王家沱社区和裕华街社区支援抗洪，连夜值守一线保障群众生命财产安全，直至洪水退去。

热心公益事业的王晶还和社区空巢老人结对帮扶，并积极参与各类志愿服务。她时常带着孩子们一起前去看望空巢、独居老人，了解他们的实际困难，帮他们多方咨询、争取政策，让老人没有后顾之忧。

（重庆市文明办供稿）

敬业奉献

赵碧文

凿崖谋新路　脱贫奔致富

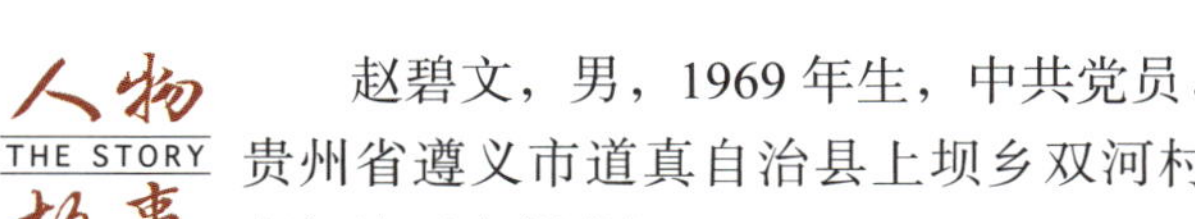

赵碧文，男，1969 年生，中共党员，贵州省遵义市道真自治县上坝乡双河村兴朝片区支部书记。

柏杨坪海拔 1000 余米，地势陡峭，村民每次出入都要花 4 小时穿越狭窄险峻的崎岖小路。1994 年，时任村民组长的赵碧文决心带领村民修路。他白天实地查看地形，晚上走家串户，做动员工作。三个月后，终于所有村民都同意修路。由于没有项目支撑，仅靠村民集资，远远不够，大家只得锄挖手抠，刨开了一段 700 多米长的断头路后无奈停了下来，但赵碧文没有气馁，他相信只要心中有信念，等大家生活好起来，再来继续完成这未能完成的事业。

2004 年新春，赵碧文旧事重提，30 多位村民代表举手赞成，大家投工投劳，再次扛起钢钎、抡起铁锤，苦干一个多月，把悬崖从山顶凿下 100 余米，形成了 500 米长 3 米多宽的平台。可仍因为没有资金，修路工程只能再次搁置。

2014 年，赵碧文决心拿下凉天沟。群众会上，村民一致决定：集资，每户 5000 元；投劳，一户一人；占地，内部调整。那一天，赵碧文收到 40 户村民 20 万元筹资款。同年，上坝乡政府争取“一事一议”项目资金 18 万元，以奖代补柏杨坪用于公路建设。历时 3 个月，长 4 公里宽 5 米的公路全线贯通。2015 年 1 月 5 日，柏杨坪隆重举行通车典礼。

路修通了，赵碧文带头种植钩藤，鼓励村民或发展产业，或进城创业，谋求好路、新路，这个边远落后山区农村迎来新变化。

（贵州省文明办供稿）

袁明磊

卷烟厂干部驻村扶贫 敬业忠诚迎接“扶贫大考”

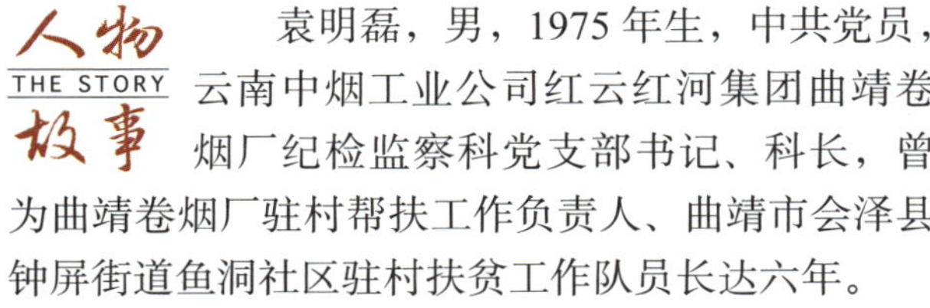

袁明磊，男，1975 年生，中共党员，云南中烟工业公司红云红河集团曲靖卷烟厂纪检监察科党支部书记、科长，曾为曲靖卷烟厂驻村帮扶工作负责人、曲靖市会泽县钟屏街道鱼洞社区驻村扶贫工作队员长达六年。

六年的时间，他先后经历了女儿中考、高考复习冲刺不能陪伴，妻子两次住院无法照顾，老父患癌两年多难以照料尽孝直到老人去世以及个人胆囊摘除手术等重重困难，仍坚持驻村工作。随着脱贫攻坚的深入推进，曲靖卷烟厂派出的驻村帮扶力量也在不断加强。2015 年以来，曲靖卷烟厂已先后选派 5 批次共 22 名队员到会泽县驻村扶贫，袁明磊是一直坚守在扶贫路上的那一个，他驻村工作的时间累计已超过 1200 天。

“脱贫路上，感谢有你。看实干，看品质，看内涵，就看红云红河集团——敬赠红云红河集团驻村扶贫工作队员。”这是 2018 年 6 月，石鼓社区党总支书记亲笔写在他代表社区党总支赠送给曲靖卷烟厂扶贫队员的笔记本扉页上的留言。

袁明磊说，这比一切荣誉都珍贵。

（云南省文明办供稿）

黄建民

关中“鼓痴”坚守传统文化 让秦汉战鼓响彻神州

人物故事 THE STORY

黄建民，男，1954年生，陕西省西咸新区秦汉新城正阳办同仁村人，省级非遗项目——秦汉战鼓代表性传承人。

黄建民热爱锣鼓，从小跟随师父学德、学艺，接受传统文化熏陶，立志传承秦汉战鼓，做传统文化的守护者。他挖掘整理秦汉战鼓相关资料，四处走访，多方搜集，和本村两位90多岁的老人结为“忘年之交”，聆听老人讲述有关村史和秦汉战鼓的故事，并详细记载、拍摄、录像，整理出秦汉战鼓曲谱，2012年，他被命名为“陕西省非遗项目秦汉战鼓代表性传承人”。

他背着家人用为孩子筹办婚事的钱、买保险的钱、卖粮的钱等，筹集资金20多万元，购置锣鼓、服装，四处“招兵买马”，组织200余名锣鼓爱好者成立“咸阳秦汉民俗传承有限公司”和秦汉战鼓表演团队。2012年以来，先后建立多个学校传习基地，编写校园教材1套，成立校园秦汉战鼓表演团队3支，培养学生传承人150人、爱好者1800人，率先将非遗项目引进校园进行传承；建立“秦汉战鼓家庭传习所”和“渭城区正阳传习基地”，在传习基地无偿举办培训班6期、在西咸多个县区举办培训班8期，每期10天，组建秦汉战鼓表演队伍13支，培养群众传承人1500人。他常年走村串乡，为守护传统文化奔波在三秦大地。

他是一名锣鼓艺术家，是传统文化的守护者、传承者和传播者，用自己的毕生诠释着对传统文化的热爱。

（陕西省委文明办供稿）

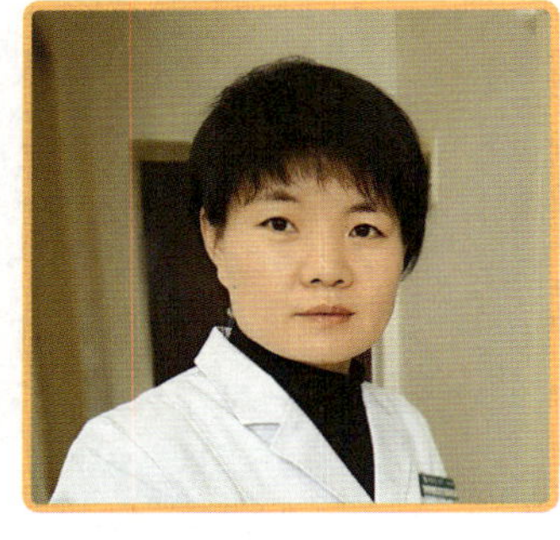

师改芳

敬业奉献

新冠疫情隔离区的坚守者

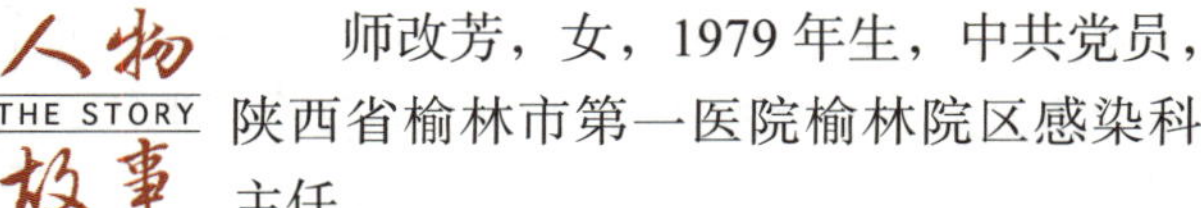

师改芳，女，1979年生，中共党员，陕西省榆林市第一医院榆林院区感染科主任。

2020年1月，新冠病毒蔓延，榆林市第一医院感染科师改芳主动请缨负责执行救治任务。有一位患者确诊后情绪激动，引发了众多患者和护理工作者的恐慌，师改芳组织召开视频会议，说：“在特殊时刻医务人员保持定力，才能稳住病人；医务人员做了自己的主心骨，才能做好病人的主心骨。”她与病患频繁通话，说：“既来之，则安之，男子汉大丈夫要顶天立地，保持好的心态才能治好疾病。”她按时给予药物和饮食，以确保患者的基本生活需求得到满足，给他细致入微的关怀。一周后，患者脱离危险期离院时，向师改芳和医护人员们鞠躬表示感谢。

当榆林新一轮疫情来袭时，她带队支援榆林北方医院的防疫工作，作为医生的丈夫也在抗疫一线，他们在榆林市第一中学就读高中的女儿也感染隔离，家人难以相见。师改芳在电话中对女儿说：“我相信女儿你很坚强，一定会战胜疫魔。”女儿说：“妈妈放心，我可以的。”女儿不仅照顾自己，还用向父母学到的医学知识，照顾其他同学。最后，女儿在星元医院隔离一周后独自回家，半个多月每天吃泡面饱腹。解封后，师改芳与丈夫回到家中，抱着女儿泪水夺眶而出。

“一个医务工作者，在特殊时期，更要舍小家顾大家，作出更多的奉献。”师改芳说。

（陕西省委文明办供稿）

当增加

邮政投递员用心服务群众 5 年零投诉

人物故事 THE STORY

当增加，男，藏族，1989 年生，中国邮政集团青海省黄南藏族自治州尖扎县分公司揽投部揽投员。

当增加每天奔波于大街小巷，将一张报纸、一封平信、一件包裹送到客户手里。不管楼层高低、身体疲惫与否，他都坚持第一时间到达，让客户足不出户办理业务，真正实现了零距离服务。为提升服务水平，他专门建立客户档案，按频次向客户反馈物流信息，另外，他还建立揽收包裹客户微信群，确保揽收工作高效开展。2019 年 1—9 月，当增加累计投递各类邮件 16321 件，上门揽收用户邮件 4549 件。

“简单的事情重复做，重复的事情用心做。”参加工作 5 年来，他不骄不躁、主动热情，处处为客户着想，从未因服务原因被客户投诉过，以实际行动践行着“客户是亲人，邮件是生命”的服务理念。他以优质的服务赢得了客户的肯定，也为其他揽投员树立了好榜样，带动身边人“比先进，争当服务明星”。

他在做精业务的同时，身体力行传播爱心和环保理念。2019 年，在投递途中，遇到某单位楼顶线路发生火情，他第一时间参与灭火，消除了火灾隐患。他说：“成绩属于过去，今后的路还很长，我将珍惜荣誉，兢兢业业做好本职工作，以更优质的服务回报单位和社会。”

（青海省文明办供稿）

杜庆国

好女婿照顾患病岳母一家不离不弃 用大爱书写没有血缘的亲情

人物故事 THE STORY

杜庆国，男，1959 年生，中共党员，中车太原机车车辆有限公司退休职工。

2014 年底，杜庆国家出事了。俗话说“福无双至，祸不单行”，杜庆国的小舅子与岳母相继被诊断出直肠癌晚期，给这个家庭带来了沉重的打击。“一个女婿半个儿”，杜庆国挺身而出，开始伺候岳母与小舅子。由于身缠重病，他每天都得寸步不离地守护在岳母的床边，打针换药，擦洗身体，搀扶大小便，从没有嫌弃老人，也从没有一句怨言，相反还经常安慰老人。有什么好吃的都买回来给岳母吃，遇到什么高兴事总是第一时间告诉她，想着法儿逗老人开心，在他的悉心照料下，岳母的精神状态逐渐恢复，她逢人就夸，自己的女婿就像亲儿子一样。

与此同时，小舅子的病情也在加重，因为疼痛，小舅子几乎每 5 分钟就要在杜庆国帮助下翻一次身，无数次地翻身，每一次杜庆国都会累得大汗淋漓。除了这些，端屎接尿、洗衣喂饭、暖脚按摩等，杜庆国从不厌烦。多年的付出，家人都看在眼里，感恩在心。

杜庆国说：“人的一生可以错过很多东西，但万万不能错过回报父母恩情的机会。”他是一个平凡的太原男人，他没有惊天动地的事迹，但他用赤诚的孝心和朴实的行动深刻诠释了中华民族孝老爱亲的传统美德。

（山西省文明办供稿）

李玉萍

农家女侍奉公婆几十年 践行孝老爱亲传统美德

人物故事 THE STORY

李玉萍，女，1956年生，吉林省舒兰市七里乡松柏村董家屯村民。

李玉萍结婚后一直与公公婆婆一起生活，从来没跟老人顶过嘴、吵过架，大事小情都主动征求老人意见。1985年，李玉萍的公公因病住院，病情危重，医院下了病危通知书，李玉萍同婆婆和哥哥说，公公才60岁，无论如何也要挽救公公的生命。她回家把结婚时的嫁妆全部拿出来变卖，给公公支付了医疗费。公公生命延长了近20年，直至2004年7月去世。

2010年，婆婆患病瘫痪在床，意识不清，大小便失禁，吃饭穿衣、梳头洗脸等最简单的事情都不能自理，还要支付高昂的医药费，但李玉萍却一个人把所有困难都扛了起来。她每天守在床前照顾婆婆，洗脸、擦身、按摩、喂饭、喂药。在她的精心照料下，老人虽然长时间卧病在床，可是从未生过褥疮。老人的卧室闻不到一点异味，被褥叠得整整齐齐，衣服洗得干干净净。在她的悉心照料下，婆婆达到了101岁高龄，于2019年去世。“自从嫁过来的那一刻，我就已经把他们当作我的亲生父母，他们操劳了一辈子，我们做小辈的照顾他们、关心他们是应该的。”李玉萍的话简单、朴实，但却使人深深感动。

几十年来，李玉萍用孝心感染着周边群众，用自己的实际行动践行着中华民族孝老爱亲的传统美德。

（吉林省文明办供稿）

蔡顺成

暖心哥哥情系两个听障胞弟 近一甲子坚毅守候

人物故事 THE STORY

蔡顺成，男，1946年生，中共党员，江苏省盐城市盐南高新区伍佑街道福兴村农民。

1962年，蔡顺成的父母因病相继去世，母亲临终前嘱咐他照顾好三个“小的”，当时正读初二的蔡顺成毅然退学，用稚嫩的肩膀扛起农具到生产队里挣“工分”，养活三个听障弟妹。后来，最小的妹妹意外溺亡，蔡顺成深感有负母亲嘱托，更加用心呵护两个弟弟。1976年和2014年，他为了帮助患上肾病的三弟和有严重胃炎的四弟看病，四处求医，往返奔波，终于帮助他们摆脱病痛。

蔡顺成的两个弟弟相继到了上“五保”的年龄，从2008年起，村里就多次征求他们意见，希望老人们能入住街道敬老院，可每次登门都被蔡顺成断然拒绝，大半生的相依相伴早已让兄弟三人无法割舍彼此。

2010年，蔡顺成的儿子在南京安了家，老伴跟着去带孙子，家里人也希望他去南京安享晚年。两个弟弟舍不得离开哥哥，但又不想继续连累哥哥，因而更加不愿意与人接触。蔡顺成看出了两个弟弟的心思，赶紧劝慰他们：“乡下空气好、阳光好！我哪儿也不去，我会一直跟你们生活在一起！我们是兄弟，永远不分离！”两个弟弟笑容满面，眼泪却在眼睛里打转。

59年来，蔡顺成用他朴实而善良的心守护着两个残疾弟弟，让他们有了属于自己的家。

（江苏省文明办供稿）

朱文美

“小老人”关爱“老老人” 她是孤寡老人共同的“儿媳妇”

人物故事 THE STORY

朱文美，女，1954年生，浙江省绍兴市柯桥区福全街道新对旗山村对二村人。

21岁那年，朱文美嫁给本村憨厚的沈炳耀，性格和善的她一直和公公婆婆一起住，从未有过口角和争执，一家人幸福美满。

1997年，年近花甲的婆婆不慎从楼上摔下，头部、颈部骨质挫伤，身体不能动弹，从此这个照顾婆婆的重担就压在了朱文美的身上，朱文美24年如一日地服侍婆婆。夏天，她不忘给婆婆点蚊香，开电扇，冬天总要给她盖好被褥，塞好枕头。大约12年前，朱文美的公公身患重疾，身上还散发出一阵阵气味，让人很不舒服。朱文美带着患有疾病的公公坐车去上海看病，即使同一节车厢的乘客、同一个房间的室友百般嫌弃，朱文美也坚持照顾公公。尽管公公已经去世多年，但她照顾公公的口碑在村里一直流传。

老吾老以及人之老，朱文美不仅孝敬自己的长辈，她还尽己所能，尊老敬老。不但对本村的孤寡老人照顾有加，对邻村的孤寡老人也是关心体贴。现在她的屋子还时常准备着干净的被褥和一些尿不湿，只要遇到一些需要帮助的老人，她就可以及时照顾他们。

朱文美还一再表示：“只要我身体一直健康，就一直会帮助那些需要帮助的孤寡老人，帮助他们是我的快乐。”

（浙江省文明办供稿）

黄红香

听障媳妇暖心贴心用心 多年如一日默默温暖家人

人物故事 THE STORY

黄红香，女，1972年生，福建省三明市明溪县盖洋镇村头村村民。

2017年10月，黄红香家85岁的婆婆余土香不慎摔倒，导致左腿股骨骨折，因年事已高，且患高血压，长年卧床，生活不能自理，天生患有听力障碍的黄红香便把婆婆接到家里，夫妻俩和弟弟、弟媳共同挑起了照顾婆婆的重任。

每天清晨5时许，黄红香起床后的第一件事就是照顾婆婆，给婆婆换纸尿裤、洗脸、端水漱口，而后煮饭。喂完婆婆吃饭，她才匆匆吃饭，之后便开始做家务。炎热的夏季，每晚临睡前，她会先伺候婆婆如厕，而后每隔几小时，再起床帮婆婆翻一次身，以防止长褥疮。寒冷的冬天，她与丈夫每天都会把婆婆抱到院子里晒太阳，因婆婆不能久坐，在阳光里坐上几分钟后，就得再把婆婆抱进屋，每天要屋里屋外来来回回数十趟，对此，夫妻俩都不嫌麻烦。

婆婆觉得自己是家里的“拖油瓶”，嘴边常常挂着丧气话。每每听到，黄红香就会用动作来表达态度。她总是对婆婆摇摇手，指指自己，又指指弟媳家的方向，不停比画着，意思是“您不用担心！有我和弟媳在，我们会照顾您的！”

黄红香以默默无闻的坚守和暖心贴心的照料，演绎了一曲大爱之歌。

（福建省委文明办供稿）

钟其荣 胡会秀

最美养父母三十三年如一日照顾智力障碍女孩

人物 THE STORY 故事

钟其荣，男，1953年生；胡会秀，女，1954年生，系钟其荣妻子，二人均为江西省宜春市袁州区珠泉街道居民。

1990年2月的一晚，钟其荣和妻子胡会秀在家门口发现了一个弃婴，本想收养却发现了问题：这女婴的眼睛眼白很多，眼珠子极少转动，看起来是个“不正常”的孩子。但看着孩子可爱的脸蛋，钟其荣夫妇心里非常舍不得，犹豫许久，他们决定，不管有多苦有多难，他们一定要把孩子抚养长大，并为她取了一个很好听的名字：娜娜。

从娜娜1岁开始，钟其荣夫妇就不计代价带她到处寻医问药，但得到的结论都是：娜娜是先天性智力障碍，现如今的医疗技术很难在她身上发生奇迹。随着孩子渐渐长大，智力障碍的表现也越来越明显，31岁的娜娜仍只有三四岁孩子的智商，生活不能自理，穿衣喂饭全靠夫妻俩包办。如果钟其荣和妻子出门干活，娜娜甚至会将大小便拉在身上……

2018年，娜娜的左脚脚踝处长了几个水泡，经治疗后仍不见好转，后来创面越来越大，竟可见骨，钟其荣夫妇带着娜娜住院治疗了近两个月才有所好转。

钟其荣说：“这些年，无数人都劝我把她送走，特别是近年来我们年纪大了，照顾她越来越吃力，但是，如果没有人精心照顾她，我怕她活不了多久。”钟其荣老人还说：“我不敢给娜娜保证什么，只能说自己活着一年就照顾她一年，活着一天就照顾她一天。”

（江西省文明办供稿）

王超虎

“90后”13年精心照料瘫痪父亲

人物 THE STORY 故事

王超虎，男，1993年生，河南省郑州市中牟县官渡镇店李口村村民。

王超虎的母亲是一个精神病患者，父亲是一个残疾人。王超虎出生后不久，母亲因为神志不清离家出走，至今没有消息，只剩下父亲、奶奶与王超虎相依为命。

2006年奶奶去世，2008年其父瘫痪在床，生活不能自理。15岁的王超虎为了父亲能够活下来，下定决心放弃求学，要给父亲看病，要让父亲吃好、住好，不再受罪。瘦弱的他体重甚至没有一包货物、一袋水泥重，却常常连续在建筑工地工作超过15个小时，稚嫩的肩膀被磨得通红，双手布满水泡，再苦再累，王超虎也不愿意放弃。

从15岁开始照顾瘫痪在床的父亲直至现在，王超虎经历了种种的艰辛和无数的坎坷，但他从未放弃过自己肩头对父亲的责任。每天早上一大早给父亲喂完饭，帮助父亲方便完，自己就去忙各种工作。搬砖、提水泥，干完自家农活后帮助村里其他人干活，为的就是能够多挣点钱，能够让父亲吃好一点。也正是因为王超虎这样的品质，全村的人都愿意给这个自立自强的小伙子提供帮助。在村里提起王超虎，村民们都会竖起大拇指说：“一个了不起的孩子！”

“90后”小伙13年的坚守，过程中的坎坷和磨难，或许只有经历过才能深切地体会。他不折不扣地用实际行动践行着孝老爱亲的传统美德，用坚忍的品格撑起了一个破碎的家。

（河南省文明办供稿）

蔡　蕊

好继母八年用爱温暖十口重组之家

孝老爱亲

人物故事 THE STORY

蔡蕊，女，1963年生，河南省开封市尉氏县两湖街道办事处寺前张大厅职工。

2012年，蔡蕊与现任丈夫结婚。由于丈夫的前妻去世，她的到来遭到丈夫一家人的反对，继子继女更是恶语相向，想方设法赶她走。面对这样的情况，她从不计较，无怨无悔地操持着家里的大小事务，精心照料着全家人的衣食住行。对于没有任何血缘关系的继子、继女、儿媳她视为己出，儿媳生双胞胎时，她一个人在医院伺候，患有腰间盘突出、膝盖骨刺的蔡蕊坚持跪在地上给儿媳擦洗身子，两个继女生孩子也都是她亲力亲为，街坊四邻都说就是亲妈也难做到这样。慢慢地，继子、继女、儿媳对她的称呼由“哎”变成“姨”，由“姨”变成“老娘”“妈妈”，现如今都尊称她为“女神”。家庭的和睦，让这个“家”充满了温暖。对于丈夫前妻的娘家人，蔡蕊也是悉心照顾，她抽空就去陪老人聊天，每到换季就张罗着给老太太添新衣，逢年过节，她会给两边老人一样多的钱，有时甚至比她亲妈还多。一次老太太腿摔骨折住院，蔡蕊床前床后伺候，洗头、洗脚、擦洗身子，久而久之，丈夫前妻那边的兄弟姐妹也把她当成亲姐妹，老太太逢人就夸她比亲闺女还亲。

（河南省文明办供稿）

熊次连

大山深处“励志妈”遇家庭变故 仍乐观自强　靠双手走上致富路

人物故事 THE STORY

熊次连，女，1965年生，湖北省十堰市房县门古寺镇高塘村村民。

2006年，熊次连的丈夫在四川打工时，不幸被意外坠落的砂石桶砸中，头部重创、全身多处骨折，落下一级残疾。望着瘫痪在床的丈夫和一家老小，熊次连没有退缩。她开始规划和实施家庭拯救计划，先将丈夫的赔付款用来改造自家危房。为了节省成本，稍懂点泥瓦活的熊次连自己当泥瓦工，搬砖、运瓦、和泥、砌墙……抽空还要给一家人做饭，为丈夫擦洗、翻身。就这样，她自己把新房建设完工。

紧接着，熊次连着手增加家庭收入。自己建鸡舍、猪舍，饲养4000多只鸡苗和十几头猪仔。2009年，熊次连开始做纯粮食酒，因为口感好、品质优，销路越来越好。2014年，熊次连家被纳入建档立卡贫困户，在政策的帮扶下申请到8万元无息贷款，她将这笔资金用于建厂房、购买生产设备。她把卖白酒和鸡苗、猪仔的钱用来采购粮食，粮食酿酒出售后再养猪，循环往复，慢慢有了资金积累。2017年，熊次连家脱贫出列。如今，熊次连的酿酒厂房已达400平方米，年出1万斤纯粮食酒，主要销往房县、十堰、武汉及周边地区，一年毛收入约20万元。

“人不能被坎坷难倒。我就知道一条，人只能往前走、朝前奔，才能看到希望和阳光。”微寒的山风里，熊次连朴实又充满生活哲理的话语，给人温暖和力量。

（湖北省文明办供稿）

徐建平

残疾夫兄生活不能自理 弟媳四十七年如一日精心照顾

人物 THE STORY 故事

徐建平，女，1953年生，湖南省株洲市醴陵市来龙门街道姜湾社区人。

1974年，她与姜湾社区陈家坪青年张新明结婚。丈夫家庭极为困难，而且有一个患有智力障碍的大伯哥。婚前徐建平已经知道这些情况，但淳朴善良的她依然毫不犹豫地来到张家当儿媳妇。她说："嫁人嫁人，我嫁的就是人，而不是家庭条件。"

徐建平照顾大伯哥就像照顾亲哥一样，大伯哥生活不能自理，连最基本的洗脸、洗澡、上厕所都需要她亲自动手照顾。这些"简单"的事情已成为她生命中的固定内容，而她已默默坚持了47年。

2018年爱人张新明因病去世后，照顾大伯哥的重担全部落在徐建平的肩上，由于很难沟通，加上80多岁的大伯哥患上心衰、高血压、支气管炎、肾衰竭等诸多疾病，经常需要她亲自哄着喂药。一天三顿饭，她尽量做绵软一些喂给大伯哥吃。有时大伯哥不吃饭、爱发小脾气，她就连劝带哄，如果大伯哥执意不吃，她就重做，直到大伯哥吃完才放心。

徐建平的举动赢得了街坊们的广泛赞誉，也有人觉得她傻，但她却说："我知道有些人觉得我不值得去做，但我只是个普通人，只要大伯哥健健康康地活着，一家人平平安安的，就是我最大的愿望。"她用爱诠释着人间至亲真情，感动着身边的人，也影响着周围的人，她用实际行动唱响了一曲孝老爱亲之歌，是值得传扬的道德楷模。

（湖南省文明办供稿）

仇志晖

孝老爱亲

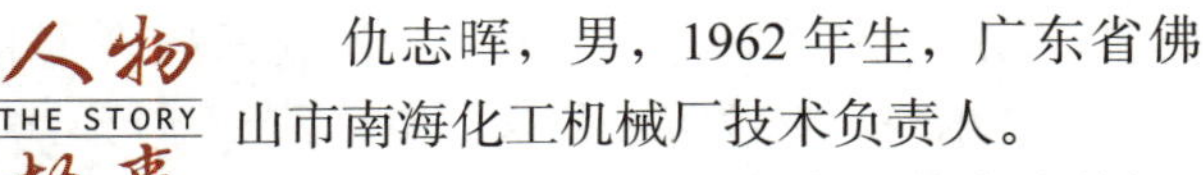

温暖守护　用爱谱写生命赞歌

人物 THE STORY 故事

仇志晖，男，1962年生，广东省佛山市南海化工机械厂技术负责人。

1989年，仇志晖与妻子范小玲结婚，婚后夫妻恩爱，共同进步。然而，2005年妻子被确诊患了肌萎缩侧索硬化症，俗称"渐冻人症"。刚确诊时，范小玲情绪濒临崩溃，仇志晖耐心地宽慰妻子："人都会死，只要活得有意义，管他能活多长时间！你得好好活着，我和儿子都需要你！"

2008年，范小玲开始无法正常行走，病退在家，每月多了一大笔医药费和保姆费，家里经济捉襟见肘。仇志晖只能拼命工作，不善言辞的他每天对妻子嘘寒问暖，说得最多的一句是："没事，有我呢！"2012年，范小玲完全丧失生活自理能力，口齿不清。年近半百的仇志晖背着妻子上下楼梯，颤巍巍的脚步让范小玲泪流满面。妻子得病时间长了，肌肉萎缩得厉害，对睡眠环境要求特别高，背上衣服要捋平，冬天被子既不能太重又要保暖，还得松紧合适，仇志晖多年如一日，不厌其烦为妻子反复盖被子，从未有过不耐烦。

如今，已是范小玲生病的第13个年头，从青丝到白头，仇志晖一直默默守护，不离不弃，悉心照料，用深情和大爱打破了"渐冻症"患者平均寿命3—5年的魔咒，为妻子撑起了生命的蓝天。

（广东省文明办供稿）

王玉白

好嫂子四十多年如一日 悉心照料残疾小叔子

人物故事 THE STORY

王玉白，女，1954年生，陕西省渭南市富平县美原镇联友村鞋李组村民。

1974年，王玉白嫁到联友村李家。当时李家积贫已久，一家8口人，老的老、小的小、病的病。王玉白每天忙完家务事，就到农田里干农活。她在内赡养公婆，照顾4个弟妹，在外辛勤劳作，逐渐成为家庭的顶梁柱。

婚后的第二年，大弟李黑牛不幸患上了脑梗死，自此半身不遂，丧失了基本的劳动能力，连基本生活也不能自理。王玉白默默承担起照料李黑牛生活起居的重担，并和丈夫一起继续供养三个弟弟妹妹上学。

2012年，王玉白的丈夫患上恶性肿瘤，一年后医治无效去世。王玉白一蹶不振、心灰意冷，但是因为家中还有个残疾的小叔子要照顾，生活还得继续。她整理好心情，重新挑起了家中的大梁。

就这样，王玉白像对待亲兄弟一样照顾残疾小叔子。即使再忙再累，也要让小叔子一日三餐吃饱吃好。小叔子说不了话，为了方便交流，王玉白专门学了手语。为了看护小叔子，结婚40多年以来，王玉白从未远离过家门，就算有事必须外出，她也一定会提前安排好小叔子的生活。

村委会多次建议王玉白将小叔子送至养老院，却被她果断拒绝。王玉白说："我必须把这担子扛起来，我吃一口都要叫他吃一口，叫他一点都不能为难。"

王玉白用几十年的坚守和付出、善良与担当，演绎着中华孝义、人间大爱。

（陕西省委文明办供稿）

王厚山

56年将智力残疾弃婴抚养长大 半世纪前的邂逅注定一生父女情

人物故事 THE STORY

王厚山，男，1940年生，兰西工务段退休职工，甘肃省白银市白银区工农路街道铁路旧小区居民。

56年前，是偶然的邂逅也是冥冥之中的注定，时年26岁的王厚山在白银某医院捡回来一名尚在襁褓中的弃婴，小孩抱回家后，媳妇起初是不愿意的，因为家里已经有两个孩子了，再养一个孩子，对于生活本就不富裕的他们来说，着实有些困难。王厚山却说："怎么这都是一条生命啊！"从此，一曲超越血缘的大爱之歌在这个家庭默默地上演。

天有不测风云，人有旦夕祸福。第二年，当一家人沉浸在孩子成长的喜悦中时，噩梦降临在这个不满两岁的小女孩身上，孩子被诊断为智力一级残疾。突如其来的打击，让这个本就不富裕的家庭蒙上了层层阴影，王厚山夫妇不甘心，他们四处求医问药，孩子的症状一直没有好转，他们只得接受现实，也对自己命运多舛的女儿更加疼爱。多年来，女儿手不能拿碗筷、无法用餐，夫妇俩一日三餐都亲自喂；女儿行动不便，连最基本的洗脸、穿衣都不会自己料理，王厚山夫妇日日如初，悉心照顾。

无悔的选择、执着的付出、平凡的善举，王厚山夫妇获得了社会的广泛赞誉。不是亲生却胜过亲生，王厚山夫妇双肩扛起的是生命的重量，撑起的是女儿成长的天空，诠释的是人间大爱的正能量，他们的凡人善举，打动着身边的每一个人。

（甘肃省文明办供稿）

二
月

宋婷婷

创新互联网扶贫模式 一心助力脱贫攻坚

人物 THE STORY 故事

宋婷婷，女，回族，1983年生，民革党员，北京快手科技有限公司副总裁，快手扶贫办公室主任。

2018年，宋婷婷牵头成立快手扶贫办公室，2年来，她积极创新互联网时代扶贫模式，率领团队在“短视频、直播＋扶贫”方向积极探索，将社交电商、信息推广、技术赋能等融入扶贫每个环节，常年带领团队奔波在扶贫第一线，足迹遍布26个省（自治区、直辖市）。

宋婷婷所在的快手科技有限公司成立于2011年，平等普惠、真实向善是快手的核心理念。快手在国家级贫困县记录生活的视频总数超11亿条，点赞数超247.2亿次、播放量超6000亿次。

两年时间，在她的带领下，快手扶贫系统性开展扶贫项目，推动包括“福苗计划”“快手大学”“幸福乡村战略”等战略项目，结合“打开快手·发现美丽中国”地区合作计划，以赋能乡村为己任，从电商扶贫、教育扶贫、旅游扶贫、生态扶贫等方向，探索“短视频、直播＋扶贫”的新模式，大力推动贫困地区脱贫攻坚。

作为一名少数民族女同志，她能够克服困难，躬身入局，深入扶贫工作一线，将互联网科技的力量应用在中国广袤大地的毛细血管末梢，为贫困户赋能，助力脱贫攻坚，为精准扶贫探索出新模式，这是情怀带给她的无限动力，更是从扶贫工作中获得无数的感动，支撑着她继续勇往直前地干下去。

（首都文明办供稿）

徐国辉

爱心村民用奉献播撒“志愿之花”

人物 THE STORY 故事

徐国辉，男，1981年生，河北省邢台市隆尧县隆尧镇西柏舍村村民，隆尧志愿者服务协会会长。

2020年初，在新冠疫情暴发后，徐国辉通过河北慈善联合基金会隆尧工作站，为隆尧募集到一批价值近7万元的抗疫物资，并带领志愿者冒险驱车运回抗病毒物资，并发放到抗疫一线人员手中。在他的努力下，共募集发放了50余万元的消杀物资和后勤保障物品。

2021年初，石家庄、南宫疫情暴发以来，徐国辉带领志愿者迅速行动投入抗击疫情阻击战中，成立志愿者疫情防控突击队，组织志愿者以就近上岗的原则，积极参与秩序维护、排查消杀，登记信息等工作。在繁忙的防疫志愿服务间隙，徐国辉利用休息时间，通过网络积极联系和对接爱心商家。截至2021年1月10日，短短几天就为一线执勤人员对接争取到价值12000余元的面包、方便面、饮料和矿泉水等抗疫物资，并马不停蹄地组织带领志愿者在第一时间送往县城各个路口防疫检测点和重点隔离点。

（河北省文明办供稿）

段忠恒

爱心使者致富不忘乡亲 扶危济困助人为乐

人物故事 THE STORY

段忠恒，男，1984 年生，山西忠恒生物科技有限公司总经理。

几年的扶贫助困经历让段忠恒开始思考，扶贫不仅要“输血”，更要学会“造血”。2017 年 1 月，段忠恒在汾西县贫困村前加楼村考察选定了 50 亩荒地种植丹参，并协助村委会成立了“山丹丹种植专业合作社”，出资聘请山西农科院丹参种植专家传授种植技术。在他的努力下，第一年产量虽不太高，但销售一空，不仅解决了村里 35 户贫困户劳动力的就业问题，每户还至少分到了 488 元保底分红，参与劳动的贫困户最多获得了 3000 多元劳务费。同时，他还捐助资金 7 万元，帮助汾西县贫困的对竹镇秋堰村建立村养殖中心。

新冠疫情期间，段忠恒以个人名义购置了 10 万只口罩及温度计、消毒液、防护服等防疫物资，捐赠到基层一线。作为医疗从业人员的他，还利用专业知识，向工作人员普及防疫物资的使用方法，用实际行动谱写了无私奉献的情怀。

段忠恒把每个月的 27 日定为“爱心日”。每到这一天，他都会提前准备好爱心物资和慰问金，准时启程出发，看望定点帮扶对象。一次次的爱心之旅，一次次的真情付出。段忠恒说，这一切使我快乐！

（山西省文明办供稿）

那　君

痛心！他突然倒在消杀现场

人物故事 THE STORY

那君，男，1966 年生，辽宁省大连市金普新区慈善总会微爱义工总站防疫消杀亮剑行动突击队队员。

“君，君，别睡，别睡。”义工站站长王建彬在做心肺复苏时发现，那君的眼睛慢慢睁开，眼角流出了眼泪……

2021 年 1 月 10 日，54 岁的他心脏病突发，倒在疫情防控环境消杀现场。当天义工消杀队来到金山名苑小区进行环境消杀。工作还在进行中，队友看到那君慢慢蹲在地上，随即倒下，脸和嘴唇都是紫色的。队友马上进行抢救，有人做心肺复苏、人工呼吸，有人拨打 120 急救电话……不幸的是，虽然医院全力抢救，那君还是走了。

“消杀工作很辛苦，设备加上消毒液等一共重 75.8 斤，每次干完活都是浑身酸痛。”王建彬说。自 2020 年疫情发生以来，那君 1 月、7 月、12 月参与了三轮疫情防控志愿服务工作，本轮疫情那君已经坚持工作整整 20 天，除了消杀还协助社区为隔离家庭服务、爬楼张贴封条、义务接送返乡大学生等。

1 月 10 日 9 时，那君在微信朋友圈发了一条动态消息，只有四个字：消杀继续，配发的是一段队员们集合的短视频。这是他生前发的最后一条朋友圈。

没有从天而降的超人，只有替我们负重前行的勇士。54 岁的那君，用行动践行了志愿者精神，以生命奔赴使命，以平凡铸就不凡。

（辽宁省文明办供稿）

刘洪亮

“电力人”用心助农增收 用爱志愿扶贫

人物故事 THE STORY

刘洪亮，男，满族，1980年生，中共党员，国网吉林省电力有限公司四平市伊通满族自治县供电公司党委党建部主任、共产党员服务队队长。

他用心服务乡亲。每年5月，是水田主产区的农忙季，也是农电作业的高峰期。为了助农增收，自2012年起，他带领班组进村入户，问需于稻农，有序开展“订单式”水田配套设施安装工作。

他用情扶贫济困。自2016年扶贫工作开展以来，他带领公司党员服务队队员们包保了64户贫困户，针对贫困户的实际状况捐款捐助，到2019年底已帮助56户摆脱贫困。贫困户孟祥德股骨头坏死，妻儿都是精神分裂症患者，需要到精神病医院做鉴定。刘洪亮了解到这一情况后，开上自己的车就拉着他们去市区做鉴定。孟祥德非常感动，逢人就说：“刘主任是个好人，可帮了我的大忙了！”

他用爱带动团队。2012年3月，刘洪亮组织25名党、团员成立服务队，帮助弱势群体，累计开展志愿服务活动2394次。常年为两所社会福利中心的老人理发、送生活用品、检修用电设备、讲解安全用电常识。此外，在刘洪亮的带动下，2012年以来，公司职工先后献血576人次，累计献血量达到17万毫升。

刘洪亮热爱家乡、热爱农电事业，多年来，他将这份热爱化作热心公益、助人为乐的实际行动，深深地镌刻在家乡大地上。

（吉林省文明办供稿）

陈忠革

七旬老人唱响普法和理论宣讲的“二重奏”

人物故事 THE STORY

陈忠革，男，1945年生，中共党员，吉林省吉林市道德模范协会秘书长。

自2003年退休以来，陈忠革一直坚持义务普法与理论宣讲，其足迹遍布吉林市及吉林省各地，还应交通运输部的邀请到内蒙古、广西等地宣讲。他以累计宣讲1500场、受益听众20万人次的出色业绩，多次受到各级政府和组织的表彰奖励。

为做好授课宣讲，他刻苦钻研党的基本理论和路线政策，从党的十六大到党的十九大，从科学发展观到习近平新时代中国特色社会主义思想，他写满了70本厚厚的学习笔记。为记得扎实，他总结出了逻辑、形象和历史记忆法。他常说，要给别人一杯水，自己先要有一桶水。他每天早上4点就起床晨诵，完成当日的学习任务才睡觉，常常晚上十一二点才能休息。陈忠革已累计熟读、背诵60多部法律法规、党和国家大政方针和上千场宣讲稿。

在坚持做好宣讲的同时，陈忠革还利用自己掌握的法律法规知识，为群众化解矛盾，解决纠纷，传扬助人为乐美德。每次讲座时，他都把自己的电话号码留给听众；每逢接到“热线”，他都想方设法为其排忧解难。老有所为，无私奉献，他一直走在公益宣讲的路上。

（吉林省文明办供稿）

王元昌

文化传承者开设画苑 无偿教社区孩子中国画 19 载

助人为乐

人物故事 THE STORY

王元昌，男，1934 年生，上海市嘉定区菊园新区嘉宏社区居民。

2004 年，嘉宏社区中国画爱好者王元昌在社区开设“海墨书画苑”，免费教社区里的孩子画中国画。当时受条件所限，嘉宏社区居委会还是一间不足二十平方米的民居，一块黑板、一支毛笔、一张纸、一群学生就支撑起了一个“海墨书画苑”。历经十多个春秋，送走了一批又一批的学生，如今，“海墨书画苑”已成为社区一大特色项目。王元昌始终把塑造学生的美好人格作为自己的最高目标，在提升学生文化素养的同时，使他们的思想品质得到了升华。

作为社区关工委“五老”（老战士、老模范、老干部、老专家、老教师）队伍的领头人，王元昌还积极投身关心下一代工作。嘉宏社区困难学生较多，各家情况也各不相同。王老与社区关工小组其他几位老同志商量之后，对困难家庭学生情况进行摸底调查，挨个进行了走访，并及时将情况反馈给社区党支部、上级关工委，请它们出面为这些学生向上级部门申请救助金等补助。在王元昌的带领下，社区“五老”团队队员还经常自发在辖区 20 个新时代文明实践站做志愿者，根据自己的所学、所长，结合节假日和暑期学生活动主题，为社区未成年人提供免费讲座、手工课等，让孩子们学习书本上学不到的知识，丰富孩子们的课余生活。

（上海市文明办供稿）

王亚男

古稀坚守公益路　助学帮困暖人心

人物故事 THE STORY

王亚男，女，1950 年生，中共党员，江苏省泰州制鞋厂退休工人。

2013 年，王亚男在网络上看到帮扶甘肃会宁山区孤儿的照片时，便决定去看看。山区恶劣的环境深深揪住了她的心，当时王亚男的退休工资只有 1700 元，她走村访寨，给困难学生送去 200 元、300 元……多年来从个人到团队，从一包衣服到募集善款超 400 万元，她的足迹踏遍了当地 28 个乡镇，帮扶困难学子 300 余人。

2019 年，王亚男牵头成立“思路话语”公益团队，为会宁募捐了 105 盏路灯。她说：“当你看到深沟包围村庄，孩子们总要拿着手电上学时，你就知道路灯于他们而言多重要！”此后，捐灯行动一直在继续，截至目前已捐赠太阳能路灯 775 盏，不仅照亮山区的路，更照亮山里人的心。

同年，王亚男还带领团队启动“助鹰飞翔”计划，常态化帮扶泰州本地困难儿童。她始终坚持“不走访不资助”原则，多次深入困境家庭了解情况，每一户都了如指掌，目前资助学子已达 52 人。

常有人问王亚男，公益路不容易，是否想过放弃？已经 71 岁的她总是坚定地摇摇头。10 年来，即便有大量烦琐资料要整理，即便经历了肺炎、乳腺癌等重病折磨，即便每次爬楼腿都很疼，她都未曾放弃。目前，“思路话语”已有成员 270 余人，汇聚成浓浓暖流，托举起困难学子们的爱与希望。

（江苏省文明办供稿）

郑祥东

低调慈善不扬名　老骥伏枥甘奉献

人物 THE STORY 故事

郑祥东，男，1948年生，浙江省温州市洞头慈善总会大门分会会长。

原本创业成功的他，晚年可以清闲养生，他却选择无私捐赠回馈家乡；原本身患癌症的他，应安养生息，他却为了村里事，全然不顾多次动手术的身体，上海、大门两地跑。

为推动和促进大门镇慈善事业的发展，他5天内联系全国大门乡贤筹得善款302.5万元，并成立洞头区慈善总会大门分会。新冠疫情暴发，他立即捐出1万元，筹得400个口罩送给村民，并配合村居创新推出“流动菜市”，帮助2474人解决生活物资问题，获新华社等国家媒体报道。从花园村庄建设到助学留守儿童，从关心困难群体到帮扶四川南部，他积极回馈家乡，造福桑梓，既化身慈善家，热心公益事业，又善当村居和事佬，调节邻里纠纷。那一桩桩一件件都是他的功勋章，却又被他一笔带过。据不完全统计，十几年来，他为全镇各项公益事业捐出善款300多万元。他最常挂在嘴边的一句话就是：“有空我们都要当志愿者，有能力我们都要做公益，尽自己的所能帮助所有人。”

七旬老翁郑祥东默默付出不计回报，数十年如一日，用自身力量和实际行动诠释了对家乡的浓浓情怀和热爱。

（浙江省文明办供稿）

刘　宁

“共享女儿”自创菜单式服务项目 8年潜心公益“替父报恩”

人物 THE STORY 故事

刘宁，女，1976年生，浙江省宁波市鄞州区白鹤街道丹顶鹤社区居民。

10多年前，父亲身患重疾，在北京工作的刘宁无法照顾，是白鹤街道丹顶鹤社区社工的雪中送炭，使她家渡过难关，从此在她心里种下了一颗感恩的种子，她暗下决心：等自己有能力了，一定要尽力帮助别人。

2010年，她毅然辞职回到宁波，业余时间参与社区志愿服务活动。2015年，她组建“峰之社”驻丹顶鹤社区公益基地，带领团队开展“家门口的公益”志愿服务，从此开启回报社区的志愿服务之路。每月为居民洗头理发、修剪脚趾甲、健康义诊，每季度联合社区给独居老人过生日，逢年过节与队员们一起为行动不便老人送上节日慰问……为让志愿服务更专业、精准，她还自创“菜单式”服务项目，为辖区老人带去一场场集“公益、文化、娱乐”为一体的精神文化生活盛宴。

8年来，她视老人需求为自己学习的动力，她学理发、学修脚、学做面点、学手工……甚至连磨剪刀这种活都不在话下，练就“十八般武艺”，只为让自己的志愿服务更专业、更广泛，用她自己的方式来回报“滴水之恩”，而她也成了社区老人的“共享女儿”，让老人们享受着人间温情。

（浙江省文明办供稿）

周伟法

“公益理发师”无偿理发 22 年 只因一份初心和承诺

人物 THE STORY 故事

周伟法，男，1971 年生，中共党员，浙江省杭州市拱墅区大地老年服务中心法人。

周伟法 1988 年来到杭州，当时在祥符镇北街的灵灵发屋当学徒。1999 年 3 月 5 日，周伟法去杭大宿舍楼开展义务理发活动，这是他第一次参加学雷锋志愿服务活动，也是他公益理发志愿服务生涯的起点。

“下周一去福利院给老人服务，有哪几位家人参加？报名中。”周伟法在微信圈发了一条信息。每周一上午，他都会把自己的店门关掉，早晨 7 点他总会准时出现在市福利中心的爱心理发室，因为这是给福利中心老人们的专属理发时间。

2012 年，他在李家桥社区助老站内设立了第一个“学雷锋义务理发站”，每月定期为老人们无偿理发。同年，在阮家桥社区和苑小区（现属于方家埭社区）设立一个爱心小屋，2015 年，又在阮家桥社区西铭苑小区增设了一个爱心小屋，专门为老年人提供免费理发服务。同时，周伟法还将他的公益事业延伸到了老人的家中，每月他都会抽空上门给高龄或腿脚不便的老人服务。

他在平凡的志愿服务事业上走过了 22 个春秋，多年的社会公益服务，让他付出了许多，同时他也真正体会到了志愿者的艰辛与快乐，他爱伟大的志愿事业，更爱广大的人民群众，他常说：“我选择了社会公益，决不后悔！”

（浙江省文明办供稿）

赵忠东

七旬“励志”老人坚持从事公益十余年　志愿捐献器官和遗体

人物 THE STORY 故事

赵忠东，男，1950 年生，中共党员，安徽省亳州市谯城区薛阁街道西马园社区居民。

赵忠东坚持以雷锋为榜样，十多年来积极组织参与公益活动。他辗转各地多次为困难家庭和留守儿童捐款捐物；他自费创办亳州“励志馆”，免费供人们参观学习。并自筹资金 16 万元收集古今中外伟人、名人、“草根儿”和媒体的至理名言，向社会宣讲，被誉为“励志老人”。

2010 年，他签订遗体捐献书；从 2013 年开始参加爱心助考，足迹遍布亳州市三县一区、安徽 16 个地级市、南京市和上海市，他说要在 2033 年之前跑遍全国，最终完成为全国考生助力的愿望；他还利用自己的专长制作呼吸机、肢体健康机、拐杖、万向椅等送给有需要的人。

2018 年开始，赵忠东作为公益理论宣讲员，深入街道社区和农村开展宣讲活动 20 余场次，将党的大政方针以生动活泼、通俗易懂的语言传递给基层百姓，让党的声音“飞入寻常百姓家”。

2020 年疫情期间，70 岁的赵忠东协助社区干部在卡点查验出入证、测量体温，空闲时间还为街道、社区居民提供免费开锁、换锁服务等。赵忠东常说，不知道自己还可以坚持多少个十年，但雷锋精神是永存的，自己要像机械上的螺丝钉一样，发挥自己存在的价值。

（安徽省文明办供稿）

谢　芹

百岁党员心系家乡积攒15万元捐赠助学

人物 THE STORY 故事

谢芹，男，1922年生，中共党员，安徽省黄山市应急管理局离休干部。

“这15万块钱是我的一点心意，捐给你们学校，希望能让更多的孩子受益……”2019年11月17日，在安徽省黄山市屯溪区原机械局宿舍，99岁高龄的老党员谢芹坐在轮椅上，拉着泗洪县界集镇中心小学校长高杰的手说。

谢老出生在江苏泗洪县，17岁参加革命，1958年转业，在黄山市退休。2019年10月将自己多年来节衣缩食积攒下来的15万元悉数捐给家乡江苏省宿迁市泗洪县界集镇小学，改善学校教学环境，奖励品学兼优的孩子。

“我的老家就在界集镇王墩村。1939年，我参加革命，1958年转业到安徽省芜湖市工作，1981年从黄山市原机械局离休。”谢芹老人回忆，“20多年前，我回了一趟老家。家乡的小学校舍破旧不堪，孩子们连个活动的场所都没有，更不要说教学设施了。回来后我就有了个想法，要积攒点钱捐给学校，改善孩子们的学习条件。”

“我们十分珍惜谢老的爱心，将设立一个助学奖励基金，来鼓励那些品学兼优的学生，教会他们勤学善思、根植善良、学会感恩……”校长高杰说，“15万元捐款，看似有价，其实无价。这一笔无形资产，将影响无数学生，甚至一代又一代人……”谢芹老人说，这15万元并不表示他对家乡教育事业关爱的结束，而是一个起点，今后，他还会一如既往地支持家乡孩子们的学习。

（安徽省文明办供稿）

林　城

社区医生医者仁心　把健康带给患者

人物 THE STORY 故事

林城，男，1980年生，福建省福州市鼓西街道社区卫生服务中心院委会成员、中西医结合骨伤主治医师。

他用医者大爱，在万米高空冒险救人。2020年10月8日，在乘坐航班途中偶遇一名大学生突发重疾，林城不假思索，立刻参与救助。面对万里高空缺少医疗设备和病人濒死痛苦的病状，他当机立断运用中医急救手法，辅以输氧治疗，进行急救。该生急症虽解，但林城一直细心陪护至与地面医生完成交接才放松下来。

他用细致关怀，让异乡来客感受温暖。2020年春节，新冠疫情来势凶猛，他驻守医学观察隔离点数月，每天穿着密不透风的防护服，为患者测体温、送餐和日用品、看病问诊。得知旅客李先生痛风发作，他不仅详细地指导用药和保健预防，而且每天为李先生鼓劲。李先生深受感动，不仅再三感谢“林医生严肃认真负责的关怀”，更称福州是他“意外的第二故乡”。

他将自身所学倾囊相授，为贫困地区群众送去医疗福音。疫散花开，林城就踏上甘肃定西的支医之路。抵达次日，他顾不上旅途疲惫和高原反应，就一头扎到岗位上。首位病人就是求医数次但收效甚微的脚伤患者，他审慎询问病史，果断采用针刺放血疗法让患者疼痛缓解，给当地医生上了一堂生动的医学课。后来，他将自己所擅长的放血疗法倾囊相授，为当地患者带去福音。

（福建省委文明办供稿）

陈桂平

独臂村医为孤寡老人免费送医药二十余载

人物故事 THE STORY

陈桂平，男，1977年生，江西省吉安市青原区新圩镇新圩村卫生所村医。

3岁那年冬天，因为一起意外火灾，陈桂平被截去了右臂。初中毕业后，联想到自己的遭遇，陈桂平决定要当一名乡村医生。但因为残疾，在正常人看来简单的医疗动作，到他这里却是极大的难题，但他不甘言弃，尤其在打针方面，一次不行他就来十次，十次不行就来百次……

1997年，历经艰难学医路的陈桂平终于正式取得乡村医生资格证，办起自己的诊所。从此，哪家有病号，哪位老人行动不便要上门诊疗，谁家经济困难看不起病，他心里都一清二楚。

对家庭困难的，他诊疗过程中费用能免就免，能送就送。罗云香老人命运多舛，老伴和儿子先后患肺癌去世，儿媳体弱多病，孙女也患了贲门狭窄症。陈桂平主动和罗云香家结对帮扶，对老人一家全部免费看病送药，将她的孙子孙女纳入自己设立的“春蕾助学”和“金秋助学”奖励计划，每年捐助1000—2000元。

2015年春季，经陈桂平初诊的姑娘小丽确诊患有系统性红斑狼疮。为让家境贫寒的女孩能够得到治疗，陈桂平一直免费送医送药，每年达数千元，还帮她联系省医院专家会诊。在政府与陈桂平的帮助下，2021年小丽家顺利脱贫，女孩的病情也得到控制，肾功能恢复正常。

对像罗云香、小丽这样的困难群众免医药费的例子有很多，这些年陈桂平免除的医药费保守估算也有30万元。

（江西省文明办供稿）

王嘉东

爱心企业家不忘初心助人为乐 践行雷锋精神回报社会

人物故事 THE STORY

王嘉东，男，1974年生，中共党员，山东省栖霞嘉东糖酒有限公司经理。

2011年起，王嘉东担任山东省栖霞市蛇窝泊镇木兰夼村党支部书记，在担任书记的10年期间，他先后为村里修路、修桥，资助孤寡老人和留守儿童，捐款13万余元，村民都叫他“好人书记”。

2018年，为帮助困难学生，他成立“嘉东”爱心助学基金，目前已累计资助100余名困难家庭中小学生，并开展爱心助学活动，为栖霞市多所中小学捐赠书籍、字帖等学习用品，价值17万余元，用实际行动为中小学生身心健康成长贡献力量。

2020年，新冠疫情暴发，全市口罩供应紧缺、价格不菲，王嘉东特地从外地购买了大批口罩，建立口罩公益发放群，将口罩免费发放给广大抗疫人员和普通群众；他发动爱心募捐，为栖霞市各机关单位、中小学校捐赠口罩、酒精、药物、医疗设备等物资，价值共计20余万元；并与栖霞市志愿者们一起在各抗疫执勤点24小时轮班值守，为抗疫工作挥洒汗水。

2011年起，王嘉东累计参与各类志愿公益活动达150余次，捐款100余次，累计金额达200余万元，助人为乐的足迹遍布栖霞市各个角落。“我将永远秉承‘助人为乐’的理念，践行雷锋精神，传递爱心、回报社会。”王嘉东说。

（山东省文明办供稿）

刘青峰

登山爱好者九年间累计救援四百余人

人物故事 THE STORY

刘青峰，男，1971年生，河南省新密市青屏街居民。

刘青峰曾是一名登山爱好者。2011年初，他和朋友一起到登封攀爬嵩山，下山途中朋友不慎将脚踝扭伤至骨折，无法行走，正在他们感到无助的时候，遇到了从山上下来的义马市应急救援队志愿者，志愿者用了近8个小时，徒步将伤者背下山，送往医院进行医治。从那以后，他萌生了一种使命感，产生了成立一支山地救援队、救助更多人的想法。

2012年，刘青峰自费购置设备，组建由专业搜救人员、医护人员、心理疏导员等组成的河南省新密市应急救援队，持续投身于山地户外救援、困难儿童帮扶、无偿献血、户外遇险预防公益培训、安全知识进课堂等一系列公益活动。9年间，他带领救援团队参与户外救援56次，累计救援驴友400余人；为中小学生开展学前安全避险培训活动30余场次，培训学生达到2000余人；发起“壹基金温暖包”公益项目，实地走访12个乡镇、49所学校，为500余名困难儿童发放“温暖包”。他不求回报、践行公益精神，带领公益团队累计志愿服务时间达上万小时。

刘青峰说：“我的快乐来自于力所能及去帮助需要帮助的人。9年来，我一直在坚持，希望能够影响更多的人，那么这个社会就会变得更加美好。”

（河南省文明办供稿）

石宝金

村支部书记投资千万元为乡亲办实事

人物故事 THE STORY

石宝金，男，1963年生，中共党员，河南省新乡市凤泉区大块镇王小屯村党支部书记。

石宝金9岁辍学，之后为了生计离家闯荡，因为家穷没钱，是乡亲们东挪西凑给他凑足了路费才踏上离家的路。他在焦作挖过煤，在南阳建筑工地当过小工，在山西打过井。经过一番艰苦打拼，创建了自己的工程公司，并先后完成了十几项国家重点工程。“滴水之恩，涌泉相报。”石宝金在白手起家打拼事业的同时，无时无刻不挂念家乡父老。当年的难，他深藏心里，那年欠的情，他要回报。

2018年4月，石宝金不负众望，当选为王小屯村党支部书记。推进乡村全面振兴，调整农业结构，带领村民共同致富，成为他义不容辞的责任。在资金困难情况下，石宝金攻坚克难，采取“走出去，请进来”的办法，多次组织党员干部到外地参观学习发展苗木种植基地建设经验。2018年11月，石宝金成功引进4家苗木种植企业落户王小屯村，流转1800亩土地，共栽植各类苗木20余万棵，完成“森林乡村”示范项目，为村民们种下了“摇钱树”。

30多年来，石宝金先后为林州老家和新乡新家修路建桥、扶危济困、敬老重教等公益事业出资近千万元，彰显了一个企业家的高尚品德和社会责任感。在王小屯村提起石宝金，村民无不称赞。他说：“为乡亲们做点事儿，心里踏实，也是我最大的幸福和梦想！”

（河南省文明办供稿）

黄益生

退休狱警5次进藏献爱心 带动一群人情牵"雪域高原"

人物 THE STORY 故事

黄益生，男，1953年生，湖北省黄石监狱退休干部。

2014年12月24日，黄石市举办"情系曲松·牵手圆梦"爱心100结对帮扶活动，对口支援西藏曲松，退休在家的黄益生结对了西藏藏医学院大二女生旦增白玛。自此，黄益生只要时间和身体条件允许，他每年都会进藏探望。

从2015年开始，黄益生独自驾车去西藏捐资助学，到2019年，他5年5次进藏，行程4万多公里，先后向藏族同胞捐助物资（善款）18万多元。帮扶5个特困家庭，资助6名大学生完成学业，为820多名中小学生送去了新鞋、新书包。

虽有5次独自驾车进藏经历，但他一次都没有去过布达拉宫。为了省钱，黄益生吃住都在车上。停车小憩，一袋饼干、几口水就能凑合一顿，一碗泡面就是一顿大餐。他说："我节省一点，就能多帮助一些孩子和家庭。"

黄益生的进藏善举，感动了许多人。援藏干部、爱心企业家、普通居民纷纷加入向曲松贫困户献爱心的行列，结对帮扶曲松县110多个贫困家庭。

黄益生最大的心愿，就是争取到70岁时，实现第九次进藏。他说："亲戚越走越近，越帮越亲。我们每个人都可以做一粒抱团的石榴籽，民族团结之花定会绽放在祖国的每个角落。"

（湖北省文明办供稿）

张　勇

以公益之心投身慈善事业

人物 THE STORY 故事

张勇，男，1969年生，湖北省恩施土家族苗族自治州宣恩县高罗镇林业宾馆负责人。

2020年1月27日，高罗镇出现一例输入型无症状新冠确诊患者，有20余名密切接触对象需要紧急集中医学隔离。张勇主动"站"了出来，将自家宾馆改造为隔离点。当时宾馆人手不够，他既当"厨师"，又做"服务员"，做饭、送餐、消杀，一干就是30多天。疫情期间，作为高罗镇商会会长，他还筹措1.8万元口罩物资费用，为13户贫困户认购销售鸡蛋1.3万枚，主动对接捐赠果蔬的广东徐闻志愿服务小组爱心人士。在他的号召下成立了高罗镇商会公益顺风车志愿服务队，辐射带动了150余名志愿者加入其中。志愿者在私家车上统一张贴"恩施州公益顺风车"的标识，免费为群众提供搭载服务，这支队伍被评为恩施州新冠疫情防控志愿服务工作"优秀志愿服务团队"。

经历疫情"大考"后，张勇认真总结了疫情防控志愿服务经验，将公益顺风车志愿服务队逐渐发展成为一支具有社会救援、敬老爱幼、扶贫济困等多项功能的公益团队。他带领商会参与志愿服务活动180余次，动员社会力量累计筹集善款60余万元，为300余人解决了难题。

（湖北省文明办供稿）

陈立昌

让矛盾不出社区 专啃“硬骨头”的金牌调解员

人物故事 THE STORY

陈立昌，男，1950年生，中共党员，湖北省武汉市百步亭社区首席调解员。

辖区内有两户邻居因公共阳台的使用权发生纠纷，陈立昌耐心给两位居民讲邻里情分，又和当事人共同学习相关法规。在他长达一年多的努力下，两位当事人同意清理各自的物品，不再划分使用阳台范围，“剑拔弩张”的老邻居握手言和。

像这样的调解工作，陈立昌一做就是20多年。为了当好“和事佬”，他坚持法律法规学习，一本民法典密密麻麻做满了记录，同时学习沟通技巧和心理学方面的知识。从原来的邻里纠纷和婚姻家庭纠纷，发展到如今的拆迁、借贷、继承、合同、劳资、医疗、交通等各类纠纷，陈立昌处理的矛盾愈加纷繁复杂，他总是主动与公安、法院、住建、人力社保等多部门对接，做到“对症下药”。

20多年来他共调处各类矛盾纠纷1670余起，无一起投诉、无一起上访、无一起民转刑案件，成功率达99%，群众满意率达100%。年过七旬的他，无论遇到多大困难，从未放弃，始终坚持为辖区居民服务。他在调解中讲法又讲理还用心用情，在多年调解工作中总结出“四心、四情、三部曲、八个字”工作法，曾成功处置长达三年的矛盾纠纷和涉外纠纷，促成双方达成和解协议，做到了小事不出楼栋、矛盾不出社区，他是大家心中的“金牌调解员”。

（湖北省文明办供稿）

彭友良

热心“的哥”二十年免费接送老弱病残乘客三千余次

人物故事 THE STORY

彭友良，男，1978年生，湖南省长沙市出租汽车有限公司“蓝的雷锋车队”司机。

2009年11月的一天，彭友良与五名“的哥”(出租车司机的昵称）一起聚餐，提出了自己想学雷锋的想法，没想到其他人也有相同的意愿。于是，六人一拍即合，长沙市出租车行业第一支学雷锋车队——蓝的雷锋车队就这样诞生了。成立至今，蓝的雷锋车队现在已经有40名成员。14年来，他和“蓝的雷锋车队”的40名驾驶员坚持日行一善，共计开展“爱心送考”“爱心助学”“助残扶残”“无偿献血”等志愿服务147次，免费接送老弱病残乘客3100多次、爱心捐款23.7万多元。

从2011年1月开始，每逢星期三和星期六，彭友良都会免费接送身患尿毒症的徐建浦老人去医院，坚持了两年多，一直到老人家去世。2013年，83岁的戴详奶奶弥留之际，把身患残疾的养女及女婿二人托付给雷锋车队，彭友良和队友们含泪答应并一直坚持至今。

彭友良还倡议雷锋车队发起“爱心助学”行动，牺牲营运赚钱的时间，连续9年到双峰、湘乡、宁乡助学，累计捐款捐物8万多元。

彭友良常说：“在我心里，只想坚守平凡岗位，一直在路上学习雷锋，做一颗永不生锈的‘螺丝钉’！”

（湖南省文明办供稿）

杨骐铭

公交驾驶员热心公益 助人为乐十余年

人物 THE STORY 故事

杨骐铭，男，1972年生，中共党员，湖南省怀化市公共交通集团有限责任公司15路驾驶员。

2018年9月的一个晚上，杨骐铭驾驶15路公交末班车正准备离开怀化三中公交站台，看见一个女孩从校门口跑来，杨骐铭便停下等她上车。女孩是怀化三中的学生，住在城郊，父母长年上晚班，如果错过末班车，她就只能打车回家。女孩问杨骐铭，如果以后放学稍晚，公交车能不能等她几分钟。杨骐铭不仅一口答应，还主动把自己的手机号码留给她，让她以后下课较晚的时候就提前打个电话，杨骐铭会在怀化三中站一直等到她上车。

2008年，杨骐铭在公交车上认识了当时11岁的小吴及其外婆，详细交流后杨骐铭得知小吴患有先天性智力残疾，小吴年幼时，其父亲因车祸去世、母亲改嫁，出生后一直由年迈体弱的外公、外婆照顾。看到小吴外公、外婆年事已高，杨骐铭决定与小吴一家结"亲"，自此杨骐铭开始培养小吴的独立生活能力，通过不懈的努力，最终于2020年成功帮助小吴找到在汽车美容行洗车的一份工作，杨骐铭为了这一天用了12年。

这些年，杨骐铭乐于助人，热心公益，做过的善事不胜枚举。2021年春节前夕，杨骐铭得到1万元"困难道德模范帮扶金"，他把这笔爱心款捐给了公司3位家庭困难的同事，用善良和爱心为身边人送去温暖。

（湖南省文明办供稿）

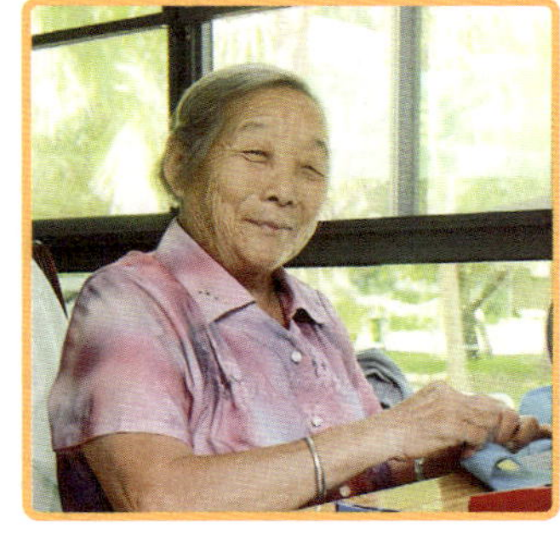

赵月英

八旬奶奶的小布袋中有着环保大格局

人物 THE STORY 故事

赵月英，女，1938年生，海南省海口市美兰区白沙门环保教育站志愿者。

2017年9月，八旬奶奶赵月英加入海口市美兰区白沙门环保教育站，成为当时站里年龄最大的志愿者。当时赵月英还不了解"环保"的概念，坚持环保志愿服务的儿子用塑料袋套在头上，向赵月英演示大自然的小动物无法呼吸的样子，在她的心里种下了"降塑"的种子。

"少用一个塑料袋，多给地球一份爱。"赵月英无意间发现自己闲暇时做的布袋备受欢迎，便主动当起了环保站的"布袋设计者"：将五颜六色的废旧布料进行清洗消毒，用手中细小的针线，把布料缝制成一个个精致美观的环保布袋，免费送给市民游客。

她每天早晨6点从滨江路乘公交车出发，傍晚6点再从白沙门环保教育站坐公交车回去，赵月英就这样整天守着一台缝纫机，四年如一日。

2018年，赵月英瘫倒在家，经过抢救才转危为安，在出院后的第二天，她又回到了环保站；2019年5月，赵月英心脏病发作，因为做手术的风险过高，医生建议赵月英多做一些开心的事。于是，八旬老人赵月英在出院第二天又回到环保站，踩着缝纫机踏板，继续做起了环保袋。在2017年至2021年的时间里，赵月英送出的环保袋累计超过3000个。

随着越来越多的老年志愿者加入白沙门环保教育站，赵月英也开始收学徒，将手中的针线活传给更多的人，用她们皲裂的手为环保生活缝制出一片绿色的希望。

（海南省文明办供稿）

何华军　张德宇

"吹哨人"及时预警山体滑坡 夫妻一句话让18户乡亲避免灾难

人物 THE STORY 故事

何华军，男，1979年生；张德宇，女，1978年生，夫妇二人均系贵州省遵义市道真自治县棕坪乡照山村村民。

2020年7月8日，张德宇像往常一样到离自己家不远的地里查看农作物长势，刚要蹲下仔细查看时，地里突然冒出一股如水桶一般粗的黄泥水。她顿时感觉情况不妙，立即通知正在老林大堰巡渠的丈夫何华军。

何华军听到妻子讲述自家土地的情况，根据地形地势和学习过的防汛减灾预判知识，判断可能要发生山体滑坡。他通知妻子赶快离开，往安全地方跑，随即向村委会报告情况。张德宇挂断电话后，赶紧呼喊周围正在干活的几个乡亲和自己一起撤离，往两边的缓坡高地上跑。

正在附近排查灾情的村干部闻讯陆续赶到事发地，一人与何华军继续观察山体异常情况，其他人与张德宇一起帮助转移附近的农户，抢救他们的财产。何华军的判断很准确，农地里的异常情况正是山体滑坡发生前的征兆。约20分钟后，山上的泥土夹杂着石头滚滚而来，山下的房屋几秒钟就被掩埋半截，有的房屋直接被巨大的冲击力冲垮。因发现及时，受此次山体滑坡直接间接影响的18户54人全部安全转移，挽救财物35万元，无人员伤亡。

何华军、张德宇夫妇对异常情况的警觉和对灾害正确的判断是此次山体滑坡灾害"零伤亡"的关键，而灾害即将发生时，两人不顾自身安危，主动帮助其他乡亲先转移，值得称赞和学习。

（贵州省文明办供稿）

杨　广

税务部门退休职工杨广坚持29年 骑摩托车为贫困山区送衣物

人物 THE STORY 故事

杨广，男，中共党员，云南省大理白族自治州大理市税务局退休干部。

杨广出生在大理一个普通的农村家庭里。1992年，一个偶然的机会，他到了大理白族自治州漾濞彝族自治县的羊厩村。他被眼前的山区贫困现实惊呆了。为此，他想力所能及地做点什么，单位对灾区捐衣捐物的善举启发了他。从此，他就开始四处收集旧衣物和日用品，进行清洗、分类、叠放后再亲自送到山区贫困村民手中。

有一年"五一"劳动节，下着大雨，杨广去漾濞一个叫罗丝白地的小山村送衣物。因为雨大路滑，摩托车已不能骑上山，他只好徒步前行，多次滑倒中扭到了左脚踝关节。但他还是背着五个沉重的登山包足足走了15公里送到村民家，回到家时已是晚上十一点。第二天到医院检查，结果是骨折。

大理市下关镇有一个贫困家庭，张彩凤老人已60多岁，多年前丈夫就已去世，留下负债累累的家和一对智力障碍儿女。2000年，杨广无意间知道了这个家的情况，从此，他就隔三差五地给他们送去一些吃的用的东西，10多年来从未间断。

29年，他走过了8万多公里山路，进过200多个山村，给520多户农户2400多位村民送去了15吨多的衣物。

一名党员的作用，就像一台机器上的螺丝钉。事实上，29年来杨广所做的一件件助人为乐的事情，就是履行一名党员的职责，诠释一名国家干部的责任。

（云南省文明办供稿）

侯　刚

电力工人保电更“保命”　救援200名秦岭失踪人员

人物故事 THE STORY

侯刚，男，1974年生，中共党员，国网杨凌供电公司职工，曙光救援队杨凌分队队长。

侯刚日常除了巡线、维护设备、开展抢修等工作外，还是一名户外运动爱好者。2012年9月，曙光救援队杨凌分队成立，他踊跃加入并担任队长一职，这一干，就是9年，除做好本职工作外，他把业余精力都放在了曙光救援队。

2018年5月，鳌山上50余名登山爱好者被困，接到任务后，侯刚带领曙光救援队杨凌分队队员赶赴现场。5月的鳌山依然有积雪，其他游客都从山上往下走时，侯刚逆行而上，经过10多个小时全力搜寻，终于找到了被暴风雪困住的游客，被群众称为“最美逆行者”。他带领队员冲锋在前，先后参与鳌山、太白山等重大户外事故救援20余次，成功救出200余名在秦岭中迷失和受伤人员。他积极组织志愿服务活动，在杨凌多所学校开展防震减灾等安全知识宣传。他带领曙光救援队队员扎实开展应急保障工作，参与杨凌马拉松赛、农高会、中高考等大型活动服务保障80余次。曙光救援队杨凌支队（集体）荣获“杨凌示范区第一届道德模范”荣誉称号。

“居庙堂之高则忧其民，处江湖之远则忧其君。”作为一名电力工人，他尽职尽责做好本职工作，服务广大电力用户；作为一名志愿者，他尽全力帮助有需要的人群，用实际行动传承红色基因，谱写自己的“公益人生”。

（陕西省委文明办供稿）

李汶静

热心志愿者坚持践行雷锋精神　投身公益事业二十余年

人物故事 THE STORY

李汶静，女，1957年生，陕西省铜川市雷锋爱心志愿服务总队队长。

1996年退休后，她开始从事公益事业。20多年来，她积极参与扶贫帮困、助残帮孤、尊老爱幼、疫情防控等志愿服务活动，多次为患病幼童、留守儿童捐资捐物，成为养老院60多位老人共同的“女儿”，帮助贫困群众销售滞销农副产品。她主动承担社会责任，注册成立铜川市雷锋爱心志愿队，下辖5个雷锋小分队，有志愿者830余人。在她的带领下，志愿队活跃在全市大街小巷，无论酷暑严冬，队员们不怕风吹雨淋，常年开展捡拾垃圾、文明劝导、绿色环保、爱心帮扶等志愿服务活动，为巩固提升铜川全国文明城市国家卫生城市作出积极贡献。疫情防控期间，她坚守一线，多次带领队员参与小区值守、物资代送、敲门问需、核酸检测点秩序维护等志愿服务。她把自己每个月2000多元的工资积攒下来，累计向铜川市红十字会捐款6万余元。李汶静还热心公益文化活动，多次走进矿区、社区开展文化义演活动。

李汶静用高尚的道德品质和无私奉献的精神感染着周围的每一个人，犹如一个火种，燎出最绚烂的美丽，汇聚出最质朴的人间温暖。

（陕西省委文明办供稿）

王 旭

“90 后”青年为 8 岁女孩捐献造血干细胞

人物 THE STORY 故事

王旭，男，1994 年生，甘肃瓜州宝丰硅材料开发有限公司精馏装置现场副操员。

2015 年，王旭在北京正式加入中国造血干细胞捐献者资料库。2018 年 12 月，王旭接到中华骨髓库电话，通知他与一名患有血液病的 8 岁女童初筛配型成功，听到患者急需救助，他毫不犹豫答应捐献。2019 年 2 月，经中华骨髓库进一步体检和高分辨分型检测确认，王旭是向患者进行造血干细胞移植的最佳提供者。2019 年 4 月 10 日、11 日在兰大二院造血干细胞采集室，王旭先后历时 6 小时共采集 168 毫升造血干细胞，成功挽救 8 岁白血病女孩的生命。成为甘肃省第 34 例、中华骨髓库第 8221 例造血干细胞捐献者，也成为甘肃省公安系统首例捐献者。

“我付出的只是一点点，但对别人来说，是很多很多。每个人活着，都在通过自己的方式去实现生命的价值，奉献是最好的方式，这件事我从未担忧退缩过，这是我人生中最有意义的事。”王旭说。

爱让生命延续，生命因奉献而伟大。他用实际行动，用人间大爱铸就了一段崭新的生命，用无私奉献为八岁的孩子续写了生命的希望，完美地诠释了助人为乐的精神内涵，他无私奉献的精神，给社会带来了巨大的正能量。荣誉属于过去，激励王旭不断前行是未来更漫长的道路，不忘初心，践行善举。

（甘肃省文明办供稿）

陈志骁

扶贫干部坚守高原 为牧民带来致富密码

人物 THE STORY 故事

陈志骁，男，藏族，1978 年生，青海省国投广源矿业有限公司投资部部长助理。

2018 年 4 月，陈志骁被选派到青海省果洛藏族自治州久治县哇赛乡折安村担任第一书记，两年来，他经常与村“两委”、村民代表召开碰头会，共商扶贫帮扶项目，争取落实青海省国投公司帮扶资金 119.8 万元，实施了乡村公路、村庄亮化、防洪设施等建设工程。他以实现牧民增收为出发点，带领村民大力建设和发展扶贫产业，2018—2019 年投资 94 万元建设折安村叶什则生态畜牧业合作社奶制品加工车间，开展酸奶、牦牛奶、奶渣、酥油等奶制品加工，产品广受消费者好评，实现盈利 165 万元，带领当地人民致富的同时还解决了部分群众就业问题。

2019 年 3 月 5 日，久治县突降暴雪，对牧民生活产生严重影响，存栏牲畜接连死亡……得知灾情后，陈志骁第一时间组织各社联点扶贫工作队赶往受灾地区，顶风冒雪查看灾情，三日内，连续走访受灾牧民 67 户。他积极协调相关部门进行灾后统计补偿工作，发放面粉 500 千克、大米 500 千克、颗粒饲料 41 吨。协调保险公司对受灾牲畜进行现场鉴定和赔偿，为 10 户群众落实赔偿 18700 元。灾情好转时牧户们纷纷竖起了大拇指，为第一书记陈志骁点赞！

作为驻村第一书记，陈志骁时刻以一名党员标准要求自己，用实际行动肩负起责任与担当，诠释了一名共产党员的本色与初心。

（青海省文明办供稿）

杨世梅

“爱心妈妈”尽绵薄之力 点燃温暖之光

人物 THE STORY 故事

杨世梅，女，1973年生，中共党员，宁夏回族自治区固原市原州区第十八小学副校长，固原市“宁南爱心公益社”发起人。

杨世梅长期坚持到社区敬老助残、到敬老院看望照顾孤寡老人、帮助福利院的孤儿。她曾在汶川地震和玉树地震发生后，第一时间带领社团成员为灾区募捐，募集善款十多万元。

固原是全国脱贫攻坚的重点示范地区，教育扶贫是阻断贫困代际传递的重要方式。杨世梅将脱贫攻坚和教育扶智相结合，发起成立了固原市“宁南爱心公益社”，帮助贫困学生累计128名，救助孤寡老人3000多人次，组织志愿服务活动100多场，服务人数达3万多人次。

2017年以来，杨世梅组织“好家风好家庭好家教”公益讲座50多场，受益人群50000人次，她的团队共帮助近千户家庭和近万名贫困学生走出教育困境，被受助群众和学生亲切地称为“爱心好妈妈”。

为了能实实在在做公益，杨世梅在原州区北塬街道靖朔门社区筹建起固原市首个留守儿童之家——“七彩梦童伴”之家，该活动项目被固原市评为2018年“优秀志愿服务项目”。

公益，是唤醒生命和温暖生命的行动，杨世梅把公益融进自己的生活，让公益事业成为生命中不可或缺的一部分。杨世梅为每一名老师都树立了榜样，让大家看到了人民教师身上的园丁精神。

（宁夏回族自治区文明办供稿）

鞠耀祥

村民舍身抢救翻车事故司机 献出宝贵生命

人物 THE STORY 故事

鞠耀祥，男，1953年生，生前系内蒙古自治区赤峰市林西县五十家子镇轿顶山村四组村民。

2020年11月4日，鞠耀祥在王金辉家中帮着垒院墙。突然一声巨响，打破了村子的平静。“这像是车胎爆了的声音！”鞠耀祥说着，抬头看到一辆满载甜菜疙瘩的大型翻斗车与一辆农用车在公路拐弯处相撞，随即传来了呼救声。他立即放下手中的活儿，一边喊附近的村民帮忙，一边迅速向事故现场跑去。

由于大型翻斗车侧翻，将一车甜菜疙瘩全压在农用车上，农用车司机被压在严重变形的驾驶室内无法动弹，鞠耀祥看到这么紧急的情况，急忙对村民们说：“快点救人！”说着急忙爬上农用车，用尽全身力气把压在农用车上的甜菜疙瘩向地上扒。他一边奋力抢救，一边安慰着司机，在鞠耀祥的带领下，人们终于将农用车司机解救出来，送到县医院救治。

看着司机被救下，鞠耀祥松了一口气。直起身，打算从车上下来继续清理身边的甜菜，他刚一转身，突然脚下一绊没站稳，从车上掉下来重重地摔在地上，随后，整个人就失去了意识。乡亲们马上拨打了120，后经医生检查，人已停止呼吸，67岁的生命永远定格在这一刻。在事故现场，当医生说人已经去世时，村民们泣不成声，难掩悲痛的情绪。

鞠耀祥在危急时刻挺身而出，见义勇为，用行动践行了当代雷锋精神。

（内蒙古自治区文明办供稿）

周旺海

花甲老人用生命托举起落水儿童

人物故事 THE STORY

周旺海，男，1953年生，江苏省苏州市吴江区松陵街道居民。

2020年9月12日9时许，在西塘河边的岸堤上，附近的居民像往常一样，有的在锻炼，有的在散步，有的在带着孩子玩耍。突然，在桥东南侧凉亭边上，一个孩子不慎从小区栏杆尽头掉进了河里。就在众人不知所措之时，周旺海不顾水深跳入河中，抱住了落水的小孩。

因凉亭边上的水深超过人头，周旺海拽起孩子后，只能向岸上托举。路过的几名年轻人趴在岸边，后面的人抓紧前面人的脚，成“接龙”状，伸手去拉孩子。由于河岸笔直，水面距地面有一米多，周旺海试了几次，不断尝试变换托举方式，才让岸上的人抓住了孩子，并拖上岸去。之后，大家又奋力将周旺海从河里拖上来，拖拉了三次才最终成功。

事后，周边几位爱心人士找来一根三米左右的竹竿探测水深，没有见底的感觉。周旺海在回忆时说：“没想到水会那么深，笔直的石驳岸没有一点支撑。我开始想探一下水深，结果根本探不到，只好两脚在水里做踏水车状。这次真有点险，但我亲眼看到孩子落水，怎能见死不救?”

（江苏省文明办供稿）

吕汉成

六旬老汉勇救两男童 寒冰不挡热血奔涌

人物故事 THE STORY

吕汉成，男，1958年生，中共党员，江苏省镇江市丹徒区辛丰镇于南村村民。

2021年1月10日16时，吕汉成路过镇江市丹徒区辛丰镇于南村塔岗自然村锣鼓塘时，突然听到水塘里有挣扎和呼救的声音，竟然是两个孩子在水里扑腾。当天最低气温只有零下8摄氏度，水塘里结了厚厚一层冰。吕汉成来不及多想，飞快地跑到水塘边，翻过栏杆，连衣服都来不及脱，“噗通”一下跳进水塘，凿开冰拼命地游向两个孩子。他使出浑身力气朝着孩子游去，先游向靠近岸边的小男孩，紧紧抓住小男孩的外衣，顺势用力抱住。已经冻得快失去意识的孩子像抓住了救命稻草，紧紧地拉住吕汉成的手。待将人救上岸后，吕汉成顾不上休息，再次跳进水里营救另一个孩子。

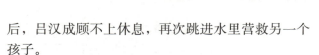

当两个小朋友都脱离危险时，吕汉成已经筋疲力尽。其中一个小朋友的家长及时赶到，另外一个小朋友由于在水里的时间太长，冻得已经不能站立。吕汉成联系不到孩子家长，咬牙坚持将孩子抱回家，帮孩子换下湿衣服、擦干身体、裹紧棉被，用取暖器给孩子取暖。折腾了好一阵子，男孩终于慢慢缓了过来，而自己身上湿透的衣服都没来得及换。吕汉成的热心肠在村里也是出了名的，谁家遇到困难他都会主动搭把手。他时常挂在嘴边的一句话就是：“作为一名共产党员，这都是应该做的!”

（江苏省文明办供稿）

见义勇为

王宁

勇敢青年不畏严寒毅然跳河救人

人物 THE STORY 故事

王宁，男，1994年生，江苏省南通友瑞汽车销售售后服务部经理。

“不好了！有车掉河里了，还有人在里面，快来救人！”2020年12月18日16时20分许，无锡市滨湖区青祁桥一辆小汽车掉进河中，车身大部分被淹没。正在距离事发地点100多米的汽修店上班的王宁听见群众呼救有车落水，立即赶到事发地点。听说驾驶员还在车内，王宁不顾自身安危，毫不犹豫地跳入湍急而冰冷的河水中。事发地点水流湍急，王宁在身上缠了绑带，由岸边人员紧紧拉住，快速向河中的车辆游去。“砰！砰！砰！”，随着一声声榔头的敲击，车窗在车辆下沉前被砸开，驾驶员小郁从车内被成功拖出。随后，小郁在赶来的民警和群众帮助下被救上岸，汽车于晚上9点被捞起。

“当时也没想天有多冷、水有多寒，就知道一定要把人救出来。水流很急，下水的一刻像被电了一样激得浑身颤抖，身上也受了点伤，但是和救人相比那不算什么，惊险过后心里面被救人一命那种强大的幸福感包围着，为能成功救助别人而感到高兴。”事后记者采访时，他这样说道。

（江苏省文明办供稿）

见义勇为

邵建新

78秒拯救落井生命

人物 THE STORY 故事

邵建新，男，1977年生，浙江省金华市婺城区新狮街道杨家相村村民。

2020年11月1日10时15分，杨家相村的小姑娘欣怡在村中的井边玩耍，手上还拿着手机打视频电话。村中小路众多，随后出门的奶奶沈玉清在村里和欣怡走岔了路。突然一只小狗蹿了出来，欣怡在慌乱之中撞到井沿，掉进了水深达4米的水井里。水井就位于杨家相村委会门口，当天，村里正为换届选举召开村民代表大会。幸运的是，井边洗菜的村民发现了落水的小欣怡并及时呼救，在附近村委会开会的邵建新听到求救声迅速冲了出来，二话不说就跳下了水井，将孩子使劲往上托，和在井边的其他村民一起努力将孩子救了上来。3岁的欣怡从落井到最终获救，仅用时78秒。这短短的78秒时间，邵建新奋不顾身救小欣怡的事迹被“学习强国”、《金华日报》等多家媒体报道后，大家纷纷赞扬他的英雄事迹，邵建新却说：“这没什么好说的，第一反应就是救人，大家一起齐心协力把人救了。”

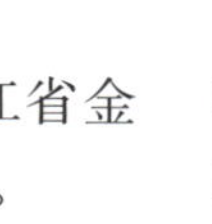

（浙江省文明办供稿）

周红梅

水上救援志愿者：坚守岗位　救护生命

人物 THE STORY 故事

周红梅，女，1968年生，福建省建瓯市水上救生志愿者大队队员。

2018年7月10日傍晚，周红梅在建瓯市建溪河上游日常巡查时，有几名游泳爱好者跑来找到她说："那边有个老人看样子像是有点游不动了，你得去看看。"周红梅立即前往查看，发现河中游泳的老人有被逆流的河水冲走的可能。来不及多想，周红梅立马带上随身的救生圈跳入了河水中，用最快的速度游到了老人的身边。她将救生圈递给老人，救生圈连着绳子，绳子的另一端绑在周红梅的身上，顺流向河岸慢慢游去。没多久，其他的救生队员赶来了，老人随着周红梅等救生队员游回了岸上，脱离了危险。

同年8月4日，周红梅在建溪河中游泳，她注意到身边不远处一位正在游泳的老人体力不支。周红梅立即游到了老人身边，陪着他慢慢恢复体力，直到其他救生队员赶来，利用救生圈救援，才最终将老人送回岸边。

周红梅从未落下建瓯市水上救生志愿者大队的集中训练，练就了一身过硬的救援本领，参与救援行动近20次。她每年都要深入社区、乡村、学校、公园等地宣传水上安全知识。

周红梅人如其名，就像红梅之花，不畏严寒，向阳绽放，用自尊自信锤炼了美丽的人生，也用自立自强谱写了人生的精彩篇章。

（福建省委文明办供稿）

见义勇为

阮海龙

好职工火海奋勇扑救　自己不幸被烧伤

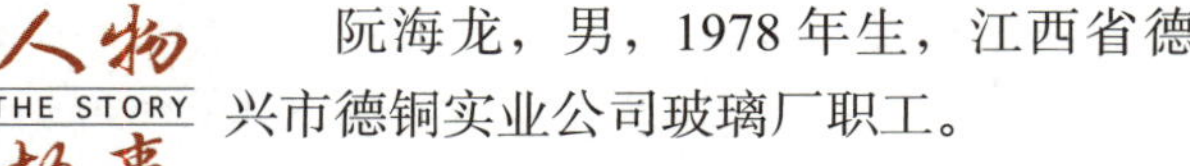

人物 THE STORY 故事

阮海龙，男，1978年生，江西省德兴市德铜实业公司玻璃厂职工。

2020年10月14日13时20分左右，阮海龙准备开车去上班，刚出楼道口，就发现对面8栋103室厨房内火光冲天。当时正值午休期间，起火点的附近停有10多辆小车，阮海龙意识到险情的严重性，如不及时控制火势，引发液化气瓶爆炸，其后果不堪设想。

阮海龙迅速从车内取出灭火器跑向起火厨房，该厨房紧贴一楼楼道口，而且面积不大。当阮海龙推开厨房门时，发现熊熊的火焰是从一铁锅里蹿出的，而在距铁锅只有20厘米左右的灶台下，液化气瓶的皮管也在着火。阮海龙用灭火器灭火的同时，快速接近液化气瓶。正当阮海龙准备一手握灭火器灭火、一手弯腰去关液化气阀门时，突然升起的火焰将阮海龙的左脸和左手烧伤。尽管如此，阮海龙还是冒险将液化气的阀门关闭了。

灭火器的干粉已经用尽，但铁锅里火势没有得到完全控制。阮海龙强忍着疼痛，先将菜板盖在铁锅上，而后又把摆放在门口的垫子用水浸湿盖住铁锅……直到听到消防车开到的声音，阮海龙才回家用清水对伤口进行冲洗。

"经检查，阮海龙的烧伤面积为4.5%，属于浅二度。"2020年10月15日，主治医生告诉前来看望阮海龙的人，"如果他在第一时间对伤口进行冷水清洗，伤情可能会好些，但他延误了几分钟的及时清洗，加深了伤情，所幸没有生命危险。"

（江西省文明办供稿）

杨金莲

好大姐勇闯火海救老人

见义勇为

人物故事 THE STORY

杨金莲，女，1966 年生，江西省赣州市信丰县城市社区解放东路社区居民。

2020 年 7 月 8 日中午，杨金莲跟往常一样下班回到自己的出租屋，突然她闻到一股浓烈的煤气味，循着气味来源，发现是从隔壁一位 70 多岁的独居老人家中冒出来的。人命关天，杨金莲来不及多想，一刻也不敢耽搁，冲到老人家中为她关掉煤气。但由于室内煤气浓度过高，就在关煤气的那一刻，发生了爆炸，引发了火灾，杨金莲瞬间被火球包围，疼得不停地在地上打滚，烧伤面积较大，生命垂危，后被人救下由 120 救护车送至信丰县人民医院抢救，医院给出的诊断结果为：全身深二度烧伤 40%，存在间歇性的休克症状。由于病情危急，经过医院医生的集中会诊，事发第二天转至赣州市市立医院的 ICU 进行抢救。

治疗的过程是一个身体剧烈疼痛和内心无比煎熬的过程，日常只能靠止疼药来缓解，后期还有几次手术配合漫长的康复期。

有人问她：“你咋这么拼命呢？你也不怕！”杨金莲说：“怕，但是那时真没有想太多，当时的第一想法就是要赶紧替老人家关掉煤气，不要引发危险。”

危险面前，杨金莲没有退缩，用自己的行动诠释了一个普通居民见义勇为、救急救难的精神本质，彰显了一个平凡好人的崇高品质。

（江西省文明办供稿）

叶秋根

女子落水危在旦夕
他不顾八级伤残跳进冰冷河水救人

人物故事 THE STORY

叶秋根，男，1978 年生，江西省萍乡市安源区白源街大陂村村民。

“多谢救命之恩，你们的这一善举，挽救了我们这个家庭，非常感谢！”2021 年 1 月 4 日上午，家住上栗县彭高镇泉溪村的小叶，怀着感恩之情来到大陂村委会，将锦旗送到大陂村低保户叶秋根手中，并拉着他的手连声道谢，感谢他危急时刻，不顾个人安危挺身而出，将落水的女儿救起。

事情发生在 2020 年 12 月 23 日，一年轻女子因驾驶摩托车不慎落水，从高坑镇的河道一直漂到白源河（大陂段），叶秋根不顾自己的重感冒及八级伤残，一个猛子扎进冰冷的河里援救落水女子，成功将其拉上岸并送上 120 急救车。事后，落水女子家人找到他当面致谢，他婉拒了落水女子家人送来的谢礼。在自身身体条件不太好的情况下，还能勇救落水女子，许多人都纷纷竖起大拇指，向他点赞致敬。

叶秋根早年前在河里还救过两名村里的小孩，为身边的人做事从不讲报酬，不图回报，得到了邻居和朋友的尊重和赞誉。他在工作上勤劳苦干、任劳任怨，善待身边每一个人，谁家有个大事小情都热心地去帮助，默默无闻地生活着，从不与人攀比，不管是工作还是劳动都抢着干，大家都非常喜欢他。

（江西省文明办供稿）

刘法强

好邻居三进火场　勇救79岁独居老人

人物故事 THE STORY

刘法强，男，1965年生，山东省青岛西海岸新区藏马镇横河川村村民。

2019年5月3日11时左右，刘法强正在自家的一处空屋子院内喂猪。忽然，他听到几声断断续续的呼救声。刘法强抬头一看，发现隔壁的老人家里蹿出滚滚浓烟。“不好，着火了！”刘法强猜想，老人可能是做饭用火不当引发了火灾。此时火焰已蹿到了房顶上，刘法强只想着抓紧灭火救人！他全然不顾冲天火势，迅速冲进了老人家中。老人因惊吓过度，已瘫坐在地上，刘法强立刻上前将老人扶起，将她搀扶着离开火场，安置在安全区域。

由于着火房屋老旧且又是砖木结构，火势愈发猛烈，刘法强顾不上被烧伤的手臂，再度冲进屋内查看火情。仔细一看，着火的是老人家里的厨房，煤气罐在炉灶下面呼呼冒火，随时有爆炸的危险。刘法强拿来自家毯子和老人家门口旁堆放的旧衣服，用猪圈外面的猪尿打湿毯子和旧衣服，披着毯子再一次冲进火场将煤气罐搬了出来，并隔着衣服迅速将煤气罐阀门关闭，防止了煤气罐爆炸事故的发生，成功避免了更大的伤害。大火也在赶来邻居们的共同努力下被扑灭。

水火无情，人间有爱。大火面前刘法强没有丝毫犹豫，三进火场，帮助79岁独居老人脱险，他说：“当时没想那么多，就想着先救人救火，都是老邻居，以后遇到这种情况还会救！”

（山东省文明办供稿）

王炎利

村支书跳入冰冷河水救起落水女子

人物故事 THE STORY

王炎利，男，1973年生，中共党员，河南省孟州市城伯镇后姚村党支部书记、村委会主任。

2020年12月20日8时许，正在后姚村巡察的王炎利接到一个紧急电话：“炎利啊，你快来新蟒河这边，有人落水了！”王炎利急忙驱车赶往出事地。冬天的新蟒河水不算深，可令人担忧的是水流湍急且河水冰冷刺骨，落水女子不知在水里泡了多久，已经浑身僵硬发抖、神志不清。在等待消防救援到来的过程中，女子二次被水流冲走，情况十分危急，王炎利来不及等消防人员赶到现场，与岸边民警进行简单沟通后，脱下棉衣跳入河中。王炎利在冰冷的水里艰难向前，奋力游向落水女子，由于落水女子已经失去意识，无法配合救援，王炎利只能用手抱着落水女子往回游。冰冷的河水冻得他手指冰凉、浑身麻木，湍急的水流差点把他冲走，王炎利不敢大意，一点一点往河岸边移动，最终在岸上民警的帮助下，将女子救上了岸。

其实，这并不是王炎利第一次救人。早在几年前，在河南汝州，同样是冬日的清晨，他开车途中发现一辆客车翻入河中，他把车停在路边，急忙跳入河中，敲破车窗玻璃救起十多人。最后，看到被救人员安全无恙后，他才开车离开。

（河南省文明办供稿）

王永恒

救援志愿者坚守湘江边 九年挽救三十多条生命

人物故事 THE STORY

王永恒，男，1964年生，湖南省株洲冶炼集团股份有限公司退休职工。

2020年8月1日17时许，王永恒正在湘江边巡查。突然，他发现离岸20多米远的江中有一只手在拼命拍打水花，头已经完全没入水中，情况十分危急。他来不及拿救援工具，飞速跳入湘江中，用最快的速度游向落水者，冷静地抓住他的手，挽住其腰部，使劲往水面上托。由于救援及时，这名11岁的落水者只呛了几口水，但脸色被吓得惨白。原来他跟着爸爸来江边游泳，但没有带任何救生用具。王永恒把孩子救上来后，语重心长地告诉他："生命只有一次，一定要杜绝野泳！"仅过了一天，王永恒又在天元大桥附近湘江中救起一名六旬老人。

王永恒坚持在炎热的季节里开展湘江边义务巡查，劝导市民不要野泳。他挽救的远远不止两条生命。仅2020年，王永恒就凭借专业救援水平救起5名溺水者，与其他志愿者共同救起2人。退休后九年时间里，他独自救起溺水者15人，与其他志愿者配合救起17人，总计32人。为了更好开展救援，他还自费购买了冲锋舟、皮划艇等救生器具，并到外地认真学习公共安全潜水知识。

在王永恒的影响下，越来越多的志愿者加入湘江防溺水义务救援，用实际行动守护着众多人的生命线。他是湘江边当之无愧的生命守护神。

（湖南省文明办供稿）

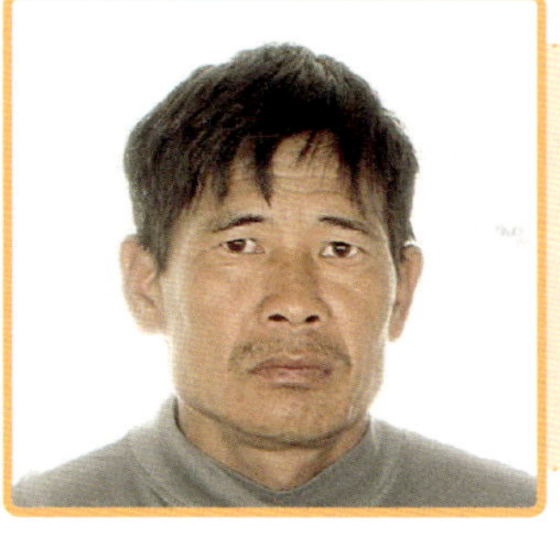

樊金荣

好村民用生命挽回他人生命

人物故事 THE STORY

樊金荣，男，壮族，1961年生，生前系广西壮族自治区来宾市忻城县城关镇古尧村古尧屯村民。

2020年8月，瓢泼大雨下了将近1个月，忻城县域内的河流普遍河水暴涨，水流湍急。8月26日18时许，城关镇古尧村古尧屯少年樊家兴在通过该屯古彩坝时，不慎从坝上落入水中。与樊家兴同行的两三个小伙伴见状，立即大声呼救。59岁的樊金荣此时恰巧在河边钓鱼。听到呼叫声后，他立即扔下鱼竿，一边跑，一边脱衣服，从200米外快速飞奔到少年落水的位置，不顾水流湍急，毫不犹豫地纵身一跃跳进5米多深的河中。

时间就是生命，他用两臂拨开哗啦啦的河水，在奋力向前游了一段距离后，终于游到了樊家兴身边。然而，落水少年因不识水性和极度恐慌拼命挣扎，樊金荣刚刚抓住他，就明显感到了吃力，但没有放弃。因河水暴涨，坝下水流形成旋涡，根本无法将落水少年拉出该水域。湍急的河水中，年近花甲的樊金荣，心肺呼吸变得急促，手脚越来越无力，但他仍全力以赴地托举樊家兴近20分钟。村民将樊家兴拉上大坝后，正准备对樊金荣开展施救时，樊金荣却因托举时间久，又被大水多次冲击，一个旋涡袭来，体力不支而沉入水底，不幸遇难。

樊金荣作为一名普通群众，没有受过专门训练，但是危急时刻却能奋不顾身、挺身而出舍身救人，生命永远定格在了59岁，他就是真正的平民英雄。

（广西壮族自治区文明办供稿）

肖 翔

退伍军人不改其志 不顾重伤仍跳水救人

人物 THE STORY 故事

肖翔，男，1970年生，中共党员，云南省昭通市盐津县市场监督管理局职工。

2020年6月13日，已经50岁的肖翔同志到盐井镇柏树村走访扶贫帮扶对象后返回途中，突然听到有人高呼“有人被淹了！快来救人……”作为一名党员和退伍军人的本能驱使，他毫不犹豫地向呼救方向跑去。可在临近游泳池时不慎后仰滑倒。但他顾不上检查剧痛的后脑，立即爬起来跳入游泳池中，及时救起了溺水者，又立即对他实施了心脏复苏急救。当溺水者恢复了呼吸及心跳后，肖翔才发现自己衣服上血迹斑斑，用手一摸后脑，竟然有一条长长的口子，鲜血止不住地流。他赶到新区医院进行包扎并缝了8针。

事后，被施救者想重金酬谢他，肖翔婉拒了，他说这是作为一名党员、军人的天职。

1991年12月1日，肖翔退伍后乘坐火车回乡，行至河南省汤阴县时，突然听到广播：“当兵的和党员立刻去车厢救火！”肖翔迅速向起火处跑去。赶到时，那车厢已成一片火海。最终，在大家的共同努力下火被扑灭，挽救了国家和人民的生命财产损失。

肖翔同志在工作时高度自律，认真负责，勤恳实干，受到领导和同事的称赞；在生活中见义勇为、助人为乐、真诚坦率，受到邻里和辖区群众的信任和好评。

（云南省文明办供稿）

李胜利

见义勇为

乡镇干部路遇险情 三次潜入河水勇救14岁学生

人物 THE STORY 故事

李胜利，男，1963年生，中共党员，陕西省商洛市山阳县中村镇财政审计干部。

2019年10月27日上午，李胜利驱车路经山阳县高坝店镇时，发现河堤边有几个学生在慌张地呼喊。他意识到可能出什么事了，急忙下车跑去询问，得知有人落水后他没有多想，边脱外套边向着岸边学生所指的方向，一头扎进4米多深的水中。

由于河水较深且较为浑浊，他两次潜入水中均未寻到，但他没有放弃，换了口气又第三次潜入水底，这次他终于摸索到了溺水者的衣服，他毫不犹豫就往岸边拖，拖到水坝上后，岸边群众很快前来帮忙一起把溺水者拖上岸。上岸后，溺水女孩面色发白，已经没有了呼吸，他立即进行心肺复苏，经

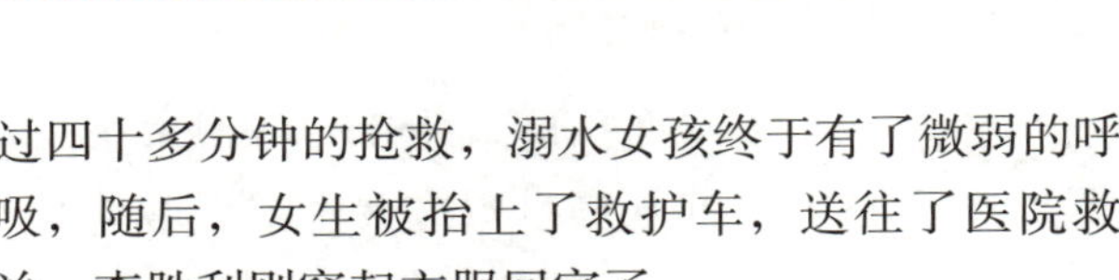

过四十多分钟的抢救，溺水女孩终于有了微弱的呼吸，随后，女生被抬上了救护车，送往了医院救治，李胜利则穿起衣服回家了。

事后人们了解到，被救女生名叫小苗，今年14岁，当天小苗和同学到河边玩耍时不慎落水，被救起后，由于病情严重，被紧急送往了西安交大第二附属医院治疗。据医生介绍，小苗溺水时间长，好在救援及时，措施得当，否则后果不堪设想。

说起救人一事，李胜利说：“当时下水后特别冷，并没有想太多，我水性比较好，年轻的时候经常游泳，也参加过救援培训，所以才毫不犹豫地跳水救人。”

（陕西省委文明办供稿）

褚吉亮

中医大夫严守家训 “五免一减”服务每一位患者

人物故事 THE STORY

褚吉亮，男，1982年生，中共党员，山西省侯马市新田乡卫生院副院长、主治医师。

2005年从医以来，始终坚持医者仁心的原则，对待患者不分家庭境况是富是贫、社会地位是高是低，始终把患者的生命健康放在第一位。在一次“献爱心义诊活动”中偶然知道了75岁的郭大爷胃癌切除术后，腰部又患脊椎肿瘤，生活不能自理。省城某医院认为，不排除胃癌转移的可能，若再手术，生命存活率不足50%，由于患者行动不便。褚吉亮大夫每半个月准时驱车到老人家诊治，经过一年的治疗，老人终于可以生活自理。

为民行医做到一是免收挂号费，10年为群众节省100多万元。二是免收处方、检查、诊断费，10年为群众节约400多万元。三是免收处置费，10年为患者省下27万多元。四是免收出诊费，10年为大家节省12万元。五是免收针灸费，10年为患者省去9万余元，10年为群众节省医药费500多万元。此外，对家庭困难的患者，药费也适当减少。

褚吉亮大夫一直保持着高度的责任心、良好的职业道德、严谨的工作态度，不断地将传统中医同现代医学相结合，苦心钻研，反复论证，付诸实践，使许多疑难杂症患者摆脱了长期病痛的折磨，得到群众的广泛好评。

（山西省文明办供稿）

许有根　朱忠花

一生信守对母承诺 夫妻合力照顾弟弟近五十载

人物故事 THE STORY

许有根，男，1948年生；朱忠花，1952年生；夫妻二人均为江西省贵溪市金屯镇黄梅村村民。

许有根15岁时，父亲因病去世，尚未成年的许有根早早挑起了家庭的重担。10年后，病重的母亲也撒手人寰，临终前拉着许有根、朱忠花夫妇的手，嘱咐他们要照顾好年幼的弟弟许有文。许有根含着眼泪，向母亲保证，一定会照顾好弟弟。一个承诺，信守一生。许有根、朱忠花夫妇将母亲的嘱托作为自己的责任，将弟弟带在身边。许有文自幼体弱多病、身材矮小，成年后也未能婚配，一直和哥哥嫂嫂生活在一起。“长兄如父、老嫂比母。”几十年来许有根夫妇从不嫌弃弟弟，始终对许有文照顾有加，一家人和和睦睦，传为乡间美谈。

2018年11月，年届六十的弟弟许有文突发脑出血导致半身不遂。年过七旬的许有根、朱忠花夫妇带着他四处求医问药，从金屯卫生院到贵溪市人民医院，最后选择在鹰潭市中医院接受治疗，一住就是132天，每天抱上抱下、擦洗身子。出院后，每天都用轮椅推着弟弟外出散步、晒太阳、乘凉聊天……许有根两口子都从不厌烦。

“当年答应母亲的事，再苦再难也要做到。再说，这辈子有缘做兄弟，就应该好好珍惜。”许有根说。有爱才有家，一路风雨、一路坎坷，正是源于对母亲的承诺和对亲情的珍惜，才让这个原本不幸的家庭变得更完美、更温馨。

（江西省文明办供稿）

李　垒

出租司机拾金不昧 连夜送还25万元现金

人物 THE STORY 故事

李垒，男，1985年生，河南省驻马店市上蔡县大路李乡朱里桥村村民，广州明通汽车出租有限公司出租车司机。

2020年10月13日，李先生搭乘李垒的出租车到达目的地后，付过车费就匆匆走了，遗留一个红色袋子在后排座位上。李垒在交班时发现了红色袋子，他打开一看，内有大量现金。他立即上报公司值班人员，并叮嘱对班司机，车上放着乘客遗失的物品，不能私自处理，先送回公司。

直到几个小时后，乘客李先生才联系上李垒，乘客焦急地说，他装有25万元现金的钱袋子可能忘在车上了。李垒立即告知失主不要着急，钱找到了，并询问了失主的地址。电话挂断后，李垒通知对班司机，并与对班司机一起赶至酒店把钱送到失主手里。李先生点算后，255000元现金分毫不差，他感动道：“感谢！真是太感谢你了！这笔失而复得的钱可真是救了我们一家人的命。”《广州日报》客户端、广东卫视公共频道DV现场栏目先后以《的哥拾获25万余元现金　拾金不昧连夜送还》为题，对李垒拾金不昧的事迹进行了深入报道。

拾金不昧，是一种传统美德，也是一个人高尚道德情操的体现。捡拾到25万元是偶然的，但李垒面对巨额现金那份心底无私、拾金不昧、诚实守信的品格却是温暖人心的必然。

（河南省文明办供稿）

范敬超

退休干部践行承诺 打造万亩产业园带领乡亲脱贫致富

人物 THE STORY 故事

范敬超，男，1948年生，中共党员，四川省乐山市井研县繁盛杂交柑橘专业合作社党支部书记。

青年时代的范敬超对家乡的贫穷看在眼里、急在心里，他暗下决心，要致力建设家乡。2007年从省政府救灾办退休后，他返乡创建专业合作社，成立柑橘产业协会，始终坚持品质至上，合力打造“井研柑橘”区域品牌，凭借诚信经营、真诚待人、潜心做事，通过“大园区＋小业主”双创经营模式，吸引了众多业主加盟，走出一条丘区农业现代化发展的成功路子，形成了如今的百里产业大环线，辐射带动乐山、眉山等周边县区的16个乡镇64个村，人均增收6000余元。一年四季，果满枝头，绿了荒山，富了百姓。

他打造的“超果”杂交柑橘，荣获2019年四川省优质品牌农产品，同年，他创建的井研县柑橘现代农业园区被四川省人民政府评为“四川省三星级现代农业园区”。十几年来，范敬超实干、苦干加巧干，兑现了他创建橘梦园带领众乡亲脱贫致富的承诺。范敬超的目标远不是只建好6万亩果园，他将继续促进川内更多丘区经济发展，让丘区经济发展的成功模式带动更多老百姓实现中国梦。

（四川省文明办供稿）

刘 约

税务干部创建“劳模工作室”阻断涉税风险让纳税人暖心

人物 THE STORY 故事

刘约，女，1970年生，中共党员，国家税务总局铜仁市税务局督查内审科副科长。

自从事税务工作以来，刘约始终牢记一定不能让国家税收有分毫流失，要让纳税人“暖心、满意、信服”的誓言。在国家税务总局铜仁市碧江区税务局工作时，面临全面营改增，碧江区建安、房地产行业的税收管理服务由刘约所在的部门承接。初接这项工作时，她心里也没有底，于是带领同事查资料、做调查，一起梳理行业管理税收政策，反复探索制作房地产行业税费计算模型，把13类税费种的政策都摸得清清楚楚。近年来，这两个行业的税收收入每年递增近亿元。

刘约创建“刘约劳模创新工作室”，在以“简事快办”为创新提升纳税人办税满意度的基础上，瞄准“提速减负”精准发力，让纳税人提升办税体验满意度；同时，探索“零距离”风险阻断纳税人涉税风险，制作风险管理模型立体评估纳税信用等级，第一时间阻断纳税人涉税风险，年均减少税收流失千万余元。

为更好开展纳税服务政策宣传，刘约开办集训和夜校，走访纳税人，建立11个QQ群、2个微信群，吸纳群成员6414户次，她每天坚持在线12小时以上，每年辅导纳税人万余人次。

（贵州省文明办供稿）

王显明

一家三代接力90载守护红军墓

人物 THE STORY 故事

王显明，男，1969年生，中共党员，陕西省汉中市镇巴县永乐镇新时村村民。

今年52岁的王显明，从爷爷王文章算起，一家三代人看护镇巴县永乐镇天池寺安葬着红军烈士的小山丘已经90年了。1976年，王文章逝世前对儿孙说：“孩子，你们一定要把红军墓看管好，红军是我们的救命恩人呐。”1992年，王显明见父亲年事已高，便从父亲手中接过看护红军墓的接力棒。

要守护好这片近40亩的山岗并不容易。每到春夏季节，灌木丛生，杂草疯长，即使是农忙季节，王显明都要不顾劳累去清理，二十几年来不知道用坏了多少把柴刀、被荆棘挂破了多少件衣服、手上磨起了多少血泡，每逢大雨，他顾不上自家土房的排水沟，总是披件蓑衣冲进雨里就去墓地挖沟排水，生怕烈士墓被山洪损毁。近年来，红军墓地逐渐被当地政府和社会知晓并引起了重视，前来考察和瞻仰的人多了起来，为了让大家方便进出，他又请亲朋邻居帮忙挖出了几条供行人祭拜的羊肠小道。

王显明，一个再普通不过的农民，他用高尚的执着为信仰坚守，用生命守望着生命的宁静，守望着我们民族的魂和根，当抛洒热血的英雄远去，化作烈士陵园那永不磨灭的灵位时，当我们缅怀先烈，歌颂他们为祖国和平人民幸福作出的牺牲时，也要记住在英灵背后那个默默无闻的守护者。

（陕西省委文明办供稿）

张秋良

退伍老兵一生守一诺 初心不改守护烈士英魂40年

人物 THE STORY 故事

张秋良，男，1961年生，新疆维吾尔自治区塔城地区沙湾市东湾镇卡子湾村农民。

1979年清明节，已经入伍两年的张秋良随部队到沙湾驻防。清明节那天，部队首长带领战士们去祭拜烈士，烈士的事迹深深感动了张秋良。

7位烈士分别来自陕西、四川、山东、河南、江苏。20岁的胡咸真1973年入伍，是驾驶班的战士。1975年部队建营房，他去乌鲁木齐拉运水泥，路遇沙尘暴，车翻在路基下牺牲了。栗新喜，1973年入伍，是一名饲养员，1975年初，栗新喜去东湾人民公社买饲料，归途中因车祸牺牲，当时只有21岁。还有谷克让、牛书君、陆金灿、秦大瑞、阮延福的事迹，张秋良都一一铭记在心。

年轻的张秋良被从未谋面的战友的事迹深深震撼。“他们奉献了自己宝贵的生命，长眠于此，在我心中他们是英雄。”张秋良说。

1983年，退役的张秋良带着新婚的妻子一起返回沙湾，开始默默守护战友的墓。

40年来，他一边务农，一边守护着7位烈士的墓地，积极寻找烈士的亲人。截至目前，他已经联系到4位烈士的家人。2019年，其中两位烈士的家人还专门从陕西来沙湾祭奠烈士。

张秋良还默默为村里两位无血缘关系的“父母”养老送终，把“忠”献给了素不相识的战友，把“孝”送给了没有血缘关系的“父母”。“烈士的亲人就是我的亲人，守护烈士墓、孝敬烈士家属是我一名老兵应尽的义务和责任。”张秋良说。

（新疆维吾尔自治区文明办供稿）

刘博强

“老首钢”变身制冰师　期待圆梦冬奥

人物 THE STORY 故事

刘博强，男，1977年生，北京首钢园运动中心运营管理有限公司第一代制冰工，领衔首钢北京园区国家体育总局冬季训练中心冰壶馆赛道制冰工作。

国家队入驻首钢冬训中心，他早出晚归、苦练技能，全面掌握了冰球、短道速滑、花样滑冰赛场冰面的制作维护工作，为国家队备战北京2022冬奥会作出了重要贡献。2017年7月，刘博强报名首钢组织的制冰技术培训，在首都体育馆培训了3个月，一周5天，一天10个小时，周六日也不休息，主动加练。他给自己定下了一个小目标，每天都要全身心投入工作，精心呵护好场馆的每一寸冰面，助力国家队训练取得好成绩。

近年来，刘博强制冰技艺精进，出色完成了冰壶、速滑、花滑三支国家队160余人的冰上训练与北京市第一届冬季运动会、2018年花滑俱乐部联赛总决赛、国家冰壶队选拔赛等各类重要赛事冰面的维护工作。他还有一个自己圆梦的大目标：百尺竿头更进一步，技不惊人誓不罢休，到2022年冬奥会的时候，成为一名首钢“制冰大工匠”，现身服务保障冬奥会的赛场，为我国冰上运动的蓬勃发展贡献一份力量。

（首都文明办供稿）

林则银

从云贵高原布依族山寨走出的“社区天使”

人物 THE STORY 故事

林则银，女，1974年生，中共党员，天津市北辰区瑞景街宝翠花都社区党支部书记、居委会主任。

她严格落实党建属地责任，探索“五常五送”服务体系：常敲空巢老人门，嘘寒问暖送贴心；常串困难群众门，排忧解难送爱心；常叩重点人群门，沟通疏导送舒心；常守居民小区门，查防管控送安心；常开休闲文明门，和谐追梦送欢心。2020年，“五常五送”经验做法在全天津市得到推广，林则银受邀相继到市委组织部、南开区、河东区等分享“五常五送”工作法。

新冠疫情期间，她充分发挥党建引领基层治理在疫情防控中的优势，组建“党员先锋突击队”，下设巡逻值守、心理疏导等7个小分队，她把办公室当成了“家”，24小时站在疫情防控第一线。

由于长期繁重的工作，林则银脊柱严重变形，继而引发心脏问题和身体麻木，但她依然忘我工作。她以云贵高原女性特有的太阳般的炽热、月亮般的真纯和吃苦耐劳、百折不挠的韧劲，开创了社区工作新局面，由她创建的社区“13579”工作法被民政部评为“全国十佳”，“五常五送”工作法在全市得到推广。

（天津市文明办供稿）

李瑞芝

心中一团火燃烧在抗疫一线

人物 THE STORY 故事

李瑞芝，女，1965年生，生前系河北省石家庄市新华区西苑街道国泰街社区居委会副主任（兼职）。

李瑞芝是一个思想上立场坚定，工作中任劳任怨，生活上乐于助人的人，她还积极参加各类公益活动，得到辖区居民和邻里群众的一致称赞。跟她接触过的人都亲切地称呼她“李姐”。

“李姐”生前一直渴望加入党组织，很早便递交了入党申请书，她始终以党员的标准严格要求自己。在抗击疫情的关键时刻更是挺身而出、恪尽职守。

2021年1月，李瑞芝负责社区的沟通联络、信息统筹等工作。当时的任务是要在3天内完成辖区全员核酸检测，真的是时间紧、任务重，但人员又严重不足。为确保按时完成任务，李瑞芝主动请缨赶赴检测点位，并从1月6日清晨到7日傍晚，一直坚守在工作岗位。7日晚6时许，正在和其他同志们一起进行现场采样时，李瑞芝突感不适晕倒在岗位上，最终于当晚因心肌梗死抢救无效不幸去世，为抗击新冠疫情献出了宝贵的生命。其事迹迅速被广大干部群众传扬，激发了人们面对疫情的必胜信心。为表扬先进，弘扬新时代共产党员政治本色，激励广大党员干部群众积极投身抗击新冠疫情阻击战，河北省委于1月13日批准追认其为中国共产党正式党员。

作为一个平凡的社区工作者，李瑞芝用自己短暂的生命在特殊时期谱写了一曲华美的乐章，充分展现了新时代社区基层工作人员的责任与担当。

（河北省文明办供稿）

李献忠

基层卫生干部昼夜奋战检测一线 用生命诠释党员本色

人物故事 THE STORY

李献忠，男，1965年生，中共党员，生前系石家庄煤矿机械有限责任公司职工医院院长兼党支部书记、长安区跃进路社区卫生服务中心主任。

石家庄2021年新冠疫情暴发以来，他坚决听从党的召唤，自1月5日至1月11日连续6个日夜奋战在抗疫第一线。5日凌晨3时，接到支援藁城区的紧急通知后，立即组织医护人员急赴藁城执行核酸检测任务。6日凌晨1时，长安区南村急需医护人员承担两个站点的核酸检测任务，他深夜召集24名医护人员赶赴南村核酸检测点投入"战斗"。8日晚11时，接到通知承接管控隔离酒店的任务，连夜组织人员进行布置。9日凌晨2时，前往隔离酒店进行检查，凌晨4时回到办公室休息不到两小时又带队回酒店开展工作。而李献忠没有告诉任何人，这天晚上他的母亲在老家河北辛集去世，直到10日上午出殡也没有赶回去见老人最后一面。

"国家有难，我们必须无条件付出。"这是李献忠生命最后几天常挂在嘴边的话。工作期间多次感觉身体不适仍在岗位上坚持。在大家多次劝说下，他于11日晚回家休息，22时后他再没接听电话，没回复消息，大家以为他太累了，只是睡着了，谁知他再也没有醒来。2021年1月12日凌晨，李献忠同志因过度劳累去世，年仅55岁。

（河北省文明办供稿）

张吉强

支部书记始终把群众安危放首位

人物故事 THE STORY

张吉强，男，1974年生，中共党员，生前系河北省石家庄市裕华区方村镇方村（村）党总支书记。

在村民们心中，张吉强是个热心肠，只要谁家遇到困难，村民们第一个想到的就是找"书记"。送行动不便的村民去医院检查，资助生活困难的残疾人家庭孩子上学，发动村干部一起为看不起病的孩子捐款。多年来，村民家的事，他都当成自家的事去办，从不拒绝。

张吉强爱岗敬业，凡事都要亲力亲为、身先士卒、争做表率。2020年疫情发生后，他主动放弃休假、坚守岗位，带领村"两委"成员在全村率先实行网格化管理，封堵出入口，设置检查岗，组织全民核酸检测，隔离重点人员，发放防疫物资，督导劝返点值守。在抗击疫情一线连续奋战，对每户家庭进行拉网式排查，叮嘱防控常识，为隔离户送生活物资。2021年1月3日，接到防控工作指示后，张吉强就立即动员村"两委"干部职工全员待命、24小时坚守岗位，连夜召开村防控指挥部会议。他废寝忘食，统筹安排，连续工作10个昼夜，饿了泡桶方便面充饥、累了在办公桌上眯一会儿，可他哪里睡得着，心里时时刻刻惦念着工作进展和下一步的任务部署。1月14日17时40分，张吉强在村防疫工作群内布置下一步工作任务后，因过度劳累，突发心肌梗死，被紧急送到医院，经全力抢救无效，不幸殉职，年仅47岁。

（河北省文明办供稿）

回延良

抗疫“良将”履职尽责
坚守防疫一线最前沿

敬业奉献

人物 THE STORY 故事

回延良，男，回族，1975年生，中共党员，河北省疾病预防控制中心职工。

2020年，武汉暴发新冠疫情，回延良第一时间向组织递交请战书，主动请缨驰援武汉。他同队友们连续作战45天，无论是深夜还是清晨，哪里有疫情哪里就有他忙碌的身影，被队友们称为战斗在武汉的河北防疫“良将”。

2020年6月，定州新发疫情，回延良又一次义无反顾地前往支援定州市疫情防控工作。

2021年1月2日，石家庄市报告首例新冠本土病例的当天，回延良接到命令后，第一时间带队前往河北医科大学第二医院。会同省、市、区三级专家，讨论至凌晨3点，仅仅休息了两三个小时后，便又起身投入新一天的工作中。1月4日23时，一支由29人组成的流调队伍迅速在省疾病预防控制中心广场集结，而领导这支队伍的，就是回延良。到达的时间是2021年1月5日凌晨2时，那一夜，也是华北地区极为寒冷的一夜。在每天的流调报告统一上报之后，他们还要会同疫情分析组专家，结合大数据，共同分析研判疫情形势和走向，连续工作到凌晨。到了第二天早上8时，他们又吹响集结号。

黄沙百战穿金甲，不破楼兰终不还。时刻不忘党员初心、分秒牢记疾控使命，在新冠的抗疫战场上，回延良以实际行动，履行了一名共产党员的初心使命，践行着一名疾控战士的责任担当。

（河北省文明办供稿）

杨国林　张丽娟

警医夫妻再上抗疫战场
牺牲小家守护大家

敬业奉献

人物 THE STORY 故事

杨国林，男，1979年生，中共党员，河北省邢台市公安局交警支队襄都区二大队天一中队副中队长；张丽娟，女，1981年生，河北省邢台市中医院职工，二人系夫妻关系。

2020年2月的疫情防控工作，杨国林是第一个报名的，2021年他又主动请缨。他每天都在重复简单的动作：向前一步、敬礼、核验，杨国林按照全天候“4班3运转”的勤务要求，每天都在超负荷工作。执勤期间，他还总结出分流引导到位工作法，被大队采用并在全支队19个检查站得到推广。

他的爱人张丽娟也是抗疫中的一员。她每天都要近距离接触大量发热患者，检查体温，登记数据每天都要忙到深夜。一个个寒风刺骨的夜晚，本就患有的腰痛老毛病又发作了，久站后会隐隐作痛，哪怕已疲惫不堪，为了身后城市的安全，为了百姓的健康，她说再苦再累都“值”，她以实际行动诠释了一名医务工作者的责任和担当。

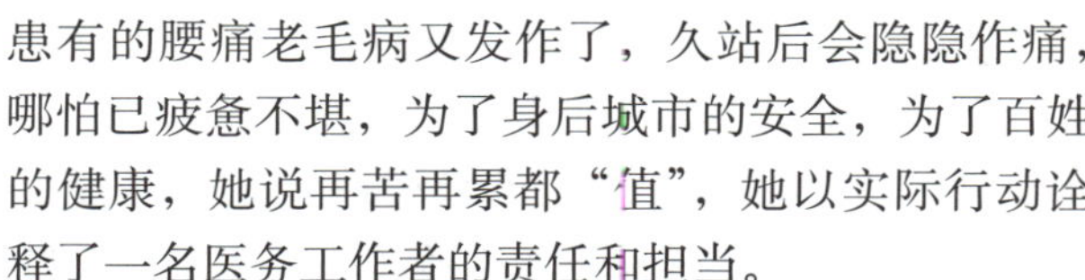

2021年1月10日，是第一个中国人民警察节，夫妻二人直线距离8公里。工作之余，二人只能通过电话视频短暂联系，但二人说得最多的是：“咱们亲人朋友都在身后这座城，一定要负起责来，认真点儿！”

在这场没有硝烟的防疫阻击战中，夫妻二人两次携手在一线抗疫，他们“警医伉俪”，他们都是“逆行”的普通人，他们的蓝白制服是寒冬最温暖的颜色。

（河北省文明办供稿）

尹志红

基层干部甘做“幕后战士”全力保障防疫物资供应

人物故事 THE STORY 尹志红，女，1967年生，中共党员，河北省邢台市工业和信息化局原材料与消费品科科长。

2021年1月3日，邢台南宫市突发疫情，为做好全市防疫医疗物资保障工作，尹志红不分昼夜地全身心投入物资的采购、储备、调拨、统计等工作中，在幕后为全市抗击疫情构筑了至关重要的物资堡垒。

根据全市疫情防控形势的需求，尹志红对重要医用物资的采购做到了快储备、早储备、多储备。当时全市封控，组织不到装卸工，她就吃住在单位，只要采购物资一到，不分昼夜，立即组织机关人员手推肩扛将物资一件件从车上搬入库房，做到人等物资，实现无缝衔接，全力做好防疫物资保障。为第一时间满足各县（市、区）及一线医务人员、市直公安、城管、交通等单位需求，她带领物资保障组人员实行24小时不间断调拨分配，在重点保障疫区需求的同时，对市区5个隔离点所需的防护服、口罩、手套、药品等物资，做到随用随调，及时供应。为全面掌握储备底数，她安排科室人员每日更新储备物资工作台账，对重要疫情防控物资储备和供应状况进行分析研判。在工作中，她勇挑重担，不辞劳苦，常常工作到深夜，连续多天每天只睡两三个小时。

尹志红用她的爱岗敬业展示了巾帼不让须眉的飒爽英姿，用她的尽职尽责诠释了身为公职人员的担当与奉献，用她的身先士卒践行了共产党员的忠诚与坚守。

（河北省文明办供稿）

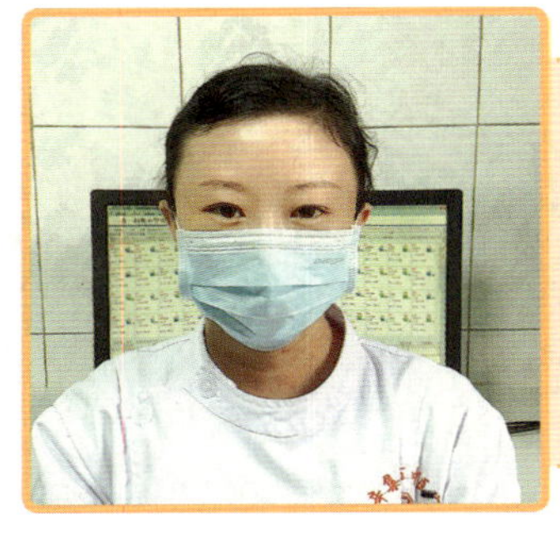

张丽芳

好护士泪别病危母亲逆行抗疫战场

人物故事 THE STORY 张丽芳，女，1981年生，河北省辛集市中医院内一科护士。

2021年1月5日凌晨，张丽芳接到护士长电话，问能否去藁城支援核酸检测工作，她毫不犹豫地同意了。虽然家中有老人、有孩子，她仍义不容辞奔赴“一线”，没想到这一去，竟是天人永隔。

1月6日，石家庄按下暂停键，而张丽芳的母亲在当天下午因病去世，按下了生命永停键。家人为了她能安心工作，直到将老人身后事安排妥当，晚上才把情况告诉了中医院带队队长耿月晴，还在“一线”工作的张丽芳在得知失去最亲爱的母亲后，失声大哭。医院第一时间为她申请回家奔丧，但疫情当前，防控工作压力极大，经过了痛苦、纠结和彷徨后，张丽芳毅然决定不回家，她坚定地表达了自己的决心：“现在正值抗疫紧要关头，我要继续战斗！母亲的去世已成事实，现在这里更需要我，我必须留下来完成任务，非常时期，原谅我不能尽孝了。”她向老家方向三鞠躬，遥祭母亲。当晚，张丽芳强忍丧母之痛，跟随医疗队继续开展工作。

张丽芳已在护士岗位工作21年，业务能力突出，工作任劳任怨，多次被评为优秀护士。她的义举充分体现了广大医务工作者舍小家为大家的无私奉献精神，体现了他们为国家为人民尽忠的担当精神，用行动诠释了“谁是最可爱的人”。

（河北省文明办供稿）

刁士琦

白衣战士爱岗敬业勇担当 不畏艰险阻击新冠病毒

人物
THE STORY
故事

刁士琦，男，1965 年生，中共党员，现任山西省临汾市第三人民医院党委委员、副院长。1989 年 7 月毕业于长治医学院。毕业后，他选择了在临汾市传染病医院做一名白衣战士。

在 2003 年抗击“非典”疫情工作中，作为医院业务副院长兼医疗救治小组组长的刁士琦，勇敢地选择直面病魔，带领医护人员，鏖战近两个月，创造了没有一例医护人员被感染，没有一例患者死亡的临汾抗击“非典”的“双零”奇迹。他由于表现突出，被火线吸收入党，并荣立“山西省抗击非典二等功”，荣获了“山西省劳动模范”荣誉。

2020 年初，新冠疫情波及临汾，刁士琦勇敢地挑起了市级新冠救治专家组组长重担，再次站在了抗疫第一线，直面新冠。“临汾三院三分钟”“紧急驰援大同四院”“深夜驱车诊断病情”，见诸报端的一个个小故事，都是他无私奉献、勇战病魔的真实体现。在他的带领下，经过近两个月的鏖战，临汾三院收治的两名确诊患者、一例无症状感染者、29 位医学留观患者，先后康复出院，为临汾市取得抗击新冠疫情阶段性胜利作出了突出的贡献。

（山西省文明办供稿）

毛琦敏

税务“老大姐”24 年坚守窗口一线 紧握初心不负韶华

敬业奉献

人物
THE STORY
故事

毛琦敏，女，1969 年生，上海市静安区税务局第一税务所主任科员。

从手工记账到智能办税，从“码算盘，上门收”到金税三期上线，从“营改增”到减税降费的落细落实，毛琦敏已扎根办税服务厅 24 年，成为办税服务厅里的“螺丝钉”。她亲身参与了多项税制改革，亲眼见证了辖区经济发展的日新月异，凭借着“那股干劲、满腔热情”，在税收事业的每一次战役中展现出新时代税务人的当代风采以及她对税务蓝的深情与热爱。

“查看工作日志，时光荏苒，我从 2007 年就开始给新进公务员上‘劳模第一课’，在此期间我们的工作场所和内容都发生了翻天覆地的变化，唯一不变的是：我们为纳税人真诚服务的宗旨……”这样的“劳模第一课”毛琦敏每年都会给新入局的年轻干部上，讲述自己成长路上的真实经历，鼓励他们沉下去、埋头学、踏实干。

2018 年年初，金税三期刚刚上线，等候时间长、办税效率低、纳税人满意度持续下降成为办税服务大厅三大亟待解决的难题。毛琦敏立刻带领工作室成员摸查纳税人办事的“堵点”，创新推出了“一网快办”和“六能导税”的特色机制，极大地提升了整体办税速度。2019 年 11 月，她再次提出设想，整合三室、一体管理，建立“由简至烦、循序渐进”的问题处理机制，集全局之力为纳税人提供优质高效的服务体验，擦亮了静安税务纳税服务的金字招牌。

（上海市文明办供稿）

侯 磊

为贫困乡村点灯 照亮孩子前行

人物 THE STORY 故事

侯磊，男，1982年生，中共党员，江苏省宿迁市泗洪县洪泽湖路实验学校副校长。

2000年6月，侯磊从师范院校毕业。他放弃了留在城市工作的机会，来到当时较为贫困的泗洪县四河乡大庄小学任教。作为一名班主任，他积极为有困难的老师分担工作，即使是代课也始终认真负责。20多年来，他视所有学生为自己的孩子，从村小到乡镇小学到乡镇中学再到县城中学，变化的是工作岗位，不变的是教书育人的初心。

侯磊参加工作时，正赶上新课程改革。他悉心钻研，逐渐探索出一套属于自己的教学方法，并成为泗洪县中学语文学科带头人。在侯磊的眼中，每个孩子都有接受教育的权利。面对班上辍学的学生，他主动上门找学生家长了解情况，劝导家长，找孩子谈心，终于把学生带回学校。多年来，侯磊见证了一批批乡村的孩子通过教育成人成才，助力家乡从贫困走向富裕。

2017年底，侯磊被确诊为甲状腺癌。为不耽误教学进度，他强忍不适，一直到学期末才去医院治疗。2018年2月，手术一个月后，新学期开始，身体还没有完全恢复的他，又回到了自己的“三尺讲台”。他先后3次住院，每次都在短暂休息后，迅速回到自己岗位，即使手术后需要进行放疗，他一般都会选择周末前往医院，尽量不耽误上课，不影响教学。

择一事忠一生，侯磊用一腔热情点燃了孩子们的梦想，用一颗赤诚之心温暖了一批又一批学生。

（江苏省文明办供稿）

冒小驰

抗洪勇士为保护群众安全撤离险被洪水卷走

人物 THE STORY 故事

冒小驰，男，1995年生，中共党员，中国人民解放军陆军第72集团军某旅连长。

2020年7月，受持续强降雨影响，安徽巢湖、淮河等流域发生重大洪灾，正在三界驻训的驻苏某部官兵受命紧急驰援抗洪一线。冒小驰第一个递上请战书，跟随连队投身抗洪抢险任务。堤防的突然决口，导致在短短数分钟，圩内农田、池塘等低洼地域连成一片汪洋。此时，下游7个行政村的群众还未撤离完毕！冒小驰背起救援绳，和战友们组成“人墙”保护村民转移。决口越来越大，洪水夹杂着大量木桩和树枝，把近似直线的“人墙”冲成弧形，被淹道路中间地势最低、水势最急，此时冒小驰就站在这条弧线最危险的顶端。就在最后两名群众拽着绳索、倚着官兵安全抵达对岸时，水势突然暴涨，巨大的冲击力让冒小驰瞬间失去了重心，猛地被洪水卷走。冒小驰拼尽力气挣扎，还是被洪水卷入旋涡中，逐渐失去意识。经过16天的救治，才从重症监护室转入普通病房。

谈起那段刻骨铭心的生死经历，冒小驰说：“走上大堤，我已做好牺牲一切的准备。不管什么时候，面对生死考验，解放军都不会后悔，因为人民子弟兵为人民，这是我们的职责和使命。”

（江苏省文明办供稿）

张红霞

社区民警扎根基层 29 年热心为百姓排忧解难

敬业奉献

人物故事 THE STORY

张红霞，女，1970 年生，中共党员，江苏省盐城市公安局亭湖分局毓龙派出所一级警长。

她怀着对人民群众的深厚情意，甘愿扎根基层 29 年，先后在 4 个派出所担任社区民警，串百家门、知百家情、办百家事、暖百家心，打造了 4 个“零发案小区”，建立了“王浩春治安志愿者工作室”“盐城好大姑”等网格治理实体化力量，在基层治理和疫情防控中发挥极大作用。

她坚持用绣花功夫“纺织”民生情，入户走访、真诚待人、热心助人，几乎认识社区里的每一位群众，被辖区居民亲切称为“张大姐”，先后为民办实事 860 余件，化解邻里矛盾 1300 多起。2019 年 5 月，她发现后关路沿街餐饮店普遍使用液化气钢瓶，存在极大安全隐患，花了 6 个月，先后到相关单位几十趟，终于解决了餐馆的“用气难”问题。

她把群众当亲人，先后捐赠爱心物资 28000 元，并长期关爱帮扶 8 名困境群众和 5 名困难学生。她以红霞警务室为阵地，多方联动社会力量，组织“帮帮团”“律师团”和“咨询团”，就近为群众排忧解难 300 多件。她联合辖区“中国好人”王浩春，成立“王浩春治安志愿者工作室”，组织热心的社区群众，抱团共治社区，并协助派出所成功端掉一个传销团伙，助力社区治安持续向好。

从警 29 年来，她坚持用心用情暖民心，尽职履职勇担当，让“有事找红霞”成为辖区百姓的“平安口头禅”。

（江苏省文明办供稿）

罗　俊

电力监控班女班长 27 年坚守电力一线守护万家灯火

人物故事 THE STORY

罗俊，女，1972 年生，中共党员，国网连云港供电公司调控中心监控班班长。

1993 年，罗俊参加工作成为一名变电运行值班员，那时全市 100 多个变电站都是靠手工控制，眼睛必须时刻紧盯上百个仪表，否则稍有闪失就会影响数万家居民和数百家企业正常用电。为此，罗俊给自己立下誓言，“决不让工作有任何差错”。为了这句誓言，她“紧盯”数百仪表、大屏和电脑上闪烁不停的数据 27 年，累计安全无差错操作十万余次。为科学高效用电，她潜心技术创新，累计 30 余项成果获得省级以上表彰，她发明的《基于智能调度系统的变电站监控信息自动验收操作法》被评为 2019 年度江苏省职工“十大先进操作法”，为国家节约资金数亿元。作为“连心电”志愿服务队队长，罗俊长期致力于志愿服务活动，牵头组织志愿者为赣榆区黑林小学的留守儿童送温暖，为社区困难群体提供上门服务。

罗俊始终坚持“干一行，爱一行，专一行”的爱岗敬业精神。在一线岗位脚踏实地干实事、坚持无私奉献价值追求，像灯一样发光发热，默默守护她心中的万家灯火。

（江苏省文明办供稿）

沈云如

奔波数万公里 为无户口人员落户的基层民警

人物 THE STORY 故事

沈云如，男，1966年生，中共党员，浙江省湖州市长兴县公安局民警。

2018年3月经过大部制改革，沈云如来到位于农村的虹星桥派出所，主要从事户籍管理工作。通过调查了解到，当时在农村有一些没有户口的贫困人员，因为没有身份享受不到基本的社会保障。“共同富裕，一个都不能少！”看着他们期盼的眼神，沈云如感到肩上沉甸甸的责任，便摸排出辖区的33名无户口人员，把他们的信息写在纸上，放在随身携带的公文包里，每解决一个就用笔在上面勾掉一个。

为了帮助贵州张大妈办理户口，沈云如在凌晨从杭州乘飞机赶到贵州，晚上打了辆摩的赶路，由于没有找到旅店，只能睡在一家棺材铺楼上的空床位。其间经过多方辗转协调，终于帮助30年没有户口的张大妈恢复了户口。为了揭开徐大姐的身世之谜，沈云如开展了长达16个月的调查。仅仅凭借着徐大姐记忆中模糊的“一条河、一所小学”的信息，他两下安徽。后来在一个滂沱雨天，他一手撑伞一手举着照片挨家挨户询问，终于找到徐大姐的大哥。

沈云如说，这是作为一名普通的基层民警所需要做的事情。他也将带着这份初心，始终把群众当作亲人，让更多的群众过上好日子，真正实现“共同富裕，一个都不能少”。

（浙江省文明办供稿）

余陈树

敬业奉献

赤脚医生坚守大山45年 守护乡亲们的身体健康

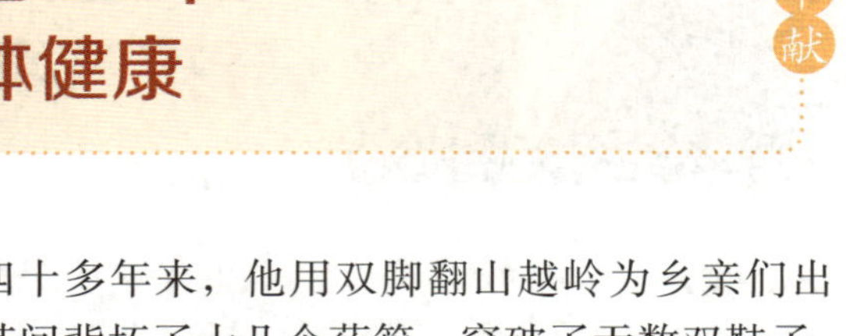

人物 THE STORY 故事

余陈树，男，1947年生，浙江省丽水市龙泉市龙南乡五星村乡村医生。

今年已76岁的余陈树，是龙泉市龙南乡五星村唯一的一名村医。1976年起，余陈树通过学习考试，从赤脚医生到一名合格的乡村医生，他背起药箱开始为群众服务。五星村是一个高海拔，辖区面积广、居民分散的大行政村，位于龙庆景三县市交界处的深山里，全村总人口有1960多人。从29岁挎上药箱起，余陈树跑遍了村里的所有人家，多年的巡诊医疗，他对每村每户甚至每个人的情况都了如指掌。40多年的行医历程中，余陈树刻苦钻研医疗技术，积累了丰富的医疗经验，被村里人称为“啥病都会看”的全科医生，得到了上级部门多次表扬及奖励。

四十多年来，他用双脚翻山越岭为乡亲们出诊，其间背坏了十几个药箱，穿破了无数双鞋子。留守在村里的老人几乎都会把余陈树的手机号和亲人的号码记在一起，因为在他们的记忆里，余医生是“有求必应”，只需一个电话，他就会背着药箱匆匆赶来，被乡亲们亲切地称为“行走的120”。

当越来越多的人离开乡村，走向繁华都市时，余陈树却在这大山深处40余年如一日地坚守着，他用最朴实的行动支撑起乡亲们健康生活的希望，奉献着自己的力量，从病人们的康复欢笑中寻找到了自己的人生价值。其事迹曾被《人民日报》《浙江日报》等主流媒体报道。

（浙江省文明办供稿）

葛治国

乡镇“美容师”十五年放映公益电影四千余场

人物故事 THE STORY

葛治国，男，1978年生，中共党员，安徽省淮北市杜集区朔里镇环卫所所长。

2013年，葛治国从一名城管队员转岗到镇环卫所担任所长，成为140多名环卫工队伍的领头人。每天早上5点，葛治国准时起床出门，开始一天的工作。他的电瓶车上的储物箱内装着简易清洁工具，尽可能地及时发现问题立即解决。日复一日，年复一年，无论炎热酷暑，还是数九寒冬，葛治国始终奔波在辖区大街小巷100多个点位上，与环卫工人在路面坚守，一起清扫街道、清运垃圾、巡查卫生状况。

白天，他与环卫工们奋战在一线，为百姓的美好生活环境出汗出力，夜晚，他又“变身”为农村公益电影放映员。夏季，几乎每天下班后，他就开着自己的那辆面包车赶赴各个乡镇，搭起农村“流动电影院”。2012年起，葛治国的妻子郝爱华也加入了放映队伍，这个“夫妻放映队”一人负责一个场地，每年都要播放近260场电影。每场电影正式放映前他们还会播放环保知识、远离毒品、防范电话诈骗、农村消防安全等不同主题的公益宣传片，将教育与休闲相结合，极大地丰富了农民朋友们的精神文化生活。目前，葛治国已开展送电影下乡活动15年，放映电影4000余场次。

（安徽省文明办供稿）

王萌萌

法律系高才生扎根乡村8年 将“落后村”打造成产业“明星村”

人物故事 THE STORY

王萌萌，女，1988年生，中共党员，安徽省滁州市定远县吴圩镇九梓村党总支书记。

2013年8月，合肥工业大学法律专业毕业生王萌萌响应党中央号召，放弃大城市的繁华生活，回到家乡西孔村做了大学生村官。8年来，她两次放弃转编和回省城的机会，坚持扎根乡村，采取“专业合作社＋农户＋贫困户”模式，带领村民发展草莓、西瓜、龙虾等特色农业项目，使得西孔村的特色农业种植面积实现了5000亩的飞跃式发展，村民人均年收入达到1.5万元，135户贫困户全部脱贫。

2017年5月，王萌萌与当地人社局联系，创立了定远县第一个扶贫就业驿站。在扶贫驿站就业的村民，每个月可领到2500元的工资和550元的补贴，还可以免费参加当地政府部门组织的培训。

2021年，在村“两委”换届中，王萌萌全票当选为九梓村党总支书记。一到任她就走村入户，走访调研，积极对接和引进农产品加工企业到村投资办厂，推广糯玉米种植，筹建农民工返乡创业园，为乡村全面振兴贡献青春力量。

（安徽省文明办供稿）

魏晶晶

司法路上 精诚奉献的"女汉子"

人物 THE STORY 故事

魏晶晶，女，1983年生，中共党员，生前系安徽省六安市中级人民法院四级高级法官。

2020年12月10日下午，魏晶晶同志在工作时间突发疾病，经抢救无效于17时05分牺牲，年仅37岁。

"任凭妈妈再怎么努力，她的案件也办不完。"这是魏晶晶10岁的儿子何珺浩在一次语文测验时造的句子。"工作日，合议庭几乎每天都要开庭。"书记员邵爽说，"她不得不利用晚上、周末时间写判决书，不加班根本来不及结案。上班办案，下班管儿子，晶晶姐从来都说自己是女汉子，她很坚强。"

据统计，自从2015年3月担任助理审判员以来，到2020年12月10日，魏晶晶共主审案件891件，其中调解137件，参加合议庭审案2596件。这是了不起的战绩，更是她对司法事业交出的所有答卷。

魏晶晶的一份总结里写着这样的话："不记得加了多少班，也不记得多少个周末是在办公室里度过。也曾在夜深人静时迷茫，也曾在成堆的卷宗中崩溃，也曾被疲惫劳累压弯了腰。但我从未后悔成为一名法官，不敢有丝毫的懈怠，一次又一次咬牙坚持下来，只为了心中的天平，只为了笑容可以在化解矛盾纠纷时绽放。"

（安徽省文明办供稿）

张八斤

敬业奉献

江豚饲养员风雨无阻 守护"长江微笑"16年

人物 THE STORY 故事

张八斤，男，1962年生，安徽省铜陵市淡水豚国家级自然保护区管理局合同工。

张八斤很早就与江豚结缘，"大概是20世纪七八十年代，江豚很多，一群群的，都是十多条。我是搞运输的，看到江豚很稀奇，可爱得很。"随着大通水运衰落，他所在的船运公司破产，于是就来应聘饲养员。2005年，他当上了江豚饲养员。

保护区里有10头江豚，每头一天要吃上体重十分之一重量的小鱼，一天就是三十多公斤。为了不让江豚因为觅食野生鱼而出现被水草挂到的风险，每天上午7点半、10点，下午2点、4点，张八斤都准时来喂食，全年无休。

16年间，他对每一头江豚的情况都了如指掌。"这头是母的，生过小江豚，那头老得没牙了，已经没有自己捕食的能力了……"以前喂江豚是靠划船，每次只能喂一两头，江豚吃食时还有与船碰撞的危险。后来保护区建了喂食台，投喂的范围更广了，江豚也更安全。

入夜的江边寒风扑面，老张照例开始江面巡逻。3.5公里的江堤走完一圈就要一个多小时，一趟下来再冷的天都能热出一身汗。然而这在他眼里却意义非凡。"每天都要检查一遍，防止有人摸黑进来捕鱼，看看有没有渔网和鱼钩留在江面和浅滩，不然我睡觉都不踏实。"

近年来，长江流域生态环境有所好转。张八斤盼望着，除了自己喂养的这些"江豚宝宝"，还可以像几十年前那样，看到更多的江豚在长江中嬉戏。

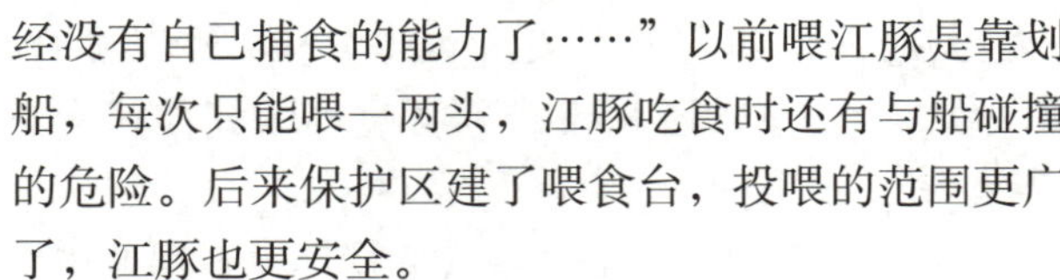

（安徽省文明办供稿）

敬业奉献

张江鑫

人民警察根植群众
做百姓平安“守护神”

人物 THE STORY 故事

张江鑫，男，1989年生，福建省泉州市公安局洛江分局巡特警反恐大队科员。

2010年8月入警，从基层派出所民警到巡特警，11年来，张江鑫默默奉献在本职岗位上，守卫辖区群众平安。

2012年8月29日，张江鑫在接警后和同事赶往洛江区罗溪镇后溪村的一条小溪救助一名溺水男童。危急时刻，张江鑫不顾水流湍急，跳入水中，游到孩子身边，将其拦腰抱起，并在同事的协助下，抱着男童一步步走上岸来。而他身上的手机和钱包却早已被水冲走了。

2020年9月5日，泉州市洛江区罗大姐因丈夫沉迷麻将不顾家庭，而在家中开煤气寻短见，情况危急。接警后不到3分钟，张江鑫便赶到现场，他不顾个人安危果断破门而入，迅速将煤气瓶阀门关闭，打开房间的所有门窗进行通风。还与随后赶来的120医护人员一起，将她转移到安全处所进行施救。由于抢救及时，罗大姐成功获救。

2020年9月8日，张江鑫接到指令：在洛江丽佳工厂门口有一位疑似迷路的老人。他赶往现场后发现，是一名七旬阿伯，拄着拐杖，无法正常交流，只是喃喃自语“饭、饭”。张江鑫随即就近买来食物给他充饥，经多方询问了解后，将老人平安送回家。

“群众利益无小事，我们不能有丝毫怠慢。”说起群众的事，张江鑫眼里多了几分温情，这也是张江鑫从警十多年来坚守的信念。

（福建省委文明办供稿）

付美琴

“白衣天使”患癌10年
用爱心呵护高墙生命

人物 THE STORY 故事

付美琴，女，1975年生，中共党员，生前系江西省宜春市樟树市看守所副指导员兼狱医。

自查出罹患十二指肠恶性肿瘤，她就开始了与病魔的长期抗争：2015年癌细胞转移到腹腔淋巴结、2017年转移到肺部、2019年转移到气管后壁。10年来，她承受着常人难以想象的痛苦。在上海某医院治疗时，医生曾说：“你能活到现在，是一个生命的奇迹。”

“奇迹”来自坚强，而坚强源于她对家人、对群众、对事业的热爱。尽管每天都要吃化疗药物，每次吃完都十分难受，但她也只是缓一缓，歇一歇，又继续投入工作中。2020年年前，付美琴被检查出肿瘤标记物超出正常指数一百多，准备春节后去上海复诊，为此她主动要求春节值班。就在这时，新冠疫情暴发，面对所有人的劝阻，她毅然选择留了下来，用自己的专业知识为监所筑起了一道牢不可破的抗疫防线。在押人员杨某有高血糖、高血脂等，还经常腰疼，付美琴便经常到监室进行看望，帮助测血压、测血糖、发药，就像照顾家人一样。

为了保证自己能坚守岗位，她每天2次服用化疗药物，来抑制和减少病痛的折磨，由于药物的副作用，她的双手都变成了黑色。

爱岗敬业，敢做敢当，是付美琴身上最鲜明的特质，也是支撑她一路走下来的精神内核，不管在什么岗位，她都是全身心投入，绽放芳华。

（江西省文明办供稿）

公海云

巾帼不让须眉　守护万家灯火

人物故事 THE STORY

公海云，女，1979年生，中共党员，国网山东省电力公司泰安供电公司低压客服服务班班长。

2017年，李女士因家里老房子存在家庭纠纷，无法提供房产证明，导致电费缴纳立户成为阻碍。公海云根据李女士提供的一份民国初期的房产契约，一个字一个字地核实内容，请教公安部门户籍处的资深管理员，走访社区多年的老街坊。在她的坚持下，房管局工作人员认定这份房产契约是有效的，最终顺利地为李女士完成了电费账户立项。

2020年，她对某宾馆开展突击用电检查，现场表箱、电能表一切正常，每月电量均衡。但她发现宾馆外置逃生梯直通的楼顶一直锁着门。她迅速组织人员通过长梯登上楼顶，发现楼顶一个方形特制仪器，原来是店主将自己的用电分成了两路，其中用电负荷大的越过计量装置表计，通过表箱后单独形成了一路直通楼顶，每次稽查人员一到，楼顶电源转换器就会切换至正常状态。当证据摆在眼前，面对处罚并停止供电时，店主狂妄叫嚣，“铁娘子”公海云坦然应对，有理有据，最终店主只能依法缴纳追补及违规费用。多年以来，公海云带领班组累计排查重点台区300余台次，查处窃电行为28次，追缴电费近70万元，净化了供用电环境。

23年来，公海云凭着这股巾帼不让须眉的闯劲，在奉献中践行“人民电业为人民”的忠诚信念，用一颗敬业之心照亮身边所有人，为电力客户送去光明和温暖。

（山东省文明办供稿）

安国明

“富民书记”23年带领社区居民走上幸福路

人物故事 THE STORY

安国明，男，1959年生，中共党员，河南省许昌市魏都区樊沟社区党支部书记、社区居民委员会主任。

1997年，安国明当选樊沟党支部书记。一上任，一心为民的安国明就着手解决困扰樊沟的众多“难题”，他把水网修好，居民的水价低了；把电网改好，居民的电价降了；把道路铺好，居民的出行顺了；他还安装了84个监控探头，居民的安全感更强了。

为发展社区经济，1999年安国明以居民众筹的方式，在社区“黄金地段”大力兴建商业用房，带动社区集体经济持续发展。2014年，在他的牵头下，社区建成“樊沟社区养老院、老年人日间照料中心”，并面向社会开放。经过数次扩容，养老院面积达到3000平方米，可容纳110名老人长期入住养老、50名老人日间照料。2019年，“樊沟社区股份经济合作社”成立，成为许昌市第一个登记赋码的集体经济组织，为社区集体经济的腾飞插上了翅膀。

截至2020年底，作为一个仅有960户、2820名居民的小社区，樊沟社区集体经济规模超过2.2亿元，年收入600万元，退休居民月最低待遇2000元，安国明被社区居民亲切地称为“富民书记”。

（河南省文明办供稿）

赵六红
好支书5年带领贫困村蜕变成“明星村”

人物故事 THE STORY

赵六红，男，1970年生，中共党员，河南省开封市兰考县三义寨乡付楼村党支部书记。

兰考县付楼村是挂牌的基层党组织软弱涣散村和国家级贫困村。当时的驻村第一书记王中伟发现赵六红思想觉悟高、为人处世讲原则、重感情，于是，就劝说他回村竞选支书。当赵六红看到村子里坑坑洼洼的泥水路，看到乡亲们破旧不堪的房子时，赵六红意识到，作为一名共产党员就要带领全村老百姓一起致富。2016年，他以全票当选为付楼村党支部书记。从此，赵六红开始谋划着付楼村的发展规划。

在河南省发展和改革委员会的帮扶支持下，赵六红带领村“两委”班子不断谋划产业振兴。他以个人名义贷款100万元，筹划建立付楼村粉条加工厂，带动村民进厂务工，人均年收入增加近6000元。他与县里一家养羊龙头企业对接，采取“公司＋支部＋农户”的模式，全村建设标准化羊舍9座，养殖种羊约1500只，肉羊超2000只，养殖户年平均收入达5万元。此外，他还引入了育苗企业注册成立公司，建立工厂化育苗基地，现已累计完成投资1590万元，带动35户农户勤劳致富，人均年收入增加2万元。

自担任付楼村党支部书记以来，废寝忘食、日夜奔波成了赵六红的工作常态。在他的带领下，付楼村的村容村貌发生了翻天覆地的变化，原先的基层党组织软弱涣散村和国家级贫困村已经蜕变为远近闻名的“明星村”、示范村。

（河南省文明办供稿）

桑子阳
“花博士”扎根深山十余载 辟出林间经济路

人物故事 THE STORY

桑子阳，男，1980年生，湖北省宜昌市五峰土家族自治县林业科学研究所所长。

2004年，北京林业大学教授在五峰长乐坪镇大湾村发现了红花玉兰，让一同参加考察的桑子阳意识到红花玉兰具有极高的价值，于是决定投身相关的研究开发工作。

为了培育出最好的种苗，他寻遍了全县2000多棵野生红花玉兰。每年3月到4月间，他就住在山上，时常就近在山上农户家借宿，十天半月不回家，农户们都亲切地叫他“花博士”。经过循环往复的试验，他成功攻克了红花玉兰苗木繁育技术难关，嫁接繁育核心技术获得两项发明专利。东南沿海的企业、研究机构等纷纷找来，有的开出百万年薪，有的给房给车，邀桑子阳前去工作，均被他婉言谢绝。

他15年如一日潜心研究红花玉兰，先后主持、参与科研项目10余项，培育出21个新品种，其中“娇红1号”“娇红2号”被审定为国家林木良种。红花玉兰完成了从一棵树到一个致富产业的蜕变，由当初原生总数不足2000株发展到近500万株。他还通过“公司＋基地＋农户”的模式带动3000余农户建立大苗培育基地1.5万亩，培训技术员近5000人次，培育红花玉兰绿化苗150万株，产值达10亿元以上。他把绿水青山变作金山银山，让老百姓靠山吃山的愿景照进现实。

（湖北省文明办供稿）

李　军

“拐杖爸爸”坚守山村学校 29 年 钢针刺骨也要站在讲台上

人物 THE STORY 故事

李军，男，1969 年生，湖南省湘潭市湘乡市壶天中心学校山坪中学教师。

李军出生仅 8 个月时就罹患脊髓灰质炎，双下肢三级残疾。多年来，他忍受常人难以想象的痛苦，与疾病顽强斗争。在成为人民教师的 29 年间，他坚守山村学校，一天也没有影响过孩子们上课。

他第一所任教的学校——涧山中学，地处偏僻，山路崎岖陡峭，李军靠双手着地，上下山坡。他先后遭遇左胫骨骨折、右股骨骨折。2000 年 3 月那次，钢钉没来得及拆就匆匆返回校园，从家到学校的 300 米距离，他忍着剧痛挪了整整两个小时。

他从教 29 年，劝返学生 10 名，资助了 10 余名困难学子。孤儿小龙，初中三年级一开学，李军把他接到身边，同吃同住，管他学习，负责日常生活费用。

李军多次临“危”受命，语文、政治、地理、历史……文科课程几乎上了个遍，任教毕业学科，多次获县级奖励。他撰写的论文，获省市县级奖励二十余篇。主编校报获湘乡市首届中小学校报校刊评选一等奖。作为第一作者编著学校第一本校本教材《走进中学》。作为主持人主持了学校第一个课题的研究工作。

（湖南省文明办供稿）

全勇刚

中学教师扎根山区支教 5 年 用爱点燃孩子的梦想

人物 THE STORY 故事

全勇刚，男，1977 年生，湖南省衡阳市衡南县星火中学教师。

2014 年 4 月，全勇刚的女儿出生，“幼吾幼以及人之幼”，看到农村留守孩子缺乏关爱、缺乏教育，他内心非常焦虑，于当年 9 月做通了妻子的工作，依依惜别还在襁褓中的孩子，去了怀化市辰溪县民族中学支教。这里山高路远，交通不便，条件艰苦，没有热水，但他很快适应环境，以校为家，安心工作。2015 年 9 月，他再次来到辰溪，教了 5 个班的地理，以高超的教学技艺、新颖的教学方法把该校的地理教学提高到一个崭新的高度。2016 年 9 月，得知衡阳市祁东县农村学校师资匮乏，他背着简单的行囊来到衡阳市祁东县灵官镇初级中学，与贫困县的老师学生们朝夕相处，共同学习。2018 年 9 月，申请到怀化辰溪黄溪口小学支教。支教五年中，全勇刚以校为家，爱生如子，待人诚笃。

2019 年 5 月 23 日，爱妻徐洁突发脑出血，当他从遥远的支教地赶回来时，爱妻已离开人世，一个月后，老岳父又撒手人寰，留下老岳母和幼女与他相依为命，全勇刚决定回乡。全勇刚老师忠诚事业、爱生如子的支教行为，是我们这个时代最需要的文明道德之光，也是实实在在的“中国好人”。

（湖南省文明办供稿）

陈宇琦

用挚爱持续播撒健康的种子

敬业奉献

人物故事 THE STORY

陈宇琦，女，1965年生，广东省深圳市健康教育与促进中心副主任技师。

陈宇琦一直从事健康教育事业，“让健康教育落地，有效提升市民健康素养，让每一个市民懂得预防疾病和维护自身健康”是陈宇琦始终坚持的梦想。在自己患有乳腺癌，丈夫需要血液透析的艰难情况下，陈宇琦克服困难，边照顾家庭边努力工作，创办了多个健康教育公益项目，为她所热爱的健康教育事业倾情奉献。

自2012年起，陈宇琦牵头组建了深圳市健康科普专家团，团队成员为市公立医院专家。这支队伍始终活跃在全市各类线上线下健康传播活动中，帮助市民们方便、快捷、有效地获取具有权威性的健康信息。她创办“健康深圳大讲堂”，精心选取市民需要的讲座内容，将大讲堂打造成为深圳知名健康品牌项目。2013年起，陈宇琦组织“科普专家上门送健康”百场系列公益讲座项目，累计为社区、企业、机关、学校等单位机构送去500多场健康公益讲座。

新冠疫情期间，陈宇琦积极向市民科普防疫知识，引导大家做好个人防护。她还组织“健康二次方沙龙”、“名医话健康”科普讲座、深圳市戒烟旅游等活动，用心呵护这些具有公信力的健康传播阵地，用挚爱播撒健康的种子。

（广东省文明办供稿）

罗卫国

中学校长38载深耕教育 鞠躬尽瘁师范千秋

人物故事 THE STORY

罗卫国，男，壮族，1962年生，中共党员，生前系中学高级教师，广西壮族自治区柳州市第八中学校长。

自1982年大学毕业后，罗卫国就一直从事中学教育工作，三十八载寒来暑往，从乡镇到城市，从一线教师到学校“掌门人”，他始终不忘初心、深耕教育。2018年，罗卫国被诊断为肺癌，接下来两年里的放疗、化疗严重摧残了他的身体，但他始终放心不下学校和学生，只要身体稍恢复一点就回到工作岗位。病重期间，罗卫国仍心系教育扶贫，每学期都带领学校各科骨干老师到融水苗族自治县民族中学、思源实验学校、永乐乡初级中学等校传经送宝，开展结对帮扶活动，致力于让更多农村孩子享受优质教育资源。

2020年9月24日，这位把毕生精力都奉献给教育事业的楷模，走完了人生最后一程。他的人格魅力和精神力量，影响和感染着一届又一届的八中学子。对于学生而言，罗卫国是罗校长，更是“卫国爸爸”，是亲和帅气的“男神”，是必须追的耀眼“明星”。罗卫国用有限的生命超越了时间和空间的界限，书写了无止境的教育华章。

（广西壮族自治区文明办供稿）

聂国祥

创新无止境 技改之路没有最好只有更好

人物 THE STORY 故事

聂国祥，男，1982年生，重庆科瑞南海制药有限责任公司生产部部长。

一直以来，青蒿素产品被科瑞南海公司定位为“拳头”产品，但因其生产成本居高不下、利润微薄，在同行业竞争中处于劣势。2008年，聂国祥花费1年多时间技术攻关，优化青蒿素产品生产工艺，解决了行业中存在的工艺重大安全隐患、产品杂质限量超标的质量问题。

技改成功，聂国祥为公司赢得上千万元利润，技术水平领先于同行业。重庆市总工会为彰显其引领示范作用，指导其所在公司成立了以他名字命名的“劳模创新工作室”。经过5年培育和拓展，工作室目前已有34名技术骨干。

白藜芦醇又称芪三酚，是肿瘤的化学预防剂，对降低血小板聚集，预防和治疗动脉粥样硬化、心脑血管疾病有不错疗效。聂国祥通过潜心探索，研发出98%白藜芦醇新产品的生产工艺，并成功实现生产转化和产品上市。

从事制药15年，聂国祥带领技术团队为公司取得创新成果10项，成果转化6项，获得实用新型专利6个，发明专利8个，其中有3个高新技术产品获国家级成果奖。“技改之路没有最好只有更好。”带着这份热爱，他将在医药之路上继续勇毅前行。

（重庆市文明办供稿）

袁　莉

敬业奉献

护士长援藏建设“健康石渠” 落实百万余元医疗项目助力脱贫攻坚

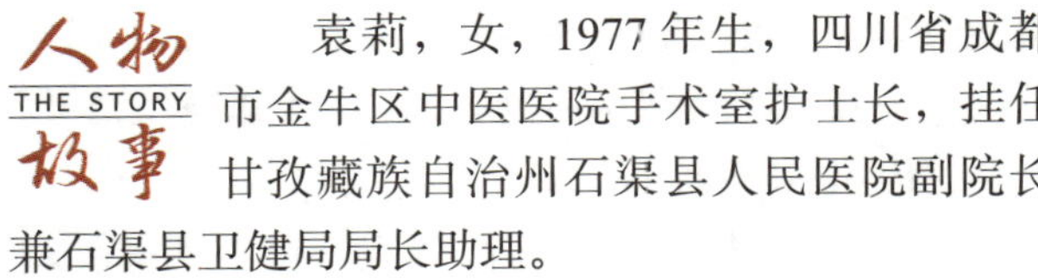

人物 THE STORY 故事

袁莉，女，1977年生，四川省成都市金牛区中医医院手术室护士长，挂任甘孜藏族自治州石渠县人民医院副院长兼石渠县卫健局局长助理。

甘孜藏族自治州石渠县位于川、青、藏三省区接合部，平均海拔4526米（县城海拔4265米），是四川省面积最大、海拔最高的县，自然条件极度恶劣，年平均气温在零下1.6摄氏度以下、极端最低气温零下46摄氏度。

2018年7月，袁莉抵达石渠县，开始了为期两年的援藏工作。在此期间，她对症施策、积极协调成都市金牛区和石渠县卫健部门落实120万元建成“流动医院”，联动金、石两地医院及石渠23个乡镇卫生院，运用多功能检查车配备远程诊疗系统，使全县干部群众足不出县便可享受到优质医疗资源。她以党建引领健康扶贫，促成支援石渠的各医疗队结对共建，组建“对口支援　联合义诊巡回医疗队”，奔赴全县20余个乡镇开展义诊，让医疗援藏的旗帜飘扬在白雪皑皑的高原之巅。她引进“天使的心跳”先心病救助项目，帮助患儿走出病痛，拥抱美好明天。

2020年1月，新冠疫情暴发，刚从石渠回成都休整的袁莉，又第一时间报名参加防疫抗冠工作，坚守在绕城高速北星出口，进行一线检疫防控排查，守护着人民健康。她说：“不忘医者初心，牢记健康使命是我们医务人员的宗旨，我只是做了平凡岗位上普通职工该做的事！”

（四川省文明办供稿）

何　梅

“最美逆行教师”17 秒内保护 32 名孩子安全撤离教室

人物故事 THE STORY

何梅，女，1987 年生，中共党员，贵州省毕节市赫章县第六幼儿园教师。

2020 年 7 月 2 日上午 11 时 11 分，赫章县发生 4.5 级地震。地震发生时，赫章县第六幼儿园教师何梅从办公室跑向教室，组织学生躲藏避险。进入教室后，她看到大部分孩子都按照平时演练的要求藏到了课桌下，少数孩子的头还露在外边，赶紧帮助他们把头藏到课桌下去，并安抚孩子们说：“不要慌张，要听老师的指令安全撤离。”

由于幼儿园园区的建筑比较老旧，担心震后会有危险，震感刚一消失，何梅和老师们立即开始向外疏散孩子们。事后，通过监控视频发现，地震发生后 7 秒钟，孩子们就躲到了课桌下，又过了 10 秒钟，所有孩子都安全地撤离到操场上。17 秒、32 名孩子安全撤离教室，这场被称为“教科书式的撤离”，让何梅在网络上被誉为“最美逆行教师”。

自 2006 年参加工作以来，何梅就把学生当成自己的孩子，促使自己不断学习，提升业务能力和水平。14 年教学生涯，她凭着一颗爱孩子、爱教育的初心，实现了从小学教师转岗幼儿教师，从门外汉到业内行家里手的转变。

2020 年 9 月 10 日，何梅被评为“全国教书育人楷模”，获得奖金 10 万元。何梅把这笔奖金全额捐给赫章县第六幼儿园，用于幼儿园校园文化和安全建设，她说：“作为一名教师，在面对学生的时候，身上的使命与责任自然而来。”

（贵州省文明办供稿）

许向东

骨科医生见过父亲最后一面 重返手术台抢救患者

人物故事 THE STORY

许向东，男，1966 年生，中共党员，陕西省宝鸡第三医院副主任医师。

2019 年 10 月 28 日下午，许向东收到了一面写有“不忘初心舍己纾困，德艺双馨杏林典范”的锦旗。透过这面锦旗，人们的视线又被带回到了十几天前的 10 月 14 日下午。

当天下午 3 时许，在宝鸡第三医院 17 楼手术室，许向东正准备给一名 85 岁的老年患者做右股骨粗隆间骨折手术，突然接到了同事打来的电话，得知他的父亲“不行”了。原来，许向东 86 岁的老父亲于 9 月 16 日不慎摔倒致颅脑损伤，一直在医院 16 楼重症医学科抢救。听闻噩耗，许向东匆匆来到抢救室见了父亲最后一面后，强忍内心的悲痛，抹了抹眼泪，又迅速返回手术室，坚持给患者做完了手术。直到当晚 7 时左右手术结束他才回到父亲身边，与家人处理父亲的后事。

为了准确掌握患者术后情况，当晚 11 时 20 分许，许向东又到病房查看患者情况，交代注意事项，许向东舍己为人、心系患者的忘我精神令他们备受感动。

许向东在两难时刻用行动诠释医者仁心的感人事迹受到了多家媒体的关注，他的事迹在社会各界产生强烈反响，赢得了人们的广泛赞誉。

“我只是尽了一个医生应尽的职责。”许向东说道。

（陕西省委文明办供稿）

高雄雄

用大数据筑起抗疫“防火墙”

人物故事 THE STORY

高雄雄，男，1986年生，中共党员，陕西省榆林市公安局刑警支队信息合成作战大队大队长。

2020年大年初一，高雄雄正准备在家吃饺子，突然接到返岗抗疫的命令。到了单位，他带领组员完成了近20万条的数据手工比对，并连夜组织搭建了疫情数据库和大数据模型，承担了全市联防联控办的疫情大数据工作，与团队每天至少工作14个小时，连续奋战39天，把近82万条数据筛选减少到28185条，使核查效率大大提高。

他们每天吃泡面，昼夜盯着晃动的LED屏幕和电脑屏幕。高雄雄眼睛干涩，眼圈里布满了血丝。他说：“当时特别特别累，想着要好好休息一下，可忙起来就又忘记了疲劳。”39天下来，他仿佛在太空中行走了一圈，瘦了七八斤，喝了20多天中药身体才慢慢恢复过来。

2021年，高雄雄负责的全市疫情核查和治理电信网络犯罪工作取得了突出的成绩。

“岗位就是战位。作为人民警察，就要不负头顶上的国徽，随时听从党的召唤，为社会稳定、人民安宁作出自己的贡献。”高雄雄经常这样说。

（陕西省委文明办供稿）

尤银刚

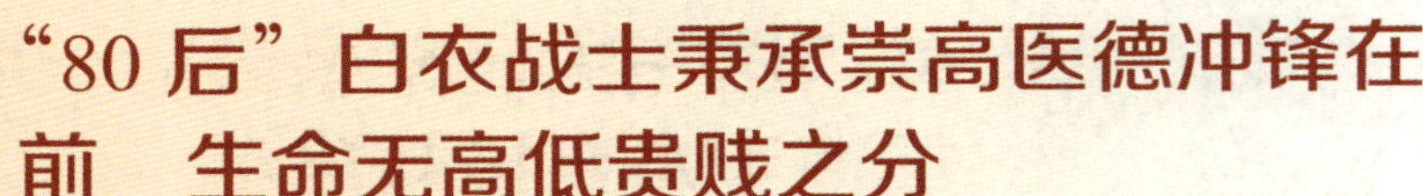

“80后”白衣战士秉承崇高医德冲锋在前　生命无高低贵贱之分

人物故事 THE STORY

尤银刚，男，1981年生，甘肃省兰州市第二人民医院副主任医师。

2018年7月30日19时许，兰州市二院急诊医学科接到求救电话，兰州新区一名产妇临盆，在送往医院途中女婴出生了，由于家属没有经验，出生后女婴窒息全身发紫，弱小的生命危在旦夕，赶到医院急诊科门口时，早已等候的尤银刚面对已无心跳呼吸的女婴立即实施急救，来不及上器械，他口对口将婴儿口腔内的分泌物和误吸的羊水吸出，然后实施胸外按压、人工呼吸。10分钟后，婴儿脸色逐渐红润，女婴成功被救。他的感人事迹被多家媒体争相报道。

2021年以来，尤银刚两次奔赴兰州市第二人民医院雁滩分院，参加新冠疫情医疗救治工作，成为一名真正的“疫”线战士，在这里的60个日日夜夜，不惧危险，与病毒展开生死较量，直至医院整体换防，才退出火线。

诸如此类事情太多，对于急诊科尤银刚来说不胜枚举。用他的话来说，“这就是急诊科，是我们战斗的地方，战斗就是时刻待命”。他用精湛的医术、崇高的医德感召生命，用一颗赤诚之心冲锋在急诊一线，实现了一名医生的梦想。他不断苦练基本功，学习新技术、新疗法，了解内外科疾病的发展新动态，积累新经验，始终把自己投身医疗救援第一线。

（甘肃省文明办供稿）

任 辉

超声医师坚守本职岗位 弘扬抗疫精神护佑人民健康

敬业奉献

人物 THE STORY 故事

任辉，女，1983年生，中共党员，宁夏回族自治区第四人民医院超声科主治医师。

从医15年来，任辉忠于职守、爱岗敬业、脚踏实地、甘于奉献。在工作学习中，她不断要求上进，除申请外出培训学习新技术外，还不断借助新媒体获取更多专业信息，补充专科医院病种相对单一的短板。对同事，她毫无保留地教授自己的所学所知。遇到传染性较强的病人，如炭疽、梅毒、艾滋等，她会主动代替同事去做检查，保护年轻医生。她对待病人认真耐心，态度友善，常被病人当作倾诉的对象。

在抗击新冠疫情期间，任辉第一时间请战，主动接受医疗任务，义无反顾进入医院隔离区。在隔离病区，除了病人的常规检查，经常陪同专家组主任给患者做肺部超声检查，为重症病房患者监测相关指标；抢救病人时随叫随到；为护理人员PICC置管“先行探路”。病房中，当她推着B超机子到病人床前检查时，因为没有家属陪护，她都需要先帮病人脱去衣裤，然后再进行仔细检查。检查结束后，她会再帮患者擦去身上的耦合剂，穿好衣服，然后对机子进行仔细消毒，为下一个病人做好检查前的准备。超声检查过程中需要环抱着病人，与病人密切接触，还要直面病人的咳嗽，她不曾畏惧退缩过。

作为一名普通的基层超声工作者，她用自己的行动诠释初心和使命，与同事们在疫情防控斗争一线彰显白衣天使的责任与担当。

（宁夏回族自治区文明办供稿）

张望梅

助力提升农村群众整体素质 当好农民群众的贴心人

敬业奉献

人物 THE STORY 故事

张望梅，女，1971年生，宁夏回族自治区银川市金凤区良田镇原妇联主席、精神文明专干、文化站站长，现已退休。

在担任金凤区良田镇妇联主席期间，张望梅把新时代文明实践工作与脱贫攻坚、乡村全面振兴、人居环境整治等方面有机融合，创办“公益大课堂”“少儿公益艺术培训班”“移民妇女合唱团”等具有良田镇特色的文化品牌活动，引导全镇开展“最美家庭”“最美庭院”“移风易俗”等示范户创建评选。

为帮助农村妇女适应社会发展、实现再就业，成立良田共享直播间及妇女“云”销售技能培训实践基地，带动更多妇女及家庭创业发展、增收致富。通过农业科技培训等课程，让贫困群众掌握扶贫政策，主动创业、主动脱贫。

张望梅的目光始终没有离开过儿童，她连续6年在寒暑假期间组织“少儿公益艺术培训班”，参与儿童1400人次。组织移民儿童参观自治区博物馆、科技馆等，增长孩子们的见识、开阔他们的视野。为改变农村重男轻女思想，举办“启明星”关爱女童行动。开展经典诵读、乡村广场舞、文艺会演等活动，提振辖区群众精气神。

为响应国家号召，张望梅还在良田镇各村成立了“移风易俗宣传队”，进村入户宣传抵制高价彩礼、厚养薄葬等内容，并连续四年举办了移风易俗集体婚礼，良田镇喜事大操大办的现象得到有效遏制。她用自己的实际行动，带领大伙儿共树文明新风。

（宁夏回族自治区文明办供稿）

张治国

平凡农民二十多年倾情付出给孤残儿童温暖的家

人物 THE STORY 故事

张治国，男，1969年生，山西省临汾市古县南垣乡五十亩垣村村民。

自1999年起，张治国家中开始寄养民政部门送来的孤残儿童、弃婴。20多年来，他家先后共寄养了12名弃婴，这些孩子有的患有脑性瘫痪、听力障碍、智力障碍、唇腭裂等各种各样严重的疾病或残疾，张治国既当爹又当妈，默默照顾这些孤残孩子，努力地为他们当一名好“家长”。他依靠勤劳的双手撑起一片蓝天，为孩子们遮风挡雨，任劳任怨抚育他们成长。他平凡的举动，让孤残儿童感受到社会大家庭的温暖；他以包容世界的同情心，彰显人生价值，唱响时代主旋律。

“他们大部分都姓党，因为是党的好政策给了这些娃娃重生的希望，是党和政府给了孩子们温暖，他们在共产党的呵护下茁壮成长，希望他们不要忘记党和政府的恩情。”张治国说。20多个年头，8000多个日夜，他无怨无悔地坚持付出，不仅仅是因为内心柔软的一时冲动，也不仅仅是因为社会各界的认可和夸赞，更重要的是他信奉的一句话：“人间真情，大爱无疆。”

（山西省文明办供稿）

斯琴高娃

“85后”孝女倾心照顾父亲和弟弟热爱公益回报社会

人物 THE STORY 故事

斯琴高娃，女，蒙古族，1987年生，中共党员，内蒙古自治区呼伦贝尔市陈巴尔虎旗人民医院护士。

十几年如一日，风里来，雨里去，她精心照料患上帕金森综合征的父亲和白血病的弟弟，对家人不离不弃。她是家庭的顶梁柱、父亲的守护神、弟弟的坚实后盾，她用那柔弱的双肩托起一片爱的天空。

2001年，斯琴高娃的父亲患上帕金森综合征，渐渐失去了生活自理能力，年仅15岁的她开始承担起家庭的重担，不分昼夜悉心照料父亲的生活起居。然而，不幸再次降临到这个家庭，2014年5月，弟弟又被诊断为恶性淋巴瘤白血病。弟弟需要定期化疗，一次次的病危通知和高额的医药费丝毫没有让斯琴高娃退缩，她用那充满阳光的笑容和坚强的毅力扛起了照顾父亲和弟弟的责任。斯琴高娃说，一边照顾家人，一边工作确实很不容易。但在她的鼓励和悉心照料下，弟弟的病情逐渐稳定并好转，让她无比的开心，她觉得一切的付出都是值得的。

孝为德之本，百善孝为先。斯琴高娃怀着一颗孝顺之心、一颗关爱之心，用自己的实际行动践行着孝老爱亲的高贵品质，在平凡的生活中演绎着点点滴滴的亲情故事。

（内蒙古自治区文明办供稿）

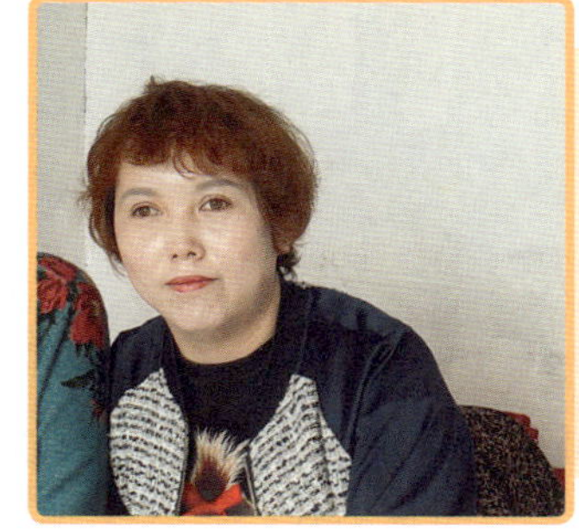

仲崇坤

乐观好媳妇 11 年悉心照顾生活不能自理的公婆

人物 THE STORY 故事

仲崇坤，女，1988 年生，黑龙江省大庆市肇源县超等乡有利村村民。

她用十一载青春诠释了"孝"和"爱"的传统美德，用爱心凝聚着整个家庭，营造了一个和睦、温馨、幸福的家庭氛围。

公公因脑萎缩丧失劳动能力；婆婆因患类风湿常年卧床不起，所有的饮食起居都需要人照顾；仲崇坤自己双侧股骨头坏死，走路很艰难，病情严重的时候都不能走路；丈夫为了全家人的生计常年在外打工赚钱……伺候老人、照管孩子、洗衣做饭、种地收割等里里外外的活全靠她一个人挑着。一年四季公公婆婆穿的衣服鞋袜都由她置办，家中的柴米油盐如有欠缺她都及时购买回来，从不让别人操心。她对婆婆的照顾更是无微不至，给婆婆喂饭、洗澡、按摩、端屎端尿从来没嫌弃过。她和婆婆同睡一个屋，夜里只要婆婆一有动静她就赶紧起来，有时候一晚上要起来十几次。除了照顾老人，她还十分重视孩子的教育，坚持每天抽出时间陪着孩子读书，教育孩子勤俭节约、吃苦耐劳。

生活中的仲崇坤，尊老爱幼，心态阳光。仲崇坤说："侍奉婆婆，抚育儿女，是我该做的分内事，这世上没有蹚不过去的关，有苦才有甜，现在我每天都是好日子。"正是她对待老人以孝心，对待家庭以爱心，才赢得了村民们的广泛赞誉。

（黑龙江省文明办供稿）

潘雨根

孝顺女婿 20 年悉心守护岳父母 用行动传递人间真情

人物 THE STORY 故事

潘雨根，男，1963 年生，浙江省嘉兴市秀洲区高照街道新义村居民。

在秀洲区高照街道新义村，有这样一位女婿，他二十年如一日悉心照顾患病的岳父母，用数以万计的日夜践行着孝老爱亲的真正含义，他就是被高照街道评为"最美女婿"的潘雨根。

潘雨根的岳母患有乳腺癌和阿尔茨海默病，生活完全不能自理，老丈人因年事已高，神志不清，行动也不便。但潘雨根从来没有嫌弃过，每天陪伴在老人身边，帮老人洗衣擦身。为了照顾好两位老人，他每天凌晨 4 点起床，为老人洗脸、穿衣、做饭，尽心尽力地照顾老人的日常起居。

考虑到妻子的工作不方便照顾两位老人，潘雨根放弃了工作，在家做起了"全职煮夫"。不管是白天或是深夜，老人无论哪里不舒服，甚至只要吭一声，潘雨根都会立即跑到老人身边贴身服侍。为了照顾老人，潘雨根没有睡过一个懒觉，甚至都没怎么出过家门。

20 年的时间，说长不长，说短不短。他默默地付出，对待岳父岳母犹如亲生父母一样，这么多年照顾下来没有一句怨言。如今，潘雨根的孝老爱亲行为也影响着他的女儿、女婿，他们表示也要像父亲一样做一个孝顺的子女。女儿小潘说，长期以来，父亲都是她学习的榜样，她自己也是一位母亲，也会将父亲对待老人的这份孝心传递给她的孩子，让孝老爱亲的文明家风继续传承下去。

（浙江省文明办供稿）

刘 宁

不离不弃照顾“植物人”男友 相守相伴大爱令人温暖如春

人物故事 THE STORY

刘宁，女，1985年生，现住安徽省合肥市蜀山区山水名城小区。

2017年的一场意外颅脑损伤，让相恋半年多的爱人变成了植物人，迟迟不能醒来。在刘宁不离不弃，三年半日复一日的细心照料下，爱人逐渐有了意识。一句“选择留下，是不想让自己后悔”成为“80后”刘宁一切选择的答案，刘宁也相信奇迹一定会发生，盼着他完全醒来。

1987年出生的彭亚楼和1985年出生的刘宁相识相恋才7个月，一场意外就让他躺在了病床上。2017年7月11日，彭亚楼给刘宁打了一个电话，说自己好困，要睡觉了。等刘宁回家的时候，发现他倒在地上，家里煤气味道很重。经过艰难的抢救，彭亚楼脱离了生命危险。可是由于中毒的时间太长，医生诊断他有可能醒不过来。刘宁没有抽身离开，而是默默接下了照顾男友的重任。

她有情有义、不离不弃守在病床前，一守就是1000多个日夜。因为照顾彭亚楼，刘宁没有什么收入来源，看病的钱都是她和彭亚楼的家人去借的。现在的她每天帮着给彭亚楼擦拭身体、按摩、训练……康复医院的教授都说，根本没有办法想象，一个卧床三四年的人，能保持这么强壮、这么好的状态，这已经算是奇迹了。

大音希声，大爱无痕。他们相伴相守，没有风花雪月，却感人至深。

（安徽省文明办供稿）

宣少明

古稀老人照料瘫痪哥哥近六十载 无怨无悔诠释人间真情

人物故事 THE STORY

宣少明，男，1948年生，安徽省马鞍山市含山县昭关镇同发村村民。

50多年前，一场在洪水中的抢险让宣少明的大哥腰椎神经受伤，造成下肢瘫痪。15岁的宣少明逐渐承担起照料大哥生活起居的责任，直到2020年，宣少明的大哥87岁高龄去世，此时宣少明也已72岁。56年来，宣少明每天围绕在大哥身边，精心照料，始终如一，无怨无悔。

每天早上5点半左右，宣少明就起床开始照料大哥，洗脸、倒尿盆、烧开水、泡茶、送早饭……安顿好大哥后，才顾得上自己吃饭。为改善伙食，他常买点牛肉、羊肉，晚上下面条给大哥吃；大哥上厕所不方便，他就用木桶做便桶，每天及时清倒；每次洗澡时，他将大哥抱到木盆中，洗完后再抱回床上。为照顾好大哥，他每天早晚烧两次水为大哥洗脸洗脚；每餐吃完饭后，为大哥洗脸、洗刷假牙；每天尽量把菜做得不一样，还按照大哥的口味，晚饭以面食为主；经常为大哥床铺换床单被褥、打扫卫生等。

宣少明家里条件并不好，但宣少明始终将大哥照顾得非常妥帖。“大哥身边离不开人。我们是弟兄，父母过世了，只要我还能干得动，就不能不管他。”宣少明说。

（安徽省文明办供稿）

许　蒙

十五年精心伺候婆婆　曾连夜往返七百余里为婆婆借“救命钱”

人物 THE STORY 故事

许蒙，女，1986 年生，河南省周口市太康县清集镇高桥行政村村民。

2005 年 3 月，许蒙的婆婆突发心绞痛被送往医院。为了给婆婆筹治病的钱，许蒙卖掉家里 5 亩辣椒和玉米，又向娘家借了 1 万多元钱。2014 年 4 月 6 日早 8 时许，许蒙的婆婆再次突发脑出血，由于病情严重，当晚被紧急送到郑州一家医院救治。当时许蒙刚刚在县城买过房子，家里拿不出钱给婆婆治病，咋办？许蒙连夜往返 300 多公里，从娘家亲戚那里给婆婆借了 13 万元“救命钱”。

太康县清集镇高桥村有 230 户 800 多口人。近年来，由于村里青壮年大多外出务工，村里只剩下一些留守老人、妇女和儿童。为解决留守老人种地难问题，2015 年，许蒙牵头在村里成立了一个由多名留守妇女参加的村民互助组。农忙时，互助组成员相互帮着干农活，农闲时大家一起到企业打工挣钱。看到村民互助组的好处，村里一些留守妇女纷纷加入。目前，高桥村互助组成员从成立之初的 5 人增加到 30 多人。

（河南省文明办供稿）

柏风河

孝子 25 年侍奉双亲和哥哥　孝心感动乡邻

人物 THE STORY 故事

柏风河，男，1971 年生，河南省漯河市召陵区老窝镇柏庄村村民。

柏风河的父亲 60 多岁时患上了心脏病，不能再从事体力劳动，母亲身体也不好，加上患有智力障碍的哥哥，家庭的全部重担落在了当时只有 25 岁的柏风河身上。柏风河正值结婚成家的年龄，因为家庭负担重，他主动放弃了成家的机会，全心全意地伺候父母，照顾智力障碍的哥哥，支撑起这个风雨飘摇的家庭。随后的 20 多年里，柏风河的父亲心脏病越来越重，为了照顾好父亲，他没有睡过一个囫囵觉，父亲多次住院，他都始终守护在床前精心伺候，直到 2018 年父亲去世。2000 年，柏风河的母亲患上脑梗死后遗症，从 2005 年就瘫痪在床，生活不能自理，生活上全靠柏风河照顾。16 年来，他精心伺候着母亲，想办法给她改善生活，喂茶喂饭，擦屎端尿，给母亲唱歌唱戏逗她开心。

村民们谈起柏风河都会竖起大拇指，“风河的遭遇常人难以承受，风河的孝心别人也没法比”。

从青春小伙到年逾半百，柏风河 25 年如一日，坚守并践行孝道，他用执着与坚强、勤劳与智慧，诠释了中华儿女孝敬父母的传统美德，赢得了群众的称赞和好评，为乡亲们树立了孝老敬亲的典范。

（河南省文明办供稿）

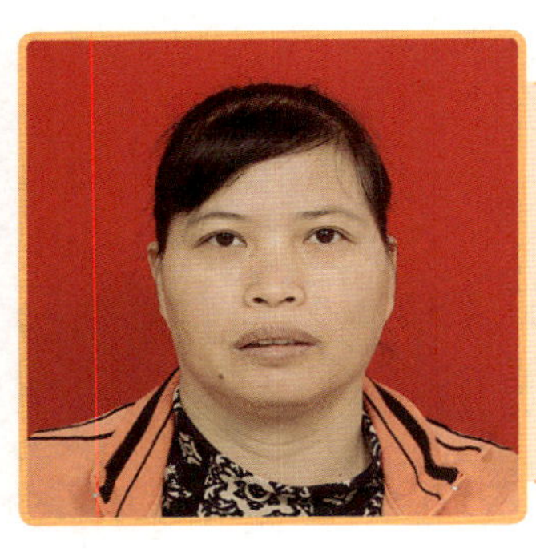

刘日芳

一家三代病缠身　儿媳弱肩扛起家

人物 THE STORY 故事

刘日芳，女，1969 年生，广东省惠州市惠城区江南街道祝屋巷社区居民。

1993 年，刘日芳经人介绍认识了王永光，婚后生下了两个儿子。刚结婚的那一年是刘日芳最幸福的时光。然而好景不长，一年后，丈夫出现精神异常。“一开始睡眠不好，后来开始自言自语，常说有人要害他，乱发脾气。”刘日芳说起丈夫病发的经历时十分无奈。从 1994 年开始，他的病情就反复发作。一不留神家门没锁上，丈夫就离家不归，她便彻夜不眠满城寻找。2017 年，本身患有癫痫的大儿子王国涛被诊断为病毒性脑炎，经过治疗虽保住了性命，但错过了最佳治疗时间，智力受到较大损伤，难以完全恢复。

原本刘日芳在餐馆当服务员，每月有 1500 元工资补贴家用。2015 年王永光病情加重，为看护丈夫，她只好辞了工作，家里唯一的经济来源断了，靠低保勉强度日。家里还有 90 岁体弱多病的公公，先后住院接受手术治疗 3 次，花了近 2 万元。虽然家庭困难，但刘日芳没有放弃，一直到两位老人去世，她都日夜守护照顾着，从未喊过一声累，也从未想过要放弃赡养老人。

这位勤劳、善良、淳朴的女子，付出了人世间最宝贵的爱情、亲情和真情，她用善良的心温暖着家人，用无怨无悔的付出维系家庭完整，诠释了孝老爱亲的中华民族传统美德。

（广东省文明办供稿）

屈养利

三十余年日夜相守　全心全意倾注孝老爱心

人物 THE STORY 故事

屈养利，女，1961 年生，陕西省西安市长安区王莽街道韦兆南村 5 组村民。

初嫁进门，屈养利作为大儿媳妇，就自觉担负起了照顾一家老小的任务，白天进厂干活，抽空回家给公婆做饭，晚上带孩子、洗衣服，缝缝补补，从无怨言。屈养利嫁过来的第二年，公公就去世了。老人临走前，放心不下脾气倔强的老伴，给她说要多多忍耐多多照顾，屈养利爽朗地答应了，此后三十多年，这婆媳俩成为村里人最羡慕的“娘儿俩”。平时儿子们都忙着工作不在家，天天守在眼前的就是这个外嫁进来的闺女。

为了给家人创造更好的生活条件，屈养利在北郊开了个粮油店，小买卖做得很好，于是，她把婆婆和孩子一道接了过去。一直到 2013 年，婆婆说想要回家乡，屈养利二话不说关掉小店，带着婆婆回到韦兆南村，奉养老人晚年。从一日五六餐可口的饭菜，到每天擦洗身体、换洗衣服，屈养利悉心照顾着婆婆，婆婆也把屈养利看作自己最重要的依靠。

96 岁的婆婆在她的日夜陪伴与照料下，身体很硬朗。由于年事过高，婆婆腿脚已经不太方便，人也时不时犯糊涂，屈养利像对待孩子一样服侍婆婆、哄着婆婆。屈养利的丈夫经常感慨地拉着她的手说：“我这辈子最幸运的事，就是遇到了你。”

（陕西省委文明办供稿）

伊马尼汗 · 斯马依

维吾尔族老人 30 年照顾汉族弃婴长大成人

孝老爱亲

人物 THE STORY 故事

伊马尼汗·斯马依，女，维吾尔族，1954年生，新疆生产建设兵团第一师阿拉尔市十团二十一连居民。

伊马尼汗·斯马依和丈夫带着3个儿子，依靠五亩田地和做零工为生。1991年8月的一天早上，伊马尼汗·斯马伊干农活途中，听到路边坟地的草堆里传来婴儿的哭声。她顺着哭声走去，在坟地深处发现了一名汉族女婴。尽管家里生活已经很困难，但是善良的伊马尼汗·斯马依依然决定收养这个弃婴，并给她起了一个象征着美丽、纯洁的名字：买热彦·依敏。

伊马尼汗·斯马依收养了买热彦·依敏后，本来就不富裕的家庭生活更加艰难。起初，她和丈夫一起抚养买热彦·依敏，后来因家庭困难等种种压力，丈夫对买热彦·依敏的态度逐渐地变得不那么疼爱了，甚至有时候故意找茬，让她受尽委屈。伊马尼汗·斯马依将买热彦·依敏视如己出，丈夫的态度让她无法忍受。经过再三考虑，2001年，伊马尼汗·斯马依和丈夫离婚。为了照顾买热彦·依敏，伊马尼汗·斯马依一直没有再婚，独自带着女儿生活。

多年来，为了给女儿幸福，伊马尼汗·斯马依付出了常人难以想象的艰辛。伊马尼汗·斯马依用自己博爱的胸怀和实际行动，生动诠释着中华民族的传统美德。

（新疆生产建设兵团文明办供稿）

三月

庞玉发

退伍民警成立文艺志愿者团队 义务演出30年

人物故事 THE STORY

庞玉发，男，1957年生，中共党员，相声演员，天津市河北区春晖文艺志愿者团队发起人之一、副团长。

庞玉发和搭档刘春慧在20世纪90年代末共同发起成立了春晖文艺志愿者团队。30年间坚持为那些没时间、没机会、没钱去剧场听相声的人义务演出，累计开展义演近300场、组织笔会100多场，募集钱物50多万元。近年来他两次带队赴甘肃省天水市清水县对口扶贫，用实际行动践行着“快乐别人幸福自己”的誓言。

庞玉发退休前曾是一名人民警察，在一次执行任务时摔伤了腰椎，落下病根。退休后在剧场演出，虽然因为腰病偶尔会请假，但却坚持义演场场不落。大年三十剧场不营业，庞玉发就和刘春慧相约去养老院义演，给老人们送去欢乐、带去生活用品。近30年来，他们的义演足迹不仅遍布天津的大街小巷，还到过银川、成都、苏州等地，甚至还走出了国门，成为中华优秀传统文化的宣传使者。

庞玉发带领团队开展对甘肃省天水市清水县的对口扶贫工作。两去清水，带去了近30万元的物资、募集的40多幅字画以及他们精彩的相声表演。

庞玉发说：“公益三十年，我深刻体会了‘施’比‘得’更幸福的含义。虽然十分辛苦，但快乐了那些最最平凡的父老乡亲，他们回馈给我的幸福感远比我的付出大。”

（天津市文明办供稿）

吴建国

供电站长20年初心不改 以仅有的左手带团队 用心解决群众用电问题

人物故事 THE STORY

吴建国，男，1968年生，中共党员，内蒙古自治区巴彦淖尔供电公司临河供电分公司员工。

“这次又麻烦你了，原本想着你太忙，我们老两口没好意思给你打电话。”家住临河区的李大爷对在帮他检查停电原因的吴建国说。“没事儿大爷，以后再遇上这种事儿就给我打电话。”吴建国回道。

吴建国是巴彦淖尔供电公司临河供电分公司低压（计量）运维班专责工。每到抄表的日子，他都早早起床，一天30多公里的行程就在晨曦中开始了，骑车、步行、验电、抄表、催费，烦琐而枯燥的工作他一干就是20多年。

在大家印象中，一身浅蓝的工作服，一个深绿的工具包，一副和善的面容，一辆26型的自行车和一只灵巧的左手是吴建国走街串巷的标配。

1993年，吴建国在一次出差路途中，面对想劫车的歹徒，不顾个人安危保全了一车人，却失去了自己的右手。受伤后的吴建国，勇敢面对生活，迅速调整心态，转岗到了抄核收岗位，从简单的穿衣、吃饭，到一只手写字、抄表、拿工具、操作电脑，每一个简单的动作对于失去右手的他来说都异常艰难。吴建国没有退缩，迎难而上，经过两年的勤学苦练，他终于能够自如运用左手。为了更高效地完成工作，吴建国将螺丝刀的刀头进行了改良，这样在一只手的情况下也可以轻松地将螺丝拧好，从此吴建国骑着自行车，背着“独创”的工具包，走到哪儿服务到哪儿。

（内蒙古自治区文明办供稿）

大连海洋大学青年抗疫突击队

17 名青年志愿者　1 张照片感动中国

人物 THE STORY 故事　大连海洋大学青年抗疫突击队。2021 年 1 月 7 日，大连海洋大学身着防护服的志愿者们冒着风雪运送物资的身影感动了无数人。

2020 年 12 月 22 日，由于一位同学确诊为新冠无症状感染者，大连海洋大学实施封闭管理，17 名志愿者组成了这支“抗疫青年突击队”，为公寓 5109 名师生配送物资。

2021 年 1 月 6 日，大连持续大雪，气温降至零下 10 摄氏度以下。下午 1 点多钟，志愿者们走到学生公寓楼下，却遇到了一段“差不多 45 度”的上坡，借来的电动三轮车在风雪中无法发动，只能靠人力推上去。“你看照片里，左边摔倒的那个就是我，我是第一个摔倒的。”志愿者段博珩回忆，“当时车上拉的东西太重了，我就没站住，卡在后面就绊倒了。”

“我们坡大概上得 10 分钟，虽然不长，但是也很费力。”当时骑着电动三轮车的李宗余说，实际上在外边整天都穿着防护服，反而有时候感受不到冷，但是那天走完那段上坡路，“我都已经不知道全身经常被汗湿透了。”

早晨五点半准时起床，每天微信运动两万余步，累计卸运、搬送防疫和生活物资十余吨，每天凌晨脱下防护服，里面的衣服都是湿透的，口罩和护目镜都是结冰的。

“在父母和老师的眼里还是孩子的他们，身披‘白衣战甲’担起抗疫重任。严冬之中，这些身影成为中国人面对疫情迎难而上的象征。”

（辽宁省文明办供稿）

毛岸生

退伍老兵扶危助困 以 30 年善行回报社会

人物 THE STORY 故事　毛岸生，男，1963 年生，国网南京市溧水区供电公司白马供电所运维采集班班员。

1982 年，正在部队服役的毛岸生驾车外出途中车辆侧翻，驻地近百名官兵献血 14000 毫升，使他转危为安。1985 年，意外摔伤的毛岸生被好心村民及时送医治疗。两次被救经历让毛岸生心存感激，并立志要以善行回报社会。

1995 年的一天清晨，睡梦中的毛岸生被一阵叫声惊醒，原来是一辆卡车侧翻压住了一名男子。毛岸生找来工具，与人合力将受伤男子从车底救出。长期以来，毛岸生始终坚持行善助人。他先后救助了 5 名因车祸、突发疾病等遭遇生命危险的陌生人。此外，他还经常为弱势家庭提供力所能及的帮助。对待本职工作，他兢兢业业，在辖区百姓遇到用电困难时，毛岸生都尽己所能，为大家处理用电故障、排除用电隐患。

十几年前，毛岸生的战友左文礼、唐其成相继去世。从那以后，毛岸生经常去看望两位去世战友的父母。虽然自己的家庭也不太宽裕，大儿子还存在先天智力问题，毛岸生依然坚持给予战友父母经济上的帮助和精神上的慰藉。毛岸生总说，自己只要活着一天，就要代替战友们尽孝。

“我的命是战友和群众救的，所以当别人困难时，我也一定会站出来，尽我所能帮助他人。”毛岸生说。

（江苏省文明办供稿）

谢 茗

20 年坚持带领乡亲脱贫的“暖心大姐”

人物故事 THE STORY

谢茗，女，1959 年生，江苏省常州市金坛区黄埔花木专业合作社社长。

育豆芽菜、摆水果摊、开茶叶店，经过十几年的打拼，谢茗夫妇积攒了一些财富后，萌生了带动村民致富的念头。为了帮助村民尽快摘掉穷帽，谢茗成立黄埔花木专业合作社，把自己娘家尧塘的花木种植技术引到联丰，带动本村及周边村社员种植苗木和葡萄 3000 多亩。2000 年，谢茗成立扶贫帮困服务小分队，主动送资金、送岗位、送市场。在她的帮扶下，16 个村民成了合作社种植大户和花木经纪人，先后有 80 多个家庭脱了贫。在谢茗的带动下，联丰村把农业生产转型升级作为群众增收致富的新突破口，更多的村民尝试着种植苗木花卉。2011 年，谢茗发起实施“我为家乡添点绿”工程，先后投入约 200 万元为村里道路实施绿化，有效提升了村庄绿化水平。

为了帮助更多的人，2010 年，谢茗启动“暖心大姐”关爱项目，亲自将 200 万元善款带到了新疆、西藏、云南、贵州和四川等地，并和贫困家庭一起过年。为了帮助更多的贫困学生完成学业，激励更多的优秀学生争创佳绩，2012 年，谢茗设立了 40 万元的“谢茗奖优助学金”。2020 年 2 月 6 日，谢茗主动向常州市美德基金会捐赠 20 万元，用于疫情防控。

谢茗行善不张扬，低调做好事，成为新时代农村妇女致富不忘初心、真情回报桑梓的好榜样。

（江苏省文明办供稿）

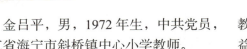

金吕平

和美教师爱撒千里 无私奉献育英才

助人为乐

人物故事 THE STORY

金吕平，男，1972 年生，中共党员，浙江省海宁市斜桥镇中心小学教师。

2018 年 5 月，金吕平获知嘉兴对口支援新疆沙雅县的消息，当即就将 1 万元购书款以助学金的形式送到了海楼镇光明学校学生的手中。时隔不久，金吕平依旧惦记孩子们缺少书籍的事，随即在网上买了 1 台笔记本电脑和 1390 册书籍寄往光明学校。当得知学校准备对图书室进行改造时，一心牵挂孩子的金吕平当即将 7000 元捐款转给了光明学校校长，后来又陆续捐资 9 万余元用于图书室改造。在这之后的三年里，金吕平仍旧心挂新疆的孩子，主动结对了 20 名贫困学生，每人每年捐赠 500 元。

2018 年暑假，金吕平成为海宁爱心联盟“爱心教室”的志愿者并在西山社区开办“智慧课堂”公益班，每周六无偿辅导学生。截至目前，金吕平夫妻已经累计上课 2100 余小时，受益学生达 150 余名。同时，还投入 3.5 万余元用于爱心餐、教学物资等。

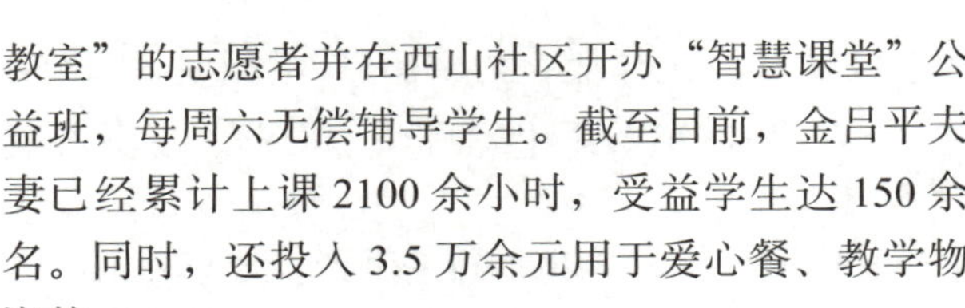

2018 年 8 月，金吕平又主动结对 2 名贫困学生，资助他们至 18 岁成年。疫情期间，金吕平第一时间报名参与小区抗疫志愿服务，同时向社区捐款 2020 元，向新疆沙雅县光明学校捐款 10000 元。平日里，他还经常参与“文明劝导”“弯腰一秒拾起文明”等志愿服务活动。截至目前，累计志愿服务时长达 2300 多小时，是一名五星级志愿者。

（浙江省文明办供稿）

雷　鸣

电台主播发起“无障碍电影”志愿服务 用声音为盲人构建五彩世界

助人为乐

人物故事 THE STORY

雷鸣，男，1975 年生，中共党员，浙江省杭州人民广播电台杭州之声首席主播。

台上，雷鸣是声线醇厚为民解忧的主持人。台下，他是奔走在公益路上的助残人。他发起“盲人看电影”志愿服务项目，以声音为媒，为广大视障人士架起一座视听的桥梁。2010 年 10 月 20 日，雷鸣在演播厅为 200 名盲人朋友现场解说电影《唐山大地震》，电影情节的变化在主持人雷鸣的解说中，变成了可以聆听的表达方式。11 年来，雷鸣策划了 100 多场盲人电影的现场解说，撰写电影解说稿 150 余万字，讲解百场电影累计 15500 分钟，惠及 3000 多名视障人士，让他们“看见”了电影中那个生动、活泼的世界。

他还牵头打造了一支有 300 多名志愿者的“无障碍观影”志愿服务团队，成立了“小蝌蚪助盲服务社”，将原创的电影解说发布到“喜马拉雅”等网站或 App，让更多的盲人朋友“听”到电影。2018 年 10 月，雷鸣又联系了上海等地的无障碍电影讲解志愿者，共同发起了无障碍电影周，集中了各地资源，在国际盲人节期间推出了多部无障碍电影。2019 年的无障碍电影周扩大到了全国 44 个城市联动，活动影响力进一步扩大。2020 年由于新冠疫情的影响，影院一直不能正常营业。在此期间，雷鸣组织了杭州市文广集团的主持人志愿者录制了 10 余期《新冠肺炎防护手册》（有声版），帮助视障人士及时了解防护知识。

（浙江省文明办供稿）

刘华军　刘华丽　刘华斌

三兄妹接过父亲“爱的接力棒” 九年资助五十余名贫困学子

助人为乐

人物故事 THE STORY

刘华军，男，1962 年生，安徽省亳州市爱心协会会长；刘华丽，女，1964 年生，亳州市爱心协会副会长；刘华斌，男，1969 年生，中共党员，亳州市谯城区委老干部局工作人员。

三人系“安徽好人”、亳州市道德模范刘汉章的子女，刘汉章在患癌的情况下，收养资助 200 多名孤儿和贫困学子，帮扶 80 多户贫困家庭，捐款达 200 多万元。2012 年 2 月，父亲刘汉章去世后，刘华军、刘华丽和刘华斌三兄妹接过了父亲“爱的接力棒”。三人组团或单独帮扶困难家庭和留守儿童、收养孤儿、资助贫困学子、关爱孤寡老人和环卫工人、参与爱心送考。9 年中，三兄妹共捐款 20 多万元，资助贫困学子 50 名，帮助贫困家庭近百户，志愿服务时长 14000 余小时。其中，刘华丽收养资助的 4 个孤儿，有 3 个已考入大学。

2014 年，三兄妹等人联合发起成立亳州市爱心协会，协会先后开展各类志愿服务活动 110 余场次，参与志愿者 5000 多人次，捐款捐物价值 126 万余元。2020 年疫情期间，三兄妹积极参与疫情防控志愿服务活动，捐赠物资价值 5 万多元，并协助所在社区做好日常防控工作。

“一个人不能仅为自己着想，应多想想别人生活的难处。”刘华军三兄妹谨遵父亲嘱托，在扶危济困的公益路上乐此不疲，将优良家风发扬光大，将爱的接力棒继续传递。

（安徽省文明办供稿）

方怀成

党员"的哥"乐于奉献 16年公益路上书写新时代雷锋故事

人物故事 THE STORY

方怀成，男，1977年生，中共党员，安徽省滁州市恒信汽车出租有限公司驾驶员。

方怀成是滁州市出租车"雷锋车队"组建者之一，自2005年起，他将出租车作为"传承雷锋精神、关心弱势群体、开展志愿服务"的流动平台。每年高考月，他带领队友开展"爱心护考"公益活动，为交通不便、家庭困难的考生提供免费用车服务，累计免费接送考生3.5万余人次。在爱心护考中，他总是当场记录下家庭困难考生的联系方式，把省吃俭用的钱拿出来，再四处奔走筹集善款，资助他们上学，如今他已资助了6名学生圆梦大学。

为帮助更多的人，2014年起方怀成参加无偿献血，2020年新冠疫情暴发之初，因为距离上一次献血不足6个月，无法第一时间为武汉人民献血，后来为弥补遗憾，他将献血量提高至400毫升，个人累计献血达8000毫升，在他的示范带动下，队友累计无偿献血共计8.7万毫升。

他坚持用三尺车厢传递人间真情，用四个车轮承载和谐梦想，免费接送老人、残疾人、困难人群达5500余人次，免收或少收车费2.9万余元。他带领队员深入城区及周边敬老院、福利院、特教学校、光荣院关心关爱孤寡老人、困难群众等特殊群体，共组织开展志愿服务和各类公益活动260余场次，免费出车5500余台次，行程达6.5万余公里。

（安徽省文明办供稿）

王　莘

最美医者心 一生公益情

人物故事 THE STORY

王莘，女，1978年生，中共党员，安徽省南京鼓楼医院集团安庆市石化医院红十字会秘书长，安庆市无偿献血者协会会长。

王莘是一名普通的医务工作者，自从1999年第一次参加无偿献血后，二十几年来累计献血61000毫升。2008年，她加入无偿献血志愿服务队成为志愿者，2017年又筹建了安庆市红十字造血干细胞捐献志愿服务队。每当周末、节假日，她都带领志愿服务队的队员们出现在街头、社区、工厂、学校，有时还要到各县城开展无偿献血、造血干细胞宣传动员工作。

新冠疫情期间，她带领团队始终逆行在抗疫一线。积极组织献血者献血，动员并参与社区防疫工作。

王莘还创新无偿献血宣传方式，每年组织志愿者身穿红马甲到县（市）开展徒步环城无偿献血宣传活动，与媒体联合在安庆大学和人民剧院献血屋旁开展"周日公开课"活动，组织开展高校晚自习前十分钟志愿者走进课堂宣传活动，提升青年学子的爱心担当情怀；开展特殊节日温情宣传活动，弘扬无偿献血公益正能量。

除此以外，王莘还积极参与扶贫助学、公益捐款等各类公益活动，十多年无偿志愿服务超过4000小时。荣誉属于过去，耀眼的光环没有阻挡她前进的脚步，反而愈加照亮她内心的璀璨，她用心中的这束光继续感染带动着周围的人，汇聚爱的力量，勇往直前。

（安徽省文明办供稿）

谢涛涛

捐献器官彰显大爱 延续五条生命的赞歌

人物故事 THE STORY

谢涛涛，男，1987年生，中共党员，生前系江西省吉安市吉水县螺田镇综合执法局干部。

2021年2月3日11时30分，谢涛涛的生命永远定格在34岁。在江西省吉水县人民医院手术室，3名医生对着谢涛涛的遗体默哀。随后，在该县红十字会的见证下，他的一对眼角膜、肝脏及一对肾脏被取出，用于救治5名患者。

2月1日晚，在下乡慰问步行返回镇政府途中，谢涛涛被身后同向驶来的一辆小轿车撞飞，当场陷入昏迷。由于伤势过重，医院当晚下达了病危通知书。2月2日22时，谢涛涛被宣布脑死亡。“他平常就乐于助人，曾经和我说过，如果今后发生意外，就捐献自己的器官，帮助有需要的人。”谢涛涛的妻子曾莎子含泪说道。悲痛之余，曾莎子决定遵照丈夫生前遗愿，捐赠有用器官，延续他人生命。

谢涛涛2005年参军，2018年初退役，13年的军旅生涯锻炼了他吃苦担当、乐于奉献的良好品格，在部队期间多次获嘉奖并获评优秀士兵、优秀士官等荣誉。退役后，谢涛涛主动要求安置到县城最偏远的乡镇螺田镇。得知谢涛涛的不幸遭遇，不少螺田镇村民自发前往医院看望。

生活中，谢涛涛是年迈父母的独子，是两个幼儿的父亲，是等了他8年的曾莎子的丈夫，是全家的顶梁柱。平常，亲戚朋友谁家有个头疼脑热或难事，他总是出钱出力，尽量提供帮助。就是这样一个平凡好人，在生命的最后一刻，用大爱点燃了他人生的希望。

（江西省文明办供稿）

陈怀锦

村民致富不忘家乡 热心公益20年捐款百万元

人物故事 THE STORY

陈怀锦，男，1957年生，江西省宜春市铜鼓县温泉镇义田村农民。

陈怀锦对公益事业总是那么热心。2003年，总长1.5公里的进组公路还是黄泥巴路，一到了下雨天特别难走。陈怀锦看在眼里，捐款4000元，把这条路改成了砂石路；2009年，陈怀锦又捐款33万元，把这条路全部硬化；2013年，这条进组公路部分路段被大型工程机械压坏，他又捐款10万元进行修复。2015年，村里修建花门楼到烟霞寺的旅游道路有资金缺口，他又捐款8万元；2019年，村里硬化这条旅游公路资金有较大缺口，他又捐款20万元。2012年，义田村村小重建，他看到老师们的办公设备比较破旧，主动捐款2万元，用于更换办公设备。

对于困难群众，陈怀锦同样十分关心。2016年和2017年，陈怀锦先后两次向铜鼓中学捐款共9.5万元，用于帮助家庭困难的同学。铜鼓县排埠镇华联村原建档立卡贫困户江水平7年前儿子意外死亡，3个孙子还在上学，生活很困难。2019年9月，江水平想发展黑山羊养殖，但苦于没有启动资金。陈怀锦得知后，专程前往江水平家，送上1万元。2021年，江水平的黑山羊渐成规模，已经发展到了25只。

陈怀锦夫妻俩生活简朴，水稻自己栽，蔬菜自己种。他觉得，儿女们都有出息，不要自己的钱，于是他就把积蓄拿来做公益。“我家三个儿女能成人成才，得益于学校的培养、社会的关爱。今天手头有点余钱，理所应当回报社会。”陈怀锦说。

（江西省文明办供稿）

楚玉刚

企业家身残志坚成表率 致富回报社会 帮助弱势群体就业

人物 THE STORY 故事

楚玉刚，男，1964 年生，山东守信农业发展集团有限公司董事长、山东省残疾人福利基金会理事。

楚玉刚出生于山东省聊城市莘县，幼年时因一次意外失去了左手。1986 年，不肯向命运低头的楚玉刚开始了自主创业之路。曾相继在莘县创办金三角果蔬大市场和育苗公司，逐渐发展成立了山东守信农业发展集团，吸纳群众就业 600 余人，其中残疾人 20 余人。楚玉刚对残疾人职工一视同仁、量才使用，聋人、言语残疾人有力气，行动快，就分配他们卷塑料布或搬运物料的工作；肢体残疾人行动不便，但头脑灵活，就安排其坐在磅前过秤、付款，或看管仓库。总之，残疾人在楚玉刚这里可以各尽所能，实现自己的人生价值。

由于自身的残疾，楚玉刚深知这一弱势群体的艰难处境和不便，对他们有着特殊的情感和关照。外出遇到残疾人乞讨，他都会伸出援助之手；在网上看到重病筹款，他都捐赠善款；每年寒冬腊月，他都会给村里的残疾人和老人送去御寒的棉衣。除此之外，楚玉刚还慷慨回馈社会，尽显残疾人企业家的情怀和担当。2008 年汶川大地震，楚玉刚捐款 8000 多元；2020 年，他捐赠 20 吨 84 消毒液、1000 套反光服、24000 只医用口罩，700 余箱蔬菜支援抗击疫情。

“别人能做到的，我们也一定能行，因为我们不比别人差！”楚玉刚坚定地说道，“即使是残疾人，通过勤劳的双手，也能融入社会、奉献社会，演绎与众不同的精彩人生！”

（山东省文明办供稿）

王允成

企业家情系桑梓 成立义工服务中心扶危济困

人物 THE STORY 故事

王允成，男，1968 年生，中共党员，山东省寿光市台头镇后寨子村人，山东金旭防水材料股份有限公司董事长。

吃水不忘挖井人，事业有成后，王允成没有忘记养育自己的家乡。2010 年后寨子村修路时，他为村里捐款 5 万元；2015 年后寨子村绿化道路时，捐款 5 万元；2017 年后寨子村为村民修建健身休闲娱乐广场时，捐款 5 万元；自 2005 年以来，每年重阳节给后寨子村 75 岁以上每位老人补助 130 元。2015 年金旭防水与南洋头村结成了村企共建对子，为南洋头村捐款 5 万元，建起了村级卫生所，方便了村民就医。多年来各项捐款累计达到 100 余万元。

2015 年 3 月，为了帮助更多的人，他参与成立了寿光市台头镇春雨义工服务中心，现在团队已发展到 120 余人。在工作之余，他带领团队走访寿光有需要的贫困户、五保户、军属、贫困学生，每周至少举行一次公益活动。他们走进敬老院，为行动不便的残疾人和老年人送去油、奶、蛋等生活用品，并帮他们理发、修剪指甲，陪他们聊天；在村里，他们帮助残疾人家庭解决生活困难，帮助他们清理环境卫生，为他们送去亲人般的关心。社会福利院、胡营养老院、北洋头村、三座楼村等地方都留下了他们忙碌的足迹。

“助人为乐是一种美德，人要有善心，多点爱心，能为他人多做点好事就多一分快乐，社会就多一分和谐”，这是王允成始终坚守的信念。

（山东省文明办供稿）

董振华

女企业家抗疫救灾助力脱贫攻坚 捐款捐物近千万元

人物 THE STORY 故事

董振华，女，1992 年生，河南省新乡市辉县市董欣恒达实业集团董事长。

董振华自 2016 年 2 月开始自主创业，创立董欣品牌，成立董欣商贸有限公司。2020 年初，新冠疫情暴发，董振华组织代理商向武汉、河南捐款共计 170 余万元。同时，向湖北省军区、湖北省荣军医院、武汉市优抚医院捐赠医用消毒物资，价值总计 370 余万元。全程公开透明，把每一个员工的援助之心、关爱之心传递给了每个武汉同胞。疫情期间，董振华克服重重困难，为当地三家敬老院数百名孤寡老人送去救命药品。

2021 年 7 月特大洪水灾情暴发后，董振华不顾公司仓库进水，产品被水浸泡，迅速购买救灾食品药品，及时组织部分员工送到西南乡镇农村被困群众手中，帮助灾民渡过难关。

为助力脱贫攻坚和推进乡村全面振兴，董振华与村委合作，依托公司电商平台，建设农村电商服务站，培训年轻人掌握业务知识，手把手教会部分村民使用微信和操作电脑，向女性群众传授护肤品知识和销售技巧，帮助村里拓展网上销售渠道，发展村集体经济。在公司运营极度困难的情况下，仍然出资数万元为罗圈村修复重建文体广场。

董振华热心公益，用大爱回馈社会。据不完全统计，近年来，董振华以个人或者公司名义累计捐款捐物近千万元。

（河南省文明办供稿）

杨献忠　杨　坤

好父子义务照顾捡来的“亲人” 四十多年帮助找到亲人

人物 THE STORY 故事

杨献忠，男，1958 年生，中共党员，河南省周口市太康县老冢镇孟庄行政村村民；杨坤，男，1986 年生，中共党员，太康县清集镇人民政府副镇长。

40 多年前，杨留用在老家浙江永嘉遇到了一名没钱返乡的太康男子，热情的他向家人借钱将其送回了太康，然而，返程时却因路费不够无奈滞留在太康。在当时的交通和通信条件下，再加上杨留用没上过学，不认识字，他一时被留在了太康县，过起了颠沛流离的生活。1978 年 8 月，杨献忠去公社（当时乡政府称为公社）办事，路过一个养牛棚时发现了正在生火做饭的杨留用。听说杨留用是个外地人，由于找不着回家的路，一个人在太康，生活困难，于是，杨献忠就把杨留用领回了家。杨献忠和家人把杨留用当作自己亲人，一起劳作，一起吃饭。杨家人对自己的好，杨留用看在眼里，记在心里。渐渐地，他融入了这个新家庭。

随着年龄的增长，杨留用燃起了寻找亲人的念头。了解到叔叔的心意，杨献忠的儿子杨坤决定帮叔叔完成这个心愿。从此，杨坤一有空就打听，可是由于时间过得太久，很多地方都改了名，他的收获不多。但杨坤一直没有放弃，最终他找到第一个和叔叔杨留用接触的人，并获悉了叔叔老家可能在浙江永嘉或嘉兴的信息。随后，杨坤通过查找地图和电话联系，最终辗转联系上永嘉县沙头镇楠湖村（原名陈住起村）杨留用的哥哥陈时统。

（河南省文明办供稿）

王占斌

志愿服务队长无偿献血 20 年 累计献血 10 万毫升

人物故事 THE STORY

王占斌，男，1982 年生，中共党员，河南省漯河市金海岸混凝土公司员工、河南省漯河市红十字无偿献血志愿服务队队长。

2001 年，19 岁的王占斌第一次参加无偿献血，拿着献血证，他激动了好几天。从此，王占斌就再也没有停下无偿献血的脚步，成为漯河中心血站的“常客”。只要献血间隔期一到，他就去参加无偿献血，把献血当成了一种责任和使命。平时各大医院血库紧张时联系他，只要符合要求他都会积极参与。

2014 年 5 月，王占斌接到一个求助电话，对方说他妻子是高龄产妇在郑州住院，急需输血救命。情况紧急，第二天王占斌便赶到郑州医院献血并与产妇家属一起办理了互助用血手续。由于输血及时，该产妇顺利产下一名男婴。

2014 年 11 月 1 日，王占斌和漯河市中心血站组建了漯河市红十字无偿献血志愿服务队，由他担任队长，积极开展无偿献血咨询、宣传、引导等社会服务工作。同一年，王占斌建起“漯河市稀有血型之家”微信群，群中志愿者快速响应稀有血型需求，开展应急献血，为临床稀有血型危重患者提供充足血液保障。

据统计，20 年间王占斌共献血 240 次、10 万毫升。

（河南省文明办供稿）

张友才

退休老人坚守“爱心港湾”8 载 背负债务不忘事业传承

人物故事 THE STORY

张友才，男，1948 年生，湖北省黄石市大冶市还地桥镇马石村村民。

张友才 2008 年退休回乡，2013 年被推选为村党员群众服务联络点联络员，同年他自费近 30 万元建起了党员群众服务联络点和“爱心中转站”，用于日间照料留守儿童和老人、帮扶困难家庭，并给自己立了一个规矩：空巢老人一月一见面，一年一慰问；特困家庭一季一走访，半年一慰问。八年如一日，他全心演绎着爱洒乡村的感人故事。

张友才的爱心中转站既是老人精神乐园，又是村民调解中心。该站现有爱心人员 12 人，包括 1 名爱心食堂工作人员，11 名志愿者。张友才始终秉持老人需要什么送什么，贫困家庭缺什么补什么。哪里有矛盾纠纷，他与团队就出现在哪里。据统计，自 2013 年至今，他和团队志愿者们共化解农村家庭矛盾纠纷 1000 余次。

张友才凭着每月 3000 元左右退休金，担负了爱心中转站 8 年的水电、伙食、救助慰问、代办服务等费用。虽然爱心中转站每年都是负债运转，但他坦然面对，经常提醒 3 个儿子：“我一旦走了，这些欠款你们要还上，还要把这份事业一代接一代干下去”。

（湖北省文明办供稿）

助人为乐

叶　剑

铁路民警二十四年累计献血近四万毫升 带动身边人传承公益事业

人物 THE STORY 故事

叶剑，男，1963 年生，中共党员，广州铁路公安局怀化公安处乘警支队高铁民警。

1997 年，叶剑在一次办案途中偶遇车祸现场，他毫不犹豫为一名失血休克的伤员捐献了 400 毫升血液，将伤员从鬼门关救了回来。那是他的第一次献血，从此便开启了他无偿献血的历程。24 年来，叶剑已坚持献血 111 次，累计献血量达 38800 毫升，可以装满 77 个 500 毫升的矿泉水瓶。如果不是因为国家规定献血年龄最高不能超过 60 周岁，他还想继续坚持献下去。

无偿献血能挽救他人生命，叶剑用行动影响和感染着身边的人，妻子、儿子、妹妹、朋友和同事都加入无偿献血的队伍中。其中妻子陈志美献血 1200 毫升，儿子叶禹杉献血 2000 毫升，妹妹叶静献血 1400 毫升。在单位，叶剑专门成立了“叶剑献血服务队”，数十名青年民警踊跃加入，薪火相传，传承和发扬无私奉献、助人为乐的精神，将这项爱心事业坚持下去，践行无偿献血、造福社会的新风尚。

（湖南省文明办供稿）

助人为乐

陈振勇

情系桑梓“外甥”情　大爱无疆显担当

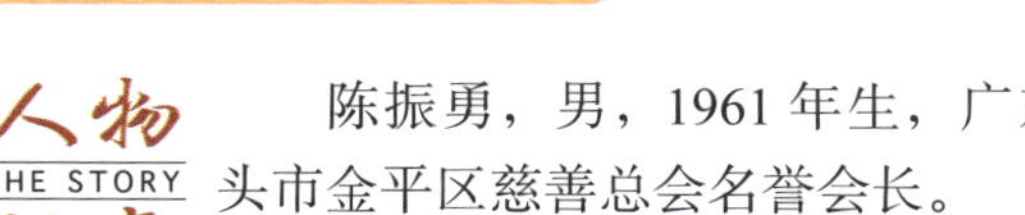

陈振勇，男，1961 年生，广东省汕头市金平区慈善总会名誉会长。

10 余年来，陈振勇始终情系桑梓，热心公益事业，常年捐资助学、扶贫济困、孝老爱亲、建设家乡乌桥、助力抗疫。截至 2021 年，累计捐款捐物价值超 4000 万元，被当地老百姓亲切地称为“乌桥外甥”。

陈振勇出资将外祖母的老屋翻修建成老人活动中心，聘请 3 位专职服务人员，常年免费为乌桥岛老人提供休闲活动场所和茶水点心。他设立慈善基金，先后捐资 533 万元用于帮扶困难家庭，连续 10 年为 200 户贫困家庭发放每户每月 200 元的生活补助金，每年春节和中秋节看望慰问当地老人、贫困户、教师和环卫工人等。陈振勇崇文重教，向金平区教育局捐款 100 万元，作为辖区贫困生助学基金。2020 年新冠疫情暴发，陈振勇先后捐赠 231 万元和 38.8 万个口罩、200 套防护服等防疫物资，驰援湖北、汕头、惠东等地防疫工作。

陈振勇注重榜样引领，致力弘扬文明新风。2020 年 1 月，他捐资 200 万元设立金平区“育好人，扬新风”项目资助金，用于关爱慰问先进模范、开展好人主题宣传公益活动等。陈振勇用自己的行动感染周围的人们，带动更多在外拼搏的企业家投身公益，汇聚乡贤力量助力家乡建设，成为粤东慈善事业的榜样、反哺家乡乡贤的楷模。

（广东省文明办供稿）

叶丽芬
公益志愿之路上爱与善良的守望者

人物故事 THE STORY

叶丽芬，女，1967年生，广东省深圳慈善公益网退休社工。

作为一位癌症康复者，叶丽芬热心公益，注册志愿者已有21年，累计服务时间4.3万余小时。她关爱社会弱势群体，积极参与扶老、助残、扶贫济困等公益活动；在云南、贵州、江西、湖南、广西、青海、粤北贫困山区等地家访、考察，个人资助9位学生重返校园完成学业，牵线搭桥捐资助学超200万元。叶丽芬不仅自己签署了深圳红十字会器官捐献志愿书，还促成了国内首例异地多器官无偿捐献。

叶丽芬还是一名应急救援志愿者，她积极参与各类安全宣传普及工作和应急救援行动，为“全民普及急救知识技能，提高群众自救互救能力”“提高志愿者对突发事件应急处置的综合能力”而努力。新冠疫情期间，叶丽芬积极参与心理援助志愿服务，在深圳湾口岸“安心驿站”、武汉社区“安心小屋”，叶丽芬“心灵守望者”的身影处处可见。

“爱与善良是我一生的守望与坚持！”叶丽芬十几年如一日承担着“义工在线”网站和多个公益论坛的义务管理、维护工作。她以“羊羊”为笔名撰写和发表了大量优秀稿件、培训资料，大力弘扬志愿服务精神，传递社会正能量。

（广东省文明办供稿）

梁铁正
退伍军人自学法律知识 扶弱助困为民调解

人物故事 THE STORY

梁铁正，男，1955年生，广西壮族自治区梧州市岑溪市马路镇昙容社区居民。

梁铁正是一名退伍军人。退伍后，他当过出租车司机和长途快巴司机，开过家政公司。其间，他救过一名因车祸重伤的女子，及时送医保住了她的性命；拾获过一个钱包，上交并找到了失主；有人送给他一面锦旗，上书“铁正出车一千里，好事做了一箩筐”；每逢春节和中秋节，他会为村里的困难户、孤寡老人送去礼品和慰问金，持续20多年……这是他坚持做好事的“冰山一角”。

他坚持力所能及地帮助身边的弱势群体，热心助人，不图回报，并运用自学的法律知识帮助有需要的人，开设铁正法律咨询站，在法律上、经济上、日常生活中力所能及地帮助他人，他被群众亲切地称呼为“民间状师”。

岑溪市归义镇的老人梁某老来无助，梁铁正夫妻接老人到家中同住。2015年3月，老人遭遇车祸，交警作出责任各半的处理决定，当事人双方都向法院起诉。在赔付未到位的情况下，他雇了一名护工护理老人，还为老人支付医疗费并做了伤残鉴定，总共垫付5万元。他还为老人当起了一审和二审的诉讼代理人，法院判决对方要付10万元的医疗费和伤残赔偿金。不久老人病逝，由于他既没有法定委托书也不是法定继承人，导致10万元“无主”。但梁铁正无怨无悔，表示帮助老人本就不图回报。

（广西壮族自治区文明办供稿）

程伯成

赡养孤老“父亲” 古稀校长义举成佳话

人物故事 THE STORY

程伯成，男，1943年生，中共党员，重庆市长寿区龙河镇中心小学校退休校长。

2008年，无儿无女的袁海舟老伴去世。葬礼上，88岁的老人痛苦万分。这一幕被时年65岁的程伯成看在眼里，他毅然作出“认父”决定，告诉袁老从今往后不用担心没人为他养老送终。

为了方便照顾袁老，程伯成自掏腰包，在自家附近租房，并主动去给他做思想动员工作，让老人家安心搬来一起住。从此，洗衣做饭、翻身擦药……程伯成无微不至地照顾着这位与他没有任何血缘关系的“父亲”，至今已有13个年头。

程伯成的义举感染了子女。2009年，年近90岁的袁老在龙合十字路口摔倒，命悬一线，当时没一个人敢上前施救。程伯成的儿子得知后，迅速赶来将老人送往医院。几年后，袁老在楼下散步时，又不慎把髋骨摔破。程伯成在病床边照顾老人一个多月，儿子、儿媳每个月坚持给他转账1500元，用于袁老的医疗开销。

程伯成的善行在全镇传开后，全镇上下无不佩服这位尊老爱老的“老人家”。“我都这把岁数了，不需要什么名利，只是想给自己的学生和子女树立一个好的榜样。”对于自己的选择，程伯成无怨无悔。

（重庆市文明办供稿）

张洪恩

耄耋老人25年坚持自掏腰包 创办阅报栏　铸就社区精神家园

人物故事 THE STORY

张洪恩，男，1936年生，中共党员，四川省成都市青白江区川化五村居民。

1996年7月，张洪恩从川化集团法律顾问岗位退休后，本该在家含饴弄孙、颐养天年，可闲不住的他却决定发挥余热，志愿参与社区调解工作，用法律专业知识，为社区群众义务提供法律咨询1000余次。对那些经济困难要打“官司”的人，他分文不收，且随叫随到。

从1996年开始，他拿出积蓄，把川化家属院门前的旧仓库租下来，平整了房前的地块，又买来木板和玻璃，制作了几块简易的展板——这便是“川化阅报栏”最初的模样。旧仓库则成了他进行分类、阅报、张贴等工作的场所。他每年自掏腰包近万元订阅20余种报刊，免费为社区居民提供阅读服务。为当好“导读员”，他每天要进行紧张的接报、分类、阅报、张贴、布展等工作。据粗略统计，二十几年来，已累计贴报23万余张、阅读人次超过25万。

2016年患癌后，他仍不忘初心，抱病坚持办报栏。在张洪恩的感召下，成都青白江区大弯街道化工路社区成立了“磐石先锋志愿服务队”，组建了“馨化老党员工作室”，一批批志愿者从报栏前的看报者纷纷转变成服务者，相继加入到报栏志愿服务行动中，一起为社区群众服务，做好这份“精神早餐”。

（四川省文明办供稿）

陈中阳　吴婷婷　邵　颖　谌　丽

返乡高铁上遇婴儿遭异物卡喉 4名大学生合力施救

人物 THE STORY 故事

陈中阳，男，1999年生，原为北京大学医学部学生；吴婷婷，女，2001年生，江汉大学医学院临床医学专业学生；邵颖，女，2001年生，江汉大学医学院临床医学专业学生；谌丽，女，1998年生，原为鄂州职业大学护理专业学生。

2021年1月12日17时31分，北京开往昆明的G405次列车上，列车长接到2车厢乘务员紧急呼叫，称车厢内一名6个月大的婴儿被食物卡住呼吸道，情况十分紧急。他迅速赶往现场，同时通知乘务人员立即通过广播寻医。

乘坐本次列车返乡的四名大学生陈中阳、吴婷婷、邵颖、谌丽，听到广播："列车上有没有医生，一名婴儿被食物卡住急需救治，请速到第二车厢！"不约而同赶往第二车厢。最先赶到的陈中阳和谌丽从列车长手里接过婴儿。此时，婴儿已经昏迷，颈动脉薄弱，无呼吸，脸色发白。谌丽迅速使用海姆立克救助法对婴儿进行救助，在拍打肩胛骨之间五六次后，婴儿吐出了面包，但仍呼吸困难，脸色不好，唇色还是发紫。看见谌丽有点体力不支，陈中阳接力，用食指及中指伸进婴儿嘴里，压平舌头，让婴儿有了微弱的呼吸。

在两人施救过程中，吴婷婷和邵颖也来到现场。4人合力救治近40分钟后，婴儿终于吐出全部异物。18时19分，列车提前4分钟到达怀化南站，婴儿被车站人员及时送到附近医院接受治疗，转危为安。

（贵州省文明办供稿）

马跃升

昔日老教师今日企业家 不忘承担社会责任坚持助人为乐

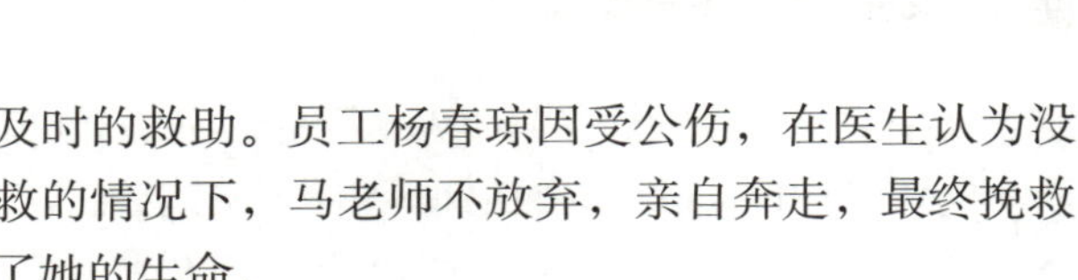

人物 THE STORY 故事

马跃升，男，1944年生，云南省玉溪市通海县纳古连铸钢铁公司董事长。

在纳古镇，大家都习惯喊他马老师，因为他曾是一名从教20多年的小学教师。20世纪90年代初期，改革开放的春风吹起时，马跃升毅然向学校递上辞呈，投身到经济发展大潮中。2004年，马老师带领大家创办纳古连铸钢铁公司时，积极吸纳小股民参股。公司赚了，大家有收益；公司亏了，小股民的钱由他支付。这个带大家共同致富的举动在纳古开了头，对当地的企业做大、做强，推行民营股份制运作起到了良好的带动作用。

公司员工合爱媛在未进企业前就有心脏病，马老师将她安排在相对轻松的岗位。她突然发病时，马老师带头发动员工捐款18000多元，让她得到了及时的救助。员工杨春琼因受公伤，在医生认为没救的情况下，马老师不放弃，亲自奔走，最终挽救了她的生命。

从2010年起，公司每年都给当地60岁以上老人和低保户、困难户送慰问金。11年来各种捐助善款总额已达700多万元，受惠群众逾万人次。除一年一度的爱心捐款外，近10年来，他的企业和本人共向社会捐款800余万元。

当问及现已76岁的马老师为什么这么大岁数还在办企业时，他说："我的前半生交给了热爱的教育事业，之后我从事经商办企业，用自己的力量去帮助了更多的人，更好地实现了我的人生价值。"

（云南省文明办供稿）

周海英

女企业家致富不忘回报社会 捐款捐物达千余万元

人物故事 THE STORY

周海英，女，1964年生，陕西仙喜辣木茯茶有限公司董事长。

因从小家境贫困，16岁时，周海英带着借来的1000元开始只身“闯天下”。凭着一股不服输的劲头，周海英顽强拼搏，历经6年多的努力，辣木茯茶产品于2016年11月上市。在企业取得了一定经济效益的同时，周海英没有忘记履行自己的社会责任，工作之余她积极参与社会公益事业，奉献爱心，回报社会。

2020年元月，新冠疫情暴发，作为咸阳温商商会会长的周海英积极行动，多方动员，第一时间给武汉金银谭医院、秦都区人民政府、陕西中医药大学附属医院、咸阳市市场监督管理局等捐赠爱心物资共计300多万元。同时号召商会成员共同向社会捐赠各项物资共计1000多万元，向家乡温州市慈善总会捐助现金20万元，定向用于抗击疫情。经商40多年来，周海英个人及所在商会先后为抗震抗灾、疫情防控、助残帮困、资助贫困学生、助力养老事业等捐款捐物千万元，得到了社会的高度赞扬和认可。

经营企业的同时，周海英还身兼咸阳温州商会会长，要处理、支持来自四面八方的求救帮助。虽然身上的担子更重了，但她关注社会公益事业的脚步永不停止。

（陕西省委文明办供稿）

李长聆

退休老党员三十五年如一日 免费为街坊修理小家电

人物故事 THE STORY

李长聆，男，1941年生，中共党员，陕西省渭南市新华书店有限责任公司退休职工。

李长聆同志1958年参加工作后在省电业局汽车队任司机，1961年8月在西安应征入伍，服役期间受奖5次，被评为五好战士2次。1967年6月退役后，在西藏支工10多年，1979年5月转业到渭南市新华书店工作，1986年9月因工伤提前退休。

退休后，李长聆利用自学的维修技术，在书店门前支起了一个“义务便民修理摊”，免费为群众修理各种小家电。每天早上8点钟，他都会准时推出修理车，撑开小门面，等候送修的电器上门。这个小小的修理铺，已成为远近闻名的党员爱心岗。

一张桌子、一条长凳，就是他的简易工作台。工作台虽简陋，但是维修的设备却不简单，金刚磨石、磨刀机、万用电子表等常用工具一应俱全。维修桌前竖着的牌子上面写着“光华社区党员义务家电服务部”，主要维修微波炉、电磁炉、电饭锅、热水器以及修磨剪刀等各种小家电。

“老牛自知桑榆晚，不待扬鞭自奋蹄。拙技博得众口笑，确是耄耋圆梦时。”这四句写在修理车上的诗，正是李长聆同志的心声和写照。他说：“人总要给自己找点事情做，我有这一技之长，既是一种运动，也发挥点余热。每修好一个我就有成就感，磨一把刀人家高兴，我也高兴，能够实现自己的价值。”

（陕西省委文明办供稿）

徐海侠

自强不息不惧生命考验 用七彩人生帮助残疾人筑梦圆梦

人物 THE STORY 故事

徐海侠，女，1974年生，宁夏回族自治区吴忠市红寺堡区残疾人综合服务中心负责人。

徐海侠出生在一个普通单亲家庭，因一次意外受伤，被诊断为左腿骨髓炎，此后四年间她病情反复发作，最终只能截肢。丈夫因不堪生活重负，和她离了婚。为了帮助徐海侠走出困境，母亲帮她筹集了一些资金，徐海侠开始了自己的创业路。

1999年，徐海侠来到了红寺堡，搭建了两间简陋的铁皮房子，和两个小妹妹干起了美容美发。几年时间辛勤劳作，徐海侠积攒了一些积蓄，在干着美容行业的同时，开办了海霞儿童乐园。

2017年，徐海侠筹措170多万元资金，建设2000多平方米的企业孵化区。2019年，在红寺堡区民政局的指导下，扩大了业务范围，开设残疾人托养、残疾人职业技能服务、康复服务等项目，主要为红寺堡区内智力、精神、肢体类残疾人提供日间照料、文化教育、康复训练、创业孵化等全方位综合性服务，打造吴忠市红寺堡区残疾人综合服务中心。带动就业人数338人，为53名残疾人及其家属解决就业问题。

回顾发展历程，徐海侠尝遍了人生的酸甜苦辣。同时她也用实际行动让人生实现价值，带动更多残障人士和贫困家庭妇女实现就业。

（宁夏回族自治区文明办供稿）

谭振莲

家政“莲”民心　社工助增收

人物 THE STORY 故事

谭振莲，女，1976年生，中共党员，新疆维吾尔自治区伊犁哈萨克自治州察布查尔锡伯自治县喜利妈妈社会服务中心党支部书记、助理社会工作师。

“我要在家给公公婆婆做饭带孩子，你不要再来了！”扎依达木·阿西木是一名家庭妇女，通过几次谈心交流，谭振莲又吃了闭门羹。扎依达木是谭振莲发动对象的典型，她们大多缺乏劳动技能、国家通用语言水平差、守家观念重，始终迈不出家门这道藩篱。不服输的谭振莲，反复上门软磨硬泡，最终结合自己的亲身经历打动了扎依达木。

内容实用的培训和真操实练的岗位实践，让扎依达木很快成为家政公司里的一名熟练工。“多亏了小谭妹妹，我现在每个月有3600元的工资，不仅用自己挣的钱把房子装修了，还越来越漂亮了呢！”自信的笑容洋溢在扎依达木脸上，考上北京石油化工学院的女儿把自信的妈妈当成了逐梦路上的榜样。

自2018年至今，短短几年时间内，谭振莲坚持走访，先后为306名妇女开展月嫂、护工、家政、国家通用语言等免费培训。2023年，公司帮助了34名贫困妇女实现稳定就业，她们穿着统一的工装，骑着电动车，穿梭在大街小巷，成为一道亮丽的风景线。

（新疆维吾尔自治区文明办供稿）

王永强

亡命歹徒行凶伤人　英勇校长见义勇为

见义勇为

人物故事 THE STORY

王永强，男，1975 年生，中国民建会员，北京房山少林寺文武学校校长。

2020 年 5 月 15 日 14 时 50 分，王永强骑车从学校出发，前往学校农场，当他行至京港澳高速与哑巴河交界处的一个农场附近时，走来一名年轻男子，手持带血尖刀，向王永强挥舞并大声呵斥。王永强躲开后，前行 20 米，发现一男子躺在地上，满腿是血。这时候持刀男子扭头向王永强冲来。王永强顺手在路边捡起一根树杈，向男子冲过去，为了能记下凶手的相貌特征，王永强边跑边迅速掏出手机对着行凶男子拍照。由于歹徒体型彪悍又失去理智，他从附近一位老伯的车上抄下一把铁锹，奔向歹徒继续搏斗，这时歹徒见状迅速逃离，往高速方向逃窜。

行凶男子在哑巴河桥处翻越护栏爬向高速，沿着京港澳高速向良乡机场方向逃去。王永强立刻拿起手机拨打了 120 和 110。不一会儿，警察通报，在良乡机场高速附近抓获一抢车男子，王永强随即跟随云岗派出所民警前往拱辰派出所指认凶手。确认凶手后，又跟随警方到云岗派出所做笔录，结束已经是下午 6 点多，王永强终于松了一口气。

王永强见义勇为、热心助人的表现并不是偶然的，这和他平时忠诚于党的教育事业，关爱学生，爱憎分明的性格是分不开的。作为北京房山少林寺文武学校的校长，在他近二十年的教育职业生涯中，工作作风始终踏实，他用见义勇为的行为为学生树立了榜样。

（首都文明办供稿）

李　海

铁路职工争分夺秒跳入冰河救出 13 岁学生

人物故事 THE STORY

李海，男，1968 年生，中国铁路呼和浩特局集团有限公司房地产公司业务员。

2020 年 12 月 17 日 15 时，一名 13 岁的学生不慎落水。听到群众呼救后，刚好路过的李海循声望去，看见学生在冰冷的河水中挣扎。来不及多想，李海立刻向事发地点跑去，边跑边脱下棉衣，纵身越过近 2 米高的栅栏，来到距落水学生 4—5 米远的位置。他看到落水学生嘴唇冻得发紫，僵直地扒着冰面颤抖，附近冰面随时可能塌陷。

“别紧张，不要慌！”李海一边安抚落水学生，一边趴在冰面上匍匐向前。李海顾不得零下 20 摄氏度的寒风和身下冰面袭来的寒气，爬到距落水学生半米远的位置。落水学生僵硬地伸出右手，使劲往前探，好几次都没有成功。李海继续往前挪动，全然不顾耳边响起“嘎吱”的冰裂声……终于，李海抓到小女孩，并让她不停蹬腿，把身体浮起来，费尽九牛二虎之力，终于把小女孩拖到了冰面上，送到岸边。周围群众都长出一口气，为李海见义勇为的善行鼓掌叫好、拍照点赞。女孩家人闻讯赶到，对李海一再表示感谢。李海说：“刚好碰巧赶上，遇到这样的事情，谁都会这么做的。”

李海英勇救人的善行义举，彰显了呼铁人见义勇为、乐于助人的优秀品质。

（内蒙古自治区文明办供稿）

汤美怡

“最美准妈妈”跪在马路上做人工呼吸挽救癫痫病人

人物故事 THE STORY

汤美怡，女，1994年生，现为上海市嘉定区马陆镇社区卫生服务中心新联团队家庭医生助理。

很难想象，一个预产期就在下个月的准妈妈，就这样直接跪在马路中央，为一个突发癫痫的病人实施急救。2020年12月23日，产假前最后一天上班的汤美怡突然接到社区联勤的求助，称附近有一名男子全身抽搐、口吐白沫倒在地上，急需救治。汤美怡听后，毫不犹豫赶往现场。面对患者，她顾不上自己和肚子里的宝宝，立马跪在地上展开了一系列专业的急救措施。整个急救耗时近10分钟，最终，这位怀孕近9个月的白衣天使，用最美“一跪”拯救了一个人的生命，也生动诠释了医者仁心、舍己为人的职业精神。由于长时间的跪地抢救，汤美怡怀着孕的肚子受到了挤压，起身后甚至出现了宫缩反应，但她却说：“作为一个医生，唯一的选择就是救人。如果有下一次，我还是会跪下去。”

作为医生，汤美怡始终以一颗真心守护病患。2020年新冠疫情期间，作为马陆镇社区卫生服务中心戬浜分中心老年护理病房的住院医师，新婚不久的汤美怡放弃休假坚守岗位。因疫情原因，家属无法到病房探望老人，汤美怡不但将自己的本职工作做好，更像亲人一样关怀着住院的老人们。她陪老人们聊天、拉家常，为他们解闷、做心理辅导，就像一束阳光温暖着老人们的内心，她的开朗与热情感染着每个人，身边的人都称她是“最贴心的小棉袄”。

（上海市文明办供稿）

沈月明

“90后”小伙巧用“爱心通道”智救幼童

人物故事 THE STORY

沈月明，男，1994年生，江苏省邳州市供电公司土山供电所运维检修工。

2021年1月22日中午12时许，在江苏省邳州市251省道上，一直严格遵守交通规则的沈月明却突然驾车闯过红灯，快速向市区方向驶去。原来，沈月明下班路过土山镇街北村魏园组附近时，两位老人怀中抱着一名女童拦住了他的车子求救，这名女童误吞了药片，嘴唇青紫、呼吸微弱，情况十分危急。

沈月明来不及多想，迅速让两位老人上车，打开双闪，加速驶向20多公里外的邳州市人民医院。为了尽可能节省时间，他在确保安全的前提下，不得已果断闯过了面前的一个红灯，却在下一个路口被大货车挡住了路……沈月明发现前面还有许多红绿灯阻碍前行，就急中生智，立即联系110寻求帮助。110指挥中心与交警队特事特办，开启一路绿灯，这段平常需要40分钟的缓行路段，在急速争取下，仅用20分钟就将女童送到了医院儿科急诊室。经过医生的及时抢救，女童当天下午就脱离了生命危险。幼童在医院抢救的过程中，沈月明又楼上楼下忙着帮助缴费、办理住院手续，直到下午3点才离开医院，连午饭也没有顾得上吃。

沈月明的救人义举，被多家媒体报道，点击量超千万，网友纷纷为其点赞。

（江苏省文明办供稿）

孙嘉宁

实习女医生候车室“黄金四分钟”救下心脏骤停患者

人物故事 THE STORY

孙嘉宁，女，1998年生，南京医科大学康达学院2016级临床医学专业学生。

2020年7月31日20时10分，徐州火车站候车大厅内，一名女子忽然倒地不省人事。车站广播室对全站广播寻医，南京医科大学康达学院2016级临床医学专业学生孙嘉宁听到广播后，跑到倒地女士身旁，立刻甩下身上的两个背包，并跪在地上查看情况。当发现倒地女士已无呼吸、无意识，她立刻实施心肺复苏术，并使用自动体外除颤器（AED）对倒地女士实施电击。经过两组心肺复苏、一次脉冲电击，女士逐渐恢复呼吸及心跳，直到120急救人员赶到，孙嘉宁做了简单交接后，转身离开，消失在车站的人流中。

据悉，该女士送医后确诊为主动脉夹层，孙嘉宁的抢救及时为其争取到关键的“黄金四分钟”，也为后续治疗创造了条件，经治疗，该女士顺利康复出院。

对于孙嘉宁的救人义举，阿里巴巴天天正能量联合《扬子晚报》紫牛新闻，授予孙嘉宁“天天正能量特别奖”，发放一万元奖金。2020年8月19日，孙嘉宁选择在中国医师节这个特别的日子将一万元奖金捐献给连云港市红十字会。她说：“这份奖金是对见义勇为行为的奖励，我希望这笔奖金能使用到真正需要的人手中。”

（江苏省文明办供稿）

李　猛

雨夜跳河救人的火箭军战士

人物故事 THE STORY

李猛，男，1997年生，中共党员，中国火箭军96712部队战士。

2020年6月24日20时许，在家休假的李猛在去大姑家的路上，耳边隐约传来求救的声音，他闻声寻去，发现长兴县四里桥电厂河里有一名落水男子正奋力挣扎，危急时刻，李猛一个箭步冲到河边，大声呼喊附近的市民前来救援，随后便跳入三米多深的河中，对落水者展开施救。下水后的李猛迅速游至落水者身边，但由于当时天色已晚，还下着雨，李猛施救起来并不容易。李猛一边大声鼓励道：“同志，我会游泳，你坚持住，我一定把你救上岸！”一边将落水者一点点拖上岸。由于河水较深，再加上在施救过程中用力攀爬上岸，导致李猛双手、双腿和双脚踝处不同程度受伤，但他还是坚持配合将男子送往医院救治，最后独自默默离开。

回到单位的李猛也没和领导战友提及此事，身边人问他身上的伤口是怎么回事，他也只说是蹭破了皮。直到长兴县电视台向部队了解情况和当地县委赠予锦旗以及被救者的感谢信寄到单位，大家才得知他见义勇为的先进事迹。

李猛奋不顾身、见义勇为的英勇行为，彰显了军人本色，见证着鱼水情深。

（浙江省文明办供稿）

马樟强

消防员执行任务围堵火势因公殉职

人物 THE STORY 故事

马樟强，男，1990年生，中共党员，生前系浙江省杭州市临安区於潜镇专职消防队队员。

2020年8月30日21时许，天目山镇九里村一处民房突发大火，由于是老旧土木房子，二楼楼板很快被烧穿。於潜镇专职消防队接到报警后，迅速赶赴灾害现场，展开人员疏散和火灾扑救。在救援的过程中，消防队发现房子后山就是国家级的森林保护区天目山，如果火势引燃上山，后果不堪设想。现场情况十分危急，为保护旁边的周边民房不被大火蔓延，不引发大面积山火，马樟强同志临危不惧、迎难而上，第一个冲上前，担任水枪手，与三名队员协同迅速铺设了水带，架起了水枪，从南侧起火民房的正大门向房子内部的熊熊烈火射水灭火降温。随着一股强劲有力的水流冲向烈焰，白色的水蒸气迅速覆盖整个火场，火场温度迅速降了下来。为更好更快地控制火势，避免更多损失，马樟强同志紧握水枪，向着火焰最旺的地方射水。21时58分，民房东南侧突然坍塌，正在扑救的马樟强被房檐雨水沟砸中，队友们和公安民警第一时间将马樟强送往医院抢救。31日凌晨2时30分，经抢救无效，不幸英勇牺牲，年仅30岁。

马樟强同志在人民群众最困难、最危急时刻，勇于挺身而出，他，用略显稚嫩的肩膀和钢铁般的意志经受住了种种考验，用一次次的坚持和努力换来了一次次救援的成功，用实际行动诠释了对消防职业道德的忠实坚守。

（浙江省文明办供稿）

徐梓彤　王　迪　高广成

三名退役军人分工有序　勇救景区两名落水男子

人物 THE STORY 故事

徐梓彤，女，1998年生，安徽省宿州市萧县退役军人创业协会调度中心副主任；王迪，男，1986年生，中共党员，安徽省宿州市萧县圣泉镇人，退役军人，萧县退役军人创业协会党支部书记、会长；高广成，男，1986年生，安徽省宿州市萧县马井镇人。

2020年12月28日，来自上海的李先生、高先生到萧县皇藏峪景区采风，在附近水库拍照时高先生不慎落水，李先生前去营救时，因水温极低，腿部抽筋，造成双双落水。在这万分紧急的时刻，三名退役军人、萧县公安局江淮义警成员王迪、高广成、徐梓彤，正好开车经过。顾不得多想，他们迅速脱下外衣，毫不犹豫地跳入冰冷的水中。

高广成首先营救距离岸边较近的落水者，王迪负责营救距离岸边较远的落水者，徐梓彤在岸边对救回的落水者进行紧急施救。经历5分钟的紧急救援，3人成功将两名落水者救出水面。并对其中一名身体明显不适的落水者进行心脏复苏抢救。在确认落水者已经安然无恙后，3人没有留下任何身份信息，转身便离开了现场。事后，他们又婉拒了被救者的现金酬谢。徐梓彤、王迪、高广成3人勇救两名落水游客的事迹被各大媒体争相报道，感动了无数人。

（安徽省文明办供稿）

郑小勇

环卫工人跳进冰河勇救落水村民

见义勇为

人物 THE STORY 故事

郑小勇，男，1969年生，江西省九江市德安县磨溪乡环卫工人。

2021年1月24日上午，郑小勇像往常巡视环境卫生，途经境内一座小型水力发电站时，发现有村民落水。当时，时间和形势由不得他过多思考，凭借着熟悉的水性和灵活的头脑，立刻跳水展开营救。在寒冷刺骨的水中游动，朝着那个落水村民的方向游过去……两个身影的距离逐渐在拉近，"抓住了！"有人惊呼了一声，只见郑小勇用一只手矫健地游着，另一只手拿着根结实的树棍，拖动着穿棉袄的村民向岸边游过去。终于上岸了，郑小勇拉起水中的村民，到最后再用一把劲，把他也安全拉上来，才像脱了力般就地坐了下来。看着两个人安全上岸，有的围观者长吁一口气，还有的围观者赶紧过去把衣服给他罩上。"没事，没事，哈哈哈，人救上来就好，你没事吧?"他憨厚地笑笑，示意其他人自己没事，然后转头关心起被救上来的人。虽然救人过程仅仅不到三分钟，但是冰冷的河水、松软的泥土和焦急的情景，对于郑小勇而言，都是巨大的考验。

事后，有记者去采访郑小勇，他只是朴实地笑笑说："当时情况紧急，没有顾及太多个人安危，就想把他尽快救上来。"言语虽然质朴，但真诚勇敢的品质却可见一斑。

（江西省文明办供稿）

栾德鑫

勇闯火海　救下整楼邻居的平民英雄

人物 THE STORY 故事

栾德鑫，男，1978年生，山东省青岛旅游景区运营管理集团有限公司职员。

2020年9月1日凌晨4时20分左右，市南区宁夏路201号1号楼某户发生燃气爆燃，顷刻间现场一片火海，浓烟滚滚。危急时刻，住在该单元401户的居民栾德鑫第一时间冲出房间，拨打了110和119，随后他不顾个人安危，三进三出火灾现场，挨家挨户敲门疏散，使得街坊邻居幸免于难。当时，由于火势太大，405户和406户的房门迟迟未能打开，栾德鑫强忍刺鼻气味、匍匐前进，用灭火器逐一砸开两户邻居的门窗，让命悬一线的405户受伤母女和406户一家四口得以安全逃生。由于栾德鑫扑救及时，火势迅速得到控制，最大限度减少了人员伤亡和财产损失，邻居们也对栾德鑫勇闯火海救人的事迹赞不绝口。

"遇难就帮，该伸手时就伸手！"这是栾德鑫在日常工作生活中的信条，此次火场救人的壮举并非偶然，而是源于他内心的坚守。2008年，栾德鑫开始在青岛奥帆中心从事安保工作，无论白天黑夜，刮风下雨，栾德鑫都用自己的满腔热血和专业技能守护着一方安全，两次营救落海游客，送路边昏迷男子紧急就医，他被大家亲切称呼为侠肝义胆的"青岛小哥"。

作为一名普通的青岛市民，栾德鑫在工作和生活中几十年如一日，弘扬见义勇为精神，传递社会正能量，成为群众身边的英雄榜样。

（山东省文明办供稿）

董乐夺

“90后”快递小哥勇救落水女孩

人物故事 THE STORY

董乐夺，男，1991年生，河南省驻马店市新蔡县练村镇闻营村村民。

董乐夺从2018年开始从事快递工作，是杭州市萧山区的一名快递员。2021年2月1日14时左右，他像往常一样去送快递，路过萧山二桥村附近时，看到一个中年妇女边跑边大声呼救：“救人呀，有人落水啦！”他顾不上多想就紧跟着那位中年妇女往河边跑了过去，只见一个小女孩已经快漂到河深处了，头在水面上一沉一浮的，情况非常危急。他赶紧在岸边找了一根麻绳系在腰上，毫不犹豫地跳进河里。因为穿着厚厚的衣服，董乐夺非常吃力地游到小女孩跟前，发现小女孩已经失去知觉，他迅速把她拉到身边，用胳膊圈着她的脖子，一点点往回游。等靠近了岸边，脚能触到底时，他立即把女孩推向岸边，由于河岸与地面有两米多高的落差，在随后赶来的民警及周围群众的帮助下，终于将小女孩救上岸。随后，等救护车赶到，他想着自己当天的快递任务还比较多，就悄无声息地离开了，落水女孩也因抢救及时脱离了生命危险。

董乐夺勇救落水小女孩的事迹很快被大家知晓，并引起了媒体的广泛关注，杭州电视台、《萧山日报》、《大河报》、《河南日报》等媒体都先后对“最美快递小哥”董乐夺进行了报道，产生良好的社会影响。

（河南省文明办供稿）

郑清林

英勇辅警舍身救人 用双手托起生命希望

见义勇为

郑清林，男，1998年生，湖北省宜昌市兴山县公安局辅警，退役军人。

2020年7月1日上午，郑清林接到任务跟随同事开展禁渔执法行动，上午10时许，执法队员巡至兴山县香溪河峡口镇大沟流域时，发现岸边停有带有自制“抬网”的渔船，于是众人上船查看情况。渔船上非法安装的密眼网具由双层钢管围成，吊于焊接在船头约6米高的钢架上，船上有用钢丝绳制成的滑轮装置用以控制其升降高度。正当郑清林等人检查时，用于固定密眼网具的钢丝绳因腐蚀断裂，致使重约500斤的钢架渔网突然急速下坠，眼见就要砸向岸边4名渔政执法人员。

“快跑！”千钧一发之际，郑清林大吼一声，本能地伸手死死抓住正在飞速旋转的控制滑轮和断裂的钢绳，钢绳被拉后得到缓冲，钢架网具坠落速度下降，为网下4人迅速反应、成功避险赢得了宝贵时间。几秒钟后，听到警示的4人闪至安全区域，钢架重重砸在他们刚刚站立的地方。

见网下人员已经安全，郑清林才觉得手上传来剧烈的疼痛，松开一看，双手已被钢丝割伤，皮开肉绽，血流不止。众人紧急将他送到医院，医生为他双手的伤口清创止血，缝了整整16针。“要不是小郑抓住钢绳，为我们争取时间，后果真不堪设想。”被救下的4名执法人员专程赶到医院感谢郑清林。面对获救4人的感谢和大家的安慰，郑清林说：“没有砸到人就好，我没事。”

（湖北省文明办供稿）

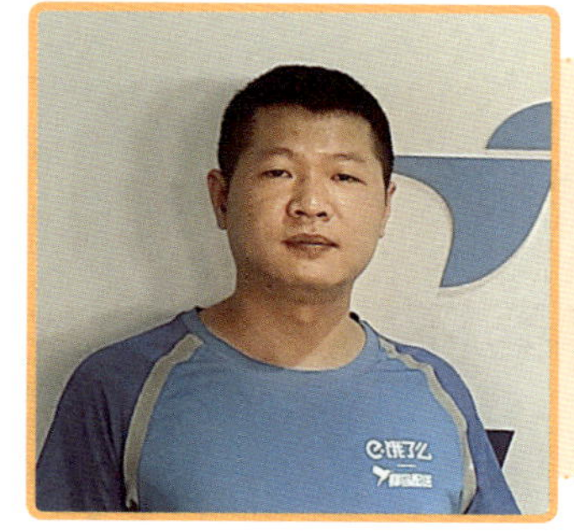

李雄飞

送餐途中偶遇行凶　外卖小哥挺身救人

人物 THE STORY 故事

李雄飞，男，1989 年生，广西壮族自治区柳州市鹿寨县“饿了么”外卖公司送餐员。

2019 年 4 月 28 日凌晨 2 时许，在鹿寨县土产市场等候送外卖的李雄飞突然听到有人呼喊救命，循声望去，在烧烤摊看到一名醉酒男子拿着一根铁棍正在猛烈追打一名女子。见此情形，李雄飞立即下车，上前劝阻打人者停手。喝醉的歹徒不仅不听劝，还往李雄飞头部敲了一棍，导致他头破血流，并继续用铁棍猛烈敲击李雄飞身体各处部位，致使他的左额顶部及右上臂等部位损伤，李雄飞与歹徒奋力搏斗，终于夺下铁棍，但歹徒仍继续追打女子，对其拳打脚踢，李雄飞只能强忍伤痛，为阻止醉汉行凶与其搏斗。随后赶来的公安民警将歹徒制伏，女子终于获救。民警及护士赶紧将受伤严重的李雄飞送往附近医院治疗。尽管救人导致李雄飞受伤到血流满面，但他并不后悔自己出手救人的选择，他说：“如果再次遇到这种情况，我还是会冲上去帮忙的。”

李雄飞一直是一位能吃苦耐劳的人，工作上认真负责，风里来雨里去，经常给新来的外卖小哥传授经验，人缘极好；生活上热心助人，送餐路上遇到困难群众都会上前帮助。作为一名外卖骑手，当危险来临时，李雄飞化身盔甲勇士，以血肉之躯舍身救人，用正义、善良和勇敢，护佑了他人的平安，让人动容。

（广西壮族自治区文明办供稿）

郭鹏鹏

退伍战士两次勇斗窃贼　体现军人本色

人物 THE STORY 故事

郭鹏鹏，男，1993 年生，陕西省榆林市佳县木头峪镇干部。

2017 年 9 月退伍，部队的培养和历练，成就了郭鹏鹏刚直不阿、敢于和坏人坏事作斗争的性格。2018 年 5 月中旬，正在上大学的郭鹏鹏外出游玩时，一个五六岁的小男孩在玩耍的时候不慎落水，郭鹏鹏毫不犹豫跳进水中，在身边人的协助下将小男孩救上来，避免了不幸的发生，勇救落水儿童彰显了新时代大学生美德。

2019 年 2 月，郭鹏鹏收拾好行李乘坐公交车前往榆佳路口，准备回老家佳县过年。车上两位穿大衣的男子引起了郭鹏鹏的注意，当公交车行至二中站台时，后面的男子将妇女的包带剪断后欲下车，郭鹏鹏一把抓住该男子拿包的胳膊，窃贼见势不妙，拿出匕首向他刺来。面对歹徒，郭鹏鹏没有退缩，而是一手夺过小包，一脚将窃贼踹下了车，窃贼见状便拔腿就跑，逃之夭夭。2019 年 2 月，郭鹏鹏在银行取款时发现一名男子尾随一位取款的大爷，他察觉不对，随即跟了过去。果然在街道拐弯处窃贼趁大爷不注意一把抢过其手提袋拔腿就跑，早有准备的郭鹏鹏一个箭步跨过去，一脚将窃贼踹飞，帮大爷寻回手提袋，保住了大爷老伴看病的救命钱。

郭鹏鹏被群众誉为“最美退伍兵”，用自己的实际行动展示退伍不褪色的军人本色，彰显男子汉的英雄气概，弘扬正气传播正能量。

（陕西省委文明办供稿）

史忠玲　毛桂艳

环卫工捡280万元金锭原物奉还

人物故事 THE STORY

史忠玲，女，1973年生，朝阳环境集团机扫公司一线清扫职工；毛桂艳，女，1962年生，朝阳环境集团垃圾排放分公司移动垃圾箱的保洁员。

2021年1月9日14时许，史忠玲和毛桂艳在马路上发现一个白色帆布袋，捡起打开后发现是4块金锭。1小时后，一名神态焦急的中年男子过来询问，说他的父亲不慎将一个白色帆布袋遗失，袋中装有4块金锭。史忠玲、毛桂艳两人核准相关信息后，立即按照公司失物招领程序，将装有4块金锭的帆布袋交还失主。

当失主告诉她们金锭价值280万元时，两人表示物归原主是应该的，并婉言谢绝了现金酬谢。“物归原主是天经地义的事儿，不是我们的，拿了会心不安的。”她们说。

其实，发生在她们身上的诚实守信的事情还有很多。2016年，史忠玲在路段作业，发现一个黑色手包，内有身份证及多张银行卡和现金800余元，根据身份证信息联系到失主后，激动的失主当即拿出500元现金表示感谢，被她拒绝了。2018年，早班作业的史忠玲捡到一部价值5000元的新手机，送还给失主后，失主表示感谢，并送了一面锦旗……

“在平凡的岗位上‘扫出’精彩人生。两名环卫女工拾金不昧的高尚品质，像金子一样绽放光彩。”

（辽宁省文明办供稿）

陈金英

九旬“诚信奶奶”10年还清2077万元债务

人物故事 THE STORY

陈金英，女，1931年生，浙江省丽水市莲都区兴华羽绒制品有限公司负责人。

陈金英53岁时创业办起羽绒服厂，一度产值达上千万元。2012年，陈金英所创办的羽绒公司因资金困难欠下了2077万元的巨额债务，80岁的陈金英扛下所有压力，她忍痛低价卖掉了投资1500万元的厂房和两套房子，给每一位债主都打了欠条，并向他们保证：即使再难，欠他们的钱一分也不会少。

为了还债，陈金英一咬牙，又带着几位熟练的工人租了厂房继续生产羽绒服。在很长的一段时间里，陈金英只能临街摆摊叫卖羽绒服。为了多卖点货和支付工人工资，她每天早上5点多就起床，顶着呼呼的寒风出去摆摊，在户外一待就是一整天，常被冻得瑟瑟发抖。可对于一个80多岁的老人来说，要还清剩下的百万元债务实在太难了。

好在陈金英始终有一批“忠实”的顾客，好多人不问价，几件几件地买，加上当地的媒体帮忙吆喝，越来越多的丽水人专门赶去购买她的羽绒服。忙的时候志愿者也来帮忙维持秩序，淘宝的网红主播也在老人家里帮忙直播卖货，各界的爱心如涓涓细流，源源不断地汇入那间只有20来平方米的小店里。2021年底，90多岁的陈金英终于凑够7万元，还上了最后一笔欠款，划掉了还款名单上最后一个名字。

陈金英高龄还债的事迹被多家主流媒体点赞报道后，全网刷屏，在许多读者心中树起了一座“诚信丰碑”。

（浙江省文明办供稿）

郑改兰

花甲母亲坚守诚信替去世儿子还债

人物故事 THE STORY

郑改兰，女，1955年生，河南省长葛市董村镇吴岗村村民。

2017年5月，郑改兰的独子因生意失利自杀身亡，他给年已花甲的郑改兰留下的除了悲伤，还有生前做生意欠下的57920元的欠款。面对登门的17位债主，郑改兰坚定地说："请大家伙放心，俺孩儿虽然走了，但他所欠下的这5万多元钱，只要我还活着，就算是砸锅卖铁我也一定会还的。"

为了替儿还债，郑改兰先是将家里十几台缝纫机低价处理换得几千元，却远远不够填补"窟窿"。虽然她是一个"大字不识一个"的农村妇女，但傍身的技能却不少，烹煮、缝纫样样精通。一开始她在街上出摊儿卖凉皮，但收入不太稳定，她就四处打听别的工作，在得知隔壁村有个专门加工挡风被的作坊后，便又接下加工挡风被的工作。"加工一个挡风被能挣1块多，我一天做30多个，一个月都能挣1000多块呢！"郑改兰说。在缝纫机前坐上大半天，常人都难以忍受，更别说患有腰间盘突出的郑改兰，但是为了能多挣些钱，尽快把儿子生前欠款还清，她仍旧咬牙坚持。

截至2021年春节，郑改兰凭借一己之力已经偿还债务40920元，剩下的17000元郑改兰还将继续还下去。这个几乎可以称得上"文盲"的普通农妇正一点一滴地用行动书写着"守信"二字！

（河南省文明办供稿）

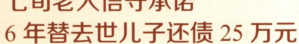

陈干武

七旬老人信守承诺 6年替去世儿子还债25万元

人物故事 THE STORY

陈干武，男，1947年生，湖南省长沙市长沙县安沙镇宋家桥村村民。

2012年5月，陈干武唯一的儿子陈龙被查出患有肝癌，一家人倾尽全力挽救其生命。为了治病，家里变卖了除房子外所有值钱的东西。陈干武还多方向乡里乡亲借钱，并一笔一笔清清楚楚地记在心里。

2015年9月，陈龙因治疗无效去世，留给陈干武夫妇26万余元债务。白发人送黑发人的悲哀，加上家庭债务和老两口年老多病，日子举步维艰。但当时已经67岁高龄的陈干武却承诺道："人死债不烂，我一定会想办法把钱都还上！"

陈干武和老伴一起制订了还款计划，尽最大的努力靠发展养殖业来增加收入。为尽快还债，他重操旧业，养牛、喂鸡、喂猪，还去村上的扶贫车间打零工，农田里、菜地里、牛棚边……这些地方总是可以看到夫妻俩忙碌的身影。

陈干武把生活开销降到最低，没有买过一件新衣服，穿的都是亲戚朋友送来的旧衣，吃的方面是能凑合就凑合，家里的节能灯也舍不得多开。

在夫妻俩的共同努力下，已经偿还了25万元债务。年迈的陈干武和老伴身体虽然一日不如一日，但坚定的信念一直支撑着他们兑现自己的承诺。

（湖南省文明办供稿）

易堂智

农家女身残志坚恪守承诺 还清百万元欠款带领周围群众致富

人物故事 THE STORY

易堂智，女，1974年生，四川省泸州市纳溪区智越服装有限公司法人。

易堂智14岁进入服装厂当学徒。21岁出了车祸，车轮碾过她的小腿，先后进行六次植皮。24岁那年，不愿向命运低头的易堂智只身来到深圳，在服装厂谋得一份管理工作，熟悉沿海制衣厂先进的制衣款式和流程，之后回到泸州老家借钱办起自己的服装厂。

39岁那年，易堂智患骨癌的弟弟离开人世，留下因治病欠下的100多万元债务。同样是这一年，她还没从悲痛中缓过来，丈夫又因意外去世。

坚强的易堂智并没有倒下，在当地政府和亲友的大力支持下，她申请专利、注册品牌、依托电商平台进一步扩大产品影响力，努力把公司做大做强，恪守承诺还清弟弟的百万元欠款，带动更多留守妇女和残疾妇女就业。她一直秉承"以质量求生存、以诚信求发展"的经营理念，公司做出来的服装赢得许多客户的认可，还出口到马来西亚、印尼等国家。多年来，易堂智始终不忘回馈社会，2008年汶川大地震时，自发组织员工捐款寄往灾区。2020年，她向永宁街道捐赠口罩两万个，支援家乡抗疫。

易堂智凭着坚强、勤劳、诚信，顽强地跨过每一道坎，走出了一条属于自己的大道。

（四川省文明办供稿）

李更太

眼镜店老板诚信经营　二十余年为山区贫困学生免费配镜两千余副

人物故事 THE STORY

李更太，男，1970年生，陕西省商洛市商南县城关街道办个体工商户。

1995年，李更太离开河南老家，几经辗转来到陕西商南县开起了华艺眼镜店，他始终把诚信牢记在心，更付诸在行动中。对前来配镜的顾客，他都会真诚相待，针对顾客实际情况，耐心为他们排忧解难，顾客往往是焦虑而来满意而归。

得益于他的诚信经营，20多年来，当年的小店已经发生了翻天覆地的变化，唯一不变的是他始终秉持的诚信理念。生意好了，人员多了，为了保证诚信经营的理念，他不断加强行业自律，坚持明码标价，积极倡导明白消费。在员工培训中反复强调：门店的生存靠信誉，而信誉是建立在诚实的基础上的，只有诚实守信，门店才能发展壮大。作为管理者，他信守合约，严把产品质量关，严格遵守法律和行业标准，远离假冒伪劣和欺诈，树立优质服务行业形象，引领门店良性有序发展。

在诚信经营的同时，他还怀有一颗博大仁爱之心。每年都亲自驾车，带着设备到边远山区学校为贫困学生免费验光配镜。20多年来，他几乎走遍了全县的村镇学校，累计为偏远山区贫困学生免费配镜2000余副。

自1995年在商南创立华艺眼镜店以来，这位憨厚的河南汉子以诚信经营为宗旨，兢兢业业干事，在商南安家乐业，把他乡经营成了美丽的第二故乡。

（陕西省委文明办供稿）

李 斌

乘务管理员浴血夺刀救乘客

人物故事 THE STORY

李斌，男，1976年生，北京公交集团941路乘务管理员。车厢内遇到歹徒持刀伤人，他浴血夺刀，保护全车乘客生命安全，并将歹徒制伏。

2020年9月5日，当公交车行至石景山古城站时，一名身穿迷彩服的男子（后称犯罪嫌疑人）从前门上车，在正对后门左侧双排座外侧座坐下。车辆即将行驶至老山站台时，犯罪嫌疑人在门口处因为被挤了一下，和另一名乘客发生争执，随后从包里掏出了一把水果刀向乘客刺去，李斌发现情况后，第一时间冲向犯罪嫌疑人并尝试控制他继续行凶，犯罪嫌疑人疯狂地挥舞着手臂，手中近20厘米的水果刀一次次扎向李斌，李斌忍着伤痛，死死地抓住男子的手，随后闻讯赶来的特勤民警随即也冲上车，合力将该名犯罪嫌疑人控制。由于李斌出手及时，男乘客伤势并无大碍，自行前往医院接受治疗，而李斌的头部、身上共被刀划出了9处伤口，缝合了22针。

“世上没有从天而降的英雄，只有挺身而出的凡人”。李斌说，他在公交乘务管理员的岗位上已经工作了三年，在他看来，守护乘客安全就是他的责任使命。面对公交车上持刀行凶的歹徒，李斌临危不惧，勇敢上前的事迹被央广网、人民网、《人民日报》、《法治进行时》、腾讯网、搜狐网等多家媒体先后报道，也被其他乘务管理员广泛学习。

（首都文明办供稿）

张 建

敬业奉献

打击经济犯罪
为群众挽回损失10亿元

人物故事 THE STORY

张建，男，1978年生，中共党员，北京市公安局海淀分局经济犯罪侦查支队五中队探长。

2018年，海淀区某科技有限公司旗下P2P网贷平台爆雷，张建率领探组日夜奋战，经侦查，抓获重要嫌疑人20余名。为抓获主要嫌疑人谭某、追回上亿元巨款，他一个月没有回家，梳理案件、查找线索，继而连续两月转战多地，最终在福建龙岩将谭某抓获，为群众追回损失2亿余元。

在侦办新中国成立以来涉及面最广、数额最大的刘某保险诈骗案时，他带领探组人员历时20余天，走遍了北京各区30余家汽车修理厂，说服相关人员作证，使嫌疑人认罪服法；办理山东瑞源股权基金投资有限公司涉嫌非吸案时，他带着探组人员抽丝剥茧，发现了公司的财务账目等重要证据。在抓获嫌疑人时，他又带着探组人员一家家查找宾馆，蹲守8个小时，终使该案告破。

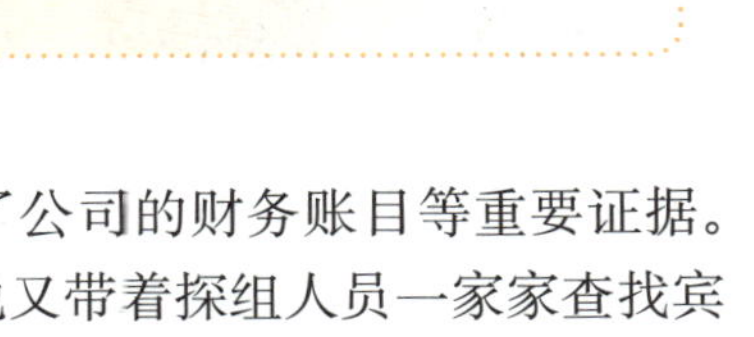

2018年2月7日，探组接到一起特殊报案，百余名年近六旬的聋哑人被合同诈骗数百万元。张建带领探组排除万难，不到一个月就抓获3名嫌疑人，追回损失200余万元。

从海量数据中抽丝剥茧，循迹追踪高智商犯罪，张建以不懈奋斗的姿态向命运挑战，永不熄灭的信念之炬在他胸中熊熊燃烧——“我喜欢办理经侦案件，涉众经济案件受害人大多都是老年人，当我把他们的治病钱、养老钱找回来了，这是我今天最想做、最幸福的事。”

（首都文明办供稿）

刘晓蕲

二十多年坚守公安一线 勤勉敬业彰显为民情怀

人物故事 THE STORY

刘晓蕲，男，1975年生，中共党员，生前系天津市公安局河东分局网络安全保卫支队教导员。

他是维稳处突工作的“战斗员”，7×24小时开展网络巡查工作，不断强化网络信息预警能力。他是保卫公民信息安全的“幕后人”，成功斩断了多只妄图窃取公民信息的黑手。他是网安业务工作的“百科全书”，他对全区各大重点群体的活动规律和动向了如指掌，能熟练地对应出全区多达3000余名重点人员的虚拟身份和真实身份。他及时掌握网络新兴事物的发展趋势，在离世的前两天，他还邀请专家到支队讲解虚拟币交易的业务知识，为支队迎战新形势下的各项挑战打牢了基础。

2020年正月初二，刚值完夜班回到家中的刘晓蕲接到了返岗通知，第一时间返回工作岗位，为了及时给全区疫情防控工作提供有力的情报支撑，刘晓蕲吃住在单位，几个月来，几乎没有完整地休息过一天。在他的带领下，支队民警创下了三人一天完成350余名武汉返津人员的落地核查，四人一天完成500余名青岛返津人员的落地核查。2021年1月13日，刘晓蕲同志值夜班后没顾得上休息，上午就立即投入涉疫网络舆情监控工作，午间突发疾病，经医治无效不幸去世，年仅45岁。

（天津市文明办供稿）

王新芳

好支书心系群众过度劳累 牺牲在工作岗位

人物故事 THE STORY

王新芳，男，1962年生，中共党员，生前系河北省石家庄市鹿泉区上庄镇庄窝村党支部书记。

2010年以前的庄窝村，家家户户每天都需要有人专门在家接水、存水，王新芳上任村党支部书记后，就下定决心一定让村民用水不用愁，他常常饭都顾不上吃，带领村民们打了一口深达90多米的甘甜水井。后来，又多方筹措资金，为庄窝村安装上了净水设备，让全体村民吃上安全水、放心水。此外，他还为村里解决了污水管网改造、修路、征迁等一系列难事。

2021年1月5日深夜，王新芳接到上级居家防疫、全员核酸检测的通知后，第一时间安排信息摸排、卡点值守、消毒消杀等各项疫情防控工作。为了让村民们少挨冻、不聚集，他在零下十几摄氏度的寒夜，忙碌了一个通宵。微信通知、挨家挨户再走访确认。6日早上，一夜未合眼的王新芳又组织村民进行核酸采集，短时间内就顺利完成了庄窝村1060人的核酸检测任务。

庄窝村村民王计增说道：“王书记疫情期间一直坚守在岗位，每天起早贪黑，坚持巡逻查岗，非常辛苦。对咱们庄窝村的村民特别关心，照顾得无微不至，我们每位村民都被王书记所感动。”

把乡亲们时刻挂在心上的王新芳，却常常忽略自己。王亚龙说：“我伯伯身体不好，却依然奋战在一线，受我伯伯的影响，我自愿申请成为志愿者，为自己的家乡作一点小小的贡献。”

（河北省文明办供稿）

张 帆

白衣天使连日战斗在防控一线

人物故事 THE STORY

张帆，女，1984年生，中共党员，河北医科大学第一医院急诊科护士长、河北医科大学第一医院第一批支援藁城医疗队临时党支部书记。

2021年1月4日23时左右，张帆接到医院随时待命的通知，需要带队去支援藁城进行核酸采集工作，疫情就是命令，她没有丝毫的犹豫，与时间赛跑从来都是急诊人的使命，这次她与她的队伍用最快的速度，冲到了最前方。

医院的医疗队被分到了当时疫情最严重的增村镇，刚到的头几天，工作异常艰辛，除了疫情风险高以外，天气也特别寒冷，正午都在零下15摄氏度，为了避免交叉感染，她们严格执行手卫生，每一次消毒都是冰凉刺骨的疼痛，许多人的手都出现了冻伤。就是在这种环境下，一干就是十几个小时。张帆作为队长心疼着自己的队员，但也始终鼓励大家完成采集工作就是目前最重要的任务，再困难也要克服。

当得知有一家人密切接触过确诊患者时，“我去他们家！此刻正是老百姓最需要我们的时候，我是党员，我必须冲在最前面！”张帆挺身而出，一名党员就是一面飘扬的旗帜，在她的带动下，队员们冲锋在前，各司其职，圆满地完成了各项工作任务，为打赢疫情防控阻击战贡献着自己的力量。

（河北省文明办供稿）

左莉莉

“白衣天使”连续两年坚守新冠疫情防控第一线

人物故事 THE STORY

左莉莉，女，1982年生，河北省邢台市第二医院结核（呼吸）三科护士长。

2020年1月26日，邢台市第二医院收治首例新冠病毒感染患者，她担任了确诊病区护士长，用1个月的时间，圆满完成了新冠确诊病区全部患者的护理任务，做到了“打胜仗，零感染”。

2021年1月初，邢台市再次出现本土新冠疫情后，她又一次冲在新冠确诊病区，严格落实工作流程，每班次严把医护人员防护装备穿脱关，做好患者护理工作，同时做好病区的清洁消毒、医疗垃圾处理等工作。由于患者无家属陪床，他们大多恐慌焦虑，她带领病区护士逐一对患者进行心理疏导。她根据每个患者的实际情况为其制订护理计划。病区有的患者有糖尿病等基础病，有的患者没有带生活用品，还有的女性患者来了例假……面对这些细微情况，她积极与后勤保障人员沟通，满足患者个人需求。为了减少上厕所的次数，她进入污染区前两个小时不敢喝水。一个班下来，脸颊被口罩勒出了深深的痕迹，双手被橡胶手套捂得蜕皮发白，口唇也因为长时间不喝水起了厚厚的干皮。用两个月的时间，圆满完成了新冠确诊病区的护理任务，达到了“新冠患者零死亡、医护人员零感染”的目标。

（河北省文明办供稿）

武利剑

担当支书心中装着全村百姓

人物故事 THE STORY

武利剑，男，1984年生，中共党员，河北省邢台经济开发区留村街道办事处南阳二村党支部书记。

2015年1月，31岁的武利剑高票当选留村办事处南阳二村党支部书记。他暗暗发誓要改变“穷南阳”，带领村民发家致富。他带头去外地学习，洽谈招商，先后引进金丝皇菊和西洋梨等种植项目，给村里50多名就业困难的村民提供就业岗位，村集体还享受每年每亩收益的5%的股份收益，村民们脸上个个洋溢着幸福的笑容。

他时刻把村民的安危装在心上。2020年抗疫时，武利剑42天没回家，2021年疫情再度来袭，武利剑迅速反应，组织志愿者开展防疫宣传、挨门挨户给村民的电暖充卡。之后，上级下达了开展全民核酸检测的通知，从晚上9点拿到核酸检测试剂盒以后，就连夜开展工作，两夜一天，共检测在村人员1091人，其中有50人是行动不便的孤寡老人和肢体障碍人员，专门安排防疫志愿者和医护人员，带着核酸检测试剂盒提供上门服务，做到了全员检测，一户不漏，一人不少。在一周内又给村民做了第二轮全员核酸检测。武利剑高度警觉，坚持全天候在岗给村民服务，当好全村群众的主心骨。

武利剑说：“感谢村民的信任和支持，我一定不辜负大家，干就干好，让群众满意。”

（河北省文明办供稿）

孟俊龙

敬业奉献

大学教授以小蘑菇撑起大产业 助力山区脱贫致富

人物故事 THE STORY

孟俊龙，男，1977年生，中共党员，山西农业大学教授。

参加工作以来，孟俊龙始终聚焦食用菌产业发展重大需求，把论文写在三晋大地，把成果送到田间地头，致力于食用菌教学、科研、成果转化和社会服务，先后深入临县等40个贫困县开展产业扶贫，帮助地方发展食用菌产业、创办专业合作社、带动乡村脱贫致富。

他主持完成的“三位一体香菇周年化高效生产技术”成果在同类研究中达到国际领先水平，2018年至2020年3年期间，在吕梁、大同、运城等7市65个县200多家香菇生产企业、合作社转化应用，助推山西形成了临县、交口、广灵、万荣和高平5个产值过亿元的香菇基地县，对推动当地脱贫

攻坚和乡村全面振兴起到十分重要的作用。

2020年是极不平凡的一年，面对突如其来的新冠疫情，他和团队成员克服疫情影响，奔波在太行山和吕梁山13个贫困县，开展技术培训、技术指导44次，全年下乡服务101天。特别是被聘请为“山西省中阳县食用菌产业顾问”以来，从4月份至11月份，19次往返于中阳县木耳基地，在省委统战部的帮扶下，指导建成了年产1600万袋的山西最大的现代化黑木耳产业基地，实现产值6000余万元，惠及当地贫困人口5000余人，创立了黄土高原夏栽木耳新模式。《人民日报》、《光明日报》、新华网等各类媒体报道转载9000余次。

（山西省文明办供稿）

刘丽籽

“80 后”民族中学教师以德树人 用爱守护学生心灵成长

敬业奉献

人物 THE STORY 故事

刘丽籽，女，1983 年生，内蒙古自治区鄂尔多斯市准格尔旗民族中学教师。

“呵护好每一个孩子、上好每一节课、绝不让一个孩子掉队”是她从教以来坚守的教学理念，用真情和爱心浇灌着一棵棵幼苗茁壮成长，尤其对于班级里的后进生、贫困生以及智力残疾的孩子，她投入得更多，从生活、心理及学习上都进行无微不至的关怀，帮助他们树立正确的价值观念和自信乐观的生活态度，帮助孩子健康成长。在刚参加工作时，班里有一个出生于残疾家庭、敏感易怒且学习能力差的特殊孩子，为让他能够和别的孩子一样，有乐观的心态和学习的信心，刘老师从生活学习上关心他，利用课余时间到校为他辅导功课，手把手地教，最后孩子数学成绩一直都能在及格线上，成为众多师生及家长眼中的一个奇迹。

“学高为师，身正为范。”刘老师深刻认识到：教育工作责任重大。从小处讲，它关系到个人和家庭的前途和命运；从大处讲，它关系着民族和国家的兴旺和发展。因此，她把教师作为自己毕生追求的事业全身心地投入，勤奋、扎实、一丝不苟已然成为她响亮的教学名片。

（内蒙古自治区文明办供稿）

李　德

派出所所长勇于担当 扎根基层描写使命忠诚

人物 THE STORY 故事

李德，男，1982 年生，中共党员，吉林省长春市公安局宽城区公安分局北京大街派出所所长。

面对突如其来的新冠疫情，李德第一时间响应，贯彻落实领导机关疫情防控的工作部署，指挥全所立刻进入一级勤务状态，并充分发挥党员先锋模范带头作用，冲在第一线，核酸检测采样点维持秩序、人员分流、协助医护人员开展流调等工作都要亲力亲为。他说：“我只有参与所有的防控工作，我才知道怎么解决大家在工作中遇到的困难。”

2021 年 3 月 15 日，派出所接到指令，在长春市宽城区医院有一发热症状女子不配合检查，李德组织民警迅速穿好防护服赶到现场，李德到达现场后先行劝阻，并与之交谈，经了解，该女子是来长春看望朋友的外地人，在李德的劝说下，最终同意并配合在医院接受隔离治疗。警情处理稳妥，整个出警时间已经过去了两个多小时，汗水浸透了每名出警人员的防护服，但他们依然赶往下一个出警现场。

李德用他的实际行动诠释了“人民公安为人民”的铮铮誓言，为打赢这场疫情防控阻击战扛起了责任与担当。

（吉林省文明办供稿）

唐德辉

用奉献书写真诚生平
以敬业使命诠释法官担当

人物 THE STORY 故事

唐德辉，男，1964年生，中共党员，生前系吉林省通化市二道江区人民法院行政审判庭庭长。

他无私奉献、心怀审判事业，以敬业诠释担当，恪守人民法官的职责。

1986年，唐德辉带着22岁的青春和向往，踏进了通化市二道江区人民法院的大门，从此开始了26年的审判生涯。2005年8月17日，唐德辉在一处拆迁现场对被拆迁人李某及其妻子做调解工作时，李某趁在场工作人员不注意突然拿出了事先准备好的汽油瓶，并将其点燃。情急之下，唐德辉来不及多想，用自己的身体将其死死压在地上，为了避免李某和周围的十几名工作人员受伤，他顾不得身上越烧越旺的火势，先将李某身上的火扑灭，并迅速控制了汽油瓶，而自己却被轻度烧伤。

2008年末，唐德辉受理了一起追讨被拖欠工资的非诉执行案件，当看到涉案的62名农民工几年的心血却换来了一张张欠条，为了不让他们残存的最后一点希望破灭，唐德辉立即请示院党组为他们开辟了“讨薪绿色通道”，简化了立案审查等诉讼程序，并为他们减免了7600余元诉讼费，最终将总额达42万余元的工资款逐笔发放到农民工手中。

自2001年从事行政审判工作以来，唐德辉共办理各类案件400余件，调解率在60%以上，没办过一件错案，没办过一件关系案、人情案、金钱案，以自己的每一个行动、每一次审判来彰显法官肩上的重任和神圣使命。

（吉林省文明办供稿）

杜继伟

敬业奉献

驰援奔赴湖北孝感疫区
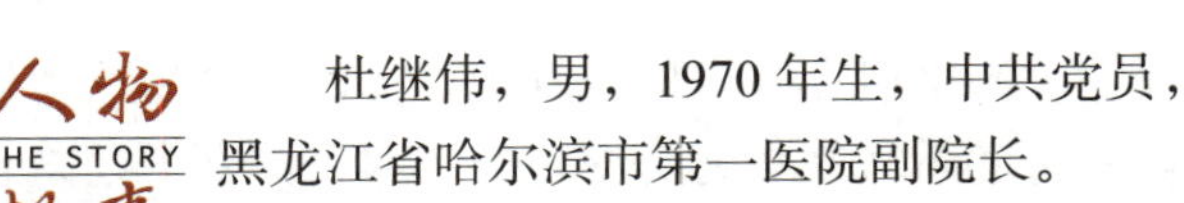

不畏艰险扛起重担　不辱使命牢铸医魂

人物 THE STORY 故事

杜继伟，男，1970年生，中共党员，黑龙江省哈尔滨市第一医院副院长。

在哈医大四院工作期间，他配合主管院长出色解决建院初期医疗管理中的各种问题，保证医院成功转型；到黑河市中医医院担任院长后，他推动医院实现扭亏为盈，医疗收入增长2倍多……他就是被身边人称为一心想干事的好院长杜继伟。

在抗击新冠疫情的战斗中，杜继伟闻令而动，第一时间报名参加驰援湖北省孝感医疗队。孝感是除武汉外，湖北省排名第二的重灾区，汉川市为孝感地区确诊病例最高、急危重症最多的地域。黑龙江省卫健委将援助汉川市的医疗任务交由杜继伟统领的6个地市、34个医疗机构组成的医疗分队负责。

接到任务后，杜继伟将哈尔滨市“三甲”医院先进管理理念引进汉川市人民医院，迅速建立了一个管理高效的组织架构，成立了临时党政工作组，组建了医疗、护理、感控、后勤保障等部门，在不到三天的时间里对医院重症病房进行了流程改造……在他的指挥领导下，无论是收治患者人数还是救治质量，黑龙江省医疗队都成为汉川的“最强外援”。

作为哈尔滨市第一医院医疗副院长，他在工作之余，积极投身社会公益活动。多次参加由团省委、省青联组织的“献爱心、扶贫助困义诊团”等活动，先后赴汤旺河、甘南镇等省内多地举行三下乡医疗咨询活动，诊治病人8000余人次。

（黑龙江省文明办供稿）

马樱英

“最美消费维权人物”以满腔激情与热心捍卫消费者合法权益

敬业奉献

人物故事 THE STORY 马樱英，女，1979 年生，现任上海市松江区市场监督管理局中山市场监督管理所所长。

马樱英长期坚守在执法维权、服务群众的第一线，冲在解决群众困难、保障城市安全、服务经济发展的最前沿，是消保战线的“拼命三娘”。在担任消保科科长期间，在全市 16 个区中率先设立投诉举报中心的基础上，她推动成立综合受理窗口，实现热线处置“十线合一，归口管理”，为全市系统热线整合提供经验。她直面消费矛盾的前沿问题，牵头妥善处置各类重大疑难群体性投诉举报。

任职市场监管所所长后，马樱英坚守一颗初心，以“强队伍、保安全、惠民生、促发展”为目标，恪尽职守、冲锋在前，启动“白 + 黑”“5+2”工作模式，坚守四大安全底线，筑牢市场秩序实线，提升质量发展高线，一手抓监管执法做到守土有责，一手抓优化营商环境助力区域发展，积极推进各项工作，成了监管一线的“无畏先锋”。

马樱英满怀一腔热情，是大家眼中的“可倚泰山”。在兼任松江区市场监管局妇联主席期间，她以关心妇女生活、身心健康为己任。在生活中，更是一位亲切热心、古道热肠的好同事、好朋友，主动问候探望生病同事，关心鼓励身边朋友，结对资助一名大凉山贫困学生。

（上海市文明办供稿）

万后宏

乡村教师以渔船当教室 三十多年用心守候渔家子弟

人物故事 THE STORY 万后宏，男，1967 年生，中共党员，江苏省淮安市金湖县银涂镇涂沟小学教师。

1990 年，20 岁出头的万后宏一头扎进高邮湖区，成了一名船上小学的全科老师。白天他教完语文教数学、教完美术教音乐，晚上就在昏暗的油灯下备课改作业，划着小船在渔家和学校之间接送孩子。从最初的 12 个学生到后来的 30 多个，从当初的小船到后来的大水泥船，万后宏就在这风雨飘摇的“湖心小学”里，就在汩汩的划桨声中，将一批又一批的渔家子弟送出了湖荡。

2005 年，“湖心小学”撤并到金湖县涂沟小学后，万后宏和孩子们一起上了岸。他潜心钻研，提高自身教学能力素质，从全科全能的多面手变成了主攻数学的专家，带出了一届又一届的毕业班。除了担任数学老师，万后宏也是一名班主任。他了解每一位孩子和他们家庭的情况，总能第一时间发现孩子们细小的变化。

这位从船上学校走来的乡村教育守望者，用 1 万多个日日夜夜，从湖心到岸上、从平房到教学楼，从粉笔黑板再到如今的触摸式一体机，如灯塔般点亮着渔家儿女的梦想，见证了一个时代教育发展的变迁。

（江苏省文明办供稿）

刘 剑

"80后"民警创新社区管理模式 通过微信群线索消除治安隐患

人物故事 THE STORY

刘剑，男，1984年生，中共党员，江苏省启东市公安局连兴港边防派出所社区民警。

2004年，刘剑来到没有自来水供应、出门便是一片滩涂的边防派出所，一待就是17年。随着沿海开发力度逐渐加大，他服务的社区成为全启东流动人口最多的新社区。面对重重困难，刘剑创新社区管理模式，他创建了连兴港社区、寅南社区、度假区等5个警民交流微信群。在群里，刘剑接受群众咨询，有问必答，同时他经常发警务信息、治安动态和安全防范常识，培育发展了一批优秀信息员。这些微信群，不仅方便警民之间交流，也成了群众的报警平台。近年来，依靠群众渠道搜集掌握了200余条矛盾纠纷信息和治安隐患线索，成功化解群众矛盾180次，有效治理治安隐患60余处，协助破获刑事案件15起，治安案件150余起。

"群众无小事，再小也是大事。"这是刘剑的口头禅。从事社区工作以来，刘剑帮助困难儿童6人、孤寡老人11人，解决黑户5人，排查私自收养12人。积极协同园区关工委特别加强留守儿童的教育培养工作，开展校外辅导100余次。

17年间，从当年的"兵哥哥"成了"兵叔叔"，对边防事业的热爱让刘剑在磨砺中转变角色，用青春演绎小港最美的边关情。

（江苏省文明办供稿）

葛剑锋

村支书坚守乡村脱贫攻坚岗位十余载 带领五省六村脱贫致富

人物故事 THE STORY

葛剑锋，男，1976年生，中共党员，江苏省苏州市张家港市杨舍镇善港村党委书记。

2009年，葛剑锋走上了善港村党支部书记的岗位，带领村民们"创业扶贫"，用三年的努力甩掉了贫困村的帽子。2012年，他推动善港村与3个邻村合并成"新善港村"，书写了年总产值21亿元，村级可用财力2500万元，村级收入三年翻两番的善港传奇。在善港村脱贫致富的进程中，他同步开启先富帮后富、创新村对村"整村帮扶"新模式，带领陕西省方塔村、江西省沃壤村、贵州省高峰村等6个村走上了整村脱贫致富道路。特别是2018年3月以来，葛剑锋带领善港村干部在高峰村进行驻村扶贫，高峰村贫困发生率从34%下降至3%以下。2018年5月，葛剑锋带领创办了善港农村干部学院，创建成国务院扶贫办全国贫困村创业致富带头人（善港）培训基地，挂牌江苏省党支部书记学院农村分院，成为全国农村脱贫攻坚、创业致富带头人、基层党建带头人培育的孵化器。截至2021年3月，累计培训10000余名贫困村创业致富带头人。

葛剑锋说："人的一生，总有比生命更重要的东西。"他始终在基层"小岗位"，以一个共产党员的责任担当，书写了一个平凡而独特、具有强烈示范作用的乡村全面振兴、脱贫攻坚"大故事"。

（江苏省文明办供稿）

徐南亮

退伍军人转岗不转志 从普通工人历练成为品控专家

敬业奉献

人物故事 THE STORY

徐南亮，男，1983 年生，中共党员，浙江双环传动机械股份有限公司品质管理总监。

2006 年，退伍军人徐南亮来到浙江双环传动机械股份有限公司上班。这是徐南亮的第一份工作，也是他 15 年来始终坚守的岗位。和在部队一样，只要是他专注的事情，就会注入 100% 的努力。一开始，徐南亮只是制造三部一名普通的热前齿型加工区作业员。因为从没接触过这一行，在车间里他是最勤奋好学的那一个，也是最愿意吃苦的人，“从零开始”，在实践中成长。为了多学点，他会主动请教前辈；为了学快点，他会在下班后继续琢磨工艺；甚至有一次手指被机器绞断，他没等完全康复就回到了岗位，是车间里出了名的“拼命三郎”。

这些年，凭借着日益娴熟的生产技艺，徐南亮从一线工人起步，成长为一线设备调试员、一线制造班长、工厂精益生产主管、车间副科长、车间主任，2019 年担任五分公司品质管理总监至今。在他的带领下，企业在品质提升、管理创新等方面不断取得突破，改善创新了“齿轮花链套不进干喷技术”，大幅节约了设备投入费用和人工成本；制定出台了《五分公司质量管理办法》，每年节省质量报废损失近百万元。在徐南亮近乎严苛的要求下，公司的产品质量合格率从 85% 提升至 99.5%，成为公司的一张“金名片”。

“一个人钟情于自己的岗位，人生就会变得精彩，我将在这个岗位上继续奉献光和热！”徐南亮说。

（浙江省文明办供稿）

朱红明

当好全国首个不设居委会的新型工业社区“大管家”

人物故事 THE STORY

朱红明，女，1972 年生，中共党员，浙江省宁波市北仑区新碶街道大港社区党委书记。

“营造家的氛围、履行家的责任、树立家的形象”，是朱红明到大港社区工作后一直坚持的工作信条。2008 年，在工业园区设立不设居委会的社区，实行社区化管理，这在全国没有先例，也没有现成的经验。作为社区“当家人”，她摸着石头过河，在帮助企业一次次破难解题的同时，也一次次赢得了掌声，使企业从原来的不接纳到高度认同，这对社区来说创造了奇迹。

她累计帮助园区企业、居民解决难题超万件，满意率 100%。她带领社区培育 100 个社会组织和志愿服务团队，激活 1000 名党员，服务 600 余家企业近 10 万名员工，其探索推行的“小马拉大车工作法”“6S 社区标准化服务体系”为基层社区建设积累了宝贵经验。2020 年疫情期间，她竭尽全力为社区撑起“疫情防控伞”，精准打出“组合拳”，为园区企业复工复产解难题，推出“共享员工”计划、建立中小企业“复工者联盟”、开展“直播带货”网络助销……2021 年度大港园区工业产值达 570 亿元，同比增长 18.9%。

“用心就没有做不成的事”“当家就要管好这个家”，她用看似平凡而又不平凡的实际行动践行着一名基层党员的初心和使命，且将继续践行着……

（浙江省文明办供稿）

王开库

建设电网 23 载　匠心点亮万家灯火

人物故事 THE STORY　王开库，男，1977 年生，国家注册一级建造师，高级工程师、高级技师，现任国网安徽送变电工程有限公司检修试验分公司主任工程师、特高压工程项目经理。

2021 年是王开库扎根电网一线的第 23 年，他先后参与上百座变电站，6 座特高压换流站建设管理工作，1 座柔性直流检修工程，完成了世界电压等级最高的换流站工程——±1100 千伏古泉换流站的建设及历次年检任务，攻克了世界最高电压等级 ±1100 千伏平波电抗器、直流穿墙套管等安装调试难题，首次实现 ±1100 千伏直流换流站阀厅无尘化安装。±1100 千伏古泉换流站在 2019 年投运后，输送容量连年取得突破，2022 年达到 1100 万千瓦，今年将达到 1200 万千瓦，为西部地区能源送出、华东地区电力供应提供强劲支撑。2021 年起，王开库带领团队连续三年对 ±500 千伏北京延庆换流站进行全面体检，为守护大国重器、保障能源电力供应作出重要贡献。

凭借卓越的技术能力，在特高压这个电网施工领域的最高竞技场上，王开库是“绝对的冠军选手”。由王开库牵头成立的“王开库劳模创新工作室”，累计取得 150 余项国家发明和实用新型专利、280 余项技术创新成果、培养了 60 多名技术骨干，在建设电网、守护光明的道路上，王开库坚守初心，弘扬劳模精神，勇攀电力高峰！

（安徽省文明办供稿）

李跃文

“百姓法官”公平暖民心忠魂铸党徽

人物故事 THE STORY　李跃文，女，1973 年生，中共党员，生前系安徽省淮北市杜集区人民法院审判委员会专职委员、四级高级法官。

李跃文 1994 年 9 月进入杜集区法院工作，先后担任过书记员、助理审判员、审判员、副庭长、庭长等职务。在 22 年的审判生涯中，李跃文始终践行以人民为中心的理念，坚定“法律是无情的，法官却是有情的”为民情怀，把当事人的事当作自己亲人的事去办。特别是对法律观念不强，身处纠纷又渴望得到法律支持的基层老百姓，李跃文要求自己“细看、细思、细问”，洞察其内心深处的真实感情，化解当事人的心结，使矛盾得以顺利解决。22 年来，共审理案件 2856 件，无一错案，无一超审限案件。

2020 年初，李跃文被确诊为胃癌晚期。在住院治疗的间隙，仍然心系审判工作，关注案件办理情况，每次化疗休息几天后，她仍坚持来到法庭办理案件。2020 年上半年，李跃文带病受理案件 59 件，结案率为 100%。2021 年 11 月 1 日，李跃文因医治无效离世，年仅 47 岁。

（安徽省文明办供稿）

邢春桂

扎根基层 25 载 倾心建设幸福社区

敬业奉献

人物故事 THE STORY

邢春桂，女，1965 年生，中共党员，安徽省马鞍山市花山区金家庄街道新风社区党委第一书记。

1999 年，邢春桂走上了社区工作者的岗位，从社区办事员到社区副主任到主任再到新风社区党委第一书记。20 多年来，她扑在社区基层第一线，给居民办实事，为居民谋幸福。她探索出“三门三心”群众工作法，深受居民爱戴；打造的“红木屋便民坊”被编入全国新时代文明实践中心建设创新案例。

在党的建设上，她围绕“一个支部一个特色”的创建思路，打造出了“服务型”“创业型”“文化型”“学习型”四个功能型党支部，激发了社区党建工作活力，社区党委连续获区“五个好党组织”称号，她主讲的微党课《我在社区工作的“三大法宝”》入选中组部 100 部精品党课之一。

她把“小”的管起来，把“老”的养起来，把中年群众“舞”起来，让志愿服务“动”起来，把党员形象“树”起来。在她的带领下，一个老旧社区被建设成为获得“全国文明单位”“全国和谐社区建设示范社区”“全国最美志愿服务社区”“全国家庭教育工作示范社区”等多个荣誉的先进典型。

（安徽省文明办供稿）

章建军

扶贫干部制止非法电鱼 用生命守护绿水青山

人物故事 THE STORY

章建军，男，1988 年生，中共党员，生前系安徽省宣城市绩溪县板桥头乡下溪村党支部第一书记、扶贫工作队长。

章建军 2013 年 4 月任绩溪县桂枝小学教师，2018 年 4 月选派板桥头乡下溪村。脱贫攻坚是必须如期完成的政治任务，也是选派帮扶干部的职责使命。通过章建军积极争取，下溪村成了 2019 年省级美丽乡村建设中心村，先后协调争取资金 500 余万元，开展农村人居环境整治，建成了龙溪河栈道、党建文化长廊、停车场等 7 个基础设施项目。南门岭自然村大多数农户的农田与村庄隔河相望，村民生产需要涉水过河，章建军看在眼里急在心里，他亲自勘测地形、反复推敲方案，积极争取项目支持，在最短的时间内修建了一座漫水桥，解决了群众出行难的问题，漫水桥成了干部与群众的“连心桥”。

2020 年 10 月 30 日凌晨，外县人肖某流窜到绩溪县板桥头乡下溪村龙溪河非法电鱼，章建军发现后立即上前制止，在制止过程中被肖某持刀捅伤，经抢救无效牺牲，年仅 32 岁。面对歹徒的威胁恫吓，章建军同志毫不畏惧、挺身而出，用宝贵生命守护了绿水青山，用实际行动诠释了共产党人敢于斗争、不怕牺牲的大无畏精神。

（安徽省文明办供稿）

林圣腾

中学体育教师创编“魅力太极拳”身体力行推广素质教育

人物故事 THE STORY

林圣腾，男，1966年生，中共党员，福建省福州市福清元洪高级中学校长助理。

从教35年，林圣腾始终致力于提升学生的体育核心素养，为未成年人的健康成长殚精竭虑。他爱好太极拳，深知这项“国粹”能给青少年学生带来哪些益处，于是他深研课程，自编自创“魅力太极拳”，活泼有趣的形式、行云流水的动作、极具民族特色的内容，很快获得了学生们的喜爱。相关课例相继获评教育部优课，被国家教育公共服务平台推广，浏览量超五百万人次，相关视频更是4次入选“学习强国”宣传平台。同时发表多篇太极拳CN论文，两篇被“人大复印报刊资料”全文转载。

他充分利用体育课堂，教导学生掌握运动技能，引导学生热爱太极拳，养成良好锻炼习惯，从而实现学生身体素质的稳步提升。每周4次以大课间为载体，他一天不落，带领近2000名高中生集体规范练习太极拳。千人太极拳表演的精彩篇章还获得首届全国太极拳团体大赛人气一等奖。

他爱生如子，不仅把自己获得的福州市骨干教师的奖金充当优化体育教学设施的费用，而且顶着酷暑放弃休息时间当义工，整理场地、喷绘挂图、油漆粉刷，制作、改良辅助练习教具，把教学场地变得赏心悦目，更让众多教具重焕生机，吸引更多的学生参与锻炼，爱上体育，让他们真正拥有“野蛮体魄”。

（福建省委文明办供稿）

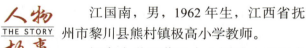

江国南

乡村教师42年扎根深山守护山村教育

敬业奉献

人物故事 THE STORY

江国南，男，1962年生，江西省抚州市黎川县熊村镇极高小学教师。

极高小学坐落于大山深处，这所成立于1950年的乡村小学改变了一批批孩子的命运，却从未改变江国南老师投身教育的初心。1978年，江国南毕业后，从黎川县城回到家乡的极高小学，成为一名代课老师。在此后的42年的教学生涯里，江国南从未离开过大山里的孩子。一张张和往届学生的合影，记录着江国南陪伴孩子们一起走过的青春年华，也见证着乡村小学的发展。

随着城镇化进程的加快，越来越多的老师和学生纷纷选择去外地任教或上学。到2019年9月，极高小学只剩下江国南和他唯一的学生小昊。2021年7岁的小昊家住熊村镇极高村，由于父母平日不在身边，长期和爷爷奶奶生活在一起，外出读书十分不便。考虑到小昊学前教育及小学读书的问题，江国南主动向当地教育部门申请，选择留下来教授小昊。课堂授课，野外教学，趣味活动……在这“二人世界”里，这一老一小是师生，更是知心朋友。

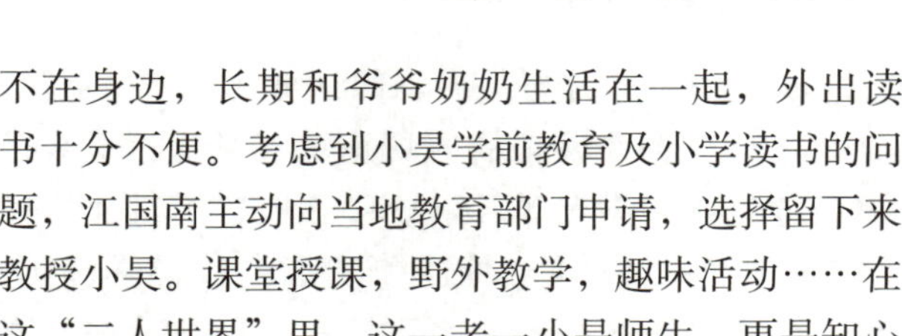

42年来，江国南已经培育了1800多名学生，有200多名学生考上了大学。“学校离不开我，我更离不开学校，这是我的家乡，也是孩子们梦想开始的地方。看着一批批孩子走出大山，我觉得尽一份微薄之力，能改变一些人的命运，是值得的、高兴的、自豪的。”江国南说。

（江西省文明办供稿）

刘 永

驻村第一书记破解销路难题获点赞

敬业奉献

人物故事 THE STORY

刘永，男，1983 年生，中共党员，江西省宜春市万载县双桥镇黄源村第一书记、万载县劳动监察局局长。

2019 年 3 月，刘永担任黄源村第一书记，开始了他的扶贫之路。黄源村全村 2563 人，建档立卡贫困户有 59 户 183 人，村委会欠账近 10 万元，村级集体经济收入几乎为零，是个典型的经济薄弱村。他进村的第一件事是“家访”，通过“家访”刘永了解到，黄源村 600 多年前便开始酿酒，于是他萌生了一个主意。

刘永找到当地的一个酒厂，通过多次沟通协商，终于在 2019 年 7 月，由酒厂入股，黄源村委会负责建设的黄源水酒生产基地在村里落成。刘永趁热打铁，为黄源水酒设计申请商标，并顺利拿到小微企业生产许可证和其他各项证件。黄源村初步建立起“企业＋基地＋扶贫合作社＋农户”的生产体系。

2020 年，一场突如其来的疫情，打得刘永措手不及，但他想到借助电商平台销售滞销农产品。2020 年 2 月 27 日，黄源村的第一个短视频上线，几乎从不喝酒的刘永，在直播中喝了 2 斤水酒，卖出 4000 元货品。粉丝从零到 2600 多人，再到 1 万多人，自此刘永有了一个外号叫“水酒书记”。

2020 年 4 月底，黄源村村民酿造的水酒全部销售一空，增收达 60 多万元，水酒基地给村集体带来了近 30 万元的收益。基地与农户签订保价协议，糯谷收购价每 50 公斤比市场价高 40 元。全村所有贫困户因种上糯禾、酿酒，全部脱贫致富。

（江西省文明办供稿）

吕文芝

“三高”路上的追梦人

人物故事 THE STORY

吕文芝，男，1980 年生，中共党员，山东省潍柴动力股份有限公司“三高”试验队队长。

吕文芝 2006 年参加工作，是潍柴首批从事“三高”试验的科研人员。“三高”试验是指在高温、高原和高寒区域的极端环境下进行发动机的各项性能测试，是发动机研发的最后一环，肩负着产品放行重任。超过 50 摄氏度的炙热酷暑、零下 41 摄氏度的冰天雪地以及最高海拔 5200 多米的巍巍高原，这些令人望而生畏的极限环境，是吕文芝常年面临的工作环境。

每年高寒试验，在零下 30 多摄氏度的海拉尔，不到凌晨 5 点，吕文芝就带领试验队员钻进冰冷的驾驶室进行试验。即使已经裹得严严实实，但依然难以抵御刺骨的寒冷，不一会儿浑身被冻透，手脚也逐渐失去知觉。苛刻的试验条件难得一遇，他们经常从凌晨一直忙到下午，常常顾不上吃饭。正是凭着这种精益求精的精神，不达目的不罢休的干劲，吕文芝和他的队员们完成了企业几乎所有系列产品的极限环境试验，打造出了“中国动力”发展史上的最强“芯”。

10 余年来，吕文芝带领潍柴“三高”试验队累计开展 2600 多天的极限环境试验，先后完成 320 多个发动机品种的试验，采集和标定了几十万组数据，建成了全球规模最大、涵盖机型最多、试验环境最苛刻的发动机运行数据库，为中国内燃机行业打破国际垄断、超越世界一流作出了重要贡献。

（山东省文明办供稿）

孙传德

下岗工人夫妻创业
科学种植花卉致富带动周边青年就业

人物 THE STORY 故事

孙传德，男，1974 年生，中共党员，山东省潍坊开轩花卉休闲农场有限公司总经理。

1995 年大学毕业后，孙传德在潍坊一家水产公司当了一名普通工人。2001 年，他和妻子双双下岗，生活陷入困境。利用借来的资金，他租赁了一个简易的花棚，走上了艰苦创业之路。靠着勤奋好学、诚信经营，他硬生生开辟了一片属于自己的市场。2002 年，他创办了寒亭区开轩花卉科技有限公司，走上了规模化发展之路，他的公司现已发展成为潍坊市最大的集花卉及蔬果生产、销售、服务于一体的综合性公司。

“一花独放不是春，百花齐放春满园。”2009 年，他组织 200 名花农成立了寒亭区花卉协会，为广大会员单位和全区花卉种植户提供行业行情和技术管理信息。通过定期举办花卉、苗木种植管理技术培训班，提高广大花农的种植、管理技术水平。几年下来，通过“开轩花卉做示范，种植大户建基地，花卉协会传技术，引导花农扩规模”，全区从事花卉种植、生产、经营的业户已达 300 余户，带动城乡就业人数 3600 多人，全区花卉产业年产值达 9000 多万元，有力地促进了地区花卉产业的健康稳步发展。

（山东省文明办供稿）

乔宗旺

敬业奉献

村支部书记带领群众致富
全村收入上亿元

人物 THE STORY 故事

乔宗旺，男，1955 年生，中共党员，河南省新郑市龙湖镇泰山村党总支书记。

昔日的泰山村是一个土地贫瘠、交通闭塞、贫穷落后、远近闻名的省级贫困村。在外经商多年的乔宗旺只因为一句“富了不忘乡亲”的承诺和一颗对党感恩的心，积极响应党组织的号召，回到泰山村担任党支部书记，一头扎进了泰山村的发展建设中。

乔宗旺带领村民利用黄帝文化资源，开发特色旅游，建成千稼集、黄帝会盟祠等系列景区，打造高品质生态旅游线路，年接待游客 200 万人次。他积极创新载体，整合资源，打造“旅游 + 培训”的基层党建教育培训基地，全年接待党政及社会团体近 40 万人次。他还利用自然资源，创新新型乡村养老模式，建设乡村养老项目，打造“城市老人到乡村寄家养老”特色示范村。

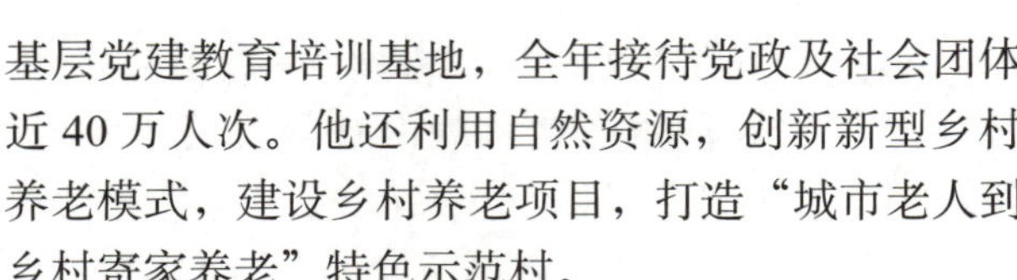

2020 年，泰山村全体村民平均年收入已由十余年前的不足 3000 元增加到了 3 万余元，全村实现基本生活供给制，水电气费、米面油盐酱醋、养老及医疗保险等生活消费全部由村集体供给，村民生活幸福指数逐年攀升。村集体先后荣获“全国乡村旅游重点村”“国家级魅力乡村”“全国一村一品示范村”“全国生态文化村”等 30 多项荣誉。

（河南省文明办供稿）

吕少红
“85后”刑侦队长不顾安危擒获歹徒 热情服务一心为民

人物故事 THE STORY

吕少红，男，1987年生，中共党员，河南省开封市公安局龙亭分局刑事侦查大队副大队长、一级警司。

2019年6月，吕少红不顾自身安危飞身扑向盗窃电动车的嫌疑人赵某，却被赵某用电动车强行拖拽了30多米，为抓住犯罪嫌疑人，他强忍疼痛不松手，最后嫌疑人被闻讯赶来的同事制伏。事后，同事们提起这惊险一刻，吕少红却毫不在意：“当时什么都顾不上，就知道不能让他跑了！”

这样的事情在吕少红身上可算不上惊险。有一次，吕少红和同事远赴广西桂林抓捕一名盗窃汽车的犯罪嫌疑人时，嫌疑人竟然驾车强行撞开前后围堵的车辆，向前方加速而逃，正在窗边伺机打开车门的吕少红当即抓紧车窗举起工具砸窗，准备将车辆和嫌疑人控制住，丧心病狂的嫌疑人竟驾车直接拖着吕少红继续逃窜了几十米，最终，这名嫌疑人在两地警方配合下被抓捕归案。而当同事们心有余悸地想起这惊险一幕时，吕少红诙谐地说：“差点就能得个英模称号了。”

被群众和领导褒扬，吕少红觉得这是职责所在，使命所在，自己对得起头顶的警徽和肩上的肩章。而他唯一觉得对不起的就是自己的家人。常年无法正常休假，连双休日都是奢侈，年迈的父亲、年幼的儿子和辛苦的妻子背后默默的付出和支持，使他更加任劳任怨、坚定信念，用铁肩担道义，无悔于十年前在警旗下的庄重誓言！

（河南省文明办供稿）

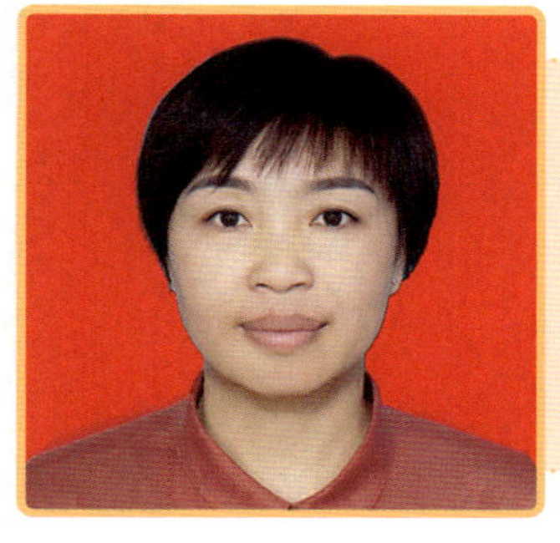

向　辉
土家幺妹培训职业农民 带领群众共走致富之路

人物故事 THE STORY

向辉，女，土家族，1977年生，湖北省恩施土家族苗族自治州来凤县农园果蔬专业合作社理事长。

“自己富了，就该带动村民一同致富。”2011年，向辉回乡创业，在旧司镇新街村成立农园果蔬专业合作社，自有基地种植藤茶、水果1081亩，带动发展藤茶产业8000余亩，创立藤茶品牌“春上寻”，辐射5个贫困村，带动667户贫困户共奔致富路。

在参与脱贫攻坚的过程中，向辉意识到，乡村全面振兴关键在人，必须让更多贫困户掌握脱贫技能。2018年，向辉把新型职业农民培育课堂、残疾人创业培训课堂开进合作社，领办来凤县农业广播电视学校，探索“在基地学种植、在工厂学加工、在市场学营销、在平台学电商”的“产业链培训”模式，建成集农民培训、农业科技展示、农业创业孵化等于一体的农民培训中心。

办学以来，开展农民培训130余期1.3万人次，实现智力脱贫1791人、产业脱贫452户，带动2万余名农村富余劳动力外出就业、增收致富，农广校先后被评为“全国新型职业农民培育示范基地”“武陵山国家农民培训基地”，被群众称为武陵山的“农民大学”“致富之家”。

“光荣与使命同在，我会继续当好乡村全面振兴‘领头雁’，通过‘教育+产业’以人助产、产教结合的模式，孵化更多乡村全面振兴‘小头雁’，带领乡亲们在乡村全面振兴的路上闯下去。”向辉说。

（湖北省文明办供稿）

马　丹

从平原到高原 两度援藏搭起汉藏交流立交桥

人物 THE STORY 故事

马丹，女，1973年生，湖北省武汉市旅游学校教师。

2016年8月，马丹积极响应党中央号召，成为首批国家教育人才“组团式”援藏教师中的一员。在援藏支教中，将满腔的热血和青春撒播在雅砻大地。

在这块陌生的土地上，她不停地观察思考：怎样帮助这里的孩子？她看到孩子们虽能歌善舞，却总是自娱自乐，鲜有喝彩。以她从教二十余载的经验，她认为他们可以登上更大的舞台，获得更多的掌声。在学校领导的支持下，她牵头组建了一支40人的“舞蹈啦啦操队”，带着这群孩子练基本功、跳民族舞。2018年7月，这支“舞蹈啦啦操队”代表西藏自治区第一次参加全国比赛，就获得冠军。去比赛时，许多孩子都是第一次坐高铁，第一次坐飞机。让大家高兴的，不仅是孩子们取得的成绩，更是孩子们第一次走出了西藏，站在全国的舞台上，向全国人民展示了西藏学生的青春风采。

马丹踏实勤勉、求实上进，以实干彰显着教育本色，用大爱传承着教育特质，用自己的教育初心搭起了汉藏交流、交往、交融的桥梁。

（湖北省文明办供稿）

杨曙光

敬业奉献

“曙光”映照幸福路

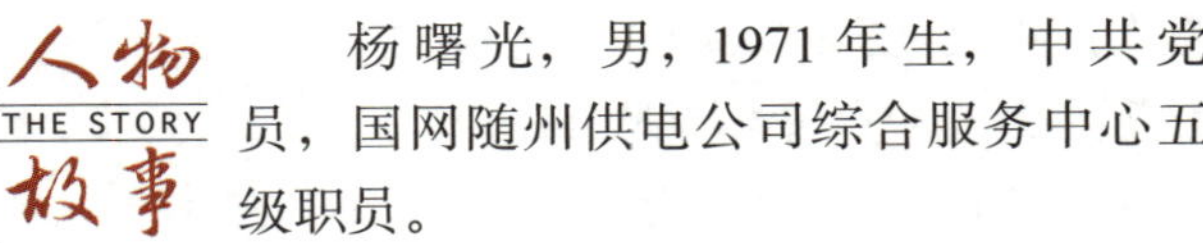

杨曙光，男，1971年生，中共党员，国网随州供电公司综合服务中心五级职员。

2015年，杨曙光被组织选派到湖北省随州市广水市太平镇猫子湖村开展扶贫工作，一干就是六年。作为扶贫工作队员，他虽为“外乡人”，却时刻忧心“本村事”。他多方筹措帮扶资金80多万元，修建村党员群众服务中心；帮助建设通组公路6.6公里，解决村民出行不便的老难题；积极协调帮扶单位投资620多万元，升级电网，村组电量增幅达216%；引进光伏发电项目，为村里带来年收益10万元的“阳光存折”；因地制宜发展油茶、桃树、苗圃基地，形成长短结合的产业体系，结束了村集体零收入的历史。兴产业、壮经济，村里的面貌发生了翻天覆地的变化，2019年，猫子湖村实现脱贫摘帽。

2020年，新冠疫情来袭，他主动返村，坚守抗疫一线60天，入户登记、宣传防疫、采购物资，用心用情守护一方平安。受疫情影响，村里的大蒜滞销，他积极尝鲜“网络直播带货”，全力推动复工复产。在不到一个月的时间里，他帮助村民卖出4500公斤滞销的大蒜。村民们脸上露出了笑容，他的脸上也绽放出了奉献的光彩。

（湖北省文明办供稿）

张光柱

乡村教师辞校长职务 坚守一线教学 40 载

敬业奉献

人物 THE STORY 故事

张光柱，男，1964 年生，中共党员，湖南省湘西土家族苗族自治州龙山县石牌镇初级中学正高级教师、特级教师。

1981 年，张光柱当上了上母村小的民办教师。1989 年，他转正成为公办教师，1991 年调入石牌镇中心小学；1993 年又调入石牌初中，两年后当上该校校长。

正当他如鱼得水，大可一展身手之时，他却突然向组织上提出了不当校长，甘当只上讲台的普通教师的强烈要求。28 年里，张光柱担任了毕业班数学和物理课的教学任务，还兼任了其他年级历史和体育课的教学任务。硬是使学校从升高中的三年连续“剃光头”，一跃而为龙山县教学质量长期保持前三名的农村中学。这些年来，经过他帮助的青年教师，有不少人成为教学骨干。

张光柱多年来一如既往地资助面临辍学的困难学生，从自己微薄的工资中，每月拿出 300 元左右，给这些困难学生做生活费和学习资料费。据不完全统计，张光柱教学多年来，共资助困难学生 30 多人，付出资助金累计达 6 万多元。他还把当地的留守儿童集合起来，或在学校，或在村里，无偿组织学生开展兴趣活动，让家长在外打工更安心、更放心。

（湖南省文明办供稿）

朱有志

放弃百万年薪志做“开慧村村民” 扎根红色土地 12 年助推乡村全面振兴

人物 THE STORY 故事

朱有志，男，1953 年生，中共党员。湖南省政协常委、湖南省长沙市长沙县开慧村党支部第一书记。

2009 年，时任湖南省社会科学院院长、党组书记的朱有志，正式兼任长沙县开慧镇开慧村党支部第一书记，为此不惜多次婉拒民办高校和企业百万年薪的聘请。

开慧村是省级贫困村，有着深厚理论功底的朱有志，高度重视基层党建的作用，把夯实、巩固党组织在农村的执政基础作为落脚点，把助推、发展集体经济和促进农民增收作为开展工作的重点，促使开慧村的社会经济发展迈上了一个新的台阶，顺利完成脱贫攻坚目标。

他探索乡村治理的“四自模式”和“双向耦合、四层协力”模式，使农村基层党组织能够“通天连地”，使中央、省、市、县各级党委的指示方针能传达到每一名党员、村民，也使最基层的意见和建议能畅通到上级。他发展集体经济，助推乡村全面振兴。他成立了集体经济合作社和农村土地专业合作社，通过盘活闲置集体资产、入股企业等方式发展集体经济，实现村级集体经济收入 90 万元。对于开慧村的未来，朱有志信心满满：“开慧村要走一条生态美、生产美、生活美的美丽乡村建设路子，未来要让开慧村成为长沙城郊的美丽明珠！”

（湖南省文明办供稿）

林纯莹

岭南名医传大爱　援助国际展风采

人物 THE STORY 故事　林纯莹，女，1964年生，中共党员，广东省人民医院南海医院党委书记、心内科主任医师。

2011年，林纯莹作为第二批中国援加纳医疗队队长，开展为期两年的援外医疗工作。她经常和队员义诊，捐赠药品，足迹踏遍阿克拉偏远山区。其间，林纯莹针对加纳克里布教学医院心内科存在的问题，建立病房管理模式，使患者死亡率从11%降到5%。

回国后，林纯莹仍心系加纳，2015年至2019年，5次组团重返加纳开展“爱心行”医疗巡诊，创下了5天10台手术100%成功的“非洲纪录”。她与培养的非洲医生共同开展心脏手术，成为最具影响力的中国援非标杆项目，充分展示中国高端医疗水平及中国影响力。

2016年开始，林纯莹“爱心行”团队和加纳医生一起开展了加纳历史上首次心血管疾病危险因素流行病学调查，向加纳政府提供防控科学依据，从源头预防心血管疾病，改善当地整体健康状况，将中国社区防控经验带到加纳，成为援非“中国模式”新实践。

“如何让非洲人民病有所医？”林纯莹主持开展“中加西非心脏合作项目”，为当地培养一支带不走的高层次医疗队。2018年，她协助创立加纳心血管医师学会，促成签署中国—加纳合作框架协议，开启中国—加纳医疗合作新篇章。

林纯莹说：“我的脚步已经无法停止，这份非洲情结，会鼓励我一直做下去。”

（广东省文明办供稿）

张　毅

守护万家灯火　33年奉献“光”和“热”

人物 THE STORY 故事　张毅，男，1969年生，中共党员，国网重庆市电力公司市南供电分公司高级技师。

创立“山地人工带电立杆法”，荣获“重庆市十佳经典操作法”；研制引流线绝缘支架和控制杆、10千伏不停电作业引线搭接器和支撑架，大幅提高带电作业的安全性和工效；攻克降低35千伏线路氧化锌避雷器雷击跳闸率难题，有效降低西南地区山地环境带来的作业风险。

从一线工人到“全国劳动模范”，张毅深耕电力战线33年，成长为重庆市带电作业领域的领军人物，在技术领域实现多项突破。

累计获得国家专利授权23项的同时，张毅还主持和参与多项全国带电作业标准、规程以及多项企业重大技改、重大检修（施工）方案的编审工作。

2011年，张毅牵头创办“张毅劳模工作室”。次年6月，人力资源和社会保障部批准授予“张毅国家级技能大师工作室”称号。“建立人才培养机制，传承和创造新技术”是张毅孜孜以求的目标，通过师带徒等多种形式的人才培养机制，他直接参与培养重庆公司带电作业高技能人才200余人，多次带队参加各级带电作业技能竞赛并斩获佳绩。

（重庆市文明办供稿）

申屠国良　汪　辉

一次帮扶教育走访成就杭州支教“夫妻档”　跨越千里点亮教育“灯塔”

人物 THE STORY 故事

申屠国良，男，1970年生，中共党员，原贵州省黔东南苗族侗族自治州榕江县古州镇第四小学校长；汪辉，女，1972年生，中共党员，原贵州省黔东南苗族侗族自治州榕江县古州镇第四小学教师。二人系夫妻关系。

2019年11月，浙江桐庐县圆通小学校长申屠国良带领3名教师来到贵州榕江县仁里水族乡中心学校支教一周，走访了偏僻的乔腮小学。回家后，他将在榕江的所见所闻告诉妻子汪辉，在桐庐县迎春小学担任英语教师的汪辉不假思索地说：“要不，我们把这所小学承包下来，你教数学、科学，我教语文、英语，用我们的知识帮助这群孩子通过知识改变自己的人生走向，帮助他们走出大山。”

2020年8月，由申屠国良夫妇带着教育帮扶团队来到榕江县古州镇第四小学支教，申屠国良担任校长、汪辉担任教师。他们以问题为导向，成立“同融学社”，实施青蓝结对工程，通过青年教师学习研讨交流、新老教师“师徒结对”等方式，帮助年轻教师掌握先进教育理念和方法，不断提升教育教学能力和水平。同时，制定“四个学得会”目标，从“学会说话、学会走路、学会生活、学会学习”四个方面，培养学生养成良好的生活习惯和行为习惯。

一分耕耘，一分收获。申屠国良、汪辉用自己的知识帮助大山里的孩子们改变命运，用自己的实际行动书写了教师担当。

（贵州省文明办供稿）

刘克明

扎根山区基层台站近三十年　不忘赤子初心书写广电人风采

人物 THE STORY 故事

刘克明，男，1971年生，中共党员，生前曾任国家广播电视总局724台党委书记、台长。

国家广播电视总局724台地处陕西省宝鸡市岐山县境内，为国家短波广播传输发射中心台站。自1993年进台，刘克明埋头于广播传输发射基层台站技术维护和电台管理工作，主持参与过47部大功率短波发射机的安装调试工作。在他的引领下，724台安全播出成绩自2009年以来连续10年保持优于计划99%以上，各项技术指标合格率均达到100%，还被广电总局首批命名“劳模创新工作室”。

不为人知的是，2008年，刘克明被查出罹患帕金森综合征，平时的他看起来与常人无异，然而一旦病情发作，全身僵硬，只有迅速服药才能缓解。但即使这样，他也没有耽误一天工作，只要工作起来他就会忘了病痛。

参加工作近30年来，刘克明像“钉子”一样，将满腔热忱和美好的青春留在了偏远的基层台站。电台的每一个角落都融入他和病痛抗争十余年的铁汉柔情、家国情怀和独运匠心，正是这种乐观豁达、坚强如铁的精神感染着他身边的每一个人，带动着724台成功走向一个又一个高峰。

（陕西省委文明办供稿）

韩雪青

坚守一线践初心　冲锋在前显担当

人物 THE STORY 故事

韩雪青，女，撒拉族，1981年生，中共党员，现任青海省西宁市城北区二十里铺镇政府基层党建办公室副主任。

西宁市城东区清真巷街道南小街社区是一个少数民族群众多、流动人口多、老旧楼院多的老城区社区。2020年疫情暴发前两天，韩雪青被查出早期肺炎，可是疫情就是命令，作为社区支部书记的她，闻令而动，奔波于辖区19个院子，宣传、排查、入户，和社区干部、志愿者一起织下“疫情防护网”。她组建8支小分队，以19个小区为基本单元，紧密排查、联动服务，做到了户户到、情况明。其间，她带领大家制作发放宣传资料3000余份，走访群众2596户，建立了详细的来宁人员管控台账，服务外来人员1000余人，服务群众800余次，日均拨打和接听群众电话300余个。

韩雪青带领党员、志愿者在19个登记点严格落实24小时值班制度，白天劝导群众不要走亲访友，晚上顶着寒风值守防止漏管失控。她的父母已经年老，父亲瘫痪在床，由年老的母亲照顾。由于疫情防控工作繁忙，8岁的孩子一个人留在家里，早午饭都是面包，只能在父亲晚上下班后才能吃上一顿热饭。

群众利益无小事，韩雪青心系群众、铭记责任、勇于担当、履职尽责，竭力服务居民，解决居民难题，用心守护居民安康。

（青海省文明办供稿）

王玉珏

消防站长哪里危险上哪里
烈火中铸就无悔青春

人物 THE STORY 故事

王玉珏，男，1985年生，中共党员，宁夏回族自治区石嘴山市消防救援支队灭火救援指挥部作战训练科副科长。

2020年9月，王玉珏任石嘴山市平罗县定远街消防救援站站长，在一线工作14年间，他先后参加火灾扑救和抢险救援任务4000余次，抢救、疏散被困群众千余人。一次次生死攸关的火灾现场，王玉珏总是冲在最前方。

2019年9月17日晚，平罗县244国道发生三车相撞事故，一人被困，一辆载有22吨液化天然气的槽罐车发生泄漏，形势危急。接警后，王玉珏和战友们第一时间赶到现场，不到5分钟便救出被困人员，但槽罐车爆炸的风险直线上升。王玉珏主动请缨，和另外两名战友组成突击组，对槽罐车进行防爆防燃处理。22时30分，第一次入场，切断事故车辆电源；23时20分，第二次入场，使用泡沫覆盖泄漏柴油；翌日0时35分，第三次入场，打开气相排空阀，降低罐内压力；3时02分，左侧操作箱门打开失利，液相排空计划未成功；5时30分，第五次入场，肩扛沙土，掩埋泄漏柴油；11时30分，利用绳索牵引操作箱左侧门，制造操作空间；15时40分，操作箱左侧门成功打开；16时40分，事故槽罐车平安转移。

参加工作17年间，王玉珏参与并成功处置30余起急难险重任务，屡次发挥尖刀作用，立下赫赫战功。刀山敢上、火海敢闯，不忘初心、服务人民，他用血肉之躯同火神搏斗，以坚定的意志和勇敢的行动捍卫人民群众的安全。

（宁夏回族自治区文明办供稿）

余海英

退休主任医生主动奔赴抗疫一线 “老将”上阵为医院建起“防护墙”

人物 THE STORY 故事

余海英，女，1964年生，新疆维吾尔自治区昌吉回族自治州昌吉市人民医院医务部原主任。

2019年10月，在医疗战线奋斗了32年的余海英光荣退休，时隔17年，原本已退休的她再次“逆行”，回到抗击新冠疫情的主战场。

重扛抗疫大旗，她把医院当家。自返岗之日起，她每天吃住在办公室，及时了解全国、全疆和本地疫情形势，及时学习新冠疫情防控规范，结合实际梳理流程、调配物资、培训人员、检查分诊措施落实、查看预检分诊点、发热门诊。这位“老将”雷厉风行、一丝不苟、有条不紊，为医院建立起一道无形的“防护墙”。为了确保万无一失，她挨个查看记录、查阅病历，一天下来接打无数电话，顾不上喝口水，不能按时吃一顿饭，方便面成了她的主食，但她却始终保持着昂扬的斗志和力量，她的精神也感染着同事们。

她深知“发热门诊”是一线中的一线，这里接诊疑似发热待排患者，也是医务人员容易发生职业暴露的地方。凭借丰富的经验，她准确预判医院原有的发热门诊格局、硬件设施设备远不能满足留观病人的需求，也会将一线人员置于危险之中。在她的建议指导下，医院重新规划布局，进一步规范了隔离病区的功能设置，保障了留观患者的诊治需求和医疗质量安全。

（新疆维吾尔自治区文明办供稿）

草克特格斯

护边员接过爷爷和父母接力棒 执勤站牢牢“钉”在格登山下38年

人物 THE STORY 故事

草克特格斯，男，蒙古族，1966年生，中共党员，新疆生产建设兵团第四师七十六团护边员。

新疆生产建设兵团第四师七十六团因格登碑而闻名，是一个与哈萨克斯坦相邻、边境线长达数十公里、平均海拔2000米、自然条件恶劣的边境团场。1983年，18岁的草克特格斯继承爷爷和父母的事业，和妻子布娅一起，在七十六团守边。38年来，草克特格斯夫妇每天巡逻10—12个小时，平均每人每年穿坏6—8双鞋。七十六团每年积雪封山长达6个多月，最冷时气温零下30多摄氏度。每到冬季，草克特格斯夫妇的手脚冻疮就会复发，提重物时，满手的裂痕就会流血。

1997年初，中方在中哈边境立界碑。因道路陡峭，车辆无法通行，草克特格斯牵着自家的马，把界碑驮到了山顶，并且一趟趟往山上运送水泥砂石。家里仅有的两匹马因劳累过度都“牺牲”在边防线上，边防连给他补偿，他分文未收。2017年，草克特格斯因腰椎病做手术，医生要求至少休息1个月。草克特格斯手术后只休息了10天，就执意回到执勤站。38年来，草克特格斯夫妇劝返和制止临界人员近百人，堵截临界牲畜上百只，团场未发生一起涉外事件。

（新疆生产建设兵团文明办供稿）

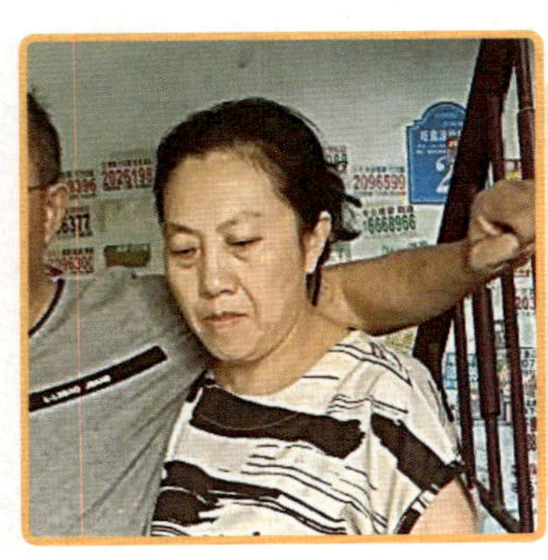

刘翠珍

女医生倾心照顾偏瘫丈夫16年 用爱书写伉俪情深

人物 THE STORY 故事

刘翠珍，女，1960年生，山西省朔州市朔城区人民医院妇产科主治医师。

2004年4月18日，刘翠珍爱人郭宏伟突发脑出血陷入深度昏迷状态，出血量达80毫升，情况十分危急，在采取了必要的急救措施后，她将爱人紧急送往北京航天医院进行抢救。手术需要巨额的花费而病人苏醒的可能性却很小，苏醒后成为植物人的概率较大，刘翠珍毅然决然地跟医生说：不管花多少钱、即使手术后爱人变成植物人也要继续手术！

经医院主治医生的全力诊治，手术取得了良好效果，病人苏醒、开始说话，然而，3天后险情再次出现，病人颅内二次出血，再度陷入昏迷，其间，刘翠珍精心陪护，45天后奇迹出现，爱人苏醒，但留下了严重的后遗症——丈夫身体左侧偏瘫、生活完全不能自理、不会说话更无法交流，不得不常年卧床。

从2004年到2020年的16个年头中，在人民医院门诊大楼的北侧楼道里都会出现他们两个人的身影，每天下午在那个50米长的楼道里至少走20趟，一个下午的康复伴随训练下来，两个人都是筋疲力尽。回到家安顿丈夫休息睡觉间隙，刘翠珍还要去买菜做饭、去病房察看病人、去看望年迈的母亲，刘翠珍总能在丈夫睡醒之前办完所有事情回到家中，她坚忍不拔为爱奔走的身躯让时间都为之动容。

（山西省文明办供稿）

周汉龙

庄稼汉照顾瘫痪养母十五年 五千多个日夜写就“至孝”二字

人物 THE STORY 故事

周汉龙，男，1962年生，江苏省盐城市射阳县海通镇通兴居委会居民。

周汉龙8个月大时被周伯禹夫妇收养，养父母待他胜亲生。养父去世得早，2005年养母黄亚兰摔断股骨，半身不遂瘫痪在家，生活不能自理。当时周汉龙正承包土地种植大棚蔬菜，儿子尚未毕业成家。他主动接过照顾母亲生活起居的重担，一边种植大棚蔬菜，一边与妻子朱炳芬轮流照顾老人，给老人洗头、洗澡、喂饭、端屎端尿，成了周汉龙夫妇俩每天必备的“功课”，偶尔还要为养母外出求医问药。不少亲朋好友提议花点钱把养母送到养老院，周汉龙总是回答说：“老人家90多岁了，怎么放心别人照顾呢！”

2016年，周汉龙的妻子需要去无锡帮忙照顾孙子，他毅然转让种植20多年的蔬菜大棚，一个人专职在家照顾养母。年近花甲的他每天凌晨5点起床给母亲做早饭，半小时喂完饭，然后跟她聊天，推她散步。天气好的时候，就把母亲抱到轮椅上，推着她到周边邻居家串门。每天重复做这些事情，虽然很累，但他从未抱怨过一声。90多岁高龄的养母床铺总是干干净净，身上也从来没有生过褥疮。

周汉龙用五千多个日夜写就“至孝”二字，用实际行动给子女诠释何谓“尊老”之情，也赢得了周围乡邻的一致夸赞。

（江苏省文明办供稿）

孝老爱亲

俞海泉

男子赡养同村百岁老人 抒写美丽赞歌

人物 THE STORY 故事

俞海泉，男，1962年生，浙江省杭州市萧山区所前镇联谊村村民。

俞海泉11年如一日，尽心照顾同村老人戴奶奶和村里其他孤寡老人。戴奶奶年迈，眼花耳聋，一个女儿远嫁，儿子以及居住在同村的女儿、女婿相继去世，无人照料。

2009年，俞海泉得知后把老人当成自己的母亲一样照顾，每日都去看望老人。11年来，给老人送饭菜、洗晒衣服被褥、修缮房屋。有一天，俞海泉去看望老人时，发现老人饭量明显减少，连平日里最爱吃的饭菜都没有胃口。幸亏他及时将老人送去医院。在住院的5天里，俞海泉知道戴奶奶外孙女忙，就夜里帮着伺候老人，端屎端尿，喂药送饭、毫无怨言。2021年9月，老人安详离去，享年103岁，俞海泉就如亲儿子一样为老人料理后事，俞海泉每天还给戴奶奶的小屋开门通风，为老人的身后事忙碌着。

其实俞海泉家境清贫，妻子不堪贫苦早已离家，儿子又患有四级精神残疾，但他仍然坚持帮助和照顾村里多名像戴奶奶一样的孤寡老人。当有人夸赞他时，俞海泉总是很腼腆地说，在他艰难的时候，家里时常受人帮助，他记得戴奶奶帮着他手不太方便的阿妈梳头，开小店的徐大爷知道他困难，在他结婚时买烟买酒从不赚钱……“知恩图报、传递大爱”就是俞海泉最朴实的想法。

（浙江省文明办供稿）

孝老爱亲

何秀莲

十余年贴心照顾重病婆婆 好儿媳涵养好家风

人物 THE STORY 故事

何秀莲，女，1949年生，福建省厦门市思明区开元街道希望社区居民。

何秀莲婆婆患有骨质疏松、子宫癌等多种疾病，2010年经历一次摔跤后就无法生活自理。从那时起，何秀莲便扛起照顾婆婆的重担，每天为婆婆洗澡、喂饭、换尿布、按摩，一坚持就是十余年。在这期间，她自己因照顾婆婆操劳过度生过病，但她始终对婆婆关怀备至、不离不弃。

何秀莲照顾婆婆细心周到，饭前端水洗手、戴饭兜、擦嘴、试凉热，这一系列动作是十余年养成的“标准化流程”。剪指甲、掏耳朵、揉肩、捶背、逗老人乐是她的基本功。由于长期卧床，婆婆全身血液循环不畅，何秀莲经常帮婆婆按摩身体，夜里也坚持每三个小时给老人翻身一次，十几年来没睡过一次安稳觉。婆婆大小便不方便，何秀莲要随时准备为她换尿不湿、洗屁股、洗腿、擦屁股，有时饭吃一半碰巧婆婆需要大小便，何秀莲也从不嫌脏，放下碗筷第一时间帮助老人清洗，清理干净时饭菜也凉了。由于婆婆无法站立，为婆婆洗澡时何秀莲要与丈夫合力将婆婆抱到浴室，用辅助架靠住，先用热水为婆婆泡脚，再逐步清洗身体、修剪指甲，当夏天来临，这样一次下来，何秀莲都是汗如雨下。

正是这样细心的照顾，十余年来，老太太始终精神状态很好，房间和身上没有一丁点儿的异味，更没有因长期瘫痪引发其他病症。

（福建省委文明办供稿）

张佳港

你把我养大我陪你到老 24岁消防员与“外婆”演绎人间大爱

人物故事 THE STORY

张佳港，男，1997年生，中共党员，江西省新余市分宜县岭北东路消防救援站通信保障班班长。

1997年，张佳港被父母遗弃在医院的角落，当时正在医院干清洁工的唐才英老人发现后并选择收养，此时61岁的唐才英老人已经收养了35个孩子。二十多年来，唐才英为了把张佳港和其他兄妹抚养长大，她只能没日没夜地通过种菜卖菜、捡垃圾、养猪等方式来贴补家用，她所付出的艰辛张佳港都记在心间，从儿时起，张佳港就下决心长大后要成为一名能够保护外婆的人。

2016年9月，张佳港高中毕业，他放弃上大学的机会，毅然选择了参军报国，加入了消防部队。在刚入队时，张佳港身体单薄，许多负重训练科目难以承受，但是他坚守着心中的信念，利用休息时间给自己加练，后来他成绩提高了，唐才英老人听到部队传来的消息，非常开心和自豪。

有一次和邻居闲聊，张佳港听邻居说外婆曾说过因为以前家里穷，一辈子都没有穿过婚纱。他便把这事记在心间，利用休假机会悄悄为唐才英老人准备了这场惊喜，因为外公身体不好未能成行，他便和唐才英老人拍下一张“最美婚纱照”，弥补了外婆多年的遗憾，同时也尽了自己的一份孝心。

张佳港也接过了外婆的爱心接力棒，资助了两名因母亲生病去世家境陷入贫困的学生，为他们送去学习用品、接他们来消防队吃团圆饭、辅导他们学习，用点滴行动传承温暖大爱。

（江西省文明办供稿）

刘　华

二十多年如一日 悉心照顾五位缠绵病榻的老人

人物故事 THE STORY

刘华，女，1974年生，山东省东营市广饶县大王镇崔寨村村民。

刘华出生在一个普通的农村家庭，年幼的时候，刘华的父亲体谅自己的兄嫂膝下无子女，便与妻子商量将刘华过继给自己的二哥，自此便由养父母将她抚养成人。养父母把她当作掌上明珠，精心呵护。在1997年的时候，刘华组建了自己的家庭，过起了幸福美满的小日子。

天有不测风云，1999年，罹患乳腺癌多年的养母离世；2007年，刘华的婆婆突发脑血栓，并留下了后遗症，手脚不听使唤，公公一人难以照料；2015年，刘华的养父突发脑出血，后因继发脑梗死导致患上阿尔茨海默病；生父的眼睛生了疱疹，疼痛让老人的脾气变得暴躁无常；2016年，刘华的生母在集市上突发脑出血，抢救后也丧失了基本的生活自理能力；2019年，生父两度手术，打击接连不断，生活的重担狠狠地压在了她的身上，她却毫无怨言，毅然决然地肩负起了照顾老人的重任。二十多年的时间，刘华坚持为几位老人端水喂饭、穿衣梳头，陪老人做康复锻炼，日复一日从未断过，她觉得孝老爱亲是她的分内事，父母在身边就是她最大的慰藉。

“老人养我们小，我们养老人老。”这是刘华最常说的话，她也将这句话刻进了心里，融进了骨子里。老人病榻缠绵，仍能侍奉于前，二十余载漫漫，敬孝日日年年。她做到了，有所执，那定是心有所爱。

（山东省文明办供稿）

孝老爱亲

程金军

好弟弟照顾瘫痪哥哥 18 年

人物故事 THE STORY

程金军，1972 年生，河南省焦作市城乡一体化示范区阳庙镇阳邑村村民。

程金军与哥哥程金卫感情一直都很好，哥哥从小就很疼他，有什么好吃的都让给他。年幼时，父母外出做农活，都是哥哥在家里照顾他，在程金军的心里，一直都很感激哥哥。天有不测风云，2003 年，程金卫突发脑出血瘫痪在床，生活不能自理，他的妻子和孩子也因受到了刺激离家出走。对于生活不能自理的哥哥来说，如果没有人照顾他，那么他的生命也将走到尽头。“哥，没人养你我来养，只要有我一口吃的就不会饿着你，你的下半辈子兄弟陪着你。”从那时起，程金军用行动演绎了血浓于水的手足情。

为了方便照顾哥哥，程金军选择在附近的工地打零工，每个月能有 3000 多元的收入，但他却很少想着给自己买点什么，因为哥哥每个月吃药就要花去 1000 元，剩下的钱也只能节省着花，天气转凉，怕哥哥受冻，他都会给哥哥添置些衣物，改善一下生活，自己却什么也不舍得买。程金军用他的坚忍、执着和不离不弃，让人们看到了手足情深。“你是我的哥哥，是我的亲人，我不会弃你不管……”面对坐在轮椅上的哥哥，程金军坦言。

（河南省文明办供稿）

孝老爱亲

罗忠花

爱心护工用心用情守岗敬业 甘当五十多位老人的“女儿”

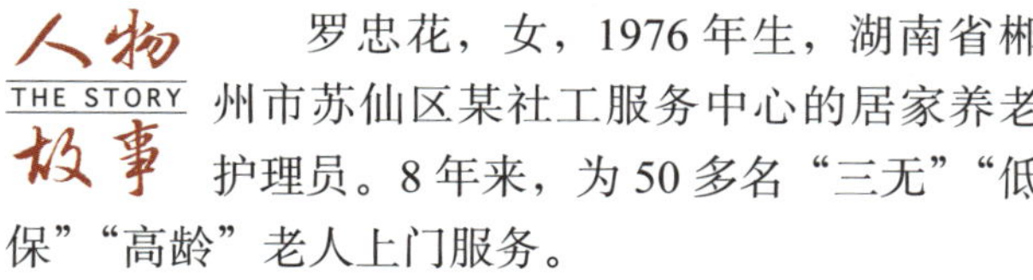

人物故事 THE STORY

罗忠花，女，1976 年生，湖南省郴州市苏仙区某社工服务中心的居家养老护理员。8 年来，为 50 多名“三无”“低保”“高龄”老人上门服务。

社区里的服务对象大多数是由政府购买服务的低收入、困难老人，每次服务只收取 10 元。罗忠花家的经济条件并不好，大女儿智力残疾，长年的治疗几乎花光所有的积蓄，后育有一对双胞胎姐妹，虽给家庭带来了希望，但经济负担也越来越重，即便如此，她也没有跳槽到家政公司，以获取更高薪资。

罗忠花始终把老人们当成自己的亲人，用心、用情、用爱服务和关爱 50 多位社区老人，常常为老人们提供“超时服务”。无论大事、小事，老人们都想让罗忠花陪伴，并把她当成了“女儿”。罗忠花说：“我把他们当成自己的父母，被老人需要和依赖，使我内心充实。”

她的真情服务不但得到老人的高度认可，也受到了社会的关注。2018 年 9 月 27 日，罗忠花被中国红十字会评为“全国优秀养老护理员榜样人物”，并受邀赴京参加了由中国红十字会和中央广播电视总台社会与法频道联合举办的“养老护工榜样人物”颁奖晚会。

（湖南省文明办供稿）

梁钦梅

坚守亲情与初心 孝顺已故前夫父母 20 载

人物 THE STORY 故事

梁钦梅，女，1977 年生，广东省茂名市茂南区羊角镇实验小学教师。

2001 年，梁钦梅的丈夫突发心肌梗死，抢救无效而离开了人世。她的丈夫是家里的独生子，突如其来的变故，两位老人的世界崩塌了。她强忍悲痛，带着还不到 3 岁的女儿，不离不弃地陪伴在公婆身边，安抚他们。在她的陪伴下，公婆逐渐走出了失独的阴霾，重燃生活的希望。

2007 年末，梁钦梅再婚组建新的家庭。14 年来，她与丈夫一起承担起了照顾已故前夫父母的责任。他们一直坚持两三天就打一次电话问候老人，一两周就回去探望一次，两个家庭亲如一家人。

2012 年，梁钦梅前夫的父亲患脑卒中住院，她和丈夫轮流做饭、送饭，在学校和医院来回奔波。在老人家瘫痪在床 3 年多的时间里，梁钦梅经常和丈夫回去看望他，嘘寒问暖，陪老人家聊天，帮他剪指甲，还帮他按摩手脚等。2016 年，老人家病危，她带着女儿坚持守在他身边，送他走完人生最后一程。

2021 年，梁钦梅前夫的母亲已经 82 岁高龄了，梁钦梅还是像对待妈妈一样孝顺她。她的丈夫也曾多次提出接老人家来和他们一起住，方便照顾，但被老人家婉拒，他们只好常常回去看望她。每当有人在老人家面前说起梁钦梅的好，老人家总是无比自豪，满是皱纹的脸上乐开了花。

（广东省文明办供稿）

杨 琛

“00 后”女生独自照顾盲父病母 就近上学实习 撑起温暖的家

人物 THE STORY 故事

杨琛，女，2000 年生，贵州省铜仁市碧江区锦江街道江宗门社区居民。

杨琛的父亲是盲人，母亲因患脊髓灰质炎，下肢无力，长期卧病在床。杨琛 6 岁就学会做饭、做家务，8 岁起每天“日程”更加繁忙，清晨 5 点起床为父母做饭、上学、放学后做家务、完成作业……懂事的杨琛为减轻母亲的双脚疼痛，还每晚睡前坚持用热水给母亲洗脚并反复按摩。

2013 年，父亲因病去世，在爱心人士的帮助下，杨琛逐渐走出迷茫无助，跨过了亲人离世痛苦的阴霾，她一边照顾母亲，一边刻苦学习。2015 年，杨琛顺利成为一名高中生。上高中后，为照顾母亲，她选择住在家里，每天三次往返家和学校，悉心照顾母亲，端水、喂饭、洗脚按摩，各项事宜安排得井井有条。

2018 年，杨琛再次为了母亲，选择报考本地大学，顺利考上铜仁幼儿师范学校。上大学后的杨琛，在不耽误学习情况下，有一点儿空闲时间都会坐公交车回家，帮妈妈准备好菜、米、油、盐等生活物资，也会细心帮妈妈买好必备药品，并耐心叮嘱注意保重身体以及安全用电、用火等问题。时间飞逝，两年大学生活飞快过去，大三实习阶段，杨琛又一次选择离家近的单位实习。

在少数人眼中，杨琛也许是生活的弱者，但她却用自己柔弱的肩膀扛起了生活重担，撑起了一个家。

（贵州省文明办供稿）

余广贤
接力父亲照料孤寡老人 35 年

人物故事 THE STORY

余广贤，男，1957 年生，陕西省铜川市耀州区关庄镇树林村村民。

余广贤和刘新正都是树林村人，刘新正的母亲去世早，他和父亲相依为命。余广贤的父母心地善良，平时就帮衬着住在隔壁的父子俩打水、干农活、缝衣服做鞋。两家人日子虽清贫，但其乐融融。

1982 年，刘新正的父亲去世了。余广贤的父母在临终前嘱咐余广贤："刘新正无儿无女，是个可怜人，你把他照看好，给他养老送终。"这个嘱托，余广贤一直铭记在心。随着年龄的增长，刘新正逐渐失去了劳动能力，余广贤就直接让他搬到自己家。

2016 年，余广贤筹钱给儿子盖了婚房，儿子一心让他搬过来住在一起，但老人执意要住在老房子照顾刘新正。夜里只要老人有动静，余广贤都要起来几次去看。冬日里天寒地冻，他提前准备好一个冬天的柴火秸秆，把土炕烧得热乎乎的，让老人睡个好觉。2017 年春节前夕，刘新正突发脑梗死，经过救治，病情得以稳定，但老人基本失去了行动能力。买不起专用的拐杖，余广贤就找来两根木棍做拐杖。由于自己腿脚也不方便，为了更加方便照顾老人，余广贤四处筹资购买了一辆电动三轮车。

在余广贤的精心照料下，刘新正于 2018 年 2 月安详离世。余广贤经常说："家家都有老人，人人都会老。老人的今天就是我的明天。我要给娃树个榜样，以后我照顾不动了，我一对儿女帮着照顾他。"

（陕西省委文明办供稿）

赵玉梅
好婆婆怀丧子痛带儿媳四处看病求医

人物故事 THE STORY

赵玉梅，女，1966 年生，甘肃省庆阳市华池县白马乡王沟门村吕家沟组村民。

2013 年的一次事故夺走了家中独子的生命，谁曾料想儿媳又身染黑色素肿瘤，她带着儿媳几乎跑遍了全国能治黑色素瘤的各大医院。为了省下每一分救命钱，她在医院角落打地铺，为了儿媳多吃点营养食品，她自己开水泡馍馍。医院过道打地铺的西北大婶感动了周围的每一个人，有人捐款送物，有人提供信息，但这一切还是没有换来儿媳病情转好的福音，病情还在恶化，求医道路依然漫长。6 年多来，她带着儿媳在各大医院住院治疗 35 次，化疗 27 次，治疗花费超过 80 万元，欠账近 30 万元。

她沧桑的双手一手牵住幼小的孙儿，一手扶住患有重病的儿媳，还要分出一份力量陪伴丈夫挑起整个家庭的重担。她联系到乡镇林场食堂做饭，用自己的手艺挣钱贴补家用。带着儿媳治病期间，赵玉梅还在医院附近的小饭馆打零工，早晨在医院陪儿媳做检查治疗，接着到饭店打工至深夜。尽管如此，病魔还是永远夺走了儿媳妇的生命。自身的经历让赵玉梅对别人的苦难更能感同身受，听说五蛟有个小男孩得了白血病，她托人转交 50 元钱，小小善举更显美丽人格。

（甘肃省文明办供稿）

四月

于秀华

昔日军旅志　今朝传承情

人物 THE STORY 故事

于秀华，男，1929年生，中共党员，天津市河北区军队离休退休干部休养所离休干部。

于秀华是河北区军休所面向社会开展关爱活动的初创者之一，1990年组织成立关工小组，他骑着自行车，背着水壶，用火一般的热情走进社区、联系学校，为青少年讲传统、讲英雄的故事和自己的战斗经历。以无尽的爱讲雷锋学雷锋，为学校和社区赠送青少年学习用品。先后联系帮助了50余所大中小学和辖区周边社区；他右手书写不便，便执着地用左手撰写整理教育资料24册、编写宣讲稿40余份，结合建党、新中国成立，抗日战争、解放战争、抗美援朝等历史节点，冬天不畏寒冷、夏天不惧烈日，到书店、图书馆搜集整理出图片剪报上万张，设计制作革命历史展板100多块，为学校、社区、部队讲课120余场，累计受众12万多人次；他连续多年资助9名家庭贫困的学生，累计捐出2.1万余元。

于秀华说："有生之年为青少年做点实事，为国家的未来出点力，这是革命事业心的延续，是共产党员的誓言和承诺。如果能让一名或几名青少年在成长的路上得到我们一星半点的帮助，有一些进步，那便是为党为国的鞠躬尽瘁，便是人生历程的善始善终，便是我晚年最大的幸福、快乐和自豪。"

（天津市文明办供稿）

刘慧敏

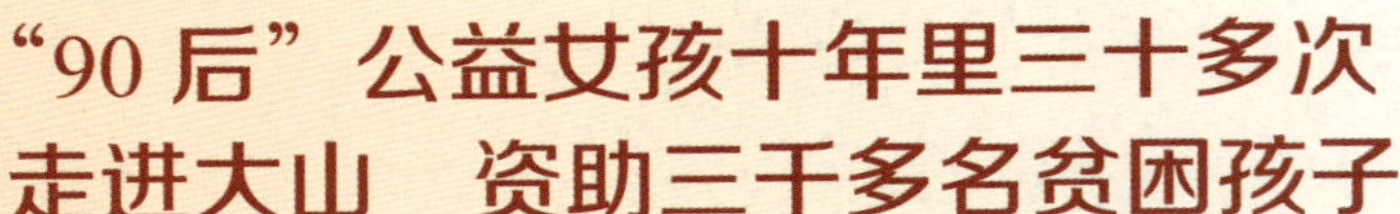

"90后"公益女孩十年里三十多次走进大山　资助三千多名贫困孩子

人物 THE STORY 故事

刘慧敏，小名刘格格，女，1989年生，河北省沧州市献县南河头乡刘庄村村民。

2012年底，刘格格看到一则新闻，贵州大山里的孩子因为贫穷，上学遇到困难，他们穿的鞋上还有破洞。她上网查询后联系到当地一所山村小学——贵州黎平县尚重镇双联小学，用了1个月时间，采购了175双童鞋寄了过去。3个月后，她又带着上百件玩具和学习用品，先乘飞机，又坐了一天一夜的车，翻山越岭赶到双联小学。在当地待了10天，刘格格给孩子们上课，做家访，了解孩子们的心理需求。从那时起，刘格格将打工赚到的大部分钱都用来资助贫困山区的孩子。

2015年开始，刘格格发起"一对一"助学活动，主要针对那些因家庭贫困无法上学或面临辍学的孩子，至今已为100多个孩子联系到了爱心捐助人，以小学每人每月200元、初中每人每月300元，高中每人每月500元的标准长期资助。翻开记录本，她为每一对捐助人和受捐者都做了详细台账。上面有受捐者信息、家庭情况、对接人（一般是学校老师）以及捐助人联系方式，每一笔捐款的时间和数额都明明白白。此外，刘格格还多次走出去，联络全国各地的爱心人士，为募集助学物资，争取公益援助，改善办学条件。

2012年以来，刘格格30多次走进大山，行程超过20万公里，帮助了3000多名贫困孩子，募集到的捐款超过200万元，贵州、山西、云南、四川、甘肃、河南等地都留下了她的足迹。

（河北省文明办供稿）

王唯佳

“庞贝男孩”：命运以痛吻我 我却报之以歌

人物故事 THE STORY

王唯佳，男，2002年生，辽宁省沈阳市法库县叶茂台镇西二台子村学生。

2020年，王唯佳的故事走红网络。作为罕见病庞贝病患者，他每一步行走都很困难，却以662分的好成绩考入南开大学。

庞贝病是一种极为罕见的遗传疾病，目前在沈阳市仅有王唯佳一例患者。患病后的他步态蹒跚、身形消瘦，随着病情发展脊柱愈发明显地向右弯曲，身高和肌肉力量也远低于同龄人，躺着是缓解身体疲劳最直接也是最快的方式。但为了学习，他每天要坐10多个小时，即使肌肉无力让他连写字都困难，即使从教室到洗手间仅70多步的距离要走10多分钟，即使需要整夜使用呼吸机，他依然强忍着，从没想过偷懒和放弃。

每年假期，他都不顾自己的身体状况，和几个要好的同学建起公益小课堂，为村里留守孩子辅导功课。每天早8点上课，一节课75分钟，上午三节、下午一节、晚上一节。有时重要知识点还没讲完体力就已透支，他默默强忍着扶桌上课，一个假期都没缺课，直到8月末才离开去治病。

王唯佳觉得，自己一路走来接受了很多人的帮助，现在只能办小课堂来回报社会，等日后我学业有成，我一定会将这份爱心传递下去。

命运以痛吻我，我却报之以歌。在他的身上，我们看到了“00后”的乐观与担当。

（辽宁省文明办供稿）

张泽红

让鲜红的志愿袖标成为风景线

人物故事 THE STORY

张泽红，男，1972年生，黑龙江省伊春市伊美区居民、兴安弘志志愿者服务队负责人。

张泽红常年投身于帮老、扶弱、助残、助学等志愿服务活动，个人捐资达3万余元，志愿服务时长1800多个小时，用实际行动践行了志愿者的初心使命。2016年，张泽红成立了兴安弘志志愿者团队，他带领142名志愿者开展了环境整治、旅游引导、疫情防护等一系列有特色、有创意、有实效的志愿服务活动。为敬老院义演4场次，为武警官兵义演2场次；携手哈尔滨非常“6+1”志愿工程，为新欣社区10名空巢、孤寡老人发放价值3000元的老人卫星定位电话手表；为乡村孤寡贫困老人发放8块价值2400元的电话手表。

新冠疫情期间，张泽红第一时间组织40余名志愿者在做好自身防护的同时，张贴疫情公告，协助各个社区入户排查登记2000余户，发放宣传单1000余份，捐赠食品和各类防护物资达3000余元，为隔离人员代购、做心理疏导，他那鲜红的志愿袖标成了社区里一道亮丽的风景线。

张泽红一直认为，公益是一种坚持，一种信念，在小兴安岭的崇山峻岭间，他可以带领兴安弘志志愿者一路向前，迎难而上，用不求回报的默默付出，书写志愿者的闪光篇章。

（黑龙江省文明办供稿）

侯振康

“帽子爷爷”17年倾心公益事业 千里帮扶送真情

人物 THE STORY 故事

侯振康，男，1954年生，江苏省昆山市周火生希望工程志愿者协会监事、昆山市红十字会蔚舟志愿者服务中心副会长。

2004年，侯振康偶然间看到爱心人士向贫困儿童捐赠冬衣的新闻，想到自己的服装厂还有一批库存，他也想为受冻的孩子们出一份力。就是这么一个小小的念头，开启了他17年的公益之路。

2012年，侯振康加入了周火生的希望工程团队，从此踏上了漫漫爱心助学之路。他跟随周火生老师四处奔走，为大山里的贫困孩子捐资助学，送去急需的钱款和学习、生活用品，足迹遍布安徽、湖北、河南、青海等地。2018年，侯振康与“中国好人”吴卫林发起组建了蔚舟志愿者服务中心，发动更多人奉献爱心，让更多人走近公益、参与公益，目前团队志愿者已近3000人。他骑着一辆小小的电瓶车，活跃在各类公益活动现场，几乎把自己所有的业余时间都奉献给了志愿服务。2020年，抗击新冠疫情期间，66岁的侯振康凭借自己几十年的裁缝手艺，亲手为战疫一线的志愿者缝制了200多顶防护帽，并积极参与小区门岗值守、核酸检测点和疫苗接种点秩序维护等志愿服务，“帽子爷爷”的事迹广为人知。

如今，年近古稀的他，最大的心愿是希望能有越来越多的年轻志愿者接过他手中的火炬，让志愿服务之火照亮更多人、温暖更多人！

（江苏省文明办供稿）

郑志超

九旬老兵签订遗体捐赠协议并将唯一房产变卖捐赠

人物 THE STORY 故事

郑志超，男，1929年生，中共党员，江苏省扬州市供销合作总社离休干部。

2020年5月26日，在扬州生态科技新城曜阳公寓里，在公证人员的见证下，92岁的离休干部郑志超，将自己唯一一套住房的售房款54万元，全部捐给了扬州市关心下一代基金会。尽管眼睛已不太看得清，手也有些颤抖，捐赠协议书上的签名有些歪斜，完成捐赠后，老人开心地笑了。

郑志超参加过渡江战役、抗美援朝战争，日子安定后就开始捐款，汶川、玉树，老两口的捐献从不停步。女儿因病去世后郑志超夫妇更加坚定了“裸捐”的信念，他们签署了遗体捐赠协议，2011年郑老夫妇搬进老年公寓，决定把唯一房产卖出捐赠，他们以书面文书的形式委托老干部局办理售房和捐赠，并进行了公证。2020年，经市委老干部局牵线搭桥，将售房款捐给扬州市关心下一代基金会，用于扬州孤困儿童的关爱与帮扶。

对于捐赠的行为，郑老从没有觉得自己有多么伟大，他总说：“小时候家里穷得就剩下一张草席，我的生活、工作，都是共产党给的，党和组织给了我一切，我要把我的一切回报给党和组织。”他的善行义举，如春雨润物无声，滋养着下一代成长。

（江苏省文明办供稿）

邓　兵

热心人专注扶残助残 联动好人力量实施“千百十”助残工程

人物 THE STORY 故事

邓兵，男，1979年生，中共党员，江苏省东台市好人缘助残协会会长。

邓兵自幼家贫，父亲残疾，在爱心人士的帮助下才得以完成学业。2000年，邓兵走出校门，带着200元闯荡东台，从家教辅导到兴办实业，邓兵连续20年用实际行动反哺社会、传递爱心。

从2016年起，他连续6年与东台市教育局联合举办“庆缘助我飞”助学活动，累计发放助学金30万元，助力400余名贫困学生“飞”向未来。2017年，他出资为新疆阿泰富筹建图书阅览室。2018年，他发起成立东台市好人缘助残协会，牵手80多名各级好人和道德模范扶残助残，奉献不已。2020年，新冠疫情袭来，他第一时间捐助20件防疫物品支援黄石，多次向学校、医院等一线单位捐献物资。

2020年，邓兵响应国家“助残脱贫、决胜小康”的总体部署，联动各方力量，在东台全市范围内启动“千百十”助残工程，走访慰问千户“一户多残”及“重残家庭”，筛选百户困难残疾人家庭精准帮扶，扶助10名有志残疾人创业有成。他发起设立血友病助困基金，带队逐一走访东台现有的20多名血友病患者，帮助“跑办”落实政策，尽己所能给予帮扶，洒下一路爱心故事。

会聚“好人缘”，共筑“同心圆”，奉献已成为邓兵的人生信念，他说：“我希望通过自己的努力，为更多人撑起梦想的天空。”

（江苏省文明办供稿）

虞向红

“虞”爱同行　“电靓”幸福

人物 THE STORY 故事

虞向红，男，1970年生，中共党员，东海某舰队退役军人，国网东阳市供电公司吴宁供电所所长、新时代文明实践红船志愿服务队队长。

家住东阳市画水镇后保村的樟林（化名）是名“轮友”（脊髓损伤伤友），原来和年迈的母亲守在老房子中。在虞向红的来回奔波和极力争取下，樟林家被列为“幸福蜗居”项目，翻新墙、盖新瓦，他的家很快就“旧貌换新颜”了。

2016年以来，虞向红征得单位支持发起了“幸福蜗居”项目，累计为浙江、四川等地221户低保残疾人家庭实现了安居梦，改造面积达7500多平方米，服务时长16300多小时，受益群众2123人次，累计获全国学雷锋“4个100”最佳志愿服务项目、中国青年志愿服务项目大赛银奖等9项省部级以上荣誉，并登上中央媒体。

但虞向红经常感叹，与这些荣誉相比，自己做得还远远不够。这次借着周末，虞向红带着一群“轮友”来樟林家附近看李花。因为“幸福蜗居”项目，他成了樟林的“编外家人”。而这一次虞向红带的“轮友”都是“幸福轮友”助力轮友生活重建项目对象。每逢天气好的周末，虞向红就和志愿者们带着“轮友”们出门体验社会，帮他们自立自强，重建美好的生活。截至目前，已有100多位轮友加入“幸福轮友”项目，看着他们越来越阳光，虞向红的内心充满了幸福感。

（浙江省文明办供稿）

周 峰 叶改河

一线消防员战时救火平时救人 捐献造血干细胞用爱让生命延续

人物故事 THE STORY

周峰，男，1988年生，中共党员，安徽省马鞍山消防救援支队花山消防救援站政治指导员，二级指挥员；叶改河，男，1998年生，中共党员，安徽省马鞍山消防救援支队雨山区大队东湖消防救援站通信保障班班长，三级消防士。

2019年3月11日，周峰接到马鞍山市中心血站电话，经中国造血干细胞捐献者资料库检索配对，其HLA（人类白细胞抗原）配型与一名重症儿童患者高分辨检测结果相合，且体检合格、配型成功，征求他的捐献意愿。周峰毫不犹豫地答应了，并把这作为送给自己和妻子最好的礼物，因为这天是他和妻子的结婚纪念日。4月22日上午，周峰在皖医弋矶山医院（芜湖）成功捐献造血干细胞，挽救了一位重症患儿生命，成为安徽省消防救援系统中第一位造血干细胞捐献者。

在周峰榜样力量的影响带动下，同为马鞍山消防救援支队成员的叶改河，于2021年3月2日下午，历时4个半小时，成功捐献213毫升造血干细胞混悬液，挽救了广东一位重症病人的生命，成为安徽省消防救援系统中第二位造血干细胞捐献者。

他们大爱无疆的高尚义举，舍身救人的奉献精神，展现了消防救援战线指战员的使命担当。

（安徽省文明办供稿）

葛维汉 陈文英

天柱山下"鸭儿嫂" 脱贫故事天下闻

人物故事 THE STORY

葛维汉，男，1969年生，安徽省安庆市潜山市天柱山镇河西村村民；陈文英，女，1972年生，安徽省安庆市潜山市天柱山镇河西村村民，二人系夫妻关系。

葛维汉有肢体残疾，2014年又被诊断患有尿毒症，一周需要到医院透析3次；妻子陈文英2015年被查出患淋巴结核病，长期需要药物治疗，突如其来的变故使葛维汉一家陷入困境。在低保、教育、健康扶贫等政策支持下，一家情况有所好转。虽然政府有帮扶政策，但陈文英和葛维汉不等不靠，向亲戚朋友借来10万元，在村里协调下以300元每亩的价格承包了河西村金冲组的60多亩田地，建起三个育苗大棚种植应季蔬菜，养殖了几百只鸭子，实现增收，不仅自己主动申请脱贫，还带领周边十几户贫困户及村民实现脱贫、增收。在河西村，在他们的带动帮助下通过务工、发展养殖等实现脱贫、增收的，仅贫困户就有7户，普通农户6户，大家都被夫妇二人身上的精气神感动，贫不失志，困不低头。

陈文英也被大家亲切地称为"鸭儿嫂"。2017年，安徽剧作家谢樵森到潜山市天柱山镇河西村蹲点采访，并以葛维汉、陈文英夫妇为原型，创作黄梅戏剧本《鸭儿嫂》。黄梅戏《鸭儿嫂》先后在2020年安庆"十一"黄梅戏展演周、安徽大剧院上演，并作为全省唯一选调剧目参加全国脱贫攻坚题材舞台艺术优秀剧目展演活动。在推进乡村全面振兴中，他们的故事，也激励了更多人奋斗前行。

（安徽省文明办供稿）

钟 凌

热心教师发起亲子阅读 营造社区书香氛围

人物 THE STORY 故事

钟凌，女，1989年生，中共党员，福建省福州市群众路小学教师。

在全国最美志愿服务社区——福州市台江区洋中街道金斗社区，每两个周末，总能听到社区里“绘声绘色故事家”亲子阅读活动传来的欢声笑语。这个深受社区居民喜爱和认可的志愿服务项目发起人，就是金斗社区居民、福州市群众路小学教师钟凌。

2018年5月，钟凌作为发起人，和其他4位社区居民一起自发组建亲子绘本阅读志愿服务队，在社区定期举办亲子阅读活动。为能够确保项目活动优质有成效，每一场活动，作为项目“领头羊”的钟凌总是带头组织，积极链接资源，细心操持每个环节，不断提升活动质量。亲子阅读活动举办至今，已有50期，主题从关爱未成年人到传承中华优秀传统文化，类型多样，不一而足。

精心组织的亲子绘本阅读活动得到了广大社区居民的欢迎和支持。活动通知发到居民微信群，最快5分钟报名就满额了。同时，居民们纷纷主动申请加入成为志愿者，截至2021年4月，已有9名组织骨干和31名社区志愿者，亲子阅读活动也升级成了“绘声绘色故事家”志愿服务品牌项目。

“举办亲子绘本阅读活动的初衷，是培养社区儿童的阅读兴趣和习惯，让家长陪伴孩子在阅读中健康快乐成长，同时让更多家长走出家门、参与社区事务，营造邻里关系和谐融洽的社区书香氛围。”钟凌这样说，也是一直这样做的。

（福建省委文明办供稿）

熊英磊

好“大哥”默默助学 7年资助12名贫困学子上大学

人物 THE STORY 故事

熊英磊，男，1988年生，江西省丰城市拖船镇居民。

熊英磊走上公益助学道路，源于他个人的成长经历。2000年7月，熊英磊读完初一就辍学了，揣着奶奶给的车费，从丰城乘坐大巴到厦门，开始他的务工生涯。失业没钱吃饭时，房东慷慨解囊，资助了2000元给他，教他摆地摊赚钱，熊英磊很快就赚到了第一桶“生意金”。当熊英磊要给予房东额外的红利作为感谢时，房东谢绝了。“他不要我的回报，只是和我说，以后多帮帮需要帮助的人。”熊英磊说。

熊英磊的助学之路起源于2014年6月的一次公益捐赠活动。得知张巷镇獾山村有一户人家：父亲身患肝癌去世，母亲因不堪承受精神和生活的双重压力跳河自杀，三姐弟和80多岁的爷爷相依为命。当时只有27岁的熊英磊毅然决定个人资助三个孩子完成学业。从此，熊英磊开始变得对自己苛刻和吝啬，几乎不给自己多花一分钱，只为让每一个想读书的孩子进入校园。

温暖无声，大爱无言。自2014年以来，熊英磊一边辛苦创业，一边坚持热心参与公益。7年时间里，他走遍了全丰城所有的敬老院，80余次走访看望敬老院孤寡老人、留守儿童和弱势群体，为五十余名贫困学子圆梦“微心愿”，陆续资助12名贫困学生完成学业。

熊英磊用行动诠释着爱和奉献的意义，他希望这些学生走好人生路，成为对社会有用的人。

（江西省文明办供稿）

陈希龙

古稀老人倾其所有　病魔缠身无私助学

人物 THE STORY 故事

陈希龙，男，1942年生，山东省临沂市邮电系统退休职工。

退休的陈希龙平时喜欢读读书、看看报，还自学画画与装裱，生活简单而平淡。2005年，陈希龙不幸罹患胃癌，他以乐观向上的心态积极配合治疗，病情逐渐稳定。2011年，陈希龙偶然在《鲁南商报》上看到一则资助贫困失学儿童的倡议。从此，他在捐资助学的道路一走就是十余年，资助金额累计多达15万余元。

为了筹集资助孩子们的学费，陈希龙想到了利用自己的绘画特长去赚钱。自2011年起，他每天6点准时早起画画、装裱。没有专业画室，就在自己家狭小的阳台里，动手搭个简易的架子画画，自家的餐桌、茶几就是他的工作台。平时除了一日三餐，他的时间几乎全部用在绘画创作上。画完后他自己动手把画作精心装裱起来，拿到大集上去卖，挣来的钱全部用于资助失学儿童。

这些年，在陈希龙的资助下，先后有20多名贫困学生重新走进了教室，继续求学之路，他们中有的还考上了大学。谈起这些事，陈希龙欣慰地说："做这件事情，我不求回报，只要他们能不因贫困失学，不给自己的人生留遗憾，能成为对社会有更大贡献的人，我就知足了。"

尽管白发苍苍、步履蹒跚，但在温暖他人、奉献爱心的道路上，陈希龙的步履却异常坚定执着。他倾其所有、不思回报，用自己的实际行动唱响了病魔无情、人间有爱的奉献之歌。

（山东省文明办供稿）

赵新举

退伍老兵三十一年间免费理发万余人

人物 THE STORY 故事

赵新举，男，1949年生，中共党员，河南省郑州市二七区建中街庆丰社区居民。

1990年，赵新举来到郑州，在距离市中心不远处开了一间属于自己的理发店。这是一间很不起眼的理发店，没有花哨的门头，它的特别之处就在于理发店的主人赵新举，31年来坚持为弱势群体免费上门理发，他被大家称为"现代活雷锋"。

赵新举的宗旨是服务军烈属和老、弱、病、残等特殊群体，从不讲报酬，一生当中帮助过多少人次连他自己也记不清楚。在这几十年中，他到过军营、福利院、爱心公寓、敬老院、病人家、医院等地，免费理发达到1万余人次。曾有人问过赵新举："老赵，一年到头少挣多少钱，跑来跑去图个啥呀？"老赵总是笑着说："我有吃有喝这样都不错了，比起贫困地区的人们还强了，我很知足了。"

汶川大地震时，赵新举与众多志愿者帮助装运活动板房等救援物资十多卡车，他还到医院为汶川来郑的伤员提供理发服务，到团市委帮助整理送往灾区的救援物资。由于赵新举是年龄最大的一位义工，干活又很是卖力，在场的其他志愿者都很受感动。

一个人做好事并不难，难的是一辈子做好事。赵新举几十年如一日，用自己力所能及的力量为需要帮助的人点燃了希望。

（河南省文明办供稿）

黄文博

博爱洒满扶贫路　奋进成就好品牌

人物故事 THE STORY

黄文博，男，1984年生，湖北省随州市曾都区百兴丰合农民专业合作社理事长。

2005年，黄文博开始接触黑土猪，“养猪是农村家家都能做的事，一定能在脱贫攻坚上大有作为。”心里这样想，说干就干，黄文博开始推动贫困户代养黑土猪。他提出“一优二降三包”养殖模式，为贫困户提供优质黑土猪猪苗，降成本、降风险，包技术、包收购、包价格。解决农户的后顾之忧，实现农民增收、企业增利、扶贫增效“三增”效应。

2019年，“非洲猪瘟”让很多贫困户遭受到损失，此为天灾，保险公司不理赔。“保险公司不赔我来赔，决不能让贫困户受损。”大难面前，黄文博毫不犹豫，他迅速安排团队核实损失、兑现理赔。很多贫困户接到理赔款后，都感叹黄文博的仁义。2020年，新冠疫情期间，他坚持每天为1000多户居民配送土猪肉，还为武汉雷神山医院建设者、曾都区南郊医院一线医护人员，分别捐献了价值3万元和1万元的爱心猪肉。

2015年以来，黄文博累计向全市贫困户发放黑猪苗2万多头，带动全市8000多户村民稳定脱贫。代养黑猪，已经成为随州市最稳固的扶贫增收产业之一。

（湖北省文明办供稿）

助人为乐

唐上君

九旬山村教师家设教室　无偿补习24载

人物故事 THE STORY

唐上君，男，1927年生，中共党员，湖南省益阳市安化县第六中学退休教师。

1997年，已是古稀之年的退休教师唐上君回到家乡——地处武陵山集中连片特困区的安化县奎溪镇雾寒村，无偿为村里的留守孩子辅导功课，并将自己的家作为孩子们补习功课的“书楼”。这个免费“补习班”，一办就是24年，许许多多的农村孩子在唐上君的引导下健康成长，走出了大山。

24年来，唐上君不仅对来补习功课的孩子们分文不取，还一直省吃俭用，把自己的退休工资都拿出来，为这些山里孩子购买书籍和学习用品，为困难的孩子送去助学金。唐上君还将自己获得的奖金

也全部捐给村委会，作为村里孩子们的奖学金。

“教孩子不是打发时间，要教就要教好。”24年间，为了把孩子们教好，唐上君坚持每天学习，在他的书桌前的墙壁上，挂着十几个厚厚的用夹子夹着的“文件夹”，这都是唐上君读书看报后的学习手抄。持之以恒地学习，让唐上君跟上了教材知识的更新，成为“十项全能”选手，中小学阶段所有的科目都能教，而且教得都不错。在唐上君的悉心教导下，小山村里陆续走出了50余位大学生。

“只要孩子们需要，我会一直做下去，直到做不动为止……”年华已逝，虽已是鲐背之年，但在这条路上，唐上君依旧初心不改。

（湖南省文明办供稿）

唐备战

带领“红马甲”队伍活跃在大街小巷

人物 THE STORY 故事

唐备战，男，1971年生，中共党员，湖南省衡阳市备战青年志愿者协会会长。

唐备战从小以雷锋为楷模，长大以后弘扬雷锋精神。数十年来，唐备战4次跳入湘江中救起4人；2次抢救重大车祸事故伤员共计5人；一次抢救房屋倒塌事故伤员4人；制止凶杀案2起；走访并帮助困难群众、弱势群体3000余人次；为下岗职工和零就业家庭安置再就业1700余人；积极指导并配合市区、街道、社区开展文明创建和创卫工作，组织开展全市各项志愿服务工作5000余场次。被誉为“衡阳群众青年志愿者领头雁”“‘衡阳群众’的代言人”。

唐备战1995年发起成立“备战学雷锋爱心小组”，1998年自发成立“备战学雷锋服务队”，2001年被衡阳团市委吸收发展为“备战志愿者服务总队”，2004年专职开展社会化、专业化学雷锋志愿者服务工作；2009年发展成立“衡阳市备战青年志愿者协会”，共吸收志愿者20万余人，开展常规化、项目化志愿服务活动及项目，带领衡阳群众“红马甲”队伍活跃在衡阳的大街小巷，积极参与多项志愿服务活动。

（湖南省文明办供稿）

助人为乐

么周力

从“心”出发　用“希望”守护群众心理健康

人物 THE STORY 故事

么周力，女，1974年生，重庆市大渡口区迎春花退役军人心理健康服务中心理事长、大渡口区希望心理社会工作服务中心副主任。

2020年初，新冠疫情暴发。作为“希望热线”重庆地区负责人，么周力坚持面向重庆、武汉、吉林等地开展线上线下心理疏导志愿服务。视频授课、微讲座、座谈互助……她和团队日夜值守，服务时长达3100个小时，超2.1万名群众从中受益。其间，她还冒着被感染的风险，走街串户开展救助工作。

疫情得到有效控制后，么周力帮助群众筑牢心理健康防线、提升群众心理健康意识，采取“一对一”“多对一”模式，指导大渡口区各村（社区）打造“阳光心语室”20余个，常态化开展“益心移疫”志愿服务活动，在不断实践中逐渐摸索出“专业培训＋阵地打造”的心理疏导服务体系。

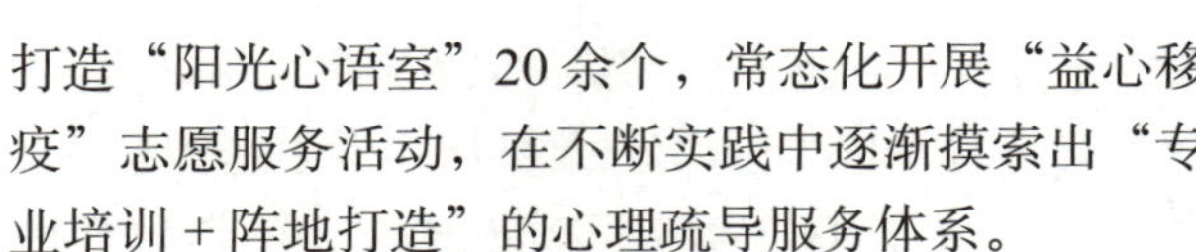

2014年11月，团职军官退役后的么周力选择自主择业。2016年，在参加了第三军医大学组织的心理咨询培训，成为一名心理疏导志愿者后，6年时间里，她带领同事们接听热线咨询求救电话3万余起，及时处理各类心理应急危机3000余起，成功挽救200余人的生命。

“虽然道阻且长，但我们一直在路上。”被问及是什么原因让她坚持做心理疏导工作时，么周力坚定地回答道。

（重庆市文明办供稿）

莫色小兰

“85 后”爱心天使驻村教育扶贫十余年 致力于阻断贫困代际传递

人物 THE STORY 故事

莫色小兰，女，彝族，1985 年生，中共党员，四川省凉山彝族自治州越西县西城中学教师。

莫色小兰生长在越西农村一个贫困家庭，父亲早故。她求学坎坷，无数次濒临辍学，终因得到学校、老师、同学及社会好心人士帮助才顺利完成学业。2008 年“5·12”汶川地震后，刚大学毕业的她报名参加了大学生志愿服务西部计划，到绵阳市三台县参与灾后重建工作。2009 年，她毅然选择回乡成为一名人民教师。

回到家乡后，看到家乡孩子因家庭困难在求学路上举步维艰，她萌生了爱心助学的念头。她拿出自己的部分工资为孩子们购买学习用品，之后又联系爱心人士为困难学生捐赠书包衣物，但这些仅是杯水车薪。为帮助更多的孩子，阻断贫困代际传递，12 年来，莫色小兰凭一己之力累计争取社会爱心资金 1730959 元，“一对一”固定资助 355 名贫困学生，其中有 9 名孩子已经大学毕业参加工作。她联系爱心人士给贫困孩子捐赠总值近 16 万元的书包、衣物等。她走遍大山角落，摔坏了三辆电动车，贴钱贴物救助贫困学子达 2700 余人次。

一场爱心的“接力”，她用十余年的坚守书写了平凡人的伟大，为大凉山许多贫困家庭的孩子点燃了生活的希望，也为教育扶贫事业贡献了自己的力量。

（四川省文明办供稿）

刘自立

好“的哥”助人为乐 无偿接送医护人员四十余天

人物 THE STORY 故事

刘自立，男，1966 年生，中共党员，陕西省西安前进企业集团“共产党员号”车队队长。

新冠疫情期间，西安市出租汽车行业组建了“爱心车厢”抗疫支援队，为一线医护人员提供出行保障服务，刘自立第一个报名，在他的带动下，仅仅半小时就集结了 150 人的队伍，对口接送西安市儿童医院医护人员。刘自立主动提出给自己派送距离最远、下班最晚的医护人员，他每天早上从 6 点开始就一直往返于市儿童医院和医护人员的住所之间，直到晚上 10 点多才结束，平均日里程数超过 100 公里，每趟次都会给车内进行一次彻底的消毒，确保医护人员能够安全放心地乘车去工作。

2 月 6 日晚上 10 点左右，刘自立到西安市儿童医院接了下班的王医生，由于过于疲惫，王医生一上车就睡着了。到了目的地，刘师傅将车停在路边静静等着王医生醒来，这一等就是 3 个钟头，待王医生醒来，已是凌晨 1 点多钟了。王医生心里特别温暖，满身的疲惫消失殆尽。

连续 40 多个昼夜奋战，他的身体有些透支，但他说：“咱也想休两天，但医院的工作人员比咱辛苦多了，我得去拉他们，确保娃们能够安全上下班。”

（陕西省委文明办供稿）

高　亚

用心用情用爱干好养老事业的乡村医生

人物故事 THE STORY

高亚，女，1975年生，中共党员，陕西省渭南市大荔县羌白镇布头村村医、大荔县怡馨养老院院长。

随着人口老龄化日益严重，高亚看到村上许多老人无法得到很好的照顾，她萌生了建立养老院的想法。2010年，高亚自筹、贷款270万元建成了集养老、医疗保健、残疾人托养等功能于一体的养老院。她不分昼夜、无微不至地守护着这些半失能老人，用自己的爱心、耐心、孝心让无数需要帮助和关爱的老人感受到了家的温暖。

2017年6月，养老院里来了一位98岁高龄，患有阿尔茨海默病的“老寿星”。刚来时，凡是老人待过的地方，总会留有大便痕迹。作为医生的她为了弄清老人遗便问题，在仔细观察一段时间后，发现老人患有肛门括约肌松弛症，于是便调整老人饮食规律，定时护理如厕，直至老人身体状况完全好转。

高亚夫妻俩还组织了志愿者队伍，集合了一些热心人，去照顾邻里的半失能老人和“空巢老人”，很快形成邻里互助尊老敬老的社会氛围。看到因饮食不规律、服药不规范而引起慢性病复发的老人，她带上志愿者走村入户，宣传健康饮食知识，发放健康饮食书籍，指导老人规律服药，为老人免费体检，累计服务周边老人1000余人。

“对待老人，不能光有爱，还要有心。”这是高亚常挂在嘴边的一句话。自养老院开办以来，先后为736位老人提供了全方位的服务，她用实际行动诠释了“以人为本，善待老人”的传统美德。

（陕西省委文明办供稿）

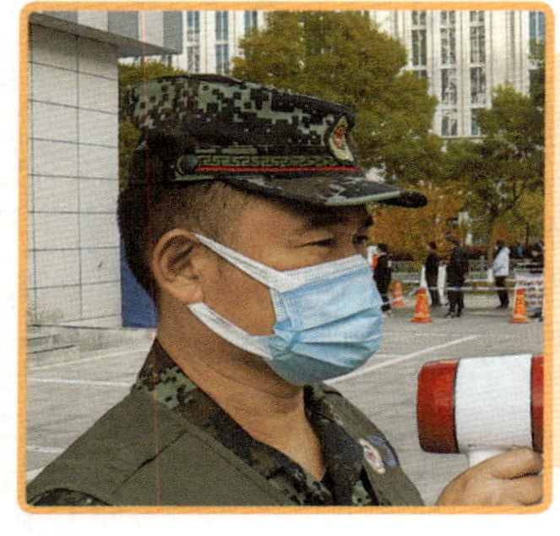

孙万红

复转军人永葆本色　赤子之心服务群众

人物故事 THE STORY

孙万红，男，1977年生，中共党员，现为青海省退役军人志愿服务队队长。

在部队时，孙万红就是周边5所学校的校外辅导员，经常走进学校，为孩子们上国防教育课，普及国防知识。2013年，他任武警海东支队副支队长，从平安小学校长口中得知，有两名学生家庭困难，面临即将退学的困境。他向校长承诺，要将这两名学生资助到上完大学，至今，他仍然默默地践行着自己的诺言。

疫情期间，孙万红奋战在抗疫前线50多个日夜，他每天耐心细致排查出入居民、来往车辆，为他们发卡、登记、扫码。他带头组织退役军人志愿服务队队员捐款16886元，为互助县敬老院老人购买防疫所需消毒和防护用品，为孤寡老人购买生活用品，协助送小孩就医。

2020年8月，西宁部分地区发生强降雨，引发内涝。孙万红立即组织退役军人志愿服务队人员赶到生物园区汛情现场开展救援。虽然刚刚才术后出院，但他仍和大家一起站在齐腰深的水中，奋力转移群众、推出受困车辆，协助交警疏导交通，帮助转移受灾群众70余人、涉水车辆12台，得到了被救人员和群众的赞誉。

孙万红是扶贫济困、文化服务的热心人，是应急救灾、志愿服务的放心人，更是他救助过的孤寡老人和学生心中的好人。

（青海省文明办供稿）

李雪燕

“80后”农民自办托养院 用大爱为残疾人托起一片蓝天

助人为乐

人物故事 THE STORY

李雪燕，女，1985年生，现为青海省海东市平安区康乐残疾人托养院负责人。

2015年，本着“托养一个人、解困一群人”的想法，在家人的支持下，李雪燕自筹资金，自建托养机构。2018年，占地面积800平方米、建筑面积536平方米的托养院建成使用，李雪燕也开始了助残公益之路。

托养院收养的27名重度残疾人，生活不能自理，李雪燕和丈夫悉心照料起了每个人的衣食起居。她每天变着花样做饭，营养搭配，让残疾人吃得可口、舒心。她四处奔波，想方设法从不同渠道争取爱心机构和人士的帮助，先后得到政府、社会各界的大力支持，大大改善了托养机构的设施和条件，为残疾人购置了生活用品和健身娱乐器材，每天开展一些有利于身心健康的活动，丰富了残疾人的日常生活。

李雪燕怀着关注关心残疾人事业的满腔热忱，为广大残疾人带来了更多阳光般的温暖和希望，成为托养院的“贴心管家”。她说：“只要我们每个人都献出一点爱，残疾人的明天就会变得更加美好、幸福、灿烂。”

“只有带着真心和感情的人，才能热爱公益事业，才能长期坚持干下去。”李雪燕把这句话常记心上，努力为残疾人撑起一片希望的蓝天。

（青海省文明办供稿）

丁荣成

企业家不计成本慷慨捐资助“战疫” 书写共产党员大爱精神

人物故事 THE STORY

丁荣成，男，1973年生，中共党员，新疆荣成哈克制药有限公司董事长。

自2020年新冠疫情暴发以来，作为新疆维吾尔自治区伊犁哈萨克自治州阿勒泰地区唯一一家制药企业的领头人，他带领管理层在大年初一就全部返回工厂，第一时间复工复产，64名一线生产工人全部放弃休假，开足马力生产疫情防控所需药品，成为逆行中的开路先锋。

2020年1月24日起，他动用一切可以动员的资源和力量，帮助哈巴河县和周边县市采购各种防疫物资，累计垫资300万元购买医用口罩100万个、防护服1000套、额温枪500个，中药配方制剂10余万剂。先后向自治区疫情防控指挥部捐赠消炎退热颗粒等抗疫药品折合资金90万元，向哈巴河县疫情指挥部捐赠医用消毒酒精10.2吨。企业投入300万元建成两条一次性医用口罩生产线，目前已生产医用口罩450万片。面对熔喷布等原材料价格大涨，企业坚持将口罩以低于市场价销往学校、医院、药店和机关，受到了各界人士的广泛赞誉。

作为新疆扶贫龙头企业负责人，他始终把维护贫困户利益作为不变的情怀。疫情期间，企业10余名贫困户无一人被裁员，疫情防控常态化后又招收25名贫困户劳动力，为他们免费提供吃住，同时为全县150户贫困户送去15000只口罩，体现荣成制药人全心抗疫一心为民的奉献情怀。

（新疆维吾尔自治区文明办供稿）

杨惠莹

好护士跪在马路上抢救两名受伤孩子

人物 THE STORY 故事

杨惠莹，女，1988 年生，航天中心医院承德分院（承德市第六医院）护士。

2020 年 8 月 7 日中午，正在河北省承德市营子区杨庄河西饭店吃饭的杨惠莹忽然听到外面“嘭”的一声巨响，出于职业的本能和对工作的敏感，她第一时间放下手中的碗筷，飞奔到外面查看情况。原来是两个小孩被小轿车撞倒在地，满地鲜血和碎片，具有多年医护工作经验的杨惠莹二话没说，跪在马路上用自己的专业知识和多年来的抢救经验开始抢救受伤严重的孩子，同时呼叫爱人拨打 120 电话。抢救完受伤严重的孩子后她又看护伤情较轻的男孩，强大的责任感使得她一直坚守在事故现场。救护车到达后，杨慧莹与急救医护人员一起转运病重小男孩。孩子的父亲黄先生多方打听后才得知好心人是航天中心医院承德分院健康管理部的一名护士，为了表示感谢，特地制作锦旗并送到杨惠莹手中。

自 2009 年工作以来，杨惠莹一直秉承着南丁格尔精神，把最绚烂的青春、最渊博的知识、最无微不至的爱心奉献在这平凡的岗位上。她的行为不仅展现了医务人员“敬佑生命、大爱无疆”的职业精神，树立了承德市第六医院良好的医护形象，更传递了社会正能量，用一名护士的力量温暖了整座城市。

（河北省文明办供稿）

甄利民

好交警奋不顾身跃入冰水中救起两名落水少年

人物 THE STORY 故事

甄利民，男，1966 年生，中共党员，山西省汾阳市公安局交警大队大队长助理兼办公室主任。

2019 年 12 月 26 日，是汾阳市入冬后最冷的一天，甄利民午饭后在禹门河公园散步时，突然听到有人呼救，他立即冲向河边，只见已大部分结冰的河水中，有两个孩子正在挣扎，情况万分危急。在千钧一发之际，甄利民毫不犹豫跳入冰水中，他快速游到落水者身边，拖住其中一名少年奋力往岸边游去，在热心人帮助拖上岸后，体能消耗已近极限。但是，当他看到另一名落水少年已一动不动，昏迷浮在水面时，又毫不犹豫地再次跃入冰水中，拼尽全力潜入冰水，用头顶着少年，竭尽浑身力气与死神赛跑，终于第二名落水少年也成功被救上岸。他却因为在冰冷河水中浸泡时间太久，导致左腿部膝盖关节严重变形，两腿长短相差 3 厘米，落下终身残疾，被冰凌划伤的身体留下多处疤痕，成为永久的纪念。

甄利民同志的见义勇为行为不是偶然的，此前，他在 1988 年 9 月 11 日在吕梁师专读书时，曾一人跳入 4 米多深的水潭，勇救落水儿童；2016 年 5 月，在三门峡旅游时，同行人员戏水时被黄河水冲走，他当即第一个跳入黄河并施救成功。

甄利民同志三次在人民群众生命安全受到严重威胁时，临危不惧、挺身而出，用崇高的精神谱写了一曲曲感人肺腑的见义勇为赞歌，彰显了人性最耀眼的光辉。

（山西省文明办供稿）

单连江

烈火中的逆行者　见义勇为好榜样

见义勇为

人物故事 THE STORY

单连江，男，1969 年生，黑龙江省齐齐哈尔市甘南县宝山乡巨强村村民。

2019 年 11 月 14 日 5 时许，单连江在去往幼儿园烧锅炉的途中，发现道南王振军家的百货商店里浓烟滚滚——着火了。他急忙朝王振军家跑去，敲门、敲窗户、高声呼喊想叫醒熟睡中的人，但王振军家的门已反锁。他顾不得太多，几下把大门的合页给拽开，把王振军从屋里拽了出来，又把所有的店门敲了一遍，七个店面 14 口人全部出来后，他马上拨打了 119 火警电话。等待火警时，现场煤气罐和摩托车油箱相继爆炸，他立刻给村支部书记打电话，告知火灾情况，紧急疏散附近住户。

为了尽快扑灭火势，单连江冲在了最前面，带领大家从火场两侧分头进入，防止火势多方蔓延和扩散。面对熊熊火焰，他不顾个人安危，一次次冲进火场，疯狂的火苗借助风势蹿到他的眉梢，脸被烤得发疼，头发一撮一撮地掉，但他依然冒着被烈火吞噬的危险，艰难地一次又一次地奔向火海。在单连江的带领下，在多方共同努力下，经过一个多小时的奋力抢救，终于压制住了凶猛的火势。

他将个人安危置之度外，临危不惧、奋不顾身勇闯火海的行为感动了周围的邻里，从火灾现场出来的人们，非常感激单连江，如果不是他的奋力相救，他们都可能在火灾中失去生命。

（黑龙江省文明办供稿）

欧阳文懿

平民英雄不顾自身安危　两次冲进火场救人

人物故事 THE STORY

欧阳文懿，男，1973 年生，中共党员，上海金外滩集团房屋维修应急管理有限公司指挥中心应急主管。

2020 年 12 月 4 日，冬天的上海气温骤降，上午 8 时 45 分，黄河路 125 弄一幢老旧房屋的三楼窗户向外冒出浓烟。此时正在附近巡查修缮工地的欧阳文懿，听到有居民大喊“着火了！着火了！”他赶紧叫上身边施工人员顺着居民大喊的方向奔去，他遇事沉着，一边叮嘱工人“马上将楼内的电闸和燃气总阀全部切断”，一边火速拿着灭火器冲进弥漫着浓烟的狭窄楼道中。

事发现场围满了居民，都在议论着老旧房屋里住着高龄且行动不便的老人。老人的安危牵动着现场每一个人的心，楼外焦急等待的居民们看到一位戴安全帽的人背着一位阿婆从弥漫的烟雾中快速冲了出来，“你们先安顿好阿婆，刚才我背着阿婆撤离时，看到 2 楼还有一位老人未撤离”。话音刚落，戴安全帽的人又再一次冲入楼内，一会儿他又背出来一位手拿拐杖的老人。这位勇敢的“安全帽”，就是欧阳文懿，此时的他全身已被喷淋水淋透。在当时气温只有 7 摄氏度的情况下，他不顾湿透的衣服，再次返回火场，和身边热心群众一起，果断地切断了所有电源、气源，为消防部门救援赢得了时间，避免了一场人亡财毁的事故。事后欧阳文懿这样说：“我当时什么也没想，脑子里只有救人的念头，这是我作为党员的行动自觉。”

（上海市文明办供稿）

潘　磊

最美医生身怀六甲跪地救人

人物故事 THE STORY

潘磊，女，1984年生，中国人民解放军陆军第71集团军医院心内科主治医师。

2020年6月2日13时40分左右，江苏省徐州市云龙区黄山小学门口，发生一起因司机操作不当，轿车失控连撞5人的交通事故，伤者倒地流血，情况十分危急，此时，身怀六甲的潘磊驾车途经事故现场，她不顾自己怀孕在身，挺着肚子，毅然冲进车祸现场，拨打110、120报警急救电话，检查伤者的生命体征和查明伤情，开展急救。现场车流量大，为防止伤者受到二次伤害，她站在受伤老人外侧用身体挡住车流，120救护车赶到后，5名伤者得到及时救治，均无生命危险，在这起严重车祸中，伤者第一时间得到救治，起了重要作用，赢得了抢救治疗的先机。

潘磊身怀六甲，却不顾个人安危，义无反顾，在车祸现场勇救受伤群众的场景，感动在场群众，纷纷拍成短视频转发，被网友点赞为："车祸现场最美女医生"。新华社、人民网、央视新闻、《扬子晚报》等主流媒体转载宣传。一场交通事故，五名行人受伤，怀有身孕的潘磊没有犹豫，也来不及犹豫，在交通事故现场逆行上前，急救守护，她的善良大爱为腹中的宝宝上了最好的胎教，她救人的身影是街头最美的风景。

（江苏省文明办供稿）

李　斌

火光中最美逆行

人物故事 THE STORY

李斌，男，1977年生，中共党员，浙江省绍兴市柯桥区马鞍街道蓝印突击队队长。

面对熊熊大火，他临危"逆行"，第一时间疏散被困人员，将企业损失降至最小；面对消防隐患，他火眼金睛，第一时间找出安全漏洞，将火灾隐患扼杀于摇篮……他所带领的蓝印突击队更是为印染集聚区内的企业筑起了一道坚实的防火墙。

蓝印突击队由马鞍街道内10家印染企业自发组建，是一支由退伍军人和热爱消防事业的有志青年共同组建的9人队伍。其中，李斌作为这支队伍的领军人，是消防队服役十多年的退役老兵。自2018年成立以来，蓝印突击队已单独或协助滨海消防救援中队处置各类灾害事故100余起。

2020年3月30日中午，马鞍街道某印染公司发生严重火灾。李斌带领6名队员急驰赶到。面对5楼上的熊熊大火，他带着两名队员佩戴好空气呼吸器，带上水枪义无反顾地冲上五楼进入火场。在满是有毒高温气体的环境中，李斌沉着冷静，判明情况，排兵布阵，牢牢将火势控制在500平方米内。在和柯桥区滨海消防救援中队的合围下，大火终于在两个多小时后被成功扑灭，公司主体建筑、价值四五百万元的定型机和成品布免遭大火吞噬。截至2021年，他带队参加灭火救灾160余次，义务治安巡逻730余次，协助抓获违法犯罪嫌疑人25名。

（浙江省文明办供稿）

姚森 姚丹丹 门振东

三人合力勇救一落水少年 教科书式救援引全网点赞

人物 THE STORY 故事

姚森，男，1988年生，中共党员，退役军人，安徽省亳州市涡阳县乐行水务集团员工；姚丹丹，女，1991年生，涡阳县急救中心护士；门振东，男，1995年生，涡阳县龙山镇人、合肥工业大学研究生。

2021年2月6日，退役军人姚森和妹妹姚丹丹一家人在龙山游玩时，姚丹丹突然发现有落水者在水里挣扎，便大声呼喊哥哥前来救人。

龙山海拔100多米，前期因开山取石留下深潭，平均水深30多米，坡陡地险。赶来的姚森脱了羽绒服就要下水，姚丹丹连忙拦住："这不行，不安全。"见岸边有一棵柳树，就想用抓住树枝拉人的办法来救援，但两人合力没能折断柳树，看到岸边有一团破帆布，姚丹丹顿时有了主意。此时附近游玩的大学生门振东闻声赶来。三人扯开帆布，把一头缠在姚森的手腕上，姚森带着帆布跳入冰冷刺骨的水中，岸边两人快速向水面输送帆布。一米，两米，三米……被拉上岸的溺水少年已经没有呼吸，处于昏迷状态。因前期施救过度用力，姚丹丹在做心肺复苏时体力不支，于是让哥哥来做，她清理口腔、鼻腔异物，最终溺水少年被抢救过来。

三人合力救援落水者的事迹，被多家媒体报道宣传，《人民日报》微信公众号以《这对亲兄妹，必须上头条!》为标题报道了救人事迹。三人见义勇为事迹被网民赞誉为"教科书式救援"。

（安徽省文明办供稿）

见义勇为

高威

消防战士纵身入急流 勇救落水者

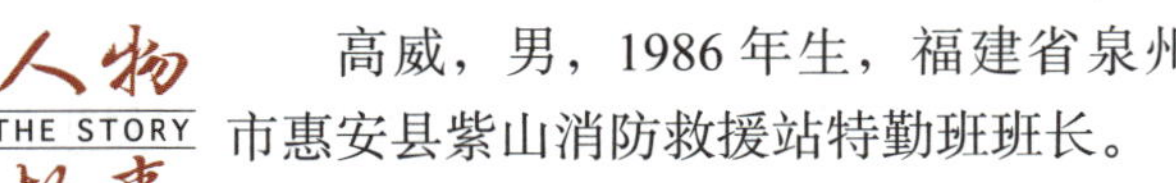

人物 THE STORY 故事

高威，男，1986年生，福建省泉州市惠安县紫山消防救援站特勤班班长。

2021年2月16日，在惠安县黄塘镇聚龙小镇景区里，一名女童嬉戏时不慎滑入聚龙湖。正在休假陪家人游玩的高威途经时，听到有人呼救，顺着声音传来的方向，他加快步伐往前查看，发现一小女孩在水中反复扑腾挣扎，并不断滑向深水区，情况十分危急。来不及多想，高威毫不犹豫地跳入水中，快速游向小女孩，并将她托着带回岸边。由于救援及时，小女孩只是呛了几口水，身体并无大碍。

"我当时听到孩子妈妈的呼救后，看到孩子在水面一起一伏，周边的游船都没有什么动静，我什么都没想就直接跳下去了。'人民至上、生命至上'是我们消防员刻进骨子里的话。"高威说。问及有没有考虑过自己的安危时，高威笑了笑，"那一刻还真没来得及多想!"救人，是他面对人民群众生命受到威胁时刻的第一优先，是见义勇为精神刻在脑海里的本能反应。

入职惠安前，高威曾在湖南消防救援总队郴州支队服役15年，参与处置了2006年"4·16"盐酸泄漏抢险、2016年"7·15"抗洪抢险、2008年"12·13"特产大厦火灾扑救、2009年商贸城火灾扑救等一系列急难险重任务，救出多名被困群众。

纵身一跃，划出了人生最壮丽的善美弧线；奋力扑救，绽放出生命最高尚的温暖光芒。危急时刻高威一次次挺身而出，用行动展现了一个消防战士的勇猛果敢。

（福建省委文明办供稿）

吴建河

“95 后”年轻干部火场救人 彰显责任与担当

人物 THE STORY 故事

吴建河，男，1995 年生，中共党员，河南省开封市兰考县红庙镇党政办公室主任兼李庄村工作队员。

2019 年 6 月 15 日上午，吴建河正在村室加班整理扶贫档案，突然一辆巡逻车拉着警笛从村室前呼啸而过，吴建河赶紧出门查看，原来是村内地头堆积的麦秸秆着火了。吴建河立即和同事开车飞奔至村着火点，他们到达时，火苗在西南风的吹动下迅速向东北方向蔓延，5 台旋地车往来奔跑，打算阻断火源，一台洒水车也加足马力冲入火场，20 多名村镇干部正拼命扑打火苗。

吴建河决定到东北方向堵住路口，防止有人进入下风口造成危险。在他把守路口时，一台旋地车在里面熄火了，司机还没有出来。看到这么大片的火，吴建河想都没想，迅速开车从火场北边绕到接近司机的安全地带，喊司机出来，但是司机为了救车无论如何也不肯出来。吴建河见状一头扎进火场，冲司机喊道：“车没了还可以再买，人再不出来就没命了，快走！”随后，他拖抱司机，往火场外跑去，浓烈的烟熏得他分不清方向，吴建河凭着勇气和直觉沿着来时的路往回跑，直到跑了五六十米才脱离火海。此时吴建河才感觉双脚生疼，原来他一心救人，鞋子不知何时跑掉了，他的双脚被烧成了二级烧伤。

“当时什么也没有想，就觉得要把人救出来”事后吴建河如是说。紧要关头挺身而出，吴建河以实际行动彰显了“95 后”的责任与担当。

（河南省文明办供稿）

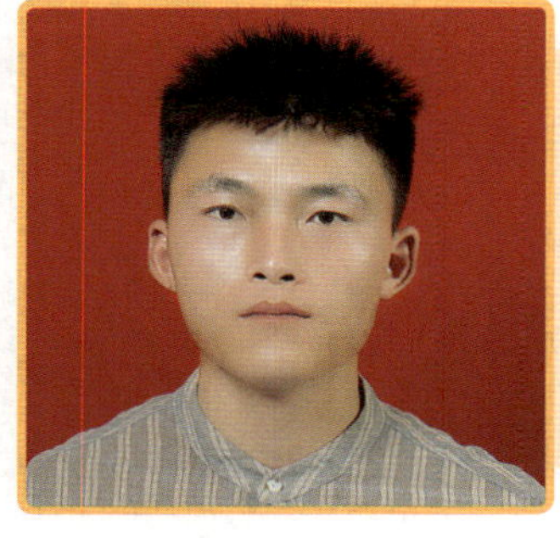

孙培森

武警战士回乡探亲 跳入深塘勇救群众

人物 THE STORY 故事

孙培森，男，1998 年生，中共党员，河南省驻马店市遂平县和兴镇草庙村人，甘肃兰州武警某部战士。

2021 年 2 月 16 日，回乡探亲的孙培森和父亲一起到上蔡县无量寺乡七块店村串亲戚，走到七块店村西南侧一个深塘附近时，听到有群众喊救命。孙培森来不及多想，立马跳下电动车飞奔到事发现场。看到距离岸边四五米的水面漂浮着一名男子，孙培森一边跑一边脱下棉衣，毫不犹豫地跳进不知深浅的池塘。池水冰冷，他顾不上颤抖的身体，拽着仅剩额头露出水面的男子，奋力向岸边游去。孙培森用尽全身力气把落水男子拖上岸，发现由于溺水时间较长，该男子已陷入昏迷。他冷静地利用在部队掌握的急救知识对落水男子实施心肺复苏，一下、两下……终于，该男子吐出了几口水，腹部也开始起伏，恢复了呼吸心跳。看到该男子恢复生命体征后，孙培森再次跳下水，将男子的电动车拉上了岸。

救护车赶到后，孙培森陪同医务人员将男子送至医院，不仅交了所有检查费用，还湿着身子去给男子买了棉衣棉鞋。直到被救男子苏醒，孙培森才和闻讯赶来的家人离开医院。

孙培森勇救落水群众的事迹在当地被传为佳话，多家媒体争相报道。每当谈到救人事迹时，孙培森常说的一句话就是：作为军人，作为新时代的年轻人，这是自己义不容辞的责任。

（河南省文明办供稿）

伍忠生

铁路职工路遇歹徒行凶奋勇夺刀救人

见义勇为

人物 THE STORY 故事

伍忠生，男，1966 年生，湖南省衡阳工务段郴州线路车间职工。路遇歹徒持刀行凶，他挺身而出，夺刀救人。

被救者是郴州线路工区大门口米粉店店主胡名祝，衡阳人，在此经营米粉店已有十余年。2021 年 7 月 21 日晚饭后，胡名祝坐在自家店门口看手机，20 时 30 分左右，一名身高约 1.65 米，体胖、不明身份的人突然走到其面前，不由分说地抓住他的头，将头向后仰，原本以为是熟人开玩笑，没有介意，未料此人突然将早已准备好的水果刀刺向其脖子，随即鲜血喷涌而出。歹徒伤人后，疯狂地逃窜。胡名祝用手捂住鲜血直流的脖子，一边呼救，一边向歹徒猛追过去。正好路过此地的伍忠生闻声，立即丢下电动车，奋不顾身地向歹徒追过去。

伍忠生在发现歹徒行凶逃逸时，不顾凶犯手上有凶器，奋不顾身地与歹徒展开激烈搏斗，最后将歹徒制伏，并移交公安机关。伍忠生说："遇到这种事，一定不能放过他，一定要抓住他，不能让他在社会上再危害其他人。"当问及当时有什么想法时，他说："什么也没想，也没有害怕，就是冲过去抓人。"

（湖南省文明办供稿）

黎长才　黎少华

两村民舍己为人勇救落水者

人物 THE STORY 故事

黎长才，男，1950 年生，广西壮族自治区南宁市宾阳县大桥镇长范村委长岭村人。黎少华，男，1982 年生，南宁市宾阳县大桥镇长范村委长岭村人。

2 月 19 日，大桥镇丰州村委凤山村侯绍铁驾驶电动三轮车载着妻子和 3 个年龄在 8 至 14 岁的孩子外出购物，18 时左右回家途中，在途经大桥江廖平坝桥路段时车子失控，从 7 米高的桥边一空隙坠落到水深 3 米的江中。

正在桥附近的黎长才听到呼救声后，从江对岸跑过来，脱掉上衣，二话不说一头扎进水中救人。根据侯绍铁等人的指引，老人顺利找到溺水的孩子，并把她托出水面往岸上游。在即将游到岸边时，黎长才因体力耗尽，沉在了水里，被托起的孩子也缓缓下沉。情急之下，受伤的侯绍铁跳入水中，游向老人和孩子。突然，水下有一双手把孩子举出水面，侯绍铁一把抓住，孩子得救了。然而，侯绍铁再想去拉黎长才时，他已沉入水中。

这时，黎少华正好骑车路过，看到情况危急，他立即丢掉车辆，跳入水中，把侯绍铁父女拉到岸上，当听说水下还有一位救人的老人后，黎少华再次跳入水中施救。最终，黎少华与岸上的群众一起把老人救上岸。5 名落水者被成功救起，两位救人英雄舍己为人，但救人者之一的黎长才却再也没醒来。

（广西壮族自治区文明办供稿）

李 财

好司机危急时刻救下 39 条生命

人物故事 THE STORY

李财，男，1972 年生，贵州省六盘水市交通运输集团有限公司驾驶员。

2021 年 1 月 9 日 8 时 7 分左右，福建福州开往贵州六盘水的贵 B47787 大客车上，在行驶至距贵州省麻江收费站约 3 公里处时，一名身穿灰色衣服的男子突然毫无征兆地站起身，用车载破窗锤尖头一侧，对正在驾驶车辆的驾驶员李财头部连续 3 次暴击。李财头部顿时血流如注，鲜血从头顶往下流溅到衣服和方向盘上，车辆也在危急情况下左右摇晃了几下。事发当时，车辆核载 39 人，实载 39 人（含 2 名驾驶员），行驶速度为 74 千米 / 时。

面对突如其来的袭击，为确保车上乘客的生命安全，李财顾不上止血和反抗，强忍剧痛，竭力让自己保持清醒，一边呼救，一边紧紧握住方向盘，使尽全力控制住车辆，选择安全区域后才靠边停下。

待车辆安全停下后，李财才抓住座椅上的一块座垫捂住流血的伤口。听到李财的呼救声，正在座位上休息的副驾驶员迅速跳起抢夺安全锤，并大声呼吁车上乘客靠前帮忙和拨打 110、120 电话。这时，被惊醒的乘客们纷纷急忙上前帮忙把袭击男子控制住。

120 救护车赶到后，李财颤颤巍巍地从驾驶座上站起来，头上还流着鲜血，他却庆幸自己及时把车停下来，全车 37 名乘客安然无恙。李财被紧急送往医院，经初步诊断，他“头皮外伤、头皮下血肿和脑震荡”，头部伤口共三处缝合 13 针。

（贵州省文明办供稿）

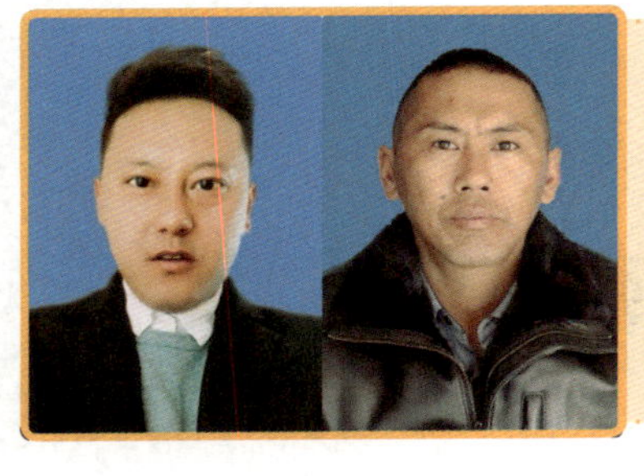

尼玛次仁 旺久多吉

跳入冰湖合力救起 8 岁男童

人物故事 THE STORY

尼玛次仁，男，藏族，1983 年生，2005 年参加工作，现任中国农业银行琼吉县支行科员；旺久多吉，男，藏族，1981 年生，1997 年参加工作，现为山南城投下属西藏山南潇湘建设开发有限公司员工。

2021 年 1 月 8 日 17 时左右，西藏自治区山南市措美县哲古社区 8 岁男童因在积水塘冰面行走，导致冰层破裂，卡在冰窟中。正在附近的旺久多吉听闻哭喊声，他立马脱掉外套，跳入冰冷的结冰湖面。尼玛次仁也紧随其后，和旺久多吉一起参与营救，两人抓着绳索，用胳膊和身体敲碎冰面，顾不上刺骨的冰水和尖锐的碎冰划出的一道道伤痕，一步一步向落水男童靠近，用胳膊凿出了一条“生命通道”。经过十多分钟的艰险营救，被困儿童最终被成功救出。

尼玛次仁同志身为一名退伍老兵，始终牢记着人民军队的光荣使命，退伍不褪色，当人民群众生命遇到危险时，义无反顾地冲在前线，勇当“排头兵”。旺久多吉同志是一名很普通的职工，在自己平凡的岗位上默默工作二十多年，平凡的事业，平凡的人生，不平凡的是在关键时刻挺身而出的无私大爱。

（西藏自治区文明办供稿）

林会军

一心爱路风雨无阻　纵身一跃大爱无疆

见义勇为

人物故事 THE STORY

林会军，男，1964年生，中共党员，陕西省宝鸡市金台区农村公路发展服务中心硖石养路队队长。

2019年8月26日上午，市区突降大雨，引渭渠水位上升，水流湍急。一位妇女坠入渠中，在4米深的大水中挣扎，眼看快要沉没，此时，林会军迅速脱掉衣裳沿渠缘滑入水中，朝落水者游去。他抓住落水者的衣背，将其头部托出水面，由于渠水湍急，渠板常年经泥水冲刷，十分光滑，没有抓手，林会军几次游近渠边，试图把落水者推上渠岸，都没有成功，加之半年前刚做过心脏手术，几番尝试后年过半百的他顿感体力不支，胸闷气短，但他始终紧紧抓住落水者没有松手，托着落水者顺水往下游漂流了100余米，在随后闻讯赶来的其他村民共同协助下，终于将落水者救了上来，自己多处受伤。

“国家把路修好了，我们要让它更结实、更好走。”淳朴的语言讲出了林会军的心声。作为金台区农村公路发展服务中心养路队队长，林会军为了专心做好公路养护，主动解散了经营多年、前景看好的建筑工程队。面对养护资金少、机械设备极度匮乏的情况，他自己掏钱购置了必要的养护车辆并利用所掌握的知识和经验就地取材，改良了拖轮式扫路机、简易水车、小型清渠铲车路面划线机等养护设备。提高了工作效率，减轻了一线养路工的劳动强度。功夫不负有心人，短短几年时间，在林会军的带领下，金台区农村公路养护工作迈入了省市先进行列。

（陕西省委文明办供稿）

吴　衡

青年守承诺
两度捐献造血干细胞挽救他人生命

人物故事 THE STORY

吴衡，男，1982年生，上海市金山区高新区朱行居民委员会副主任。

吴衡是2017年上海市造血干细胞第475例捐献志愿者，2019年再次捐献，成为当年上海市淋巴细胞第7例捐献志愿者。3年内为同一位患者捐献两次，开创了上海市金山区“二次捐献”第一人的先例。

吴衡从小肢体残疾，双足内翻，经历过7次手术的他更懂得感恩。在2017年8月8日成功捐献造血干细胞后，2019年9月，他再次接到了上海市红十字会希望他再次进行捐献的电话。原来，两年前受捐的那位患者旧病复发。得知这一情况，吴衡没有丝毫犹豫就答应了。他捐献的85毫升淋巴细胞又一次为患者点燃了“生命的火种”。回想当初的情景，吴衡说：“我感觉有一个生命在等着我，他需要我。”

“如果有余生，我一定要成为像你一样的人，做一个对社会有用的人。”这是2019年11月4日吴衡第二次捐献后，受捐者通过市红十字会给吴衡写下的感谢。吴衡以实际行动诠释“人道、博爱、奉献”的红十字精神，他笃定诚实守信的意念，再次用淋巴细胞续写生命“髓”缘的赞歌。

除此之外，吴衡作为居委工作者扎根社区近20年，累计服务残疾人等困难群众超5000人次，并用亲身经历，带动更多人参与公益事业，书写小城大爱的动人故事。

（上海市文明办供稿）

刘华成

牢记父辈嘱托　接力守护烈士英灵

人物故事 THE STORY

刘华成，男，1977年生，江苏省连云港市东海县吕祥璧烈士陵园管理员。

53年前，伤残退伍军人刘步云成为吕祥璧烈士陵园第一任守护人。这一守就是34年，直到2002年，病倒在工作岗位上。弥留之际，刘步云又叮嘱儿子刘华成继承遗志，继续当好英雄吕祥璧的守陵人。就这样，自小在烈士陵园长大的刘华成正式从父亲手里接过了为烈士守陵的重任，他拿起父亲用过的铁锨、扫帚，信守着父亲生前所作的承诺，默默守护烈士英灵，为瞻仰者讲解英雄的故事，续写守陵历史18个年头。

2006年，一个在苏州从事房地产开发的朋友找到刘华成，邀请他参与公司管理，每月支付8000元工资。那时刘华成的工资才1200元，面对强大的诱惑，他起先很犹豫，但终究割舍不下。刘华成拥有四口之家后，蜗居在紧挨烈士陵园的门房，面对亲友的不解，刘华成坦然而淡定地回答："我的收入的确不高，可我喜欢这份工作，家人也非常理解和支持。一个人活着，不仅仅只能为了钱，我要信守承诺，做好父亲没有做完的事情。"

经过多年扩建、装修，烈士陵园已形成"五馆四场两亭一碑一廊一园一坛"的布局，成为别具特色的红色教育基地。如今，每年来烈士陵园祭扫、悼念吕祥璧烈士的群众都近10万人次。

（江苏省文明办供稿）

黄世瑜

一生致力于畲族山歌传播的花甲老人

人物故事 THE STORY

黄世瑜，男，1954年生，中共党员，江西省吉安市永丰县潭头乡杨梅江畲族村村民。

他出生在传唱畲族山歌世家，自小受到熏陶，以山歌演唱为业，后为了生计，一度放弃，但是，无论是农忙还是闲暇，白天还是晚上，他都会不时地哼上几句"唱山歌哟……"23岁那年，因为生活贫困，擅长山歌的祖母因为无钱治病而去世，在祖母临终嘱咐下，他作出承诺：克服困难，一定把山歌文化发扬光大。

从承诺的那天起，就更加地热爱唱歌。一有时间，他便主动向县内外知名专家、老师求教音乐知识和歌唱方法，求学路上，极为坎坷，为了学个新谱，奔波到数百里外，吃野菜、宿荒庙，历时一个月学成归来；为了完善一个音调，不顾山水迢迢，多次登门向老师们求学。在他常年搜集、整理并传唱下，200余首快失传的畲族山歌再次焕发出新的生命。《劝郎歌》《白头到老不断情》《郎恋姐》等富含鲜明特色的自创歌曲在各类舞台出现，广为流传，他也被人们亲切地称为"行走的山歌小曲库"。黄世瑜还加入县文化馆文化志愿者服务队，长期免费从事文艺爱好者业务培训辅导工作。

他说：我不会忘却当初对我祖母的那份承诺，虽然我年纪大了，但是我会穷其一生致力于将山歌发扬光大。我不仅会把山歌传承下去，还会带领我的徒弟们把它发扬光大，让它走出深山，走近大众，走向世界。

（江西省文明办供稿）

杨　帆

“吊瓶哥”冒雨守护巨款

人物故事 THE STORY

杨帆，男，回族，1985年生，山东省济宁农商银行仙营支行职工。

2020年12月1日18时40分左右，因患急性肠胃炎正在济宁市任城区来鹤小区一诊所输液治疗的杨帆，突然看到诊所门口飘起了百元钞票。他马上反应过来，一定是谁家不小心弄丢的，他立即冲出诊所，举着吊瓶站在洒落的百元现金中央，控制着局面，并让同行的朋友报警。几分钟后，自称失主的刘大爷从一旁的楼上匆忙赶下来，说是妻子整理旧物时不小心洒落的。面对现场如此大额的现金，杨帆告诉刘大爷自己已经报警，需等民警来了核实身份。就在这时，民警赶到现场。经核实，7万多元养老钱再次回到了刘大爷手中。

得知杨帆诚实守信的感人事迹后，行里的领导同事一点也不觉得意外。2018年8月，杨帆协助民警把一位患有小脑萎缩的八旬老人送回家中；2018年9月，帮助一家急需去外地工作往来不便的家庭，仅用两天的时间办理完业务；2020年3月下旬，帮助资金紧张的茶商，用3天时间完成了30万元“鲁担惠农贷”的发放……他的工作台前，一面面鲜红的锦旗背后都有一个个感人的故事。

杨帆的母亲赵勇也多次荣获银行“三八红旗手”“先进工作者”等荣誉称号。身教胜过言传，有母亲做榜样，杨帆一直践行着母亲对自己的期望，各项工作都想在前，干在前。其事迹先后被多家中央、省级媒体进行报道。

（山东省文明办供稿）

邓亮新

坚持品质立店　食品安全重于泰山

人物故事 THE STORY

邓亮新，男，1960年生，中共党员，广东省河源市紫金县邓氏亮堂肉丸店经营者。

邓亮新经营亮堂肉丸店10年来，时刻恪守“诚信为本、信誉第一”的经营理念，卖肉丸从不缺斤短两，节假日也不涨价，实实在在做到“诚信经营，童叟无欺”。他“诚信在先”的坚守得到了顾客“守信在后”的认可和回报，经手数以千计的“货到付款”订单却从未遭遇“跑单”，多次获得“诚信单位”称号，也被评为“粤港澳餐饮业金牌供应商”。

邓亮新在店里建成了河源市牛肉制作技艺传习基地、河源市劳模和工匠人才创新工作室、紫金县客家农耕文化综合展示馆，为传承和传扬客家文化积极贡献力量。

15年来，他在汶川地震、紫金“8·16”洪灾及紫金县人民医院新院建设中踊跃捐款，并且在建设乡村乡道和学校、帮扶孤寡老人、资助大学生上学等公益事业上的捐资已超40万元。2020年新冠疫情防控期间，他坚持每天做肉丸汤、热粥、凉茶，带领家人把东西送到紫金县各个防控检测点，让工作人员暖心暖胃，并每天在店里煲好清热解毒的凉茶，免费给过往的市民喝，一直持续到现在。

“不做一锤子买卖，追求细水长流。”这是邓亮新秉持的理念，邓亮新于细节处处体现，平时时刻践行“诚信为本，信誉第一”，得到顾客盛赞。

（广东省文明办供稿）

黄金文

15 年坚守承诺　替儿还债 21 万元

人物故事 THE STORY

黄金文，男，1955 年生，贵州省铜仁市德江县枫香溪镇枫溪社区居民。

2005 年 3 月 10 日，黄金文的长子驾车运货返家途中发生车祸，导致车毁人亡。接到这个噩耗，患有高血压的黄金文感觉山崩地裂，瞬间昏倒在地。醒来后，他强忍着身心伤痛，拖着半身不遂的身体，料理儿子的后事。出事之前，儿子在朋友们那里借了一些钱，出于信任，有些朋友连借条都没写。黄金文细致分析还款情况后，拼命回忆长子曾经和他说过在哪家借过钱，凭着记忆列出了一份清单，并对借钱给儿子的人许下承诺："只要有钱了，一定会还给大家。"

当时，50 岁的他，本该在家里享受天伦之乐，却不顾自身的病痛，重拾方向盘为乡亲们拉砖、运砂、拉水泥……有生意就做、有货就拉，只为了多挣一点钱，替儿子还债。

每一年春节前夕，黄金文都会拿出记账本，提醒家人和自己，外面有债没有还，借钱的人也不容易，今生不欠来生债。

2019 年，黄金文感觉到自己的身体渐渐吃不消，就把一家人召集在一起，商量着卖一半老宅来还债。老宅卖了将近 8 万元，也正是这笔钱，还清了最后一笔欠款。

历时 15 年，终于还清了欠债，黄金文履行了当初对借债人的还款承诺，他的诚信守诺不仅感动了乡亲们，更赢得了大家的尊敬。

（贵州省文明办供稿）

诚实守信

樊长安

谱半生韶华　守千年信义

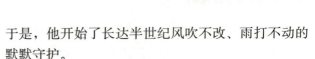

人物故事 THE STORY

樊长安，男，1948 年生，陕西省韩城市芝川镇兴华村四组村民。

52 年来，樊长安坚持为"赵氏孤儿"的见证地——三义墓义务守墓，风吹不改，雨打不动。此外，还主动担任起传统村落的义务讲解员，谱写了一曲忠义守信的大爱之歌。

樊长安生于耕读之家，父亲是村里有名的文化人，他自小耳濡目染，对文学、历史兴趣颇丰。1968 年的清明节，樊长安为长辈扫墓，发现枯枝杂草被点燃，引燃了坟头的迎春花。扑灭火苗后，他萌生了一个想法，旁边的三义墓是历史悲剧"赵氏孤儿"的见证地，如果被无意引燃，岂不是毁了？于是，他开始了长达半世纪风吹不改、雨打不动的默默守护。

为了更好地宣传程婴、公孙杵臼守诺救孤的义举，多年来，他踏遍沟沟峁峁寻找相关文物古迹，寻访专家、乡贤，收集不为人知的史料，对照校对，再把故事讲给乡亲们听。对三义墓和赵氏孤儿的故事细节，他如数家珍，细到墓碑立于哪一年都能一口答出。他还根据村里老人的讲述，手绘了一幅三义古墓示意图，复印出来免费给参观的人查阅。他用自己的力量宣讲古村落历史文化，靠信念守护三义墓，传承着千古流芳的信义精神。

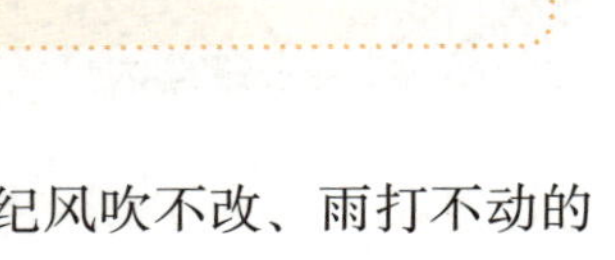

杨慧萍

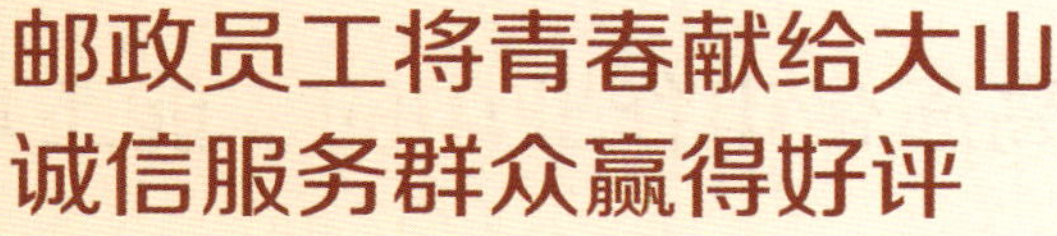

邮政员工将青春献给大山 诚信服务群众赢得好评

诚实守信

人物故事 THE STORY

杨慧萍，女，1972年生，宁夏回族自治区邮政公司石嘴山市分公司大峰沟营业所所长。自1993年参加工作后，她扎根基层邮政网点，用青春和付出守护当地老百姓。

杨慧萍所在的石嘴山分公司白芨沟邮政支局，地处宁夏石嘴山市煤炭开采矿区，自然环境较差，道路险峻。然而杨慧萍没有就此退却，她全身心投入工作中。

当营业员的几年里，为了发展业务，不论寒冬酷暑，工作日里，她总是奔波在逐门逐户走访用户的路上。风霜雨雪里，她已记不得摔过多少跤，只记得敲开农户家门时，扑面而来的朴实温暖的笑颜；记不清爬过几道山梁、走过多少里路，然而那句“杨业务员，先进来喝口水”的招呼仍然清晰地回荡在耳畔。如何服务好用户？杨慧萍总是说：“把用户当作自己的亲人看待就好。只要用户需要，都要倾力相帮。”对于取款手续不全的用户，她耐心解释，从邮政规章制度到保证用户存款的安全，站在客户权益的角度把道理讲明白讲透彻，一次次得到用户的理解和信任；对个别态度不好的用户，她不急不躁，总是微笑相待，耐心介绍，直到用户办完业务满意离开。

作为一名普通的邮政职工，杨慧萍凭着对邮政事业的忠诚和热爱，凭着对客户的真诚，凭着对信念的执着追求，在平凡的岗位上演绎着不平凡的人生，不断实现自己的人生价值。

（宁夏回族自治区文明办供稿）

罗其花

扎根山沟的“蜂博士”带领蜂农过上“甜蜜”生活

敬业奉献

人物故事 THE STORY

罗其花，女，1982年生，中共党员，北京市密云区园林绿化局蜂业站站长。

2011年以前，密云区养蜂业呈弱而散的状态，但“蜂博士”罗其花并没有被困难吓倒。为了加强蜂农抗御自然灾害能力，保障蜂农养蜂增收致富，2014年开始，罗其花及团队配合市局蚕蜂管理站，在密云区反复试验，率先在全国推出了“蜂业气象指数保险”，保障了蜂农“旱涝保收”，有效推动了蜂产业的可持续发展。为了从源头上保障蜂农收入，2014年开始，她在锥峰山林场筹建全国第一个区县级种源中心，建设蜜蜂育种大楼1栋、育种场1个和交尾场2个，五年来成功选育和组配出适合北京地区饲养的“密云一号”高产蜜王1个，“密云二号”高产浆王1个，全部免费推广给当地蜂农。2015年开始，她在密云区实施了优质巢蜜生产技术的研发与示范推广工作，取得了可喜的成效。

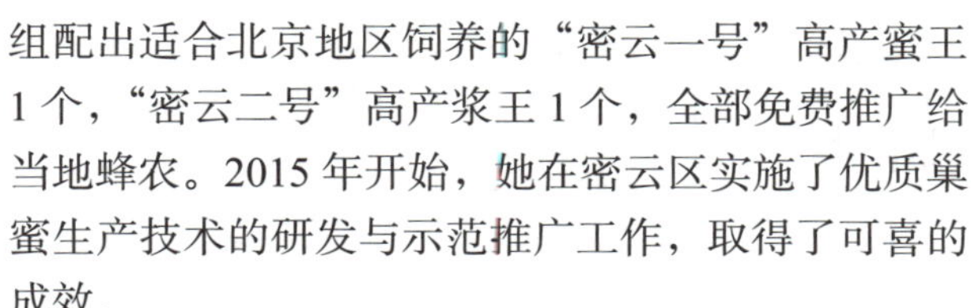

参加工作以来，她不求名利、脚踏实地，无论是在怀孕或是在休产假期间，她都坚守在岗位上，默默付出，为密云区蜂产业发展贡献力量。

罗其花说：“我是农民的闺女，为蜂农增效、增收奉献自己的一份心、一份力，这既是我内心心底农民情结的回归，也是对组织的信任交一份答卷。”

（首都文明办供稿）

王月鹏
高压带电作业中的“能工巧匠”

人物 THE STORY 故事

王月鹏，男，1979 年生，中共党员，国网北京昌平供电公司运检业务中心主任兼配电带电作业班班长。

在技术上，王月鹏带头开展技术革新，他在工作中发现 10 千伏线路检修时高压引流线摆动过大很容易造成事故，立即带领班组探讨解决方法，通过精心设计和反复试验，发明了新型绝缘引流支架，解决了引流线摆动的问题，并于 2009 年获得了国家专利。在管理上，王月鹏通过数据分析完善班组的各项管理制度，细化工作流程。

2019 年春季检修期间，昌平公司运检部线路专业计划对 10 千伏七南路执行线路清扫工作。经过现场勘查，王月鹏拟定了工作方案，并利用两天时间，带领带电班成功完成全程二十多公里的七南路带电检修任务。

2020 年 3 月 6 日，王月鹏接到昌平公司运检部排除南口镇 10 千伏长水峪路接头发热现象的紧急通知。凭着多年的工作经验，他很快找到解决办法。一个多小时后，10 千伏长水峪路故障在没有停掉一户电的情况下被成功消除。

一根银线跨南北，千家万户光明来。自 2003 年被任命为带电作业班班长以来，他时刻铭记自己肩上的责任与担当。截至 2020 年 6 月，他带领班组开展带电作业 17000 余次，累计多供电量 10300 余万千瓦时，减少停电时间 44000 余小时。

（首都文明办供稿）

李素文
农民朋友的贴心人　科技兴农的实干家

人物 THE STORY 故事

李素文，女，1965 年生，天津市农业科学院蔬菜研究所研究员，天津科润蔬菜研究所副所长。

1987 年，李素文大学毕业后被分配到天津市蔬菜研究所。她深爱种子事业，几乎天天长在试验基地，她敢于创新，多年来参与培育蔬菜新品种 23 个。科研成果荣获国家级及市科技奖励 12 项，其中“花椰菜育种新技术研究及优质、抗病和高产新品种选育与推广”获 2007 年国家科技进步奖二等奖，发表学术论文 40 余篇、出版著作 4 部。

作为农业科技工作者，李素文投身推广一线，深入田间地头，她要将最新的科研成果送到农户家门口，手把手指导农民蔬菜种植，让农民真切感受到科技的力量，从增产增效中获得实惠。同时，她把工作中遇到的问题及解决办法总结出来，编成通俗易懂的小册子，发放给农民。在参与困难村技术帮扶工作中，与困难村无缝对接，了解困难村需求，帮助解决实际问题。她为农民提供 24 小时的“热线服务”，只要一个电话，她就会第一时间赶到，为农民排忧解难。

她是一名既普通又不平凡的农业技术人员，汗洒大地，默默地奉献着自己的光和热，让农技在田间地头“开花结果”。

（天津市文明办供稿）

李　莉

护士长用奋斗创造生命奇迹

人物 THE STORY 故事

李莉，女，1976 年生，共产党员。河北省新冠肺炎医疗救治专家组成员，新冠肺炎省级定点救治医院河北省胸科医院救治专家组成员，重症医学科护士长。

2003 年“非典”暴发，当时的她爱人在部队，女儿不满 4 岁，但还是克服重重困难义无反顾地进入隔离病房，奋战数天凯旋；2020 年、2021 年她领衔自己的重症护理团队冲锋一线，迎战“新冠”。

新冠患者病情变化迅速，ICU 病房内各种仪器的提示音此起彼伏相互交替。在新冠疫情期间，这些嘈杂声音更多更响，为什么？

李莉说，他们不敢将仪器报警声音调低，因为即使隔着厚重的防护服和防护眼镜也要耳清目明，观六路听八方。疫情让本就繁重的 ICU 护理工作更加艰难，但任何情况都绝不是产生护理差错的理由。

每天跟随专家查房，随时调整护理措施，解决护理难题、做好管理工作，还要兼职“知心姐姐”。

新冠患者自身恐慌加之病痛折磨，会出现烦躁哭闹、拒绝治疗等问题，她把患者当亲人，手拉手聊家常送温暖，让患者去掉心病包袱，接受治疗，直至康复出院，在特殊的冬季用爱为患者带来别样的温情。

问及她如此之难，靠什么坚守，她说：我是一名共产党员，面对疫情，我愿意用全部真心，救治每一位重症患者，不负患者的“生命之托”，无愧重症病人的“以心相许”。

（河北省文明办供稿）

李　盛

大学生返乡创业发展绿色粮食产业

人物 THE STORY 故事

李盛，男，1993 年生，中共党员，现任河北省唐山市壹谷粒生态农业发展有限公司总经理。

2016 年 6 月，李盛大学毕业后坚定地选择了回乡创业。家乡西葛镇境内有 5 万多亩稻地，土地肥沃，水质清澈，在农村土生土长的李盛，认准了绿色粮食产业发展。2020 年初，他拿出自家积蓄，起初承包稻田 2000 亩，打造绿色品牌示范基地，并成立了唐山壹谷粒生态农业发展有限公司。李盛积极与河北省农林科学院滨海农业研究所合作，引进“胭脂稻”等 6 个稻米新品种，并培育试验田 300 亩。从水稻育苗、插秧、分蘖、长穗、结实、到收割的每一环节都留下了他结实坚定的背影。功夫不负有心人，经过多年打拼，壹谷粒双色米得到了广大消费者以及天津消协及中华集团的认可，远销河北、北京、天津等地。

只争朝夕，不负韶华。经过多年的发展，基地承包面积达到 6000 亩，打造了绿色品牌示范基地，并惠及周边农户，有效带动区域农产品价值提升。2021 年李盛精心栽种的水稻出米率高达 74%，更可喜的是，省农科院对 98 项指标进行检测后，给出了“绿色产品”的检验达标证书。

一路走来，李盛秉承着让百姓吃上放心粮的宗旨，执着于绿色粮食产业发展，带动农户增产增收，实现区域农业绿色发展，走品牌化道路。

（河北省文明办供稿）

陈灵涛

身残志坚勇拼搏 山核桃上刻出脱贫路

人物 THE STORY 故事 陈灵涛，男，1989年生，河北省邢台市巨鹿县钟灵毓秀工艺品有限公司总经理。

陈灵涛因脊髓灰质炎造成双下肢重度残疾，他咬牙坚持用手爬着“走”完了小学6年的求学路。贫寒的家境使其一直靠领取国家救济过日子，为了减轻家里的负担，陈灵涛17岁就步入社会，先后卖过衣服、菜，养过兔子，学过家电维修，但由于缺乏经验技术，每次创业都赔得血本无归。

2012年，一次偶然的机会，陈灵涛参加了巨鹿县残联组织的山核桃工艺品技能培训，他深深地喜欢上了山核桃加工制作。经过几年的刻苦磨砺，他终于掌握了一整套的山核桃加工技术。创业初期，他每天凌晨4点多骑着电动三轮车到80多公里外的邢台清风楼去摆摊卖货，饿了吃点自带的馒头，渴了就到附近的人家讨口水。为了拓宽销路，他多次奔赴山西、河南等风景区洽谈业务，以锲而不舍的毅力、精雕细琢的工艺，最终和几个景区建立了长期供货关系。

2017年10月，在政府支持下，陈灵涛创办了自己的山核桃工艺品公司。2018年，陈灵涛被聘请为巨鹿县创业孵化基地创业指导专家，他面向贫困户和残疾人免费技术培训。近年来，山核桃工艺公司先后推出70余种产品，累计带动就业200人（次），人均增收800元/月。

（河北省文明办供稿）

王　垚

驻村第一书记扶贫路上用“责任清单”兑现百姓“幸福账单”

人物 THE STORY 故事 王垚，男，1986年生，中共党员，原为山西省运城市稷山县翟店镇东大有村第一书记，现为稷山县蔡村乡党群服务中心主任。

2017年7月，王垚被组织下派到贫困村东大有任驻村第一书记，在他的协调和争取下，投资引进项目资金60余万元，硬化了全村大街小巷和通村路2800余米，环村乡间路1800余米；创建文化墙3000余平方米；硬化小广场游园3个；安装70盏太阳能路灯；建成2000余平方米停车场一座。又投资30余万元饮水入村、饮水入户。

2020年，他申请25万元资金改建了300立方米蓄水池，争取项目资金50万元，入股纸包装企业，为集体经济实现年底分红6万元；大力发展各类中药材100余亩；扩大原有杏树、双季槐等经济林面积200余亩；种植红薯100余亩。

任职期间，王垚为70多岁的贫困户黄因虎争取上级扶贫款3000元，为其儿子在昆山一企业找到工作；为贫困户杨勇争取到400只土鸡，并协助其家销售土鸡蛋；为3户五保对象集中建设了新住房；动员社会爱心企业为因病致贫的吴全龙妻子捐助2000元治病，帮助吴全龙找了一份环卫工作……一桩桩，一件件，他用实际行动践行了基层干部的使命与担当，用最质朴的方式演绎着最温暖的动人情怀。

（山西省文明办供稿）

李志杰

基层指挥员用行动践行消防救援铮铮誓言

人物 THE STORY 故事

李志杰，男，1995 年生，中共党员，内蒙古自治区呼伦贝尔市海拉尔区尼尔基路消防救援站站长。

2020 年，一场突如其来的疫情打乱了人们的正常生活。面对危险，李志杰立马向上级党组织递交请战书，请求参与到疫情最严重的满洲里抗疫一线行动中。在入驻满洲里口岸医疗救治医院期间，他与院方协调工作 50 余次，为院区消毒及测温 200 余次，协助医院转运医疗物资 2100 余件，开展疫情防控学习、谈心谈话等 100 余次，圆满完成了抗疫保卫任务。

“消防员是什么？就是在危难关头，冲锋在前，舍生忘死，救民于水火。”这是李志杰对自己的定位。入职以来，他带队共参加灭火救援 1000 余起，营救被困人员 160 余人，抢救财产价值近亿元。火场里，楼顶处，国道上，水域中，风雪中……无论大事小情，危险与否，他始终用行动践行着自己最初的梦想，哪里有险情，哪里就能见到他那抹令人安心的蓝色身影。

作为一名新时期的消防指挥员，李志杰以誓言如山的责任担当和大无畏的英雄主义气概，视人民安危为生命、将群众期盼做使命，为保护驻地人民群众生命财产安全继续贡献力量。

（内蒙古自治区文明办供稿）

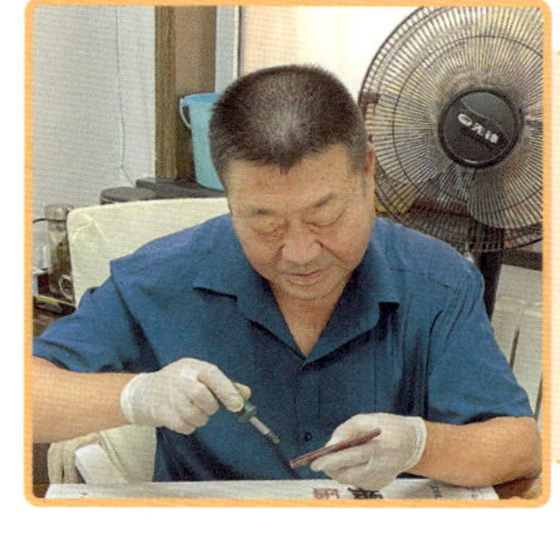

刘昌杰

点赞！他把社区支部书记干成了“居民管家”

人物 THE STORY 故事

刘昌杰，男，1964 年生，现任辽宁省大连市中山区人民路街道兴和社区党委书记、主任。

“居民鸡毛蒜皮的小事，就是我们工作的大事。”刘昌杰这样评论自己的工作。作为一名社区带头人，他以满腔热忱为百姓居民排忧解难，所属辖区处处留下他的足迹和身影。

他主动上门与辖区单位联系“挖”岗位，主动上门走访“摸”要求，主动上门为失业人员和用工单位“当”红娘，先后帮助 100 多名失业人员就业；他解决了祝贺街 2 号因漏点 11 个月无煤气的难题，80 岁老人见到人就说“我吃上炒菜了”；他解决了七一大院 41—49 号三年没有自来水的吃水难题；他解决培智学校周边噪声影响上课的问题，还与人民路派出所联合成立了护校队；七年来他先后为低保家庭、残疾家庭和孤儿解决大学学费；帮助孤寡老人林阿姨解决医疗费，每年腊月二十九给老人包饺子。件件小事让百姓看到党的关怀、社区“家”的温暖。

新冠疫情期间，刘昌杰更是要求社区工作人员对自己包片的辖区建立楼长和居民微信群，如有相关疫情情况可以在群里反映，大大方便了社区居民，减少了人员流动。他发动社区党员和群众投身防疫工作，缓解了卡点值班值守人员紧缺问题，筑起了疫情防控的坚强堡垒。

当好居民的管家，做好百姓的帮手。他的敬业奉献体现了新时代基层干部的风采。

（辽宁省文明办供稿）

隋二龙

记者堆里拼命郎　困难群众贴心人

人物 THE STORY 故事

隋二龙，男，1976 年生，中共党员，《吉林日报》驻辽源市、梅河口市记者站站长。

从事新闻工作近 20 年，他不但采写了许多影响很大、感人至深的新闻报道，而且还尽自己所能帮助那些在采访中遇到的困难群众，默默地为他们做了很多实事、好事。

从 2005 年开始，隋二龙每年“六一”国际儿童节都会带上各种学习、生活用品去看望社会福利院的孩子们；从 2012 年开始，家庭并不富裕的隋二龙为两名困难学生每人每年捐助学费 3000 元；在一次采访中结识的东辽县困难残疾人小伟又成了他的帮扶对象……

2012 年至 2020 年，他的足迹踏遍了辽源的田间地头，在《吉林日报》累计刊发 45 个头版头条、5284 篇稿件、2058 张新闻图片。同时，善良的隋二龙像播种机一样传递爱，到哪儿采访就把好事做到哪儿。

隋二龙常对自己说：“做好人才能走好路。”并用对工作生活的热忱温暖着每一个需要帮助的人。身为一名记者，在采访过程中经常会遇到一些生活困难的群众、失去关爱的孩子……这些人既是采访对象，也是他最牵挂的人。

这就是隋二龙，与其说他为新闻而生，不如说他为责任而生。为了那份责任和情怀，他认为一直奔走在新闻路上就是无上的荣光。

（吉林省文明办供稿）

敬业奉献

姜志新

“电力先锋”守护万家灯火　初心为民展现国网温度

人物 THE STORY 故事

姜志新，男，1974 年生，国网吉林省电力有限公司扶余市供电公司副经理。

敬业奉献，率先垂范。2010 年，姜志新作为全省地市公司首家新设班组的班组长，他主动担当，反复琢磨，仅用两个月的时间就完成班组的管理制度、工作流程、岗位标准和工作职责的制定，被省公司采用并编进了“吉林省电力有限公司专业班组管理标准模板”中。

大战大考，担当作为。2017 年，松原市发生燃气管道泄漏爆炸事故，他带队第一时间抵达现场，进行排险并对辖区内燃气管道与电气设备安全隐患进行全面排查，得到市政府和省公司高度好评。2020 年以来，每次面对新冠疫情导致的突发情况，他都不顾个人安危，带领供电人员战斗在防控第一

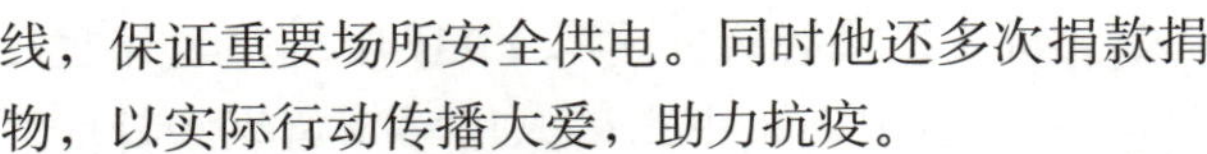

线，保证重要场所安全供电。同时他还多次捐款捐物，以实际行动传播大爱，助力抗疫。

服务客户，保障民生。在特殊时期，他提出了精简办电环节，依托“网上国网”App，向前来办理用电业务的客户积极推广“一证受理”“刷脸办电”功能。着力为客户提供“环节少、办电快、成本低、态度好”的优质服务，进一步提升客户电力获得感和用电满意度。

根植电业沃土守护万家光明，不负伟大时代点亮璀璨灯河。姜志新始终秉承敬业奉献、初心为民的理念，展现国网温度，贡献国网力量，书写无怨无悔的奉献篇章。

（吉林省文明办供稿）

周桂官

古稀校长用担当和奉献书写“教育帮扶”精彩答卷

人物故事 THE STORY

周桂官，男，1949 年生，中共党员，现任江苏省沭阳如东中学党委书记、校长。

2010 年 1 月，刚退休的周桂官受组织委派，带领支教团队赴沭阳县支教帮扶，受聘担任沭阳如东中学首任校长。十一年来，周桂官始终牢记教育帮扶是改变贫困代际传递之根本的初心，用自己的言传身教，带出了一支“特别能吃苦、特别肯钻研、特别善协作、特别讲奉献、特别勇担当”的优秀教师队伍。他先后捐出奖金和个人积蓄 1213 万元设立“周桂官教育基金”，褒奖为学校作出贡献的教师，帮扶家庭困难的学生。

多年来，周桂官坚持走动式巡课、听课不动摇，每天四五次巡查教学区六栋教学楼、三个年级 90 个教学班级，诠释了精致管理思想。他始终坚持“对每一个学生负责，不让一个学生掉队”的办学理念，先后让 10000 多名学生顺利进入大学，先后有 26 名孤儿考上理想大学，27 名学生进入清华北大深造，创造了连续九年本一达线率宿迁市第一的佳绩。

十一年来，周桂官用忠诚、坚毅和智慧，带领团队成功探索出改变区域教育落后面貌的支教帮扶实践样本，打造了一所改变贫困学子命运、造福百姓家庭的优质高中，助力宿迁高中教育向新的目标奋进。

“改变教育落后面貌，改变贫困家庭孩子的命运，是积德的善事，我无怨无悔，终身践行。”周桂官说。

（江苏省文明办供稿）

裘银芳

“农小二”敬业奉献扶危济困 奏响乡村全面振兴进行曲

人物故事 THE STORY

裘银芳，女，1960 年生，中共党员，浙江省宁波市宁海县圣猴果蔬专业合作社联合社理事长。

“把农产品卖出去，让农民富起来。”从 25 岁入职宁海县供销社蔬菜公司起，裘银芳就一直奔波在田间地头，“农小二”当了一辈子。她是宁海水果产业的重要奠基人，把年交易额不足 2000 万元的宁海果蔬市场打造成年交易额超过 10 亿元的全国供销社系统重点龙头企业。退休后，二次创业，创办宁海县圣猴果蔬专业合作社联合社，直接带动 20 多家农民专业合作社扩销增收。从 2019 年起，两年内 30 多次来往贵州黔西南、吉林延边等对口帮扶地区考察，对接近百家当地农业生产及食品加工等企业，促成 200 余种农产品销售，帮助带动 2900 余人实现脱贫。组建全市最大的“扶贫小店”，仅 2020 年一年的销售额就达到 3000 万元。连续三届担任省市人大代表，兢兢业业为农民发声，促成宁波市农产品经纪人协会的成立，先后提交 30 余条有关“三农”工作的代表建议，其中 5 条被评为优秀建议。她饱含爱心，把捐资助学、扶危济困当成自己的第二事业，先后帮助了 5 名贫困学生，其中一名还成了她的“女儿”，成为争做慈善事业的行动者。

36 年来，裘银芳以实际行动促进农业增效、农民增收，诠释了俯首甘为孺子牛的品格，全面奏响了乡村全面振兴进行曲。

（浙江省文明办供稿）

潘建乔

基层电力专家用匠心守护光明

人物故事 THE STORY

潘建乔，男，1964年生，中共党员，国网浙江平湖市供电公司“潘建乔技能大师工作室”负责人。

潘建乔身形微胖，穿着朴实，脸上始终洋溢着温和的笑容，炯炯有神的眼睛里透露着一种坚毅的光芒。正是这份深入骨髓的坚毅，陪伴着潘建乔走过了风风雨雨，从一名青涩的少年蜕变成红船旁响当当的技术领跑者。

1984年，潘建乔进入平湖供电公司工作，自此他便与“变电”结下了不解之缘。面对冰冷的设备和枯燥的值班工作，他却总是怀着梦想去寻找工作的突破与快乐，想方设法解决电力设备运行中存在的问题。他的办公室也是发明创造室，先后获国家发明专利13项、实用新型专利40多项，国优级QC成果3个，浙江省公司级优秀科技成果奖6项。他把自己所学所专倾囊相授，为公司培养了一批技术骨干，先后在省市级赛事中获奖。

作为新时代的技术领跑者，新冠疫情发生后，潘建乔利用AR图像、大数据等技术，凭借自己多年累积的红外成像测温经验，研究流动人群无感快速测温方法，推广应用到抗疫设卡测温工作中，将红外成像仪免费提供给三家企业使用并上门提供技术指导，助力当地企业快速复工复产。

从初心到匠心，“电力工匠”潘建乔带着他的匠人精神，为这个时代贡献着工人担当和工人智慧。几十年来，他一直走在奋斗探索的路上，永不停歇。

（浙江省文明办供稿）

敬业奉献

胡常康

穿行在“浙江屋脊”的信使

人物故事 THE STORY

胡常康，男，1978年生，中共党员，浙江省丽水市庆元县邮政局左溪邮政支局投递员。

庆元县是浙江最偏远的山区县，被称为“浙江屋脊”，而左溪镇，又是庆元最偏远的乡镇之一，和县城隔着约90分钟车程的山路。胡常康自2002年1月参加邮政工作以来，投递总行程20万多公里，为5000余农户投送26万余封邮件。他十几年如一日，跋涉在浙闽交界的大山深处，没有延误过一个班期，没有丢失过一封邮件，投递准确率达到100%。

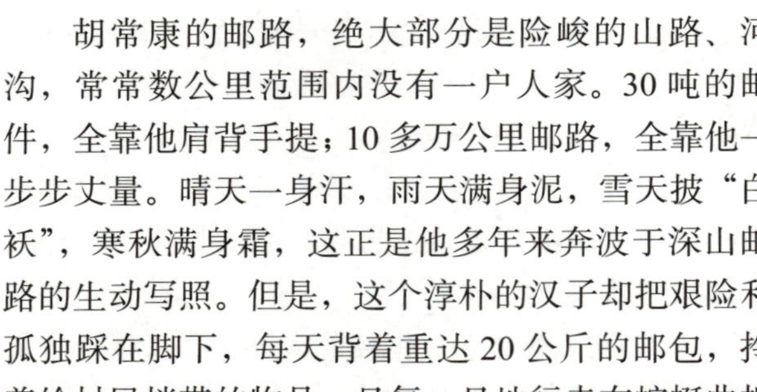

胡常康的邮路，绝大部分是险峻的山路、河沟，常常数公里范围内没有一户人家。30吨的邮件，全靠他肩背手提；10多万公里邮路，全靠他一步步丈量。晴天一身汗，雨天满身泥，雪天披“白袄”，寒秋满身霜，这正是他多年来奔波于深山邮路的生动写照。但是，这个淳朴的汉子却把艰险和孤独踩在脚下，每天背着重达20公斤的邮包，拎着给村民捎带的物品，日复一日地行走在蜿蜒曲折的邮路上。

（浙江省文明办供稿）

邱　军

远赴甘肃带领群众斩穷根 突发疾病生命定格在华池老区帮扶路上

人物故事 THE STORY

邱军，男，1981 年生，中共党员，安徽濉溪人，生前系甘肃省庆阳市华池县人民政府副县长（挂职），中国化学工程集团所属东华科技股份有限公司项目管理部党支部书记、副主任。

在脱贫攻坚爬坡过坎的艰难时段，邱军主动请缨并受组织派遣于 2018 年 12 月从中国化学工程集团踏上了央企定点帮扶革命老区甘肃省庆阳市华池县挂职副县长，他用最短的时间调研走访了全县 15 个乡镇 75 个行政村 1300 多户贫困户。他立足产业发展，兴办奶牛养殖基地，解决 162 户贫困户困难。他以电商加直播带动当地金丝皇菊、沙棘汁等农特产品外销，扶贫产品销售额累计达到 1000 多万元。同时，他先后协调争取资金帮助华池县城壕镇庄科村新建配套棚灌设备钢架大棚 62 座、培育沙棘苗 620 万株，实现 44 户贫困户年稳定增收 15000 元以上，辐射带动周边 4 个乡镇 150 多人实现劳务增收。挂职以来，他微信朋友圈共发布了 65 条动态，其中 64 条都与扶贫工作相关，仅有一条是关于家人的。

2021 年 1 月 8 日，邱军因突发疾病，病逝在工作岗位上。在距离挂职期满 40 天时，因劳累等原因倒在了脱贫攻坚的路上，年仅 39 岁，风华正茂。病逝后，被追授为“全国脱贫攻坚先进个人”，2021 年 8 月 31 日，中共中央宣传部发布邱军同志先进事迹，追授邱军“时代楷模”称号。

（安徽省文明办供稿）

扣红卫

“煤矿工匠”29 年坚守煤矿一线 勇攀技术高峰

人物故事 THE STORY

扣红卫，男，1975 年生，中共党员，淮北矿业集团淮北煤电技师学院工匠大师工作室核心成员、高级技师。

1992 年，扣红卫从淮北煤矿技校毕业后，成了淮北矿业集团临涣煤矿的一名井下机电维修工。29 年来，他一直奋战在矿井机电维修工作一线，潜心学习新技术，钻研新技能，积累了丰富的电气故障处理经验。先后进行了主、副井提升防超载保护等 70 多项技术改造，为机电领域新技术、新工艺推广、矿井提质增效和安全生产作出了突出贡献。

随着技术水平的提升和实践经验的积累，扣红卫技能大师工作室被授予“国家级技能大师工作室”。他发挥名师带徒效应，团队现有成员 53 人，带徒 95 人。扣红卫在做好日常工作的同时，抽出时间和精力，对身边的职工和矿区的机电维修人员进行专项培训，发挥“传帮带”的作用。

为了提高生产一线职工现场实际维修及操作能力，扣红卫针对煤矿工作现场实际，自主编写《矿用高、低压隔爆电气设备》《西门子 S7–200PLC 基础与应用》《西门子 S7–300PLC 基础与应用》《组态王基础与应用》等培训教材 12 部，包含大量的故障处理案例，图文并茂、直观生动，具有针对性、可操作性强的特点，是一套煤矿电气维护人员实战操作的“百科全书”。

（安徽省文明办供稿）

孙 浩

“80 后”小伙毕业后返回儿时小学扎根乡村教书育人 20 年

人物 THE STORY 故事

孙浩，男，1980 年生，中共党员，安徽省宿州市埇桥区汴河中心小学教师。

2000 年，孙浩毕业后，自愿回到小学母校，希望用知识改变农村娃的命运。因为孩子们的父母外出打工，很多孩子从小缺少父母的关爱，学习状态不好，还很腼腆不爱说话。孙浩暗下决心：“孩子的父母不在身边，我要成为他们的依靠。”他用一颗真诚的爱心做孩子身边最亲的人，走进留守孩子们的内心。他深入研究农村学生、农村课堂，创造最适合孩子们的互动教学方式，还积极帮扶其他乡村教师。

2012 年，孙浩远赴新疆皮山县支援边疆教育。他强忍着身体的严重不适，每天上课之余帮助结对老师修改教案、课件。他和学生一起散步、聊天，和孩子们成了无话不谈的好朋友。至今，这些孩子依然与孙浩保持着联系。然而，在支教的几年中，家人为了他能安心工作，每次电话都说家里一切都好。其实他爱人强忍着手术后的病痛，照顾孩子；爷爷早已病重在床，弥留之际，还一直念叨着他的小名。得知爷爷去世的消息，孙浩默默地面朝东方长跪，任凭泪水流淌。

一支粉笔两袖清风，三尺讲台四季耕耘，用知识改变命运，用教育点亮心灯。20 年来，孙浩倾注全部的心血，在乡村里播下了一粒粒种，浇开了一朵朵花。

（安徽省文明办供稿）

何家枝 周端彬

帮助群众致富的带头人

敬业奉献

人物 THE STORY 故事

何家枝，女，1969 年生，中共党员，安徽省六安市金寨县花石乡大湾村党总支书记、村委会主任；周端彬，男，1971 年生，中共党员，安徽省六安市金寨县花石乡大湾村村委会副主任。

何家枝、周端彬牢记共产党员的初心使命，带领村“两委”人员通过拓新路、搬新居、建茶厂、发展乡村旅游等一系列惠民利民的举措，让大湾村走出了一条“致富奔小康、绿色促振兴”的富裕路，人均可支配收入由 2015 年的 7120 元增至 2021 年的 15776 元。

为壮大村集体经济，何家枝、周端彬带领全村群众建成旅游类企业 15 家、农家乐 17 家、旅游商贸个体户 91 家，新建大湾村农产品销售中心，不仅增加了大湾村旅游新业态，同时带动大湾村群众就业 300 多人，旅游经济效益 2000 多万元，村集体经济收入由过去长期空白到 2021 年的 157.89 万元。

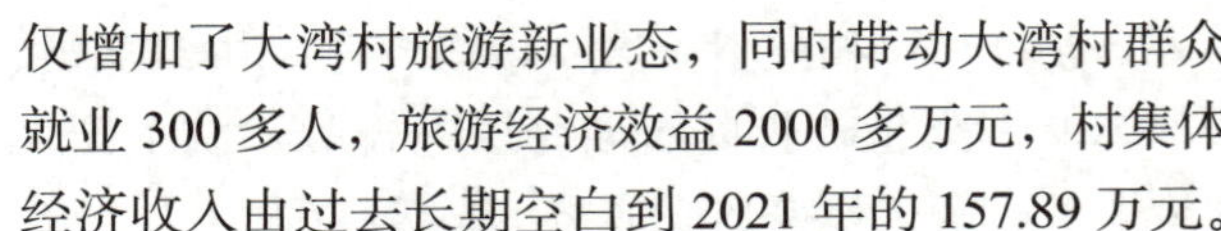

何家枝、周端彬带领村党总支“一班人”在帮助群众“富口袋”的同时，更加注重提升群众精神状态，大力开展信用村、信用户创建，大湾村被评定为 3A 级信用村，评定 A 级以上信用户 746 户，占全村农户的 85.45%，优化了信用环境，弘扬了诚实守信传统美德。

面对“全国脱贫攻坚楷模”称号的荣誉，何家枝说，是压力更是动力，我们现在要做的不是躺在过去的功劳簿上等待，而是戒骄戒躁，在乡村全面振兴的道路上再立新功！

（安徽省文明办供稿）

黄希松

名中医扎根山村三十余年 守护百姓健康

人物故事 THE STORY

黄希松，男，1964年生，中共党员，中医执业医师，安徽省宣城市泾县黄村镇卫生院副院长。

1987年，黄希松通过乡村医务人员考试成为一名乡村医生。从医34载，他是坚守乡村的白衣天使，扎根山村，倾情守护乡亲健康；他是远近闻名的中医师，他在中医道路的探索上孜孜不倦，始终坚持以诚待人，以信取人，开展中医知识讲座、中医文化进校园、中医义诊等一系列活动，增强了群众对中医药文化的认识，普及了中医知识，利用中医专业技能为全国各患者诊疗，有来自湖北、山东和省内各地的患者送来的锦旗超过200面；他是扶危济困的爱心人士，经常为敬老院的孤寡老人和当地贫困户送医送药以及棉被、米油等生活必需品，还为他们免费诊治；对于贫困学生，他为他们送去了爱心助学大红包，鼓励他们好好学习，将来为社会作贡献。三十多年来，他始终把“医者仁心”作为自己的从医理念，在治病救人的路上走得愈发坚定。

（安徽省文明办供稿）

杨经提

返乡青年酿造甜蜜事业 带领乡亲共同致富

人物故事 THE STORY

杨经提，男，1982年生，福建小杨家生态农业发展有限公司总经理。

他儿时家庭困难，在乡邻的温暖扶助下成长。为减轻家里负担，他早早远赴北京闯荡，事业终有所成。2018年，他毅然放弃了北京的高薪工作，返乡跟着养蜂人摸爬滚打从零开始学技术，从养蜂“小白”逐渐成长为养蜂“能手”，干起了乡村“甜蜜”事业。

返乡养蜂成功，“小杨家”蜂蜜也打响了名气，但杨经提并未自顾自赚快钱，始终不忘反哺乡亲，不仅自掏腰包给村民办培训班，还帮他们添置蜂箱、收购销售土特产、成立专业合作社、开拓电商平台，为全村人的土特产“带货”，带领乡亲共同致富。他的足迹遍布洑口乡每个村，农户们没有一个不认识他的。他的真诚打动了乡亲们，飞速壮大的“甜蜜”事业更为他们带去了实打实的福利，两年间，仅洑口乡就有数十户农户跟着他干，蜜蜂达到七八百群。

“很多人笑我傻，说我教会了别人，自己怎么赚钱。”面对质疑，杨经提不但没有动摇，反而更加坚定地倾囊相授。他说：“要是乡亲都比我养得好，致富路就更宽了！”杨经提正以自己的行动在助农这条道路上不断地开拓前行，诠释着对家乡人民的热爱，也带领着更多乡亲走上养蜂这条甜蜜的道路，成为大山深处的甜蜜创造者。

（福建省委文明办供稿）

郭焕钢

重症科医生扎根一线 21 载 仁心仁术显大爱

人物 THE STORY 故事

郭焕钢，男，1978 年生，副主任医师，福建省石狮市总医院第一党支部副书记，重症医学科、临床营养科主任。

郭焕钢始终奋战在重症第一线，哪里最危险，哪里就有他。2018 年春节，为抢救 2 例重症人感染 H7N9 禽流感患者，日夜在医院守护，甚至奋不顾身为患者进行气管插管等高风险操作。2020 年 1 月，他作为福建省泉州市第一例新冠肺炎患者主诊医师，春节无休、通宵达旦地救治患者。起初患者情绪不佳、不配合治疗时，他想尽办法与患者沟通，争取患者配合。经努力，该患者快速康复，成为福建省首个治愈出院的新冠肺炎重症病例。当境外输入新冠病例增多时，郭焕钢与其他两位院内专家组成员带头住在医院，连续 1 个月不分昼夜地救治病人。新冠疫情救治进入最吃紧的时刻，他主动请缨，在危重症病区值班室一住就是一个月，随叫随到，穿着防护服、戴着 N95 口罩跑步会诊、抢救患者。

郭焕钢秉承着“精心解重症、仁爱护生命”理念，刻苦钻研业务，创建本院 ICU 并带领科室先后开展了经皮气管切开术、床边连续肾脏替代治疗等数十项新技术、新项目，有效填补了当地医学领域多项技术空白。他率先在泉州地区县级医院开设临床营养门诊、医学体重干预门诊；主讲营养健康公益讲座和参与义诊近百场。

郭焕钢说：“我会把救死扶伤、传播健康作为自己的天职，并成为一道光，照亮更多的生命。”

（福建省委文明办供稿）

余滟钫

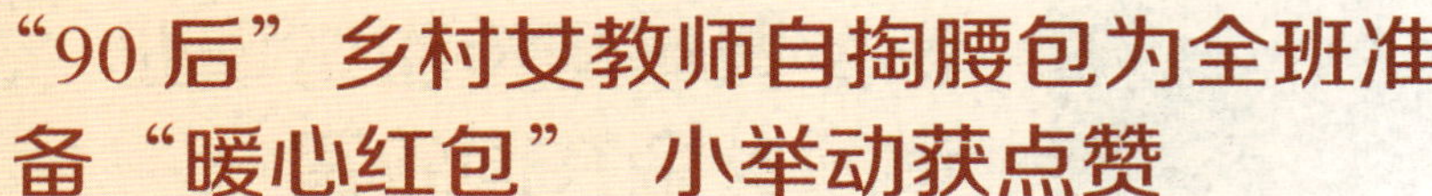

“90 后”乡村女教师自掏腰包为全班准备“暖心红包” 小举动获点赞

人物 THE STORY 故事

余滟钫，女，1990 年生，中共党员，江西省上饶市信州区沙溪中心小学教师。

余滟钫老师的班级学生情况复杂，55 个孩子，其中就有 20 多个孩子是留守儿童，7 个孩子来自离异家庭，2 个孩子来自建档立卡户家庭，2 个孩子来自农村低保户家庭，还有 2 个不按常理出牌的特殊孩子。刚接手这个班时，班级课堂纪律很差，余老师每天都在处理各种各样的麻烦事。通过不断地学习摸索，她慢慢地掌握了一些方法。

在课堂教学中，余老师常常会融入一些接地气、学生比较感兴趣的内容，课堂教学活泼有趣，深受学生喜爱。2021 年初，余滟钫自费为全班 55 个孩子准备了一黑板的“抽奖红包”，红包里都是各种各样的小礼物，这种创新的激励方式，极大地提升了孩子们的学习积极性，而后也被新华社、人民网、央视网、“学习强国”等媒体广泛报道。除此之外，余老师常组织班级活动，不拘形式地激发学生对生活的热爱与追求，培养学生的个性发展，如感恩活动，种花种菜，美食制作大比拼，辩论赛……她还坚持每个学期为每一位学生拍摄照片，以照片的形式记录下他们最童真的笑脸，为孩子们留下美好的校园回忆。

余滟钫在教学上的大胆创新，源自对学生的热爱，对乡村教育的责任感。她的做法，也影响着学校的其他老师。

（江西省文明办供稿）

蒙　芳

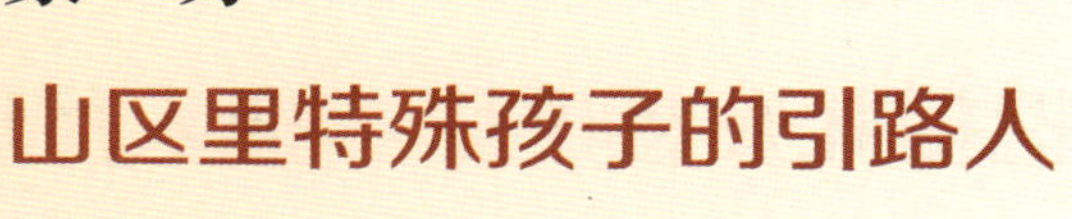

山区里特殊孩子的引路人

敬业奉献

人物 THE STORY 故事

蒙芳，女，1978 年生，中共党员，江西省赣州市上犹县特殊教育学校校长。

2013 年 9 月，上犹县特殊教育学校正式开学招生，山区的特殊儿童终于有了自己的学校，蒙芳也从上犹二小调到特殊教育学校任校长。建校 8 年来，她带领团队，跑了 100 多家企事业单位，筹得捐赠物资累计达 180 多万元，为学校添置了学生床上用品，建起了学校文化长廊、电子显示屏、糕点工作坊、职业培训室、录播教室等设施设备，满足了特殊学生教育教学、特长发展、康复训练、职业培训的需要；开办县第一所幼儿康复部，先后免费为147名智力残疾儿童提供早期康复训练；8 年里为 1 万多人次的送教上门活动，推出“三定三查”本土化的送教模式；2021 年 9 月，与上犹中等专业学校开展联合办学，探索“职特融合”办学模式，开办了志坚中专班，在赣南大地上率先实现了国家提出的特殊教育向学前和高职非义务教育阶段两端延伸的要求。本着一个都不能少的原则，带领团队实现了上犹 300 多名适龄残疾儿童少年能上学、上好学的目标，为上犹县的乡村全面振兴添砖加瓦。

8 年以来，她与团队一步一个脚印，用爱与责任践行党员教师使命，培育那些迟开的花朵，为他们带来一片明媚的阳光，用岁月书写着人生最美的芳华。

（江西省文明办供稿）

袁清山

一人一校二十余载　为师为长守青山

人物 THE STORY 故事

袁清山，男，1959 年生，中共党员，江西省九江市共青城市泽泉乡观音桥村村民。

1976 年，袁清山回到曾经的母校观音桥村完小成为一名小学教师，一人兼顾两个年级。1998 年，学校遭遇洪水，受灾严重，在当地政府和教育部门的支持帮助下，于1999年新建立了一个教学点——观长小学，袁清山是唯一被委任到该校的教师。这种一人一校的模式，他一守就是 20 余年。

袁清山可谓“十八般武艺样样精通”，语文、数学、音乐、体育、美术都是他一个人教。他爱唱歌，喜欢画画，会组织各种各样的课外活动。但随着社会的飞速发展，越来越多的孩子随父母进城就学，观长教学点的学生也在逐年递减，到 2018 年仅剩两人。当地曾考虑过撤掉这个教学点，但袁清山不放心两个孩子走一个多小时的山路去别的学校上课，在他的一再坚持下，这个只有三名师生的教学点被保留了下来。

2020 年 1 月，袁清山正式退休，但属于他的教育事业并没有结束。因学校缺教师，他被返聘继续从事教学工作。袁清山认为，知识是乡村儿童的希望，而这希望需要教育者的守护，“只要学校还有学生来上学，我就会坚守岗位”。

“在四十多年的教学过程中，我感悟到知识的重要性，在这偏僻的山村里，最渴望的就是知识。我留在乡村，可以尽最大努力为贫困孩子传授知识。虽然要吃苦，但心里挺甜的。”袁清山说。

（江西省文明办供稿）

田象霞

把根扎在社区里　把人民放在心上

人物 THE STORY 故事

田象霞，女，1962 年生，中共党员，山东省济南市天桥区工人新村南村街道西区联合党委书记、西区社区党委书记。

1983 年，21 岁的田象霞来到社区工作。几十年间，她从一名普通社区工作者，成长为居民信赖的“万能书记”。在居民眼中，社区的问题只要田象霞一盯上，总能很快解决。谁家有大事小情，也总是第一时间想到她。社区里的设施出问题，她马上协调解决；谁家有困难，她得知后会一管到底；社区艺术团排练节目缺少资金，她便自掏腰包购置服装。

工作中，田象霞亲身投入社区建设，建口袋公园，规划停车位，推动社区暖气、天然气入户，实施老旧小区改造，致力于改变老旧小区基础设施条件差、公共资源不足、管理难度大等问题；探索“红色合伙人”党建引领基层治理机制，率先成立党的二十大“社区百姓宣讲团”，发起成立首家“邻里守望协会”，组建朝乐磨刀队、花剪子理发队等 30 余支志愿者队伍，筑牢共建共治共享社会治理新格局；在长期的基层社区一线服务中，她总结出一套独到的“三靠三用四到位”的“象霞社区群众工作方法”，被民政部列为全国推广的 100 个优秀社区群众工作法之一，带领老旧小区精细化管理始终走在前。

对田象霞来说，把助人为乐的初心与社区工作的职责密切结合，将助人为乐的幸福永远传递下去，让爱扎根社区，让幸福永驻社区将是她始终坚持的初心。

（山东省文明办供稿）

张佃壮

心怀强村富民梦　打造和美文明村

人物 THE STORY 故事

张佃壮，男，1960 年生，中共党员，山东省曲阜市息陬镇北元疃村党支部书记、村委会主任。

张佃壮带动村民成立果蔬合作社，所种植金银花、石榴树等作物每年为全村增收 120 多万元。规划建设现代化的绿色家禽养殖片区，现 7 家规模化养鸡场均已投产收益。引进综合型农业高新技术企业，建成高温日光大棚 60 座，栽植无花果 100 亩，日光温室西红柿、黄瓜等茄果类蔬菜荣获中国消费者协会颁发“3・15 标志产品认证”并申报国家专利。

为方便村民生活，张佃壮组织协调硬化村内路网 3 万平方米，修建排水沟 1.3 万余米，绿化面积 2 万平方米，安装路灯 100 余盏，实现了“户户通”“路路亮”。引资、投资建设湿地公园、文化广场、自来水厂、商业门面房，为村民家中通入天然气并提供“1 立方气补助 1 元”政策，投资 268 万元完成雨污分流工程项目。

硬件上来了，软件也要跟上。张佃壮经过认真筹划，带领班子成员组织高标准建设新时代文明实践站、乡村民俗记忆馆、图书馆、篮球场等，广泛开展为贫困老人“晒被子”等志愿帮扶活动，村内“幸福食堂”解决了 30 多位老人“吃饭难”的问题。累计评选“好媳妇、好婆婆”“美洁净雅”示范户等先进典型 1000 余个。常态开展公益电影放映等活动，丰富群众的文化生活。

在他的不懈努力下，2020 年，北元疃村入选“全国文明村”。

（山东省文明办供稿）

夏　清

扶贫“第一书记”助村摘掉“贫穷帽” 为民铺就致富路

人物 THE STORY 故事

夏清，男，1981 年生，中共党员，山东省潍坊市安丘市大汶河旅游发展中心供电所所长。

2019 年 6 月夏清被任命为安丘市驻柘山镇张家宅村“第一书记”。从驻村的那一刻起，他就决心帮助这个小山村摘掉“贫穷”的帽子，让全村百姓换一种活法。2019 年 8 月，他带着“柘乡人家”花生油参加了山东省电力公司第一书记交流会暨农产品扶贫推介会，两天时间，5 个客户意向签单 1.3 万元。虽然客户不多，订单不大，但他却格外珍惜，他觉得这些客户就是洒向各地的种子，只要保证产品质量和售后服务，这一粒粒种子必将带来丰硕成果。功夫不负有心人，通过“书记直播带货”和推介宣传，短短两个月，“柘乡人家”花生油销售额就达到 180 万元。

他利用供电系统优势资源，为张家宅村申请 20 万元新增 200 千伏安配电变压器一台，架设线路 2.3 公里，为村子发展提供了强劲动力。在他带领下，全村建立了“贫困户 + 专业合作社 + 村集体”的精准扶贫产业链，依托专业合作社，细化、精化“柘乡人家”产品生产加工流程，实现了小作坊经营向规模化发展的转变，同时还打造了“乡村游、农家乐”绿色休闲品牌，变资源优势为经济优势，让贫困农户真正实现脱贫致富。截至 2020 年 9 月底，张家宅村年销售额突破 380 万元，夏清也被百姓们亲切地称为“百万书记”。

（山东省文明办供稿）

罗　强

党建工作者深耕党员电教事业 20 载 平凡岗位写忠诚

人物 THE STORY 故事

罗强，男，1971 年生，中共党员，河南省新乡市党员教育中心主任。

作为党建工作者，20 年来，罗强奔波于英模奋战过的地方，先后拍摄制作了上百部反映各行各业模范人物的专题片。其中，反映“最美村官裴春亮”和“全国农村党支部书记的榜样史来贺”先进事迹的电影《春江新韵》《大地之子——史来贺》，分别获全国党建片评比一、二等奖。

罗强不畏艰险，为拍摄到生动画面，他踏上 20 米高的塔吊吊笼移拍；他忘我工作，走遍四区八县，采访了 50 多位“五老”人员，拍摄了上千组镜头，没有吃过一顿应时饭，没有睡过一个安稳觉；他担任电教中心主任后，仍坚持到一线，一丝不苟地编导、采访，细致入微地摄影、摄像，精益求精地撰稿、制作。

他在全国率先探索党员教育模式，建立新乡市远程夜校。用一根网线把全市 123 个乡镇（街道）、3642 个行政村（社区）、16 万名农村党员组织起来，为党员教育插上了“互联网”的双翼，创新性地把“远程”和“夜校”有机结合，把基层党建传统优势与信息技术深度融合，有效破解了党员教育培训组织难的问题。自 2019 年 2 月起已成功举办 18 期，培训党员干部 400 余万次，中组部向全国介绍新乡经验时盛赞：“新乡在远教方面给河南、给全国提供了榜样。”

（河南省文明办供稿）

岳长平

农科所所长潜心农业科研 40 年 帮农民创收数十亿元

人物 THE STORY 故事

岳长平，男，1963 年生，中共党员，河南省许昌市鄢陵县林业科学研究所所长、书记。

1980 年，岳长平高中毕业后，就开始学习育苗、嫁接、剪枝等技术。1995 年，他去河南农业大学学习两年，1997 年，他以农民身份竞聘成为鄢陵县农科所所长，从此为他的研究插上了翅膀。就这样，他在他深爱的土地里潜心钻研 40 多年，他创造"一刀法"嫁接技术和"一握法"嫁接苗管理技术，主持或参加培育"嫣红菊花桃""嫣红早花桃"等植物新品种、良种 14 个，发明苗木嫁接管理方法、蜡梅嫩枝嫁接方法等专利 7 项，主持国家、省、市林业重点科技项目 16 个，建设科技示范园 2000 亩，推广应用新技术、新品种 36 个，每年出圃各种小杂果苗 500 万棵，带来综合社会效益数十亿元。

新技术，惠乡邻，不管是十里八村的乡亲，还是远方慕名而来的求教者，岳长平不仅毫无保留地向他们传授技术，还赠送打印好的栽培管理技术资料。他把从外地购买的花木种子无偿赠送给农民，并免费技术指导，包销花木。群众称赞他说："岳长平心地善良，乐于助人，周围的群众都搭上了他的便车，过上了富裕生活。"

（河南省文明办供稿）

孙志伟

"80 后"法官一心为民 当好群众的法律守护者

人物 THE STORY 故事

孙志伟，男，1984 年生，中共党员，河南省开封市中级人民法院一级法官。

对当事群众有利的事情，孙志伟总是冲锋在前，平等维护当事人的合法权益。他曾办过一个案件，双方当事人张某和权某是住对门的邻居，因为一些生活琐事，两家矛盾积怨十余年，从最初的口角矛盾最终演化成三起刑事案件，造成了一重伤两轻伤的严重后果。案件发生以后，被告人张某在被羁押期间情绪非常激动，曾多次自杀自残，并扬言出去后要将对方灭门。了解情况后，孙志伟打定主意，决定解开两家的"疙瘩"，彻底化解矛盾。为了打开僵局，孙志伟一有时间就往村里跑，不惧当事人家属恶言冷语，吃了"闭门羹"他就去村民家里侧面了解情况。最终，原被告双方都被这个"犟"法官感动了，家属从最初彼此仇视，到最后握手言和。同时，孙志伟还注重法律宣传，他走进社区、军营、校园、机关、企业、农村，共开展普法讲座 40 余场，受众 3 万余人。

多年来，看似"无情"却"有情"的孙志伟不被一些人理解，但也收获了更多的赞誉和褒奖。有的群众在寒风中等两个多小时，只为了想让他尝尝自家做的油香；满头白发的老上访户，官司败诉后却再也没有上访过，甚至在街头遇见孙志伟，还会给他一个大大的拥抱，只因孙志伟打开了他多年的心结……

（河南省文明办供稿）

王明林

义务宣讲党史 268 场 初心写就“不老”传奇

敬业奉献

人物 THE STORY 故事

王明林，男，1936 年生，中共党员，湖北省黄石市公交集团纪委原副书记。

王明林生于钟祥一户农家，新中国成立前生活十分艰苦，遭遇过饥饿、失学。新中国成立后，家里分得8亩田，他上初中没钱交伙食费，学校减免学费并发助学金，每个月 6 元钱。回忆起这些，老人不禁感慨：“党的恩情比海深！”

王明林 19 岁参军，在部队期间，多次被评为“五好战士”“技术能手”。1960 年 7 月 1 日，王明林成为一名光荣的共产党员。1974 年，王明林转业到黄石公交集团后，在做好本职工作的同时，坚持挤出时间学党史。1996 年，王明林退休，写下 40 多本、100 多万字党史学习笔记，汇编党史书册 11 本。2005 年，沈家营社区一次支部活动上，王明林讲述关于党的一大召开的故事，全程脱稿，绘声绘色，细节分毫不差，让人叹服。此后，更多街道、社区请他讲党课。16 年来，王明林累计讲课 268 场，被当地人称为“党史爷爷”。

王明林几十年如一日学习党史、编写资料、宣讲党史，播撒着知史爱党、知史爱国的种子。“我光荣在党 61 年，追随党走过半个多世纪，只要身体允许，我会一直讲下去，让红色信仰代代相传。”王明林说。

（湖北省文明办供稿）

桂小妹

用心用情当好居民群众的“小妹”

人物 THE STORY 故事

桂小妹，女，1979 年生，湖北省武汉市青山区工人村街道青和居社区党委书记、居委会主任。

棚户区长大的桂小妹，亲身经历了青山区十年棚改回迁带来的居民生活环境、精神文化等方面的巨大变化，从医保专干做起，逐渐成长为一名为民办实事、解难事的社区支部书记。她扎根基层，不畏艰辛，用心用情用力办好居民大大小小的烦心事，被居民们亲切地称呼“小妹”。一声“小妹”，这位社区支部书记就成了居民们的“家里人”。

青和居社区是武汉市规模最大的公租房小区，老年人、残疾人、低收入人群多，管理难度大。为引导社区党员亮身份，更好地加强党员干部与居民群众之间的血肉联系，更好地服务居民群众，桂小妹和同事挨家挨户走访社区的所有党员，多次登门拜访，想方设法发动居民党员担任网格党支部书记，参与社区基层治理工作，组建了“天天敲门组”。她和“天天敲门组”成员敲门入户，在面对面、心贴心的交谈中，了解居民困难、化解居民矛盾、及时解决居民各种急难愁盼的烦心事。她总结提炼“天天敲门十八法”，有效提升了社区居民的获得感、幸福感、安全感。

（湖北省文明办供稿）

余丙华

反哺乡邻 “扶贫书记”情满山乡

人物 THE STORY 故事

余丙华，男，1974年生，生前系湖北省宜昌市夷陵区樟村坪镇董家河村党支部书记、村委会主任。

2014年，时年40岁的余丙华放弃百万年薪，卖掉自家3台挖掘机，回村担任村委会主任，2018年起担任村党支部书记、村委会主任。2020年11月3日上午9时，余丙华在入户开展低保核查时，不幸被山上滚石砸伤，因公殉职。

董家河村位于宜昌市夷陵区西北部，山大谷深，最高海拔1930米。修路是余丙华上任后的第一任务。“山上还有几十户贫困人家，住土坯房，路也不通，脱贫致富，一户都不能掉队!”这是他上任时对1700多个村民的庄严承诺。淹水淌、孙家墩的20多户村民没通公路，“家具、洗衣机、烤火炉，都是背上山的”。村民孙友兵说，通公路是他们几辈人“最大的梦想”。余丙华筹资金、跑手续、协调农户、勘线路、组织施工。两年间，筹资500多万元，完成4条村组公路的路基铺设。

“脱贫攻坚乡村全面振兴，发展不能停步。”这是余丙华在2019年的日记中写下的一段话。在余丙华的带领下，董家河村人均可支配收入由2014年的13671元，增长到2019年的20940元；村集体经济收入从2014年的800万元增长到2019年的1100万元；全村通组公路达100%，通户公路达95%，每年为村民分红140多万元，全村46户135名贫困户全部实现脱贫。

扶贫路修通了，集体经济强了，村民腰包鼓了，余丙华日记上的心愿，正在一个个变成现实。

（湖北省文明办供稿）

贺梅安

以身立岗守初心 爱心成就生命之完美

人物 THE STORY 故事

贺梅安，女，1971年生，湖北省潜江市民政局劳模工作室负责人。

2004年除夕夜，贺梅安在殡仪馆值班。接待大厅突然闯进一名男子，见了贺梅安就劈头盖脸地骂，甚至扬起手来要打人。男子是逝者亲哥，意外去世的弟弟才35岁。贺梅安心里委屈，可她告诉自己，逝者家属心情不好，要学会理解和宽容。贺梅安对男子说：“请节哀保重。你们放心，你们的亲人也是我的亲人，我会尽我自己最大的努力，让他安心地上路。”她和同事们把遗体从殡仪车上轻轻地抬上告别床，用热毛巾将逝者青紫的脸擦拭干净，将逝者的头发梳理成型。火化后，那个男子拉着贺梅安的手说：“大姐，对不起，我不该对你发脾气。”听到这真诚的话语，贺梅安流下了热泪，所有的憋屈瞬间烟消云散。

2015年6月2日，“东方之星”游轮在长江监利段发生侧翻沉陷事件。贺梅安主动请缨，与同事火速奔赴监利殡仪馆。当她看到一具高度腐烂的遇难者遗体时，身体不由自主地颤抖起来，眼泪也不自觉地流了下来，视线模糊一片。贺梅安连续工作几天几夜，与同行完成了442具遇难遗体的整理处置工作。离开监利之前，贺梅安来到“东方之星”出事地点，沿着江堤缓行，采上一束鲜花与遇难者亲人留下的花束放在一起……

让逝者保留尊严，让家属不留遗憾，贺梅安以一颗真心在这个特殊的行业干出了不一样的精彩，被誉为“殡葬战线上的楷模”。

（湖北省文明办供稿）

邓梦冰

从教 27 年 她用炽热的爱点燃“红烛”事业

人物 THE STORY 故事

邓梦冰，女，1974 年生，中共党员，广东省惠州市惠东县宝口中学教导主任。

1994 年 7 月，邓梦冰从湖南来到惠东县宝口中学任教，至今已 27 年。她一直坚守山区，安教乐教，真诚对待每一位学生，用炽热的爱点燃这份“红烛”事业，把满腔热血奉献给山区的孩子们。在课堂教学实践中，邓老师积极组织丰富多彩的课外活动，推动宝口中学的教学质量逐年稳步提高，在 2020 年教学质量综合评价中获全县一等奖。

山区学校学生以留守孩子居多，邓老师关心着班里的每一位学生。张同学是一位“玻璃人”（脆骨症患者），因双腿先天萎缩行动不便，需要妈妈每天背她来上学。而在校期间，邓老师就成了她的第二个妈妈，学习上、生活上给予张同学无微不至的照顾。贵贵同学小时候失去母爱变得内心封闭，17 岁时来到邓老师的班里。为了走进贵贵的内心世界，邓老师想方设法打开贵贵的心扉，贵贵变得乐观了，后来竟然还拿出他自己的原创小说《梦想请等等我》，那一刹那，邓老师感动得热泪盈眶。

27 年来，邓老师总是像慈母般细心呵护着这些孩子。节假日，她骑车走访留守孩子的家，帮他们解决生活上的困难，她的足迹踏遍宝口镇的每一寸土地，把温暖送进了千家万户。

（广东省文明办供稿）

姜 鹏

扎根基层奉献青春 为乡村全面振兴贡献清华力量

人物 THE STORY 故事

姜鹏，男，1994 年生，重庆市荣昌区经信委四级主任科员、昌州街道八角井村党支部书记助理、八角井兴农联合党支部书记。

2019 年 8 月，从清华大学毕业的姜鹏放弃市直单位工作机会，响应组织号召，成为一名重庆市选调生，负责荣昌区昌州街道八角井村集体经济发展工作。

作为传统意义上的产业空心村，八角井村发展之初面临着“无基础、无优势、无特色”和“缺资金、缺技术、缺管理”的先天不足。困境面前，姜鹏构建起“土地合作社 +”产业发展机制，让土地合作社引来先进农业技术、现代企业管理和优质社会资本，一举扭转村集体经济组织在市场经济中的弱势地位。

在姜鹏的直接推动下，不到两年时间，八角井村先后引进秦橙智能综合产业园、澳洲茶树等 10 余个现代农业项目，村集体经济为村民带来的直接收益达 200 余万元。

在产业发展过程中，姜鹏大力推动村民特别是脱贫户就近务工，服务村集体经济项目，逐步形成政府主导、农民自愿、学工一体、注重实效的新型职业农民培育制度体系，有效保障了现代农业发展人才需求。

2020 年伊始，面对突如其来的新冠疫情，姜鹏推迟婚礼，千里返岗，用心用情用力守护群众健康，坚守隔离点长达 38 天。

（重庆市文明办供稿）

薛小玉

基层检察官侠骨柔情 做服务群众的“燃灯者”

人物 THE STORY 故事

薛小玉，女，1976年生，中共党员，四川省南充市蓬安县检察院第四检察部主任。

她“四个意识”强，始终坚持做党性强、业务精、作风正、工作实、纪律严的表率。业务素质高，在反贪局工作期间，侦查员、监护医生一肩挑，被誉为反贪战线的“铁娘子”。

她感化孩子细，用爱心让100余名失足的孩子走出困境，其中，58名少年重返校园，32名考上大学。她带领的爱心妈妈服务队多次被评为全省关心下一代工作先进集体、三八红旗手先进集体等。

她教育孩子实，主动担纲建设了蓬安县法治教育基地相如青春驿站，该基地现已接待3.9万余人参观学习，先后被评为四川省政法系统法治实践教育基地、四川省青少年社会实践教育基地、四川省法治教育示范基地。

她创新精神强，建起社区矫正GPS监控系统；创新“完美封存”“温情礼包”等工作模式，有力保障涉罪未成年人的合法权益；在全市率先试水“亲职教育”，全力构建预防未成年人犯罪“亲情长城”；创新构建检校共建“互聘”模式、实行爱心妈妈派驻“儿童之家”制，推动建立保护未成年人健康成长立体长城。

薛小玉始终用实际行动，谱写着对检察事业的无限热爱，对党和人民的无限忠诚。

（四川省文明办供稿）

王 玉

用爱呵护苗乡孩子成长的女校长

人物 THE STORY 故事

王玉，女，1973年生，生前系贵州省贵阳市南明小学副校长、黔东南苗族侗族自治州从江县大歹小学第一校长。

2019年，癌症手术治疗初愈后的王玉，响应号召，主动申请到深度贫困地区从江县大歹小学开展教育帮扶工作。她秉承“支持教育发展，提升内生动力”的理念，率领南明小学帮扶团队开展教育“组团式帮扶”，着力解决大歹小学教育意识落后、教育能力落后、教育水平落后三个方面的深层次问题。

她邀请贵阳市的相关专家送培送教，组织大歹小学教师赴南明小学跟岗学习，协调开展研学、游学等活动，并和教师们一起动手美化校园环境。在她和支教团队的共同努力下，不仅提高了课堂教学水平，加强了教学管理，还加强了校园文化建设。同时，倡导“爱的教育”理念，引导和帮助学生们养成良好的学习和卫生习惯。通过一系列的措施，大歹小学充分改变了教风、学风，一年级至六年级无学生辍学，并成为贵州唯一入选“全国温馨乡村校园”案例学校。

2021年1月，因病症转移恶化，王玉的生命定格在47岁。王玉虽然走了，但她给世人留下了宝贵的精神财富，把爱洒向了人间。

（贵州省文明办供稿）

敬业奉献

周　忠

22 年用执着和坚守铺就通邮路

人物 THE STORY 故事

周忠，男，1968 年生，贵州省毕节市大方县邮政分公司普邮投递员。

1998 年，周忠成了一名邮递员，每天的工作，就是分拣报刊信件，然后骑着自行车大街小巷地到处投递。自行车去不了的地方，他就背着几十斤沉甸甸的邮袋一家一家送，这种工作状态下，常常要晚上八九点才拖着疲惫的身体回家。遇到下雨天，路面变得又湿又滑，泥土裹满了周忠穿着布鞋的双脚，鞋里面经常又湿又冷。

在信件投递的过程中，常常会收到许多地址无法核实的“死信”，但周忠并没有将这些信件按“查无此人”处理，而是在走家入户的过程中，通过信封上仅有的信息，一遍遍打听，一次次找寻，最终为这些“死信”找到收件人。

工作中，周忠给自己提出要求：“做服务工作的就是要让用户百分之百的满意。”在和用户接触的过程中，不管男女老少，他始终保持热情和蔼的态度，而客户们也逐渐和他熟识起来，把他当成亲人。

22 年来，周忠用双脚默默丈量着“邮差路”，先后骑坏了 7 辆自行车和 5 辆三轮车，从未降低过服务水平，从未发生过缺报少刊、捎转邮件现象，邮件妥投率始终保持在 100%。他用实际行动践行了“邮递员最大的幸福感，就是让邮件准时准点送到每一位收件人手中”的理念。

（贵州省文明办供稿）

敬业奉献

张子权

“80 后”专案民警张子权用生命谱写忠诚警魂

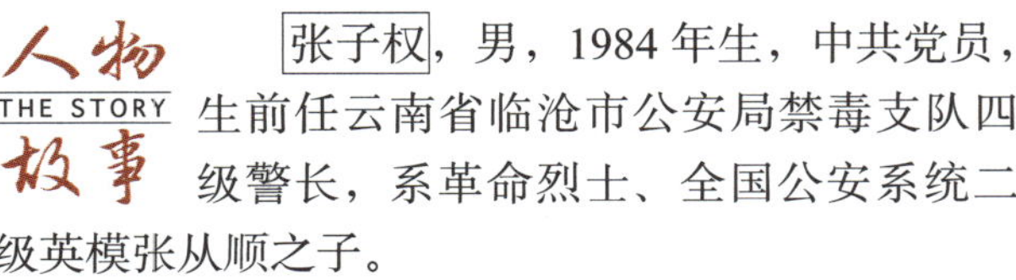

人物 THE STORY 故事

张子权，男，1984 年生，中共党员，生前任云南省临沧市公安局禁毒支队四级警长，系革命烈士、全国公安系统二级英模张从顺之子。

2017 年 4 月，张子权在临沧市公安局禁毒支队易制毒配剂大队从事内勤工作；2020 年 11 月 9 日，张子权同志被抽调参与“11·04”专案。在安徽省宿州市萧县开展专案侦办期间，张子权突发疾病，意识丧失，心脏停搏，经萧县人民医院抢救，后被转至江苏省徐州医科大学附属医院重症监护抢救。12 月 15 日 19 时，张子权经抢救无效因公牺牲，年仅 36 岁。

在张子权同志短短的一生中，他继承父亲张从顺烈士的遗志，投身公安工作，一生忠于党、忠于人民。他参与破获赌博刑事案件 23 起；在禁毒斗争中，他先后参与侦破了 100 余起毒品案件，为禁毒斗争作出了突出贡献；在扫黑除恶专项斗争中，他长期奔走在专项斗争最前沿，参与破获刑事案件 90 起；在疫情防控和打击跨境违法犯罪中，他与战友们一道，连续 17 天奋战在边境一线，先后从临沧辗转昆明，至安徽合肥、阜阳、宿州等地，抓获 6 名犯罪嫌疑人后，最终倒在了工作岗位上。

张子权同志用奋斗的青春诠释了人民卫士的血性本色，用冲锋的姿态描绘共产党员的初心使命，用宝贵的生命谱写了人民警察的忠诚警魂。

（云南省文明办供稿）

唐方清

乡村医生坚守大山30年 守护健康惠乡亲

人物 THE STORY 故事 唐方清，男，1970年生，中共党员，陕西省安康市岚皋县孟石岭镇易坪村乡村医生。

易坪村山大沟深，16平方公里范围内散住着1022人，每个人的身体状况，唐方清都清清楚楚。多年来，他一直用自己精湛的医术、淳朴的初心守护着当地村民的健康。易坪村的村民，不管是留守在家，还是创业在外，他们的电话本里都存着唐医生的电话，因为他们知道，只要有需要，唐医生都会第一时间出诊，给他们带来帮助。2009年的腊月，深山的小路覆满冰雪，距离唐方清家5公里外的邓某天不亮就来敲门，说自家7岁小孩已经拉了十几天的肚子，在卫生院打了几天针也没有好转，听说唐医生擅长小儿推拿，就一大早来请他出诊。唐方清听后连饭也没顾上吃，在鞋底套上防滑的草绳，便急匆匆赶到邓某的家，经过连续三天的推拿，孩子逐渐好转。高血压患者刘宗成住在村子公路尽头两公里处，唐方清每月上门为其测量血压，指导服药。2018年初老刘突发脑梗死，经市中心医院治疗后长期在家卧床休养。连续四个月，唐方清都每周上门观察病情，直到老刘去世。

30年来，唐方清牢记“行医一时，鞠躬一生；不求闻达，但求利人”的古训，始终把医德作为乡村医生的灵魂，作为人生行事的标杆，治病救人无数，受到了人们的信任与好评。

（陕西省委文明办供稿）

李世有

科技扶贫工作人员　用所学知识将技术传播到贫困村的每个角落

人物 THE STORY 故事 李世有，男，1973年生，现任宁夏回族自治区中卫市海原县科学技术局科技服务中心主任。

2006—2012年，李世有先后参与了7期旱作节水农业示范项目。在海原县高崖乡草场村建成10000立方米的调蓄水池1座，育苗日光温室20栋，中型拱棚600座，建成高效节水示范基地1000亩；在关桥乡冯湾村建成甜瓜育苗温室6栋，小型蓄水池6座，推广节水滴灌节水1300亩；在西安园河村建设小茴香高效节水示范基地800亩，并研究提出优势作物节水补灌模式3种，2项节水技术规程。

2018—2020年，李世有主持实施宁夏“科技支宁”东西部合作小杂粮高效种植技术示范与推广项目，成功转化“渗水地膜波浪式精量穴播”、马铃薯“四位一体”膜上覆土两项科技成果。

2018年，李世有作为宁夏回族自治区科技厅选派的“三区”人才，与自治区扶贫指导员组团进行帮扶，组织培训农民技术员22人次、农民300余人次，帮助农民引用新品种、推广新技术，培养了贫困村一批懂技术、会经营的新农民，让科技支撑产业发展变得快捷、更实惠。

2018年以来，李世有组织编写了海原县科技创新发展“十四五”规划，2022年编写了《海原县设施农业发展规划（2022—2027年）》和《海原县种业提升行动规划（2022—2027年）》，不断引导当地现代农业产业发展走向更高、更远，为海原县农业高质量发展翻开新篇章。

（宁夏回族自治区文明办供稿）

李 飞

退伍军人孝老爱亲 为救父亲割肠两米

人物故事 THE STORY

李飞，男，1985 年生，河北省张家口市蔚县城市管理综合行政执法局职工。

2000 年 6 月 18 日是一个黑暗的日子，李飞的父亲突发剧烈腹痛，辗转多家医院后被确诊为肠系膜上动脉栓塞，病情危急，经过医院全力抢救，李飞的父亲虽然终于捡回一条命，但小肠几乎被全部切除，成为“短肠人”，终生只能靠静脉营养维持。为了延长父亲的生命，李飞和家人多处打听，寻找办法，功夫不负有心人，李飞终于找到了治疗短肠综合征的手段——小肠移植。

跨越大半个中国，李飞带着父亲来到浙大一院，了解到小肠移植手术是目前能挽救父亲性命的唯一办法。等待捐献肠源时间久、费用高，而且手术后排异反应强烈，李飞很快决定为父亲做活体移植。“我是一名退伍军人，军人都是由钢铁铸成的，上阵报国尚且不怕，为老爸取肠子有什么可怕的?!”说服了家人和父亲，李飞和父亲同时被推上了手术台，5 个小时的手术，显得格外漫长，为人子女的情义，集中演绎在六尺手术台、三寸柳叶刀间，李飞最终将自己三分之一的肠子捐给了父亲。

术后李飞体重轻了十多斤，原本高大魁梧的身材变得有几分纤瘦，由于小肠变短偶尔吃不对还会拉肚子，但看着父亲身体逐渐好转，李飞的高兴难以掩饰。“救活了我老爸，值得！这是我这辈子最大的成就!”李飞非常骄傲地说，看着身上留下的约 10 厘米的刀疤，他却觉得像是一枚奖章。

（河北省文明办供稿）

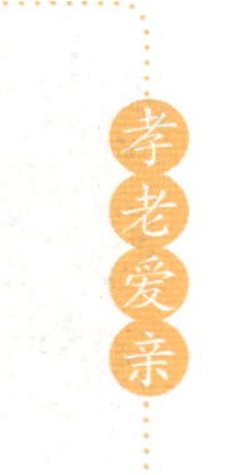

席旭艳

几十年如一日照料婆婆和智力障碍大伯哥

人物故事 THE STORY

席旭艳，女，蒙古族，1959 年生，中共党员，内蒙古自治区锡林郭勒盟镶黄旗卫生计生委退休干部。

在席旭艳的家庭里，有一位特殊的家庭成员——爱人智力残疾的哥哥。在悉心照料重病的婆婆至寿终正寝后，席旭艳夫妇主动承担起赡养哥哥的重任，哥哥在这个家一待就是 20 余年。

几十年如一日，席旭艳心怀孝悌深情，无悔为爱付出，周到地照顾着一家人的生活。

提起赡养哥哥的初衷，席旭艳说道：“因为哥哥智力残疾，没儿没女，智商只有四五岁的程度，有时候会做一些不理智的事情，为了不给社会增添负担，我们会一直照顾他”。说完席旭艳脸上露出欣慰的笑容，此刻女性的伟大在这个少数民族家庭里熠熠生辉。

哥哥身材高壮，背部弯曲，买到合适的棉衣、铺盖就成了难题。为了解决这个难题，席旭艳拿起针线，亲手为哥哥缝制起衣物来，把自己无私的爱倾注到一针一线里。

时光荏苒、岁月如梭，二十多年过去了，时光不负有心人，席旭艳在岗位上光荣退休，夫妻感情和睦，两个孩子也被培养得孝顺、懂事，一家五口人过着幸福的生活，她以勤劳、无私、为爱付出的精神将一家人紧紧凝聚在一起，鬓角斑白的发丝散发着这位女性平凡而伟大的魅力。

（内蒙古自治区文明办供稿）

刘泽琴

好婆婆悉心照料患病儿媳21载 创造医学奇迹

人物故事 THE STORY

刘泽琴，女，1948年生，江苏省南京市浦口区星甸街道山西村村民。

2000年3月14日，刘泽琴接到在沈阳打工的儿子的电话，同在沈阳打工的儿媳不幸遭遇车祸，在医院昏迷不醒。医生说，病人大脑、颈椎遭到严重撞击，就算抢救回来也大概率恢复不了意识。刘泽琴赶紧放下农活，简单收拾行李，便踏上了前往沈阳的列车。

抵达沈阳后，刘泽琴住进了医院。喂水、打流质、翻身、按摩，每天悉心照顾着昏迷不醒的儿媳。第45天，儿媳竟奇迹般苏醒过来。可此时的她身体截瘫，失去记忆，智商如3岁孩童。出院后，刘泽琴带着瘫痪的儿媳回到家，开始了漫长的康复训练。每天帮助儿媳吃饭、喝水、如厕，还要照顾年幼的孙子和孙女。重压之下，儿子不堪重负离家出走，刘泽琴独自挑起了家庭重担，始终坚持日复一日悉心照料儿媳。

在刘泽琴的悉心照料下，儿媳的状况逐渐好转，甚至奇迹般地可以下地行走，能开口发出简单的音节。年近七旬的刘泽琴又学会了骑三轮车，一有空就载着儿媳去她熟悉的地方，帮她唤醒记忆。功夫不负有心人，2019年春节，儿媳不仅认出来家里拜年的孩子，甚至叫出了他们的名字。

如今，婆媳俩已相依为命21载。刘泽琴用担当和责任诠释了中华传统美德孝老爱亲的真正内涵。

（江苏省文明办供稿）

陈西马

孝老爱亲

女婿照料39载　岳母乐活107岁

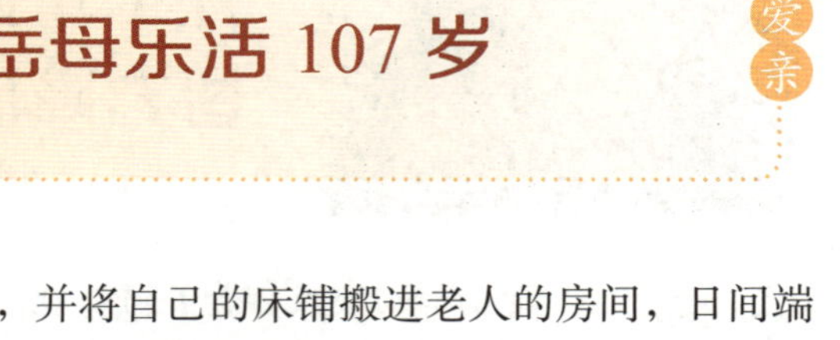

人物故事 THE STORY

陈西马，男，1930年生，江苏省溧阳市竹箦镇前马村村民。

1982年，72岁的岳父不幸去世，在弥留之际，岳父对陈西马说："我要走了，老太太就交给你们了！"孤苦伶仃的岳母，身体状态每况愈下，陈西马与妻子商量后，将年已古稀的岳母接到家里住在一起，白天服侍，夜间探视。岳母有时心情不好，发脾气，陈西马从没有一句抱怨的话，总是笑面相迎，陪着老人到野外散步。老人经常整夜睡不着觉，陈西马不管多累，都要去陪老人拉家常、说心里话。老人有时挑剔饮食，陈西马就为老人购买爱吃的食物。

2013年妻子病故，已84岁的陈西马含泪告别了妻子后，一人继续承担起照料当时已99岁岳母的责任，并将自己的床铺搬进老人的房间，日间端茶送水，夜里陪老人谈心，搀扶老人如厕。冬天冷，陈西马及时为老人添加衣被；夏天热，他从早到晚为老人用扇子扇凉风、驱蚊子；老人的衣被脏了，他总是及时清洗得干干净净。

2014年，老人在陈西马去农贸市场买菜时，一人外出散步，不慎摔了一跤，造成腿骨折住院。老人住院期间，他悉心守护照料老人10多天。老人出院后，行动不太方便，他每天陪老人在家门口散步、晒太阳。

2021年1月，老人在他的精心照料下，安度完晚年、寿终正寝，享年107岁。

（江苏省文明办供稿）

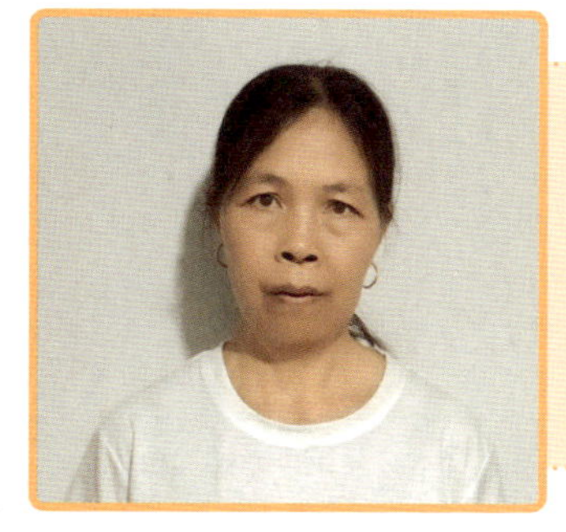

李忠仙

不离不弃　用爱唤醒植物人丈夫

李忠仙，女，1969 年生，浙江省衢州市常山县金川街道十五里村村民。

2013 年丈夫徐火根发生交通事故，经过抢救成了植物人。从此以后，护理丈夫的重任都由她一个人承担，每天她都重复着为丈夫端屎接尿、每两小时一次翻身、一天洗一次澡、按摩等等，为的是能让丈夫快点醒过来。面对沉重的家庭负担，她每天省吃俭用，自己的三餐简简单单，而把节省下来的钱都用在丈夫营养上。一千五百个日日夜夜，李忠仙诠释着那份执着的爱，每天都寸步不离守着丈夫。

功夫不负有心人，就在 2018 年 3 月底的一天，李忠仙正在对着丈夫说话，说着说着见丈夫的嘴角忽然抽动了一下，手也动了一下。她愣了几秒，继而抱着丈夫喜极而泣。这时，徐火根的眼角也流出了泪，还睁开了眼睛，这终于让李忠仙看到了希望，更坚信只要自己继续努力，丈夫一定会站起来的。之后，徐火根渐渐半边身体有了知觉、能进食流食，如今，李忠仙已经能够把丈夫抱到轮椅上坐着并推到外面晒晒太阳。当之前的救治医生得知情况后，都难以置信地说：“他这么快就能苏醒，简直是一个奇迹，这完全是爱的力量啊!”

（浙江省文明办供稿）

董江珍

好儿媳 10 年 24 小时贴身护理患病的婆婆

董江珍，女，1973 年生，浙江省宁波市江北区外滩街道白沙社区公益性岗位人员。

2003 年，董江珍从海南来到宁波打工，通过朋友介绍，认识了比她大 9 岁的宁波人杨勇，两人结婚后生下一个女儿，丈夫靠开出租车补贴家用，一家四口生活十分拮据。在街坊邻居的眼中，董江珍既是好母亲，又是持家的好妻子，更是孝顺老人的好儿媳。2007 年，婆婆患上了阿尔茨海默病，再加上糖尿病、高血压等疾病，瘫痪在床，需要人照顾，董江珍毫不犹豫地辞掉工作，选择在家照顾婆婆。

他们全家人吃穿都很节俭，却从不让老人受委屈。婆婆晚上睡不着觉，董江珍就陪她说话；婆婆想吃好一点的饭菜，她就去菜市场买鱼虾；婆婆牙不好，她就把煮好的饭菜碾碎再喂给婆婆吃。婆婆经常大小便失禁，弄得满床满身都是，她每天要为婆婆换七八次尿不湿，但她从不抱怨，而是像照顾孩子一样帮婆婆擦洗身子，换上干净衣被，把脏衣被清洗好。在婆婆瘫痪卧床的 10 年里，董江珍不仅是个 24 小时贴身护理员，还是半个“医生”。只有初中文凭的她常看医书医报研究婆婆的病情，还买了很多医疗仪器，定期帮婆婆量血压、测心率。

“人人都会老，照顾老人本就是晚辈应尽的义务。”董江珍说。尽管生活艰辛，但她消瘦疲倦的脸上一直保持着笑容。在婆婆去世后，董江珍走上社区公益性岗位，将自己的精力用在照顾社区独居老人上。

（浙江省文明办供稿）

王 搏
孝子照顾瘫痪父亲七载

人物 THE STORY 故事

王搏，男，1983年生，中共党员，国网南昌供电公司变电运行中心董家窑变电运维站值班员。

2014年6月的一天，父亲突发疾病，面对数十万元的手术费和后续每天近万元的治疗费，王搏拿出家中所有积蓄，并四处筹钱为父治病。经过全力抢救，父亲终于从鬼门关被拉回来，但却丧失了生活自理能力，瘫痪在床。王搏的母亲身体不好，照顾父亲的重任便落到王搏的肩上。七年多来，两千多个夜晚，王搏雷打不动每晚守护在父亲身旁。王搏知道父亲爱干净，就一直没有给他用尿不湿，房间内也没有放马桶等如厕用具，每次都是他抱着去厕所。尽管常年卧床，但父亲的房间从未有异味，身上也从未长过褥疮。父亲能听但不能说，与常人无法沟通，多年的照料陪伴，王搏学会了“读心术”，从父亲细微的动作和神情里，就能明白他想翻身、吃东西、上厕所的意思。他的细致贴心照顾，让父亲产生了依赖感，老人的微笑是满意的最好表达。王搏也从未放弃使父亲康复的愿望，多方寻医，尝试了几乎所有可能治疗的方法，哪怕有一点点微小的希望，也不轻言放弃。

除了照顾父亲，王搏也履行好丈夫的职责，虽然辛苦，但总能运用乐观的心态和美好的向往来面对生活。王搏还是南昌雄鹰救援队的一员，一有空闲就积极参与救援行动，将自己的爱心传播出去。

王搏最大的心愿就是尽自己的努力好好照顾父亲，让他能够安心地度过晚年。

（江西省文明办供稿）

唐秀凤
七旬老人以嫂名担母职 以行践言照顾智力残疾小叔50年

人物 THE STORY 故事

唐秀凤，女，1949年生，山东省日照市岚山区碑廓镇下湖村村民。

“长嫂如母，有我一口吃的，就有三儿一口吃的。”72岁的唐秀凤说的“三儿”，是她患有智力残疾的小叔子，如今已经51岁了。

唐秀凤的婆婆生养了12个孩子，其中3个男孩，9个女孩，唐秀凤的丈夫在兄弟中排行老大，二弟因为家里贫困，年轻时去了东北讨生活，其他姐妹各自成家后，照顾家里的责任也就落在唐秀凤一家身上。唐秀凤自己也有三个孩子，还有家里的十三亩地需要耕种。早年的时候，唐秀凤的婆婆和“三儿”住在老屋，平日里她都是把吃的送到老屋。随着时间的推移，婆婆年老体弱，老屋也年久失修，唐秀凤就把婆婆跟小叔子接到自己家住，把照顾他们的活都揽了过来。唐秀凤的婆婆去世时，最放心不下的就是“三儿”，拉着唐秀凤的手千叮咛万嘱咐。唐秀凤将婆婆的话放在心上，把小叔子的衣食起居照顾得十分周全。

2021年，唐秀凤已经72岁了，腰间盘突出造成的脊管狭窄，使她经常腿疼腿麻，走路都成问题，医生建议她休养做手术，但是她担心没人照顾好小叔子，就一直拖着没做。她的老伴也有股骨头坏死，常年拄拐，腿脚也不方便，更无法照顾好。“三儿要是走在我前边，那是他的福气，我要是比三儿走得早，那就让儿女照顾。”平凡之中贵在坚持，唐秀凤用自己的朴实善良，书写了自己人生中一段不平凡的故事。

（山东省文明办供稿）

彭保强

孝子借钱买车带九旬母亲游天下

孝老爱亲

人物故事 THE STORY

彭保强，男，1968 年生，河南省周口市太康县常营镇常北村村民。

为实现 95 岁的老母亲俞秀英外出旅游看风景的愿望，53 岁的彭保强向亲邻借款 9 万元购买了一辆面包车，先后于 2019 年 11 月、2020 年 8 月两次载着母亲俞秀英外出旅游。他们从河南出发，经过了湖北、云南等多个地方，一路上，为让母亲多看风景，彭保强不走高速，只走国道、省道，遇到风景区就停。在前后两次共计 8 个月的时间内，彭保强带母亲游览了全国 20 多个省市的名胜风景。彭保强的孝心也感动了不少人，一路上，不少群众和游客纷纷给他们提供帮助，有人给食物，有人管吃住，还有人带他们免费旅游，这让彭保强也十分感激。

2021 年春节过后，彭保强在开封找了一份开槽罐车的工作，工资待遇还不错。“娘，等我打工积攒一些钱，我再带你到新疆、东北看看。听说新疆公路很美，一条路上有春夏秋冬四个季节。”彭保强对母亲俞秀英说。

彭保强在外开车，每天三次给母亲打电话问候。而俞秀英老人听说儿子还要带她外出旅游，则加强了锻炼，跑步、洗衣、做饭，样样自己动手。“我得把身体锻炼好，也好旅游时尽量不给儿子添麻烦。”俞秀英老人说。

（河南省文明办供稿）

马银成　王会平

夫妻俩精心照顾两个残疾哥哥 33 年

人物故事 THE STORY

马银成，男，1967 年生；王会平，女，1970 年生，二人皆为河南省漯河市临颍县王孟镇高村村民。

1988 年，年仅 19 岁的王会平认识了马银成。当时马银成家里穷困潦倒，大哥马继胜身患肺气肿等疾病，身体孱弱、心智也“笨”一些；二哥马金成，患精神疾病，发病时神志不清，生活无法自理。两个哥哥一直未成家，周围人都把他们看作“累赘”。通过接触，王会平认为马银成孝顺父母照顾兄长，不怕吃苦受累有担当，她心甘情愿和马银成一起撑起这个家。

两人结婚后，面临着赡养老人、照顾哥哥、养育孩子的多重压力。2004 年、2008 年，马银成父母先后罹患重病，夫妇俩在床前悉心照料，无奈病情严重，二老相继离世。之后，夫妻俩对两个哥哥更是关爱有加，衣食住行照顾得全面周到。2014 年正月初七，二哥马金成走失，有邻居道：“既然走丢了就不要再找了。”但夫妻俩不放弃，张贴 1000 多张寻人启事，经过 8 天 8 夜终于在几十公里外的鄢陵县找到他。2017 年 12 月，大哥马继胜病情加重转院到郑州，夫妻俩守护 6 天，直到大哥转危为安。2020 年 12 月，二哥再次走失，这次历经 12 天才将他寻回。

近年来，一家人的日子越过越好，每逢两个哥哥生日，夫妻俩都会召集一家人聚在一起，给他们祝寿，让两个年已六旬的老人充分感受家人的关怀和温暖。

（河南省文明办供稿）

宋廷辉

好弟弟40年不婚不娶 只为全心照顾患病兄长

人物 THE STORY 故事

宋廷辉，男，1980年生，湖南省常德市深柳镇五总社区居民。

宋廷辉是深柳镇五总社区的居民，早年父母双亡，面对年长两岁瘫痪在床的哥哥，他不离不弃，为了全心全意照顾哥哥，40岁的他至今仍未婚娶，用自己的朴实举动，书写了兄弟手足之情。

2017年5月，一件事改变了他们的平淡日子，宋廷辉的哥哥宋永春因亨廷顿舞蹈病，造成半身瘫痪，失去了语言能力。手脚僵硬，吃饭、穿衣、起床这些最简单的事都不能自理。看着孤身一人的哥哥，宋廷辉辞去了工作，开始担负起给哥哥喂饭、喂水、洗脸、穿衣等烦琐的护理工作，留在家中照顾宋永春的起居。

照顾病人如同照顾小孩，需要格外多的耐心。宋永春因为后遗症时常大小便失禁，宋廷辉也不嫌弃，每次都把哥哥收拾干净。为了不让长期卧床的兄长出现身体溃烂的现象，宋廷辉每天都为其擦洗身体、按摩等。晚上担心哥哥翻身掉下来，他便在兄长的房间摆放一张小床，睡在一间屋子，保证哥哥喝水、解手能随叫随到。

宋廷辉的个人生活就是围绕着哥哥，40岁的他仍未成家，而他却说："我是普通的群众，没什么文化，我的愿望就是希望哥哥能平平安安、我只是做了一个弟弟应该做的。"

（湖南省文明办供稿）

冯紫萱

好儿媳勇敢面对家庭变故 精心照料公公婆婆

人物 THE STORY 故事

冯紫萱，女，1986年生，中共党员，陕钢集团汉钢公司计量检验中心金相分析工程师。

2015年9月，冯紫萱的婆婆骑摩托车带公公去渭南医脚，不幸与一辆重型货车发生碰撞，造成公公高位截瘫，大小便失禁以及身体多处骨折，经评定为一级伤残；婆婆颅脑损伤，左锁骨骨折活动受限，经评定为十级伤残，两位老人在医院医治长达4个多月，花费约25万元，医治费用皆为冯紫萱夫妻二人借贷。

面对巨大的经济压力及心理压力，冯紫萱没有退缩、没有逃避，主动承担起了照顾公公婆婆的责任，为公公翻身、按摩、擦身、喂饭、擦药，帮助婆婆做康复训练。出院以后，为了更好地照顾两位老人和孩子，她把两位老人接到身边，为了使公公婆婆住得更舒服，专门给公公买了一张护理床，卧房也装了电视及空调，每到换季她也会给两位老人买两身衣服和鞋……但凡她能想到的都尽力去做，直到公公去世。

她尽心尽力照顾老人，得到大家的一致好评，用无私的爱托起了这个家的希望，让这个风雨飘摇的家庭，重拾健康和幸福。

（陕西省委文明办供稿）

王连珍

淳朴农妇 19 年尽心竭力挑家庭重担

人物 THE STORY 故事

王连珍，女，1965 年生，甘肃省兰州市安宁区九合镇九合村四社村民。

2001 年，36 岁，正是一个女人风华正茂、享受生活的岁月，而她却经历了人生中最大的起伏。婆婆去世得早，又突逢丈夫因病离世，一个原本就有负债的家庭一下子陷入了上有老人要照顾、下有幼子要抚育，而王连珍得一人挑起所有重担的苦难境地。

勤恳的她毅然肩负起了照顾体弱多病的老公公和两个孩子的责任，埋头苦干养家糊口。2010 年，年迈的老公公在家不慎摔倒致使髋骨骨折，救治无效，最终瘫痪在床，生活无法自理，她接屎接尿照顾老公公 7 年，直至老人去世。2014 年，儿子以优异成绩考入大学，她省吃俭用，用微薄的低保金、种田务农的收入、打零工所得，保障孩子的学费和生活费。在她的影响下，孩子勤工俭学，连续获得奖学金，2018 年更是以优异的成绩考上了研究生。她的坚持、她的付出，身边亲友看在眼里、暖在心底，她对家庭的不辞劳苦也得到了村民的一致赞许。

“父母是孩子最好的老师，我怎么做，孩子就会怎么学，我要用自己的行动教会孩子尊老爱幼，做一个尊敬师长、孝顺老人，对社会有用的人。”她一直坚信，“只要家人在一起，生活就永远充满希望”。

（甘肃省文明办供稿）

李盼春

普通职工奉养瘫痪母亲 悉心养育女儿和孤苦侄儿

人物 THE STORY 故事

李盼春，女，1964 年生，新疆生产建设兵团第六师五家渠市人民路街道北海东街社区居民。

2007 年，李盼春的母亲因脑梗死瘫痪，丧失行动能力。为了让母亲有更好的生活环境和更方便的就医条件，她将苦心经营 10 余年的养猪场关闭，举家从六师一〇三团搬迁到了六师五家渠市。10 多年来，李盼春无微不至地照顾半身不遂、大小便不能自理的母亲。母亲精神矍铄、面色红润，逢人便夸：多亏了盼春把我照顾得好啊！

侄子李腾宇 9 岁那年父亲去世，母亲离家出走。李盼春将侄子李腾宇接到家中悉心养育。当时年幼的侄子无法面对家庭的骤变，开始逃学、沉迷于网络游戏。李盼春急在心里，却从不打骂呵斥，而是晓之以理、动之以情，帮助他一步步改掉坏习惯、树立自信心。在她的教导下，李腾宇顺利考上大学。

李盼春的女儿张墨竹大学毕业后在乌鲁木齐市地窝堡机场工作，因表现突出多次被单位评为优秀党员、优秀党务工作者和先进个人。女婿贾经纬是一名武警，工作在和田。经过深入思考，李盼春劝说女儿放弃稳定且收入丰厚的工作，去照顾女婿。她那句“有国才有家”打动了犹豫的女儿，女儿毅然辞职随军。在李盼春和家人的大力支持下，女婿在部队 3 次荣立三等功，还被武警新疆总队表彰为优秀干部。

（新疆生产建设兵团文明办供稿）

五
月

高　巍

写有温度的科普　做有情怀的医生

人物故事 THE STORY

高巍，男，1986 年生，中共党员，北京市密云区医院急诊外科医生。

高巍在急诊工作之余创立了“医路向前巍子”自媒体，为大家科普疾病和急救知识。他的许多文章可以救命，因为里面有通俗易懂的科普和常见的急救技能方法。他曾经写过一篇文章，讲的是蜜蜂蜇伤后的急救，是我国第一篇点击量破亿的医学科普文章。高巍通过一死一生两个病例让大家学习到了被蜜蜂蜇伤后，局部应该如何处理，出现了全身过敏反应的话应该及时就近就医的原则。通过科普，高巍在工作之外的现实中真真正正地救了 109 条性命。

他是一名急诊科医生，从做科普到现在，他基本每天睡眠没有超过 4 个小时，因为热爱，所以动力满满。在工作中多留心一些大家常见的误区，把这些误区整理出来去科普给更多的朋友，让大家了解医学知识，避免悲剧的出现。

高巍总是这么说：“穿上白大衣拿起听诊器，我是医者，我去救死扶伤。脱下白大衣拿起麦克风，我是主持人、是演说家、是健康的传播者，助力健康中国，发出最美声音！”

（首都文明办供稿）

王京利

七旬老翁热心公益　寻烈士亲属传红色文化

人物故事 THE STORY

王京利，男，1950 年生，中共党员，现为山西省晋中市国防教育协会名誉副会长。

1997 年开始，他帮助八路军老战士、退役老兵整理回忆材料，整理《王震将军在黄仓坡底》《南下支队过平遥》等多篇红色文章，并通过微博、报刊等传播，深入基层单位宣讲传播红色文化。

其间有 10 多位革命烈士后代希望他帮助寻找烈士遗骨，从此开始了他帮烈士回家的寻亲之旅。2014 年 4 月，一个偶然机会，他发现了抗战期间埋葬在平遥县丰盛村的一位无名烈士，便自费到武汉、北京、延安走访，到武乡八路军研究中心和晋绥八分区研究院请教专家，查阅革命将领回忆录，后通过桂干生烈士后代桂立新找到邯郸晋冀鲁豫烈士陵园提供的材料，初步确定是 1945 年 7 月八路军南下二支队通过南同蒲铁路时战斗牺牲的原八路军总部特务团政委邹开胜烈士，随后将烈士遗骨和邹开胜女儿及另外第三人的 DNA（脱氧核糖核酸）信息送上海复旦大学进行 DNA 鉴定，2018 年 11 月 6 日，鉴定结果确定“被鉴定人 3（烈士遗骨）是被鉴定人 1（邹开胜女儿）的生物学父亲。”

根据掌握的资料，这场战斗中牺牲的廖纲绍烈士的遗骨还没找到，他又开始在平遥山区和铁路沿线数十个村庄进行走访了解。由于时隔久远，难度很大，寻找工作还在进行中。

王京利古稀之年仍然热衷公益事业，传播红色文化，帮助革命烈士寻亲，书写了一名党员致敬先烈、助人为乐、无私奉献的感人故事。

（山西省文明办供稿）

乌兰图雅

青年歌唱家热心公益 关爱资助山区贫困儿童

人物故事 THE STORY

乌兰图雅，女，1983 年生，中共党员，著名蒙古族青年歌唱家。

乌兰图雅先后发行歌曲 400 多首，个人专辑 20 张。其代表作品《套马杆》《站在草原望北京》《点赞新时代》《凤凰飞》《送你一首吉祥的歌》《阿尔山的姑娘》等红遍大江南北，深受当代华人华侨喜爱。

作为中国文艺志愿者协会理事，乌兰图雅数年来奔赴全国各地参加各种文艺志愿服务活动。2020 年新冠疫情期间，她不仅向武汉捐款奉献爱心，还向家乡内蒙古文化教育系统、餐饮服务业捐赠物资，共抗疫情。

2020 年 12 月，乌兰图雅跟随“祖国边疆行 · 唱响日喀则”文艺轻骑兵小分队走进西藏日喀则，参与慰问援藏干部、边防战士、乡村小学等一系列公益活动。

乌兰图雅还曾跟随中国文联、云南省文联，与“文艺轻骑兵基层行”的志愿者们，驱车近 10 小时，不顾山高路远，走进了中国最后一个通公路的少数民族地区——云南省怒江傈僳族自治州贡山县独龙江乡采风慰问演出，为基层百姓送去温暖，以实际行动打通服务群众的“最后一公里”。

乌兰图雅心怀大爱，长期以来关爱留守儿童，爱心资助 20 多名贫困山区学生，为贫困山区捐四所“爱心图书室”。她时刻牢记：从人民中来，到人民中去，扎根基层，为人民歌唱。

（内蒙古自治区文明办供稿）

高桂华

“谁接孩子？”四点半妈妈！

人物故事 THE STORY

高桂华，女，1950 年生，中共党员，辽宁省沈阳市沈河区万莲街道清泉社区退休居民。她发起的“四点半妈妈团”不仅在社区扬名，还受到多家央媒关注。

2021 年 5 月，下午 4 时许，沈阳育鹏小学校门口。“高阿姨好！”从一年级到六年级，十几个孩子接二连三跑到高桂华身边，高桂华总是摸摸孩子的头、再抱一下。这样的场景在这所学校门外已经重复了 11 年。她们这些穿着统一的红马甲的社区志愿者被孩子和家长亲切地称作“四点半的妈妈”。

“2011 年的时候，我发现住在楼上的小两口经常吵架。”一问才发现，两口子吵架的原因竟然是谁接孩子！沈阳小学大多四点半放学，但很多家长四点半还没下班，于是“谁去接孩子”难住了很多爸爸妈妈。热心肠的高桂华跑到社区，申请成立了“四点半妈妈团”，专门帮助邻居们接孩子。每天家长们只要通过微信群向工作人员发送代管通知，就完全不用再担心孩子放学后没有人接的问题。

11 年，“四点半妈妈团”从一开始的 4 人发展到了 45 人的服务团队。在社区的整合帮助下，“四点半的妈妈们还办起了第二课堂，有围棋班、书法班，都是免费的。”清泉社区支部书记潘颖说。

“四点半妈妈团，凡人善举、无私奉献，汇聚成了一股股爱心暖流，帮助着人也感染着人。”

（辽宁省文明办供稿）

王海波

随时在线的“电力110”是个出了名的热心肠

人物 THE STORY 故事

王海波，男，1971年生，中共党员，国网吉林省电力有限公司珲春市供电公司城郊供电所外勤三班台区经理。

王海波自参加工作以来，一直为客户提供优质服务，帮邻里解决难题，获得供电服务区1200户村民的认可。不管狂风暴雨、天寒地冻，百姓的需求就是他前进的号角。

连续15年，他用自己的代步工具载着镇医院的医生，为里化村的低保户打针；在暴风雪中步行1个小时，为客户更换空气开关；常年自费购买元器件，利用休息时间帮助敬老院维修电力线路；他匠心独运，利用自身资源优势，创建微信“彩虹群”，成为当地最具“人气”的便民平台，当地群众都热情地称呼他为“电力110”，“有事就找海波”成为当地百姓的一句口头禅。

做一件好事容易，坚持20多年做好事却不容易。其实，王海波自己也身有残疾。1998年，他的右眼因车祸受伤，现在眼眶中装的是义眼。“正因为自己是一名残疾人，更理解困难群众的不容易，所以要尽最大能力去帮助那些有需要的人。”王海波说。

面对荣誉，王海波甘于平淡，依旧在岗位上默默耕耘，竭尽全力用自己的光和热，照亮一片天空，诠释着一名共产党员的无私奉献和高尚情操。

（吉林省文明办供稿）

李　鹏

企业家设公益助学金 助贫困学生圆梦校园

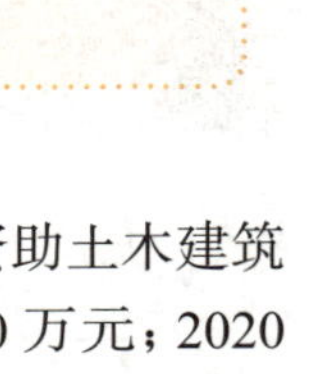

人物 THE STORY 故事

李鹏，男，1988年生，中共党员，黑龙江省大庆珑达建工集团有限公司董事长。

2020年新冠疫情初期，在防疫物资紧缺的情况下，李鹏辗转联络外省口罩生产厂家，找不到车运就召集自家车辆，找不到人搬就组织公司骨干力量自己上，为抗疫一线送去物资。累计捐赠10.8万只医用口罩、16300副医用手套、25500斤消毒液、1800套医用防护服、500副医用护目镜、1000箱桶装面和1000箱矿泉水，价值87.8万元。2021年1月，大庆市再次出现确诊病例，李鹏为坚守在一线的环卫工人捐赠外科口罩10万只、消毒液400桶。

2019年12月，李鹏参加了“温暖上学路”活动，捐资5万元资助10名贫困中小学生；2020年8月，通过东北石油大学教育发展基金会，资助土木建筑工程学院贫困大学生，设立助学金20万元；2020年9月，参加大庆市“金秋助学”活动，捐资20万元，帮助贫困学子圆梦校园。

李鹏十分关心困难群众生活情况。2019年12月，前往宏伟村看望身患重病、家庭困难的陈大姐，送去了大米、豆油等慰问品及1万元慰问金。2020年9月，带领公司集团党支部成员为50余户贫困家庭送去了月饼、豆油、大米等生活用品。

多年来，他积极参与各项公益活动，用真诚与热情诠释着“关爱社会、关爱他人”的爱心奉献精神，为公益事业及教育发展作出了应有贡献。

（黑龙江省文明办供稿）

薛　峰

“95 后”青年捐献造血干细胞无偿救助他人

薛峰，男，1999 年生，江苏省连云港市海州区浦西街道居民。

2017 年 18 岁生日那天，薛峰把献血当作自己的成人礼，用这种特殊的方式祝贺自己成年，并成为中华骨髓库一名光荣的志愿者。2019 年 9 月初，他得知自己的造血干细胞和一位白血病患者配对成功后，毫不犹豫地签下同意书：“如果能救人一命，那一定愿意！”然而体检发现多项指标不合格，他毅然决定：辞职，减肥！他瞒着家人，辞去在湖南的厨师工作，不远千里回到江苏，每天跑步、节食，在医生的指导下，毅力坚定的薛峰很快让自己的身体状态达到了健康指标。

2020 年 1 月 7 日，历经 3 个月的精心准备，他完成了造血干细胞采集，将生命的曙光送给了等待已久的 1983 年出生的白血病男子。捐献完成后，薛峰成为江苏省第 799 例捐献造血干细胞志愿者，也是全省捐献者里年龄最小的一位。

受助者专门给薛峰写了一封感谢信，感谢他的救命之恩：“千言万语不足以表达我对您的感恩之情，我一定会将您的这份爱心传递下去回报社会，让更多需要帮助的人也能感受到这份温暖。”2020 年 1 月中旬，新华社、《人民日报》、中国文明网等官微集中宣传报道了薛峰的感人事迹，在社会上引起强烈反响。

（江苏省文明办供稿）

殷学强

“90 后”小伙热心公益志愿时长超 1000 小时

助人为乐

殷学强，男，1995 年生，中共党员，苏合邦筑工程咨询集团股份有限公司投标师。

2020 年 1 月 27 日，殷学强看到共青团南京市委发布的疫情防控动员令，便报名加入了志愿者的队伍。他几经周折买到回宁车票，第一时间参加到南京南站执勤任务中。在南京南站，殷学强站好每一班岗，为到站乘客提供引导、测温、登记、咨询等服务。刚结束为期 6 天的南京南站防疫志愿服务，得知南京血库告急，殷学强又赶往湖南路献血点参加了无偿献血。献血后还未好好休息，殷学强想到基层社区在疫情防控中面临的巨大压力，又主动联系鼓楼团区委，再次加入基层疫情防控志愿者队伍中，在商埠街社区检测点和鼓楼医院等点位轮岗值守，挨家挨户发放出入证，帮助居家隔离者购买生活用品、处理垃圾等，累计防疫志愿服务时长超过 1000 小时。2020 年 7 月，持续降雨导致长江水位上涨，殷学强又第一时间报名，加入下关街道的防汛志愿队，每日认真完成沿江巡查、守堤护堤的任务。

平日里，殷学强便经常参与所在地重大赛会保障和基层智慧助老、人口普查、文明劝导、交通指引、济困关爱等各类志愿服务，在志愿服务一线以实际行动展现当代青年的担当与风采。

（江苏省文明办供稿）

姚宝熙

“裸捐”千万元　将毕生积蓄反哺家乡

人物故事 THE STORY

姚宝熙，男，1935年生，中国石油物资装备（集团）总公司退休职工。

2004年，姚宝熙为浙江省兰溪市老年宫建设捐款150万元，之后又追加至330万元，并邀请设计团队参与建设，在他默默推动下，兰溪建成了当时浙江省内为数不多的高规格老年文化活动中心。2007年，姚宝熙先后捐出120万元，成立了60万元“木寸”助学基金、30万元姚村本村助学基金、30万元扶老基金，至今已累计资助奖励贫困学子1020名。2008年，姚宝熙得知村里准备修复明清古建筑群，他立马捐了400万元，此后十余年间，他倾其所有捐赠了1000余万元，修缮了10多座古建筑。2013年，姚村被评为中国传统古村落。在姚宝熙的影响下，他的子侄也捐出100万元成立教育基金。同村村民姚国尧深受感动，也为村庄建设捐款近60万元。

其事迹被《人民日报》、中新网、中国网等媒体广泛报道，引起社会强烈反响，被广大群众敬称为“木寸老人”，金华市委、兰溪市委先后发起“向姚宝熙学习”的号召，其爱国爱乡、寸木寸心的“木寸”精神也成为兰溪市新时代文明实践的精神标杆。

（浙江省文明办供稿）

元运竹

“爱心瓜哥”多年公益传正能
“突击队长”每遇危情有担当

人物故事 THE STORY

元运竹，男，1970年生，中共党员，安徽省合肥市肥东县翠竹家庭农场负责人。

2018年3月，元运竹牵头成立全省首个县级劳模（工匠）爱心服务队，组织开展了一系列公益活动，服务队成为全县公益品牌之一。2018年12月，肥东县总工会启动“跟着劳模去扶贫”，元运竹组织开展“5+1”扶贫工程，在技能扶贫、产业扶贫、健康扶贫、结对扶贫、教育扶贫等方面踏踏实实，因地制宜，因人施策，带出了一支脱贫攻坚的好队伍，被县委、县政府作为扶贫亮点之一。2019年6月，八斗镇南鲁村扶贫产业园53户贫困户因种植时间延误导致西瓜滞销，元运竹四处求助扶贫销售，持续干了20多天，为贫困户增收12万多元，他自己花费1万多元。2019年9月24日，他和儿子去长临河镇一农业企业观摩学习，突然发现远处山林着火，他立即开车到山脚，奋不顾身参加救火。2020年，新冠疫情暴发，元运竹牵头成立肥东县劳模抗战疫情先锋队，积极配合县委、县政府在春节假日期间的一线疫情防控工作，调配3辆房车保障一线人员休息，捐献防疫物资90000余件，捐款6.13万元，帮助贫困户、种植户以及贫困产业园卖菜、组织开展爱心捐赠等。

（安徽省文明办供稿）

王士宏
“草根演说家”27年让党的声音唱响基层

人物 THE STORY 故事

王士宏，男，1962年生，中共党员，安徽省淮北市濉溪县临涣镇法律服务所主任。

1986年，25岁的王士宏被聘为临涣镇人民调解员，1999年转行成为基层一名专职司法工作者。2012年，王士宏依托临涣镇千年古镇的饮茶文化，创新了“一杯茶调解法”，以茶为媒，巧解百姓纷争。在王士宏的带动下，众多“品茶客”变成调解“泡茶人”。如今，临涣镇22家茶馆，都设有“茶馆调委会”和“百姓说事点”，义务调解员发展到200多人，累计调解各类矛盾纠纷1500多场次，调解成功率达95%以上。

2016年6月，王士宏以临涣镇12家茶馆为阵地，发起成立了濉溪县“乡村小喇叭”理论政策宣讲志愿服务队，从讲故事入手，创新8分钟微宣讲、微党课宣讲方式，以群众喜闻乐见的方式，把理论宣讲与艺术化宣讲相结合，把党的好声音送入寻常百姓家。近年来，王士宏带领他的志愿者团队在文昌宫、在茶馆进行了千余场宣讲，受影响人数达10万余人。

27年来，王士宏先后进行过600多场普法演讲和宣讲，被当地人称为“草根演说家”。

（安徽省文明办供稿）

祝章成
省吃俭用四十余万元 助人为乐践行“雷锋精神”

人物 THE STORY 故事

祝章成，男，1932年生，中共党员，安徽省宁国市仙霞镇盘樟村人。

祝章成是一名抗美援朝老战士，先后荣立三等功5次、四等功6次。战争胜利后他选择返乡工作，回报社会。他寄钱给烈士亲属，为贫困学生捐资助学，上交特殊党费……数十年来，200多张汇款回执、40余万元的无偿捐赠，彰显了他的无私大爱。

有一年，祝章成的工资涨了90元，他第一时间想到的不是改善家中的生活，而是先上交了10元党费，剩下的80元全部分给了烈士家属。随着工资水平的提升，祝章成每年给烈士家属的慰问金从10元、20元，慢慢涨到了400—600元。2015年11月29日，祝章成老人看到《人民日报》刊登的关于脱贫攻坚战的文章，当天下午，他从银行取出全部存款30000元，向国家扶贫开发办公室捐赠10000元支持脱贫攻坚，向宁国市仙霞镇杨山村捐赠10000元用于修桥修路，向宁国市第一个党支部所在地盘樟村的15名烈士亲属每人发放400元的慰问金。紧接着，他又为宁国市福利院孤残儿童捐赠1000元，用作添置棉衣棉裤。最后，他仅给自己留了3000元生活费。2020年年初，祝章成拿出10000元，以特殊党费的形式捐赠给武汉市用于抗击新冠疫情。

祝章成从转业到如今住在社会福利院，助人为乐的脚步从未停止，用无私奉献彰显着助人为乐的中华传统美德。

（安徽省文明办供稿）

李 水

他是“好人”院长 公益路上的小马达

人物 THE STORY 故事

李水，男，1977年生，中共党员，江西省萍乡市赣西肿瘤医院院长。

“成功交上学费啦，谢谢院长爸爸！我会努力奉献，像您一样散发正能量！”这是来自西北大学的贫困学生发给李水的信息。2021年8月，当李水得知一高考学生因家庭原因而面临上学困难时，他主动联系并承诺每年资助1万元助“女儿”完成学业和读研。

多年来，李水利用自身单位的优势，积极开展健康扶贫、送医送药、志愿服务等，充分履行医院的社会责任。在他的带领下，医院与全市多家公益组织合作开展志愿服务数百次。2017年，李水主动跟萍乡市文明办对接，每年为300名身边好人、道德模范提供免费体检。

作为院长，捐款设立免费博爱超市、博爱厨房；为烈士亲属、抗战老兵免费体检和医疗；长期帮助弱势群体，带头献血、申请加入骨髓库等。2020年疫情最危险时，支持护士妻子远赴湖北抗疫，带领大家战斗在抗疫最前线。家庭捐助100多万元，医院捐献200多万元抗疫；2021年夫妻出资50万元成立特别关爱基金，已帮助409户困难家庭；被称为“公益路上的马达”“好人院长”，医院获“爱心医院”“好人医院”美誉。

他常说：爱能点燃希望，爱能凝聚人心，愿持续播撒爱心种子。

（江西省文明办供稿）

高 娟

亦师亦医投公益 异国抗疫担使命

人物 THE STORY 故事

高娟，女，1986年生，中共党员，中央司法警官学院教师，国家中医药管理局龙砂医学流派继承人。

2012年以来，来自普通家庭的她多次通过电台捐款助学助医。身怀仁爱之心，视治病救人为天职，先后6次在火车和公交车上抢救急危重症和晕厥乘客，面对病患的感谢，她总是回应一句“应该的”，之后便默默离开。2015年起，坚持为养老院无偿诊疗，因煤气中毒导致脑损伤、全身瘫痪的80岁秦氏老人，经她针灸治疗后恢复了部分语言和肢体功能，家属多次重金感谢都被她回绝。

2019年，高娟前往菲律宾访学，遇到百年一遇的火山爆发，受灾群众数十万，她免费为受灾的菲律宾病人诊疗，与菲律宾患者们缔结了深深的“中菲情”。2020年初，新冠疫情席卷华夏大地，她身在异国心系祖国，因封航无法回国抗“疫”，便从菲律宾购买口罩委托侨社捐给武汉。当疫情蔓延到菲律宾时，她主动联系潍坊市府侨办及驻菲律宾大使馆，请缨参加支援医疗队，24小时全天候电话接诊，帮助专家整理抗“疫”资料。回忆起决定报名一线抗“疫”的那一刻，她开玩笑地说，当时身边的人都说她疯了，但是她不后悔，“作为医生，这是我的使命”。

高娟，一个既是医者又是师者的志愿者，她常说，此生有幸从教可教书育人，有幸为医可治病救人。她一直坚守在用心做志愿，用爱传递爱的路上。

（山东省文明办供稿）

刘国强

维修工几十年如一日古道热肠 无偿维修甘做愿吃亏的“老黄牛”

人物故事 THE STORY

刘国强，男，1952 年生，河南省漯河市舞阳县保和乡路林村村民。

1971 年，18 岁的刘国强因为懂维修，成为村里的电工。因工作踏实认真，他被推荐到舞阳县技术学校学习农机修理技术，学成了一身过硬的本领，除了维修电路、电话，还会维修电机、农用拖拉机、电三轮、电视机、洗衣机等。由于技术好又勤快，县城多家维修店高薪聘请刘国强，他都拒绝了。刘国强认为，乡亲们给了他学习技术的机会，就得用学到的本领为乡亲们服务。

随着农业机械化生产的普及，刘国强维修的农用机械也越来越多，业范围逐渐扩大到周边 20 多个村子，电话也成了“维修热线”。电话一响，不论时间和距离，他都会立即赶过去。

刘国强有个原则：不换零件不要钱，换零件则只收零件费。为给乡亲们提供更便利实惠的服务，刘国强经常到周边修车店寻找旧零件，有村民维修用得上就免费给装上。

刘国强还义务承担村里学校的垃圾清运工作。每天放学后，他先把全校的垃圾收集在一起，再集中运走，至今已坚持十多个年头。他觉得能为学校和娃娃们服务很有意义。

50 年来，刘国强为村民义务维修各类车辆器具 4 万余件，惠及村民 6 万余人次。

（河南省文明办供稿）

王孝力

“饺子哥”连续 9 年送爱心饺子 带动千人做公益

助人为乐

人物故事 THE STORY

王孝力，男，1970 年生，河南省郑州市金水区丰庆路办事处泰和社区居民。

2011 年冬至前夕，王孝力看到坚守在户外一线的交警、交通协管员和环卫工人非常辛苦，为了表达对他们的感谢与敬意，就和家人一起包饺子送给附近执勤的交警和交通协管员。全国五一劳动奖章获得者、郑州交警杨华民很受感动，称他为“饺子哥”。

此后，他每年冬至都带着一家人为环卫工、交警、交通协管员送饺子，一直坚持到现在。在他的感召下，社会上更多的爱心人士参与进来，成立了“饺子哥公益”志愿服务组织，成员达千余人，连续坚持 9 年开展“冬至送饺子”、“端午节送粽子”、公益春游、爱心买瓜等公益活动，受益群众达万人以上，得到社会的广泛好评。

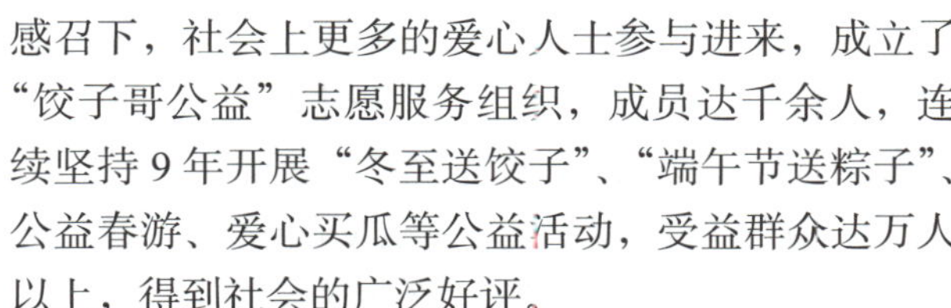

“只要条件允许，身体允许，就一直做下去。”“饺子哥”王孝力身体力行，默默付出，带领“饺子哥公益”志愿服务团队努力践行着“奉献、友爱、互助、进步”的志愿服务精神。

（河南省文明办供稿）

孙炳良

企业家身残志坚守初心 创业助残怀大爱

人物 THE STORY 故事

孙炳良，男，1969 年生，河南省鹤壁市浚县鹤翔职业培训学校校长、河南省残疾人电子商务公司董事长。

孙炳良 8 岁时不幸患上了严重的骨髓炎，在父母的鼓励下，他坚定了活下去的信心。1985 年他拖着残疾的身体到外地求学，学习电子产品维修技术。为了感恩父老乡亲的帮助，孙炳良开始给村里人免费维修电器，他的技术和人品得到了大家的好评。1989 年，孙炳良决定离开农村老家到县城创业，并于 1997 年创办“家电维修培训班”，对残疾人、下岗职工、特困学员进行减免学费的培训。

2012 年，孙炳良创办了残疾人电子商务培训运营公司，帮扶 6800 余名残疾人创业就业。为了让更多重度残疾的学员生活学习更方便，主动为残疾学员加装无障碍设施，并在残联、人社等有关部门的帮助下建立了河南省内第一家无障碍残疾人电商培训学校。由于部分贫困残疾人没有文化或年龄偏大，低智力、低视力，不适合学习电子商务，孙炳良又在基地增加了足疗保健、手工艺品、字画装裱等培训及更多的就业渠道，进一步解决了贫困残疾人的就业难题。

2016 年，孙炳良又建立了电商创业孵化园，为残疾人贫困户免费提供场地、吃住、货源、仓储等。该园区被评为“国家级残疾人培训基地”“省级电子商务示范企业”“省级残疾人职业培训示范基地”，先后累计帮扶贫困户 680 户。

（河南省文明办供稿）

袁大庆

志愿服务队长组千人志愿团 奉献一片爱心

人物 THE STORY 故事

袁大庆，男，1968 年生，湖北省潜江市江汉义工志愿服务中心主任。

从 2001 年起，袁大庆同志就长期无偿照顾两位失能老人，两位老人的子女都不在身边，无人照料，瘫痪在床，他一直守在老人身旁，直到七年后老人相继去世。在这个过程中，他深深地感受到志愿服务的重要性，社会上的弱势群体、社区中的弱势家庭多么渴望得到帮助。“既然选择了，就无怨无悔地走下去。”这是袁大庆常说的话。

独木不成林，袁大庆的善举感动着身边的人。“下次做好事把我也叫上”，“算我一个”，“别忘了，也算我一个”，“还有我，还有我”……就这样，爱心在汇聚，能量在聚集，此时袁大庆有了组建志愿服务团队的想法，这样就能为社会做更多有意义的事情。说干就干，从策划到筹备，再到具体的事宜，他都是亲力亲为。没有任何经费，就动用自己的存折。他牵头成立的江汉义工志愿服务队从最初的不足 60 余人，发展到目前注册志愿者 1097 人。3000 场公益活动，19 余万小时的志愿服务，在袁大庆能触及到的地方，都留下了他和团队的足迹。

多年来，他用实际行动践行着“热心公益、服务社会、回报社会”的宗旨，把所有的时间都投入到志愿服务活动中。“志愿服务不是一个名词，而是一个动词，要用实际行动和奉献精神来诠释志愿者存在的价值和意义。”

（湖北省文明办供稿）

邓兰舟

爱心司机 13 年免费为村民捎货 10 万件

人物故事 THE STORY

邓兰舟，男，土家族，1985 年生，湖北省宜昌市五峰三农客运有限公司驾驶员。

2008 年，23 岁的邓兰舟成为一名客运司机，驾驶着车牌号为鄂 E22227 的客车往返于五峰镇与麦庄村之间，全程约 50 公里。沿途山大人稀，村民购买生产生活资料多有不便。邓兰舟主动承担起采买带货任务，从生活用品、急用证件到种子化肥、农药农具，从五金店到菜市场。为了不漏项，邓兰舟把乡亲们的需求一一记在小本上。为了帮助行动不便的老人，他甚至还买来一辆摩托车，放置在候车亭，给他们送货到家。有人帮邓兰舟算过一笔账，13 年来，他累计带货超过 10 万件，累计运费达 50 多万元，可他从来没有收过一分钱。

“有时是捎几件衣服、一袋子药，有时是生活用品、急用证件，甚至还有现金。”邓兰舟说，老乡对他十分信任，很多贵重物品都让他带过，“村里的老人生活也不容易，我外出比较方便，能帮一把是一把。”

在邓兰舟的带动下，其他几位客车司机也加入了免费带货的队伍。“村民们热情、善良、质朴，我平时跑车会在村里住半个月，有时他们就给我打电话，问我几点回村里，让我回家吃饭。他们就像我的父母。”邓兰舟说。

（湖北省文明办供稿）

刘红辉

残疾公益人创新“双百工程”助残帮困献爱心

人物故事 THE STORY

刘红辉，男，1973 年生，湖南省邵东市牛马司镇虎形山村人。

1992 年，刘红辉不幸发生车祸，右手落下残疾，左耳失聪，还欠下 10 多万元债务。面对挫折，刘红辉没有就此放弃追求。在父老乡亲的关怀鼓励下，他走出阴霾、笑对生活，凭着灵活的头脑和勤劳的双手，在外出经商中积累了财富，也萌发了回报家乡和帮困助残的念头。2015 年，他回到家乡租下 70 亩土地，成立旺家农业发展有限公司，建起被服加工厂，专业从事床上用品的研发、棉花加工生产和床上用品销售。

身残志坚的刘红辉在创业的同时，不忘帮扶残疾人。公司成立之初，他就四处打听有求职意愿的残疾人或残疾人家属，聘请他们到公司务工。截至目前，该公司已吸纳残疾人和残疾人家属 32 人，帮助 10 多户家庭脱贫致富。更重要的是，通过就业帮扶，这些残疾人在劳动中实现了自己的人生价值。

为帮助更多的残疾人共同致富，刘红辉创新提出了“双百工程”项目，计划在 2023—2025 年，在邵阳市打造 100 家提供残疾人就业的爱心助残商店，招募 100 家中小微企业为“双百工程”生产基地，带领 100 个以上残疾人家庭共同致富，做大做强实体经济，服务地方经济发展。

（湖南省文明办供稿）

谢东阳

交警化身公益暖男 爱心帮扶 95 名患病儿童

人物 THE STORY 故事

谢东阳，男，1974 年生，中共党员，广东省东莞市公安局虎门分局副局长、交警大队大队长。

谢东阳 2014 年加入志愿者行列，2017 年创办了东莞市风信子公益服务中心，发起并开展"风信子的微笑"关爱脑性瘫痪儿童项目，把这些孩子比喻为风信子，寓意是"点燃生命之火，同享美好人生"。

8 年多来，谢东阳带领志愿者团队累计帮扶特殊人群家庭 89 户、共 95 名脑性瘫痪患者，运作公益款项近 400 万元，购买康复器材及用品 508 件，赠送慰问物资 7900 份；开展志愿活动 2967 场次，参与志愿者 15749 人次，累计志愿服务时间 8 万多小时；建设公益基地 1 处、儿童之家 2 处、爱心驿站 2 处。

谢东阳救助特殊人群的爱心行动，受到政府及社会各界的高度评价，被中央及省市各级媒体报道 100 余次。谢东阳所创办的风信子团队，获中国青年志愿服务项目大赛及公益创业赛金奖和铜奖、广东"众创杯"创业创新大赛之残疾人公益赛团队组金奖等国家及省市 40 多个奖项。

（广东省文明办供稿）

柴海燕

扶贫助困 20 年 "薄荷草"助力公益清香四季

人物 THE STORY 故事

柴海燕，女，1977 年生，重庆市万州区薄荷社会工作服务中心主任。

熟知柴海燕的人都知道，她有一个外号叫"薄荷"，这个称呼承载着她公益路上的付出和收获。

她最初接触志愿服务，还要从 20 年前说起。2001 年，柴海燕以志愿者身份到农村学校支教 4 年。其间，她自掏腰包资助两名学生完成学业。柴海燕尝到了公益行动的成就感，但也看到许多不如意。

支教的艰苦环境非但没有吓退柴海燕，反而让她坚定了开展公益服务帮助他人的决心。不久后，她号召更多志愿者组成薄荷志愿服务团队，对农村留守儿童开展学业、生活及心理健康方面的帮扶。2013 年，柴海燕从医院辞职，正式成立万州区薄荷社会工作服务中心，致力于公益服务。

近年来，柴海燕带领着团队跑遍万州各大乡镇村落院坝，开展包括垃圾分类、居家整理、家居清洁、收纳技巧、院坝景观设计等主题培训。仅 2020 年，薄荷志愿服务团队开展"平湖巧姐"家居收纳整理活动 55 场，直接受益人数超 2000 人次。

从事公益事业 20 年，柴海燕带领 2000 余名志愿者开展各类志愿服务 500 余场，服务群众 3 万余人次。她就像一棵薄荷草，在公益路上散发着缕缕清香。

（重庆市文明办供稿）

何娟妮

小城女子有大爱 热衷公益慈善惠及学生近万名

人物故事 THE STORY

何娟妮，女，1975 年生，陕西省铜川市 N+1 爱心助学协会会长。

2008 年 5 月，何娟妮身背 3 万元现金及药品奔赴四川汶川地震灾区参与紧急救援，同年 6 月组建成立铜川 N+1 爱心助学团队并担任负责人至今。

近年来，何娟妮资助山区贫困学生近万名，支出达 500 余万元。自 2012 年以来连续举办 10 届“山里孩子看城市”公益夏令营活动，累计帮助 326 名大山里的孩子走出深山开阔视野，该项目荣获中宣部、中央文明办 2019 年度学雷锋志愿服务“四个 100”最佳志愿服务项目。“净水计划”项目走进 18 个街道办及 5 所学校，为 2000 名社区工作人员及师生解决了安全饮水问题。“光明之爱”爱眼护眼普查项目为铜川近 10 万名学生免费检查视力、配备矫姿仪，为贫困生免费配制眼镜，该项目荣获第六届中国青年志愿服务大赛铜奖。自 2020 年新冠疫情以来，她募集捐款 20 万元购买防疫物资，坚守防疫一线 100 余天，累到晕倒也无怨无悔。“春雨助农乡村振兴行动”中，她帮助种养殖户销售苹果、菜籽油等农副产品 40 多万元。2021 年河南、陕西暴雨洪灾，她筹集救援物资 40 余万元，并亲自带队前往河南鹤壁、陕西洛南等地进行救援。她十三年如一日义务照顾孤寡老人庞妈妈，成为老人心中时时挂在心头的“女儿”。

她就像一朵盛开的山花，用青春与热血诠释着生命的意义。

（陕西省委文明办供稿）

安凤英

社区老人手缝鞋垫二十余年 只为最可爱的人民子弟兵

人物故事 THE STORY

安凤英，女，1943 年生，宁夏回族自治区石嘴山市大武口区朝阳街道万盛社区居民。

21 年，3 万余双鞋垫，大武口区居民安凤英老人将最质朴的情感全都珍藏在了自己亲手缝制的一双双鞋垫中。“我做鞋垫什么也不图，就是为了送给最可爱的人民子弟兵！”

阳春三月，武警宁夏总队石嘴山支队官兵收到了一份特殊的“礼物”：一位耄耋老人送来的 40 双手工缝制的鞋垫。在哨兵的再三请求下，老人留下了自己的联系方式，便匆匆离去。“那天是我在巡岗，快要换岗的时候看见奶奶过来，还以为是问路呢，结果过来就给我一沓鞋垫。”当天接收老人爱心鞋垫的某班班长小贾遗憾地说，“我当时手里抱着鞋垫，都没有好好给奶奶敬个礼。”

“娃娃好啊，废品都归置整齐了送给我，有什么好吃的也会惦记我，我喜欢这些孩子。”安凤英老人说。多年前，安凤英跟随大儿子来到大武口区生活，大儿子意外去世后，老人靠收废品维持生计。受官兵诸多照顾，她便想着为这些兵娃娃们做点什么。思来想去唯一拿得出手的便是自己几十年积累的缝纫手艺。“鞋垫传递军民鱼水情”的暖心故事自此开始，这一送就是 21 年。

21 年来，老人的爱心鞋垫已经做出了 3 万余双，这些饱含真情的鞋垫，飞入驻地的座座军营，在漫长的岁月里温暖着每一名官兵的心。

（宁夏回族自治区文明办供稿）

蒋志明

铁骨铮铮敢当先　热心公益显大爱

人物故事 THE STORY

蒋志明，男，1922年生，新疆生产建设兵团第二师铁门关市三十三团拥军社区居民。

1948年，蒋志明入伍，先后参加了解放甘肃、青海等战役，在4500多米高的祁连山，他和战友们克服山高缺氧、风大严寒的困难，完成了切断兰州溃敌西逃新疆的艰巨任务。1949年，蒋志明跟随所在部队，在西北大地战场上剿匪平乱、开荒种田。

1950年，蒋志明所在部队到阿克苏，响应国家号召，放下枪杆拿起锄头，开始开荒造田大生产。一个排的人排成行，后面一个人掌犁把子，前面四五个人拉，靠拉犁开荒。晚上住在自己挖的地窝子里，洞顶用胡杨树搭起来。没有床，把胡杨木架起来，缠上树枝，就是床铺，就这样在一片片沙漠边缘开垦出一片片绿洲。

1982年，蒋志明离休。他不断地发挥余热，陆续为在自然灾害中受影响的地区捐款捐物。1998年，四川青平乡遭受特大洪水，蒋志明在人均捐款不超过50元的年代无私捐款200元。2016年，江苏盐城遭受龙卷风冰雹特大灾害，94岁高龄的蒋志明，主动为灾区捐款1000元。2020年，新冠疫情暴发后，热心的蒋志明向女儿表示想为疫情防控出一份力，为武汉捐款1.6万元。据不完全统计，自1998年以来，蒋志明老人先后向四川、青海、新疆等受灾地区和个人捐款达5万余元。

（新疆生产建设兵团文明办供稿）

靳鑫淋

退役消防兵勇闯火海救助群众

人物故事 THE STORY

靳鑫淋，男，1989年生，中共党员，北京市昌平区小汤山镇政府社会事务保障所工作人员。

2020年8月3日下班后，靳鑫淋正在离家不远的饭店取餐，突然，二楼的后厨传来呼救："着火了！"消防兵退役的靳鑫淋挺身而出，指挥现场人群疏散，而他拿起干粉灭火器疾步跑至起火的厨房。

经过及时扑救，厨房内的明火已经扑灭，但浓烟依旧不断。"都疏散了么？还有没有其他人？"靳鑫淋询问惊慌失措的饭店老板，老板这才想起二楼包间内还有8位客人在用餐。此时浓烟已经弥漫整个饭店，如果没能及时疏散，后果将不堪设想。靳鑫淋冲上二楼，大喊："快走，着火了！"8位顾客出包间时才发现自己身处险境，靳鑫淋帮助他们冲出浓烟的包围，撤离现场。为防止出现不可预测的更大事故，靳鑫淋协助疏散围观的群众和附近车辆，为消防队到场展开救援创造条件。消防队到场后，靳鑫淋将现场情况交接给消防队，并明确表示所有人员已经被救出和疏散。消防救援人员迅速控制住了火势，没有造成更大的损失。在配合消防和民警交接完现场情况后，靳鑫淋默默离开现场……

"虽然已经退役了，但是12年的消防兵经历已经融入我的血液，只要有需要，只要有险情，我还会义无反顾地挺身而出。"靳鑫淋说。

（首都文明办供稿）

刘　超

女护士路边跪地救人 那一刻她忘了自己是白血病患者

人物 THE STORY 故事

刘超，女，1988年生，辽宁省沈阳市第七人民医院内分泌科护士。

2021年，一段沈阳女护士路边救人的暖心视频引得诸多网友点赞，但他们并不知道，这位全力救人的护士患有白血病，10多分钟的心肺复苏，是她在拼了命去救人。

2021年4月8日上午9时许，在沈阳沈河区文化路立交桥附近，一名中年男子突然昏迷倒地，意识不清。刘超正巧经过，听到呼救声后，本是去北部战区总医院复查白血病的她迅速跑了过去。

“快让开，我是护士，让我来！”刘超立即拍了拍男子的双肩，在耳侧呼唤着，但对方没有任何反应。“必须马上心肺复苏！”在迅速做好准备工作后，刘超跪在地上开始对男子进行施救：一下、两下、三下……在按压的同时，刘超时刻关注着男子的情况，心肺复苏做了几分钟后，男子有了心跳，然而很短暂。“我一刻不能停下来，只要有一线希望，我就要坚持。”

10多分钟后，男子的心跳和呼吸终于恢复了。刘超又和路人一起将男子送到医院急诊室。看到男子转危为安，刘超终于长出一口气，瘫坐在了地上，此时她才发现，双腿因为长时间跪地，已经没有了知觉。“当时就一个信念，救活他，忘了自己也是患者。”

普通人有多美？身患重病的她拼尽全部体力去救人，用实际行动诠释了见义勇为四个字的内涵。

（辽宁省文明办供稿）

李长河

驾驶员将公交车“秒变”为救护车 急送昏迷乘客救治

人物 THE STORY 故事

李长河，男，1979年生，江苏省镇江市公共交通有限公司第一分公司驾驶员。

2021年2月19日上午11时许，李长河像往常一样，驾驶10路公交车驶往渡口。当车辆行驶至朱方路公交站时，李长河突然听见车厢内有人喊：有人晕倒了！

只见一位女乘客坐在车厢中部的座位上，头靠着椅背，已陷入了昏迷，其丈夫站在身边不住地呼唤着。李长河见此情形，将车停靠在路边安全位置后拨打了120急救电话。在众人的帮助下，患病女乘客仍未有转醒的迹象，为赢得宝贵的救治时间，李长河当机立断，安排同车乘客转乘其他车辆，直接驾驶着公交车将患病乘客送到了距离最近的医院。公交车在医院停稳后，李长河立刻跑进急诊中心喊来医生。当医生在车上进行急救时，李长河又推来了一辆担架床，并协助医生将患病乘客从公交车抬上担架床，一路推进急救室，李长河这才放心返回工作岗位，驾驶公交车恢复运营。患病乘客得到及时救治，转危为安。

从走上工作岗位那天起，李长河便将热心服务、尽职尽责作为自己的信念。“我们一直在坚守着自己的初心，救死扶伤、助人为乐都是我们应该做的……其实我们公交驾驶员的目标，就是为乘客开好安全车、放心车、文明车。”李长河说。

（江苏省文明办供稿）

王小现

勇搏小偷身中多刀的“好保安”

人物故事 THE STORY

王小现，男，1985年生，浙江省宁波市镇海区骆驼街道鸿璟园小区保安。

2020年12月26日凌晨4时许，当值的王小现按照巡查路线开展沿街商铺夜间巡逻时，发现商铺“家乐居门窗”前有可疑人影。出于职业惯性，王小现当即上前查看，发现有人盗窃电动车后便厉声制止警告。偷盗者见只有王小现一人，恐吓道：“别多管闲事”。王小现立即呼叫支援，又迅速推倒一排电动车，以防盗窃者逃跑。盗窃者见状，竟抽出刀子几次冲向王小现，将其刺倒后逃之夭夭。

当值班长赶来时，王小现浑身是血、半躺在路边，看到值班长说的第一句话是：“东西没丢吧？”得到肯定答复后，才安心前往医院。经医生诊断，王小现头部、肩部、胳膊各中一刀，因头部受伤较重，需连做两次开颅手术。在长达半个多月的时间里，他一直躺在重症监护病房与死神搏斗。“当时想不了那么多，既然遇上了就一定不能放走坏人”，王小现说。也正是他提供的信息，让嫌疑人迅速落网。

善意呼应善意。王小现见义勇为的事迹在同事和居民中迅速传播，公司垫付药费、同事陪护照顾、业主探望捐款等，凝聚成向善意致敬的文明力量。

（浙江省文明办供稿）

黄东生

公交司机危急时刻不顾个人安危勇保乘客安全

人物故事 THE STORY

黄东生，男，1966年生，福建省三明市公交公司第三营运分公司驾驶员。

2018年9月26日下午，黄东生驾驶11路公交车行驶至三明三元邮政站点时，一位醉酒男乘客上车，无理要求黄东生按照他说的路线行驶，并扬言若不按照他说的去做，就捅死黄东生。黄东生安抚其找个位子坐下时，醉酒男乘客突然掏出一把匕首，朝黄东生颈部快速连刺4刀，黄东生顿时鲜血直流，但他依旧紧握方向盘，强忍剧痛将公交车缓缓停稳。车上的乘客报警后，行凶男乘客气急败坏，挥舞匕首，站在车门边上，企图伤害车上其他乘客，此时已经受伤的黄东生坚持起身保护乘客，并打开车门，把行凶男乘客赶下了车。

待车上乘客全部安全下车后，黄东生抓起车上的毛巾堵住了还在流血的伤口。在等了20分钟后，救护车仍未到来，黄东生就手捂伤口，一路从红旗影院走到三明市第三医院。到达医院后，黄东生陷入了昏厥，医院给其家属发了病危通知书。后经抢救，在ICU里与死神赛跑7天的黄东生才重新挽回了生命。2018年10月，三明市公安局三元分局鉴定黄东生损伤程度为重伤一级，经过一年休养，2019年12月，三明市劳动能力鉴定委员会鉴定黄东生为劳动能力功能障碍九级。

（福建省委文明办供稿）

刘友生

六旬退伍老兵火海勇救被困老人

人物故事 THE STORY

刘友生，男，1958 年生，江西省赣州市兴国县背街社区居民。

2021 年 3 月 15 日凌晨，兴国县永福街一处服装店铺着火，短短几分钟，便从小火苗转为熊熊大火，正在服装店铺对面五楼居住的学生恰巧在窗边看见了这一幕，顿时大喊起来：“着火啦！快救火啊！”一楼的住户刘友生夫妇听闻，赶紧从房间出去，看见十几米开外已是浓烟滚滚。

刘友生赶紧拨打 119 火警电话，并挨家挨户叫醒邻居，疏散着火点附近的车辆。突然，他想起着火点旁边的房子里还住着一对 94 岁的高龄老人，便赶紧去拍门，但由于电线线路严重烧毁，屋内一片昏暗。老人不知道火情严重，还想找钥匙打开卷闸门，刘友生急忙叫喊道：“别找钥匙了！你们赶紧到门边来！我来想办法！”

刘友生尝试了几次徒手抬门，无奈力气不够。十万火急之时，刘友生叫住一位路过的小伙子，二人合力，将卷闸门撬起，门一开，火苗就窜了过来。刘友生用手臂挟起两位老人，终于将老人拖出火场，看到老人在慌乱中还光着脚，刘友生细心地把自己的鞋子脱下给老人穿上。

老人安全后，刘友生才感到自己身体已经很不舒服，胸口很闷。当被问到救人时是否害怕时，刘友生说：“我冲进去的时候就一个念头，‘有人就得救！’不过事后想想要是屋顶塌了没出来，那后果不堪设想，还是有点后怕的。但是为了救人，我不后悔。”

（江西省文明办供稿）

贺成龙

“90 后”青年徒手斗歹徒 以身挡刀诠释热血担当

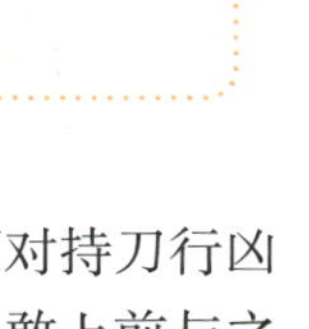

人物故事 THE STORY

贺成龙，男，1992 年生，山东省日照经济技术开发区北京路街道秦皇岛路社区居民。

2020 年 6 月 29 日下午 5 时许，贺成龙正悠闲地在锦华广场东侧的一家手机店里维修手机。与此同时，兰某因感情纠纷，携带单刃折叠刀尾随被害人王艳（化名）也到达了锦华广场 5 号楼。在兰某提出与王艳和好，却遭到拒绝后，兰某恼羞成怒，遂掏出随身携带的单刃折叠刀，连续朝王艳左背部、左胸等处捅刺十余刀。

在屋内维修手机的贺成龙隐隐听到有人呼救后，顺着呼救声寻来，他看见被害人躺在血泊之中，来不及思考，不顾自己还有伤在身，拖着早前被烫伤的脚便毫不迟疑地冲了出去。面对持刀行凶的歹徒，贺成龙忘记了自己的安危，勇敢上前与之搏斗，智夺对方手中的凶器。

虽然从小爱好武术，学习过散打、格斗等技能，但在持刀歹徒的拼命抵抗中，贺成龙的手部也受了伤。在贺成龙的顽强努力下，成功降低了歹徒继续行凶的可能，并坚持等到了公安人员赶到现场成功抓获歹徒。

“冲上去的那一刻是我的本能反应，看到被害者倒在血泊中我一下就急眼了，根本来不及考虑别的。”贺成龙回忆起那段难忘的“历险”，一切仍历历在目。

（山东省文明办供稿）

李纯飞

好党员不顾自身安危 跳深潭勇救落水儿童

人物 THE STORY 故事

李纯飞，男，1971年生，中共党员，河南省新乡市新乡县民政局工会副主席、养老服务股股长。

2021年4月18日16时许，李纯飞和女儿在人民胜利渠河边散步，发现有个男孩不慎落水。李纯飞迅速跑下河堤，沿着橡胶坝奔向对岸男孩落水地点。发生意外的地点正在橡胶坝下方，水面只有三四米宽，但在水流的冲击下，正好是一个深潭，水深足有两三米。李纯飞下水时，男孩已经昏迷，为了能让他尽快呼吸到空气，水性不太好的李纯飞，用尽全身力气将男孩举过头顶，露出水面，李纯飞则被数次压入水底。由于男孩比较重，他数次想将男孩推上岸均未成功。经过多番周折，他用尽全身力气托举着男孩往岸边游去。因岸边湿滑，李纯飞只能一手强抓着岸边石台，一手拉着男孩的胳膊，在岸边稍作休息，等待体力恢复。这时，男孩有了些许知觉，他手扶岸边的石台拉着男孩往水浅的地方走去。上岸后，李纯飞又将男孩放到自己膝盖上进行控水，男孩最终得救，李纯飞带着女儿悄悄离开现场。

"当时遇到这种情况，我必须马上救人，决不能看到一个孩子在我面前发生意外，我救的不仅是一个孩子的生命，更是挽救了一个家庭的幸福。作为一名党员干部、一名扶贫济困的民政人，这是我义不容辞的责任。"李纯飞说。

（河南省文明办供稿）

黄思镇

现役军人义无反顾奔赴火场 挽救两人生命

人物 THE STORY 故事

黄思镇，男，土家族，1998年生，现役军人。

2020年9月23日，即将结束休假准备返回部队的黄思镇专程去给爷爷扫墓。上午7时驾车途经景阳镇郑家坦村五组时，突然听到一声巨响，黄思镇立即下车，发现一处民房发生火灾，火焰一下子蹿上屋顶，并隐约听见有人在屋内呼救。黄思镇义无反顾地冲向火场，此时火势已经非常凶猛，在浓烟中，黄思镇快速搜寻，发现一名老人昏倒在地，他迅速背起老人逃出火海。

随后，黄思镇第二次冲进火场，抢运玉米等粮食，后发现还有一人被困屋内，此刻大火完全封住了楼梯，黄思镇依旧不顾个人安危，又一次冲入火海，使出浑身力气连拉带拽将此人救到了安全地带。这时全身已被汗水浸透的黄思镇才发现自己腹部等多处受伤，烟熏得他喘不过气来，忍着隐痛，他悄悄离开了现场。事后，当地群众以车牌号为线索，才知道救火不留名的英雄名字叫黄思镇，是一位现役军人。

三闯火海，不惧生死，他用坚毅的臂膀挽救两条生命；悄然而退，不计功名，他把伟岸的身影印在清江两岸，黄思镇用行动彰显了英雄本色，谱写了一曲"90后"的青春之歌，绽放出新时代军人的风采。

（湖北省文明办供稿）

臧文根

冰水救人　义薄云天

见义勇为

人物 THE STORY 故事

臧文根，男，1980年生，湖北省孝感市孝昌县花园镇殷家墩社区居民。

2021年1月，孝昌县花园镇官塘湖公园东岸，一名小女孩不慎滑入3米多深的湖水中。落水后的小女孩拼命挣扎，一眨眼工夫，就距离湖岸数米远。周围群众连忙大声呼喊："有人落水了，救命啊！"

此时，臧文根正带着两个年幼的孩子在此游玩，听到呼救声，他立即飞奔而去。到了湖边，他来不及脱衣，一跃跳入湖中。严冬水冷刺骨，臧文根迅速游到小女孩身边，当小女孩的头露出水面时，他赶紧用尽力气将她托起防止呛水，并奋力向岸边游去。由于湖岸是用光滑的石头砌成的45度斜坡，并且长了青苔，很难站稳，臧文根不得不脱掉鞋子，艰难前行，好不容易快要上岸了，脚下一滑又落入湖里。

见状，岸边的群众将围巾、跳绳扔向二人，臧文根接住围巾让小女孩抓住，小女孩被众人合力拉上岸。随即，臧文根抓住跳绳，也爬上了岸。经过救助后，女孩得以脱离危险，面对大家的交口称赞，臧文根却说："我没做什么，都是小事，只要孩子没事就好。"在确认女孩无大碍后，臧文根便和家人离开了现场。

（湖北省文明办供稿）

刘威威

体育老师冰水救人大显身手

人物 THE STORY 故事

刘威威，男，1994年生，湖北省武汉市水果湖第二中学教师。

2021年1月19日下午，在麻城城东中学支教的刘威威，骑着电动车去街上办事。车刚骑到麻城举水一桥，只见桥面上已经聚集了几十人，"有人落水了！"人群中有人大叫着。出于救人本能，刘威威赶紧停下电动车，向河边跑去。只见桥下河心中央，有一名女子在水中挣扎。岸上的民警正努力地将救生设备扔向女子，但无奈距离较远，救生设备无法直达。他知道，救人刻不容缓。脱下衣服、踢掉鞋子，顾不得冬天冰冷刺骨的江水，也顾不得自己有事在身，他径直跳进水中。他一手抓着救生绳，一手拼尽全力向女子游去。终于，刘威威在水中抓住了女子，他使出浑身力气拖着她，直到岸边。救人途中，他的脚底被尖锐的石头划伤多处。

回到学校，刘威威换下湿漉漉的衣服继续投入到学习工作中。直至被救者家属专程联系到他，要对他表示感谢，同事们才知道了事情的来龙去脉。"的确是小事儿，作为一名老师，我有责任给孩子们树立一个好的榜样。"他腼腆地说道。水果湖第二中学的校长说："救人的事，小刘回武汉后也没说。我们也是从有关报道中才知道的。作为一名教师，他用自己的行动为孩子们诠释了什么叫'临难不却、履险不惧'。"

（湖北省文明办供稿）

李　明

平凡英雄不惧危险 多次见义勇为受到赞誉

人物故事 THE STORY

李明，男，1962年生，四川省达州万源市沙坝水电有限责任公司负责人。

2019年10月27日上午，李明因轮班在家休息，10时许，他突然听到有人喊："赶快救人！"李明立即打开窗户向外望去，发现离他家约600米的漫水桥下游，有一名落水者在冰冷的河水里拼命挣扎，无人施救。见此情景，李明立即飞奔至现场，迅速跳入水中飞快游向溺水者。因水势较大，他在施救过程中好几次都被水流往下游冲走几米，好不容易才又稳住身形。但李明没有放弃，依然执着地向落水者靠近，50米、30米、5米……当李明游到落水者身边时，他已停止挣扎，身体逐渐变得僵硬。李明将其翻了个身，发现落水者已失去生命体征。

早在1986年，罗文公社梨子园村一面包车发生翻车坠河事故，李明成功挽救了3条生命；1992年，一辆货车在罗文公社石岸口因刹车失灵冲进河里，李明闻讯赶来，组织人员开展抢救工作，又成功救起3人。

究竟做过多少见义勇为的好事，李明已记不太清，在家人、同事、邻居眼里，长期患有严重高血压的他，就是一个"爱管闲事""爱做好事"的"老实人"。他自己说："跳下去救人出于本能，没想过有没有危险。"他以实际行动传递了社会正能量，树立了身边好典范，弘扬了见义勇为好风尚。

（四川省文明办供稿）

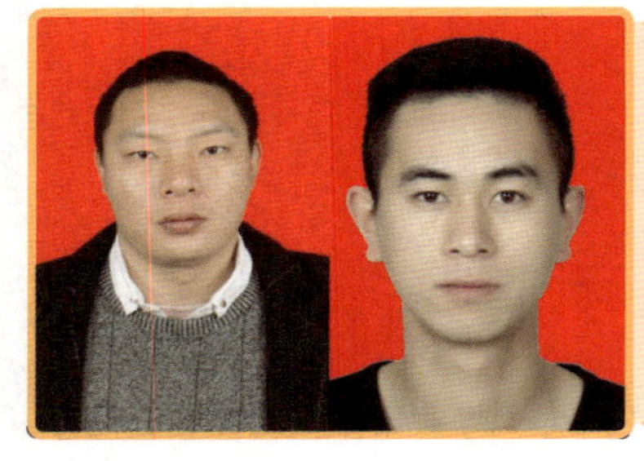

靳双溢　徐荣俊

辅警两人逆行火海疏散69人

人物故事 THE STORY

靳双溢，男，1989年生，贵州省毕节市公安交通管理局高速公路直属二大队辅警；徐荣俊，男，1993年生，贵州省毕节市公安交通管理局高速公路直属二大队辅警。

2021年1月28日15时29分，毕镇高速青场隧道内，一辆运载7吨塑料制品的货车在行驶途中突然燃烧起火。毕节市公安交通管理局高速公路直属二大队辅警靳双溢、徐荣俊正好巡逻到该路段，发现滚滚浓烟从隧道口喷涌而出。

就着浓烟深处若隐若现的光，他们发现了驶入隧道的车辆，一些司乘人员已经开始下车，而一些司机则试图从隧道口逆行，将车辆倒出来。见此情形，他们意识到隧道里面有许多社会车辆，如果不及时处理，可能造成极大的安全隐患，导致其他安全事故的发生。

两人立即在隧道口设置安全警戒标识，随后立即冲进浓烟滚滚的隧道。从隧道口开始，一边阻止进行逆行倒车的人员，一边组织滞留在隧道内的车辆让出消防通道，同时引导人员紧急疏散。

时间一分一秒过去，靳双溢、徐荣俊在黑暗中，以最快的速度排查完隧道口到事故车之间的车辆，并在有毒浓烟浓度较高、又无防护设施的情况下，不顾危险坚持到最后，成功将滞留隧道内的16辆社会车辆及69名司乘人员全部疏散出隧道。同时，还为消防车疏散出了一条绿色通道。因为他们处理及时有效，没有导致其他交通事故发生，没有一人滞留隧道造成伤亡。

（贵州省文明办供稿）

白洪胜

诚实守信

福彩站主手握巨奖彩票不动心 毅然归还购买者

人物 THE STORY 故事

白洪胜，男，1975 年生，河北省沧州市新华区东环办事处新开路社区居民，曙光街福彩彩票投注站站主。

2020 年 7 月 2 日下午，市民宋毅（化名）开车经过市区白洪胜的投注站，他着急办事，就掏出 10 元钱，让投注站站主白洪胜机选了 5 注双色球。“彩票打出来后，你拍张照片传给我，彩票就在你这儿放着吧。”宋毅和白洪胜说完话，匆匆离开了。

凌晨 5 时许，白洪胜拿起手机，才发现有未接来电。“半夜打了好几个电话，是不是有急事？”白洪胜赶紧回话。白洪胜听到宋毅说中奖的消息，还有点不敢相信。他看看微信，才确认自己的投注站出了双色球一等奖 556 万元。白洪胜顾不得多想，赶忙起床穿好衣服。“兑奖规则要求，彩票不能有污染。这么热的天儿，可不能因为出汗啥的，把彩票给弄脏了。”他一边在心里想着，一边把那张中奖彩票装在塑料袋里，再用几张报纸裹上，驾车赶往投注站。白洪胜把彩票交给宋毅，再次确认中奖结果后，将兑奖程序详细地告诉了他。随后，宋毅驾车直奔石家庄去兑奖。

白洪胜经营投注站已有 10 多年了，也曾开出 10 多万元或几十万元的奖项，开出这么大的奖项还是头一次。面对如此大的诱惑，白洪胜很平静，他说：“人家信任咱，才把彩票放到咱这儿。大家都守信用，这个社会才会更好。”

（河北省文明办供稿）

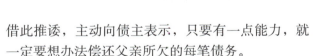

乔海庆　乔海军

兄弟齐心 16 年替父还债 坚守信义传递真情

人物 THE STORY 故事

乔海庆，男，1969 年生，山西省晋中市昔阳县大寨镇四十亩村村民；乔海军，男，1973 年生，昔阳县大寨镇四十亩村村民委员会主任。

1995 年农历五月，父亲乔爱棠因脑出血不幸去世，给弟兄二人留下的是乔爱棠生前因经营不善而积累的 10 余万元债务。当时乔海庆 27 岁、弟弟乔海军 23 岁，都没有稳定的经济来源，10 余万元债务对当时的兄弟俩来说是个天文数字，丧父的无助与经济的窘迫使他们的生活举步维艰。得知乔爱棠去世，有的债主上门讨债，但面对陷入窘境的乔氏兄弟，债主们都没开得了口。父亲的债务中除信用社贷款外，其他债务并没有借据，但兄弟二人没有借此推诿，主动向债主表示，只要有一点能力，就一定要想办法偿还父亲所欠的每笔债务。

随后，乔氏兄弟二人便踏上了长达 16 年的漫长还债路。乔海庆在家务农、打零工，乔海军到内蒙古打工，兄弟二人把自己的生活消费压到最低极限，每挣到一笔钱，都及时偿还出去。他们凭着对债主的记忆偿还每一笔债务，有时远到外县、外省寻找债主，有的债务甚至是分三四次才能还完。兄弟二人经过长达 16 年的时间，终于还清了 10 余万元的债务。

乔氏兄弟吃苦受累终不悔，信守诚信扬美德，传递着人世间最为宝贵的真善美。

（山西省文明办供稿）

许天成

耄耋老人省吃俭用坚守承诺 代父交万元党费

人物 THE STORY 故事

许天成，男，1937年生，江苏省扬州市宝应县原广洋湖农机厂退休工人。

许天成老人居住在一座占地不到40平方米的普通房屋，尽管听觉不便，但记忆清晰，每当有人问起，许天成就把自己写的父亲临终前叮嘱让他完成遗愿的文稿拿出来。文稿每一句都是要他听党的话，继承党的光荣传统，并叮嘱他，无论艰难与富贵，有生之年每年都要为父亲代交100元党费。

为完成对父亲的承诺，老人省吃俭用，从不乱花一分钱。随着条件逐步改善，2014年9月，许天成拿出储存的一万元钱为父亲交了特殊党费，交纳时的说明是这样写的“1. 我父亲1957年逝世，至2013年共56年，每年100元，计5600元。2. 按年利息30%计算，56年利息为1680元。3. 按照本人生存年限，替父今后补交2720元。合计代父亲交纳党费一万元。”2015年4月28日，不是党员的许天成继续以父亲的名义向党组织交纳关爱基金1000元，文化活动捐赠4000元。

2020年，面对突如其来的新冠疫情，看到广大医护人员和党员干部奋战在疫情一线时，内心深受感动的许天成第一时间到镇防疫指挥部办公室，捐出5000元钱。许天成替父交党费的事迹传遍千家万户，用无私奉献的平凡行动坚守着对父亲的诺言，受到交口称赞。

（江苏省文明办供稿）

金淑华

82岁高龄老人30载的坚守：坚持公益理发　诚信做事

诚实守信

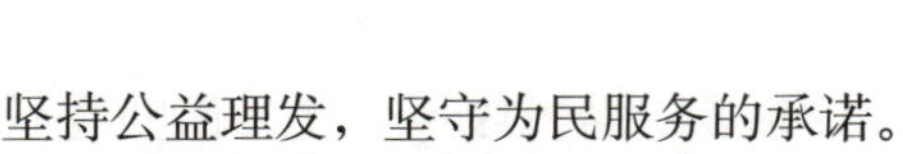

人物 THE STORY 故事

金淑华，女，1941年生，浙江省杭州市西湖区九莲新村居民，原中国铁路上海局集团有限公司杭州铁路办事处职工。

她21岁开始学习理发。从1991年至今，82岁的金淑华，每周二、周四、周六上午，都会到友谊社区铁路新村的老年活动室，坚持公益理发，诚信做事，理发价格一直为2元，30年未涨价。精湛的手艺，吸引了拱墅、临平等地老人慕名而来。此外，她还迈着蹒跚的脚步，上门给腿脚不便的老人剪发。有几年，因丈夫患病、儿子生活困难，家庭生活拮据，但她也从没想过靠理发挣钱。每周一、周三、周五去医院照顾老伴后，隔天倒两趟车仍然坚持公益理发，坚守为民服务的承诺。

她充满了爱心和耐心，以自己的行动践行和诠释着何为越平凡，越发不凡，越简单，越彰显简单的伟大。

金淑华老人不仅在西湖区公益理发，还积极参与社区的各项公益活动，更是将公益范围延伸至其他城区。有时候尽管路途遥远，她还是带上2把剪刀，1把刺剪，3把刮刀和1只老旧小皮箱的“行头”前往其他社区参加公益理发活动。

参加公益活动，她乐此不疲，她经常说：“只要居民有需要，我做得动，就一定坚持做下去。”她的小小善意汇聚成大大的温暖。

（浙江省文明办供稿）

夏淑英

一句叮咛重千斤 红色讲解员终生坚守为传承

人物故事 THE STORY

夏淑英，女，1959年生，江西省吉安市东固革命根据地纪念馆退休讲解员。

1977年，夏淑英参加工作，投身红色讲解。那时，东固第二次反“围剿”陈列馆场馆设施极其简陋，但夏淑英总是以饱满的热情接待每一位游客。

1982年，夏淑英结婚了，丈夫的爷爷邱有文是一名烈士，牺牲前曾再三叮咛后人：“烈士的鲜血不可白流，一定要将他们的故事告诉后人！”夏淑英的家婆也谆谆教导她：“将东固的革命斗争史讲好，将东固的红色传承下去！”夏淑英毫不犹豫地答应了婆婆。

为了这个承诺，夏淑英在东固大山中一待就是数十年，孜孜不倦，任劳任怨。1985年，“文陂二七会议纪念馆”把她借调过去，好不容易有了向城区靠近的机会，她却毅然申请调回了东固；1991年，吉安县委要调她去“文天祥纪念馆”工作，她又借故推却。面对家人的不理解，她诚恳地说：“我是邱家的媳妇，得牢记邱家的祖训，兑现先前在婆婆面前许下的诺言。”

几十年来，夏淑英除了讲解，还积极参与传唱红色歌谣，编写老红军回忆录，记录红色故事等工作，更是在2002年的大洪灾中不顾自身安危，救下被墙土压住的文物牌匾“公略台”。

2009年，夏淑英到了退休年龄。她却不顾家人反对再次走向讲解一线。她说：“趁还能讲得动，要让更多人都来了解这段历史，这样我才不会有遗憾。”

（江西省文明办供稿）

颜廷龙

武校校长践行“一个都不能少”的承诺 帮助百余名困难家庭的孩子

人物故事 THE STORY

颜廷龙，男，1984年生，山东省菏泽市郓城县程屯镇龙廷武校校长。

颜廷龙性格直爽、谦逊朴实。在他的学校学习的，有不少来自全国各地困难家庭的孩子。他常说的话是“一个都不能少”“我希望孩子们能够到达更广阔的天地，有更大的作为”，并作出承诺，决不让一个孩子辍学、掉队。带着这份承诺，自2006年起，他陆续帮助了100多名单亲家庭的孩子、孤儿。

2015年，11岁的小寻进入颜廷龙的学校学习。2016年小寻父亲去世，家人无力承担他上学的费用。颜廷龙主动联系小寻家人，免除孩子生活费等，生活上管吃管穿，还给孩子零花钱，在武术学习上也悉心培养。2019年，小寻在全国第二届青运会上获得冠军。家住郓城的小强，父亲身体残疾，母亲在事故中去世，家境十分贫困。颜廷龙了解情况后，向小强父亲保证，一定会尽最大的努力好好培养孩子。后来，小强以优异成绩考入青海省体工队。

颜廷龙说，生活中的照料只能暂缓一个家庭的燃眉之急，只有让孩子成才，才能实现自己的人生价值，为社会作出更大的贡献。而为了让孩子们安心、家长们放心，颜廷龙总会向他们保证，“一个都不能少”“一个都不会少”。就这样，颜廷龙践行着自己的承诺，帮助孩子们成长为栋梁之材，改变了许多家庭的命运。

（山东省文明办供稿）

曹扬成

九旬老党员坚守承诺服务村民 义务护路三十余载

人物 THE STORY 故事 曹扬成，男，1928年生，中共党员，湖南省郴州市北湖区华塘镇塔水村二组村民。

入党以来，曹扬成不忘初心践行党员承诺，每天坚持学习。他特别喜欢一个词——党员气质。他认为，党员气质好，首先要学习，学会看问题，要率先垂范，结合群众立榜样。他自费订阅《人民日报》等党报党刊已经27年，现存学习笔记7本，23万多字，义务为村民讲党课多达200多场次。2013年，曹扬成右眼做手术，术后曹扬成从医院走廊书架借了一本《新湘评论》，用一只眼睛看。同样坚持的还有书法，从1993年起，他每天练字，换了三十多支毛笔。

曹扬成还义务承担起村里一段两公里长通村公路的养护工作，他每天忙碌在这条道路上，割荆棘、整路面、清垃圾……一干就是35个年头。95岁高龄耳聪目明，在带领全家创造幸福生活的同时，不忘参加村里的公益事业，并倡导村民移民易俗，互帮互助，以他的实际行动影响了周围的人。

（湖南省文明办供稿）

李清鸾

祖孙三代践守承诺守护红旗45载

人物 THE STORY 故事 李清鸾，女，1950年生，广西壮族自治区桂林市灌阳县灌阳镇排埠江村枫树脚屯村民。

1934年冬天，新圩阻击战在灌阳打响，黄合林救助了一名受伤的红军战士。小战士伤势好转后，随即动身追赶大部队。临行前，为躲避敌人搜查，小战士把随身携带的红旗托付给了黄合林，嘱托他好好保存，等革命胜利后再来取。黄合林专门做了一个小木箱，用棉花布把红旗仔仔细细地包裹了好几层，藏在了家中隐秘处，从此这面红旗就成了老人最珍视的“宝物”。1941年，黄合林老人去世前，将红旗交给儿子黄荣青和孙子黄光文，叮嘱他们一定要好好保存。

在那个战乱年代，偷偷藏着这样一面红旗，要经历无数个提心吊胆的日日夜夜。在土豪劣绅搜查时，将红旗藏在老人的棺材里；在国民党军巡查时，把红旗绑在8岁的黄家小儿身上；1944年日军入侵灌阳，为躲避日军，黄家人将所有家产都舍弃了，却唯独把红旗带在身边。黄家人日日盼、月月盼、年年盼，盼望红军战士回来取红旗，但遗憾的是，红旗一代代传下来，那位红军战士却始终没有出现。1979年，在黄光文带着遗憾病逝后，黄家人将这一珍贵的革命文物捐赠给广西博物馆珍藏。近年来排埠江村发展红色旅游，很多游客慕名而来探寻红军故事。李清鸾秉承祖辈信念，作为一名志愿者积极向游客讲解这段红色历史，无数人被深深打动。

（广西壮族自治区文明办供稿）

冯丽梅

环卫女工面对 65 万元巨款不动心

人物故事 THE STORY 冯丽梅，女，1969 年生，海南省海口京环公司水域中心保洁二班退休职工，因表现优秀，公司返聘她继续在水域中心担任保洁员。

2021 年 3 月 19 日上午 7 时许，提前到岗的冯丽梅在准备好作业用具后，在海口市琼山区美舍河中山桥段开始水面打捞作业。在打捞到一半时，发现水面上漂浮着一个环保布袋和一个公文袋。出于职业习惯，她第一时间上前打捞，将公文袋打捞上来后，发现袋子很沉，打开一看，里面装满了现金。冯丽梅被眼前的巨款吓了一大跳，害怕被心怀不轨的人抢夺，便第一时间上报给公司领导，在公司领导的指示下，冯丽梅立即联系了警方。

经派出所民警和海口京环公司工作人员初步清点，包内现金总额约 65 万元，还有一块价值不菲的浪琴手表。

“这名环卫阿姨太棒了，这么多的钱不知道其他人看到会不会动心，她却主动报警交给警方，给环卫职工点赞！”“大姐你可真是好心！”在现场，围观市民和警察同志都纷纷对冯丽梅点赞，对她拾金不昧的善举表示赞赏。在接受媒体记者采访的时候，冯丽梅说道：“虽然家境清贫，但我有工作，靠自己的劳动去获得应有的报酬我心安理得，更何况这么多钱，失主该多么担心和着急，我能做到的就是第一时间报警，将钱交给警方，希望尽快寻到失主。”

（海南省文明办供稿）

肖义伍

老支书义务宣讲“红色故事”36 载

人物故事 THE STORY 肖义伍，男，1951 年生，中共党员，生前系贵州省遵义市赤水市元厚镇老年协会党支部书记。

肖义伍从小听长辈们讲了不少红色故事，他的舅妈也曾拼死救下两名红军伤员，这些故事在他幼小的心里种下了红色种子。舅妈经常被邀请到各地讲救助红军的故事，肖义伍常常随行。2001 年，80 多岁的舅妈因病走到生命的尽头，她满怀期望地看着肖义伍：“不要让珍贵的红色记忆被时间湮没。”肖义伍庄重向舅妈承诺，自此他接过舅妈的接力棒，成为赤水河畔的一名讲解员，为游客义务讲解红军“四渡赤水”的故事。

2010 年，退休后的肖义伍没有闲下来，他将传承红色精神当成一项事业，更专注于红色义务讲解员工作。他把小时候从舅妈那里听来的故事，进行重新整理，对原先不知道的历史，进行系统研究，写出了 1 万余字的红军“四渡赤水”解说词。他风雨无阻坚守在赤水市元厚镇“红军渡”石碑前，向前往参观的机关干部、教师学生、现役军人等 5 万多人义务讲解红军“四渡赤水”的故事，其中单团体规模讲解就超过 300 次。

2018 年，赤水市新时代文明实践建设工作启动，元厚镇围绕“红军一渡赤水”红色文化资源组建了红色宣讲队和红色宣讲工作室，肖义伍担任主要负责人，与其他成员一起，以“红色宣讲进万家”为主题开展 200 余场次“红色故事”宣讲，为长征精神和红色文化传承作出贡献。

（贵州省文明办供稿）

孟增全
敬业营运十余年　拾金不昧树标杆

人物故事 THE STORY

孟增全，男，1978年生，陕西省西安市出租汽车集团雷锋车队驾驶员。

2020年7月3日凌晨1时许，开完夜班的驾驶员孟增全清理出租车卫生时，在车辆后座发现一个装有21万元现金的布袋。孟增全说："我当时打开一看，全部是整捆的现金，把我惊呆了。"孟增全赶紧向所在车队报备，不久后乘客便通过付款二维码与孟增全取得联系，在反复核实失主信息后与其约定在车队交接失物。隔天上午11点，孟增全亲手将21万元现金交还了失主。据了解，失主是做工程项目的，这21万元是他专门取出来给工人补发疫情期间工资的。现金失而复得，失主提出想予以现金酬谢时，孟增全坚决拒绝，还再次嘱咐以后乘车时一定要留意随身物品。

做好事是一种习惯。2019年12月18日晚上，孟增全拉载的乘客将手包遗失在车上。孟增全发现后，在其下车地等候了半个多小时后未见到乘客返回寻找，便第一时间向车队报备。次日早上，乘客与车队取得联系，孟增全便第一时间将手包交到乘客手中，乘客激动地向孟师傅竖起大拇指点赞。

多次拾金不昧，"小人物"孟增全说："这是我们应该也必须做到的，能给社会正能量增添一点力量就足够了。"

（陕西省委文明办供稿）

苏秉梅
环卫工人爱岗敬业拾金不昧
默默奉献无怨无悔

人物故事 THE STORY

苏秉梅，女，1956年生，宁夏回族自治区固原市彭阳县王洼镇杨寨村村民。

彭阳县城车水马龙间，总能看到穿着反光服、拿着扫帚清扫街道的环卫工人。苏秉梅就是这支队伍中一名平凡的工人。虽没有声名显赫的地位，也没有惊天动地的壮举，却以"拾金不昧"的高贵品格，践行了社会主义核心价值观的真谛。

2019年7月18日，苏秉梅在彭阳县消防大队巷子清扫环境时，捡到一个装有两万元现金的手提袋，苏秉梅想：这么多现金，失主肯定很着急。她第一时间多方寻找失主并向环卫队汇报。经过多方努力，终于联系到了失主。原来，失主刘先生在经过彭阳县看守所路段时，将装有两万元现金的手提袋遗失在路边的草坪里，随后被环卫工人苏秉梅捡到。为了表示感谢，刘先生当场拿出500元作为答谢，苏秉梅不为所动，留下朴实的一句话："今后把钱装好，别再弄丢了。"

苏秉梅的家庭并不富裕，儿子2018年不小心从工地二楼坠落，腰部受伤，只能干一些简单的活儿。她并不因为这件事悲观，在生活中总是保持乐观、随和，在工作中不挑剔、不埋怨，真诚为人、勤恳工作。只要她清扫过的街道，都能听到店面业主和市民的赞许声。

正是苏秉梅这样的环卫工人，在用辛勤劳动和"拾金不昧"的实际行动，温暖着这座小县城的每个角落、每个人的心灵，在这个有着深厚文化底蕴的城市里树起了一个标杆。

（宁夏回族自治区文明办供稿）

李浩浩

为新冠疫情防控贡献科技力量

人物故事 THE STORY

李浩浩，男，1977年生，中共党员，中关村科学城城市大脑股份有限公司总裁。

新冠疫情发生以后，李浩浩同志迅速响应上级安排，带领公司科研骨干投入科技抗疫工作中，与相关部门及企业密切协作，联合开发了“京心相助”“健康宝”等疫情防控小程序，第一时间上线并稳定运行，为“市区街居”四级防控体系建设提供了有力保障。疫情防控平台让北京市16个区300多个街道7000多个社区的社区工作人员告别手填纸记的环节，可以直接用信息系统进行管理，不仅解决了基层社区“填表困境”，还创新整合了互联网大数据、运营商数据等数据资源，为政府防控决策提供数据支撑，让疫情防控工作更精准、更有效，为阻断病毒的肆虐传播提供了科技支撑。

在支持复工复产过程中，他带领团队利用海淀区城市大脑建设平台，积极研发社区、楼宇疫情防控系统，通过智能人脸识别测温通行系统及车行智能道闸，完成社区无接触测温和快速身份识别，强化了基层“技防”手段，大幅提升了封闭管理社区的防控效率和质量，助力社区筑牢疫情防控网。

党有号召，吾有所为，李浩浩同志带领公司积极作为，为疫情防控提供了科技支撑，为推进城市基层社会治理智慧化精准化夯实了科技基础，着力为推动落实海淀“两新两高”战略作出新的贡献。

（首都文明办供稿）

张　雷

带病奋战刑侦一线
将保卫人民的事业进行到底

人物故事 THE STORY

张雷，男，1971年生，中共党员，天津市公安局河北分局打击犯罪侦查支队二大队二级警长。

自1992年参加公安工作以来，张雷长期扎根基层派出所和刑侦岗位。工作中，他不断拓宽侦查思路，注重顺藤摸瓜，扩大战果。2014年11月，张雷被诊断为慢性粒细胞白血病，张雷没有因此倒下，在短暂治疗后继续投身热爱的公安工作。面对病痛，他从未声张、叫苦叫累，经常是在医院检查治疗后，马上返回单位投入工作，坚守岗位，屡立战功。

2015年3月，即确诊后的第四个月，他成功侦办“侯某等人组织、领导、参加黑社会性质组织案”，先后抓获该团伙30余人，收缴双管、五连发猎枪、小口径手枪20余支。2018年，扫黑除恶专项斗争全面打响，张雷不顾病痛，冲锋在前，先后打掉了王某等人组织领导参加黑社会性质组织团伙，张某套路贷恶势力犯罪集团等，破获刑事案件70余起，抓获涉黑涉恶犯罪嫌疑人40余人，抓获公安部涉黑涉恶A级逃犯2人。

如今，张雷已经成功度过了患病治疗的关键时期。张雷说，他幸运地闯过了这一关，可以继续为他所热爱的刑侦事业贡献力量，将保卫人民的事业进行到底了。

（天津市文明办供稿）

李兰祥

耄耋老兵13年自费出版抗战英雄故事

人物 THE STORY 故事

李兰祥，男，1938年生，中国党员，现任河北省石家庄市赞皇县历史红色文化研究会副会长。

李兰祥自1964年复员以后，一直心系部队。一个偶然的机会，李兰祥和老兵们闲聊，那感人至深的英雄事迹，那烽火硝烟的抗战岁月，让他思绪万千、心潮澎湃，萌生了用笔墨记录历史，用文字留住回忆的想法。

2007年，已近古稀之年的李兰祥，从赞皇县民政部门获得了一些老兵的名单与资料，开始了北至东三省，南达云贵川的寻找与采访之旅。功夫不负有心人，李兰祥将搜集到的参加抗日战争、解放战争、抗美援朝等战役的128位赞皇籍老兵的英雄事迹辑印成册，包括《赞皇老兵风云录》《新一代最可爱的人——赞皇篇》等八册。

13年了，李兰祥没有休过一个节假日，除去采访，就是青灯黄卷，甚至还拿出十多万元，将老兵的英雄事迹付梓出版，让更多的人从饱含深情的字里行间了解艰苦卓绝的战争岁月，读懂气壮山河的老区精神。也有人劝李兰祥别再这么拼。他坚定地摇摇头，说自己肩上的担子很重，他要和时间赛跑，和生死赛跑。不知有多少次，当他掌握一条采访线索，跨过万水千山赶过去时，才发现老兵刚刚离世，他只能带着无比的遗憾，向老兵的遗像及家人敬一个庄严的军礼，然后拖着疲惫的身躯，开始下一站的采访。

为新中国的成立奉献自己青春与热血的老兵们，在李兰祥的笔下闪耀，在每个人的心中长存。

（河北省文明办供稿）

杨小合

邮递员三十多年坚守一线 投递二十余万份邮件无差错

人物 THE STORY 故事

杨小合，男，1965年生，中国邮政集团有限公司河北省保定市安新县分公司投递员。

1988年，杨小合成为安新县唯一一名淀区邮递员。他凭着一条汽油船、一辆三轮车，30多个春夏秋冬，往返在白洋淀水区沿线，撑起了12个行政村、3.8万居民与外界的往来书信、包裹邮递。超过1万天的工作时间里行程超过40万公里，投递邮件20余万份，无一损坏、无一丢失。

在岗期间，他按照邮政规定穿着工作服，佩戴工牌，服装始终保持整齐、干净，不披挂、不随意搭配，投递船和投递用具干净整洁，负责的水上邮路从未发生重大安全事故。

多少次狂风大作、雷电交加、大雨倾盆、浓雾漫漫的恶劣天气，他独自驾船在辽阔的水域中航行，为了保护邮件不被雨水淋湿，他给邮件穿上自己的雨披；一次浓雾中迷失方向，他在水上航行6个小时才安全上岸。严冬时节，淀区出行不便，于是杨小合练就了一手冰上骑行的好功夫，可即便如此，摔跤滑倒也是常有的事，摔倒了再爬起来，继续走在送邮件的路上。疫情面前，他没有退缩，而是坚持投递，在做好防护的同时，每天投递100余件包裹，保证群众的用邮需求，履行着“人民邮政为人民”的使命担当。

“一封信一颗心，一份报一片情”，杨小合把一封封信件、一件件包裹、一张张汇票、一份份报刊安全地递到客户手中，在最平凡的岗位，绽放人生的光彩。

（河北省文明办供稿）

汤宝俊

人民警察舍生忘死　铸就忠诚警魂

敬业奉献

人物故事 THE STORY

汤宝俊，男，1981年生，中共党员，生前系河北省唐山市曹妃甸区公安局垦区治安分局刑侦大队四级警长。

2021年3月24日，汤宝俊接到群众举报，疑似网上在逃犯罪嫌疑人赵某军在一家理发店出现。接警后，他带队迅速前往抓捕，面对穷凶极恶的在逃犯，他冲锋在前，但却在与犯罪嫌疑人激烈搏斗时不幸牺牲，年仅39岁。然而就在牺牲前夕，他还远赴内蒙古，奔波十几天，昼夜摸排追缉部督案件主犯。

在短暂十几年的从警生涯中，他始终战斗在基层派出所和刑侦一线，破获大要案400余起，抓获犯罪嫌疑人300余人。2018年8月21日，汤宝俊接到群众报警称，其通过网友介绍使用App炒股软件后被骗6万元。接警后，汤宝俊昼夜不停地对案件进行调查研判，最终确定作案嫌疑人为外省人员贾某，并通过对其抓获审讯，获得两个网络诈骗犯罪团伙的线索，疑似受害人200余名。此后他转战20多个省市，鏖战100多个日夜，抓获犯罪嫌疑人43人，挽回群众经济损失800余万元。

他从事公安工作16年，接待群众咨询9000余人次，为群众解决各类困难1500余次，化解矛盾纠纷870起。在远离家乡的13年里，他牺牲节假日1100多天，与家人团聚的时光不足600天。他把热情和忠诚奉献给公安事业，用满腔热忱和一生热血谱写了铁血刑警的铮铮誓言。

（河北省文明办供稿）

艾丽娜

奋战在侦查一线的“警花”诉说“藏青蓝”不一样的美丽

敬业奉献

人物故事 THE STORY

艾丽娜，女，1982年生，中共党员，吉林省长春市公安局绿园区分局食药环侦大队教导员。

艾丽娜作为吉林省公安机关唯一战斗在刑侦、经侦、食药环侦第一线的女外勤民警，被同事们称为“拼命女郎”。

2020年至2021年，艾丽娜带领食药环侦大队民警侦办各类食药环案件35起，抓获犯罪嫌疑人80名。艾丽娜为了群众的生命健康安全，对涉及“食品、药品、环境”的违法犯罪行为时刻保持着高度警觉，一刻不松懈，她说这是警徽赋予她的神圣使命和责任。2021年2月，艾丽娜带领专案组成功破获了省级督办的非法经营烟草案，查获品牌香烟百余箱，涉案金额高达90余万元。艾丽娜带领专案组成员先后赶赴三省进行收网行动，将涉案10名嫌疑人全部成功抓获，缴获涉案的品牌香烟127箱。

在疫情防控中，艾丽娜与男民警一样同吃同住，坚持奋战在疫情防控的最前线。在持续多日高强度工作后，艾丽娜出现脸色苍白、头痛、头晕等症状，同事多次建议她休息，但坚强的艾丽娜强忍着剧烈的病痛，圆满完成各项工作任务，她用超强的意志力为群众筑牢安全屏障。

敬业奉献的艾丽娜，比起靓丽红装，她更愿意用藏蓝色来诠释人生的意义，在公安工作上挥洒热血，用如火的青春守护人民，展现巾帼儿女的别样风采。

（吉林省文明办供稿）

谢亚双

忠诚担当 “80后”女校长的援藏公益路

人物 THE STORY 故事

谢亚双，女，1981年生，黑龙江省哈尔滨市双城区兆麟中学副校长。

自2017年2月参加援藏工作、在西藏自治区日喀则市桑珠孜区第二中学任职以来，三年间，无论是分管教学、德育，还是其他工作，谢亚双几乎每天都在班主任到校前上班，在学生离校后下班，每天在校时间均达10小时以上。她利用两个月时间就规范了学校德育相关规定，组建了校园广播室、志愿者服务队、音体美社团，启动了校园文化建设。

在黑龙江省第六批援藏工作队开展的“阳光陪伴成长”系列公益活动中，谢亚双负责文化夜校与阳光学堂工作。她利用晚上和周末时间给孩子作辅导、洗衣服、刷鞋子，三年间文化夜校共上课285节，阳光学堂共上课379节。此外，她还为福利院筹集物资5万余件、价值20多万元。

2018年，谢亚双创办了“幸福驿站”，发动各方力量为困难学校、困难学生送温暖。一年内先后在4所幼儿园、6所小学、2所中学、3个村将爱心传递，累计发放物资价值30余万元。她参与聂拉木中学地震灾后重建，联系捐助全新校服800件，价值15万元。在桑珠孜区第二中学成立“爱萌图书室”，联系捐助图书5000余册、书架20组，总价值超过30万元。

如今，她依旧用热情见证着从教的初心与使命，用行动诠释着党员的责任与担当。

（黑龙江省文明办供稿）

朱瑞霞

从普通农民工变身氩弧焊技师 让飞溅的焊花盛开到极致

人物 THE STORY 故事

朱瑞霞，女，1973年生，中共党员，江南造船（集团）有限责任公司电焊工。

1998年，朱瑞霞跟随丈夫来到江南造船厂，在焊接车间干着清洁打杂工作。25年来她勤学不辍、自强不息，由一名普通清洁工成长为氩弧焊高级技师、班组技术骨干、技术创新的带头人。从初中毕业学历不高，到成立以她的名字命名的“朱瑞霞劳模创新工作室”，这样引人注目的成绩，是朱瑞霞刻苦钻研的印记。她先后攻克了镍铜管焊接变形、钛合金焊接等一系列高难度问题，创新研制了特有工装，获得了国内外专家的认可和推广应用，为公司带教出70余名徒弟，其中28名成为高级工、4名成为技师。

朱瑞霞经手焊接的管道直径从最小6毫米到最大的1.6米，不论是多大或多小的直径，她都能游刃有余地高质量完成。为了确保质量，管道焊缝要X射线拍片检查。她全年焊缝X射线拍片将近4000张，一次拍片合格率更是高达98.5%，远高于同行水平，是名副其实的实干家、技术能手，被广大员工誉为江南造船厂的最美“焊花”。

朱瑞霞，这位由清洁女工成长出来的一线大国工匠，如今虽已获得众多荣誉，但仍将攻克各项高难度技术难题作为永恒追求，毅然坚守在一线岗位，在焊接车间中挥洒青春，在实训工场中传授技艺，以一手精湛的技艺，让飞溅的焊花盛开到极致，为实现祖国强国梦奉献着自己的汗水与智慧。

（上海市文明办供稿）

刘洪柱

海堤守护人36年骑行40万公里巡堤守护群众生命财产安全

人物 THE STORY 故事

刘洪柱，男，1963年生，中共党员，江苏省盐城市响水县水务局海堤堤防管理所职工。

1984年，刘洪柱从部队转业，被安排在黄海边上的海堤堤防管理所工作，面对恶劣的环境、艰苦的条件，他坚决服从组织安排，把开、关海闸及巡堤当作崇高的事业来做，这看似简单而枯燥的两件事，刘洪柱一干就是36年。

刚工作时，堤闸还没通电，每完成一次开闸或者关闸，都要手动在40分钟内摇闸把2500多转，一天下来浑身胀痛、酸痛，但刘洪柱从来没和别人抱怨过，直到2000年前后闸口通电，安装了电动装置，手摇闸才变成了“过去式”。2012年8月，台风“达维”和“8·10”强降雨相继发生，响水县陈家港沿海潮位超出警戒位0.89米，他顶风冒雨到海堤薄弱地段进行加固，在没有食物补给的情况下坚守了三天两夜，直至潮水退去才到医院处理摔伤的伤口。

在长达36年的时间里，刘洪柱一直守护着闸口和47.8公里的海堤路，也亲眼见证了海堤从泥土路到砂石路再到水泥路，他从步行到自行车再到摩托车，这么多年他共骑坏了12辆自行车、4辆摩托车，穿坏了100余双雨靴，累计巡堤超40万公里，经受了30余次台风和暴雨的考验，为守护群众的生命财产安全作出了积极贡献。

在刘洪柱的眼里，海堤就是他的一切，闸站就是他的家，他把人生中最美好的年华都奉献给了海堤，奉献给了水利事业。（江苏省文明办供稿）

曹映虹

“超龄辅导员”潜心少先队工作43年打造“红孩子”成长摇篮

人物 THE STORY 故事

曹映虹，女，1950年生，中共党员，江苏省常熟市少先队总辅导员。

1978年，曹映虹成为一名少先队大队辅导员。2005年，在教育战线上耕耘二十多年的曹映虹即将退休，在常熟少工委的推荐下，她成为常熟市少先队总辅导员。

43年的时间里，她踏遍常熟城乡，设计“中国的故事”“党的故事”“领袖的故事”等10多个讲课主题，义务讲课500多节，听课人次达15万，让党的声音传进更多孩子的心里。她坚持“抓特色、抓品牌、创精品”，充分用好常熟“沙家浜”“蒋巷村”“虞山”等本土资源，指导设计了无数孩子喜闻乐见的活动。她是辅导员成长的“启明星”，亲自培养出全国优秀少先队辅寻员1名、江苏省优秀少先队辅导员7名、苏州市优秀少先队辅导员40多名。她将少先队经典活动课程化，编写《红色基因我传承》《绿色生态我保护》《金色成果我点赞》等20多本辅导员用书和少先队红色读本，走出了一条“常熟模式”的少先队之路。

曹映虹积极主动适应新形势的要求，认真研究当代少年儿童身心发展规律和健康成长需要，不断探索少先队工作新思路，用满腔的热忱和满满的爱心浇灌祖国的花朵，充分体现了一位共产党员退而不休的高尚情操。

（江苏省文明办供稿）

王建光

“扫黑铁警”创新工作方法 破获犯罪团伙百余个

人物 THE STORY 故事

王建光，男，1977年生，中共党员，江苏省淮安市公安局淮阴分局刑警大队副大队长。

王建光勤于钻研，善于思考，将自己丰富的扫黑除恶工作经验，总结出“三清工作法”和“糖葫芦工作法”，被江苏省公安厅聘请为“全省法治专家”，被淮安市公安局聘为“淮安市审讯专家”。他制作的扫黑除恶工作方法课件被省厅录用并获奖，总结的警务技战法多次被省厅网站主页登载。扫黑除恶专项斗争中，他独立核查黑恶线索30条，抓获涉黑涉恶人员60名，抓获两名公安部A级通缉令涉黑逃犯。全国扫黑除恶专项斗争开展以来，上级领导考虑到他有勇有谋、有胆有识，多次借调其参与宿迁、常州和淮安市盱眙县、涟水县、清江浦区等多个黑社会性质组织案的侦破工作，2019年年初还派其远赴新疆生产建设兵团第七师胡杨河市公安局指导黑社会案件办理，均取得不菲的战绩。

“我们要用努力去检验可能与不可能。”这是王建光经常挂在嘴边的话。

（江苏省文明办供稿）

白国龙

信访干部扎根一线13年 轮椅上为民解难事化心结

人物 THE STORY 故事

白国龙，男，1971年生，中共党员，江苏省泰兴市信访局三级主任科员。

2008年以来，白国龙克服高位截瘫带来的困难，坚持重返信访工作岗位，当一名普通的接访员。为了防止大小便功能失控影响工作，他每天喝水吃饭都定时定量，努力形成排尿生物钟。若需长时间工作，他就带着尿不湿上班。

2017年，白国龙创设了“亲民工作室”，工作室开办至今，接待处理的信访事项无一例重信重访。2019年，白国龙又牵头打造了市、乡、村、组的四级“亲民工作室+”服务平台，把工作室触角从市级层面延伸到基层最末端，打通服务群众“最后一公里”。工作之余，他搭建“民情夜话”热线，在晚上通过电话、微信等方式，答复群众反映的问题。

白国龙办公室的墙上挂满了群众送来的锦旗。“如果通过我们的努力，将老百姓反映的合理诉求妥善处理，给困难群众送去温暖，给弱势群体送去阳光，赢得他们开心的笑容，就是受再多的委屈，吃再多的苦也是值得的。”白国龙是这么说的，也是这么做的。

（江苏省文明办供稿）

张新建

“第一书记”扎根乡村 11 载 用真情实干得人心

人物故事 THE STORY

张新建，男，1965 年生，中共党员，浙江省台州市仙居县埠头镇振兴村第一书记。

2011 年 5 月，在浙江省台州市机关事务管理局工作的张新建，来到仙居县溪港乡金竹岭脚村（现金竹溪村）担任农村工作指导员，正式开启了他的驻村帮扶之路。为了做好村里的工作，推进农房改建项目，张新建干脆住在村里，一方面“厚着脸皮、磨破嘴皮、跑破脚皮”向上级争取资金，另一方面，“上山头、下田头、到灶头”取得村民支持。他先后为村里争取到小流域整治等项目资金 2200 余万元，为村里建起了 190 多间新房，带动村民办起了农家乐和民宿，使金竹溪村从一个贫穷落后的小山村，逐步蜕变成远近闻名的美丽乡村精品村。张新建在金竹溪村足足干了 7 年，曾连续 4 次被当地老百姓按手印、写请愿书深情挽留。

2018 年 12 月，张新建又调任仙居县埠头镇振兴村农村指导员、第一书记，一干又是 3 年。在振兴村，他千方百计跑项目、抓产业，用实干担当跑出了村庄发展，成为振兴美丽乡村的“带头人”，让振兴村变得名副其实。生态养鹅场、光伏发电站、家宴服务中心、文体广场、危桥改建……在张新建的努力下，振兴村争取到了 20 个项目，累计获得建设资金 1000 余万元。

张新建的 11 年驻村之路，不仅改变了一个地方，还带富了一方百姓，帮助仙居农村走向乡村全面振兴的道路。

（浙江省文明办供稿）

施群峰

纤毫之间 最牛辅警让沉默的真相告白天下

人物故事 THE STORY

施群峰，男，1982 年生，中共党员，浙江省嘉兴市公安局港区分局刑事犯罪侦查中心职工。

自 2003 年加入公安队伍以来，施群峰始终牢记为民服务宗旨，他潜心学习研究刑事技术，以匠心坚守从警初心，用一份执着守住理想信念，用一份真诚书写忠诚信仰。

他从一个“门外汉”成长为“指纹专家”，成功的背后不是一蹴而就，而是二十年如一日的厚积薄发。刚进公安队伍，他便意识到刑侦工作的专业性太强，唯有不断地学习和实践才能够真正踏进这个令他向往的领域。为尽快掌握刑事技术工作，他分秒必争、刻苦钻研业务，积极向前辈和同事请教，每天阅读大量专业书籍，一有案件发生便跟去学习积累经验，他就是这样逐渐成长起来。自“云剑 2020”命案积案攻坚行动以来，他通过传统指纹比对手段，比中命案积案 60 余起，破获命案积案 25 起，抓获命案积案犯罪嫌疑人 40 余名。

2021 年，施群峰代表嘉兴公安参加第 13 届亚洲法庭科学学会指纹工作组学术研讨会，他全程用英语讲解自己的学术成果，是嘉兴公安史上第一位参加国际研讨会的警务工作者。

从警近二十年，施群峰守护住了一颗初心，以扎实的业务功底、认真的工作态度，为提升群众安全感、满意度增添了浓墨重彩的一笔，更为保护人民群众的生命、财产安全，维护社会秩序作出了积极的贡献。

（浙江省文明办供稿）

李春萌

“茭白女王”带领南江四百多个贫困户实现脱贫

人物故事 THE STORY

李春萌，女，1973年生，中共党员，浙江省丽水市缙云县五羊湾果蔬专业合作社社长。

她从1988年起与茭白结缘，此后将茭白销售从国内多个省份延伸到欧盟、美国等地，成为名副其实的“茭白大王”。二十多年一路走来，她不仅积极钻研茭白多季收割的“生长密码”，更难能可贵的是，还将所获专利技术对外传授，实现“产供销”一体化扶持，积极带领广大农民增收致富。

李春萌每年主动为贫困农户垫资提供化肥农药，解决他们的资金困难。她热心参与浙川扶贫结对，不仅多次赴当地调研指导，还连续三年派遣合作社茭白师傅蹲点四川南江帮扶，带动了当地3414名低收入群众增收，产值突破3200万元。

作为2020年浙江乡村全面振兴带头人“金牛奖”获得者，她最大的心愿就是希望带领更多群众走上共同致富的道路。2020年，她被国务院扶贫办微信公众号点名表扬，同年，“攻坚之星——李春萌”登上央视《新闻直播间》。

（浙江省文明办供稿）

樊宏艳

从警三十余载　为民服务甘于奉献 志愿公益情系困难群体

人物故事 THE STORY

樊宏艳，女，1965年生，中共党员，安徽省宿州市公安局网安支队三级高级警长、妇委会主任。

作为一名共产党员，一名人民警察，樊宏艳时刻牢记着“奉献、友爱、互助、进步”的志愿精神，坚持为职工们做实事，为困难群众解难事，为留守儿童献爱心，在平凡的岗位上作出了不平凡的贡献。

从警30余年，樊宏艳先后在法制、经侦、网安等多个岗位工作。她积极组织民警开展“心理健康团辅”“疫情防控知识有奖问答”等活动，多方筹措建成了女职工“阳光家园”；主动邀请市红十字会走进警营开展应急救护培训，推进“职工书屋”和“职工书角”建设工作；多次组织志愿者们走进敬老院、社区困难群众和特困儿童家庭，开展理发、剪指甲、捐赠物资等志愿服务活动。

几年来，樊宏艳数次前往泗县红旗村舒圩小学，为该校建立“巾帼扶志爱心书屋”，配备了书柜、桌椅及两万多册课外书籍，赠送了具有反光及漂浮功能的安全防护书包、益智类玩具以及价值近4000元的音响设备，让孩子们在升国旗时学唱国歌，从小接受爱国主义精神洗礼；多年来坚持为30余名贫困大学新生送助学金及生活用品，帮助寒门学子圆梦大学。

（安徽省文明办供稿）

张子军

农科专家扎根基层 把论文写在乡村全面振兴的热土上

敬业奉献

人物故事 THE STORY

张子军，男，1971 年生，安徽农业大学江淮分水岭综合试验站站长。

“我是来干实事的，我要搭好学校和当地的桥梁，帮助县里农业产业发展，帮助老百姓脱贫致富。请大家放心！”作为一名高校教授、安徽农业大学绵山羊遗传育种与繁殖研究专家，为兑现承诺，2015 年，张子军自愿前往江淮分水岭综合试验站担任首任站长，举家搬至定远，投身乡村全面振兴一线。

他先后带领团队实地调研，足迹遍布定远县 22 个乡镇。他从畜牧业着手，推广农区草牧业标准化生产体系，做大羊产业并以羊带富。他着力构建农业产业体系，为定远县农业量身定做出产业发展规划，并成立 9 个产业联盟。一项又一项的科技成果从实验室移植到田间地头，直接转化为农民的经济效益，如今定远县已形成草、菌、虾、鹅、猪五大特色产业。截至 2019 年，张子军和江淮分水岭综合试验站共为当地引进农业新品种 376 个，应用农业新技术 92 项，示范推广面积 10 万余亩，服务农业企业 100 余家。

2019 年 5 月，张子军原本可以返回学校，面对当地群众深情挽留，他毅然留下来，探索开展羊产业、瓜果、蔬菜等多产业循环经济。“这样不仅能有效解决当地水土流失的困境，还能改善生态环境、带动区域发展、提升经济效益。”对于脚下这片土地，张子军信心十足：“我决定留下来再干 5 年，让江淮分水岭地区出现‘风吹草低见牛羊’的美景。”

（安徽省文明办供稿）

彭　迪

冲锋在前营救群众英勇牺牲 不惧危险用热血铸就忠诚丰碑

敬业奉献

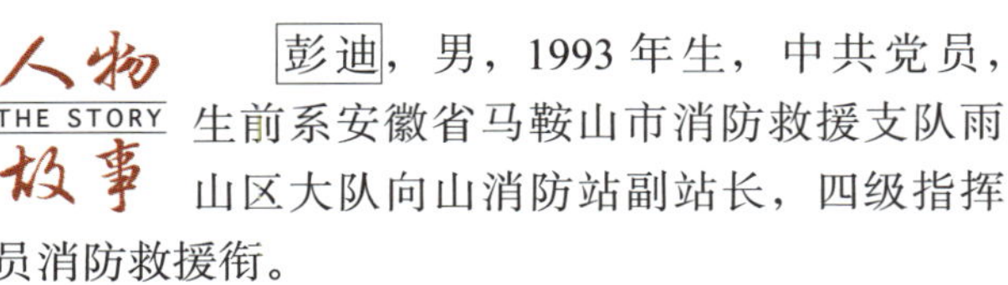

人物故事 THE STORY

彭迪，男，1993 年生，中共党员，生前系安徽省马鞍山市消防救援支队雨山区大队向山消防站副站长，四级指挥员消防救援衔。

2020 年 9 月 18 日 13 时 11 分，马鞍山支队指挥中心接到报警，向山镇小南山小塘口有群众被困！群众被埋！情况危急！彭迪火速带队出警。13 时 20 分，首战力量到达现场后发现，1 名人员被埋压，正在呼救。被困人员周围堆积大量砂土废石，加上连日阴雨，周边土石较为松软，北侧上部斜坡不时有碎石、渣土掉落，现场情况十分危急。彭迪根据现场情况，立即组织警戒，设置 1 名安全员在坍塌区域南侧，随时监测斜坡上部砂石掉落情况。由于现场作业面积十分狭小，只能容纳一个人在最前方，彭迪作为指挥员义不容辞，冲锋在前，着全套抢险救援服，佩戴安全腰带，连接个人安全绳，让两名队员在后方实施安全保护，自己准备深入现场对人员被困区域周边环境进行侦查施救。13 时 27 分，彭迪刚行进至坍塌区域边缘时，现场突然发生再次坍塌，彭迪与被困人员被南侧斜坡大量突如其来的滑落砂石完全埋压。后经全力营救送往医院抢救无效，壮烈牺牲，年仅 27 岁。2020 年 9 月 22 日，应急管理部批准彭迪同志为烈士。

参加工作 8 年来，彭迪恪尽职守，竭诚奉献。他先后参加各类灭火救援战斗 550 余次，疏散营救被困人员近百名。

（安徽省文明办供稿）

冉　曦

“经侦数据尖兵”破解千亿大案 “最美基层民警”调解百姓家常

人物 THE STORY 故事

冉曦，男，土家族，1987年生，中共党员，福建省福州市公安局台江分局鳌峰派出所副所长。

从警以来，冉曦长期战斗在经济侦查一线，和犯罪分子斗智斗勇，研判案件数千起，办理央批、部督案件数十起。被誉为破解数据谜团“数据尖兵”的他，在海量数据中，抽丝剥茧，抓取破案线索的关键在于数据分析。为了提高侦破效率，他开始接触前沿大数据分析技术，不仅自学数据编程等专业课程，还自费购买相关软件以学促战、以战带学，让自己从文科生硬生生转型成了程序员。经过潜心攻关，他成功研发出福州经侦实战应用平台等多个分析模型，并作为公安部经侦人才专家参与公安部反洗钱系统、资金分析系统等国家级平台建设，用智慧打击和防范经济犯罪，维护国家经济安全。

2020年底，冉曦转岗到派出所后，与群众的联系更紧密了。根据辖区企业多、外来人口多的特点，他创新工作方法，坚持多听、多问、多想、多做、多走。从住户到企业，他一一登门，找群众聊天，了解需求和线索。了解到辖区近年来信访不断，成为“老大难”问题后，冉曦与社区民警多次入户走访、疏导安抚，耐心倾听他们的诉求，以心换心化解信访积案。

“人民警察为人民。”他将一如既往地坚守初心使命，当好群众“主心骨”、百姓贴心人，用心服务群众，守护一方平安。

（福建省委文明办供稿）

张晶晶

“90后”坚守实践站大舞台 创意盘活村民精神文化新生活

人物 THE STORY 故事

张晶晶，女，1990年生，中共党员，江西省上饶市余干县瑞洪镇前山村文明实践员。

2019年，依托“大学生回村工程”，原本在幼儿园当老师的张晶晶回村成为一名文明实践员，张晶晶肩负着组织交给自己的职责，每天早上7时，张晶晶都会准时推送时事新闻、音乐或戏曲，这是村民每天必备的文化大餐。慢慢地，她逐步摸索出自己的方法路子，她以村民精神需求为出发点，列好群众需求清单，以形式多样的文体活动为载体开展志愿服务实践活动。教给老人健康养生的好方法、组织志愿者为老人上门做好事、为孩子开展丰富有趣的阅读画画指导、带领村民唱歌跳舞、开展“学党史感党恩”、“童趣声”广播站、“周末课堂”、“亲情连线”等一系列有温情、有温度、接地气的志愿服务活动，真正打通了宣传群众、教育群众、关心群众、服务群众的“最后一公里”。

经过升华和提炼，前山村有了属于自己村歌《繁花似锦迎嘉宾》。张晶晶在文明实践中也摸索出很多优秀的经验做法，得到全县推广和使用。

一年到头没有周末没有早晚地坚守在实践站这个精神家园，陪伴自己小孩的时间少之又少。如今村民的交口称赞是对她工作的最大肯定，更是她继续不忘初心、砥砺前行的不竭动力。

（江西省文明办供稿）

李银香

执教 12 载转岗福利院做护工 不舍初心尊老护幼当表率

敬业奉献

人物故事 THE STORY

李银香，女，1979 年生，江西省抚州市资溪县养老服务中心主任。

2010 年，李银香告别了执教 12 年的讲台，转岗到福利院，她从老龄护理工作做起，不断学习新知识新技能，摸索出一套完整的养老护理经验，她熟练掌握阿尔茨海默病、糖尿病、心脏病、高血压、癫痫、偏瘫等老年人常见病的康复护理技能，亲自护理失能老人，带领养老同仁，内抓管理，外树形象，努力让老人们能老有所养、老有所医、老有所乐，开创了资溪公益养老市场的新天地。

福利院里孤寡老人的护理工作一直是块硬骨头，李银香敢于迎接挑战，热心服侍在院内集中供养的无儿无女、生活又不能自理的残疾失能老人，给予她们儿女般的照料。2010 年至 2021 年，李银香送别了 50 余位老人离世，她都像亲生女儿一样为老人尽孝心，让老人安详离世，而且每年的清明，她都亲自去给这些离世的老人扫墓。

2015 年 9 月，福利院接收到一名被遗弃的婴儿，为了给这个可怜的孩子一个家，即使家庭困难，家公身患肺癌，也没有阻止李银香带他回家亲自抚养的决心。孩子小名阳阳，寓意在大觉山脚下被捡拾的小生命能像太阳一般每天朝气蓬勃，茁壮成长。

“我会时刻鞭策和警醒着自己，在选择中坚守，在坚守中守望，为银发事业贡献力量，为社会造福。”李银香说。

（江西省文明办供稿）

吴光明

文化站长扎根基层“种文化” 创新方法将党的政策送进千家万户

人物故事 THE STORY

吴光明，男，1958 年生，江西省鹰潭市余江区春涛镇板车宣讲团团长。

最开始下乡宣讲时，吴光明一个人推着一架木质板车，载着电视、录像机和一些手绘的宣传手册，给村民播放爱国主义教育电影。后来，吴光明针对农村居民居住分散的特点，创新宣传方式，组织民间艺人、文艺爱好者、老党员、老教师等成立了板车宣讲团。为了能让群众在欢声笑语中接受教育，吴光明带领宣讲团成员把党的方针政策理论编写成现代赣剧、表演唱、数快板、诗朗诵、锣鼓相声三句半、小品、舞蹈等节目，老百姓不但爱听，而且传唱，真正把党的政策和创新理论唱进了心窝里。

30 年来，吴光明扎根农村基层开展文化志愿服务活动，以群众喜闻乐见的文艺形式宣传党的创新理论、传播社会主义核心价值观；迄今共开展理论宣讲志愿服务活动 520 余次，覆盖 12 万余人次。他一心服务农民群众，常年开展农技培训、传播农业新技术，帮扶 1200 余农户走上致富路；他在新时代文明实践活动中不断探索和创新，坚持“种文化”与“送文化”相结合，义务培训乡村文艺骨干 150 余名，培训文艺爱好者 1000 多人，组建 40 多支文艺志愿者队伍，播撒下一颗颗文明实践的“种子”，推动先进文化植根于农村沃土。

（江西省文明办供稿）

安　健

23年平凡岗位坚守 “焊花”相伴筑梦大国工匠

人物故事 THE STORY

安健，男，1982年生，中共党员，现任山东能源新矿集团供销公司中选公司副经理。

“一点都不能差，差一点都不行！”安健始终用这样的标准要求自己。初作学徒工时，安健连焊枪都把不稳，工作服时常被飞溅的焊花烙出星星点点的窟窿，皮肤也烫得生疼。不服输的他从练腕力开始，每晚着了魔似的在胳膊上吊秤砣，练到手腕酸疼；为了练腿功，平时做事就尽量蹲着。半年光景，安健就练得手持两三斤重的焊枪也能纹丝不动，蹲着连续焊接四五小时不在话下的功夫。在焊接生产一线摸爬滚打20余年，安健早已将自己的焊接本领练得炉火纯青，电弧焊、氩弧焊、气焊、二氧化碳气体保护焊、埋弧焊样样精通；平焊、仰焊、立焊、包角焊无所不能。

2018年1月，中选公司承接了一个长、宽、高分别为12米、5米、7米，重达56吨的铆焊件任务，因是出口产品，质量要求异常苛刻，且必须两个星期内完成。安健带领攻关小组24小时昼夜不歇，仅用9天时间就提前高质量完成任务，获得了德国质检师的高度评价。

安健既是一名能工巧匠，又是一位良师益友，从不吝惜自己的工作经验和“独门绝技”，总是毫无保留地传授给身边的工友。他成立“安健高技能人才工作室”开展技术革新百余项，“以师带徒”培养出40多名高级电焊工，使公司高技能人才“春色满园”。

（山东省文明办供稿）

李　健

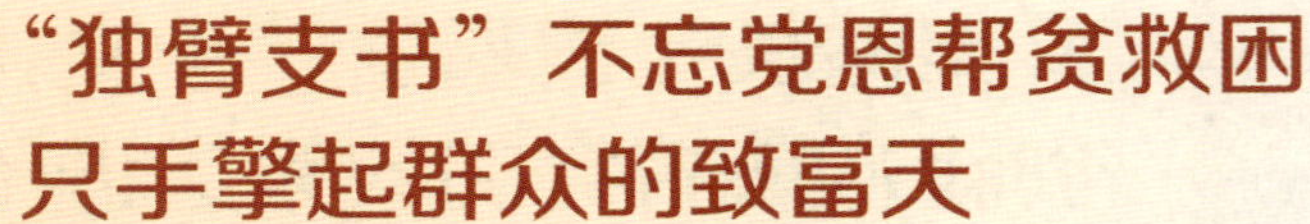

“独臂支书”不忘党恩帮贫救困 只手擎起群众的致富天

人物故事 THE STORY

李健，男，1970年生，中共党员，河南省南阳市桐柏县埠江镇付楼村党支部书记、村委会主任。

2011年，当时作为电工的李健在修理变压器时被高压电击中，做了八次手术，李健才活了过来，但家里为了给他治病，欠下许多债务。2014年，作为贫困户的李健决定种植大葱，但因遇上滞销，还是赔了25万元。在他最困难的时候，镇党委书记来了，包村干部、帮扶责任人来了，帮他协调贷款、学习食用菌和蔬菜种植技术，让他重燃生活的希望，并很快脱了贫。

李健深知，自己脱贫摘帽离不开政策的帮助，离不开党组织的关怀。2018年年初，付楼村党支部换届选举，为彻底改变付楼村的面貌，李健毅然参加村党支部书记竞选，并顺利当选。

上任以来，李健带领村干部在全县率先运用全域党建新模式，成立了联合党委，设基础设施、特色产业、集体经济、村容村貌4个联合党支部，村“两委”成员领办企业3家，党员回归创办企业两家。同时，他制定了村有产业、集体有收入、群众有岗位的思路，突出“菌、果、林”3大优势产业，全村发展香菇40余万袋，引进香菇实体企业1家，种植黄金梨、石榴等500余亩，花卉苗木1100余亩，催生了农民专业合作社4家、家庭农场2家，发展红薯种植300亩，建成育苗棚2万平方米。到2020年底，全村841人，全部实现脱贫，该村由过去的脏乱差村变成了桐柏县美丽乡村示范点、南阳市文明村。

（河南省文明办供稿）

杨 承
敬业奉献好老师演绎现代版“孟母三迁”

人物故事 THE STORY

杨承，男，回族，1987年生，中共党员，河南省濮阳市濮阳县徐镇镇昆吾社区小学校长。

2009年9月，杨承来到濮阳县徐镇镇六市小学任教。学校设施简陋，没有宿舍，他就住办公室；学校偏僻，买菜不便，遇到雪天行路艰难，他有过4个土豆2棵葱支撑5天的经历。除了语数全教外，他还为学生增设了音体美课。他在学校后边的小树林给孩子们上体育课；从手机上下载音乐、美术课教程，自己先学会再教给孩子。后来，教育局有意将他调到条件较好的学校，家长纷纷哽咽着挽留他，孩子们也哭着不让他走，杨承毅然选择留下。

2011年9月，根据学校布局调整，杨承带着37名学生搬到前范寨小学，并成为校长，此时学校仅79名学生。看到许多家长将孩子送到十几公里远的私立学校上学，杨承以身作则，每周教授两个班二十几节课，发挥所有老师特长，将音体美等科目全部开设。他积极做家访，通过家长开放日，邀请学生家长参与学校的教育教学活动，终于得到家长的认可，学生逐渐开始回流。

2015年9月，杨承被调到新建的昆吾社区小学，第一年只招了40多个学生。杨承带领全校老师经过几年的努力，学校有了塑胶操场、少年宫、留守儿童之家……学生也发展到1580多名，成为全县乡镇公办学校学生数量最多的一所小学。

（河南省文明办供稿）

张鹏程
“‘80后’白发校长”爱生如子 用自家房款为留守儿童修校舍

人物故事 THE STORY

张鹏程，男，1982年生，河南省周口市太康县清集镇二郎庙小学校长。

2018年9月，张鹏程到太康县二郎庙小学任校长，当时全校只有不到30名学生。为改善学校的教学环境，他把家里盖房用的钱拿出来投入学校。教学环境变好了，转走的学生纷纷返回学校上学。

以前，二郎庙村没有幼儿园，孩子们都要跑到4公里外的幼儿园去上学。为让村里及附近村庄的孩子在家门口都能上一个好的幼儿园，张鹏程又东拼西凑了十几万元，将学校内一个闲置的教学楼改造一新，办了一所幼儿园。长期的操劳，让张鹏程的头发几乎全白，脸上也多了几道皱纹。“只要孩子能上学，再苦再累也值得。”张鹏程说。

二郎庙小学留守儿童多，为了让孩子感受到家庭的温暖，张鹏程记下了每名留守孩子的生日。在孩子过生日时，他就买一些礼物送给孩子，让孩子们高兴。张鹏程爱生如子，担心孩子夜里蹬被子，他每天晚上都起来好几次，给孩子盖盖被子，还要叫醒年龄小的孩子起来去厕所。几年来，为照顾孩子晚上休息，张鹏程几乎没有睡过一个囫囵觉。如今，在张鹏程的不懈努力下，二郎庙小学教学环境越来越好，学生也从原来的30名增加到280多人。

（河南省文明办供稿）

陈　芳

“中国智造”护航人　敬业奉献展芳华

人物故事 THE STORY

陈芳，女，1968年生，中共党员，广东省深圳海关所属前海海关四级高级主办。

陈芳博士作为深圳海关首席技术性贸易措施专家、深圳重点技贸课题研究组组长，以其卓越的专业精神和过硬的专业能力，助力我国无人机和医疗器械出口产品冲破国外技贸壁垒，取得了突出成绩。欧盟《医疗器械法规》原定于2020年5月26日实施，正值新冠疫情形势严峻时期，实施后将给我国万余家输欧医疗器械企业带来巨大挑战。陈芳深入调研走访多家企业，通宵达旦翻译研读30万字法规文本，提醒企业预先做好产品技术整改、检测认证及投放市场时间把控等工作，综合运用通报评议、特别贸易关注等世贸规则，3次提出意见建议报送海关总署，获采纳并对欧交涉，成功推动欧盟延期1年实施《医疗器械法规》，为企业节约合规成本约30亿元，为我国支持全球合作抗疫、在危急时刻展现大国担当作出了突出贡献。

陈芳多次完成对欧美通报评议，促使欧、美更改多项无人机及医疗器械技术条款，为我国203亿元医疗设备和70亿元无人机出口消除技术性贸易壁垒。其中无人机评议是深圳市5年来首个成功案例，凝聚了她把我国无人机产业优势转化为标准优势的辛勤努力，促使欧盟等开始重视中国无人机技术标准。

（广东省文明办供稿）

韦彩云

从医37年用行动诠释使命担当

人物故事 THE STORY

韦彩云，女，1963年生，中共党员，广西壮族自治区南宁市第四人民医院护理部主任。

韦彩云自1984年走上传染病护理岗位，已37年，护理过20多种传染病，数以万计的病人康复出院。2020年主编出版《传染病护理学》教材。

2020年新冠疫情暴发，医院为定点收治医院，她立刻取消休假，带队落实发热门诊、隔离病房的工作，进行大规模核酸采样，制订工作流程，培训护士，进行护理人力统筹安排及职业安全监督，组织新冠患者的会诊，制定个性化护理方案，每天工作十几个小时。始终奋斗在前线，应用呼吸机、ECMO（体外膜肺氧合）、CRRT（连续肾脏替代治疗）等技术抢救危重症新冠病人100多例。

韦彩云在新冠疫情防控中英勇无畏、坚韧不拔，不是与生俱来，而是在一次次传染病的战役中磨炼出来的。1986年她参加了93例“霍乱”病人救治，2003年参加“非典”救治；2009年南宁市5所高校甲型H1N1流感暴发，她带队驻扎学校至疫情扑灭。

她是传染病护理学科带头人，培养了一支能为传染病患者提供全方位护理的队伍，这次新冠“战疫”参与护士达400多名，护士们说：韦主任是我们的主心骨，有她在，我们工作安心！她用实际行动诠释着“为生命站岗”的信念。

（广西壮族自治区文明办供稿）

张文喜

退休不退岗
护航青春十余载　绘制最美“夕阳红”

人物故事 THE STORY

张文喜，男，1949年生，中共党员，生前系重庆市涪陵区新妙镇关工委常务副主任。

2009年，在新妙镇政府工作了几十年的张文喜退休了。退休后的他并没有安享天伦之乐，而是把家安在了留守儿童居多的新妙镇十字村，撸起袖子干起了新妙镇关心下一代工作。

新妙镇外出务工人员多，留守儿童多，这给工作增加了难度。张文喜一边通过典型示范在全镇各村（社区）、学校建立各具特色的留守儿童活动阵地，一边以诚心打动更多“五老”加入关心下一代工作中来。

在张文喜的牵头努力下，12年时间，涪陵区逐渐形成关爱农村留守儿童的“3+1”（以“五老”为主体、以党政领导为主导、以大学生村官和其他社会志愿者为辅助、以留守儿童活动阵地为载体）工作模式。

此项工作在全国范围内产生一定影响，新妙镇关工委成为全国、全市先进典型，被中国关工委授予“五好基层关工委”称号，张文喜也多次受到市、区关工委的表彰。

2020年，纵使身患肺癌，张文喜仍积极组织党的十九大精神进村社、进学校、进课堂活动和传承红色基因教育活动，使两万余名青少年从中受益。

（重庆市文明办供稿）

邓巧林

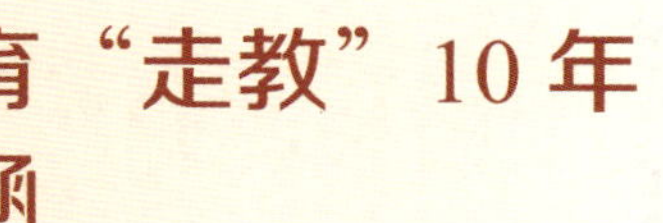

青春献身教育“走教”10年
诠释师德内涵

人物故事 THE STORY

邓巧林，女，1986年生，中共党员，重庆市梁平区袁驿镇响滩完全小学教师。

2011年，大学毕业的邓巧林通过公招考到距离梁平城区56公里的响滩完全小学任教。刚到响滩完小的她加入学校“走教”队伍，每周二和周四，上午在本部上完课，下午便到村小去进行《道德与法治》课堂教学。且邓巧林关爱特殊儿童，坚持每周三下午为无法上学的残疾儿童送去温暖与心理辅导。

在做好自身教学工作的同时，邓巧林还致力于育人环境的建设，创建以“立德树人”为核心的学校“春芽”德育品牌：创办“春芽故事汇”黑板报，展示好书推荐、读书心语、励志名言等；自编春芽阅读手册，记录学生课外“一日三读”的成果；开辟“春芽问吧”学习区域，鼓励学生们你问我答，激发大家的学习热情。

扎根基层任教10余年，秉承着对教育事业的热爱和执着，邓巧林“走教”2000多公里。她以奉献诠释师德的真正内涵，在平凡岗位上用责任担当铸就精彩人生华章，也为600多名学生娃打开了通往山外广阔世界的大门。

（重庆市文明办供稿）

罗日措

“80后”藏族教师一线耕耘19载 为教育事业无私奉献青春

人物故事 THE STORY

罗日措，女，藏族，1983年生，中共党员，四川省阿坝藏族羌族自治州若尔盖县民族寄宿制小学校教师。

2002年，罗日措从马尔康民族师范学校毕业后便在若尔盖县辖曼乡中心校任教。2014年8月调入若尔盖县民族寄宿制小学校从事汉语教学工作。

19年来，她一直奋战在教学工作第一线。工作中她不断加强理论学习和教学方法，不断提高个人理论素质和思想修养，恪守老师的职业道德，认真钻研教材、教法，精心备课、上课，敢于率先实践“先学后教、当堂训练”教学模式，教学方法灵活多变，是一个典型的学习型人才。曾先后多次参加各级各类赛课、论文评比、课题研究等活动，取得了不平凡的业绩。2017年12月《春雨的色彩》在四川省首届民族地区一类模式汉语文优质课省级评选活动中荣获小学语文组一等奖，2019年12月《狮子和鹿》在四川省第二届民族地区一类模式汉语优质课省级评选活动中荣获二等奖。

在教学实践中，她深刻体会到教师不能只做教书匠，不仅要教书，更要育人，用赏识的眼光看待每一个孩子，努力挖掘每个孩子的闪光点，因为孩子可塑性强，一切皆有可能，老师的赏识一定会春风化雨般浸润孩子的心田，大大增强学生的自信心。罗日措对后进生更是细心呵护，常常抓住每一次教育良机，适时表扬鼓励，通过各种途径培养他们的自信心，不让后进生成为掉队“孤雁”。

（四川省文明办供稿）

敬业奉献

孙　琼

“校长妈妈”32载躬耕家乡教育

人物故事 THE STORY

孙琼，女，1967年生，中共党员，贵州省黔西南布依族苗族自治州兴义中学教育集团党委书记、总校长，兴义中学校长。

自1989年参加工作，孙琼先后在3所中学任教，因为教学兢兢业业，她深受学生喜爱。2017年和2019年，曾有两所省城名校开出高薪向她抛出橄榄枝，为了让更多乡村孩子走向更广阔的世界，她婉拒了，父亲“好好教书，做个好老师！”的临终嘱托一直深刻在她心中。

当老师时，她把家搬到学校，和丈夫“蜗居”在不足50平方米的公租房里。天还没亮，她的身影就出现在校园。不论是周末还是节假日，每天到校园里转一转，成了她的必修课。成为学校管理者后，她仍然以校为家，关爱每一个学生，关注他们的健康成长。

在肩负学校管理工作的同时，她充分发挥语文学科带头人作用，坚持每周7节教学课，还利用名师名校长工作室，以“师徒结对”方式，培养了近30名少数民族名师，帮助3个乡村名师工作站快速发展，更好服务当地教育教学工作。同时，她积极响应教育精准扶贫号召，在当地中小学开展送教和学术交流讲座近30次，并以“互联网+教育”理念为指导，搭建了师生无时空界限的互动学习平台，提升了教学的精准性、实效性和科学性。32年来，孙琼以校为家，爱生如子，全身心专注于边远山区的教育发展。

（贵州省文明办供稿）

梁余才

好校长呕心沥血30载 独树一帜以德育英才

敬业奉献

人物 THE STORY 故事

梁余才，男，中共党员，1967年生，云南省昭通市巧家县第三中学原书记、校长。

1999年8月，梁余才被调往六合乡中心学校任校长。刚到任时，他亲自带头往返背砂、捐款，带动村民积极参与，两个月就建起了四年建不起来的学校。学校无资金承担平整场地的费用，他带领全校师生硬是挖平了一座小山，开辟出宽敞的运动场。2002年8月，他被调到县城的新华小学任校长，编写了小学生《养成教育》，被巧家县教育局行文向全县中小学推广。

他4次争取到领导的支持征用校地，扩大办学规模。他一手设计校园总体规划，如今校园绿树成荫、字画碑林，被誉为“山麓明珠、金沙景园”。

梁余才编写了《风物巧家》《绿色教育》，创作了《感恩心语》《校园三字经》等；在全国率先提出通过建立校园文化实施学校德育，被称为“文化德育”。

2015年10月，操劳过度的梁余才被确诊为肺鳞癌。经半年多的治疗调整后，他拖着病弱的身体回到了他挚爱的教育岗位。他戏称：“这叫工作疗法，更有效果。”

（云南省文明办供稿）

索朗达杰

边境管理队长12年不畏艰苦 走村入户服务

人物 THE STORY 故事

索朗达杰，男，藏族，1985年生，中共党员，现任西藏出入境边防检查总站山南边境管理支队浪卡子边境管理大队副大队长，一级警司。

入警12年来，他始终坚守在边境一线最基层、最艰苦的岗位。特别是在海拔5373米的普玛江塘派出所任职期间，他建制度、立所训、学先进，重燃队伍斗志，带领民警写下“与其苦熬浪费生命，不如苦干燃烧青春”的铮铮誓言，塑造了高海拔单位温棚种植年收获500余公斤的世界屋脊“南泥湾”信念；他走村入户深化民族团结教育，组织开展宣讲活动100余次，发放各类宣传手册7800余份，创新推出“五同”工作法，指导组建10个巡逻队，打造三防工程，组织警地联合勤务600余次，构建起强大的群防群治格局；他与死神博弈，挑战身体极限，组织民警在冰川绝地救援100余次，解救受困群众400多名，守护了群众的生命安全；他以“科技扶贫、智力惠民”为抓手，办“夜校”、开“学堂”，扶持民俗产业、帮助困难群众、争取各界资助，成功解决了辖区70%无业群众的就业问题，助力当地人均可支配收入从3000元提升至12566元，为普玛江塘乡率先脱贫作出了积极贡献。

（西藏自治区文明办供稿）

马小群

生命最后时刻使尽全力
救了一车 18 人的好司机

人物 THE STORY 故事

马小群，男，1965 年生，陕西省咸阳市淳化县城关街道城关村人，生前系明吉客运有限公司通村客车司机。

2021 年 4 月 2 日下午，马小群驾驶大型客车从淳化县城前往胡家庙，车上载有 18 名乘客（其中 17 名为学生），车辆行驶至县工业园区，马小群突发脑出血。从车辆的监控中可以看出，车径直向路沿方向开去，眼看着就要撞上路边的电线杆，危急之际，马小群下意识做出反应，迅速扭转方向盘将车摆正，然后使劲将车挂在了空挡上，在他拼尽全身力气做完这些后，就陷入了半昏迷状态。车上学生发现后，一名学生从窗户跳出求救，被正在不远处处理交通事故的淳化交警看到，见此情况，民警赶忙上前查看，情况危急，民警立即帮助马小群把车辆熄火，拉手刹并开启危险示廓灯。随后拨打 120 急救电话并联系客运公司将车上乘客转运，紧急将马小群送医救治，在民警将他抬下车时，马小群的两只脚还紧紧踩着离合和刹车。

低调英雄，平凡中彰显伟大。马小群同志与生俱来的忠诚、责任与担当，面对突发疾病，马小群坚持把车停稳停好，用自己宝贵的生命，挽救了 18 名乘客的生命，用实际行动为“中国好人”作了最好的诠释。

（陕西省委文明办供稿）

周文科

村支书二十多年一心为民
为乡村致富铸魂谱新篇

人物 THE STORY 故事

周文科，男，1961 年生，中共党员，陕西省渭南市临渭区吝店镇蒲阳村党支部书记兼村委会主任。

自 1995 年当选村民委员会主任，周文科就给自己定下竭尽全力带领群众致富奔小康的目标，1998 年担任村支部书记兼主任后更是身体力行。为方便群众生产生活，他多方争取资金，先后垫资 60 余万元并无偿提供绿化苗木完善基础设施，实现整村绿化亮化硬化；为增加群众收入，他多次自费组织外出考察，免费向群众提供 200 多亩果树苗培育主导产业，不断优化产业结构；为提升干群文明素养，他用自建的十面果库改建为党性廉政教育基地及民俗博物馆免费向社会开放，创新开展活动，丰富群众精神文化生活；为建强干部队伍，他探索总结出“3321”党建工作机制，优化干部、党员和群众关系，同时创建“党建 +X”工作模式，充分发挥支部和党员作用，得到市区组织部门的充分肯定并在全市推广；新冠疫情暴发后，更是以身作则，整日奋斗在一线，组织党员干部摸排记录、测量体温、自制口罩，为全员参与、共同抗疫起到良好示范带动作用。

二十多年来，他以公而忘私、全心为民的品格，用想干、敢干、能干的劲头，带领蒲阳人民心往一处想，劲往一处使，用实际行动诠释初心和使命，实现了贫穷村、上访村向平安村、文明村和美丽休闲乡村的蜕变。

（陕西省委文明办供稿）

杨铜川
一心为公矢志带领群众脱贫致富的村支书

人物故事 THE STORY

杨铜川，男，1959年生，中共党员，陕西省咸阳市淳化县石桥镇咀头村党支部书记，百姓心中的“好村官”“好书记”。

四月的咀头，阳光明媚，一溜溜笔直的葡萄架下，人们正忙碌地为葡萄摘芽、打药，在村院、沟槽之间，一座座仿古建筑，正拔地而起，在此务工的村民，脸上洋溢着幸福的微笑。而这一切都是“好村官”“好书记”杨铜川这20多年来不懈努力的结果。开展精准扶贫精准脱贫工作以来，杨铜川更是坚定地说：“我的目标是不仅要让咀头村的贫困群众脱贫，更要让他们走上富裕的康庄大道。”

为了发展特色产业，杨铜川带着180余名群众代表先后赴杨凌、礼泉、兴平等地参观学习。杨铜川主动登门拜访，以情招商，终于迎来某公司一次性投资5000万元，在咀头村建成占地200多亩的温室大棚葡萄示范园，种植京香玉、京蜜、红巴拉多、北红、北玫等新特优葡萄品种11种，还有露天酿酒葡萄500亩。杨铜川还积极与企业协调联系，使村里的贫困户与企业签订了长期劳务用工合同。2012年，村民人均纯收入就达到1.2万元。

20多年来，杨铜川总是勇立潮头，为淳化农村发展探索出了一条康庄大道，赢得了人民群众和各级各部门的认可，但他依然不满足于现状，继续奔走着，忙碌着。

（陕西省委文明办供稿）

孙寿岭
考古专家从事文物保护工作五十余载 痴心研学传承中华文化

人物故事 THE STORY

孙寿岭，男，1943年生，生前系中国社会科学院西夏文化研究中心学术委员、武威市博物馆原副馆长、考古专家、著名西夏文化学者。

他从事文物保护、发掘、研究工作50多年，以锲而不舍、全力以赴的学者精神，在文物发掘、保护、整理、研究等方面倾注了大半辈子的精力和汗水。2002年10月，中国社会科学院西夏文化研究中心特聘孙寿岭为学术委员。2007年6月，孙寿岭的泥活字制作方法获得国家发明专利，西夏泥活字印刷术、西夏剔花瓷列入甘肃省省级非物质文化遗产名录，已有26项关于西夏泥活字、西夏瓷文创产品获得国家专利。在国际上，为我国争得了“活字印刷，源于中国”的话语权。为传承历史文化遗产，退而不休，发挥余热，坚持弘扬丝路文化，他在文博考古领域被誉为“近代西夏文泥活字第一人”。

在古稀之年，他仍以“老骥伏枥，志在千里”的精神投身于西夏艺术、西夏瓷的研究与开发，致力于西夏泥版画、西夏瓷、西夏手工艺术品的研究与制作，成功研制创作了一批高质量的泥版画，这是他继泥活字之后，在超越前人木版画、铜版画、铅版画之后的又一独特艺术成果。

孙寿岭在武威市博物馆工作的20多年中，为馆藏文物增添了大量新藏品，由原来的2万多件，增加到4万多件，使博物馆成为市级馆藏文物数量上的佼佼者。

（甘肃省文明办供稿）

陈宗新

一家四代默默守护红军墓 84 载

人物故事 THE STORY

陈宗新，男，1963 年生，甘肃省张掖市甘州区龙渠乡新胜村村民。

1937 年 1 月的一个傍晚，一支 300 多人的红军队伍为掩护部队转移，在甘州区龙渠乡白城子全部壮烈牺牲，史称“白城子战斗”。村民陈德宝望着战后的惨景，内心悲痛不已。他冒着生命危险，悄悄埋葬了烈士们的遗体，从此成了红军烈士的守墓人。

陈德宝老人去世后，他的儿子陈榆林成了新的守墓人。在平田整地行动中，眼看红军墓要被平整，心急如焚的陈榆林跑到当时的龙渠人民公社，汇报了这一“紧急情况”，保住了红军墓，并做了一块“红军烈士永垂不朽”的木牌立在了红军墓前。

陈宗新是陈家第三代“红军守墓人”，如今已有 20 个年头。20 年来不管刮风下雨，他都定期到烈士陵园清扫陵墓、清理杂草，祭拜安葬在这里的红军烈士。女儿陈梦雪在他的言传身教下，也毅然接过了父亲手中的接力棒，如今已成为龙渠红色教育基地的讲解员。

他们的坚守，是重信守诺，亦是民心所向，是人民群众对红军、对党深植心底的鱼水情谊和血肉联系！

（甘肃省文明办供稿）

田洪滨

国网老兵坚守一线二十余载 忠诚岗位点亮万家灯火

人物故事 THE STORY

田洪滨，男，1976 年生，中共党员，生前任国网青海海南供电公司运维检修部主任。自 1998 年参加工作以来，他潜心苦练业务技能，不分昼夜为海南藏族自治州电网运行保驾护航。

2000 年 3 月，海南供电公司首座 110 千伏变电站综合改造，作为新兵的田洪滨一次次钻电缆沟，一遍一遍修改施工方案、调试方案，结合现场研究了“二次线对线法”，把对线正确率提升到 100%，大大缩短了工期。2014 年，嵩巴智能变电站开工建设，他在接触智能站不深和不精的前提下，提前学习光缆等相关知识，经过 4 个月在现场的日日夜夜，圆满完成了设备安装调试。

田洪滨不仅认真钻研业务技能，还不分昼夜为安全用电做好服务保障。2018 年 5 月的一天晚上，鑫源铁合金公司打来电话请求帮助，说厂子里的开关一直合闸不成功，如果当晚问题解决不了，整台冶炼炉会报废。放下电话的田洪滨立马准备器具，带领同事火速赶到现场。通过现场回路的反复检查，一遍遍核对着图纸和现场设备，最终找到故障原因，经过两个多小时的紧张抢修，终于在凌晨 2 点多钟恢复通电。

“供电抢修救急像救火，我们就是要用最快的速度在最短的时间做完事，让群众满意。”朴实的话语诠释着田洪滨对责任的理解、对岗位的忠诚。

（青海省文明办供稿）

完么仁增

敬业奉献

藏族教师 31 年坚守乡村学校三尺讲台

人物故事 THE STORY

完么仁增，男，藏族，1963 年生，中共党员，青海省海东市循化县白庄镇来塘村来塘学校教师。

从 1990 年起，31 年风雨历程，完么仁增一直坚守在来塘学校的讲台上，一人一校，日复一日，年复一年，共培养出 100 多名学生。他是一个藏族汉子，却把将近一半的生命放在了一个撒拉族山村的教育事业上。在这三十多年里，他任劳任怨，一直坚守在这个山村学校的教师岗位上，三十多年里，学校校舍一直在更新换代，唯一不变的是他为教育事业奋斗毕生的心愿。

完么仁增初到来塘学校任教时，这里的孩子们都不会说国家通用语言也听不懂汉语，于是他自学撒拉语，用撒拉语给孩子们讲课翻译，于是在来塘学校便有了藏族老师用撒拉语讲课这一稀奇现象。这里的村民也被完么仁增的举动感动和震撼了，把他当成自家人，更加尊重他。无论是课堂上，还是课余时间，完么仁增总是将每一道题细致地讲解给学生，想尽办法让孩子们高效率地学到知识。他始终把学生们当作自己的孩子来看待，学生和家长们也特别喜欢这位藏族老师，他既为来塘村的孩子们传授了知识，也为两个民族之间的团结和谐作出了贡献。

说起今后，完么仁增期望来塘村人持续关注教育、重视教育、热爱教育，培养出更多有担当的知识青年，走出大山，为家乡作更多的贡献。

（青海省文明办供稿）

丁亚丽

消防站长千锤百炼铸造训练尖兵 情系百姓践守公仆誓言

人物故事 THE STORY

丁亚丽，男，1985 年生，中共党员，新疆生产建设兵团第八师石河子市消防救援支队南子午路消防救援站站长。

千锤百炼铸造“训练尖兵”。作为队站主官，经常看到他爬梯子、练操法的身影，流淌的汗水时常浸透全身，手上的血泡也早已磨成了厚厚的老茧。他帮助指导两名队员登上全国火蓝比武竞赛的最高舞台，成为各项赛事中的佼佼者。面对站里配备的 4 类消防车、11 大类 167 种 2000 余件套装备，他边干、边学、边摸索、边总结，在日复一日的学习实践中，迅速成长为装备器材的“行家里手”。

血火洗礼淬炼“忠诚卫士”。2016 年 11 月，他深入已经倾倒并伴有爆炸危险的大巴车内救人的画面被央视《第一时间》和《新闻直播间》报道。2019 年，石河子市区一连片平房内多个液化气罐起火燃烧。危难关头，丁亚丽身先士卒，身着避火服在水枪的掩护下冲入猛烈燃烧的大火，将一个个喷着火舌的液化气罐转移到安全地带。

2020 年 7 月，石河子市大全新能源公司多晶硅项目精馏车间 803C 反歧化反应柱发生氯硅烷泄漏。丁亚丽到达现场侦查后，主动请缨，带领厂家技术人员冒着生命危险深入灾害现场内部，成功将阀门关闭。

（新疆生产建设兵团文明办供稿）

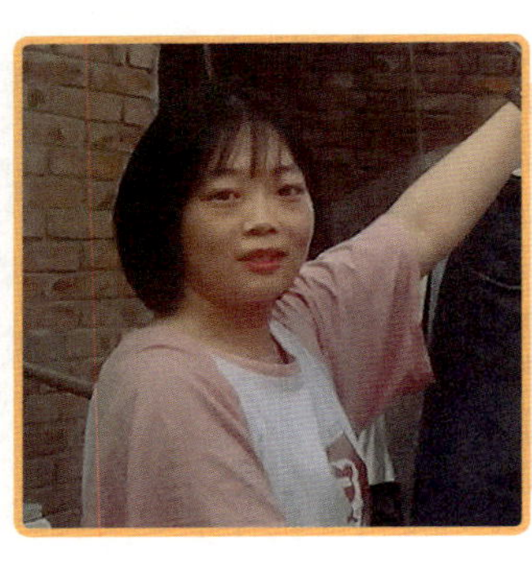

周静怡

照顾患病母亲多年 用实际行动践行孝老爱亲

人物故事 THE STORY

周静怡，女，2003年生，天津东旺机动车驾驶员培训学校有限公司文员。

2015年父母离异，周静怡与母亲相依为命。母亲不幸患上心脏病无法工作，娘儿俩只能靠着低保的几百块钱维持生活。面对困境，母亲从她幼年起就开始培养她坚忍、乐观的品性，周静怡也用满满的孝心来呵护母亲。

2018年除夕，周静怡的母亲心脏病突发，她看到妈妈喘着粗气，害怕得很，但关键时刻她迅速冷静下来，赶紧给亲戚打电话，送妈妈去了医院。在医生的抢救下妈妈脱离了生命危险，处于昏迷状态，周静怡在病床前守护了一夜。妈妈出院以后，周静怡把所有的家务都揽了过来。小小年纪的她，学会了烧水、做饭、洗衣服、收拾屋子。周静怡每次打工挣的钱都用来给妈妈买药、买衣服、买补品，给爸爸和奶奶买些吃的。一次，奶奶腿疼得站不起来，爸爸没时间照顾，周静怡就骑自行车带着奶奶去医院看病，幸无大碍。回到奶奶家后，她给奶奶贴好药膏，看奶奶睡着了才回家。到家已经深夜，她蹑手蹑脚地爬上妈妈的床，带着一身疲惫入睡。

周静怡用自己一颗朴实的孝心，用自己的实际行动践行着中华民族孝老爱亲的传统美德，用爱守护好自己平凡而又温暖的小家。

（天津市文明办供稿）

王桂莲

蒙古族妇女多年如一日 照顾亡夫残疾两兄弟

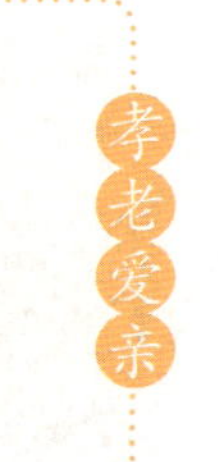

人物故事 THE STORY

王桂莲，女，蒙古族，1973年生，内蒙古自治区兴安盟乌兰浩特市关店嘎查村民。

王桂莲出生在农村，没上过学，但在关店嘎查提起她，人人都赞不绝口，这一切都源于她的奉献和坚持。王桂莲于1993年与赵志军结婚，丈夫的两个兄弟赵宝玉和赵波日特布斯特都是患有智力障碍的残疾人，赵宝玉患有先天听障，而且双眼失明。赵波日特布斯特患有股骨头坏死，几乎瘫痪在床，生活不能自理。婚后的王桂莲始终与丈夫一起照顾两兄弟。岁月如梭，2015年6月，王桂莲的丈夫因病去世。面对前路迷茫、步履维艰的现状，王桂莲主动承担起照顾两个叔伯兄弟的责任。两个兄弟没有生活自理能力，平时换洗衣物、清理污物、擦拭身体、做饭喂饭都由王桂莲一个人独自完成，虽是弟媳，毕竟男女有别，但王桂莲将他们当作自己亲人对待，悉心照料。同时，生活的重担也压到了这位普通的农村妇女身上。王桂莲没土地也没工作，日常就靠打零维持生活，本来可以做家政或超市职工之类的工作，收入多而且稳定，但怕耽误照顾家里的两个兄弟，所以多年来王桂莲都是干的力气活、小时工和村里的环卫工。靠着微薄的收入，王桂莲赡养着亡夫两个兄弟，也扛起了这个家。2021年亡夫兄弟赵宝玉去世。直至今日，王桂莲还在照顾着亡夫哥哥赵波日特布斯特，这段感动乡邻的佳话仍在继续。

（内蒙古自治区文明办供稿）

蔡庆潮

服装店老板二十年如一日照顾植物人母亲

人物故事 THE STORY

蔡庆潮，男，1956年生，上海市宝山区友谊路街道宝钢八村居民。

过去20年的每一天，蔡庆潮和董林妹夫妻的生活都在不足30平方米的房子里围绕老母亲展开。蔡庆潮的母亲丁玉芬已逾九旬，离休后不久患上了阿尔茨海默病，离不开人照顾。

母亲发病以后，父亲的身体也不好，蔡庆潮先是请了两个保姆，但是家里地方小，加上母亲逐渐病重，外人照顾起来不方便，于是爱人董林妹便决定把店关了，回家专职照顾两位老人。2004年，父亲过世，母亲已是植物人状态，蔡庆潮也买断工龄回家伺候母亲。那之后，夫妇俩就没有留母亲单独在家一分钟。

夫妻俩每天要把母亲从床上到躺椅抱上抱下四次，帮她捶背，理顺肺气。母亲的每餐都会根据营养配比来准备，一口一口慢慢喂，一顿饭要花半小时以上。每晚都要起来2—3次帮母亲翻身和换尿布，有时还夜起吸痰，已经养成了每天半夜12点钟和4点钟“自然醒”的习惯。后来母亲无法自行排便，夫妻俩就用手指一点点挖，同时揉她的肚子促使肠道运动，排便过程很慢，往往要耗费一个小时。

正因为夫妇俩的用心，母亲从来没生过褥疮，现在依然肤色白皙红润，呼吸平稳。对于守着妈妈的生活，蔡庆潮没有任何怨气。他觉得子女赡养老人是天经地义的：“谁都不希望家人患病，但是既然遇到了，就必须去承担。”怀着这样朴素的情感，蔡庆潮夫妇将20年的每一天，过成了同一天。

（上海市文明办供稿）

梁　娥

八旬儿媳照顾百岁婆婆60载 婆媳情深佳话传

人物故事 THE STORY

梁娥，女，1940年生，安徽省阜阳市阜南县公桥乡孟寨村大周郢庄村民。

2021年，梁娥81岁，婆婆代克英108岁，婆媳相处60年没有红过脸，被称为“金牌好婆媳”。在代克英眼中，梁娥依旧是那个不嫌自己家贫嫁进来的好姑娘；在梁娥心里，永远忘不了她跟丈夫吵架时，代克英“护住”自己的样子。

1961年，梁娥和相恋一年多的王传军结婚。2012年，王传军因病去世，家里只剩下72岁的梁娥和98岁的婆婆代克英。子女们多次要把梁娥和奶奶一起接到县城里生活，梁娥却说，自己身体还好能照顾。2016年，102岁的代克英不慎跌倒，一直卧床。代克英听力不好，卧床期间，梁娥总会贴心地贴在她耳边大声说话，可婆婆想说什么，只要一个眼神，梁娥就能马上感知婆婆的冷暖，察觉婆婆的需要。夏天婆婆怕热，梁娥就在屋里面安装空调用来降温；冬天婆婆双脚冰冷，梁娥就把热水袋送到婆婆脚边；平时婆婆喜欢吃水果，梁娥就把买来的苹果切成小块，捣成果泥，一勺一勺喂到已经没有牙齿的代克英嘴里；为了方便照顾婆婆，她们还床挨床一起睡……

她们的故事在当地被群众传为佳话，在她们的言传身教下，不但让孝道在这个大家庭中传承，更感动了他人，让孝老爱亲成了风尚。

（安徽省文明办供稿）

汪桂月

患病孙女的“靠山”
8年背出来的读书梦

人物故事 THE STORY

汪桂月，女，1955年10月生，安徽省铜陵市义安区钟鸣镇长龙村村民。

冬日的清晨，整个长龙村都还在沉睡，而汪桂月家凌晨4点半就亮起了灯。这天，最低气温跌至零下6摄氏度，但汪桂月还像往常一样，要送孙女婷婷（化名）去上学。

婷婷在3个月大的时候，就被确诊为先天性脑性瘫痪。家里虽然条件不好，但仍带婷婷做了4次手术。可惜的是，不仅病没治好，家里还欠下了20多万元的债。父亲不得不外出打工，母亲一边操持家务一边还要照顾婷婷的妹妹。照顾婷婷的重担，自然就落到了奶奶汪桂月的肩上。

后来，婷婷长大了，流露出对学习的渴望。虽然孩子手脚有残疾，但万幸的是智力没有问题。为了实现孩子的愿望，汪桂月便决定每天背着婷婷去上学。

老人佝偻的背上，是紧紧伏着的孩子。寒来暑往、冬去春来，山坡或陡或缓，脚步或深或浅。在这条乡间小路上，汪桂月这一走就是8年。无论天气再恶劣，她始终没让婷婷迟到过一次。

在校期间，孙女读书，汪桂月就坐在一旁，为孩子削铅笔、递作业本、去食堂打饭。现如今，婷婷已经升入初中，汪桂月说：“如果身体允许，我还想送她上高中，陪她读大学……”

（安徽省文明办供稿）

何庆福

小村工人几十年如一日
照顾残疾叔叔一家

人物故事 THE STORY

何庆福，男，1974年生，福建省南平市光泽县鸾凤乡大陂村村民。

何庆福的叔叔年轻时因家境贫穷，娶了智力残疾的妻子，并生下了一个同样智力残疾的女儿。何庆福上要赡养80多岁的老父亲，下要培养两个读书的孩子，可他仍然几十年如一日，一个人无怨无悔扛起了两个家，照顾残疾的叔叔一家人。为了照顾家人，何庆福无法外出务工，只能在离家较近的鸿建山庄做些小工。工资低、负担重，何庆福的两任妻子都改嫁了。

2014年，叔叔出车祸，右腿腿骨断裂，在医院治疗的两个月里，何庆福每天晚上到医院陪护。出院后，何庆福每天悉心照顾无法下地的叔叔，叔叔的腿才逐渐康复。为了让智力残疾的婶婶、堂妹更好地适应生活，何庆福会手把手地教他们做一些力所能及的事情。由于长期劳作，何庆福得了骨质增生、腰椎间盘突出。每天弯腰工作时，都要忍受着剧痛。2018年，何庆福身体不适，检查后发现脑袋里有一个囊肿，无法工作的何庆福担心的不是自己的身体，而是家人，他只希望自己身体快点好起来，通过努力工作，让家人过上更好的生活。

“对于我来说，叔叔婶婶也是我的父母，十几年的朝夕相处，让我们成为谁都离不开谁的亲人，这些都是我应该做的，没有什么可夸耀的。”何庆福说。

（福建省委文明办供稿）

陈志娟　肖志凌

伉俪同心　十余年为娘家人撑起一片天

孝老爱亲

人物 THE STORY 故事

陈志娟，女，1980年生，江西省吉安市吉水县城北社区居民；肖志凌，男，1975年生，中共党员，江西省吉安市吉水县芦溪岭林场纪委书记。

2000年，通过亲戚介绍，陈志娟和肖志凌相识并步入婚姻殿堂。婚后，两人琴瑟和鸣，用真心诚意营造温馨幸福的四世同堂大家庭。

2009年，陈志娟唯一的哥哥在长途货运途中突发交通事故，导致高位截瘫，欠下巨额医疗费用和债务。陈志娟夫妻面对瘫痪兄长，垫钱还债，养育双侄，为孩子撑起成长蓝天。

2010年、2014年，陈志娟母亲和父亲相继病倒，母亲突发心脏病。经过抢救，安装了心脏起搏器；父亲患有高血压及肺心病，因不慎摔倒导致脑淤血，经过100多天的生死救护，虽挽回了生命，却留下了后遗症，生活也不能自理。陈志娟夫妻面对年迈病残长辈，卖房筹钱，举债医治，悉心照料，为亲人筑就幸福港湾。

你把我养大，我陪你变老。陈志娟就是凭着一颗坚强的心，和丈夫肖志凌抱着一个坚定的信念：永不放弃，永不抛弃，用爱心挽救自己的亲人，拯救父母兄长这个家。“父母是生我养我的人，即便再苦再累，我也要报答他们的养育之恩。”面对未来，陈志娟夫妇仍用陪伴和不离不弃作出了真情的回答。

（江西省文明办供稿）

陈文静

好媳妇无微不至照顾卧床婆婆12载

人物 THE STORY 故事

陈文静，女，1974年生，中共党员，山东省枣庄市峄城区阴平镇陈楼村村民，曾任阴平镇吴家坡村妇联主任。

1995年，陈文静嫁到吴家坡村，忙着照顾家里家外，尽心地做一个好媳妇。2005年12月，陈文静的婆婆因糖尿病、高血压等多种疾病卧床不起，丈夫长年在外打工，陈文静便辞去了村级妇联主任职务，主动承担起了照顾婆婆的重担。

屋漏偏逢连阴雨，2017年12月，陈文静被查出患有乳腺恶性肿瘤，需要做乳房切除手术和化疗。陈文静一边忍受着治疗的痛苦，一边坚持每天为婆婆注射胰岛素，按时喂婆婆吃药，为婆婆擦身子、洗衣服、换着花样做一日三餐。由于婆婆瘫痪在床且年事已高，陈文静在做饭时只敢放少量的盐，婆婆经常因为饭菜没有味道而打翻饭碗，陈文静边打扫饭菜边哄着婆婆开心，她从无怨言，始终把婆婆当作小孩子一样包容着、照顾着。

陈文静用自身的典型事迹感动人、用真实的故事影响人，她的家庭于2018年被评为“枣庄市最美家庭”。虽身患重病，陈文静始终以孝善为初心，以耐心、细心和满腔真情照顾着瘫痪在床的婆婆，以坚强的勇气承担家庭的重任，以不倦的付出传承中华民族的孝善美德，以良好的家风推动全村文明建设，让文明新风深入人心、落地生根。

（山东省文明办供稿）

周千满

七旬老翁照顾瘫痪妻子 43 载 用真情大爱演绎爱情佳话

人物故事 THE STORY

周千满，男，1950 年生，湖南省衡阳市祁东县永昌街道太阳升社区居民。周千满的妻子年轻时因伤致残，高位截瘫，终身卧床。43 年来，周千满不离不弃，用无微不至的照顾诠释着对妻子的深情，承担起对家庭的责任。

在他 27 岁时，妻子遭受不测致终生瘫痪伤残。周千满真诚细心地护理卧床妻子 43 年而不离不弃，妻子多次写信呈送单位劝其离婚，可他为了坚守忠贞的爱情，善心美德，坚守至古稀之年。

他本人身患肺结核，右上肺已被切除，近年又有严重的脑梗死、冠心病；妻子瘫痪卧床需护理，儿子又得了强直性脊柱炎，三级病残；儿媳患乳腺瘤大手术后，身体尚需调养；大孙女因激素缺乏，发育迟缓，每年都需要巨额经费医疗。六口之家五人患病，他用瘦弱的身躯，坚毅支撑着这个风雨飘摇的家。

他本人是退伍军人、下岗特困职工，儿子是低保户，妻、儿均持有三级伤残证，但数年来从未向政府各部门登门伸手要照顾，凭着一颗不给政府添麻烦的赤子之心，用自己唯一的 2700 元退休金十分艰难地维持简单的生存。“夫妻，夫妻，夫和妻永远不该分开！”“最怕自己生病，自己病倒了，就没法好好照顾她！”

（湖南省文明办供稿）

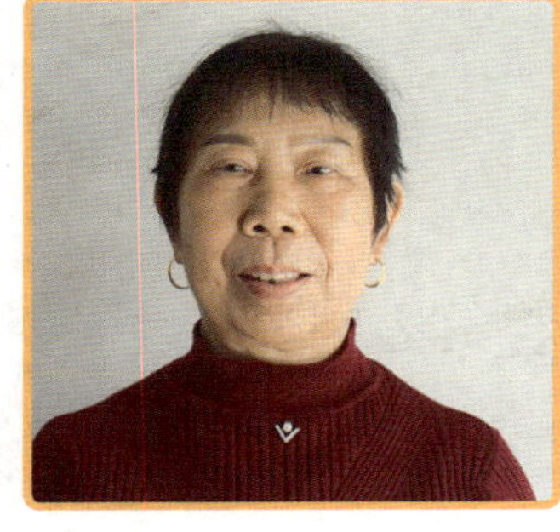

田　文

坚强女子照顾同母异父弟弟 22 载 悉心照顾半身不遂丈夫创造医学奇迹

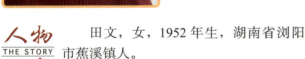

人物故事 THE STORY

田文，女，1952 年生，湖南省浏阳市蕉溪镇人。

1956 年，父母离婚，母亲带着 4 岁的田文改嫁到蕉溪镇早田村书院组。1961 年，弟弟田定珍因一场高烧，智力永远停留在了 2 岁。继父和妈妈都外出打工，9 岁的田文便承担起了照顾小弟的重任。

成年后，受尽磨难的田文组建了自己的家庭，生下了一双儿女。然而，1999 年，母亲去世后，继父又病危，跪在继父病榻前，她坚定地对继父说：“放心吧，我会用一生来照顾好定珍。”往后的 22 年，田文用心用情、全方位照顾着弟弟田定珍。2012 年，公公失足摔伤，从此只能与轮椅为伴。田文肩负起照顾公公的重任。2015 年，丈夫肖让贵突遭车祸，进行了开颅手术后才勉强捡回了一条命。

如今，在田文的悉心照料下，公公安详地走完了余生，丈夫也基本康复，打破了医生说的“恢复得再好也是瘫痪”的预言；弟弟也比以前更加开朗、懂事，还能主动帮忙做一些力所能及的家务活；子女们也以田文作为心中的榜样，经常回家帮忙，传承孝老爱亲的好家风。

坚强、善良、乐观，好姐姐、好儿媳、好妻子、好母亲，田文用她 1.5 米的小身板诠释了美好的品质。“我要把母亲教给我的一切传递给我的孩子，孝老爱亲的好家风将是我成长道路上最好的指路明灯。”女儿肖敏说。

（湖南省文明办供稿）

傅继成

退伍军人爱老扶幼 照顾同村老人和幼孩 17 年

人物 THE STORY 故事

傅继成，男，1966 年生，广东省清远市英德市东华镇文南村委会大坪村小组组长。

在 2002 年一次走访中，时任村小组组长的傅继成发现了一位年事已高、丧失劳动力且养育有年幼女儿的同村老人傅永楼。面对老人的生活困境，傅继成直接将老人及其女儿接回家中，如家人般无微不至地照料。"阿妹现在也是我们的家人了，你们两个作为哥哥，不准欺负她，要多点照顾她"，傅继成嘱咐孩子们道。他将楼伯年幼的女儿视为己出，在孩子教育方面劳心劳力。傅继成无偿赡养傅永楼老人长达 17 年，直至 2019 年底老人离世，他继续抚养并供老人女儿读书至研究生毕业。

2004 年任村小组组长后，傅继成秉承为人民服务的初心，为人民利益着想，一直兢兢业业，做好本职工作的同时热衷于扶贫工作和公益活动。他时常走访帮助贫困户，深入疫情防控、抗洪抢险、转移受困群众等工作一线。2011 年，他为完成大坪村自来水安装工程，不辞辛苦带领群众共同建设水池，亲自测试保证水质合格，解决了村民饮水难题。

"老吾老以及人之老，幼吾幼以及人之幼。"在爱老扶幼和帮助困难群体的道路上，傅继成大爱无私、默默奉献，始终展现着军人的担当精神，体现了村干部一心为民的高尚品德。

（广东省文明办供稿）

韩国艳

柔肩担起一个家 三十多年悉心照料四位老人和小叔子

人物 THE STORY 故事

韩国艳，女，1968 年生，陕西省延安市吴起县铁边城镇新寨村村民。

"自己吃点苦头算不得什么，只要让老人吃饱穿暖，比什么都重要"。

19 岁的韩国艳与丈夫结婚时，婆婆已瘫痪在床。她主动担当，每天给婆婆擦身洗衣，为家人做饭。十年如一日地照顾，事迹传遍全村，成为全村人的榜样。

2004 年，婆婆离世。谁料婆家年事已高的爷爷又病倒了。见丈夫为难，韩国艳干脆把爷爷接到家中照料。每顿饭的第一碗，总是先端给爷爷，逢年过节必会给老人添件新衣。8 年后，爷爷去世。公公和五爷爷也都 80 多岁，她便一起照料。

"五爷爷是聋哑人，无子女，性格孤僻，不肯与人接近。脾气又暴，给他做面条，他不吃，换成米饭炒菜，他还跟你怄气。"这让韩国艳哭笑不得。她便耐着性子和五爷爷谈心，变着花样给他做饭吃。

2019 年，韩国艳趁着五爷爷吃完饭休息的间隙，与丈夫出门办事，却突逢意外，双双住进医院。谁知五爷爷不见她，茶饭不进。韩国艳忍痛出院。五爷爷去世后，小叔子突然脑出血，半身瘫痪，照顾重担又落在她身上。

三十多年的时间里，韩国艳用实际行动践行着"尊老、敬老、爱老"的传统美德。

（陕西省委文明办供稿）

六
月

刘长安

小土豆大情怀　做有担当的民营企业

人物 THE STORY 故事

刘长安，男，1967 年生，高级农艺师，北京凯达恒业农业技术开发有限公司董事长。

2015 年 5 月，刘长安参加“京蒙合作项目对接会”时了解到贫困面广、贫困程度深、脱贫难度大的乌兰察布一年能产土豆 400 多万吨，但产业化尚处于低端水平，而凯达恒业致力于农产品深加工 20 多年，刘长安决定投资乌兰察布马铃薯深加工项目。

凯达先后与 80 多个合作社、种植大户建立了订单合作。拥有订单种植面积 8 万多亩，带动 5000 余户农民参与种植。凯达以保护价收购，确保了农民、贫困户持续稳定增收，年年都挣钱。刘长安还安排公司预留 100 多个就业岗位，精准安排就业，专门接纳周边建档立卡贫困户。通过帮助成立合作社，纳入凯达订单农业经营模式；捐赠农机具，建立现代化农机服务队；合办企业，提供原材料加工设备等多种方式，凯达与 20 个深度贫困村结成帮扶对子。

凯达从 2016 年来内蒙古投资，在一片荒地上从一个工厂建成了国家级的马铃薯现代产业园。产业园达产后可以实现产值 40 亿元，利税 4 亿元，带动产业链产值 24 亿元，将有 3 万农户参与 50 万亩基地的种植。当地政府领导说：“凯达是我们多年来引进的最好企业。”

（首都文明办供稿）

张卫红

“60 后”党员组建公益乐团 惠民演出传播红色文化

助人为乐

人物 THE STORY 故事

张卫红，女，1968 年生，中共党员，河北省邢台市泉东办事处金秋乐团团长。

达活泉公园时常响起《十送红军》《映山红》等经典歌曲，演唱的乐团名叫泉东办事处金秋乐团，52 岁的张卫红是乐团的团长。该乐团成立三年来，免费教市民唱歌，还经常走进敬老院、贫困山区、革命老区，参演了近百场文化惠民志愿演出。作为团长，她组织起百人的演出队伍，演出形式涵盖歌曲、舞蹈、民乐、走秀、戏曲等，无偿为市民送上快乐。

2017 年底开始，她率先带领金秋乐团走进敬老院，先后去到“爱晚红枫敬老院”“医专养护中心敬老院”“康怡敬老院”等，开创了邢台市有规模走进敬老院慰问演出的先例。她还自发组织乐团，多次无偿到贫困地区慰问演出。

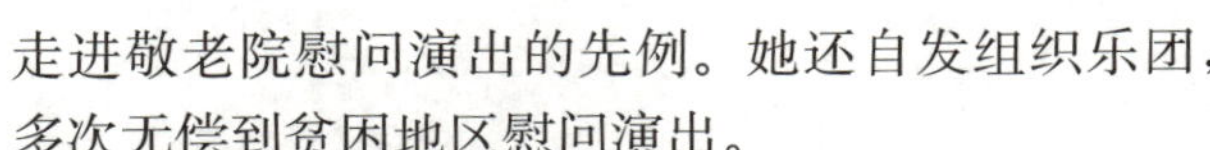

2018 年邢台市广播电视台新闻综合频道多栏目报道并发文对她和她们乐团进行表扬。新中国成立 70 周年时，她参与的快闪作品《我和我的祖国》在“学习强国”App、美篇等被播放，传递着积极向上的正能量。

“金秋乐团的寓意是以‘金色’年龄铸就‘金色爱心’。”张卫红说，现在成员越来越多，一半是退休职工，他们来自四面八方、各行各业，但大家的信念是一致的——传递正能量，奉献全社会。

（河北省文明办供稿）

宋香芹

古稀大妈资助困难群体温暖人心

助人为乐

人物 THE STORY 故事

宋香芹，女，1949年生，河北省迁安市蔡园镇孟官营村村民。

宋香芹凭借一手好针线活，组织村里六七个老姐妹搞被褥寿服加工制作，增加就业的同时，赚到的钱也用于帮助他人。心地善良的她对孟官营村的低保户情况了如指掌；孟令好因身体不好，不能干重活，妻子又是言语和智力残疾。孟令保因车祸做了开颅手术，丧失了劳动能力；孙悦因患糖尿病几乎双目失明，无劳动能力；孙良因患病多年无劳动能力等。她每年都会送米、面等生活必需品，至今从未间断。在国家有灾难、有疫情时，宋香芹老人也会伸出援助之手。大兴安岭火灾，捐助2匹布（200米长）。2003年“非典”，捐助300元钱、两套被褥。2008年汶川大地震，捐助500元钱、5套被褥。2015年给全镇困难群体捐助4套棉被、一条褥子。2018年给全镇困难群体捐助22套棉被。2020年新冠疫情暴发以来，捐款捐物2000余元，为村里贫困户、孤寡老人、留守老人、居家隔离人员送去了米面、鸡蛋等生活必需品，老人还加入志愿者队伍，宣传疫情预防知识。一台缝纫机，一个普通的农村老人，多年来，宋香芹累计捐款捐物达19万元，帮助了300余人。

（河北省文明办供稿）

张　昇

退休乡长17年跑遍13个村205个屯为农民送去致富“金钥匙”

人物 THE STORY 故事

张昇，男，1939年生，中共党员。辽宁省庄河市光明山镇前杨村喇嘛屯人。

早在1983年，张昇就率领技术组将草莓种苗从辽宁省农科院引进到光明山镇，使这里成为庄河草莓的发源地。2000年，张昇退休后，谢绝了高薪聘请，义务做起了农民朋友的技术指导，由此成为一名服务在乡间大棚的“五老”义工。

张昇每天忙得不可开交，深入田间地头为农户义务指导。张昇背包里都装有“三宝”——农业书、笔记本、照相机，每次出门为农户服务必定带上。17年间，张昇骑着一辆已经使用40年的旧自行车，自带午餐干粮，冒着严寒酷暑，跑遍了光明山镇13个村205个自然屯的沟沟岔岔。

2006年，张昇牵头成立了“帮青致富”志愿服务项目组，在光明山镇佟岭村建立了一个“帮青科技致富示范基地”，推动全镇草莓种植业发展。张昇分文不取，为广大农民举办各种农业技术培训班60余期，参训人员达3500多人次，每年解决生产技术难题达1000多次，先后带动963户农民创业致富，许多农民因此摆脱困境，过上了富裕的生活。光明山镇的草莓大棚由张昇退休前的几十个发展到现在的13700多个，被中国园艺学会评为“中国草莓第一镇”。

退而不休，张昇，用他的行动书写了人生的真正价值，为家乡农民称赞。

（辽宁省文明办供稿）

何　丹

爱心团队"领头人"乐积小善成大爱

人物 THE STORY 故事

何丹，女，满族，1978年生，吉林省通化市柳河县爱心义工联合会会长。

"70后"的何丹与公益结缘，还要从她上学时说起。1996年夏天，正读中专的何丹在学校附近的面馆吃饭时，看到两位老人在喝别人剩下的面条汤，何丹心里不是滋味，就把自己刚点的面送给了老人。交谈中，她了解到老人无儿无女，没有稳定收入，靠拾荒贴补生活。看着和自己父母年龄相仿的两位老人，何丹阵阵心疼。从此，她每个月都从勤工俭学赚到的钱中拿出200元给老人送去，还帮助老人修剪指甲、洗头理发、打扫卫生，直至两位老人先后去世。

工作后，何丹热心公益，十几年中累计捐款捐药10余万元。她感觉到一个人的力量微不足道，倡议组建了柳河爱心义工联合会，志愿者也从最初的十几人发展到700余人，举办的公益活动也越来越多。

2018年，何丹与志愿者带着孩子到敬老院慰问，孩子们的到来使老人们比以往开心了不少。当时何丹就萌生了一个念头：应该让孩子们一起奉献爱心。何丹的想法得到了很多志愿者的赞同，之后每次到敬老院慰问，许多孩子都会跟随家长前往，与爷爷奶奶们一起包饺子、做游戏，孩子们的爱心行为，也深深地感染了越来越多的家庭，大家用实际行动书写着新时代的"雷锋故事"。

（吉林省文明办供稿）

徐延梅

无私奉献乐于助人的女企业家

人物 THE STORY 故事

徐延梅，女，1974年生，黑龙江省哈尔滨月亮八珍食品有限公司总经理。

一路走来，徐延梅始终拥有一颗善良的心，帮人帮事、情系故乡。她把一大批面对就业难题的父老乡亲招募到企业当中，帮助他们就业、致富；同时，她还捐款13万元，为家乡修路建桥，"我能从苦日子中走出来，离不开家乡父老乡亲的支持，如今我有能力、有条件了，就要力所能及地帮助别人。"徐延梅把一腔热诚回馈给了那片挚爱的黑土地。

作为一名企业家，徐延梅多年如一日地投身社会公益事业。她十分关注患有脑性瘫痪的儿童等弱势群体，每月定期组织女企业家协会的会员为"慢天使"举办生日会，为他们包饺子，带去生日礼物和玩具；汶川和玉树地震，她捐款12万元；出资30余万元捐建助学图书馆、助力精准扶贫、参加"春蕾助学·金秋圆梦"；2020年，面对突如其来的新冠疫情，她争分夺秒地采购物资，为医院、社区、公安交警等防疫一线人员送去温暖……多年来，她回馈社会的善行从未间断，累计捐款捐物达500余万元。她用实际行动在助人为乐的路上，谱写了奉献之歌，尽显大爱情怀。

（黑龙江省文明办供稿）

霍　白

义务宣讲十余载　红色故事入人心

助人为乐

人物故事 THE STORY

霍白，男，1953 年生，上海市长宁区江苏路街道岐山村居民。

作为愚园路红色印迹宣讲团的团长，在志愿者讲解员的岗位上，霍白认真仔细挖掘整理岐山村和愚园路的历史和名人事迹，归纳总结出“红色印迹”“民主印迹”等多样化的寻访路线，针对不同对象和不同需求开展愚园路历史文化、岐山文化的引导介绍宣传。十余年来，霍白还经常进校园、进机关、进营区、进社区，为师生、青年干部、青年官兵、社会青年作报告、讲故事。他通过一个个经典小故事，把钱学森、杜重远、傅雷、施蛰存等名人故事转换成道德、品德教育，助力青年、学生培养更高尚的人生观、价值观。霍白在延安中学给入团积极分子上的《缅怀革命先烈 传承红色基因》团课曾在《人民日报》登上头版头条。

霍白充还分利用社区历史名人资源，以名人为榜样，以建设良善家教、家风为目的，牵头建立了“凤鸣岐山读书会”学习组织，在社区中营造了学习的浓厚氛围。他在社区教育平台上推出“岐山文化岐山人”品牌教育课题，并作为风华合唱团初创成员之一，20 多年来坚持用歌声凝聚人心，歌唱祖国、歌颂党，引领团结更多的居民提升思想道德素养和人文素养。

2020 年疫情暴发初期，霍白主动承担起社区志愿者突击队长的责任，和志愿者们一起投入排查登记、出入管控等工作中，用实际行动传承红色基因。

（上海市文明办供稿）

顾金珍

“毛衣奶奶”五年手织百余件毛衣为孩子送温暖

人物故事 THE STORY

顾金珍，女，1949 年生，江苏省南通市崇川区幸福街道管园村七组村民。

2016 年 3 月的一天，顾金珍在电视里看到一则关于冬天街头弃婴的新闻，生性善良的她心里十分难受，便萌生了一个想法，要为那些需要温暖的孩子织毛衣。此后，织毛衣成了顾金珍每日的“必修课”，白天针线不离手，晚上看电视双手也不闲着。

为了让孩子们穿得更加平整舒适，每一件织好的毛衣她都贴心地洗涤、晾晒、熨烫，再整整齐齐地装进包装袋中。她还会根据孩子的性别、年龄，搭配出不同的颜色和样式。五年多时间，1800 多个日夜里，顾金珍先后编织了 260 余件毛衣。这些亲手编织的爱心毛衣被捐赠给了南通市福利院的孩子们，也寄给了青海、陕西等西部山区的贫困学子。孩子们感受到了春天的温暖，亲切地称呼顾金珍为“毛衣奶奶”。

顾金珍的爱心善举感动了身边许许多多的人，她们自发参与为贫困儿童编织毛衣的公益活动，成立了爱心团队“织心社”，还定制了爱心毛衣的专属包装袋、包装盒，每一件毛衣配有顾金珍亲手绘制的心形卡片和祝福语。顾金珍说：“希望孩子们在拿到毛衣的那一刻，感受到社会的温暖，接受到爱的教育，在人生的道路上更真、更善、更美！”

（江苏省文明办供稿）

陈玉娟

棉鞋奶奶七年制作近千双鞋帮助社区困难家庭　甘作居民身边“大管家”

人物 THE STORY 故事

陈玉娟，女，1963年生，中共党员，江苏省常州市新北区罗溪镇青莲社区居民。

7年前，陈玉娟跟邻居学会了做棉鞋的手艺，从此她便用一双巧手温暖着身边人。每年严冬时节，她都会第一时间给小区里的空巢老人和困难家庭送去崭新的棉鞋和棉拖鞋，并且分文不收。7年来，她制作了近千双棉鞋，除了赠送给困难人群，还通过网上销售，将所得的3000余元通过水滴筹等线上公益平台全部捐赠给需要帮助的人。“我的力量很小，也许解决不了大问题，但是，如果大家都奉献一点小小的爱心，说不定就能救起一个生命、一个家庭。”

不仅如此，作为楼道长的她，是群众贴心的“大管家”。她主动为居民解决房屋漏水、小区停车难等问题，帮助残疾朋友找工作，调解婆媳间矛盾，还为病痛中的夫妻东奔西走筹集善款，给予他们生的希望。她把居民家里的琐事、难事、麻烦事当成了自己的事，把为居民服务当成自己努力奋斗的事业，努力发光发热照亮身边的每一个人。正是这样不计得失的付出与奉献，让大家提起陈玉娟时都会竖起大拇指。

而面对居民们的称赞，陈玉娟总是腼腆一笑：“这是我应该做的。大家有缘才能相聚在一个小区，大家都开开心心的，我也开心！”陈玉娟的无私奉献也感染着她的家人，他们都默默支持着陈玉娟的事业。

（江苏省文明办供稿）

陶冰峰

保持军人底色的“中国青年好网民”

人物 THE STORY 故事

陶冰峰，男，1986年生，中共党员，江苏省宿迁市泗阳县新媒体联盟理事长、西征网创始人。

陶冰峰出身军人世家，长大后也选择成为一名军人，在部队期间一直从事新闻工作。退役后，陶冰峰创办了西征网，联系本地民间网络自媒体，开展内容丰富的网络文化活动，自觉为地方经济社会发展营造理性、包容、和谐的网络环境。

陶冰峰热心公益，先后组织开展“为舍身救人英雄邱志国遗孤募捐”“救助胆道闭锁宝宝”“网络接力救助骨癌少年”等公益活动120余次，为困难群体募集物资累计价值300余万元。

作为“中国青年好网民”，陶冰峰充分发挥示范带动作用，引领广大青年网友把个人事业融入国家发展和社会进步中。2019年，为庆祝中华人民共和国成立70周年，陶冰峰与同事发起“带着国旗看祖国”主题活动，互联网点击量、播放量累计近6000万次，多次被“学习强国”平台报道。

新冠疫情期间，陶冰峰带领本地自媒体从业人员迅速行动，利用新媒体平台第一时间发布倡议书，开设“疫情防控”专题专栏，及时发布政府战“疫”工作动态及预防常识，并对网络上出现的不实言论积极辟谣，用“媒体”武器守好网络“阵地”，为疫情防控贡献了媒体人的力量。

“退伍不褪色，退役不退志。我要以青春之名，为网络正能量代言，做一名对社会有益的退伍军人！”陶冰峰说道。

（江苏省文明办供稿）

张玉明

七旬农艺师 17 年无偿技术扶持 让农民荷包鼓起来

人物故事 THE STORY

张玉明，男，1944 年生，中共党员，江苏省盐城市建湖县农业农村局退休干部。

2004 年 9 月，刚退休不久的张玉明因身体不适去医院就诊，偶遇左腿患有残疾的青年小成。在了解到小成的家庭困境后，张玉明决意帮他创业。他自掏腰包在小成承包田附近租了房子。一直到 2019 年，小成的承包田扩到哪里，张玉明的住处就搬到哪里。在张玉明的指导帮助下，小成相继创办了家庭农场、专业合作社，年收入达 80 万元。

除了赵宏成，17 年来，张玉明还先后为建湖县建阳镇、近湖街道、钟庄街道、芦沟镇等以及阜宁县、射阳县等多个家庭农场、农业试验基地、专业合作社的种粮大户提供技术指导，更是成为 20 多名青年农民的“创业导师”，帮扶他们走上致富路。

坚守帮扶一线不仅奔波劳累，还要自己补贴各种费用，但张玉明从未计较，对他来说，最大的考验来自病痛。17 年间，他在下乡途中发生过 3 次车祸，还因心脏病、脑梗死等疾病先后 6 次住院，2 次躺在手术台上。每次出院后，家人都劝他回家养老，他总是口头答应，出了医院“坚决不改”，继续奔波在田间地头。每当有人问他，为啥这么拼？张玉明总是说：“我从跨进农学院那天起，就立志要为‘三农’服务一辈子。”

（江苏省文明办供稿）

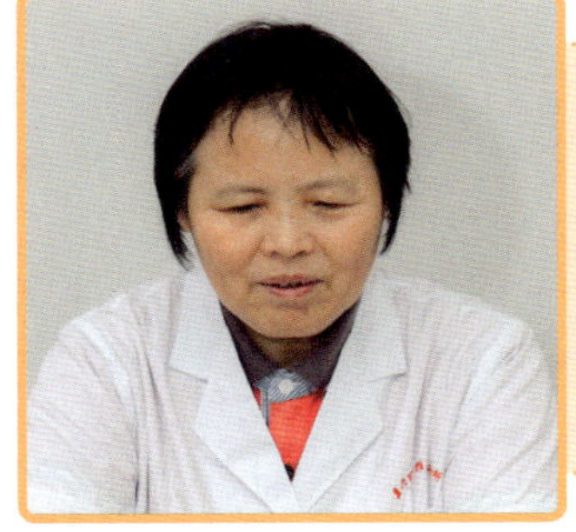

朱丽华

盲人中医师三十多年如一日用爱心造光 改变多人命运

人物故事 THE STORY

朱丽华，女，1957 年生，中共党员，浙江省嘉兴市南湖区丽华中医诊所所长。

1991 年，第一次在广播里听到“希望工程”这个词后，朱丽华就捐出了近 3 个月工资，从此，开始了长达几十年的爱心助学行动，她的“爱心榜单”上受助贫困学生已达 1214 人次，累计捐出的助学款达 828.63 万元，从浙江到两千多公里外的四川，都有她捐资助学的足迹。在朱丽华居住的屋子里，珍藏着受助孩子们给她寄来的成绩单和感谢信，她说：“这就是我最珍惜的无价之宝。”

一腔爱，一双手，一条自强不息路。她身残志坚、自强不息，既学理论又重实操，成为嘉兴市首个盲人中医师，创建了丽华中医诊所，除了在自己诊所安排 10 多名残疾员工外，还有 200 多名残疾人在她手把手的技艺传授下走上了就业岗位。近 40 年时间，朱丽华累计治疗病人 24 万余人次，免费为现役军人治疗 4000 多人次……

哪里有需要，朱丽华就会把爱洒向哪里。南湖革命纪念馆筹建、汶川大地震、新冠疫情暴发……她都会慷慨解囊。对于自己，她却极度地节省，脚上穿的布鞋是十几元钱买的，身上的白大褂实在破旧了才换一件，她说：“自己少花一元钱，就能多捐出一元钱。”

朱丽华把初心融进灵魂，把信念化为行动，带着梦想追光、带着情怀造光、带着使命发光，用自身行动诠释着一名红船旁的普通党员永远跟党走的信仰信念！2018 年 4 月，朱丽华签下了器官捐献书，她说：“活着从医几十年，死后器官捐医学。”

（浙江省文明办供稿）

史文斌

电力志愿服务队长四十年如一日 聚焦“一老一小”汇聚爱心暖流

人物 THE STORY 故事

史文斌，男，1964年生，中共党员，国网杭州供电公司红船（阿斌）电力志愿服务队队长。

1981年，史文斌入职杭州市电力局，成为一名电力抢修人员。2004年，史文斌和最早的一批班员成立了阿斌电力服务队，开创了全省表后延伸服务先河，如今共有注册志愿者2200余名。史文斌总结的“12345工作法”“五个一原则”等服务标准，至今仍被作为一种规范化的模式在浙江省电力系统内推广应用。

史文斌带领服务队在半道红社区等杭州37个社区建立爱心服务站，先后为200多位老弱孤残人员建立“爱心孝老卡”服务档案，长期提供“管家式”服务。

2019年1月，史文斌受邀去杭州弯湾托管中心，为一群心智障碍青年上电力安全课。同年5月，史文斌牵头启动了“驿电湾”公益助残项目，在香樟街打造了智能洗车站，为青年们提供电动汽车充电洗车引导、环境清洁的工作岗位。

“有呼必应，善小常为”是史文斌和队员们一直的坚守。在“点亮玉树”的爱心接力中，他们驰援千里为12所无电学校通电，参与高原“有氧图书馆”选址和“免费午餐”对接，为震后玉树重建带去希望。在打通走亲惠民“最后一公里”中，他们连续9年开展雷锋角用电咨询服务。

史文斌常说：“金杯银杯不如老百姓的口碑。”他一次又一次用自己的行动，将“你用电，我用心”的承诺写满大街小巷，就像一把火炬，永远炽热，永远夺目。

（浙江省文明办供稿）

萧　冰

助人为乐

永葆童心的艺术家 做默默奉献的孺子牛

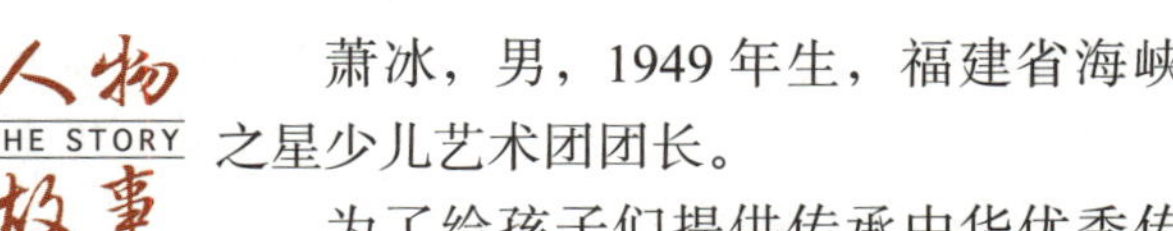

人物 THE STORY 故事

萧冰，男，1949年生，福建省海峡之星少儿艺术团团长。

为了给孩子们提供传承中华优秀传统文化的场所，打造两岸儿童交流平台，萧冰于2013年成立了福建省海峡之星少儿艺术团，他不仅投入自己多年的积蓄，还把女儿寄回的用来修缮祖屋的钱款全都投入艺术团建设。近10年来，萧冰把全身心投入艺术团的工作，不仅不收取薪酬，还把每月退休金和稿费（共计100余万元）都无偿捐献给艺术团。很多人不理解，有的人甚至还恶言相讥，可萧冰心里无私，坦然面对。此外，他还带领孩子们赴美国、德国、马来西亚等10余个国家演出，向世界展示中华文化和中国少年的文化自信。

萧冰热心公益事业，多次参加红十字会组织的救助妇女、儿童的慈善活动，捐赠书法作品进行拍卖。雅安地震发生后，萧冰以少儿艺术团的名义，率先发起“支援雅安·关爱儿童”赈灾活动，筹集善款180余万元，全部投入灾区校园重建。萧冰也十分关心患白血病的孩子，会定制蛋糕到病房为孩子们过生日，多次筹办募捐晚会，鼓励资助他们和病魔抗争。为筹建“希望之星”儿童艺术宫，2020年，他发起成立公益基金，拍卖自己的书法作品，并将所得尽数捐献。

萧冰一生致力于儿童美育教育，热衷于儿童公益事业，被誉为勤勤恳恳的“孺子牛”。

（福建省委文明办供稿）

郭　金

青年成立志愿者协会 让阳光和爱撒遍每个角落

人物 THE STORY 故事

郭金，男，1987年生，中共党员，江西省宜春市奉新县乐行公益联合会党支部书记、会长。

2005年以来，郭金从一位热心参加公益活动的普通志愿者，成为创办公益团队的公益人。16年的公益历程，他充分弘扬了助人为乐的公益精神，以做好事、办实事的作风为有需要的人提供帮助。他累计捐款捐物价值达10余万元，参加公益活动1300余次，个人志愿服务时长达8000余小时。

16年的公益坚持，只为让公益成为一种习惯。郭金积极发扬党员先锋作用，不管是在开展关爱类活动，还是灾害救援时，他都身先士卒地带领志愿者们“战斗”在一线，抢救人员和挽救群众财产、募集救灾物资送往群众手中。他带领团队2300余名志愿者勇于奉献，积极参与和服务于精准扶贫、环境整治、文明城市创建、乡村全面振兴等多项政府中心工作，团队开展各类公益活动达2100余次，募集和引进各类公益项目价值达500余万元。

近年来，郭金和团队不断成长，10余位志愿者和团队荣获了全国和江西省市县各级荣誉表彰。公益活动也扩大到防洪抢险、文明劝导、筹集助学款、交友联谊会、希望工程等。成立了全省唯一一个由青年志愿者协会自主创投、管理的青年空间暨关爱留守儿童服务站。

（江西省文明办供稿）

彭　敏　邓世显　张建萍

平凡“敲门嫂”书写不平凡“敲门事”

人物 THE STORY 故事

彭敏，女，1970年生，中共党员；邓世显，男，1945年生，中共党员；张建萍，女，1962年生，三人均系江西省新余市渝水区“敲门嫂”文明实践志愿服务队成员。

他们时不时敲一敲孤寡、独居、空巢老人的门，问声好、唠唠嗑、拉拉家常，帮助老人做一些力所能及的活。

空巢老人顾相兰，由于家庭原因自己长期独自生活，彭敏了解到情况后，便主动承担起了义务照顾她的工作。顾相兰生病住院期间，把她一辈子省吃俭用积攒的19万元定期存单交给彭敏保管，彭敏细心地做好明细记录，老人离世后，彭敏及时把老人托付的剩余款项12万元全部交还家属。

万树林因突发脑出血导致偏瘫，妻子离世后，万老始终无法走出失去老伴的阴影。邓世显与万树林是前后邻居，有空便会过来陪陪他、说说话，周末，邓世显就陪着万老慢慢转圈。“陪他散步，主要还是为了消去他心里的阴影与伤痛！”在邓世显等“敲门嫂”的帮助下，万树林也从伤痛中逐渐走出来。

2000年，张建萍下岗待业在家，20多年来除了打零工短工，她还热心为小区居民跑跑腿，成了小区的义务“办事员”。在张建萍的家里，有个铁皮柜子，柜子里专门放置小区老人委托她办理的各种手续的档案袋，居民心里，张建萍就是那个事事操心的“小区管家”。

这都是他们日常的一个缩影，他们“敲”出了人间真善美，“敲”出了浓浓邻里情，“敲”出了文明实践新风尚。

（江西省文明办供稿）

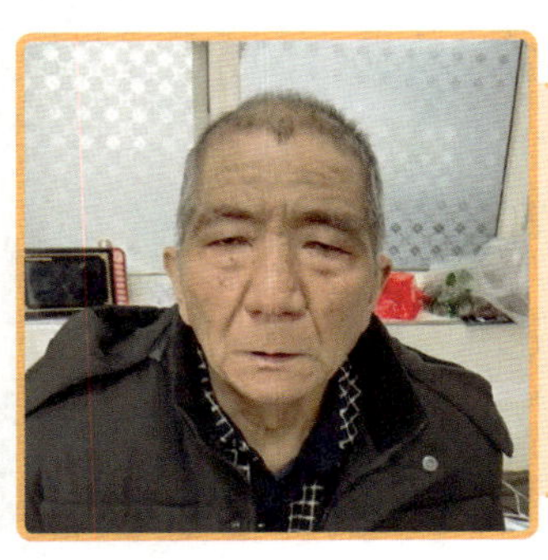

徐挑战
老人自愿捐献遗体感谢党恩回报社会

人物 THE STORY 故事

徐挑战，男，1955年生，生前系江西省景德镇市浮梁县王港乡金山村四队组村民。

徐挑战的妻子早年去世，育有的两个女儿也都已出嫁，是原来村里的建档立卡贫困户。2014年起，他因患有肺气肿等慢性疾病，常年受病痛折磨，健康状况一直不佳，需长期住院治疗，因治病他花光了家中所有积蓄，变卖了家中所有值钱的财产。

在党和政府的帮助下，徐挑战享受了健康扶贫和产业分红政策。住院期间，村“两委”和帮扶干部不定期的探望，给了他莫大安慰，也让他切身感受到来自政府的关怀。在病中他时常在想，如果治疗这个病能有特效药就好了，可以挽救很多人的生命。这段时间他萌发了一个想法：去世后把遗体捐献给医院，供医学研究，或许能为治疗这类病带来希望。

由于徐挑战长期在医院住院，他与科室医生、护士都非常熟悉，就把这个想法告诉了医生，想以这种方式回报社会。医生对他的这个举动非常理解和支持，帮他联系到浮梁县红十字会。徐挑战在2018年5月11日填写了一份遗体捐献志愿登记表，按上了自己的手印，完成遗体捐献的所有法律程序，至此，徐挑战也完成了自己的心愿。

遗体捐赠不仅需要打破传统观念的勇气，更是对生命的重新定义。徐挑战自愿将遗体捐献给国家，是他感恩党、感恩政府的实际表现，这种精神值得大家的敬佩。

（江西省文明办供稿）

高　畅
用微光点亮世界 “95后”用青春热情投身公益事业

人物 THE STORY 故事

高畅，女，1998年生，中共党员，山东省枣庄市市中区人，现任聚力青年公益发展中心副秘书长、市中区青年志愿者协会执行主任。

2020年新冠疫情突然来袭，高畅放弃在外地的工作机会，毅然奔赴农村扎根基层，先后承接实施青春抗疫、希望小屋建设、蓓蕾春天、青乐学堂等项目40余个，参与志愿者达5000余人，参加服务人员超过10000人次。

高畅立足服务青少年、妇女和老人三个领域困境群体，从教育扶贫、扶贫扶志着手，开展了一系列社会公益活动，并与所服务的困境儿童结成了深厚的友谊，建设“希望小屋”为孩子们改善居住环境，募集书籍、文具和衣物让孩子们拥有更好的学习和生活条件，她还在课余时间为孩子们组织开展夏令营、感受城市、七彩假期、心理成长营等活动，用爱和责任感点亮了孩子们的未来。

2020年以来，高畅聚焦“文明城市创建”“青年友好城市创建”等工作，以“互联网＋文明实践”新模式整合资源打造“中兴YI家”服务阵地，组织开展“青春志愿行、共创文明城”等系列特色志愿活动120余场次，通过弘扬“奉献、友爱、互助、进步”的志愿者精神，引导广大青年在服务群众中坚定理想信念，以实际行动践行“请党放心、强国有我”的青春誓言。

（山东省文明办供稿）

尚继业

七旬河洛大鼓传承人 20 年来免费演出 3000 场

人物 THE STORY 故事

尚继业，男，1943 年生，河南省巩义市曲艺家协会原主席、河洛大鼓第四代传承人。

尚继业年幼时，一次偶然的机会，父亲邀请来村里唱戏的人住到了自己家里，他第一次真真正正接触到了唱戏。每天的耳濡目染，让尚继业也学会哼上两首小曲，慢慢地敢上台演出，慢慢地敢自己一个人独揽大局。从此，尚继业便与唱戏结下了不解之缘。

作为河洛大鼓第四代传承人，尚继业已出版《河洛大鼓初探》等专著九部，录制河洛大鼓培训 DVD 30 余盘，免费培训学员 800 余人，20 年间免费演出 3000 余场。2013 年第十届中国艺术节，他自编自演的河洛大鼓《劝人要有好心态》获“群星奖”。他所创办的“河洛大鼓传承演艺中心”被命名为“河南省特色文化基地”。同时，尚继业还带领团队积极开展交通法规、法治教育、平安社区、“三严三实”、“两学一做”、同圆中国梦等河洛大鼓进基层免费演出活动。

“河洛大鼓是国家级非物质文化遗产，是我们祖先流传下来的文化瑰宝，不能在我们这失传了，让更多的人学习河洛大鼓，传承中华优秀传统文化，是我在有生之年一个最大的愿望。”这是 78 岁的河洛大鼓传承人尚继业经常挂在嘴边的话。

（河南省文明办供稿）

刘清勇

父子接力 悉心照顾邻居孤寡老人三十多年

人物 THE STORY 故事

刘清勇，男，1970 年生，河南省周口市太康县杨庙乡后店行政村支部书记。

刘文生是太康县杨庙行后店行政村刘珍庄村一名孤寡老人。受遗传影响，刘文生 50 岁时就开始驼背，随着年龄增长，驼背越来越厉害，直至不能行走。

1990 年，刘文生的困难生活引起了时任杨庙乡后店行政村支部书记刘金鹏的注意，从那时起，他开始照顾起刘文生的生活起居。2015 年，刘金鹏因病去世。父亲去世后，儿子刘清勇接过父亲爱的接力棒，主动照顾起刘文生的日常生活。买菜送肉，拆衣洗被，由于刘文生坚持不到刘清勇家居住，刘清勇只好一天三次到刘文生家里帮其做饭。

2020 年 5 月，在杨庙乡党委、政府的支持下，刘清勇投入 50 万元在村里建了一座养老院，把全村孤寡老人和留守老人全部接进养老院照顾。几年来，每年重阳节，刘清勇都置办几桌酒席，把村里 30 多名 60 岁以上的老人邀请到养老院，与居住在养老院的老人一起聊家常、叙旧事、过重阳。在刘清勇的关注下，杨庙乡后店行政村的老人们过上了幸福的晚年生活。

（河南省文明办供稿）

侯西山

个体户十年帮助乡邻 捐款捐物二十余万元

人物 THE STORY 故事

侯西山，男，1974年生，中共党员，河南省新乡市原阳县齐街镇龙鑫粉皮手工作坊厂主。

侯西山在镇上经营一家绿豆粉皮手工作坊，经过多年经营，他家的绿豆粉皮凭借过硬质量，赢得群众好口碑，家中经济条件也大为好转，于是他总是力所能及地帮助有需求的乡邻。2001年夏季的一个深夜，邻居李大姐的丈夫突发胃肠道疾病，需要帮手送医救治，侯西山听后二话没说，扭头给家人打了声招呼，从柜里拿出3000元货款，立即驾驶面包车出门而去。“俺们一家都急晕头了，家里也就几十元钱，到医院根本不够，谁知侯西山却不哼不哈带了钱给俺家急用。”由于送医及时，患者的急性肠胃炎肠穿孔得到了医治。李大姐一家对侯西山感激不尽。

2015年，在“庆环卫工人母亲节”公益活动中，侯西山捐赠160箱绿豆粉皮，感谢环卫工人的辛苦付出。新冠疫情防控期间，侯西山主动在村口卡点值守，并自掏腰包1000余元，为卡点购买水杯、暖壶等用品，赢得了全村人的称赞。5年来，侯西山积极参加慰问帮扶残疾人、抗战老兵、困难家庭等各种公益活动，捐赠的款物总价值20余万元。

侯西山一家三代人至今还挤在住了30多年的老宅里，家里都是用了多年的家具或电器。“钱够用就行，不能乱花，还得留着做公益和培养小孩儿。”街坊邻居的二层小楼鳞次栉比，但侯西山不羡慕、不攀比，坚守赤子之心，大踏步走在公益事业的大道上。

（河南省文明办供稿）

唐志发

志愿者11年坚持奉献社会 帮助数百名困难群众

人物 THE STORY 故事

唐志发，男，1983年生，中共党员，河南省商丘市帮扶商丘好人协会关爱新时代好少年项目组负责人、民权县好人志愿服务队队长。

唐志发是民权县新时代好少年的爱心大使，他长期帮助困难新时代好少年10余名，重点资助新时代好少年6名，每年为每位新时代好少年资助3000元，总计资助了10余万元。2021年，他又带领新时代好少年到党史教育基地民权县双塔镇秣坡村、红色堡垒民权县程庄镇葛庄村参观学习，出资1万余元购买青少年党史学习教育书籍和体育用品，捐赠给新时代好少年。同时，他每年还出资2万元资助大学生，先后资助了民权县高级中学困难学生小慧等6人，发放补贴10余万元，为16名贫困大学生提供勤工俭学岗位，帮助他们解决学习和生活中的困难。

2020年新冠疫情暴发后，他先后捐款捐物40余万元，同时，还组建好人志愿服务队，开展好人事迹宣讲活动38次，录制好人事迹宣传视频，有27万余人次浏览学习；组建民权县“好人”心理咨询服务队，服务隔离人员1.2万余人次；组建学雷锋志愿服务队，发起“爱心书摊”“爱心理发”“爱心义诊”“爱心牵线”等服务项目，开展系列活动1580余场。他还自费建立民权县新时代志愿服务积分兑换爱心超市，出资5万余元帮扶慰问身边好人及道德模范20余人。

（河南省文明办供稿）

涂雪松

当善良遇上感恩　他身上折射出最美的光

人物故事 THE STORY

涂雪松，男，1981 年生，湖北省孝感市“积善之家”志愿者协会会长。

从小是孤儿、吃百家饭长大的涂雪松创立了孝感市“积善之家”志愿者协会，由最初的几人发展到现在的 500 余名，成为极具特色的民间公益组织，获得广泛认可。从事志愿服务 6 年来，他秉持的原则就是“哪里有需要，我们就去哪里”。

2017 年，为了让城市环卫工人有一口水喝，涂雪松自费买下冰柜，又积极号召社会各界爱心人士为环卫工人捐赠饮用水。之后，“爱心饮用水”也从志愿者自发募集逐渐发展成为由爱心企业和单位认领。2021 年 1 月，河北石家庄藁城疫情严峻，他在第一时间跟当地志愿组织取得联系后，委托武汉美惠车队运送了 18 桶酒精消毒液和几千斤蔬菜。2021 年 7 月，河南暴雨受灾，他再次出发，为卫辉灾区送去紧缺物资。

多年的公益之路走来，究竟开展过多少次慰问环卫工人、孤寡老人的活动，炎炎烈日下、数九寒天里，究竟开展了多少次文明交通劝阻，连涂雪松自己都说不清了。这几年，单是为贫困家庭、留守儿童等群体捐助募集的善款和物资都有近百万元了。“积善之家”的足迹不仅遍布孝感各地，更延伸到了两千多公里外的四川凉山，他却从不张扬，对他来说，做公益不是为了出名，能够尽力带大家做一些实实在在的小事，传递一份正能量，影响带动更多的人参与公益，他就心满意足了。

（湖北省文明办供稿）

黄美清

“爱心妈妈”热心公益 13 年　扶贫助困暖人心

人物故事 THE STORY

黄美清，女，1972 年生，湖北省恩施土家族苗族自治州建始县高坪镇财政所所长。

黄美清长期热心公益，是建始县高坪镇“爱心妈妈”志愿队伍发起人、组织者。2008 年 3 月，黄美清组建“爱心妈妈”志愿服务队，至今已发展至 97 人，长期致力于关心关爱孤寡老人、留守儿童的志愿服务工作，爱心帮扶救助活动从未间断，带领志愿者集体捐款捐物达 60 万余元，“有事找美清”成为社区居民的口头禅。

2014 年，黄美清组建旅游志愿者队伍 72 人，为推介建始旅游，开展志愿服务活动百余场次。

2015 年，黄美清组建建始县高坪镇婚俗文化传承队，收集、整理土家族民间婚俗文化“陪十姊妹”“哭嫁”。她带领团队连续两次走进央视 7 套《乡约——金建始》，表演建始县哭嫁歌。黄美清和她的文化志愿团队曾荣获“恩施州巾帼十佳服务队”等荣誉，2020 年，黄美清入选恩施州民间文艺家协会会员。

2010 年 4 月以来，黄美清担任建始县高坪镇青花女子民兵连连长。10 年来，她率领青花女子民兵连完成大型活动安保义工工作 30 余场次。在新冠疫情期间，她再次发挥热心助人精神，下沉社区，发动社会捐赠救灾物资，带领女子民兵积极参与消杀、入户摸排，无偿帮村民代购物资等工作，极大程度上保障了当地村民的正常生活。

（湖北省文明办供稿）

姚　文

志愿者捐款二十多万元帮困助学 志愿服务超六千小时

人物 THE STORY 故事

姚文，男，1980 年生，湖南省郴州市宜章县岩泉镇毛坪头村委会 13 组村民。

2014 年，他驱车十几公里报名参加“心的力量”公益团队，一做就是 4 年。2017 年，姚文加入县好人协会，并担任宜章岩泉分会会长，他不断壮大志愿服务队伍，发展好人会员 300 多人。在脱贫攻坚期间，岩泉好人分会对接帮扶了全镇 12 个贫困户，姚文个人对接了 3 户，他用笔记本清楚地记录每户情况，并经常自掏腰包给因病致贫、孤寡老人等贫困户送去慰问金，赠送大米、棉被、棉衣、食用油、面条等物资。

2020 年疫情防控期间，姚文主动请缨，把私家车变成“疫情防控”宣传车，到各村宣传防控政策、知识。配合医务人员进村入户排查，为了做好市场消毒工作，经常背上 30 多斤重的喷雾器，开展消毒水喷洒。

7 年来，他积极参加文明劝导、节会服务、抗洪抗疫等志愿服务，捐资捐物 20 多万元，志愿服务活动超过 6000 小时，成为志愿服务“明星”。

（湖南省文明办供稿）

胡升校

八旬教师为留守儿童义务打造“童乐园”免费补课 24 年

人物 THE STORY 故事

胡升校，男，1937 年生，中共党员，原湖南省常德市澧县八中高级教师。

出身农家的胡升校信奉“知识改变命运”。1997 年退休后，胡升校积极发挥余热，将甘溪滩镇丰年村的老宅改造成留守儿童免费培训班，又名“童乐园”，免费教授孩子们语文、英语等文化课和钢琴、二胡等乐器课，一直坚持了 20 多年。“童乐园”成立之初，就面向所有有心学习特长或学习上积极要求进步的留守孩子，并特别强调是完全免费，纯粹义务。自开班以来，胡升校坚持每个周末开课两天，寒来暑往，风雨无阻。参加培训的孩子有二三十个，最多的时候有 40 个学生同时上课，一批批留守儿童在这里茁壮成长。

“我热爱教育事业，常常在睡梦里都好像和孩子们在一起。”胡升校把教育过成生活，把教书育人当成毕生使命，安享着一种自得的幸福。有人问胡老：“您辛辛苦苦办‘童乐园’，得到的回报是什么？”他说：“同学们在学习上进步，在艺术上得到成长，就是对我的回报，最好的回报，最大的回报。”

曾有记者问胡升校：“还能坚持多久？”胡升校笑着说：“蜡烛灭了，就不教了！”

（湖南省文明办供稿）

张 毅

英年早逝 捐献器官延续他人生命

助人为乐

人物故事 THE STORY

张毅，男，1969年生，中共党员，生前系广西壮族自治区桂林市公安局临桂分局工勤人员。

2021年3月15日8时许，张毅像平常一样在家收拾着行李，准备到桂林市第五看守所接班上岗，开始一周的监所工作。可他刚拿起包准备出发就倒在了沙发上，手脚开始麻木，无法自由活动。他艰难地拿出手机拨打了儿子的电话。

经医生诊断，张毅为脑主干出血，经过一次又一次的抢救，虽然暂时挽回了生命，但情况并不乐观。张毅在最后弥留时刻跟家人交代："如果我撑不住了，你们就把我的器官捐赠了，这样我还能以另一种形式活在这个世上。"

当父亲作出捐赠器官的决定时，儿子早有心理准备。因为张毅常常会云淡风轻地与儿子讨论关于生死的问题。一开始儿子并不知道，签下这份协议后父亲的器官会去往何处，后来才知道，原来父亲捐献的器官救了3个人。"就像父亲说的那样，他还没有离开我们，只是以另外一种形式在世上活着。"在理解了张毅的选择后，妻子和儿子也签署了属于自己的捐赠协议，儿子说："想作出和爸爸一样的决定。"

（广西壮族自治区文明办供稿）

苏秀清

民营企业家诚信经营 用火龙果助民增收

人物故事 THE STORY

苏秀清，女，1980年生，广西金福农业有限公司总经理。

苏秀清勇于承担社会责任，积极参与"万企帮万村"脱贫攻坚事业，带领公司致力于帮助贫困群众脱贫增收，为南宁市隆安县脱贫攻坚和经济社会发展作出突出贡献。

2014年，苏秀清创办广西金福农业有限公司，投入资金在隆安县流转5500亩连片土地，培育种植新品种火龙果种苗，建成广西连片种植面积最大的火龙果种植、种苗培育基地，有力解决了当地贫困户就业难的问题。

2015年5月，苏秀清组建"星火公益之家"公益团队，吸引400多名爱心人士加入。目前，该公益团队累计资助35名困难大学生完成学业，发放助学金48.68万元，参与公益助学、公益捐款、扶贫济困等活动捐款50.21万元。

2017年以来，苏秀清积极参加隆安县脱贫攻坚事业，通过"公司＋基地＋合作社＋农户＋贫困户"的经营模式，以"土地流转有租金、基地务工有薪金、反包管理有酬金、超产分成有奖金、村企合作享股金"的"五金"联农益农富农做法，帮助10907户贫困户42675人增加收入达1500多万元，并让脱贫户的脱贫成效实现了可持续发展。

（广西壮族自治区文明办供稿）

陈恩录

老教师退休不退岗 三十多年传播党的好声音

人物故事 THE STORY

陈恩录，男，1928年生，中共党员，生前系重庆市巴南区界石镇中心小学退休党支部“退教协”顾问、界石小学关工委常务副主任、界石镇夕阳红宣讲团团长。

1990年，退休不退岗的陈恩录，想做些有意义的事，决定向青少年义务宣讲党史。两年后，他动员另外4名退休教师一起，组建巴南区界石镇5人德育小分队“夕阳红宣讲团”。

宣讲团成立之初，没有宣讲资料，没有工作经费，也没有地方开展活动，但这些都没能阻挡陈恩录的脚步。不会使用电脑，他就手写讲稿；没有宣传经费，他就自掏腰包。

1996年夏，陈恩录到原界石区最偏远的月华乡两所小学宣讲长征精神。走到半路，天降暴雨、路面湿滑，他抓着路边树枝上坡下坎，宣讲结束后摸黑回家。2000年春，陈恩录到斑竹小学宣讲红色故事，4次往返才完成宣讲任务，锲而不舍的精神感动了师生，返程路上，他们送了他一程又一程。

2021年5月，陈恩录因病离世。就在去世前两周，他还带领宣讲团成员前往界石小学宣讲《颂歌献给中国共产党》。

开展义务宣讲31年间，陈恩录手写讲稿、征文、报道等2100多篇，共400余万字。他不怕路途遥远，不惧过程劳累，义务宣讲行程达1万多公里，其中步行1800余公里。因此，他也被誉为三尺讲台上的“不老松”。

（重庆市文明办供稿）

何小琴

“宝贝回家”志愿者18载公益路 助39名被拐儿童回家

人物故事 THE STORY

何小琴，女，1974年生，中共党员，贵州省六盘水市人力资源和社会保障局工作人员。

2003年，何小琴在参与一次送爱心活动时，得知很多山区儿童因为家庭贫困失学。为了帮助他们，她发起“1加1”助学活动，通过实地走访、调查了解等方式，寻找急切需要帮助的困难学生，动员亲朋好友、通过网络平台向网友发出倡议，共同认领资助，帮助他们完成学业。

2007年，何小琴加入“宝贝回家”网站，成为一名志愿者。她和志愿者们利用一切空闲时间，自费翻山越岭、走村串户，哪里有线索就走到哪里，为走失人员家庭登记被拐卖信息、核实寻亲线索、协助他们到指定机构采集血样……成为公益平台“宝贝回家”网站六盘水市负责人后，何小琴带动更多人加入“宝贝回家”六盘水志愿者团队，14年间共帮助42名被拐妇女和儿童回家。

2017年何小琴加入“关爱老兵”志愿者团队，每年参与走访、陪伴老兵及遗孀，为他们送去慰问品，切实解决老兵的实际生活问题。何小琴还关注因矽肺病致贫的家庭，关心他们的生活情况，并走进煤矿、车间、砂厂，实地接触一线工人，为他们发放8000余只专业防尘口罩。

何小琴“帮一个是一个，做一点是一点，人活着就要有所追求，有所梦想，每个人都奉献一点爱心，这个世界就会是个美好的世界”的生活态度影响了身边人，她的母亲和孩子、同学朋友都经常参与她组织的公益活动。

（贵州省文明办供稿）

谢　林

退伍军人不褪色 组建救援队抗险救灾献大爱

助人为乐

人物故事 THE STORY

谢林，男，1983年生，中共党员，陕西省延安市志丹县自然资源局干部，志丹县雷霆应急救援队党支部书记、主任。

谢林曾在武警部队服役13年，退役后，他始终保持军人本色，退伍不褪色。2016年6月，他筹备成立了志丹县雷霆应急救援队。2016年7月6日，救援队在志丹县保安时代小区附近救援并送医一名失足落水老人；8月15日至17日，安塞区砖窑湾发生山洪，多名群众被山洪冲走，他带领12名队员第一时间赶赴现场，协助当地政府实施救援；8月23日，暴雨袭击了志丹县城，他迅速集结队员30余名，在最短时间内紧急转移居民20余人。2017年，联合志丹县麻地坪社区开展了“同心圆”党建工作，取得了显著成效。2018年，新时代文明实践试点工作期间，积极参与各项文明志愿服务活动，先后组织各种应急安保38场次，参与应急抢险6次。2019年，先后为延安13所小学的困难学生送去389个温暖包，让贫困学生过一个温暖的冬天。特别是2020年新冠疫情暴发以来，队员们联名签署疫情防控请战书，对着党旗庄严宣誓，第一时间奔赴防控点，开展疫情防控工作，始终坚守在防控一线。

6年来，他和队员们夏季汛期参与抗洪抢险，冬季走访慰问困难群众，平时哪里有困难，哪里就有雷霆救援队，他们的行为赢得了社会各界的广泛赞誉。

（陕西省委文明办供稿）

鲁国平

组建“雷锋精神宣传队” 10年义务宣传雷锋精神

人物故事 THE STORY

鲁国平，男，1947年生，中共党员，新疆生产建设兵团第八师石河子市22社区居民。

爱好收集雷锋纪念品的鲁国平，2011年组织成立了“鲁国平雷锋精神宣传队”，开始开展更大规模的雷锋精神宣传活动。他将自己收集的雷锋日记、书籍、报刊、图画、纪念册、日用品、书签等2000多件收藏品，常常在街道、社区、中小学校等地进行展示，用雷锋专题收藏品感染人、教育人。成立的志愿服务队定期到社区孤寡老人家聊天、帮助打扫卫生，节假日为贫困家庭送上慰问品，重大节日在社区中开展文艺汇演等，为居民增添乐趣、丰富居民文化生活、营造睦邻友好的和谐氛围，弘扬社会正能量，让雷锋精神薪火相传。

在开展创建全国文明城市活动中，鲁国平组织雷锋精神宣讲队骨干协助社区干部，承担起了小区2750余户居民的宣传资料发放任务，挨家挨户上门宣传创建文明城市的知识，积极参加“关爱生命、文明出行”主题文明劝导、社区环境大扫除等活动。在他们的努力带动和影响下，社区有更多的居民也积极参与到全国文明城市创建工作当中来。

（新疆生产建设兵团文明办供稿）

刘志勇

工厂职工见义勇为　火场勇救三人性命

人物 THE STORY 故事

刘志勇，男，1979年生，华阳集团新景公司洗煤厂重介一队普通职工。

2020年1月18日下午，山西省阳泉市桥北街商贸城楼上住户房内忽然传来阵阵呼救声，原来是三层一住户家中失火，被困人员探出头通过窗口呼救，附近群众纷纷拨打了119火警电话，但消防人员尚未赶到。

当时火势蔓延很快，浓烟滚滚，还不时传来婴幼儿的哭闹声，情况十分危急。恰巧路过的刘志勇立即与附近商户和路人自发展开了紧急救援。大伙拿出伸缩梯，可梯子伸展长度有限，而且梯子下边全是未融化的冰面，梯子很难放稳，但情况危急，救援已不允许有任何拖延。此时，刘志勇从人群中冲出，在没有任何保护措施的情况下，奋不顾身沿着摇晃的梯子爬了上去，借助建筑物外围防护网，只用了十几秒的时间就爬到了三层窗口，通过涌出浓烟的窗口，先把一个两岁的男孩抱出窗外，然后又把一位80多岁的老人救出，最后还救出一名妇女。在商户和路人的共同帮助下，将3名被困群众转移到安全地带，避免了一场因火灾引起的多人伤亡事故。

救下3名群众以后，刘志勇并未多停留，和其他救助者一样默默地离开，消失在人群中。

（山西省文明办供稿）

成沛锦

好党员上班途中勇救落水两人

人物 THE STORY 故事

成沛锦，男，1986年生，中共党员，中共江西省委改革办督导处干部。

2021年5月24日早上，成沛锦骑车上班途经永新路附近的小桥时，发现桥下有两人在湍急的洪水中挣扎。虽然两人抓着一个航模飞机，但浮力有限，其中一人已经严重呛水，另一人也难以支撑。危难关头，成沛锦没有半点犹豫，立即将自行车放在路旁，并迅速向河边跑去，由于水流湍急，此时两人已经被洪水冲散，一人被冲到下游，另一人艰难地抓着航模飞机上下浮沉，情况越发危急。成沛锦迅速跳入湍急的河水中，与另外一名路人合力将两名落水者逐一推向岸边，靠抓着河边满是荆棘的杂草勉强固定，最后，在岸边工地工友的帮助下将两人成功营救上岸，溺水严重者被救护车立即送往医院。看到两名群众都已经获救，成沛锦没有留下姓名，满身泥水地骑着车来到单位上班，当单位领导和同事问及发生了什么事时，他才简要说出救人的事情。事后经单位了解，被救者是与南昌航空大学合作的两名无人机飞行员工，在送医院抢救后均已脱离生命危险。

险境中与时间赛跑，洪水里与死神抢人，在生死抉择的危急关头，成沛锦同志毫不犹豫地作出了一名共产党员的正确选择，充分发挥了“一名党员就是一面旗帜”的先锋模范作用。

（江西省文明办供稿）

李建东

危急时刻见大爱 村干部勇砸车窗救落水司机

见义勇为

人物故事 THE STORY

李建东，男，1975年生，中共党员，江西省抚州市东乡区圩上桥镇龙源村委会村干部。

2020年9月7日17时，走访完贫困户的他，在返程途中，发现一辆小轿车撞断桥边护栏栽进水塘里，车子前半身已经被水淹没，情况十分危急。从围观群众口中得知车上有人员被困后，李建东奋不顾身，一跃而下。当他试图拉开车门时，却发现四个车门都被锁死，透过车窗，发现车内只有一名驾驶员，已处于昏迷状态，且车内的水已漫过他的肩膀。时间就是生命，李建东使出浑身力气将小轿车往浅水处推动几十厘米后，找来一块大石头，奋力将车后窗砸碎，顾不得玻璃碴带来的刺痛，与下来帮忙的群众一起将驾驶员救出，发现驾驶员脱离危险后，李建东悄悄骑着电动车返回了村委会。

事后，记者几经周折找到李建东，想详细了解他见义勇为、不留姓名的事迹，他说："救人是本能，这样的事谁遇到都会去做，我只是碰巧赶上了。"

类似这种见义勇为事件，在他身上还发生过多次，2019年9月，他所住小区2栋1单元的小艾不慎引发火灾，面对翻滚升腾的浓浓火焰，李建东拿起两个干粉灭火器冲进火场，由于没有口罩等防护用品，他被浓烈刺鼻的干粉气味及浓烟熏得眼泪鼻涕直流，呼吸也感到不畅，可他全然不顾，直至安全将火扑灭。事后，小艾多次拿着礼品和礼金向他表示感谢，却被他一一谢绝。

（江西省文明办供稿）

李金华

转业军人黑夜义无反顾 两蹈冰河勇救落水者

人物故事 THE STORY

李金华，男，1967年生，中共党员，2001年由部队转业至山东省淄博市委宣传部工作，现为淄博市委宣传部四级调研员。

2021年2月20日晚，李金华正与妻子在淄博市周村区孝妇河畔散步，步行至西坞大桥东面时，突然听到有人急呼："救命啊！"透过大桥的桥洞，李金华隐约看到距离自己百余米处的大桥西侧河水中有个晃动的身影在拼命挣扎。

"有人掉水里了！"李金华来不及多想，以百米冲刺的速度飞奔过去。为了节省时间，他跳下陡坡，从黑暗的桥洞下跑过，边跑边脱下衣服。李金华一直跑到距离落水者十几米处的岸边，看到是一个年轻小伙在水中挣扎。他不假思索，一头扎进冰冷的河水中。初春时节天黑得早，宽阔的河面一片模糊。凭借多年游泳的经验和远处桥面路灯反射的微光，李金华奋力抓住了落水小伙，转身游向岸边。此时，附近的热心群众拿着鱼竿、绳子聚拢到了岸边。在大家的协助下，李金华将落水小伙救上了岸。

"河中间还有一个女孩！"李金华刚要上岸，被救的小伙喊道。只穿着一条短裤的李金华冻得不住地颤抖，大口大口地喘着粗气。听闻还有一名落水女孩，他来不及多想，再次返回冰冷的河水中。顾不得寒冷和疲惫，经过四处搜寻，李金华拼尽最后一丝力气将女孩拖到岸边，在群众的帮助下，终于将女孩救上了岸。

（山东省文明办供稿）

黄剑青

六旬“硬核大爷”海南逐浪智救四人

人物故事 THE STORY

黄剑青，男，1953年生，湖南省永州市原粮油机械厂退休工人。

2020年7月4日下午时分，黄剑青与家人在海南省万宁市日月湾风景区海域度假。在海中游泳时，遇到大海退潮，掀起三四米高的浪涛。此时，四名冲浪爱好者被退潮时的海浪暗流瞬间卷到深水区，四名冲浪爱好者均未携带救生设备，一眨眼他们便被拖到距海岸百米开外。

危急时刻，黄剑青不顾自己年近古稀的年纪，戴着救生浮球毫不犹豫地向四名被困者游去。靠近被困者时，游泳经验丰富的他从容应对，巧妙地运用自己身后的救生浮球将四名被困者收拢在一起，并不断安抚四名年轻人的情绪，他们听从黄剑青指挥，紧跟其身后，奋力向海岸游去。

黄剑青一人带四个人，异常艰难。关键时刻，四人中一名男子主动放弃跟随，向附近一块礁石游去，等待救援。另外三人在黄剑青的引领下，不断与浪涛“周旋”，经过十几分钟的努力，终于成功游到了岸边。陆续赶来的警车、救护车，将他们及时送往医院。最终，四人皆获救，围观群众纷纷竖起大拇指夸赞。

救人视频在网上广泛传播，引发全网盛赞，黄剑青被网友称为“硬核大爷”。“他本身就是一个热衷于做好事的‘热心肠’，不仅主动宣传防溺水，还是打捞落水者的志愿者。”熟悉黄剑青的冬泳朋友说道。

（湖南省文明办供稿）

黄斌政

“80后”驻村干部 临危不惧制止持械歹徒

见义勇为

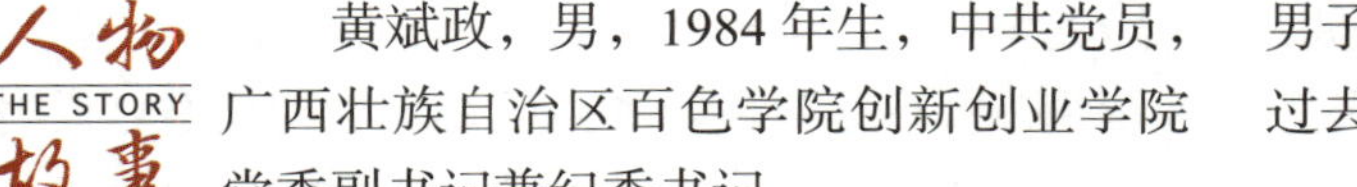

人物故事 THE STORY

黄斌政，男，1984年生，中共党员，广西壮族自治区百色学院创新创业学院党委副书记兼纪委书记。

黄斌政在担任那坡县百都乡各门村驻村第一书记期间，遭遇持械歹徒行凶，威胁群众生命安全，他不顾个人安危、挺身而出，及时制止违法犯罪、救助伤员，避免了犯罪嫌疑人给社会造成更大危害。2020年4月21日，正在驻村工作的黄斌政接到村里群众电话得知，各门村达汪屯发生一起伤人流血事件。黄斌政第一时间赶到现场，看到一名男孩躺在地上，血肉模糊，一个女孩趴在男孩上面，而行凶男子站在旁边手持器械猛砸女孩头部，女孩脸上和脖子及身上也都是伤。黄斌政立即跑上去，一把推开行凶男子，并大声喊道：“快住手！”行凶男子随即左手掐住黄斌政脖子并推开他，然后又跑过去踢开女孩，猛踩躺在地上的男孩。

黄斌政一边疏散周边群众，一边跑上去死命抱住行凶者，两人扭打在一起。这时，各门村村委会主任周健华赶到，与黄斌政一起将行凶者制伏。随后，大家一起把躺在地上的男孩送往医院急救。黄斌政立即向当地派出所、乡党委书记、乡工作队长电话汇报情况，直到城镇派出所警车到场后将他押送带走。

黄斌政用实际行动践行着共产党员的誓言，努力在这片百色这片红色的土地上，更好地体现一名党员应有的先进性，让党放心，让人民群众满意。

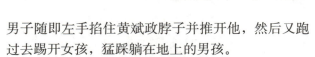

（广西壮族自治区文明办供稿）

文开山

环卫小伙勇救落水儿童 见义勇为书写大爱不言悔

人物故事 THE STORY

文开山，男，1995年生，海南省昌江黎族自治县海尾镇白沙村村民。

文开山出生在海南昌江一个普通环卫工人家庭，自幼就能吃苦，乐于助人。自2010年参加工作以来，在环卫工作岗位上，他兢兢业业、甘于奉献，工作总是第一个报到，最后一个离开。

2019年3月28日18时左右，文开山在完成工作后，骑车行至水利沟，听到有人喊："有小孩落水啦！"他急忙赶到水利沟边，看到有一个孩子在水中拼命挣扎。当时情况紧急，水性不好的他，脑子里就是"救人要紧"，毫不犹豫地跳进水利沟里。水利沟深水流比较急，水已呛进嘴里，文开山没有放弃，托起落水儿童就往岸上游。被救上来的落水儿童仅5岁，被水呛到后，陷入了半昏迷状态。文开山凭着环卫站培训的急救知识和平日里学到的急救技能，根据落水儿童的状况，果断采取人工呼吸、胸部按压等急救措施，与时间赛跑，逐步使落水儿童慢慢苏醒，恢复意识。120救护车赶到后，文开山也随车把落水儿童送到了县人民医院。最后，落水儿童经医生诊查并无生命危险，文开山这才默默离开。

救人事情发生后，他并没有声张，为了表达感谢之情，落水儿童的家长历经多方打听，终于找到环卫站，并通过环卫站找到了文开山，大家这才知道他奋勇救人的事迹。

（海南省文明办供稿）

王红旭

舍身勇救落水儿童　英雄教师感动山城

人物故事 THE STORY

王红旭，男，1986年生，生前系重庆市大渡口区育才小学体育教师。

2021年6月1日，两名儿童在长江大渡口区万发码头段沙滩边玩耍时不慎落水。情急之下，王红旭百米冲刺跳入江中救人。他用尽所有力气将孩子往岸上推，在数十名群众联手接力下，落水小孩相继被救起，可他却因体力不支被江水冲走。次日，其遗体在出事水域附近被找到。

三代人从事教育工作，"德高为师 身正为范"是王家沿袭的家训。2009年，一进入大渡口区育才小学，王红旭便接过学校田径队的训练重担，常加班到傍晚。辛勤汗水换来突出成绩，从2010年起，他连续10年带领校田径队参加大渡口区运动会，连年获得一二名。王红旭本人因成绩突出，先后5次获得"优秀教练员""优秀指导教师"称号。

从事体育教学工作12年，王红旭始终践行"让校园每一个生命都精彩"办学理念，推动学生"德智体美劳"全面发展，所带学生常被区田径队征召，代表大渡口区参加重庆市运动会等重大比赛，所带队员小谢更是成为大渡口区首个双料冠军。

"千年渡口，凝望奔跑的方向；百米冲刺，笑对生死的考场……"《最后的课堂》是对王红旭舍身救人英勇事迹的致敬，歌曲哀婉悲壮的旋律久久回荡在山城上空。

（重庆市文明办供稿）

夏世刚　何海军

热心市民伸援手营救落水母子

人物故事 THE STORY 夏世刚，男，1959 年生，贵州省遵义市红花岗区老城街道南门社区居民；何海军，男，1979 年生，中国农业银行股份有限公司遵义高桥支行副行长。

2021 年 5 月 6 日早晨，遵义市汇川区凤凰城小区门口，一辆白色越野车路过弯道时突然失控，撞坏护栏冲进湘江河。正在附近锻炼身体的夏世刚见此情景，来不及思考，将手机和钥匙交给身旁一位陌生人，纵身一跃跳进河里，迅速向被困人员奋力游去。游至车旁，他看到被困车内的是两母子，迅速从女子手中接过孩子，确认车内无其他被困人员后，他接过孩子托在手臂上，就往岸边游。由于受到惊吓，落水女子一把抱住夏世刚，一大一小两人的重量让他感到体力不支，在水中陡然下沉，呛了好几口水。为防止女子下沉，他尽力一只手托住其脖子，另一只手则紧紧拖住孩子。

送女儿上学路过的何海军，目睹车辆冲进河中后，立即靠边停车。安顿好女儿后，他马上跳进河里，来不及脱掉的衬衫和西裤碰上冰凉的河水产生巨大阻力，加上前一天痛风才发作，何海军感到身体有些吃不消，但他克服困难，游到夏世刚身边，将孩子托起，共同游向河边。

上班路过的监狱民警王海波此时也跳进河里，协助施救。在大家的齐心施救下，落水母子被安全救上岸。

（贵州省文明办供稿）

赵双卫　熊　超　刘　涛　程西达

四名银行职工勇闯火场灭火

人物故事 THE STORY 赵双卫，男，1985 年生，中共党员，中国工商银行道真支行办公室主任；熊超，男，1987 年生，中共党员，中国工商银行道真支行行长助理；刘涛，男，1993 年生，中国工商银行道真支行营业室副主任；程西达，男，1994 年生，中国工商银行道真支行客服经理。

2021 年 2 月 19 日，中国工商银行道真支行员工赵双卫、熊超、刘涛、程西发现隔壁一栋居民楼中一户住宅窗口涌出阵阵浓烟，他们立即拨打 119 火警电话，带上银行配置的灭火器迅速奔向火场。他们一边敲门快速疏散住户，一边立即开展救援。

老式居民楼没有电梯，他们以最快的速度爬到七楼，熟练地打开灭火器向浓烟喷射，浓烈的烟雾熏得睁不开眼，火场高温灼热。虽然没有其他防护设施，但 4 人没有放弃，使用完灭火器后，他们在浓烟中摸索着将楼梯间的水龙头打开，继续灭火。

在大家的坚持下，火势终于得到了控制，明火被扑灭。几分钟以后，消防员及时赶到，他们又与消防员一同开展后续收尾工作，确保居民无人员伤亡及财产损失后，才放心回到工作岗位。

（贵州省文明办供稿）

见义勇为

丁玉洁

女教师紧急施救不留名

人物 THE STORY 故事

丁玉洁，女，1989年生，中共党员，陕西省榆林市高新区第二小学教师。

2019年10月，丁玉洁一家开车返榆，从子洲收费站进入青银高速后，发现应急车道边有个小女孩挥舞着小手，眼神交汇中传递的全是迷茫和呆滞，旁边一位倒在血泊里的中年男子靠在一辆损毁严重的车辆上。丁玉洁等爱人将车停靠在安全路段后，立即跑向车祸现场，报警求援。她抱住小女孩，发现孩子并无大碍，而副驾上的女性陷入昏迷，她努力唤醒昏迷中的男子，联系到他的姐姐，告知了车祸地点和情况。等交警和医护人员陆续赶到现场，丁玉洁将小女孩交给警察要离开时，交警问她姓名和单位，她说：“我没有单位，就是一个普通市民，遇到这样的事，谁都会这样做的。”事发后，小女孩的父亲开始托人寻找那天的救命恩人，他的姐姐经过多方打听，几经周折，直到4月28日，终于将早已准备好的锦旗送到丁玉洁手中。

丁玉洁是一位热心公益的老师，多年都组织班级的学生为榆林高新医院和儿童福利院的孤儿捐献衣物、书籍、善款，经常带着学生看望孤寡老人；作为学校志愿者负责人，每个月都带领学生义务捡垃圾；在走路或散步时，碰到纸屑、烟头、杂物，她随手捡拾丢进垃圾箱。

丁玉洁说：“一个教师的为人师表不仅要表现在校园里、讲台上，在社会上也要用自己高尚的道德和良好的言行作出表率。”

（陕西省委文明办供稿）

刘达娃

女保洁员徒手接住窗台坠落儿童

人物 THE STORY 故事

刘达娃，女，藏族，1984年生，甘肃省武威市天祝藏族自治县延禧社区居民，曾经是一名保洁员。

2020年5月5日，正值立夏，15时25分许，滨河西路县委家属楼五楼一名四岁小男孩在楼道玩耍时爬上窗台，不慎坠落。正在二楼窗口打扫卫生的刘达娃，听到楼外慌乱的“救命”声，她下意识地果断伸出双手，在光缆线缓冲的帮助下接住了小孩，避免了悲剧的发生。孩子安然无恙，刘达娃却被狠狠地砸坐在地上，接住孩子后，刘达娃才感觉到了害怕和恐惧，孩子掉下来的冲击力使她双臂感到酸痛、发抖，尽管如此，她还是牢牢地抓住孩子怕他再掉下去。在大家的帮助下，孩子被紧急送往医院，经检查后并无大碍。家属非常感激，连连说她是孩子的救命恩人。

记者采访刘达娃时，她说：“自己只是做了应该做的，孩子没事是自己最大的欣慰！”刘达娃舍己救人的大无畏精神让人感动，她的身上彰显着对社会的责任和高尚的道德修养，也为全社会树立了榜样，她用实际行动在华夏大地谱写了一首生命的赞歌。

（甘肃省文明办供稿）

田景明

青年教师不顾腿部残疾 挺身而出入火场救婴儿

人物 THE STORY 故事

田景明，男，1978 年生，甘肃省天水市清水县陇东乡中学教师。

2020 年 11 月 1 日下午，田老师居住的清水县南道河水利局家属院一出租房因房檐下电线发生故障起火，将屋檐下堆放的杂物引燃，当人们发现时，火势已失控，加上有电，在场的人都不敢靠近，情势非常危急。田景明闻讯后，不顾自身腿部残疾，冒火冲进屋子，先将熟睡的婴儿抱出，然后组织在场的老人、孩子开展自救，在持续几十分钟、泼了几十担水后，终于将火扑灭了，他自己却浑身湿透了。当失火房主闻讯赶回来时，看着烧焦的现场和浑身湿透的田景明老师，感动得泪流满面，激动得逢人便说："今天全靠田老师不顾火势及被触电的危险，奋力保住了我的孩子和邻居们的房子，避免了一场重大损失。"

这不是田老师第一次见义勇为，早在 1999 年 9 月的一天下午，天水师范学院教师家属楼发生火灾，正在大学体育系学习的他便独身一人勇闯失火房屋救火。

残障人士本为弱势群体，但在危难时刻，田老师没有丝毫犹豫，他身处困境却对别人伸出援助之手，身残志坚，见义勇为。他用自己的行动给予了社会一份真挚、一份真情，他用自己的事迹感染更多的人向善向美，为社会更和谐更美好添砖加瓦。

（甘肃省文明办供稿）

高　伍

退伍军人坚守诺言 30 年资助贫困学生

人物 THE STORY 故事

高伍，男，1967 年生，中共党员，天津市西青区杨柳青镇世纪新苑社区工作人员 。

高伍 19 岁当兵，入伍 34 天就跟着部队开赴越南前线，驻守猫耳洞386天，猫耳洞内部环境恶劣，洞内污浊不堪。境外作战食品补给条件差，加之我军实行严格的政治方针，新鲜食品更难保障，在这种情况下，他们部队收到了后方大学生千方百计寄来的月饼等补给品。就是这一口"甜"让他在心里许下了一份承诺，如果能活着回到祖国，一定要帮助那些困难学生完成学业。

1991 年退伍回家，高伍始终没有忘记在越南战场上的那份承诺，开始通过各种渠道资助贫困学生，这一坚持就是 30 年。2017 年高伍患上了脑梗死、高血压等疾病，孩子到了成家的年纪，家庭本身也不太富裕。他决定拾荒助学，要在不影响妻儿的情况下实现承诺。别人问他："高师傅您捐过多少钱，资助过多少学生？"他说自己从来没有算过。2008 年，有人采访高伍并帮他粗略统计过捐助金额，那时就已有 5 万元了，这么多年他从没有考虑过这些事，心里只有那些可怜的孩子和不变的承诺。

战火硝烟，猫耳洞未能压倒高伍的脊梁，岁月蹉跎，他依然坚守着那份战争中对党、对人民的承诺。

（天津市文明办供稿）

张君婷

创建诚信经营民族品牌
赓续责任初心共抗疫情的民企典范

诚实守信

人物 THE STORY 故事

张君婷，女，1989 年生，荣程祥泰投资控股集团有限公司董事、副总裁，荣程普济公益基金会理事长。

作为一名青年企业家，张君婷始终将诚信办企业作为发展首位，以德为先、诚实守信，恪守商业道德，坚持依法诚信经营。她将“严格把好质量关，残次产品不出厂”作为铁打不动的规矩，坚持“真字为人，诚字处事”的责任文化，切实把产品质量当作企业发展的生命，把提供优质产品当成守信用的直接体现。她要求每道工序必设质检员，为公司“传承百年精品基地，创建诚信经营民族品牌”打下了坚实基础。

赓续公益责任初心，引领创新发展。张君婷践行“感恩社会，传承爱心”理念，以“利他之心”，将青年企业家精神融入企业经营之中，通过实施循环经济、绿色工业、生态工业的“利他之为”，主动肩负与地方共发展的责任与使命。新冠疫情期间，她坚持“不减员、不减薪、不压支”，保障了整体员工队伍的稳定，同时带领公司第一时间捐款 1 亿元，签署抗疫相关合同 40 余份，坚持履行社会责任。

（天津市文明办供稿）

张占兵

诚实守信　真情回馈
推动鲜食玉米行业改革发展

诚实守信

人物 THE STORY 故事

张占兵，男，1967 年生，中共党员，现任河北省张家口禾久农业开发集团有限公司董事长兼总经理。

张占兵始终铭记“民以食为天，食以安为先”，他带领团队探索降低化学激素使用方法，从源头着手，使用成本昂贵的滴灌技术和引进更为安全的肥料，让鲜食玉米更加健康。多年以来，他们的产品获得了“全国质量信得过产品”等十几项荣誉。

有一次，禾久集团供货运输途中，玉米的相互摩擦导致一部分产品的防伪标志跌落，张占兵了解此事件的经过后，本着对客户负责的原则，主动提出此次供货的 10 万元损失由公司承担。他说，“我们必须遵守合同约定，才能走得更远”。

“非典”和新冠疫情期间，公司严格按照一级应急响应的要求实行停工停产，很多员工都为一家老小吃喝犯愁。张占兵却说道，“所有人响应国家政策回村，工资按时按点照发”，员工一片欢呼。然而，受疫情影响，公司账面资金仅够维持工人的工资了，但他咬紧牙关，对员工负责到底。

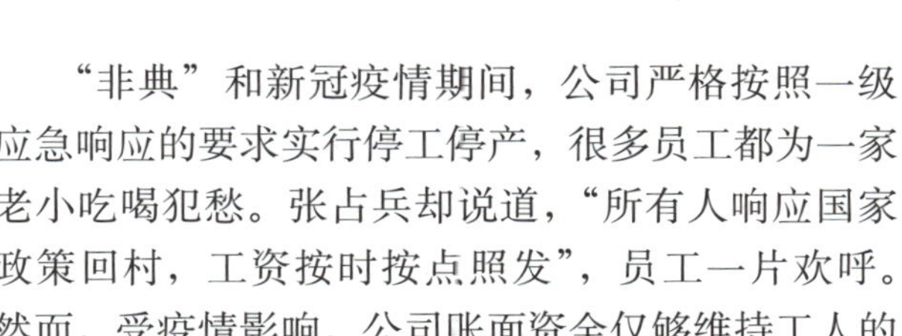

2016 年以来，禾久集团积极承担产业扶贫社会责任，实施了“订单农业”“扶贫股份合作制”等多个项目，带动当地 5000 余人口有了稳定收入，人均增收 800—1700 余元。新冠疫情暴发以后，张占兵累计捐助 10 万元防控资金及价值 16.5 万元的防控物资。

（河北省文明办供稿）

张红英

创业女强人重信守诺 诚信经营书店 28 年

人物 THE STORY 故事

张红英，女，1972 年生，山西省阳泉市盂县跨世纪书城总经理。

1993 年，张红英用打工积攒的 5000 元现金购买了一辆三轮车和 1000 本图书，在盂县便民小吃一条街开设了一个路边摊。由于诚信经营，深受读者信任。1998 年，她租了路边的一个店铺，办起了书店。为节省开销，她常常带着干粮去进货，住便宜店，坐普通车，节省经费，确保所售图书价格优惠，让一些低收入者也能买得起、看得起。

张红英数十年来诚信服务读者，特别是在市场书价一直上涨的情况下，她坚持为读者找好书，为好书找读者，常常为了满足读者的要求，联系十几家出版社，对同一类型的书籍进行价格比较，最后挑选价格实惠、质量过关的图书。她坚持依法经营，拒绝接收各类盗版书籍，开展预订书籍、送书下乡、送书到校、送书上门等活动。凡是读者电话、捎话订购书籍，她都要想方设法按时间、按要求满足读者。

经营图书 28 年来，张红英坚持微利售书和诚实守信的做法让她的事业越做越大。她的路边摊也发展成为 1600 平方米的书城，顾客群体不断扩大，始终追随的老顾客比比皆是。

（山西省文明办供稿）

叶美英

普通农妇信守承诺 用扁担为大山战士送去新鲜蔬菜 50 年

人物 THE STORY 故事

叶美英，女，1951 年生，浙江省丽水市莲都区峰源乡正岙门村村民。

丽水市莲都区峰源乡正岙门村坐落在大山峰脚，海拔 900 余米，村边有一条崎岖的小山路，最窄的地方不过一人宽。20 世纪 60 年代，叶美英的父亲叶华仁自发担起为驻扎在山上的某部队采购送菜的任务，并带着当时年仅 14 岁的叶美英一起挑着装满大米和蔬菜的箩筐，翻越崎岖山路送到部队。1982 年，已经成家的叶美英和丈夫决定种更多的蔬菜送给部队。望着战士们的笑脸，叶美英承诺："今后你们吃的蔬菜，我家包了。"

叶美英每周都要挑着蔬菜沿着小山路走一个来回，累了她就倚着扁担休息一会儿。寒来暑往，叶美英挑菜的身影被战士们看在眼里，记在心里。一位衢州的战士说："阿姨，您对我们这么好，我们该叫您一声'老娘'。"从此，"老娘"这个称呼就传开了。叶美英肩上挑着的不仅是改善伙食的瓜果蔬菜，更是一份沉甸甸的关爱。逢年过节，"老娘"总要为山上的孩子们送去亲手制作的年糕、发糕、粽子……这些饱含心意的土特产，让不少远离家乡的战士在大山上找到了家的感觉。

（浙江省文明办供稿）

盛阿伟

追梦人用一片叶子播撒共富梦想

诚实守信

人物 THE STORY 故事

盛阿伟，男，1963年生，中共党员，浙江省湖州市安吉县溪龙乡黄杜村党总支部书记、村委会主任。

2002年，40岁的盛阿伟接过老支书的接力棒，成为黄杜村的新“领路人”。20多年来，围绕“一片叶子”做好致富文章，是盛阿伟一直在探索的路径。他多方奔走，带头试茶苗、学技术、找销路，村里茶叶种植面积不断扩大，茶企如雨后春笋般冒出来。目前，全村茶园面积达1.2万亩，年产值突破4.5亿元。

2018年，盛阿伟带头组织黄杜村20名党员代表捐赠茶苗，帮助贫困地区脱贫致富。他带领村里党员干部三进西部进行实地考察、确定受捐对象，先后30余次奔波往返于贵州、湖南、四川等地，从改土、育苗、种苗到后期养护，全程做好技术帮扶，将自己几十年来采茶、茶园管理、茶叶加工等方面的知识倾囊相授。在盛阿伟的不懈努力下，黄杜村实际完成捐赠“百叶一号”茶苗2240万株，种植面积6217亩，带动2064户6661人脱贫。

盛阿伟还注重“绿水青山就是金山银山”理念的输出，指导古丈县默戎镇翁草苗族村寨借鉴黄杜致富经验，开启一三产联动发展，大力推进“茶旅”融合，先后建起10余栋民宿，现已接待游客4000多人次，旅游收入20余万元。

回头看这段历程，盛阿伟满怀感慨：“很难，但很值得，它让我实现了自己的人生价值。”正如他所说的，这些年，用自己始终奔波向前的步履，靠着一片叶子，踏出了一条开阔坦荡的共富路。

（浙江省文明办供稿）

朱双杰　董丽丽

博士伉俪践行脱贫誓言 用知识回报乡梓

人物 THE STORY 故事

朱双杰，男，1978年生，中共党员，安徽省滁州学院生物与食品工程学院副院长；董丽丽，女，1982年生，安徽农业大学园艺学院教师，二人系夫妻。

朱双杰出生于安徽省安庆市宜秀区罗岭镇妙山村，幼时家中比较困难，受过不少乡邻乡亲的帮助，长大后，身在外地的他时刻不忘带动村民共同致富。在滁州学院任教时，他受到滁州种植菊花的启发，想在家乡种植高品质菊花，2018年，在园艺栽培博士妻子董丽丽的支持下，他在家乡试验种植金丝皇菊成功，便积极鼓励乡亲们种植。

家乡的村民从没种植过菊花，但相信这个看着长大的博士娃，24户乡亲拿出了15亩自留地开展种植。他和妻子用专业知识悉心指导，并自行购买加工设备，免费发放种植管理工资，并在菊花采摘后全部回收，给乡亲吃下了定心丸。为将种植的菊花推销出去，朱双杰以村名注册了商标，委托亲戚朋友四处推销，终于在2020年农历新年前给乡亲们分了红。

2020年1月16日，朱双杰夫妇给乡亲现场分红，24户种植金丝皇菊的乡亲获得收益13万余元，分红大会上，乡亲们踊跃报名扩大种植。2018年以来，他们累计带动村民种植金丝皇菊面积达到120余亩，全村55个贫困户参与种植，吸纳140余名劳动力就业。如今金丝皇菊已成为当地特色经济作物，亩产收入达5000元，还带热了乡村旅游，朱双杰夫妇用知识回报乡梓，为乡村全面振兴贡献了科技力量。

（安徽省文明办供稿）

余信炎

耄耋老人坚守诺言 守护川籍烈士墓七十余年

人物故事 THE STORY 余信炎，男，1940年生，河南省信阳市商城县冯店乡杨摆埂村村民。

在杨摆埂村村部东南两公里的山坡上，坐落着一座烈士墓，碑刻“马积明烈士之墓”。每年，余信炎都会来扫墓，这一干就是70余年。原来，这一切都源于他幼时与一位解放军战士的不解之缘。1947年“刘邓大军”挺进大别山区，余信炎的家乡也进来一支部队。7岁的余信炎受司务长马积明照顾，常被喊去吃饭。不幸的是，马积明在一次与战友外出买粮时被反动派残余“小炮队”残忍杀害，随后，他被安葬于此。怀着对烈士的崇敬和感恩，余信炎发誓要为烈士守墓，从蓬头稚子到耄耋老人，余信炎一直信守着自己的诺言。

70余年来，余信炎一直有两个心愿，一是为马积明找到家人，让烈士魂归故里。二是用自己的养老金，为烈士重立墓碑。如今，墓碑已立，愿望已达其一。为烈士寻找家人，至今仍杳无音讯。

“老哥哥呀，我今年也80多岁了，守不了你几年了，但是你放心，即使我不在了，我的子子孙孙，仍然会来看你的。”虽然，老人的愿望还未实现，但他用自己的行为践行着对烈士的许诺，用最平凡、最普通、却饱含热血的人生谱写了一曲大别山区爱烈士、护烈士、感恩烈士的赞歌。

（河南省文明办供稿）

刘玉萍

提灰桶扛钢管运沙子扎钢筋 9年还清债务 弱女子演绎诚信则刚

人物故事 THE STORY 刘玉萍，女，土家族，1979年生，湖北省荆门市屈家岭管理区清阳村村民。

刘玉萍一家是2003年从宜昌长阳移民到荆门屈家岭管理区清阳村的。刘玉萍的丈夫凭着一手轧钢筋的手艺养活一家人。但天有不测风云，人有旦夕祸福。2010年，她的丈夫因肝癌晚期去世，刘玉萍为给丈夫治病，不仅花掉多年来的积蓄30多万元，还欠债13万元。

刘玉萍变卖了家中设备还了部分外债后，还欠外债7万余元，她是个要强的人，做人要讲诚信，只有还清外债，自己的心才可以安下来。刘玉萍本在一所大学食堂里做工，工作还算轻松，只是每月工资1800元仅够家中维持生活，根本没有能力还债。于是她辞去食堂轻松的工作，到建筑工地做起了钢筋工。这份工作工资虽然比之前高很多，但建筑工地的活没有一样是轻松的，那是一个健壮男人打拼的天地。提灰桶、扛钢管、运沙子、扎钢筋，都是需要付出巨大体力的劳动。因为体力透支，刘玉萍两次晕倒在工地，工地老板劝她说，工地上的活男人都有点吃不消，你一个女人怎么能行？我多开点工资，结完账你就走吧。想着家中读书的儿子和尚未还完的外债，刘玉萍苦苦恳求老板，希望能继续留在工地，终于获得老板准许。面对困难，刘玉萍咬着牙坚持，经过几年拼命一样的工作，刘玉萍终于还清了外债，迎来了自己的好日子。

（湖北省文明办供稿）

易再跃

企业家身残志坚践诺于行 三十年如一日扶残助残

人物故事 THE STORY

易再跃，男，1960年生，现任湖南省湘潭市富丽装饰材料有限公司董事长、湘潭市肢残人协会主席、湘潭市残疾人企业家协会会长。

1960年，易再跃出生在一个革命烈士后代的家庭，幼时因患脊髓灰质炎，导致了二级肢体残疾。他不屈服于命运，努力学习，积极乐观，成绩名列前茅。

因残疾人身份无法参加高考、企事业单位将他拒之门外、被招到工厂却遭遇下岗。命运给他一次又一次打击，他却越挫越勇，通过对市场的充分考察后，瞄准兴起的装饰建材行业，涉足地板经营。那个年代市场秩序不完善，朋友劝他经营方面适当搞点"路数"，但易再跃坚决反对。多年来，他坚持诚信经营、合法经营、规范经营，确保产品质量，受到消费者信赖。

1998年夏天，特大洪水侵袭中国，为了企业生存，他出发云南争取木材货源，木材老板看到他作为一个残疾人的不容易，将仅剩的货卖给了他，后来他多次感谢木材老板对残疾人的理解和帮助，并许下承诺：今后努力做大做强，也要为残疾人提供更多的帮助。

致富后的易再跃没有忘记当初的誓言。出钱出力在雨湖区公园社区成立社区残疾人协会；组建雨湖区专家志愿服务团；帮助125名残疾人就业创业，筹集帮扶资金和物资86万多元。在他看来，作为一名残疾人企业家，在自立自强的同时，能帮助更多残疾人实现自我价值，比什么都重要。

（湖南省文明办供稿）

马文武

沙窝窝里有一位诚实守信的农民标杆

人物故事 THE STORY

马文武，男，1975年生，陕西省渭南市大荔县韦林镇泊子村村民。

2018年6月12日中午，马文武去地里干活，路过一片桃林时，突然发现树下有个黑色的皮包，他便停下来看了看，心想："谁这么大意把包丢了？"

为了能尽快找到失主，他抱着皮包蹲在树下一等就是一个多小时，仍不见有人来。他打开包看了看，包里竟然有4捆百元大钞，还有银行卡和身份证。想着失主肯定非常焦急，他横下心放下自己的事情在原地等失主。几十分钟后，只见一个满头大汗的人神情焦急地在路边找东西。老马赶紧迎上去询问，认真核实信息，得知此人正是失主，他便毫不犹豫地把包递了过去。

当失主看到包里的现金和存了40多万元的银行卡时，激动地说："谢谢你！我是南方人，正在大荔收桃。"当即便往马文武手里塞2000元作为酬谢，马文武断然拒绝。他说："我不是贪财的人，我要是拿了你这钱，我晚上睡觉都不踏实。"无奈，失主收回了钱，感动万分地说："你真是我的大恩人！今天这包要是找不回来，我在你们韦林订购的桃子就没法收了，就冲老哥这人品，我以后要常来大荔收水果，看来咱这大荔县不仅水果好，人也好啊！"

有村民调侃马文武，说他傻，马文武笑着回应道："那是别人的血汗钱，如果昧着良心拿了，丢了钱的人日子咋过嘛？这钱我拿着心里也不踏实，我这样不为出名，只图心安。"

（陕西省委文明办供稿）

谢耀宗

行走在深山的法治践行者

人物故事 THE STORY

谢耀宗，男，1987年生，中共党员，北京市门头沟区人民法院斋堂人民法庭副庭长。

斋堂人民法庭处于深山区，是北京市目前唯一一家需要24小时驻庭的法庭。2018年，在斋堂法庭干警最紧缺、周边贫困村落因向旅游村落转型而产生多种纠纷的关键时期，谢耀宗主动申请调往该法庭，开始了扎根深山、融入乡村群众的工作和生活。

2019年8月，针对深山区群众法治氛围不浓、群众法治意识不强这一问题，谢耀宗避开农忙时间，在白虎头村探索开办了“农民法治夜校”，在晚上为村民授课，自掏腰包制作法治宣传品，受到了村民们的广泛好评。

2020年初，受新冠疫情影响，线下庭审工作无法正常开展，谢耀宗便带领干警通过云端化解矛盾、解决纠纷。面对种种困难，谢耀宗带领团队行动起来，对于不会操作手机的当事人，他用电话远程指导。对于没有手机、电脑的当事人，他主动联系了村委会，手把手指导村干部如何使用“线上开庭”系统，再让村干部协助有困难的当事人完成庭审。

谢耀宗带领着年轻干警们制作案件月通报，化解了一批历史性问题。他们健全旅游案件快速审理机制，采用“驻点办公＋随时报到”的新模式，助力“国家全域旅游示范区”的创建。他们用脚步为山区群众提供全方位的司法服务，构建出了一张覆盖辖区诉源治理的“大网格”。谢耀宗说：“我来自农村，是农民的儿子，为山区百姓服务，我永远在路上。”

（首都文明办供稿）

费立美

社区支部书记服务社区十余载 创新管理惠及群众

敬业奉献

人物故事 THE STORY

费立美，女，1973年生，中共党员，河北省秦皇岛市海港区在水一方社区党委书记兼居委会主任。她所在的社区先后获得“全国五四红旗团支部”“全国家庭教育创新实践基地”等荣誉。

作为社区“领头雁”，费立美坚持把党组织建设与为民服务结合起来，广泛吸纳社会力量参与社区治理，在全市实现了“三个率先”：率先成立由支部书记任网格长、党员任楼栋长、社区干部任网格管理员的10个区域“网格支部”，通过开展“楼宇微党课”“单元学习群”等，将支部活动向楼栋、单元延伸；率先建成全市首家社区组织生活中心，每年接待百余场各级单位的参观和学习，成为社区党员学习交流的重要阵地；率先成立全市首家党建联盟——“在水一方社区服务联盟”，吸纳13个社会组织、139个辖区企业参与，培育孵化出6大类24个群众性社团组织。

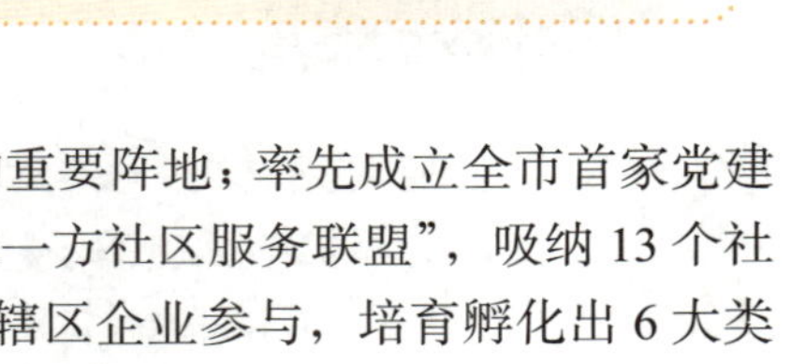

在水一方社区面积1.5平方公里，居民2.3万余人，是海港区最大的社区，所辖的纤维里小区建于1965年，小区基础设施极为落后，环境卫生脏、乱、差。为改善小区现状，费立美积极动员辖区联盟企业筹集资金30余万元对私搭乱建进行了大范围清除，并倾听民意把“垃圾山”改为健身广场。“工作要做在平时，知民情才能解民忧，居民才能认可你、拥护你、支持你。”费立美感慨道。

（河北省文明办供稿）

刘福成

司法所长扎根基层21年 耕耘好调解领域"责任田"

敬业奉献

人物故事 THE STORY

刘福成，男，1963年生，中共党员，河北省承德市丰宁满族自治县大阁镇司法所所长。

自2001年从事司法工作以来，白天他走村串户，访民情、听民声，夜晚奋笔疾书，学法律、写文书、梳理线索，像一头永远有使不完力气、任劳任怨的"老黄牛"，用法律知识和职业担当耕耘在大阁镇人民调解领域的"责任田"里。在大阁镇所辖14个村中，哪里有重大矛盾纠纷，哪里就有他，截至2021年5月，全镇经他手调解的纠纷有1000余起，调解率达100%，调解成功率达到98%以上；排查矛盾纠纷2000余件、化解2000余件，其他转为民事自诉案件。

为了让法律知识家喻户晓、人人皆知，他在业余时间编写法律宣传册子，选编普法材料，定期组织司法所人员到农村集市发放普法资料，开展法律咨询。先后在全镇建立农村广播室14个、法治宣传栏26处、村民法治学校12个，镇所属10所小学全部成立了普法教育基地；他还拉起了普法队伍，建立起法制文艺宣传队6个、宣传队员60多名，各村普法宣传员达460人，仅2020年就进行法治宣传22次，发放普法宣传单8000余份，制作普法条幅16条，制作法治宣传橱窗6个，进行法律咨询620多人次，1万余名群众受到法律宣传教育。

21载风霜雪雨、21度春夏秋冬，刘福成始终坚守在维护平安和谐的路上，洒下了辛勤汗水、奉献了青春年华。

（河北省文明办供稿）

邵　义

留美博士成"驻村第一书记" 用心扶贫终把土地变成"金"

人物故事 THE STORY

邵义，男，1963年生，中共党员，沈阳工业大学教授。

邵义是清华大学工学博士、留美博士后，先后在清华大学从事教学和尖端的特殊材料研究以及科技部高技术重大项目管理工作，目前就职于沈阳工业大学。2018年响应省委号召，邵义放下科研和教学工作，暂别学生来到兴城市沙后所镇，担任五里村党支部第一书记。

邵义驻村后，连续走访，做了大量思想工作，情系农民，自己掏钱补助贫困户，协助农民在省城看病住自己家。因人因户制宜，全村最后一批贫困户已脱贫，危房房屋全部新建完成。邵义坚持大部分时间吃住在村里，村部的大门不再是锁头看家，而是开门接待村民。村里大事小情，村民愿意向邵义及时反映，尽职尽责，及时解决村民在生产生活中遇到的困难，化解村民的矛盾纠纷。

为壮大集体经济，邵义制定详细计划，争取了150万元省级乡村全面振兴项目专款。还探索出保证集体财产保值增值新型运行模式，每年给村集体带来十几万元收入。邵义争取的省级美丽乡村项目70万元，新建太阳能路灯67盏，高标准排水沟900米，彻底解决了靠海积水问题。

为防止因病返贫，邵义联系医大专家义诊到村庄，为全体村民建立健康信息卡，与智慧医院联合，足不出户可以看病。

用心用情用智扶贫，创新乡村全面振兴模式，变"输血"为"造血"。从教室到田间地头，邵义终把土地变成"金"。

（辽宁省文明办供稿）

具鲜雄

铮铮铁骨铸警魂　赤胆忠心保平安

人物故事 THE STORY

具鲜雄，男，朝鲜族，1966年生，中共党员，吉林省辽源市东丰县公安局政治安全保卫大队大队长。

2013年，具鲜雄患了慢性粒细胞白血病，不顾家属亲友的劝阻，依然在自己的工作岗位上奋战。2013年8月，东丰县东丰镇府北社区居民孙某与妻子发生争吵，持刀刺伤妻子，面对身高一米八多、手持尖刀的孙某，具鲜雄奋不顾身冲上去制止，避免了一场家庭悲剧的发生。

2014年10月，他发现某小区经常有陌生人出入，行为举止可疑，便带队连续蹲守10多天，一举捣毁涉嫌贩毒、容留吸毒、组织容留卖淫的犯罪窝点，抓获犯罪嫌疑人18人。2016年5月，东丰镇东兴社区患有严重心理疾病的“80后”青年小栾突然病情发作，一手持菜刀抵在自己脖子上，另一只手不停殴打父母。正在加班的具鲜雄接警后立即赶到现场，经过3个多小时的耐心劝说安抚，终于使小栾头脑清醒过来，停止了暴力行为。

2014—2020年，他指挥和带领派出所民警抓获网上逃犯22名，参与查办行政案件208起，配合刑侦部门打击处理刑事犯罪嫌疑人53人，调处各类纠纷337件，为辖区企事业单位和群众挽回经济损失20余万元。

具鲜雄常说：“人的生命只有一次，我是一名警察，活着就要对得起这身警服。作为一名党员民警，我更要忠诚一辈子，奉献一辈子。”

（吉林省文明办供稿）

王道辉

护林员40年守护绿色山林

人物故事 THE STORY

王道辉，男，1966年生，黑龙江省穆棱林业局有限公司和平林场森林扑火队员兼森林病防员、巡护员。

2003年全面停伐后，王道辉从木材采伐骨干转变为森林调查员、巡护员。每年的4月至11月，他查看枯死松树，检测松材线虫病的发生情况，寻遍林场两万多公顷的每个角落。

2003年，王道辉在巡护时发现疑似珍稀树种，经东北林业大学专家实地考察后确认，这类树种是国家一级保护植物——东北红豆杉天然种群。施业区内集中生长的东北红豆杉有16万多株，总面积3.5万公顷，是迄今为止我国东北林区面积最大、生长完好的一块东北红豆杉集中分布区。2004年7月，黑龙江省穆棱东北红豆杉自然保护区投入建设，2009年9月被国务院批准为国家级自然保护区。

2015年12月，王道辉与同事在巡山时发现有疑似东北虎的足迹。经上报考察，采集到了东北虎的抓捕食物和粪便标本。2016年1月，再次发现野生东北虎活动影像。2018年11月，王道辉通过远红外摄像机发现东北豹。这一发现，更加充分肯定了东北虎豹国家公园动植物保护的成绩。

寒来暑往，王道辉一直守护着他热爱的山林，将一名林业战士的青春和汗水挥洒在每一片青翠的林木间，用执着坚守将敬业精神诠释得生动而丰满。

（黑龙江省文明办供稿）

敬业奉献

丰晨敏　汤伟佳
消防员逆行冲锋铸忠诚

人物故事 THE STORY

丰晨敏，男，1988 年生，生前系上海市金山区金卫消防救援站副站长。

汤伟佳，男，1995 年生，生前系上海市金山区张堰消防救援站特勤一班副班长。

2021 年 4 月 22 日 13 时 30 分，上海市金山区某公司发生火灾。上海市消防救援总队先后调派 56 个消防救援站、123 辆消防车、近千名指战员赶赴现场处置，丰晨敏、汤伟佳两名同志随车参加战斗。起火厂房为 5 层的钢混结构建筑，单层面积约 8000 平方米，内部分隔多、结构复杂、通道狭窄，各类物质燃烧猛烈、蔓延迅速、温度极高、发烟量大且有毒有害，处置难度大。

首批力量到场后，立即疏散员工 492 人，并实施灭火作战。随后，厂方反映有 4 名员工被困 3 楼。现场指挥部先后派出两个搜救小组内攻，未发现被困人员。调整搜救方案后，丰晨敏、汤伟佳两名同志在危急关头主动请缨，不惧高温和浓烟，挺身而出、勇敢逆行，与其他两名同志一起组成攻坚小组，在两名厂方人员引导下，经严格检查个人防护装备后，深入着火建筑搜救被困人员，15 时 30 分许，在向现场指挥部反馈发现被困人员并组织施救过程中，遇火情突变失联。后经搜救，丰晨敏和汤伟佳两名同志被发现倒在 3 楼救援现场。经 120 急救人员确认，已无生命体征，不幸壮烈牺牲。

他们用实际行动和宝贵生命践行了消防队员为人民的初心和誓言，谱写了一曲信念当先、爱民报国的壮歌。

（上海市文明办供稿）

敬业奉献

张建珍
评弹演员一线演出 30 年 让世界听到“最美苏州声音”

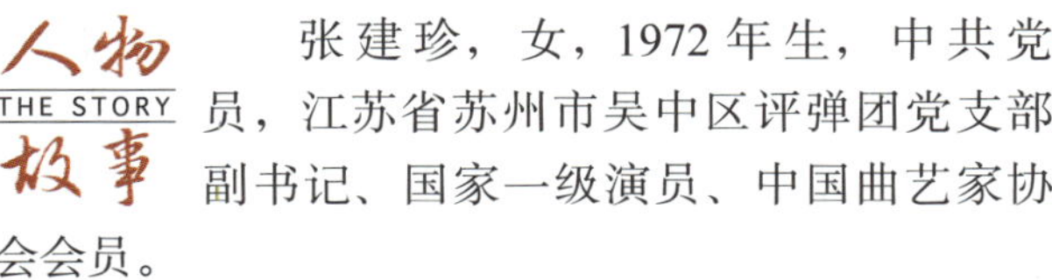

人物故事 THE STORY

张建珍，女，1972 年生，中共党员，江苏省苏州市吴中区评弹团党支部副书记、国家一级演员、中国曲艺家协会会员。

20 世纪 90 年代初，评弹艺术受到冲击，张建珍立志用最美声音留住听众，她坚持一线演出，深入农村（社区）、进高校、出国门开展评弹表演，传播评弹文化，在与广大听众的零距离互动中不断打磨技艺，30 年来开展公益演出 6000 余场，每年完成长篇演出 200 余场。

她积极尝试跨界编曲表演，参与演唱录制电影《金陵十三钗》的插曲《秦淮景》，登上央视舞台填补 20 多年来春晚苏州弹词演出空白，曾作为江苏文化代表参演伦敦奥运会，在上海逸夫舞台开创 80 年代以来长篇弹词进大剧场连演 15 场的先例等，她倾心演绎各类角色，大力推动评弹创新。

张建珍充分发挥“传帮带”作用，倾力提携后辈，她坚持每年开设 40 余场评弹公益课，10 年来累计受众近 3 万人。她教过的学生也捧回越来越多的省、市大奖。张建珍常说，既然决定一生与丝弦音韵相伴，就要坚持让“最美苏州声音”传得更远。

（江苏省文明办供稿）

李 伟

年轻民警扎根基层一线 热心帮扶困难群众

人物 THE STORY 故事

李伟，男，1988年生，中共党员，江苏省连云港市公安局海州分局太平边防派出所半滩村民警。

2018年10月，李伟从部队转业成为一名社区民警。来到半滩村后，他仅用半年时间便走访完这里的866户居民和300多家企业。在一次走访中，他发现村里有位60多岁的孤寡瘫痪老人生活自理困难，便经常来到老人家中照顾，为其购买日用品，推老人去理发、检查身体等，李伟每来一次，老人便在墙上画一道杠，至今，老人的墙上已经画了80多道杠。

2020年7月的一天，倾盆大雨直泻而下，数小时后，整个半滩村陷入了一片汪洋，给出行群众带来了很大危险。李伟当即发动辖区广大党员和社区辅警赶赴现场。遇到车辆，就提醒司机桥面漫水，谨慎驾驶；遇到儿童，就蹚入水中背上孩子过桥；遇到年迈老人，就搀扶着缓缓通过……

2021年3月22日凌晨时分，一名骑电动车的男子不幸发生车祸，生命垂危。接到报警的李伟立即带领辅警驱车赶到了漆黑的现场，受伤的男子已深度昏迷，他当机立断用警车救护。正常需要20多分钟的路程，当夜仅用了5分钟就将伤者送到了最近的医院抢救。

李伟用实际行动诠释了共产党员的初心使命，谱写了一曲曲动人的爱民赞歌。

（江苏省文明办供稿）

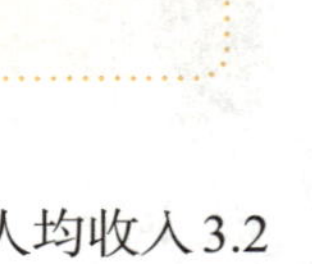

刘德宝

“渔民书记”让昔日“穷村”变成“网红村”

人物 THE STORY 故事

刘德宝，男，1974年生，中共党员，江苏省扬州市邗江区方巷镇三级主任科员、沿湖村党委书记、村民委员会主任。

2003年，沿湖村还是个远近闻名的“穷村”。1720人，仅有76亩地，家家户户只能蜗居在船上，靠捕捞湖里的鱼蟹勉强糊口。自2004年5月担任沿湖村党委书记以来，刘德宝带领干部群众充分挖掘沿湖资源优势，整荒滩、建小区、搞旅游、抓发展、转风气、提精神，打了一场漂亮的脱贫攻坚战。2020年，尽管受到新冠疫情的影响，扬州市邗江区的网红渔村——沿湖村，还是在仅有0.8平方公里的土地上接待游客20万人次，旅游收入1800万元，村集体收入230万元，村民人均收入3.2万元。

口袋富起来的同时脑袋也要富起来，刘德宝推动构建“新渔民学习苑”“渔家学堂”“乡贤工作室”“渔家书房”等特色载体，带领沿湖村的村民开拓出了一条渔旅并举的乡村全面振兴之路。此外，每年年初，刘德宝带着村“两委”一班人挨家挨户拜年，议思路、话发展，平日里更是将“乡村夜话”活动作为“必修课”，访民情、听民声、解民难，以实际行动当好村民的贴心人。沿湖村从贫瘠落后的“渔花子村”一跃成为享誉全国的“最美新渔村”。

（江苏省文明办供稿）

何　芬

把群众的“烦心事”放心上 做人民满意的好法官

人物 THE STORY 故事

何芬，女，1976 年生，中共党员，江苏省泰州市高港区人民法院党组成员、副院长、审判委员会委员。

“我们有理，不怕闹大，不行就到市里、省里上访。”2021 年 5 月 12 日上午，几十名业主涌到高港区法院，要求立即立案开庭。何芬法官敏锐地意识到，这是一起群体性事件，便主动上前了解案情。原来，受新冠疫情影响，小区 383 户业主未能按期拿房，要求开发商按实际拖延时间给付违约金。开发商则坚持扣除 4 个月的疫情延期时间，引发业主不满。

为维护业主权益和社会稳定，她提出了以调解为主、诉讼为辅的解决方向，敦促开发商拿出赔偿方案，同时，向业主释法明理。经过她锲而不舍的努力，超 98% 的业主签字并当场拿到违约金；对于少数不同意赔偿方案的，则引导他们进入诉前调解，并告知他们，若调解不成，将选择 1—2 户示范判决。在她的耐心解释下，未有当事人再到法院起诉。两个月后，383 户业主都拿到了赔偿金，一起群访事件至此平息，实现了政治效果、法律效果和社会效果的统一。

“群众利益无小事。只有时刻把群众的利益放在首位，才能无愧人民法官的使命和担当。”何芬说。

（江苏省文明办供稿）

朱卫生

坚守山区邮路 40 年 成为百姓心中“信得过的邮递员”

人物 THE STORY 故事

朱卫生，男，1964 年生，现为中国邮政集团有限公司浙江省永康市分公司西溪投递班班长。

从 1987 年至今，朱卫生先后负责素有永康“小西藏”之称的西溪镇柏岩线、西溪线邮件投递工作。这条长达 40 多公里的邮路，由于当时是贫困山区，人口不集中，交通很不便利，其中还有段 3 公里多的山路，得翻过 3 座山，走过 6 个山道，自行车无法推过，每天途中只有先将自行车寄存在当地老百姓家中，步行近 5 公里投递完邮件后再回来取。面对这样艰难困苦的邮路，当时没有人愿意承担，朱卫生主动揽责，并且一走就是 34 年。在做好本职工作的同时，他时常为山沟里的老百姓捎带油盐酱醋等日用品，帮群众垫付话费或转款汇款，把致富的信息传递给贫困的山区。34 年来，他凭借着耐心、细致、热情的工作精神，累计投送邮件 150 多万件，投送报刊 450 多万件，从未有延误、丢失、损毁的情况发生，更没有一个用户投诉，让逾万封滞留或无法正常投递的“死信”复活，义务为老百姓代缴话费 10 万余元。在西溪镇百姓心中，他是当之无愧的“最美乡村邮递员”。

情系邮递路，温暖送万家。偏远山区的投递路上，留下了朱卫生辛勤耕耘的足迹，乡间的一草一木见证了他服务百姓的光辉形象。

（浙江省文明办供稿）

夏　力

20 年用心服务群众 10 米车厢情暖乘客

人物 THE STORY 故事

夏力，男，1979 年生，中共党员，现为安徽省合肥公交集团 B3 路线长、金牌驾驶员。

他立足平凡岗位，用心服务乘客，安全行车 60 余万公里；热心公益事业，成立"力哥志愿服务队"，赢得社会各界美誉；主动下沉社区、投身疫情防控战场，展现了一名共产党员的担当和使命。

多年来，夏力先后获得"全国最美公交司机""全国五一劳动奖章""全国劳动模范"等荣誉。

面对来自方方面面的肯定与赞扬，夏力从不骄傲，而是更加用心地思考如何把本职工作做好、如何发挥好党员的先锋模范作用。他说："在公交的 20 年工作中，虽然辛苦，但我感受到的幸福和快乐更多，这些幸福快乐就是来自社会各界的认可，来自对党的理想与信念的执着追求，来自人生价值的更多体现。"夏力，一个普普通通的公交驾驶员，立足岗位、全心全意为人民服务。他像一盏灯，燃烧了自己，照亮了别人，用自己的凡人善举，温暖了一座城。

（安徽省文明办供稿）

朱世群

大学教师扎根偏远乡村扶贫一线 用生命践行初心使命

人物 THE STORY 故事

朱世群，男，1978 年生，中共党员，生前系合肥学院语言文化与传媒学院副处级组织员、安徽省宿州市泗县瓦坊镇陡张村党总支第一书记、驻村扶贫工作队队长。

2018 年 4 月，朱世群从合肥学院下派到泗县瓦坊镇陡张村。为了方便入户走访，一入村，朱世群就特地买了一辆电瓶车。从此以后，不论刮风下雨、严寒酷暑，村民们总能看到一个熟悉的身影穿梭在各个庄组和贫困户之间，足迹踏遍陡张村的角角落落。

翻开他的工作日志，每一页都记得密密麻麻，涉及村民家庭情况、致贫原因、帮扶措施、意见建议等方方面面。正是靠着扎实的走访调研，不到三个月的时间，他便熟悉了村情民情，对全村贫困户的家庭情况更是了如指掌。

脱贫攻坚路是一步一个脚印踏出来的，朱世群更是一户一户为贫困群众想办法、定举措。三年间，朱世群把群众的幸福扛在肩上、把群众的冷暖记在心中，用真心换真情。驻村扶贫期间，共落实到户扶贫资金近 1200 万元，确保全村 247 户贫困户稳定脱贫。

他尽心尽力为村里办实事、谋发展，用奉献诠释追求、用行动践行誓言，树立了扶贫干部的良好形象，却因突发疾病倒在岗位上，将生命永远定格在了 42 岁。正如当初他在向组织交心谈话时所说："我本就是一个农民的儿子，我愿意去做一个农民儿子该做的事。"

（安徽省文明办供稿）

张 伟

从军27载戍守边关显担当 默默奉献做雪域边防“守护神”

人物故事 THE STORY

张伟，男，1978年生，中共党员，西藏自治区阿里地区噶尔县人武部上校政治委员。

1994年，张伟穿上军装，走进阿里高原，每次任务他总是站排头、当尖兵，穿梭在冰峰雪岭，风餐露宿在边防一线，渴了就嚼一把积雪，饿了就啃两块干馒头、困了就裹着大衣席地而睡，常常天不亮就被冻醒，眉毛胡子结满冰霜。在充满危险与挑战的千里边防线上，张伟长期保持“利剑在弦”的临战状态，56次深入重敏感点位沿边巡逻，23次亲临对峙现场与敌人斗智斗勇，5次组织一线部队果敢应对敌人的巨石、钢管、棍棒等夺命断杀，平均每年隐蔽穿梭在冰峰雪岭、风餐露边防一线200余天，被官兵们亲切地称为边防安宁的“守护神”。

在圆满完成戍边任务的同时，张伟还积极参与爱民助民活动，不仅帮助驻地游牧藏民修建水渠8000多米，还捐资助学13名贫困学生，帮助8户贫困家庭实现脱贫致富，奉献爱心200余次等。

曾经有位记者问他：“为什么经受那么多苦难，还一如继往地坚守岗位驻守边关?”张伟毅然决然地道出心声：“作为新时代革命军人，既然选择了国防，走上了边关，就要把自己的全部交给部队，扛起卫国戍边的职责使命。”

（安徽省文明办供稿）

李 强

拄着拐杖坚守乡村三尺讲台四十多年 潜心教学关注孩子身心健康发展

人物故事 THE STORY

李强，男，1957年生，中共党员，安徽省芜湖市石硊中心学校义兴小学退休教师，弋江区残联副主席，白马街道老年学校校长。

6岁时，李强不幸患上了脊髓灰质炎，至今仍以一只拐杖拄行。但他没有向困难屈服，而是发奋读书，努力学习，于1976年加入了人民教师队伍的光荣行列。从教后的李强，四十多年以校为家，拄着拐杖，单腿站立在三尺讲台之上，把教书责任担在肩上，把育人的宗旨牢记心头，扎根乡村教育，直至退休。

在四十多年的教书生涯中，李强同志边教边学，边学边教。他利用休息日积极进修，努力提高自身素质。研究教育专著，深入学习教育学、心理学等方面的知识，把教育理论最新研究成果应用到课堂上。为了扩大学生的知识面，还自费购买大量图书，开办了班级图书角，以丰富学生的课外活动。他辅导的学生多次在区、市获奖。

身为残疾人，李强老师更懂得残疾人心理。他对残疾儿童特别关爱，牺牲自己的节假日休息时间，无偿为残疾学生补课；也曾多次从自己微薄的工资中拿出一部分，帮助贫困学子圆了求学梦，而自己却安守清贫。他常说：“让孩子们走出穷乡僻壤，昂起头走向社会，这就是我拥有的最大财富！”

（安徽省文明办供稿）

谭回昌

25年坚守基层调解一线的“和事佬”

人物 THE STORY 故事　谭回昌，男，1951年生，中共党员，江西省吉安市永新县才丰乡政府综治办原副主任。

从1996年起，谭回昌便坚守在永新法治一线，被当地群众亲切地称为“老谭”。2012年，退休后的老谭继续发挥余热，创办“老谭工作室”。25年来，他排查调解各类纠纷2100多件，为当地群众挽回各类经济损失达数百万元。“有事找老谭，找到老谭就没事了”成为当地老百姓的口头禅。

老谭孜孜不倦地做好每一件事，面对民众纠纷，他用“进门一声‘请坐’、坐下一杯茶水、询问一向和气、记录一字不漏、解释一定满意、出门一句‘走好’”的“六一”工作法进行真情调解。面对困难群众，他尽己所能，帮助解决他们的困难。

老谭不仅倾情做好调解工作，还经常以各种形式帮助困难群众。比如，2015年中秋和春节，他从自己的工资中分别拿出500元和200元，以“党组织给的慰问金”名义帮助才丰乡联合村的一位80多岁的老党员；2017年为才丰乡龙安村80多岁黄昏恋夫妇老贺一家申请低保救助金；资助200多名贫困学生顺利完成学业等。对他人大方的老谭，其实对自己却特别吝啬，一件衣服缝缝补补穿了近10年。

2015年起，他还以饱满的热情投入“红色宣讲”活动，累计宣讲220余场，助力弘扬革命精神。

（江西省文明办供稿）

蓝　翔

“电力哥”16年坚守“山中灯”用“匠心”点亮万家灯火

人物 THE STORY 故事　蓝翔，男，1982年生，中共党员，国网江西省萍乡市上栗县供电公司杨岐供电所客户服务班班长。

2005年，蓝翔进入杨岐供电所，成为一名一线电力员工。杨岐供电所辖区主要以山区为主。顶风冒雨巡视、抢修线路，对蓝翔来说是家常便饭。16个春秋里，他全年“在岗”，24小时“开机”，无论白天黑夜、刮风下雨，始终奔波在供电服务的第一线。

蓝翔的微信好友人数多达10000人，他将朋友圈演变为一个包罗电力行业各种信息的便民平台，蓝翔利用自己的微信平台受理群众用电咨询8000多次，发布供电服务资讯3000多条，便民消息2500余条，为群众提供了切实的便利；他带领以他命名的“蓝翔劳模工作室”，因地制宜创建“能工巧匠”群和“电力小助手”微信视频号，为当地群众解决就业难题，积极推广电力惠民科普小视频。

“有困难，找蓝翔”也成了当地百姓的一句口头禅。脚下沾有多少泥土，心中就沉淀多少真情。在热心肠的蓝翔看来，为民服务就没有分内分外之分。救灾济困、敬老助残、帮老扶幼等公益活动，他从不缺席。他还郑重承诺为供电所辖区范围内在册的400多户低保户、五保户免费维修电路。为了兑现这个承诺，他几乎付出了所有的业余时间和精力。

（江西省文明办供稿）

张吉成

身虽残、志更坚　供电“老黄牛”扎根基层敬业奉献近三十年

人物 THE STORY 故事

张吉成，男，1971 年生，国网山东省德州市临邑县供电公司兴隆镇供电所职工。

1993 年，刚刚参加工作的张吉成一来到兴隆供电所，就展现出了爱学肯钻、踏实肯干的作风，业务能力很快超过了不少老同志、老骨干，而且在兴隆供电所一干就是近 30 年，受到领导和同事们的一致称赞。

2003 年，张吉成患上了强直性脊柱炎，走路踉跄，步履艰难，但他从来没有影响自己的工作。2005 年的一天，大雨滂沱，正在巡线的张吉成艰难行走在田间“水泥路”上，在病痛和天气的双重折磨下，他咬牙坚持，直到腿部发麻失去了知觉，才略作休息，待稍微缓解，又坚定地起身继续巡线。

兴隆供电所距离县城七千余米，因为行动不便，又不想耽误工作，张吉成便成了单位的“常住客”，1 周 7 天，住宿舍至少 4 天，一年 365 天，他 358 天值班，常常 24 小时值守服务热线。据所里同事统计，他近 3 年已累计办理业务 16425 条，附近十里八村都知道，只要有“走路不方便的张吉成”，所里就不会关门。

20 年的持续治疗一次次折磨着这位铮铮铁汉，腰弯了、背驼了，都始终动摇不了他的意志。“我热爱自己的工作，从来没有觉得我和别人有什么不同，我只是在做一个普通的电力人该做的事，我会一直坚持下去。”张吉成说。

（山东省文明办供稿）

冀亚伟

扶贫干部坚守一线　以身作则承载使命担当

人物 THE STORY 故事

冀亚伟，男，1972 年生，中共党员，河南省许昌市襄城县扶贫开发办公室党组书记、主任。

2017 年 3 月，冀亚伟开始担任许昌市襄城县扶贫开发办公室党组书记、主任。“决不能让一户贫困户掉队”是冀亚伟的工作目标，也是动力源泉。任职以来，面对脱贫攻坚任务繁重、业务量大、人员紧缺等不利局面，他带领全体干部职工，团结一致、加强学习、迎难而上，坚定敢打必胜的信心决心。到扶贫办 4 年，他的足迹遍布全县所有有扶贫任务的村，仅笔记本就用了 10 多个，密密麻麻地记录着脱贫攻坚工作要求、贫困户家庭生活情况以及走访心得体会。在大量的理论学习和实际工作经验支撑下，他先后主持起草《襄城县产业扶贫实施方案》《襄城县建档立卡贫困户积分管理实施办法》《襄城县建档立卡贫困户兜底保障实施方案》等一系列文件，建立帮扶专班，解决常态化帮扶问题；建立脱贫户定期回访制度，解决防返贫监测问题；实行积分管理，建立扶志超市，解决了智志双扶问题；探索多元兜底保障模式，解决了无产可扶、无业可就的贫困群众脱贫“难”问题。在他的努力下，全县贫困发生率从建档立卡之初的 4.55% 下降至 0.19%，群众满意度达到 98% 以上，逐步实现全县脱贫攻坚工作从“较差”到“较好”再到“好”的转变。

（河南省文明办供稿）

袁国锋

24年“老消防”初心如磐 为救援事业无私奉献

人物故事 THE STORY

袁国锋，男，1979年生，中共党员，湖北省黄石市消防救援支队团城山特勤站站长助理。

作为一名有24年工龄的老消防队员，袁国锋始终在平凡的工作岗位上坚守初心使命，积极帮助他人解决困难。

火情就是命令。2019年9月，叶家塘一居民房突发火灾，因起火民房位于半山腰处，消防车辆无法抵达起火点。在供水困难的情况下，袁国锋凭着娴熟的技巧和扎实的体能，带领队员铺设近500米的供水干线，内攻灭火排险，成功保护了居民的生命和财产安全。

2020年疫情期间，袁国锋积极参与人员转运、洗消杀毒、物资转运、驻点执勤等勤务200余起。2020年7月，黄梅县大河镇袁山村突发山体滑坡险情，黄石消防支队百里驰援，袁国锋带领队员冒着随时可能二次坍塌的危险，在泥泞中成功救出9名被困群众。

在日常工作中，袁国锋凭借多年的管理经验和组训经验为队站工作建言献策，所在队站被应急管理部消防救援局表彰为改革转制教育整训先进中队，斩获全市夏训比武竞赛第一名的佳绩。

凭着对消防救援事业的热爱，袁国锋在本职岗位上勤勤恳恳、兢兢业业、履职尽责，用实际行动诠释了“对党忠诚、纪律严明、赴汤蹈火、竭诚为民”的铮铮誓言！

（湖北省文明办供稿）

黎伟标

英雄民警17年兢兢业业 用生命践行党员的使命

人物故事 THE STORY

黎伟标，男，1980年生，中共党员，生前系广东省东莞市公安局石碣分局石碣派出所三级警长。

2021年5月7日凌晨5时许，一名疑似醉酒男子在东莞市石碣镇崇焕中路辉煌公寓便利店门口滋事，用石头、铁铲打砸停在路边的汽车，手中还持刀乱挥乱刺，威胁群众。黎伟标接警后迅速带领辅警何耀康奔赴现场处置，嫌疑人冲向何耀康并将其刺伤。为保护受伤同事和现场群众，黎伟标冲上前去与嫌疑人搏斗，仓促中被嫌疑人刺伤手臂动脉。面对穷凶极恶的犯罪嫌疑人，黎伟标强忍疼痛，毫不退缩，将生死置之度外，与嫌疑人展开殊死搏斗，手臂、头颈多个部位被砍80多处，直至失血过多倒地，不幸壮烈牺牲。最后，嫌疑人被在场群众和增援民警合力制伏。

黎伟标2004年4月参加公安工作，在基层派出所工作17年，亲自或参与抓获各类违法犯罪嫌疑人240余人，破获各类案件1800多宗，数次身处险境，甚至与死神擦肩而过。2014年5月，他开始担任刘屋警务区警长，通过加强辅警队伍建设、推广信息化巡防系统、提高路面见警率，促进辖区警情明显下降，创造和谐稳定的社会治安环境，使刘屋村从挂牌整治的重点区域蜕变成东莞市文明村。

（广东省文明办供稿）

黄光华

电力工程师孜孜不倦甘于奉献 用心守护万家灯火明

人物 THE STORY 故事

黄光华，男，1971 年生，中共党员，国家电网四川电力攀枝花米易共产党员服务队队长。

自 1991 年 1 月，黄光华到龙洞河电站工作以来，不论白天夜晚，有事打电话他从不推辞，总是认真及时完成任务。30 年来，他始终不忘初心，怀揣炽热之心践行承诺，用实际行动点亮千家万户，诠释着爱岗敬业的职业道德。

2018 年 2 月，米易供电公司组建共产党员服务队，黄光华任队长。服务队成立以来，他带领队员打造辖区“20 分钟抢修圈”快速处理电力故障报修优质服务，一直兑现着“有呼必应，有难必帮”的承诺，按照标准流程提供用电优质服务。服务队坚持实施“军事化、标准化、精细化”管理，24 小时轮班值守，全天候为米易城区 3 万余户电力客户提供电力故障处理服务。共产党员服务队 663 天安全工作、2049 次故障接单优质服务均达到“零事故、零投诉、客户满意率 100%”，被市民亲切地称为“电力 110”和“生活的贴心人”。

黄光华因工作出色，多次获得公司“安全生产先进个人”“十佳班组长”等荣誉。2019 年，共产党员服务队所在支部被公司评为“先进党支部”。

（四川省文明办供稿）

苏慧勇

白衣卫士苏慧勇 30 年坚守传染病屏障

人物 THE STORY 故事

苏慧勇，男，中共党员，云南省大理白族自治州人民医院内科党总支书记。

苏慧勇同志 1989 年从大理医学院毕业后到大理白族自治州人民医院，近 30 年来一直从事传染病的临床诊疗工作。所在科室被云南省总工会授予“工人先锋号”。从 2003 年防治“非典”开始至 2021 年新冠疫情，苏慧勇均置身临床救治一线，多次获医院、主管部门、州人民政府的表彰。

2020 年，苏慧勇承担全州临床诊疗组组长责任，协助卫健委组建专家组和落实工作任务。1 月 28 日 23 时 50 分，一名武汉籍女子在云龙漕涧发热、咳嗽，高度疑似新冠肺炎，当地请求治疗方法。苏慧勇立即将患者安排运送至州医院进行隔离治疗。凌晨 4 时 18 分，患者被顺利收治至医院隔离病房。除大量的发热病人和疑似病人筛查外，大理州医院收治的确诊病人 10 人，包括 3 例重症病例，均救治成功。

进入疫情常态化防控后，苏慧勇作为大理州艾滋病抗病毒治疗专家组组长，组织治疗组专家对全州各治疗点进行督导，现场从疾病诊疗、工作方法、多部门协调等方面进行指导。

苏慧勇在各种诊疗活动充分考虑患者安全，在历次处置突发公共卫生事件中全科职工均体现出良好的团队精神。科室无医疗事故和有效投诉发生，病人满意度考核均在 96% 以上。

苏慧勇坦言：“在医生面前，只看到生命需要救治，这是我们的职责。”

（云南省文明办供稿）

苗丽萍

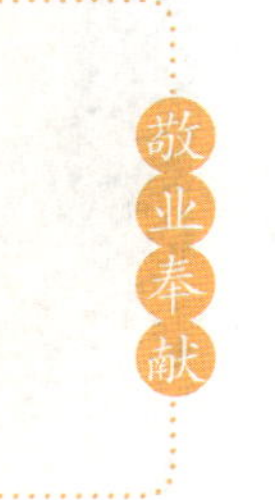

妇产科医生护卫群众生命 出诊路上不幸遇车祸去世

人物 THE STORY 故事

苗丽萍，女，1986 年出生，共产党员，生前系西藏自治区拉萨市达孜区人民医院妇产科主治医师。

2021 年 2 月 25 日上午 9 时 10 分，达孜区人民医院妇产科住院部接诊了塔杰乡塔杰村 1 组一名高危孕妇。上午 9 时 35 分，患者产检完被推回到住院部走廊时腹痛加剧且不断不当用力。此时，主值班医生苗丽萍发现异常后，立即从办公室跑出来接替家属推孕妇去待产室检查，此时孕妇羊膜囊已突破产道口，可能出现急性流产。于是苗丽萍让同事紧急呼叫儿科医生前来会诊，自己则为孕妇进行人工破膜，待儿科医生赶到时，胎儿已臀围娩出，心跳呼吸微弱，体重 1 公斤左右，属于晚期流产儿。

为挽救患儿生命，苗丽萍与儿科医生一起实施抢救措施，并即刻送患者前往拉萨市人民医院儿科。按照医院的正常工作安排，她本不用陪同转院，由副值班医生负责即可，但为了能更好、更快地与市人民医院儿科对接，沟通抢救病人，便义无反顾地参与了抢救运送工作。

但不幸的是，在转往医院的途中，救护车与一辆转弯的小型面包车相撞，苗丽萍被从救护车上甩了出去，重伤昏迷。最终因伤势过重，在医院 ICU 病房昏迷 33 天后不幸逝世。

（西藏自治区文明办供稿）

赵勤鹏

敬业奉献

援藏深耕填补技术空白 恪尽职守勇攀技术高峰

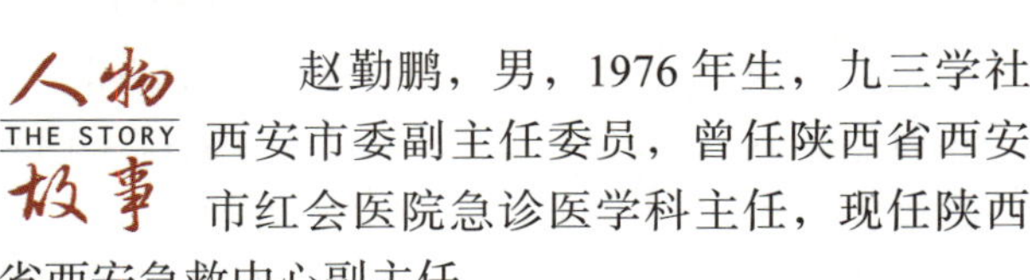

人物 THE STORY 故事

赵勤鹏，男，1976 年生，九三学社西安市委副主任委员，曾任陕西省西安市红会医院急诊医学科主任，现任陕西省西安急救中心副主任。

2018 年，赵勤鹏积极响应中央号召，主动请缨加入第三批组团式医疗援藏队，前往西藏阿里参加医疗援藏工作。面对缺乏专科手术器械和手术设备的恶劣条件，赵勤鹏成功开展了阿里地区首例颈椎手术、首例腰椎手术、首例胸椎手术。开展了多项新技术新业务，填补多项区域技术空白。

工作以来，赵勤鹏一直奔波在门诊、急诊、手术室、查房和授课一线，对患者热心、耐心、细心，努力构建和谐医患关系。在国内率先开展影像引导下脊柱病变穿刺活检、椎间孔镜技术、经皮椎弓根螺钉技术等脊柱微创技术，攻坚克难，对颅颈交界病变、脊柱畸形、脊柱肿瘤、脊柱感染等复杂脊柱疾病展开系列临床研究，累计完成脊柱外科手术近 8000 例。与此同时，赵勤鹏持续加强急救精细化管理，推动院前院内急诊一体化管理，重视抢救流程团队合作、医护无缝衔接，极大提高了抢救效率，成立 120 城区中心站急诊协同抢救中心，打造胸痛、卒中、创伤诊疗指挥平台，安装同步呼叫对讲系统，有效提升了 120 急救患者的抢救效率。

（陕西省委文明办供稿）

潘吉祥

扎根戈壁钢城 深耕生产一线的“钢脊”工程师

敬业奉献

人物故事 THE STORY

潘吉祥，男，1968年生，现任酒钢集团宏兴股份公司钢铁研究院院长、不锈钢分公司总工程师。

双相不锈钢广泛应用于核电、石化等国家重点战略发展领域，但是2013年的酒钢并不具备双相不锈钢的生产条件。带着一股拼劲，潘吉祥带领团队立项甘肃省重大科技专项“双相不锈钢产品研究与开发”项目，经过两年多的不懈努力，酒钢成为国内第二家成功开发出2205双相不锈钢系列产品的企业，创效1.57亿元。

创新是提升效益的最佳驱动力。潘吉祥紧盯国家重大发展战略需求，带领技术团队立足行业空白，潜心钻研，打通了60Cr13马氏体不锈钢的全流程工艺，改变了我国超高碳高端手刮剃须刀用钢大部分依赖进口的局面。面对突如其来的新冠疫情，潘吉祥成立抗菌不锈钢产品研发项目组，研究攻克医疗卫生、公共设施领域的抗菌不锈钢产品，经过35天日夜奋战，抗菌不锈钢样品出炉，抗菌率超过99%，为科技“战疫”贡献了力量。截至目前，潘吉祥主持省级科技重大项目21项，获省部级以上科技进步奖项13次，个人专利9项，研发的产品多次获得冶金行业卓越奖产品证书和冶金行业实物质量金杯奖。

“钢铁工业发展至今，非常不易，在努力实现中华民族伟大复兴中国梦的新时代，我们要一棒接着一棒，把钢铁报国的接力传承下去。”潘吉祥说。

（甘肃省文明办供稿）

张明德

25年守护福利院孤寡老人和残障儿童健康

敬业奉献

人物故事 THE STORY

张明德，男，1962年生，中共党员，原为甘肃省武威市社会福利院医疗康复科医生。

自1996年调入武威市社会福利院工作，从事院内收养人员的防病治病工作以来，张明德就选择用初心坚守“一辈子干好一件事”的信诺。

孤寡老人李阿姨，双目失明，已在福利院度过了近40年。她曾患上严重的类风湿关节炎，膝盖大腿肿得厉害，病重的时候连床都下不了，心灰意冷得都不想活了。张明德每天都到她的卧室进行治疗，采取针灸、按摩、敷药、康复、心理疏导等一系列治疗措施，不仅根除了她的疾病，更让她重拾生活的信心，笑容每天挂在脸上。

2017年9月，6个月大的弃婴小民来到福利院，因先天性肛门闭锁，在当地医院无法治疗的情况下，张明德和护理员赵荣华抱着孩子登上前往上海的火车，送她到上海儿童医学中心进行手术治疗。2020年9月，张明德再次联系北京大学第一医院，带着小民前往首都实施二期手术，术后，孩子能自主从肛门排便，身体恢复良好。

“以前，在人们的印象中，住在福利院里，吃饱穿暖就行，现在，时代不同了，院民的观念也变了。老人和孩子在福利院生活，不仅要吃饱穿暖，更要身心健康！”张明德是这样说的，更是这样做的。

（甘肃省文明办供稿）

韩 丹

26次奔赴高原 为学子送去教育“活水”

人物 THE STORY 故事

韩丹，女，1968年生，中国民主同盟盟员，现任辽宁省沈阳市翔宇中学执行校长。

2008年，青海省教育厅致沈阳市翔宇中学函，就青海省“异地办班培养高中生”项目，请求予以支持。面对地域、文化等多方困难，韩丹作出了大胆决策，同意接收并亲自主抓，这一干就是12年。

2008年9月初，第一批藏族学生41人抵达沈阳。韩丹校长精心挑选两名教师担任正副班主任，配备业务骨干做科任教师。她把藏族孩子们当成自己家的孩子，节假日买水果，过新年买蛋糕，冬天买棉袄，夏天买西瓜，陪孩子们购物、春游，为每一届高考生壮行助力……而这些惯例整整延续了12年。12年来，翔宇中学已累计接收培养玉树籍学生3100多名。

2015年，翔宇中学培养的玉树学生本科率达60%，刷新了玉树地区最好成绩。12年来，韩丹带领翔宇中学教师奔赴青藏高原26次，深入当地了解情况。为助力返乡学子高考，韩丹主动申请在海拔4000米的考点陪考，而每次都会有强烈的高原反应，让她几乎吃不下饭，睡不着觉，但她从不退却。

作为教育工作者，韩丹始终坚守初心，以助力民族地区教育发展为己任，在扶持西部教育上不遗余力，为三江之源教育不断注入汩汩活水，深受社会各界和莘莘学子的好评和赞誉。

（青海省文明办供稿）

敬业奉献

齐永新

老支书抓住机遇为民增收 团结协作助“空壳村”摘帽

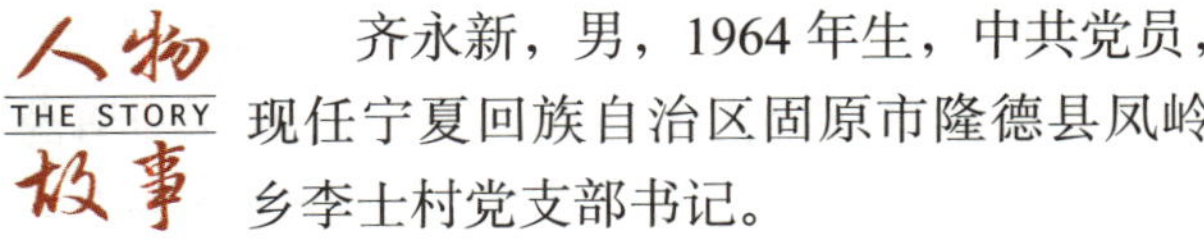

人物 THE STORY 故事

齐永新，男，1964年生，中共党员，现任宁夏回族自治区固原市隆德县凤岭乡李士村党支部书记。

“怎么才能带着群众脱贫致富，把村里的经济发展出特色？”齐永新一直在思考。

2017年，齐永新结合李士村土地多、人口少的特点，成立村里第一家养牛合作社，带领村民修建150栋标准化肉牛养殖棚，种植覆膜玉米4300亩。

接着，李士村党支部发挥党组织作用，成立6个功能性党小组，以支部为中心辐射各村组的农村党员，由党员带动其附近农户，形成网络化覆盖、功能性党小组带动机制。在大家的共同努力下，李士村由一个无主导产业的村落变成以草畜产业为主的村落。

在村民过上富裕生活的同时，齐永新再一次寻找突破点。经过一番深思熟虑，他想到李士村传统手工制醋有600多年的历史，许多农家都有做香醋生意的经历。

齐永新争取自治区扶持发展壮大村级集体经济资金200万元，对资金进行股份量化，让全村村民人人持股，成立隆德县凤岭乡李士村股份经济合作社，探索成立“党支部＋合作社＋经营实体＋农户”的联农带农机制。

齐永新整天琢磨村集体经济发展、村民产业发展、村庄建设的事。对于齐永新的付出，也有人不理解，问他：“你年龄不小了，又不愁吃不愁穿，还这么拼命值不值得？”齐永新总是这样回答：“我是李士村人，就爱这一方水土，乡亲们的信任，我决不能辜负。”

（宁夏回族自治区文明办供稿）

刘 虎

忠诚担当 勇于奉献 用生命让百姓喝上放心水

敬业奉献

人物故事 THE STORY

刘虎，男，1974年生，中共党员，生前系新疆维吾尔自治区喀什地区伽师县水利局党组副书记、局长。

“早一日完工，百姓就能早一日喝上放心水，我们离打赢脱贫攻坚战就能更近一步。”作为伽师县城乡饮水安全工程主要负责人之一的刘虎，不是在水源地总水厂就是在管道施工现场，而此时，他已身患肺癌两年多。

作为水利行政主管部门负责人，为实现贫困人口饮水安全保障目标，解决当地各族群众因水致病、因病致贫的问题，刘虎带领团队在“5+2”“白加黑”的工作常态下义无反顾地找水源、探路线、拟方案……大漠、戈壁、风沙、烈日、严寒和劳累，成为他日常工作的写照。

“没有什么力量可以阻挡对人民的脱贫承诺。”在发现身患肺癌的情况下，刘虎仍坚持奋战在工程一线。2020年5月，伽师县域乡饮水安全工程全面通水并投入使用，47万各族群众喝上了“安全水”“幸福水”，彻底告别饮用苦咸水的历史。他却因耽误治疗及劳累过度，2020年9月，被确诊癌细胞扩散，转移至骨髓。

刘虎走了，留下一个共产党员的为民情怀和责任担当。他的忠诚和大爱、拚搏和奋斗、热血和激情，都点燃了生命的火焰，化作一串串音符，奏响生命的浩歌。

（新疆维吾尔自治区文明办供稿）

杨建中

勇担使命 做有温度有深度的医生

人物故事 THE STORY

杨建中，男，1976年生，新疆医科大学第八附属医院党委委员、副院长，新疆医科大学第一附属医院急救·创伤中心急诊内科主任。

从2001年9月杨建中考入新疆医科大学第一临床医学院急诊内科研究生，他便开始了在急救战线为病人解除病痛的急诊医生职业生涯。在医疗工作中，他不断提高急危重患者的抢救成功率，不忘医者初心，努力钻研业务，全心全意为各族患者服务。

2020年初，新冠病毒肆虐，杨建中主动请缨参加新疆首批援鄂医疗队驰援武汉，担任重症医疗组组长。作为自治区公共突发卫生事件的应急专家，他带领新疆首批医疗队ICU重症组与武汉大学人民医院东院重症组混合建组，共同工作。在救治新冠患者时，患者时常因呼吸困难需要气管插管，杨建中冒着可能被感染的风险，主动担起患者气管插管、接呼吸机等操作，抢救患者的生命。在治疗中，他不放松对科学研究，不断在实践中发现问题，在临床中总结经验。

2022年8月，杨建中再次出征，到新疆维吾尔自治区新冠肺炎定点救治医院参与医疗救治工作。他冲锋在前、无私奉献，用精湛医术与“死神”赛跑，用实际行动诠释着医者仁心和使命担当。

（新疆维吾尔自治区文明办供稿）

李云英

“长嫂如母”照顾瘫痪小叔子近三十年

人物 THE STORY 故事

李云英，女，1969年生，河北省石家庄市行唐县北河乡北河村村民。

李云英自1991年结婚那天起，就暗下决心，要通过自己的努力，给予家人最无微不至的关怀，让家庭变得更加温暖。为了让丈夫能安心工作，平日里，李云英主动打理大大小小的家务，同时协助丈夫管理好家里种植的几亩地。天有不测风云，李云英的儿子在出生三个月时，婆婆被诊断出胃癌。手术后，李云英边哺育孩子边照管婆婆。几个月后，婆婆再次病重，治疗无效不幸病故。为给婆婆看病，家里欠了不少外债，丈夫也只好外出打工。李云英除了忙地里农活照顾孩子，也开始打工补贴家用。然而，祸不单行，1994年，李云英的小叔子在煤矿打工时遇到煤矿塌方事故，导致全身瘫痪，生活不能自理。丈夫不在家，公公年纪又大了，照顾小叔子的重担就落在了李云英的肩上。小叔子瘫痪在床，吃、喝、拉、撒全由李云英一人照管。在李云英的细致照顾下，小叔子的身上从来没有长过褥疮，身上也干干净净没有异味。这20多年里，小叔子深深理解了“长嫂如母”的深刻含义。

受李云英的影响，一双儿女也非常懂事孝顺，邻居家只要有了困难，他们知道后，一定会伸出友爱之手，主动去帮助大家，为大家排忧解难。李云英认为，只有大家都幸福了，才是真正的幸福。

（河北省文明办供稿）

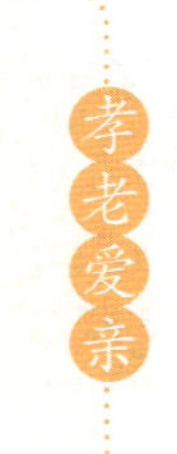

吴永芳

妇联干部六年如一日精心照料弃婴用心呵护抚养长大

人物 THE STORY 故事

吴永芳，女，1975年生，中共党员，内蒙古自治区兴安盟科右前旗俄体镇白辛社区委员、妇联主席。

吴永芳深深地记得，小悦彤3岁时父母离婚，父亲离开家乡，音讯全无，母亲外出打工，鲜少回到小镇来，小悦彤无依无靠。从那时候起，吴永芳就把小悦彤接到自家来吃住，她给小悦彤洗衣做饭，教她说话，送她上幼儿园，承担起了一个母亲的责任。她无微不至，悉心照料，关心呵护着小悦彤，就像爱自己的孩子一样。

如今，小悦彤已经11岁了。这些年，吴永芳的丈夫在外靠打零工维持生计，她自己在社区工作，微薄的收入，光是供一家人开销，都已经很困难了。年迈的母亲，常年吃药，大女儿上学也需要用钱，虽然大女儿并不反对家里再养一个小妹妹，可是小悦彤上学、生活都需要钱，吴永芳夫妇思量着、盘算着，尽量满足两个孩子的需要。

小悦彤的妈妈今年秋天终于联系上了，但只给孩子转了两千元学费和生活费，依旧拒绝把孩子接走抚养。这些钱实在杯水车薪，捉襟见肘的经济条件是实实在在摆在眼前的。人们纷纷劝说吴永芳放弃抚养孩子，她总是摇摇头，说：“孩子多可怜啊！再难我们也得撑下去，我们不管她，她又能去哪里？”吴永芳要把孩子抚养成人，有多大劲儿就使出多大劲儿。在她眼里，小悦彤早就是他们家的女儿了，情深义重，不是亲人，胜似亲人。

（内蒙古自治区文明办供稿）

王　瑛

十九年如一日用孝爱守护家

人物故事 THE STORY

王瑛，女，1975年生，中共党员，浙江省宁波市镇海区行政审批服务中心科长。

2002年，王瑛28岁，丈夫王海波在出警时因公殉职，留下痛失独子的一双老人，还有嗷嗷待哺的三岁幼子。“海波不在了，我就是你们的女儿，我会一直陪在你们身边。”一句承诺、尽孝19年，她用真情真爱让一个不完整的家逐渐走出阴霾。

丈夫刚去世时，这个柔弱的女子选择坚强，独自挑起家庭的重担。当时，两位老人害怕睹物思人，从镇海搬去北仑住。王瑛就镇海、北仑两地跑，只要老人一个电话，她就二话不说赶过去。

2012年，王瑛的公公在家中晕倒，医院诊断患上坏死性脑膜炎，病人状态如同植物人。公公病情危急，连医生都告诫，病人情况只会越来越差。王瑛和婆婆一致表示：“治！”那几年，镇海、宁波、杭州、上海，漫漫求医路，王瑛始终和婆婆一起全心全意照顾公公。

平日里，王瑛还时不时为婆婆送菜、送衣服。有一次王瑛婆婆出车祸被紧急送进了ICU，王瑛连夜联系医院把婆婆转到宁波的医院进一步观察治疗。连续一周，王瑛一直守在婆婆病床前，一刻都停不下来。

这么多年，许多人劝过王瑛再找伴侣，但她为了对公婆的承诺及更好地照顾两个家庭，一直选择单身。

（浙江省文明办供稿）

项菊香

“半路妈妈”17年不离不弃 让素不相识的植物人女孩获得重生

人物故事 THE STORY

项菊香，女，1955年生，浙江省台州市仙居县朱溪镇岭上村村民。

2004年，来台务工的黑龙江女孩小薇遭遇车祸成了植物人，又被父母遗弃，在医院当护工的项菊香将她带回家，整整照顾了17年。经济困难的项菊香借钱给小薇做手术，每天给雨薇按摩，上山采草药、自学针灸进行康复治疗。在项菊香的精心照料下，小薇的大脑恢复了意识，下半身有了知觉，也能开口喊项菊香一声“妈妈”了。这是一个生命的奇迹，在这个奇迹背后，是项菊香一直以来不离不弃的坚守。

麻绳专挑细处断，厄运专找苦命人。2007年，项菊香的丈夫患脑卒中瘫痪；2016年，小儿子又得病了。为了照顾全家人，项菊香积劳成疾，多病缠身，但依然咬牙坚持：“只要我有一口气，就不会抛弃她。”

项菊香的善良和坚强，引起了社会的广泛关注，社会各界纷纷向她们伸出了援助之手。2021年，在民政部门的劝说下，项菊香把小薇送到福利院照料。小薇走后，项菊香仍一直挂念着，隔三差五地给她送吃的、用的。

不是亲生，胜似亲生。17年来，项菊香把母爱的天性表现得光芒万丈，最终让一个素不相识的植物人获得重生。

（浙江省文明办供稿）

董素侠

农妇34年接续照料3位患病老人 无怨无悔真情付出获称赞

人物 THE STORY 故事

董素侠，女，1966年生，安徽省亳州市利辛县旧城镇韩庄村村民。

董素侠的丈夫、儿子和儿媳常年在外地工作，家中仅留下她和三个病卧在床、完全失去生活自理能力的老人。大伯葛玄岭本是村里的五保户，年轻时患脑梗死留下了后遗症，生活不能自理，从1987年起就住在董素侠家。2006年10月，大伯又患上了小脑萎缩，从此彻底瘫痪在床，一日三餐全靠喂养，董素侠不怕脏、不怕累，端水喂饭，擦屎接尿，整整15年，直到2020年4月，大伯含笑而逝。2008年6月，时年80岁的公公葛益龄患上了脑梗死，生活不能自理。面对这突如其来灾祸，董素侠没有退缩。她耐心开导，日夜伺候，不厌其烦地为老人洗澡、梳头、理发、捶背、剪指甲，还要每天扶着公公下地练习走路。

2009年4月，董素侠母亲患上腰间盘骨质增生、膝关节髌骨软化症，术后半身不遂。娘家兄弟身体不好，无力侍候。董素侠毅然决定把老母亲接到自己家中，悉心照料，躬亲伺候。董素侠无微不至地连续照顾三位卧床不起的耄耋老人，用自己的行动践行“百善孝为先”的传统美德，奏响了一曲令人钦佩的孝老爱亲的乐章。

（安徽省文明办供稿）

蒋美义

悉心照料瘫痪双亲 践行工匠精神创新创造获多项国家专利

人物 THE STORY 故事

蒋美义，男，1979年生，中共党员，安徽省淮南市万维机电有限公司副总经理。

蒋美义的父亲和母亲先后于2008年、2011年因病瘫痪，失去生活自理能力。蒋美义搬到父母家同住，悉心照顾双亲。他购买了制氧机、吸痰机、牵引架等医疗器具，为父母创造好的康复条件。他主动学习理发手艺、按摩技术，自己动手为老人理发，每天坚持给老人按摩。蒋美义母亲经常大小便失禁，他每天为老人清洗衣物床单、处理污物、打扫房间。老人不能自主进食，他就把食物用榨汁机打成糊状，一口一口地喂饭喂水，嗓子有痰，就及时给老人吸痰、做口腔护理，还定期给老人注射脂肪乳、营养液，保证老人的营养。这些年来，蒋美义每天的连续睡眠时间没有超过三个小时的，造成了高血压，两次因脑梗死住院，但他从无怨言，用自己的行动诠释了“百善孝为先”的真谛。

对家庭负责的蒋美义对工作同样认真，他共获得国家专利50项，其中发明专利17项。由他参与研发的产品，有7项获得“高新技术产品”称号，2项获得省级“重点新产品”称号，多项产品技术国内领先。“老吾老以及人之老。”蒋美义成立了淮南市谢家集区青年志愿者协会和“中国好人”蒋美义志愿服务队，组织开展慰问孤寡老人、捐助偏远学校、关心农民工留守儿童、健康义诊、法治宣传等活动。十多年来，他为公益事业累计爱心捐赠十多万元。

（安徽省文明办供稿）

陶宗开

流浪儿感念两年收养情 数十载报恩共育文明花

人物 THE STORY 故事

陶宗开，男，1950年生，安徽省马鞍山市博望区博望镇永合村陶象自然村村民。

1958年，年仅8岁的江苏省南京市流浪儿陶宗开与家人失散，流落到了博望区永合村陶象自然村，被生活同样非常困难的严福彩一家收留了。养父母把陶宗开当作亲生儿子来养，有好的饭菜先给他吃，有好的衣服先经他穿，发现有同村孩子欺负他，立即赶上前去保护。两年后陶宗开的亲戚找到了他，把他带回去了。陶宗开走时心中恋恋不舍，他暗自下决心，今后一定要报答养父母的恩情。之后两家一直来往不断。

陶宗开一有时间就带着妻子儿女到养父母家中，为两位老人尽孝，家中的大事小事，几乎都由陶宗开夫妇及儿女包了下来。养母80岁的时候，养父去世了，陶宗开担心年岁已高的养母无人照料，拒绝了儿女的孝心，坚持回到陶象村照顾养母，为她做饭做菜、为她梳头洗脸，为她打扫卫生、与她谈心交心，这一做就是18年。养母92岁高龄时瘫痪卧床，没有了生活自理能力，大小便都在床上，年近古稀的陶宗开坚持睡在养母的床尾，端茶倒水、擦身换衣，没有一句怨言。

2020年3月，陶宗开的养母去世了，走得很安详，享年98岁。陶宗开对养父母两年的收养恩情铭记于心，长大后精心照料养父母，为他们养老送终。此事在苏皖两省传为佳话。

（安徽省文明办供稿）

叶秋生

带着聋哑父母游中国

孝老爱亲

人物 THE STORY 故事

叶秋生，男，1969年生，江西省南昌市西湖区江船住宅小区居民。

叶秋生的父母由于小时候生病用药不当，均变成了聋哑人，虽然父母不会说话，但在父母的悉心关爱下，叶秋生健康快乐地长大。婚后，叶秋生夫妻也一直和父母住在一起，有了自己的孩子后，他更加懂得了父母的不易，对孝敬父母有了更深的感触。

1997年，叶秋生的父亲遭遇了车祸意外。当时情况非常危急，送到医院时，叶秋生父亲整个人已昏迷，过了四五天才清醒，医生诊断为中枢神经受损，后来在医院康复治疗两个多月才出院。由于父亲跟医生无法沟通，叶秋生必须24小时守在病床前。出院后，为了让父亲的身体尽快恢复，叶秋生每天坚持给父亲按摩两次，直到父亲痊愈。

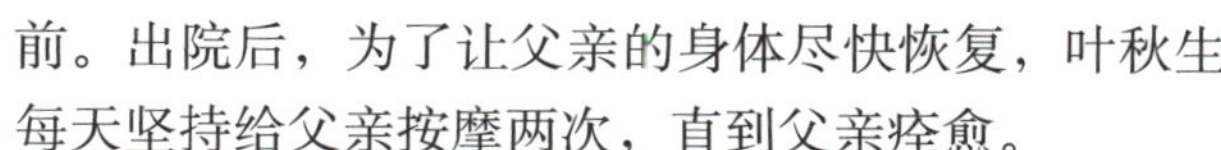

遭遇了父亲的车祸变故，考虑到父母年纪逐渐增大，为了减轻父母晚年的孤独感，2000年，叶秋生做了一个决定：带上父母环游中国。他们的足迹遍布云南、四川、江苏、福建、湖北等地，共游览了40多座城市，家中都是用相册记录下的珍贵回忆。近年来父母年事渐高，已经不适合长途旅行，但一有条件叶秋生仍旧会带上父母就近旅游。

鸦有反哺之义，羊有跪乳之恩。叶秋生在日常生活中用自己的实际行动向我们展示了“百善孝为先”这一中华民族的传统美德。

（江西省文明办供稿）

曹文涛　李凤彩

夫妻俩三十年撑起两个家庭彰显人间大爱

人物 THE STORY 故事

曹文涛，男，1969年生；李凤彩，女，1968年生，二人皆为河南省漯河市临颍县城关街道曹窑村村民。

曹文涛、李凤彩结婚30年，任劳任怨、默默付出，丈夫坚实的背上扛的是家庭的梁柱，妻子温暖的手里攥的是亲情的牵绊，他们用淳朴的爱、无私的心诠释“家庭与亲情”最本真、最朴素的内涵，夫妇俩孝老爱亲的故事被乡亲们传为美谈。

他俩是父母公婆的“好儿女”。在曹文涛父母患病期间，夫妇俩各负其责，白天打工劳作，晚上在病床前悉心照料老人，常常累得腰酸背痛而无怨言，使得两位老人安享晚年。他俩是侄子侄女的“亲爹娘”。曹文涛哥嫂先后患上脑出血、胰腺癌，夫妇俩积极筹措资金垫付医药费，没日没夜轮流照料。无奈哥嫂病情严重，相继过世。夫妇俩把侄子侄女当亲生儿女对待，替哥嫂偿还看病欠下的债务，帮助侄子照料家庭，供养侄女完成大学学业并考上研究生。

夫妇俩的坚强乐观和不计个人私利的付出，令乡亲们纷纷竖起大拇指，赞不绝口。“兄弟妯娌之间，叔婶子侄之间，一般人做不到这个程度，文涛和凤彩都做到了，他俩是真拿侄子、侄女当亲生孩子看了，特别不容易。”邻居赞叹道。母亲陈兰英逢人就便夸：“俺家不知哪辈子烧高香了，娶了凤彩这样好的媳妇，又能干又心善。”

（河南省文明办供稿）

谢远芹

悉心照顾瘫痪家人15载的仁爱媳妇

人物 THE STORY 故事

谢远芹，女，1969年生，湖北省宜昌市宜都市聂家河镇白家淌村村民。

2006年2月的一天，谢远芹的婆婆在家意外摔伤导致瘫痪，生活不能自理，当时丈夫在外打工，家里的大小事务全靠她一个人打理。每天5点钟起床，洗衣做饭、喂猪放羊、下地劳作，还要给婆婆梳洗、翻背、按摩，忙活到晚上9点。她一心不想让丈夫惦着家里。

2010年，丈夫李作心遭遇意外导致下身瘫痪，她顿觉天塌地陷。看着床上躺着的两个病人和年幼的女儿，她只能用自己瘦弱的肩膀硬撑。拿简单的吃饭来说，她先喂丈夫，再扶起婆婆喂饭给她吃，等他们都吃完后自己匆匆扒两口就赶紧下地，日复一日、年复一年，一头挑着两个瘫痪病人，一头挑着生活的重担，即使这样，她仍然把困难重重的家庭收拾齐整，保持最质朴的尊严。

女儿小元为了减轻妈妈的压力，2010年中专毕业后就外出打工。然而，2013年女儿不幸遭遇车祸，医院里数次下达病危通知书，她几度在崩溃边缘徘徊。懂事的女儿跟着母亲学会了吃苦耐劳、坚强坚忍，如今有了工作，也收获了家庭。

15年的艰辛历程终于迎来了曙光。2020年，她靠养殖生猪年收入10万元，一家人走上了脱贫致富的幸福路。在白家淌村的大山深处，她就像一朵山间的迎春花，在峭壁上迎风绽开，散发着温暖的芳香和美丽的希望。

（湖北省文明办供稿）

范成芬

“发明家奶奶”用巧手护住患病老伴余生

孝老爱亲

人物 THE STORY 故事

范成芬，女，1948年生，湖北省武汉市洪山区卓刀泉街道吴家湾社区居民。

在大家眼中的汪琪祥、范成芬夫妇，有一个和睦、充满活力的家庭。在共同走过的四十几个春秋岁月里，范成芬用一份真爱诠释着属于他们的相濡以沫，尤其是在丈夫年事已高瘫痪在床以后，子女长期在外工作不便回家照顾，她一个人扛起了照顾老伴和家庭的责任。

在丈夫患病的18年间，范成芬一边照顾老伴，一边改造整合各种功能性的护理产品：架空被窝，既能保持温暖，又能保证病人自如地翻身和身体的舒适；智能大小便管理裤，不仅操作方便、穿戴简单，还会灵敏地及时提醒为病人更换衣裤……为了让认知严重退化的老伴儿依旧活得干净体面，范成芬自己动手，坚持不懈地改进发明十几种日常看护产品，其中智能大小便管理裤和约束手套两项护理发明还获得了专利证书。在她的悉心看护下，被医生诊断只有5年生命期的老伴儿最终度过了18年有品质的生活。

范成芬老人将继续运用自己学到的知识和发明的专利为社区、为群众服务，将孝老爱亲、学习创造的精神传播到社区的每个角落。

（湖北省文明办供稿）

项家明

七旬老人十余年如一日精心照顾瘫痪前女婿　以行动诠释真情大爱

人物 THE STORY 故事

项家明，男，1950年生，四川省自贡市沿滩区沿滩镇开元路社区居民。

2008年12月，项家明的女婿徐永进因车祸造成一级肢体残疾，高位瘫痪，只有胸部以上部位能自主活动，几乎失去生存下去的勇气，是项家明夫妇给了他新的希望，无微不至地照顾他的起居，让他有了活下去的毅力。

2013年，徐永进看妻子为家庭终年奔波劳累，多次提出离婚，被拒绝后便用绝食、轻生逼迫。无奈，项家明女儿同他协议离婚，却同他约定：在他有生之年，不能拒绝项家明一家的照顾。就这样，已解除法律关系的一家人因为亲情和善良，仍和谐地生活在一起。由于承担着家庭日常开支和徐永进昂贵的医疗费、护理费等，项家明女儿只好外出打工，而照顾徐永进的重任就落在了项家明肩上。日复一日、年复一年，项家明重复着为他洗脸擦身、换尿不湿、倒大小便等工作，用温暖和爱心激发了徐永进重新活下去的勇气。

自新冠疫情防控阻击战开展以来，项家明在抗疫一线开启了“白＋黑”“5+2”的工作模式，将辖区居民群众的健康放在首位、尽心尽责，守护着一方家园，架起了疫情防控坚强堡垒。在日常生活中，他还热心协助社区开展志愿服务活动，帮助社区清运小区杂物、打扫公共环境卫生、清理牛皮癣等。

（四川省文明办供稿）

冉 琴

勤劳农妇尽善尽孝勇挑重担 撑起一片“艳阳天”

人物 THE STORY 故事

冉琴，女，1983年生，贵州省铜仁市德江县平原镇坳田村村民。

冉琴20岁嫁到坳田村，丈夫勤劳实干，让她对幸福生活充满期待。然而，老天没有眷顾这个和美的家庭，2005年公公逝于心脏病，2012年婆婆逝于糖尿病，2019年丈夫因心脏病复发去世，家中失去了顶梁柱。36岁的冉琴守着两个未成年的儿子和爷爷奶奶，精神接近崩溃，但看见两位老人陷入白发人送黑发人的悲痛之中，她转身擦干眼泪，强掩痛苦，一面安慰老人，一面下定决心要撑起这个家，尽自己最大的努力让两位老人安享晚年。

冉琴不仅要赡养老人，抚养幼儿，还面临家庭因治病欠下的近30万元债务。她没有泄气和逃避，毅然扛起生活的重担。她不仅把家里里外外打理得井井有条，还凭借多年的养殖经验，扩大猪、牛、羊等牲畜的饲养规模，养牛从以往的8头，增加到了13头；养猪从以往的4头增加到了10头；养殖了3只羊，独自一人种15亩饲草、2亩水稻。

她还主动学习规模养殖技术，捡拾野生菌、采摘野菜出售，将收入结余的钱偿还家庭欠债。2020年，她家育肥牛出栏一批牛肉，加上卖猪、卖粮的钱，全年收入12万元。通过自己的辛苦努力，不仅照顾好亲人，还一步步还清债务，摘掉“贫困的帽子”。

（贵州省文明办供稿）

李小兰

30年视侄如己出 待公婆如亲生父母

人物 THE STORY 故事

李小兰，女，1971年生，陕西省宝鸡市麟游县丈八镇饮马泉村人。

30多年前，20岁的李小兰刚领完结婚证，丈夫的哥哥因车祸身亡，而嫂子即将分娩。哥哥去世后，嫂子改嫁，留下了不满5个月的小侄子。还未生育的李小兰开始当起“实习妈妈”，她学着给孩子喂奶、换洗衣物。就这样，孩子慢慢长大。2013年，夫妻俩将积攒的几万元拿出来帮侄子成了家。次年侄子的孩子出生，年近八旬的婆婆重病在身、卧床不起，李小兰既要干农活，还要照顾年幼的侄孙和卧床的婆婆，她毫无怨言。2016年，侄孙要上幼儿园，李小兰又领着孩子去县城租房上学。周内她在县城接送侄孙上幼儿园，周末匆匆赶回家，为公公、婆婆和丈夫准备一周的饭菜，经常奔波在这两点一线之间。

2019年，李小兰的婆婆去世，丧事现场，老舅拿出红被面，披在外甥媳妇李小兰的身上，感谢她对老人的照顾，全场几百人肃然起敬。白事给外甥媳妇披红，是家族对她的最高褒奖。

李小兰怀着一颗孝顺之心，一颗体贴之心、一颗关爱之心，用自己的实际行动践行着为人妻、为人女、为人母的高贵品质，在平凡的生活中演绎着点点滴滴的亲情故事。

（陕西省委文明办供稿）

七月

张建军

好巾帼致富不忘党恩 倾力奉献反哺社会

人物故事 THE STORY

张建军，女，1953年生，中共党员，河北省承德万利通实业集团有限公司党委书记、双滦区慈善总会会长。

张建军自2001年开始至今，累计捐助五所山区小学近百万元。积极参加各种义拍活动，累计捐款15万元。集团职工孩子身患白血病，她带头组织捐款并及时送到职工手中。承德围场青年小龙在天津打工时见义勇为受伤住院后，张建军带领党委成员奔赴天津看望小龙，并送上慰问金和慰问品。

2008年“5·12汶川地震”，张建军带领集团一次性捐款50万元，个人捐款2万元；2010年玉树地震，集团全体党员向灾区捐款30万元，张建军个人捐款1万元；甘肃舟曲泥石流捐款20万元。2012年，承德市兴隆县多个镇遭受特大洪水袭击，张建军带领两位副经理将价值2万元的米面粮油送到受灾户家中并带去5万元现金。作为慈善总会会长，她带领大家以不同方式开展活动帮扶救助困难群体，如开展书画慈善活动、“三个一”、“五个十”活动（救助“100个贫困妇女”“100个贫困儿童”“100个贫困家庭”“10个残疾人”“10个贫困退伍军人”“10个贫困病人”“10个贫困学生”“10个贫病致贫”）。

二十年来，张建军始终秉承着“帮助弱势群体是全社会的责任，更是企业家的责任”这一信念在公益慈善的道路上不断前行，带动更多的身边人向上向善。

（河北省文明办供稿）

于建敏

最美志愿者“益心为公” 志愿服务献爱心十余载

人物故事 THE STORY

于建敏，男，1979年生，山西省晋城市阳城县宏运达煤炭洗选有限公司总经理，现任阳城县红十字志愿者协会会长。

从2008年参加志愿服务活动，到2015年组建志愿服务队，截至目前，他已累计组织并参加志愿服务活动700余次，为灾区和困难群体捐款40余万元。2008年汶川地震刚发生，他当即跑到晋城市红十字会捐了2000元钱，成为晋城抗震救灾捐款的第一批人。

参与公益活动时间长了，于建敏逐渐有了组建团队的想法。经过多方努力，于建敏在2015年12月组建成立了红十字志愿服务队。四年多的时间里，于建敏和他的队友们参与寻找的走失人员就有70多位，执行溺水打捞和山地救援任务20余次。如今，在于建敏的带领下，这支服务队的成员已从最初的几十人发展到了3000余人，累计组织百余次志愿服务活动，已经成为晋城市一支极具影响力的公益组织。

做好事永无止境，献爱心重在践行。于建敏始终秉承一颗赤诚之心，以实际行动昭示爱心的力量，也使更多的爱心人士加入志愿者大家庭中。

（山西省文明办供稿）

李　萍

平凡农民倾情助农 学用科技抱团求发展

助人为乐

李萍，男，1963 年生，中共党员，山西省大同市阳高县狮子屯乡燕窝村农民。

一度有人用“农民最可怜”来形容农民增收难。此话对身处燕窝村的李萍来说更有切身之感：土地贫瘠，十年九旱，广种薄收，靠天吃饭……土里难刨金的断言让李萍偏不信邪，1979 年李萍在高中毕业后便找起了破解之招——学科技、用科技。一辈子买了多少农科书籍、试种了多少种农作物和果树，多得几乎让人数不清。总之，先后有 9 种农作物、3 种果树的 37 个新品种和 12 项实用技术先后在当地得到推广，也让他赢得了桂冠无数。

“一人富了不算富，大家富了才真的富。”追求共同富裕，李萍使出了浑身解数。他牵头先后成立了杏树专业合作社、樱桃种植专业合作社，与广大村民抱团求发展。领着干！杏树种植面积由最初的 50 亩扩大到了如今的 1 万亩，成为全乡农民增收的一大产业。破难题！蹚出了大棚樱桃致富好路子，单棚纯收入达到56000元。传技术！编写适合农民、简易易懂的教学资料，每年培训农民 5 万多人次。搞促销！注册了李萍大杏商标，无偿供农户使用，卖了农产品也带出了乡村游。从此，“种啥行？听李萍！”

“一辈为乡亲忙前忙后，却从不提一分钱报酬。”谈起李萍，大家纷纷这样说。

（山西省文明办供稿）

刘汝则

退伍老兵数十年如一日 资助贫困学子奉献社会

人物 THE STORY 故事

刘汝则，男，1930 年生，中共党员，江苏省泰州市姜堰区罗塘街道叶舍社区居民。

刘汝则是一名参加过辽沈战役、平津战役以及抗美援朝战争的退伍老兵。1983 年从河南离休回到家乡后，他数十年如一日热心公益，累计捐款 21 万元。刘汝则对自己节俭，毕生不舍粒米，对他人却慷慨解囊倾力相助，主动拿出 5 万元为村民修路，解决老家“行路难”问题。2020 年，面对严重的洪涝灾情，他第一时间将省吃俭用的 5 万元现金汇给江西、安徽等地的洪涝灾区。

作为一名老党员，刘汝则时刻保持着赤诚初心，用自己有限的力量发挥最大的余热。2014 年夏，他看到新闻里姜堰正在开展“圆梦助学”活动，赶紧与老伴儿商量，将家中几万元存款捐给了贫困山区的孩子们，帮助多个贫困学生圆了大学梦。2020 年，刘汝则无意中了解到，老家一名学生小刘正在为大学学费发愁。为解燃眉之急，他当即送去了几万元，帮助小刘打开了大学校园的门，并承诺会一直资助小刘直到大学毕业。

一身洗得褪色的深蓝色套装，一双刷得发白的老布鞋，在别人眼中如此平凡普通的刘汝则，却在用大义大爱践行入党誓词，“古梅无他求，点红暖人间”。

（江苏省文明办供稿）

杨光源

退休教师倾情助学 14 年 守护贫困学子求学梦

人物 THE STORY 故事

杨光源，男，1939 年生，中共党员，江苏省南通市如东县马塘镇市河社区居民。

杨光源担任中学教师 41 年，退休后任马塘镇老干部教育党支部书记、马塘中学离退休党支部书记等职。在走访中他发现马塘中学有部分学生家境贫寒，面临辍学的危险。为了帮助没钱读书的孩子完成学业，让教育扶贫惠及贫困家庭，2007 年 8 月，杨光源在老干部党支部会上倡议成立马塘夕阳红爱心助学志愿服务项目（原马塘夕阳红助学基金会），并带头捐款捐物 5 万多元，会上 48 名退休教师积极响应，爱心助学志愿服务队应运而生。

为了确保善款及时、公正、精准地分配到最需要的贫困学子身上，杨光源不顾年事已高、腰椎疼痛，带领志愿服务队成员走村串户调查核实，先后走访了 200 多个贫困生家庭，足迹遍布如东县 100 多个村居，建立了翔实的贫困生档案。14 年来，累计筹集和发放爱心助学金 140 多万元，共资助 300 多名贫困学生，其中包括 1 名硕士研究生，15 名大学生，220 多名初中、高中、中专毕业生。

如今，爱心助学已经成为一场爱心“接力”，带动了一群人。不少曾经受过资助的学生也加入了捐资助学的队伍，目前，团队已壮大到 300 多人。为此，已至耄耋之龄的杨光源感到十分欣慰，他深情地说：“我将在有生之年继续带领马塘夕阳红爱心助学志愿服务队的同志们一起奋斗，做好关心下一代工作，努力守护好贫困学子的求学梦。”

（江苏省文明办供稿）

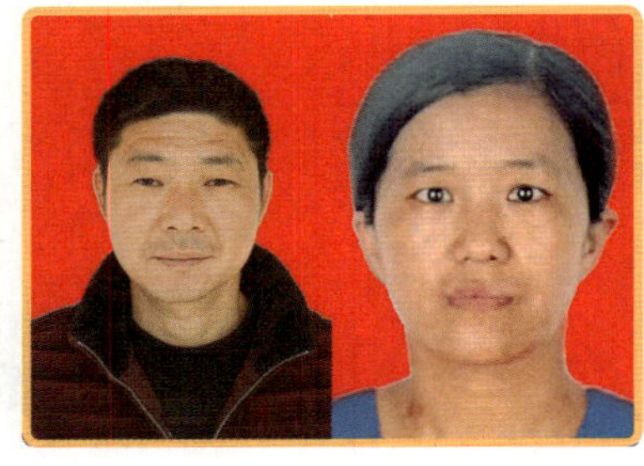

孙学军 刘胜梅

普通村民含泪义捐亡妻器官 大爱让 7 位陌生人重获新生

人物 THE STORY 故事

孙学军，男，1978 年生，安徽省滁州市凤阳县大庙镇希望村村民；刘胜梅，女，1980 年生，生前系安徽省滁州市凤阳县大庙镇希望村村民，二人系夫妻。

2021 年 2 月 11 日，正值除夕，孙学军和妻子刘胜梅前往县城的新家，准备过个快乐的新年。没想到，路上突遇车祸，刘胜梅受到重创，被紧急送往医院抢救。经过几天的救治，刘胜梅几项主要生命指标非常不稳定，医院下达了几次病危通知书。孙学军想到妻子曾经有过捐献器官的想法，在征得家人和亲属同意后，满含热泪签署了人体器官捐献亲属确认登记表。

2 月 16 日，经过中国科学技术大学附属第一医院脑损伤判定专家组评估，刘胜梅进入脑死亡状态。第二天，在当地红十字会的见证下，刘胜梅成功捐献了肺脏、心脏、肝脏、肾脏和眼角膜。通过中国人体器官分配与共享系统，她的双肺捐赠给浙江的 1 名患者；肝脏和心脏分配至上海两家医院，挽救了 1 名心脏疾病患者和 1 名肝衰竭患者；一对肾脏被成功植入了 2 名肾衰竭患者体内；一对眼角膜通过眼科移植团队的接力手术，让 2 名角膜穿孔患者重获光明。在完成捐献后，孙学军含泪委托中国科学技术大学附属第一医院器官移植团队向受捐者捎句话：“一定要替我爱人好好地活着！”孙学军、刘胜梅夫妇的大爱义举让在绝望中等待的患者迎来新生。

（安徽省文明办供稿）

戴恒勤

退伍老兵收集军功章 义务宣讲革命故事

戴恒勤，男，1949年生，中共党员，安徽省铜陵市铜官区官塘社区新时代文明实践所宣讲员。

“同学们好，看看我给大家带了什么？”说话的这个人虽头发花白，却精神矍铄，他就是戴恒勤。此时，他正穿着军装、腰板笔挺，拿着一枚军功章，向天津路小学的师生们叙述着军功章背后的故事。

戴恒勤是抗日名将戴安澜的后辈。1968年他参军入伍，将8年青春奉献给了祖国边防。因表现突出，戴恒勤曾荣立三等功两次。从那以后，他便开始爱上了收集各类军功章。

2009年，退休后的戴恒勤以宣讲员的身份，走进学校、社区、部队，开展革命传统故事义务宣讲活动400余场次，受众8万余人次。很多人听过戴恒勤的宣讲后，主动把自己的军功章赠送给他，希望让更多的人了解那些饱含血泪的忠诚和感人至深的故事。现如今，戴恒勤共收集了265枚军功章，一段段革命故事在他的讲述下薪火相传。

我们应该庆幸，正因为有了这位老人，让我们记住了那些苦难辉煌的峥嵘岁月、那些砥砺前行的接续奋斗、那些矢志不渝的初心使命。他胸口挂着的那几排亮晃晃的军功章，不仅温暖了他的胸膛，更温润了后人的记忆。

（安徽省文明办供稿）

方　杰

十余年义务讲解　愿做文化的守护者

人物故事 THE STORY

方杰，男，1964年生，中共党员，国家税务总局福州市鼓楼区税务局三级主办、福州市闽都文化志愿者团队队长。

在国家5A级景区三坊七巷的周末，时常能见到一位中年大叔，带着游客走街串巷。三坊七巷、马尾船政、寿山石等闽都文化故事，在他口中滔滔不绝，令游客啧啧称奇。在一次又一次的志愿讲解中，方杰的志愿服务累计时长超过了1200小时。“几年来，我为300多批次游客提供志愿讲解服务，有来自五湖四海的同胞，也有国际友人。”方杰说，“我愿意尽自己的绵薄之力去推广闽都文化，让更多的人了解福州，了解闽都文化……”

2015年8月起，他开始义务参与处理闽都乡学讲习所有关事务。据不完全统计，闽都乡学讲习所至今已累计举办公益文化讲座逾300场，举办各类宣传活动超200场。此外，他还参与编写了《闽都百福庆百年》等书籍，用文字将闽都文化发扬光大。在他的感染带动下，越来越多的人喜欢上了闽都文化，越来越多的人加入了文化志愿者队伍。

守护闽都文化的“根”与“魂”，是方杰矢志不渝推广闽都文化的不竭动力。“我今年五十多岁，在工作上属于快退休的人了。我愿意尽我自己的绵薄之力去宣传闽都文化，让更多的人了解福州，传承闽都文化。即便退休了，这也将是我终生的事业，我会一直倾尽全力。”方杰说。

（福建省委文明办供稿）

祝钦龙

村干部倾心帮扶孤寡老人十余载

人物故事 THE STORY

祝钦龙，男，1961年生，江西省上饶市玉山县双明镇永久村村民。

祝猫仔老人原是上饶市玉山县双明镇永久村供墩小组的一名五保户，四肢残疾，无儿无女，靠政府每月发的五保金维持生活。村里的小组长祝钦龙看老人孤苦伶仃，一直对他照料有加，随着老人年纪越来越大，他就主动担负起了照料老人生活的重担，这一帮就是13年。

2014年冬天，气温骤降，想到老人一个人住在破旧的房子里，祝钦龙非常担心。他与妻子吴桂花商量后，决定让祝猫仔搬到自己家来住，方便照顾。接到家后，夫妻俩像照顾自己的父亲一样，为老人洗澡搓背、换洗衣物，还专门腾出一间房屋供老人居住，为他准备了软和的饭菜、暖和的衣裤和崭新的被褥。儿子、儿媳、女儿也非常支持父母的做法，把祝猫仔老人当作亲爷爷一样看待。

祝猫仔70岁生日的时候，全家还一起为老人庆生。老人说："没想到我这辈子还能过这么热闹的一个生日。我这一辈子无儿无女，钦龙夫妇对我却比一般人的'儿子'和'儿媳'还亲呐。"祝猫仔老人感慨地说："感谢党和政府的好干部，他们都非常关心我，我活在了一个好时代。"

祝钦龙表示，他和家人将一如既往照顾老人，让老人在美好的家庭氛围中安享幸福晚年。

（江西省文明办供稿）

王德定

致富不忘本　将股份无偿分与员工

人物故事 THE STORY

王德定，男，1936年生，中共党员，江西省宜春安技玻璃工业股份有限公司董事长、公司党支部书记。

王德定始终怀着对党、对群众无比热爱的赤诚之心，热心于社会公益慈善事业；始终保持艰苦朴素、勤俭节约的劳动人民本色，并签下遗嘱，要在百年之后将遗体捐献给社会，用实际行动传递了党员的正能量。

2015年，王德定毅然决定以多交党费的方式向中组部一次性交纳了200万元的党费，响应党中央脱贫攻坚的号召。2020年春节期间，又向慈善总会捐赠了100万元用于疫情防控工作。2021年，他将企业4200万元的股份，无偿分给和他一起打拼的员工及家人。将企业进行改制，全体员工人均获得价值200万元的股份，员工可以根据本人股份参与企业管理、决策以及享受股份分红。王德定表示，自己一个人富裕了不算，要时刻牢记"先富带后富，大家实现共同富裕"的要求。他自己平时生活非常俭朴，一件衣服穿好几年，平常用的皮包开裂了也没换。

当有人问王德定为什么将自己辛辛苦苦积攒下来的财富用来无偿捐赠的时候，他说："因为党的政策好，我才赚到这些钱，我的一切都是党给的，现在国家遇到了疫情，我作为一名老党员，捐这点钱又有什么呢？这都是我应该要做的。"

（江西省文明办供稿）

霍中祥

爱心让他成为一名捐献者 恒心让他成为一名带头人

人物 THE STORY 故事

霍中祥，男，1976 年生，山东省济南市章丘区文祖街道三槐树村村民。

2016 年，霍中祥成为一名光荣的造血干细胞捐献志愿者。2017 年 4 月，他接到红十字会的电话，告知他的血样与一位罹患白血病的患者配型相合，询问他是否同意捐献造血干细胞时，他没有丝毫犹豫，一口答应下来。2017 年 7 月 31 日，在妻子儿女的陪伴下，霍中祥顺利采集造血干细胞，为一位陌生人点燃了希望的火种。

完成造血干细胞捐献后，霍中祥萌生了一个念头，“应该让更多的人了解捐献造血干细胞的意义和价值，并参加到捐献志愿者队伍中，只要多一个造血干细胞的捐献者，就会多一个生命的希望！”2018 年，章丘区成立“红十字造血干细胞捐献志愿服务队”，霍中祥积极参与并被推选为队长，自此，他以自己的切身经历，为志愿者讲解捐献过程中的点滴细微感受，帮助捐献者取得亲人的理解和支持，在他和队员们的努力与陪伴下，章丘区捐献人数达到 12 人。

奉献爱心，始终是霍中祥生活的主旋律。2014 年，筹集 12 万元救助一名身患白血病的在校高中生；2019 年台风“利奇马”灾害发生后，参与转运救灾物资、安抚受灾群众；2020 年新冠疫情暴发后，参与体温检测、车辆登记、防疫宣传，服务时长 9000 多小时……

霍中祥不仅点燃了一个人的生命之光，更影响和带领更多的人加入崇德向善的队伍，用点滴善举绘就人生温暖而明亮的底色。（山东省文明办供稿）

毛凤仙

女企业家救助三十多名特困孩童 捐款捐物五百多万元

人物 THE STORY 故事

毛凤仙，女，1956 年生，中共党员，河南官渡置业有限公司董事长。

毛凤仙有一个不幸的童年，她 6 岁丧母，父亲重病缠身，家境非常贫寒，上不起学，吃不饱饭，周围的街坊邻居、亲戚朋友、老师同学等好心人在她最困难的时候多次伸出援手拉她一把，她才得以完成学业，并有了参加工作的机会，在她幼小的心中早已种下了一颗感恩的心。

1994 年，她创立了河南官渡置业有限公司。即使在公司最艰难的创业时期，她也没有忘记每月、每年从个人工资中或公司经营中挤出一部分钱践行她回报社会的诺言。她所经营的公司累计向国家上缴税费过亿元，用于修桥、铺路、捐资助学、扶孤济困等公益事业的支出超过 580 万元。同时，她还帮扶贫困儿童，1996 年以来她抚养、助养的孤儿和特困学生已达 30 多个，帮助的困难家庭和个人已数不清。

她曾为公司创造过千千万万的价值，但她自己却是相当俭朴，为人处世低调，不愿自己的事迹被宣传，对家人和子女要求更是严格，教育子女传承自己心怀大爱、吃苦耐劳、奋斗不息的精神，以此成就事业回报社会。

（河南省文明办供稿）

段 华

公交职工二十余年坚持无偿献血

人物 THE STORY 故事

段华，女，1976年生，河南省新乡市公共交通总公司后勤人员、新乡市无偿献血志愿者服务队队长、新乡市红十字“三献”志愿服务队队长。

2000年的一天，在参加一次集体活动时，段华与无偿献血结缘，从此便积极投身于献血队伍中。20年来，对段华来说，无偿献血就像吃饭睡觉一样平常，不管刮风下雨，还是假日周末，只要血站一个用血电话，她就会马上放下手中事情，为爱挽袖。刚开始她捐献的是全血，后来尝试捐献血小板。“我没有计算过我的血液能挽救多少人的生命，只要时间间隔够了，就去献呗！”段华说道。

2020年新冠疫情暴发，新乡市献血人数骤减，造成血液采集量降低，为保障急救患者用血需求，段华带领队员在做好自我防护的同时，踊跃献血，并帮助现场献血者量血压、填表、手部消毒等。疫情期间，段华和队友捐献血小板285个治疗量、全血310个单位，并通过多种渠道第一时间向湖北和新乡市红十字会捐款6615元。

2000年至今，段华献血次数达到266次，献血总量已近135800毫升。除无偿献血外，段华还带领团队开展造血干细胞、遗体器官捐献、文明旅游、环保、助老等活动，成为新乡市公益事业的重要力量，得到社会的普遍赞扬。

（河南省文明办供稿）

陈 斌

爱心志愿者十年坚守公益事业帮助上万人

人物 THE STORY 故事

陈斌，男，1972年生，河南省商丘义工联副会长、商丘市帮扶商丘好人协会秘书长。

2011年5月，陈斌的家乡商丘市睢阳区陈庄村修路，陈斌和家人商量后，捐出6万元。从那时起到现在，陈斌每年在传统节日，都要出资慰问家乡70岁以上的孤寡老人，中秋节每人2斤爱心月饼，春节为每人发放100元红包。同时，他还累计资助50多名贫困生，其中长期结对帮扶7名贫困生。

在帮助乡邻的同时，陈斌还坚持做社会义工。2013年，陈斌开始报名参加商丘义工联公益事业。2016年，商丘义工联启动“商丘好人”爱心早餐项目，5年来，陈斌先后捐赠款物10余万元。2018年任商丘市帮扶“商丘好人”协会秘书长后，他先后组织参与慰问“商丘好人”100多人次，并为商丘市“爱之源”人体器官捐献志愿服务队捐赠1万元。疫情防控期间，他积极参加“商丘好人”战疫志愿者服务队，先后捐赠了3万元现金及6400元抗疫物资，并参加“餐香疫路”免费午餐爱心行动，累计为12个疫情防控点赠送爱心午餐28天，送餐5000多份。2021年春节期间，陈斌参加“情暖身边好人”关爱活动，自己驾车走遍商丘所有县，慰问生活困难“商丘好人”。

公益路上，只有起点，没有终点。陈斌表示，今后还会带动影响亲朋好友，动员更多的身边人一起做公益，为社会和谐发展奉献力量。

（河南省文明办供稿）

许琳娟

好会长22年坚守公益路 用实际行动传承雷锋精神

人物故事 THE STORY

许琳娟，女，1958年生，河南省焦作市学雷锋志愿者协会会长、法人代表。

2000年，许琳娟发动身边的朋友组建了焦作市雷锋服务队，后来，她又在焦作市民政局注册了焦作市学雷锋志愿者协会，担任会长和法人。有了团队就有了沉甸甸的责任，从此她把全部热情都倾注到了学雷锋志愿服务事业上。2013年，许琳娟不慎摔成腰椎骨折，2014年，她又患上了子宫癌。尽管如此，她依然拄着拐杖奔走在各个志愿服务点，带着志愿者们开展扶弱帮困、敬老爱幼、捐资助学等学雷锋志愿者行动。2017年，许琳娟带领志愿者团队在江岭村建设了焦作市学雷锋扶贫示范基地，实施援建山区生活用水引水管道建设项目。同时，她还在村里建设了儿童之家，经常带领英语、数学、语文老师和心理咨询师给孩子们上课。2019年，许琳娟出钱出力帮助身处深山的龙翔街道十二会村解决了饮水问题。2020年新冠疫情暴发，许琳娟带领200多名志愿者24小时轮流执勤，坚守火车站抗疫前线长达6个月之久，服务时长达1.4万多个小时。

在许琳娟的带领下，焦作市志愿者协会创建学雷锋扶贫基地10个，援建贫困山区生活用水等雷锋公益项目20个，建设雷锋公益林11个，组建学雷锋团队20余个，志愿者队伍发展到2000余人。

（河南省文明办供稿）

尚春霞

反哺家乡帮数百贫困户拔穷根

人物故事 THE STORY

尚春霞，女，1982年生，湖北省宜昌市当阳市民天米业有限责任公司总经理。

2002年，尚春霞做起了买卖粮食的小商贩，那时她发现商贩的稻谷价格始终比农户的稻谷价格要高两分钱。为了带给农户更多的收益，2012年，尚春霞成立了当阳市秋慕水稻种植专业合作社，直接把差价返给了农户。

这样一来，很快就吸引了附近农户踊跃入社，他们的粮食从起初的卖粮难到不愁卖再到卖高价。合作社带动了周边17个村1180户农户入社，订单面积达到了20000亩。

出身贫寒的尚春霞，对贫困家庭的困难感同身受。她想，要把扶贫工作做好，就得让他们长期脱贫，必须帮助他们找到稳定的收入来源。

尚春霞与贫困村签订产业帮扶合同，帮助长春村等11个村贫困户发展有机水稻订单生产1500亩，平均每户每亩增收500元。合作社也免费为贫困户提供技术服务，免费提供有机肥和种子。同时，聘用9名贫困户为长期工，临时聘用贫困户30余人次，累计付报酬达20万元。

除了帮扶贫困户发展产业，尚春霞还参加各类公益活动，帮扶困难群众40余人次，捐款捐物5万多元。自2013年以来，每年春节她都要为庙前镇农村福利院捐赠价值5000余元的大米。

在尚春霞的带领下，当阳庙前镇许多农户摘掉了“穷帽子”。她像当地脱贫路上的一粒火种，正带领更多村民增收致富。

（湖北省文明办供稿）

陈　萍

“85后”志愿者积极参与公益事业 成立大讲堂以文化惠民

人物故事 THE STORY

陈萍，女，1988年生，中共党员，湖南省益阳市赫山区泉交河镇泞湖中学教师，曾任湖南省娄底市公安局禁毒支队文职辅警、社区专干。

陈萍小时候在一次意外事故中不幸被大面积深度烧伤，她没有因自己的遭遇而放弃生活、怨怼他人，而是选择用更多的爱去回馈社会，积极参与公益事业。

连续5年，陈萍坚持利用周末到街道、社区开展公益儿童绘本故事会，还加入游戏和手工活动，把阅读形式多样化，寓教于乐。她还将公益绘本课堂与党史学习教育相结合，每周一个主题，以红色绘本故事加红歌、党史视频加手工制作等形式让党史学习教育变得丰富多彩、生动活泼，受到了小朋友的热烈欢迎与家长们的一致好评。同时，大力推广亲子阅读，5年来，陈萍开展的公益阅读推广活动已超过300场，两万余名家长和孩子因此受益。

2019年陈萍发起成立了“乐坪乐”大讲堂，组织志愿者在各个社区开展各种贴近居民群众生活的公益讲座和学习活动，包括政策宣讲、传统文化、家风家教、心理健康、普法宣传和职业技能培训等，以文化惠民志愿服务来提高居民群众的综合素质，促进社会和谐。“乐坪乐”大讲堂已累计授课360余次，受惠群众近4万人，成为娄底市颇具影响的基层文化服务品牌。

（湖南省文明办供稿）

助人为乐

陈顺民

爱心阿伯带领团队 助力600个走失家庭团圆

人物故事 THE STORY

陈顺民，男，1969年生，广东省潮州市弘德寻失志愿者联合会会长。

2017年3月，陈顺民组建潮州市弘德寻失志愿者联合会，带领志愿者秉持着“助爱回家、服务社会、传播文明”的服务宗旨，积极开展公益活动。截至2021年7月，团队会员和志愿者人数已从成立之初的6人发展为300余人，且遍布潮州市各镇街，为高效协寻提供了极大的便利。

“爱心接力，助爱回家”公益寻失作为联合会主要的服务项目，致力于无偿为走失者（尤其是未满14周岁儿童、60周岁以上老人及有智力、精神障碍的走失人员）家属提供协寻帮助。4年多来，陈顺民带领志愿者成功找回走失者600余人，寻回率达96%。在众多的寻人事例中，他们既创造了5分钟的寻人纪录，也书写了19天助爱回家的坚持，更见证了24岁孤独症走失者在失联5天后，于50多公里外被找到时喊出了人生中第一声“爸爸”的奇迹。

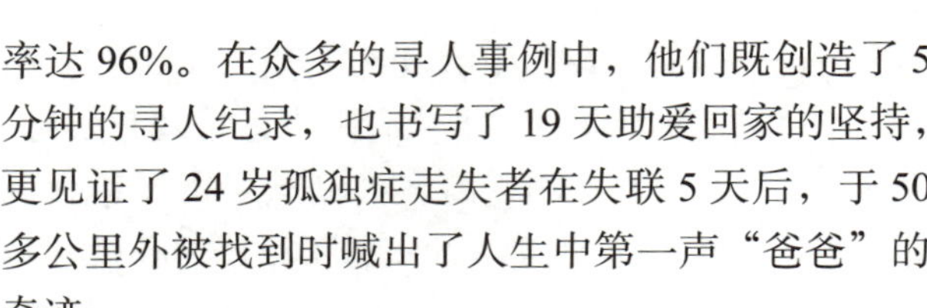

近年来，陈顺民带领团队无私奉献，在社会上掀起了关爱走失弱势群体的热潮。另外，陈顺民还先后组建了水上搜寻志愿服务队、河湖保护志愿服务队、交通志愿服务队、退役军人志愿服务队等，积极开展公益寻失、河湖保护、交通疏导、赓续红色精神和疫情防控等志愿服务活动，为助力平安潮州建设贡献一份力量。

（广东省文明办供稿）

陈晓霞

“红棉花”盛开在社区 让阳光照在每一个角落

人物故事 THE STORY

陈晓霞，女，1974年生，中共党员，广州机关党员志愿者红棉暖心服务队队长。

陈晓霞自2003年开始利用业余时间从事志愿服务，除加班外，周末节假日都在社区度过，志愿时长达10025小时，从一名普通的志愿者成长为多个公益项目的创立者、多支志愿队的创始人兼队长、志愿联盟的发起人，创立并组织实施逆行守护特群、星伴成长等20多个公益项目，带动1.2万人次参与公益，服务覆盖广州市108个社区（村），惠及群众7.26万人次。

2014年，陈晓霞的服务中遇到了一对失独长者，发现他们因遭受现实和精神层面双重打击，变得敏感、抑郁、封闭，于是萌生了创立关爱特殊人群的志愿帮扶项目的想法。她自筹经费牵头发起“红棉关爱—暖心行动”项目，个人累计投入28万元，共筹集80万元，并带队实施常态化点对点帮扶，让一朵暖心的“红棉花”绽放在社区。同时，陈晓霞还首创了“特群之家”，为特殊人群构建“志愿者＋社工＋受助者＋N”的社会支持网络，带动一批受助者参与志愿服务工作。

陈晓霞说：“志愿服务工作聚焦‘一老一小’，希望能够帮助社区失独、残障、单亲妈妈等特殊困难人群，帮助真正需要帮助的人，让阳光照在每一个角落。”

（广东省文明办供稿）

吴红英

有生命就有希望 我不能放弃自己！

人物故事 THE STORY

吴红英，女，1973年生，广东省佛山市第一人民医院禅城医院护师。

2006年5月，吴红英因突发脑卒中致左侧肢体失能，经抢救和康复训练仍无法恢复肢体运动功能，被鉴定为肢体三级残疾。当时的她年仅33岁，一下子从活蹦乱跳、精力旺盛变成了瘫软在床、不能自理，吴红英也曾以泪洗面、万念俱灰，几次想一死了之。但是她重新振作起来，决心活出另一番人生！

2009年，在身体稍微恢复后，吴红英开始专攻心理学。她辗转各地参加心理咨询技能培训，成功考取国家二级心理咨询师资格证书，并继续进修研究生课程。从2013年至今，吴红英忍受着病痛，积极投身心理热线服务，为老人院老人、患病儿童及家属、中小学生等提供心理援助，为企事业单位开展心理讲座50多场，受益人群2000多人次。2020年新冠疫情期间，吴红英参加了广东省心协抗疫心理热线、佛山民政抗疫心理热线、石湾工会员工抗疫心理援助、南庄中小学复学心理辅导等服务，并为残疾人直播“情绪管理”线上课程。

疾病击不垮吴红英的意志，她从零开始钻研心理学，用专业知识重新武装自己，怀揣“助人自助”的初心，用爱画出美丽的人生轨迹。

（广东省文明办供稿）

何光民

为公益事业捐款捐物 造福贫困地区困难群体

人物 THE STORY 故事

何光民，男，1963年生，中国摄影家协会会员、广西壮族自治区南宁佳茵文化传播有限公司总经理。

2018年5月，何光民在朋友圈看到一个“轻松筹”链接，项目详情是：都安隆福乡女孩韦容芳，五一放假回家帮忙干农活时不慎从山上跌落，摔断了右大腿腿骨。因奶奶和母亲常年患病，家里是特困户，小芳到医院只做了B超，无力支付五万元治疗费用，因此发起网络筹款。

何光民了解情况后第一时间打电话表示：还差多少我来捐！听说小芳准备做手术，何光民专程从南宁开车前往都安县医院看望小芳，又替小芳缴纳了5000元手术定金。手术当天，何光民一大早来到医院，亲自把小芳送进手术室。小芳的恢复治疗并不顺利，两年多的时间里做了“三断三接”四次手术，何光民一直挂在心上。后来在小芳到南宁医治期间，何光民多次和摄影家协会会员一起到医院看望小芳，送去慰问金和慰问品，直到小芳治愈出院。

二十多年的摄影生涯中，何光民历尽千山万水，看尽人间疾苦，怀着一颗悲悯和感恩之心，把美景带出大山，把温暖留在山里。云南念湖，有他资助的10名贫困生；广西隆林，有他资助的100名孤儿学生；云南磨盘卡小学，240多名学生手上戴过他送去的保暖手套；贵州加榜小学，多次得到他资助的资金和学习文体用品；广西上林县，有他帮助过的贫困户。二十几年来，何光民累计为助学、助孤、助贫等公益事业捐款捐物60余万元。

（广西壮族自治区文明办供稿）

代平英

无臂女成义工 让爱心阳光照亮他人温暖自己

人物 THE STORY 故事

代平英，女，1990年生，重庆市江北区铁山坪街道社工。

自幼先天性双臂高位缺失的代平英，童年时常被人“另眼相看”。命运的苦难并未将她击倒，反而让她变得越发坚强。

18岁那年，不想一事无成的代平英决定用双脚学习刺绣。起初脚趾被针头扎得红肿甚至流血，坚持了2个月，她终于完成第一幅十字绣作品，并开始在微信上销售。2016年，代平英又学习串珠工艺品制作，坚持了半年，她能制作各类饰品，蜕变成一名多面达人。

从“小我”走向“大我”、从利己走向利人，2020年初，代平英加入重庆江北幸福加社会工作服务中心成了一名助残社工，从此走上“帮助残疾人，促进残疾人与社会融合”的公益服务之路。

向残疾人传授串珠技巧，指导居民玩转自媒体……2020年以来，代平英服务范围覆盖江北区近50个城乡社区，累计参加各项公益服务200余次，教授近2000人串珠技巧和自媒体视频制作。

作为一名串珠能手、爱心义工、网络红人，代平英在帮助他人之余，也给自己带来人生快乐和精彩，好似一道光照亮他人、温暖自己。

（重庆市文明办供稿）

陈 笑

长期热衷公益慈善 开办免费爱心粥屋

助人为乐

人物 THE STORY 故事

陈笑，女，1973 年生，陕西省西安源美景观工程有限公司总经理。

2013 年，陈笑开始投身于各级政协组织的脱贫攻坚活动，用她自己的话说就是“参与进去就停不下来”，她带领公司承担了 7 个贫困村的扶贫任务，不仅捐款捐物，还结合政府实施的扶贫措施，将贫困户年人均收入从帮扶前的 500 元提升到了 3500 元以上；个人出资 200 万元为秦汉窑店街办西毛村种植多种景观苗木，助力贫困户产业脱贫。此外，陈笑还长期关爱环卫工人，捐款捐物总计百万余元。

2018 年 6 月，怀着想为环卫工人、孤寡老人这些弱势群体提供一些帮助，让他们能喝上一碗热粥、吃上热馒头的初衷，陈笑发起建立了西安市劳动公园免费“爱心粥屋”，并成立了 1000 余人的公益志愿者团队，每天早晨施粥，风雨无阻，她自己也每周参与其中，服务人群已达 40 万人次。

2020 年初，一场突如其来的新冠疫情牵动着全国人民的心，陈笑代表“爱心粥屋”主动捐款捐物，第一时间向西安市红十字会捐赠现金 30 万元，用于医护人员补助。为支持复工复产，还给秦汉新城管委会、沣东生态景区、西咸新区捐赠医用口罩 7 万个，其他防疫物资 20 万元。

“企业家不仅要有做大做强的豪情壮志，还要有高于一般人的公益心。”陈笑内心的声音会一直化作行动坚持下去。

（陕西省委文明办供稿）

胡小军

带领群众发展特色农业的女企业家

人物 THE STORY 故事

胡小军，女，1970 年生，中共党员，陕西省咸阳秦耀园艺有限公司总经理。

在兴平市茂陵附近，只要一提起胡小军，大家无不竖起大拇指，都说她是一个乐于助人的好人。

1989 年胡小军下海闯市场，2003 年成立了咸阳秦耀园艺有限公司。多年来，胡小军带领公司技术团队大胆进行樱桃、树莓、干杏的引进、培育、种植和推广，克服了一个个困难和难题，最终建立起年产 1000 万株的无毒苗木组培室。公司不断发展壮大，为当地安置富余劳动力 200 余人，辐射带动周边县市区数万名群众实现了致富梦，近三年累计为果农增收 300 多万元。

俗话说：一枝独秀景色平，万紫千红才是春。胡小军始终把回馈社会和帮扶弱势群体视为己任，热衷于各种公益活动。胡小军在企业设立公益活动基金，多年来坚持逢年过节看望慰问困难群众、留守老人和儿童，胡小军还为贫困群众、贫困大学生、灾区捐款捐赠价值近百万元的资金和物品。同时还积极参加无偿献血，利用闲暇时间去养老院看望孤寡老人，为他们带去礼品和问候。这些年来她热心公益，助力脱贫攻坚，共计捐款捐物达 130 多万元。

（陕西省委文明办供稿）

张彩宏

退休教师默默无闻 资助困难学生二十余年

人物 THE STORY 故事

张彩宏，女，1957年生，甘肃省白银市第六中学退休教师。

“有困难，找张老师。”这是五一街社区居民中流传的一句话。张老师本名张彩宏，她是白银市第六中学的一名退休教师。

2010年4月，因病提前退休的张彩宏在经历了6次化疗后重新回到了教育岗位上，帮助身边一些困难家庭的孩子免费辅导功课。刚开始没有场地，她就在外面租房。有哪个朋友或者学生家里闲置的房子价格低，她就租下来。2012年，张老师干脆在家里办起了爱心课堂，免费为附近的一些学生和困难家庭的孩子辅导英语，为了鼓励孩子提高学习效率，她设置了全勤奖、默写奖、做题奖、活动奖和月考奖等，还经常给学生们买笔和本子，有时候遇到学习任务紧张，还会掏钱给学生们买早餐。

张彩宏深知小小的帮助可能会给一个孩子带来一辈子的温暖，希望通过自己小小的“奖励”，让来听课的学生都能珍惜眼前的美好。张彩宏最担心对孩子思想教育做不好，不断地学习各种专业知识，并考取了心理教育康复证书，在社区青少年心灵驿站给孩子们做心理辅导，带领学生去福利院做爱心服务，希望孩子们把这份爱传递下去。

张彩宏笑称：“我这是用自己的方式给困难的孩子助学。小时候曾经有个奶奶给过我2元钱，温暖了我几十年，为此，我坚持，我无悔，我快乐。”

（甘肃省文明办供稿）

图尔迪 · 麦提托合提

以心换心 亲如一家

助人为乐

人物 THE STORY 故事

图尔迪·麦提托合提，男，维吾尔族，1977年生，新疆生产建设兵团第十四师昆玉市二二五团民航新村村民。

2016年10月24日一大早，图尔迪·麦提托合提骑着电动三轮车赶往蔬菜大棚，路上看见一个身材矮小、头发凌乱、身上衣服宽大又破旧的小女孩。经了解得知，这个小女孩叫小瑞，在于田县希望小学上四年级，她的母亲在她1岁时由于交通事故导致大脑受伤、精神失常，她的爸爸张洪在民航新村的养猪场打工。后来，家里发生了火灾，烧毁了自己的家，也烧坏了邻居家的房屋，需要赔偿，生活更为窘迫。

图尔迪·麦提托合提回家后向妻子讲述了张吉瑞家的遭遇，两人考虑到家里虽然有了两个娃娃，但多个小瑞也不是太大的问题。第二天，他和妻子就找到张洪商量，让小瑞住在他们家，他们帮他照料这个孩子。之后，图尔迪·麦提托合提给小瑞买了新衣服和零食，家里一对可爱的弟弟妹妹也试探着接近张吉瑞，不多久三个孩子就玩在了一起、学在了一起。

张吉瑞说，5年来，图尔迪爸爸和阿提汗妈妈不但照顾她，生怕她受一点儿委屈，还经常帮助他们家人，两家人的生活也越来越好。

因为这个善举，图尔迪·麦提托合提和张洪两家人互帮互助，以心换心，亲如一家。

（新疆生产建设兵团文明办供稿）

高　学

客运班车司机路遇街边饭店火情 奋不顾身成功施救

人物 THE STORY 故事

高学，男，1968 年生，内蒙古自治区赤峰市克什克腾旗中昊运输公司经棚至浩来呼热定线客运班车的司机。

2020 年 7 月 23 日晚，高学送完最后一位乘客，在一家饭馆就餐，饭馆因电线老化引起短路突然起火。饭馆所在的房屋是浩来呼热种羊场建场初期建设的联排老房子，火势在大风的助推下开始向两边蔓延，如不立即控制火势，大火将很快吞噬整排房屋，后果不堪设想。在屋内就餐的高学看到饭馆屋顶着火后，迅速到车里拿出灭火器，冲进厨房灭火，并呼喊周边群众抓紧撤离，搬出易燃易爆物品。然而，老房子的木料见火就着，在高学正要转身回去拿第二个灭火器的时候，一块着火的檩木砸到他的右臂上，瞬间他就被大火包围。这时，消防车也赶到了现场，历经三个多小时，这场大火终于被扑灭。事后周边群众回忆，如果没有高学及时灭火，为消防救援赢得时间，周边联排老房子都将毁于这场大火。

脱离火场的高学被及时送到医院。经检查，他右臂骨折，后背三度烧伤，身体多处烧伤，烧伤面积达到 40%。事后店主多次主动给他送来医药费，他都婉言谢绝。几经商量，高学才同意少留一部分医药费。

高学能这样做，浩来呼热苏木的人们并不感到意外，他的人品早就得到了人们的称赞。高学在浩来呼热苏木跑班车这些年，所作所为大家有目共睹，无论问到谁，都会说那是个好人、是个热心人、是个办事靠谱的人。（内蒙古自治区文明办供稿）

张华峰

“假警察”当街行凶　消防员飞扑制止

人物 THE STORY 故事

张华峰，男，1989 年生，中共党员，江苏省扬州市消防救援支队东关街执勤点站长。

2021 年 4 月 24 日，张华峰正在东关街执行巡防任务，突然听到前方有吵闹声：“我就要把这东西拿走，我不付钱也要拿，不能拿我怎么样？”身穿警服的男子叫嚣着要“白拿”商户的商品，游客们纷纷指责并举起手机表示要曝光他的可恶行径。看着游客举起手机，“警察”一下子就被激怒了，他拿出了随身携带的警棍朝游客打过去。张华峰看到对方抽出了警棍想要追打游客和街道工作人员，立刻奋不顾身冲上前去，一个飞身将“警察”扑倒在地，将其控制住。后来，“警察”被带走后确认其并非真的警察，而是一名有精神疾病的男子假扮的，在他的身上，还搜出了刀具。

这一切，被监控视频完整记录了下来，而张华峰飞身扑倒假警察的视频也在网络上爆红，网友们纷纷点赞真“119”制伏了假的“110”。张华峰也一下子成了“网红”，受到网友们的喜爱。面对连声称赞，他只是笑笑说，“这不是我应该做的吗？”转身继续投入巡查工作中去。

在张华峰的带领下，站点与周边社区、特困学生、失独家庭、老红军、孤寡老人等结成帮扶对子 20 余个，受理群众救助 2000 余起，被游客、居民赞誉为“好地方的雷锋岗、人民群众的蓝朋友”。

（江苏省文明办供稿）

张亮亮 陈 余 徐宏雨
三位好心人 生死瞬间接续救人

人物故事 THE STORY

张亮亮，男，1987年生，中共党员，江苏省宿迁市公安局交警支队二大队巡逻四中队副指导员；陈余，男，1979年生，中共党员，江苏省宿迁市第一人民医院妇产科党支部书记；徐宏雨，男，1978年生，江苏省宿迁市城市公共交通有限公司302路公交车驾驶员。

2021年4月12日中午12时许，徐宏雨驾驶着302路公交车在宿迁市宿城区洪泽湖路与振兴大道交叉口行驶，前面的小轿车突然停了下来。多次绿灯亮过，前面的车子还是没有反应。徐宏雨发觉情况有异，马上将公交车停好，到这辆小轿车前查看，发现驾驶室里的一位女士口吐白沫，已经陷入昏迷。轿车车门从外面无法打开，徐宏雨立即跑到附近警亭找警察求助。

此时，张亮亮正在附近处理交通事故，接到求助后迅速奔至轿车旁查看。危急关头，张亮亮用拳头奋力击打车窗，但没有成功。随后公交车司机徐宏雨拿来安全锤，张亮亮在窗户上砸了个小洞后，顾不上太多，就再次用拳头砸破车窗，打开车门，迅速将驾驶员抱至路边。

而当时正在岗亭处理交通事故手续的陈余，听到徐宏雨的求救后，大喊一声："我是医生，我和你们一起去帮忙！"被抱到车外的昏厥驾驶员的呼吸和心跳已经全部停止，陈余做了1分多钟的心肺复苏，按压了100下左右，这名女子才有了反应。

紧急关头，公交车司机、警察、医生挺身而出，接力挽救了生命，传递了社会正能量。

（江苏省文明办供稿）

徐 杰 钟林峰
"90后"辅警勇闯火海 成功解救被困母子

见义勇为

人物故事 THE STORY

徐杰，男，1994年生，浙江省桐乡市公安局城南（高桥）派出所辅警；钟林峰，男，1992年生，桐乡市公安局城南（高桥）派出所辅警。

2021年3月7日晚，徐杰和钟林峰在辖区巡逻时发现一家饭店内火焰蹿腾，进店后发现厨房灶台正在燃烧，火已经烧穿了油烟机和房顶的隔层，二楼还堆放着杂物、纸板箱等大量易燃品。

眼看火势越来越大，情况十分危急，两人第一时间关掉煤气瓶，并救出已经睡着的店主，钟林峰立即对周边群众进行紧急疏散。当得知饭店内还有一名9个月大的婴儿时，徐杰又在店内仔细搜寻，在冷柜旁的婴儿床上找到并救出了正在酣睡的孩子。此时厨房内的火势突然变大，徐杰顾不上等消防队员，端着灭火器就冲进了火场，只有一个口罩作为防护的他憋着气把一瓶灭火器用完，并在换灭火器的空档，勉强把头伸到厨房外，猛吸两口气，继续战斗，直到用完了四瓶灭火器，店内的明火才算被控制住。这时消防人员赶到，由于扑救及时，火势没有蔓延，没有造成人员伤亡。

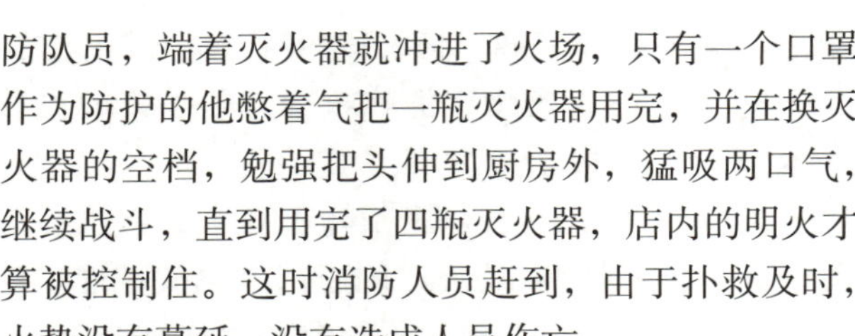
徐杰走出火场、摘下口罩，大口地呼吸着新鲜空气，身上满是使用灭火器时沾到的干粉，白色的制服和被熏到焦黑的口罩形成了鲜明对比，他不禁对同事苦笑起来："真的是好狼狈啊……"可当面对群众的感谢时，他却说："这都是小事，只要人没事就好。"

（浙江省文明办供稿）

史玉阳

坚定信念甘于奉献　见义勇为二十余载

见义勇为

人物故事 THE STORY

史玉阳，男，1969年生，福建省泉州市鲤城区江南街道锦美社区居民。

勇斗歹徒，擒拿小偷，他多次挺身而出，救人于危难，被称为“爱管闲事”的身边好人。他路见不平，对歹徒穷追不放，3次现场制伏歹徒，7次参与救人，多次配合警方实施抓捕。行动中，身负重伤却从未言悔。

1994年，史玉阳买菜时遇见一男子抢夺一女子自行车，立即飞奔出去追赶歹徒，将歹徒控制住后送到派出所。2016年7月25日，史玉阳在泉州市区打锡街遇见一男子暴力殴打妇女及两名孩子，抢抓妇女的包，他临危不惧，上前劝告，却被男子连人带车推倒在地，并用脚猛踹，但他仍挣扎着爬起继续据理力争，试图制止，男子却失去理智对他凶猛追打，致使他落下伤残。2018年4月9日，史玉阳路过见到一位中年女士昏迷在地不省人事，急忙上前急救并打电话求救。抢救期间史玉阳一直守着她，直到病人家属赶到，他才默默离开。

类似这样的拔刀相助，还有很多。20多年来，数次的见义勇为使史玉阳获得多项荣誉，也使他多次负伤，甚至危及生命，落下了多处伤疤。史玉阳说：“我从不后悔，帮助别人受点伤不算什么，当遇到有事时就应该去做，不然良心过不去。我觉得能够挽救受害人的生命和财产，还能使犯罪分子不至于越陷越深，是挺值的。”

多年来，他坚定正义的理想信念，积极践行着伸张正义、见义勇为的人生誓言，诠释着对正义的坚守。

（福建省委文明办供稿）

孟召平

政法干警勇救落水儿童　尽显英雄本色

人物故事 THE STORY

孟召平，男，1971年生，中共党员，山东省政法系统干部。

善行义举，感动整座城。2021年5月9日，德州四名孩童驾驶电动三轮车坠入柳湖，命悬一线。危急时刻，孟召平不顾自身安危，毫不犹豫地跳入水中，在连续呛水、体力不支的情况下，拼尽全力先后救起三名落水儿童，另外一名儿童也被岸边群众合力救上岸。上岸后他又对孩子实施紧急抢救，待孩子脱离危险后，不留姓名，谢绝回报，悄然离去。孩子父母闻讯追赶而来，再三询问姓名、联系方式等信息，并拿出1万元表示感谢，均被孟召平同志婉拒。他还捐出自己全部见义勇为奖金5万余元，感召社会弘扬更多正能量。

孟召平同志用党员的初心挽救了三个家庭，引发社会各界广泛赞誉，中央、省、市各级媒体进行了重点报道。时任山东省委、省政府，省委政法委等主要领导同志均对其英勇事迹作出重要指示批示，全国政法系统组织开展了向孟召平同志学习活动。2021年6月起，孟召平同志在德州市倡导发起青少年防溺亡公益宣讲活动，参与开展百场儿童防溺水安全教育宣讲，继续用实际行动践行全心全意为人民服务的宗旨。

（山东省文明办供稿）

赵　武

退伍军人舍身救起两名落水村民

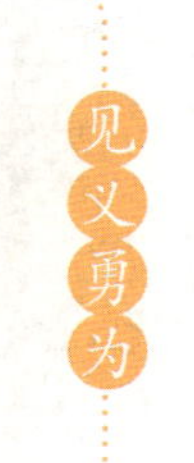

人物 THE STORY 故事

赵武，男，1972 年生，中共党员，湖北省黄石市阳新县浮屠镇栗林村村民。

2020 年 6 月 23 日 15 时左右，赵武从自家承包的鱼塘中巡查完堤坝骑着摩托车回家，突然，在赵武前方十几米的地方，一辆白色机动三轮车与蓝色三轮车相遇时，白色三轮车不慎掉入波涛汹涌的路边河道中。赵武见状立即刹车，飞身跃下，猛跑了二三十步，只见白色三轮车在激流中翻滚，被洪水冲向下游，车上两名青年也被卷入湍急的水中。赵武又追了十几米，见男青年的头部露出水面，便立即跳下河道救人。此时水流十分湍急，水深至少四米，前面不到百米就是与河道相连的更深的大湖泊，一旦被冲入湖中后果不堪设想。心急如焚的赵武在激流中紧紧地拉着男青年的上衣，一连呛了几口水。在被洪水冲出几米后，赵武一只手紧紧抓住了男青年的手，并喊话让女青年紧紧抱住男青年，另一只手奋力划动，一个劲儿地把他们往岸边拖，终于将两人拖到了岸边。此时的赵武已经筋疲力尽、接近虚脱。

事后，被救青年登门答谢，但都被赵武婉拒了，赵武表示，作为一名退伍老兵、一名党员，任何人在危急时刻，都会义无反顾、挺身而出。

（湖北省文明办供稿）

孔良涛　彭会立　刘国庭

轿车坠桥倒扣河底　三人跳水合力成功解救被困人员

人物 THE STORY 故事

孔良涛，男，1982 年生，湖北省天门市麻洋镇沙河村人；彭会立，男，1976 年生，湖北省天门市麻洋镇老沙河村人；刘国庭，男，1964 年生，湖北省天门市麻洋镇第三小学总务主任。

2021 年 4 月 25 日 17 时许，天门市麻洋镇第三小学附近的红卫河边，一男子驾车撞断桥梁防护栏坠入河中，小车倒扣水中，四人被困车内。危急关头，孔良涛、彭会立、刘国庭等十多名热心群众跳进水中，合力展开救援，不到 10 分钟就成功将车内被困人员全部救起，转危为安。

事发现场与孔良涛距离约 50 米，他听到呼救声，便拿起一把铁锤赶往现场，只见一辆小车倒扣水中，一名男子正在水中大声呼救，随时都有窒息的危险。孔良涛赶紧跳下水靠近小车开始施救。附近的彭会立也在听到呼救声后赶来，尝试把车辆翻过来，但人少体力不支，小车始终在水里打转，情况万分紧急。此时，河岸边，有人在拨打 110 报警，有人继续呼救，短短几分钟，刘国庭等十多名热心群众赶了过来，他们毫不犹豫跳入水中，在大家的齐心协力之下，一场与时间赛跑的生命救援战成功打赢。

一次见义勇为的善举，吸引了媒体的关注和报道，也受到了广大网友的如潮盛赞。“危急关头挺身而出，是我们义不容辞的责任。”谈及自己的善行义举，孔良涛、彭会立、刘国庭等人异口同声。

（湖北省文明办供稿）

谭刚毅

退役军人勇救落水居民献出生命

见义勇为

人物 THE STORY 故事

谭刚毅，男，1986年生，湖南省长沙市开福区沙坪街道双塘村向阳组村民。

2021年6月17日中午，烈日炎炎。谭刚毅结束工作后，回家途中，经过村口路边一处池塘边时听见有人大声呼救，遂停车奔至事发地，看见池塘中央有人落水，危急时刻他救人心切，来不及脱去衣服和鞋子，毫不犹豫地纵身一跃跳入水中。由于不熟悉环境，折腾了一番，第一次营救未能成功，体力已消耗过半。谭刚毅上岸短暂休整后立即又第二次扑入水中实施救援，游到女子身边将其抓住，往岸边扯，岸上急切的村民也帮忙赶紧接应，终于把女子送到岸边，在岸上其他村民的协助下，落水者董宇被成功拖救上岸。两次入水施救，谭刚毅体力严重透支，刚把董宇推上岸自己就没入水中，瞬间不见了人影。六月正值雨季，水塘蓄水将近三米。经过40余分钟的搜救，村民捞上谭刚毅的时候，他已经停止了呼吸。

谭刚毅是开福区沙坪街道的一名退役军人。明知自己水性不好，仍毫不犹豫跳进深塘救人，在生命的最后一刻，谭刚毅用舍生为民、见义勇为的壮举诠释了人民子弟兵退伍不褪色的优秀品格，展现了新时代青年的奉献与担当。

（湖南省文明办供稿）

邓小春

危急时刻挺身而出 七旬老汉舍己救人真英雄

人物 THE STORY 故事

邓小春，男，1945年生，重庆市垫江县高安镇协合村村民。

2020年11月18日，协合村村民们正在进行天然气管沟的开挖和回填。87岁的村民徐兴贞前来反映管沟问题，称管沟开挖时将她家的水田给挖漏了。恰逢这时，一辆运载着满车回填石料的三轮货车驶了回来，停放在坡顶处。让人始料未及的是，三轮车突发故障，迅速向坡下滑去，徐兴贞被吓得不知所措，傻傻地愣在了原地。

就在千钧一发之际，说时迟那时快，邓小春箭步上前一把将徐兴贞推开，自己却因躲闪不及被三轮车撞下陡坡，并被侧翻的车斗、石料压伤胸腹部。村民赶紧将两人送到医院。经检查，此次事故造成邓小春双肋多达19处骨折，整个胸腔多处骨折错位。因邓小春的挺身而出，徐兴贞仅受轻微伤。

邓小春奋不顾身舍己救人的壮举在高安镇传遍，乡邻纷纷为他的善行义举竖起大拇指。“你都76岁了，当时哪来那么大的勇气？”事后有村民问道。尽管身体还未康复，但邓小春坚定地回答：“事发突然，容不得我想太多，遇到这样的事，相信大家都会伸手救一把。”

邓小春一直都是一个实在人。在当年4月，协合村没人牵头落实天然气安装工程的管沟施工，他第一个站了出来。

（重庆市文明办供稿）

魏焕平

快递小哥勇阻劫车歹徒 谱写见义勇为英雄赞歌

人物 THE STORY 故事

魏焕平，男，1992年生，四川省绵竹市什地镇绵河村村民，美团伏龙物流配送点组长。

2020年2月12日18时30分许，魏焕平在四川天府新区华阳街道丽景路一家奶茶店等待取餐时，忽然听到“有人抢劫电动车”的喊声。他一看，一名男子推着一辆电瓶车在前面跑，后面很多人在追，于是开动送餐的电瓶车也追了上去。该男子见追赶的人越来越多摆脱不掉，慌忙把推着的电瓶车扔掉，上了同伙的汽车准备逃窜。

见状，魏焕平迅速将自己的电瓶车停在汽车前进行阻挡，然后跳上引擎盖并敲打前挡风玻璃阻止他们离开。汽车猛然加速，车头前阻拦的人群赶快让开，但魏焕平趴在引擎盖上不松手，并慢慢挪动身体向车门靠近，欲拉开车门迫停汽车。此时，已红了眼的歹徒不断加速并猛打方向盘，将魏焕平从汽车引擎盖上甩下。魏焕平头部着地，当场昏迷，歹徒驾车逃离。

魏焕平在重症监护室里待了19天后才脱离生命危险。经鉴定，伤情达重伤二级。“外卖送完了吗？歹徒抓到了吗？”一苏醒，魏焕平就这样问。

有人问他，如果再遇到类似的事情还会挺身而出吗？他说：“见义勇为是每个公民该尽的义务，别人遇到危险，我们就应该去帮助。”他说，当时一心想着救人，完全没有想过自身安危。

（四川省文明办供稿）

郭邦勇

金沙江上的生命守护者

见义勇为

人物 THE STORY 故事

郭邦勇，男，1967年生，中共党员，原为云南省昭通市工商银行水富支行职员。

2019年10月19日，郭邦勇和泳友一起组建了水富市金沙江水上义务救援队。救援队成立后的第三天，郭邦勇和救援队队员邓仕挠、狄绍亮及孙国权、黄正钦，就在江中救起了因不熟水性被金沙江水冲走的陈某。而在这之前，从2017年9月到2019年5月，郭邦勇已经在这条江上救起了5名遇险者。这5人多来自邻省四川，有凉山来水富参加水富半程马拉松的长跑爱好者，有泸州来水富做买卖的生意人，有四川一个民营医院的两位医生，最后一位是郭邦勇第二次救起来的。

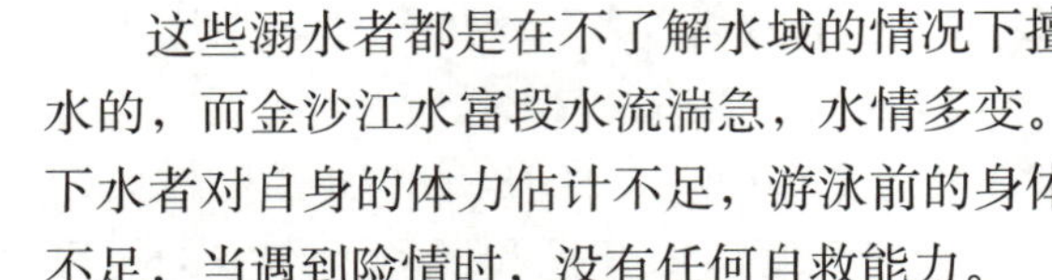

这些溺水者都是在不了解水域的情况下擅自下水的，而金沙江水富段水流湍急，水情多变。加上下水者对自身的体力估计不足，游泳前的身体准备不足，当遇到险情时，没有任何自救能力。

2020年，郭邦勇获得了“云南省见义勇为先进个人”称号，他将获得10万元奖金捐了7万元给水富市教育促进会，用于资助贫困学生；剩下的3万元捐给了他们的水上义务救援队。

郭邦勇既是一名游泳爱好者，更是一个见义勇为的勇士。他在落水者命悬一线的危急关头，奋不顾身，挺身而出，拯救了一个个鲜活的生命。

（云南省文明办供稿）

柯 勇

三名游客滑入汉江 市民舍身营救

见义勇为

人物故事 THE STORY

柯勇，男，1971 年生，中共党员，陕西省安康市石泉县红十字会水上救援大队干部。

2021 年 2 月 17 日中午，一名儿童在石泉县滨江公园红石包游玩时不慎滑入江中，落水地点地势特别陡峭，离岸一米远水深就达三四米，天寒水冷，两名亲人着急救孩子也滑入水中，情况非常危急！岸边的柯勇发现后不假思索跳入江中，以一己之力把三个人使劲向岸边推，又从后面托着防止滑到深水处，岸上的群众用衣服当绳索将游客往上拉，众人合力将三名游客成功救上岸。

由于施救及时，三名游客虽又惊又冷、瑟瑟发抖，但身体并无大碍。回想起当时的危急情况，柯勇虽然心有余悸，但仍坦然表示，身为共产党员、国家公职人员，还是一名退伍军人，遇到这种事情必定会毫不犹豫地下水救人，能够将他们平安救回，一命换三命也是值得的。

其实柯勇在 10 年前还救过一名落水少年。当时柯勇一家去石泉高桥水域游泳，看见一少年在水中挣扎，眼看着离岸越来越远了，柯勇迅速游过去，将少年托送到岸边，成功脱险。

柯勇表示能救人于危难之中是件幸福的事，以后还要多学些救援知识，以便能够帮助到更多的人，将爱心传递下去。

（陕西省委文明办供稿）

王志鹏

司机小伙跳湖救起落水儿童后悄然离去

人物故事 THE STORY

王志鹏，男，1991 年生，宁夏回族自治区中卫市沙坡头区镇罗镇出租车司机。

2020 年 8 月 26 日，正值夏末。这天，王志鹏在湖边骑车锻炼时，突然听到有人高声呼喊救命，只见两个孩子在湖中挣扎，眼看就要淹没在湖水之中，王志鹏二话不说，穿着衣服就纵身跃入湖中，对两个孩子进行施救。落水的两个孩子离岸边有五六米的距离，他先游到离自己最近的一个孩子身边，发现这个孩子此时已经没有挣扎的力气了，他赶紧拉住孩子的胳膊用尽全力把他拖到了岸边，交给岸上的人照顾，又立即跳下湖里营救另外一个孩子，用尽全身力气游到孩子跟前，拖住他就往岸边游，最终成功将两个孩子救下。

王志鹏在把两个孩子救上岸之后来不及喘口气，赶紧拨打 110 和 120，当得知两个孩子都无大碍时，他才松了一口气，骑上自行车悄悄离开了。

当被问到下水救人的那一刻是怎么想的时，他笑道："救人要紧，哪还有别的想法。"短短一句话道出了小伙子的淳朴厚道，让人不禁在心里默默为这位司机小伙儿点赞："真是好样的！"

王志鹏回到村上，面对村民由衷的夸赞时，他反而有点不好意思。他说自己只是做了一件大家都会做的事，以后要是遇到同样的事，他依然会挺身而出。

（宁夏回族自治区文明办供稿）

龚志伟

吊船工人为救他人奋不顾身 不幸中毒舍生取义

人物故事 THE STORY

龚志伟，男，1988 年生，生前系江西省鄱阳湖浮吊船“鑫隆浮 0969”的工人。

2019 年 8 月 25 日 9 时，“皖姥下河 1398”轮船装载 9802.7 吨煤炭，抵达都阳湖寡妇矶煤炭过驳作业区水域锚泊等待过驳。8 月 28 日 8 时 40 分，转驳煤炭 2300 吨，船艄上仰，继续锚泊在寡妇矶水域；8 月 28 日 15 时 30 分，船舱工人陶贤华下到压载水舱（事故舱）安装潜水泵，操作过程中“皖姥下河 1398”轮船的老板龚光林发现工人陶贤华在舱内没有声响，下舱查看情况后也失去回应。随后，正在浮吊船“鑫隆浮 0969”上休息的龚志伟听到“皖姥下河”轮上李从琴（龚光林的爱人）的呼救声后，立刻二话不说，毫不犹豫地跑到“皖姥下河”轮上了解情况。

事发下午，异常炎热，高温会使煤炭散发出硫化氢，常年在浮吊船从事转驳煤炭工作的龚志伟不可能不知道硫化氢的危害，但两条生命不容等待，在那一刻，他将自己的生命置之度外，不假思索进入水舱准备实施营救。可是硫化氢的威力实在太大，龚志伟没来得及做任何防护措施就下了水舱，进入充满高浓度硫化氢的水舱后，龚志伟很快就倒下了，他年轻的生命永远定格在 31 岁。

他是一位平凡又普通的吊机工人，他用自己美好善良的心灵，走完了朴实无华的一生。在危急时刻的挺身而出，闪耀着中华民族舍己救人的优秀品质，他的壮举奏响了生命的最强音，谱写了一曲时代赞歌。

（江西省文明办供稿）

陈艳辉

诚实守信

白衣天使坚守承诺 为植物人免费换胃管十余年

人物故事 THE STORY

陈艳辉，女，1964 年生，中共党员。吉林省松原市乾安县中医院病案科科长。

2006 年 5 月，乾安县中医院内科住进了一位来自余字乡、53 岁的脑卒中女植物人患者，名叫孙秀芳，陈艳辉一直是她的责任护士。经过两个多月的治疗，患者家中债台高筑，医生劝其丈夫付云峰：还是回家插胃管延长生命吧，省点钱，能再活两年就是奇迹了。陈艳辉看着无助垂泪的老付，心里一软，冲口而出：“出院吧，下胃管的活儿我承包了。”这一句承诺，在接下来的 14 年间从未食言过。

2009 年，陈艳辉在为儿子筹备婚礼时，恰逢抗击禽流感，她临危受命赶往疑似患者留验站。在这期间，她时刻惦记着孙秀芳。直至儿子婚礼前一天，留验站“警报”解除，经确认安全无风险后，她立即请参加婚礼的同学开车，送她去为孙秀芳换胃管，在一切处置完毕后才回家操办儿子婚礼。

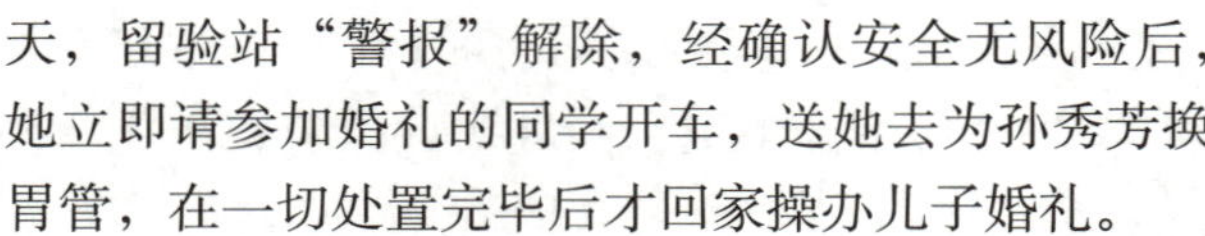

2015 年冬日，陈艳辉父亲过生日，一家人聚在一起有说有笑。这时，老付突然打来电话说孙秀芳已经好几天没有排便了，腹胀得像扣个小盆儿似的。陈艳辉猜想应是尿潴留所致，她立即备齐药品，乘出租车赶往患者家，一掀被子，脏物蹭了她一身。处置完毕后，她反复叮嘱老付如何进行膀胱冲洗操作后才放心离去。

白衣天使，善行无疆。陈艳辉用自己平凡的举动，展现了一名医务工作者的大爱无疆，展现了一名普通女性的可贵品质。

（吉林省文明办供稿）

陆庆权
核试验老兵信守国家秘密半个世纪

人物 THE STORY 故事

陆庆权，男，1937 年生，中共党员，江苏省苏州市太仓市城厢镇德兴社区德兴一村居民。

陆庆权从华东化工学院毕业后被分配到总参谋部某部工作。于 1964 年至 1966 年，先后三次前往罗布泊执行秘密任务，见证了中国第一朵蘑菇云的升起，在原子弹爆炸后的第一时间，他与队友们做好防护，进入辐射强度最大的核爆中心，常常 24 小时不眠不休、不吃不喝地从中心逐步向外围行进并取样。1966 年，因在核试验中的突出表现，原部队向陆庆权颁发个人三等功奖状。

1969 年，陆庆权转业回到地方，组织上嘱托他不该说的坚决不说，要为祖国坚守秘密。回到家乡后，他先后在太仓布厂和太仓化工建材厂工作。陆庆权在布厂时，建立了化验室，先后研制出了漂染所需颜料的配方和干燥剂，解决了生产难题。在太仓化工建材厂，他突破技术瓶颈，生产出可用于桥梁建设的 500 号、600 号早强型水泥。

半个世纪以来，陆庆权始终牢记组织嘱托，从未向人说起过自己在戈壁滩的辉煌经历，就连他的爱人也只知道他曾经在北京的部队工作过。直到 2019 年的一天，社区工作人员在走访时，偶然间发现了他的三等功奖状，方才揭开了这段尘封的往事。陆庆权向他人回顾他在罗布泊的往事时，也从不涉及具体的数据、实验的结果。他说：“国家的事就是自己的事。虽然现在好多往事已不再是秘密，但具体的秘密依然要守口如瓶。”

（江苏省文明办供稿）

王贤琴
一句诺言半个世纪的守护 背后的爱情故事让人动容

人物 THE STORY 故事

王贤琴，女，1945 年生，浙江省嵊州市三江街道仙湖社区居民。

1966 年，31 岁的王荣浩与 21 岁的王贤琴喜结连理，妻子只知道丈夫在外地工厂上班。一次丈夫回家，带了三颗核桃树种子。夫妻俩携手种下，意外的是有一颗种子奇迹般地存活了下来，并茁壮成长。此后王荣浩多次离家赴岗，妻子王贤琴与核桃树相伴，看着大树坚定了彼此的诺言。王荣浩 51 岁那年回到家乡，可此时他的身体已多处病变，王贤琴不离不弃，悉心照顾。一树，两人，三餐，四季，就这样坎坷又安稳地过了十几年。

关于王荣浩的一切谜底，终于在一次偶然的打扫卫生时被揭开了。王贤琴整理丈夫的箱子时，无意中看到了他的勋章和奖状，原来，自己的丈夫是一名核工业技术工人，用拼搏和奉献，创造和见证了中国核工业起步和逐渐壮大的历史。病榻上的王荣浩嘱咐王贤琴保密。“承诺过你的事一定算数。”王贤琴说。71 岁那年，王荣浩去世，走时很安详。

2018 年，“核桃树的故事”首次见报，公之于众。如今承诺不再是秘密。2021 年初，据此改编创排的越剧现代戏《核桃树之恋》在浙江音乐学院大剧院成功首演。灯光明明灭灭，台下就座的王贤琴泣不成声。

“真好，像我们这样的无名之辈，居然也有一天能成为舞台上的主角。”老人动情地拉着演职人员的手说：“感谢国家，感谢你们，真好。”

（浙江省文明办供稿）

孙约肥

信守承诺坚持古法酿酒 创新科技传承民俗食品

人物 THE STORY 故事

孙约肥，女，1980年生，浙江省温州郑家园食品贸易有限公司总经理。

孙约肥的丈夫郑振晓是郑家园麦麦酒第七代传承人，自小与麦麦酒结缘。但是因为麦麦酒酿造周期长，赚钱少、成效慢，而且当时温州一带的麦麦酒酿造业已经式微，尽管郑氏做酒，名声很响，然而很多郑氏后人几乎都不愿意继续做酒。自2000年起，因为一个承诺，孙约肥与丈夫一起接手家族百年老字号“郑家园”麦麦酒作坊。

孙约肥诚实经营。起步初期，她宁愿交付一笔不菲的违约金，也不愿把500多坛（价值20多万元）口感不达标的麦麦酒交付给客户。因为在她看来，酿酒的初心不能忘，要先做好人才能做好事，麦麦酒不单是一种酒，更是一种传承，不能辜负当初对乡亲们的承诺。至今这些酒还存放在自家的中堂里，以此告诫自己“郑家园”的牌子容不得半点污渍。孙约肥坚持古法酿造，近乎“败家”地坚持用盐炙导热的永嘉场古法酿酒技艺，追求匠人精神不走偏，从而保证麦麦酒的品质，让“郑家园”麦麦酒在市场重新发光。同时创新使用电子方式控温保温，耐心向科技求动能。

几年下来，“郑家园”发展成为温州麦麦酒领军品牌，成为集浙江老字号、浙江省非物质文化遗产、温州市农业龙头企业等荣誉于一身的温州“金名片”，香飘海内外。

（浙江省文明办供稿）

郭安军

创业先锋以“诚”作舟发展企业 积极履行社会责任

人物 THE STORY 故事

郭安军，男，1975年生，中共党员，山东省菏泽市东明县吉安交通贸易有限公司总经理。

“对人以诚信，人不欺我；对事以诚信，事无不成。”郭安军这样说，也这样做。他2009年返乡创业，成立东明县吉安交通贸易有限公司，业务项目涉及建材、物流、畜牧养殖、苗木培育等多个领域。由于他做生意讲诚信，树立了良好的企业形象，很多农户、经销商都愿意和他合作，彼此建立了信任。

为符合环保标准，这些年粉煤灰砖的价格一度迅速上涨，产品供不应求。几个股东多次向郭安军提议，抛开合同，给几个小区的建筑工地提高价格。但他力排众议，坚持认为企业要发展，必须以诚为本，按规矩办事，决不能见利忘义，丢了做人的底线。他不但没涨价，还亲自到各小区建设工地征求意见，为小区建设工地服务得更及时、更周到，赢得了客户的广泛信任。

郭安军创办的养殖企业，每年需要6000多吨玉米。为了让周边群众能够受益，他每年坚持从农户手中收购玉米和青贮饲料，事先签订合同，以保护价收购。如果市场上玉米原料价格低，他依然坚持合同价格；如果市场玉米原料上涨，他则按市场价格收购。此外，郭安军还先后为周边群众提供就业岗位526个，安排贫困户就业岗位59个，让群众在家门口就业、脱贫致富，并热心公益事业，用自身行动积极回报社会。

（山东省文明办供稿）

孙　楠

以诚待客
“90后”用心用情温暖乘客旅途

孙楠，男，1992年生，山东省济宁市人，中共党员，现任中国铁路济南局集团有限公司济南客运段列车值班员。

孙楠常年往返于济南西、曲阜东与银川站之间，坚持服务旅客细心、热心、耐心，让旅客感到安心、舒心、顺心的“六心”服务法，温暖了来来往往的无数旅客。

2020年8月，孙楠帮助轮椅女孩乘车的暖心事迹被《人民日报》、中国报道网等多家媒体广泛报道。2021年3月，他帮助刘女士找回丢失在列车上的具有特殊意义的婚戒，让刘女士热泪盈眶。2019年11月，他帮助旅客找回装有大量现金的双肩包，被旅客称为奔跑在列车上的“活雷锋”。一次次暖心的举动、一件件诚信故事接连在孙楠的身上上演。

行程有终点，服务无止境。孙楠将这句话实践到了极致。2019年以来，他帮助旅客找寻遗失物品800余件，帮助重点旅客乘车620余人次，收到旅客锦旗30面、来电来信表扬150个。孙楠诚以待人、热情服务的作风，得到了旅客的一致好评和称赞。

（山东省文明办供稿）

余　意

初心不改　“80后”小伙用诚信和坚守
走在扶贫助农的道路上

余意，男，1989年生，湖北省武汉强民农产品专业合作社理事长。

“我要让汉南农产品走的更远。”一句承诺，九年践行。2012年，“80后”小伙余意放弃一线城市就业良机，返乡加入武汉强民农产品专业合作社，开启他的助农之旅。

唯其艰巨，更显真诚。2015年，由于气候原因导致大批鲜食玉米集中上市，给农户们造成了巨大的销售压力。看着心急如焚的乡亲们，余意心中也在挣扎，“这批玉米收还是不收，以什么价格收？”初心感召，余意最终还是按之前与农户的约定价格照常收购了大家的玉米，并直奔北京开启了三天三夜的售卖。虽然净亏4万多元，但他却说：“我们是赚了，因为信任无价。”

2016年，为解决农村快递“最后一公里”的难题，余意成立了农村电商物流公司，业务量从最初的一天五十单逐步攀升至一天上千单。2020年，武汉消费扶贫专馆汉南馆正式挂牌运营，作为馆长的余意，搭乘时代“东风”，开启了“电商+专业合作社+电商店+农户”新模式，帮助“95后”退役军人成立水产交易部，助力湘口街道“喜鹊湖”大闸蟹在两个月内销售一空。到2021年7月，依托武汉强民农产品专业合作社，借助电商新模式，余意已经带动若干农户创收节支30余万元，为农户累计销售汉南甜玉米、西瓜、螃蟹等农产品8000余万元。

“诺言已许，我必倾尽全力，不负乡亲、不负自己、不负年华。”余意说。

（湖北省文明办供稿）

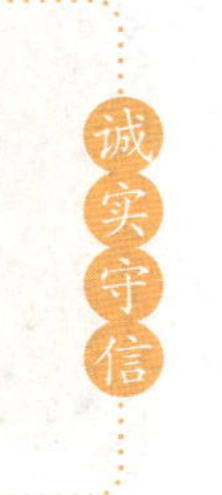

陆秀缎

坚守承诺带领群众脱贫致富

人物 THE STORY 故事

陆秀缎，女，壮族，1968年生，中共党员，广西壮族自治区百色市田东县林逢镇东养村党支部书记。

1998年弃医从农后，她信守“守住百冠山，守护芒果园，诚实守信开创致富路”的承诺，工作勤勤恳恳，任劳任怨，艰苦创业，敢于担当。23年来，她真诚重诺，为推动东养村经济发展、带领人民群众脱贫致富作出了突出贡献。在她的引领带动下，东养村芒果种植面积达2.3万亩，年产量2.8万吨，销售收入1.83亿元。为带动田东县更多农户致富，陆秀缎通过整合芒果园，建立了百色市最大的芒果生产基地——田东县百冠芒果核心示范基地，发展技术推广培训和农业休闲观光旅游，连片带动周边6个乡镇2000多农户发展芒果种植产业18万亩，形成百色市最大芒果种植产业带。百冠芒果核心示范基地也因此于2017年被指定为世界芒果大会现场会观光、考察基地。她利用芒果基地辐射带动80名建档立卡妇女种植芒果，每人每年增加收入1.6万元左右。

“2020年，我们东养村一定要实现全村脱贫摘帽。”这是陆秀缎对东养村1600余名群众立下的庄严承诺。她是这么说的，也是这么干的。在脱贫攻坚战决胜之年，东养村全村实现脱贫摘帽，户均年收入达5万元以上。

（广西壮族自治区文明办供稿）

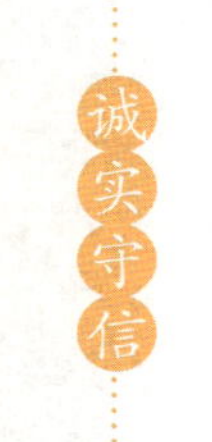

赵正德

帮助乡亲同致富　诚信经营勇担当

人物 THE STORY 故事

赵正德，男，1973年生，四川省广元市黎生中药材专业合作社理事长。

2010年，在外经营小有成就的赵正德回到家乡明觉镇（今射箭镇）五房村，成立中药材专业合作社，帮助乡亲致富。多年来，凭借诚信经营，发展会员2300余户，其中建卡贫困户455户，为广大中药材种植会员户均增收10000元左右。

2014年，赵正德拿出了全部资产，在明觉镇修建了集收购、加工、仓储为一体的多功能厂房；为解决大家种植中药材的疑虑，他自费带领大家前往青川、江油等地考察学习，并请当地村民在自己的药材试验地里务工，教授种植技术。

后因为过度劳累，赵正德病倒住进医院。此时，正值夏枯草收获季节，市场行情8元每公斤，但合作社与农户签订的收购合同价是15元每公斤。种植户担心合作社不照合同价收购，纷纷打电话询问。赵正德耐心解释、庄严承诺，一定会按照合同办。赵正德这一年亏损了60余万元。

2016年，夏枯球收购价是12元每公斤，市场价是15元每公斤。合作社按合同收购，但没有把差价盈利拿来补偿亏损，反而用直补政策把60余万元利润作为公积金、公益金、风险金补助给种植会员，赢得了农户的一致好评。

为配合脱贫攻坚，合作社组织实施了资产收益扶贫试点项目，年度利润用于分红给五房村76户建档立卡贫困户。2016年，虽然项目处于建设中，未形成经营性资产收益，合作社仍按项目方案约定发放保底分红38997元。

（四川省文明办供稿）

郭德刚

七旬退伍老兵信守承诺 二十余年守护烈士英灵

人物 THE STORY 故事

郭德刚，男，1951 年生，贵州省遵义市仁怀市鲁班街道隆堡社区居民。

1998 年，一次偶然的机会，郭德刚被鲁班红军烈士陵园守陵人刘付昌义务守陵 27 载的故事感动，于是萌生了参与守护烈士英灵的想法。1999 年，郭德刚主动向民政部门申请，同刘付昌老人一起为烈士守陵，这一善举得到民政部门和当地政府的支持，郭德刚加入了守陵人的队伍，成为鲁班烈士陵园的第二位守陵人，也是第二代守陵人 。郭德刚很快适应了守陵人的生活，也逐渐加深了对红军烈士们的特殊感情。此后，两代守陵人相依相伴，打扫陵墓、擦拭墓碑、扶植花草、讲述历史……

2018 年 7 月，96 岁的刘付昌老人用 50 年的时间践行了“守到死”的承诺，临走时他对郭德刚千叮咛万嘱咐，希望他把陵园的烈士守护好。郭德刚立下承诺：“一定把这份坚守接力下去！”

郭德刚每天 6 点起床后就开始工作，把陵园打扫得一尘不染，将烈士墓碑拜台上群众敬献的花圈、鲜花等祭品摆放得整整齐齐，将墓碑擦拭得干干净净，8 点准时开园、登记入园信息，无偿给前来祭扫的人员讲述鲁班场战斗，讲述长眠于此的英烈故事。

鲁班场战斗是郭德刚这辈子最耳熟能详的故事，也是让他感触最深的故事。“鲁班场一战，红军共牺牲 480 余人，他们用生命换来了我们今天的幸福生活，这就是为什么我愿意守陵到现在的原因，我要把红军精神守护下去、传承下去。”

（贵州省文明办供稿）

王　欢

教书育人 40 载　为孩子成长赋能

人物 THE STORY 故事

王欢，女，1962 年生，中共党员，北京市东城区史家胡同小学校长。

王欢从小就有当小学老师的梦想。1978 年，伴随着改革开放的脚步，作为恢复中考的第一届考生，王欢不顾家人的反对，毅然在志愿表上填报了“北京市第一师范学校”，开启了为教育事业而奋斗的人生历程。她曾在北京市东城区北池子小学、东城区和平里第四小学任教师，做了 4 年语文教研员，后在东城区分司厅小学、东城区府学胡同小学、东城区史家胡同小学担任校长，2015 年任北京史家教育集团校长。从普通语文老师到优质小学的校长，王欢一路成长，一路磨炼。

在近 40 年的育人生涯中，王欢始终不忘初心、牢记使命，贯彻党的教育方针政策，以奋力开拓之举将国之大计、党之大计贯穿在办学全过程。在对学生家国情怀的培养中落实立德树人根本任务，在集团化办学的推进中促进教育均衡，在雄安新校区和教育扶贫的过程中服务国家战略，彰显责任担当。

（首都文明办供稿）

吴佩芳
中国高铁制动“第一人”

人物故事 THE STORY

吴佩芳，女，1961年生，中共党员，北京天宜上佳高新材料股份有限公司党支部书记、董事长兼总经理。

吴佩芳深耕材料领域40余年，她带领团队在动车组粉末冶金闸片材料配方、技术工艺、生产装备等方面取得重大突破，自主研发生产的高速列车制动闸片打破国外垄断，填补国内空白，实现进口替代。她创立的天宜上佳是时速350公里、250公里“复兴号”制动闸片第一供应商，国家和中关村高新技术企业、科创板首批上市公司、北京市企业技术中心。公司《高速列车基础制动材料研发及智能制造示范生产线》项目中标工信部“2017年工业强基工程”，入选“北京市高精尖产业发展资金产业创新集群项目”。

2009年，吴佩芳带领技术骨干成功研制出我国拥有完全自主知识产权的第一款高铁制动闸片，助力了国家高铁战略安全，迫使进口闸片降价30%以上，我国成为世界上少数几个能够生产高铁制动闸片的国家之一。公司目前获得授权发明专利44项、实用新型专利126项和PCT（《专利合作条约》）国际专利6项，产品覆盖国家全部21个动车组车型，成为全球高铁制动行业的领跑者！

吴佩芳常说：“没有家国情怀、没有党的好政策就不可能有今天的成就。”她带领公司始终听党话、跟党走，以党建软实力促科技创新硬功夫，让党旗在科技创新一线高高飘扬。

（首都文明办供稿）

李增军
让红歌故事代代传

敬业奉献

人物故事 THE STORY

李增军，男，1950年生，中共党员，北京市房山区霞云岭乡堂上村原党支部书记、没有共产党就没有新中国纪念馆义务讲解员。

1943年，八路军战士曹火星创作出了《没有共产党就没有中国》，后来被毛主席改为《没有共产党就没有新中国》，传唱大江南北。2006年，李增军作为一名义务讲解员，先后讲解9000余场、受众达45万余人。

李增军每天要走1公里的山路来到纪念馆，有时要拄着棍子上下山，阴天下雨的时候腿就会疼得厉害，即使拄着拐杖，老人也会如约来到纪念馆进行讲解。最高峰时，一天要连讲七八场。说到最后，嗓子哑了，咬紧牙关还得继续！有时候累了就在原址旁的小屋坐一坐，吃点干粮就又投入了工作。一天下来，两条腿都是浮肿的。

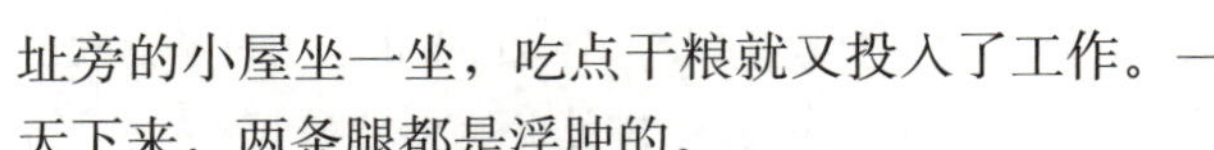

为了让参观者更加直观地了解红色历史，李增军多方搜集文史资料，甚至多次前往天津市拜访曹火星，收集整理《没有共产党就没有新中国》这首歌曲创作时的历史资料，还到附近的旧址学习走访，了解革命先烈的英雄事迹，并将村庄坚持生态发展之路的生动实践，都融进讲解内容中。为提高讲解的水平，他坚持每天收看新闻节目，为了更好地服务群众，面对不同群体时，他会随时调整讲解的内容。

十五年如一日，李增军让“核桃树下的红歌故事会”成为一道亮丽风景，一项沉甸甸的责任使命，一份沉甸甸的精神馈赠。

（首都文明办供稿）

张　磊

专业源自专注　大爱彰显担当

敬业奉献

人物 THE STORY 故事

张磊，男，1983 年生，民建会员，惠佳丰健康产业集团有限公司董事长。

2006 年，张磊从重病的父亲手中接过惠佳丰公司掌门人的接力棒。经过一年多的调研、实践和磨合，一个相对系统的服务管理模式运用于所服务的医院，初步带给病人良好的体验和安全感，此改变出乎他们自己预料地在周边医院传开，并逐渐得到全市多家三级医院的认可，两年多的时间里他们吸纳、培训了近千名农民工，为几万名病患提供了有组织、有保障、可追溯的陪护服务。

他们在市人社局指导帮助下，成立了惠佳丰职业技能培训学校。多年来又通过系统、专业的培训树立起惠佳丰陪护人员的专业形象，病人在接受专业的基础及生活护理同时，一批批农民工也从中受益。几年后，一个由护理员、助理护士、护士组成的闭合护理服务链条，实现了护理工作的无缝链接；接着，医疗辅助服务和物业管理等也接连推出。

2017 年，他们又自主研发了“健康支点”陪护服务平台，O2O（线上到线下）新型服务模式再带给人们新的体验和便捷。如今，集团有 5000 余名一线服务人员，年均为 50 万名住院病人提供陪护服务，为 70 万人次提供运送与陪检等服务。

通过近 14 年的艰苦拼搏，如今，惠佳丰健康产业集团已成为以护理员服务为主线，为社会生活提供全周期服务的多元化民营企业，张磊在用自己的不懈追求践行着父亲和自己的初衷。

（首都文明办供稿）

顾大雨

消防卫士扎根基层 17 载　关键时刻冲在前

人物 THE STORY 故事

顾大雨，男，1987 年生，中共党员，天津市蓟州区兴华大街消防救援站特勤分队一班班长、高级装备技师。

2004 年 12 月顾大雨加入消防队伍，17 年间共参与处置 5000 多起警情，先后参与处置银地商厦火灾、莱德商厦火灾、阳光小区火灾等险情。

2021 年 2 月 12 日，两名男子在蓟州区于桥水库冰钓时不慎落水。接到报警后，顾大雨和队友们第一时间到达现场，此时冰面气温达到零下 9 摄氏度，现场不时传来“嘣”“嘣”的冰面开裂声，情况十分危险。顾大雨主动请缨，潜入水底托起落水男子，将他推上冰面救援船，营救其上岸。第二名落水男子由于浸泡时间过长，已无法动弹，顾大雨和队友再次潜入水中，采取托举方式将第二名落水男子救助上船，圆满完成救援任务。

2007 年 5 月 3 日，12 岁的马浩男和哥哥到附近山里玩，下山途中，马浩男不小心摔倒，滚下纵深 30 米的山崖。与此同时，渔阳中队也接到了报警电话。顾大雨带领两名消防员，在悬崖上方搭建降落绳索，他索降到马浩男身边，用副绳将他固定，整场救援历时三个多小时，马浩男终于获救。马浩男 2015 年退役后，成了一名消防员。在一次课间聊天时，顾大雨谈起了那次救援，马浩男听完后一把抱住了顾大雨，此时他已热泪盈眶。顾大雨正是用自己数十年如一日的坚守，激励和影响着一名又一名的年轻消防员。

（天津市文明办供稿）

周志兰

好医生视病人为亲人 因病去世捐献眼角膜

人物故事 THE STORY

周志兰，女，1969年生，中共党员，生前系天津市北辰医院临床药学科主任。

周志兰曾多次赴西藏、甘肃，援助当地医院建设；她工作严谨、乐于奉献，自掏腰包为患者垫付费用；她时刻想着给病人省钱，合理用药，始终把病人的疾苦放在心上。

她先后在北京协和医院、天津胸科医院进修学习冠心病介入治疗，并率先在北辰区开展了“急诊介入治疗”“血液灌流抢救重度药物中毒”等多项新技术。2004年开始，周志兰承担起冠心病介入治疗工作，使数以千计的患者足不出区就能得到细致周到的诊断和治疗。

不论白天晚上，医院到处奔波着她的身影。同事们称她为“铁人”，可人毕竟不是铁打的。一次冠心病治疗的手术，相当于给自己连拍1000多张X光片，长年累月下来对周志兰的身体造成了影响。2019年5月，她被确诊肺癌。但她却更加忘我工作，“我的时间不多了，我想争分夺秒做些有意义的事！”

到了肺癌晚期，她开始呼吸困难，需要上呼吸机。周志兰了解自己的状况，提前说明：“我不需要辅助医疗设施，不要给国家浪费钱。”此时，周志兰因恶性肿瘤扩散，只有眼角膜可捐。于是通过爱人给院长打电话，表示要捐献，请求医院代办手续。2021年6月7日，周志兰因病医治无效去世，她用自己的方式，为追求完美的生命乐章画上了句号。

（天津市文明办供稿）

代　福

耄耋老人初心如磐退而不休 继续服务群众

人物故事 THE STORY

代福，男，1939年生，中共党员，现任河北省迁安市上庄镇离退休老干部支部副书记。

他是党的坚定信仰者，也是党的忠实实践者，建设老干部支部、组建老年大学和老年体育协会、为民办事、服务大局……都有他的身影；他是党的宣讲者，累计给青年干部和中小学生作演讲报告100多次，受教育者达5万多人次。代福用忠诚和奉献书写老共产党员的人生乐章之书，让党性在耄耋之年更加辉煌、更加灿烂。

2021年3月10日下午，代福应邀到迁安市人民武装部为机关干部和预征青年役前训练作党史教育报告，而代福的老伴病危，正处于弥留之际。儿子都劝代福守在妻子身边，可他却说：“我也想好好陪陪你妈，但是青年新兵的教育更重要，况且，我答应人家的，就得去！”3月11日19时左右，代福的老伴与世长辞，代福强忍悲痛，开口说：“人生老病死躲不过……我在这个岗位上，干一天就要干好，能为这些青年人做思想工作，是我生命最大的意义！”简单的话语，充满了不舍和关心，更折射出了代福的崇高情操和高尚品德，展现了他对事业的忠诚、对人生的坦荡、对亲情的留念和心中的酸楚。

（河北省文明办供稿）

杜振忠

非遗传人在校园点燃老调传承的火种

敬业奉献

人物故事 THE STORY

杜振忠，男，1956年生，河北省保定市直隶老调艺术研究院院长、国家级非物质文化遗产保定老调省级代表性传承人、国家一级演员、保定老调著名表演艺术家、中国戏剧家协会会员。

致力于老调艺术的研究、保护和传承，杜振忠深知只有融入生活、与时俱进、创新发展，老调才会有长久的生命力。

结合特色文化进校园活动，杜振忠把保定老调带进小学，开设了特色课堂。将红色教育和爱国主义教育融入其中，目前他和同事已教授传统曲目《潘杨讼》、改编曲目《今天是你的生日》、老调新唱《不忘初心代代传》等课程。杜振忠还积极给艺校学生排戏，并参与演出，其中脱贫攻坚戏曲现代剧《山里娃娃城里妈》获得巨大成功，展示了学校师生良好的艺术素质和精神风貌。

从保定老调剧团团长的位置上退休后，传承老调艺术几乎成为杜振忠生活的全部。从2003年开始推动戏曲进校园，他已记不清教过多少学生了。从幼儿园、小学到中学、大学，从城市到乡村，从课堂到网络，人退心不退，他时刻谨记自己是一名老调人。

"老调进校园不是为了培养艺术家，而是让孩子们了解传统艺术、地方文化，增强文化自信，同时也是培养观众的一个途径。"据统计，近年来杜振忠和他的直隶老调艺术研究院先后组织开展了100多场戏曲文化进校园系列活动，共走进保定市、雄安新区等30多所学校，每年授课人群达到上千人。

（河北省文明办供稿）

李建抓

老党员倾注毕生心血研究传承红色文化

人物故事 THE STORY

李建抓，男，1957年生，中共党员，河北省衡水市安平县红色文化研究会会长。

1988年以来，李建抓一直坚持挖掘和宣传安平县的红色文化，经常深入农村采访知情人，先后奔赴全国27个省市，三次奔波东三省等地走访老党员、老干部，挖掘整理和宣传安平县早期党组织的组建过程和重大贡献以及冀中军区、冀中区委、冀中区行署、冀中军区的抗战情况。策划拍摄的党员电教片《上校村官》获全国电教片一等奖、《台城星火》获全国电教片特别奖；策划并担任外联制片和历史顾问的电影《台城1923》获河北省"五个一工程"奖；与他人合撰的《中共第一个农村支部》一书获河北省"五个一工程"奖和河北省第十二届文艺振兴奖。

先后撰写反映安平县红色文化的文章共计329篇，其中5篇发表后获奖，协助47个村搜集整理革命史，协助6个村建立革命史展厅。

李建抓是全国第一个农村党支部——中共台城特支的求证人，无论是十多年如一日对安平县和冀中红色文化的挖掘研究，还是对红色文化的传承发展，李建抓都倾注了全部心血。如今，弓仲韬开创的"敢为人先、勇于奉献"的台城精神，已经融入安平人民群众的血脉，在新时代安平大地被注入新内涵，动人故事仍在不断延续。

（河北省文明办供稿）

张 男

特教老师无声世界默默坚守 托举起听障孩子的梦想

人物故事 THE STORY

张男，女，1980年生，中共党员，辽宁省沈阳市皇姑区聋人学校班主任。

自2003年参加工作，张男将自己的一切倾注于所钟爱的特殊教育事业上，倾注于每个听障学生身上。她每年积极参加学校组织的各类培训，提高自身的能力。课余时间她努力钻研，探究适合聋生语文学习的方法。在她的精心教育下，一个又一个听障学生走出无声世界，融入了健全社会，成为自食其力的人。

2020年，新冠疫情突如其来，在这场没有硝烟的战场上，张老师带领着她的孩子们携手众志成城，齐心抗疫。为弥补直播平台“沈阳云课”不能兼顾听障学生的不足，响应学校号召，她借助企业微信服务平台开展线上授课辅导，指导聋生安排好在家的学习和生活，并做好答疑和指导，做到“隔离不隔教，隔离不隔学”。她和教研组的同事进行集体线上教研，制定出最适合聋生的线上学习知识内容，精心撰写教学设计、搜集适合课程内容和学生实际情况的各种材料。她组织全班同学利用线上软件录制手语版的抗疫宣传片，为了让手语版的抗疫宣传片能帮助更多听障朋友掌握科学的防疫方法，她将宣传视频反复在各大媒体平台投稿。

张男老师还积极投身到手语推广的公益行动中。积极参与“手语公益讲堂”活动，和团队一起走进中小学校、机关厂矿等。

“捧着一颗心来，不带半根草去。”十七年如一日的奉献，张男老师为学生点亮了一盏心灯。

（辽宁省文明办供稿）

李 杨

消防指战员坚守应急救援一线 用忠诚敬业履行神圣职责

人物故事 THE STORY

李杨，男，1989年生，中共党员，吉林省延边朝鲜族自治州消防救援支队参花街特勤站政治指导员。

李杨先后参加各类抢险救援战斗3000余次，救助遇险群众500余人，完成各类潜水打捞10余次。

2016年8月，在“狮子山”台风抗洪抢险行动中，李杨带领轻型救援队辗转小河龙、海兰江、图们江救援现场，冒着生命危险冲在第一线，一次又一次扛起厚重的沙袋，尽管体力透支，仍坚守阵地。在图们江跨国救援行动中，李杨担任救援一组组长，冒着水域情况不熟悉、异国搜救地理环境陌生等不确定危险因素，他带领三名轻型救援队队员乘冲锋舟跨国渡江侦查，第一时间摸清了前方的灾情和被困人员的信息，为成功实施跨国救援奠定了坚实基础。

2020年10月，延吉市延河水库有4人被困山上，由于山势陡峭，天色渐晚，加之山上为原始森林，救援难度非常高。李杨经过科学研判分析，制定了搜救方案，带领3名队员携带救援工具乘坐舟艇，从距离被困人员500米处的山脚下向山上摸索前进，经过5个小时的救援，终于成功将4名被困老人带到山下。

李杨同志始终牢记全心全意为人民服务的宗旨，用青春、汗水和热血守护着人民生活的安宁。

（吉林省文明办供稿）

张志君

毕生投身马克思主义教学 一位九旬党员的赤诚初心

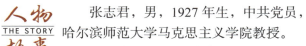

人物 THE STORY 故事

张志君，男，1927年生，中共党员，哈尔滨师范大学马克思主义学院教授。

1972年，张志君带家属来到五常县营城子满族乡红旗大队插队落户。1975年和其他教师一起返校，1980年重返课堂。按照60岁退休的规定，张志君还能讲7年课。“我感觉到时间太宝贵了，‘最后这几年’我得使大劲！”张志君说。

“使大劲”有三招，张志君分别从第一课堂、第二课堂、第三课堂“多点发力”。在第一课堂上，张志君采用“多项疏导教学法”，同时承担了研究生、本科生、夜大生的三门课程教学，10年干出了相当于20年的工作量。在第二课堂上，分为集体辅导、个别辅导、课外科研小组这三种形式。第三课堂最令张志君感到自豪，他从1984年至2005年，开展了21年社会实践。

1997年，70多岁退休的他“退而不休”，相继做了七项工作：继续带学生参加社会实践8年，继续给研究生讲课15年，继续给学生不计报酬地作报告22年，被聘义务组织员1年多，担任学校督学10年，出“健康简报”10年多，晨练给跑友每天讲新闻5条10年多。至今，张志君教授还坚持每年为哈师大师生讲授思政课。

“只要我还能跑下去，我就会一直跟着党，从事我最爱的思政课教学！我已下定决心，在我的人生进入冲刺阶段时，继续奋斗。”张志君说。

（黑龙江省文明办供稿）

秦　瑛

船载千钧掌舵一人 她让“美丽乡村”吴房走向全国

人物 THE STORY 故事

秦瑛，女，1970年生，中共党员，上海市奉贤区青村镇吴房村党总支书记、主任。

红色引领“走心”，勇当乡村全面振兴“奋斗者”。吴房村原先是一个经济薄弱村，为带领村民群众脱贫致富，“当家人”秦瑛积极发动党员群众、结合社会各界力量，经由土地流转、试水产业转型，创新运行“租金＋股金＋薪金”模式，帮助村民获得乡村全面振兴“红利”。

为民服务“走实”，争当乡村全面振兴“实干家”。外表温婉亲和、内心如火炙热，她是“网红”美丽乡村的绘图人，更是村民心中亲如家人的“秦瑛妹妹”。每天到村里走一走，是秦瑛每天的必修课；顶着恶劣天气奔走田间、起早摸黑入户走访、“三顾茅庐”进行思想动员，这是她的坚持。

乡风文明“走深”，甘当乡村全面振兴“追梦人”。她创新探索“三治融合”模式，抓好文明乡风培育，强化农村精神文明建设。以自治、法治、德治，建机制、组队伍、促实效，打造乡村治理吴房模式。面对这些成果，秦瑛说：“我是幸运的，能够参与见证吴房村的‘蝶变’之路。我热爱吴房的每一寸土地。”

（上海市文明办供稿）

张 谷

带领村民续写“新桃花源记”的村党总支书记

人物 THE STORY 故事

张谷，男，1972年生，中共党员，江苏省无锡市惠山区阳山镇桃源村党总支书记。

自2009年担任阳山镇桃源村党总支书记以来，张谷带领村“两委”班子开展调研，找准发展路子，打好“先锋领航、产业融合、乡村治理”三张牌，让只有38亩工业用地的桃源村打破了老话“无工不富”的藩篱，走出了一条乡村脱贫的新路子。他带着党员干部们把党组织和党小组建到自然村、基层民主组织、农村合作组织、平安组织当中，充分利用党员群众学习中心户，让党员带着村民一起搞种植、抓治安、振经济。张谷大力支持培育乡创人才，成功创建省、市两级创业孵化基地，引导农民自主创业，推介农副产品走出农民自家的餐桌；引入民间资本改造山南头，盘活宅基地，打造特色文旅项目，带动农民增收致富。张谷坚持自治、德治、法治“三治融合”，细化农村治理单元，让文明乡风厚植人心；在村中抓起“微自治”“老娘舅”两支队伍，开创乡村共建共治共享新局面。

有了张谷这样一位能干事、勇担当的带头人，桃源村村级固定收入从2009年的不足40万元增长到2020年的489万元，人均收入也从1.4万元增至6万元。桃源村也先后获得全国文明村、全国最有魅力休闲乡村、中国十佳小康村、中国美丽乡村百佳范例、全国生态文化村、全国乡村治理示范村等诸多荣誉称号。

（江苏省文明办供稿）

彭阿瑞

消防战士放弃陪产假 奋战江西抗洪一线

人物 THE STORY 故事

彭阿瑞，男，1995年生，中共党员，江西省抚州市消防救援支队晏殊大道特勤站二分队分队长。

2020年7月3日，鄱阳湖水位持续上涨，汛情形势严峻，彭阿瑞所在的救援队伍接到了支援上饶市鄱阳县的救灾任务，彭阿瑞主动请战，随队前往上饶前置备勤。而这个时间恰好是彭阿瑞准备休假的日子，因为他妻子的预产期即将来临。可接到警情后，彭阿瑞想都没想便放弃休假，报名和队友一起奔赴灾区。

从7月8日开始，受持续强降雨影响，鄱阳湖水发生倒灌，部分圩堤出现漫堤溃坝险情，洪水涌入周边村庄。彭阿瑞和队友作为第一批救援力量，深入危险莫测的昌洲乡马湖村救援。截至7月16日，彭阿瑞共驾驶冲锋舟深入灾区30多次，和队友营救180余人。鄱阳县每天的温度都在35摄氏度以上，高温天配上救援服，彭阿瑞和队友们几乎每天都是泡在水里度过的。

7月15日，远在连云港赣榆的妻子为他生下一个3.2公斤的儿子，母子平安。当晚，完成一天搜救任务的彭阿瑞，几乎是跑着回到营地帐篷，他拨通了妻子的视频电话，得知了这个让他兴奋的消息。由于无法亲手抱抱孩子，在抗洪一线的彭阿瑞只有通过视频，一遍遍地亲吻宝宝的脸。小两口约定给宝宝取名“焰蓝”，希望他将来也能穿上“火焰蓝”，成为一个像爸爸一样顶天立地、救民于水火的消防员。

（江苏省文明办供稿）

郑光梅
大盘山上绿水青山的“守望者”

人物故事 THE STORY

郑光梅，男，1957年生，中共党员，浙江省金华市磐安县大盘山国家级自然保护区管护员。

2008年，为保护好这片养育他的大山，时年51岁的郑光梅主动报名，成为保护区盘山尖瞭望哨的管护员，担负起整个保护区4558公顷山林的火情瞭望任务。为保护生态，大盘山只能徒步上下，郑光梅每天至少来回穿梭于驻地和瞭望哨两次，每次要走两个多小时山路，爬上海拔1245米的瞭望台。碰上梅雨天或大雪封山，整个月不下山也是常事。13年来，他独自一人穿林海、跨沟壑，与松林对话、枕群山而眠，默默承受着常人难以忍受的艰辛，没有回家吃过一次年夜饭，换来的是准确报告火警30余次，观测到生活用火200多次，准确率达100%。受到郑光梅的影响，越来越多的村民也主动加入保护生态的行列。如今，保护区的生态环境越来越好，已发现珍贵药用植物1092种。他说：“如果没有人愿意来，我还会像钉子一样在这大盘山尖再钉上10年。”

（浙江省文明办供稿）

张开荣
奔走在东西部扶贫协作路上的“拼命三郎”

人物故事 THE STORY

张开荣，男，1989年生，中共党员，现为浙江省湖州市南浔区双林镇副镇长。2019年2月，张开荣挂职入川，积极推进“湖羊入川”工程，每天往返于各乡镇的湖羊养殖基地，白天指导项目建设和传授湖羊养殖技术，晚上向湖州的专家学习羊舍施工，先后指导6个湖羊生态基地的建设和湖羊养殖，完成湖羊引种6210只。

在深入基地亲自实地指导一段时间后，张开荣制定了湖羊养殖操作管理手册，同时通过湖羊养殖专业知识授课培训、下乡入基地开展技术指导，培养了200余名广安当地湖羊养殖技术人员，确保了“湖羊致富工程”在全区92个村75个湖羊养殖幸福农场顺利推进。

为了打造湖羊全产业链，张开荣勇挑重担，负责推进全国首个农旅融合的万头湖羊种羊基地项目和湖羊屠宰、深加工项目建设。为此，张开荣在集装箱一住就是半个月，坚持现场办公，白天推进工程建设，晚上协调工程推进问题，制定第二天的目标，一天只休息四五个小时；有时为了当天任务完成，通宵待在工地上，最终保证了项目如期完成。

在挂职期满后，本可以回到家乡，与家人团聚的张开荣，为了遵守诺言，三次延长挂职时间。湖羊基地、龙安柚种植基地、跑道鱼场……到处都能看见张开荣忙碌的身影，各产业基地的乡亲们和单位的同事都敬佩地称呼他为“拼命三郎”。

（浙江省文明办供稿）

郭正谷
17年坚守邮政设备运营一线

人物故事 THE STORY 郭正谷，男，1982年生，中共党员，现任安徽省合肥邮区中心局运行维护中心设备维护班班长。

每天，郭正谷像啄木鸟一样巡查合肥邮区中心局每个角落，排查机器可能出现的故障。每年的“双十一”电商购物节前夕，对于郭正谷和他的设备维护班来说，都是一场硬仗，他们负责合肥邮区中心局近千台网运生产设备的运维保障工作。2017年11月，中国邮政第一个智能分拣项目“小黄人”在合肥邮区中心局投入使用，这也是安徽省快递行业第一套投入实际应用的智能分拣系统。合肥邮区中心局矩阵分拣系统刚上线时，包裹从分拣口顺着滑槽下落时，经常“头重脚轻翻跟头”。郭正谷牵头成立技术攻关小组，发现包裹翻滚是由于落地处阻尼系数过高导致。他们经过研究，设计出了流水线防跑偏尼龙板。自从使用这个“矩阵防面单翻滚装置”，包裹翻滚率从原先的50%降低到10%以下，极大提高了矩阵下游的标码效率，仅节约标码人员人工成本一项一年就达10万元。

2018年4月，“郭正谷劳模创新工作室”成立。3年来，在郭正谷的“传帮带”下，工作室不断涌现出“安徽省岗位能手”“合肥市技术能手”“合肥市职工技术标兵”等35位优秀员工。郭正谷面对新时代、新使命、新征程，他用自己的不懈追求和奋斗，为中国梦的实现而砥砺前行。

（安徽省文明办供稿）

赵纯清
25年随叫随到的乡村“120”

人物故事 THE STORY 赵纯清，男，1969年生，中共党员，安徽省淮北市烈山区古饶镇山西村卫生室医生。

1992年，赵纯清从淮北卫校毕业，进入濉溪县一家公立医院上班。凭借着踏实肯干、勤于钻研的性格，很快赵纯清就成了医院骨干，但1998年，他却做了一件让人意想不到的事——辞职。

“我要当乡村医生，让村民在家门口就能看病。”1997年，他打扫出自家的三间瓦房，拿出全部积蓄，加上借来的几千元钱，一所简陋的乡村卫生室开张了。赵纯清从不收取诊疗费，只收一些药费，还经常为困难家庭免去药费，老人病了，他就上门服务。不管白天黑夜、刮风下雨，只要病人有需要，赵纯清都随叫随到。

20多年前，农村条件差，连一条像样的路都没有。1998年底，临近春节，赵纯清将家里黄豆卖掉，凑齐1000多元买来石子，将村里坑坑洼洼的路铺平整了。2012年前后，他又把家里仅有的1万余元拿出来，把3个路况特别差的自然村主要路段垫平。

为准确掌握村民健康状况，赵纯清几乎每天都深入村民家中，目前已为5800多位村民规范建立了居民健康档案，哪位村民患什么病、病史多久等等他都了如指掌，被誉为山西村村民健康“守门人”。

（安徽省文明办供稿）

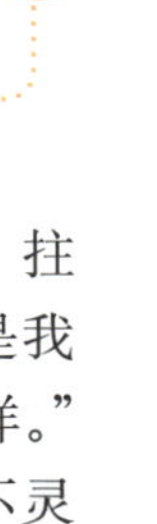

侯传宇

不忘父亲嘱托只身守护烈士陵园 默默无闻传承红色基因

人物 THE STORY 故事

侯传宇，男，1953年生，安徽省亳州市涡阳县曹市镇辉山村人。

1984年，侯传宇牢记父亲临终前的嘱托，他接过父亲40年坚守陵园的接力棒，37年如一日打扫、管理陵园，讲解埋葬在此的300多名烈士的英勇抗战的故事达100多场次，受益群众达20余万人。

侯传宇的家距离陵园500米左右，37年来，无论刮风下雨，每天两次打扫陵园，是他必做的功课。从大路到陵园有一条长200米宽4米的路，他要仔仔细细地清扫一遍；晚上放了工，他又会来清扫一遍。陵园里面的各个碑记，他都要挨个擦拭一遍。“墓碑就是烈士的颜面，不能有灰尘，不能让英雄蒙灰。”2020年，侯传宇得了脑梗死，行动不便，他就让家人用三轮车载他过去，下了车，拄着拐杖，到陵园看看。“习惯了，感觉这里就是我的家一样，每天不来看看，心里像缺点儿啥一样。”如今侯传宇手术后恢复得不错，但腿脚还是不灵便，他就一个人拄着拐杖、带个马扎，看护、清扫陵园。

前期，陵园没有解说员，他会向缅怀的群众讲述着陵园背后那段不平凡的革命故事，让红色基因薪火相传。“如今托党的好政策，政府每月给我800元的工资，也招募了六七个专业解说员，但守护陵园的事业必须一代一代传下去。”目前，侯传宇正在培养第三代接班人继续坚守陵园。

（安徽省文明办供稿）

闫永志

弃商回村奉献桑梓 两次出征建成幸福新农村

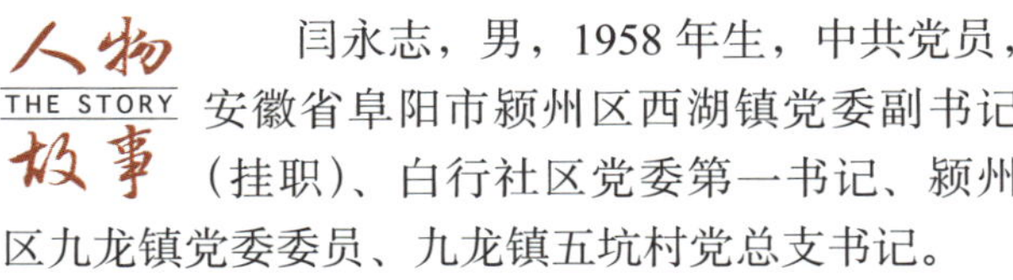

人物 THE STORY 故事

闫永志，男，1958年生，中共党员，安徽省阜阳市颍州区西湖镇党委副书记（挂职）、白行社区党委第一书记、颍州区九龙镇党委委员、九龙镇五坑村党总支书记。

2006年，闫永志放弃城里的经商事业，回到家乡白行村，担任该村第一任党总支书记，他向组织和村民庄严承诺：“带领乡亲走上致富路、改变贫穷落后面貌。”15年来，他坚守承诺，带领村“两委”班子艰苦奋斗，把一个贫困村建设成了乡村新示范，该村先后获评全国文明村、全国生态文化村、全国幸福示范社区等称号。

2020年，60多岁的闫永志再次“临危受命”，到阜阳市颍州区贫困落后的五坑村兼任党总支书记。2021年，实现了五坑村建档立卡贫困户全部脱贫、贫困村顺利出列。

他还带领白行村党员干部以“代表理事、老闫说事、‘五老’调事、群众议事”，保障群众对村级事务“知情权、监督权、参与权和决策权”的“四事四权”工作法调节矛盾纠纷，化解难题，有效推进社会治理，促进了乡风文明。

（安徽省文明办供稿）

曹学涛

用奋斗践行工匠精神 十多万字学习笔记终成技术能手

人物故事 THE STORY

曹学涛，男，1973年生，中共党员，中煤新集公司口孜东矿固定队班长。

刚参加工作时的曹学涛，由于文化程度不高，看图纸对他来说就是看天书。但心在一艺，其艺必精。不甘心就此服输的他，对着《机工基础》《液压学》《机电知识手册》等专业书籍，开始了日复一日、年复一年的攻读。在他的宿舍里，床前总放着一个方凳，十多万字的学习笔记就是在凳子上完成的。凭着顽强的毅力和肯吃苦的精神，他很快就掌握了现代化矿山的井架、井筒装备和各种提升机施工安装方面的前沿知识。20多年来，曹学涛从一名农民工，成长为煤矿抽、压、提、排等大型矿用设备维护工作的“大拿”，他坚守着“一天也不耽误、一天也不懈怠”的匠人本色。

为了突破新设备使用中存在的“水土不服”问题，曹学涛采取了“通原理、找差异、抓关键、重闭环、革工艺”五步工作法，实施对标模拟实践和演练，开展技术攻关，及时“对症下药”，研发出了一大批固定设备新技术、新工艺、新产品。他更是凭借自己精湛的维修技术和丰富的实践经验，研发出“一种多绳摩擦式提升绞车天轮衬垫车削装置”等多项实用新型专利。曹学涛还获得了专业培训师资格，毫无保留地把自己20多年积累下来的经验和知识传授给他人，一次又一次地站到了讲台上，成为一批批新人的师傅。

（安徽省文明办供稿）

江　洪　舒仁善　乙　飞　叶品东

扶贫工作队驻村千余日夜 为群众拔穷根　铺就幸福路

人物故事 THE STORY

江洪，男，1965年生，中共党员，安徽省池州市石台县人大常委会党组副书记、副主任，石台县七都镇新棚村党支部第一书记、驻村扶贫工作队队长；舒仁善，男，1979年生，中共党员，石台县科经局三级主任科员，石台县七都镇新棚村党支部副书记、驻村扶贫工作队副队长；乙飞，男，1989年生，石台县七都镇新棚村驻村扶贫专干；叶品东，男，1995年生，石台县七都镇新棚村扶贫工作者。

2017年初，在上级党委和石台县委的部署下，派驻七都镇新棚村扶贫工作队的第一书记江洪携队员舒仁善、乙飞和扶贫工作者叶品东，团结带领村“两委”一班人，多方争取资金支持，推动产业发展。筹措760万元修建村镇公路，投资28万元新建标准化卫生室，支持80多户村民进行危房改造，安装100多盏路灯实现村庄亮化；投资120万元购置制茶设备，改造低产茶园630亩；开发皖南红军总医院旧址等红色旅游线路。在工作队的不懈努力下，村居环境美丽整洁，村庄道路宽阔干净，茶林经济热火朝天，“新棚硒茶”品牌远近闻名。几年来，自来水“户户通”、通信信号“全覆盖”等项目也让当地群众得到了实实在在的利益，全体村民的思想进一步解放，争先意识越来越强，该村物质文明、精神文明、生态文明得到同步发展。新棚村2018年实现“整村出列”，2019年所有贫困人口全部脱贫，2020年顺利通过复检验收，2021年荣获“全国脱贫攻坚先进集体”。

（安徽省文明办供稿）

薛由琼

乡村教师默默耕耘　用爱育出希望

敬业奉献

人物 THE STORY 故事

薛由琼，男，1969 年生，福建省福州市平潭县第三中学安全处主任。

2009 年，薛由琼任平潭三中高三年段负责人，在他的带领下，三中当年度高考取得了本科达线 90 名的优异成绩，创造了三中历史纪录。他受到了上级领导的表扬，并被指定代表平潭县到福州市介绍先进经验。

薛由琼二十几年如一日，从不因病、因事请假而耽误工作，即使上课腰椎病发作，仍用双手按住疼痛部位坚持上课。特别是有一次，由于二十几年的背部肿块发作，疼痛难忍，薛由琼上午到县医院动手术缝了七针，之后他竟瞒着医生偷溜回校继续上课。2020 年，新冠疫情袭来，开学前整整两个月，他始终坚守在学校抗“疫”最前线。有人问：“人家都躲在家里，你每天往学校里跑来跑去，难道你不害怕吗？”他坚定地回答：“不怕，只要防护到位，没什么可怕的！我是一名共产党员，应该带头坚守在第一线。”

薛由琼连续 15 年担任班主任或年段负责人，关心爱护每位学生，在学生眼里，他是亲人、是朋友。他经常深入学生当中了解情况，对后进生百般关爱，对单亲和留守学生耐心疏导，重视家访工作，他担任班主任的班级从来没有出现一个流生，学生巩固率一直保持 100%，他还用有限的工资资助贫困学生完成学业。

薛由琼在教育生涯中走过 28 个春秋，“痴心一片终不悔，呕心沥血育英才”，默默耕耘，用爱育出希望。

（福建省委文明办供稿）

赖仕清

褪下戎装心不改
积极投身美丽乡村建设

人物 THE STORY 故事

赖仕清，男，1974 年生，中共党员，江西省萍乡市湘东区下埠镇胡家村土旺冲组村民组长。

1992 年参军入伍，2001 年 11 月退伍回乡。那时候，村里靠挖煤吃饭，最多时大大小小的煤矿有 90 多个，大多数家庭祖孙三代都以采矿为生。赖仕清就是典型的矿工后代。

挖煤虽然能赚钱，但也带来很多环境问题。十年前，赖仕清的家乡全面打响矿山复绿生态保护攻坚战。赖仕清主动申请担任土旺冲组村民组长，自筹资金将废弃的水塘清理修缮，先后筹集 100 多万元用于复绿和村容整治，发动乡亲在房前屋后种植果树、雷竹。那阵子，因劳累过度，赖仕清的胰腺炎、胃溃疡病情反复发作，最后被强制要求去住院治疗。慢慢地，很多原本不理解甚至反对的村民，被村庄的变化和赖仕清的坚持感动了。过去扛上风镐采煤的矿工们纷纷拿起锄头，跟赖仕清一起投工投劳，修复建设他们共同的家园。

如今，矿坑填平了，荒山变绿了，水更清了，红墙黛瓦与小桥流水相映成趣，古树竹林与荷花池塘相得益彰，他们的村庄吸引了一批又一批游客慕名而来。赖仕清倡导组织成立了村级志愿巡防队，像保护自己的眼睛一样，保护着好不容易恢复过来的生态环境，绿水青山常在，生活才会越来越美满，越来越幸福。

（江西省文明办供稿）

曾洁华

投身公益事业　用爱温暖他人

人物故事 THE STORY

曾洁华，女，1966年生，中共党员，江西省南昌大学第二附属医院党委副书记。

“帮助他们就是帮助自己，只有付出你才能拥有更多。”这句话，曾洁华常常挂在嘴边。王磊是南昌大学二附院神经内科的一名医生，2012年，在距离她三十岁生日只有半个月的时候，却突发脑干出血，瘫痪在床。知道王磊的情况以后，曾洁华每逢节假日就要去她家里看看，带去慰问品和慰问金。曾洁华知道，光凭自己和医院的帮助还是不够的。于是，她利用医院的官方平台和社会媒体，对王磊的事迹进行广泛宣传，为他们一家呼吁社会的关注和救助。同时，她也积极推动医院成立困难职工帮扶基金，为像王磊这样的困难职工提供更多保障。

医院是治病救人的地方，在这里，曾洁华也看到了很多因病致贫、因病返贫的患者。为了让更多人关注医疗救助，帮助困难患者重燃生命希望，曾洁华不断寻找多方资源，项目化开展精准公益救助。在她的不懈努力下，医院已经有十余个公益慈善项目成功落地，为患者募集基金超过650万元，均精准救助到患者的住院手术治疗费用中，为患者点燃了希望之光。

在她的努力下，如今，医院的扶贫工作、公益事业、志愿者工作等，都取得了优异成绩，更多的职工、患者和群众得到了帮助和救济。

（江西省文明办供稿）

李晓鹏

肯下“苦功夫”敢啃“硬骨头”的中国焊匠

人物故事 THE STORY

李晓鹏，男，1986年生，中共党员，山东省海洋石油工程（青岛）有限公司管线预制作业部一车间副主任。

2015年，全球首例极地环境——亚马尔项目中，一种超低温焊丝的首次使用，使得管线焊接合格率骤降到85%，业主要求所有焊工作业必须重新取证。零下10多摄氏度的天气，天未亮李晓鹏就扎在施工现场，深入研究焊丝性能，经过上百次试验，他总结出了对超低温焊丝最有效的操作手法，成功解决了超低温焊丝在海油工程建设中的焊接难题。

2019年临近春节，李晓鹏主动请缨带领14名同事奔赴卡塔尔进行海上施工，业主要求必须在平台停产15天内完成管线对接。面对老旧的高压气田平台和恶劣的高温天气，李晓鹏带领同事每天都要背着10多斤重的逃生氧气瓶往返施工现场，热得实在受不了了就抓一把冰块放在手里降降温。最终李晓鹏和同伴顶住了压力，实现平台提前1天顺利复产。

过硬的技术，让李晓鹏成为公司多项新材料、新工艺和先进焊接技术的“先行者”。他参加乌克兰国际焊接技能大赛获得冠军，研制的“移动式埋弧焊管焊机”破解了埋弧焊大管径焊接难题，完成“焊接防变形调制装置”等多项技术革新，为各项目累计节省成本3000多万元。他在625镍基复合管、钛合金、超低温钢等特殊材质焊接方面，技能达到国际领先水平。

（山东省文明办供稿）

孙付平　冉翠花

环卫“夫妻档”二十余年如一日 甘做“马路天使”

敬业奉献

人物故事 THE STORY

孙付平，男，1966 年生，中共党员；冉翠花，女，1972 年生，二人皆为河南省漯河市召陵区环境卫生服务中心环卫工人。

在漯河市召陵区万祥街道的京广北街上，总能见到一对环卫“夫妻档”默默坚守岗位的身影。他们每天起早贪黑，把欢乐和团聚放在身后，用辛勤和汗水守护社区环境。这对“夫妻档”就是丈夫孙付平和妻子冉翠花。

1995 年以来，孙付平和冉翠花先在解放路负责路面清扫保洁，后来主动承担起老旧城区——万祥街社区背街小巷垃圾清运的重任，漯阜铁路开建后又义务担负起京广北街的垃圾清运工作。两人配合默契，孙付平负责清扫、清运垃圾的重活，冉翠花以保洁为主，常年服务近千户居民，每天清扫 6 条街道，清运垃圾 8 立方米左右，行程 10 多公里。26 年来，他们在平凡的岗位上以老黄牛般无私奉献的高尚品格和辛勤的劳动，赢得了领导肯定和群众的好评。

2020 年疫情防控期间，孙付平夫妻俩发扬一不怕苦二不怕死的顽强拼搏精神，忠于职守、逆流前行，严格执行清扫消毒措施，并自备垃圾袋，每天逐户收集垃圾后一袋袋背到半公里之外的清运车上，累计清运垃圾 300 吨，保证了辖区卫生整洁和居民的身心健康。

（河南省文明办供稿）

王长俊

村支书带领村民走上致富路

人物故事 THE STORY

王长俊，男，1963 年生，中共党员，河南省周口市太康县芝麻洼乡东丁桦村支部书记。

1991 年，王长俊当上了芝麻洼乡东丁桦行政村支部书记。30 年来，为改善村里环境，他每年都拿出 3 万多元资金，整理废旧坑塘，购买种植苗木、花卉、果树等，在他的不懈努力下，村里环境一点一点好起来。路通了，环境美了，东丁桦村也变成了示范村。

长期的操劳，让王长俊患上了肺癌。但为了带领全村村民脱贫致富，他多次自费租车带领村民外出考察。同时，他还调整种植结构，让村民种西瓜、辣椒和桃树等。为提高村民的种植积极性，王长俊还买来桃树种苗，免费发给村民，并聘请技术人员驻村指导。在王长俊的不懈努力下，目前东丁桦村桃树种植面积达 500 多亩，村民亩均增收入 1 万多元。王长俊还在村里成立了一支义务理发队，每半月为群众进行一次免费理发，一直坚持到现在。

（河南省文明办供稿）

崔建华

乡村医生坚守基层一线 守护村民健康

人物故事 THE STORY

崔建华，男，1969年生，河南省开封市顺河区东郊乡文庄村卫生室主任。

“崔大夫，我又来找你了。”“崔大夫，我今天好多了。”在开封市顺河回族区东郊乡文庄村卫生室，每天都有来自四面八方的患者找崔建华寻医问诊。尤其在每周五，卫生室人员更多，因为崔建华这一天会为就诊的所有患者免费针灸。周五免费针灸，崔建华坚持了30多年。

今年54岁的崔建华自幼学习中医，走上行医之路后，成为顺河回族区有名的乡村医生。1990年，他着手组建文庄村卫生室。当时，经费紧缺，他东借西凑，将文庄村卫生室打造成了顺河回族区第一批达标卫生室。为准确掌握村民的健康状况，崔建华为村民建立健康档案，定期开展健康教育，为所有前来就诊的村民免费测血压、血糖，他用真情赢得了村民的信任和赞誉。

崔建华不仅有仁心，还有义举。2013年，崔建华带领有共同志向的人成立了民间公益组织——开封市义工协会，开始做爱心助学、敬老爱老等公益活动。在崔建华的带领下，开封市义工协会已组织开展各项公益活动500多次，累计参加公益活动人数19000多人次，奉献86392个工时，行程5万多公里，走进300多所乡村小学、1500多户贫困家庭，在67个乡村小学建立图书室，在14个乡村小学建立“爱心衣物超市”，捐赠先进教学设备160多台、课桌椅200多套。

（河南省文明办供稿）

刘建波

在芯片上“绣花” 铸就中国航天品质

敬业奉献

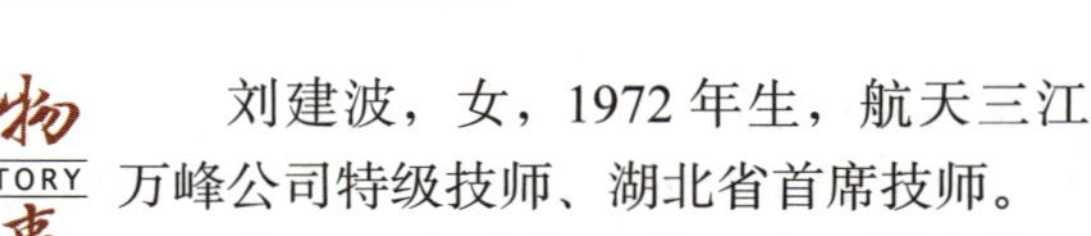

刘建波，女，1972年生，航天三江万峰公司特级技师、湖北省首席技师。

自1991年参加工作以来，刘建波一直从事电子产品组合、印制板的装焊工作，能精准焊接加工各类复杂印制板、组合及电缆，擅长对小封装、精密的贴片芯片焊接加工，完成了型号产品高精度的电气产品装配，突破了多项电子产品装配技术瓶颈。

2021年9月、10月相继成功发射的快舟系列火箭中，一个芯片小至指甲盖般大小，要在芯片引脚上再接几条线出来，精准、牢固地把各种电子元器件焊至各自的“岗位”上，十分不易，这正是她诸多拿手绝活之一。2013年，刘建波作为带头人成立了“刘建波技能大师工作室”，2018年获评“国家级技能大师工作室”。“刘建波技能大师工作室”在她的带领下，以技术讲座、技能演示、经验交流、现场指导等多种方式开展“传帮带”，集智发挥“技艺传授、人才交流、绝技绝活传承、研制攻关、人才培养和形象宣传”六个职能和示范作用，多次攻关解决了公司科研生产重大技术难题。

（湖北省文明办供稿）

胡 勇

乡村教师身残志坚 扎根乡村教育坚守三尺讲台

人物 THE STORY 故事

胡勇，男，1972 年生，湖南省怀化市会同县团河镇人。

胡勇一岁多时得了脊髓灰质炎，导致左脚微跛，但他身残志不残，通过刻苦学习最终成为一名人民教师，1996 年参加工作后一直扎根乡村教育。2014 年，胡勇不幸确诊为尿毒症。面对病魔，他多次谢绝调回县城安心养病的机会，每周两次血液透析后及时赶回学校，只为不影响学生上课。他经常在课余和周末，一瘸一拐沿着山路去学生家里做家访。

胡勇十分关心留守学生，尽己所能在学习生活中帮助他们。一到天气寒冷，胡勇总是每天给容易感冒的留守女孩小素准备一个小火桶，把烧好的炭火的小火桶放在她的课桌底下。为因近视看不清楚黑板、家境困难的小霞购买眼镜……

面对荣誉，胡勇总是说受之有愧，三尺讲台，教书育人，他只是心无旁骛，静静守望，不过尽了一名人民教师应尽的职责。他说，他愿做一支燃尽成灰的红烛，只要生命还在延续，他会仍然坚守三尺讲台，把余生余热毫不保留地献给教育事业。

（湖南省文明办供稿）

谢 坚

坚守海岛的“绿衣使者”全天候送件 33 年不停歇

人物 THE STORY 故事

谢坚，男，1967 年生，中共党员，中国邮政集团有限公司广东省珠海市分公司外伶仃邮政所投递员。

33 年前的外伶仃岛路途遥远、天气恶劣，淡水、蔬菜不足，艰苦的条件让谢坚更加明白“家书抵万金”在海岛上的分量。工作初始，很多寄给海岛流动人员的邮件都无详细地址，谢坚常常为了送一封信要跑几天路，打听十几人才能找到准确地址，但看着人们收信时的喜悦，他有了坚持下去的动力。自 1988 年退役踏上外伶仃岛，谢坚已经在海岛上坚守了 33 年，脚步几乎踏遍海岛每一寸土地，投送各类邮件 100 多万件，妥投疑难邮件 3 万多件，救活“死信”3000 多封，成为驻岛官兵和渔民群众的“绿衣使者”。

2018 年，谢坚当选为第十三届全国人大代表后，调研偏远地区实际情况、汇集群众心声，呼吁加快推进海岛等偏远地区公共基础设施建设，得到了中央与地方政府的支持，成功为海岛的基础设施建设工作争取到 15 亿元的资金扶持。新冠疫情期间，在工作之余，谢坚为滞留海岛的湖北籍人员送去生活物资和防疫物品，在码头为上岛人员发放疫情防控宣传册并耐心讲解相关防护知识，协助相关部门加强疫情防控宣传，用心“守护”海岛群众。

（广东省文明办供稿）

赵 荣

“警医家庭”双双抗疫传佳话

人物 THE STORY 故事

赵荣，男，壮族，1973年生，中共党员，生前系广西壮族自治区靖西市公安局看守所民警。

2020年新冠疫情暴发，他放弃回家团聚的机会，主动请缨参加疫情防控。1月26日至30日，他连续5天在靖西禄峒高速出口疫情防控点执勤，与战友吃住在防控点上，从没回过一趟家。虽然患有痛风病，但依然忍着疼痛坚守岗位。他的妻子农玉芳，是靖西市同德乡卫生院副院长，此时她也正在靖西通灵收费站疫情监测点工作。“我们是警医家庭，疫情当前，聚少离多，请老婆多多理解，老婆加油！抗疫必胜！”在执勤间隙他用手机跟远在一方共同抗疫的妻子视频通话中说着。

2020年3月，抗疫重心转为“外防输入、内防扩散”。靖西市地处边境，是祖国南大门，是边境疫情防控和反走私工作的第一道防线。作为一名老党员，他主动请缨，要求到边境一线参加疫情防控；在湖润新兴战区边境疫情防控工作期间，面对恶劣的自然环境、简陋的执勤环境和境外疫情输入的风险，他始终发挥党员先锋带头作用，带领执勤人员不眠不休、日夜排班，以执勤点为家。对过往车辆和人员，做到“逢车必查、逢人必检”，确保边境绝对安全。

2021年5月24日，赵荣在看守所执行全封闭式勤务时，突发疾病，经抢救无效因公牺牲，献出了年仅48岁的宝贵生命。后来，他和妻子这对“警医家庭”双双抗疫的故事，被靖西市市民广为传颂。

（广西壮族自治区文明办供稿）

匡安亮

尽职尽责护平安　火海救人传佳话

人物 THE STORY 故事

匡安亮，男，1970年生，中共党员，重庆市铜梁区蒲吕街道大坪社区平安员。

2021年3月6日，匡安亮突然闻到一股焦糊味。身为平安员的职业敏感让他立马警觉起来，顺着味道四处寻找火源，很快便发现楼下窗户浓烟滚滚。匡安亮和儿子转身出门，几个大跨步冲到楼下门前，用力敲门无人回应，使劲推门发现门被锁死。

情急之下，匡安亮一边拨打报警电话，一边与儿子撞开房门。屋内客厅已燃起明火，一位老人晕倒在床，气息微弱，两人呛着浓烟合力将人事不省的老人抬至室外。紧接着，匡安亮再次返回屋内灭火，经过奋力扑打，火势得到控制。因在救人灭火过程中吸入过多浓烟，他昏倒在地。发现火势的社区干部、当地群众很快赶到现场将火扑灭，并将昏迷的匡安亮及老人送往医院。

事后，老人家属特地将一面绣有“临危救人，一心为民”的锦旗送到匡安亮家中，并执意拿出5000元现金致谢。“我是社区平安员，保护群众生命财产安全是我的责任。”匡安亮婉言谢绝，并说道：“以后遇到类似事情，我依旧会第一时间冲上去。”

匡安亮人性光辉的闪耀不是一时的。2014年，他回到老家——国家级贫困县重庆市巫山县大溪乡沙落村访亲，见到当地吃水困难，随即捐出3万元积蓄用作专项帮扶资金，得到了村民广泛的赞许。

（重庆市文明办供稿）

查中永

傣乡雨林中的缉毒尖兵

敬业奉献

人物 THE STORY 故事

查中永，男，苗族，1978年生，中共党员，云南省西双版纳边境管理支队边境管理处副处长。

2002年7月，大学毕业的查中永从军后从贵州来到了云南。2009年至2019年，他凭借扎实的群众工作基础、丰富的工作经验，共侦破毒品案件547起，抓获犯罪嫌疑人412人，缴获各类毒品4273.43公斤。

2018年8月22日凌晨，查中永接到线报，一缅籍男子可能携带枪支驾驶摩托车从境外运送大宗毒品前往中国景洪。他立即组织召开研判分析会，并迅速预设边境小道设伏。凌晨5时许，线索目标驾驶摩托车快速驶来并冲卡，查中永右手抓住摩托车后梁，毒贩将其拖行十多米后一同摔向路边的深沟。此案当场缴获冰毒20.19公斤。2019年6月16日，在勐遮镇南桥一带对该网点的货物进行检查时，发现3个价值不菲的玉石制品存在重大嫌疑。查中永大胆决定破拆，当场查获冰毒22.168公斤。

一组组数据、一枚枚勋章的背后，是生死攸关的搏杀和战斗。查中永先后荣立一等功1次、二等功2次、三等功3次，2018年7月被云南边防总队评为“云岭边防卫士”，2015年6月被公安部授予“全国禁毒先进个人”荣誉称号。他始终坚信，只要边境多查缉一克毒品，无数家庭就会多一份安宁。

（云南省文明办供稿）

拉巴次仁

授人以渔　助力脱贫攻坚

敬业奉献

人物 THE STORY 故事

拉巴次仁，男，藏族，中共党员，西藏自治区日喀则市萨迦县德布热惠民藏鸡养殖有限公司负责人。

2015年，拉巴次仁响应国家政策，在家门口创办了萨迦县德布热藏鸡养殖农民专业合作社，但因缺乏技术与经验，导致藏鸡大量死亡。但他没有灰心，只身前往河南郑州学习养殖技术与知识。2017年，他再次创业，运用学到的技术，藏鸡养殖取得了巨大成功，当年年底存量藏鸡达到680只，销售藏鸡蛋6420枚，藏鸡苗出售4800只，年纯收入达到31.2万元。2018年、2020年，在党和政府的大力支持下，拉巴次仁分别申请到产业扶贫资金300万元和500万元，对藏鸡养殖场进行升级改造。2020年，养殖场养殖规模达到32000只，销售藏鸡蛋118000枚，藏鸡苗销售100400只，蛋鸡销售18000只，肉鸡销售7600只，纯年收入达到680.7万元。

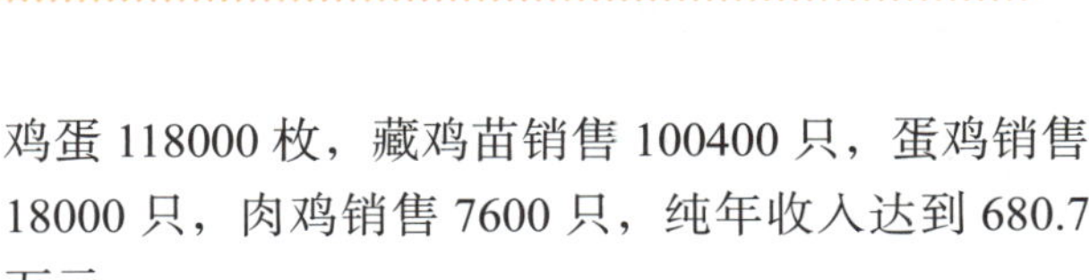

吃水不忘挖井人，拉巴次仁深知创业路上取得成就离不开国家的好政策，离不开党和政府的大力扶持，致富不忘回报社会，在发展企业过程中，给村民积极提供就业岗位进行收入分红，仅2020年分红资金就达22万元。

授人以鱼不如授人以渔，他先后无偿对86户村民进行扶持，每户发放藏鸡苗20羽和产蛋鸡10只，进行养殖技术跟踪指导、服务和后期统一收购藏鸡蛋，成为名副其实的致富带头人。

（西藏自治区文明办供稿）

苏　丽

女警察奋战脱贫攻坚一线 6年实现人生升华

人物故事 THE STORY

苏丽，女，1975年生，中共党员，陕西省榆林市公安局派驻佳县乌镇刘家峁村驻村工作队队员。

2014年6月，苏丽被派驻到佳县乌镇刘家峁村驻村，一干就是6年。作为驻村帮扶干部，与乡亲打成一片，吃百家饭、访百姓情，进村组、入农户、奔走于田间地头，解民忧、帮民富，得到了困难群众和扶贫同事的好评。

刘付生曾是村里的贫困户，他自身残疾，妻子是一级精神残疾，孩子小峰和小媛年龄尚小，日子过得十分艰苦，兄妹俩有一个格外珍惜的“成长”影集，那是苏丽为他们专门制作的，近百张照片记录了他们多年来的学习生活情况，让孩子们告别贫苦的灰色童年，多一份美好的童年回忆。

2015年夏，苏丽得知刘付生没钱租房，当即带领队友劝其搬出危房，冒雨来到镇上，为其缝制新被褥、置办锅碗等生活用品。

从宣传民警到驻村扶贫干部，她以一颗赤子之心，感染着身边的民警，感动着每一位困难群众。她把村民当亲人，千方百计为贫困家庭解决生活上的困难，坚守扶贫一线，被誉为“陕北高原上盛开的最美的兰花花”。

（陕西省委文明办供稿）

郭万刚

从普通护林员到治沙造林带头人 矢志不渝守护家园

人物故事 THE STORY

郭万刚，男，1952年生，中共党员，甘肃省武威市古浪县八步沙林场党支部书记、场长。

从一名普通的护林员，到治沙造林的带头人，这位基层共产党员，近四十年如一日，战风沙，斗荒漠，不仅为干旱荒漠区防沙治沙创出了一条成功之路，也为改善西部地区生存环境，创造了宝贵的精神财富。

压沙造林近40年来，特别是在郭万刚担任场长以来，八步沙林场管护面积扩大至37.6万亩，累计治沙造林14万亩，封沙育草19.6万亩，栽植各类沙生苗木4000多万株，埋压草方格沙障4万多亩，修建通向沙漠腹地的压沙造林道路34公里。林场自筹资金420万元，完成省道308线通道绿化10公里、金色大道绿化32公里，黄花滩绿洲移民基地农田林网造林折合面积5000亩，栽植各类苗木100万株，成活率达到90%以上。

如今，在郭万刚的带领下，昔日黄沙漫天、环境恶劣的沙地贫困林场发展成为一个物种丰富、环境优美、生机盎然的林业观光景区，在沙漠之海筑起了一道绿色的屏障。

（甘肃省文明办供稿）

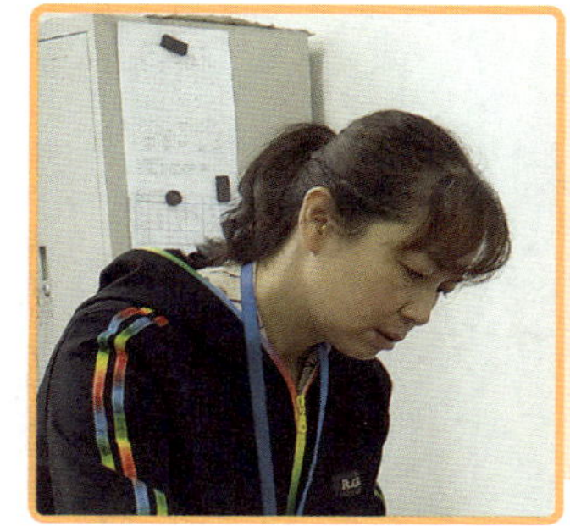

都蓉芳

特教老师三十年如一日 用爱护佑聋哑学子成长

人物故事 THE STORY

都蓉芳，女，1972 年生，中共党员，青海省西宁市聋哑学校教师。她三十年如一日，把爱全部奉献给每一位听障学子。

作为特殊教育老师，都蓉芳暗暗下定决心，要让孩子们像正常学生一样学习生活。为此，她从帮助孩子们在交往中培养自信心，经常带领学生参观科技馆、博物馆等，拓宽孩子们的视野；带孩子们去敬老院、儿童福利院，感受生活的不易和生命的顽强，让孩子们树立阳光自信的生活态度。2017 和 2020 年两届高考，共有 18 人参加，10 人被大学录取。

她不仅用心教育着每一位学子，还如母亲一般悉心呵护着大家。她先后资助 20 余名贫困生，帮扶 30 余名学困生。学生小红因从小缺少母爱的关怀，导致性格古怪、孤僻，一次因和同学吵架赌气跑回了家，都蓉芳赶往孩子家中，耐心劝说，孩子受伤的心得到了抚慰。2012 年冬季的一个周末，小霞因没赶上回家的末班车又无法联系上家人，被困在了乐都县城，害怕得直流眼泪，一位好心人拨通了都蓉芳的电话，接到电话后的她留下自己的孩子独自在家，便赶往乐都寻找小霞……像这样的感人故事在都蓉芳 30 年的教育生涯中比比皆是。

桃李不言，下自成蹊。都蓉芳不忘从教使命，牢记教师初心，兢兢业业，一丝不苟地为孩子们的健康成长奉献着自己的力量。

（青海省文明办供稿）

丁建云

民警坚守公平正义　服务群众不改初心

人物故事 THE STORY

丁建云，男，回族，1983 年生，宁夏回族自治区吴忠市红寺堡区公安分局大河派出所所长。

2005 年，丁建云如愿进入公安队伍，成了一名缉毒警察。2013 年 4 月中旬，禁毒大队获得线索，一名毒贩欲出售大量海洛因。在执行抓捕任务时，丁建云挺身而出，第一个冲进交易现场实施抓捕，与毒贩搏斗过程中，头部被毒贩用石块击伤，但丁建云没有畏惧，与其他民警顺利将犯罪嫌疑人抓获并缴获毒品海洛因 500 余克，完成了现场痕迹物证的提取工作，破获了当时红寺堡禁毒史上最大的一起贩毒案件。

这是丁建云从事禁毒工作以来第一次受伤，但这并不影响他与毒品犯罪分子斗争到底的决心。他参与侦破、审核毒品刑事案件 80 余起，打击处理违法犯罪嫌疑人 270 余人，缴获毒品 2.4 公斤。先后担任红寺堡区公安分局法制大队大队长、红寺堡区治安大队大队长、政工监督室主任……每到一个岗位，丁建云很快调整角色，适应岗位，通过持续的学习提高，迅速成为业务能手。

2021 年，因表现出色，丁建云被任命为大河派出所所长，他时刻提醒自己，要想带好队伍，干好工作，必须以身作则，带好头，树榜样。为尽快适应新环境，他自我加压，白天忙工作，晚上学业务知识，兢兢业业，用自己的行为树立了榜样。

（宁夏回族自治区文明办供稿）

孙喜平

赤诚孝心　照料患病岳父三十余载

人物故事 THE STORY

孙喜平，男，1954年生，黑龙江省佳木斯市桦南县桦南镇铁东社区居民。

在桦南县铁东社区桦东新城小区里，人们经常会看到一个消瘦的老人背着另一位老人在卫生室或附近的公园散步，不知情的人都以为这是儿子伺候自己的父亲，可事实却是68岁的女婿照顾患病的96岁老岳父。女婿孙喜平照顾患病岳父已经30余年了。

在孙喜平与妻子结婚之前，岳母就因癌症去世，留下了沉重的债务。1978年，孙喜平结婚，与妻子共同还债。然而天有不测风云，独居的岳父突然被诊断为阿尔茨海默病，生活无法自理。1986年全县企业改制，夫妻双双下岗。面对家中接连的变故，为了增加生活收入，他决定“带父打工”，骑着三轮车带着岳父去工作。

转眼间30多年过去了，孙喜平也老了。在岳父得病的30多年时间里，孙喜平用他善良的心，照亮了老人的晚年生活；用他无私的奉献和无悔的坚守，践行了中华民族“百善孝为先”的传统美德；用他的实际行动树起了尊老爱幼、孝老爱亲的新标杆。

（黑龙江省文明办供稿）

高贵芬

善良农妇照顾残障哥嫂近半个世纪

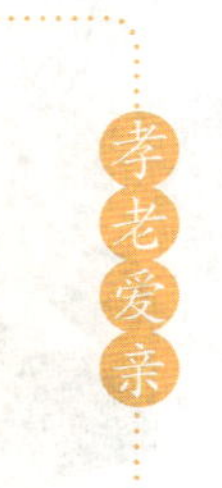

人物故事 THE STORY

高贵芬，女，1955年生，江苏省镇江市润州区南山街道鹤林社区高家门组居民。

1963年，高贵芬父亲因病去世，此时的她年仅八岁。高贵芬的哥哥高长贵出生时就患有脊髓灰质炎，面对辛劳的母亲，年幼的高贵芬显得格外懂事，不但十分孝顺母亲，还主动挑起了照顾哥哥的重担。1971年，哥哥成家，但嫂子张银娣患有智力障碍，夫妻俩的生活一直离不开别人的照料。1975年，20岁的高贵芬结婚了。但她成家不离家，让母亲、哥嫂和她住在一起。

1994年，高贵芬39岁时，母亲突发疾病去世。此后，照顾哥嫂的重担全都落到了高贵芬夫妇身上。彼时的高长贵又患上了小脑萎缩、帕金森综合征等疾病，生活不能自理。但高贵芬夫妇仍一如既往、无微不至地照顾他们。为了帮哥哥治疗，高贵芬连续几十天顶着酷暑带哥哥去医院看病。岁月更替，高贵芬几十年如一日地照顾哥哥，不惧苦脏累，始终无怨无悔。在高贵芬的照顾和陪伴下，哥哥安然步入了老年。2019年9月，高贵芬的哥哥去世了，享年80岁。

在近半个世纪的岁月里，高贵芬没有把哥嫂当成生活的累赘，而是始终如一地照顾他们，以常人难以想象的艰辛，为残障哥嫂筑起了一道爱的城墙。

（江苏省文明办供稿）

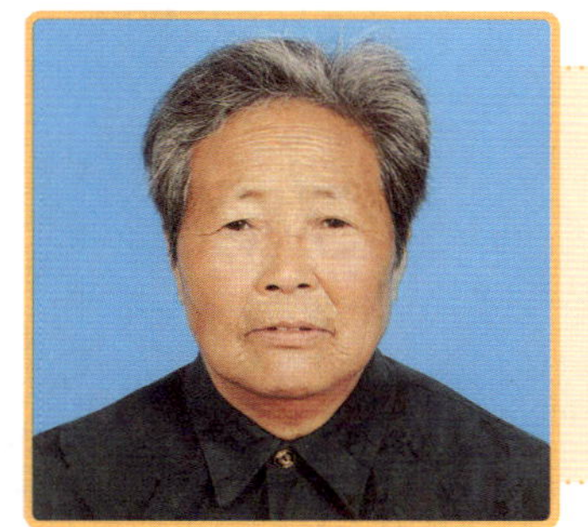

林爱莲

照顾三位智力残疾小叔子 57 年 村妇用爱撑起苦难家庭

人物 THE STORY 故事

林爱莲，女，1947 年生，浙江省温州市平阳县万全镇龙祥村吴岙自然村村民。73 岁的林爱莲，从 18 岁那个盲婚哑嫁的年代嫁到吴岙，她的命运就和吴家人绑在一起了，不仅要照顾年迈的婆婆，还有 3 个智力低下的丈夫兄弟。在她 48 岁时，大儿子去世，大儿媳妇留下刚出生的孙子再也没回来过，老公因为过度想念儿子，慢慢地有些神志不清，她又多了照顾刚出生的孙子和患病的老公，还有 6 万元的债务。每天她起早摸黑种家里 6 亩地，比男人还能干，还能吃苦，就为了让一家人能吃上饭，并用 10 年时间还清了债务。如今婆婆、老公走了，孙子大了，唯一牵挂的是 88 岁、74 岁、66 岁还如同孩童般、不会说话的三位小叔子。在艰苦的日子里，她手把手教会他们做饭和煮面条，每次出门她先把菜烧好。2018 年，最小的小叔子得了重病，外人都劝她准备后事，但她不忍放弃，请医生来治病，小叔子在她悉心照顾下，竟然奇迹般活了下来。林爱莲这一生在出嫁时就注定了的“苦命”，但是她没有向命运低头，扛起媳妇、妻子、嫂子、母亲甚至奶奶的责任，用自己的行动诠释善良、勤劳、坚忍的中华民族传统美德。

（浙江省文明办供稿）

钱益品

妻子 30 年无法走路 丈夫给予最长情的“公主抱”

人物 THE STORY 故事

钱益品，男，1965 年生，浙江省杭州市临安区板桥镇上田村村民。

钱益品和郭爱贞于 1989 年相恋。相恋 8 个月后的一天，劳动中的郭爱贞突然瘫倒在地，送到医院后，被诊断为强直性脊椎炎，下半身瘫痪，生活无法自理，常年需药物控制病情，几乎没有治愈的可能。但是钱益品忠贞于两人一起许下的“照顾一辈子”的承诺，他毅然决然地迎娶了女友。从此，开启长达三十年如一日最长情的“公主抱”。三十年来，作为家里的顶梁柱，钱益品一边打工挣钱养家、为妻子治疗，一边精心照料妻子，一边四处寻医问药。富阳、东阳、宁波以及山东、云南，从省内到省外，从地方医院到部队医院，只要有一线希望，无论多远多难，钱益品都会勇敢地背起无法动弹的妻子前去。2020 年，临安区文明办联合临安城南医院启动“特别的爱给最美的你”关爱行动，为 10 户有就医需求的“最美人物”家庭，提供一对一“私人医生”长期结对送医服务。由城南医院牵头，省市专家对郭爱贞进行了多次联合会诊，使卧病在床 30 年的“木头人”终于又迈出了第一步。

做好一天容易，但三十年如一日的悉心照料、不离不弃却难能可贵，钱益品身上展现出的真诚而厚重的爱，不仅给予了妻子郭爱贞生命的尊严和家庭的幸福，也时刻感动着周边的亲朋好友，让邻里都为之动容，尊称他为“一品丈夫”。

（浙江省文明办供稿）

陈观金

深山村民十余年如一日 抚养侄女和智力障碍侄子

人物 THE STORY 故事

陈观金，男，1963 年生，江西省赣州市龙南市九连山镇润洞村村民。

2009 年，陈观金正值壮年的弟弟陈连富不幸患病去世，弟媳因此改嫁他乡，只留下 13 岁的侄女小清和身患智力残疾的 15 岁侄子小涛。陈观金不忍心看着侄子、侄女从此无依无靠。办理完弟弟后事，陈观金双眼含泪将侄子、侄女揽在怀里说道：“不哭，往后跟着大伯过！”

陈观金膝下两女一儿，家中还有体弱多病的老母亲需要照顾，生活本就困难，突然间多出两个小孩要抚养，压力可想而知，好在妻子李彩兰也一直支持着陈观金，在陈观金的悉心抚养下，兄妹俩健康成长。

侄子患有智力障碍，不谙世事，而乖巧懂事的侄女随着年龄的增长却变得沉默寡言起来，侄女初中三年期间，陈观金时常去学校看望她，给她送去可口的饭菜、水果。侄女小清中考发挥失常，未能考取公立高中。在陈观金耐心劝说下，小清放下思想包袱，最后在私立中学就读。后来，侄女顺利毕业参加工作，陈观金仍在照顾着智力残疾的侄子。

2020 年，他将积攒多年的 10 余万元存款全部拿出来，帮两兄妹在家里新建了一栋房子。建房时有人说陈观金傻，自己有儿有女，何必为侄子侄女付出那么多。陈观金却说：“兄妹长大了，得有他们自己的家。我苦点累点没什么，只要他们日子过得好就好。”

（江西省文明办供稿）

马学虎

奉养四亲为兄捐髓的真汉子

孝老爱亲

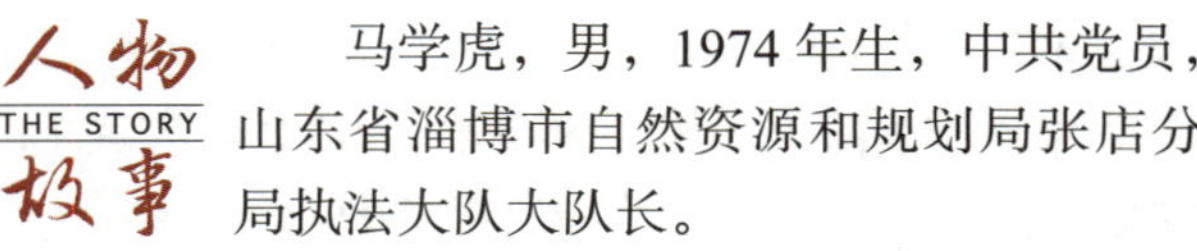

人物 THE STORY 故事

马学虎，男，1974 年生，中共党员，山东省淄博市自然资源和规划局张店分局执法大队大队长。

马学虎出生于山东曹县一个偏僻的乡村，出生一年半后，因家境贫寒无力喂养，父母便把他过继给了姓许的一户人家，一直到他当兵，才改叫马学虎。养父母年龄渐大，家中无人支撑，生活较困难，已经长大成人的他便负担起奉养父母的责任。当兵的十六年里，每次休假他都“两头跑”陪老人，不高的工资也全部补贴给了家用。近年来，养父母体弱多病，又不想离开老家来淄博与他一起生活，他便拿出家里所有积蓄为老人重新盖了房子，让表姐一家同住照顾老人日常生活。

2015 年 6 月，他的哥哥马学龙查出白血病，虽然没与大哥一起长大，但他却对大哥的病情最上心。2016 年 3 月，当得知需要骨髓移植后，他主动去医院进行了血液配型，并配型成功。2016 年 5 月，他为哥哥捐献了 1200 毫升的骨髓血，后又补抽了 400 毫升的造血干细胞，2016 年 8 月，为提高患病哥哥的免疫力，又抽取了 80 毫升的淋巴细胞。

移植后进入排异期，一天一万多元的高额医疗费让全家犯了难。他开始向亲朋、战友借钱，5 万元、10 万元、20 万元、50 万元……欠下的债务已经超出了家庭的承受能力，但马学虎坚定地说：“钱可以慢慢还，但命在旦夕，必须立即办。”虽然竭尽全力救治，大哥还是因为肺部意外感染不幸去世，马学虎却从未后悔。

（山东省文明办供稿）

方赛群

好媳妇不离不弃 悉心照顾植物人丈夫 22 年

孝老爱亲

人物故事 THE STORY

方赛群，女，1963 年生，湖南省岳阳市君山区钱粮湖镇分路口社区居民。

1999 年，方赛群的丈夫徐衡山因事故成了植物人，经济支柱的倒塌给了这个家庭很大的打击，当时一双儿女均未成年，因家境贫困而辍学。尽管因病返贫、债台高筑，但她不抛弃、不放弃。22 年如一日精心照顾丈夫，抚养两个未成年子女，侍奉 80 岁的公婆，撑起摇摇欲坠的家庭。

就在曙光初现的时候，灾难却再次袭来。2010 年正月的一天，方赛群把丈夫安顿在炉边烤火，自己去园里摘菜，却不料被子掉进炉里着了火，因为不能动、也不能呼救，丈夫眼睁睁地看着自己被火焚烧，等方赛群赶回家中，他已经奄奄一息。亲戚邻居有人劝她放弃，方赛群却擦干眼泪，坚持要救下丈夫，四处向亲朋好友借钱治病。经过 13 天的抢救，丈夫保住了性命，全身烧伤面积却达到 60% 以上，还欠下 8 万多元的医疗费。万般无奈下，方赛群只能带着丈夫回家治疗。夏季天气炎热，丈夫烧伤处开始大面积发炎化脓。方赛群一边精心护理丈夫，一边四处奔波借钱，千方百计凑齐了 10 万元手术费，让丈夫重返医院接受治疗。在党和政府以及爱心人士的帮助下，丈夫进行了多次植皮手术，病情逐步恢复稳定。

“以后的路还很艰辛很漫长，我会一直坚持下去，这是我的责任。”方赛群对丈夫的爱是一种全身心的付出，就像飞蛾扑火，义无反顾，无怨无悔，不离不弃。

（湖南省文明办供稿）

陈业初

将哥哥的孩子视若己出　传承好家风

人物故事 THE STORY

陈业初，男，1966 年生，广西壮族自治区玉林市实验中学高级教师。

2002 年，陈业初的哥哥不幸因故身亡，留下了五个孤苦伶仃的孩子，大的刚考完高考，小的才读小学，本就务农收入微薄的家庭，只剩下大嫂一人苦苦支撑，生活举步维艰。不忍孩子受苦的陈业初和妻子商量后，毅然决定扛起哥哥家几个孩子供书教学的重担。

十几年的供书教学，累积着一声声的嘘寒问暖、一点一滴的细致关爱，更有一句句的家风传承。陈业初的父母亲都是本分的农民，文化水平不高，朴素的言语中却蕴含着最深刻的道理，他们总是以“做事不偏不倚，待人有情有义”教导他，而他也谨遵家风教导，用大爱支撑起哥哥破碎的家，用优秀德行滋润着后代人。

陈业初的双亲年迈，父亲又双目失明，于是，陈业初把父母接到身边，多年来一直悉心照料。每到傍晚，在玉林实验中学校园里，都时常能看到这样一幕：暮色四合，陈业初牵着父亲的手，陪伴父亲在操场上一圈一圈地散步。

“朋友聚会，我经常迟到。”陈业初没告诉朋友自己迟到的原因，是要先赶回家给父母做好饭菜。父母年事已高，生活难自理，而且牙口不好，肉要去骨头、鱼要剔刺，每餐的饭菜都是他和妻子细心地给父母整理好，再端到桌上。

陈业初十几年如一日服侍年迈多病的双亲和供养大哥的遗孤，用自己的实际行动诠释了中华民族孝老爱亲的传统美德。　（广西壮族自治区文明办供稿）

瓦　里

跨越血缘的母爱——收养抚育3名孤儿的“蒙古族额吉”

人物故事 THE STORY

瓦里，女，蒙古族，1952年生，新疆维吾尔自治区博尔塔拉蒙古自治州博乐市顾里木图街道青河社区居民。

1985年瓦里的丈夫逝世，瓦里便独自承担起了抚养5个子女的重担，她在困难面前从未低头，总是想方设法为子女创造良好的学习环境，孩子们也不负老人的期望，学业有成，先后走上工作岗位，成家立业。

多年来瓦里老人先后收养了3名汉族儿童。2006年，瓦里老人从福利院收养了1名三个月大的患病婴儿南南，并将他抚养到7岁，因需定期接受药物治疗，身边必须有医务人员照顾，在福利院工作人员的再三劝说下，瓦里老人只能把南南送回儿童福利院。2016年，瓦里老人又申请从博乐市儿童福利院领回抚养小熙和小微两名小女孩，并尽心尽力地照顾她们，怕孩子们学习跟不上，她让自己的孙女帮她们补课，辅导作业。只要一有空，瓦里老人便会带她们去图书馆看书，去游乐场游玩，去公园散步，教她们唱歌，弹托布秀尔琴。两个孩子也逐渐成长懂事起来，现在能给奶奶捶捶背，主动分担家务活，学习上也很努力，性格逐渐变得自信活泼。

看着孩子们茁壮健康阳光地成长，瓦里老人的脸上每天也洋溢着幸福的笑容。

（新疆维吾尔自治区文明办供稿）

八月

朱 意
两次捐献造血干细胞　给患者生的希望

人物故事 THE STORY

朱意，男，1991年生，北京市房山区社会建设指导服务中心社区工作者。

2017年，朱意加入了中华骨髓库，并于2020年1月7日成功完成造血干细胞采集，成为全国第9359例造血干细胞捐献者。朱意曾说："资料库多一名志愿者，血液病患者就多一分希望。希望大家积极参与，给更多的患者带来生的希望。"

2019年，朱意与一名患者配型成功，他毫不犹豫地决定捐献造血干细胞，挽救患者生命。2020年1月6日，在第一次采集过程中，朱意全身出现了严重的麻痹。在第二天采集时，他的反应更加严重。但是朱意拒绝休息，一心想着尽快把造血干细胞"送"给患者，让患者远离病痛。在采集结束的那一刻，朱意慢慢从床上坐了起来，看着桌上的造血干细胞混悬液，他流出了欣慰的泪水。

"素未谋面的小哥哥，你好！谢谢你来救我。谢谢你伸出双手，挽救我的生命。在未来，我会带着你的细胞去看世界，去见证平凡细微处的人间大爱，去感受人间烟火……我绝不辜负你传递过来的生命力量。"这封患者写来的感谢信，对朱意来说就是最好的礼物。朱意用爱心传递了希望，用鲜血延续了生命。他不忘初心、践行善举，为和谐社会凝聚了更多的力量。

（首都文明办供稿）

王 强
交警热心公益事业　坚持捐资助学

人物故事 THE STORY

王强，男，1974年生，中共党员，天津市公安局交通警察总队河北交警支队中山路大队副大队长。

2020年11月初，承德市承德县仓子乡中心小学接到了一封陌生来信和80条围巾、100个笔袋、100本名著、1500个医用口罩等，落款是"天津警察叔叔"。署名"天津警察叔叔"的王强鼓励孩子们要怀揣属于自己的梦想，在艰苦的条件下磨炼意志、努力学习，将来考取警官学院，并约定与孩子们毕业后做同事。这让孩子们对这位素未谋面的警察叔叔肃然起敬，也对警察这份职业充满了敬意和向往。

王强曾经资助过一位蓟州山区即将辍学的小女孩，从小学到大学，一资助就是10年。10年间，每逢寒暑假，王强都要驱车往返300公里，给女孩送去学费、书籍及衣物。在大学最后一年的实习期，女孩有了一些微薄的收入，主动提出不再接受资助，但王强夫妻为了孩子能安心读书，一直资助她到大学正式毕业。多年的相处，让女孩已经把王强夫妻当作亲人看待，每到父亲节、母亲节，女孩都要登门"串亲戚"，一家人坐在一起聊学业、谈生活。2019年，女孩从天津医科大学护理专业顺利毕业，并光荣地成为天津某三甲医院的护士。她在自己的工作岗位上，像她的"警察爸爸"一样，守护生命，救死扶伤。

（天津市文明办供稿）

荆国舫

退休老师二十余年为群众义务宣讲八百余场次

人物故事 THE STORY

荆国舫，男，1946 年生，中共党员，河北省秦皇岛市海港区退休教师、草根宣讲团团长。

2001 年，荆国舫从教师岗位上退居二线，走上了为周围群众义务宣讲的讲台，20 年间累计义务宣讲 800 余场。为了能真正讲好党的政策理论，他首先坚持自己学习好，不仅购买了大量资料，还订阅了《时事资料手册》《半月谈》等报纸杂志，家中宣讲资料达六七千册。他把每天听到、学到、看到的资料都摘抄记录下来，坚持手写宣讲稿，宣讲稿装满了 30 多盒，并学会了打字和简单的课件制作。2017 年，党的十八大召开后，海港区成立了草根宣讲团，荆国舫被聘为宣讲团团长，宣讲足迹遍布海港区城乡，并作为河北省理论宣讲巡讲团成员，先后到唐山、承德、张家口等地宣讲。2019—2020 年，参加了秦皇岛市《电视讲堂》宣讲和秦皇岛市“学习新思想，三员走基层”的宣讲。

为了切实提高宣讲效果，荆国舫创新了“五讲”工作法。利用党员学习日、活动日“集中讲”；以党小组形式“分散讲”；对年龄大、身体较差的党员或百姓，从张家到李家他登门“巡讲”；对因事没参加宣讲的党员他课后去家里进行“家讲”；晚上遛弯边走边讲的“走讲”。灵活多样的宣讲形式，扩大了宣讲的覆盖面。“为党发声、为群众宣讲，这是我晚年做的最幸福的一件事！”

（河北省文明办供稿）

路焕梅

退休干部数十年坚持做好事

人物故事 THE STORY

路焕梅，1956 年生，中共党员，河北省邢台市临城县老干部局退休干部。

40 多年前，她在日记本的扉页上写下：每天要坚持做三件好事。她当初作出这样承诺，只是缘于做好事让她找到了一种幸福感。

隆尧县的小凡是路焕梅资助过的一位学生，小凡因家庭困难，产生了外出打工的想法，路焕梅资助了他 5000 元的学费，劝说他要完成学业，如今小凡大学毕业后已在北京工作；方等村的小文为给妻子治病花光了家里的积蓄，妻子不幸离世后，小文被巨额欠款压得喘不过气来，路焕梅知道后送钱送物，并像对待自己孩子一样照顾着小文的孩子；下围寺村赵大伯的儿子得了白血病，路焕梅前前后后捐款将近一万元。

逢年过节，路焕梅都会给那些困难群众送去衣物和食品。人们都以为她腰缠万贯，可当被她资助的人去看望她时，都惊讶于她家的家具陈旧、陈列简单，厨房的橱柜也已年久失修，闭合不上。就是这样的一个人，省吃俭用，却把积蓄拿来捐助他人。渐渐地，在路焕梅的影响下，身边的人都开始自觉做好事。

“我被评为‘中国好人’，国家给我这么高的荣誉，所以好事我要继续做下去，做得更好！”路焕梅坚定地说。

（河北省文明办供稿）

祝宝安

退休老党员义务绿化社区 组建志愿服务队带动居民做公益

人物 THE STORY 故事

祝宝安，男，1952年生，中共党员，内蒙古自治区通辽市经济技术开发区新城街道美瑞龙源小区居民。

祝宝安退休后，搬进了美瑞龙源小区。由于一些历史遗留问题，这个新小区基础设施不完善，绿化也没完成。2016年，为了改善居民生活环境，祝宝安决定义务栽花种草，完成小区绿化。为了节省，他在街头及各个公园捡拾落地的花籽；为了育苗，他一遍一遍地在三十楼与一楼间运花土花苗；为了抢抓花期，他在烈日下的花棚里忙得汗流浃背，一栽就是5000多盆。从初春到入夏，育苗、翻地、栽苗、浇水、除草，祝宝安每天劳动长达7个小时，皮肤晒得黝黑，一双手磨出了又厚又硬的茧。不少人问他图啥？祝宝安说："我图咱们小区干净漂亮，邻居们住得舒心。"

看着祝宝安多年如一日的无私付出，居民对他无不钦佩。大家开始主动送来花籽，空闲时撸起袖子一起干，社区与物业工作人员也加入其中。后来大家共同组成了"老祝"志愿服务队，每年为小区培育花苗10000余株，绿化面积达1000余平方米。

如今的美瑞龙源小区，花木高低错落有致，花型颜色排列有序，可谓步步美景。祝宝安也成了小区志愿服务的一张鲜活名片。他说："作为一名老党员，为大家做点事是应该的，我会继续以身作则，带动更多人参与志愿服务，为美好家园和城市文明贡献出自己的一份力量。"

（内蒙古自治区文明办供稿）

助人为乐

宫　正

以芳华筑梦　让慈善成为习惯

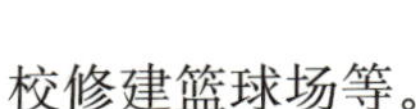

人物 THE STORY 故事

宫正，女，1977年生，中共党员。辽宁省沈阳广播电视台云盛京事业部副主任、首席主持人。

宫正发起参与了多个公益项目，助力募集善款数千万元，资助孤儿、残障儿童、孤独症患者、农民工子女、独居老人等弱势群体。在抗击新冠疫情时，第一时间响应号召，慰问中国医科大学400余名支援湖北抗疫一线医护人员家属，慰问环卫工人、交通警察、雷锋爱心车队等；个人捐赠2万份暖贴，并感召爱心人士捐赠各类物资价值三十万多元；夜以继日地创作录制多个公益宣传片、短视频、音频产品，以"声"传情，助力抗疫。感召爱心企业捐赠二十多万元，为辽宁省孤儿学校修建篮球场等。

她坚持推行"正仪正行公益"，策划组织各种特色公益活动，包括礼仪文化进乡村学校的"正包包"计划，"送给乡村孩子的一堂礼仪课"活动，助力孩子全面成长；在全国率先发起"有礼社区"项目，编纂和发放5万份有礼社区文明礼仪手册。组织"有爱无碍，让爱通行"慈善活动，向辽宁高铁捐赠100台小型轮椅，助力完善辽宁省十四个城市的高铁车厢环境设施，为老年人、残疾人乘坐高铁通行无障碍提供便利条件。

公公正正做人，公公正正做事。宫正和她的志愿公益事业，人如其名。

（辽宁省文明办供稿）

樊　振

志愿者创办免费图书馆服务群众

助人为乐

人物 THE STORY 故事

樊振，男，1972 年生，中共党员，江苏省连云港市东海县退役军人事务局宣传科科长、樊氏图书馆（邓演达文献馆）馆长。

26 年来，樊振凭借一己之力自筹 300 多万元，将传承百年的自家书屋办成藏书 10 万余册的公共图书馆，累计服务群众 30 多万人次，免费为社会提供逾 500 万元的公共服务。图书馆获江苏抗战地标、江苏首批 100 个红色地名等省以上命名授牌近 20 项。2020 年寒假，樊振全家和 16 位教师志愿者为读者提供免费服务，开展主题阅读推广活动。樊振和 30 余名教师志愿者、医务工作者、心理咨询师通过微信、QQ 等媒介为少年儿童和成人读者免费提供线上 24 小时的参考咨询服务，及时通过网络将党和国家的声音、疫情防控知识传递给读者，服务读者 5000 余人次。樊振还关心青少年的健康成长，坚持为学生上“开学第一课”，每年组织开展各类活动 100 余场。

近五年来，樊振公开发表著作、论文 50 余篇（部），个人著述 44 部（件）获省版权局登记，填补多项国内空白。他先后参与农工党中央《中国农工民主党的九十年》《邓演达全集》《中国农工民主党历史》编写工作、积极参加《回望美丽——雨花女英烈的故事（冯菊芬）》文献纪录片录制，曾两次被农工党中央表彰为先进个人并受到书面表扬。

（江苏省文明办供稿）

周庆联

创立公益组织帮助贫困家庭学子圆求学梦

人物 THE STORY 故事

周庆联，男，1967 年生，中共党员，江苏省宜兴交通能源集团职工。

2008 年的一个偶然机会，在四川巴中的周庆联结识了爱心助学夫妻——张彦杰夫妇。张彦杰是一位身患癌症的乡村民办教师，夫妻俩坚持爱心助学十多年，先后帮助数千名贫困山区的孩子圆了求学梦，这让周庆联感动不已。2011 年 6 月的一天，当他在无意中听闻老同学周盘军正在读高一的女儿因凑不齐学费面临失学时，周庆联深有感触、颇为感慨，当即出手相助，并和张彦杰商议后，决定每年资助这个孩子 3000 元学费，直至其高中毕业。由此，也开启了周庆联的公益之路。

2011 年，周庆联创立壹家壹公益社，他带领全体社员，情系革命老区，精准扶智扶志。10 年来实地走访行程超过 6 万公里，累计投入捐资助学、助老修路、援建村小等各类帮扶资金超过 1200 万元，先后帮助 5000 多名四川、云南、贵州等革命老区贫困家庭的莘莘学子圆了求学梦，直接受惠群众家庭超过 4000 户，人数过万，其中有 800 多名学子考入了各类高等院校。周庆联个人捐助累计超过 150 万元，结对学生 36 人，有 22 名学生相继考入复旦、华东师范等名院校。

面对新时代赋予的新使命新任务，如今已年过半百的周庆联，将带着壹家壹公益社的所有成员，秉持一名普通党员初心使命，继续奋发有为，为推动公益事业的发展尽最大的努力。

（江苏省文明办供稿）

胡温中

坚强爸爸为温州孤独症群体撑起“爱的保护伞”

人物故事 THE STORY

胡温中，男，1968年生，现任浙江省智力亲友协会副主席、温州市智力亲友协会主席、温州市鹿城区同星园家长互助协会副会长、鹿城区政协委员、壹星酿烘焙坊创始人，他也是孤独症双胞胎的父亲。

2007年，胡温中成立了一家叫“爱星缘”的孤独症康复机构，十多年来为3000多名孤独症儿童就近提供了康复训练服务。其间，为减轻孤独症家庭的经济压力，让孤独症儿童可以获得持续的康复训练，他积极对接浙江省残疾人福利基金会，连续五年在腾讯99公益日平台上发起孤独症康复项目，累计筹得善款三百多万元，全部用于孤独症儿童的康复补贴，受益家庭超150个。

2016年，胡温中和温州地区另外10个心智障碍者家庭一起发起成立了“温州市鹿城区同星园家长互助协会”，推动温州地区孤独症等心智障碍人士全生命周期支持体系的建立和完善。

2019年，在关注到温州地区成年孤独症群体服务空白的困境后，胡温中创办壹星酿烘焙坊，探索温州地区孤独症群体就业支持，壹星酿作为孤独症青年就业实践基地，开展就业培训超过500场，受益孤独症等心智障碍青年超过8000人次。一对一支持和帮扶孤独症青年79人，帮助18名孤独症青年实现多元就业。通过几年的努力，壹星酿已有多家门店，成为企业践行社会责任的典范，入选浙江共富示范区首批典型经验。

（浙江省文明办供稿）

陈彩炉

老校长解囊助学60载 种得桃李满天下

人物故事 THE STORY

陈彩炉，男，1931年生，中共党员，浙江省台州市天台县实验小学名誉校长。

陈彩炉从苦难的旧社会走来，在党的关怀下成长，自1951年从事教育事业以来，孜孜不倦潜心教学，矢志不渝立德树人。作为老校长，他一生节俭，却将饱含爱心与深情的资金用在关心下一代健康成长上。不让学生因贫穷而辍学，是他最朴素的情怀。他在当地原城关一小、原桐柏小学、栖霞小学设立奖学金，激励孩子勤奋读书，累计捐出助学善款超过45万元，10多名受资助的孩子除了天台当地，还远及广东、广西、浙江武义、新昌等地。20世纪90年代，学校许多栋校舍破损严重，时任校长的陈彩炉决定修整校舍，在资金短缺的情况下，他以身作则，没有领一分工资，将当年全部工资捐献给学校。

陈彩炉从1958年开始，义务为学生行医、理发，后来又坚持每个星期天上街为群众免费理发。1996年退休，陈彩炉却退而不休，继续留校帮忙，协助学校日常管理。他结合实例和亲身经历，编写了大量未成年人德育宣讲教材，将177位天台籍烈士的信息和事迹逐一抄摘汇编成册，并风雨无阻地到各学校去宣讲。

“我要一辈子为大家服务，有一分热，发一分光”。陈彩炉用一辈子的坚守，有力诠释着一个伟大民族对教育的深刻理解，有力诠释着一名老党员的初心使命。

（浙江省文明办供稿）

张庆麦

致富不忘乡邻
热心公益捐资修路助学助困

助人为乐

人物 THE STORY 故事

张庆麦，男，1970年生，安徽省宿州市萧县大屯镇张楼行政村村民。

经过艰苦创业成功致富后的张庆麦，热心公益事业，捐资修路、助学助困，不忘乡邻，反哺桑梓。自2015年以来，他每年春节都拿出10吨大米、5吨食用油和猪肉等慰问品，送给村里的贫困户、五保户、60岁以上的老人和大屯镇敬老院老人、烈士子女、复退军人。在村里，只要乡亲们有困难，张庆麦都会伸出援助之手。

近20年来，张庆麦累计捐赠善款数百万元，用无私大爱温暖家乡父老。“脱贫攻坚需要多方发力，我个人先富起来了，更应该尽一份力。”在农村，个别的村民患了大病，如果没有医保，就会让整个家庭陷入绝境。2020年10月27日，张庆麦自掏腰包近50万元，为张楼村1697名村民，每人代缴280元医保费。

“知识是战胜贫穷的最好利器，因为早年辍学，我深知失学之苦。”从小家贫，没上过几天学的张庆麦，更知文化的重要性。为了不让全村一个孩子因贫穷而失学，自2017年以来，他自掏腰包60多万元，改善村小学和幼儿园办学条件，每年都为所有师生添置工作服和新校服，免除了100多名幼儿和学生的所有费用，并且个人出资为幼儿园的小朋友免费提供午餐。

在他的捐赠下，张楼行政村发生了很大的变化。“只要我有能力，就一定继续做下去。”张庆麦说。

（安徽省文明办供稿）

江金霞

老党员为群众排忧解难
帮扶乡邻捐款修路

人物 THE STORY 故事

江金霞，男，1946年生，中共党员，江西省上饶市鄱阳县公安局退休干部。

2006年退休后的江金霞，回到村里，先后出资20000元钱帮助特困户江大爷搬出危房，住进新房；出资17000元帮助村里改造老旧道路和水塘；带头捐助10000元，协助乡、村干部走村串户，动员村民为大桥捐款，顺利推动鄱阳县柘港乡童子渡“渡改桥”工程顺利竣工；防洪抢险时，与村民一道在圩堤上多日冒雨备战，又多次为灾民捐款捐物达3000多元；参与一对一帮扶贫困学生志愿服务，自费8000多元为13位孤寡老人送年货。2020年新冠疫情暴发，他又捐资10000元支持抗疫。

江金霞作为公安机关退休的人员，熟悉法律的程序和内涵。因此，为村民提供法律援助，成了他的“分内事”。他先后20余次赴福建泉州、漳州，浙江湖州等地为外出务工人员工伤、交通事故死亡等当事人义务维权，共为他人维权依法争取到200余万元赔偿。

在他的影响下，他的子女纷纷效仿，加入善举行列，捐款捐物，完美地接过了父亲的“爱心接力棒”。莫道桑榆晚，为霞尚满天。江金霞说：“在做公益的路上，我不会停下来，只要我还有能力，我都会做一些力所能及的事！”朴素的话语，却令人动容。

（江西省文明办供稿）

邓兰云

“果专家”开荒种树 35 年 造福一方百姓

人物 THE STORY 故事

邓兰云，男，1967 年生，中共党员，江西省富晶果业开发有限公司总经理。

35 年前，邓兰云对果树种植一窍不通。通过不断地“求学”和摸索，邓兰云掌握了一套独特的种植技术，因此在当地被称为“土专家”，种植规模也不断扩大，硬是将吉安市万安县高陂镇的一片荒山改变为了花果飘香的“花果山”。

2016 年，脱贫攻坚号角吹响。邓兰云积极响应党的号召，主动对接了 5 个村 38 户（162 人）的建档立卡贫困户，帮其发展产业。要钱借钱，要果苗赊销果苗……只要贫困户有需求，邓兰云都无条件支持。为了让身边其他的果农少走弯路，他在自己的果业基地建立了一个多功能培训室，把自己的技术毫无保留分享出去。据不完全统计，邓兰云免费向广大果农提供技术培训 300 余场次，受益果农 2000 余人。通过推广农业新技术、新品种，不仅推动了当地果树产业和特色养殖的发展，也带动了加工、销售、储运等产业的发展，有效增加了当地农民收入。

如今，邓兰云已是当地的致富带头人，受到了百姓们的一致赞扬和认可。“在乡村全面振兴的征程上，在示范带动的实践中，我将不忘初心，发挥所长，继续带领更多百姓致富。”邓兰云说。

（江西省文明办供稿）

梁海磊

百姓宣讲团长三十多年如一日 义务宣讲党的理论

人物 THE STORY 故事

梁海磊，1959 年生，中共党员，河南省南阳市宛城区新时代文明实践中心百姓宣讲（志愿）团团长。

1989 年，梁海磊从高校团委书记岗位上调整到南阳地委宣传部工作。地委讲师团缺少宣讲员，他主动向组织上承诺：利用业余和休息时间，为基层理论宣讲。这一讲，就是 30 多年。

退休后，梁海磊多次谢绝高薪聘请，以宣讲党的创新理论为己任，奔波在理论宣讲主战场。近几年来，他重点宣讲的“习近平新时代中国特色社会主义思想在基层”“我们的社会主义核心价值观”等专题，累计宣讲 300 多场（次）。2018 年，作为全省生态文明宣讲员，他深入到信阳、平顶山、许昌等地，宣讲习近平生态文明思想。2019 年，梁海磊把“脱贫攻坚、志智双扶”作为宣讲重点，深入到贫困村和贫困户家中，讲解精准扶贫、脱贫政策。同时，他还是公益事业爱好者，每年累计参加志愿服务近 2000 个小时。2010 年，他成立了“草根宣讲团”，党的十八大后，改称“百姓宣讲（志愿）团”。目前，已从当初的 7 人，发展为 120 名宣讲员。新冠疫情防控期间，他仍坚持线上讲授“微党课”150 多场（次），同时，刻录了 300 多盘“海磊讲党课”光盘，分发给乡村社区。

32 年来，梁海磊累计宣讲 3500 多场（次），线上讲党课达 1700 多小时，制作各类课件 300 多个。

（河南省文明办供稿）

彭玉华

古稀老人数十年省吃俭用帮助困难群众

助人为乐

人物 THE STORY 故事

彭玉华，男，1952年生，湖北省随州市曾都区西城街道九曲弯社区居民。

1999年，彭玉华和老伴租住在曾都区西城九曲弯社区的一间不足十平方米的小房子里，以拾废品为生。尽管家境贫寒，但彭玉华却省吃俭用，坚持用积攒下来的微薄积蓄，捐助地震灾区、资助贫困学子、救助孤寡老人。

汶川地震、玉树地震、雅安地震、鲁甸地震、河南水灾，500元、1000元、1500元、2000元……彭玉华的名字，一定会第一个出现在红十字会的捐款名单上。虽然所捐的钱不多，但对彭玉华来说并不容易，都是他省吃俭用攒下来的。一次收废品接触到福利院的孤寡老人后，彭玉华心中便多了一份牵挂。每年的隆冬时节，彭玉华都会用三轮车装上大米、食用油、自制香肠、鸡蛋等物资，去曾都区第一社会福利院看望孤寡老人们。

2015年，彭玉华所居住的社区筹集资金修复古井后无人管理，彭玉华主动提出义务看管古井，清扫周边环境卫生，六年来风雨不误。

彭玉华说："只要我还能动，这些事我会一直做下去。"如今，行善已经成为老人的一种习惯。

（湖北省文明办供稿）

李　军

用经典的力量助力乡村全面振兴

人物 THE STORY 故事

李军，女，1955年生，中共党员，湖北省十堰市张湾区车城路街道退休干部。

在竹溪县蒋家堰镇黑龙洞村，有一位人人皆知的"诗奶奶"，她就是李军。2015年，李军放弃城市安逸的退休生活，回到当年收留他们一家的黑龙洞村。那里地处偏僻，全村1300人中，长年在外打工的青壮年就有460人，留下大批留守儿童，她决定帮助和照顾他们，报答这块土地的养育之恩。

她在家族诵读经典的启发下，办起了留守儿童之家——"经典一百悦读社"，腾出自家70多平方米的房屋，和兄妹共同筹资，置办桌椅购买儿童读物。为激发孩子们的兴趣，她根据签到次数、阅读次数，给予一定奖励，让孩子们慢慢养成良好的阅读习惯。

为了造福乡梓，她把经典阅读作为乡村全面振兴的桥梁，向周边村民发出号召：凡6—12岁的孩子，均可到"经典一百悦读社"免费接受课外辅导，表现优异者不仅可享受奖品、奖金，还可由李军兄妹资助其完成从中学到大学的全部学业。六年多来，李军和她的弟妹们共同投资50余万元，吸引社会资助20余万元，累计关爱帮扶留守儿童2000余名，有效阻断了贫困代际传递。

李军心有大愿：扶贫先扶智，教育好下一代，让他们走出农村，到大城市去接受教育，开创新人生。寸草余晖撒故里，李军为留守儿童撑起一片湛蓝天空，宛如黑龙洞村山边那落日晚照，温暖中透着光芒。

（湖北省文明办供稿）

房瑶冷三尔

瑶山"阿尼"11年热心助农 带领村民走出"稻香鱼肥"致富路

人物 THE STORY 故事 房瑶冷三尔，女，瑶族，1970年生，中共党员，广东省清远市连南瑶族自治县瑶山水有机稻农民专业合作社理事长。

房瑶冷三尔2010年牵头组织成立农民专业合作社，后又创办农业加工厂，在发展事业的同时，不忘带动周边村民致富。她采取"合作社＋农户＋基地＋加工厂"的运营模式，以合作社为平台，免费为农户提供种子、鱼苗，给予种殖养殖技术指导，带动瑶区群众探索致富道路，11年来累计750多户村民从中获益，25户贫困户成功脱贫，农户人均年收入增加3000元以上。

2019年起，房瑶冷三尔租用海拔800米丢荒了30多年的1000多亩高山梯田，聘请40名村民耕种有机稻米，让村民实现在家门口就业。2019年，她又向300户农户免费提供5500斤稻田鱼苗，引导他们发展稻鱼种养模式。2020年，她再次主动上门，免费向700多户农户发放6万多元优质谷种，发动村民大面积种植有机稻3500多亩，并帮助销售稻米，收回货款共计500多万元。

房瑶冷三尔不忘初心、默默耕耘，助力乡村全面振兴，带动一大批村民走上共同致富之路，是群众爱戴的、离不开的领路"阿尼"。

注："阿尼"是瑶族对已婚妇女的称呼。

（广东省文明办供稿）

梁绍华

老党员退而不休 近十年帮贫助困惠及万人

人物 THE STORY 故事 梁绍华，男，中共党员，1954年生，四川省宜宾市翠屏区关工委执行主任、翠屏区老年人协会会长。

梁绍华带领翠屏区"五老"人员一心扑在关心下一代事业上。2012年以来，累计落实栋梁工程捐款876万元，扶助贫困大学新生823名；募集关爱基金666.59万元，帮扶贫困青少年9000余名；他组织知青老年志愿者和爱心企业走遍全区17个敬老院，送去文艺演出和30余万元爱心物资；带领全区2748名"五老"志愿者主动参与新冠疫情防控；组建"五老"宣讲团进校园，让党的信仰和社会主义核心价值观在"首善翠屏"传播升华。

其中，以资助贫寒大学新生为工作宗旨的翠屏区栋梁工程活动实现机关、企事业单位捐款全覆盖。自2014年翠屏区关爱基金建立伊始，他以各种方式动员爱心单位和企业捐助关爱基金560万元。同时，他将关爱基金延伸到镇、街道等基层关工委组织，通过1+N结对帮扶、大学生跟踪帮扶、农村青年技能培训等活动，解了贫困学子上学、返乡青年创业的燃眉之急。

2016年4月，梁绍华被确诊为肺癌，他没有被吓倒，而是更加忘我地工作。他说："帮助别人，快乐自己，为孩子们做点事，我再苦再累也值得。"

（四川省文明办供稿）

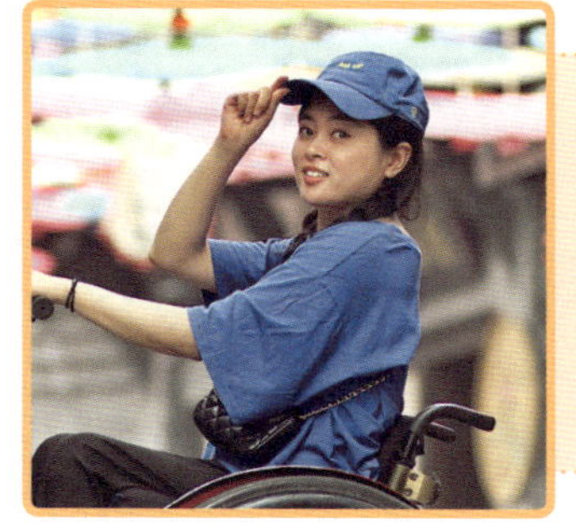

鲜娇姣

"80后"女孩身残志坚乐助人 勇作榜样战阴霾

人物故事 THE STORY

鲜娇姣，女，1988年生，四川省绵阳市残疾人辅助就业基地负责人、"娇媄饰界"负责人。

2011年，23岁的鲜娇姣因车祸导致高位截瘫。走过绝望和迷惘，她想："我的双手没有问题，很多事自己也能划着轮椅解决。"2013年4月，她拿到了C5驾照。在给自己找生计的过程中，她帮助身边的留守妇女从电子厂拿到订单，使她们农闲时每个月能拿到1000多元的工钱。2015年，她创立了"娇媄饰界"手工定制品牌。她的手工编织受到大家的喜欢，除了受邀给一些商家、职业学校授课，还开通了线上教学。2019年，她成为游仙区育红小学课外手工编织课老师，2020年，担任绵阳市残联职业技能培训手工编织老师。

2020年，她当选为四川省肢协脊髓损伤委员会委员，负责绵阳市"希望之家"生活重建训练营筹建，她和训练营的伙伴找到那些走不出阴霾的伤友，鼓励他们参加生活重建训练营。为了鼓励脊髓损伤高位截瘫的张大姐，她身体力行一次次示范，使原来怀着"等死"心情的张大姐慢慢学会了上下床、上厕所这些技能……

许多爱心人士和公益组织被鲜娇姣和训练营的伙伴们打动，给予支援、帮助组织义卖，为伤友的生活重建募得资金，给伤友们带去鼓励和温暖。2020年，绵阳市残联将"希望之家"生活重建训练营授牌为"残疾人辅助就业基地"。鲜娇姣相信，以后将可以帮助更多的伤友。（四川省文明办供稿）

陈燕琴

中学教师创建公益团队 帮扶救助乡村贫困学生

人物故事 THE STORY

陈燕琴，女，1972年生，贵州省贵阳市第十七中学教师。

2017年1月，陈燕琴创建了"小水滴爱心公益团队"，致力于乡村贫困儿童帮扶救助工作。她带领团队成员经常利用空余时间到山区实地走访，调查了解贫困学生家庭情况，积极协调联系各方资源为贫困家庭和贫困学生献爱心、送物资。在她的带动下，亲人、同事、朋友等身边越来越多的人加入公益团队、参与公益活动，先后帮扶40多个孩子。

2017年11月，陈燕琴带领"小水滴爱心团队"联合贵阳市行知书社举办了"送图书下乡、圆乡村孩子的阅读梦"赠书活动，将价值1万多元的500多册图书送到织金县阿弓镇尚寨小学。她还筹集资金1万多元，购买117个爱心温暖包，分别投放到六枝月亮河乡隆茂村、织金阿弓镇尚寨小学、织金后寨乡三坝小学。

2018年3月，陈燕琴的爱心助学行动扩大到了纳雍、息烽等，受助学生增加到四十几名。初中生每月补助生活费200元，高中生每月补助生活费400元，虽然钱不多，却为这些家庭贫困的孩子提供了一份最基本的生活保障，让他们得以在学校安心读书学习。

2019年12月，陈燕琴再次带领"小水滴爱心团队"将147床爱心棉被送到织金平远新城的贫困搬迁户手中，为从大山深处刚刚搬进新居的村民们送去一份切切实实的温暖与关爱。

（贵州省文明办供稿）

崔咏麟

退伍军人事业有成回馈社会 捐赠千万元扶贫济困

人物 THE STORY 故事

崔咏麟，男，1972 年生，陕西省榆林市麟洲驾驶员培训有限公司董事长。

崔咏麟先后经历了退伍、下岗、再就业，创业、失败、再创业，人生起起落落，乐于助人的一副“热心肠”却始终不变。

1989 年底，正在部队服役的崔咏麟得知一位老兵生活困难，想都没想就主动把刚领到的一个月津贴都捐给了对方。2006 年，崔咏麟创办了神柚工源驾校，企业发展的同时他始终不忘回馈社会，心里时常惦记着他人。2008 年 9 月，公司员工孙大哥的妻子身患乳腺癌，高昂的手术费和后续治疗费用让这个西北汉子犯了愁，得知情况后，崔咏麟对他说：“钱的事情你不要管，你只管把老婆照应好就对了！”随后，崔咏麟个人捐助 5 万元，倡议组织全体员工先后两次募捐 3.67 万元。拿到公司陆续送来的救命钱，孙大哥一次次红了眼眶。

崔咏麟开办的驾校对复转军人、下岗职工、农民工、贫困大学生等群体，一概实行最大的优惠政策，甚至免费培训。10 余年来，已陆续为 5 万余人减免费用 1500 多万元，资助贫困大学生 40 多万元。崔咏麟还先后向汶川、玉树等遭受自然灾害的地区和神木三大基金等公益事业捐款累计达 60 余万元。

多年来，崔咏麟无数次慷慨解囊，资助困难群体，但是具体数额却成了一本“糊涂账”。他笑着说：“从来没有仔细统计过，觉得自己有多大能耐就出多大力，能帮多少就帮多少。”

（陕西省委文明办供稿）

吕百慧

热爱公益　造福桑梓

助人为乐

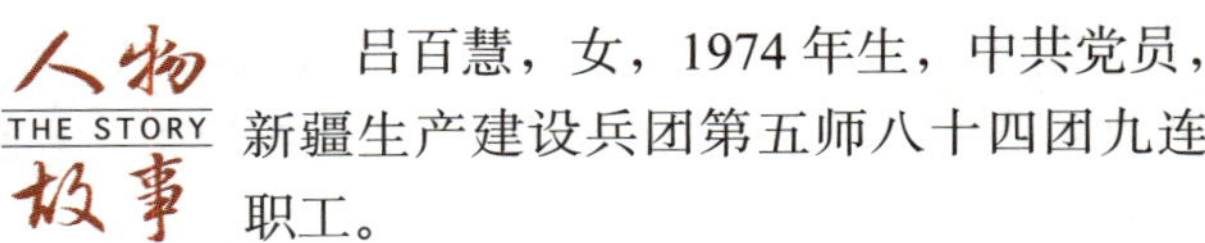

人物 THE STORY 故事

吕百慧，女，1974 年生，中共党员，新疆生产建设兵团第五师八十四团九连职工。

邻里守望，富不忘本。吕百慧通过开荒、搞养殖富裕起来后，积极帮助身边的困难职工。2012 年，吕百慧考虑到巴格达西的媳妇患有严重的关节炎和腰椎病，他的两个孩子正在上学，生活比较困难，于是就带着 300 元去看望，给他讲养鸡效益和技术，巴格达西夫妇听后便开始养鸡，并在当年取得了可观收入。由于养鸡能挣钱，一些连队职工想试一试。对此，她把多年积累的养殖经验和技术毫无保留地贡献出来，手把手教养鸡户如何建养殖场、如何预防疾病等，为一些连队职工带来了收益。2017 年，连队的伊力因缺乏种植技术，家里收入不高，吕百慧不仅向他传授种植管理经验，还帮他垫付其女儿上大学的 3000 元学费。

热心公益，不忘初心。近年来，每年妇女节前后，她都会参与慰问贫困妇女。2015 年春节，她给第五师八十四团养老院的老人送去帽子、手套和棉鞋。2016 年元旦，她给第五师八十四团学校、八十四团幼儿园送去了 100 余只自家养的鸡。2019 年，她主动慰问了团场 4 名相对贫困的老党员。2020 年，吕百慧为负责团场疫情防控的一线医护人员等送去水果、牛奶等物资，并捐款 1 万余元。近些年，吕百慧拿出慰问资金累计 10 万余元。

（新疆生产建设兵团文明办供稿）

郑　超

退役军人冰水里勇救落水者

人物 THE STORY 故事

郑超，男，1977 年生，北京市昌平区小汤山镇大柳树村村民。

1994 年 12 月，郑超开始在大连旅顺 38625 部队服役，1998 年，参与辽宁省鞍山市海城抗洪救灾，被评为抗洪救灾最佳优秀士兵。1998 年 11 月底，郑超退役回到北京。

2021 年 1 月 19 日上午，郑超与同伴在温榆河北七家大桥附近冬钓时，看到一名骑电动车的人在穿越冰面时意外掉入水中。郑超见状立刻跑了过去，到达距离落水者 5 米远的冰面上时，试图用一根木棍将落水者拉上岸。但由于冰面过薄，落水者一次接着一次掉进水里。但郑超没有放弃，他死死地抓住棍子说："您别急，我一定能把您救上来。"最终，郑超一点一点地把落水者救了上来。

"要是没有郑超同志，我可能就没有希望了。"事后，落水者找到郑超表示感谢，郑超却说："这种人命关天的事，相信很多人遇到了都会作出一样的选择，而且我是一名退伍老兵，危急时刻救人的观念更是早已经深深印刻在我的脑海中了。"

郑超性格坚毅、勇敢，乐于助人。在村子里谈起郑超，村民都是竖起大拇指。谁家有个大事小情，只要招呼一声，郑超从不拒绝。社区组织义务劳动，郑超也从不缺席。他就是这样一个普通却不平凡的老百姓，一直用一颗乐于助人的心，感染着身边的亲人与朋友。

（首都文明办供稿）

刘瑞峰

七旬老翁勇救落水儿童

人物 THE STORY 故事

刘瑞峰，男，1950 年生，河北省任丘市城管局君园劳务人员。

2021 年 2 月 20 日 16 时左右，一名 10 岁左右的男孩在任丘市君园君子馆附近游玩时不慎落入水池中，在一旁的姐姐哭着大声呼救。当时正在附近工作的劳务人员刘瑞峰听到呼救声，急忙奔过去，看到孩子在水里不停挣扎，他顾不得脱下外衣就毫不犹豫地跳进 3 米多深的水池中。使尽全身力气将落水儿童救上岸来，确认孩子无碍后，刘瑞峰让孩子的姐姐将其带回了家。之后默默回到储物间，将被冰冷的河水浸湿的衣衫脱下来拧干。

刘瑞峰老人的家人听到他救人的事迹后，第一反应都是担心和紧张，但刘瑞峰却说，当时的第一反应就是自己会游泳，想都没多想就下水救人了。面对小孩家人的感谢，老人朴实地说："无论是谁，看到了都会去救的。"

事情发生后，"任丘城管""网信任丘""任丘融媒"等多个自媒体公众号纷纷报道，引起社会强烈反响。2 月 20 日，"好人之城文明沧州"微信公众号刊登《任丘七旬老人跳入水池救起落水儿童》一文，对老人的感人事迹予以报道。

（河北省文明办供稿）

冯天龙

退役特警奋不顾身勇救落水青年

人物故事 THE STORY

冯天龙，男，1979年生，现为山西省临汾市洪洞县公安局巡特警大队队员，担任洪洞红十字应急救援队队长。

2020年3月14日16时，冯天龙轮休回家途中，突然听到一声“快救人，有人落水了!”危急时刻，他迅速停车，冲向落水现场，现场一名青年已落入恒富桥下的汾河中央，水面已淹至其下巴，很快就会沉入汹涌的汾河中。时间就是生命，初春的汾河，河水的温度还很低，顾不上这些，凭借自身练就的一身本领，冯天龙毫不犹豫地跳入河中，冰冷刺骨的河水瞬间包裹他的身体，身体马上变得僵硬，冯天龙使劲活动了一下身体，开始向落水青年处游去。一下、两下……很快冯天龙就靠近了落水青年，由于落水青年不懂水性，加之不停地挣扎，已体力不支。面对这种情况，冯天龙一边给落水青年鼓劲，一边让他抓紧自己的胳膊，就这样，经过20分钟的紧张施救，终于将落水青年成功拉上岸边。

一次次救援救助，彰显了一名巡特警队员心系群众、人民至上的博大情怀。逐梦在警营，天龙写忠诚，他怀着对人民警察这份职业的无限挚爱，践行着人民警察的忠诚誓言。

（山西省文明办供稿）

王亮儿

平凡英雄突遇火情奋勇救人 挺身而出传递正能量

见义勇为

人物故事 THE STORY

王亮儿，男，1976年生，山西省晋城市高平市金鼎公司综合调度部调度员。

“我们终于找到英雄了，衷心感谢你们公司王亮儿的帮助，及时扑灭了大火，挽救了我们社区的生命财产损失!”2021年4月22日，晋城市凤台社区支部书记、主任带着感谢信来到金鼎公司，满怀感激地送到了王亮儿本人的手中。

2021年4月21日，王亮儿像往常一样下班回家，便听到家属院里有人大喊：“着火了！快来人啊!”抬头看到了四层楼上正冒着浓烟。他凭借在单位日常消防应急演练积累的专业知识和经验，马上意识到这是一场初期火情，如果迅速采取行动，会有很大希望将火势控制住。

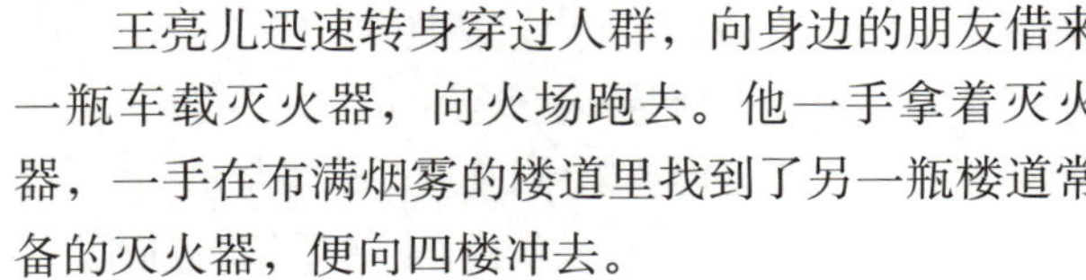

王亮儿迅速转身穿过人群，向身边的朋友借来一瓶车载灭火器，向火场跑去。他一手拿着灭火器，一手在布满烟雾的楼道里找到了另一瓶楼道常备的灭火器，便向四楼冲去。

往返四次，明火被全部扑灭，阻止了大火向主体房屋蔓延。随后，他推开了家里窗户，慢慢走下楼梯，与赶到的消防救援人员擦肩而过，在大家的称赞声中，无声地消失在了人群里……

走进王亮儿的办公室，周边和室内收拾得很干净。聊起救火的事。他说：“不管当时是谁在现场，都会毫不犹豫去救火，我只是做了自己该做的事。”

（山西省文明办供稿）

杜洪江

志愿者见义勇为 为路边患病老人开出生命通道

见义勇为

人物 THE STORY 故事

杜洪江，男，1971年生，中共党员，现任黑龙江省绥化市明水县新时代文明实践中心“爱心行动”志愿服务队队长、明水县志愿者协会会长。

2021年1月16日14时40分，志愿者杜洪江、张晓华、苏帅冰三人开车外出办事，途经明水北二路街口时，看见一个人趴在路边，身边一些人围观。杜洪江急忙让司机停车，三个人下车走进现场。杜洪江了解情况后一边拨打110、120，一边上前把趴在地上的人翻过身来。一看是一名60多岁男性老人，面部有摔伤痕迹，口吐血沫。

杜洪江凭借多年的工作经验，感觉此人是走路时发病摔倒，大概率患有头部疾病。同时，他从老人身上翻出手机，查到老人最近的联系人，得知老人叫侯仁，接电话的是他的妹妹侯春英。随后赶到的民警与医疗人员在众人的帮助下把老人抬上车，杜洪江与张晓华跟车去医院，苏帅冰留下驾驶他们的车。到达明水县医院后，医院立即开通绿色通道抢救，杜洪江与张晓华忙前忙后，帮助医生为侯仁做心电图、CT检查。直到老人家属赶来后，他们二人才离开。

“做志愿做好事，是我一生的梦想，我要把梦想付诸行动，带着更多的志愿者做好事，帮助他人，服务社会，让爱温暖身边每一个需要温暖的人。”杜洪江说。

（黑龙江省文明办供稿）

王建强

年近七旬的老英雄既能“火场抢险”又能“下河救人”

人物 THE STORY 故事

王建强，男，1955年生，浙江省嘉兴市嘉善县魏塘街道里泽村村民。

2020年12月21日，魏塘街道里泽村一自建房发生火灾，当时租客不在家，房东有事外出，附近村民都慌了手脚。正在周边散步的王建强闻讯赶到火场，立即展开救援。当时火势很大，浓烟滚滚，并伴有噼里啪啦的烧裂声。凭借一定的生活常识，王建强判断可能是电路起火。年近七旬的他顾不得自己腰上的旧伤，冒着危险冲进火场把电源切断。之后他又从井里拉了几盆水上来，用了十多分钟把火浇灭。经过紧急施救，火势得到了控制，最大限度地保护了周边群众的生命财产安全。房东凤美芳事后回忆这件事，仍心有余悸。她说起火的房间大约25平方米，如果没有王建强的紧急施救，火灾面积更大，说不定整个房子都要遭殃。

这不是他第一次见义勇为，早在2017年、2019年，他曾两次救下不慎落水的80岁老太黄阿英。2019年那天，黄阿英在河边的泥地里给菜浇水，不小心踢到了村民系在砖上用来结网的一根绳子，就摔进了河里。好在这条河不宽，对岸的邻居王建强看到后立马跑了出来，想也没想就立刻脱了衣服跳下去，游了八米多找到了她，并把老人托起来移动到石岸上。

周边邻里都评价王建强是村里出了名的热心人。后来有群众问他，当时害怕吗？王建强说：“危险我知道的，冒风险肯定的。但是既然在我眼前发生了，被我看见了，我肯定要去做的，要去帮忙的。”

（浙江省文明办供稿）

姜福伟　史兆虎

基层干部冒毒气火场救人身受重伤

人物故事 THE STORY

姜福伟，男，1985年生，中共党员，安徽省阜阳市太和经济开发区友谊社区党总支委员、副书记；史兆虎，男，1976年生，安徽省阜阳市太和经济开发区友谊社区姜寨村民组组长。

2021年6月3日20时40分许，太和经济开发区友谊社区尚城一品小区一居民楼6楼603室突发火灾。正在附近的姜福伟、史兆虎听到呼喊声，立即奔向着火点。“门没关，楼上还有人！”听到逃生下来的人这一声呼喊，姜福伟立即意识到，一旦火灾蔓延，整个居民楼都会有危险。紧急情况下，两人没有机会带任何防护器具，就一口气冲到了起火点，冒着猛烈的热浪和有毒气体，他们呼喊着，搜寻着，直至倒下。

太和县中医院在姜福伟入院病程记录中写道：“鼻面部、舌体、右手二度烧伤；气道灼伤；咽喉灼伤；一氧化碳中毒；头皮下血肿；代谢性酸中毒并呼吸性碱中毒……”参与抢救的李浩远医生说：“再晚两分钟，可能就成为植物人！”经过四天四夜的抢救，姜福伟才完全恢复意识，当他明白自己是躺在医院的病床上时，着急得连连发问：“楼上还有人吗？都撤离火场了吗？史兆虎出来了吗？”

当得知被困居民已全部撤离，史兆虎经抢救也已脱险后，他长出了一口气，脸上呈现出欣慰的神情。

（安徽省文明办供稿）

闻国庆

七旬退休教师见义勇为 55年间6次跳水救起7人

人物故事 THE STORY

闻国庆，男，1951年生，安徽省池州市第二中学退休教师。

2020年10月17日17时20分许，池州城区百牙桥上车水马龙、人流如织。突然，一名60岁上下的女士冲到桥边，跨过栏杆，跳入河中。“救人啊，有人跳河了！”此时，闻国庆刚好路过此地，他听到呼叫声，顺势望去，发现水中有一位女子在拼命地挣扎，情况万分危急。“赶快救人！”念头一闪，闻国庆迅速跑到河边并快速脱下一件外衣，纵身跃入河中，用冲刺速度游向落水者，迅速托起落水者的身体，让她的头部露出水面，在热心市民的协助下，闻国庆一手划水，一手协力托举，艰难地向岸边前进。整个抢救过程大约持续了5分钟，时间虽短，但难度极大。对于一位已经70岁的老人来说，每前进一步都异常艰难，快到岸边的时候，他已经筋疲力尽，脸色苍白、腿脚麻木。最终，在岸边众人帮助下，落水者成功脱险。

这不是闻国庆第一次救人。1977年8月的一天，两名学生到九华河游泳，不幸双双误入河中旋涡，在紧要关头，闻国庆将他俩救起。1984年6月的一天，闻国庆在长江段梅龙镇许家渡口营救溺水者时，落水者化险为夷，可闻国庆被江里的乱石丛划破脚趾，血流不止。像这样因救人而受伤甚至死里逃生的事情，在闻国庆50多年间的6次救人经历中时有发生，体现了他舍己救人、勇于献身的高尚情操。

（安徽省文明办供稿）

吴昌华

七旬老者曾四次入水勇救人 托举起生命的呼吸

人物故事 THE STORY

吴昌华，男，1950 年生，福建省南平市松溪县河东乡河东村村民，曾四次勇救落水儿童和老人。

早在 1998 年，吴昌华就走上了见义勇为的道路：当时在松溪县谋生的小雷的儿子在水渠边玩耍，不慎落水。水渠水流湍急，深度可淹没一位成年人，在这千钧一发之际，恰逢吴昌华在水渠边干农活，听到呼喊声，吴昌华顾不得自己大病初愈，毅然跳入寒冷刺骨的水渠中，拼尽全力举托起孩子，最终化险为夷。

吴昌华救人不求回报，只希望对得起自己的良心，他谢绝了被救者所有物质感谢。总是说：“救人一命胜造七级浮屠，生命最宝贵，哪有见死不救的道理。”2007 年的一次意外，让吴昌华腿脚无法完全康复，被鉴定为三级残疾，但身残志坚的他在往后的十余年间，又先后多次遇到有人溺水，并成功救起 3 名老人和小孩。在 2017 年，已是花甲之年的吴昌华路过水渠，看到一位小女孩因抓蝴蝶掉入水渠里，水流很急，眼看小女孩快要被冲到水泥盖板的涵洞里，吴昌华连忙跳入水中救起女孩。他说：“就算进涵洞，我也进去把她拉上来……”这便是吴昌华朴素的执念。

四次抢救落水者，吴昌华舍己救人、惊心动魄的英雄壮举传遍了松溪城，他努力践行社会主义核心价值观，是新时代的优秀农民典范。

（福建省委文明办供稿）

朱红英

见义勇为女教师　落水者的守护神

人物故事 THE STORY

朱红英，女，1972 年生，中共党员，江西省抚州市南丰县第一中学教师。

富有爱心的朱红英深耕教育 30 年，静心聆听学生的心声，精心呵护每一位学生。水性良好的她曾 10 余次在深水或激流险境救人，每一次都是挺身而出，不顾自身安危。2021 年 7 月 2 日晚，朱红英来到琴湖边散步，突然听到湖对岸有人大喊：“有人掉水里去了！”朱红英迅速脱下鞋子，跳下湖去。她游到湖对面后，并没有看见湖面有落水的人。朱红英着急地向岸边的人大喊：“快告诉我落水的位置。”当时湖边很黑，借助岸上人的手机亮光，朱红英游到落水人大致位置，迅速潜入水底，经过一番摸索，触摸到一个人。她一边用力把落水者托出水面，一边朝岸上人群喊：“快来几个人，帮我把人接上去。”在大家的帮助下，落水者被成功拉上岸。落水者是个 15 岁左右的女孩，此时已经丧失意识，所幸现场有红十字救护员，经过四分钟左右的心肺复苏，成功将女孩从死亡边缘救了回来。不一会儿，110 警务人员和 120 医务人员赶到，将落水女孩送往医院治疗。

“丹心化作春雨洒，换来桃李满园香。”有人称她为“灵魂的引航者”，有人称她为“落水者的守护神”，课内课外，她都是学生生命中的贵人。

（江西省文明办供稿）

邱　涛　邓海平　陈　昊　帅建文

四名大学生勇救落水儿童

人物故事 THE STORY

邱涛，男，2000年生；邓海平，男，2000年生；陈昊，男，2001年生；帅建文，男，2001年生，四人均为江西省宜春市铜鼓县排埠镇人。

2021年7月13日，邱涛、邓海平、陈昊、帅建文四人相约从排埠集镇自驾到邻村浏阳市张坊镇上洪村游玩，返程前背对水潭准备拍一张照片留作纪念。就在邓海平拍照时，突然从手机屏幕里看到深水潭里有一个人，头朝下、双脚在水面挣扎，他立刻告知其他三名伙伴，“有人溺水了，我们快去救人！”

这时，水性最好的陈昊快速冲向深水潭，一头扎入水中，向这个挣扎的人游去。他游了五六米远，一把抓住这个人，原来是一个孩子，于是将孩子抓紧，快速游向岸边，同时安慰孩子：“不要怕，我们来救你了。”邱涛、邓海平、帅建文立即前往接应，一起将小孩抱上岸。由于抢救及时，孩子只是呛了几口水，受到了惊吓，看并无大碍后，几人松了一口气。

“孩子的爸爸沉到水底去了，不见了！”这时，岸边不远处一女子向四名大学生一边哭喊，一边往深水潭深处走去。四人与随即赶到的村民在深水潭底部找到了孩子的父亲。大家合力将他拖到岸上，但孩子父亲已面白无色，嘴唇乌青。四人轮流进行心肺复苏，个个累得气喘吁吁汗流浃背，待120救护车赶到后，四人悄悄离开了。

“我们虽然救起了小孩，但都感觉很愧疚。”在得知孩子的父亲没有被抢救过来时，邱涛难过地说。

（江西省文明办供稿）

胡志强

“90后”退伍军人不褪色 勇救四名落水儿童

人物故事 THE STORY

胡志强，男，1990年生，江西省新余市分宜县凤阳镇西廊村村民。

2021年6月19日是胡志强的生日，当天17时左右，他想趁孩子在家陪陪孩子，于是带着儿子到分宜县钤山湖湿地生态公园散步，走到孩子游玩的沙滩处时，忽听到呼救声，只见三个小孩在水中挣扎，非常危险。此时，胡志强顾不得脱掉衣服，跑向湖水边毫不犹豫跳进水中，快速游到孩子身边。他左手抓住了一个孩子的胳膊，右手用力扯住两个小孩儿的衣服，用最快的速度送到岸上，刚上岸还没来得及喘口气，只听见旁边有人在说：“还有一个！还有一个！”问了下还比较清醒的小孩，得到证实，确实还有一个。胡志强来不及多想，再次跳入水中往下潜，但此时水已经被自己刚救孩子时全部搅浑了，根本看不清，只能靠肢体触碰去找寻。万幸，他的手碰到了小孩挣扎的小手，随即奋力将小孩捞了起来，由于小孩几近昏迷，他只能自己潜下水，让孩子露出水面保持呼吸，直到水浅处，他赶紧把最后一位小孩后背朝上扛肩上带上岸。由于解救及时，四个小女孩儿除了受了点惊吓身体并无大碍。在与她们简单沟通确认意识清醒后，胡志强就叮嘱他们早点回家。随后，他带着儿子回家了，没有跟任何人提起这件事。

目击群众用手机拍下了整个过程，在平台上发布，随着视频在网上的广泛关注和目击者的描述，大家才知道他就是胡志强。

（江西省文明办供稿）

司　军

好男子飞身救起三名落水儿童

见义勇为

人物故事 THE STORY

司军，男，1986 年生，山东省临沂市郯城县郯城街道东庄社区杨楼村村民。

2021 年 3 月 14 日下午，司军在回家时途经村北头新修的桥附近，听到有人喊救命，便循着声音看去，只见三个孩子仰着脸在水里挣扎。

来不及多想，司军冲向河道，甩掉鞋就往水里跳。“到了跟前，就看到离岸边不远的地方有俩孩子抱在一起，水已经没过了他们的胸部，呼救的同时已经呛了几口水了，看着体力也撑不多久了，另一个小孩离他们有三四米远，小脑袋尖时隐时现，情况非常危急。”司军快速地游到距离岸边较远的孩子旁边，抓着孩子胳膊游向岸边。在岸上，司军嘱咐孩子使劲咳嗽，把水咳嗽出来，便再次跳入水中，将距离岸边较近的两个孩子使劲推向岸边，挨个抱上岸。

司军顾不上疲惫，上岸后立刻检查孩子们的情况。对呛水较多的孩子简单施救，在确定都无碍后，他才松了一口气，累得瘫坐在了地上。在催促孩子们赶紧回家的同时嘱咐他们，以后没有家人的陪同，一定远离河道。看到孩子们往家赶，他才放心离开。

由于事发地比较偏僻，从司军下车到把孩子救上岸，没有一个人经过。“要不是你在现场第一时间把孩子救上来，俺孙子可能就没命了，真是太感谢你了。”其中一个孩子的爷爷感激地对司军说。

有一种勇敢，叫义无反顾。愿每一次惊险都有英雄力挽狂澜，愿每一份无助都能遇见善良勇敢。

（山东省文明办供稿）

潘平洋

独掌村民潜水抡锤奋力砸车窗 勇敢救出落水车主

见义勇为

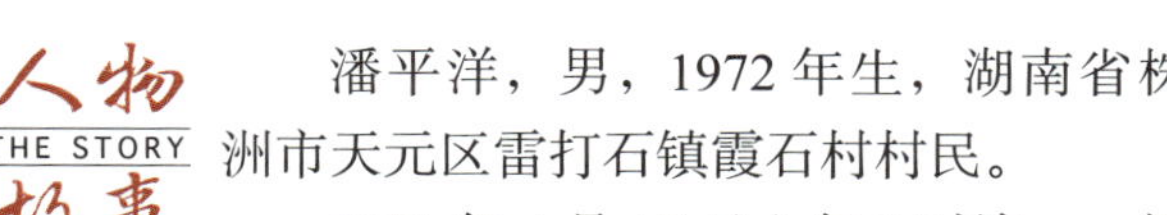

人物故事 THE STORY

潘平洋，男，1972 年生，湖南省株洲市天元区雷打石镇霞石村村民。

2021 年 4 月 15 日上午 8 时许，一辆面包车因避让其他车辆冲进鱼塘中并快速沉没，危急关头，左手掌残缺的潘平洋义无反顾地跳进深水里，成功救起了落水司机。

当天，因村里有人去世，潘平洋一大早赶去帮忙。突然听到有人在喊：“有车冲进塘里了，快来救人！”潘平洋闻声迅速赶到现场，此时面包车已经漂到了水塘中央，正在迅速下沉。潘平洋拿着村民递过来的铁锤就跳进水塘，往塘中央游过去。游到面包车旁，他一个猛子潜入冷水中，抡起铁锤猛砸车窗，敲碎车窗后却发现车辆前方没人，又立马敲开后窗玻璃，把脚伸进去“踢人”。突然一双手紧紧抱住了他的脚，他加了一把劲，把车主从面包车拽了出来。由于水温低，他已耗尽体力，另一名路过车主下水接过被救司机并拖上岸，一场惊心动魄的营救行动成功上演，被救司机一边喘着粗气，一边跪谢两位救命恩人。

年轻时，潘平洋因一场意外失去了左手掌，被定为三级伤残。他说：“当时没考虑手的问题，就想着救人……虽然少了一只手掌也要救人啊！”左手残缺的他，在水中单臂抡锤砸破车窗，热血义举奏响了正能量的最强音。

（湖南省文明办供稿）

吕　鹏

大学生为救落水同学献出宝贵生命

人物 THE STORY 故事

吕鹏，男，2001 年生，生前系广西外国语学院艺术学院 2019 级舞蹈表演专业本科 1 班学生。

2021 年 6 月 26 日，吕鹏的同班同学小源因感情问题，情绪低落，作为副班长的吕鹏因担心同学的安危，前往学校旁休闲吧劝慰开解，然而直至凌晨，小源情绪仍未平复，吕鹏一直陪伴左右。凌晨四点时，意想不到的状况发生了，小源突然情绪失控奔跑至邕江边，并在越过岸边栏杆后不慎落水。万分危急的关头，吕鹏不顾自身安危毅然纵身跃入水中。此时，小源因呛水开始下沉，情况万分危急，吕鹏奋力将她托出了水面，努力靠向岸边，但因江边光线不足，江底水流紊乱，暗流、旋涡较多，二人在江中不断沉浮挣扎。此时，两人体力严重透支，意识也逐渐模糊，但吕鹏清楚地知道如果再这样下去，两个人都会因此丧命，在最后关头，吕鹏把小源往岸边用力推去，自己则慢慢沉入江底，待附近钓鱼的群众听到呼救声闻讯赶来营救时，吕鹏已不见踪影，因为吕鹏的最后一推，小源幸运地触摸到了岸边的礁石，并被随后赶到的钓鱼群众用鱼竿救上了岸，而舍己救人的英雄吕鹏，献出了宝贵的生命。

（广西壮族自治区文明办供稿）

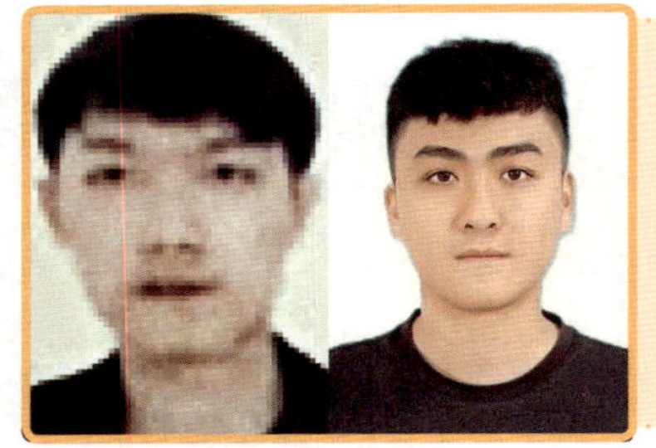

胡煜坤　黄修才

勇敢青年两次冲入水中救出小学生

人物 THE STORY 故事

胡煜坤，男，1997 年生，生前系湖北省武汉市居民；黄修才，男，1994 年生，海南省万宁市北大镇东兴居居委会居民。

2021 年 6 月 13 日，来自武汉的两名小学生在海南万宁日月湾戏水时不慎被海浪卷入深水区，同行的武汉小伙胡煜坤和正在附近游玩的万宁小伙黄修才第一时间发现并先后下海营救。在耗尽所有力气后，黄修才被附近的冲浪者拉上岸，而胡煜坤则没有再回来，年轻的生命定格在了 24 岁。

当日，黄修才正在海边和小外甥玩水，听到有女子呼喊救命，黄修才闻声望去，看到落水者就在自己旁边。“胡煜坤是最早奔过去的，我发现的时候，水已经快淹没他了，两个小孩就挂在他脖子上。”黄修才说。见状后，黄修才立刻加入营救，但是由于海浪暗流涌动，黄修才怎么游都游不过去，反而距离被海浪卷噬的三人越来越远。

胡煜坤女友小关（化姓）透露，由于海浪很大，胡煜坤原本已经摸到两个孩子，结果又被海浪打散了。幸亏在一名冲浪者帮助下，一名孩子得以被救上岸。得知还有一名孩子在海水中，原本已经和冲浪者上岸的胡煜坤，二话没说转头又冲进海水中，这一冲，再也没有了声音。女友再次见到他时，已是 10 余个小时后，搜救队将他救回，而此时胡煜坤已经失去生命体征。

（海南省文明办供稿）

王小波

救人于危难
“烹饪大师”有勇有谋获夸赞

人物 THE STORY 故事

王小波，男，1981 年生，重庆可欣餐饮管理有限公司技术培训主管。

2021 年 7 月 6 日，正在重庆市南岸区金紫街自家餐饮店忙活的王小波突然听到有人呼救，循声望去，原来隔壁餐饮店大门紧闭，店内四人全部晕倒在地。经他初步判断，可能遭遇煤气中毒。

情况紧急，王小波立即告知围观群众保持安全距离，同时打开餐饮店大门通风，并用湿毛巾捂住口鼻，一个人冲进店中，将失去意识的四人一个个背到店外。将急救措施委托给围观群众后，他再次返回餐饮店内，关闭了发生泄漏的煤气罐阀门。由于王小波处置得当，四名中毒人员被及时送医，脱离生命危险。

王小波的义举并非一时冲动，他一直都是一个“热心肠”。

2020 年的一天中午，王小波下楼时看到一名女孩晕倒在路边垃圾箱旁，已失去意识，身上还沾了一些垃圾。没有片刻犹豫，他赶紧将女孩背起，迅速搭乘出租车前往附近医院。抵达医院后，他又主动为女孩办理了入院手续，垫付医疗费用，直至被医生告知女孩已无大碍，这才放下心来。

每次面对夸奖，王小波总是说：“都是一些芝麻大点的小事，不值一提。”

（重庆市文明办供稿）

南国望

惩恶扬善
用行动诠释中华民族传统美德

人物 THE STORY 故事

南国望，男，1972 年生，中共党员，陕西省西安天子出租汽车集团有限公司“文明诚信号”车队副队长。

2017 年 3 月 8 日，西安市未央区汉城商业街一老一少发生争执，引来大批围观群众，“的哥”南国望载客正好经过此地，透过人群，他看见一个小伙子拿一把菜刀向一位老人砍去，见此情景，南国望高喊着“把刀放下”，立即冲了过去。他攥住小伙子的手，夺过了刀。第二天，南国望在派出所见到了这个小伙子，小伙子说他深感后悔，直言南师傅不仅救了老人，也救了他。

从业十几年来，发生在南国望身上类似的事情还有很多。看到失控的轿车即将冲入早市人群，南国望便减缓速度，用自己的出租车抵挡住飞速行来的轿车，保障了群众的生命安全。南国望则表示：“作为一个党员，当时遇见这种情况，我确实没有多想什么，直接就上去了。”

从 2005 年加入出租汽车行业，南国望一直保持着对工作的热情，不仅多次见义勇为、拾金不昧，而且积极向中外游客宣传西安，用实际行动诠释着中华民族的传统美德。南国望多次被评选为西安市出租车行业“先进个人”，荣誉的背后是他如涓如疆的善念，英雄般的行为皆因他护持弱小的决心。

（陕西省委文明办供稿）

汪永强

奋不顾身　他将两个孩子托举上岸

人物 THE STORY 故事

汪永强，男，1989年生，甘肃省张掖市甘州区财政局干部。

2020年8月15日，正值周末，16时许，汪永强带三岁多的女儿到黑河边游玩。因为天气突变，刮起了大风，他正准备带孩子回去，突然听见离他二三十米远的地方传来了两个孩子的呼救声。汪永强赶紧跑过去，看见三个身影在水中挣扎，其中有两个明显还是孩子。危急时刻，汪永强来不及多想，将自己三岁多的女儿丢在河边，边跑边脱鞋，跳进了水深近三米的黑河里。汪永强先奋力游向两个孩子，河水湍急，他好不容易靠近一个孩子，一把抓住了他，带着他奋力游向不远处的另一个孩子。惊慌中，被救的孩子死死抓住他不放，汪永强大声喊着让孩子听话，艰难地将另一个孩子也抓到了手里。不远的距离在两个孩子的拖拽下，显得异常漫长。终于将两个孩子成功拖举上岸，汪永强回头准备营救另一个大人时，水面已不见任何踪迹。无奈之下，他赶紧拨打了报警电话，等待警察专业搜救，自己则转身开始安置两个刚刚救上来的孩子。

两个孩子在被救上岸后，呛了好多水，都受到了惊吓，开始哭泣。汪永强将他们带到安全地带，帮助他们吐出呛水，穿好衣物，并安抚孩子的情绪，联系其家属。后经救援人员搜救，一名大人溺水遇难，而两名孩子经医生诊断，生命体征稳定。

事后，孩子家属将一面写有“紧急时刻伸援手，不惧危险真英雄”的锦旗送到了汪永强手中。

（甘肃省文明办供稿）

木塔力甫·托合逊

27岁辅警勇救落水群众不幸牺牲

人物 THE STORY 故事

木塔力甫·托合逊，男，维吾尔族，1992年生，中共党员，生前系新疆维吾尔自治区喀什地区叶城县69号警务站辅警。

“有人落水了！”2019年7月14日晚，叶城县公安局民警在巡逻途中接到群众求助。在水渠下游巡逻的木塔力甫听到消息，立即向上游跑去。

看到被渠水冲向下游的两个人，木塔力甫急中生智，将随身携带的组合警棍伸向落水者。落水者抓住了警棍，但由于渠壁陡峭、水流湍急，渠边又无可供抓取的东西，木塔力甫被拽入渠水中。

木塔力甫在湍急水流中艰难地一次次站起来，又一次次地被冲倒，但他始终紧紧抓住落水者，并试着抓住渠边可以借力的地方。在不断地尝试后，木塔力甫抓住渠边一处突出的石块，把落水者抱在身前。

附近的居民闻讯赶来，在渠边用绳子救人，木塔力甫站在湍急的渠水里拼尽全力，将落水者推上渠岸，自己却因体力透支而昏迷。

木塔力甫被救上岸后因抢救无效，献出了年轻的生命，年仅27岁。

“木塔力甫用自己的生命换来了我的生命。”被木塔力甫救上岸的叶城县铁提乡铁提村村民感激地说。

木塔力甫·托合逊牺牲后，中共叶城县委追认木塔力甫·托合逊同志为中共党员。

（新疆维吾尔自治区文明办供稿）

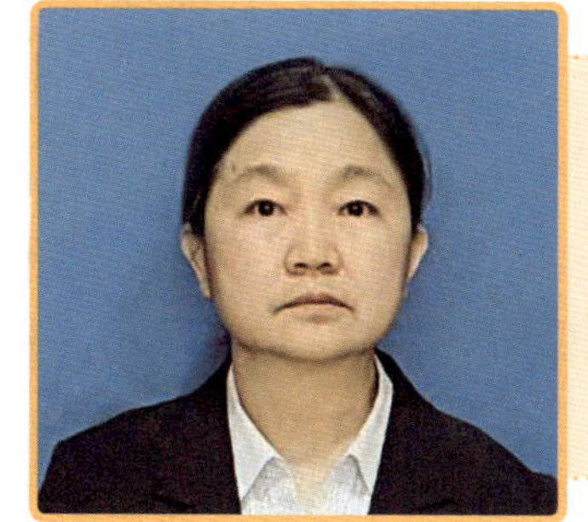

马金凤

养殖能手以信固誉 成为村民信得过的贴心人

人物 THE STORY 故事

马金凤，女，1964年生，河北省邯郸市魏县晓宁养殖有限公司经理。

马金凤自1996年从事养殖事业，始终以诚信为本。马金凤出售的鸡蛋同时具备四个标准：全部采用玉米和豆粕等天然饲料喂养；严禁使用激素，让其自然成长；严格按照国家禽类药用规定进行投放；见蛋时间必须达到4个月以上。2013年，鸡蛋市场行情低迷，价格下跌，养鸡同行在饲料里放添加剂，让蛋黄更鲜艳，以此提高鸡蛋的价格。马金凤断然拒绝，她说："我宁可不挣钱，也不能让有食品安全隐患的产品从我的手中流进市场，做人要诚信经营，不赚昧心钱。"

她时常把诚信经营记在心上，落实在行动中。长期给养鸡场送豆粕的村民常大哥自己少算2526元，马金凤主动及时送还；村民老杨失手弄丢欠条，马金凤查找存根如数付给；70岁的老人到鸡场进货多付300余元，她当场退还……马金凤常说："做生意靠的是诚信，顾客对我的信任让我很感动，也是我坚持做好产品的动力。"

马金凤立足农村，是个深受广大群众赞颂的诚实守信的带头人。她以诚实守信，先后帮助周边20多户农民办起了养殖场，打造诚信团结的亿鸣养殖专业合作社，为社会稳定、缓解社会就业压力作出了贡献。

（河北省文明办供稿）

崔连瑞

留守教师一诺千金　扎根村小奉献青春

诚实守信

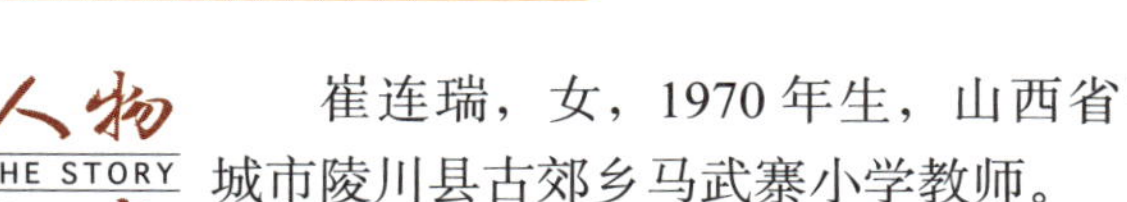

人物 THE STORY 故事

崔连瑞，女，1970年生，山西省晋城市陵川县古郊乡马武寨小学教师。

1990年，崔连瑞从晋城师范学校毕业后，毅然决定回到家乡任教，先后在诸神观小学、马武寨高小、瓦铺小学、马武寨中学、马武寨寄宿制小学任教。三十多年来，从马武寨走出去的师范生共计30余人，他们都因各种各样的原因离开了马武寨，唯独她成了"留守"教师。她的这份坚守，都是为了信守丈夫和公公婆婆那份沉甸甸的"约定"。

不管走到哪个学校，她始终挑重担干，以母亲的身份去关爱学生、教育学生、感召学生，她用自己的全心付出，照亮了山区农村孩子们的求学之路，也照亮了孩子们的心灵之路。30多年来，岗位在变，学生在变，但她平易近人、诙谐自然的教学风格始终不变，她所教的学科成绩在全乡一直名列前茅，多次被评为优秀教师。

当被问起她将来会不会离开时，她坚定地回答："在村里上学的孩子，家庭条件都比较差，家中没能力让这么小的小孩子去五六公里外的镇上或者去更远的县城上学。我就是这个地方的人，我现在留在山里教书，孩子们未来才有希望走出大山。"

崔连瑞把青春、爱情、事业和所有的美好都静默在小小的乡村，用实际行动，恪守着那份沉甸甸的"约定"。

（山西省文明办供稿）

何振洪

39 载驻守深山　只为心中那片绿

人物 THE STORY 故事

何振洪，男，1955 年生，浙江省乌岩岭国家级自然保护区生态林场护林员（临时工）。

1982 年以来，何振洪驻守在无公路无电灯无通信的深山里，践行“靠山吃山造林致富”绿色诺言，造林护林，一干便是 39 年，先后带人在 1.5 万亩荒山上种下 300 多万株松杉柳。38 年没有下山回家过春节。为践诺守信、守护绿色生态，保护温州大水缸的“源头”，如今他带着 88 岁的老母亲，退而不休，继续守护在大山深处的森林。

1982 年，27 岁的何振洪所在马子坑村与乌岩岭林场合作成立联营场，他携带妻子主动请缨带头参与 15000 亩乌岩岭马子坑林场整地种树，驻守大山护林造林。当时乌岩岭马子坑联营场是一片光秃秃的荒山，何振洪率领 70 多个民工整地种林，20 多年过去了，马子坑联营场也变成了一片郁郁葱葱的森林，这期间，很多人吃不了苦，相继离开，何振洪却一干就是 22 年，还主动应聘成为保护区的“管理员”，每个月平均巡山 20 多天，每日翻山越岭巡查 20 余公里。2016 年何振洪退休后，又义无反顾地进山继续守护、践诺履约。他说：“因为我是山林的儿子啊！守林护林是我的信念！”

14000 多个日夜，何振洪所管护的万亩山林从未发生过一起森林火灾和偷盗案件。

（浙江省文明办供稿）

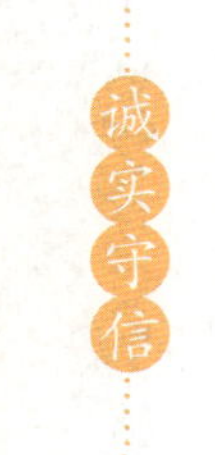

陶兴发

花甲老人信守承诺 数十载替子还清债务

人物 THE STORY 故事

陶兴发，男，1957 年生，安徽省芜湖市鸠江区湾里街道石城社区居民。

2003 年，陶兴发的儿子被查出患上慢性粒细胞性白血病，高额的医药费让这个普通家庭倾尽所有。为了挽救儿子生命，他们卖掉了唯一的住房，还找亲朋好友借了七八十万元为儿子治病。从此，夫妻俩走上了拼命打工挣钱还债的道路。2007 年，一场车祸夺走了陶兴发妻子的生命，家庭的所有重担都压在了这个瘦弱并患有四级肢体残疾的男人身上。妻子走后，留下一贫如洗的家和身患重病的儿子。陶兴发没有时间沉浸在悲痛里，他先用妻子的抚恤金偿还完一部分债务，又重新多找了一份工作来挣钱，然而，2015 年，病魔最终还是夺走了儿子年轻的生命。

“儿子虽然走了，但欠的钱我一分也不能少还。”为了尽快还清剩下的 20 多万元债务，他省吃俭用，什么活都接，先后在网吧、工厂、超市等场所打着几份零工，除了吃饭和正常的生活开支，剩下的每一分钱他都攒下来还债。

一本账册，密密麻麻记录着这些年来的债务，每当还清一笔，陶兴发就在债务人名后画一个勾。看到账本上多了一个勾，他心里就会觉得又轻松一截，甚至还常常自我鼓劲儿：“绝不能倒下，债还没还完！”2020 年底，他终于还清了为给儿子治病的全部债务，向世人诠释了普通人的“诚信为人之本”。

（安徽省文明办供稿）

林玉镇

严抓工程质量守诚信　不忘初心作奉献

诚实守信

人物 THE STORY 故事

林玉镇，男，1973 年生，现任晔晨集团（福建）有限公司党支部书记、企业技术负责人。

20 多年来，林玉镇秉持“商道酬信、一诺千金”的理念，视质量和信誉为企业生命，带领晔晨集团实现一次次跨越，跻身建筑行业第一梯队。

2017 年 3 月，晔晨集团承建木兰溪瑞溪景观（玉塔段）工程，林玉镇担任项目总工。一次，他在检查验收一支劳务队镶贴的卫生间面砖时，发现砖对不齐，棱角不规矩。林玉镇硬是让他们返了工、包赔了工料损失。最后，该项目的高质量交付使用为木兰溪获评全国十大“最美家乡河”立下汗马功劳。

他不追求利润最大化，总是踏实做事，做一个有诚信的“匠人”。从 2013 年进入晔晨集团到现在，林玉镇负责的项目里，没有发生过一起劳资纠纷或拖欠民工工资的事情。提起林玉镇，工人们除了对他评价“质量要求严、任何细节不放松”，最多的就是：讲诚信、有情义。近年来，在他的带领下，公司及他个人先后捐赠的善款达 300 多万元，累计捐助困难职工子女上大学 84 人次。在脱贫攻坚战中，带领家乡低收入农户到建筑行业打拼，提供就业岗位近 300 个。在抗击疫情的过程中，林玉镇个人及带领公司党员职工先后向红十字会、单位、乡镇、社区以及小区居民捐款捐物，累计达 70 万多元，助力打好打赢疫情防控战。

（福建省委文明办供稿）

杨忠林

乡村教师践行诺言　坚守讲台三十余载

人物 THE STORY 故事

杨忠林，男，1965 年生，山东省聊城市茌平区冯官屯镇中心小学教师。

几十年前，冯官屯镇中心小学条件艰苦，教学设施简陋，老师们都期盼着调回城里。可当进城机会摆在杨忠林面前时，他却犹豫了，看着学生们渴望的眼神，他更加难以割舍，顶着来自家人的压力，杨忠林毅然放弃了进城机会。就这样，他扎根乡村 30 余年，点亮了孩子的求学梦想。

2003 年，杨忠林接了一个众人眼里最差的班级，班级纪律涣散，几个“捣蛋鬼”处处与老师作对。杨忠林不推诿，接下了这个重任。“我不会给孩子们贴标签，我会仔细分析每一个学生，然后因材施教。”杨忠林说。他对学生“言必行、行必果”，渐渐地，学生们都信服他，变得积极向上，班级管理得越来越好，最后，全班学生都以优异的成绩顺利升学。

杨忠林认为，师生之间建立诚信的桥梁是非常重要的。他时刻以此要求自己，做到心中有学生，一切为了学生的发展。他的班级里有个叫小杰的学生，家庭条件艰苦，成绩也一直不理想，后来一度面临辍学的境地。杨忠林与小杰的父亲诚挚交谈了解困境，并许诺好好教导孩子。功夫不负有心人，在杨忠林的严格要求和关心下，到了学期末，小杰的成绩直线上升，考进了班级前五名。如今，小杰已功成名就，还时常来看望杨忠林。

因为一句诺言，杨忠林坚守半生，为无数农村孩子插上成才的翅膀。

（山东省文明办供稿）

傅金荣

巡线班长扎根边境 43 年 用生命守护誓言

傅金荣，男，1962 年生，中共党员。在广西壮族自治区凭祥市服役退伍后，回到家乡桂林工作，由于一直牵挂牺牲的战友和边境建设，毅然放弃家乡稳定的生活和工作，带着妻儿回到边境凭祥，加入南方电网国“旗巡线班”，建设边疆电网。

他带领着班员亲历多轮电网改造，从跨越战争年代留下来的雷区，拉线立杆建设电网，到 2000 年消灭无电村，2020 年提前完成 4 个村寨用电项目投运，为自贸区发展提供更高质量电能。

傅金荣利经常走进边境村屯，开展“电力义诊活动”超过 500 次，帮助边民处理用电难题千余件，边境用电从“无忧”到“更优”，累计获得 8 封来自以村屯为代表的“用好电”感谢信，得到了当地广大群众的充分肯定。

傅金荣组织班员到边境小学，通过水果发电、大气压力等趣味小实验向孩子们科普科学知识，并结合自身参军和工作经历，向孩子们讲述革命精神和爱国故事，班组事迹入选全国学雷锋活动示范点。

当兵时手握钢枪保卫祖国，退役后拿起扳手建设边疆。守边建边，他用一生践行了这个诺言。傅金荣事迹先后在《人民日报》、新华社、中央电视台等媒体播发。

（广西壮族自治区文明办供稿）

蒲承祥

巨款面前不心动 诚信“的哥”拾金不昧美名扬

蒲承祥，男，1965 年生，重庆万州龙宝出租汽车有限公司驾驶员。

2021 年 6 月 4 日，在万州城区运营期间，面对乘客遗落在车上的 7 万元现金，蒲承祥第一时间赶回公司上交财物，并主动与失主取得联系，让乘客在当天便领回了丢失现金。面对失主为表示感谢拿出的一叠现金，他当即予以婉拒。

其实，蒲承祥家并不富裕，每个月收入在 4000 元上下，然而，面对拾到的巨款，他并未动其他心思。“虽然我不是很富有，也缺钱，但是我不能缺德，那钱不是我自己的，用着也会烫手。”这句质朴的话便是他最真实的想法。

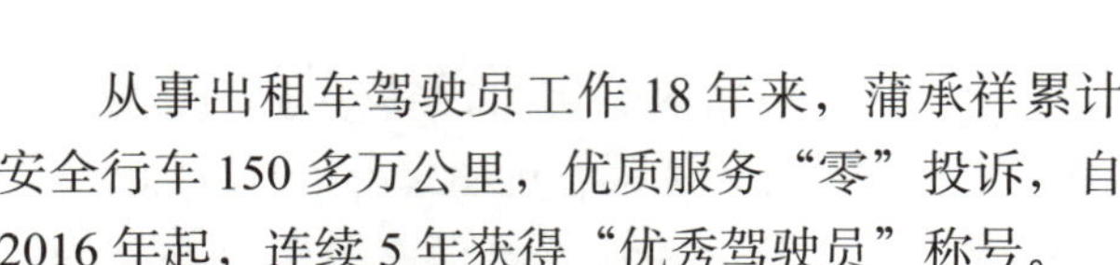

从事出租车驾驶员工作 18 年来，蒲承祥累计安全行车 150 多万公里，优质服务“零”投诉，自 2016 年起，连续 5 年获得“优秀驾驶员”称号。

蒲承祥经常捡到乘客丢失的物品，截至 2021 年，拾得现金加各种物品累计价值超 20 万元。每当乘客拿回失而复得的物品表达感激之情时，他觉得自己所作所为都是值得的。

免费搭载老弱病残乘客、爱心接送高考学生超 500 人次，其他助人为乐的好事不胜枚举，蒲承祥用诚信和善举书写向上向善的人生价值。

（重庆市文明办供稿）

周天池

退休老人坚守约定 十余年坚持资助贫困学子

人物故事 THE STORY

周天池，男，1931年生，贵州省遵义市铁合金厂离休干部。

周天池在生活中勤俭节约，含辛茹苦养育了四个儿女，经常用省下的钱对身边的困难职工进行经济上的帮助。1991年离休后，他每天还义务打扫居民楼道。

2005年的一天，他看电视报道贫困山区学生因家庭拮据而过早地承受着生活的困苦，在求学的道路上艰难前行。为了帮助那些想读书、爱读书的贫困农村学子完成学业，周天池经过反复考虑，决定在经济上捐助贫困学生。他和老伴商量后，找到共青团遵义市委希望工程领导小组办公室，办理了捐助手续。

第一次捐助让周天池仿佛听见了失学儿童重新进入教室后传来的读书声，这“声音”也让老人心情无比舒畅。随后，老人想到还有无数的孩子怀着期盼读书的心。想到这些，老人决定继续捐助。此后，老人就成了希望工程领导小组办公室的“常客”，每年3月、9月开学时，他都会到团市委捐款。2008年老伴去世了，他便一个人坚守着两人的决定。

随着年龄增大，周天池身体状况不是很好，出门捐款也有些吃力，但他仍然坚持着这一行动。2018年起，他便通过邮寄汇款单的方式进行捐赠，他的汇款单总是会在每年的3月和9月如期而至。

“认真做事，好好做人”是周天池对受资助孩子们唯一的要求。在他的无私援助下，不少孩子用自己的努力摆脱了贫困，他们想用物质回报周天池，但都被周天池婉言谢绝。（贵州省文明办供稿）

邓冬梅

守行规讲诚信重仁义的餐饮业女老板

人物故事 THE STORY

邓冬梅，女，1948年生，中共党员，陕西博兴餐饮管理服务有限公司总经理。

邓冬梅是一个视诚信为生命的女企业家，一个将产品质量和食品安全常挂在嘴边的团餐人，在近20年的创业过程中，邓冬梅始终遵循“用心行善，厚德为人”宗旨，以“品质求发展，以诚信求生存”。

民以食为天，食以安为先。邓冬梅非常重视食品安全和产品质量，她聘请专业人员成立了食安质检部，制定食品安全质量检查标准、4D厨房现场管理标准等内部管理制度，建立了严格的食品安全操作规程，加大巡店督查力度。

在注重产品质量的同时，邓冬梅一直强调要做好“诚信服务”，答应顾客的要求一定要满足，合同上承诺的事情一定要办到，切不可失信违约，宁愿公司受损失，也不能让服务对象受委屈。有一年春节，一供货商仓库发生火灾，所有货品都付之一炬，虽然没及时拿到货，但邓冬梅仍坚持按合同先付清了20多万元货款，帮助供货商渡过难关，后来这家供货商受邓冬梅的影响，也开始投身公益，广做善事、积极向社会奉献爱心。

这就是邓冬梅，一个视诚信为生命的女企业家，一个将产品质量和食品安全视为安身立命之本的餐饮人，一个年过古稀依然热心公益事业的“邓妈妈”。

（陕西省委文明办供稿）

刘行行

勇闯火海的消防英雄

人物故事 THE STORY

刘行行，男，1993年生，中共党员，北京市通州区梨园消防救援站特勤二班班长。

在2020年7月7日通州区台湖镇江场村北危险化学品爆炸处置现场中，刘行行第一时间到场。作为攻坚组班长，刘行行英勇果断，带领攻坚组成员数次进入现场，连续作战近50小时，累计进出爆炸核心区30余次、转移气罐200余个、保障装备200余件，为处置危险化学品爆炸事故作出了突出贡献。

作为入职10年的老班长，刘行行到达事故现场后，结合丰富的消防经验对事故现场进行科学判断，并对事故处置方案进行了分工部署。9日早8时，指挥部正式下达总攻命令。本该轮换休息的刘行行主动承担负责后方器材保障任务。9日下午，刘行行着防化服再次进入核心区域排查气罐漏气情况，与其他攻坚组人员一起转移未泄漏气罐。经过5个小时的努力，刘行行先后更换6次气瓶，6次进入现场，高效完成了事故现场的清运处置任务。他防化服里倒出的汗水足足2斤，脚上也磨出了水泡。

入职10年来，刘行行共参加大大小小灭火抢险救援3000多起，营救被困人员100余人。身为一名消防员，刘行行坚守为民初心，履行着“对党忠诚、纪律严明、赴汤蹈火、竭诚为民”的铮铮誓言。用勇气和毅力表达了对消防事业的热爱，践行着一名消防员的初心。

（首都文明办供稿）

戚　红

巾帼怀一颗匠心　裁出“美丽人生”

人物故事 THE STORY

戚红，女，1968年生，中共党员，河北省保定天威保变电气股份有限公司切铁组组长。

30多年来，戚红执着于她的事业——“切铁”，将0.3毫米厚、1000米至2000米长的硅钢片卷料，通过设备剪切成不同形状、不同尺寸的铁心片。硅钢片又硬又脆，非常难操作，而且对尺寸和毛刺儿的要求近乎苛刻：最大误差不能大于0.5毫米，0.02毫米则是毛刺儿的最大极限。“如果把不合格的产品装到变压器上，会造成数以万元计的损失，这要求我们在工作中必须精益求精”。为此，戚红提出了“三心”工作法，即耐心、多心、精心。按照“三心”工作法，戚红切出近5亿片铁心片，从未出现过质量事故和技术事故。

在变压器生产企业，缺陷片和料头、料尾的再利用是个难题。戚红研究出“平行四边形断料法”，工作效率提高一倍，材料使用率提高20%。仅此一项每年可节约原材料40吨，价值54万元，此工艺已应用20多年。

30多年来，戚红曾多次带领班组克服技术难题，打破生产瓶颈，累计为公司创效1000余万元。她带领的班组被评为“全国质量信得过班组”。

2018年，戚红牵头创建了“戚红劳模创新工作室”，开展技术攻关、员工培训。该工作室截至目前共完成专利申报15项，科技创新5项，小改小革20余项。她所在的班组15人中，年轻员工已超半数，在戚红的言传身教下，个个都能独当一面。

（河北省文明办供稿）

陈 艳

基层税务工作者不忘初心 在岗位上绽放风采

人物故事 THE STORY

陈艳，女，1973 年生，中共党员，国家税务总局辽源市西安区税务局股长。

2018 年 9 月，辽源国税、地税刚刚合并，社会保险费征管职责划转工作是一项新生业务，这项业务涉及税务、社保、医保、财政等多个部门，且涉及缴费人自身的实际利益，协调难度大。接到重任后，陈艳二话不说，迅速进入角色。经过 2 个多月的艰辛付出和不懈努力，陈艳带领的数据攻坚团队认真、细心，使社保数据比对准确率达到 99% 以上，医保数据比对准确率达到 98% 以上。

陈艳在全地区率先解决了“零余额账户”无法缴费的问题。陈艳始终将“百姓利益”放在第一位，自己忙点、累点，不能让老百姓的利益有损失。

城乡居民社会保险费是社会保险费征收的重点，更是难点。辽源市西安区人口流失严重，每年缴纳基数不断下降。灯塔镇各村地处偏远，缴费人到银行缴费比较困难，且老年人较多，存在不会使用手机微信缴费的情况。为解决此问题，陈艳每年年底，都会用近 1 个月的时间到各村上门收缴城乡居民相关保险费用，面对面帮助村民缴费，以情感人、以理服人、耐心细致、苦口婆心提供缴费服务，受到了老百姓的好评。

在她的不懈努力下，2020 年城乡居民基本养老保险征收率完成上年同期的 104%，实现了新的突破。共征收社会保险费 14715 万元，作出了一名税务人应有的贡献。

（吉林省文明办供稿）

陆泉明

好校长把“家”搬到霍尔果斯 践行援疆责任

人物故事 THE STORY

陆泉明，男，1971 年生，中共党员，江苏省苏州工业园区星澄学校校长。

2017 年陆泉明加入苏州市第九批援疆工作组，担任霍尔果斯市国门初级中学校长，从无到有，从有到优，从校园建设到师资队伍组建，他全家出动为霍尔果斯教育事业献计出力。

陆泉明搭建苏州工业园区与霍尔果斯的教育交流平台，利用苏州工业园区优秀教育资源，把霍尔果斯国门初级中学建设成为苏州工业园区星海实验中学分校，每年星海实验中学均派出五六名骨干教师组成假期新疆支教团，上门为国门初中教师传帮带，累计邀请 39 名教育专家到霍开展教学讲座，培训教师 560 余人次。同时，组织 4 批 100 多名霍尔果斯中小学、幼儿园以及教育管理干部赴苏州先进学校进行沉浸式培训学习。他还组织与新疆当地最好的初中校结对学习。在陆泉明的带领下，不到 3 年的时间，学校从创立之初的仅有 400 多名学生、18 名教师发展成为拥有 1287 名学生、107 名教师员工的名校。他组织 60 多名苏州初中生与国门初中学生开展“手拉手，一家亲”暑期研学活动，同吃同住同学习，推动两地青少年相互了解，促进民族团结，加强两地初中生爱国主义教育。

援疆期间，陆泉明积极传播苏州教育经验，让其在当地生根发芽，茁壮成长。陆泉明表示，援疆不仅仅是援建高楼大厦，引进企业项目，更是在 5000 公里之外，播种苏州教育理念的种子。

（江苏省文明办供稿）

李廷胜

"第一书记"给洋葱配"新裳" 带领村民脱贫致富

人物 THE STORY 故事

李廷胜，男，1963 年生，中共党员，国网兴化市供电公司大营供电所原所长，2019 年 5 月任江苏省兴化市大营镇联镇村"第一书记"。

联镇村曾是市级经济薄弱村，债务包袱特别重，2019 年全村有建档立卡贫困户 92 户，脱贫攻坚任务艰巨。洋葱是联镇村的特色产业，种植面积 2000 亩、产量近万吨，虽然品质较好，但因是"大路货"销售，"丰产不丰收"现象时常发生。李廷胜到村任职后，经广泛调研，萌生出"礼盒 + 网络"的销售创意，在他的策划下，村里的"南寺桥"牌洋葱迅速走向全国，比常规销售增收十几万元。

在通过消费帮扶增收解了村集体债务的燃眉之急后，他创新思路，兴办"洋葱市场"和保鲜冷库，引进深加工企业，培育本土直播人才，延伸产业链条。他用实际行动践行党员的初心与使命，1 年来，帮助销售红皮洋葱等农产品 155 吨，增加村集体收入 80 多万元，化解村级债务 90 多万元，2019 年联镇村人均收入比上年增加近 1000 元。

3 年时间，联镇村实现了从"差等生"到"优等生"的逆袭，并以洋葱产业链带动大营镇 8000 余亩洋葱产业发展，助力该村贫困户全部脱贫，李廷胜被村民亲切地称为"洋葱书记"。

（江苏省文明办供稿）

孙益海

民警因公致残 撑假肢坚持为民服务二十余载

人物 THE STORY 故事

孙益海，男，1969 年生，中共党员，江苏省盐城市公安局盐都分局郭猛派出所一级警长。

1995 年 11 月 30 日，孙益海在收缴非法枪支时左腿主动脉被弹药炸烂，5 次手术开 6 刀，左腿被截，方才保住性命。因公致残的他本可以选择在家休养，但他却坚持在基层派出所做一名内勤民警。

熟人好办事，重返岗位后，孙益海把一个个群众都当作自己的"老熟人"，"快速办、想法办、联系办"成了他的心得。26 年来，他仅仅依仗着"一条腿"，便走了两万余公里，为群众办理户口证件 4 万余人次，调解纠纷 500 余起，哪怕假肢跟大腿根部长时间摩擦，经常发炎出血，疼痛难忍，也没有阻止他为民服务的脚步。

孙益海提出建设"365 天永不打烊的户政大厅"，同时开展网上受理。用他自己的话说，"我的服务窗口虽小，但同样可以有大作为"，"群众的事再小，也是大事；自家的事再大，也是小事"。

目前，孙益海的体内还残留着 36 颗钢珠弹，每隔 1 个月，就要做一次手术。有群众曾问他，你这样做累不累？为何要这样拼命？他回答是，因为我是一名警察，生命的高度，不在于身体的伤残，而在于不息的奋斗！

（江苏省文明办供稿）

徐 玲

“85后”退役女舵手扎根基层 做群众的贴心人

敬业奉献

人物故事 THE STORY

徐玲，女，1988年生，中共党员，江苏省淮安市盱眙县交通运输局水上中队办事员。

徐玲是“辽宁号”航母上也是中国人民海军史上的首位女操舵兵，参加过奥运会军方通信保障、新中国成立60周年国庆阅兵及“和平方舟”号医疗救护等重大军事行动，因工作优秀多次立功受奖。

2013年退役后，徐玲成为地方海事部门的一名执法员。她不忘军人本色，通过规范行政许可工作，打造静态监管平台，认真做好事故预防、预控及水上搜救工作。她完善海事日常工作管理规定，认真做好重点工程、关键区域的监管维护工作，确保了辖区安全形势的稳定。她注重工作的创新，树立海事管理品牌，建议实施了“诚信船舶”评选活动。她积极转变观念和作风，倡导主动性服务，提出多项便民服务建议。她坚持做到依法办事、公正文明，面对过往船民，自觉抵制不正之风的侵蚀。

徐玲还热心公益事业，每逢节假日就走进敬老院、福利院，积极参加志愿服务活动，关心关爱弱势群体。多年来，徐玲还义务为中小学学生、部队官兵讲解军事和水上安全知识，关爱孤寡老人、呵护留守儿童。

从首位航母女舵手到基层工作者，细看徐玲的传奇经历，不满足于安逸、勇于挑战自己铺就了她的人生底色。

（江苏省文明办供稿）

王孝财

老兵村医走村入户 义务服务39年

敬业奉献

人物故事 THE STORY

王孝财，男，1957年生，中共党员，生前系江苏省南京市江宁区汤山街道湖山村卫生服务站站长。

王孝财1977年入伍，在原南京军区某团担任卫生员。1981年底退伍后，他一直担任乡村医生。王孝财常年坚持走村串户为患者解除病痛，从最早的骑自行车、摩托车到如今的电动车，平均每天出诊5次，一天下来要跑10多公里路。像这样的工作，他整整坚持了39年。王孝财自己工资收入低微，但他这么多年却从没收过乡亲们一分钱的出诊费。他淡泊名利，曾有机会担任村委会主任，却因没有村医接班而主动放弃。他舍小家、为大家，没有工作和休息之分，只要群众需要，不管是刮风下雨，还是夜半三更，他总是毫无怨言地及时出诊，还曾因为村民的健康差点耽误自己儿子的病情。他自编了一套“一看就明、一听就懂”的“‘三农’健康知识顺口溜”，迅速传遍十里八乡。2017年底，王孝财光荣退休，但他接受了返聘，继续为乡亲们服务。2019年，他被诊断患有胃癌，手术之后他仍坚守岗位，一直奉献到他生命的最后一刻。

王孝财以一名共产党员的忠诚和担当，在农村基层医疗卫生事业中做出了不平凡的业绩，乡亲们都尊称他为生命健康的“保护神”。

（江苏省文明办供稿）

王 怡

女教师支教送理念送方法 为脱贫攻坚贡献青春力量

人物 THE STORY 故事

王怡，女，1982年生，浙江省绍兴市秀水小学教师。

脱贫路上，川浙同行，千里之外的四川省乐山市马边彝族自治县与绍兴市越城区结下不解情缘。几年来，绍兴市越城区送计送智，一批又一批的支教老师将汗水与梦想播撒在了马边这片广袤而神圣的土地上。

2018年8月至2020年8月，王怡积极响应“东西扶贫协作”号召，主动请缨，一家四口连续两年赴川支教，成为浙江省唯一连续两年前往四川省支教的教师家庭，是全省脱贫攻坚工作的典型新力量。支教期间，她充分发挥绍兴先进的教育理念和班级管理智慧，倾心打造“鲁迅”教学品牌，为马边的老师实地学习、观摩和交流提供方便。在教学教研工作上，她力争走出特色，将“传帮带”工作由点及面，推动落地见效。分享优质教育资源，带动更多马边学生学好英语，共同成长。帮助优化课堂教学模式，开展丰富的教学教研活动，留下了一支“带不走”的年轻英语教师队伍。

2021年2月25日，王怡获得了全国脱贫攻坚先进个人荣誉。这份荣誉为她的支教生涯画上了圆满的句号。

“一切都很值得！”如王怡所言，支教一直是她想做的事，教育在马边应该步履不停。

（浙江省文明办供稿）

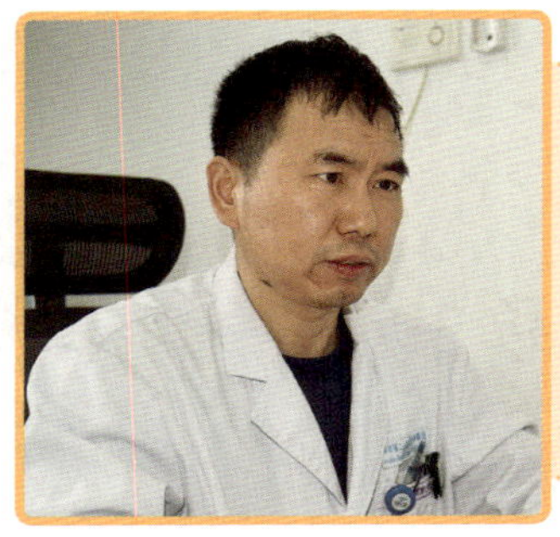

郑启东

“三牛医生”用大爱诠释医者仁心

人物 THE STORY 故事

郑启东，男，1972年生，中共党员，浙江省玉环市第二人民医院内二科主任。

郑启东始终将群众利益放在首位，时刻用心服务好每一位患者，27年无双休日，坚持进村入户，默默坚守在基层健康一线，被群众亲切地称为“三牛医生”。

他是为民服务的孺子牛。一周7天班，每天7点开始门诊，全年无休，出门诊下病房，27年雷打不动，每年服务患者达5万余人次。为方便与群众联系，在他的诊室里、医疗联系卡上都写着他的私人电话。手机24小时开通，随时准备回答病友的健康咨询。

他是创新发展的拓荒牛。敬业有为，锐意创新，在玉环率先开展心脏介入诊疗手术，实现多项技术“零”的突破。在他的主导下，全国首家二甲医院MMC（标准化代谢性疾病管理中心）在玉环落地，连续四年在1000多家医院MMC综合质量考核中位居全国第二，专注探索基层慢病管理新模式，向全国输出诸多玉环经验，主导的MMC“1+X”模式写入全国指南。

他是艰苦奋斗的老黄牛。建立浙江省首家“智慧化高血压诊疗中心”“亚太痛风联盟—高尿酸血症及痛风管理中心”，建立糖尿病“自我管理小组”，率先开展“功能社区健康管理”，为6000多位糖尿病患者建立健康档案，完成“糖网筛查”1.2万余人次。

郑启东用实际行动践行他身为一名医者的初心与使命，无愧于群众给予他的“三牛医生”这一称号。

（浙江省文明办供稿）

赵建华

将青春交给祖国铁路建设的“女汉子”

敬业奉献

人物故事 THE STORY

赵建华，女，1970年生，中共党员，现任中铁四局孟加拉国帕德玛大桥铁路连接线项目总会计师、党工委委员。

在财经战线上默默耕耘了35个春秋，赵建华连续四年被评为审计署优秀专家，荣获多项称号。2018年6月，中铁四局中标首个孟加拉国项目——帕德玛铁路连接线项目，这是中孟两国政府共建“一带一路”的重点工程，项目建成后对四局海外市场的拓展具有极其重要的战略意义。但孟加拉国登革热疾病肆虐，很多同事退缩了，赵建华却主动请缨，投身于该项目的建设当中，成为中国中铁参建人员中唯一的“女战士”。2020年3月，孟加拉国新冠疫情暴发，新冠检出率高达20%。赵建华主动承担起项目的防疫工作，积极与中国中铁指挥部对接，联系后方公司本部，确保项目防疫物资的及时和充足供应。她还主动深入施工一线，为员工讲解防疫知识、进行心理疏导，在她的努力下，项目部创造了零感染、零疑似的奇迹。赵建华还主动牵头向项目驻地所在地捐献口罩、消毒液、体温枪、防护服等防疫物资万余件，为当地抗击疫情提供力所能及的帮助和支持，获得孟加拉国各方高度评价。

（安徽省文明办供稿）

石坤伟

招商标兵带病招商　燃尽生命写奉献

人物故事 THE STORY

石坤伟，男，1965年生，中共党员，安徽省广德市柏垫镇人。

石坤伟同志近40年的工作历程中，始终忠诚于党、忠诚于人民、忠诚于事业，在平凡岗位上默默奉献，在克难攻坚上带头冲锋，在砥砺担当上以身垂范。尤其是从事招商工作以来，他始终坚持带头招商、敲门招商、带病招商，是广德招商铁军的杰出代表，他持之以恒的招商精神、刻苦坚忍的工作作风、无微不至的服务理念，得到了企业家们的交口称赞。十年招商，他累计拜访客商数百次，一天车程最多长达1300余公里，先后引进优质项目80余个，仅2020年底，就一次性引荐总投资15亿元和总投资5.5亿元的两个大项目。

石坤伟同志因长期外出招商，积劳成疾。多年来，饱受病痛折磨，出于对工作的尽心、对事业的负责、对广德的热爱，他不言疼痛，冲锋在一线。尤其在2021年，他因身体不适，被迫再次赴上海华山医院紧急治疗，但住院期间为促成在谈项目尽快落地，他不顾劝阻，多次向医院请假，往返江浙沪、奔赴珠三角、驻扎企业间，蹒跚的身影令人动容。

江河呜咽，草木含悲。石坤伟带着他对父母妻女的歉疚、带着他对招商事业的牵挂走了。斯人已逝，精神长存。他用自己的实际行动，践行了新时代合格党员标准，用生命谱写了一曲感天动地的奉献之歌。

（安徽省文明办供稿）

梁铁飞

干在实处守在险处的“治水人”

人物 THE STORY 故事

梁铁飞，男，1972年生，中共党员，安徽省桐城市水利局党组成员、水利水保工程建设管理所所长。梁铁飞从事水利工作长达26年，历经防汛抗洪一线严峻考验多年。

2016年，针对汛期暴露出的水利工程短板，梁铁飞精心编制“水利薄弱环节建设三年行动方案”，用时5年完成了18座病险水库、2座中型水闸的除险加固和9段中小河流治理，全市抗御水旱灾害能力得到大幅提升。

2020年入汛后，梁铁飞担任桐城市防汛技术指导组组长，带领技术人员奔赴险情最严重的双港镇练潭圩。防守第一天，就遇到最致命的险情——中间某处堤身的断面崩塌，抢险物资因道路受阻、无法运进！他奔赴现场后，果断采取“袋装土压棉被”的办法。经过8小时奋战，终于保住了大堤。在驻堤防守的15天中，他寝不解衣、脚不脱靴，以堤为家，用“5+2”“白＋黑”“晴＋雨”的防汛抢险模式，保证了数万名群众的生命和财产安全。

2020年12月，梁铁飞每天天不亮就起床出门工作，奔赴桐城境内37处水毁修复工程施工现场。2021年2月，灾后重建水利工程全部完工。作为桐城水利工程项目建设的“设计师”，梁铁飞向党组织和人民递交了一份合格“答卷”。

（安徽省文明办供稿）

胡晓春

黄山迎客松守松人敬业奉献14年

人物 THE STORY 故事

胡晓春，男，1980年生，中共党员，现任黄山风景区迎客松第十九任守松人，安徽省黄山市黄山区谭家桥居民。

早上6点半，胡晓春就在迎客松前忙碌起来：认真观测松树枝丫、松针、树皮的细微变化，仔细检查支撑架、拉索、防雷设施有没有故障……按规定白天每隔两个小时观测一次，夜间要启动红外线防侵入报警系统，信号一旦有响动，守松人必须迅速起床查看。如遇狂风暴雨、积雪霜冻等特殊情况，检测次数就会随之增加。每一次巡护结束，胡晓春立刻填写迎客松日记，春夏秋冬，寒来暑往，厚厚的迎客松日记共填写了84册，共计140余万字，摞起来有半人高。

胡晓春是退伍军人，2005年退役，第二年应聘到黄山风景区园林局做防火队员，2011年成为迎客松第十九任守松人。守松看似简单，却需要有综合学问作基础。工作之余，胡晓春坚持自学气象学、昆虫学、植物学等方面知识，很快就成为古树名木保护的“土专家”。

守护迎客松十余年，胡晓春也有很多遗憾：父亲身患肺癌不能病榻前尽孝，女儿蹒跚学步不能亲手搀扶，家里家外全靠妻子操持……但是胡晓春说：“这些年，大家都说我是守松人，但其实我也被迎客松守护着。”在他心里，迎客松是中华民族热情好客的象征。身为共产党员，不忘初心，永葆本色，努力在平凡工作中创造不平凡的业绩，用心用情守护美丽的黄山，为实现中华民族伟大复兴奉献自己的光和热。

（安徽省文明办供稿）

张金秀

扎根一线　在平凡岗位上诠释不凡坚守

敬业奉献

人物故事 THE STORY

张金秀，女，1965年生，中共党员，江西省萍乡市芦溪县张佳坊乡人民政府民政所成员。

2000年，张金秀由于工作吃苦肯干、勤奋学习，善于做群众思想工作，被安排担任张佳坊乡民政所所长。“干一行，爱一行”，在民政岗位上一干就是20余年。

张金秀的服务对象涉及退伍军人、孤寡老人、残疾人、特困供养户等。无论节假日还是双休日，只要群众一有困难，她便全身心地投入到为群众服务的工作中，把群众当亲人，对全乡的困难群众的基本情况熟记在心，人称“活字典”。

2015年，她担任乡扶贫站站长，几乎牺牲了所有的双休日，全年开启“白＋黑”“5+2”工作模式。为了更好落实贫困户精准帮扶政策，她走遍了全乡每个村，了解贫困户家庭情况和致贫原因。她对全乡建档立卡贫困户致贫原因进行分析，建立相关台账资料。她创新思路，打造了张佳坊乡“医疗式治贫法”。学名医，展绝技，采取“四诊法”“五禽戏”“尝百草”等新举措，带领贫困群众脱贫致富斩穷根，担当贫困户的“造梦人”。

她把所有的热情和爱心倾注在平凡的民政和扶贫岗位上，从未喊过一声累，怨过一句苦。

（江西省文明办供稿）

柯夏楠

电力特种兵坚守带电一线11年 东西横跨4000公里驰援新疆

人物故事 THE STORY

柯夏楠，男，1988年生，中共党员，国网山东省电力公司威海供电公司带电作业中心不停电作业技术专责。

2010年毕业后，柯夏楠加入国网山东省电力公司威海供电公司带电作业班，上班第一天，班长对他说：“带电作业风险大、难度大，关系客户用电体验，一定要谨慎负责。”就是这句话，让“精益求精”“奉献客户”在柯夏楠心中扎了根。

2018年8月，威海天气出奇得热，用电负荷激增。一天晚上8点多，威海钦村一小区开关引线线夹故障，6栋楼停电。刚回家的柯夏楠接到抢修通知，立马返回单位组织抢修。穿着十几斤的工作服，汗流浃背地奋战两个多小时后，终于恢复供电，柯夏楠到家时已近午夜。11年来，柯夏楠先后参与带电作业2000余次，减少停电用户20万余户，多供电量1000余万千瓦时。

2020年5月，柯夏楠响应国家电网有限公司东西人才帮扶号召，横跨4000公里支援新疆，负责博尔塔拉蒙古自治州州2.7万平方千米地域内3975.78公里的配网线路运维和带电作业管理工作。他一方面统一配网线路图纸绘制标准，规范基础环节，另一方面深入基层考察，足迹遍布当地配网线路。输血不如造血，柯夏楠积极筹备配电技能竞赛，顶着高温和强紫外线与队员同吃、同住、同训练，当地配网运维人员的专业技能得到大幅提升。2020年，博尔塔拉蒙古自治州配网故障率同比降低30.16%。

（山东省文明办供稿）

李瑞兰

奋战文化第一线 打造基层文化阵地 丰富群众文化生活

人物 THE STORY 故事

李瑞兰，女，1975年生，中共党员，山东省寿光市文化和旅游局文化艺术科科长。

2017年5月，寿光市洛城街道洛西村建设文化阵地场所，李瑞兰从规划设计、施工改造到功能区布置全程参与指导。建设过程中，正逢家中老父亲生病，李瑞兰周末就带着生病的父亲打完点滴，又奔赴建设现场，父亲在车里等待了近一个小时也没有怨言，全力支持女儿工作。两个月的时间，她不分白天黑夜，顶着酷暑，紧靠在现场，终于把洛西村文化服务中心打造成了百姓喜爱的文化场所，受到了群众的一致好评，并成为潍坊市乃至全省的亮点工程。2020年11月，李瑞兰指导打造的农家书屋荣获“第八届全国服务农民、服务基层文化建设先进集体”荣誉称号，并在全省推广学习。

“工作不会因为你是女性而得到优待，荣誉也不会因为你是女性而得到垂青。女子柔情，但不柔弱。”这是李瑞兰参加工作以来，时常告诫自己的一句话。她坚信一分耕耘，一分收获，正是凭借着这股“钻劲”和“拼劲”，在中宣部组织的新时代乡村阅读季活动中，李瑞兰带领寿光市连续两年取得了全国排名第一的好成绩。2020年，寿光市勇夺综合排名、阅读达人和优秀农家书屋管理员三项全国第一。

（山东省文明办供稿）

高宝莲

奶奶校长魂系教育初心不改 为民办学终生无悔

人物 THE STORY 故事

高宝莲，女，1941年生，中共党员，河南省濮阳市范县希望中学党支部书记、校长。

1963年，高宝莲到范县大屯中学任教。为集资建设校舍，她曾走访过方圆十里的村户，使大屯中学实现了土坯房—砖瓦房—教学楼的华丽转身，学校的教育教学成绩一直在全县名列前茅，培育了一大批学有所成的学子，18名教师走上中学校长领导岗位，使一所村办联中发展为一所闻名遐迩的龙乡名校，并创建成省级文明单位。

2000年，她退休后，积极响应县委、县政府的号召，义无反顾地创办范县希望中学。刚建校时没有像样的操场，在她多方努力下，学校耗资一千多万元建成了濮阳市一流的标准化塑胶运动场。学校没有家属楼，她先后协调资金600余万元，建设了两栋家属楼，让100余名教师搬进了新家。为关爱学生成长，她把校长办公室当成心理咨询室，把解决学生心理问题当成自己的授课内容。她每年都会详细统计学生家庭情况，对家庭贫困的学生制订专门的资助计划，在她的资助下，5000余名学生圆梦，投身各行各业为现代化国家建设贡献力量。

《河南日报》《濮阳日报》等多家媒体相继报道了她的先进事迹。2017年11月20日，《慈善公益报》以《魂系教育鬓染古稀　钟情慈善半个世纪》为题刊发长篇通讯，报道她的故事。

（河南省文明办供稿）

王拥军

勤勉工作三十余年 奋斗在脱贫攻坚一线

人物故事 THE STORY

王拥军，男，1967 年生，中共党员，河南省周口市太康县文广旅局局长、太康县王集乡脱贫攻坚分包乡镇负责人、平岗村脱贫攻坚责任组组长。

2020 年是脱贫攻坚的收官之年。按照太康县委、县政府的工作部署，王拥军主动请缨担任王集乡脱贫攻坚分包乡镇负责人和平岗村脱贫攻坚责任组组长。为准确掌握全乡每个贫困家庭的实际情况，王拥军深入地头，和农户促膝交谈，向农户征求脱贫致富意愿，他每天工作都在 18 小时以上，两个月内走遍了王集乡 108 个自然村。硬化路面，安装路灯，引进致富产业，在王拥军的努力下，一个个产业在王集乡各村落地开工，一个个光伏发电项目投入使用，一条条道路在各村建起来，延伸到每户村民家门口。村民走进村头扶贫车间上班，从农民变成产业工人，像城里工人一样按月领工资。在王拥军等人不懈努力下，王集乡的群众走上了致富路。由于长期连轴转地工作，王拥军患上了不少职业病，但他仍然坚持工作。2020 年 11 月 21 日，王拥军突发脑出血晕倒在工作岗位上。经过医护人员全力抢救，王拥军最终从死亡线上被拉了回来，但伤势严重，至今不能行走说话。

（河南省文明办供稿）

闫培新

好校长为培育英才 29 年坚守讲台

人物故事 THE STORY

闫培新，1967 年生，中共党员，河南省郑州市第四中学党委书记、校长。

自 1992 年从河南大学毕业后，闫培新在教育岗位上已辛勤耕耘 29 个春秋。从一线教师到领导岗位，他先后出任 2 所学校副校长、3 所中学的书记、2 所学校的校长。

闫培新带领郑州市第四中学全体教职工积极深化课堂教学改革，学校教学质量稳步提升，该校高考一本上线人数稳定在 90% 以上，18 位学生被清华大学和北京大学录取。郑州四中是河南省唯一一所承办内地西藏班的学校，该班成绩在全国一直保持领先地位，郑州四中西藏班高中自 2003 年有毕业生以来，升学考试实现了 17 连冠，成为西藏家长将学生送到内地的首选学校之一。

在他的带领下，郑州四中高、初中部分别连续 17 年和 15 年荣获郑州市教育教学先进集体。该校先后荣获全国教育援藏先进单位、全国艺术教育先进单位、河南省教育系统先进单位、河南省中小学德育工作先进单位、河南省依法治校示范校等 200 余项称号。

（河南省文明办供稿）

张梅月

好医生爱岗敬业　心系病患 为妇女健康保驾护航50年

人物故事 THE STORY

张梅月，女，1954年生，中共党员，河南省驻马店市中心医院妇产科主任医师。

张梅月同志对党无限忠诚，对人民无限热爱。她务实重干，从医50年来累计医治病患80余万人次，接生婴儿8万余例，主刀妇产科手术数十万例零事故。她爱岗敬业，曾多次带病坚持为患者手术，唐山大地震发生后，她在震区一线苦干49天。她刻苦钻研，先后在国家级、省级期刊发表论文50余篇、出版专著2部，累计开展新技术、新项目30余项，2004年获得河南省科技成果三等奖1项（本人第一作者），获得驻马店市各类科技成果奖15项。她医者仁心，时常为患者垫付医药费，为贫困患者捐款捐物，还曾连续30多年资助一位孤寡老人。她传道授业，孜孜不倦，累计带教的数万名学生，如今已遍布各级医院的妇产系统。

张梅月同志扎根医院、以院为家，多年来面对其他医院的高薪聘请，她不为所动："驻马店的山山水水养育了我，我要把我毕生的精力奉献给这片土地，生命不止，战斗不息。"目前，已退休的她仍继续奋斗在治病救人第一线，为广大妇女儿童的健康保驾护航。

（河南省文明办供稿）

丁卫华

坚守国家铁路建设一线近三十年 创造世界奇迹

人物故事 THE STORY

丁卫华，1971年生，中共党员，河南省商丘市夏邑县人，生前系中建南方投资有限公司副总经理兼中建郑州轨道交通项目指挥长。

2006年，根据单位工作安排，丁卫华奔赴大西北出任项目经理。他顶酷日，战风沙，在极端恶劣的条件下，高标准完成了该项目。2009年，丁卫华转战上海，成为中建沪杭高铁项目经理。工程计划18个月建成，直接服务上海世博会。丁卫华负责的横潦泾特大桥和轨道板预制铺设两个分项工程是全线最难的控制性工程之一，横潦泾特大桥工艺之复杂堪称"当代桥梁施工博览会"。丁卫华创新提出"5S工厂化管理方法"，将轨道板生产线单批次产量由常规的54块增至66块，创全国首例，并用13个月的时间，带领团队提前完成了任务。2017年，已任中层领导干部的丁卫华重返基层，接下郑州地铁3号线项目的重任。连续大半年，他风雨无阻坚守在第一线，常常能看到他风尘仆仆回到项目部，一个电话打来，水没顾上喝，又匆忙赶回工地去解决问题。郑州地铁3号线刚通车，丁卫华又投入6号线建设。

常年东奔西跑，丁卫华一直和家人分居两地，孩子23岁了还从未一家三口出游过。他总说："忙完这段咱们一起去三亚。"不承想，这小小的约定，却成为永远的遗憾。2021年3月16日，作为中建郑州轨道交通项目指挥长的丁卫华因劳累过度突发心脏病，经抢救无效倒在了工作岗位上，年仅49岁。

（河南省文明办供稿）

曾朝平

“一带一路”上的“教育飞鸿”

人物故事 THE STORY

曾朝平，女，1975年生，湖北省宜昌市西陵区葛洲坝实验小学教师。

葛洲坝实验小学众多学生家长常年奔波在“一带一路”沿线的水电建设工地上，他们的孩子则成了城市里的守望儿童。曾朝平自1995年走上讲台以来，坚持26年如一日，用千余封、共计50万字的书信与远方家长沟通，将家校共育网延伸到“一带一路”。让亲情相距万里不缺失，点亮留守儿童梦想，被誉为“心灵信使”。

1995年，曾朝平接到一个让她揪心的求助，当听到学生因为家庭变故、思父成疾的时候，曾老师心急如焚，郑重提笔向该名学生在外地的父亲写了一封推心置腹的长信，没想到半月后学生收到父亲回信，精神大振，像变了个人。一封书信，竟有如此神奇效果？曾朝平心潮澎湃。

无数个夜晚，她把听到、看到、想到的一个个细节倾注指尖，化作一段段真诚文字，架起亲子沟通的桥梁。每个月末近5000多字的班级书信，雷打不动准时发送到班级微信群。学生的点滴进步、教育建议和亲情沟通都有展现；还有互打擂台的“比赛书信”，调节家庭矛盾的“救火书信”，打造幸福时光的“约定书信”和心理疏导的“暖心书信”。繁重的工作熬坏了身体，虽然多次住院，但曾朝平总是说：“难，我不怕；累，我也不觉得，我总是遗憾没有能给学生和家庭更多的关心和帮助。”

（湖北省文明办供稿）

胡三枚

献身家乡养老事业 甘做孤寡老人的“贴心人”

人物故事 THE STORY

胡三枚，男，1962年生，湖北省汉川市马鞍乡农村福利院院长。

2018年7月，在马鞍乡农村福利院危难之际，胡三枚放弃了上海苦心经营二十多年的事业，接手福利院。为改善入住老年人生活状况，他带领职工、院民对福利院进行修整，种植蔬菜、饲养家禽，确保每天院民有时令鲜蔬瓜果、二两猪肉、两枚禽蛋。2018年，他投资60余万元，新建了30多米的文化走廊、升旗台、亭台，翻新了食堂、娱乐活动室、卫生间、医疗保健室、院民寝室等配套设施，做到功能完备；2019年，他积极争取扶持资金60万元，自筹资金20余万元，在院内新建了一座公寓楼。

在福利院，胡三枚把老人们当父母般无微不至地照顾，院民也亲如一家。福利院老人萧大爷，年幼时因病致残，长期卧病不起，满身褥疮，营养不良。进院后，从就医到饮食，胡三枚都安排照顾得一丝不苟，经过五个多月精心的护理和细致的营养搭配，萧大爷的病情逐渐好转。老人逢人就说：“胡院长真是一个好人，没有他我早就不在了。”

胡三枚还不忘用爱心回报社会，2018年成立了“福优娱乐队”；2019年他个人捐资6000余元支持修建村级公路；2020年疫情防控期间，他为卡口执勤人员免费提供盒饭3000余盒，向地方政府、社区捐赠3吨左右的鲜蔬。

（湖北省文明办供稿）

蔡晓瑜

立德树人　创新思政教育的最美教师

人物 THE STORY 故事

蔡晓瑜，女，1975年生，中共党员，湖北省武汉市育才实验小学副校长。

她虽然是有着27年教龄的“老教师”，可在年轻人眼里却是常思常新的“领头雁”，被老师们戏称为创新思政教育的“新能源大脑”。针对幼小衔接关键期，她组织编写了“入学第一课”成长手册。电子版手册方便家长随时阅读，纸质版手册更像一本随身携带的“小人书”，特别是其中“手绘漫画＋拼音”版的“一年级新生日常”深受孩子们喜爱。该手册帮助家长消除入学焦虑，被各大媒体称为“小学入学教科书”和“成长大礼包”。

疫情期间，她带领思政教师团队坚守云端168天，用教育人的“工匠精神”精心打造168期“3+N”系列思政云课程。该课程通过学校微信公众号每天定时推送，引导学生健康生活、独立思考，助力家长更新理念、智慧教育，带领师生在疫情背景下重新审视生命的价值与意义，弘扬抗疫精神，根植家国情怀。

她说：“选择了教育就是选择了奉献。”多年来，她以高度的敬业态度和专业精神，致力于小学思政模式的不断创新，用心用情育时代新人，赢得了师生和家长的广泛赞誉，树立了一名新时代优秀人民教师的美好形象。

（湖北省文明办供稿）

杜义彪

林场职工耐得清贫坚守深山25年

人物 THE STORY 故事

杜义彪，男，1958年生，湖南省郴州市临武县西山国有林场退休职工。25年来，他坚守在最偏远的三峰岭山顶瞭望台，坚守践行着一名护林员的初心承诺。

三峰岭山顶瞭望台工作艰苦，环境恶劣。每次巡山，杜义彪都要独自穿越无人区，行走在让人犯晕迷路的青山绿水间。生活艰苦，山上没水、没电，吃饭也是这里最大的“难题”。住的地方是用一块块石头搭建的，里面只能摆下1米宽的小床，一起身，头就能顶到天花板。这样的条件他坚持了25年。

自1996年以来，杜义彪坚守在西山国有林场海拔1580米的三峰岭山顶的瞭望台25个春秋，每年春节都在瞭望台度过。瞭望台虽小，但是工作责任重大，它承担着方圆45公里的林海安危。25年来，他记录瞭望日记4000多篇，发现处置本县及周边县火警100多次，对辖区内的山林了如指掌，创造了连续20多年未发生森林火灾的佳绩。

有人曾问他，三峰岭上的生活那么艰苦孤独，你是怎么坚持下来的？他淡淡一笑道：“我对领导、国家作出了承诺，我就要把这件事做好。”

（湖南省文明办供稿）

盘玖仁

乡村教师扎根瑶乡 28 载 把青春献给教育事业

人物故事 THE STORY

盘玖仁，男，瑶族，1976 年生，湖南省常宁市塔山瑶族乡中心小学副校长。自 1993 年 3 月参加工作以来，28 年如一日，一直坚守在最偏远的塔山瑶族乡任教，在普通岗位上竭尽全力把满腔的热血献给瑶乡可爱的孩子们。

盘玖仁所带的班级，学生团结和气，班级风貌健康向上。校园内，常见到他耐心辅导学生的身影。为了学生，从星期一到星期五，他每天在学校工作的时间总会超出 15 小时。有时甚至整周不回家。他顾不上自己的家庭与孩子，常常背负着妻子的埋怨。他说，不管怎么样，只要看到学生们的健康成长，他就心满意足了。

担任政协委员以来，他认真履职，积极参政议政，撰写了反映瑶乡发展的社情民意信息、提案、微建议 20 多件，为瑶乡教育事业发展鼓与呼。

盘玖仁不仅是一名教育者，还是一名瑶族文化的传承者。他为了瑶族文化传承，白天跟老艺人学唱瑶歌、跳长鼓舞，晚上收集整理相关资料。在学校组织学生学习长鼓舞等瑶族文化，让瑶族文化得到有效传承。

（湖南省文明办供稿）

李概明

农技员情系田野 战胜病魔坚持下乡指导生产

人物故事 THE STORY

李概明，男，1962 年生，中共党员，湖南省岳阳市湘阴县农业农村局农技推广研究员。

不曾有半分土地，却一生躬身田野，与庄稼结缘；不是医生，却无数次为禾苗把脉问诊，为农民兄弟排忧解难；重病多年，却不把自己当病人，将更多的时间精力倾注于农业一线，被人们誉为“拼命三郎”。

2000 年他身患肾癌，行左肾切除术；2012 年癌细胞转移，术后长期服用靶向药；2013 年药物性肝炎病危；2018 年因心肌梗死行支架术，身受甲低、高尿酸、胆囊多发结石、手脚溃烂等疾病困扰，仍带药坚守农业第一线。他先后担任 10 余个部省级农业项目的首席专家，每年在田间工作 100 天以上，不分黑夜白天，不分节假日，用对农业的坚守取得了骄人的业绩。他先后在省级以上科技核心期刊发表论文 11 篇，荣获市级以上农业科技推广成果奖 11 项，其中部省级成果 3 项、市厅级成果 8 项。

李概明说：“能为‘三农’作出自己应有的贡献，能够看到农民的笑脸，是我最大的幸福。只要不倒下，我就要工作。”

（湖南省文明办供稿）

林大钧

坚守刑事技术岗位 20 载 还原真相为人民伸张正义

人物故事 THE STORY

林大钧，男，1978 年生，中共党员，广东省湛江市公安局刑警支队技术大队大队长。

林大钧从警 20 年来，爱岗敬业，屡立奇功，利用 DNA 技术破译“犯罪密码”，运用 DNA 技术在 4962 宗案件的侦破中发挥重要作用，为 165 宗命案的侦破及诉讼提供关键线索和证据，成功侦破一大批重大刑事案件，为打击违法犯罪、维护社会稳定、保障人民安宁作出重要贡献。

每遇到重大案件，林大钧经常与民警一起通宵达旦勘查现场，在实验室彻夜工作更是家常便饭，有时连续一两个星期也不能回家，同事都称他为“加班哥”，他却微笑着说：“案件破了，再多的付出也是值得的。”2018 年，湛江地区刘某（女）在外出采药时被杀害并抛尸，为了尽快侦破此案，林大钧连续作战，通过 DNA 技术比对找到嫌疑人方向，但排查工作量极大，面对困难他从不轻言放弃，经过连续一周加班，最后成功认定犯罪嫌疑人，经审讯，犯罪嫌疑人对其所行的犯罪事实供认不讳。

林大钧利用专业技术破案，拨开重重迷雾，还原事实真相，让犯罪分子无所遁形，为百姓的安居乐业撑起一把平安伞。

（广东省文明办供稿）

杨德群

大事小情记人间 老民警用实干书写责任担当

人物故事 THE STORY

杨德群，男，1972 年生，重庆市公安局沙坪坝区分局 110 快处三大队民警。

2012 年，杨德群从部队转业成为沙坪坝区公安分局的一名警察。他非常珍惜这个岗位，每天早上 8 点，便警容整洁地奔波在巡防辖区，办公场所就是移动警车，每天穿梭于大街小巷，做老百姓贴身卫士，被大家亲切地称为“老杨”。

2020 年 8 月，嘉陵江洪峰来临，老杨闻“汛”而动，全力以赴奋战在沙坪坝区磁器口防汛救灾第一线，力争将老百姓的损失降到最低。洪水退却后，他又第一个来到低洼地带，帮助灾民清理杂乱的家具家电，整修损毁的房屋。

老杨还时常出现在新冠疫情防控一线，不言苦不喊累，体现出一名民警应有的责任和担当。

2014 年以来，老杨共接到有效警情 5000 余起，调解邻里纠纷 1000 余起，化解夫妻矛盾 600 余起，疏导未成年人 100 余人次，帮助走失老人 500 余人次，帮助走失儿童 600 余人次，参与抓捕违法犯罪嫌疑人 100 余人次，整治违法停车 5000 余起，为群众挽回经济损失 500 余万元。

用智用力办实事，用心用情解民忧，通过多年历练，老杨已从新警变成了老警，身边带了不少徒弟。因工作表现优异，他多次立功受奖，获沙坪坝区公安分局“优秀军转干部”称号。

（重庆市文明办供稿）

罗海香

女村医扎根基层20年 甘当村民健康“守护神”

罗海香，女，1969年生，中共党员，贵州省黔南布依族苗族自治州贵定县云雾镇摆谷村村医。

从小目睹村民因交通不便、生产生活条件差、就医没有保障的现实情况，罗海香立志成为一名医生。从1984年到1998年，14年时间里，她靠着坚强的毅力和不放弃的决心，孜孜不倦，出色地完成了医学学习和进修。

1998年，已经在企业卫生院就职的罗海香，目睹两位老人拖着病体从偏远村寨来看病的艰难，毅然辞去工作，申请回到家乡开办卫生室。作为16个村寨唯一的医生，她除了为村民提供基本的医疗服务之外，还为孕妇、老人、生活困难群众等特殊群体提供专业化服务。无论是为孕妇产检接生，还是为老人们看诊治病，只要群众有医疗需求，她都会义不容辞背着药箱上门服务。无论路程多远，她都会及时到达。2010年，摆谷村的公路修通了。为了缩短出诊时间，不耽搁给病人看病，她开始学骑摩托车，尽管摔出一身伤，也没能阻挡她的决心。

考虑到部分村民生活困难，罗海香不仅免收出诊费和医药费，还坚持定期给困难群众及孤寡老人送医送药。凭着一腔热血与执着，20余年来，罗海香不分春夏秋冬，走了5万多公里山路送诊，诊治了2.4万余人次的病人，对困难群众免收5万余元诊疗费。

虽然一个人的力量有限，医疗条件也很艰苦，但罗海香认为，为群众解决力所能及的医疗问题就是最大的幸福。

（贵州省文明办供稿）

张峻珲

年轻交警张峻珲 用生命守护边境疫情防控一线

张峻珲，男，1986年生，中共党员，生前系云南省德宏傣族景颇族自治州公安局交警支队车辆管理所警务技术四级主管。

2021年4月10日上午，张峻珲没有一如既往地出现在执勤场，同事在备勤室找到他时，他身体呈蜷缩状躺在床上，已无生命体征。后经法医鉴定为：积劳成疾导致猝死。一个年轻的生命永远定格在了35岁。

张峻珲是个勤勤恳恳，忘我工作的人民好警察。

2019年7月1日至7月22日，张峻珲参与了“11·16”特大走私犯罪集团专案工作，近一个月的专案工作中，他与全体参战民警密切配合，全力保障了140多辆次木材运输车辆和4000多吨涉案木材的安全运送。2013年9月12日，一名车队经营者找到张峻珲，请求为其违规挂车落户并多次暗示会给予金钱和物质回报，张峻珲一口回绝，并对其提出口头警告。

2020年以来，根据上级决策部署，为严防偷渡人员从高速公路进入内陆地区，张峻珲和战友们全天候24小时对杭瑞、瑞陇高速公路进行全线巡逻管控。工作中经常一站就是七八个小时。

张峻珲没有惊天动地的动人事迹。然而，正是平凡中的坚守，塑造了平凡中的伟大。

（云南省文明办供稿）

王春颜

身患重症不忘带领乡亲致富的村支书

人物 THE STORY 故事

王春颜，男，1966年生，中共党员，陕西省渭南市蒲城县尧山镇闫家村党总支书记、村委会主任。

凭借自己的睿智和勤劳，王春颜曾在省城开辟了一片事业天地，短短几年间就积攒了数百万元的财富。2011年，就在他事业一帆风顺的时候，检查出肝硬化，经过多半年的住院治疗病情不见好转，最后医生摊牌，等待他的是故乡的黄土。就这样，他拖着沉重的身体回到村子，看到家乡贫瘠的土地和贫穷的生活，他想在最后的时间里为家乡做点什么。一次偶然的机会，他知道了金银花。说干就干，他立刻启程奔赴山东考察，回来就带回了金银花苗，开始尝试着种植金银花。小试的收获让王春颜坚定了带领乡亲们种植金银花的信心。

2011年，为了尽快帮助群众依靠产业增收，王春颜引进了树型金银花，并从山东购回了5000棵金银花苗，分发给群众种植，眼见村民热情不高，他不但免费提供苗木，每亩地还给种植户再补贴150元，连续补贴三年。就这样，王春颜硬是将村民的种植热情带动起来了，参与到种植金银花的事业中。金银花种植业由起初的12亩发展到现在的3700亩以上，每亩收益最高达到10000元以上。农民人均纯收入由2014年的不足4000元增长至22000元。

王春颜在基层岗位上冲锋在前、勇挑重担、忘我奋斗、一心为民，带领群众从脱贫致富迈向乡村全面振兴，是群众身边敬业奉献的“中国好人”。

（陕西省委文明办供稿）

胡中山

当好“领头羊” 带领全村脱贫致富

人物 THE STORY 故事

胡中山，男，1962年生，中共党员，甘肃省武威市古浪县黄花滩生态移民后续产业合作社党委书记。

2012年以来，他主动投身脱贫攻坚主战场，敢为人先，勇挑重担，抓党建、搞养殖、建大棚、兴产业，组建32个农村专业合作社，帮带贫困户近2000户，成为全县脱贫攻坚的先进模范。

“规模化发展、标准化生产、品牌化经营”是胡中山始终秉持的产业发展理念，“产出好质量、创出好品牌、卖出好价钱”则是胡中山一直不懈追求的目标。为了提高日光温室产品品质，胡中山动员和说服群众，施用规模养殖提供的羊粪，少用或不用化肥、农药，按照无公害栽培技术生产绿色食品。在胡中山的努力下，在黄花滩移民区建成了年交易额达4亿元的牛羊交易市场和投资2600万元的恒温库，让移民区群众种养殖业获得了更高的效益。

党旗映红赤子心，一枝一叶总关情。20多年来，胡中山以一名共产党员的奉献精神和为民情怀，带领着移民群众在昔日的荒滩上描绘出了一幅建设新农村的动人画卷，他就像一面旗帜，高扬着一位共产党员无愧时代重托、不负百姓期望的风采。

（甘肃省文明办供稿）

张拉毛东智

扎根雪域高原 29 年 成为孩子们的“老师爸爸”

敬业奉献

人物故事 THE STORY

张拉毛东智，男，土族，1968 年生，现任甘肃省武威市天祝县城关第二小学副校长。

1988 年秋天，他从天祝民族师范毕业，来到代乾小学授课，日复一日，年复一年，先后有五十多位老师离开了代乾小学，由于老师的频繁调离和更换，很多孩子都产生了厌学情绪，有的孩子甚至逃课、辍学，家长也为孩子上不了学而发愁，此情此景深深地震撼了他。为了山里的孩子有学上、上好学，他毅然决然地打消了要调离的念头，不再有丝毫杂念，在这所高海拔偏远牧区小学整整坚守了 29 年。

每到夏季，是张拉毛东智最繁忙的时候，代乾村的家长在夏季出圈放牧时，就把孩子托付给他来照顾，孩子的吃喝拉撒、头疼感冒，都由他来操心，这在代乾村民中已经成了一条不成文的规矩，只要哪家有事顾不上，就给他打声招呼，留下孩子就去忙他们的事了。正因如此，学生都亲切地叫他“阿爸盖干”，意为“老师爸爸”。

2014 年夏天，他的妻子因塌方事故遇难。由于藏文老师短缺，事发一个月内，他匆匆办理了妻子的后事，忍受着失去亲人的悲痛，毅然回到了教学岗位上，回到了孩子们的身边。

（甘肃省文明办供稿）

贺中强

把青春奉献给治沙事业 大漠中的绿色传承

人物故事 THE STORY

贺中强，男，1969 年生，中共党员，甘肃省武威市古浪县土门镇八步沙集体林场护林员。

20 世纪 80 年代初，贺中强的父亲贺发林等 6 位年过半百的汉子，为了护卫家园，联户承包了八步沙 7.5 万亩沙漠，在几乎寸草不生的荒漠区治沙造林。“八步沙的树绿了，六老汉的头白了。”90 年代初，正值青春的贺中强顶替病故的父亲治沙造林。进入新世纪，八步沙林场探索出了“以农促林、以副养林、以林治沙，多业并举”的可持续发展的新路子，积极参与产业发展，在八步沙西侧平整土地 500 多亩，种植小麦及经济作物 300 亩，培育各种沙生苗木 200 多亩，使治理后的荒漠开始逐步发挥经济效益。经过多年努力，职工年收入由原来的年均不足 3000 元增加到现在的 5 万多元，彻底改变了贫苦落后的面貌，实现了沙漠变绿、治沙人致富的理想。

治沙劳动是辛苦的，可也是很有成就感的。如今，贺中强已年过半百，近三十年如一日，战风沙，斗荒漠，一片又一片沙漠被他们治住，黄色的沙海变成了绿色的林子，他的心中就充满了说不出的自豪，也更加坚定了继续治沙的决心。

（甘肃省文明办供稿）

张锦梅

殚精竭虑 30 年 全身心奉献高原绿化事业

人物 THE STORY 故事

张锦梅，女，1965 年生，青海省西宁市林业科学研究所所长。

多年来，张锦梅带领团队围绕制约青海林业发展的“瓶颈”，先后申报科技项目 30 余项，其中国家农业科技成果转化项目 2 项；制定行业标准 1 项，地方标准 10 项；登记省级科技成果 20 项；荣获高等学校科学研究优秀成果奖 1 项，青海省林业科学技术奖 2 项，西宁市科学技术进步奖 2 项、自然科学优秀学术成果奖 2 项。2020 年，张锦梅团队申请并建设青海省乡土树种选育研究示范基地，使杨树杂交育种成功率从 10% 提高到 70%。她积极采取人工有性繁殖手段，开展杨树杂交试验，并选育新优良无性系投入到生态建设中，有效改善青海省杨树品种。

2017 年，张锦梅团队成功申报了丁香国家林木种质资源库建设项目，通过采用播种、扦插、嫁接、组培等手段，繁育丁香 10 万余株，让市花丁香在西宁发挥了“绿化、美化、香化”的作用，并成功申报国家级丁香种质资源库，其中“丁香新品种引种与繁育技术研究”成果获 2018 年国家林业和草原局成果库优秀成果。

在新的征程上，张锦梅不忘播绿初心，竭尽全力为林业生产和生态建设贡献着自己的力量。

（青海省文明办供稿）

魏建国

不忘援青帮扶初心　勇担教育扶贫使命

敬业奉献

人物 THE STORY 故事

魏建国，男，1971 年生，中共党员，天津大学智能与计算学部副主任。2016 年，魏建国主动申请加入智力援青团队，挂职担任青海民族大学计算机学院院长，五年间以精准帮扶推动高原科技人才接续培育。

青海省高等教育水平相对落后，大批高校毕业生流失。为此，魏建国将计算机学院人才培养目标确定为：培养“留得下”“用得上”“靠得住”的人才。奔着这个目标，他将自己大部分时间都留在了青海，但是天津大学还有大量科研工作，所以他只能在“两边跑”的日子里牺牲陪伴家人的时间。为此，他的儿子常常调侃说：“我的爸爸就是一个隐形侠。”

在魏建国的悉心指导下，青海民大建成全省第一个网络攻防实验室、工业机器人实验室，先后申报获批成立了青藏高原上第一个信息安全专业和人工智能专业，并克服困难申报了“网络空间安全硕士点”。这些平台的打造为该校人工智能发展搭建了科教舞台，也为助力青海省数字经济建设贡献了力量。

为帮助师生了解最新学科动向，魏建国通过多方沟通协调，先后在青海民大成功举办了“教育部产学合作协同育人高峰论坛”等多个具有全国影响力的学术研讨会，各方专家齐聚青海民大传经送宝。通过多年的努力和付出，该校计算机系连续多年在全国互联网创新大赛中获奖。

（青海省文明办供稿）

时春芳

十余年如一日照顾患病继子

孝老爱亲

人物 THE STORY 故事

时春芳，女，1960 年生，黑龙江省铁力市铁力镇正阳社区居民。

时春芳原本拥有一个五口之家，2009 年，丈夫因癌症去世，沉重的生活负担压在了她一个人的肩上。为走出阴霾，时春芳与周晓宏重新组建家庭，共同照顾生活不能自理的儿子小杰。然而，命运并未对时春芳一家过多眷顾。婚后，周晓宏突发脑出血住院，时春芳卖了仅有的房子给丈夫治病。2012 年，周晓宏因病去世。面对生活的窘境，时春芳独自一人扛起生活的重担，无微不至地照顾患有脑性瘫痪的继子小杰，从端水、喂药、洗澡到洗衣做饭，从照顾他的情绪再到控制他乱踢乱撞的行为。后期，时春芳被检查出患有严重的糖尿病、肝硬化、胃出血、多发性结节，但是她仍然没有放弃照顾小杰，只要小杰活着，就是她坚持的最大意义。

世界上最伟大的爱，莫过于母爱。时春芳用实际行动，完美诠释了这句话。她用爱支撑信念，十余年如一日照顾继子小杰，用柔弱的双肩为这个家托起一片爱的天空，用陪伴和坚守谱写着人间大爱和母亲的传奇。

（黑龙江省文明办供稿）

李金娥

朴实农妇尊老抚幼三十余载 凡人善举传递人间真情

人物 THE STORY 故事

李金娥，女，1955 年生，江苏省宿迁市宿城区龙河镇平楼村农科 3 组村民。

1983 年，李金娥女儿出生，她又收养了一名襁褓中的婴儿。对待这个孩子，她视如己出，节衣缩食供养读书成才，直到其出嫁。1993 年，李金娥了解到村里的一个孤儿正处于困境中，便把这个孩子也接回家，当作亲生儿子养大成人，并倾其所有帮他娶妻生子。几十年间，李金娥初心不变，把自己的爱倾注在儿女们身上，让这些不幸的孩子重新拥有了家庭，享受到母爱。

“五保户”靳如辉是李金娥丈夫靳聿良的伯父，住在他们隔壁。李金娥自打结婚后便格外关照靳如辉夫妇。2002 年，78 岁的靳如辉和老伴一起住进养老院，但老两口难以适应养老院的生活，李金娥毅然将老人接回家，精心照顾起老人的衣食住行。2013 年，靳如辉的老伴生了重病，李金娥求医问药，自学按摩、足疗等技能，变着花样做好一日三餐，全力以赴延续老人的生命。2015 年，靳如辉的老伴去世，李金娥夫妇为其料理了丧事。2017 年，李金娥在丈夫靳聿良去世后，一如既往赡养着年近百岁的靳如辉，周围邻居称赞说：“这真是一个名副其实的爱心之家！”

李金娥只是一名普通的农村妇女，她平凡、质朴、真诚，捧出一颗爱心，传递人间真情，为长辈尽孝，为子女奉献母爱，虽没有血缘关系，却胜似骨肉至亲。

（江苏省文明办供稿）

姜丽珍

孝顺媳妇戴头盔 为阿尔茨海默病婆婆洗澡

人物 THE STORY 故事

姜丽珍，女，1975 年生，浙江省衢州市衢江区廿里镇廿里村村民。

2000 年，姜丽珍与丈夫周华东结婚，婚后孩子由婆婆姜世贞照顾。2013 年，经医院确诊，婆婆姜世贞患上阿尔茨海默病，姜丽珍毅然决定放弃从事十七年之久的国企工作，在家专职照顾婆婆，多年如一日，寸步不离。随着病情一天天加重，婆婆渐渐失去记忆，行为不受控制，对曾经疼爱有加的媳妇，经常毫无征兆地拳打脚踢，面对性情大变的婆婆，姜丽珍打不还手，骂不还口。婆婆姜世贞生活不能自理，智商也退回至一岁左右，姜丽珍每天三餐给婆婆喂食，每晚起夜帮助婆婆上厕所。每次洗澡的时候，姜丽珍需要蹲着，此时婆婆姜世贞的拳头会不断地打在姜丽珍头上，她只好戴着头盔为婆婆洗澡。这些年来，姜丽珍身上留下许多婆婆掐过或击打的伤痕，但她依然无怨无悔，把婆婆当作“女儿”来宠爱。

孝顺媳妇姜丽珍戴头盔照顾患阿尔茨海默病婆婆的暖心故事先后被中国之声、浙江卫视《新闻深一度》等多家媒体报道，对于自己的选择，姜丽珍始终无悔，面对媒体采访，她的回答平凡而善良：当初自己产后抑郁时，多亏婆婆细心照顾，如今自己也要让婆婆安享晚年。

以爱回报爱，姜丽珍用 2000 多个日夜的守护，给失智婆婆最体面温暖的晚年，孝老爱亲显人间大爱。

（浙江省文明办供稿）

章　宬

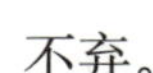

孝老爱亲

至亲至孝 21 载 不离不弃照顾瘫痪母亲

人物 THE STORY 故事

章宬，女，1988 年生，中共党员，浙江省湖州市德清县自然资源和规划局职工。

章宬曾经有一个幸福的家庭，2000 年 5 月，父亲在车祸中永远离开了她，母亲也因车祸造成了高位截瘫，她自己的手臂粉碎性骨折、脾脏轻微破裂。12 岁的章宬一下子变成了家庭的“顶梁柱”。她每天为母亲做运动、翻身、按摩，清理便溺。为了让母亲能像正常人一样睡眠，每晚两到三个小时她就要起来为母亲翻身。每年春节，章宬总会为母亲和外婆各添置一件新衣。每年母亲的生日，她都会为母亲买蛋糕，唱生日歌，再烧几个拿手好菜。就这样，二十一年如一日，她在母亲的病榻前不离不弃。

在极其艰苦的条件下，章宬一边照顾母亲，一边刻苦学习。考上大学后，她将获得的奖学金用于支付母亲的医药费。硕士研究生学业完成后，她和爱人放弃去大城市工作的机会，一起回到家乡湖州德清。爱人的支持给了章宬巨大的勇气。他们努力工作，一起孝敬老人。在他们的悉心照顾下，章宬母亲的身体更好了，笑容更多了。现在，章宬已育有两个可爱的儿子，6 岁的大儿子在章宬的耳濡目染下，经常爬上外婆的床，帮外婆按按腿，揉揉手臂。她一直乐观、勇敢面对生活，她用爱生动诠释“百善孝为先”的传统美德。

（浙江省文明办供稿）

金秀琴

保育员十五年如一日照顾瘫痪母亲

人物故事 THE STORY

金秀琴，女，1975 年生，福建省宁德市寿宁县实验幼儿园保育员。

金秀琴出生在一个贫穷的农民家庭。2006 年，金秀琴的母亲突发脑出血，全身瘫痪。在兄弟姐妹商量如何照顾母亲的时，金秀琴说：“你们各忙各的，妈有我在。”从那一天起，她就开始独自一人照顾母亲的漫漫长路。

为母亲洗脸、擦身、喂流食、按摩、换洗衣服被褥，就医复诊，照顾吃药，端屎端尿把金秀琴的每一天填得满满的，15 年来，她没睡过几个囫囵觉。县医院离她家有三四公里，每次都是她推着轮椅带母亲就诊，已经记不清在医院和家的路上走了多少个来回，只知道轮椅用坏了几辆。

2009 年，金秀琴经历婚姻的变故，也一下断了经济来源。她上有生活不能自理的母亲，下有还在就读小学的女儿，但她没有怨天尤人。不讲工钱高低，不挑活重活轻，只要有活就接。困难到如此，她也没有怠慢了对母亲的照顾。

2016 年，台风袭击，母亲居住的土木老屋墙体坍塌，成了危房，老屋需要推倒重盖。为了省钱，金秀琴自己当起小工，挑砖、备料、搬水泥样样自己来。一边忙建房，一边照料母亲的生活，就这样持续了一整年。

15 年来，医院给母亲下过几次病危通知书。每次都是金秀琴守在病床，把母亲从死亡线上拉回来。金秀琴表示，照顾瘫痪母亲是一种感恩，母亲在，兄弟姐妹们的主心骨就在。

（福建省委文明办供稿）

高巧莲

丈夫车祸瘫痪
农村妇女以一己之力撑起全家希望

人物故事 THE STORY

高巧莲，女，1961 年生，山东省菏泽市牡丹区都司镇李桥村村民。

高巧莲本来有个美好的家，三个孩子都已成家立业，然而一场车祸打破了平静的生活。2015 年 9 月 5 日，丈夫李道进在上班途中遭遇了严重的车祸，做了开颅手术，术后虽然保住了生命，却成了植物人。为了减轻孩子们的压力，高巧莲装作一副乐观的样子，让孩子们都回到各自的工作岗位，一个人照顾丈夫。每天她有洗不完的大大小小的尿片、衣服、床单，每隔 3 个小时，还要帮助丈夫翻身擦洗。天气好的时候，她一定会把丈夫的衣服被褥都晒上，没事就帮丈夫活动手脚，以利于他尽快恢复。每天晚上，高巧莲都要起床四五次，为丈夫端屎倒尿。冬天她干脆睡觉不脱衣服，就斜倚在床头打个盹。

高巧莲总是说：“以前他身体好的时候两个人在一起，现在他需要照顾了就更应该在一起，做人要讲良心，夫妻俩就是要一辈子不离不弃。”她五年如一日，默默守护在丈夫身边。丈夫在她的精心照顾下，面色红润，身上没有一点褥疮，意识和身体机能也恢复了一些。

高巧莲和公公婆婆住在一起，公公半身不遂，丈夫遭遇车祸之后，婆婆受不住打击，天天掉眼泪。在照顾丈夫的同时，她还要劝慰自己的公婆。虽然家中有卧床的病人和老人，勤快的她依然把屋子打扫得干干净净，没有一点异味。她说，不管遇到多大苦难，只要一家人齐心，日子都能过得去。

（山东省文明办供稿）

龙新连

好媳妇 19 年不离不弃 用爱撑起一个完整的家

人物故事 THE STORY 龙新连，女，1972 年生，广西壮族自治区河池市金城江区九圩镇九圩社区居民。

2002 年春节，农历正月十三晚饭后，龙新连年仅 28 岁的丈夫易国定不幸跌下木楼梯，造成了一级肢体残疾，从此瘫痪在床，生活起居都无法自理。那时，龙新连夫妻俩仅结婚 7 年，儿子未满六岁。看着绝望的丈夫，龙新连坚定地说道："我是你妻子，我一定会扛起这个家。"一句话，就是一个承诺。19 年，7600 多个日日夜夜，龙新连不离不弃、默默相守。

从 2002 年起，龙新连用柔弱的肩膀扛起了整个家。19 年如一日，像男人一样在田间劳作，扛起赚钱养家的重担，不离不弃、无怨无悔照顾高位截瘫的丈夫。每天给丈夫喂饭、喂水、洗澡、"伺候"大小便，克服重重困难，坚持供孩子上学读书，帮助儿子实现军营梦。龙新连辛勤劳作，吃苦耐劳，用自己辛勤的双手为家里增添收入，于 2016 年底光荣脱贫。他们夫妻二人没有惊天动地的誓言，也没有海枯石烂的承诺，只有相濡以沫的每一天。

一句话、一辈子、一生情，龙新连用一点一滴的行动践行了妻子和母亲的高贵品质，她以一个普通百姓的坚守，诠释了好人的含义。

（广西壮族自治区文明办供稿）

余炳华

五旬老汉精心照料养父母十余年

人物故事 THE STORY 余炳华，男，1961 年生，陕西省汉中市西乡县桑园镇七一村村民。

余炳华 5 岁时，亲生母亲带着他和继父朱作余组建了家庭。起初，一家人其乐融融，然而天不遂人愿，没过几年，余炳华亲生母亲因病去世。之后，家里又增加了三名新成员——继母和两个妹妹。后来，两个妹妹相继在外安了家，只有余炳华陪伴在父母身边。2012 年，84 岁高龄的朱作余遭逢车祸，由于肇事人经济窘迫，余炳华全额垫付医药费并开始了长达两个月的医院护理，他日夜守候床前，白天喂饭、洗衣，夜间按摩、擦洗。出院后，余炳华每天用架子车拉着朱作余往返 14 公里到桑园镇卫生院打针治疗，直到老人康复。

2014 年寒冬腊月，80 岁的继母出门迷路，正在县城陪护继父住院的余炳华得到消息后心急如焚。不会骑自行车的他拉着平板车，从县城步行近 4 个小时、30 多公里路，终于找到了寒风里冻得瑟瑟发抖的继母。继母高烧不退，余炳华拉着平板车将她送到镇卫生院治疗，那期间他天天奔波在县医院和镇卫生院的路上。

这些年，余炳华把继父母的事情打理得十分妥帖，继父母逢人便说："虽然不是我们亲儿子，但他比亲儿子更亲。"有人曾问余炳华："你这么付出值得吗？"而他总是回答："他们是我爸妈，孝敬他们是天经地义的事！"

（陕西省委文明办供稿）

雷建国

古稀老人照顾患病妻子 15 年

人物故事 THE STORY

雷建国，男，1951 年生，宁夏回族自治区中卫市沙坡头区滨河镇长安社区居民。

雷建国一家曾是一个普通又美满的四口之家。2006 年，这个幸福的家庭遭遇到了沉重的打击——雷建国的妻子被确诊为脑梗死，导致半身不遂，生活无法自理。雷建国作为家里的顶梁柱，用爱和呵护撑起了这个家。

每天清晨五点，妻子还在熟睡时，雷建国就悄悄起床，打扫卫生、洗衣做饭，将一切打理得井井有条。小到帮妻子洗漱、喂药，大到一日三餐，事无巨细，雷建国总是毫无怨言地悉心照料着。

妻子的咀嚼吞咽功能受损，每天只能吃软食，稍有不小心，就会吐出来。每到吃饭时，雷建国总是拿着小勺子，一点一点地喂进妻子嘴里，时不时擦擦嘴角，往往喂妻子吃完一顿饭，总是要耗上一个多钟头。天热的时候，一顿饭吃完，雷建国满头满身都是汗水。

为防止妻子久卧在床肌肉萎缩，雷建国还自学了按摩，无论白天有多累，晚上总要帮妻子按摩，日复一日，年复一年。妻子得病后，照顾妻子就成为雷建国全部的生活。“有人说我是模范丈夫，但其实我只是做了每一个丈夫该做的事情，只是心疼她这些年受了这么多苦。”雷建国说。

陪伴是最长情的告白。自妻子确诊以来，雷建国十五年如一日悉心照料，以最温暖的方式诉说着对妻子的关爱之情，用切身行动为自己的孩子树立起孝老爱亲的榜样，用相濡以沫谱写了一曲爱的赞歌。

（宁夏回族自治区文明办供稿）

九月

王朋辉

创始人带领应急救援队多次进行公益救援

人物 THE STORY 故事

王朋辉，男，1985年生，中共党员，河北省廊坊市文安县兴隆宫镇夏村村民、文安草根协会及赤狐应急救援队法人会长。

2015年，王朋辉成立“公益车联盟”，专门在大雨中为群众拖车。2017年2月，“公益车联盟”正式更名为“文安草根协会”，并在民政部门登记注册。同时，文安草根公益协会的核心力量——赤狐救援队成立，这是文安县第一支民间公益救援队。

为打造一支现代化的专业救援队伍，文安县赤狐应急救援队组织81名队员考取了国家应急救援员、国家地震灾害紧急救援员、无线电台执照、AHA（美国心脏协会）急救证等多种技能证书，自筹资金60余万元购置了1辆救援指挥车、3艘救援船和130余件（套）专业消防应急救援装备器材，为应急救援和消防志愿服务工作打下了坚实基础。

几年来，文安县赤狐应急救援队先后参加了包括四川九寨沟地震、甘肃陇南泥石流、山东寿光水灾等在内的各类救援任务230余次；先后深入100余所中小学开展消防安全宣讲进校园活动390余场，普及常用灭火设施器材使用方法，讲解地震逃生自救技能；开展消防知识进社区、进村街活动30余次，传授日常消防安全隐患自查方法和火场逃生常识，7万余人因此受益。

此外，王朋辉带领志愿者对流浪人员进行临时救助110余次，协助救助站护送来自安徽、宁夏等地的流浪人员返乡。

（河北省文明办供稿）

古华江

退伍老兵驰援洪灾一线救援被困群众百余人

人物 THE STORY 故事

古华江，男，1973年生，河北省沧州市青县金牛镇黄老人村村民。

2021年7月，河南突遭暴雨侵袭，全国驰援河南的消息牵动着古华江这位退伍老兵的心。带着“灾情就是命令！国家有难，军人应冲锋在前！戎装虽去，但召必回！”的信念，古华江自费购买了救生用品及价值数千元的生活物资，与战友和儿子一行三人驾驶自家汽车奔赴河南郑州。

7月22日，他们到达郑州，看到很多的车、房被淹，每个地方都有等待救援的人，他们来不及休息就投入到救援工作中。从22日下午2点到凌晨3点，古华江一行昼夜施援，参与装卸物资、转移运送受灾群众等工作。每到一处，他们就把提前准备好的生活物资送到群众手中，又帮忙将受灾群众运送到安置点。7月23日，在郑州的局面基本稳定的情况下，古华江不顾当地战友的劝说，再次准备了满满一车生活物资，赶往当时的重灾区新乡市。当日傍晚他们到达新乡，为新乡应急中心指挥部送去了第一批生活物资。登记完物资信息后不久，他便接到救援任务。从23日晚上到24日下午，古华江不顾水深路险，全力投入到群众救援和接应工作中。

据当地社区统计，古华江参与的救援队累计救出8000余名灾民。古华江背着、抱着转移的群众有200多人，开车护送转移的群众数量更是无法统计。

（河北省文明办供稿）

李翠英

暖心阿姨倾心公益事业 助人为乐成就巾帼榜样

人物故事 THE STORY

李翠英，女，1971年生，中共党员，山西省吕梁市久久爱心公益协会副会长兼妇委会主任。

从事幼儿教育22年的她于2017年10月加入吕梁市久久爱心公益协会，成为一名光荣的志愿者。

多年来，李翠英先后共资助过45名困难学生，为困难群体捐款捐物达25万余元。为支持公益事业，2019年9月，将自己苦心经营5年，投入20余万元装修的幼儿园捐给协会。2020年12月，捐赠15000元慰问吕梁市临县双塔村72位孤寡老人；2021年7月，赴新疆、西藏开展走访调研，根据实际需要，捐赠了价值11万余元的教学设备和体育器材。2020年疫情发生以来，组织青年志愿者深入6个社区卡点布控、入户排查；同时积极捐款捐物，先后筹资26459.99元捐到吕梁市防控医院，组织党员志愿者配合社区医护人员，为近万名居民做核酸检测，并为一线医护人员捐赠物资2万余元。2021年9月，得知西藏发生疫情后，第一时间组织志愿者筹集物资20余万元运抵西藏拉萨市慈善总会。

有人问她，做这一切为了什么？“助人为乐”，她用简单而高尚的四个字诠释着自己的公益之路。

（山西省文明办供稿）

王凤波

中国红十字会应急救护培训师 守护生命“救”在身边

人物故事 THE STORY

王凤波，女，1975年生，中共党员，吉林省白城市洮北区瑞光街道军民社区居民。

2012年，王凤波加入白城爱心社，到敬老院里奉献爱心、为患重病的孩子组织募捐、为“圆梦大学”活动项目每年捐款，她整整坚持了9年之久。

2015年，她考取了中国红十字会应急救护培训师，创建白城市红十字会心理救援队。她常说：“学习应急救护知识、掌握急救技能，就有机会挽救一个鲜活的生命”。王凤波坚持公益救护培训，培训人数近10万人，其中600余人通过她的培训，考取应急救护资格。

2016年，王凤波在去长春的列车上对一位心搏骤停的老人成功施救。2018年，王凤波到北京参加学习培训，巧遇一名30多岁的男子双目紧闭躺在地上，出于救人本能，她俯身查看，男子处于心搏骤停的危险状态。她跪在冰冷坚硬的地面上，对男子进行心肺复苏救护。10多分钟高强度的施救后，昏迷男子终于有了意识。王凤波在危急时刻不畏险阻，向生命垂危的路人伸出援手的场面，感动了无数人。

她的公益之路和善举早已内化于心，融入了生活。她常说：“不用特意做公益，生活就是大舞台，只要用心去善待身边人，爱就会传递下去。”

（吉林省文明办供稿）

张　琦

小伙捐完造血干细胞又踏上抢险救灾的征途

人物 THE STORY 故事

张琦，男，1985年生，上海市金山区高新区高楼村人。

“2008年，我与爱人相识于区红十字会志愿服务，我们都是团队的志愿者，积极进行造血干细胞捐献宣传的同时，还身体力行完成入库，我们都加入了中国造血干细胞捐献者资料库。”幸运的是，张琦的爱人2016年已完成捐献。

相隔5年，张琦也实现了自己的愿望。2021年，张琦作为金山区第47例造血干细胞捐献者，与他的爱人施明珠成为上海市首例成功捐献造血干细胞的夫妻，平凡夫妻的小城大爱，以“微薄之力”为这座城市增添了一抹温度。当接到捐献征询电话时，张琦毫不犹豫地答应了，他的决定更是得到了家人的全力支持。张琦说，从小父母就引导我们要敬重生命，在有能力的情况下救人一命。张琦的父亲曾不顾自身安危，勇救落水之人，还获得了表彰。优良的家风和父亲的榜样作用，在张琦身上得以传承和发扬光大。

张琦是“上海995应急救援队”的骨干人员，同时也是一名户外领队，有着丰富的救援经验和履历，当年刚刚完成造血干细胞捐献，休息不到50天的时间，他就再一次踏上了去往河南的抢险救灾之路。到达郑州之后，他马上投入紧张的救援之中，协助人员和物资的转移。待郑州市区的水退去了，他又根据安排随时准备其他救援工作，尽自己所能救助更多受困群众。张琦就是这样一个无私奉献、乐于助人、奉献大爱的青年人。

（上海市文明办供稿）

陈　霞

白血病康复者投身慈善事业反哺社会二十余年

人物 THE STORY 故事

陈霞，女，1980年生，江苏省苏州市姑苏区双塔街道陈霞爱心厨房负责人，苏州陈霞爱心慈善基金会理事长。

2000年，年仅19岁的陈霞被确诊为急性粒细胞白血病。幸运的是，在海峡对岸的台湾找到了与她相匹配的骨髓，她成为大陆首例成功接受台湾同胞骨髓移植的白血病患者。康复后，陈霞满怀感恩之心开启了反哺社会的慈善之路。2002年，大病初愈的陈霞开始助人筹款、开展公益讲座、举办义捐义卖等活动，以慈善之举传递爱心。2016年，她在姑苏区双塔街道建立“陈霞爱心厨房”，为血液病患者家属提供免费厨房，日均服务20人次。2017年至2018年，她先后成立陈霞爱心服务站、陈霞爱心义工队、苏州陈霞爱心慈善基金会，着力搭建平台，吸引更多人加入关爱血液病患者的慈善事业中。

截至2021年，陈霞爱心慈善基金会已在全国各地建立爱心站41家，辐射5省8市，共筹集600余万元医疗善款，直接帮助血液病患者97人次，送出免费爱心面条60000多份，爱心车队出车360多次，广泛开展名医讲堂、营养厨房活动，搭建起了医患沟通的平台。

“众人拾柴火焰高，我要和团队一起把受到的关爱传递下去，让生命更加灿烂！”陈霞说。

（江苏省文明办供稿）

朱风波

“‘80后’轮椅老师”为留守儿童无偿辅导功课17年

人物 THE STORY 故事

朱风波，男，1980年生，江苏省南通市海门区悦来镇耀昌村村民。

朱风波幼年患上脊髓灰质炎，导致腿部残疾，初三后辍学在家，但他从未停止学习，是村民们眼里的“文化人”。2004年，在邻里托付下，朱风波迎来了人生中第一个“学生”小健。后来，他给儿童义务辅导功课的消息传开了，就连十五里地外的邻村都有人来打听，父母工作忙，或者在外打工的家长们把孩子送到了朱风波家，他则是“来者不拒”。从此，每天傍晚放学后，朱风波都敞开大门迎接孩子们来到家里，为他们义务辅导功课。不少孩子家长想酬谢朱风波，却都被他婉拒了。

朱风波照顾留守儿童的善举，得到了社会各界的支持。当地小学送来了六套书桌板凳；海门区关工委送来了一个书架，并配送了不少读物；2019年，村里还为他制作了“校外家庭辅导站”的牌子，张贴在客厅墙上。寒来暑往，17个春秋，朱风波的义务辅导从不曾缺席过。先后有20多个孩子来他的辅导站，其中有两个已经大学毕业走上工作岗位。

朱风波说，和孩子们在一起的日子，是他最快乐的时光，让他觉得自己的人生是有价值的，“未来的路上，只要孩子们有需要，我都会陪着他们。”

（江苏省文明办供稿）

姚玉林

耄耋老人省吃俭用一生行善“以善为先”传家训

人物 THE STORY 故事

姚玉林，男，1933年生，浙江省湖州市南浔区菱湖镇六堡里村人。1989年春天，时任六堡里村党支部书记的沈宝洪愁得焦头烂额。在那时，虽然有4所小学，但都是几个年级一同上课，教学质量急需提高，要修建一所小学，但是资金成了难题。

姚玉林得知村里想建学校，主动找到沈宝洪，“造学校是大好事！房子我来建，你们去找老师，分头行动，抓紧干起来！当年10月，六堡里小学建成，300多名学生坐在崭新的教室里上课，村里人对他更是充满了感激。当谈及建设费用时，姚玉林一个劲地摇头，“我不是为了钱造学校的，孩子们有学上有书读，我高兴！”

二十年来，姚玉林每次回家都“大动干戈”，把村里该修的路和桥都修了，就连在当时因技术限制无法修桥的小河，也给建了埠头，以便人们安全地上下船。

“老姚，我们还是多少给你些钱。”村民们很感激他的辛苦付出。而他一概谢绝：“乡里乡亲的，大家也不富裕，谈钱干啥？”姚玉林不仅拉近了村与村之间的距离，更拉近了人与人心之间的距离。

四十多年来，姚玉林捐助金额近300万元，赚的钱几乎都捐给了村里需要的老人，自己却省吃俭用，仍住在老旧拥挤的小屋里。“以善为先”是姚玉林的家训，短短四个字承载的不单是一个家族的信仰，更是一种善念的传承与坚守。

（浙江省文明办供稿）

张永军

驰援郑州救出千余名群众 带领团队六年救援六百余次

人物故事 THE STORY

张永军，男，1962年生，安徽省亳州市涡阳县城关街道东风社区居民。

2013年夏天，张永军偶遇一起溺亡事件，一路上他都在思考：涡阳地处涡河边，河流坑塘众多，每年都有落水事件发生，要是能成立一个水上救援队伍，及时营救，这样的悲剧或许就不会发生了。说干就干，张永军联系身边的热心朋友，大家一拍即合。一大批装备需要大量资金，张永军瞒着老伴把积攒多年的10多万元的积蓄全拿出来了。张永军和他的队伍一有时间，就去学校、机关单位等公共场所，向大家传授正确的自救、救人方法。每年，张永军开展防溺水宣传教育50余场次，受教群众万余人。

2013年，张永军自发组织成立涡阳县公益救援队，从最初的5个人发展到2021年的200余人，是全国9958应急救援协作平台涡阳唯一救援队，每年在省内外组织水上打捞、水上救援、抗洪抢险等救援活动达100多次，开展防溺水宣传教育50余场次，受教群众达10000余人，间接挽回群众生命财产损失上千万元。2021年驰援郑州，救出1000余名群众。

年近六旬的张永军，谈及公益救援队今后的发展，他说自己早做好了打算：我总会有干不动的那一天，但公益救援队不能倒，今后把救援队交给年轻力壮的小伙子，把公益之路持之以恒地走下去。

（安徽省文明办供稿）

姚文俊

“90后”小伙儿无偿献血9年 捐献造血干细胞为他人缔造生的希望

人物故事 THE STORY

姚文俊，男，1994年生，中共党员，安徽省宿州市埇桥区三八街道杨庙社区居民，现为宿州市埇桥区汴河消防救援站战斗员。

18岁那年，姚文俊第一次参加无偿献血，截至目前已累计献血12次，献血总量4800毫升。2014年，姚文俊献血时留下8毫升的血样，加入了中华骨髓库，成为一名光荣的造血干细胞捐献者。

2021年3月，他接到宿州市红十字会电话，得知其HLA（人类白细胞抗原）配型与一名35岁白血病患者高分辨检测结果配型相合，征求他是否愿意捐献造血干细胞。“真的吗？我愿意捐献！”姚文俊激动地跳了起来，毫不犹豫地作出了捐献造血干细胞的决定。

2021年5月26日，在宿州市红十字会工作人员的陪伴下，姚文俊来到中国科学技术大学第一附属医院做捐献前的准备。5月31日，经过3个半小时的分离，288毫升造血干细胞混悬液被成功采集。通过爱心接力，这份“生命火种”第一时间被注入到千里之外的血液病患者体内。姚文俊也成为宿州市消防救援队伍中首例、宿州市第17例、安徽省第315例造血干细胞捐献者。

作为一名光荣的消防救援人员，姚文俊一直恪守“赴汤蹈火、竭诚为民”的宗旨。自入伍以来，姚文俊时刻以最高标准要求自己，先后参加各类救援任务1500余次。

（安徽省文明办供稿）

陈德钧

伤残军人成“摄影大师”为身边人无偿服务多年

人物故事 THE STORY

陈德钧，男，中共党员，1942年生，江西省萍乡市湘东区萍钢中学教师。

年轻时的陈德钧曾服兵役8年，其中6年获得“五好战士”称号，是师、团二级“学雷锋”的标兵，荣立过三等功。在一次紧急任务中身负重伤，经抢救治疗一年多后被认定为国家二等乙级伤残军人，退伍后转业回到萍钢。

1996年，陈德钧退休，在村里租借了一处约4平方米的阳台，打出了“为民服务店铺”的招牌，专门为附近职工和居民修鞋、修伞、磨刀、磨剪子、修理自行车、补胎、理发……

2001年9月，陈德钧参加了萍钢摄影学习班，学成后被聘为江西萍钢报特约通讯员。从此，他便长期无偿拍摄各类反映钢铁工人和萍钢公司建设发展方面的照片。为了拍摄到完美的照片，他不顾自己年事已高，曾数十次登上船形岭，拍到了最美的厂区全景。当公司领导收到这份“礼物”时，都惊呼“绝版佳作”。因他的出色表现，公司决定奖励他一万元，他随即转赠给萍钢摄影协会。为丰富大家的文化生活，他利用积累的摄影素材，自掏腰包选材制作，举办个人摄影展览，并免费为萍钢公司和湘东区提供了大量的图片资料。

陈德钧为自己立了个规矩，除平时免费为大家照相外，每年3月5日全国学雷锋日和九九重阳节，他都会免费为广大群众和老年人照相，冲洗好后送给大家，这个规矩他坚持了多年。

（江西省文明办供稿）

杨　志

志愿者坚守山村二十余年伴留守儿童健康成长

人物故事 THE STORY

杨志，男，1978年生，中共党员，江西省鹰潭市余江区画桥镇“藤林留守儿童关爱之家”创始人、党支部书记。

1998年，20岁出头的杨志成为画桥村最年轻的一名代课老师。为了让当地留守儿童拥有更优质的学前教育资源，2005年至2017年，杨志先后筹借资金90余万元，创办了“藤林留守儿童关爱之家”。每到周末和寒暑假，杨志都会带着其他志愿者，为留守儿童辅导功课，请专业的音体美老师为孩子们丰富课外生活，陪孩子们一起游戏，一起成长。每逢节假日，他还会和团队一起给孩子们过节日，带着孩子们去看望村里的留守老人，帮助老人做力所能及的事。130名留守儿童健康成长，摆脱心理困惑，学会自我调节，积极地面对生活、工作和学习上的难题。

多年来，公益之路没有变、志愿服务没有变，爱的种子已生根发芽。越来越多的志愿者参与进来，杨志的团队也渐渐发展成为一个由中小学教师、医护人员、社会爱心人士等60多名爱心志愿者组成的志愿服务组织。为让儿童之家正常运营、长效发展，杨志每年还得拿出三四万元作为儿童之家的活动经费。

“对我来说最幸福的时刻就是看到这些孩子灿烂的笑脸和点滴进步。”杨志表示，自己将会为这群留守儿童带来更多自信和快乐，做好一名农村留守儿童教育守望者。

（江西省文明办供稿）

王明秀
“希望小屋”里的爱心“妈妈”

人物故事 THE STORY

王明秀，女，1973 年生，山东省潍坊市潍城区志愿服务联合会会长、潍坊市美生社会工作服务中心理事长。

多年来，她一直热衷于公益事业，常年组织参与助学、扶贫、关爱老人、公益慈善传播等公益服务活动，帮扶特殊群体志愿服务 500 余次，服务群众 2600 余人次。

王明秀参与针对贫困儿童发起的“希望小屋”工程，开展对辖区困境儿童慰问家访、心理疏导、参观游览等活动，为孩子们买新衣服、吃团圆饭，让他们也像正常孩子一样有人疼爱。截至 2021 年，“希望小屋”已建成 31 所。“我想跟明秀妈妈永远在一起!”这是孩子们共同的心声。多年来，她长期帮扶约 60 名困境儿童成长成才，同时还承接“焕新乐园”等公益项目，为困境儿童打造属于自己的独立空间。

新冠疫情期间，王明秀身先士卒，带领美生社工志愿者参与防疫消杀、核酸检测、值守陪护、捐款捐物、送医送药等志愿服务，消杀面积达 7 万平方米，惠及2000多户居民，累计捐款捐物达3.8万余元。

作为美生社工的领头人，王明秀始终恪守着“让需要帮助的人都能拥有美丽人生、美好生活”的服务宗旨，带动更多人加入志愿服务行列。她的家属、亲戚朋友，也因为她的榜样作用纷纷争做志愿者，美生公益队伍不断壮大，目前志愿者已达 1600 余人。

王明秀用实际行动诠释着责任与奉献、践行着“好人”担当精神，在弘扬真善美的同时，不断传播着新时代正能量。

（山东省文明办供稿）

靳兴文　李秀丽
夫妻收养失忆流浪人二十余载 亲如一家助其寻亲

人物故事 THE STORY

靳兴文，男，1964 年生；李秀丽，女，1967 年生，夫妻二人皆为河南省南阳市卧龙区七一街道办事处居民。

1994 年夏天，经营摩托车生意的靳兴文、李秀丽夫妇遇到了夏志海，他与勒兴文的舅舅是工友，在南阳市人造板厂烧锅炉，一到周末，二人就结伴来到靳兴文家串门。当时夏志海没有身份证，自称 1963 年出生，记忆中自己好像是新乡市封丘县人，有一个姐姐已经嫁人，其他不记得了。后来南阳市人造板厂倒闭，面对没有亲人、流落异乡又失去工作的夏志海，靳兴文的母亲心生怜悯，就把夏志海留了下来，这一收留就是近 30 年。

2016 年，靳兴文夫妇投资失败，因压力过大，夫妻俩都长了肿瘤。祸不单行，时隔一个月，夏志海突然得了急性胰腺炎，因为没有身份证，夏志海住院一事让靳兴文夫妇颇费周折。病情的恶化让他俩决定帮夏志海找回身份，把户口迁到南阳，让儿子为夏志海养老送终。经过几经周折，最终在朋友的帮忙下，夫妻俩终于为夏志海找到了家。2020 年，夏志海踏上回家旅途。

如今夏双海虽然已找到了家，补办了身份证，可是他又回到了南阳，与靳家人近 30 年生活在一个屋檐下，不是亲人胜似亲人。他说，以前的事忘掉就算了，但失忆后的这些年，靳家人收留了他，而且多年来把他当成家人一样照顾，这份恩情将永生不忘，长垣和南阳都是他的家。

（河南省文明办供稿）

刘燕燕　王　霜　李朝娟

巾帼志愿者献爱心 连续 7 天为防汛一线送餐

人物 THE STORY 故事

刘燕燕，女，1980 年生，中共党员，河南省新乡市红旗区洪门镇留庄营村党支部委员、村委委员、村妇联主席；王霜，女，1990 年生，河南省荣军医院职工；李朝娟，女，1988 年生，河南省新乡市红旗区洪门镇留庄营村个体经营者。

2021 年 7 月 20 日，河南省新乡市遭受前所未有的暴雨袭击，市区积水严重，停水停电，救援人员和受灾群众“吃口热饭”成了难题。凌晨 1 点，经营包子铺的李朝娟和好友王霜看到全国各地赶来救援人员奋不顾身参与救援的场面，感动不已。她们与村妇联主席刘燕燕商议，利用李朝娟的包子铺为一线防汛人员和受灾群众提供爱心餐——蒸花卷，解决大家吃饭难问题。三人一拍即合，立即行动，4 点 10 分，第一锅花卷出锅，她们在朋友圈积极宣传，大家积极转发，很快接到了来自各方的需求电话。

为解决食材不足问题，刘燕燕在村妇联活动微信群征集食材，村民积极响应，捐赠面粉近 2000 斤、食用油 100 斤、大葱 100 斤、转账 3900 元，同时更多的巾帼志愿者加入爱心餐队伍中。

刘燕燕、王霜、李朝娟带领 150 名巾帼志愿者连续 7 天不间断为防汛一线救援人员和安置点的受灾群众准备爱心早晚餐，她们以实际行动践行了奉献、友爱、互助、进步的志愿服务精神，为打赢防汛战作出了自己的积极贡献。

（河南省文明办供稿）

梅付坤　梁爱云

夫妻俩把孤寡老人接进家 当“爹”伺候 26 年

人物 THE STORY 故事

梅付坤，男，1957 年生；梁爱云，女，1961 年生，二人皆为河南省漯河市舞阳县孟寨镇梅庄村村民。

梅付坤性格爽朗、踏实能干，是个重情义的好丈夫；梁爱云善良温厚、勤俭明理，是个能持家的好妻子。夫妻俩任劳任怨、为家里默默付出，孝敬父母，抚育孩子，生活过得幸福美满。夫妻俩精心照顾孤寡老人梅小素 26 年。

梅小素因有腿疾，与母亲相依为命生活。梅付坤夫妇和他是邻居，就经常帮衬他们，给他们端饭、洗衣服。1995 年，梅小素母亲去世后，剩下他一人，吃饭都成问题。夫妻两人商量后就把梅小素老人接到家里照顾，这一照顾就是 26 年。

为给老人增加营养，梁爱云变着法改善生活。梅小素爱吃肉，梁爱云家冰箱中肉类从未间断过，即便有事外出，两口子也先把饭菜给老人做好再出去。梁爱云夫妇待老人如宝，两个女儿对待老人也如同亲爷爷一般。两个女儿先后出嫁，每逢回娘家，总是特意给老人备一份礼物或爱吃的零食。

老人今年已经 83 岁，整洁的衣服，满脸的笑容，昂扬的精气神无不透露着享受天伦之乐的幸福。他们之间虽然没有血缘关系，但四代人之间的亲情与血亲没有两样。

（河南省文明办供稿）

武国水

志愿者协会领头人带领“衡阳群众”做志愿服务“主力军”

人物 THE STORY 故事

武国水，男，1977年生，湖南省衡阳市衡东县洣水志愿者协会会长。

武国水出生于一个贫苦农民家庭，自己进过工厂，从事过建筑行业，也经营过超市。解决温饱之余，他始终没有忘记小时候因为家境贫穷得到过很多好心人的帮助，立志回报社会。2008年起，他开始资助湘西贫困学生，使他们通过知识改变命运，走出大山。2015年10月，无意间在微信群看见一则7岁小孩患白血病的求助报道，他到长沙湘雅二医院看望患病小孩，将身上仅剩的2000元现金全部给了孩子爸爸。

认识到“想将爱心聚沙成塔，必须有一个组织”后，他组织成立了衡东县洣水志愿者协会，现有志愿者成员和公益小天使600多名，自成立以来，立足于“慈善助学”“爱心助老”“真诚助残”等服务领域，对接了“中国公益小天使”“五防安全教育”等服务项目，在各项活动中发挥了志愿者先锋模范带头作用。他策划统筹开展各项慈善公益活动548场次，个人捐款捐物近50万元，累计志愿服务时间1.6万余小时。带动14000多人次参加志愿活动，累计为困难群体和社会公益事业服务达12万余小时，为衡东的留守儿童发放助学金、学习用品及生活物资累计达180余万元。

（湖南省文明办供稿）

李　军

热心志愿者用尽一生“播种”只为让“志愿之花”开满城

人物 THE STORY 故事

李军，男，1973年生，中共党员，生前系湖南省邵阳市直属机关纪检监察工作委员会书记、市红心林志愿者服务联合会创会会长。

2020年12月20日，一场突如其来的车祸将李军的生命定格在47岁。那天，他正在利用休息时间组织开展志愿服务活动。多年来，李军始终以无私的志愿服务精神助推邵阳市打造“志愿之城”。在职期间，指导推动在邵阳市人流集中区域设立学雷锋志愿服务岗1400余个、驿站44个，实现邵阳市区所有社区学雷锋志愿服务站全覆盖。

2014年，李军发起成立了“红心林”志愿者服务联合会，从构建组织架构、撰写项目书、策划志愿服务活动，到统筹协调社会资源，李军乐此不疲。2014年以来，在李军的发动下，“红心林”积极开展就近融入孤儿家庭项目，组织150多名志愿者结对陪伴180多名困境儿童；开展关爱空巢老人项目、“呵护‘玻璃人’全方位关心”帮扶项目；首创全省“婚姻缓冲区”婚姻促和服务，帮助近500个家庭破镜重圆。从一个人帮一个人，到一个人发动一群人帮一群人，李军浇灌的“志愿之花”终于盛开。如今，“红心林”已成为4A级社会组织，发展会员近300名，先后获评湖南省最佳志愿服务组织、湖南省三八红旗集体等荣誉。

（湖南省文明办供稿）

韦秋菊

“知心姐姐”助力贫困学子十余载

人物故事 THE STORY

韦秋菊，女，壮族，1981 年生，广西壮族自治区河池市东兰县妇女联合会副主席。

2008 年 12 月，时任东兰县武篆镇妇联主席的韦秋菊听同事提到，鸾坡村有个叫罗小妹（化名）的小女孩由于家庭贫困面临辍学。打听到罗小妹的家庭情况后，韦秋菊心生怜悯，即刻前往罗小妹家中。看到家徒四壁的房子，征得罗小妹同意后，韦秋菊便通过采集信息资料，呼吁社会爱心人士对罗小妹进行帮助。在她的张罗下，顺利为罗小妹寻找到了资助人，每个学期获得 300 元资助。此外，她还利用周末把小女孩接到家中改善伙食并陪她聊天，想方设法地减轻她的思想包袱和学习压力。成为贫困学子眼中的“知心姐姐”。

十多年来，她利用周末及节假日休息时间，和家人一起无数次奔走在乡间，并带领公益机构志愿者和来自浙江、广东、南宁等地的爱心人士，进村入户寻访核实需要资助的贫困学子，了解他们的学习、生活情况，为贫困学子和公益组织之间搭建起爱心桥梁。累计为东兰贫困学子筹集爱心助学款 85.9 万元、价值 2.3 万元的棉被及衣物，受助者达 1228 人次。还为边远学校募集价值 10.3 万元的课桌椅、床架及图书。

“行无影，爱无声”是她十几年来一直默默从事公益事业的真实写照，她认为：助人是快乐之本，是一种美德，人生要有善心，多点爱心，能为他人多办点好事，多帮一份忙，就多一份快乐，社会就多一分和谐。（广西壮族自治区文明办供稿）

赵　忠

二十余年热心公益初心不改 创建“爱家公益”志愿者联盟

人物故事 THE STORY

赵忠，男，1971 年生，四川省达州市渠县爱心志愿者协会会长。

9 岁时，奶奶在路边晕倒，路人“一碗水”的帮助让爱的种子在赵忠心里生根。1998 年 4 月 14 日，赵忠在深圳第一次走进献血车，从此，他每年献血两三次以帮助有需要的人。

2000 年，赵忠返乡组建“爱家公益”QQ 群，开启了公益救助之路。在得知琅琊镇村民陈大哥 14 岁女儿和 9 岁儿子溺水身亡且家庭困难后，他捐款 1000 多元，并发动朋友募集善款 3 万多元，帮助其料理后事；为挽救一名天生无肛门、生命垂危的幼童，他联系公益组织募集十几万元善款，帮助孩子进行长达 5 年的治疗，直至孩子完全康复……

2016 年 9 月，赵忠争取民政部门支持成立“渠县爱心志愿者协会”，常态化开展为百岁老人义诊服务，每年给美姑县和木里县留守儿童送温暖，组织留守儿童共度“六一”国际儿童节，组织 500 余名大学生志愿者在寒暑假开展留守儿童作业辅导、监管及照顾等“代理家长”等志愿服务。

为拓展渠县爱心志愿者协会救助功能，2016 年 12 月，赵忠又注册成立“渠县爱心救援队”，带领一批志愿者参与了 2020 年的抗击新冠疫情、2020 年 3 月西昌市特大森林火灾救援、2021 年 7 月河南省洪涝抢险等走失寻找、溺水打捞、救灾救援等行动。当地群众说，每当看到身边的爱心志愿者和爱心救援队队员，内心就安稳、踏实；而每当听到这些，赵忠也会为协会和救援队这群可爱的人感到骄傲和自豪。（四川省文明办供稿）

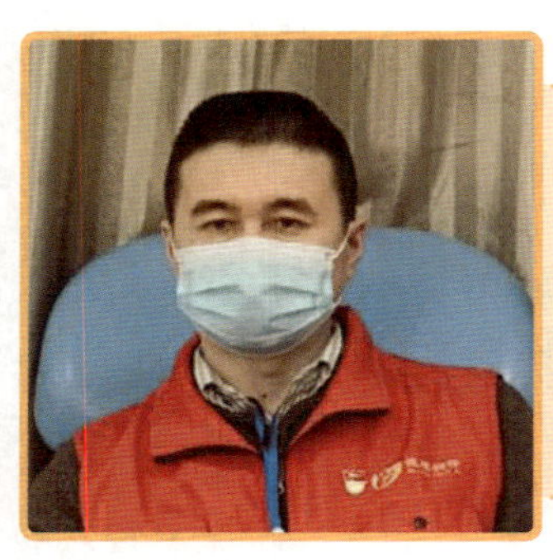

谢泽龙

“爱心哥哥”坚持无偿献血二十余年让生命延续

人物 THE STORY 故事

谢泽龙，男，1975年生，中共党员，贵州省遵义市桐梓县综合行政执法局城镇管理股负责人。

谢泽龙是一名“献血达人”，自2008年10月第一次无偿献血以来，参与无偿献血60余次，献血量共计12600毫升。他不但自己坚持献血，还牵头组建桐梓县“春晖行动无偿献血志愿服务队”，招募献血志愿者近200人，常态化开展献血活动，多次牵头组织单位干部职工和志愿者开展集中无偿献血志愿服务活动，团队累计献血总量达10余万毫升。

谢泽龙经常参加扶贫帮困、敬老助残、爱心寻亲等志愿服务活动，利用自己所学的医疗推拿技术，经常免费为孤寡老人提供推拿服务。他认为，一个人不能仅仅是为了生活而生活，人应该有更高的追求，应该有自己的理想、抱负、目标和追求，应该勇于承担社会责任、履行社会义务。谢泽龙是这样说的，也是这样做的。每逢周末或节假日，他都会和其他志愿者一起参加志愿服务活动。

谢泽龙助人为乐的美德，感动着被他帮助的每一个人，也感动着身边每一个人。

（贵州省文明办供稿）

谭　云

热心“的姐”用奉献温暖一座城

人物 THE STORY 故事

谭云，女，1969年生，陕西省宝鸡海景出租汽车有限公司出租车驾驶员。

从业近20年来，谭云想乘客之所想，急乘客之所急，始终把服务乘客放在第一位，共为乘客提供了40多万人次的安全出行服务，多次受到公司的表彰和乘客的好评。她也是一位热心的“的姐”，遇到周围需要帮助的人和事，她总是施以援手，热心相助，遇到乘客遗失在车上的财物总是第一时间上交公司，归还失主。

2016年夏天，谭云拉载了一个甘肃两当的女乘客，得知她在西安到宝鸡的大客车上，被骗子用易拉罐骗走了两万块钱，乘客情绪激动，想不开，想自杀，谭云立即安抚乘客，并帮她报案。2018年5月20日晚，谭云在营运中驾车路过华通商厦后门时，发现一60岁左右男子躺在路边，谭云仔细观察后，判断这人可能是因心脏病晕倒，她迅速从车上拿出自备的速效救心丸，给男子服下，路人也随后报警，为抢救男子生命赢得了宝贵时间。2019年1月30日上午，谭云从高新人民医院拉载一对夫妇到高新十二路一汽车销售服务4S店，乘客下车付费后将装有近3万元购车款的手包遗忘在车上，谭云发现后第一时间上交公司，经多方查找，最终联系到了失主。

谭云是一个平凡的出租车驾驶员，但她在平凡的工作岗位上，做出了不平凡的事迹，奉献出了人间大爱，感动了宝鸡，感动了三秦大地。她用自己的实际行动践行了社会主义核心价值观，阐述了真善美的人生真谛。

（陕西省委文明办供稿）

曹亚民

退役军人变身危急险重中的"蓝色尖兵"

助人为乐

人物故事 THE STORY

曹亚民，男，1979年生，现为甘肃省酒泉市蓝天救援队党支部书记、理事长。

2019年10月以来，曹亚民先后个人投入资金100多万元，筹备组建酒泉市蓝天救援队，参与救援、防疫消杀、大型活动保障200余场次。救援队现有救援装备120件套，具备水域、交通事故、高空、山野、疫情消杀等救援能力。共有队员143人，其中33名队员取得救援证，2名队员取得红十字讲师资格证，为酒泉市各中小学及政府、企事业单位员工进行防灾减灾、急救知识讲座230场次，受益群众达3万多人。

2020年8月，甘肃陇南发生暴洪泥石流灾害，曹亚民组建党员突击队，带领19名队员连续19天开展搜救被困人员、清运淤泥、转运救援物资等工作，共搜救被困人员59人、打捞遇难者遗体2具。其间，曹亚民因细菌感染致颈部皮脂腺囊肿。2021年7月，河南卫辉发生强降雨洪水灾害，曹亚民带头驾驶冲锋舟连续三天三夜在洪水中转移被困群众2000余人，从洪水中成功救出1名3个月大的婴儿，被称为"最美托举哥"，相关视频网络点击量达到7000万+。

曹亚民说："我要竭尽所能挽救他人生命，做一个对社会有价值的人才不枉此生。"爱心是火种，一旦燃起，就有燎原之势，在他的感染下，更多的人加入公益事业开展公益活动，这就是"好人"爱的传递。

（甘肃省文明办供稿）

季春晖

志愿者为艾滋病人和困境儿童戴上"心灵口罩"

人物故事 THE STORY

季春晖，女，1978年生，甘肃明睿心理服务中心志愿服务队队长。

因为无私，所以无畏。15年来，面对艾滋病人和困境儿童等特殊群体，季春晖选择了勇敢同行。

2014年，她受邀对艾滋病感染者进行心理辅导，一位70多岁的老人郑重地向她鞠了三个躬，泣不成声地说："你能把我当成一个普通病人来对待，我特别感激，一辈子都忘不掉，我以后一定好好吃药！"她只是做了一点点，但对老人来说，却终生难忘，这使她深受触动。

从此，她多次去往火车、汽车、车站、景点开展宣传，走进高校培训防艾志愿者，随同相关部门走村入户探访贫困感染者，吃他们做的饭，跟他们交谈，引领数百名感染者疗愈内心，直到现在。

在血液科的病房里，看着身患白血病的孩子们孤独而又痛苦的眼神，季春晖又一次被深深打动。每周她都去看望孩子们，在病房开设手工课、画画课、音乐课，成了孩子们面对病魔时的一束光。2017年至今，先后开展团体心理辅导50余期，一对一心理辅导200余人次，服务患儿及家长1260余人次。

多年来，季春晖投身公益，用"助人自助"的信念播下了利他的种子，又用满腔热情去孕育，用点滴行动去播撒。如今，它们已经发芽、开花、结果，正在逐渐成长为参天大树。

（甘肃省文明办供稿）

辛宝同

创业人身残志坚不忘追梦 脱贫致富带动就业回报社会

人物 THE STORY 故事

辛宝同，男，1987年生，中共党员，现任宁夏回族自治区固原市隆德县残疾人电商就业创业协会会长。

2013年，一场重病导致26岁的辛宝同深度昏迷，抢救后留下了下肢瘫痪的后遗症，高昂的医疗费让这个幸福美满的家庭轰然倒塌。2015年5月，他的父亲外出打工时脑部摔伤致使颅内出血全身瘫痪，更让这个贫困的家庭雪上加霜。

就在辛宝同万念俱灰时，隆德县残联将他们一家搬入了隆德县残疾人托养中心，为这个家庭实施兜底扶贫政策，辛宝同也在隆德县人造花工艺有限公司生产车间开始务工。

2017年8月，隆德县残疾人创业孵化园成立了残疾人电商协会，他和几个热爱电商、心怀梦想、志同道合的残疾人青年朋友加入其中，经过不断自学，掌握了电商的运营和销售知识。2018年，他和伙伴们办起了青年残疾人电商小铺，开始销售宁夏土特产。

2019年，他创办了宁夏“隆隆薯”闽宁助残商贸中心，主要销售宁夏农副产品，并推出扶贫助残隆隆薯公益品牌，吸纳全县的贫困重度残疾人加入。在4年的时间里，“隆隆薯”实现销售额4000余万元，为全县2288名贫困重度残疾人分红236万元，通过平台的发展，几个创业的残疾人伙伴有了稳定的收入，从之前家里的负担，变成家里的支柱，也让更多的残疾人心怀梦想，并为之辛勤耕耘。

“我和我的伙伴们将一如既往地坚持下去，为更多的残疾人分红，通过我们的双手实现自我人生价值。”辛宝同说。（宁夏回族自治区文明办供稿）

李文宇

退伍老兵火情面前展现军人本色

人物 THE STORY 故事

李文宇，男，1977年生，中共党员，北京市大兴区黄村公园工作人员。

2020年初，退伍军人李文宇来到了大兴区黄村公园，负责管理黄村公园日常养护和游客服务等全面性工作。工作中的他认真负责、热情周到、无私奉献，尤其是疫情期间，他每日坚持管好门区测温、隐患排查、消毒等工作。

2020年9月9日17时许，正在黄村公园值守的李文宇接到有人反映“西边小区那里冒黑烟”，他立即意识到是与公园仅有一墙之隔的兴政西里社区发生了火灾。紧急情况下，他没有迟疑，迅速从吸烟区抱起一罐灭火器，赶往公园西围墙查看火情。经了解，起火地点是某单元一层的一户破损泄漏的天然气灶，窗内不仅冒出滚滚浓烟，还出现了明火。

在没有任何防护器具的情况下，他不惧危险，怀抱一罐十斤重的灭火器翻过近3米的墙体，往返三次为灭火人员递送灭火器，一次落地时，他右脚一崴，钻心的疼痛袭来，但他并没有理会。在火势得到初步控制时，李文宇已经疼得满头大汗，趴在地上无法行动。在现场指挥救火工作的兴政西里党总支书记史艳注意到了他的伤情，立即将他送往医院。经过检查和治疗才发现，李文宇的右脚并不是崴伤，而是脚跟粉碎性骨折。李文宇不惧危险的举动给灭火、救助工作赢得了宝贵的时间。他表示，作为一名共产党员，一名退伍军人，保护人民群众的生命财产安全是他的本能和责任。

（首都文明办供稿）

陈宝君

国家干部路见不平挺身而出 保护行人勇斗狂徒

人物 THE STORY 故事

陈宝君，男，1967 年生，中共党员，山西省朔州市平鲁区发展和改革局物资储备股股长。

2011 年 12 月份的一天，寒风刺骨，冰冻路滑。下午 6 点钟的时候，陈宝君同志骑自行车像往常一样回家，行至井坪胜利路出租车广场附近，发现马路中间围着许多人，当他走近围观的人群，看见 3 个面目凶恶、张牙舞爪的歹徒正殴打一名 40 岁上下的中年男子。他当即上前问明情况，才知是一名下班骑自行车回家的邮政职工，因冰雪覆地，天寒路滑，自行车前轮不小心蹭了站在马路中间闲聊的三个穿着打扮非常怪异的其中一个男子的裤脚，在这名职工急忙跳下自行车赔礼道歉的时候，竟然遭到 3 个歹徒不分青红皂白的殴打。这时，陈宝君顾不得多想，急忙钻入人群好言相劝，并极力阻止这种不法行为。但这 3 个歹徒却说他多管闲事，反过来对他进行围攻毒打。陈宝君同志在和三个歹徒英勇搏斗中，他戴的近视眼镜被打碎了，满脸鲜血直流，右腿也受了伤，疼痛难忍。但他临危不惧，孤身勇斗歹徒，与街头不法分子展开殊死搏斗，维护了正义，最后用自己的身体，保护了无辜受害陌生路人的生命安全。

“作为一名共产党员，在看到别人遇到困难或危险的时候，就要及时伸出自己的双手，给予热心帮助和施救。”陈宝君说。

（山西省文明办供稿）

艾文武

村民烈火中挺身而出　成功施救

人物 THE STORY 故事

艾文武，男，1977 年生，内蒙古自治区赤峰市巴林左旗隆昌镇隆昌村林场自然村村民。

2021 年 5 月 22 日 21 时许，距离艾文武家约 200 米远的刘发老人家发生火灾。听到呼救声后，艾文武拿起铁锹，第一个冲到了火灾现场。火焰引燃了 300 多根干树根垛以及老人平时攒的 10 多立方米的废品，汹涌的火势，使人根本无法靠近。

发现自家的水泵浇不到着火点后，本村唯一一户有铲车的艾文武想到了开铲车灭火。于是，他不顾个人生命安危，开着铲车直奔火海。胡同狭窄、铲车又大，他又怕碰坏老人家的院墙，忽然，铲车被树根垫翻了，燃烧正旺的树根火瞬间将人和铲车吞噬了。

火海中，艾文武拼尽全力砸破了驾驶室的玻璃窗钻了出来，跳入火堆，又从火堆里爬了出来。他头发烧焦了，脸烤红了，衣服全都粘在了身上，刚从火堆逃出来就立刻晕倒在了地上。因艾文武烧伤过于严重，被连夜送到医院进行治疗。他的脸部大面积烧伤，颈背部烧伤，双手、双足大面积烧伤了。

隆昌村党（总）支部书记说：“要不是艾文武，刘发老人的家就完了，本来生活就很困难，要是房子再烧了那以后的日子可咋过啊。艾文武的救火行为也不是偶然，他平常就是个热心肠，但凡邻里有点大事小情找他帮忙，他肯定第一时间站出来、冲上去、解决好。他见义勇为、舍己救火的行为深深感动了我们，值得我们每一个人学习。”

（内蒙古自治区文明办供稿）

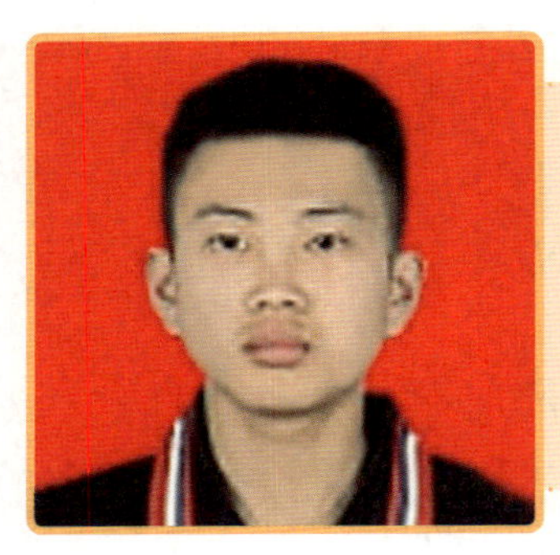

韩兴博

17 岁少年海中连救 3 人不幸遇难

人物 THE STORY 故事

韩兴博，男，2004 年生，生前系辽宁省葫芦岛市绥中县高台镇腰古城寨村人。2021 年 8 月 2 日凌晨，韩兴博海中连救三人后，生命永远定格在 17 岁。

韩兴博从小就非常懂事，经常帮助父母干活，2021 年开始，他来到河北省秦皇岛市一家烧烤店打工。2021 年 8 月 2 日凌晨 4 时 20 分左右，韩兴博在工作结束之后跟小伙伴相约到海边浴场游玩，突然听到有人大喊“救命”，他们看见海中有 3 名年轻女孩在海中拼命挣扎。见此情形，韩兴博顾不上脱衣服，急速向海里游去。到旁边时发现，三人陷在海沟中。韩兴博跳进海沟中，一个接一个将 3 名女孩推上岸。朋友们将女孩们拉了上来。最终 3 名女孩成功获救。而此时，众人却发现，韩兴博不见了。

有人立即报警，韩兴博的同事们一直在附近搜寻，但始终没有发现他的身影。消防队员、海警和蓝天救援队先后到达现场开展救援，由于海底水流汹涌，在事发后近 26 个小时，韩兴博的遗体才被打捞上来。

“小博被找到的时候，他身上的衣服都还在，说明小博下水救人时什么都没想，甚至连衣服都没来得及脱。”韩兴博的姐姐回忆时说道。

舍己救人，危险面前毫不迟疑，是因为他根本不需要选择，瞬间动作源自高尚的情操。

（辽宁省文明办供稿）

许春刚

退伍老兵勇闯火海救出摔倒邻居

人物 THE STORY 故事

许春刚，男，1977 年生，中共党员，辽宁省鞍山市岫岩满族自治县市场监督管理局党委办公室主任。

2021 年 4 月 5 日 17 时许，居民刘素芬家的厨房突然着火了。火势十分凶猛，而且产生的烟非常呛人。刘素芬和家人一起往外跑，跑到厨房时，她却被浓烟呛得摔倒在地，只能继续往外爬。

此时，在家休息的邻居许春刚听到喊声并冲出来，得知有人还在屋内，他二话没说顶着滚滚浓烟冲进屋里，把刘素芬背了出来。将刘素芬安置到安全地带以后，他又迅速跑回家找水管，接水管，开始救火。许春刚是一名退伍老兵，多年来的习惯让他一直保持着在部队时的良好作风，时刻以一名军人的标准要求自己。救火过程中，刘素芬的家人喊着厨房里有两个煤气罐，听这么一喊，很多人迅速退出了老远，可许春刚没有退缩，他仍然站到墙边手持水管进行救火。

刘素芬坦言，当时特别危险，着火的五间房子对面还有七间房子，房子的后面就是加油站，距离不到 50 米，如果火势扩大，后果不堪设想，可是许春刚临危不乱，用水对准火源持续作业，及时阻碍火势的蔓延，一直坚持到消防人员赶到。

有人问许春刚救火的时候是怎么想的，许春刚表示，那种情况下根本来不及多想，就是一种本能，是他作为一个退伍老兵和一名共产党员最本能的反应。

（辽宁省文明办供稿）

赵永涛

路遇险情　音乐教师秒变“救火尖兵”

人物 THE STORY 故事

赵永涛，男，1980年生，黑龙江省鸡西市城子河区树英小学音乐老师。

2021年3月27日17时，赵永涛驾车带着家人准备和朋友聚餐，途经一家餐馆时，发现二楼门面房牌匾起火，火借着风势从起火点迅速蹿到11层，随时可能引燃紧邻的变压器，造成更严重的后果。他安顿好家人后，急速地拿起车里的灭火器冲到火灾现场，拿着灭火器冲着变压器最近的火点开始间歇式喷射。妻子担心他的安危，连忙跑下车劝阻：“危险！危险！快回来！”周围群众都吓出了一身冷汗，纷纷上前连声呼喊他退回来。

然而，他让群众后退，却不顾个人安危奋力灭火。浓烟和灭火器的粉尘呛得他不停咳嗽，脸和手都被烤得炙热难耐，即使火星飞溅到身上，他也毫不畏惧，心中只有一个信念：在消防人员到来之前，一定要尽最大努力把火势控制住。

坚持了七八分钟，消防员终于到达火场。他急忙上前对消防队员说：“先救变压器！”看着消防战士把火情控制住后，他带着家人悄悄离开了。

社会需要正能量，身边需要好榜样。作为一名人民教师，面对火情，他临危不惧、沉着冷静，奋不顾身、舍己为人，他是火场最美逆行者，他是学生心目中的平凡英雄，他以身体力行的方式给学生们树立了好榜样，传播着见义勇为的正能量。

（黑龙江省文明办供稿）

朱旦丹

热心“二妹子”连夜赶赴河南抗洪救灾

人物 THE STORY 故事

朱旦丹，女，1993年生，中共党员，江苏省扬州市宝应县爱蒙幼儿园园长。

2021年，河南郑州“7·20”特大暴雨灾害发生，21日晚上9点，朱旦丹抢先与扬州蓝天救援队汇合，连夜驰援，深夜11点到达郑州，水已经淹到脖子，朱旦丹成功解救出被洪水困在家中的母子，朱旦丹一路抱着9个月大的婴儿，直至母子俩转移到安全地点。次日凌晨1点，朱旦丹和队员赶赴郑州新区热电厂有限公司，参与转移200名被困人员。22日晚10点，朱旦丹所在队伍接到通知，紧急赶往河南新乡开展新一轮救援，又是彻夜未眠的一夜。经她和同伴的努力，终于在24日新乡炸坝泄洪前疏散转移800多人。

7月26日，已经回到家中的朱旦丹，看到卫辉内涝严重，当即写下请战书，向组织申请支援卫辉开展抗洪救灾行动。当晚9点，再次整装出征，连夜赶赴卫辉。28日又马不停蹄赶赴鹤壁、浚县运送救援物资。

扬州突发疫情，朱旦丹再次义无反顾地冲在前，朱旦丹同扬州蓝天救援队宝应组志愿者一同对宝应特殊学校、老城区部分单位、柳堡镇内部分学校开展义务消杀工作，她化身消杀“迷彩战士”，对各重点区域进行“地毯式无死角”环境消毒作业，展现了柳堡“二妹子”的风采。

（江苏省文明办供稿）

储元龙

好邻居6楼户外徒手托举勇救两岁孩童

人物 THE STORY 故事

储元龙，男，1964年生，安徽省芜湖市南陵县籍山镇春谷社区居民。

2019年9月7日6时许，储元龙所居住的小区某单元6楼，一名幼儿卡在了自家的防盗窗缝隙中，情况危急。

听到呼救声后，储元龙救人心切，在没有任何安全保护措施的情况下从客厅的窗户上翻了出去，由于外墙是光滑的砖块，没有可以借力的落脚点，尝试了多次终于找到了墙体一条凸起的石膏线，虽然只有仅仅几厘米的宽度，却可以支撑整个身体。储元龙左手紧紧抓住护栏，右手尝试去托孩子的屁股，可惜力量不够，尝试多次都抓不住受惊乱动的孩子，而且自己的重心也不稳。后来索性用右腿顶住孩子的屁股，孩子像抓住救命绳一样，双腿也紧紧夹住储元龙的右腿，这时，他又腾出右手抱着孩子的腰。时间一分一秒过去，储元龙一直保持着用右手拖住孩子的姿势，直到消防人员到来，将卡在窗户中的孩子安全营救出来。储元龙由于左手要抓紧护栏保持身体平衡，导致手腕充血红肿，两条腿走路都打软。

当所有人为小孩获救而欢呼时，他却悄悄地离开了现场。当孩子家长通过多方打听后找到他表示感谢时，他却说："当时紧急的情况已经顾不得许多，就想着得托住孩子，别让孩子掉下去。我相信不管是谁遇到，都会去帮忙的。"

（安徽省文明办供稿）

崔志嘉

退伍军人退役不褪色 义无反顾闯火海救火

见义勇为

人物 THE STORY 故事

崔志嘉，男，2000年生，福建省莆田市秀屿区月塘镇岱前村人。

2021年6月30日晚，莆田市秀屿区公园湾一号某居民家中突发火灾，火势汹汹，整栋楼居民的生命财产安全面临着威胁。

在危急关头，退伍军人崔志嘉刚好路过。火警就是命令，救援就是责任。他无暇多想，当即奋不顾身、挺身而出，三步并作两步上楼查看情况。原来是出事居民家中客厅空调柜机着火，火势蔓延得非常快。凭借在部队的专业训练，崔志嘉见状当即关闸断电，第一时间排除事故隐患。随后，他紧急组织人员撤离，并迅速找到消火栓，接上高压水枪投入灭火。

由于火情应急处置及时到位，火势很快得到有效控制，相关人员的生命安全无恙。火灭瞬间，现场群众情不自禁地鼓掌庆祝，但崔志嘉却因吸入过多的有害烟雾，突感胸闷难受、体力不支晕倒在地，被物业人员送到医院治疗。

“其实我做的事情非常普通。”在医院，崔志嘉说，灭火只是一次偶然的举动，比起以前部队的艰苦训练，根本不算什么。

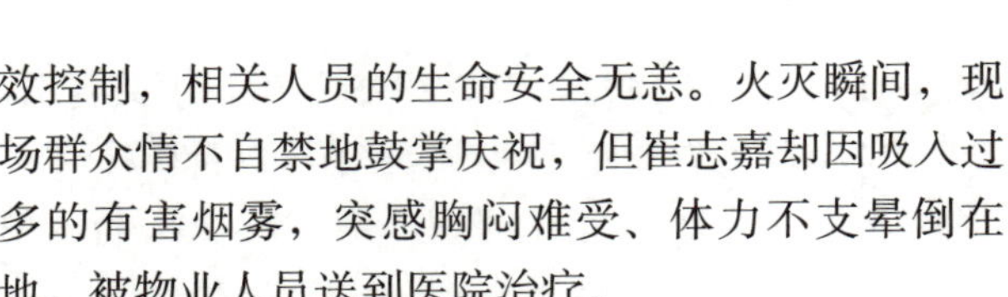

崔志嘉勇闯火海英勇救火的英雄事迹在当地迅速传播开来，大家纷纷为他点赞。面对鲜花和掌声，崔志嘉表示，面对火情，不怕牺牲、冲锋在前，是中国军人的英雄本色，今后他还将继续发扬人民军队的优良传统，退役不褪色，永葆军人本色。

（福建省委文明办供稿）

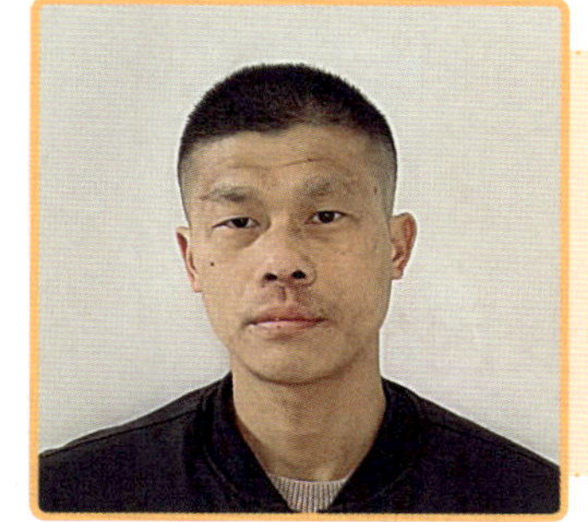

许清波

快递小哥见义勇为 科学施救溺水儿童

人物 THE STORY 故事

许清波，男，1981年生，江西省景德镇市乐平市名口镇名口村村民。

2021年5月27日11时左右，许清波在驾驶快递运输车途经乐平市高家镇庄泉村途中，看到路边水塘内有小孩衣服漂浮在水面上，出于谨慎，他停下车仔细察看，竟发现是一幼童溺水，且当时已失去意识，漂浮在水塘中。

许清波来不及脱衣服便迅速跳入淤泥一米多深的水塘，一边爬一边游到了幼童身边，将幼童救援上岸。家住附近的家属这才发现有小孩落水，急忙赶来，当时该幼童已失去意识，家属不知如何施救，在周围急得团团转。许清波不顾孩子奶奶的劝阻，右脚膝盖跪地，左脚弯曲，把小孩双脚放在他肩上，将肚脐对着他膝盖部，轻轻拍打背部将水倒出。伴随着一阵哭声，幼童终于将水吐出，恢复了意识。许清波满身湿漉漉地离开了现场，驾车继续去送快递。

2021年6月1日下午，该幼童平安出院没多久，家属通过多种渠道打听到许清波是名口镇人，制作了一面“见义勇为，品德高尚”的锦旗来到名口镇，四方打听无果后，来到名口村委会寻求帮助，通过前来感谢的家属描述，名口村干部及周边居民这才得知许清波这一见义勇为的事迹。

回忆救援经过，这个勇敢坚毅的男人却显得很腼腆。“如果重来一次，我依然会作出同样的选择。”

（江西省文明办供稿）

陈治刚　徐广东

两村民挺身相救落水少年 巧用急救知识助少年成功脱险

人物 THE STORY 故事

陈治刚，男，1980年生，山东省临沂市蒙阴县桃墟镇杏山村村民；徐广东，男，1987年生，山东省临沂市蒙阴县桃墟镇孙家麻峪村村民。

2021年5月16日，准备一起吃午饭的陈治刚和徐广东，驱车行驶到蒙阴县跃进桥西侧橡胶坝时，远远看见桥边围了一堆人，好奇的他们停车观看，发现距离岸边大概30米远的水面上漂浮着一个人。围观群众已拨打了120急救电话，但当时岸边距离橡皮坝垂直高度有三四米，还有一米多高的栏杆，且橡皮坝质地软，而当天流水急、气温低，万一失足落水，后果不堪设想。陈治刚和徐广东对视一眼，没有丝毫犹豫，相继跳到离岸3米多深的栏坝上，快速地向落水者的方向行进。他们来到溺水者旁边，先把人拖离水面，发现溺水者是一名十三四岁的男孩，因长时间溺水，已经处于无意识状态。

落水者被救上了岸，紧跟着爬上岸的徐广东顾不上劳累，立即应用掌握的急救知识实施抢救。在徐广东不间断施救下，七八分钟后，男孩终于吐出了一些水。徐广东见状加大按压力度，随着一声微弱的咳嗽，男孩恢复呼吸，并能摸到略有脉搏，随后救护车赶到，整个过程持续了约10分钟。

将溺水者送至医院后，陈治刚和徐广东一身泥巴、满身疲惫，各自回了家。谈及救人一事，陈治刚和徐广东说，救人是举手之劳，如果再遇到这类情况，他们仍会尽己所能地冲上前。

（山东省文明办供稿）

杨俊魁

退伍特种兵洪水中勇救多名受困群众

人物 THE STORY 故事

杨俊魁，男，1975 年生，河南省郑州市网约车司机。

2021 年 7 月 20 日下午，河南省郑州市遭遇特大暴雨，当时杨俊魁正开车途经京广隧道。由于隧道积水严重，大量车辆被淹，群众被困。

杨俊魁从车内爬出来后，立即跳入水中救援受困群众，十几分钟连救 5 人，他也因体力透支曾短暂下沉到洪水中，但他依然冲向被困人员。

救人的过程中，杨俊魁小腿迎面骨受了伤，上岸之后他才开始意识到疼痛。救援结束后，杨俊魁默默离开，回到家中休息，而他的车还在京广北路隧道内被水淹着。为表彰杨俊魁的救人壮举，他所属的网约车公司决定授予杨俊魁 2021 年度英雄司机称号，并奖励他一台全新车。

杨俊魁的事迹在网络上引发极大关注，被央视新闻、《人民日报》、新华社、环球网、澎湃新闻等媒体争相报道，登上微博热搜，点击量超 2.2 亿次，受到千万网友点赞。

杨俊魁接受采访时说："可能一切都是老天安排，刚好我会游泳，我会救人，刚好我的车就开到那儿。我想换作是其他人，也会出于本能下去救人吧。"当问到救完人的感受，杨俊魁表示，虽然感到后怕，但绝不后悔。

（河南省文明办供稿）

党文峡

临危不惧三入火海　成功救出卧床老人

见义勇为

人物 THE STORY 故事

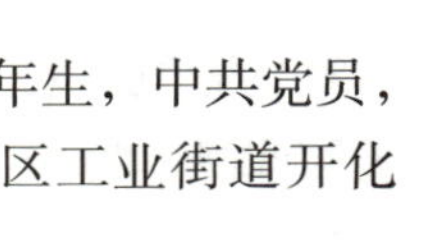

党文峡，男，1957 年生，中共党员，河南省开封市顺河回族区工业街道开化社区居民。

2021 年 1 月 29 日 9 时许，党文峡下楼买早点，突然发现小区东单元一楼层黑烟滚滚，他急忙跑几步到楼门前，看到黑烟是从邻居王兴堂家里冒出来的，王兴堂女儿王建红已经满脸黑灰，正在门口喊："快来人呀！救火呀！失火了，快把电闸关掉！"意识到危险的党文峡急忙跑到楼上，一口气关掉所有电闸开关，然后急忙冲下楼问王建红，屋里还有没有人？王建红哭着说，她母亲还在屋里。王建红的母亲因腿部骨折无法行动，已经卧床一段时间了。谈话间，党文峡的小学同学潘明华满脸灰黑地从滚滚黑烟的内屋跑出来说："不行！进不去！"这时，党文峡发现屋内的火苗已经有一人多高且已经烧到门口了。

人命关天，党文峡来不及考虑其他，面对滚滚浓烟和大火，他三进三出，最终拼尽全力把老人拖了出来，经检查，老人除了上肢和面部有轻微伤外，没有生命危险。人得救了，火扑灭了，他悬着的心才放了下来。

当别人问起他救人的经历时，他说："现在想想，真得很危险，火焰比人还高，电视机和其他电器都在啪啪作响。事后有人说我傻，可我觉得作为一名党员，在这种情况下必须勇敢冲上去，如果有下次我还会这样做！"

（河南省文明办供稿）

袁格兵

与洪水搏斗三十小时的“平民英雄”暴雨中救起五十余人

见义勇为

人物 THE STORY 故事

袁格兵，男，1990年生，中铁一局集团有限公司职工。

2021年7月20日，郑州市遭遇暴雨侵袭。14时许，路过京广北路隧道的袁格兵挺身而出，在泥水中泡了几十个小时，只吃了几口馒头，救出50余名被困群众。“见了就要救。”袁格兵记不得自己往返了几次，腿脚多处被划伤，只是做了简单处理，便又下水救人，累得腿都抽了筋。一直到凌晨，袁格兵还在凭着声音方向和微弱的亮光寻找被困者，直到确认没有被困人员，他才找了个安全的地方，躺在地上睡了几个钟头。

回忆起获救经历，56岁的市民张萍心情依旧难以平复，“多亏袁格兵救了我们。”获救前，张萍已蹚着齐胸深的水在雨中走了很久，腿被泡得发肿，“直打冷战，水还在涨，特别害怕。”危急关头，袁格兵出现了。“他自制了个简易漂浮物，让人搭在上面，再拉着游，我害怕不敢跟他走。”见袁格兵把附近的人送到安全地带后又折回来，张萍心里燃起了获救的希望，“他看我害怕，不知道从哪儿找了个游泳圈给我套上，我才跟着他游了出来。”

7月30日，中铁一局集团有限公司破格转录袁格兵为正式员工，公司相关负责人说：“袁格兵在危难时刻挺身而出，很有担当，而且他施工经验丰富，希望把他培养为优秀的专业人才。”

（湖北省文明办供稿）

李凌志

“90后”大学生党员舍命搏盗贼

人物 THE STORY 故事

李凌志，男，1999年生，中共党员，广西壮族自治区桂林市全州县人，现为桂林旅游学院学生。

2021年8月17日凌晨，正在家中的李凌志听到窗外传来阵阵异响，便往外查看，发现一男子正爬在木梯上，拿着工具盗窃路边的电缆。出于保护国家财产的初衷，李凌志迅速下楼制止，抓住犯罪嫌疑人衣服不放，并拿出手机拨打110报警电话。不料嫌疑人突然掏出随身携带的锐器朝李凌志脸部划去，李凌志来不及防卫，脸部被划开一道长长的口子，顿时鲜血直流。嫌疑人趁机挣脱，逃离现场。受伤的李凌志被送往医院，其脸部、脖子处被严重划伤，最长伤口近14公分，受伤处缝了30余针。面对记者的采访，病床上的李凌志铿锵直言：“不后悔，因为我是党员，是退伍军人！”经过警方的努力，几天后嫌疑人被缉拿归案。

这不是李凌志第一次挺身而出。2021年4月7日晚，他在南宁路过一个事故现场，发现一辆电动车倒在护栏旁，地上躺着一位昏迷不醒的当事人。李凌志凭借在部队中学到的急救常识，马上对当事人进行施救，同时拨打120急救电话。因为他的果断行动，挽救了一条宝贵的生命，当事人家属写来感谢信，对他的救人之举表达了诚挚的感谢。

（广西壮族自治区文明办供稿）

刘 杨

激流中用竹竿开启生命路 奋力救助不求回报

人物 THE STORY 故事

刘杨，男，1982年生，四川省眉山市仁寿县藕塘镇八井村村民。

2020年3月27日上午11时许，刘杨接到同村人发来的图片，显示一辆车掉入了三星提灌站下段河里。刘杨看到信息后，一边电话询问情况，一边冲出家门。

刘杨跑到河边，见一辆白色小车大半截已没入河里，两名女子站在车顶呼救。刘杨没有一丝犹豫，一边让围观群众电话报警、寻找长竹竿准备施救，一边麻利地将自家停靠在河边的小铁皮船推入水中，迅速划向汽车落水处。看到河水即将淹没女子全身，刘杨卖力地划桨，以致划水竹竿都被划断一截。当小铁皮船靠近落水小车后，刘杨一手扶着船，一手从车顶截下一名女子拉到船边，嘱咐女子不要乱动，又迅速用折断的竹竿将另一名落水女子翘起，使其头部露出水面后伸手将其拉到船边。同时，他一边用身体尽力维持小船平衡，一边将小船划向河岸。靠近河岸后，刘杨借助岸边群众伸来的竹竿将两人拖上了岸。

回到岸边，刘杨正想松口气，一名女子又声嘶力竭地喊道："我家老人还在车里，求你们快救救她！"刘杨心里一惊，望着已沉入水中的车子，不顾疲惫发抖的身体，一个猛子扎入水中试图打开车门，但因阻力太大，几经努力也没能进入车里。最后，与到场的民警、消防队员合力将老人救回岸边，但终因溺水太久，老人离开了人世。之后，他拖着疲惫的身躯，带着欣慰又遗憾的心情默默回家。

（四川省文明办供稿）

蒋月亮

无惧危险　激流中勇救两名落水孩童

人物 THE STORY 故事

蒋月亮，男，1963年生，四川省资阳市安岳县忠义镇石桅村村民。

2019年5月下旬，安岳县连降暴雨，流经忠义镇的高升河水位迅速上涨。5月27日下午，小安、小泽、小华三位小学生放学后结伴在河边玩耍，不慎跌入河里。湍急的河水夹卷着三名儿童快速流向下游，情况万分紧急。被冲到离岸不远的小安拼命挣扎，大喊"救命"。

此时，正在家中楼顶安装雨棚的蒋月亮听见呼救声，速跑到河边，来不及脱掉衣服鞋子便一头扎进江中救人。他先把离岸边较近的小安拉上来，又转身跳入湍急的河中，顺水快速游向已在水中奄奄一息的小泽。他左手一把抓住小泽，紧紧搂着他的腰，右手艰难地在水中拼命地划动。湍急的水流加剧了蒋月亮的营救难度、未脱下的衣裤也给他带来巨大阻力，此时的蒋月亮体力消耗迅速，每一次划动都是拼尽全力。但他没有放弃，最后成功将小泽带回到岸边。

上岸后，蒋月亮大口喘着粗气，疲惫不堪、脸色惨白，而此时的河面已看不到小华的身影。岸上的群众都说："水流太急，娃儿肯定被冲走了，生还的可能性很小！"蒋月亮来不及多想，再次跳入激流中四处搜寻，因水流太急，他几经搜索未果，加上体力已严重不支，不得不回到岸上。他瘫坐在岸边，仍目不转睛地注视着河面，期待奇迹出现，直到救援力量到达才离开。

（四川省文明办供稿）

韩红辉

见义勇为

义务反扒勇斗歹徒 十年抓获犯罪嫌疑人三百余人

人物 THE STORY 故事

韩红辉，男，1977 年生，陕西科技大学后勤服务集团职工。

自 2012 年韩红辉义务反扒开始，已骑坏 3 辆摩托车，累计行程 6 万多公里。他在群众急需时毫不犹豫挺身而出，多次面对持刀威胁，数次负伤勇擒歹徒，用血肉之躯守护人民群众生命财产安全，追回被盗手机近 200 部、电动车 30 余辆、现金 2 万余元、笔记本电脑 2 台、自行车 40 余辆，为人民群众挽回各类经济损失近 70 万元。

“生命的意义在于你帮助了多少人。”他是这样说的，也是这样做的。在义务反扒过程中，先后向警方提供各类破案线索 200 余条，协助警方打掉近 20 个犯罪团伙，抓获盗窃、诈骗、吸毒等犯罪嫌疑人 300 余人。多年的抓捕给他身上留下多处伤疤，但这些伤疤已成为他身上无法抹去的“勋章”。

2021 年 7 月中旬，河南多地发生洪涝灾害，韩红辉带领爱心人士驰援河南，经过 10 余个小时的长途跋涉，将筹集到的 6 万余元救灾物资送到辉县冀屯镇灾民手中。随后赴卫辉涉险营救被洪水围困群众 50 余人，返回西安后，又为山阳县天竺镇筹措抗洪救灾物资 5 万余元。

如今，他发起成立志愿服务队，开展各类公益活动。他将继续守望正义，传递温暖，带动更多人向上向善，在新时代伟大征程上留下无悔的奋斗足迹。

（陕西省委文明办供稿）

高利华

诚实守信

一诺千金 民警照顾孤女 9 年　不是亲人胜似亲人

高利华，女，1986 年生，中共党员，重庆市公安局两江新区分局礼嘉派出所民警。

妻子离家出走，礼嘉派出所辖区居民黄国全和女儿小蓉相依为命。2012 年，癌症晚期的黄国全弥留之际，请求派出所帮忙照顾他年仅 10 岁的女儿，派出所领导欣然应允。从此，照顾小蓉就成了礼嘉派出所全体民警的责任，民警们坚持每人每月捐款 50 元，直到小蓉成年。这一捐就是 9 年，派出所民警换了一茬又一茬，但当初的诺言一直都牢记心头。

其中，高利华是派出所里陪伴小蓉最多的人。9 年来，她与同事们始终如一地践行着对黄国全的承诺，除每月生活资助外，更当起了小蓉的暖心家长。

小蓉性格比较内向，高利华常主动和她谈心，帮她做心理疏导。时间久了，小蓉也会主动分享自己的生活琐事，并慢慢走出了心理阴影，逐渐开朗起来。2018 年，小蓉顺利考上重庆财政学校，入学第一天，高利华亲自送她到学校，帮她熟悉环境、办理入学手续。目前，小蓉已顺利通过大专考试。高利华还用两个月时间精心为小蓉准备 18 岁“成人礼”，让她度过了一个特别又难忘的生日。

坚守不易，9 年爱心接力，高利华和礼嘉派出所的民警们和小蓉建立起深厚感情，不是亲人却胜似亲人。

（重庆市文明办供稿）

石正祥

父子两代人义务守护烈士英魂三十余载

人物 THE STORY 故事

石正祥，男，1962年生，贵州省黔东南苗族侗族自治州黄平县旧州镇东门村村民。

走进黄平县旧州镇烈士陵园，石正祥一直忙碌着：整理前来祭奠的群众送来的花圈、鲜花、其他祭品，给游客讲述长眠在墓园里的那些英魂经历过的战斗……

1985年，黄平县旧州烈士陵园建成，石正祥父亲石国民已从食品公司退休5年，他主动承担无偿为烈士守陵的义务，每天清扫陵园卫生，直至去世，整整3年。1988年，病危时，他再三叮嘱石正祥，陵园里的烈士用自己的生命换回了黄平人民幸福的日子，换回了平安的生活，希望他能够继承遗志为烈士守陵。

父亲去世时，石正祥26岁，正是年富力强的年龄，很多同龄人都外出务工挣钱，每年春节都有人邀请他一同外出务工，但他却一次次婉言谢绝了。他时刻记着对父亲的承诺："守好烈士陵园。"

石正祥信守着自己的诺言，每天重复做着守陵工作，白天打扫卫生，为瞻仰烈士的人们讲述英雄故事；晚上以陵园为伴，为烈士值班守护。就这样，一个个平淡的日子在叠加，一段段平凡的生活在延续，石正祥默默续写守陵的平淡日子，至今已经是第33个年头了。

寒来暑往，石正祥父子俩跨世纪的接力守护，锻造的是忠贞与赤诚，彰显的是责任与担当。社会各界在深深缅怀烈士英雄事迹的同时，也为父子两代人的无私坚守深感敬佩。（贵州省文明办供稿）

苗彦彦

自强女孩退还3565位好心人12万元爱心捐款

人物 THE STORY 故事

苗彦彦，女，1993年生，新疆生产建设兵团第十四师昆玉市二二四团四连职工。

疾病缠身，但没有向命运低头。16岁时，苗彦彦被诊断出患有重症肌无力，高二时病情加重休学。20岁时，苗彦彦就开起网店销售自家红枣，挣钱补贴家用。苗彦彦坦言，是兵团精神激励自己与病魔抗争、与命运抗争。

一直很要强，从来不愿亏欠别人。十几年来，苗彦彦经历了5次病危，最近的一次是2019年。2019年5月，苗彦彦到广州治疗，在南昌火车站转车时突发支气管感染，呼吸衰竭，被送进南昌大学第一附属医院。多年求医问药，彼时苗彦彦家已拿不出足够的治疗费用。当地一位好心人了解情况后，帮她发起了网上众筹。经过5次血浆置换，苗彦彦终于脱离生命危险。

得知捐款的事情，病情稍一稳定，躺在病床上的苗彦彦就表示："这钱我一定要还！"

出院后，苗彦彦就马上投入了工作，在网上卖起了哈密瓜。后来，她卖过库尔勒香梨、阿克苏冰糖心苹果和自家种植的大枣，也卖过沙棘果。虽然无法进行语音交流，但优质的农产品和周到的服务，为她赢得了大批回头客。

经过两年的努力，苗彦彦终于凑够了当初募集的12万多元。8月9日，她向当初的筹款平台提交申请，2021年8月9日，苗彦彦将126482元打进"水滴筹"账户，把病危期间筹到的所有钱，原路退还给3565位捐款人。

（新疆生产建设兵团文明办供稿）

童朝晖

医疗专家坚守抗疫前线 尽所能投身医疗事业

人物 THE STORY 故事

童朝晖，男，1965年生，中共党员，首都医科大学附属北京朝阳医院党委委员、副院长，北京市呼吸疾病研究所所长，主任医师。

他从事呼吸与危重症医疗、教学、科研工作32年，在应对“非典”疫情、新冠疫情等突发应急公共卫生事件中，以精湛的医术护佑人民群众的生命健康。在抗击新冠疫情时，他连续“战疫”250余天，指导并救治的危重患者超过2000人次；多次接受媒体采访，客观公正澄清事实，回应社会关切，积极正面引导社会舆论；他还连续转战哈尔滨、吉林、青岛、北京等多地，行程超过1.5万公里。多项任务压身，让他一下瘦了8斤。但他说：“医生这个职业就是见了病人就要救。”

不断提升医疗技术水平，是童朝晖的执着追求。他的团队建立了国内最为完备的呼吸支持体系，率先将体外膜肺氧合（ECMO）技术应用于极重度呼吸衰竭患者的救治，是国内最大的ECMO支持呼吸衰竭中心之一。他带领团队取得了教学与培训工作的丰硕成果，除了承担首都医科大学在校本科生、研究生的课堂教学及见习、实习带教任务外，还以专题培训等形式进行专业人员培养，累计培训8000余人，为全国各省市医院培养了大批呼吸危重症专业的医疗与护理骨干。

（首都文明办供稿）

李　财

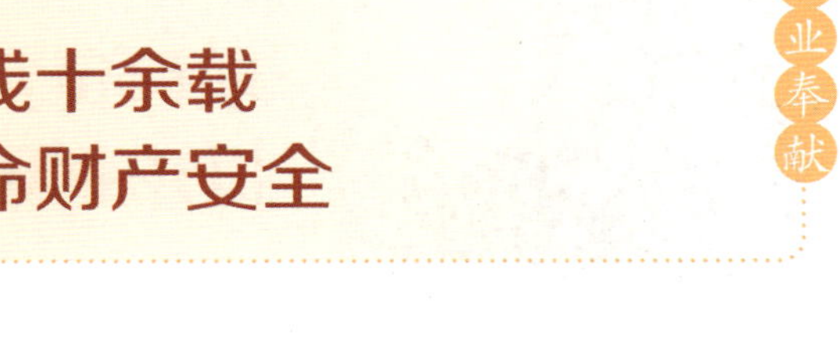

敬业奉献

消防战士坚守一线十余载 保护人民群众生命财产安全

人物 THE STORY 故事

李财，男，1986年生，中共党员，天津市和平区劝业场消防救援站政治指导员。

面对熊熊大火，李财无所畏惧，每次出任务，他都冲在最前面。2021年5月12日凌晨，区内一老式居民楼发生大火，李财带领消防站三部机车作为第一力量赶赴火灾现场，始终坚守第一线，自己爬上楼顶进行外部侦查、灭火，深入内部进行疏散救人，安排设置水枪阵地堵截火势。到凌晨5点多，大火终于被成功扑灭，最大程度保护了人民群众的生命和财产安全。

除了灭火，消防救援人员还肩负救人的重任。2020年10月，一市民胳膊被电动爬楼机卡住了，胳膊被爬楼支腿刺穿，两根大动脉血管搭在了滚轴上，一旦出现二次伤害就会造成动脉破裂。李财带队赶往救援现场，面对情绪焦躁的老人和刻不容缓的场面，他一边安抚老人情绪，一边研究爬楼机结构，经过1个多小时的努力破拆了爬楼机。

从业18年来，李财参加的救援不计其数。无论是面对寒冷刺骨的冰水，还是高温炽热的烈焰，他从不畏惧、义无反顾，累计参与灭火救援任务2000余次，抢救财产价值600余万元。

（天津市文明办供稿）

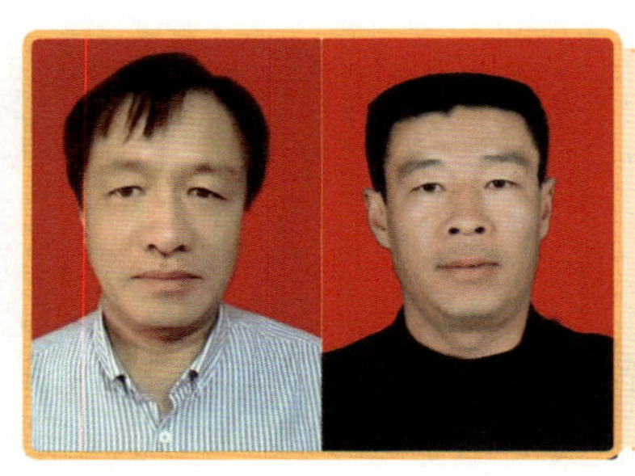

邢中山　冀凤学

基层干部坚守抗洪一线 用生命保护群众安全

人物 THE STORY 故事

邢中山，男，1971年生，中共党员，生前系河北省承德市承德县新杖子镇党委书记、一级主任科员。冀凤学，男，1972年生，中共党员，生前系新杖子镇党委委员、副镇长、二级主任科员。

2021年7月12日晚，河北省承德市承德县突迎4个小时强降雨，境内白河发生超10年一遇的洪水。13日，承德市有135个雨量站降水量超过100毫米。承德县白河上游普降大暴雨，断面洪峰流量903立方米/秒，致山洪倾泻，冲毁道路。承德县全面启动应急预案，组织动员受灾区域群众有序转移。7月12日，接到雨情汛情预警通报后，邢中山、冀凤学带领全镇党员干部积极应对、科学组织、冲锋在前，确保了全镇群众的安全转移。13日3时24分左右，邢中山、冀凤学同志在成功完成大东营村群众安全转移后，不顾个人安危，连夜冒雨乘车奔赴南台村组织群众转移，途中因路面塌陷，所乘车辆不幸翻入河中，两名同志被洪水冲走，因公殉职。

邢中山、冀凤学两名同志舍生忘死、不怕牺牲，在最关键时刻挺身而出，在人民群众最需要的时候冲锋在前，铸就新时代共产党员的英雄丰碑。

（河北省文明办供稿）

武芳芳

项目负责人长期深入一线 以巾帼素心描绘雄安画卷

人物 THE STORY 故事

武芳芳，女，1984年生，中共党员，中国雄安集团生态建设有限公司高级业务经理。

2019年，武芳芳响应雄安新区建设号召，成为新区园林项目建设管理人员。为了确保悦容公园建设如期开工，她连续十几天驻扎在田间地头，协助解决土地丈量、征收组卷、杂物腾退、村民纠纷等系列问题，用钉钉子的精神攻坚克难，确保项目顺利推进。她提前谋划，解决现场土方来源问题，节省了大量建设资金，为项目建设赢得两个月的宝贵工期。

悦容公园建设期间，她冲锋在前，孕期依旧坚守施工现场，产后只休息两个多月便回到工作岗位。项目建设高峰期，她每天工作15个小时以上，每个月手机通话时间高达6000多分钟，自己曾经四五个月没有回过家，甚至连生孩子都是拖到预产期最后一天才去的医院。

她坚持守正创新，积极推行“大师营园 工匠建设”模式，邀请国内十几位专家现场把关指导，行业顶尖的古建、铺地、种植等工匠团队参与项目建设，圆满完成悦容公园等多项攻坚任务，全面提升了新区园林工程质量标准。

“参与到千年大计、国家大事的建设中，在徐徐铺展的雄安画卷上着墨，是非常光荣和自豪的事情。”武芳芳正投入新一轮的公园建设和运维管理工作中。

（河北省文明办供稿）

王宝军

社区民警守初心付真心持公心守护一方百姓平安

人物故事 THE STORY

王宝军，男，1968 年生，河北卢龙人，中共党员，现为河北省秦皇岛市公安局海港分局燕园派出所民警。

1990 年，王宝军调到张思德同志生前服役的北京卫戍区警卫一师，老班长张思德成了王宝军的行动标杆和领航灯塔。2000 年，王宝军从部队退役把张思德精神带到了地方。多年来，他走访辖区居民上万次，调解各类矛盾纠纷千余起，参与破获“10·23”重大持枪抢劫案等多起重大案件。2019 年 5 月，他成立“传承张思德精神志愿服务队”并担任队长，成员 50 多人。工作之余，他把所有的时间都用在爱国拥军、扶残助困、生态环保、无偿献血等志愿服务上。他心系残障儿童，真情关爱弱势群体。在一次出警途中救治一名弃婴，并常年坚持为秦皇岛市福利院奉献爱心，成为福利院 76 名孩子共同的“警察爸爸”。

2021 年 7 月 1 日，王宝军牵头在白塔岭街道办事处成立了张思德人民调解工作室，向辖区群众宣传红色文化，运用“张思德精神”调解纠纷，用“守初心、付真心、持公心”的“三心”工作法，对群众矛盾纠纷进行“靶向治疗”，为社区铺就一条平安和谐路。

三十多年来，王宝军一直在工作中传承张思德精神，做张思德式的人。一路走来，有苦有泪，但无怨无悔，这条路，他还会坚定地走下去……

（河北省文明办供稿）

孟 磊

突击队长援豫冲锋在前把光明带进河南百姓家里

敬业奉献

人物故事 THE STORY

孟磊，男，1984 年生，中共党员，国网河北省电力有限公司石家庄供电分公司桥西供配电中心电缆运检二班班长、党员突击队队长。

2021 年 7 月 21 日，由于河南发生特大暴雨洪灾，公司发出支援河南电力公司的召集令，孟磊主动请缨，写了请战书交给领导。第一个任务是阿卡迪亚小区复电开工，由于现场情况比较复杂，需用 10 个小时先将高压消缺送电。但各栋楼地下水淹严重，低压空气开关、电表均严重损坏急需抢修。孟磊再次带领队伍展开行动：3 个半小时，走了 3 万多步，完成了 28 栋楼 60 个单元的摸排工作，统计出 618 个空气开关、198 块电表受损。直至 25 日 14 时 25 分，随着最后一个空气开关的合闸，阿卡迪亚小区共 41 栋 83 个单元 1300 余户居民恢复正常有序用电，比预计时间提前了 55 个小时。

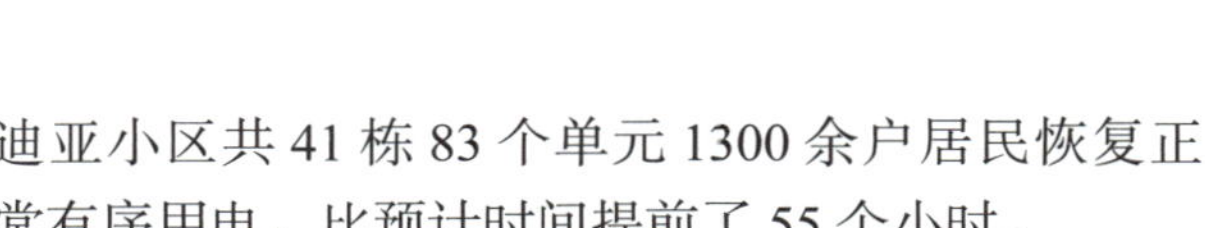

连续九天，孟磊平均每天仅睡三个小时。熬红的眼，被积水泡肿的脚，沙哑的嗓子，全证明了他这段时间的付出与奉献。总共为郑州四个小区约 2200 户居民成功修复电力设备。

2020 年全年他负责切改线路 140 千米，事故处理 15 起。工作十几年来，他一直舍小家，为大家，作为一名共产党员和复员军人，他牢记“随时为党和人民牺牲一切”的入党誓词，在危难时刻挺身而出、冲锋在第一线、战斗在最需要的地方，让党旗高高飘扬。

（河北省文明办供稿）

庄元军

山区教师坚守三十余年 只为山里的孩子有书读

人物故事 THE STORY

庄元军，男，1963年生，中共党员，吉林省临江市六道沟镇中心学校教师。

1986年3月参加工作时，他来到了原错草顶子乡下乱泥塘村五社教学点。一个人要负责两三个年级的教育教学工作，他一个人动手修缮破烂不堪的校舍，改善教学环境。1991年，他有一次调离教学点工作的机会，但是为了孩子们，他留了下来，而且一守就是20年。1995年8月，一场大洪水袭击了这个小山村，他冒着生命危险保住了学校。

2006年，向阳村教学点教师退休，孩子们面临着失学的困境，他又主动请缨，来到了离家十几公里的大山上，还是一个人教复式班，每天骑摩托车上下班，早上五六点钟就出发，晚上万家灯火时才回到家，为了大山上的孩子，他冬天要忍受着严寒的痛苦折磨。2014年3月，庄元军下班路上把腿摔断了，他为了孩子们，只在家休息了两个月，就拖着伤腿坚持去上课。他在这里又是十年的坚守。

2017年8月，向阳村教学点并入了六道沟镇中心学校。庄元军继续担任班主任，成了全校年龄最大的班主任。他还资助了许许多多家庭困难的孩子。30多年，庄元军用一个乡村教师对人民教育的忠诚，教书育人，默默奉献，无怨无悔。

（吉林省文明办供稿）

张高华

消防员苦练内功忠于使命 两年三次推婚期

人物故事 THE STORY

张高华，男，1990年生，中共党员，现任黑龙江省鹤岗市消防救援支队机场路特勤站站长助理、一级消防士。

张高华共参加灭火救援4000余次，先后参加2009年伊春森林大火、2011年鹤岗十里河森林大火、2013年绥滨县、萝北县抗洪抢险等救援任务。

在一次冬季救援任务中，一位老人因与家人发生矛盾，攀登到35米高的信号塔顶，想要轻生。张高华顶着零下30摄氏度的严寒，一步一步往塔顶爬，经过近一个小时的耐心劝说，老人打消了轻生念头。但由于长时间在塔上停留，老人腿部早已冻僵，不能动弹。为了保证老人的安全，张高华用身体托举老人，成功将老人转移至安全区域。

张高华先后参加了全省、全国消防队伍比武竞赛。为了提高成绩，他用嘴叼一盘水带、手拿一盘水带的方法来练习负重登楼科目，最终取得全省负重登10楼科目第一名和全国首届“火焰蓝”比武竞赛“枪炮协同”操法第六名的好成绩。

因备战比武和疫情防控，他两年内三次推迟婚期，但未婚妻没有抱怨，而是告诉他：“你守大家，我守小家，爸妈你别担心，有我在，我们都理解你，疫情过后，我等着你来娶我。”张高华把这份期盼隐藏在内心深处，始终坚守在执勤战备的第一线。

（黑龙江省文明办供稿）

伊立波

小学校长扎根乡村二十余年 爱岗敬业推进教育优质发展

敬业奉献

人物故事 THE STORY

伊立波，男，1978年生，中共党员，黑龙江省海伦市永和镇中心小学校长，中国教育学会会员。

他组织开发《小学生剪纸》《短道速滑》《走进植物的世界》等特色校本教材，主持创建了名师工作室，推进教育优质发展。学校创编的校报《曙光》在第四届“梓桐杯”全国优秀校报校刊评选中，荣获“学校报刊建设特别奖”和“综合项金奖”，他被授予“校内报刊建设校长特别奖”。

他主持国家级课题《农村小学信息技术与学科课程教学深度融合的途径研究》，主持省级课题《学生语文素养提升策略研究》《“双减”背景下农村小学劳动教育的创新实践研究》，参与的《以课题研究为引领的深度教研校本范式的实践研究》荣获黑龙江省第三届基础教育教学成果奖，推动科研兴校。

他大力倡导学生阅读，常态化开展“培养阅读习惯·创建书香校园”系列读书活动；利用乡村学校劳动实践基地资源，开展劳动教育，真正达到了以劳育德、以劳增智、以劳健体、以劳筑美的效果；学校每年都要举办“留守儿童生日会”，建立关爱和资助困难学生的行动机制，促进学生全面发展。

“落红不是无情物，化作春泥更护花。”25年风雨沧桑，伊立波始终坚守乡村教育这片沃土，把青春和精力全部倾注在乡村教育的发展和振兴之上。

（黑龙江省文明办供稿）

徐振理

退役老兵坚守初心38年 踏访千山万水为英烈寻亲

人物故事 THE STORY

徐振理，男，1961年生，中共党员，江苏省盐城市滨海县新四军研究会会长。

盐城滨海县是革命老区、红色热土，在这片土地上留下了无数先烈的英灵。1983年，徐振理从部队退伍后在滨海县天场镇负责革命烈士证书换发、补发及抚恤金发放等工作，经常参加优抚、双拥和烈士慰问等活动。工作中的所见所闻，让徐振理从心底燃起强烈的使命感，他主动扛起了为烈士寻找亲人、传承乡野红色基因的责任，一干就是38年。

38年来，徐振理累计协助11位烈士补发证书，为122位烈士修墓立碑，为169位烈士找到亲人，协助2位新四军老兵补颁抗战胜利70周年纪念章，主动协调相关部门为121位烈军残复人员修建新房300多间，为10位复员军人遗孀办理生活补助，7次登上央视《等着我》节目，为英烈寻亲。

在帮烈士及其亲人寻亲的同时，徐振理还推动筹建了滨海红色文化纪念馆，并义务讲解，服务3万余人次。他还把红色课堂、党史课堂搬到革命遗址、搬到宋公堤上，引导大家汲取强大精神力量，传承红色基因。目前滨海县级文物保护单位19处，仅徐振理挖掘的就有7处，其中6处被列为红色文物。

万水千山寻英烈，一片丹心铸军魂。38年来，徐振理足迹遍布大半个中国，他跨越千山万水，为英烈寻找部队、战友、家乡、亲人、墓地，并且一直在继续。

（江苏省文明办供稿）

邱明辉

用弧光焊花助力智能制造的焊接大师

人物故事 THE STORY

邱明辉，男，1979年生，中共党员，中建钢构江苏有限公司焊培中心主任。

1996年，邱明辉开始了他的焊接生涯。经过多年努力，他从一名普通的焊工脱颖而出，先后获得欧标、美标、澳标焊工资质，成为公司首席焊接操作师。2014年，邱明辉代表中国建筑公司参加"嘉克杯"国际焊工技能大赛，在292名选手中勇夺第13名，为参赛中国选手第一名。

2015年，邱明辉蓝领创新工作室挂牌成立，他带领团队研发的"便捷式迷你型弧焊机器人"开创了国内机器人超高层焊接的先河，他还指导和帮助3000余名焊接作业人员通过焊工取证考试，带动了一大批蓝领产业工人转型，培养了全国技术能手、全国五一劳动奖章等荣誉获得者5人。

坚守焊接岗位一线25年，邱明辉敢于攻坚克难，勇攀技术高峰，参与制造项目300多个，完成专利17项，多次临危受命支援重大项目，圆满完成了深圳国际会展中心、阿尔及利亚大清真寺等一系列"高、大、新"项目的复杂钢结构制造任务，是同事和同行眼中的建筑"钢铁侠"。

（江苏省文明办供稿）

朱　永

乡村美术教师扎根基层38年让儿童画走向世界

人物故事 THE STORY

朱永，男，1964年生，中共党员，江苏省徐州市睢宁县王集镇王集中心小学教师。

1983年，朱永拿出自己的工资自制教具、自建棚屋、自筹画纸颜料，在王集中心小学成立了美术兴趣小组，教授孩子画画。他用儿童画架起乡村教师和教育家的桥梁，探索创新童画技巧，让画作形式更加丰富，成立工作室，辅导一批批年轻教师成长。2000年后，他又借徐州汉画像石拓片的特点，进行儿童吹塑版画绘制与创作。2014年，"朱永名师工作室"挂牌，几年间他先后做了百余场中小学美术教学讲座，足迹遍布睢宁每一所中小学。从"朱永名师工作室——乡村美术教师培育站"，走出了3名副高职称教师、20余名中级职称教师。2016年，他根据儿童年龄不同的特点，编写了一套适应小学低、中、高年级段的儿童绘画教材：《你说我画》《画里有话》《我写我画》。他主持的"画育童心——睢宁儿童画60年的探索实践"，获得了江苏省基础教育教学成果奖特等奖。

他用儿童画架起了中国与世界的桥梁，他辅导的儿童画先后有1600余幅在国际获奖，其中金奖165枚、银奖432枚。吹塑版画《我们爱和平》获得由联合国主办的"艺术促进和平"儿童绘画大赛第二名，被陈列在联合国大厦。30余年来，朱永教过的学生数以万计，辅导过的学画儿童超过2000人，近200名孩子考入艺术院校。

（江苏省文明办供稿）

蒋晓美

办好幼儿园　造福千万家的好园长

敬业奉献

人物故事 THE STORY

蒋晓美，女，1970 年生，中共党员，江苏省常州市武进区机关幼儿园园长、党支部书记。

2003 年，蒋晓美临危受命，担任武进机关幼儿园园长。当时的机关幼儿园地理位置不佳、设施设备陈旧落后，生源短缺。为了让幼儿园“活下来”，从踏上工作岗位那天开始，她就开始了没有休息日的生活，每天从早上 6 点到晚上 6 点都泡在幼儿园，从最寻常的事情开始“立规范、活机制”，大到园所发展定位、办园愿景、课程建设，小到幼儿点心的温度、给孩子梳头的梳子消毒等细节，点点滴滴均立足“服务儿童发展”的核心理念。

事业刚有起色，2008 年，机关幼儿园易地整体搬迁。如何让机幼在陌生之地迅速打响品牌？蒋晓美变着法子“折腾”。她从“研究儿童、建构课程、推进实施”三方面入手，让机幼课程从 1.0 版的“三位课程”、2.0 版的“自然课程”向 3.0 版的“一树课程”不断进化。她还组织教师开展各类对内对外的学习培训、观摩研讨活动，鞭策老师提升专业高度，机关幼儿园在江苏省幼儿园教师教学活动中获评第一名，数百名教师在各级各类比赛中斩获桂冠。

蒋晓美工作近 30 年，担任园长 10 余年，办园 13 座。13 座省优质幼儿园如天女散花般遍布武进区，成为武进学前教育优质公平均衡发展的标杆，备受市民赞誉和欢迎。

（江苏省文明办供稿）

余雄富

回乡治理乡村　实现产业振兴

人物故事 THE STORY

余雄富，男，1969 年生，中共党员，浙江省衢州市开化县大溪边乡上安村村民。

余雄富早年在外创业，开过饭店、卖过茶叶，2001 年的时候，通过销售开化龙顶名茶，年收入就有 15 万元。余雄富觉得不能光顾着自己赚钱，也应该帮助身边的人一起发家致富，于是在 2008 年，他放下已经顺风顺水的茶叶生意，回到了村里。

余雄富发现村庄土地非常适合旱粮作物生长。2015 年，余雄富带领村民首次在上安村梯田试种了 240 亩红高粱，收割酿酒后，产品一售而空。2017 年全村 500 亩梯田全部种上红高粱，年产红高粱酒 100 余吨，年销售产值达 500 多万元，村民 380 人人均增收 12000 元。

在上安村示范带动下，大溪边乡红高粱种植面积达到了 3700 亩，所有适合坡耕梯田的地方都种上了红高粱，成了全省连片种植面积最大的红高粱产业基地，带动村民 6800 余人人均增收 4600 元，12 个村集体经营性收入超 200 万元。2019 年 12 月，以上安村为核心，大溪边乡被浙江省正式批准创建红高粱省级特色农业强镇。2020 年 5 月，牵头全乡 12 个村创办全县首家乡镇级集体经济联营公司——开化六都集体经济发展有限公司，实现“国企 + 村集体 + 农户”三方共赢。

通过余雄富以及村“两委”的共同努力，上安村获得了“浙江省乡村振兴科技示范基地”“浙江省美丽乡村精品村”等诸多荣誉。

（浙江省文明办供稿）

茹仲明

山村仁医驻守高山村 无怨无悔守护村民健康21年

人物故事 THE STORY

茹仲明，男，1977年生，中共党员，浙江省慈溪市匡堰镇岗墩村社区卫生服务站医生。

2002年12月，25岁的茹仲明告别妻子和刚出生的女儿，背着药箱上了慈溪第一高山村——海拔446米的岗墩村。岗墩村距离山脚约8公里，到匡堰镇中心约10公里，从前因为山路崎岖、交通不便，村医一职几乎无人问津，村民吃够了缺医少药的苦。茹仲明本可以有更好的职业选择，但他25岁就选择了来到山村从医，一驻扎就已21年。

岗墩村常住人口有300多人，其中老年人占半数以上。只要村民有需要，不管山路多么崎岖，不管天气多么恶劣，不管是凌晨还是黑夜，他都会迈着坚实的步伐上门为村民服务。全村有多少高血压、糖尿病等慢性病患者，他们住在哪里、吃的什么药、病情控制得怎么样，都了然于心，时刻记挂着。为村民建立健康档案，每月两次上门为慢性病患者做检查，仅仅是他来到岗墩当村医的6000多个日夜里，最平常不过的工作内容之一。

岗墩村社区卫生服务站"麻雀虽小、五脏俱全"，在这个微型医院里，茹仲明既是坐堂医生，也是护士，更是村民心目中可亲可敬的"健康卫士"。"只要我身体吃得消，我还是会在这里的，当好驻村医生既是工作需要，也是职责所在。现在，我的孩子对医学也很感兴趣，希望他长大后也能成为一名光荣的乡村医生。"茹仲明说。

（浙江省文明办供稿）

桂中华

扎根乡村二十余载 默默奉献潜心育人

人物故事 THE STORY

桂中华，男，1979年生，中共党员，安徽省马鞍山市濮塘学校党支部书记、校长。

2000年，桂中华来到离市区20公里、学生数不足100人的乡村学校——马鞍山市第十九中学任教，每天往返40公里，穿梭在市区的家和乡村的学校之间，一教就是21年。

他把自己的热血和青春献给了农村教育事业，静心教书，潜心育人。他既做学生良师，又做学生的益友，经常和他们谈心，给予他们学习方法指导、心理疏导和物质上的鼓励；他坚持家访到每一个孩子，了解他们的家庭、生活，每次到家已是晚上8点多；他把爱心倾向学困生、贫困生、问题生，使每个学生健康成长、全面发展；他鼓励孩子勇于展示自我，积极参加省、市、区级各类比赛，荣获奖项100余人次，其中一人荣获省级演讲比赛一等奖。

身处艰苦环境，他心无旁骛钻研教学业务，他的思政课是马鞍山市思想道德建设特色品牌。他两次获得全国优质课比赛一等奖，在安徽省首届青年教师教育教学技能大赛中荣获一等奖。他参与编撰地方教材、学术著作约6万字。

随着荣誉而来的是市区学校和机关单位的邀请，他放弃了无数次离开的机会。2009年，他的岳父因为车祸过世，儿子查出患有罕见的先天性疾病，身体里各个关节长满了骨瘤。爱人哭着让他调回市区，出于对学生们的责任，他最终在家人的埋怨声中选择了坚守。

（安徽省文明办供稿）

张建明　徐晓婵

带着孩子驻村行医 做云端上的健康守护者

敬业奉献

人物故事 THE STORY

张建明，男，1985年生，中共党员，安徽医科大学第二附属医院心血管科主治医师；徐晓婵，女，1985年生，安徽中医药大学第二附属医院急诊科主治医师。

2019年7月，二人响应省委及省卫健委“百医驻村”行动，报名成为黄山市休宁县璜尖乡徐家村、清溪村驻村医生。为了能全身心投入工作，夫妇二人将女儿小语转学到璜尖小学，从此一家三口开始了为期两年的驻村工作。

徐晓婵分管清溪村，张建明分管徐家村，两个村子均属高海拔山区，村民组分散在十余公里的范围内，村民平常生病都是“小病靠拖、大病靠扛”。二人到村后，立马投入了工作，门诊看诊、上门随访、集中体检，全面了解村民的身体状况。在700多个驻村行医的日子里，他们从无到有建立起标准化的村卫生室，定期开展健康宣传教育，为当地年轻医生开展培训。

为解决村民因居住分散取药看病难的问题，夫妇二人又固定在每周三、周五下午开着自己的车，带着药品，到边远村民组巡回接诊或随访。此举让村民十分感动，亲切地把他们的车子称为“移动卫生室”。近两年时间，徐晓婵、张建明出车巡诊一百六十多次，出诊诊疗上千人次。

2020年春节，新冠疫情暴发，他们果断放弃休假返回村中，连续57天没有休息。2021年，他们依然选择坚守岗位，就地过年，守护村民。

“我在这里安过家，我就是这里的人。”这是徐晓婵医生一直念在心里的话。（安徽省文明办供稿）

孙丽美

村支书一心为公　身影永留山乡

敬业奉献

人物故事 THE STORY

孙丽美，女，1977年生，生前系福建省宁德市霞浦县松山街道古县村党支部书记。

2021年8月6日，受第9号台风“卢碧”影响，霞浦县普降大雨。孙丽美在对村中水利设施和危险低洼地段进行第二轮巡查时，发现村后自然村水泥桥涵洞被毛竹、杂草、泥沙等杂物堵塞，金沙溪水位暴涨，岸边的部分农田已被冲毁。

在孙丽美的带领下，大家踩在水泥桥的墩子上清理淤积物。突然，孙丽美在拽拉杂草时被湍急的水流卷进涵洞，其他人立马去拉住她的手，但涵洞里水流吸力太大，加之水草缠绕，一时无法将孙丽美救上岸，不久后孙丽美被水流卷走。霞浦县、乡两级立即组织300多人进行搜救，当天21时许，孙丽美的遗体在下游处被找到，但她的生命永远定格在了44岁。

2018年7月，孙丽美高票当选村党支部书记。三年来，在村里的基础设施建设、困难党员慰问、公益性岗位评定等大大小小的事务上，孙丽美坚持公平公正。三年来，孙丽美一直把村里的党群活动服务中心当成自己的家，群众办事“随到随办”。三年后，村里基础设施越来越好，村民人均年收入从1.8万元增长到了2.4万元。

群众的“阿美书记”走了，作为一名基层干部，她用血肉之躯与实际行动践行了共产党员的初心和誓言。

（福建省委文明办供稿）

袁长明 刘招娣

两夫妻“一条腿” 奋斗幸福路

人物 THE STORY 故事

袁长明，男，1973年生；刘招娣，女，1978年生，袁长明妻子；二人均为江西省赣州市信丰县大桥竹林村村民。

1992年，袁长明在外务工时左腿不幸卷入搅拌机，后被截肢。1997年，他与因脊髓灰质炎导致双腿行动不便的刘招娣结婚。2014年，袁长明家被列为建档立卡贫困户，在此以前，一家收入不足3000元，在党和政府的关心帮助下，袁长明夫妇回到家乡，种植脐橙、花生、玉米、番薯等农作物。2019年，夫妻二人通过自己勤劳的双手成功脱贫“摘帽”。

正当生活明显改善时，妻子刘招娣出了车祸，唯一能行动的右腿骨折，完全失去劳动能力，但他们依然笑着坦然面对。袁长明每天借助3斤重的拐杖辅助行走，和常人一样肩挑手提、上山下地，每次干农活都比别人多用2倍时间。

2018年，袁长明儿子无意中在抖音平台上传了一段袁长明在山上割草的视频，得到了几百余人点赞。于是，袁长明注册了抖音账号，用短视频记录生活，分享农村生活。如今，他的粉丝达到7.2万人，点赞量达到132万，他还通过平台销售自家的“励志脐橙”，帮助周边群众销售农特产品。他说未来将尽己所能，通过电商平台帮助乡亲父老卖土特产品，以回报社会的方式，感恩党，感恩政府，感恩那些曾经帮过自己的人……

一根拐杖，一把轮椅，两个人“一条腿”，夫妻二人身残志坚、勤劳正直、自强不息的故事在当地成为佳话，传递着满满的正能量。

（江西省文明办供稿）

孙兼军

三十余载行医零差错 “一只手”演绎奋斗人生

敬业奉献

人物 THE STORY 故事

孙兼军，男，1962年生，中共党员，江西省赣州市于都县梓山镇潭头村村民。

1976年，因为一次意外，孙兼军左手腕部以下被切除，从此就只有一只手。1985年，孙兼军经县卫生学校的专业培训正式成为村里的卫生员。因为只有一只手，孙兼军从医初始遇到的困难比常人多出不少。于是，他日复一日、年复一年地练习，最终突破了抽药水和实施注射的“固定难”“着力难”瓶颈。

村医工作的任何差池都有可能导致病人或村民的健康出问题。少年伤残的孙兼军深谙此理，在日常工作中，孙兼军总是严守服务操作规程，细上加细，慎之又慎；对卫生室处理不了的疾病及时转诊不拖延，对没有十足把握的疾病坚持会诊不蛮干。从医三十多年来，孙兼军从未发生医疗和公共卫生质量事故，实现了医疗卫生服务零差错、医疗纠纷事故零发生。

面对一些家境贫困的伤病人，孙兼军从不催收医药费，反而还尽力接济他们。梓山镇长口村村民赖大姐几年前因患脑梗死后遗症，生活不能自理，在孙兼军调理后渐渐恢复了生活自理能力。得知老人境况不好，孙兼军便将前后2000多元的医药费账单付之一炬。孙兼军还经常从药房中抓一些中草药，赠送给部分患慢性病、体质虚弱的村民煎服。

作为一名残疾人，孙兼军凭着一只手坚守乡村医生岗位30余载，以当好村民健康的守门人的使命担当诠释着身残志坚、不屈奋斗的要义。

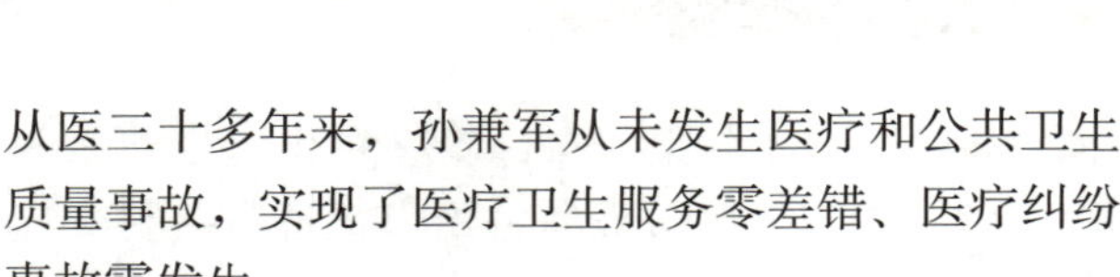

（江西省文明办供稿）

陈召江
一心为“大家”的“超能管家”

人物 THE STORY 故事

陈召江，男，1978年生，中共党员。山东省威海市高新区怡园街道金盛花园小区业主委员会主任。

2016年10月，负责金盛花园小区的物业公司因经营不善而倒闭。一时间，小区环境如脱缰野马完全失控，垃圾横飞，遍地野草，18个楼宇门坏了11个，小区围栏破烂不堪，广大业主诉求强烈。这时，陈召江挺身而出，免费修缮了11个坏的楼宇门和多处破损围栏。小区里四处横飞的垃圾渐渐消失了、黑灯瞎火的地下车库亮起来了、人行通道亭角不再被剐蹭、遛弯散步的老人们有了歇脚的地方。

陈召江以高票当选业委会主任后，把大部分精力都花在了小区和居民身上。组织业委会和物业公司走访居民、定期召开碰头会，把“等问题”变成“找问题”，把工作做到前面，屡屡给居民们惊喜。他利用业主微信群，将小区新建、改造项目等每一个新变化和居民们参与的志愿服务活动都在群里“晒”，增加透明度，提高居民信任感。

在陈召江的影响下，妻子梁江丽也成为和他并肩作战的亲密战友，成为小区网格协管员。疫情期间，他们夫妻二人成为防疫一线少有的“夫妻档”，为小区业主付出了诸多的心血和汗水。

陈召江女儿在日记里写道：“爸爸，这个世界的平安与美好，就是需要每一个人都能多付出一点。而你，其实一直在这样做。我渴望成为和你一样的人，心有明光，无问西东。”

（山东省文明办供稿）

王变变
乡村女教师带领全家救活仅剩6名学生的村小学

人物 THE STORY 故事

王变变，女，1986年生，中共党员，河南省禹州市花石镇观音堂小学校长。

2016年，王变变临危受命，接任观音堂小学校长，当时，学校仅剩2名教师、6名学生。为实现农村孩子家门口上学的愿望，王变变带领全家踏上了振兴学校的征程。学校生源少，王变变动员亲戚朋友把孩子送来上学。教师人手不足，王变变除了兼授多年级多门课程，还动员已经退休的婆婆马彩峰到校义务任教。王变变的丈夫靳远统在禹州市花石镇中心学校任教，他经常抽出时间到观音堂小学帮忙授课，2017年，他干脆主动要求调过来支教。硬件条件差，王变变和教师们利用周末刷漆、架线、安装水管、墙体绘画，能自己干的坚决不花钱请人干。她的公公投入40多万元为她夫妻俩盖的两层婚房，也被她免费提供给特岗教师和支教大学生居住，自己却一天也没有住过。

通过4年的努力，观音堂小学的学生人数由6人增加到248人，学校也从教学点升格为完全小学，成为远近闻名的特色学校。“当校长确实不容易，有时候会感觉很累，但看到学校和孩子们有了进步，我又感到很幸福。今后，我会继续努力，为农村基层教育作出更大贡献。”王变变说。

（河南省文明办供稿）

王文艮

独臂村医坚守乡村三十余载
乡村路上最美的“平凡星”

人物故事 THE STORY

王文艮，男，1964年生，中共党员，湖北省随州市随县厉山镇东方村村医。

1988年，王文艮复员转业，放弃了留在城镇工作的机会，毅然选择回到家乡成为一名村医。1995年，王文艮因患骨癌被截去右臂，无法正常行医，他也曾心灰意冷想放弃，但面对村民的信任和期待，他拾取信心重返岗位。为了完成一只手注射的动作，王文艮在自己身上做试验。一针、两针……一天、两天……一个多月后，他能熟练地用左手扎针了。同时，还慢慢学会了用左手骑自行车。自此，“独臂医生”的身影，成为十里八乡一道特有的风景。

每次出诊完，王文艮都会把自己随身携带的三个健康管理本填完整，帮村民默默地记录着健康档案，记录哪家的病人该什么时候随诊，哪家的小孩预防针要打了，还记下一些乡亲急需解决的难题。

他的手机里存着1188位村民的电话，无论白天黑夜，一个电话，他就会第一时间赶到村民家中，守护着一方百姓的健康。王文艮说：“一个电话很可能是与生命赛跑，自己跑快一点或许就能救人一命。”

从医33年，王文艮靠着一只左臂、一辆自行车、一个医药箱，守护着方圆14平方公里、800多户、3000多名乡亲的健康，被称为随叫随到的“120”。

（湖北省文明办供稿）

许文志

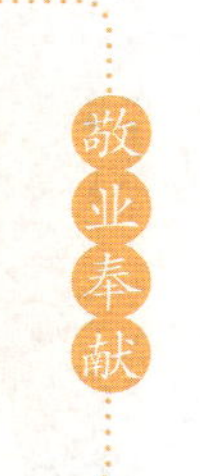

一腔热血献军工　一颗红心报祖国

人物故事 THE STORY

许文志，男，1971年生，中共党员，中国人民解放军第三三〇三工厂副总工程师。

2010年，许文志主持了极具技术难度的某工程技术保障装备研制项目，此项目时间紧迫，任务繁重，面临前所未有的挑战。凭着一股不畏难、不服输的韧劲，从方案评审到产品鉴定的每一个节点，他都坚持身体力行，挑灯夜战更是家常便饭。

2015年，在右手骨折的情况下，他缠着绷带、忍着疼痛，将自己埋进繁杂的图纸和数据中，没有丝毫懈怠。半年时间内，他凭借坚强的意志和顽强的精神，带伤完成了七型车方案设计、评审，样机试改造、试验及鉴定等工作，保证了70台车的改造和9台车的生产顺利进行。

许文志同志除了一如既往地投入技术工作，还耐心地关注后辈的成长。经他指导培养的技术员有10多名同志成为主任或主管工程师，多名同志走上领导岗位，为三三〇三工厂和装备保障事业输送了一批骨干人才。

20多年来，许文志用永不服输的毅力和执着军工事业的热情树立了军工人的形象。他不变的追求和丰硕的业绩也激励着三三〇三工厂一大批同事和后辈奉献军工，担负起光荣的“强军兴装”使命。

（湖北省文明办供稿）

蒋建荣

舍小家顾大家 税务干部扎根基层 25 年

敬业奉献

人物故事 THE STORY

蒋建荣，男，1977 年生，中共党员，现任国家税务总局永州市零陵区税务局南津渡税务所所长。

从 1997 年参加工作至今，蒋建荣扎根基层税务一线 25 年，身影遍布零陵区所有乡镇街道。蒋建荣平时喜欢钻研税收法规知识，精进税收执法本领，并且学以致用。过去个体经营房产税面临“征管难”问题，他一家一家下管户、走企业，并画下店面位置草图，建立台账，让每一个门面都进入电子地图。后来，他总结出来的私人出租房产税电子地图网格化登记的管理模式得到推广和应用，极大解决了全区个体经营房产税征管“瓶颈”问题。

在漫长的“税月”中，蒋建荣用爱岗与敬业、创新与担当、忠诚与奉献践行着崇法守纪、忠诚担当、兴税强国的税务精神。在日常工作中，蒋建荣总是勇挑重担，苦干实干，确保工作保质保量按时完成；在工作与家庭发生冲突时，他舍小家顾大家，任劳任怨地完成工作；在为纳税人服务时，他尽心尽力无私奉献，为税务系统争光，被广大群众亲切地称为“最美税务干部”。

“在奔忙中求得充实，在奉献中取得进步。”这就是蒋建荣对人生的理解，他用自己的行动续写着最美税务人的故事，在平凡的岗位上演绎着精彩的人生华章。

（湖南省文明办供稿）

巩志根

甘当中国铀矿业的“拓荒牛”

人物故事 THE STORY

巩志根，男，1933 年生，中共党员，293 大队原总工程师、科技委主任、高级工程师。

巩志根是与新中国共成长的一代杰出代表，为中国核工业发展奉献青春与智慧。1957 年大学毕业后，他积极响应党的号召，为新中国找铀，助力祖国核工业发展。巩志根来到广东韶关后，一待就是 30 多年。他克服条件艰苦、环境恶劣等困难，为我国第一个花岗岩型铀矿田——下庄矿田的建设立下了汗马功劳，新中国第一颗原子弹的燃料有三分之二来源于此。

巩志根负责坑道编录工作，为了跟上坑道掘进的进度，他不分昼夜进坑道编录。晚上困了，就睡在矿石堆上，醒来继续编录。坑道经常进行爆破作业，为了抢时间，往往坑道浓烟还未散去，巩志根就走进坑道，把个人安危置之度外。铀是有放射性的矿物质，长期与铀矿打交道使他的白血球降低至 2000/ 毫升左右，医生建议他休息或者远离一线铀矿，但他仍继续奋战在铀矿一线，直到后来上级领导把他调回研究室。

在巩志根的职业生涯中，曾主持揭露勘探过 1 个大型铀矿床、1 个中型铀矿床和 1 个小型铀矿床，发现评测过若干个地区和矿点，为探索、落实中国花岗岩型铀矿化作出了积极贡献。

（广东省文明办供稿）

黎贤花

女干部扎根乡村27载 带领乡亲共致富

人物 THE STORY 故事

黎贤花，女，1968年生，中共党员，广东省肇庆市广宁县古水镇什洞村党支部书记、村委会主任。

一直以来，黎贤花着力培养优秀后备干部，推动村"两委"干部队伍年轻化、知识化，推动党的组织全覆盖。在乡村全面振兴工作上，她向村民深情讲述农村人居环境整治的重要性，发动他们筹集资金、投工投劳，推动"三清三拆"及污水处理设施、集中供水等工程建设，农村环境面貌焕然一新。她还是村民心中的"贴心妈妈"，巧用村委会办公楼设立留守儿童驿站，筹集善款50多万元建设希望小学等。

黎贤花时刻以带动群众增收致富为己任，她带领党员群众奋战在田间地头，盘活撂荒地，引入种植夜香兰，实施了280亩茶杆竹项目和肉猪养殖项目，大力打造茶杆竹、速生丰产林、蜜蜂养殖等特色农业品牌，为农产品保质增效、拓宽销售渠道东奔西走。目前，什洞村集体经济每年收入15.2万元，人均收入从2008年的4800多元增至2021年的1.99万元，增长了314%。

黎贤花永葆入党初心，27载如一日奉献于民、服务于民，用巧干、实干、争先干的汗水，浇开满地"幸福花"，结出整村"幸福果"，激励着每一个基层工作者。

（广东省文明办供稿）

郑家宁

"反腐斗士"战斗到生命最后一刻

人物 THE STORY 故事

郑家宁，男，1970年生，中共党员，生前系海南省纪委监委案件监督管理室三处处长。

2021年1月28日，郑家宁因工作过度劳累，突发心源性心脏病，经抢救无效不幸去世，年仅51岁。

2021年1月，海南省纪委监委新建办案场所即将投入使用，郑家宁在办公室与工程现场来回奔波已是常态。1月28日，他上午完成审核文件工作后，下午便与海南省纪委监委案件监督管理室二处副处长朱建明等4人外出开展检查工作。当天回到办公室已经是晚上7点多，郑家宁仍然与同事们在办公室研究解决方案，随后他告别同事回家吃饭，并约定晚些时候再回来一起加班。谁也没有想到，这次的告别竟是永别。直到病倒前，郑家宁还在挂心工作的进展。"将近8点，我还给他打电话，告知工作情况。"朱建明记得，当时郑家宁在电话里长舒了一口气，表示要继续研究完善安全方面的细节工作。

郑家宁敢于动真碰硬，"打伞破网"绝不手软。"协助初查群众举报某农场场长等人贪污公款之线索，此案已移交农垦总局纪委进行查处……"这是郑家宁写在1994年的一段文字。从那时开始，郑家宁一直奋战在反腐败第一线。郑家宁在海南省人民检察院共参与职务犯罪案件初查49件，参与职务犯罪案件侦办107件；2018年至今，郑家宁在省纪委监委共参与初核问题线索13件，参与查办违纪违法案件6件。

（海南省文明办供稿）

何　巧

“贴心巧姐”自学手语 用爱架起听障群众“连心桥”

人物故事 THE STORY

何巧，女，1984年生，中共党员，重庆市公安局沙坪坝区分局磁器口派出所民警。

沙坪坝区磁器口街道磁建村社区，集中安置着原重庆市高压开关厂的161名听障工人。2014年，何巧到磁建村担任社区民警，为了方便和听障群众沟通，她报名参加重庆师范大学手语培训班，主动找社区听障群众拜师学艺，逐渐能用手语与听障群众交谈。

听障群众因文化水平有限，无法用文字顺畅交流，6年间，何巧先后创建“巧姐无声警务室”、开设“巧姐微课堂”、成立“无声义务巡逻队”，热情地为他们排忧解难。

新冠疫情防控期间，她手绘防疫知识图解、自费为听障群众购买防疫物资；关注听障群众心理健康问题，她设立“巧姐无声微课堂”，组建“无声义务巡逻队”；保障听障群众合法权益，她创建“巧姐无声警务室”义务宣传相关法律法规……

7年来，何巧共参与调解130余起涉及听障群众的矛盾纠纷，成功率高达100%，为他们排忧解难240余件（次），辖区群众安全感、满意度始终保持在96%以上，她被群众亲切地称为“贴心巧姐”。何巧用爱架起听障群众“连心桥”，暖心之举就像一团火，温暖他人也照亮整个社区。

（重庆市文明办供稿）

彭小兵

退伍不褪色　不忘初心扎根基层作奉献

人物故事 THE STORY

彭小兵，男，1968年生，重庆市武隆区凤山街道红豆社区党总支书记。

2019年，彭小兵来到红豆社区任党总支书记。社区属于典型老旧社区，没有物业管理，居民满意度低，工作难度极大。上任后，他便迅速投入社区6栋D级危房的排查工作，动员居民撤离，配合建设单位在短时间内完成危房改造工程。

为全面提升住房安全性和舒适性，彭小兵带领居民积极参与城市治理和文明城区创建活动，开展高危坡卫生清理工作，协调交巡警部门定点治理白笋溪街车辆乱停现象，全面整治辖区内2.8公里蜘蛛网般的通信、电力线路乱象。

为更好地服务社区群众，彭小兵先后组建起法律志愿服务队、医养志愿服务队、退役军人护渔队3支志愿服务队伍。

2020年初，新冠疫情暴发。患上严重尿结石的彭小兵，7次住院、5次手术，每次做完手术伤口还没愈合，他又忍着疼、揣上药直奔抗疫一线，确保了社区“零感染”。

彭小兵常说，没有党组织培养，就没有他的今天。近年来，他3次交纳特殊党费共12430元帮扶残疾、困难群众。在彭小兵的带领下，红豆社区面貌发生翻天覆地的变化，居民满意度也越来越高。

（重庆市文明办供稿）

史纯清

电力工人守护万家灯火二十余年

人物 THE STORY 故事

史纯清，男，1972年生，中共党员，贵州电网有限责任公司都匀供电局高压电气试验作业师。

史纯清扎根基层班组29年，对所从事的职业有着“严、勤、细、实”的执着，在平凡的岗位上练就了一身过硬的本领，每当遇到大型电网技术改造或技术难题时，他都主动带领团队攻克难关。

他通过“观察外表、听声嗅味、查询详情、测试数据”总结研究出一套实用的工作方法，为企业解决生产难题90多项，及时消除多起重大设备故障，有力确保了电网安全稳定运行，成为中国南方电网公司高级技能专家，被行内人称为“电力医生”。

他创办“史纯清劳模创新工作室”，通过创新“种子”项目、工作室“升星”计划、对点帮扶培训服务等措施，把新的电网技术、新的工作方法和思维带到基层班组，培养输送高压试验技能人才132名、技术技能创新骨干50名、高级技师9名、技师21名、工程师6名。他带队研发“变压器直流电阻快速测试方法”等创新成果20多项，获奖40余次，获得国家专利60余项，显著提升了电网运维水平，使贵州南部500千伏重要枢纽站及58座110千伏及以上变电站设备，连续29年实现重大故障零纪录。

（贵州省文明办供稿）

普玉忠

党支部书记边境线上坚守国门带领群众脱贫致富

人物 THE STORY 故事

普玉忠，男，哈尼族，1964年生，中共党员，云南省红河哈尼族彝族自治州金平县隔界村党支部书记。

说起普玉忠，他是当地群众心中的“战斗英雄”。那是1988年6月6日的傍晚，收工回家的普玉忠遇到一名放牛娃说，在附近山上发现有敌人。作为民兵班班长的他召集民兵进行围剿，击毙过境敌特1名，伤敌3名。

普玉忠自2007年担任中越60号至63号界碑段外事界务员以来，就把家建在了附近。两个界碑之间的边境线长约13公里，每次巡界花费3个多小时，他平均每月全线巡查1次。13年来，普玉忠累计巡边4000多公里。

曾经的隔界村旧址在10多公里外的半山上，群众生活一穷二白。1996年，初任小组长的普玉忠提出了村子整体搬迁的想法，但遭到全村人的反对。但普玉忠没有放弃，从1996年到2003年连续7年做动员工作，最终打消了大家的顾虑。2003年，全村搬到现址。他带领群众架设饮水管道，搬运水泥砂石、电杆，架通水电，挖通进村道路。2005年，国家实施了安居工程，全村的住房得到了改善。普玉忠发现当地土壤适合种植西贡蕉，便带头组织起了村里第一批西贡蕉种植户。2013年，香蕉巴拿马病开始蔓延，产量下降。普玉忠经过多方奔走考察后带着村民转型种植甘蔗、木薯、黑姜等经济作物。如今，村民人均纯收入突破万元大关，已实现全部脱贫。

（云南省文明办供稿）

张永斌

退役军人致力乡村建设 带领群众脱贫致富

敬业奉献

人物故事 THE STORY

张永斌，男，壮族，1964年生，中共党员，云南省红河哈尼族彝族自治州弥勒市东山镇铺龙村原党总支书记、村委会主任。

铺龙村是弥勒市较为偏远的村庄，原来交通闭塞，老百姓生活条件较差。退役后的张永斌初到铺龙村，他思考最多的就是如何抓产业。2011年，张永斌到石屏县考察，带回500株火龙果苗到铺龙村试种。这里地处南盘江河谷地带，适宜火龙果的生长，第二年就获得丰收。为解决销路问题，张永斌多次往返于弥勒、铺龙、东山三地，最终签订了协议，解决了产品的销路问题。经过10年的发展，2020年铺龙村火龙果产业产值达到245万元。

脱贫攻坚战打响以来，张永斌与村组干部、工作组深入开展村情贫情分析，与群众面对面交流，切实做到“户户清”。2020年底，铺龙党总支实现了全部人口脱贫，贫困发生率降到了0%。他说：“做群众工作，要以教育感化为主，先弄清楚群众的痛点在哪，再对症下药。”

张永斌在基层工作了近30年，常常熬夜加班。电话24小时开机，哪家有事情必亲自到场处理。2020年9月，张永斌被确诊为肝癌，即便在医院接受治疗，他也不忘及时跟进督促各项工作的落实。2021年3月28日，张永斌因肝癌医治无效，在医院辞世，终年56岁。

零落成泥，芳香如故。张永斌几十年如一日地坚守初心，始终践行一名优秀共产党员的使命和信仰，直至为党的事业燃尽生命之光。

（云南省文明办供稿）

何祥博

扎根大秦岭　甘当熊猫守护者

人物故事 THE STORY

何祥博，男，1977年生，中共党员，陕西省汉中市佛坪国家级自然保护区管理局干部。

1997年，何祥博毕业后被分配到佛坪保护区基层保护站工作，只要一有机会，他就和其他工作人员或来保护站的科研人员去巡山，向他们请教植物、动物等方面的知识。渐渐地，他成长为野外巡护和专项调查的专业人员。2000年和2012年，何祥博均作为大熊猫调查专家参加全国大熊猫调查，足迹遍布陕西佛坪保护区沟沟坎坎和陕西大部分大熊猫自然保护区，渐渐成为一名野生动植物保护和大熊猫保护的“土”专家。

近年来，他先后主持科研课题33项，在核心期刊发表学术论文24篇，2次被清华大学环境学院和美国国家动物园保护与研究中心项目组邀请担任培训教员，逐渐成为佛坪保护区科学研究学术带头人。

在陕西佛坪国家级自然保护区工作从事大熊猫野外保护和科研工作的23年，他常年驻守秦岭深山，日复一日地从事野外巡护、大熊猫栖息地保护和管理、森林防火、社区共管等工作。野外工作也伴随着危险性，无论是巡山时的蹚冰河、涉水泊，还是翻山时的走陡坡、爬峭壁，都可能会遭遇意外，他也几次与死神擦肩而过，但他却说：“我喜欢大熊猫，喜欢探寻四季带给一草一木的变化，喜欢探寻每个生灵！”

（陕西省委文明办供稿）

王军鹏

二十年如一日　平凡岗位书写为民情怀的派出所好辅警

人物 THE STORY 故事

王军鹏，男，1981年生，中共党员，陕西省渭南市澄城县公安局寺前派出所四级辅警。

20多年来，他始终坚持“以群众满意为尺，向群众满意而行”的工作理念，创建“微信便民服务群”120余个，这些群已成为辖区宣传工作的“喊话器”、服务群众的“爱心桥”，为群众提供宣传、咨询、预约、代办、上门、邮寄等各类便民服务已超过五万次，他也被群众称为便民服务下高速运转的热心“老王”。他舍小家、顾大家，累倒在抗疫一线，但仍不顾医生的劝告、家人反对，坚守岗位，默默付出，曾连续工作45天，没有回过一次家，被群众称为抗疫战场上冲锋在前的暖心“老王”。

王军鹏借鉴新时代“枫桥经验”，成立“老王调解工作室”，在平凡的岗位上现身讲法，以案释法，用“百变魔法”化解着一起起复杂的纠纷案件。多年来，先后成功化解各类矛盾纠纷达千余起，让无数矛盾双方重归于好，握手言和，被群众称为矛盾化解上百变魔法的用心“老王”。他几年如一日地义务精心照顾81岁的孤寡老人和7岁的孤儿，给了他们无微不至的关心和关爱，在当地被传为佳话，被群众称为乐善好施心系群众的贴心“老王”。

哪里有困难，哪里有需要，哪里就有“老王”的身影，他总是将群众的事千方百计地办好，一句句亲切的“老王”就是人民群众对他最高的褒奖。

（陕西省委文明办供稿）

马小花

敬业奉献

老教师创新复式教学法为偏远农村提供优质教育

人物 THE STORY 故事

马小花，女，1966年生，中共党员，甘肃省兰州市七里河区七里河小学教师。

“研”是她开拓创新的法宝。当马小花怀揣教育梦想迈入农村校园时，迎接她的是三年级语文和一年级语文复式班教学。面对不同年级的教学任务，她不断努力探索研究，深入挖掘复式教学的潜在优势，将“同向式教学”改为“背向式教学”，排除了两个班上课时的互相干扰因素；将“同科搭配”改为“异科搭配式教学”，为新授课提供了时间保障；将“一动一静”改为“多动多静搭配式”，保证了教与学的互补。经过大胆尝试、反复实践，把复式教学推上了新的台阶。

“爱”是她开启教育智慧的钥匙。2016年新学期开学，马小花发现班里一名学生情绪紧张、性情大变，当得知孩子因突发性事件受到刺激得了抑郁症时，她选择把孩子留在身边，关注孩子的一举一动，课堂上倍加关爱，不时用眼神、微笑与孩子交流，直到学生打开了心扉。她和孩子之间诸如此类的故事不胜枚举。平日里，马小花不断钻研教材、研究教法、更新理念，收集书籍来充实自己。在马小花的心目中，教育是一块圣土，她在这块圣土上用笔墨耕耘，用语言播种，用汗水浇灌，用心血滋润。

（甘肃省文明办供稿）

刘振双

社区民警十多年如一日 尽心竭力为群众排忧解难

人物故事 THE STORY

刘振双，男，1968年生，中共党员，青海省西宁市城北公安分局三其派出所民警。刘振双扎根基层社区，将自己满腔热情和青春都灌溉在这片“责任田”里，任劳任怨，勤奋工作，被大家称为“社区的活档案”。

跑社区、做安防宣传、协调案子、管理辖区人口、调解邻里纠纷、解决群众困难……这是西宁市公安局城北分局三其派出所社区警务长刘振双每日的工作，在这个有着7900余户22000余名群众的社区里，他一干就是19年。2016年12月的冬天，刘振双到社区居民家中探访，了解到76岁的任大爷是低保户，带着两个孙子生活，加上自己年老多病，家庭十分困难。看到这些，刘振双悄悄到物业处把任大爷的1054元取暖费交了。2017年12月，刘振双再次来到老人家，送来米、面、油等生活用品，老人激动地攥紧他的手，泪如雨下。

顾得了大家，就顾不上小家。数不清有多少个节假日，刘振双答应陪伴妻儿，但每次都未能如愿。虽然繁忙的工作让他无法经常陪在妻子和孩子身边，但在妻子和孩子眼里，他是最勇敢、最有担当的丈夫和爸爸。刘振双曾于2016年身患肿瘤，做过两次切除手术，但他以钢铁般的意志一直坚守在工作岗位上。

刘振双没有豪言壮语，但他是人民群众心中“为民、务实、清廉”的好公仆，是助人于危困的好警察。

（青海省文明办供稿）

鄂海霞

林业职工扎根一线25年 守护绿色“生命线”

人物故事 THE STORY

鄂海霞，女，1971年生，中共党员，宁夏回族自治区石嘴山市大武口区林业技术推广服务中心党支部书记。

西北地区气候干旱、风大沙多，造林绿化土地大多为盐碱地、石质荒山等非常恶劣的立地条件，工作环境异常艰苦。

面对又脏又苦又累的工作环境，鄂海霞一干就是25年。她每天都是一脚泥、一身土，奔波在绿化工地上。先后负责实施了舍予园绿化工程、西大滩绿化工程、汇泽公园建设工程等近40项园林绿化项目。

为丰富当地造林绿化植物多样性，鄂海霞积极开展优新树种引种工作，大力推行营林措施、物理防治、信息素防治等绿色综合防控措施。由她推广的人工捕捉成虫、扑虫网捕虫、绑扎粘虫胶带、悬挂迷向剂和诱芯、打孔注药等措施被当地广泛应用，有效防治了曾经肆虐的斑衣蜡蝉虫害。

面对乡村全面振兴对林业技术的需求，鄂海霞带领技术团队下到田间地头推广设施果树栽培新技术、新成果。看到星海镇土地盐碱化严重，鄂海霞多方查阅资料，争取到设施葡萄高干水平棚架复合栽培科技推广项目，让科技成果真正转化为生产力。每天，她带领技术团队早出晚归，扑下身子和果农一起挖坑、栽植、摘心、绑缚，细致讲解管护技术和标准，真心实意服务果农，为农民增收致富发挥了积极作用。

（宁夏回族自治区文明办供稿）

付志周

治沙四十载　沙漠变绿洲

人物 THE STORY 故事

付志周，男，1943年生，新疆维吾尔自治区巴音郭楞蒙古自治州和静县哈尔莫敦镇哈尔莫敦村村民。

20世纪60年代，付志周积极响应国家支援边疆建设的号召，从河南开封跋涉千里来到新疆巴州和静县哈尔莫敦镇哈尔莫敦村。1983年，付志周夫妻二人在沙包边上承包了47亩地，看着刚出苗的庄稼被风沙吹死，付志周心里默默念叨："活人不能让沙子欺负死！"从此他在这片热土上毅然开启了治沙之旅。

1984年，付志周开始种树，不断摸索科学有效的经验方法，他就像一位斗士，在漫漫黄沙中孤军奋战。十多年后，100多亩新疆杨树坚定挺拔，形成了一片小小的绿洲。初见成效后，付志周自己筹措资金数百万元，购买拖拉机、推土机、挖水井，开始大规模开荒植树，实现机械作业代替单纯人工种树。

几十年间，付志周和家人始终坚守在斗沙种树的第一线，附近300多户村民也主动参与到造林治沙中，荒无人烟的沙区已逐渐形成"乔、灌、草、点、带、片"的防沙体系，植被覆盖率由最初的3%提高到70%左右，15万余亩耕地得到保护。

付志周心存梦想，要在有生之年，在沙漠上植树一百万棵。"现在已经种了八十万棵，还要种二十万棵，如果我种不完，就让儿子、孙子接着种，一定要把沙漠染绿……"

（新疆维吾尔自治区文明办供稿）

张小仁

丈夫三十年如一日照料妻子养父

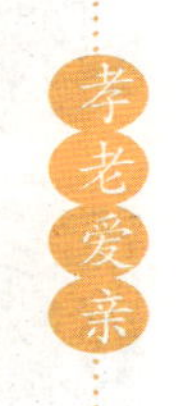

人物 THE STORY 故事

张小仁，男，1952年生，中共党员，上海市崇明区向化镇向化村村民。

张小仁的妻子倪春芬在9岁时被沈冠祥老人抱养。虽然日子清苦，但也可谓其乐融融。可在倪春芬13岁时，沈冠祥老人的妻子因病医治无效撒手人寰。沈冠祥一个大男人不方便带个小女孩，便把她过继到张小仁家，随后就外出务工，一度杳无音讯。张小仁家风淳朴，父母都是善良朴实的农民，自倪春芬来到他家后，一家人和睦相处，使倪春芬再次感受到了家的温暖。张小仁与倪春芬婚后育有两子，日子虽然算不上富裕，倒也是幸福美满。

1991年秋天，60多岁的沈冠祥老人回到了家乡崇明，独自居住在破败不堪的祖屋中，无依无靠。于是，张小仁便与妻子一起将老人接回了家中，为老人养老，让他安度晚年。时光荏苒，沈冠祥老人在张小仁家一住就是30个寒暑。随着年纪增长，老人身患多种疾病，他的饮食起居慢慢都全由张小仁照料，直至2021年9月，老人以97岁高龄安然走完一生。这段跨越血缘关系的"父子情"已然成为当地一段孝老爱亲佳话。

张小仁总说："养育之恩重于山。谁都有父母，养父母也不例外。谁都有岁数大的那一天，我自己也有儿子，我也有需要别人照顾的时候，我得作出榜样，好好孝敬老人。"张小仁用他的善良和孝心为妻子养父的晚年撑起了一片爱的天空，用实际行动传承着中华民族孝老爱亲的传统美德，为亲友四邻树立了榜样。

（上海市文明办供稿）

周朝霞

家风相传七年如一日 照顾患阿尔茨海默病的婆婆

人物故事 THE STORY

周朝霞，女，1971年生，中共党员，浙江省衢州市江山市虎山街道居民。

2014年，婆婆蔡彩妹患上了阿尔茨海默病，患病初期先是记忆力减退，反应比较迟钝，后来常常烧饭忘记关火，再后来连家住哪里都不记得了。

周朝霞雷打不动每周末都开车去给婆婆洗澡，同时带上新鲜的水果和牛奶为老人改善饮食。由于婆婆常年坐轮椅，不方便上街理发，周朝霞还买来了理发器，找来视频教程，学着自己动手给婆婆理发；每次去周朝霞都会端来洗脚水给婆婆泡泡脚、修剪指甲并打理个人卫生。尤其一到节假日，周朝霞总会把婆婆接到家里来，24小时寸步不离耐心细致地照顾婆婆，端屎端尿也毫无怨言，这份孝心街坊邻居都看在眼里夸在口里。

俗话说“百善孝为先”，看着周朝霞七年如一日尽心尽力侍奉婆婆，老公刘新工说，母亲蔡彩妹年轻时也曾被评为衢州市最美儿媳，对爷爷奶奶的照顾体贴入微。二十多年的相处，周朝霞耳濡目染了婆婆尽孝的点点滴滴。“我们家并没有书写成册的家风家训，但父母的言行举止，在我们子女的心里都留下了孝顺的烙印。”周朝霞的女儿说。在长辈们的影响下，女儿也很懂事，每逢过节就陪同父母回家照顾奶奶，一家人都用自己的身体力行来诠释和传承孝道的真正含义。

（浙江省文明办供稿）

沈金香

大爱与大德同行　守望相助邻里情

人物故事 THE STORY

沈金香，女，1947年生，浙江省金华市金义新区孝顺镇塘里村村民。

2002年，沈金香的邻居夫妻二人意外身亡，留下了瘫痪的盛月仙和其哥哥及未成年的弟弟三名遗孤。为了维持生计，哥哥被迫外出打工，瘫痪在床的盛月仙与其年幼弟弟的生活照料成了一大难题。在兄妹三人举步维艰的情况下，沈金香毅然决然站了出来，肩负起照料盛月仙与其年幼弟弟的重任，而此时的沈金香家境本就不富裕，且有老小需要照顾，一下子又要负担两个家庭的生活重担，这让沈金香每天的生活忙碌得如同打仗一样，但沈金香却毫无怨言。为了给瘫痪在床的盛月仙一个干净的生活环境，沈金香每天早起为姐弟俩洗衣做饭、打扫卫生，给全身僵硬的盛月仙喂饭擦身、换洗衣物、推拿按摩，没有一丝懈怠，甚至成为盛月仙的“赤脚医生”与“专属理发师”。在她的精心呵护与细心照顾下，盛月仙的病情也渐渐得到控制，兄弟二人也成家立业。近7000个日夜里，她用内心的坚守兑现诺言，虽担负着两个家庭的生活重担，却无怨无悔。沈金香无私奉献照顾邻居瘫痪小女19年的故事，赢得了村民的盛赞，大家都称之为模范“塘”嫂。

（浙江省文明办供稿）

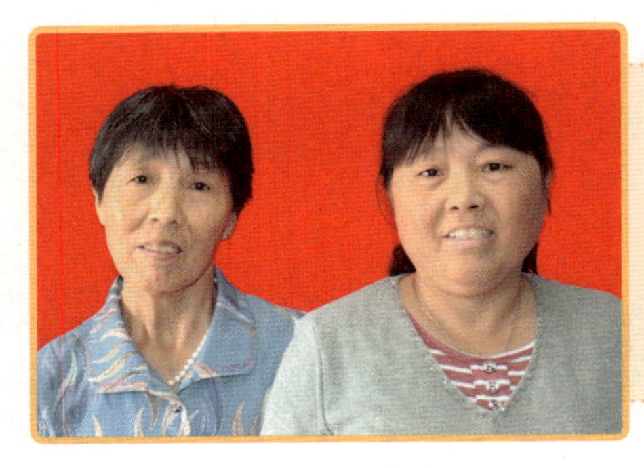

金华银　金华英

孝老爱亲姐妹花 十里八村传佳话

人物 THE STORY 故事

姐姐金华银，女，1955 年生；妹妹金华英，女，1969 年生，二人均系安徽省合肥市长丰县庄墓镇刘浅社区居民。

最美姐姐：照顾瘫痪丈夫 36 年，演绎了人间感人的爱情佳话。1987 年，金华银丈夫葛宗龙从房顶不慎摔下，造成瘫痪，金华银只有 34 岁，家中四个孩子最大的 10 岁，最小的 5 岁。从此，全家重担落到金华银柔弱的双肩上，犁田耙地，种麦插秧，10 多亩农田全部由她打理。36 年如一日照顾瘫痪爱人，教育幼小子女，赡养老人。现在儿女都成家立业，日子过得都不错，自己不仅有国家扶贫政策帮扶，还有残疾人补助等。一个朴实的农村妇女，用自己 36 年如一日的坚守，赢得了人们的尊重，被乡亲们广为传颂。

最美妹妹：好媳妇照顾瘫痪公公 16 年，用爱心和孝心撑起一片天。2007 年夏天，公公鲍士明突患脑卒中，从此瘫痪卧床生活不能自理。丈夫外出打工挣钱养家，家里的一切只能依靠金华英。她白天下地，中间抽空回家烧饭照顾瘫痪的公公和年幼的孩子，晚上洗衣服打扫卫生。整整 16 年时间，照顾年迈的公公，其中的辛酸、委屈，恐怕是纸墨难以言说。然而，面对这一切，无论是辛酸、委屈，还是外人的赞扬、夸赞，金华英却总是淡淡地说：自己没有读过书，没有什么文化，但知道百善孝为先，照顾老人是自己应尽的本分，她一直都将公公当作自己的亲生父亲照料。

（安徽省文明办供稿）

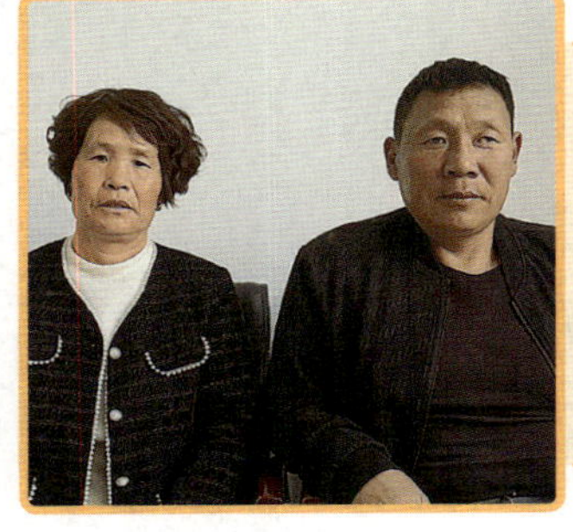

焦新杰　陈　玲

悉心照顾残疾二哥 18 年 收养流浪汉 6 年的热心夫妇

人物 THE STORY 故事

焦新杰，男，1971 年生；陈玲，女，1970 年生，夫妻二人系安徽省阜阳市界首市陶庙镇李腰村村民。

1980 年，焦新杰的二哥焦新荣在外务工发生意外，失去双手生活不能自理，母亲失明只能依靠父亲照顾。2003 年，父亲去世后，焦新杰夫妻接过照顾二哥的重任，悉心照料 18 年。2021 年 6 月，焦新荣住院，焦新杰带着妻女无微不至照顾其两个月，直到 8 月底去世，赢得病友一致称赞。

焦新杰的小叔去世后，留下 15 岁的儿子无人照顾。夫妻俩毅然担起抚养堂弟的责任，直至堂弟结婚成家。为让堂弟夫妻安心在外务工，夫妻俩又主动照顾当时只有几个月大的侄子，长达 9 年，毫无怨言。

2015 年 7 月，焦新杰偶然“捡”到一名流浪汉，多次帮其寻找家人未果，便收养当作自己的“弟弟”养，并取名“焦计划”。2021 年 3 月，焦计划生病住院 40 天，花费 3 万余元，夫妻俩轮流至医院照顾，一直到他康复出院。同年 7 月，夫妻俩的感人事迹被广泛报道，被一直寻找焦计划的家人看到，他们认亲后对焦新杰夫妻俩千恩万谢。虽然认亲归家，但是焦计划习惯了跟随焦新杰、陈玲生活，还会时常回到焦家住上一段时间。

（安徽省文明办供稿）

蒋荷芝

22 年守护唤醒植物人弟弟 倾情付出创造生命奇迹

人物故事 THE STORY

蒋荷芝，女，1970 年生，安徽楚源工贸有限公司退休职工。

1999 年，蒋荷芝弟弟在维修液压支架时，被老化机器里蹦出来的螺丝击中头部，昏迷了 7 天 7 夜，成了植物人。蒋荷芝父亲早亡，当时母亲年事已高还患有心脏病，已经结婚的蒋荷芝擦干眼泪作出了一个重要决定，把弟弟带回自己家照顾。在她的精心护理下，3 个月后，弟弟竟然从昏迷中苏醒了，但苏醒后的弟弟因大脑受损，智力回到了婴幼儿时期，哪怕是吃饭喝水这样的小事情，都不能自己完成。从此以后，蒋荷芝不仅要照顾弟弟的生活，还得日复一日帮助弟弟恢复肢体能力、教会他独立生活。在她的护理下，弟弟一点点好转，从需要喂水喂饭到现在能自己吃饭，从瘫痪在床到现在能单独行走，从婴幼儿智力水平到现在拥有相当于 8 岁孩子的智力。蒋荷芝用爱换来了一个生命奇迹，弟弟经常挂在嘴边的一句话就是：“姐姐对我真好。”2017 年，以蒋荷芝为原型的微电影《阿姐》开拍并上映，获得了广泛好评。

在家中，还有体弱多病的母亲和婆婆，也都需要蒋荷芝照顾。为了照顾老人和弟弟，她和爱人 10 多年没有买过一件像样的衣服，但是爱人的理解支持，孩子的乖巧懂事，弟弟的点滴变化，是她最大的欣慰。她们一家人相互扶持，用爱心与恒心书写了一段浓浓的亲情。

（安徽省文明办供稿）

孝老爱亲

刘丽群

父女接力传递敬老情

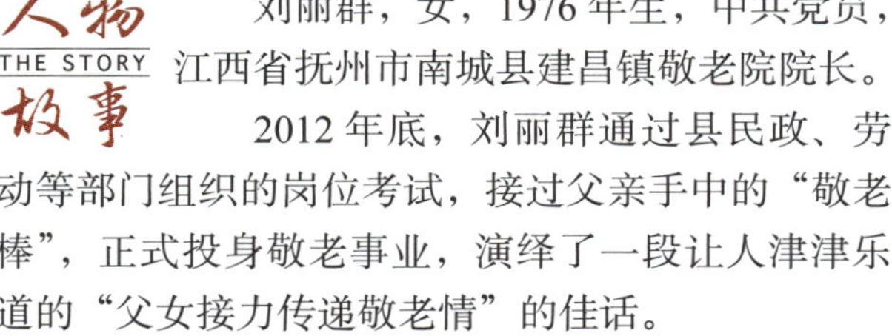

人物故事 THE STORY

刘丽群，女，1976 年生，中共党员，江西省抚州市南城县建昌镇敬老院院长。

2012 年底，刘丽群通过县民政、劳动等部门组织的岗位考试，接过父亲手中的“敬老棒”，正式投身敬老事业，演绎了一段让人津津乐道的“父女接力传递敬老情”的佳话。

每天早上 7 点钟，刘丽群忙碌的身影就会准时穿梭在敬老院各位老人的房间，一会儿递开水，一会儿倒痰盂，一会儿拖地，一会儿叠被，一会儿收集当天要洗的脏衣服，一会儿给患病老人拿药喂服。7 点半，正是早餐时间，又是她忙前忙后，为老人打饭、端茶，帮着收拾碗筷。上午，帮几位血压有点高的老人监测血压，给头发长了些的老人理理发。下午，带着院里的工作人员种菜、喂鱼。晚上，到老人们的房里检查，看看他们身体是不是不舒服。尽管忙且累，汗水常常湿透衣背，可她从不抱怨，脸上始终是笑盈盈的，永远写满了爱意与责任。

只要院里老人一声招呼，刘丽群总会第一时间出现在他们身边，就像他们的贴身服务员一般。她深知精神陪护的重要性，为丰富老年人的精神生活，驱除深埋在老人心中的孤独，她经常组织老人开展一些有益身心健康的活动。

她常说：“尽职尽责为老人们服务，既体现了党和政府对孤、老、病、残等弱势群体的关怀和照顾，同时也实现了我自己的人生价值，我要把最美好的青春献给民政福利事业。”

（江西省文明办供稿）

童彩银

好儿媳十年如一日悉心照料患病婆婆

人物故事 THE STORY

童彩银，女，1976年生，江西省德兴市花桥镇大茅山村村民。

2009年，童彩银的婆婆被查出患有阿尔茨海默病，随着病情的加重，老人离家出走是常事，因此童彩银夫妻俩每年为寻找老人花费了大量的精力。由于童彩银家住的花桥镇街上车流量大，加之离家不远处还有条河流。为了安全起见，童彩银决定搬到老房子去住，并在院子里建了围墙，防止老人出走。

童彩银家并不富裕，但为了照顾老人，童彩银辞去工作，当起全职“保姆”。老人随着年龄的增大，病情也在加重，如今生活已完全不能自理，而且喜怒无常，时不时出现暴力行为，童彩银为了照顾婆婆，不知挨过多少打，但童彩银却无怨无悔。由于老人没有生活自理能力，童彩银每天晚上都要起床几次到老人房间查看。正是有了童彩银的精心照料，所以老人身上每天干干净净无异味。

老人喜欢听黄梅戏和越剧，为了哄老人开心，童彩银学会了唱戏，一听到童彩银唱戏给她听，老人也会跟着唱起来。如今，童彩银要给老人擦洗身体、换衣换尿不湿都会唱戏给老人听。每天早饭和晚饭后，她都会牵着老人的手，到村里散步，两人边散步边唱戏。

在童彩银的言传身教下，童彩银女儿寒暑假期间，也会主动帮忙照顾奶奶。童彩银用实际行动诠释了新时代妇女的孝顺之心，也赢得了左邻右舍的好评。

（江西省文明办供稿）

张全芝

用爱呵护 好儿媳五年如一日照顾瘫痪公公

人物故事 THE STORY

张全芝，女，1972年生，山东省枣庄市峄城区古邵镇大汪村村民。

2016年张全芝的公公突发脑梗死，经过多方抢救，生命挽留住了，可是却落下了不能说话不能行动的后遗症，只能卧床。为了更好地照顾、开导公公，张全芝和丈夫孙中国购置了护理床，张全芝每天起床后，要给公公换洗衣物、做饭，接着喂公公吃饭、吃药，帮公公翻身、按摩。每个季度她都要带公公去进行养老金等认证，每年则带公公去中医院体检一次，五年如一日，从来没出过差错。

问起张全芝觉不觉得生活苦，张全芝说：“这没有什么苦不苦，人总会有老的时候，现在你怎么对待老人，以后你的孩子就会怎样对待你，做人都是凭一颗心，一颗真心，一颗孝心。婆婆去世了，现在有公公在，不论他怎样，这个家还是完整的。”邻居们都夸张全芝：“久病床前无孝子，可像张全芝这样天天吃喝拉撒面面俱到照顾公公的，没有多少人能做到，这儿媳妇不容易。”

都说父母是孩子的第一位老师，在张全芝的言传身教下，她的孩子对爷爷都很孝顺，每次放学回家，都帮着照顾爷爷，给爷爷喂饭、喂药，擦洗、按摩。

张全芝的事在村里被大家传颂，邻居都说她孝顺、贤惠。她用爱心呵护着家、用无私谱写着人生、用自己的行动书写着“孝”的朴实无华。

（山东省文明办供稿）

汪贤商

七旬老汉深情守护瘫痪妻子十余年

人物 THE STORY 故事

汪贤商，男，1944年生，湖北省黄石市下陆区新下陆街道陆家铺社区居民。

2010年3月的一天，妻子黄相英坐在门口跟别人聊天，准备起身回家做午饭时，突然倒在地上。送到医院，诊断结果是血管破裂引起的脑出血。出院后，黄相英半身瘫痪。自老伴瘫痪后，汪贤商一直守在病床边悉心呵护、精心照料。为了让老伴能重新站起来，他用皮带和绳子将老伴与自己捆绑在一起，每天带着老伴在社区锻炼身体，社区居民笑称，这是一对“捆绑的夫妻”。这些年来，皮带和绳子用断了十几根，但汪贤商老人却从未放弃。

汪贤商说，他与老伴婚后生育了两儿两女，孩子们长大成家后，陆续搬离了老宅。在老伴住院期间，女儿和儿媳争着要去医院照顾，但都被他拒绝了。“她们各自都有家庭和工作，我能做到的，就不能去麻烦孩子们。”汪贤商说。

11年来，汪贤商照顾老伴可谓是无微不至，每天晚上用热水给老伴泡完脚后，还要用药酒进行十几分钟的按摩，一直搓到皮肤发热后才停手。在汪贤商的精心照顾下，黄相英的身体一天天恢复了，精神状态也不错。

在50多年的婚姻生活中，汪贤商和老伴相敬如宾。他总对子女说：“你们有事你们去忙，我知道你们都是孝顺的，我能照顾你们母亲一天就照顾一天。”

（湖北省文明办供稿）

张昌平

退伍军人无偿照料同村老人43年

人物 THE STORY 故事

张昌平，男，土家族，1951年生，湖北省宜昌市长阳土家族自治县都镇湾镇横山村四组村民。

1978年，复员回乡的张昌平看到同村的张德华因眼睛残疾导致生活自理困难，便主动提出照顾他。在妻子的支持下，张昌平一家人轮流给张德华送饭、洗衣服，一管就是43年。1997年，为了更好地照顾老人，张昌平更是把张德华接到自己家一起生活。1998年，张昌平的妻子不幸病故，照顾老人的重担全部落到他一人肩上。此时恰逢镇里修建敬老院，对符合条件的老人应收尽收。于是，很多乡亲都劝张昌平“把老人送走，自己落个安生”。可是，他却说：“老人就是我的亲人，像一家人在一起，我们都习惯了，把老人送到养老院去，我也舍不得。”断然拒绝了乡亲们的建议。

洗衣做饭，理发剪指甲，看病买药，清理秽物，张昌平虽然是个男人，做起这些事来却也周到细致，把老人照顾得十分妥帖。张昌平有一女一子，如今都已经成家立业。在他的影响下，他的儿女们一直把张德华老人当成亲爷爷对待，协助爸爸照顾老人的生活起居。每次外出回来，都不会忘记给老人带回一些水果、副食。

43年来，张昌平已记不清为老人跑过多少路，办过多少事，花过多少钱了。横山村卫生室的医生李绍青说，每次张德华老人病了，都是张昌平步行几公里路来买药。在张昌平的悉心照料下，张德华老人目前身体状况良好。

（湖北省文明办供稿）

肖慧军

民警因公高位截瘫 好妻子不离不弃用爱写就最美爱情

人物 THE STORY 故事

肖慧军，女，1977年生，湖南省长沙市天心区人。

2005年一个深夜，长沙市公安局天心分局大托派出所民警谭灿江在驾车紧追嫌犯的过程中，不幸发生车祸。虽经全力抢救，终因伤势过重导致高位截瘫，经相关部门鉴定为一级伤残。

2012年，肖慧军结识了谭灿江，并被他的英勇事迹和坚忍品格深深吸引。这一年，他们喜结连理。走进婚姻的殿堂后，面对肖慧军的是枯燥的一日三餐、洗漱如厕、康复训练、外出散步。这样的日子简单得就像复制粘贴，而肖慧军一坚持就是3000多个日日夜夜。为了不让丈夫的身体机能萎缩退化，肖慧军每天坚持帮助丈夫按摩、翻身，一次康复训练下来常常是汗流浃背。她坚持每天把身高1.75米、体重近160斤的丈夫从床上抱到轮椅上出门散心，回来后再把丈夫从轮椅上抱回床上。肖慧军还在37岁那年考取驾照，开车带着谭灿江走遍了祖国的青山绿水。在她的精心照料下，谭灿江的手指部分功能开始恢复，可以慢慢操作鼠标通过电脑进行学习。

在组织的帮助下，夫妻俩创办了书法培训班。培训班办得有声有色，他们还带领班上的孩子们投身社会公益，开展看望慰问敬老院老人、孤独症儿童等活动。

肖慧军总是自豪地说："灿江是为了保护人民的生命财产安全而光荣负伤，他们这个英雄的群体就是照亮黑夜的光，守护英雄我心甘情愿。"

（湖南省文明办供稿）

豆爱平

"嫂娘"三十多年如一日 照料智力障碍小叔子一家

孝老爱亲

人物 THE STORY 故事

豆爱平，女，1969年生，陕西省咸阳市彬州市北极镇郭家庄村人。

1987年，豆爱平嫁到郭家，婆婆、公公先后患癌症卧床不起，丈夫的弟弟自小智力残疾，需人照顾。面对年迈的公婆和智力残疾的小叔子，豆爱平主动扛起生活的重担。1996年，小叔子结婚，不久后，他们的孩子出生，不幸的是，这个孩子也是智力残疾。从此，豆爱平照顾的不仅有自己的三个孩子，公婆两个人，还有小叔子一家三口。2016年，公公去世前，将小儿子一家托付给了豆爱平。公婆去世后，豆爱平的丈夫也因腰部受伤不能干重体力活。为了一家人的生计，豆爱平和丈夫商量着外出务工，她作出了一个大胆的举动——和丈夫带着弟弟一家去了咸阳。

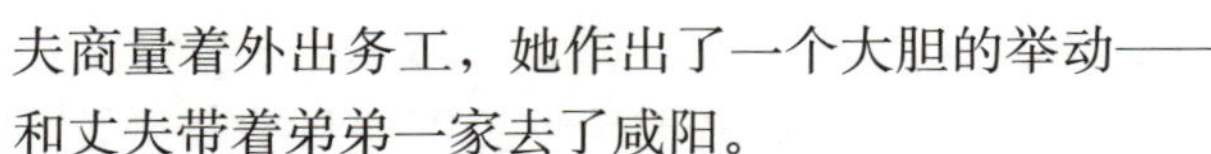

在打工的地方，豆爱平多租了一间房子给弟弟一家居住。每天天刚蒙蒙亮，豆爱平忙碌的身影就已穿梭在租住的小院里。就这样，豆爱平一边打工一边照顾智力残疾弟弟一家的生活，尽管常常累得筋疲力尽，却从没有想过要放弃。

孝老爱亲、德本首善。豆爱平，一名普通的农村妇女，几十年如一日不离不弃照顾智力障碍小叔子全家，弘扬优秀家风、传承孝悌传统，用实际行动诠释了血浓于水的人间亲情大爱。

（陕西省委文明办供稿）

孝老爱亲

郭风侠

好弟媳常年精心照顾瘫痪兄长和年幼侄子

人物故事 THE STORY

郭风侠，女，1970年生，陕西省铜川市王益区红旗街街道育才社区居民。

2016年2月28日，郭风侠的哥哥突发脑出血，经抢救保住了性命，但却瘫痪在床。由于嫂子身体不好，还要照看孩子，照顾哥哥的重担就落到了她的身上。郭风侠不怕脏、不怕累，洗衣做饭，喂吃喂喝，擦屎端尿，给哥哥放音乐、做复健，她顾不上正在读高二的儿子，无微不至地照顾哥哥一家人。

祸不单行，2016年6月，她的嫂子因肺癌去世，留下仅有18个月大的侄子。面对无法自理的哥哥和年幼的侄子，她尽自己最大的能力给予哥哥和孩子最好的陪伴。为了让侄子有一个完整无忧的童年，郭风侠和爱人商量后，默认了侄子以“爸爸、妈妈”称呼他们，而他们也把侄子当成了自己的亲生孩子疼爱有加。哥哥住院治疗的高额费用让她负债累累，但她从来没有抱怨过，也没有放弃过，始终选择勇敢面对。

郭风侠用实际行动诠释着中华民族孝老爱亲的传统美德，书写了动人至深的手足之情，重燃了哥哥对生活的希望，她的至善至爱感动邻里、感动社会，被大家广为传颂。

（陕西省委文明办供稿）

十月

胡雅丽

文明引导员致力城市文明 20 载 小站台上大作为

人物 THE STORY 故事

胡雅丽，女，1958 年生，北京市东城区交道口街道公共文明引导中队中队长。

自 2001 年 4 月当上公共文明引导员后，胡雅丽便坚守在公交站牌前，引导人们文明乘车。为了让大家舒心候车，胡雅丽自掏腰包为乘客准备了乘晕宁、创可贴等应急用品以及照顾老年人候车的圆凳等。在公交站台服务的 20 年间，胡雅丽为了保护乘客的人身财产安全，多次在“危急时刻”挺身而出。有一次，面对突然跑到马路中央的三四岁小男孩，胡雅丽迅速指挥车辆停住，飞跑过去抱起孩子。大家问她害怕吗，“当时没怕，保护乘客安全，我义不容辞。”胡雅丽说。

2005 年，为了能带动身边更多的人开展志愿服务，胡雅丽组建了“胡雅丽学雷锋志愿服务队”。志愿服务队经常去辖区养老院看望老人，为老人理发，帮助老人剪指甲，给老人整理房间，陪老人聊天。辖区内有一位 90 岁独居老人，老人年岁已大，又高度近视，但老人渴望了解国内外大事。胡雅丽了解情况后每周抽出一定时间上门为老人读报纸、陪老人聊天。这一读就是 10 年，直到老人 100 岁去世。

“勿以善小而不为”，这是胡雅丽一直坚守的人生信条。胡雅丽说，未来的日子里，将为更多的人带去爱和希望，为无数人照亮前路，温暖京城的每一座站台、每一个角落。

（首都文明办供稿）

张拴栋

救援队长倾力公益 15 载 扶危济困暖人心

人物 THE STORY 故事

张拴栋，男，1968 年生，中共党员，河北省衡水市深州市春晖义工协会救援队队长。

他热心公益，服务群众，奉献社会，参加公益 15 年来，他和志愿者们围绕敬老、扶弱、助残、环保、助学、救灾、募捐等开展各类志愿服务活动，长期为社会各类弱势群体提供爱心服务。累计服务时间达 3000 余小时，参与各类公益活动达 500 余次。

张拴栋家里并不富裕，但每当得知别人有困难时，张拴栋总是倾力相助，长期为贫困学生捐款捐物，助孩子们读完高中、考上大学，并为汶川地震灾区捐款等。2016 年，张拴栋组织筹建了深州市春晖救援中心，主要负责对走失儿童、老人、智力障碍人员等的失联搜救，承接各种大型活动的安全保障等工作。张拴栋带领的救援中心几年来协助寻找失联人员 100 多次，解救溺水人员 80 多次，救助流浪人员 10 多名，获得锦旗 70 多面，得到了社会的认可和肯定。

在帮助孤寡老人上，张拴栋更是不遗余力。张拴栋每个月都去养老院为老人们包饺子、剪指甲、理发、洗澡、讲故事等，用暖心的行动让老人们感受生活的温情。新冠疫情防控期间，张拴栋挺身而出，奔走在深州抗疫一线。

张拴栋乐善好施、热心公益慈善事业，用满腔热情和实际行动彰显着一名共产党员的责任与担当。

（河北省文明办供稿）

王竞翊

党员志愿者资助贫困儿童助力疫情防控

人物故事 THE STORY

王竞翊，女，1978 年生，中共党员，内蒙古自治区通辽市非税收入管理局干部。

王竞翊 8 岁时父亲不幸去世，由于家中生活拮据，她面临辍学困境。学校知道后减免了她一切学费，老师也对她照顾有加，这件事在她幼小的心灵种下了感恩的种子。

2013 年，王竞翊加入通辽市一家志愿者协会。2015 年，她开始资助一个 7 岁的困境儿童。受助的男孩家住通辽市科尔沁区敖力布皋镇，父亲因罪入狱，母亲离家出走，他由爷爷奶奶抚养。后来爷爷出车祸生活不能自理，奶奶见状离婚，只剩他与病重的爷爷相依为命。王竞翊入户走访后，当即承诺资助男孩，直到他考上大学。多年来，从孩子的学费、换洗的衣物到米面粮油等生活用品，她都如期提供。她每年还积极参与“大手拉小手”关爱留守儿童活动，给孩子们购买书籍。她在工作之余参加各类志愿服务活动，多年来已累计捐款捐物达 8 万余元。

2020 年初，她不顾腰椎间盘突出、双胯骨关节严重受损的身体，第一时间申请参加社区疫情防控志愿服务，还报名参加了单位组织的党员志愿者服务队，深入包联社区，驻守小区大门。繁重的疫情防控工作导致她腰疾复发，她仍坚持完成了任务。她用共产党员坚定的信仰和温暖的爱心，浇灌出美丽的志愿之花：“我曾宣誓尽己所能，不计报酬，帮助他人，服务社会，我会谨记誓言，坚守党员志愿者的初心。”

（内蒙古自治区文明办供稿）

张　勇

烈士陵园守护者 15 年义务为 21 名烈士寻根

人物故事 THE STORY

张勇，男，1965 年生，中共党员，辽宁省大连市普兰店区唐房革命烈士陵园管理员。

自 2006 年到普兰店唐房烈士陵园工作，张勇就开启了为烈士寻亲之路。孙长田烈士墓碑上的籍贯是辽东省新金县（即今天辽宁省普兰店），张勇先到民政局查阅普兰店烈士名册，只找到“孙长田”三个字，除此之外没有任何信息。他给 20 个乡镇民政助理逐一打电话，请求协助查找，又联系大连市档案馆和辽宁省档案馆，向馆内工作人员求助，终于在 1950 年辽东省人民政府上报新金县烈士名册上找到孙长田烈士的名字，备注籍贯：辽宁省新金县皮口镇。经多方打听，在皮口镇崔家窑村石屯找到了烈士的弟弟孙长德和侄子孙仁久。两人看到张勇找上门来都愣住了，问他是不是搞错了。前些年叔侄俩到锦州辽沈战役纪念馆查找过，后来又听退伍老兵说可能牺牲在朝鲜战场上了，现在终于知道牵挂多年的亲人埋骨何处。孙长德和孙仁久叔侄二人紧紧攥住张勇的手不肯松开。孙长田烈士的家与唐房革命烈士陵园其实相距不足 25 公里，而这 25 公里却足足用了 70 年才找到。

董秀明、金锋、胡中美、王永亮……张勇已经为 21 位烈士寻到亲人，他说：“他们当中的每一个人，身上都有一个动人的故事，都承载着红色精神，我要为更多的烈士找到亲人，不给自己留下半点遗憾。”

（辽宁省文明办供稿）

王德生

普通职工十余年 发展团队坚持不懈做公益

人物故事 THE STORY

王德生，男，1973年生，中共党员，黑龙江大庆油田有限责任公司第三采油厂工人、大庆市慈善会副会长、大庆市爱心彩虹志愿者协会会长。

2006年的冬天，王德生在上井巡检途中，看到附近棚户区一对祖孙因房屋失火无家可归。下班后他帮忙整修房子，并送去了米面油，让祖孙二人平安过冬。

王德生的善举迅速在油城网络论坛流传开来，影响了一批志同道合的爱心人士。随着越来越多的人加入公益服务队伍，王德生创建了大庆市爱心彩虹志愿者协会，在捐资助学、助老敬老、救助贫困家庭、扶残助残、保护环境等方面开展了大量爱心公益活动。

“爱到你家”是协会的品牌公益项目。有个高位截瘫的农民，经济困难，家里的全部收入就是地里的李子和玉米。每到成熟季节，王德生就自己搭时间搭油钱帮助这位农民卖爱心李子和爱心玉米。十余年来，他把自己所有的业余时间都用在了“爱到你家”公益项目所帮扶的100余户贫困家庭上，带领团队精准扶贫、入户捐助，协会累计捐款捐物金额达200余万元。

王德生说：“身披‘石油红’和‘志愿红’，我愿意以爱心为旗帜，以助人为乐，用爱的光芒去照亮那些灰暗的角落，用爱的热度去温暖那些受伤的心灵，让我们的城市更加和谐美好。”

（黑龙江省文明办供稿）

张　凯

助人为乐

退伍老兵替牺牲战友尽孝35年

人物故事 THE STORY

张凯，男，1961年生，中共党员，江苏省苏州市相城区纪委退休干部。

作为一名退役军人，张凯不仅是保家卫国的“排头兵”，更是代友尽孝的“坚守者”。在1985年的“1·15”战斗中，和敌人的多次拉锯式阵地争夺战让张凯的大腿、关节、臀部等多处受伤，虽保住了双腿没有截肢，但身体里仍有7粒弹壳碎片无法取出。更令人痛心的是，他所在的排共有27名战士，有3人牺牲、24人受伤。“年轻的战友奉献了青春和生命，我活着，是一种福气，更是一种责任，应该尽自己所能帮助战友，才不枉此生。”这是张凯常常挂在嘴边的话。从1986年1月起，不管工作如何变动，生活如何拮据，张凯和他的妻子从未中断与伤残战友、牺牲战友亲属的联系，坚持看望三名牺牲战友的父母亲并主动联系相关部门，尽心竭力解决牺牲战友家人工作生活困难，对待烈士父母如亲生父母般孝敬。

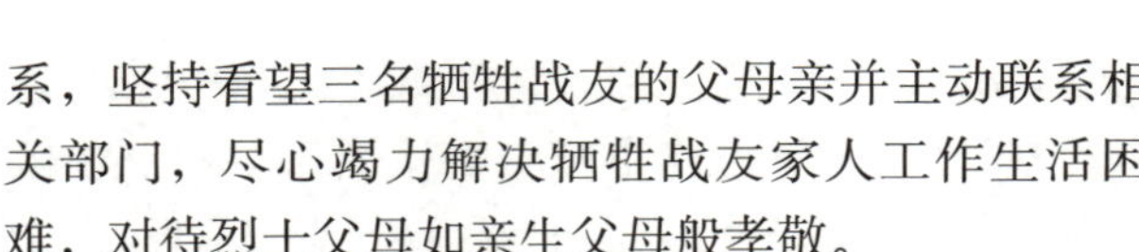

2013年底，为解决相城区近400名参战退役老兵生活困难问题，他发起成立“困难参战退役人员凯歌帮扶基金”，个人率先捐出17万元，更是将自己每年的两万多元伤残补助金全部捐给基金；先后资助优抚困难家庭学生5名、困难战友50多人，帮助解决生活困难问题100多件。截至2021年底，基金捐赠额已达120余万元。

“能幸运地从战场上活下来，这条命就是捡的。活着，就要更好地回报他人，奉献社会，这样，生命才有意义。”张凯说。

（江苏省文明办供稿）

邓　红

公益组织负责人发挥党建引领作用关爱贫弱孤老数万人

人物故事 THE STORY

邓红，女，1968年生，中共党员，江苏省淮安市洪泽区“水上百合”志愿者协会党支部书记。

2013年，邓红发起成立洪泽区“水上百合”志愿者协会，带领协会获评江苏省5A级社会组织，拥有会员580余名、志愿者2000余名，围绕“一老一小一邻一特”累计带动10余万人次参与志愿服务活动，培育了“陌上槐花”“红雨伞”等12支志愿服务队，与172家单位达成共建协议，建设志愿服务经验“分享堂”，打造了“香约邻里一家亲”“真情暖夕阳·百合永相伴”等一批志愿服务项目。8年来她秉承志愿精神，组织开展活动700余场次，累计帮助群众逾万人，募集公益资金近300万元。

作为党支部书记，邓红探索出“靠党建聚队伍、靠队伍优服务、靠服务赢口碑、靠口碑促发展”的“四靠”工作法，汇聚起社区、部门、爱心企业、热心乡贤等力量，先后与苏州陈霞爱心慈善基金会等52个党支部结成友好支部，与淮安海关等172个机关企事业单位结成公益联盟。

“为孤老展愁容、为困童插翅膀，这是‘百合’初心，也是我们为之奋斗的情结。”邓红说。

（江苏省文明办供稿）

张继微

巾帼志愿者全身心投入助老扶幼公益事业

人物故事 THE STORY

张继微，女，1985年生，中共党员，江苏省南京市江北新区爱心缘社会组织服务中心副理事长。

在大学期间，张继微便经常积极主动参与公益活动。后定居南京，成为一名小学代课教师。工作以后，她一直利用休息时间参加志愿活动，为青少年讲课、为老党员做志愿服务，用自己的行动传递爱心。

为更好地投身公益事业，2013年11月，张继微辞职和爱人成立了“爱心缘”社会组织，承接了社区服务站。成立初期，组织没有资金来源，她自掏腰包购买儿童玩具、老年保健仪器等物品，为社区12000多户居民开展无偿服务，特别是常态化为12户独居、失独老人做志愿服务。

在做好社区居民服务的同时，张继微将更多的精力投向了一个特殊的群体——流动儿童。在她的带领下，服务站开展了“亲情关爱流动儿童”等项目，为流动儿童开展手工、阅读、美术等多种形式的活动。针对流动儿童的群体性特点，张继微还请来专业心理辅导老师，为孩子们进行心理辅导，服务站累计为近300名流动儿童提供了各种服务。

随着服务工作的不断深入，张继微带领的“爱心缘”服务站逐渐覆盖更多的困难群体，如高龄空巢老人、家庭贫困者、患重大疾病者等，如今已牵头成立了3家社会组织，不断吸引更多爱心人士参加到公益服务中来，让更多的困难群体得到帮扶。

（江苏省文明办供稿）

庞汝勋

99岁老人和他的"民间图书室"让村里的孩子都有书看

人物 THE STORY 故事

庞汝勋，男，1924年生，生前系浙江省杭州市余杭区云会小学退休教师。

在杭州市余杭区仁和街道云会村，一间普通民宅的门口挂着"民间图书室"的牌子。这里既是庞汝勋生前的住所，也是他20年前一手建造的"书的海洋"。当地人都亲切地称这里为"庞爷爷图书室"。2001年7月，庞汝勋创办了余杭区唯一一家完全免费的少儿图书室。几十年来，庞汝勋将自己的时间、精力、金钱全部都倾注在青少年健康成长教育上。尽管罹患癌症，他仍每月从微薄的退休工资里拿出1000元为图书室采购书报杂志，已累计投入20万余元，订购了13000多册报刊书籍，供20000余人次借阅。

退休后，庞汝勋还义务担任了杭州市爱国主义教育基地——西南山新四军烈士墓管理员、讲解员，多年来坚持收集整理新四军烈士的英勇事迹，编成小册子作为当地乡土教材，为当地学生讲解新四军在西南山战斗中的英勇故事，先后共有10多万人次参观了基地。

在庞汝勋的影响下，先后有30余名孩子进入了清华大学等名校，更多的孩子成为老师。当地上百名志愿者组成了"庞爷爷志愿服务队"，"庞爷爷图书室"也开进了学校，"庞爷爷图书室"也成了余杭区具有影响力的文化品牌。

（浙江省文明办供稿）

应业勋

执着孝道敬老爱老 成为父老乡亲的"编外儿子"

人物 THE STORY 故事

应业勋，男，1943年生，中共党员，浙江省永康市芝英环卫所退休职工，他悉心照顾村里三位毫无血缘关系的孤寡老人，被人亲切地称为"编外儿子"。

从1984年开始，应业勋坚持27年为双目失明的五保老太胡珠琪挑水扫地、送饭煎药、洗衣晒被，并以儿子之名为其出殡送终。五保老人应业君从小是孤儿，患有轻微智力障碍，腿脚也有毛病。他性格孤僻，脾气暴躁，难与人相处，生活极其艰难，常常有上顿没下顿。面对这样的老人，应业勋很有耐心，主动为他安排了清洁工的工作，解决了他的实际困难，平时也对应业君照顾有加，尽心尽力帮他节省开支，开源节流。随着应业君年龄增大，身体不好，应业勋就帮他办理了年老后到敬老院养老的手续。烈属老人应业昌病重无人照顾，应业勋就卷起铺盖睡到老人家，悉心照顾老人直至老人安然离世。除此之外，应业勋还是芝英全镇老年人的"至亲"，10多年来他累计为镇里两万多名老人无偿代办申领老年证。

不是父母，却当父母般孝敬，为他们撑起天空，挡风霜雨雪，疲倦劳累，一肩担当。应业勋这双肩膀，扛起了生命的重量，他拉起黄丝带，描绘出和谐邻里的美丽彩虹。

（浙江省文明办供稿）

贾广合　韩纪娟

农民夫妇捐献亡女器官 大爱奉献助5人重获“新生”

人物 THE STORY 故事

贾广合，男，1972年生；韩纪娟，女，1972年生，夫妇二人均为安徽省亳州市谯城区牛集镇吴老家村村民。

贾广合、韩纪娟是本本分分的一对农民夫妇，二人育有一儿一女，日子平淡温馨。然而2021年8月2日，18岁的女儿小婷突遇车祸，打破了他们平静的生活。因伤势过重，医生告知夫妻俩女儿醒过来的机会渺茫，让他们做好心理准备。夫妇俩虽难以接受，但平静后，含泪表示孩子还这么年轻，与其把女儿给火化了，还不如把有用的器官和眼角膜捐献出去。虽然自己的孩子没有了，但可以挽救别人的生命，也算是女儿没有离开这个世界。乖巧懂事的女儿，一定会理解他们的决定。

经亳州市红十字会工作人员的详细讲解后，夫妇俩在人体器官捐献亲属确认登记表上签字，同意捐献女儿所有能用于救治他人的器官。8月10日夜里11点，脑死亡判定专家判定伤者已经脑死亡，符合捐献条件。11日下午3点31分，贾雨婷离开了人世。医生最终从贾雨婷的体内获取了1个肝脏、2个肾脏、1对眼角膜。目前，均已完成移植，肝脏和肾脏挽救了3名肝、肾衰竭患者的生命，1对眼角膜让2名眼病患者重见光明。

贾广合、韩纪娟夫妇用他们的大爱善举帮助5人重获“新生”，使得女儿的生命以另一种方式得以延续，也让助人为乐的精神在社会进一步发扬光大。

（安徽省文明办供稿）

杨秋菊

手工“达人”自主创业脱贫致富 带领残疾人编织“幸福梦”

人物 THE STORY 故事

杨秋菊，女，1978年生，中共党员，安徽省宿州市砀山县菊姐残疾人手工坊负责人。她的残疾人手工坊被全国妇联授予“全国巾帼脱贫致富示范基地”称号。

杨秋菊来自残疾人家庭，丈夫因病致残，两个孩子正在上学，由于家中缺少劳力，生活一度非常困窘。但是杨秋菊没有向命运低头，她开过出租车、当过销售员，尝尽了人间的艰辛。一个偶然的机会，她接触到手工编织，不仅通过努力学会了氧化铝手工编织技巧，而且靠这门手艺脱贫致富。

“我是一名共产党员，要发挥模范带头作用，要激发残疾人脱贫的内生动力，想方设法带领更多的残疾人、妇女等社会弱势群体走出贫困。”2018年5月，杨秋菊创办了菊姐残疾人手工坊。为了扩大编织品的销售渠道，杨秋菊和一些残疾人组成了砀山县挚爱残疾人艺术团，他们一边表演，一边销售手工编织品。很多观众被他们身残志坚、自强不息的精神感动，纷纷购买他们的编织产品。就这样，杨秋菊和她的残疾人团队逐渐走上脱贫致富路。

近年来，手工坊累计共培训残疾人、贫困户等1500多人次，为残疾人、老年人等弱势群体提供就业岗位300余个，带动45户贫困户顺利脱贫，年人均收入8000—12000元，还在江苏省泗洪县、河南省永城市建立了手工坊分厂，助力当地群众增收和乡村全面振兴。

（安徽省文明办供稿）

刘雪华

退休女工持续关照陌生老人三十余年 以身作则传承助人为乐良好家风

人物 THE STORY 故事 刘雪华，女，1950年生，中共党员，铁路退休职工，安徽省蚌埠市蚌山区光彩大市场个体经营户。

1975年，刘雪华被抽调至蚌埠火车站工作，其间结识了一位40多岁孤苦伶仃靠打零工维生的妇女何金英。何金英和她的母亲年纪差不多，出于同情，她开始照顾何金英，这样的关照持续了30余年。直到80多岁的何金英去世，刘雪华和儿子还亲自为老人送终，帮忙安葬，让老人安详地离开。

2008年，刘雪华在汶川大地震期间，拿出自己所有能周转的资金，同时带领部分商户在光彩大市场募捐善款6万余元。2010年的某一天，在偶然间得知全国道德模范李玉兰的丈夫李华照病重后，刘雪华二话不说，送去了当天手中所有的现金、营业款等共计3600元，希望以自己的绵薄之力帮助李玉兰一家渡过难关。2020年疫情期间，刘雪华想方设法筹集了300余个口罩、10斤酒精和消毒液捐赠给社区。她还多次为乡村学校捐赠电脑、文化体育用品等。

刘雪华一直秉承并传递着母亲留下的良好家风，她的言传身教也给子女们带来了深刻的影响。在良好家风“润物细无声”的浸润下，刘雪华的儿子刘洋坚持做一个有爱心的人、一个助人为乐的人、一个对国家有用的人，近年来做好事善事累计10余万元。2010年，刘洋也靠着自己的善心善行，被评为“中国好人”。

（安徽省文明办供稿）

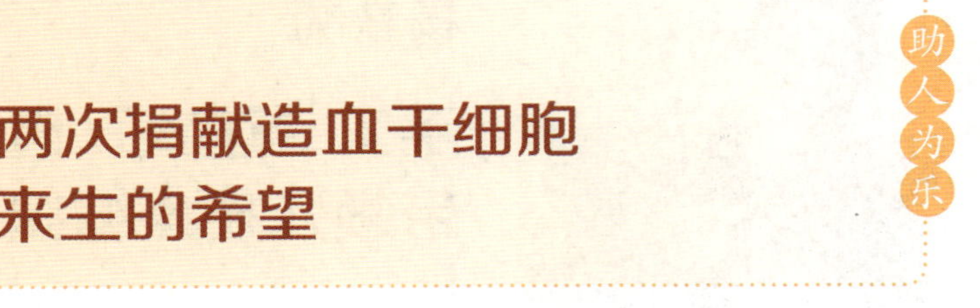

胡常引

白衣天使两次捐献造血干细胞 给患者带来生的希望

人物 THE STORY 故事 胡常引，女，1986年生，安徽省淮南市东方医院集团凤凰医院护士。

胡常引是安徽省淮南市第1位造血干细胞捐献者，安徽省首例二次造血干细胞捐献者，也是目前全国仅有的两位两次成功捐献造血干细胞的女性之一。2012年底，胡常引接到了淮南市红十字会的电话，告诉她与一名白血病患者配型成功，她没有任何犹豫，就说了一句话：“救人要紧！”在前期检查中，医院发现胡常引存在先天性心脏畸形、高凝血质、过敏体质等身体不宜捐献情况，但胡常引坚持救人，经历9个小时超常采集时间，成功完成捐献。

2018年7月底，胡常引接到了二次捐献淋巴细胞的通知，这是当时安徽省第一例二次捐献淋巴细胞。这时的胡常引刚刚结婚，此前又刚经历了一次不小的手术和严重的车祸，身心尚未恢复。胡常引不顾身体虚弱，完成了捐献前的所有准备，后因患者病情变化，不得不终止捐献。2020年10月，已经34岁的胡常引再次接到为那位患者捐献造血干细胞的通知。这一次，胡常引依然没有任何犹豫，她说：“这是命中注定，只有我能救她，我要救她到底！”与8年前一样，注射第一针动员剂后，胡常引就出现了剧烈的反应，为了保证捐献成功，她毅然要求提前采集。经过4个小时，采集顺利结束，极度虚弱的胡常引望着那袋沉甸甸的“生命种子”，脸上终于露出了一丝笑意。

（安徽省文明办供稿）

赵先强

筹建红色纪念馆 把党史教育搬到乡间村头

人物故事 THE STORY 赵先强，男，1983年生，中共党员，安徽省淮北市烈山区古饶镇草庙村村委会主任、“淮海战役华东野战军指挥部”旧址纪念馆义务讲解员。

2018年，赵先强在谋划草庙村乡村全面振兴工作思路时，与红色文化研究专家座谈交流中得知了草庙村的历史荣光：1948年，粟裕率华野指挥部从宿县时村以西大张家进至古饶草庙（时称草庙圩子、草庙孜），驻草庙前后3天，对于围歼杜聿明集团精心运筹，作出重要部署。

经过研究分析和专家论证，赵先强感到这段历史和革命遗址是中国革命的重要见证，是草庙村的光荣和财富，于是决定筹建“淮海战役华东野战军指挥部”旧址纪念馆。为了深入挖掘淮海战役红色资源，赵先强自费三上北京、合肥等地，实地采访参战老战士8名、相关知情村民23名，整理大量史实资料和实物，收集考证相关书籍、资料100余本，足迹遍布全国多家纪念场馆。

2019年，草庙村“淮海战役华东野战军指挥部”旧址纪念馆修缮一新、对外开放。开馆后，赵先强又当起了义务宣讲员，讲述草庙村与淮海战役胜利的这段历史，传播红色文化。几年的时间，赵先强先后为150余家单位开展党史学习教育义务宣讲，受益党员群众2.6万余人次。

（安徽省文明办供稿）

王　鑫

身患重症的志愿者 投身公益温暖一座城

人物故事 THE STORY 王鑫，男，1974年生，中共党员，江西省抚州市宜黄县爱心志愿者协会会长。

2012年，王鑫在做志愿者时，经常走访看望一些老兵、贫困学生，因此，萌生了在自己工作所在地宜黄县组建一个爱心组织的念头。2015年王鑫创立了宜黄首个民间公益团队——宜黄县爱心志愿者协会，与一批志同道合的朋友一起为贫困学生筹集温暖包，协助开展疫情防控工作，为乡村学校引进免费午餐项目，组织志愿者定期为敬老院老人理发，成立“九员驿站”关爱户外劳动者等等，6年来，奔跑在爱心路上，王鑫与他的爱心团队一直没有停歇。

他身患重症，坚持奉献不回头。2019年7月，王鑫被查出患有尿毒症，从2020年12月开始每周做3次透析，虽然身患重症，但他仍然坚持工作，积极投身公益事业。在他心中只有一个念头，不管前面道路如何，他始终坚信：公益是让人快乐的，更是一份执着。截至2021年，宜黄县爱心志愿者协会共筹资10余万元，为该县贫困学生发放冬季温暖包326个；协会会员结对助学27名，帮扶金额近4万元；引进免费午餐项目在宜黄龙冈、江背、安槎落地；到敬老院开展公益活动30多次。

如今，王鑫和他的爱心志愿者协会用“传承志愿精神，无私奉献社会”的实际行动诠释了大爱的无私，其事迹在全社会引起强烈反响，树起了一面志愿者服务社会的旗帜，奏响了一曲构建和谐社会的动人乐章。

（江西省文明办供稿）

江小坤

救援队志愿者逆流而上 七年参与应急救援两百多次

人物 THE STORY 故事

江小坤，男，1979年生，中共党员，江西省上饶市弋阳县蓝天救援队队长。

2020年春节，新冠疫情来袭，江小坤和蓝天救援队三位队友驱车千里，到达武汉天河机场联合应急仓库搬运抗疫物资，住帐篷，吃泡面，每天工作都超过15小时，有时甚至忙到通宵。但他从不敢歇一歇，毕竟早一点搬完，就可能多挽救一些人的生命。他第一次参加消杀的地点便是华南海鲜市场，6个多小时的消杀，防护服内汗水完全浸透了全身。抬起头，望见对面栏杆外站着不少附近的群众，对着他和队友们高喊着“谢谢”。

2020年7月，鄱阳县突发洪水。江小坤带领首批12名队员到达谢家滩决堤现场后，在当地抗洪救灾指挥中心的统一部署下，他带领队员转移群众260余人，救援群众30余人，溺水救援2次，转移财物20余次。

2020年10月，在一起凶手行凶后逃窜的刑事案件中，为配合搜索嫌犯，江小坤第一时间向弋阳县人民武装部请战，组织18名队员参与搜山行动。案发66小时后，传来嫌犯落网的消息，江小坤终于松了一口气。33个小时的搜山和坚守并没有白费，他为能给守护一方平安出力而感到欣慰。

自加入弋阳县蓝天救援队以来，他先后参与各类志愿服务活动800余次、应急救援行动200多次，自费30多万元组织参加各类公益活动。他常说：“同在一片蓝天下，该伸援手时就要伸，该冲锋时必须冲。”

（江西省文明办供稿）

孟　辉

孤岛婚礼的幸福“使者”

助人为乐

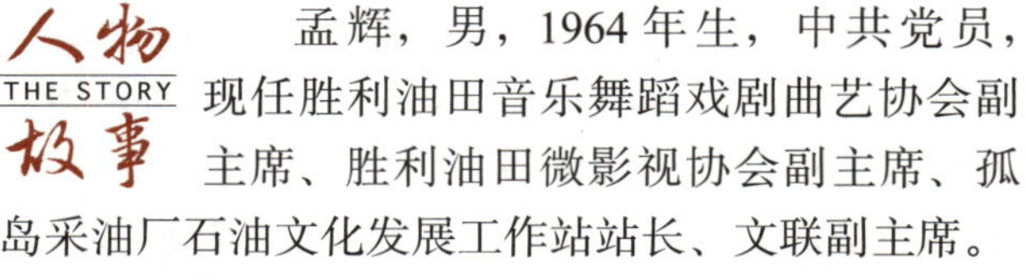

孟辉，男，1964年生，中共党员，现任胜利油田音乐舞蹈戏剧曲艺协会副主席、胜利油田微影视协会副主席、孤岛采油厂石油文化发展工作站站长、文联副主席。

1984年，从胜利石油学校毕业的孟辉，被分配到了胜利油田孤岛采油指挥部，光荣地成为一名石油工人。1987年的一天，他早早来到单位，准备忙完手头工作就去参加一位已故工友孩子的婚礼。刚到工友家，就传来嚎哭声：“孟辉，车没了，婚没法结了，我们孤儿寡母不知道怎么办好了！”原来，婚礼借好的一辆汽车，因事没法借用了，想到再过几个小时婚礼就要开始，一家人急得像热锅上的蚂蚁，工友妻子一边哭一边向孟辉跪地求助。

“这个忙，我一定帮！”扶起工友的妻子，孟辉就跑前跑后地忙活，终于从车队里借来了一辆红色的轿车，成功接回了新娘，并凭借着自己的主持演艺功底，给这对新人带来一场圆满的婚礼。从这次仗义相帮之后，孟辉便开启了免费主持婚礼的道路。在接下来的30多年里，他“以诚取信，以信取胜”，免费主持了近1400场婚礼，并将中华民族传统文化融入婚礼中，把爱心毫无保留地播撒在婚礼舞台上。

“人人都有义务常为义善之举、常做有益之事，我要像雷锋那样，自己活着能为别人做点有用的事，让他人活得更好，就感觉很快乐。”孟辉说。

（山东省文明办供稿）

杨志刚

卡车司机心系困难群众组建志愿团队 每天为环卫工人免费赠粥

人物 THE STORY 故事

杨志刚，1978年出生，河南省辉县市冀屯镇益三村村民，辉县市志愿者服务中心主任。

杨志刚幼年时就积极主动做好事，长大后更是乐善好施。多年来，杨志刚一边开货车挣钱，一边慷慨解囊助公益。2015年，杨志刚组建辉县市雷锋爱心团队，积极开展大病救助、精准扶贫、爱心顺风车、植树造林、爱心黄手环、走进敬老院、慰问困难户、助残、慰问抗战老兵、爱心助考等各项公益活动。2018年12月12日，杨志刚和团队志愿者以每年1.8万元租赁临街门面，成立辉县市雷锋爱心免费粥屋，每日为环卫工人和其他特殊人员提供早餐，每天参与的志愿者多达40余人。

在杨志刚的带动下，更多的群众积极加入雷锋爱心团队，目前团队注册成员已有357名，累计参加各类公益活动1000余次，团队发起的每日为环卫工送爱心早餐活动已累计送爱心粥25万余份，参加送粥活动人员达23200余人次。

2021年7月下旬，河南新乡遭受暴雨洪灾，为帮扶更多受灾群众，杨志刚带领团队成员四处采购食材，制作盒饭，送到西刘店村等7个村镇数千名受灾群众手中。截至抢险救灾结束，辉县市雷锋爱心团队共出动车辆170余辆次，人员300余人次，转运输送救灾物资价值50余万元，烹饪制作20多万份盒饭。

（河南省文明办供稿）

张新静

普通村民致富后带领村民致富 资助贫困大学生反哺家乡

人物 THE STORY 故事

张新静，男，1976年生，河南省周口市太康县逊母口镇逊北村人。

由于家境贫穷，张新静15岁就随着同村村民外出务工。务工期间，他蹬过三轮车，在工地搬过砖头、水泥，还当过快递小哥。不过，靠着吃苦耐劳，张新静最终掘到第一桶金。

2006年，张新静在浙江杭州创办富阳翔宇运输公司。2006年1月，张新静从杭州回村过春节，看到村里依然比较贫穷落后，而且不少青壮年农闲时在家没有事干。于是，他决定通过自己的力量来帮村民们脱贫致富。十余年来，张新静个人先后出资150多万元，让家乡的110名村民到驾校学习驾驶技术，毕业后安排到自己公司上班，每月领工资并分红，一个个村民在张新静的帮助下，走上了致富路。

此外，从2010年起，张新静还资助10名贫困大学生上学。2020年春节，新冠疫情暴发，他还组织成立了逊母口镇心连心雷锋志愿服务队，积极为家乡捐款捐物，组织志愿者为村民送药、送菜等5000余次。

（河南省文明办供稿）

苏永福

退休职工14年无私奉献　组建“天桥义工”志愿服务队服务20万人次

人物 THE STORY 故事

苏永福，男，1943年生，中共党员，河南省漯河市天桥街道退休职工、漯河市“天桥义工”志愿服务队队长。

2007年，苏永福组织附近退休职工成立“天桥义工”志愿服务队。14年来，苏永福退休不退志，带领义工团队坚持每周六在漓江路社区烟厂花园开展“爱见周六”志愿服务活动。他根据群众需求不断壮大队伍，拓展志愿服务项目，积极为社区居民提供理发、修车、磨刀（剪子）、义诊、法律咨询、经典诵读、红色电影放映等服务，惠及群众20多万人次，仅免费理发、磨菜刀磨剪子、义诊三项就为群众节省费用50多万元。“爱见周六”成为叫响全国的志愿服务品牌。

14年来，“天桥义工”志愿服务队在苏永福的带领下，已发展成5支志愿者服务队，队员从最初17名发展到现在200多名，影响带动志愿者5000多名，服务项目扩展到20多项，成为覆盖全街道、服务周边区域、辐射全市的志愿服务品牌。2017年，“天桥义工”所在漓江路社区被中宣部、中央文明办授予“全国最美志愿服务社区”。

2021年7月，苏永福被授予“光荣在党50年”纪念章。苏永福说：“党培养了我，作为一名老党员，我一定会牢记党的初心和使命，虽然我的力量不大，身体也不算好，但我愿意将自己这辈子剩余的时间全部奉献给志愿服务事业。”

（河南省文明办供稿）

董　琳

“生命卫士”参与救援两百余次　守护群众生命安全

人物 THE STORY 故事

董琳，男，1977年生，湖北省黄石市大冶有色金属公司职工、黄石蓝天救援队队长。

董琳是一名普通职工，也是一位热心肠的人。在做好本职工作的同时，业余时间带领黄石蓝天救援志愿服务队伍做了许多公益活动。

2014年，云南鲁甸发生6.5级地震，董琳与队友第一时间奔赴现场。由于交通堵塞，他们在泥泞中行进了几个小时才安全到达指挥部，随后立即投入到抗震救灾的行动当中。顶着烈日搬运物资，进入塌方山区进行搜救排查，他和队友冒着生命危险，出色地完成指挥部安排的各项任务。

2020年，新冠疫情暴发，从年三十开始，董琳就协助转运接收各类抗疫物资，还只身赴襄阳、仙桃等地，募集紧缺的口罩、酒精、消毒液等抗疫物资。随后，应蓝天救援总部指令，董琳赴武汉黄陂出任联合仓库主管，全面负责接收来自四面八方支援湖北的防疫物资。

10年时间，董琳参与了“东方之星”沉船打捞、“尼泊尔地震救援”、“云南鲁甸地震救援”、“毛铺峡谷深谷救援”等各类救援活动200余次，出勤时间近千小时，从个人微薄工资收入中为救援活动先后投入20余万元。

“当遇困者被救出时，再多的付出也是值得的。”董琳说，他会坚持一辈子将公益之路走下去，用实际行动践行自己的诺言。

（湖北省文明办供稿）

肖高敏

普通农民二十三年奔赴二十多个重大灾情现场进行义务救援

助人为乐

人物 THE STORY 故事

肖高敏，男，1969年生，湖南省衡阳市衡阳县岘山镇藕塘村村民，他以助人为乐，做义工至今长达20多年，志愿服务足迹遍及全国20多个重大灾情现场。

肖高敏前妻临终前的一句嘱咐："高敏，以后你也多做义工吧！在人家危难时，你都要帮助一点，回报社会。"让肖高敏做义工长达20多年。他以助人为乐，曾参加过四川汶川、青海玉树、甘肃岷县、云南鲁甸等多地特大地震救灾抢险，参加过贵州望谟县和甘肃舟曲县的特大泥石流救灾抢险，参加过云南镇雄的特大山体滑坡救灾抢险，参加过衡州大市场火灾和湖南冰灾的救灾抢险，参加过江西吉安、陕西佛坪、浙江余姚等多个地方的抗洪抢险。2021年，在参加河南卫辉市抢险救灾中，他凭借自己良好的水性，从洪水中救出14名老人和孩子，转移出当地群众53人。

他是一个哪里有灾就扑向哪里的"编外"救援者；他是一个到处捐钱捐物的无私奉献者；他是一个守护3个孤寡老人的"外挂"孝子；他用8年时间义务为家乡修了7条村路和1座桥；他经常照顾本村的病残老人和孤寡老人，家里不富裕却到处捐钱捐物，累计捐款达16万多元……他家贴满了奖状和锦旗，床头还有两麻袋的荣誉证书，床尾还有一摞关于他事迹报道的报纸，这就是他所有的财富。

（湖南省文明办供稿）

陈代春

老人二十年如一日照顾独居老人诠释助人为乐的人间大爱

人物 THE STORY 故事

陈代春，女，1944年生，中共党员，湖南省常德市武陵区丹洲乡楠木村3组村民。

不是母女，胜似母女。在湖南省常德市武陵区丹洲乡楠木村的路上，经常可以看到一位白发老人骑着一辆人力三轮车，车上坐着另一位瘦弱的白发老人。不认识她们的人会猜测：这两个人是婆媳还是母女？她会笑着回答："我们既是婆媳，也是母女。"坐车的老人陈月秀97岁了，她是陈代春的邻居。20多年前，陈月秀的老伴过世了。后来，她的继女改嫁到外县，孙儿又去了广东打工，陈代春就开始主动照看她。

没有血缘，却胜似亲人。在过去的20多年中，陈代春一直无微不至地照顾着陈月秀老人。陈月秀老人病了，陈代春就带着她上医院；陈月秀老人种了一块菜地，陈代春总会赶过去帮忙提水提肥；陈月秀老人需要去市里办养老认证，陈代春就替她叫车并陪着去办理手续；老人每两个月要去一公里外的丹洲乡集镇夹街理发，陈代春就骑三轮车送她。受陈代春的影响，其丈夫和儿子也把陈月秀老人视为亲人，对他们来说，这并不是什么稀奇事。

默默守护独居老人直至白发苍苍，陈代春说："我听说过一句话，'做一件好事不难，难的是一直做好事'，我要把好事做到底。"

（湖南省文明办供稿）

田桂兰

守望精神残疾患者 老党员以工代疗15载

人物 THE STORY 故事

田桂兰，女，1951年生，中共党员，重庆市大渡口区新山村街道沪汉社区第一网格党支部书记。

看着长期遭受抑郁症折磨的孩子们，一心致力于社区服务工作的田桂兰决心要帮助他们过上正常人的生活。2006年4月，在多方支持下，以手工编织为主、以工代疗为目的的精神残疾患者工疗站正式成立。

为了能准确掌握孩子们的实际情况，55岁的田桂兰提前在网上查阅资料，独自乘坐公交车前往每位精神残疾患者家中，面对面与本人和家属沟通，最终选择“串珠”技术培训，并吸纳12名患者和家长参加课程。

初获成功的田桂兰趁热打铁，每天运用手机视频学习，一边与几名专业手编老师交流心得，一边制定授课方案，再链接社区资源定期开展手工编织课堂。

15年来，田桂兰指导精神残疾患者及家长开展手编教学2000多人次，编制“不忘初心、牢记使命”“光辉百年路，奋进新征程”等主题手工作品1100余件。

精神残疾患者工疗站的孩子们对她愈发信任，亲切地称田桂兰为“田妈妈”，这让她萌发了建立一支专业志愿服务队的想法。2019年，沪汉社区新时代文明实践站特地组建以“巴渝巧姐”田桂兰牵头的志愿服务队，为其奉献爱心链接资源和搭建平台。

（重庆市文明办供稿）

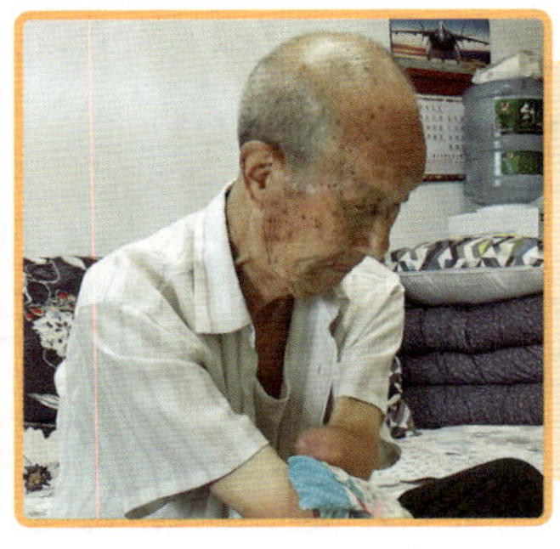

李化武

抗美援朝老兵义务宣讲红色故事 激励一代代人自强不息建功立业

人物 THE STORY 故事

李化武，男，1933年生，四川省广元市昭化区元坝镇云雾村村民。

1952年12月，李化武在抗美援朝战场上负伤，失去双手和右眼，成为一级伤残军人。1956年，他进入四川省革命伤残军人休养院。他用布条绑着笔练习写字，学会了读书、写信。当时，在休养院有上千名重残伤员，有的战友情绪低落，李化武就给他们读《钢铁是怎样炼成的》《人民日报》等，用英雄的故事激励他们。他还帮医护人员照顾伤病员，让战友们变得积极阳光。1957年5月，李化武随休养院演出队到北京作汇报演出，轰动全国，八一电影制片厂还为其摄制了电影纪录片《最坚强的人》，在全国掀起了学习的热潮。

李化武不愿让国家养一辈子，1963年携妻子回到故乡。他带头搞农业生产，常常冲锋在前抢着干，残缺的胳膊时常磨破了皮、磨出了血。不管遇到什么难事，他都不给组织添麻烦、提要求，但对于别人的困难，他都全力帮助。2019年以来，每年清明节，不论刮风下雨，他都坚持到太公红军山祭扫。

返回家乡后，李化武便开始义务宣讲。1966年起，李化武先后在达州、绵阳等地的部队、学校作巡回报告100余场。他题为“立志做最坚强的人”的报告，感动和激励了无数人。自2019年以来，他作公益报告30余场，引发强烈共鸣。近年来，他积极参与退役士兵适应性技能培训，以切身经历鼓励学员发扬能吃苦、能战斗的精神，在平凡岗位上建功立业。

（四川省文明办供稿）

王世宏

非遗传承人无偿传授蝶画技艺 为"折翼天使"插上梦想翅膀

助人为乐

人物故事 THE STORY

王世宏，男，1970年生，四川省泸州蝴蝶画非遗体验基地负责人。

2014年，王世宏成立了集蝴蝶画加工、精品制作、销售于一体的泸州市世宏蝶艺文化有限公司。经过多年发展，公司开发了很多旅游纪念品，开展了精品蝴蝶画的研学体验。泸州蝴蝶画作为特色旅游纪念品，获得了不少国家和省市级奖项，还被评为城市文化名片。

作为非遗传承人，为将蝶画技艺传承下去，让更多人了解、学习蝶画，王世宏决定颠覆过去"内传不外传"的模式，于2017年主动联系泸州市残联人联合会，招收了30名听障孩子当第一批学生。"假期里，还有部分学生到工作室勤工助学，挣到了'工资'"，王世宏自豪地说。

此外，王世宏不定期开展蝴蝶画公益课堂，还为不便前往现场学习的孩子开通线上课堂。截至2021年，王世宏开展线上线下公益课堂50余次，1000余人次受益。他还充分利用"泸州市妇女居家灵活就业示范基地"平台，先后举办蝴蝶画制作技艺培训班40余场次，参培人员2000余人次，形成了"传承非遗文化＋促进居家灵活就业＋打造特色旅游产品"联动发展新模式；他探索建立电商平台，拓宽销售渠道，扩大就业空间，让更多的留守妇女、失地农民、残疾人、贫困妇女实现居家灵活就业增收，帮助50余个家庭解决生活困难。

（四川省文明办供稿）

张红兵

上善若水公益路 "心"火相传志愿情

助人为乐

人物故事 THE STORY

张红兵，男，1979年生，中共党员，陕西省宝鸡市公交公司职工，宝鸡上善公益联合会党支部书记、会长。

张红兵一直热心公益事业，在工作之余坚持开展志愿服务。2015年，他与一群志同道合者克服资金、人员、办公场所等困难，成立了宝鸡上善公益联合会。

2020年新冠疫情暴发后，张红兵迅速行动，带领志愿者团队仅用48小时便将首批抗疫物资送到宝鸡市两家定点医院，成为宝鸡市首家驰援抗疫一线的社会组织。三年抗疫期间，他所在的联合会累计捐赠护目镜1590副、乳胶手套3925双、消毒液46桶、专用消毒机1台、免手洗消毒液711支。

张红兵还带领志愿者们聚焦脱贫攻坚开展系列特色活动，累计结对帮扶16户贫困家庭，先后组织40余家单位走进宝鸡西部山区扶贫，参与志愿服务人数达550余人。其中针对家庭脱贫开展的"扶贫帮学"志愿活动在宝鸡开创了先例，"公益组织自己造血造福社会"的扶贫模式受到各界一致好评。他和他的团队还积极投身开展"让爱动起来"助力乡村全面振兴系列志愿服务项目，该项目中的"青年教师培养计划"和健康进校园活动已使1762名师生受益。

据不完全统计，从事社会公益事业20多年来，张红兵已累计组织开展大中型公益活动290余场(次)，带动爱心志愿者上万人次，活动受益者17万余人次。

张红兵常说："只要我有能力，公益梦想和爱心行动就不会停止。"他是这样说的，更是这样做的。

（陕西省委文明办供稿）

董恒浩

诚信“的哥”拾金不昧 甘于奉献传递大爱

人物故事 THE STORY

董恒浩，男，1978年生，中共党员，陕西省西安市出租汽车集团雷锋车队驾驶员。

2021年4月19日，董恒浩像往常一样拉载乘客，发现车后座有乘客遗落了一个手提包，董恒浩将包妥善保管好。为了确保能及时联系到车主，他打开包设法确认身份信息，意外发现里面有四捆现金，他立即跟所在车队联系进行报备。一小时后，董恒浩将40万元现金交到失主手中，失主握着他的手激动地说，“你救了我们公司，这笔钱对我们公司来说真是太重要了”。董恒浩面对现金不为所动、拾金不昧的优良品质为广大驾驶员树立了标杆。

2018年6月11日，董恒浩驾驶车辆时看见路边一位男子脸色发白、身体抽搐，他立即下车询问情况，并拉载着男子前往医院，照顾男子直到男子的妻子赶来医院，董恒浩才继续上路。2020年疫情来袭，董恒浩第一时间请愿，成为西安出租行业“爱心车厢”支援队第一分队第二小组组长，带领小组10人奔赴西安交通大学第一附属医院对口服务，并积极承担核酸样本转运、老年乘客就医必要出行接送等任务。2010年从业至今，董恒浩已通过爱心车厢开展关爱老人出行、免费接送老人百余次。董恒浩始终在平凡的岗位上助人为乐、关注公益，以微小善举传播着人间大爱。

（陕西省委文明办供稿）

岳庆民

七旬筑路老人感党恩 无偿修路数十载

人物故事 THE STORY

岳庆民，男，1949年生，新疆生产建设兵团第一师阿拉尔市原十五团退休职工。

无偿修路书写家国情怀。在一师阿拉尔市的非机动车道上，过往行人经常会看到一辆装满砖头和煤渣的红色电动三轮车停在路边，一位两鬓斑白、身材清瘦的老人，手拿十字镐和铁锹一点点仔细地修补坑洼路面。这位老人就是岳庆民。岳庆民是1968年第一批援建巴基斯坦筑路的员工，他曾冒着生命危险和许多援巴筑路工人一起修建了“中巴友谊之路”。从那以后，修路便成了他一生的情结。在单位工作时，他利用下班时间去修路。退休后就更闲不住了，整天都在路上转悠，只要发现哪里的路坑洼不平，给交通带来不便时，他就立即想办法修复。

不忘初心只为造福家乡。2015年，他搬到了市区居住，每天都会骑上电动三轮车在阿拉尔市道路上“巡查”。没有修补路面的材料，岳庆民就到已经拆迁的废墟里寻找能用的砖头，到发电厂附近搜集煤渣，修补过的大坑、小坑有多少个，连他自己都已经记不清了。搬砖、铺路都是体力活儿，可已年过七旬的岳庆民似乎都没当回事儿，他说自己身体素质好，也吃过苦，做的这些事都没啥，既能助人为乐又能锻炼身体，一举两得。

（新疆生产建设兵团文明办供稿）

周九江

七旬老人深夜跳河勇救落水女子

见义勇为

人物 THE STORY 故事

周九江，男，1949年生，中共党员，江苏省盐城市大丰区大中街道浦江社区居民。

2021年2月28日22时许，年逾七旬的周九江不顾自己身患多种疾病，跳入冰冷的河水中，奋力救起一名已被河水淹没头顶的轻生女子，挽救了一条鲜活的生命。在确认女子不会再有生命危险后，周九江老人才舒了口气，默默地离开了救人现场。

这已经是周九江第3次救人了。1964年，16岁的周九江在盐城市大丰区西团镇九一村川心河边发现10岁的小保和8岁的小国兄弟被冲进河中间，他立即跳进河里救起两名已经落水昏厥的小男孩，一路狂奔送到乡医院。1971年，参加村工作队的周九江途经五十里河边时，听到河对岸女孩哭喊，二话不说划船到达现场，从一农家旱厕粪坑里救出快溺亡的小女孩。

2021年3月8日和2021年5月31日，周九江两次来到盐城市大丰区大中街道浦江社区，将他的6000元见义勇为奖金作为特别党费交纳给党组织，用于帮助需要帮助的人。

“周围有人生命受到危险时，应当有人挺身而出，更何况自己还是一名受党教育多年的党员，我只是做了一个有良知的人应该做的事。”周九江说。

（江苏省文明办供稿）

马家瑜

四次往返急流 舍命连救两人

人物 THE STORY 故事

马家瑜，男，1987年生，生前在浙江省温州市平阳县腾蛟镇印刷厂务工。

2020年10月6日下午，马家瑜与朋友在金田社区溪流边垂钓，当听到“有人落水了，救人啊!”他赶紧跑了过来，连衣服都顾不上脱，跳进湍急的溪流。落水的是丽丽（化名）及其父母。马家瑜先救起落水在离岸不远处的丽丽，但上岸的丽丽想参与营救父母，却不小心再次掉入溪中。他赶紧奋力将丽丽再次推向岸边，转身又游到水中央救起丽丽的母亲。这时的马家瑜来不及喘口气，又扎入溪水中去救丽丽的父亲。但这一次，他再也没有出来，他的生命被永远定格在34岁。在腾蛟，讲起马家瑜，大家都赞不绝口。2016年的台风天，平棋村需要临时转移群众，他跑前跑后地帮忙；村里受台风影响时，人员转移现场也有他的忙碌身影……哪里需要帮助，他都愿意伸出援手，有什么事也总是冲在最前面，这次救人，也是他跑得最快。马家瑜的英勇事迹引起社会广泛关注，令无数人感动落泪，15家以上主流媒体刊发报道40余篇，人民网、新华网、“学习强国”、《浙江日报》等媒体进行了专题报道。马家瑜被追认为县道德模范、温州好人、“最美温州人”、浙江好人等，并被省政府追记为一等功。

（浙江省文明办供稿）

吕利余　吕利明

农家兄弟火海架梯逆行救下四人五命

吕利余，男，1968年生；吕利明，男，1971年生，中共党员，两人均为安徽省黄山市歙县霞坑镇里方村村民。

2021年7月20日凌晨，黄山市歙县霞坑镇里方村吴嫦娣家着火，吴嫦娣和怀孕待产的女儿以及两个小孙女被困二楼。火苗迅速卷噬了一楼，顺着梁柱向二楼蔓延，村里居民大都是老弱妇孺，大家束手无策。

这时吕利余、吕利明兄弟站了出来，他们一合计，决定从房子后面的窗户里将人救出。正苦思如何从二楼施救，吕家兄弟忽然想到祠堂后有一架长梯，他们向祠堂飞奔而去，迅速扛来一条约4米长的梯子，吕利余一马当先从窗户爬上了二楼。他一边安抚受惊的众人，一边抱起孩子往梯子下送，吕利明配合哥哥在地面稳稳接住。在营救时，由于行动不便和梯子狭小，孕妇不小心一脚踩空，吕利余立即伸出手来减轻了她的摔落，而下面扶梯的吕利明更是眼疾手快，及时托住孕妇，所幸没有造成大的伤害。几个月后，孕妇顺利地生下了一个孩子。

在四人成功获救后不到10分钟后，整个房子被大火吞噬了。后在消防部门的共同努力下，大火在凌晨5点左右被扑灭。当所有的救援任务完成后，吕利明和吕利余默默地离开了，消失在人群中。

“当时没考虑那么多，就是想着要救人救火，做这些都是应该的，哪里谈得上什么英雄不英雄的。”面对赞誉，吕利余、吕利明兄弟很淡然，仿佛是做了一件再普通不过的事。

（安徽省文明办供稿）

汤　辉

面对险情迎头而上 街道干部两度跳水救人

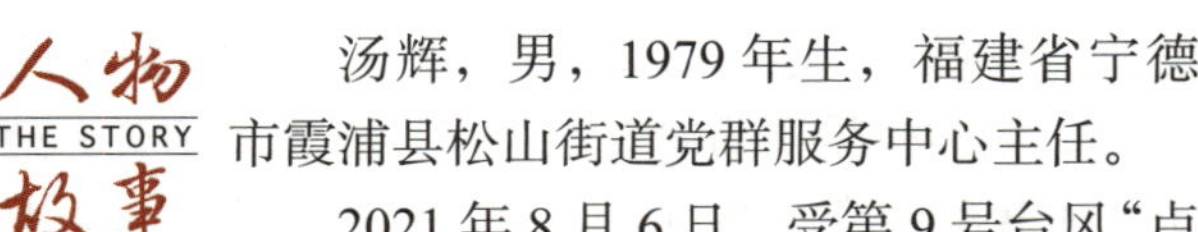

汤辉，男，1979年生，福建省宁德市霞浦县松山街道党群服务中心主任。

2021年8月6日，受第9号台风“卢碧”影响，霞浦县发生强降雨。汤辉与古县村党支部书记孙丽美等4人在巡查过程中，发现一水泥桥涵洞被堵塞，为避免危及河道附近的村后自然村，孙丽美在清理淤积物过程中不幸被洪水吞噬。

汤辉跳入河中，试图将孙丽美托举起来。但因水流急促、涵洞吸力大以及水草缠绕，汤辉却先被涵洞吸入泥水中。在呛水、神志模糊情况下，汤辉几经挣扎，脱离涵洞束缚。被大水冲至涵洞下方十余米后，汤辉抓住岸边水草挣扎爬上岸边，又踉踉跄跄跑回桥面营救孙丽美。

随着河水愈发湍急、涵洞吸力增大，孙丽美被吸入涵洞中。汤辉立即从水泥桥另一端再次跳入水中，希望从下游截住孙丽美，然而急促的水流再次将他冲走。他的嘴鼻都进了泥水，只能无奈挣扎着爬上岸，而孙丽美则不幸被洪水冲走。从当天14时许至21时许，汤辉两次跳入湍急的河水中救人，又拖着湿透疲惫的身体全程参与搜救工作，他用尽全力却未能救起孙丽美，感到十分遗憾和痛心。

汤辉扎根基层、心系百姓，力所能及为群众多做事、办实事，以“无私”“无畏”“无愧”，践行着共产党员的使命和担当。

（福建省委文明办供稿）

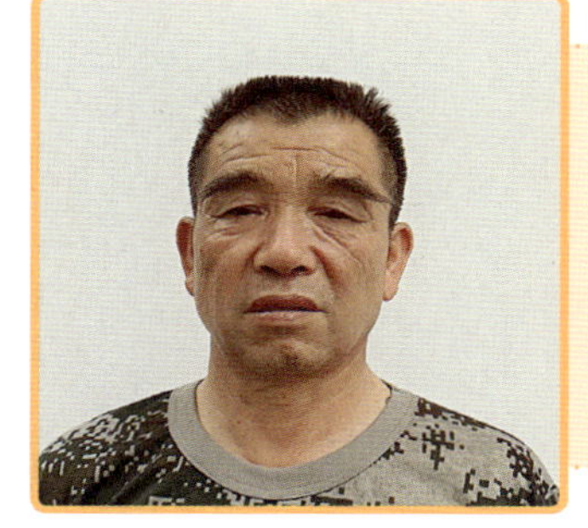

张文良

退伍男儿显本色　见义勇为好担当

人物 THE STORY 故事

张文良，男，1963年生，江西省新余市仙女湖区欧里镇村民。

2017年7月10日上午，三名孩童骑电动三轮车玩耍时意外掉入鱼塘。知道有人落水，张文良便三步并作两步赶到鱼塘边，此时落入池塘的三轮车和三名小孩几乎快要没入水中，随时都有沉底的危险，情况十分危急。时间就是生命，没有丝毫犹豫，救人心切的张文良顾不上自己腰椎间盘突出的伤痛，立即跳入水中施救落水儿童。他先向最近的落水儿童游去，用力搂住孩子朝岸边游去。他不顾自己体力不支的危险，咬紧牙关连续在鱼塘中几个来回，终于在村民的帮助下将三个孩子全部成功救上岸。

2021年大年初一下午，正在家中休息的张文良被妻子匆匆叫醒，告诉他一名四岁小孩落入了池塘中，随时都有生命危险。张文良来不及思考，立马从躺椅上站起来直接往池塘方向跑去。池塘中一名儿童在水里挣扎着，已被淹没了大半个身子。见此情景，和四年前的那次一样，张文良没有丝毫犹豫，顾不上极低的水温，也顾不上脱下衣物，再次纵身一跃跳进池塘，将溺水儿童托在手臂上游向岸边。将小孩救上岸后，张文良用腿架着孩子将他肚子里的水全部挤了出来，随后将孩子抱着送到了孩子家中，直到这一刻，他才放松下来。

不同的年份，不同的季节，相同的选择。在小孩掉进池塘的千钧一发之际，他毫不犹豫地冲入危险之中，多次冒险施救，挽救了一个个生命和家庭。

（江西省文明办供稿）

胡小亮

平凡的救火英雄用凡人善举铸就险情盾牌

人物 THE STORY 故事

胡小亮，男，1986年生，中共党员，山东省淄博市高青县宏泰交通集团大桥收费站中队长。

2020年4月24日晚，一辆满载货物的重型货车驶入高青惠青黄河公路大桥收费站。此时货车的轮胎上伴有浓烟冒出，轮胎上的火焰已经蹿到了车外，轮胎随时都有爆炸的可能。一旦轮胎爆炸，极易致使车辆倾斜侧翻，所载石料滚落，引爆油箱，危及附近人员的生命安全。当时正在值班的胡小亮发现了险情，他立刻跑上去拦下货车，迅速用对讲机通知值班的外勤人员，并立即取来灭火器，冒着生命危险，冲到着火的轮胎前，钻入车底，用最快的速度把火扑灭。因司机过于恐慌，短时间内不便驾驶货车，胡小亮和同事们将司机安置在收费站办公室里，待其心情平复后才送他离开了收费站。

2021年8月19日凌晨，一辆满载40多吨易燃煤的大货车在行驶到高青惠青黄河公路大桥时左后轮轮胎突然起火，由于着火轮胎紧靠油箱，随时都可能点燃油箱发生爆炸，进而引燃整车燃煤造成车毁人亡。千钧一发之际，正在值班调度车辆的胡小亮立即启动突发情况处置预案，指挥设置警示牌，摆放反光锥，提前疏导车辆，避免发生次生事故，他则迅速带领外勤人员将车辆引导至收费站广场开阔地带，提着灭火器，对着着火点喷射，大约5分钟后，浓烟消散，火焰全部被扑灭。

面对突发险情，胡小亮镇定自若，迅速有效地处理，将危害扼杀于萌芽状态。

（山东省文明办供稿）

赵　朋

听障英雄危急时刻跳入深水勇救两落水者

人物故事 THE STORY

赵朋，男，1974年生，河南省许昌市襄城县山头店镇人、赵朋钟表行店主。

2021年8月12日18时许，跟着舅舅、舅妈来到襄城县山头店镇北汝河大陈闸游玩的小扬不慎滑入了水中。看到外甥掉进了水中，堤坝旁边的舅妈慌了神，顾不得自己水性不好，就跳进了水中救人，这也让她陷入了危险当中。

事发时，赵朋也正带着妻子和孩子在附近散步，看到有人掉进了深水区，赵朋来不及跟妻子打招呼就赶紧跑了过去，远远看到一少年和一女士在水中挣扎，水已经没过两人头顶，情况万分紧急。赵朋加快速度跑到离落水者最近的地方，他来不及脱掉衣服鞋子，便跳入水中。此时两名落水者已距离岸边两米远，水即将漫过头顶，连救命都喊不出来，只能靠着本能在水里挣扎。赵朋迅速游到少年的旁边，一手托着少年，一手推着另一名落水者，奋力往岸边游去。在短暂又漫长的两分钟里，赵朋沉着冷静，用尽全身力气，终于将两名落水者救到了堤坝旁。看到被救者意识稍微清醒之后，赵朋着急地用手语比画了几下，连联系方式都没留下，就和妻子直接离开了。这时，大家才意识到救人英雄竟然是个聋哑人。

凡人怀义勇，无声有大爱，事了拂衣去，深藏功与名。赵朋就是这样一个凡人英雄。

（河南省文明办供稿）

马成龙

皮划艇退役运动员黄河激流27秒“教科书式”桨板救人

人物故事 THE STORY

马成龙，男，1999年生，河南飞帆户外运动俱乐部总教练。

2020年7月，马成龙从郑大体院毕业，进入河南飞帆户外运动俱乐部工作，依靠出色的专业素养成为总教练。7月22日，马成龙与同事在黄河边看人垂钓，突然发现河里有一个人。由于河水流速大，落水者无法摆脱湍急的水流，生命危在旦夕。根据职业经验，马成龙脑海里迅速生成了救援方案。他从车上拽下桨板立即下水，从河岸边飞速划出，呈45度角在急流中成功截住落水者，先将落水者置于桨板上游侧，自己处在下游侧，利用水流的冲力将其紧紧靠在桨板一侧，防止被水流冲走。在救人期间，马成龙将桨板基础技能发挥得淋漓尽致，长期专业的训练，成千上万次的练习，形成了深刻的“肌肉记忆”，上演了“教科书式救人”的事迹。

随后几日，一段“黄河激流中27秒桨板成功救人”的视频刷爆各大媒体，河南青年矫健的身姿、专业的素养与见义勇为的事迹展现在了全国人民的眼前。事后，有人问马成龙是否害怕，他说：“不害怕是不可能的，生命在大自然面前是微不足道的，但是救人对我来讲是力所能及的事情，没有想到会引起这么大的关注，我相信只要是有能力的水中健将在现场，一定会毫不犹豫地想办法进行救援！”

（河南省文明办供稿）

程军伟

“90 后”小伙雨中 15 秒救起触电司机

见义勇为

人物 THE STORY 故事

程军伟，男，1993 年生，河南省驻马店市泌阳县人民检察院第四检察部书记员。

2021 年 8 月 22 日 16 时许，程军伟冒着暴雨驾车返回泌阳县城。途经羊册镇东边一乡间路段时，前车突然停下，由于道路狭窄，后方行驶的程军伟也随即停车等待。前车司机似乎是要查看车辆附近异常情况，下车走到车辆后方，突然身体一颤瞬间倒地。程军伟定睛一看，原来是道路上方架设的电线被风吹落在路边，这位司机下车时不小心触电倒地昏迷。

情况危急，救人要紧，程军伟迅速冒雨飞奔到触电人身旁展开施救。为避免触电，这位弹药工程与爆炸技术专业毕业的大学生运用所学知识，将上衣脱下拧作一根“绝缘绳”套在触电人头部，然后用力将其拉离了电线掉落位置。见触电人脸部、手臂烧伤，失去意识，程军伟尝试对其进行心肺复苏，但一时未见效果。大雨仍在继续，一旁的电线半悬于积水面，程军伟担心再次发生事故，于是双手架起触电者，将其移动至旁边屋檐下的安全地带。经过程军伟继续努力施救，触电者恢复了一些意识，并与其村支书取得了联系。直到村支书赶到现场将触电者送往医院后，程军伟才驾车离开现场。

程军伟救人的事迹先后被《人民日报》、中央电视台等媒体报道，获得网友们的纷纷点赞。他沉着冷静，在风雨中用十五秒挽救了触电者的生命，完成了教科书式的救人之举。

（河南省文明办供稿）

刘松峰

“铲车英雄”洪水中营救 69 名教师和群众

人物 THE STORY 故事

刘松峰，男，1982 年生，河南省郑州市巩义市米河镇村民。

在“7·20”郑州特大暴雨中，从巩义市区回老家米河镇的刘松峰发现 310 国道上两辆大巴车正被洪水裹挟，情况危急。有着 20 年铲车驾龄的刘松峰立刻想到了用铲车救援，正巧附近水泥厂有一辆没有钥匙的铲车，刘松峰打开车门，搭好电线，打火启动，他驾驶铲车逐一将两辆车内 67 名被困人员以及两名遇险村民转移至安全地带。

事后，刘松峰才从被救人那里知道，大巴车内的人员除了两名司机，其余乘客全部是郑州航空工业管理学院的教师，且大部分是硕士和博士。

2021 年 7 月 24 日，郑州航空工业管理学院院长亲自到高庙村，给刘松峰、高庙村委以及收留被困人员过夜的郑州仲发新材料有限公司送来锦旗，感谢他们的救命之恩。刘松峰的事迹被人民网、《河南日报》、河南电视台、大河网、网易、新浪等媒体报道。

回想起当天救人的经过，刘松峰仍然有些后怕：“水流太急了，水下面的路是什么情况我们都不清楚，万一下水道没有盖板，铲车肯定要掉下去。”当被问及，如果再遇到这种情况，是否还会前去营救时，刘松峰毫不犹豫地说：“肯定会。”

（河南省文明办供稿）

熊高华

身患重疾不忘初心 跃入激流勇救落水女童

人物 THE STORY 故事

熊高华，男，1963 年生，中共党员，湖北省十堰市丹江口市税务局均州税务分局税收管理员。

2020 年 8 月 12 日晚 8 时许，熊高华带着儿子在丹江口大坝下散步纳凉。受连日暴雨影响，丹江口大坝开闸泄洪，河水波涛汹涌，水声震耳欲聋，壮观的景象引来众多市民围观。忽然熊高华听到“有人落水了”的喊声，他赶忙上前一探究竟，只见坝前翻滚的水浪中有孩子在挣扎，水浪一个接一个打来，旋涡一个接一个，一时竟无人敢下水营救。时年 57 岁的熊高华不顾自身安危，还未脱下衣服、鞋子就跳入水中。甫一入水，熊高华就被急浪冲倒，他一边克服急浪冲击，一边奋力游向孩子，游到孩子斜后方后，一把将孩子托住，带着孩子朝岸边吃力地游去。在众人的帮助下，筋疲力尽的熊高华终于带着孩子上了岸。由于救援及时，落水的女童只是受到了惊吓，并无生命危险。熊高华向惊魂未定的孩子妈妈轻声交代一句“看好孩子”，就浑身湿漉漉地离开了。

2018 年，熊高华因患高危险度空肠间质瘤做了大切除手术，术后常年吃药，救人时身体尚在恢复期，非常虚弱。网友写诗称赞：大坝泄洪，浪大水急，你不顾患有重疾的身体，纵身一跃。当被救女孩的生命之花绽放如初，你匆匆而去，留下那个夏天最动人的背影。

（湖北省文明办供稿）

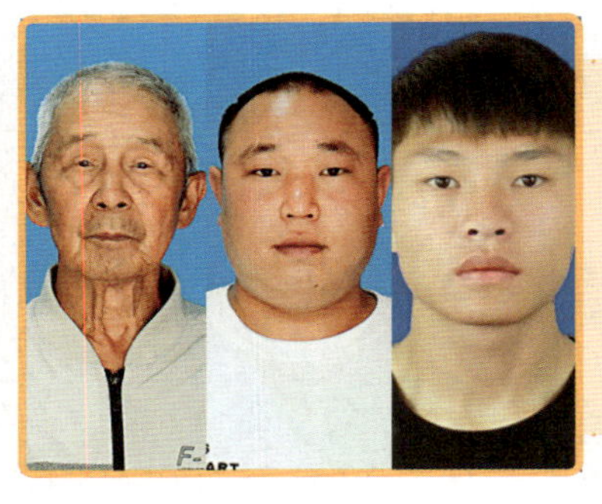

孔祥兴　朱隆飞　李开纯

危急时刻生死接力 3 人勇救落水男童

人物 THE STORY 故事

孔祥兴，男，1940 年生，贵州盘江煤电集团机电公司退休职工；朱隆飞，男，1994 年生，贵州省六盘水市盘州市保田镇青龙山村村民；李开纯，男，2001 年生，贵州省六盘水市盘州市民主镇石阶路村村民。

2021 年 6 月 27 日 15 时许，正和家人在东湖游玩的李开纯，突然听到有人呼救，赶紧朝声音传来的方向跑去。他发现一个小女孩正在湖边哭喊，一个小男孩正在湖中挣扎。不会游泳的李开纯翻过湖边的护栏，一只手拉着护栏，另一只手试图去拉落水的小男孩。但小男孩离岸边较远，他无法接近。他找到一根木棍，立即朝小男孩递过去，可男孩用力过猛，反而将自己推离更远。李开纯见状，立即拨打 110 和 120，报完警后他大声呼喊：“救人啊！”

此时，81 岁老人孔祥兴正巧经过公园，听到公园内传出一阵急促的呼救声，立即循声跑去。到达东湖岸边，他看见一个小男孩脸向下浮在水面，似乎已经没有意识，来不及思考，纵身跳进湖里，拼命朝小男孩游去。游到小男孩身边，他将其翻转过来，发现孩子已经面色发紫，完全没有意识，不顾自己年事已高，赶紧抱着孩子往岸边游。

正在公园内游玩的朱隆飞也听到呼喊声，飞奔到岸边，立即跳进湖里，奋力游到孔祥兴和小孩身边，护住他们向岸边游去。

李开纯接过男孩，立即为其进行心肺复苏。小男孩渐渐恢复呼吸，随后被送往医院救治。

（贵州省文明办供稿）

舒　滞　徐小英

教师夫妻齐心施救溺水父子后默默离开

见义勇为

人物 THE STORY 故事

舒滞，男，1977 年生，贵州省铜仁市第二中学教师；徐小英，女，1977 年生，中共党员，贵州省铜仁市第十中学教师。二人系夫妻关系。

2020 年 8 月 1 日，舒滞和妻子徐小英在铜仁市碧江区板栗园的河边钓鱼时，忽然听到呼救声。舒滞循声望去，发现离自己二十米开外的河里，一个孩子正在水里时隐时现，断断续续呼救，孩子下方还有一个人在水里托举着孩子。

"你去找木棒。"舒滞一边朝妻子叮嘱，一边迅速找到合适位置跳入水中。徐小英四处寻找，在附近找到一根 3 米多长的木棒，迅速将木棒朝丈夫游动的方向扔去。

舒滞拿到木棒后继续向两名溺水者游去。接近两名溺水者时，他得知水里托举孩子的是孩子的父亲，于是将木棒伸了过去让小孩一只手抓住木棒，同时拉出水中孩子的父亲。确认两人都抓到木棒后，舒滞立即往岸边游。两名溺水者的重量远远超出他能承受的负荷，游起来非常艰难，但他没有放弃，拼尽全力，一手死死握住木棒，拉动两名溺水者，一手拨开水流奋力往回游。

在触碰到河岸浅水处时，舒滞奋力一蹬站了起来，用力一拉，两名溺水者被拉回浅水区。徐小英看到丈夫体力不支，不会游泳的她也下了水，在浅水处接应，一个拖，一个推，最终将两名溺水者拉上岸来，落水的父子两人最终获救，而他们也在成功救援后，默默地离开了。

（贵州省文明办供稿）

张子琛

小伙海中救人遇难 用生命谱写青春赞歌

见义勇为

人物 THE STORY 故事

张子琛，男，1994 年生，陕西省宝鸡市渭滨区人。2021 年 10 月 2 日，张子琛在海南省琼海市博鳌镇下海救人时不幸遇难。

2021 年 10 月 2 日 18 时 30 分许，利用十一假期前往海南度假的张晓军、张子琛父子正在海南省琼海市博鳌镇某酒店附近海域游玩。此时，杭州游客小波和家人也在同一区域游玩，由于海面突起风浪，下水游泳的小波突然溺水并开始呼救，见此情况，在岸上散步的小波妻儿也立即大声呼救。事发突然，听到求救声后，张子琛与父亲张晓军回头看了一下，几乎同时向小波的方向游去。因夜黑浪大，父亲张晓军体力不支被海浪"打回"岸边，上岸后拨打 119、120 求助，儿子张子琛继续在海里救人，就在张子琛接近小波伸手救援时，一个大浪将两人同时淹没……接警后，博鳌海岸派出所立即出警赶到现场全力搜救，不幸的是，张子琛在施救过程中也发生溺水，他和小波两人被救起时均不幸遇难。张子琛见义勇为不幸遇难的消息传回宝鸡，家乡的亲朋好友无不为他扼腕叹息。

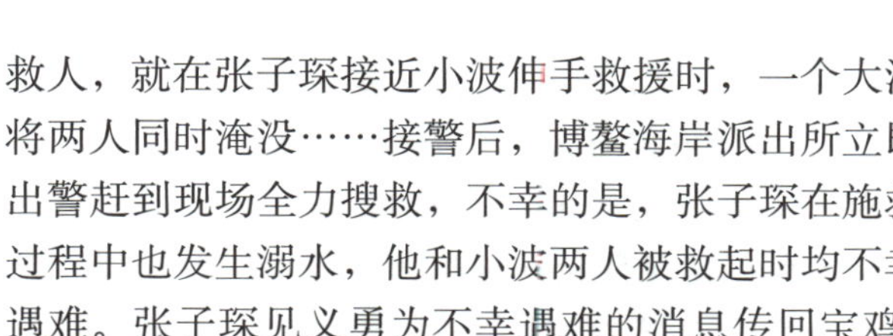

张子琛在最美好的年华，奉献了自己的生命，"英雄"这个称谓来得猝不及防。在这场惊心动魄的营救中，张子琛奋不顾身，见义勇为，用行动诠释了平凡中出英雄的真谛，彰显了危难之际挺身而出的人性光辉，用鲜活的生命谱写了一曲刻骨铭心的青春赞歌。

（陕西省委文明办供稿）

刘先松

35载坚守诚信经营 让家电维修“水不再深”

人物故事 THE STORY

刘先松，男，1968年生，中共党员，浙江省台州市天台县先松家电维修中心负责人。

“家电维修，就找刘先松。”在浙江天台，刘先松的名头可不小。35年来，家电维修部换了多个地方，但换来的却是更多的“回头客”。自1986年从事家电维修以来，刘先松始终坚持“以诚为本，以德治业”的宗旨，连续几十年做到了“零投诉”。

被人视作“水很深”的维修行业，在刘先松这里似乎是个例外。自涉足家电维修起，他就费尽心思亮出底牌，用十分真情投入，赢得顾客十分放心。他率先推行明码标价、公开收费标准、公开服务承诺、制定售后保修时间、明确内部员工管理制度和上门服务到达时限等服务举措。“当面维修、当面定价、当面检修”，成为刘先松从业以来的金字招牌。因为这三个“当面”，行业内的所有“猫腻”在这里不复存在。

为了更好地服务客户，他自费开办“中国家电维修网”，免费与全国同行分享交流，论坛发帖量超千万，一度跻身家电维修专业网站前3名；他自学编程技术，独立开发售后管理系统，免费提供给全国同行使用。

在家电维修行业并不景气的今天，这位有着25年党龄的优秀个体工商户依然在坚守。刘先松说，只要群众有需要，“先松”的牌子就不会掉。

（浙江省文明办供稿）

佘世珍

守护扬子鳄数十载 一家三口接力保护“活化石”

人物故事 THE STORY

佘世珍，女，1941年生，安徽省宣城市宣州区周王镇红洋村村民。

1982年，佘世珍一家偶然在家门口的红星水库发现野生扬子鳄产的蛋。保护区刚刚成立，野生扬子鳄的生活习性、活动情况、环境需求等相关资料相当匮乏，他们被有关部门和专家们托付：“一定要保护好这些活化石。”

从那时起，张绪宏和佘世珍开始一趟趟巡视红星水库，劝阻村民下网捕鱼，宣传保护扬子鳄的重要性，并且开始每天记录扬子鳄的活动情况。每年1本，共23本。2005年丈夫去世后，66岁的佘世珍挑起了管护员的职责，并将其中22本无偿捐赠给保护区，自己留了一本作为念想。

经过夫妻俩这些年的守护，红星水库的野生扬子鳄目前达到了20多条，最大的一条体长将近两米。随着年事渐高，管护员的工作对佘世珍而言有些力不从心。2018年，她的儿子张宏华接下了管护员的工作，陪伴母亲一起承担起守护责任。

佘世珍表示，不管干什么事，没有感情的支撑都是难以长久的，这份感情既来自对这种濒危动物的珍视，来自日复一日守护滋生出对扬子鳄的爱，更来自丈夫承诺的激励。一家三口几十年如一日，接力守护野生扬子鳄，用实际行动践行“一定要保护好这些濒危动物”的承诺。

（安徽省文明办供稿）

兰培文

“90 后”小伙信守诺言 当好民族文化传承人

人物故事 THE STORY

兰培文，男，壮族，1994 年生，广西壮族自治区壮宏文化发展有限公司董事长。

兰培文的姑奶是一位远近闻名的绣娘，还唱得一口好山歌。兰培文从小就跟在姑奶身边，看她怎么织锦、绣花、唱山歌。有一次看到姑奶帮人制作“背带”时感慨道：我们老祖宗传承下来的传统工艺，可能要随着现代生活节奏的加快而濒临失传咯。兰培文听后便急忙说道：“姑奶，以后我会接着做下去的！”

正是这句承诺，2015 年，兰培文毅然辞掉在大城市的高薪工作，返乡创业。回到家乡，兰培文用仅有的 5000 元和表哥开起了壮锦店铺。起初生意并不理想，但他没有放弃，几经摸索，走出了一条设计和制作壮锦创意产品的道路。随着产业规模扩大，兰培文成立了公司，在政府部门的帮助下建立广西金绣球居家灵活就业示范基地，招收了一批“织娘”，兰培文不仅免费教授织锦技术，还替大家销售壮锦产品，带动了周边农户就业。

为更好地传承和弘扬壮锦文化，兰培文发起了公益性传统文化进校园活动。2019 年至今，他多次免费到各中小学校开展公益性传统文化进校园活动。除了壮锦，他还爱唱山歌，他将壮锦文化融入山歌传唱，让壮锦走出广西，走向国外。此生致力于保护和弘扬壮族传统文化的使命，这不单是兰培文对姑奶的承诺，更是对民族的承诺！

（广西壮族自治区文明办供稿）

任泽林

面对 40 万元巨款不动心 保安员拾金不昧获称赞

人物故事 THE STORY

任泽林，男，1957 年生，重庆市渝北区双龙湖街道龙祥街社区寰泰农贸市场保安。

2021 年 6 月 15 日，任泽林和平常一样，对农贸市场进行日常巡逻。当走到市场后门一个鸡笼处时，他发现有两只鸡正使劲刨着一只鼓起的口袋。任泽林原以为是市场内商户扔的垃圾，准备上前清理，可拿出来打开一看，却是满满一口袋的百元大钞。

此情此景，任泽林没有动心，当下第一反应就是赶紧找到失主。于是，他拨打了报警电话。没多久，双龙派出所民警来到现场。任泽林赶紧将袋子交给民警，并详细讲述事情经过。鉴于事发地没有监控录像，现场情况又比较复杂，为了安全起见，任泽林跟随民警一起回到派出所作进一步处理。

在任泽林见证下，民警将袋子里的现金进行了清点，共有 397400 元，差不多是他七八年工资的总和。

为尽快找到失主，派出所民警立即展开调查工作，通过调取监控、现场走访，初步确定丢失现金的人为李女士。李女士在丢钱以后焦急万分，也来到双龙派出所求助，恰好碰上正在寻找她的民警。丢失现金分文不少地回到自己手中，李女士激动万分，感慨这个社会还是好人多。

（重庆市文明办供稿）

罗建国

践行对老红军父亲的承诺 二十余年守护红军烈士墓

人物故事 THE STORY

罗建国，男，1968年生，四川省阿坝藏族羌族自治州红原县邛溪镇烈士陵园守护员。

罗建国的父亲罗大学，1935年跟随红四方面军长征，在战斗中被子弹打穿了右腿，拄着木棒跟着大部队前行。翻雪山过草地时，罗大学伤口严重感染腐烂，掉队在毛尔盖草地，被当地好心人救治收养，从此在红原安家。新中国成立后，罗大学自愿到烈士陵园守护战友，一干就是28年。逝世前，他希望儿子能够替他继续守护烈士陵园。罗建国答应了父亲，成为一名守陵人。

1995年以来，每一天早晨，罗建国都会仔细擦拭红原县邛溪镇烈士陵园的墓碑、清扫墓园、清除杂草。面对3500多米的海拔，长冬无夏甚至极端严寒以及稀薄的含氧量，患上多种高原病的罗建国没有退缩，20多年来，他一直践行着对父亲的承诺，毅然坚守在这里。

罗建国对陵园内189名烈士的情况和事迹烂熟于心，在清明节、公祭日等日子，他都会义务向各族干部群众讲烈士的故事，传承和弘扬伟大的长征精神。20余年来，他义务宣传讲解了400余场次。帮助烈士陵园里7名无名红军烈士早日找到亲人，是罗建国最大心愿，他经常向来这里祭奠的人介绍他们。随着时间的流逝，希望越来越渺茫。为此，罗建国就更加细致地为他们清扫墓碑，他说，长眠在此的这7位年轻人不孤单，他就是他们的亲人。

（四川省文明办供稿）

许国强

草原“夫妻放映队”三十五年如一日 无偿为高原农牧民放电影

人物故事 THE STORY

许国强，男，1967年生，中共党员，青海省海南藏族自治州共和县铁盖乡吾雷村村民。30多年，他在山路间靠一头毛驴和一匹马运载着胶片和放映机，跋涉20万公里穿梭于各个村落，为当地农牧民群众放映电影。

在海拔三四千米的高原地区，当放映员是个“苦差事”，村与村之间相隔几十公里到上百公里，有的地方根本就没有路，但崎岖的道路和极端的天气无法阻挡许国强的步伐。牧区的夜晚天气寒冷，草甸上仍挤满了披着毛毯看电影的人。牧民们常对他说，“下次多带点影片吧，我们很喜欢”。

多年的放映历程中，许国强遭遇过灾害事故，但他坚持放映的初心不改。2009年端午节，许国强和妻子到共和县龙羊峡阿乙亥村为村民放电影。深夜回家路上，他们忽遇大暴雨，山洪冲断了公路，放映机被洪水冲走，许国强跳入水中想把放映机抢捞上岸，但洪水汹涌，机器没有捞着，他也差一点被洪水卷走。

如今，许国强夫妻从赶着牲畜到开车随走随停，脚下的路也变得宽阔平整，为群众送文化食粮的初心仍在继续。村民们也总是在心头挂念着这位风雨无阻的电影放映员。有时，村民们看完电影后，会给许国强的暖瓶里灌满热茶，并送给他们夫妇二人馍馍、包子等。

谈及未来，许国强表示要一直为群众放映电影：“等我老了，就让儿子接我的班，继续给大家放电影！”

（青海省文明办供稿）

张晓成

热心教师扎根远郊特教 27 载 为残障孩子撑起一片天

人物 THE STORY 故事

张晓成，男，1963 年生，中共党员，北京市平谷区特教中心党支部书记。

1994 年，张晓成放弃在普校当校长的机会，来到刚成立的平谷区特教中心（聋人学校）。平谷区地处远郊，经济发展和教育教学资源相对滞后。为了发展特殊教育，2003 年，作为聋人学校和特教中心校长、主任的张晓成发起成立“平谷区聋人语训康复中心”，组织实施“康复设备筹建工程”，建成了远郊最大的地市级聋儿语训部，组建北京市电化教育研究会特教信息技术专委会、“京津冀特教学校成长联盟”，现已有 80 余所远郊农村特教学校参加了特教康复、教学等活动，特殊教育事业全面开花。

为了让学生们全面发展，他组建北京市特教学校第一个艺术团——平谷区绿谷艺术五团、北京市第一个特奥垒球队和特奥游泳队，多次组织孩子们登台表演，培养了 50 余名全国特奥冠军，获得 390 余块奖牌。2018 年，他当选中国残联第七届主席团成员和中国智协副主席，多次发起“养老放心工程”等活动，使得全国各地百余万智力障碍人士及其亲友受益。

27 年来，他无私奉献，爱岗敬业，以博大的父爱关怀每个残疾学生；带领党员教师走出了一条具有时代特征、特教特色、农村特点的现代特殊教育发展之路，被誉为首都乃至全国特殊教育领域的一面旗帜。

（首都文明办供稿）

王 赟

舍生忘死　多次完成青藏高原冰湖抢险

人物 THE STORY 故事

王赟，男，1986 年生，中共党员，驻津央企中国水电基础局有限公司西藏分公司副总经济师。

2020 年 8 月 1 日，位于珠穆朗玛峰自然保护区核心地带的西藏自治区日喀则市聂拉木县上游冰湖发生泥石流灾害，县城堤防被毁，政府办公楼、公安局等多处房屋受损，如果进一步溃决，不仅威胁着聂拉木县 1 万余名群众的生命财产安全，还有可能涉及尼泊尔人民的生命安全，引发外交事件。

王赟临危受命担任冰湖抢险项目经理，带领团队挺进现场，克服了高寒缺氧、山体崩塌落石、冰崩涌浪、山体滑坡等巨大风险。历时 5 个月，抢修进湖道路、疏浚河道、开挖泄槽、水泵抽水，完成土石方开挖近 80 万方，冰湖降水 20 米，减少水量约 1250 万立方米，基本解除了冰崩涌浪、冰湖溃决的危险，保护了中尼两国人民群众的生命财产安全，得到了日喀则市委、市政府的高度赞誉。

工程结束后，王赟再一次不顾个人安危，主动请缨，奔赴西藏自治区日喀则市定日县绒辖沟堰塞湖抢险工程。同时，在施工期间，他积极履行社会责任，使用当地群众运输车 17 辆、装载机 3 台、挖掘机 7 台，提供工作岗位，让贫困地区群众全面参与现场开挖与运输工作，累计为群众创收达到 2000 余万元，有力促进了民族团结、乡村全面振兴。

（天津市文明办供稿）

刘 军 王 娟

瞭望员 23 年默默坚守 望海楼守望百万亩林海

人物 THE STORY 故事 刘军，男，1972 年生；王娟，女，1971 年生，二人均为河北省塞罕坝机械林场月亮山望海楼瞭望员。

1998 年，交道口检查站缺人，年仅 26 岁的刘军主动请缨，和妻子王娟一起驻守检查站。交道口检查站是当时林场最偏僻的检查站，条件十分艰苦，但他们没有忘记自己肩上的职责和使命，严格检查过往每一辆车、每一位行人。

塞罕坝的防火紧要期分为春、秋两季，防火紧要期内，刘军从早晨 6 点开始到晚上 9 点，在长达 15 个小时的时间里，要以每 15 分钟一次的频率登上楼顶，用望远镜眺望周围方圆 15 公里的火情，并记录瞭望情况，再用固定电话向场部报告林区最新情况。晚上 9 点以后，每隔一小时也要观察一次火情，没有火情也要记录、报平安。

他们先后担任偏僻的防火检查站检查员、偏远的营林区护林员、林海深处两座望海楼瞭望员。23 年的时间里刘军夫妇与寂寞相伴，与孤独为伍，默默守护着塞罕坝百万亩林海，为塞罕坝森林资源安全保驾护航。

23 年来，刘军夫妇以场为家，与艰苦相伴，无怨无悔，默默坚守，将美好的青春年华全部奉献给了塞罕坝护林防火事业，把忠于职责刻入生命年轮。他们的人生，如同林海里的棵棵松树一样挺拔而坚定。

（河北省文明办供稿）

王 丽

秉公执法写正义 无悔青春铸检魂

人物 THE STORY 故事 王丽，女，1976 年生，中共党员，河北省秦皇岛市卢龙县检察院公诉科科长，2021 年 5 月 5 日因积劳成疾不幸去世，年仅 45 岁。从检 20 余年，她高质量地办理审查起诉案件数百件，无一错案。

1997 年 10 月，刚从河北政法干部管理学院毕业的王丽被分配到检察院公诉部门工作。作为公诉科最年轻的检察官，在人员少、任务重的情况下，她勇于承办大案要案，八年间，累计办理各种刑事案件 401 件 634 人。

2014 年 4 月，检察机关统一业务应用系统正式运行，王丽对全院的系统流程进行了全面、系统的学习研究，亲自对案管、公诉、侦监、反贪、反渎、控申等业务部门的系统进行了测试操作，发现问题及时请示、及时总结。熟练掌握后，及时传授给各业务部门的干警，确保了统一业务应用系统的顺利运行。

20 余年的检察生涯中，王丽始终坚持忠于职守、严格执法理念，力求把每一个案件都办成铁案。王丽常说："法律是老百姓维护合法权益最后的希望，如果司法都不公正了，那么老百姓就会对社会、对政府失去指望"。这就是王丽，一名普通的共产党员，平凡的女检察官，她用实际行动实践着自己的人生信条，用无悔的青春铸就着检魂。

（河北省文明办供稿）

霍增起

农技专家为“农”情怀矢志不渝

敬业奉献

人物 THE STORY 故事

霍增起，男，1962 年生，中共党员，现任河北省邢台市信都区（原邢台县）农业农村局种植业科果树组农业技术推广研究员。

霍增起同志三十多年如一日工作在基层农业技术推广第一线。为提高果树管理技能，他大量查阅林果有关资料，自费学习先进管理技术，远赴山东蓬莱、山西运城考察先进管理经验。2013 年，五十多岁的霍增起考取了河北农业大学在职研究生。毕业后，他学以致用引领果农转变种植意识、改进管理技术，提出了更科学的技术措施。在多年生产实践中，霍增起养成了天天听天气预报的习惯，对异常天气十分敏感，并第一时间向果农传递管理信息。村民称他为“土肥专家”“活财神”。

霍增起同志大力开展技术培训和知识普及，帮助转变农民思路，普遍提升管理技术。在全县建立起高标准示范园 30 多个，组织农民巡回参观 4000 多人次，到外地果园参观学习 500 多人次，开阔果农视野。2017 年，他在示范园推广“双减增效”技术，提出“开源节流”减施化肥的栽培模式，每亩减施化肥 20%，减施农药 15%，果品价格反而提高了 10% 以上。

“在我心里一直有一个苹果梦”，霍增起说，要让邢台苹果走向世界，“我的梦虽小，一定会竭尽全力付出，终有一天会实现”。

（河北省文明办供稿）

宁爱玲

基层法官坚守岗位三十余年 用行动践行使命

敬业奉献

人物 THE STORY 故事

宁爱玲，女，1968 年生，中共党员，原为山西省运城市稷山县人民法院审判委员会委员、西社法庭庭长，现为稷山县人民法院开发区人民法庭庭长。

2017 年腊月，宁爱玲审理一起案件，当事双方对立情绪激烈。考虑春节将至，她下定决心尽早尽快调解此案，争取把双方的痛苦和损失降到最低。调解过程中，她与当事双方推心置腹谈话，耐心细致做工作，最终达成调解协议。调解完后已是天黑，她又连夜赶到离县城十几公里远的当事人家中执行此案，终于使该案圆满完结。

多年的基层工作，让宁爱玲总结出了一套行之有效的办案方法，她积极推行一站式多元解纷和诉讼服务体系建设，实现了案件当场立、自助立、网上立、跨域立案、移动微法院立案，做到了让当事人“最多跑一次”或“零跑腿”；多措并举推动诉前调解工作，有效降低当事人的经济和时间成本，优化了审判资源配置，经她办理的民事案件调解成功率超过 80%。

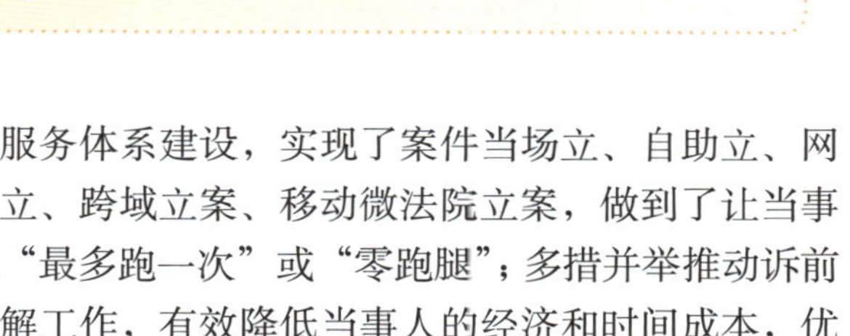

荣誉背后，是宁爱玲从事司法工作 30 余年的奋斗与坚守。面对荣誉，她始终认为“金杯银杯不如老百姓的口碑”，最喜欢的还是老百姓拉着她的手发自内心的那句夸奖——“案子交给你，我们很放心”。

（山西省文明办供稿）

唐八十

七旬老人为让家乡沙漠变绿洲 三十多年矢志不渝植树治沙

人物 THE STORY 故事 唐八十，男，1950年生，蒙古族，中共党员，内蒙古自治区赤峰市翁牛特旗乌丹镇布力彦嘎查牧民。

20世纪七八十年代，由于人口增多、干旱少雨、过度放牧等原因，布力彦嘎查的草地沙化变得日趋严重，1984年，唐八十在村东的草甸子上盖了4间砖瓦房，虽然搬进新居，但看着肆虐的沙丘无情地侵蚀着自己的美丽家园，他怎么也乐不起来。1987年春天，时任布力彦嘎查党支部书记的唐八十在党员大会上掷地有声："人进沙退，誓将沙地变绿洲！"为了这份承诺，他一干就是36年，封沙、栽树、打井……想尽一切办法让绿色在沙地上扎根，在唐八十的带领下，布力彦嘎查的生态环境和植被覆盖率大大改善，他前后自筹资金10余万元，在茫茫沙丘上建起了1万多亩的草库伦，林木发展到十几个品种，林草覆盖率达到了95%。

"这是老祖宗留给我们的土地，不能在我们手里毁了。"在过去的三十多年里，唐八十以汗水耕耘、热血浇灌，让生命之色浸染在黄沙之中，真正实现了从"沙进人退"到"沙退人进"的重大转变，打造了一座绿色的生命丰碑。

（内蒙古自治区文明办供稿）

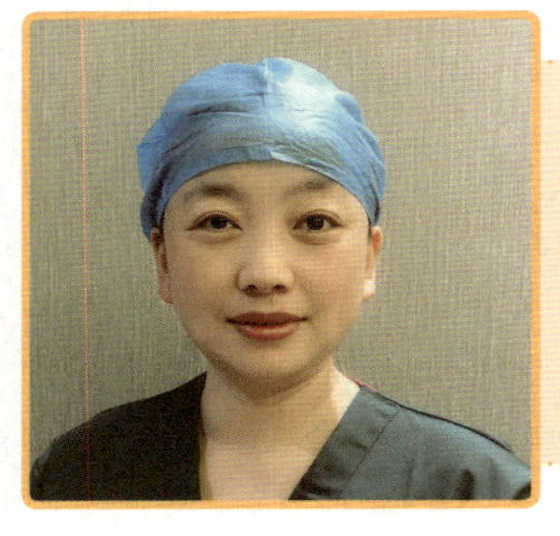

张秀利

"白衣战士"在疫情大考中淬炼坚守

人物 THE STORY 故事 张秀利，女，1983年生，中共党员，吉林大学中日联谊医院新民院区胸外科护士长。

2020年1月27日，吉林大学中日联谊医院组建第二批驰援武汉医疗队，张秀利主动请缨，第一时间交上请战书。同年2月7日，她辞别家人和未满两岁的孩子，带着所有人的祝福，深夜随队奔赴武汉。

在武汉抗疫期间，她不仅要为病人提供专业护理，还要进行心理疏导。病人在隔离病房内不能与家人团聚，常常感到孤独，产生负面情绪。为了使病人对战胜疾病充满信心，她和她的组员经常在病房与病人交流，缓解病人焦虑心情。她们为病人表演利用休息时间编排的《不放弃》手语舞，并对病人说"这就是最好的药"时，病人开心地笑了。病人在隔离病房内，物资缺乏，她就把自己的物资分给有需要的患者。

2021年9月24日，张秀利再一次跟随医院逆行出征支援黑龙江省哈尔滨市核酸检验工作。在抵达哈尔滨市后，她立即投入紧张的前期布置工作，做好各项物资准备，为了能够让下一班人员尽快投入工作，她要做好垃圾的清理，从而确保检验车上的工作能够24小时"连轴转"运行。回到驻地与队友们积极探讨，从而制定出最好的接样、分样、送样的流程。"白衣天使"张秀利，大爱至上，在阻击疫情大考中淬炼自己，坚守初心。

（吉林省文明办供稿）

敬业奉献

钟天使

农家妹承载中国自行车梦想 打破世界纪录勇夺奥运冠军

人物故事 THE STORY

钟天使，女，1991年生，上海市浦东新区惠南镇海沈村人，中国自行车运动员，曾获里约奥运会场地自行车女子团体竞速赛金牌、东京奥运会场地自行车女子团体争先赛金牌。

提到钟天使，启蒙教练王海利最常用的一个字就是“拼”。有一次上公路进行40公里的长距离耐力训练，很多男队员陆续掉队了，但钟天使却始终咬牙紧跟着领头的吉普车。

2005年，钟天使在训练中遭遇事故，膝盖下部一共缝了七针。当时，教练组的意思是让钟天使休息，不要参赛了，但在比赛前夜，她忍着痛悄悄把线拆了，还是坚持参加了第二天的全国少年锦标赛。就是这种拼搏精神，让钟天使的成绩节节攀升。2016年里约奥运会上，她和队友宫金杰一起夺得金牌，打破了中国自行车项目奥运会零金牌的纪录。之后，东京奥运会又成为她的新目标。然而，一系列的伤病让她的训练愈加艰辛。她坚持边康复边训练，每一堂训练课都练到身体透支，钟天使说：“在最艰难的时候，为国而战，一个细小的念头就可以让你坚持下去。”2021年8月2日，在东京伊豆自行车竞赛馆里，钟天使和鲍珊菊以31秒804打破该项目世界纪录，挺进决赛并最终夺冠。

钟天使用“拼命蹬”的模样，生动诠释了人生最精彩的部分，就是坚持梦想的过程。

（上海市文明办供稿）

敬业奉献

郑建业

最美乡村医生坚守初心 服务基层42载

人物故事 THE STORY

郑建业，男，1960年生，江苏省新沂市高流镇高东社区卫生服务站医生。

1979年2月，19岁的郑建业毕业后被分配到新沂市高流镇高东村卫生室工作。年轻时的郑建业经常深夜手持煤油灯，背着药箱走数里夜路赶到村民家中治疗。除了风雨无阻地救治村民，郑建业还心系村里的五保户。他在心里承诺：“既然我来到高东村，村里20多户五保老人以后我一定给他们看护好。”这一句承诺，郑建业坚守了42年。

郑建业患有白内障和强直性脊柱炎，给病人看病时只能扶墙挪动。2015年1月的深夜，睡梦中的郑建业被呼救声吵醒，挣扎着起床，检查发现病人因心脏病发作导致休克，郑建业立刻对病人进行心脏按压，这时病人突然呛出一口呕吐物，直接喷到了郑建业脸上，他顾不上擦拭，继续进行按压，为病人争取宝贵的抢救时间。待病人完全出现好转，他又赶紧为病人开药。救治完成后，郑建业才松一口气，此时，他猛然发现自己的腰已不能动弹。

2018年8月，郑建业做了白内障手术，医生嘱咐他要休息一个月，但郑建业第二天就摘掉纱布返回了诊所。郑建业将自己的时间和精力全部奉献给了病患，却独自承担着弱视和颈椎腰椎板化的终身后遗症。42年下来，他和他那盏煤油灯，成了村民心中的生命“守护神”。

（江苏省文明办供稿）

林　勇

社区支部书记抗疫不分昼夜“熬”得视网膜脱落

人物故事 THE STORY

林勇，男，1975 年生，中共党员，江苏省扬州市文峰街道三里桥社区党委书记、居委会主任。

林勇所在的三里桥社区常住人口 4350 人，60 岁以上老年人约 1960 人。2021 年 7 月扬州暴发新冠疫情后，林勇带着工作人员和志愿者做好核酸检测安排、小区封控、重点人员管控服务等工作，每天与时间赛跑。疫情集中暴发的几天，他的睡眠时间甚至不超过四小时。三里桥社区的中央厨房助餐服务中心是扬州市广陵区唯一一家正常运营的中心厨房，加强管控后，要求居民足不出户，社区中心厨房送餐量从原本的 100 份出头到现在的 800 份，工作量翻了七八倍。社区迅速组建了生活保障小组，林勇常常忙碌到深夜，收集订单，每天安排人员为 600 多个家庭配送物资。

2021 年 8 月 16 日，林勇发现眼角有黑影，一开始他还没放在心上，以为是疲劳所致，睡一觉就好了。19 日黑影越来越大，视力下降，他硬撑着等上午的核酸检测工作结束后前往医院检查。医生诊断是视网膜脱落，并告诉他，必须立即入院手术。住院手术前他依然心系疫情防控工作：“自己辛苦点，社区居民就安全点，社区就是我的家一样，哪里做得不好，我心里就着急。”

林勇同志凭着一份对基层工作的情怀，铭记着党员的初心，以实际行动生动践行着党员干部的使命担当。

（江苏省文明办供稿）

李承霞

缝纫女工刻苦钻研技艺 16 年成为缝纫线上的“技术担当”

人物故事 THE STORY

李承霞，女，1979 年生，江苏省常州老三集团样衣工兼工会主席。

李承霞 2003 年刚到常州老三集团服装一分厂打工时，只是一名做杂活的辅助工，不服输的她给自己定了个“小梦想”：成为缝纫线上的技术工。为此，她总是利用下班时间去学艺练技，短短两个月时间瘦了 20 多斤。功夫不负有心人，实操中的勤学苦练让她的技术越来越纯熟，月月都能登上公司的光荣榜，而这一上榜就保持了 10 多年。在工作中遇到款式复杂、工艺烦琐的生产任务，李承霞总是主动请缨、高质量完成，由她保持的 33 秒上 1 个拉链的纪录，多年来厂里无人能破。

李承霞是个有心人，更是个热心人。2018 年当选全国人大代表后，她深知责任重大，使命光荣。在工作之余，她不停地跑社区、进工厂，通过调研、学习和记录，及时反映了一线技术工人和农民工朋友的心声。在老三集团多个岗位干了近 20 个年头的她，是“学中做、做中学”的“多面手”，是勇于创新的劳模工作室带头人，更是主动担当热心“传帮带”的技术导师。2019 年 12 月，公司成立“李承霞劳模工作室”，围绕企业技术创新和技术人才培养，开展师徒结对等活动。她先后带出的 70 多位徒弟，也屡屡在全国和省市技能大赛中摘金夺银，成为行业技术骨干。

（江苏省文明办供稿）

王 华

“光明使者”牢记恩师嘱托 坚守眼科医疗一线 24 年

人物故事 THE STORY

王华，男，1973 年生，中共党员，江苏省连云港市眼科医院院长。

1997 年，王华从医学院毕业后来到连云港市眼科医院工作，从一名临床医生逐渐成长为省内知名眼科专家。王华的恩师在退休前，将医院将来的发展托付给他。24 年来，王华牢记恩师嘱托，一直把医院当成自己的家，踏踏实实坚守在岗位上。他承担着医院一半以上的手术任务，累计为两万多名患者完成了各类眼科手术，为 5000 多名生活困难眼疾患者免费手术，20 多位“徒弟”在他手把手的帮助下，逐渐成为医院的中坚力量。在他的带领下，医院眼底病的诊断和治疗也达到了国内先进水平，白内障手术水平位居省内前列，让更多的眼病患者看到了重见光明的希望。

随着荣誉纷至沓来的还有“高薪”聘请，面对可以预付 20 年年薪，解决住房和孩子就业等承诺，王华全部拒绝了。“眼科医院培养了我，有了这个平台才有我的现在，走了不就忘本了，那些患者怎么办？一味地逐利怎能当好医生？”王华说起当初的决定，依然坚定。

如今，年近半百的王华已经成为医院的“一把刀”。

（江苏省文明办供稿）

竺士杰

“大国工匠”百尺高空“穿针引线” 练就绝活创世界纪录

人物故事 THE STORY

竺士杰，男，1980 年生，中共党员，浙江省宁波北仑第三集装箱码头有限公司桥吊班大班长、高级技师。

他立足岗位，精研技艺，不断探索桥吊集装箱操作方法，自创“竺士杰桥吊操作法”，创造了每小时起吊 104 个标准集装箱的世界一流纪录，每年可增加集装箱码头 100 万标准集装箱吞吐量，被誉为“中国桥吊第一人”，为宁波舟山港年货物吞吐量连续 12 年位列全球第一作出重要贡献。

他不忘工匠初心，“著书立说”，手写完成 2 万余字的“桥吊竺士杰操作法”。他积极发挥劳模的典型引领作用，筹建了“竺士杰创新工作室实训基地”，打造“金牌导师”团队，为一线工人搭建成长成才的“快车道”。他带领“竺士杰创新工作室”培养技能人才 17 名，成功完成了 30 多个自主创新研发项目。以其名字命名的“竺士杰创新工作室”被评为“全国示范性劳模和工匠人才创新工作室”。“桥吊竺士杰操作法”成为桥吊司机的培训教材，在全国各港口进行推广。

（浙江省文明办供稿）

叶海辉

体育课上出大名堂 “游戏大王”让孩子们爱上体育

人物 THE STORY 故事

叶海辉，男，1971年生，中共党员，浙江省玉环市坎门海都小学体育教师。

从高中毕业后担任体育代课老师，到参军退伍后重返三尺讲台，叶海辉扎根海岛体育教育27年，爱教乐学，勇于创新，为海岛教育默默奉献。他坚持将德育融于体育教育，打造“阳光历奇”特色教育模式，创编体育游戏2000多例，自制体育器材80余种4200多件，获得国家专利8项，让学生爱上体育课。

叶海辉创办了“中国体育教师网”，参与全国普通高等学校通用教材编写，发表论文及经验总结100多篇，在国内开创性出版《体育课程物力资源的开发与利用》丛书，为16个省市“特岗青椒计划”体育教师开设讲座20余场，主持省市两级名师工作室，开设公开课及讲座300余场，受益1.5万余人。他多次赴西藏、青海等地参与乡村支教，助力西部地区教育发展。2020年新冠疫情期间，他制作40多节中小学生居家体育锻炼指南课程，推出6节“居家锻炼、战疫必胜”课程，网络点击量高达3000多万次。

“让孩子爱上体育课，让孩子有一个健康的体魄和健全的灵魂，做一名快乐的体育老师。”27年从教之路，叶海辉坚守初心、永葆童心、秉持匠心，誓把快乐带给更多人。

（浙江省文明办供稿）

徐　斌

让爱与特殊教育相伴

人物 THE STORY 故事

徐斌，男，1970年生，中共党员，浙江省舟山市特殊教育学校教师。

1988年8月，他从舟山师范学校毕业，选择了特殊教育。他同情这些身心有缺陷的孩子，把他们当作自己的弟弟妹妹甚至自己的孩子，为无法到校上学的学生送教，帮扶有困难的学生，用温暖和爱心助力特殊学生成长。记不清多少次陪伴在学生的病床前；记不清多少次为学生清洗衣服、床单，指导学生铺床叠被；更记不清多少次下班了还做学生的思想工作……发自内心的爱，让他赢得了孩子的喜欢和尊重，他和学生们打成一片。因为爱，让他舍弃了许多，在有许多可以选择从事更好的工作岗位的机会时，他还是选择了坚守，而这一坚守，竟是整整33年。

从事特殊教育工作33年，他努力提升教育教学水平，重视专业学习与课堂教学实践，有十余篇文章在全国省市获奖，《聋校思想政治体验式教学实践浅谈》《牵手数学 走向生活——智力障碍儿童数学生活化探究》分别获全国特殊教育论文三等奖。33年如一日的坚守，他用一言一行践行“没有爱就没有教育”的理念，将真爱融入特殊教育事业，不求桃李芬芳，只愿为特殊学生撑起一片蓝天。

（浙江省文明办供稿）

敬业奉献

王　敏

深耕检察一线 33 载 守护社会公平正义

人物 THE STORY 故事

王敏，男，1968 年生，中共党员，生前系安徽省六安市舒城县人民检察院原党组成员、副检察长。

三十三载铸检魂。“凡是黑恶一个不放过，不是黑恶一个不凑数。”王敏屡办大案要案，2011 年至 2019 年，王敏主办或领办何氏兄弟涉黑案、张春流涉黑案、方林生等涉黑案，这三起黑社会性质组织案，犯罪事实 100 多起，犯罪嫌疑人 61 人，卷宗 324 本，约 51840 页，黑恶势力被依法惩处，大大增强人民群众的幸福感和安全感。

甘为人梯传薪火。王敏常告诉年轻人：“对待任何一个案件都不能马虎，我们办一个普通案件，对于当事人来说，可能会影响他的一生。”正是这样一丝不苟、以身作则的职业精神，深深感染和激励了很多年轻人。他分管的刑事检察部门多次被省、市检察机关评为先进集体，立功受奖。

初心弥坚守清贫。33 年来，王敏坚持骑自行车上下班，并前往过一个个案发现场，风雨不改。家里的家具，还是十几年前置办的。即使这样，遇到各种爱心募捐、救灾帮扶时，王敏总会积极伸出援助之手。王敏去世后，家人遵其遗愿，捐出了他的眼角膜，并成功帮助两名病患重见光明。

（安徽省文明办供稿）

伍映方

民间陶瓷技艺传承人 30 年不懈探索 传承非物质文化遗产

人物 THE STORY 故事

伍映方，男，1971 年生，江西省宜春市靖安县靖窑陶瓷坊创始人。

从两岁起，伍映方就跟在父亲身边，23 岁时接过了父亲的制陶手艺接力棒。他把在外面打工所有的积蓄全部拿出来，还借了十万元钱，和父亲一起用手工建起了自己的第一个窑。从艺生涯中，伍映方经历了几次窑场关闭，但他没有放弃，在老父亲与爱人的陪伴下，用了将近一年半的时间再一次建起了一座 32 米的蛋形龙窑，用于古法技艺研究、再现。

他探索研究古法黑色陶瓷技艺，坚守在非物质文化遗产保护与传承路上，为复活“四千年前地球文明最精致之制作”竭尽所能。几十年的黑色陶瓷深耕，伍映方深知非物质文化遗产保护与传承的重要性。2016 年起，伍映方用了三年多的时间，制定完成传统黑陶、黑釉瓷、无釉黑瓷三个省级地方标准，为非遗加标准开了先河，为有效规范非遗作品的市场行为提供了依据，为非遗技艺保护建立了文档，对非物质文化遗产健康有序发展有着不凡意义。伍映方坚守初心，为陶瓷手艺传承奉献终身的决心与精神也深深地影响着他的家人。

伍映方奉献终身的坚守只为让失传数千年的黑色陶瓷手艺灿烂回归，把黑色陶瓷的艺术之美展现在世人面前。

（江西省文明办供稿）

朱静儒

扎根基层 努力让乡村搏动“年轻心跳”

人物 THE STORY 故事

朱静儒，女，1990年生，中共党员，山东省济南市济阳区仁风镇党委副书记。

2014年研究生毕业后，朱静儒放弃了大城市舒适的工作环境，扎根基层。“人民的社区人民建，人民的社区为人民”是她一直坚守的理念。作为全区首位“90后”社区支部书记，她在银山社区探索建立了以“善美济阳 幸福银山”为主题的智慧社区。银山社区的居民们拿起手机就能反映问题，刷卡就能享受就餐、课业辅导、创业、娱乐等各类全龄化服务。居民自发组建的志愿服务团体也遍地开花，社区氛围愈加和谐温暖。朱静儒充分调动居民主人翁意识，开展“文明楼道”创建活动，设立社区文明公益金，解决了修路等一系列多年未解决的问题。

到仁风镇工作后，朱静儒利用假期时间走村入户，了解群众生产生活情况，补齐自己的农业知识短板。她始终坚持党建引领乡村全面振兴的理念，积极开展“头雁领航”工程，培训党员3000余人次，提振党员干事创业的精气神。她牵头完成仁风镇省级农村综合性改革试点试验项目申报工作，开启乡村发展新篇章。朱静儒积极推动第十四届仁风西瓜文化旅游节走到线上，4天时间，微博话题阅读量达7000多万，直播观看量达1500多万。她还先后组织开展小状元暑期学堂等活动，努力让乡村搏动年轻心跳。

“我发现‘听百姓的话’真的是一件通用的法宝，在社区工作中受用，在乡镇工作中同样受用。”朱静儒说。

（山东省文明办供稿）

朱美琳

101岁教师带领一家三代18人 坚守教育事业81载

人物 THE STORY 故事

朱美琳，女，1920年生，中共党员，河南省开封市鼓楼区居民。

1940年，20岁的朱美琳开启了她最美好的事业：教书育人。1955年，朱美琳来到开封市东棚板街小学（现开封一师附小）任校长，当时国家各行各业都在加速复苏。朱美琳带着全校师生同吃同住、半工半读搞建设，在这里一干就是15年。“看到国家发展变化那么大，浑身都是劲儿。”那时，朱美琳经常夜里激动得睡不着，她下定决心，要把工作搞好，把书教好，以此来报答党的恩惠。

因为朱美琳一心扑在工作上，自己的第五个女儿李宏君也差点儿出生在办公室。在李宏君出生一个月后，朱美琳便重返岗位。她顾不上自己的孩子，对别人的孩子却“关爱有加”。为了解决同事没有时间和精力照看孩子的问题，1976年，朱美琳提议创办了开封市教育系统第一所幼儿园，帮助大家解决了后顾之忧。1986年退休之后，她参编了内容涉及145年教育史的《开封教育志》。

桃李不言，下自成蹊。在朱美琳的影响下，家里三代18人投身教育事业。“回顾我这一生，浮浮沉沉，只干成了一件事儿——就是教书育人。在党的正确领导下，我见证了教育事业的发展、社会的进步、国家的富强，过上了百年前大家想都不敢想的幸福生活，真是幸运之至。”朱美琳说。

（河南省文明办供稿）

王胜勇

坚守防“艾”战线 18 年 用爱心温暖这一特殊群体

敬业奉献

人物故事 THE STORY

王胜勇，男，1975 年生，中共党员，湖北省孝感市孝南区疾病预防控制中心艾防科主任。

18 年来，他一心扑在防艾事业上，用自己的爱心换来患者的信任，成为艾滋病人的朋友、知己、亲人。艾滋病人群是一个特殊的群体，王胜勇深知艾滋病人的苦楚，以自己独特的方式给予他们人间大爱。哪怕是深夜接到患者电话，他都耐心地倾听，细致地开导，消除患者对疾病的担忧与恐惧，使患者从痛苦和沮丧中摆脱出来，树立战胜疾病的信心。

由于长期的劳累与高负荷工作，2012 年 12 月，王胜勇突发心肌梗死导致心脏远端完全坏死，即便是如此，他依然满负荷地认真履行自身职责，全心全意投入到爱心帮扶工作之中。2020 年，新冠疫情肆虐，因为交通管制，大量艾滋病感染者面临断药的风险，王胜勇不顾个人安危、克服重重障碍给患者送上“救命药”。

在工作之外，王胜勇还是一名义工，是孝感市义工联合会“小敏希望”助学项目组的骨干，孝南区益邦社工服务中心核心成员，孝感市弘毅社工服务中心创始人之一。他给予了病人及其家庭无私的关怀与帮助，解决他们就学、就业、就医及生活当中遇见的各种困难，资助并守护一个“艾滋女童”的成长，筹措资金 100 多万元，帮助 35 名孩子“圆”了大学梦。

（湖北省文明办供稿）

甘云山

无声教师将两百多名听障学生送进大学 为“无声世界”带去“有声精彩”

人物故事 THE STORY

甘云山，男，1972 年生，中共党员，湖北省武汉市第一聋哑学校教师。

甘云山今年 49 岁，其中的 38 年，都在武汉市第一聋哑学校度过。在校期间，他是学校公认的好学生，特别擅长书画篆刻，1992 年毕业后，他回母校任教，经常利用休息时间为学校制作各类宣传画。

2013 年，全国首届聋校艺术教育研讨会在武汉市第一聋校召开，为增加校园的艺术气息，他在学校围墙上画了许多鼓励性的宣传作品。2014 年，他主动担负起绘制宿舍壁画的重任，连续放弃多个休息日，完成了四个楼层壁画的绘画任务。

甘云山带着 3 个班的美术课，还担任一个班的班主任。在学生们眼里，甘云山对学生的专业技能要求很高，课堂上他是严师，生活中他却是暖男。每一届的学生，都喊他“甘爸爸”。甘云山在家里专门腾出了一间房，把学生轮流接到家里无偿辅导。有一名卢同学，高中期间经常逃学到外面上网，卢妈妈从外地来武汉陪读，在学校附近擦皮鞋。甘云山了解情况后，主动和卢妈妈联系，告诉她孩子还是要“救”。甘老师把卢同学接到家里无偿地进行一对一辅导，晚上也让他住在家里，夜里还常常给他冲牛奶、熬银耳汤补身体，就这样持续了小半年的时间。后来，卢同学的学习态度发生了转变，最终以较好的成绩考上了长春大学。

（湖北省文明办供稿）

李传平

总经理返乡当村官 富了乡亲美了乡村

人物 THE STORY 故事

李传平，男，1970年生，湖北省宜昌市枝江市董市镇曹店村党支部书记、村委会主任。

2011年，在武汉经商的李传平响应组织的号召，毅然放弃蒸蒸日上的事业回村发展。为凝聚村民共识，他与村“两委”遍访全村400余户人家，赢得了村民抱团发展、共同致富的信心。

李传平结合村情，提出“优化水稻种植、打造白瓜精品”的发展目标。除了发展传统农业外，李传平捕捉到“农旅融合”的发展契机。他组织77名新乡贤成立曹店村新乡贤理事会，共谋全村发展之路。2015年，成立枝江市枫林花卉苗木合作社，在318国道旁流转400多亩土地发展月季园旅游项目，并打造枫林月季园旅游景区，吸引游客共20万人次。同时，先后建成200亩开心农场、200亩现代生态养殖场、200亩红心猕猴桃采摘基地，重点打造“月季园——开心农场”4.2公里农旅观光环线，实现农旅融合新发展。2021年村集体经济收入达35万元，村办公司收益突破200万元，人均收入超过2.9万元。

如今，曹店村已成为全国文明村、湖北省乡村振兴示范村，李传平将村里大小事务打理得井井有条。繁重的工作任务、不规律的作息时间，让李传平华发满头，但他对家乡这片热土、对村民深深的爱却有增无减，继续为村里的事情忙碌着，奔波着。

（湖北省文明办供稿）

张　斌

传递司法温度 为弱势群体撑起法治蓝天

人物 THE STORY 故事

张斌，男，1964年生，中共党员，湖北省荆门市司法局行政复议应诉科科长。

1986年，退役后的张斌到荆门市司法局上班，他坚持把理论学习与工作结合起来，积累各方面的政治和法律知识，先后取得法律大专和本科文凭，并通过国家统一律师资格考试，拿到律师资格证书。

30多年的一线工作中，张斌在法律援助岗位上就工作了15年，其间办理法律援助案件600余件，接待来电、来访法律咨询6万余人次。2003年7月，在荆门市某建筑工地打工的重庆籍农民工吴某不慎从三楼摔下，致腰椎骨骨折并瘫痪，经鉴定构成二级伤残。经协商和法院判决，工地老板支付给吴某近14万元。2011年5月20日，吴某因病情反复、恶化，不得不再次住院进行了双下肢截肢手术。距离事故发生已近10年，当初的赔偿协议及法院判决均已产生法律效力，吴某还能得到赔偿吗？承办此案的张斌多次上门与吴某交流，分析维权思路。2012年1月，张斌代吴某将包工头老板诉至法院，主张赔偿本次手术治疗费及后期医疗、护理等费用，最终法院支持了吴某的大部分诉求。张斌所提供的法律援助和社会各界的帮扶，让吴某度过了最困难的日子，他说自己是“史上最幸福农民工”。

（湖北省文明办供稿）

刘本云

用肩膀当梯子转移受困群众

人物 THE STORY 故事

刘本云，男，1974 年生，湖北省恩施土家族苗族自治州恩施市城管综合执法大队队长。2020 年 7 月 17 日，暴雨导致恩施市内涝，在救援被困群众时，刘本云用肩膀架梯转移群众的先进事迹经过各大新闻媒体报道之后，引起了广泛关注。

2020 年 7 月 17 日，暴雨导致清江河水漫过河道，恩施市城区发生大面积内涝，刘本云带领应急救援分队迅速赶赴现场，驾驶橡皮艇参与救援。在胜利街一带，水面涨到沿街商铺的二楼，不少群众被困在楼上。危急关头，刘本云把肩膀当梯子，让群众踩在他肩膀上，逐一将被困群众扶上橡皮艇。在救援过程中，因电线缠绕螺旋桨导致橡皮艇猛然回转，艇身撞破窗户玻璃，回旋水流致橡皮艇冲入树丛，导致刘本云差点跌入水中。在十几个小时的救援中，刘本云和同事驾驶橡皮艇来回搜救 50 多次，安全转移被困群众近 200 人，直到 18 日凌晨 1 点多才结束搜救任务。此时，刘本云才发现自己身上已被玻璃、瓦片、铁皮、钉子划出了十余处口子，伤痕累累，左肩因被多人踩踏已变成青紫色。

18 日凌晨，强降雨暂停，清江水位回落，恩施主城区的积水消退。为了早日恢复家园，刘本云不顾伤痛，又组织车辆和救援人员上街清淤清障。23 日，刘本云又带领应急救援队队员奔赴恩施市沙子坝滑坡现场，给滑坡体覆盖油布、修排水沟、抬水管、修建安置房。

（湖北省文明办供稿）

邱露养

一人独守一所小学
乡村教师坚守山区 34 年

人物 THE STORY 故事

邱露养，男，1965 年生，湖南省郴州市汝城县濠头乡庙前村小学教师。

在郴州汝城县濠头乡庙前村这个偏远山区，藏着一所“庙前村小学”。由于环境艰苦，许多生活条件较好的孩子都陆续离开了这所小学，去到条件更好的地方读书。渐渐地，学校由曾经的 100 多名学生变成了现在的 3 名学生。教师也只剩下了邱老师一人，一人独守一所小学，并不是一件容易的事。

为了这 3 个孩子，邱老师每天 6 点就会起床打点，8 点为他们授课。孩子有不懂的问题，他都会耐心指导；课间，他陪伴孩子们一起玩耍。到了中午，他会将孩子们带到自己家中，给孩子们张罗午饭，提供营养餐；夜晚，他还要为孩子们批改作业、备课，一门功课都不能少。有时备课到很晚，他就会选择留在学校里，困了就在学校教职工简易宿舍里休息；遇到雨天路滑，或是孩子的父母没空接送时，为了安全，他会亲自将孩子送回家。

守望大山那么多年，邱老师难免会觉得孤独。当被问到为什么独自一人还能在这所学校坚持这么久时，他目光如炬地说：“这里是我的家，是生我养我的地方。如果连我都不愿意继续留下来，山里的孩子们将没有继续受教育的机会，无论如何，我也必须坚持下去。”

（湖南省文明办供稿）

周敦荣

践行医者仁心 守护百姓健康

人物 THE STORY 故事

周敦荣，女，1964 年生，中共党员，广东省阳江市人民医院重症医学科主任、广东省医学会重症医学分会常务委员。

周敦荣从医 30 多年，带领所在的重症医学科获得了广东省三八红旗集体、国家级青年文明号、全国医药卫生先进集体、全国女职工建功立业标兵岗、全国巾帼文明岗等多项荣誉。2013 年底禽流感肆虐，阳江地区相继出现几个重症病例，周敦荣被任命为重症治疗组组长，经过长达 3 个月的坚守，成功地挽救了两例病人的生命。2020 年新冠疫情暴发，周敦荣被任命为阳江市新冠肺炎重症救治专家组组长。她将中西医结合、呼吸道分泌物清除等治疗手段应用于临床；她嘘寒问暖，从细微处关心患者的生活起居。自 2020 年 1 月 23 日阳江市出现首批新冠肺炎确诊病例至 3 月 6 日 14 例确诊病例全部痊愈出院，周敦荣全力以赴投入工作，没有一天休息，带领团队取得了患者零死亡、医务人员零感染的优异成绩。

医无德者，不堪为医。周敦荣热爱医学，刻苦钻研医学理论，不仅具备扎实的医学知识，更有良好的医德医风和奉献精神，践行医者仁心，守护百姓健康。

（广东省文明办供稿）

马晓燠

打破封锁 自主创新成光电领域“追光者”

敬业奉献

人物 THE STORY 故事

马晓燠，男，1983 年生，中共党员，重庆连芯光电科技有限公司总经理。

2009 年，刚转为博士研究生的马晓燠参与到对光刻机镜头检测设备的攻关项目中。最初，研发团队打算向国外直接引进设备，怎料对方不仅不卖，还拒绝了马晓燠提出的去研究室参观学习的申请。

无奈之下，马晓燠决定自主创新。两年时间，在无数次实验中，他研究出光刻机镜头的检测新算法，将检测精度由曾经的几十纳米降低至五纳米以下，为我国自主研发光刻机奠定良好基础。

在完成对光刻机镜头检测设备的研究后，马晓燠又争分夺秒地研究起单光子探测技术来。由于要避开光污染，他将实验场地选择在海拔 3800 米以上的无人区。功夫不负有心人，2016 年，拥有中国自主知识产权的光子相机大功告成，马晓燠的 10 多篇论文发表在国内外核心期刊上，20 多项专利获国内外授权。

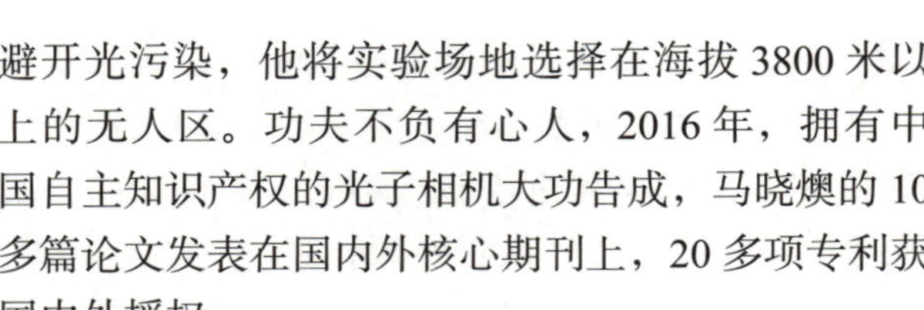

2018 年，马晓燠带领团队成立中国科学院光电所首个产业化公司——重庆连芯光电科技有限公司。“连芯光电”为我国天文观测、量子操控、高能物理、国防军工等领域的数十个国家级科研项目提供核心光电技术支持，获得“创客中国全国二等奖”等 20 多项荣誉。

（重庆市文明办供稿）

何成霞

17 年坚守特殊教育岗位用爱育人 为残障儿童点亮希望之光

人物故事 THE STORY

何成霞，女，1982 年生，四川省攀枝花市特殊教育学校教师。

2004 年，何成霞开始从事特教工作。第一届学生有 7 人，其中 2 人智力障碍，另外的 5 个听障孩子均已错过语言敏感期。残酷的现实没有打败她，她每天耐心教孩子们看指示灯进教室、洗手洗脸，为尿湿裤子的孩子更换衣服，安抚情绪突然失控的孩子。

她恶补专业知识，自学考取国家二级心理咨询师资格证书和感觉统合、听觉统合资格证书。和孩子们一起做蛋糕、缝补，利用各种方式对家长进行专业细致的指导。她和几位老师设立了“低年级聋童学校适应性实践研究”省级重点课题，抓住孩子的适应敏感期，让听障新生在两个月左右就逐渐适应了学校的学习生活。

从事特教，除了要有专业理念和方法，还需要爱。何成霞深知特教工作不仅是让孩子获得成长，更是为家庭带去希望。她的学生在舞蹈、绘画、体育、表演等省市比赛中分别获得过一、二、三等奖，学生小玲先后被评为“全国优秀少先队员”“四川省新时代好少年”。小玲刚入学时，连握笔都需要老师手把手辅助完成，何成霞为小玲设置个别化教学计划，有针对性地指导，在师生共同坚持与努力下，小玲在省、市中小学生艺术展演活动中与健全人同台竞技，均获一等奖，开创了听障儿童参加省中小学生艺术展演活动语言类节目竞赛的先河。她用无尽的关爱和用心，为一个个孩子照亮前方的道路。

（四川省文明办供稿）

徐静梅

党校教师徐静梅初心不改 半生坚守大山无私奉献

人物故事 THE STORY

徐静梅，女，1962 年生，中共党员，中共云南省丽江市玉龙纳西族自治县县委党校高级讲师、党建研究员、咨政专家。

徐静梅是黑龙江省绥化市人，有着 42 年的教龄，她的课后评价优秀率超过 95%。从 2017 年 6 月开始，她就到华坪女高给学生上课、做团辅，和张桂梅校长讨论新时代贫困女生的思想引领及教育方法问题，最终形成完整教学课程体系。2020 年 11 月以来，张桂梅精神的宣讲在丽江已经进行了 34 场。2020 年 12 月，徐静梅因疲劳过度心绞痛住院进行手术，术后第三天，她又回到了宣讲现场。2019 年，丽江进入脱贫攻坚决战期，作为妇联兼职副主席的徐静梅为了解当地早婚早育、孩子厌学、妇女发展等问题，去过丽江 200 多个贫困村、54 所寄宿制半寄宿制小学，在取得第一手调查材料后，她对这些问题进行了专业辅导。

徐静梅同时也是一名心理专家，在家庭教育、心理拓展训练等方面有着一定的研究。平均每年免费为有心理障碍的问题人群做心理辅导近百次。

42 年职业生涯，是一笔宝贵的财富。对于徐静梅来说，她的收获是对多种课程的自由驾驭；是留守儿童不再孤单；是患病的贫困妇女有人关爱；是成为照亮别人生命的有心人。

（云南省文明办供稿）

索朗加赞

牧区医生坚守一线 把生命献给基层医疗边境防疫

人物 THE STORY 故事

索朗加赞，男，藏族，1969年生，共产党员，生前系西藏自治区日喀则市仲巴县琼果乡卫生院原公益性岗位医生。

索朗加赞工作过的霍尔巴乡、琼果乡地广人稀，平均海拔在4500米以上，气候恶劣，群众居住分散，牧场间的牧道难以行走，通常巡诊一户需要一天的路程。从医25年来，他的足迹踏遍了这里的每个草场、每户群众家中，对当地患者的情况熟稔于心，了如指掌。无论寒冬腊月、刮风下雨，只要群众需要，他都会义无反顾地背起药箱，第一时间赶到病人床前。

2020年至2021年，新冠疫情在高原肆虐，他积极响应组织号召，连续两年主动请缨，先后4次参与仲巴县边境一线疫情防控工作并承担起疫情防控点临时党支部书记的职责。2021年8月11日，由于连续奋战，过度劳累突发脑出血，倒在了疫情防控一线，终年52岁。

索朗加赞去世后，从他的遗物里发现了国旗、《党员领导干部廉政手册》、眼科防护等方面的书籍，一份藏语版的《中国共产党章程》更是格外醒目。

索朗加赞的一生是献给牧区基层医疗事业的一生，他用自己的生命彰显了共产党员的先锋模范作用，诠释了一名共产党员在疫情防控工作中的无悔担当。

（西藏自治区文明办供稿）

赵　睿

敬业奉献

扶贫干部千里帮扶山村脱贫

人物 THE STORY 故事

赵睿，男，1976年生，中共党员，甘肃省酒泉市肃州区青少年活动中心主任。2019年5月至2021年7月，根据省委统一调派，他在甘肃省深度贫困村——定西市岷县维新镇坪上村驻村扶贫，被甘肃省委、省政府表彰为“全省脱贫攻坚先进个人”，他所帮扶的乡镇被表彰为“全国脱贫攻坚先进集体”。

163户贫困户，600名贫困人口，贫困发生率高达60.9%。驻村时，赵睿吃的是洋芋蛋、住的是铁皮房，喝的水要去山脚下拉。他自己动手，拉水架电、搭建厨房和卫生间、修缮住房，把自己的心扎根在小山村。

赵睿带领群众架电打井、修桥铺路、发展产业，两年多的时间，宽敞的水泥路修到了村民家门

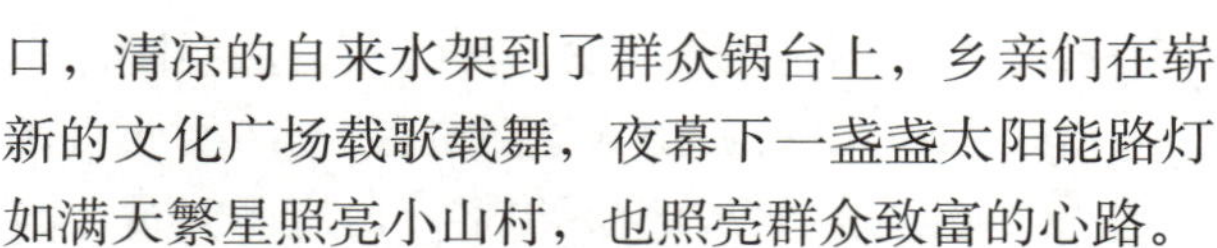

口，清凉的自来水架到了群众锅台上，乡亲们在崭新的文化广场载歌载舞，夜幕下一盏盏太阳能路灯如满天繁星照亮小山村，也照亮群众致富的心路。

他带领群众成立中蜂养殖、中药材种植加工、山区寒羊养殖等合作社，并建立“酒泉—岷县用工直通车”，带领群众走出大山深处。

扶贫期间，他先后在《人民日报》《甘肃日报》等各类媒体发表150余篇“扶贫日记”，创作连载扶贫长篇小说《野草莓的春天》，编印《肃州区调派岷县脱贫攻坚干部驻村帮扶侧记》。他的岳母发生车祸，他的岳父病危，但他始终忍住心中的焦急与愧疚，坚守在村里，帮助小山村如期脱贫。

（甘肃省文明办供稿）

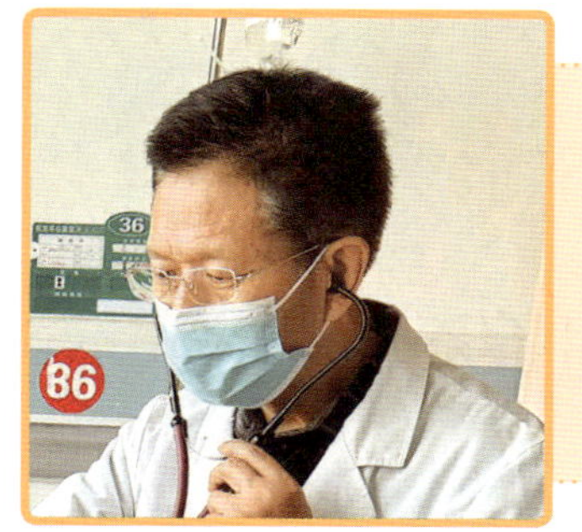

岳　超

白衣天使从医 30 年心系患者冲锋在前 用心用情谱写“白衣战歌”

人物故事 THE STORY

岳超，男，1971 年生，甘肃省平凉市妇幼保健院外科主任。

岳超从医 30 余年，累计诊疗门诊病人 28 万人（次），收治住院病人 1.2 万人（次），抢救危重病人 1800 人，完成各项手术 7200 例，填补了医院十几项手术的空白。他始终以共产党员的标准严格要求自己。在脱贫攻坚的岁月里，他走村串户，帮助贫困户脱贫致富；在抗击疫情的日子里，他深入社区，冲锋在疫情防控的第一线。作为本地医院的知名专家，经常因为手术等原因分外忙碌。可是，看到值班室苦苦等候的众多病人，他二话不说，立即给前来就诊的患者一一诊治，经常忙得顾不上吃午饭。2020 年深冬，张家川县有一位 90 岁的老太太病情危重，经人介绍知道了岳超大夫，家属抱着一线希望来到平凉求助。那时已经夜幕降临，路上冰雪覆盖，岳超看到患者家属焦急的面孔，顶着夜色赴 150 公里外的张家川县，顾不上吃晚饭，就急忙为病人检查，导尿液、强心、利尿、抗炎治疗，患者逐渐平稳，转危为安。治疗完毕已经是凌晨了，岳超才吃了一口晚饭。类似的情况数不胜数。

2020 年 6 月，岳超奔赴兰州新区开展归国人员集中隔离筛查工作，为期 49 天的疫情防控中，他圆满地完成了各项任务。岳超常说：“既然选择了当一名医生，就要当一名称职的医生。”他以自己的实际行动真正做到了“以病人为中心，一切为了病人”。

（甘肃省文明办供稿）

张丽萍

“85 后”社区支部书记 17 年扎根社区 成为社区群众“贴心人”

人物故事 THE STORY

张丽萍，女，1985 年生，中共党员，现任宁夏回族自治区吴忠市利通区金星镇金花园社区党委书记。

小社区，大天地。社区就是一个小社会，社区的工作包罗万象，上到宣传党的方针政策，下到居民家中鸡毛蒜皮的小事。工作中，她不能有丝毫马虎，一天的工作时间里，几乎要忙得团团转。金花园社区是个老旧小区，小区路面年久失修、排水管道老化堵塞、雨后积水等问题长期困扰着群众的生活和出行。她多方奔走，协调争取到老旧小区改造项目。金花园广场是社区居民休闲娱乐的主要场所，但由于缺少公共卫生间，群众如厕难的问题一直没有得到解决。她带领社区班子成员多次入户征求意见，在广场周围多方选址，最终在广场南门入口建设了移动式公共卫生间。

疫情期间，张丽萍结合社区疫情防控实际，推行“12236”工作法，成立了 8 个临时党支部，动员 125 名党员投身到了这场没有硝烟的战斗。她带领社区网格员、党员、楼长、下沉干部全面开展走访调查、摸排登记、信息录入、宣传消杀、隔离值守等工作。由于连日过度劳累，引发脑部缺氧缺血，她不幸晕倒在了防控卡点上。但仅仅休息了 10 个小时，她就执意返回工作岗位。她说：“看到同事们都在奋战，我身在家里、心在社区，我要和同事们并肩作战。”

（宁夏回族自治区文明办供稿）

米尔班·艾依提

倾情服务各族旅客　精心呵护石榴花开

人物故事 THE STORY

米尔班·艾依提，女，维吾尔族，1980年生，中共党员，中国铁路乌鲁木齐局集团公司库尔勒客运段“民族团结一家亲号”列车第一党支部书记、列车长。

2018年1月2日，是张美艺难忘的日子，也是列车长米尔班和旅客张美艺“结亲”之日。在开往乌鲁木齐的列车上，旅客张美艺哭着找到米尔班说，母亲患恶性肿瘤要到乌鲁木齐医院复诊治疗，母亲腿疼走不了路，她一个人无法送出站。米尔班立即联系车站，准备好轮椅开启绿色通道，车站联系120送医院。组织班组党员主动利用休班时间，对老人一路细心照顾，这些张美艺都看到心里，认定米尔班是她的“铁路亲人”。

有人问过米尔班在车上帮过多少人，她的回答是：不记得了，22年的客运工作天天都会碰到，都要做好，这是我的工作。米尔班帮助的不仅仅有旅客，还有一些铁路沿线的农民。2019年的深秋，米尔班偶然和几个旅客聊天，有人说一些农民家里还有滞销的干果。她和班组党员走访了11个村庄，掌握具体资料后，在列车上定期组织“流动巴扎”，帮助200多个家庭销售核桃、巴旦木等干果1.9万多公斤。

米尔班这些年还为孤寡老人捐钱捐物两万余元，为家困难学生购买书包156个，经常帮助困难旅客补票。

（新疆维吾尔自治区文明办供稿）

高来荣

七旬老人花光积蓄为脑积水孤儿寻医治病　一生守护只为孩子快乐健康

人物故事 THE STORY

高来荣，男，1950年生，黑龙江省黑河市大西江农场有限公司第三管理区职工，现已退休。

1980年冬天，膝下无子的高来荣收养了一名孤儿，孩子4岁时查出患有脑积水，医生断言活不到12岁，可高来荣没有放弃，散尽家财为孩子求医问药，这一守护就是41年。

高来荣给孩子起名高会跑，他没有别的奢求，只希望孩子能跑能跳，身体健康。小会跑9岁时候，高来荣带着他在山东、河北等地求医。五年求医路，终于打听到山东一家医院可以治疗，他东借西凑筹集了1万元，带着小会跑来到山东接受难度和风险都非常大的脑积水分流术。手术成功了，当晚小会跑的脚就有了知觉，但也留下了生活不能自理的后遗症。乡亲们不禁感慨：“这老两口是何苦呢？为了一个没有血缘的傻孩子，本该颐养天年，却遭受这么多的磨难！”

高会跑有个梦想，想去看看外面的世界。为了满足孩子的愿望，2014年高来荣带孩子来到日照市，父子俩站在波涛汹涌的海边，高会跑开心地笑了，他拨通电话喊道：“妈妈，我看到真的大海了！”

高来荣，用一生的信念撑起脑积水孤儿的一片天，用坚实的北大荒脊梁担起了一位父亲的责任。当被问及今后的打算时，他说：“如果我们没有能力照顾他了，就一起去敬老院。但只要我们还在，就一直守在他的身边，不离不弃！”

（黑龙江省文明办供稿）

衣爱娟

淳朴村妇几十年如一日 赡养扶助三位母亲

孝老爱亲

人物 THE STORY 故事

衣爱娟，女，1953年生，上海市青浦区白鹤镇梅桥村村民。

洗衣、做饭、擦身、喂饭……这些看似普通的字眼，衣爱娟却用几十年如一日的爱心，照顾婆婆、养母和生母，坚守到近古稀之年，弹奏出一曲动人的孝亲之歌。婆婆自1986年搬来与他们夫妻同住，一起度过了34年，每天早晚她都到婆婆房里嘘寒问暖，每天为老人擦洗两次，变着法儿为婆婆做可口的饭菜。生母也年事已高，虽没有生活在一起，平日常去看望，带去食物小吃，帮忙洗晒做家务，逢年过节必接到家里相聚。

2020年，享年107岁的婆婆和100岁的生母相继去世，衣爱娟全心全意照顾90多岁高龄的养母。养母有咳嗽病，经常发作，又不愿看病，衣爱娟就放下农活陪伴养母，哄她吃药、给她刮痧，在她精心的照顾下，养母慢慢康复。

“尽孝不用很多钱，只需要拿出多点时间陪伴她们，情感上安慰她们，满足她们的心愿，让她们开心，孝不光光是嘴上说说的．是用实际行动表现出来的。”俗话说“家有一老，胜过一宝”，衣爱娟用自己的实际行动打动了梅桥村的村民，大家深受感染，纷纷加入孝老爱亲的队伍中，在梅桥村营造起了浓郁的孝老爱亲氛围，并形成了良好的社会风气。

（上海市文明办供稿）

代丽萍

遇不测风云　一句相守重千金

孝老爱亲

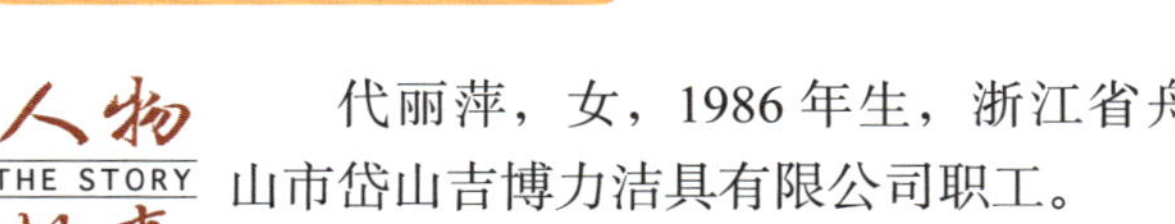

代丽萍，女，1986年生，浙江省舟山市岱山吉博力洁具有限公司职工。

她来自四川，2010年与舟山市衢山镇小衢村村民朱挺结婚。2011年夏天，朱挺到街上散步，一辆摩托车失控撞上了朱挺，导致朱挺颈部五六节粉碎性骨折，胸部以下瘫痪，为治病还欠下了十来万元债务。知道自己下肢瘫痪、生活不能自理后，朱挺多次劝妻子改嫁，别被他拖累。

就在丈夫出车祸的时候，代丽萍发现自己有了身孕，家人劝代丽萍把肚里孩子打掉，可代丽萍没同意。2012年2月，一个小天使降临到这个家庭。她勇敢地挑起了一个家庭全部的重担。白天她要上班干活，回家后还要照顾年幼的儿子，服侍瘫痪的丈夫。每天一回家，不顾劳作的辛苦，她就开始为丈夫换尿布，擦拭身体，按摩，翻身，忙完这些，她的身体像散架了似的。不管家里的负担有多重，生活有多辛苦，代丽萍始终不忘孝顺自己的公公婆婆。只要一有时间，代丽萍就会为公婆洗洗衣服，打扫卫生，为他们做一顿可口的饭菜。逢年过节，代丽萍从不忘给公婆准备礼物。几年前代丽萍的公公得了重病，代丽萍四处筹钱，带着公公到医院看病。2017年公公病逝后，代丽萍对婆婆更是嘘寒问暖。提起自己的儿媳妇，婆婆直竖大拇指：这么多年她照顾丈夫，服侍我，辛苦她了。

（浙江省文明办供稿）

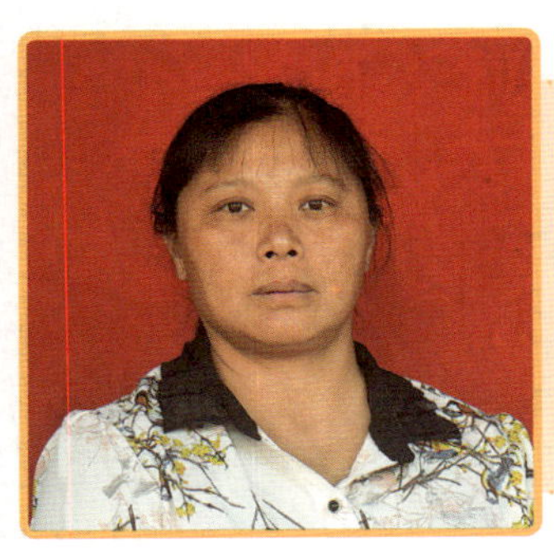

王永姑

用爱撑起家中“整片天”

人物故事 THE STORY

王永姑，女，1974年生，福建龙岩市上杭县才溪镇才民村村民。

2019年，王永姑丈夫的大哥离异，因为其智力不高，她二话不说，就把大哥和大侄儿带在身边一起生活；2000年，二哥遇到车祸不幸离世，二嫂改嫁他乡，她义无反顾地将小侄儿带在身边。从此，三家合为一家。现如今，大侄儿已学得手艺、成家立业，大哥家里建造了新房；小侄儿从职业技术学院顺利毕业，在厦门谋得好工作。王永姑与丈夫无怨无悔的付出让原本艰辛的三个小家变成幸福的大家庭。

王永姑的公公年纪大，肢体残疾且长期患慢性支气管炎和肺心病，生活无法自理，平日完全靠王永姑照料。哪怕每天干完农活疲惫不堪，她依然坚持每晚帮公公擦净身体、置换衣物，直至公公去世；王永姑的婆婆今年91岁，长期患高血压和支气管炎，且年纪大了，性情反复无常，经常不吃不喝，王永姑从未抱怨半句，反而像哄小孩一样哄着婆婆喂饭、梳头，处处关心她，用一点一滴的行动诠释孝道真谛，被左邻右舍广为称赞。

王永姑与丈夫积极乐观面对生活的挫折和困难，数十年如一日，为家庭、为老人、为孩子无私奉献，乡亲们都说：“他们家真是个真善美的大家庭。”

（福建省委文明办供稿）

黄梅金

好姐姐终身未嫁 三十年如一日照顾渐冻人弟弟

孝老爱亲

人物故事 THE STORY

黄梅金，女，1957年生，江西省吉安市吉州区永叔街道光明社区居民。

1990年，黄梅金弟弟黄吉强退伍回家后，双脚发麻、无力，逐渐蔓延到全身，最后只能卧躺在床。为了救治黄吉强，全家人北上南下四处奔波，跑遍了各大医院，病情却不见好转，最终被确诊为渐冻人症（肌萎缩侧索硬化）。这种疑难杂症治愈的希望十分渺茫，家人一度接受不了这个现实，但不得不一起照顾着黄吉强。

时光辗转，黄梅金的父母相继过世，姐姐妹妹也先后出嫁。父母临终前，最放心不下身患重病的黄吉强，为不辜负父母临终嘱托，黄梅金决定独自挑起照顾弟弟的重担。每天从凌晨5点到半夜12点半，坚持为弟弟擦1次身，按摩3次，每间隔3小时接尿、翻身，一天喂药8次。在黄梅金一万多个日日夜夜无微不至的呵护下，30年来，黄吉强身上没有一点异味，没有生过一次褥疮。

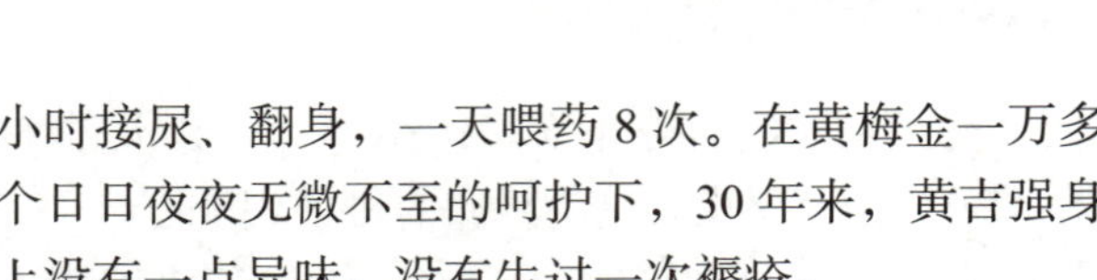

黄梅金每天伺候身患渐冻症无法照顾自己的弟弟，一做就是30余年，当地群众都知道这对年过花甲的姐弟。更让人为之动容的是，她为了照顾弟弟终身未嫁，这样深厚的血脉亲情，在当地传为美谈，事迹感动了无数网友。

日复一日，年复一年，不知不觉已经照顾弟弟一万多个日日夜夜。黄梅金现在年纪大了，长年累月睡眠不足，经常一有空闲，在椅子上坐着也能立马睡着。但不管再苦再累，黄梅金都坚持下来，她依然在等待，希望有奇迹发生，作为姐姐的黄梅金，用一生守护弟弟。

（江西省文明办供稿）

罗安民

好文夫十三年如一日 真情陪护唤醒植物人妻子

孝老爱亲

人物故事 THE STORY

罗安民，男，1946年生，中共党员，江西省南昌市南昌县三江镇徐罗村村民。

2008年3月的一天，时年56岁的妻子突发头痛、肩痛，晕厥不省人事，被家人紧急送往医院抢救。后被诊断患有脑瘤并压迫脑神经，经过数次手术后，妻子生命挽救回来，但成了一个失语、瘫痪的植物人。13年来，他不离家一步，时时刻刻守护在旁，悉心护理妻子，独自承担起家庭的大小事务。

屋漏偏逢连夜雨，同年，罗安民的儿子又因车祸造成了颅脑损伤，留下了继发癫痫等后遗症。为了照顾妻儿，他不得不放弃外出打零工的机会。日子一天天过去，繁重的家务和内心的煎熬，在罗安民的脸上留下了沧桑的印记，但他没有言弃："我相信，只要她有呼吸和心跳，就能感受到我在身边，一定会勇敢地醒过来。"

2014年6月的一天，妻子万招莲终于睁开了双眼，罗安民喜极而泣。但好景不长，同年7月的一天凌晨，妻子突发癫痫，症状严重。罗安民望着奄奄一息的妻子："如果可以，我愿意为她付出一切，哪怕是用我的生命。"经过医护人员的竭力抢救，妻子奇迹般地"醒"了过来。在他的精心护理下，原本只能半睡半醒的妻子现在可以坐立，有了简单的面部表情。虽仅限于此，罗安民却已经满足："只要妻子活着，再苦再累都是值得的。"

（江西省文明办供稿）

曾宪红

好丈夫26年悉心照料盲妻 用行动书写真爱无言

孝老爱亲

曾宪红，男，1967年生，江西省赣州市会昌县文武坝镇联丰村村民。

"既然嫁给我了，我就要照顾她到老！"一句朴实的话语，见证了丈夫的责任与担当。1992年，曾宪红经人介绍与妻子谢春兰结婚。婚后，随着儿女的相继出生，一家人日子过得其乐融融。然而1995年的一天，曾宪红的妻子发现眼睛有异样，辗转赣州、南昌、广州等地四处求医，仅一年时间，不仅花光了家中所有积蓄，还欠下不少债务，而谢春兰的眼疾却不见任何好转，不久便失去了光明。

26年来，曾宪红每天早晨5点起床，出门干农活，6点半匆匆赶回家开始准备早饭、帮妻子打水刷牙洗脸，然后帮妻子盛好饭菜给她吃。把妻子安顿好后，曾宪红又出去干活。

26年来，经济的拮据、生活的压力从没有让曾宪红有过一丝离弃的念头，年近六旬的他时常对妻子说："别怕，有我在！"这对夫妻相濡以沫、同甘共苦的爱情故事在当地广为流传，提起曾宪红，村民们满口称赞。

"以前生活那么困难都熬过来了，现在有了党的好政策，我更要把老婆照顾好。只要还能动，我就是她的'眼睛'，她的'拐杖'。"曾宪红话音刚落，身旁的谢春兰早已眼眶湿润。"执子之手，与子偕老。"只有小学文化的曾宪红不懂其中的含义，也讲不出什么海誓山盟的情话，但他26年如一日悉心守护在妻子身旁，用行动谱写了一曲爱的赞歌。

（江西省文明办供稿）

张德洋

只愿母亲多一分幸福 少一分疼痛

人物故事 THE STORY

张德洋，男，1988年生，山东省烟台市开发区人，上海通用东岳汽车职工。

张德洋的母亲患有全身类风湿，关节严重变形。起初他母亲生活上还能照顾自己，在张德洋初二那年，父亲病逝，沉重的打击让他母亲病情加重，发展至瘫痪在床、生活无法自理。支撑家庭的重担便落在了当时仅有14岁的张德洋身上。

上高中后，担心母亲独自在家，张德洋作出了一个大胆的决定——“带着母亲去上学”。高中的学习压力很大，他尽可能平衡好自己的状态，始终没有放弃学业。最终，他考上了烟台的一所院校。母亲需要人照顾，他又租了房子，把母亲带到了身边。由于时间比较充裕，张德洋在照顾母亲的同时，还找了一份兼职来补贴家用。

大学毕业后，张德洋应聘到一家企业上班，并在当地买了房子和母亲同住。从2012年开始，母亲病情加重，张德洋每天为母亲喂药、擦拭、服侍大小便，中午休息的时候，还要抓紧时间跑回家给母亲做饭。为防止意外情况，他把家里的钥匙给了一位物业管家，方便有急事时帮忙照顾。

2021年年初，张德洋的母亲走了。至今回忆起母亲，张德洋仍有些感伤。从14岁起，他照顾了母亲整整19年。如今，家中只有他一人，他感觉有些孤单。

（山东省文明办供稿）

覃文清

“最美妹妹”不离不弃 守护瘫痪哥哥25年

人物故事 THE STORY

覃文清，女，土家族，1968年生，湖南省张家界市永定区西溪坪街道鲁家坪村村民。

覃文清姊妹兄弟共8个，她排行第6，唯一的哥哥是老大。自她记事起，大哥就不能行走、吃喝拉撒都得靠父母照顾。家庭重担让覃文清的父母衰老得特别快，姐妹们远嫁，老人的养老、照顾大哥的重担也逐渐成了难题。

1995年2月，24岁的覃文清嫁到了50公里外的永定区大坪镇（现永定区天门山镇），但她脑海里成天浮现着年迈父母和患病大哥的身影。在丈夫家生活不到3个月，覃文清往返娘家20多次。丈夫看她这样劳累奔波特别心疼，于是夫妇俩决定搬回西溪坪老家，担负起照顾父母及兄妹的责任。

覃文清照顾哥哥，是从吃饭、洗澡、穿衣、大小便等每一件小事上做起的。一次她去集市上赶集，因为稍微耽搁了一下，哥哥在家觉得尿片湿了不舒服，自己想去上厕所，行动不便一头栽到地上，自己无法起身，就这样趴在地上直到她回来。覃文清进屋看到哥哥这样，眼泪瞬间夺眶而出，自此以后再也不把哥哥独自放在家里超过1个小时。

从1995年搬回老家到2020年大哥去世，覃文清不离不弃地照顾了瘫痪哥哥25年。9000多个日日夜夜，从没听过他抱怨过一次。和其他姊妹之间，覃文清也从未因父母、大哥的赡养问题与她们推托、争吵过，姊妹们都由衷地感激覃文清夫妻二人，一家人和和气气、其乐融融。

（湖南省文明办供稿）

柯　国

退役军人勇当家庭“顶梁柱”　抚养四个侄子侄女长大成人

孝老爱亲

人物故事 THE STORY

柯国，男，1967年生，中共党员，广东省珠海市香洲区拱北街道桂花社区居民。

柯国是一名伤残军人。1998年，弟弟柯权被检查出白血病，柯国四处奔波求助，筹借13万元医药费为弟弟医治，延续了弟弟四年的生命。弟弟病故后，弟媳改嫁他乡，留下四个孩子跟随爷爷奶奶在湛江徐闻县乡下生活，最大的孩子10岁，最小的仅有四岁，柯国毅然承担起四个侄子侄女的抚养费用。2006年，不幸再次降临这个家庭，柯国的父亲被检查出肝癌晚期，自己也因单位改制而下岗，无奈只得变卖在珠海唯一的住房，为父亲筹集医疗费。

两年后，父亲离世，柯国与妻子决定把母亲和四个侄子侄女接到珠海生活。彼时，柯国的女儿尚年幼，尽管家中经济条件并不好，但他也尽力保障五个孩子的温饱，同时寻求政府帮助，解决了侄子侄女的入学就读问题和户籍问题。

靠着柯国修水电打零工的收入、妻子的微薄工资以及政府和社会的帮助，他们撑起了这个八口之家。一家人相亲相爱、互帮互助，度过了最困难的日子，家中所有孩子相继顺利完成学业，最小的侄子小宏也因深受柯国影响应征入伍。

（广东省文明办供稿）

王春富

朴实村民不言放弃　一人打多份工照顾父亲和四个孩子

人物故事 THE STORY

王春富，男，1953年生，贵州省安顺市西秀区东屯乡官上村村民。

1984年，王春富的母亲和二弟相继离世，二弟媳承担不了生活重担改嫁异乡，留下两个年幼的孩子，由于各自家庭都有实际困难，两个孩子成为家族的“累赘”，无人愿意照顾。念及骨肉至亲，不忍让孩子受苦，王春富毅然担下养育两个孩子的重任。这使得原本不富裕的家庭更加拮据了，妻子也心生埋怨，一年后与王春富离婚。妻子的离开对王春富打击很大，但想到自己的两个孩子、两个侄子和父亲都离不了他，王春富咬牙站起来、扛起来。

自此，王春富一人扛起了整个家庭，每天除了照顾四个孩子和年迈病弱的老父亲以外，还要操持家务和从事生产，农闲时他还打零工来增加收入，走街串巷收废品、摆摊，到煤场挖煤……尽管生活艰苦，但是一想到孩子们很乖很听话，他心里就宽慰许多，觉得再辛苦都值得。

2009年，王春富的父亲去世，他成了孩子们唯一的亲人，对孩子来说，他是爸爸、也是妈妈，是温暖的港湾。如今孩子们都已成家立业、生活幸福，王春富回想自己的这一路，像做梦一样，却觉得值了。

（贵州省文明办供稿）

罗其财

好丈夫 24 年呵护情

人物故事 THE STORY

罗其财，男，1969 年生，陕西省安康市岚皋县佐龙镇正沟村村民。

罗其财的妻子黄联英，1990 年 2 月被诊断出严重的风湿病，从 1997 年瘫痪在床，这一躺，就是 24 年。这 24 年里，除了干活，罗其财每天大部分时间和精力都用在了照顾妻子黄联英上，从日常的吃、喝、拉、撒、睡，到每天必做的按摩、翻身、换药，罗其财从没有怨言。饿了，喂上可口饭菜；烦了，就给黄联英讲讲生活中的趣事；冷了，就自己动手给妻子做个棉套；热了，妻子的病不能用电风扇，罗其财就用扇子给妻子扇风，年复一年，用坏了几十把扇子。饱受病痛折磨的妻子经常发脾气，尽管罗其财心里也很难受，但是总能轻言细语地安慰妻子。

24 年来，罗其财从未出过一次远门，妻子身上也从未感染过一次褥疮。看着妻子病情逐渐加重，全身肌肉严重萎缩，罗其财常常心如刀绞，可他毫无办法，只能一有空闲就守在妻子床边。他相信，陪伴就是最长情的告白。

为了给妻子治病，罗其财带着两个儿子省吃俭用，花光了家中所有积蓄，还负了不少外债，但仍省吃俭用买回来一台彩色电视机给妻子排解寂寞。生活压力大如山，但罗其财从未想过放弃。他说：“只要能和妻子在一起，就很好。”

（陕西省委文明办供稿）

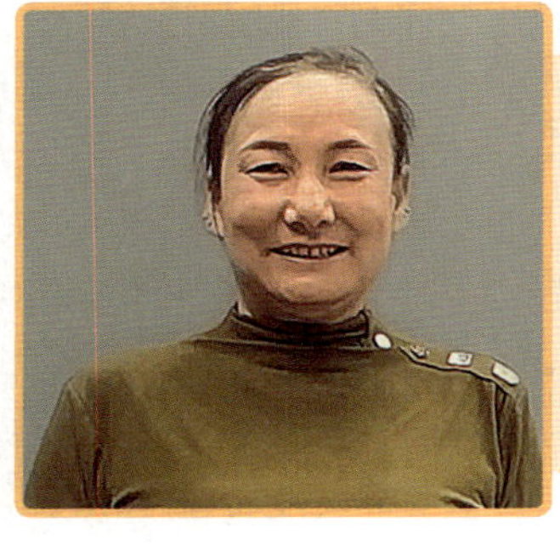

杨淑梅

数十年如一日照顾丈夫和儿子 用柔弱肩膀挑起生活的重担

人物故事 THE STORY

杨淑梅，女，1977 年生，宁夏回族自治区石嘴山市平罗县高仁乡八顷村村民。

1995 年 2 月，杨淑梅经人介绍，与平罗县高仁乡八顷村的罗学林步入婚姻殿堂，并于第二年育有一子，可孩子却不幸患有先天性脑萎缩症，杨淑梅一边四处求医，一边做孩子的“手”和“脚”，细心操持孩子的生活起居。杨淑梅也会抽空外出打工，但家里的主要经济来源还是靠丈夫罗学林。

2009 年 3 月，罗学林突然全身关节肿痛，左腿皮肤开始出现小面积溃烂。经查，罗学林患有白塞氏综合征，后因免疫力下降引起视神经萎缩，导致双眼失明。杨淑梅每天用药水为丈夫擦洗左腿溃烂的伤口，敷药、缠绷带。为防止罗学林腿部肌肉萎缩，杨淑梅还坚持为他的双腿做按摩。其间，罗学林有过轻生念头，杨淑梅照顾完儿子后就陪他聊天，帮助丈夫重拾生活的信心。

如今，在杨淑梅的照顾下，罗学林的病情得到了控制，左腿日渐康复，并通过残疾人培训班，学会了使用盲人专用的电器做饭、烧水，能分担一些简单家务。多年来，除了照顾患病的丈夫和儿子，杨淑梅还尽心尽力孝敬伺候公婆。

在这样一个特殊的家庭里，汇聚了人生中太多的苦难，也凝聚了人世间最真挚的情感。杨淑梅用无怨无悔的付出，给这个苦难重重的家庭带来了希望和光明。

（宁夏回族自治区文明办供稿）

十一月

韩 锋

游子在外不忘家乡父老 归乡创业带领群众致富

人物故事 THE STORY

韩锋，男，1974年生，中共党员，河北省承德市滦平县西沟满族乡三道沟村丰佳农牧合作社社长。

2014年，在外打拼20多年的韩锋积极响应乡政府鼓励外出能人返乡创业的号召，回到家乡发展。先后用半年的时间进行实地考察，成立了宏丰生态园、丰佳农牧合作社，通过承包村里“大西岔”山坡谷地，流转土地近2000亩，借助西沟乡林果产业基础，种植苹果、大枣等水果和黄芩、曲麦等中草药，同时，以“公司+合作社+基地+农户”的形式，带动本村和邻村近30人家门口就业，带领贫困户发展产业、拿租金、赚薪金、分股金。2019年，韩锋开始进行规模化养殖生猪，并为本村村民低价提供生猪幼崽，鼓励村民发展庭院养殖经济，还亲自到北京请养殖专家给农民授课，在合作社的推动下，全村生猪年产值近千万元，为推动三道沟门村产业振兴贡献力量。

从北京回乡创业以来，韩锋每到逢年过节都会带上米面油慰问贫困户、残疾人、困难党员、孤寡老人等困难群体。2020年初新冠疫情暴发，韩锋第一时间加入防疫志愿者行列，并为抗疫执勤人员送去口罩、消毒液等防疫物资，价值共计5万元，赢得了广大群众的赞誉。

站在丰佳农牧合作社门前，韩锋踌躇满志，他心中充满着对党、对家乡、对群众的殷切热爱，今后也将继续发展产业，带动群众发家致富，助人为乐无私奉献，努力做西沟乡文明道德风尚的标兵。

（河北省文明办供稿）

朱 华

油田女工组建志愿服务队 无私资助贫困山区儿童

人物故事 THE STORY

朱华，女，1975年生，中共党员，大庆油田有限责任公司第四采油厂工人。

多年来，她行走在公益的道路上。在她的倡导和带动下，2012年3月“朱华爱心志愿者协会”成立，2018年在民政局注册，正式更名为“大庆杏北爱心志愿者协会”，发展至2021年已有成员1200余人。

她带领协会累计开展“小橘灯”募捐、“棉雨靴”计划、爱心跑鞋、暖心棉被等公益活动700余次，为三所孤儿学校捐建了洗漱间、保健室、游艺室、图书室，受益学生15000多人次。在“一助一”助学活动中，朱华为332名藏族孤儿以及单亲特困家庭的学生找到了一对一捐助的爱心家庭，并先后3次前往青海看望受助的孩子，了解他们的生活、学习和受助情况，为每名受助孩子提供资金和衣物，让孩子们得到了来自远方的关爱，摆脱后顾之忧，重新鼓起学习的勇气，燃起生活的希望。朱华说，希望那里的孩子能拥有一个快乐的童年，好好学习，早日看到大山以外的世界。

朱华还将爱心传递给孤寡老人，带领协会与安达喜辉安老院结成长期帮扶关系，连续9年开展帮扶150余次，通过为孤寡老人包饺子、剪指甲、打扫卫生、表演节目等，送去儿女般的关怀和温暖。

（黑龙江省文明办供稿）

陈晓光

革命后代传承父辈精神 义务宣讲“四史”十余载

人物故事 THE STORY

陈晓光，男，1946 年生，现任上海市长宁区周家桥街道关工委常务副主任。

陈晓光是新四军后代，2009 年起坚持到社区、企业、医院、大中小学校宣讲，每年宣讲 30 余场，受教育党员和青少年约 5000 人次。陈晓光始终秉持讲“四史”要接地气，更要以情感人，听过他宣讲的人，都对这个爷爷敬爱又敬佩。为了进一步做好“四史”宣讲，陈晓光个人坚持 13 年创办《党的生活》月刊。每次党员组织生活时，大家都抢着看。

陈晓光还深挖属地资源，创办教育基地。他居住的长宁周家桥地区，拥有丰富的历史人文资源。陈晓光在翻阅资料、走访当事人、有了充分了解和构思后，提议创办“护航号”绿皮火车和“周家桥三十七民众夜校旧址纪念馆”两处爱国主义教育基地，前者与党的一大有关，后者与上海党组织建立郊区党组织有关。在街区两级党组织的大力支持下，两处教育基地创办成功。同时他牵头创立“范小北”红色宣讲团，旨在引导青少年传承红色基因，厚植爱国情怀。

这些年，在“四史”宣讲和基地创建的过程中，由于用眼过度和用嗓过度，陈晓光患上了青光眼和鼻腔血管瘤，但他从没有后悔过，依然带着老一辈的顽强奋斗精神和无私奉献精神活跃在“四史”宣传教育中，让红色基因代代相传。

（上海市文明办供稿）

冯艳君

“80 后”理发师无偿为民服务 21 载

人物故事 THE STORY

冯艳君，女，1980 年生，江苏省苏州高新区狮山横塘街道新升社区居民，1+1 理发店负责人。

她是居民口中的“活雷锋”。2000 年，年仅 20 岁的冯艳君从家乡连云港来到苏州，有着一门理发手艺的她，选择在苏州高新区开店。为了帮助困难老人，冯艳君将每个月的最后一个星期三固定为“爱心理发日”，专门为新升社区的老人以及部分行动不便的居民提供无偿理发服务。

她是社区老人的“好闺女”。2020 年初疫情袭来，本准备回老家与亲人团聚的冯艳君毅然决定留下，上门照顾和探望社区空巢、孤寡老人。冯艳君用自己的行动成了老人们心中的“闺女”。老人们都说：“‘闺女’让好好在家，不要随意出门，我们肯定要听话。”

她是以身垂范的“好心人”。冯艳君的善举也带动了身边许多人。从 2014 年 4 月起，冯艳君和其他 3 位理发店女老板一起为社区困难老人免费理发，创建“孝老联盟”。先后有 100 余名徒弟加入爱心志愿团队，遍布浙江、山东、黑龙江等地，累计开展爱心理发 6800 余人次，服务时长 12440 小时。

冯艳君说：“我们每个人都会老的，孝敬老人是我们年轻人的责任。”冯艳君的这份爱心也传递给了儿子，她的儿子在家非常孝顺长辈，常常参加志愿活动。

（江苏省文明办供稿）

毛道国

热心公交车驾驶员 义务担当患病乘客的“专职接送员”

人物故事 THE STORY

毛道国，男，1968年生，浙江省温岭市浙江畅达运输股份有限公司城乡公交公司二车队车驾驶员。

毛道国是温岭至箬山204公交车的一名普通驾驶员。2016年，他偶然接触到一位六旬尿毒症患者徐大爷，便义务当起了他的“专职接送员”。他不仅每周3天开着私家车把老人从家里接上，带到箬山的公交始发点，然后载着老人进城做血透，还筹钱翻新了老人的房子。

2019年，他又主动接送另一名尿毒症乘客郭阿姨，每周两次载她去医院做血透。除了徐大爷、郭阿姨，在毛道国的乘客名单中，还有小兆、小娇等，他们都是身患尿毒症的乘客，在受到毛道国的帮助后，更是对他产生了由衷的感激。久而久之，他开的204公交车，成了这些患病乘客的“专车”，不仅让他们的“血透之路”变得平坦通畅，也重新燃起他们生命的希望。

作为一名驾驶员，毛道国用心把服务做到极致。自实行无人售票之后，他考虑到个别乘客出门会忘带零钱，为方便乘客，每次出车前都会特意兑换一些一元硬币备着，遇到有需要的乘客就帮忙兑换。他也会私下准备一些常见药品、备用雨伞，疫情期间专门准备口罩。因为热心、爱做好事，曾收到乘客送来的各类锦旗、表扬信等10余件。

此外，毛道国每个月都会把收入的一部分钱捐到慈善平台，去帮助需要帮助的人。他相信，再小的力量也是一种支持。

（浙江省文明办供稿）

纪建立

助人为乐

八旬老人情系“三农” 退休创办科普协会助力乡村全面振兴

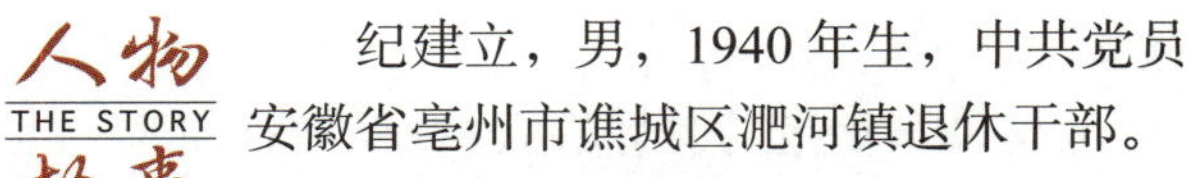

人物故事 THE STORY

纪建立，男，1940年生，中共党员，安徽省亳州市谯城区淝河镇退休干部。

退休后的纪建立，始终情系“三农”。经实地调研后，2004年11月他创办“老纪科普协会”，免费为贫困户提供科技交流和学习平台，定期举办科技知识讲座，“内聘能人、外请专家”，传授农业科技知识。2015年，建立老纪科普微信平台，成立蔬菜群、药材群、养殖群等微信交流群，组织专家线上讲课。截至目前，协会举办各类培训会160余场次，纪建立自费带领贫困户外出考察学习8次；协会成员已由15人发展到近万人，科技推广、技术服务辐射3省6市8县126个行政村，仅在淝河及周边乡镇已建立19个合作社、4个养殖场、10个家庭农场，帮助220多个家庭实现脱贫。

他还结对帮扶8户留守儿童，根据实际情况分别给予1000—6000元的资助，其中三人已大学毕业。为了资助困难家庭和学生，纪建立省吃俭用，多年来，共给予7个贫困家庭4万元的资助，帮他们渡过难关。

作为一名退休老党员，纪建立积极发挥余热，以协会为阵地传播科学农技知识，扶危济困，把满腔的爱和奉献融入乡村全面振兴事业，用实际行动赢得了群众赞誉。

（安徽省文明办供稿）

胡梦秋

退伍女兵多次捐献“熊猫血”挽救他人生命　热心公益永葆军人本色

助人为乐

人物故事 THE STORY　胡梦秋，女，1989 年生，中共党员，安徽淮河能源控股集团物资采供中心职工。

胡梦秋 2008 年 12 月参军入伍，在入伍时部队组织的无偿献血中，她第一次得知自己是 Rh 阴性血，也就是俗称的“熊猫血”。2010 年 12 月退伍回到家乡，她主动在淮南市中心血站备案，不久后，又加入了“全国应急献血者——中国稀有血型联盟”，时刻准备着用自己的鲜血挽救他人生命。10 年间，她共献血 5 次，献血量达 1300 毫升，挽救了 3 名危重病人的生命。

2018 年 10 月 3 日，正在家中休产假的胡梦秋无意中看到朋友圈里的一条求助信息：“紧急寻找 Rh 阴性血液。”原来，一名孕妇遭遇车祸，腹中 32 周的胎儿胎盘早剥，胎死腹中，孕妇脾脏破裂，急需输血抢救生命。此时，胡梦秋接到一个陌生的来电，原来是那位孕妇家属打来的求助电话。简短对话后，她立刻放下怀中的宝宝，火速打车赶到中心血站。医生了解到她刚刚生过宝宝，就告知她当下献血会对她本人和婴儿有一些影响。胡梦秋没有一丝犹豫，斩钉截铁地说：“我可以！抓紧时间抽血！”她不顾医生再三劝阻，献出了比正常量还要多出 100 毫升的血液。最终，孕妇得救了。胡梦秋略显疲惫的脸上露出欣慰的笑容，为自己能挽救别人的生命而感到高兴。

（安徽省文明办供稿）

王翠华

年近八旬老党员爱心助邻近十载

人物故事 THE STORY　王翠华，女，1943 年生，中共党员，安徽省芜湖市弋江区马塘街道洪桥社区居民。

王翠华作为芜湖市马塘街道洪桥社区“暖心暖衣”志愿服务队的一员，退休后她和小区里热心的老党员们四处收集旧衣物，进行清洗、消毒、熨烫、整理后统一在社区广场发放，温暖着社区的低保户、残疾家庭等困难群体的心。2012 年开始，她与身边的困难居民结对，每月从退休工资中节省出 500 元，购买一些生活用品送给他们。每逢节日，王翠华更是自费购买大米、鸡蛋、牛奶等送给困难邻居。她本人获得的荣誉奖金，也全部用来帮助别人，成了远近闻名的“洪桥王妈妈”。

2017 年，由王翠华牵头组织的洪桥社区第一场“我们陪您过生日”集体生日会活动正式开展。王翠华带领团队志愿者们用心用情为老人们操办生日，筹集善款替老人购买慰问品及礼物，每三个月一场的生日会，已经坚持了 5 年，开展了 16 场。除此之外，王翠华及团队还长期坚持面向社区里的十几位孤寡老人开展“365 安全敲门”服务，志愿团队每半个月自发集合分组上门，为他们提供就医、购物、家政、陪伴等服务，关心他们生活的点点滴滴。

王翠华总是说：“不管在什么岗位上，我始终牢记自己的身份，那就是共产党员，共产党员就应该有共产党员的样子！”

（安徽省文明办供稿）

陈宏华

心理咨询师提供专业志愿服务 点亮心灵播撒阳光

人物故事 THE STORY

陈宏华，女，1974年生，中共党员，福建华南女子职业学院党委委员、思政教师、心理咨询师。

“志愿服务工作是一份带着爱和责任的工作，看似平凡简单，但可以尽己所能帮助有需要的人，这非常有意义！”正是怀着这样的信念，陈宏华多年来一直坚持利用业余时间为青少年提供助学和心理辅导等志愿服务，用爱心、细心、耐心和专业知识为困境中的青少年疏导心理问题，解决心理困惑。

陈宏华老师关心贫困山区的儿童和青少年，主动投身乡村未成年人助学活动。自2014年始，她多次随同公益团队伙伴到福建省福州市罗源霍口乡东宅村开展助学活动，数年来坚持捐资助学。此外，她还曾进校组建合唱队、开展读书会，为孩子们带去歌声与欢笑。

陈宏华关注青少年的心理健康，开展心理健康义讲、心理团体辅导公益行、公益沙龙和公益读书会的同时，还先后到泉州蓝溪中学、福州闽清高级中学等地，为千余名初高中学生开设“高中女生健康成长”和“中高考压力应对”心理讲座和心理团体辅导，受到当地师生好评。她还为许多家长提供服务，通过每周共读心理成长书籍，结合大家实际问题，进行指导和帮助。同时，她还兼任福建省妇妇女儿童活动中心和12355青年服务台的心理咨询师，为家长和青少年提供心理咨询辅导服务，接听心理服务热线时间累计超过800小时，曾受到共青团中央维护青少年权益部、福建省总工会的积极肯定和感谢。

（福建省委文明办供稿）

王春元

老党员结缘公益　助人为乐显初心

人物故事 THE STORY

王春元，男，回族，1962年生，中共党员，山东省滕州市志愿者协会会长。

从2011年参加第一次志愿服务开始，王春元就萌生了成立志愿服务组织的念头。2014年7月，王春元凭借一腔热血，克服诸多困难，创办了滕州市首个公益社会团体——滕州市志愿者协会，如今已发展到1600余人。多年来，王春元带领志愿者们积极开展各类公益活动：从宣传低碳生活到爱心募捐，从大型赛事维护到关注弱势群体，从关怀空巢老人到关爱留守儿童……在各项慈善公益活动中，他总是身先士卒，用爱心行动感动、感染着大家。他和团队在滕州市弘道公园设立志愿者服务点，为快递小哥、环卫工人及过往群众提供饮用水、打气筒、应急药物等，并坚持每周到现场参加志愿活动；先后与160位敬老院老人结缘，为58名留守儿童、“彩虹宝宝”（服刑人员子女）送去长期关爱。

疫情期间，王春元充分发挥自身优势，带领志愿团队奔波在各个小区：检查过往人员车辆、测量体温、针对返乡人员进行信息登记。从最初服务的2个小区到后来的16个小区，始终坚守在抗击疫情的第一线。他们的付出换来了大家的理解与支持，居民们主动为他们送来热水和食物，在大家的共同努力下，服务的社区无一例确诊患者。

多年来，王春元和他的团队被社会各界广泛关注、充分认可，耳顺之年的他尽己所能发光发热，努力诠释着一个志愿者的奉献与担当。

（山东省文明办供稿）

魏成雨

大学生在洪水中奋战 7 小时 参与救助 6 户 32 人

人物故事 THE STORY

魏成雨，男，2001 年生，河南省新乡市卫滨区平原镇赵村人，河南农业大学学生。

2021 年 7 月，持续的特大暴雨导致新乡市牧野区发生重大洪涝，汛情接连告急，广大群众的生命财产安全面临严重威胁。暑期正在卫滨区家中温习功课的魏成雨随家人和村民一起，带着轮胎和一些物资分两批前往距家十五里左右的牧野区寺庄顶村展开救援。在救援过程中，为了更快地穿过洪水救助更多的被困人员，魏成雨把轮胎套在自己身上，下水用手托起皮划艇，奋力抵达人员被困地点，分批把村民扶上皮划艇运送至安全区域，并分发带来的物资。洪水中混杂着大量泥沙，底部还有未知的危险杂物，每走一步都要深深地踩入泥沙中，前行时魏成雨的腿被玻璃扎伤，但他忍着疼痛一声没吭，和家人积极轮班推橡皮艇，在水中来回奔波 7 个多小时，最终将 6 户人家共计 32 人从被洪水围困的屋顶运到安全地带。

在获知中国残疾人联合会来到他的家乡发放防汛救灾援助物资时，魏成雨毫不犹豫地加入专业志愿者团队，随团队一起将物资搬运至指定区域，并将物资准确发放到残疾人手中。

魏成雨后续又参加了村里的防疫工作，在村口的卡点对过往村民进行消毒以及健康码和行程码的检查。

（河南省文明办供稿）

李胜勇

志愿团团长 11 年做公益 抗疫救灾从不缺席

人物故事 THE STORY

李胜勇，男，1976 年生，河南省漯河市临颍县王岗镇小庄李村人，漯河星火志愿团团长。

2011 年，李胜勇走上公益之路。2014 年 8 月，李胜勇成立漯河星火志愿团，带领志愿团队开展走访慰问革命老兵及军烈属、关爱社会弱势群体、救助危难群众等活动 700 多场，累计捐助款物 500 多万元，惠及群众 5 万多人次。

漯河星火志愿团的“关爱老兵及烈士家属”活动，足迹遍布漯河各县区、街道，寻访抗战老兵 100 多名、伤残老兵及烈士家属近 100 名，累计慰问抗战、抗美援朝老兵及烈士家属 500 多人次，送去慰问品（金）50 多万元。2014 年开始，坚持到对越自卫反击战中的一级战斗英雄李海欣烈士家中慰问并帮助干农活。2020 年，大批医护人员奋战在抗疫一线，李胜勇联系北京 21 世纪基金会，协调大米、奶粉等物资，转赠给驰援湖北抗疫一线的医护人员。2021 年 7 月，河南省遭遇特大洪灾，李胜勇组织漯河星火志愿团水上救援队 30 余名志愿者，奔赴新乡卫辉，转移护送受困群众 80 余名，为受困群众运送生活物资 200 余件；发动社会各界捐赠矿泉水、方便面、火腿肠、被褥等价值 50 万元的各类救灾物资，协调运输车辆 30 余辆，冒着酷暑将物资送到安阳市殷都区、新乡市牧野区、卫辉市和扶沟县，解了受困群众燃眉之急。

（河南省文明办供稿）

王永甫

好医生从医三十多年免费为六千余名贫困患者治疗

人物故事 THE STORY

王永甫，1965年生，河南省濮阳市华龙区胜利路街道办事处残障人士康复指导站副站长。

1998年，王永甫被任命为胜利路街道办事处残障人士康复指导站副站长。他会为每一位行动不便的求医者登门诊治，自费为贫困、家远的患者在康复站附近租房进行免费治疗。货车司机小刘，因车祸造成小腿骨折，面临着截肢的危险。王永甫每天跑几公里路免费上门为他康复治疗，40多天后，小刘的腿恢复正常且没有留下任何后遗症。

2004年，王永甫收双目失明的小张为徒，并免费向其传授按摩技术，小张凭学到的手艺开了家按摩店，安置了3名盲人按摩师，为他们提供稳定的工作岗位。王永甫从此格外关注有志残障人士的教育培养，向他们传授推拿按摩技艺，帮许多残障人士患者走上自食其力的道路。

2020年6月6日，华龙区王永甫爱心服务站揭牌成立，为患有颈肩腰腿病的残障人士免费治疗，并向有意学医的患者传授针灸、推拿等医疗技术。2021年3月24日，濮阳市特殊教育学校和华龙区王永甫爱心服务站联合开办“中医推拿按摩正骨培训部”，为残障孩子提供学习平台。从医30余年，王永甫对6000多名贫困患者及残障人士提供免费治疗，治疗率高达98%；他平均每天为患者提供志愿服务3小时，累计为1万多名患者建立康复档案。

（河南省文明办供稿）

朱鹏涛

七旬老党员退休不退志 8年奉献扛起“志愿红”大旗

助人为乐

人物故事 THE STORY

朱鹏涛，男，1947年生，中共党员，湖南省娄底市政府原副秘书长兼驻京办主任，现任娄底市慈善志愿者协会会长。他退休不退志，在湖南娄底组建成立慈善志愿者协会，8年来组织大型公益慈善活动60余场，筹措捐助资金近1500万元，扛起娄底“志愿红”的鲜亮旗帜。

朱鹏涛的公益之路，从2013年起步。当时他已退休，住在北京的女儿家享受天伦之乐。当得知娄底正准备筹建慈善志愿者协会，他便毅然回娄。通过3个月的努力，充分发挥资源多、人脉广、热情高的优势，在机关、厂矿、学校、社区及社会组织中，发展60个慈善志愿者分会，登记志愿者1万多人。在2013年12月5日的国际志愿者日，娄底最大的慈善志愿者协会经民政部门批准注册正式成立，朱鹏涛担任会长，扛起了娄底慈善志愿服务这面大旗。

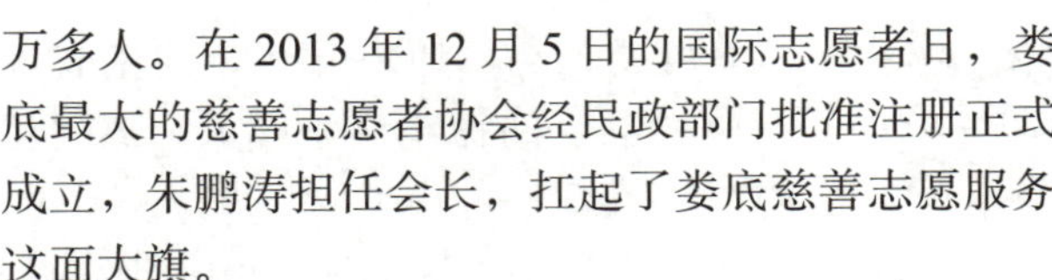

8年多来，在朱鹏涛的组织和带领下，协会60多个分会开展了“春节温暖回家路”“致敬抗战老兵”“志愿服务十送乡村”等大型公益慈善活动60余场，参与其中的志愿者达3万多人次，帮助关爱困境儿童、困难家庭、残疾人群、困难学子、抗战老兵等1.5万多人次，筹措捐助现金1460多万元和米油面、奶粉、棉被等价值380多万元的物资。

（湖南省文明办供稿）

李展甜

悉心照料残疾邻居 15 载 谱写最美邻里情

人物故事 THE STORY

李展甜，女，1955 年生，广东省中山市沙溪镇塔园村村民。

李展甜的邻居吴静文自幼患有脑膜炎，因治疗不及时，导致肢体一级残疾，日常起居都需要家人照顾，无法独立生活。20 年前，其父母相继离世，姐弟又相继前往香港定居，他们曾申请带她去香港一起生活，但由于申请失败，吴静文只能独自留在老家。热心肠的李展甜自告奋勇地照顾起了吴静文，她说："远亲不如近邻，邻居的事就是我的事。"

15 年来，李展甜不辞辛苦，不求回报，日复一日地照顾吴静文的生活起居。每天，李展甜都将一日三餐做好并送到吴静文家中。晚上，她还会陪吴静文聊天解闷，帮她擦洗身体。除此之外，她还一手包揽了洗衣服、打扫卫生等大小事务，逢年过节还会给吴静文送去节日食品和日常用品，将其照料妥帖。

李展甜退休前为保洁员，退休后，她仍每天自发与丈夫一起清扫街道。邻居每次提起李展甜，都竖起大拇指："他们两夫妻每天都在村里打扫卫生，路面被他们打扫得干干净净，他们还照顾了静文 10 多年，给毫无血缘关系的邻居洗衣服、做饭，又有多少人能做到呢。"

即使年纪大了，身体不如从前，李展甜仍乐此不疲，奔走在村里的大街小巷，温暖了身边的每一个人。

（广东省文明办供稿）

缪德良

坚持文学创作四十余载 为山区孩子提供精神食粮

人物故事 THE STORY

缪德良，男，1954 年生，中共党员，广东省梅州市作家协会副主席、广东省梅州市五华县作家协会主席。

1974 年 8 月至 1991 年 7 月，缪德良在广东省梅州市五华县长布镇小学任教。在贫困山区教书的 16 年里，他深知孩子们对知识和文学的渴望，决心进行儿童文学创作，为孩子们写点东西。47 年来，缪德良主动筹集经费，出版《长乐文艺》《五作家》等刊物，主编出版《梦想的天空》一书，并向广大学生赠送，累计赠送书籍 2 万多册、报刊 18 万余份、歌曲光盘 4000 多张。

缪德良积极组织开展文学活动，组织文学作者座谈会和作品研讨会，举办儿童文学作品演出和县内文学作品展览等活动。他还到梅州、深圳等地学校为学生举办公益讲座，讲授阅读和写作经验，至今已开展讲座 50 多场次，受益学生 6000 多人。

缪德良关心关爱贫困学子，曾连续 10 年资助一名贫困学生直至其大学毕业，并积极动员企业家出资帮扶贫困学生，其中 200 多名学生考上重点大学，2 名学生考上清华大学。为提高家乡的教育水平，他每年春节都会回家乡组织奖学活动，激励孩子们发奋读书。虽已年近七旬，但缪德良依然怀着一颗赤子之心笔耕不辍，为乡村教育作出自己的努力与贡献。

（广东省文明办供稿）

谢凯庆

退休干部甘当新“愚公” 义务为民修桥铺路建公园

人物 THE STORY 故事

谢凯庆，男，1940年生，广西壮族自治区梧州市岑溪市科学发展委员会退休干部。

2015年之前，双贵村马运顶山土质疏松，水土流失十分严重。热心的谢凯庆决意修建公园，改善山上的环境。为了在这块集体所有的山地上建设公园，他召集村民开动员会，挨家挨户走访谈心，说服反对建公园的村民，征得了大部分村民同意让地。为了解决资金问题，谢凯庆带头捐款18万多元，发动家庭捐款4万多元，在他的带动和奔走下，争取上级拨款、社会捐助、村民捐款等超过200万元的资金，投入公园建设中。

谢凯庆带领12名老同志组成的义务修建队，常年起早贪黑进行义务劳动，为了节约资金，他们包揽了所有体力活，伙食是从家里带来的一大锅稀粥。几年间，他曾4次在去公园的路上突然发病，险些要了他的命，但他毅然继续投身于公园的建设中。

在谢凯庆的影响下，社会纷纷响应集资捐款，村民积极参与，最终形成合力，把双贵公园建成建好。昔日杂草丛生的荒山，如今种植了近万株观赏性植物，建成了桃花园、茶花园、风铃园等十几个园子，读书亭、慈孝亭、乡愁记忆亭等已成为旅人们驻足停歇的温馨驿站。

（广西壮族自治区文明办供稿）

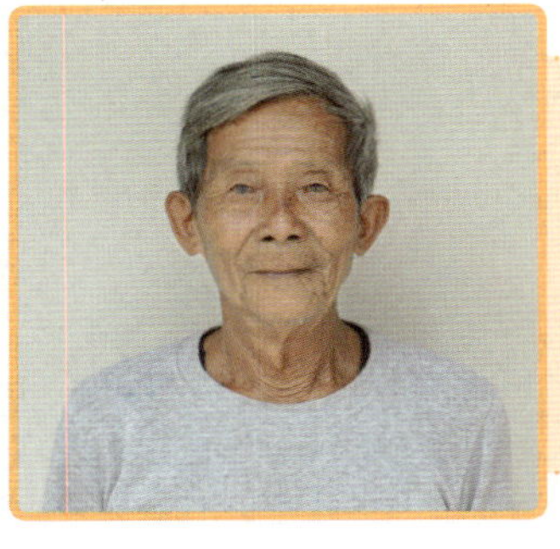

助人为乐

魏文贤

七旬老人十余载守河救人

人物 THE STORY 故事

魏文贤，男，1946年生，海南省琼海市人。

魏文贤是位渔夫，在万泉河上打了一辈子的鱼，见过许多发生在这条河里的惨剧。所以，这10多年来，他自觉地在这条河上劝人救人，守护着这条河，守护着每一条鲜活的生命。

魏文贤已记不得自己曾救起过多少人。在他的心中，每个人平平安安就是最大的回报。只要不刮风下雨，魏文贤每天都会坚守“岗位”，他把守河救人视为一份神圣的工作，10多年来从未“缺勤”。每天早上，他总是匆匆扒完两碗稀饭，然后来到万泉河大坝边，守到晚上9点多，等人群散去才回家吃饭。吃完晚饭，他又返回“岗位”，卷一床草席睡在大坝边。魏文贤每天花费近15个小时守在河边，给市民游客安全提示，危急时刻还下河救人。

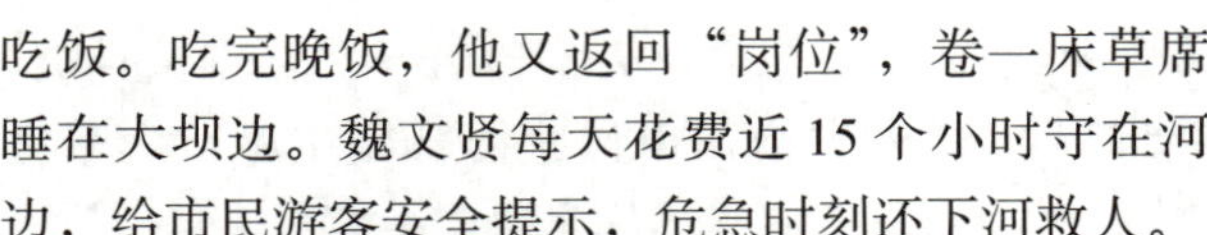

没有人让他这么做，也没有人给他发工资。他只知道，万泉河很美，但是河边也很危险，只有多提示市民，才能让每个人更加安全。他不觉得自己的付出有多伟大，只是想通过自己的努力让他人少一些危险。

一根长竹竿，是他救人的工具，也是他的坚守。

（海南省文明办供稿）

韦腾境

打造儿童乐园　为未成年人成长护航

助人为乐

人物 THE STORY 故事

韦腾境，男，1987 年生，贵州省黔南布依族苗族自治州独山县困境儿童关爱促进会副会长兼秘书长。

2010 年，在江苏常州打工的韦腾境迎来了自己的第一个孩子。2012 年 6 月，因一次意外，儿子不幸离世。为了缓解心中的伤痛，他选择参加公益活动，帮助他人。2013 年，他正式加入常州市一家爱心公益服务中心，成为一名志愿者，把对儿子无尽的思念转换成对服务对象的无偿付出。

随着第二个孩子降生，也为了更好地陪伴远在家乡的父母，2016 年 8 月，韦腾境回到贵州独山县老家。他成立一支公益队伍，通过网络平台，联络社会爱心人士，招募志愿者，发起“Y+1 微助学”公益项目。两年多时间，“Y+1 微助学”项目持续资助了 31 名贫困家庭的中小学生，发放公益助学金 10 余万元。

2017 年 10 月，韦腾境成立独山县困境儿童关爱促进会，带领志愿者们慰问贫困家庭的未成年人，开展乡村公益支教。

2018 年 4 月，独山县第一个儿童服务站——“益童乐园”开园，韦腾境和妻子每天义务为 30 多名孩子辅导作业、教授画画，周末开展游戏、摄影、手工烘焙等活动。

2019 年，韦腾境又在县城易地扶贫搬迁点筹建了两个“益童乐园”儿童服务站，为搬迁群众的子女提供文体活动、安全教育、文化传承、社区融入、心理支持等常态化服务，让他们更好地融入城市生活。

（贵州省文明办供稿）

刘志军

银行保安坚持公益二十余年 筹募资金关爱弱势群体

人物 THE STORY 故事

刘志军，男，1970 年生，陕西省榆林市中国建设银行上郡路支行保安。

刘志军从 1998 年开始参加志愿服务组织，2006 年牵头成立了志愿服务队。20 余年来，累计志愿服务时长两万多小时，筹集善款 66 万元，个人无偿献血 6400 毫升以上，个人累计捐款 8 万余元，定点帮扶 4 户贫困和五保户家庭，每逢过节都会送去米面油等生活物品。

从 2013 年开始，刘志军每年在榆林市和绥德县举办“世界孤独症日　点亮蓝灯”和“牵着蜗牛去散步 关爱心智障碍者”等爱心义卖系列活动。2016 年至今，刘志军和志愿者看望和陪护留守儿童 20 多次，为他们送去米面油、学习生活用品等，为孩子们义务理发，改善学习和生活环境。2018 年，他推动了“让爱飞扬 · 你我同在”项目，旨在让全社会更多地关注孤独症儿童、留守儿童等弱势群体。

在疫情突袭榆林时，刘志军组织志愿者配合医务人员采集核酸、配送物资。疫情期间他放心不下定慧寺社区孤寡老人贺阿姨，三天两头去探望老人，每天像照顾自己的母亲一样照顾她，让她十分感动，老人说：“我没有儿女，但他比儿女还亲，是我一天也离不开的人啊。”就这样，50 多岁的刘志军每天凌晨 5 点起床，在几个社区服务十几个小时，常常穿着防护服坐在椅子上就睡着了。

刘志军常常把一句很简朴的语言挂在嘴边，他说：“人生在世，总要干点有意义的事啊！”

（陕西省委文明办供稿）

贺晶晶

“最美嫂娘”倾尽所有救治患癌小姑子 成立公益基金会传递更多爱心

人物 THE STORY 故事

贺晶晶，女，1983年生，陕西省商洛市商南县城关街道办十里铺村村民。

贺晶晶在小姑子陈金玉8岁那年嫁进了陈家，虽然陈金玉是公婆领养的孤儿，但她们姑嫂之间的感情却非常好。然而仅一年后，公婆就因车祸、疾病相继去世。从此，哥哥嫂嫂成了陈金玉唯一的依靠，哥哥打工挣钱，嫂子贺晶晶就成了陈金玉的“娘”。陈金玉读高中时离家远，贺晶晶每周五都要骑着摩托车穿梭7公里山路去接她，周日再送她回学校。2013年，陈金玉考上西安外国语学院英语专业，贺晶晶夫妇特别骄傲。

2017年12月，陈金玉即将毕业时，被确诊患有胃癌，巨额的治疗费用很快就掏空了这个本就贫困的家庭。绝望之际，在西安外国语学院的帮助下，贺晶晶夫妻在“轻松筹”平台上发起了求助项目，社会各界爱心人士纷纷伸出援手，很快就筹集到了30余万元的治疗费用，让后续的治疗有了极大的保障。但遗憾的是，众多爱心人士的帮助却没能留住这位花季女孩的生命。

陈金玉离世后，贺晶晶夫妇决定捐赠剩余善款，他们希望把社会各界人士的爱心传递给更多需要帮助的人。2018年5月20日，贺晶晶同丈夫一起签署捐赠协议，向北京微爱公益基金会捐款10万元，成立“三秦红凤金玉基金”，用于资助贫困大学生和因病受难者。这是陕西省第一家由因病受助的受助人家属用剩余善款出资设立的公益基金，这份来自社会的爱被传递了下去。

（陕西省委文明办供稿）

冯卫民

“的哥”组建雷锋车队做公益 资助贫困儿童温暖身边无数人

人物 THE STORY 故事

冯卫民，男，1971年生，甘肃省兰州吉祥雷锋车队队长。

从2013年开始，冯卫民每年都会带领雷锋车队队员参加爱心送考活动，用自己的车辆，为考生提供免费的接送服务，近10年来共计减免车费53600元。当冯卫民得知一名老人需要定期前往医院接受透析治疗时，便每周定时为老人提供免费接送服务，这一接就是4年多。对于患有脑性瘫痪的姐妹“蔷薇”来说，冯伯伯和吉祥雷锋车队叔叔阿姨们的到来，让她们感受到了来自家人以外的温暖。每年的生日，冯卫民都会买来蛋糕和生活用品，为两姐妹庆祝生日，还每月轮流带着蔷薇姐妹出去游玩。2018年4月13日，对于兰州市儿童福利院的21名轻度残疾的孤残儿童来说，是他们特别期待又暖心的日子，因为冯卫民和队友们一起走进了兰州市儿童福利院，带领孩子们前往兰州极地海洋世界开心地游玩，圆了这群“小天使”的“微心愿”。

新冠疫情暴发后，冯卫民第一时间带领吉祥雷锋车队的队员们参加了兰州市防疫应急志愿服务队，每天义务接送一线医护人员、志愿者，为各防疫卡口点转运、分发防疫物资，转运来兰返兰隔离人员，给值守人员免费送餐。冯卫民还自筹资金购买消毒液，给居民免费发放，不间断在居民小区开展消杀工作，志愿服务时长达5197小时。

（甘肃省文明办供稿）

刘 涛

青年志愿者奔赴抗疫一线贡献青春力量

人物 THE STORY 故事

刘涛，男，1988年生，甘肃省天水市龙城救援志愿服务队队长。刘涛是一名退伍军人。近十年来，他活跃在志愿服务活动中，把公益的种子播撒在龙城天水。而今，这颗种子破土发芽，公益天水一路生花。

2015年，刘涛组建起天水市龙城救援志愿者服务队。凭借着多年的志愿服务经验和坚守公益初心的韧劲，这支队伍现共有队员86人，公益救援志愿者近200人，是一支专业有素、人民信赖的志愿服务队。

2015年以来，他先后组织为天水市的机关事业单位、学校、医院、福利院等机构进行防震减灾培训及安全消防培训130多场，累计受益人群18680余人；为贫困山区学校和福利院捐赠学习用品、体育器材、衣物及米面油等物品，折合人民币26.3万元；积极参加了2016年5月武山3.8级地震、2017年8月四川九寨沟地震后的抗震救灾工作。

疫情防控期间，他带领龙城救援队积极响应天水市委、市政府、团市委等部门调派指令，全方位开展疫情防控工作，出动疫情防控队员1200人次，600车次，协调天水集中隔离点志愿队员30人，爱心物资捐赠转运82000余件，对校园等公共场所进行消杀，面积达300万平方米。

（甘肃省文明办供稿）

尖木措

牧民二十五年如一日全身心守护野生动物

人物 THE STORY 故事

尖木措，男，藏族，1974年生，中共党员，青海省海北藏族自治州海晏县甘子河乡达玉村牧民。1996年起，尖木措开始关注和保护中华对角羚，经过20多年的守护，这片草原上的中华对角羚由30只增加到了400多只。

随着青海湖旅游热潮的到来，旅游的人越来越多，垃圾也变得多起来，这对栖息在这里的“草原精灵”——中华对角羚的生存环境造成了极大破坏。为了更好地保护中华对角羚，尖木措将自家的草场分出8000多亩作为中华对角羚栖息地，还自掏腰包以每亩40元的价格租借草场供它们活动。到了冬天，中华对角羚无处觅食，尖木措便用自家的羊换回干草，一捆捆撒在积雪覆盖的草原上，供中华对角羚过冬。除此之外，尖木措每月都会到草原救助那些被狼群咬伤或生病的野生动物。他总是带着干粮、水、药箱，骑着摩托车，在大雪纷飞的草原上巡逻，遇见被围栏网刮伤的动物，就立即包扎救治。到目前为止，他救助中华对角羚和其他野生动物共计300余只。

尖木措不仅日复一日、年复一年地倾尽心力保护中华对角羚及其他野生动物，还自费印制各类环保宣传册发放给周边的牧民和游客并亲身讲解。在他的带动下，达玉村成立生态环保志愿队，尖木措和志愿者每月定时进行生态巡护，年均处理各类垃圾近万吨。

（青海省文明办供稿）

韩木海买

拉面馆老板用公益担当 温暖粤青两地群众的心

人物故事 THE STORY

韩木海买，男，撒拉族，1972年生，青海省海东市化隆县人，现为广东省广州市萝岗区幸福拉面馆老板。韩木海买坚持“一碗拉面拉近各民族之间感情”的公益精神，十多年来用实际行动描绘了中华民族一家亲的动人画卷。

韩木海买经营的幸福拉面馆对面就是当地垃圾中转站。多年来，他经常邀请附近的环卫工人进店免费吃面。他还多次赴广州市海珠区社会福利院，为老人们捐款捐物，并且组织自己面馆的员工现场为老人们做拉面，让他们品尝西北特色美食。

2019年春节，持续不断的大雪使三江源头的玉树藏族自治州被冰雪覆盖，大量牲畜被冻成了“冰雕”，牧民群众损失严重。得知这一情况后，韩木海买组织青海籍拉面人购置100吨饲草运往玉树称多县受灾地区，帮助牧民群众解了燃眉之急。

2020年新冠疫情暴发后，韩木海买组织在广州的青海籍拉面人募捐资金12.3万元，为青海省化隆县、广州市海珠区等奋战在疫情防控一线的公安干警和医护人员送去抗疫物资。

“我在广州打拼找到了自己的幸福，既离不开当地干部群众的热心帮助，也离不开家乡人民的支持。在向美好生活奋斗的路上，我们一起努力。”这不仅是韩木海买给自己定的目标，也是他身体力行的方向。

（青海省文明办供稿）

刘淑兰

志愿公益让心串联　助人为乐与爱相连

人物故事 THE STORY

刘淑兰，女，回族，1979年生，宁夏回族自治区吴忠市利通区环卫中心工人。

2012年12月28日，刘淑兰第一次参加无偿献血，当得知自己的血型是Rh阴性（俗称“熊猫血”）后，她坚持每半年献血一次，9年来共献血18次，帮助多位病人渡过生死难关。2018年，献血屋的医护人员打电话给刘淑兰，说吴忠市人民医院有位患者急需“熊猫血”，希望她可以赶来帮忙。得知情况的刘淑兰二话不说，立即前往医院进行无偿献血，最终成功挽救患者生命。

自2014年6月开始，刘淑兰自愿加入“王兰花热心小组”，成为一名志愿者。她的志愿服务活动时长累计超过1000小时。这些年，她经常与志愿者们一起参加“共享阳光 兰花助老”等志愿服务活动，走进敬老院，看望孤寡老人，为她们送去善款和物资。

2016年，在宁夏义工联合会吴忠站义工的感召下，刘淑兰成为一名义工。她经常自发去博物馆帮助残疾人售卖他们的手工艺品，还主动报名参加社区的学龄儿童增能增智的服务项目，陪伴家长与孩子进行互动，为孩子们提供文艺特长培训服务。

“我不是大家常说的‘活雷锋’，我只是一个普通人，一名志愿者，一名心怀感恩的义工。我只是干了一些力所能及的事，能为邻里群众提供帮助，我感到很快乐。”刘淑兰这样说道。

（宁夏回族自治区文明办供稿）

沈建佳

身边"活雷锋"
37 年倾情资助 176 名困难学生

助人为乐

人物故事 THE STORY

沈建佳，男，1956 年生，新疆维吾尔自治区伊犁哈萨克自治州特克斯县政协退休干部、退役军人。

1979 年，沈建佳还在当兵，那时他就经常利用业余时间到敬老院、社会福利院照顾行动不便的老人，从那时起，他就已经养成了乐于助人的习惯。

1986 年，沈建佳救助了一名昏迷的哈萨克族孩子，这让沈建佳对来自农牧区孩子有了特别的关注。此后，他偶然得知 6 名哈萨克族学生因路途遥远，上学成了大问题，他和妻子商量后决定让这 6 个孩子免费吃住在自己家，一直到他们不需要为止。也是从那时起，沈建佳开始了他的助学帮扶之路，在三十余年里，他救助了 176 名需要帮助的孩子，这些孩子亲切地叫他"阿塔"（哈萨克语"爷爷"的意思）。

2014 年，已经退休的沈建佳成为特克斯县关心下一代工作委员会秘书长，并成立了特克斯县关心下一代工作委员会沈建佳工作室。他将自己毕生的精力投入关心下一代事业之中，被人们称为"活雷锋"。这些年来，沈建佳无偿帮助的孩子累计达 6000 多人次，资助金额累计达 100 多万元。在沈建佳的影响下，特克斯县 60 多名各族退休干部加入了关心下一代工作中。

如今，那些沈建佳曾经帮助过的孩子自发组成了"爱心团队"，用他们从沈建佳这里得到的爱照亮更多的人。

（新疆维吾尔自治区文明办供稿）

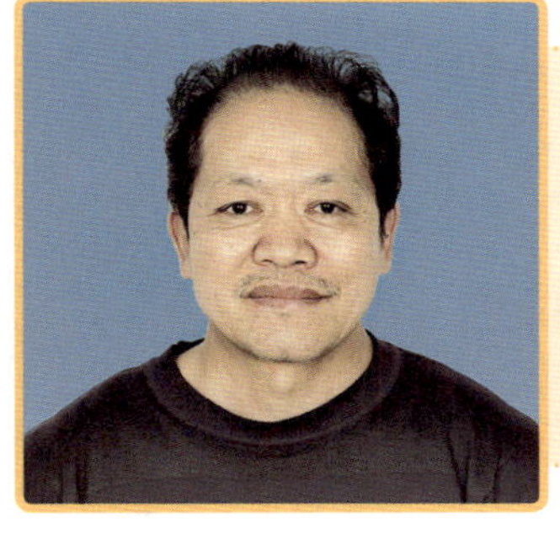

郭献林

20 年上门为老人免费理发
让困难群众体会家的温暖

人物故事 THE STORY

郭献林，男，1964 年生，中共党员，新疆生产建设兵团第七师胡杨河市一三七团六连职工。

2001 年的一天，一位居民用轮椅推着行动不便的父亲来到郭献林的理发店，几番折腾才好不容易理完头发。儿子笑着调侃父亲道："给您理发，好比进京赶考。"一句不经意的话语触动了郭献林的心，从此以后，郭献林就给自己的理发店开通了一项"特殊的业务"，专为行动不便的居民上门免费理发。

多年来，郭献林一直想为养老院的老人们做点事。2005 年，通过与养老院的多次沟通，商定每月 20 号为养老院的老人们免费理发。每到这天，养老院里就像过节一样，老人们有序地围坐在一起，有说有笑地等着理发，郭献林一边耐心地修剪头发，一边和老人们拉家常，让老人们感受到家一般的温暖。

2011 年，郭献林积极报名参加志愿服务队。平日里，只要社区组织开展送温暖、送爱心活动，他都会主动参加。2021 年 3 月，有人给郭献林送来了"心系老人献爱心 热忱服务做公益"的牌匾，表达对他多年来热心公益的敬意和感谢。

一次偶然，启发郭献林免费上门为老人理发；一句感谢，让郭献林二十年如一日始终坚守助人初心。20 年间，郭献林累计免费理发 5000 余人次。他用朴素的情怀让身边群众，特别是困难群众，感受到了来自社会大家庭的温暖。

（新疆生产建设兵团文明办供稿）

王菊芝

74岁"医生奶奶"跪地救回溺水青年

人物故事 THE STORY

王菊芝，女，1947年生，中共党员，辽宁省大连市妇女儿童医疗中心眼科原主任。

2020年9月21日16时许，大连市棒棰岛浴场海边，坐在岸边观海的人们发现海面上有个人，面朝下漂在海面上，身体一动不动。岸上会游泳的人感觉不妙，立刻招呼正在海里游泳的人游过去看看。果然，有人溺水了。

游客们齐心协力把溺水者救上岸。当时溺水者脸呈青色，已经没有意识，大家围着他都没有了办法，甚至有人叹息："还这么年轻，太可惜了。"这时，一名老太太跑过来，边跑边喊："大家都别动他，我是医生！"一时间，大家心里有了底，全都听这位身材瘦小的老人指挥。

浴场的岸边全是鹅卵石，老人双膝跪在石头上，使出全身力气给溺水青年做心肺复苏。一会儿，一口水吐出来了、眼睛动了、双眼睁开了。等到120急救车赶到的时候，溺水青年已经能在众人的搀扶下行走了。而回头再看那位瘦弱的老大夫，瘫坐在她刚刚救人的岸边，已是筋疲力尽、嘴唇发紫、浑身发抖，歇了好一会儿才换好衣服离开浴场。与她同行的伙伴说，老人家心脏还装着起搏器。

这位奋不顾身勇救溺水者的老人就是当时已经74岁的王菊芝。"救死扶伤是医生的本能"，看似是她对救人之举的轻描淡写，但更是她用自己的一生努力践行的铮铮誓言。

（辽宁省文明办供稿）

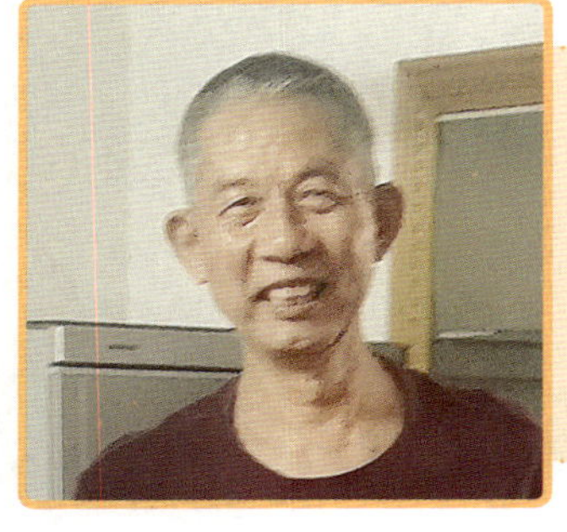

徐兴法

六旬老伯火海中勇救九旬邻居

人物故事 THE STORY

徐兴法，男，1958年生，上海市闵行区颛桥镇申良花园居民。

2021年5月2日晚，徐兴法散步完准备回家，刚到楼下就听见对面楼栋的邻居大喊："老徐，你家二楼着火啦！"徐兴法头脑中闪过的第一个信息是：95岁独居老人朱老伯在家。他二话不说跑上楼，用力敲门并大喊，就是没人应答。徐兴法又马上下楼拨打朱老伯儿子的电话，确认朱老伯的确在家。徐兴法再次冲上楼，一次次用力踹，门终于被踹开了。浓烟中，徐老伯发现朱老伯拿着一个小桶站在屋中央。回忆起当时的情景，徐兴法说："老人拿小桶接了水，站在那里，要自己灭火，喊他却不肯出来。"徐兴法没办法，只好再次下楼，寻找灭火工具。

当时，整栋楼里的居民已开始有序撤离。但徐兴法却成了那个"逆行者"。幸运的是一楼邻居正在装修，堆积的砂石上铺了一条湿的破毛毯，徐兴法立即捡起披在上身，第三次冲上了楼。他借着毛毯角捂住口鼻，一个箭步冲进客厅。此时的朱老伯已被吓得神志不清，还对徐兴法喊："救火呀，快帮我救火呀！"徐兴法一边哄，一边将老人拖拽出房门，将老人转移到了安全的地方。

徐兴法带着朱老伯出了楼道，他女儿对着63岁的徐兴法喊："多危险啊，你也是个老人了。"徐兴法却摆摆手："着火是有危险，但是人不能不救。虽然现在想想有点后怕，但是不后悔。"

（上海市文明办供稿）

王家全
电工多次跳水救回十余人不留名

人物故事 THE STORY

王家全，男，1965年生，安徽省六安市金寨县供电公司专职电工。

2018年4月11日凌晨4时左右，正在熟睡的王家全，突然被“轰隆”一声巨响惊醒，他抓起手电筒就往楼下跑，发现一辆满载碎石料大货车撞断张冲大桥边水泥护栏，连人带车坠入水库。他一边叫醒两个儿子，一边纵身跳水救人，父子三人齐心协力将落水司机施救上岸。

这已不是他第一次跳水救人。1998年5月，一位渔民翻船落水，双腿被渔网缠住，危急时刻，在附近维修电路的王家全纵身跳入水中，救起落水渔民并进行紧急抢救，最终挽救了落水渔民。2001年10月，王家全检修电力线路时，碰上一对母子落水，他奋不顾身先后将孩子和母亲施救上岸，并拨打120将母子二人送往医院，直到当年救下的孩子征兵入伍，其父母找到王家全表示感谢时，大家才知道王家全冒险救人的事迹。

20多年来，王家全多次英勇救人，赢得了广大群众的一致称赞。2021年2月，王家全加入金寨县蓝天救援队后，先后参加水库打捞、走失人员找寻等任务10多次。“看到有人遇险，我觉得伸手帮一把，挽救的可能不只是一个生命，而是一个家庭，我会尽己所能一直做下去。”朴实的话语，朴实的行动，影响着身边人，温暖着全社会。

（安徽省文明办供稿）

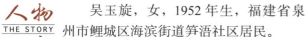

吴玉旋
“最美银发志愿红”江中勇救200斤男子

人物故事 THE STORY

吴玉旋，女，1952年生，福建省泉州市鲤城区海滨街道笋浯社区居民。

吴玉旋是泉州冬泳协会笋江古渡分会的一名志愿者。2021年9月5日18时许，一名男子在泉州市区笋江桥下游泳时，被湍急的水流冲到下游，危急时刻，69岁高龄的吴玉旋跳入水中及时将其救起。

事发当时，吴玉旋正在江边洗衣服，突然听到有人喊：“救命！救命！”她本想去拿救生圈，但是怕落水者再漂下去会有更大的危险，所以直接跳下水去救人。“靠近男子时，我发现他很胖。”吴玉旋说，她预判自己无法用正常的方式救援，随即改变计划，从背后推着男子向岸边游，推了一段距离终

于来到岸边，岸上群众合力将男子拉上岸。

这已经不是吴玉旋第一次救人了，早在2016年10月，吴玉旋就与泉州市冬泳协会笋江古渡分会的志愿者们一起救起一名在游泳时发病的泳者；2017年5月，她救了一名大学退休教师；2018年，她又及时劝阻了一名欲轻生的女子。做了好事后，她并没有声张，因此几乎没什么人知道。吴玉旋说：“做人就是要做‘善行’，有缘能救人是我的幸福。”她的微信名就取名为“善行”。

“我没啥文化，但我知道做人要有正气，要行善事，看到有人落水，要义不容辞！”她自豪地说。

（福建省委文明办供稿）

姚海兵

退伍军人勇救三名落水群众

人物 THE STORY 故事

姚海兵，男，1987年生，中共党员，江西省吉安市安福县明月山林场职工。

2021年8月29日下午，安福县枫田镇双园村一对母女在池塘畔摘菱角时先后失足落水，正在附近的同村村民跳进池塘抢救，但因不熟水性，很快也陷入水中，三人的生命危在旦夕！岸边的呼救声惊醒了正在午休的姚海兵，他没有多想，光着脚迅速冲出家门，跑到池塘边，毫不犹豫跳下去。

泥塘堆积的淤泥让姚海兵举步维艰，踉跄前行让他呛了好几口水，但他没有放弃，试着慢慢向前靠近。此时，他父亲也拿着竹竿赶了过来，姚海兵大声对落水母亲说："你抓好竹竿，我拉你上来。"水草混杂泥水，刺痛着满是伤口的脚底，每走一步都格外艰难，但他咬紧牙强撑着用一只手托住落水母亲腋下，一只手向外划水，就这样把她拉上岸。

随后，姚海兵一把抓住岸上的芦苇草，借力蹚着池水靠近落水村民，顺势把他也推上了岸。来不及耽误片刻，他又猛吸一口气，向落水女孩游去。屏气半蹲下来，一次、两次，姚海兵用尽力气把落水女孩托在肩膀上，一只手紧紧揪住衣领，一只手死死地抓住竹竿，一点一点地前行，竭尽全力将她拖上了岸。

姚海兵救人的事迹很快在当地引起强烈反响，受到了大家的高度赞赏，但他却说："我是一名党员，也是一名退伍军人，在任何急难险重面前，都会挺身而出。"

（江西省文明办供稿）

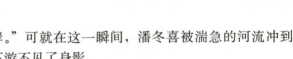

潘冬喜

外乡养蜂人为救落水儿童不幸遇难

人物 THE STORY 故事

潘冬喜，男，1968年生，生前系江西省上饶市鄱阳县谢家滩镇广畈村村民。

2021年7月31日，潘冬喜在黑龙江省牡丹江市与朋友王凤义到当地长汀镇的发河边钓鱼。

"孩子被水冲走了，救命啊救命！"听到呼救，正在岸边钓鱼的潘冬喜毫不犹豫地扔掉鱼竿，脱掉衣裤，往出事地点跑，跳进河水中，向在水中挣扎的孩子游去。他想截住被水冲下去的孩子，可水流太急，自己被冲到了孩子的另一侧下游，潘冬喜又奋力往孩子游去，在发河桥下方，手刚要抓住孩子，又被水面一块大石块分开。此时杜国龙（落水儿童的舅舅）在岸边一浅水处第一时间抓住了孩子，把孩子拽上了岸，杜国龙向潘冬喜喊："赶紧上岸。"可就在这一瞬间，潘冬喜被湍急的河流冲到下游不见了身影。

随后大家一起沿着岸边寻找潘冬喜，始终没找到，杜国龙报警求救。由于河水深达五六米，河底还遍布大石头，给救援带来了不小的困难。当日救援人员并未发现潘冬喜的身影。之后，大家搜寻了三天三夜，依然没有发现潘冬喜的任何踪迹。

2021年8月5日6时许，经过牡丹江市蓝天救援队搜寻，潘冬喜的遗体在事发河流下游2.5公里的地方被发现打捞上岸。潘冬喜的救人事迹在黑龙江、江西两地广泛传颂，大家纷纷为他点赞，更为他的离去而深感惋惜。

（江西省文明办供稿）

冯岗岗

回族好男儿勇闯火海救人牺牲

人物故事 THE STORY

冯岗岗，男，回族，1989年生，山东省滨州市无棣县车王镇五营后村村民。

2020年12月18日，冯岗岗在运货途中发现村头一个农舍失火，他赶紧下车，查看是否有人受困，确定无人后，又急忙从火海里抢运货物。在他的带领下，附近村民也加入救火和抢运货物的行列中。“小伙子，你先出去休息休息，看你脸上都烧伤了。”救火的群众纷纷劝他。“我没事，不能让火继续烧了，再烧到旁边房子损失更大了！”冯岗岗坚定地说。大家终于清理出了一个隔离带，就在这时，冯岗岗发现农舍墙边堆积着几个废旧灭火器，“这几个灭火器不能用了，炸了可就麻烦了，你们往后退，我把它们转移出去”。冯岗岗一边说着，一边冲上去转移灭火器。正在此时，废旧灭火器因高温爆炸，飞起的碎片击中了冯岗岗要害。这个好小伙儿因伤势过重，献出了宝贵生命。

冯岗岗生前勤奋肯干。疫情期间，他积极捐款捐物，也是村内的防疫志愿者。他还是“五营回民连”的一员，每月与爱心人士一起走访慰问孤寡老人和留守儿童。

“太可惜！太心痛！岗岗永远是我们五营人民的骄傲！”五营后村村支部书记杨增亮说。“岗岗啊，唉……太年轻了，他就是这么一个好孩子啊。”五营后村村民从恩德没等说完，泪已先流。

（山东省文明办供稿）

周鑫强　李小鹏

两勇士接力营救落水母子

人物故事 THE STORY

周鑫强，男，1992年生；李小鹏，男，1981年生，二人皆为河南省许昌市魏都区居民。

2021年8月25日17时许，寇潮阳一家人在河南省许昌市区清潩河河堤游玩，两岁的儿子不慎从洪山庙桥上落入水中，不会游泳的妻子救子心切，跟着跳了下去，一时间母子俩命在旦夕。危急时刻，同在附近陪孩子玩耍的周鑫强听到呼救声后，他来不及多想，边跑边脱衣服，到达桥边护栏时，落水的孩子已经头朝下漂在水中失去了意识，见此情况，他急忙跳进河里，快速游到落水儿童身边，拼尽力气把孩子救上了岸。

正当周鑫强要缓一口气的时候，突然又有人喊道：“还有一个，水里还有一个女的！”这时，刚刚赶到的李小鹏，不由分说，脱掉上衣，准备跳水救人。危急时刻，岸上有人抛下两个救生圈。力竭的周鑫强赶紧套上救生圈，和李小鹏一起下水救人。两人分工合作，协力将水中的女子托向岸边。岸上的好心人抛过来长长的钓鱼竿，拽着他们靠近岸边，最终在众人合力营救下，落水女子被救上来。

周鑫强和李小鹏接力跳河救人的视频，被传到网上后迅速成为网络热点，多家媒体对此事进行了报道，素不相识的平民英雄危急关头携手传递着凡人温暖，彰显着社会之爱。

（河南省文明办供稿）

贺 鹏

小伙儿勇跳寒江救起轻生少女用生命托举生命

人物 THE STORY 故事

贺鹏，男，1985 年生，湖南省株洲市芦淞区建设街道操坪社区居民。

2020 年 4 月的一个晚上，贺鹏散步到家附近江边区域时，突然听到河道边有人大叫：“救命啊，有人落水了！”在群众的指引下，贺鹏看到有人在水中奋力挣扎，情况十分危急。千钧一发之际，贺鹏毫不犹豫冲下河营救。“我在洞庭湖边长大，水性还可以。”贺鹏说。结果刚下水走了三四步，发现江水很深，水流很急。但他并未退缩，迅速朝落水女子的方向游过去。“我是来救你的，你配合一下。”“眼睛看着天空，不要低着头，千万不要乱动，我带着你。”贺鹏一边靠近女子，一边喊话。女子挣扎得比较厉害，他从女子背后靠近，抓住女子手臂，奋力朝岸边游去。

多名热心市民也来到水边接应，大家合力将女子救上岸。在派出所大家了解到，落水女孩因琐事与家人争执，一气之下就跑出去了，此时家人正到处寻找她。女孩的母亲听大家讲述后十分感动，拿出钱包要酬谢他，贺鹏微笑着婉拒了。

贺鹏的英勇事迹很快被许多主流媒体进行了报道并给予好评，许多市民对他的勇敢行为赞不绝口，他的义举给社会传递了满满正能量，为年轻人树立了学习的榜样。

（湖南省文明办供稿）

见义勇为

柯石磷

40 年下海勇救 14 人

人物 THE STORY 故事

柯石磷，男，1959 年生，广东省揭阳市惠来县靖海镇中心小学退休教师。

自 1981 年以来，柯石磷在靖海海域 6 次下海救人，冒着生命危险一共救了 14 人。其中最惊险的一次是 2019 年 9 月，柯石磷与家人到靖海镇绿洲海滩游玩，突然听到有人大声呼救，发现两名小伙子被海浪卷走，离岸边越来越远。

危急时刻，柯石磷就近拿起两个救生圈冲进了大海。他强忍着痛风发作的疼痛，拼命游到了两名落水者身边，把救生圈套在他们身上游回岸边。然而把两名落水者推上岸后，柯石磷却因为体力不支被急流卷走。半小时后，搜救人员在距离事发地几百米外的沙滩上找到了他，此时他已经出现虚脱症

状，被紧急送往医院抢救后，才脱离了生命危险。

这不是柯石磷第一次热心救人，早在 1981 年，柯石磷就在靖海老港口救起两人；1993 年，在靖海老港口救起本地村民 1 人；1995 年 6 月，协助民警在靖海海域救起本地村民 1 人；2005 年 8 月，救起下海游玩的广州某公司职员 1 人；2009 年 9 月，救起下海游玩的深圳某公司员工 7 人。

柯石磷凭着勇敢、机智，一次次挽救危在旦夕的生命，用实际行动诠释了一位人民教师的大爱。“对我来说，救人就跟吃饭、睡觉一样，是很平常的事情，每个人都做一些好事，这个社会就会变得更好。”

（广东省文明办供稿）

见义勇为

何云天

退休工人徒手救出 6 名车祸受困人员

何云天，男，壮族，1964 年生，中共党员，中油广西壮族自治区田东石油化工总厂有限公司退休工人。

2021 年 9 月 12 日，林氏神开着一辆面包车行驶至 G80 广昆高速公路平果果化路段时，面包车右前轮突然爆胎，随即改变方向撞向路边的护栏，然后侧翻在路上。当时车上所有人均有不同程度受伤。林氏神大脑一片空白，他只依稀记得，车辆侧翻后，他闻到了汽油味，车辆还冒起了滚滚浓烟，车里的电瓶也不断地发出“滋滋”声响。眼看着面包车随时都有可能燃起大火并发生爆炸，他们却被困在车里，难以动弹。此时，何云天出差返程刚好经过，他发现汽车出现漏油情况随时可能发生爆炸，情况十分危急。何云天不顾危险，徒手掰开汽车挡风玻璃，将车内被困 6 人全部救出，在撤离过程中，整个车已经被大火吞噬，浓烟滚滚，并发生多次爆炸，再晚 1 分钟后果不堪设想。救人后，何云天在现场当起了“交通指挥员”，引导车辆避让，事态得到控制后，他未留下任何联系方式，匆匆离去。

林氏神和家人住院治疗期间一直惦记着这位救命恩人，希望能再次见到并当面答谢他。9 月 22 日，百色市公安局交警支队高速公路管理四大队民警找到了何云天，给他送去了一面锦旗。直到交警出现，何云天的同事才知道他英勇救人的事迹，就连何云天的家人也是通过新闻才得知这一消息。

（广西壮族自治区文明办供稿）

李陵川

危急时刻纵身一跳 冰冷江水中救人成佳话

李陵川，男，1982 年生，重庆市彭水苗族土家族自治县汉葭街道文庙社区居民。

2021 年 6 月 17 日，李陵川和往常一样来到乌江彭水东路段准备游泳。天空突然下起细雨，李陵川犹豫还要不要下水游泳时，突然发现水中好像有人。这样特殊的天气，水里的人却没有上岸迹象，一直在水中沉浮。

“会不会是有人落水了？”李陵川心里“咯噔”一下，跑近一看，发现水中挣扎的是个年轻人，已体力不支开始往下沉。情况危急，他毫不犹豫地纵身跳进冰冷江水中，向落水男子游去。

李陵川一边安抚着，一边拖着意识模糊的男子往岸边游，同时呼叫岸上人员拨打 120 急救电话。吃力地游了近 70 米后，终于将男子带到岸边，筋疲力尽的他来不及休息，立即又给陷入昏迷的男子做心肺复苏，男子终于醒了过来。看着救护车把人带走，李陵川这才松了一口气。

落水男子出院后，立即联系上李陵川表达感激之情。李陵川救人的事迹在当地传开，当有人问及当时的想法时，他表示，救人时啥都没想，直接就跳下去了，现在想想还是有点后怕，毕竟自己也有家庭，“不过，下次碰到有人落水，我还是会毫不犹豫地下水施救”。

（重庆市文明办供稿）

谷霖庆　范承功

两“90后”消防员徒手夺刀救人

人物故事 THE STORY

谷霖庆，男，1992年生，中共党员，贵州省六盘水市水城区消防救援大队政府专职消防员；范承功，男，1996年生，贵州省六盘水市水城区消防救援大队政府专职消防员。

2021年8月18日21时33分，谷霖庆像往常一样坚守站岗，隐约中听到有人呼救。出于职业本能，他立即警觉起来并朝着群众的呼叫声处奔跑而去。昏暗中，谷霖庆发现一对男女正扭打在一起，女子声嘶力竭地喊着："救命！救命！"意识到情况不妙，他迅速拿出对讲机向站值班室呼叫增援，并喝止男子住手。男子不断挥舞着手里的刀，不止一次往女子上身和头部砍去，女子脸上似有血迹，左手臂还流着鲜血。

正在整理器材的范承功距离事发点最近，以最快的速度第一个赶到现场增援。趁着谷霖庆安抚男子的瞬间，范承功瞅准时机上前一搏，瞬间将情绪失控的男子扑倒，出于本能反应，谷霖庆迅速上前徒手夺过男子手中的刀具。男子被成功制伏后，谷霖庆随即拨打了110报警电话、120急救电话。与此同时，拥军路消防救援站的指战员们发现情况后，迅速来到事发现场，并将男子暂扣在岗亭看管。为防止受伤女子失血过多，救援队卫生员提来药箱为女子进行了消毒、包扎。

（贵州省文明办供稿）

张永刚

街道干部两次义无反顾冲入险地 智勇无双救群众

人物故事 THE STORY

张永刚，男，1974年生，中共党员，陕西省西安市阎良区振兴街道办事处干部。

2019年6月7日，张永刚去吃早饭，沿途看见一家面馆门窗紧闭，一名女子趴在餐桌上，他刚一推门，就闻到一股浓重煤气味，操作间另一名男子垂头趴着。他赶紧打开窗户，关闭煤气阀门，冲出店外借了一辆三轮车，和隔壁店老板将二人抬到车上赶往医院，跑前跑后地挂号、拍CT、做血检。"他们煤气中毒造成心肌缺血，幸好送院及时，没有生命危险。"听完医生的话，张永刚长长地松了一口气，他一直守在医院，直到下午3点确认可以出院，才骑着三轮车将夫妻俩送回面馆。后来，夫妻俩几次带钱登门感谢，都被拒绝了，夫妻俩制作了一面锦旗专程送到张永刚单位，大家才知道此事。

2020年8月4日，中午下班的张永刚正准备做饭，突然听到不远处传来“着火了，着火了”的呼喊，他赶紧冲出家门。到达现场后，他第一时间拨打了119，就近拿了一个灭火器冲进了火场。火势太大，他又找来30多米长的软水管，带领群众有效地控制了火情，并积极配合消防救援人员维护现场秩序，直到救援结束。

在有人遇险时挺身而出，在危险解除后默默离开，张永刚用自己的一言一行传递着满满的正能量，彰显着一名共产党员的使命与担当！

（陕西省委文明办供稿）

岳晚增
“双代店”营业员扎根大山 60 年 用一生信守践行“红背篓”精神

人物 THE STORY 故事

岳晚增，男，1945 年生，中共党员，山西省长治市平顺县石城供销合作社岳家寨“双代店”营业员。

岳晚增工作的岳家寨村距离县城 50 公里，距离乡镇 17 公里，2009 年通车前，群山环抱，山道艰险，给村里群众生产生活带来极大困难，为解决这个问题，1961 年，村里决定开办供销社，初中毕业的岳晚增毅然接下了这个担子，从此无论严寒酷暑，还是风吹雨淋，每隔 3 天就要徒步挑着担子到镇上走一回，30 多公里的山路，经常一走就是一天。那些年，岳晚增总是深一脚浅一脚，从地处山巅的村子，七拐八绕下到谷底，再步行到石城镇供销社，把老百姓心心念念的生活必备品和生产急需品装满背篓，等不及歇口气就又原路返回。人们常问：“你为啥这么急。”他总回答：“应下的事，就要尽快完成。”寒来暑往，他孤独的身影在大山里穿梭，肩膀勒出的印痕变成了厚厚的老茧。

2005 年岳晚增到了退休年龄，但他退休不退岗，依然坚守着老店，“双代店”也作为岳家寨的历史旧址，成为游客“打卡地”。岳晚增也当起了来往游客的义务讲解员，肩负起保护岳家寨文化遗产的责任。

从 20 世纪 60 年代初开店直到现在，岳晚增整整在这个岗位上坚持了 60 余个春秋，他急群众之所急，办群众之所需，解群众之所难，赢得了群众和游客的一致认可和好评。

（山西省文明办供稿）

王德建
“的哥”拾金不昧　送回遗落车内巨款

人物 THE STORY 故事

王德建，男，1985 年生，吉林省吉林市陆通汽车服务有限公司出租车驾驶员。

2019 年 10 月 19 日 12 时 42 分，公司业务经理突然接到王德建电话，称在运营中发现车的后排座椅下方有个黑色手提包，里面有大量现金，目测有 20 多万元。据王德建回忆，当时有 3 名乘客在车上讨论买房子的事，应该是在房产交易中心下车时落下的。

公司指示王德建迅速开车前往吉林市出租车管理办公室。当车行至九中附近时，他接到了哈达湾派出所的电话，在向王德建了解情况后，派出所工作人员请他把钱直接送到派出所，当事人也全都在派出所等候。王德建立即改变行车路线，开往哈达湾派出所，并将此情况再次汇报给公司。与此同时，公司经理将此突发事件向市出租办领导作了汇报，相关领导也前往派出所了解情况。经公安机关清点，包内共有现金 26 万元，在吉林市出租办、陆通公司、公安民警以及新闻媒体的共同见证下，王德建将钱交还给失主于先生，76 岁的失主于先生见到失而复得的现金十分激动，说得最多的就是“谢谢！没想到下车时忙着付车费，一时大意，把购房款忘在了出租车上。多亏是遇到了好心‘的哥’王师傅。”

“这是我们出租车司机应该做的，拾金不昧是咱中国人的传统美德，我也会这样教育我的孩子。”王德建说。

（吉林省文明办供稿）

唐志明

热心村民不忘村邻托付 照顾兄弟俩 16 年

人物故事 THE STORY

唐志明，男，1957 年生，江苏省海安市滨海新区滩河村村民。

2005 年，滩河村 5 组原老队长唐德明过世后，留下两个患有智力障碍的儿子。老大除了能够干点简单的家务农活外，没有其他正常行为能力；老二患有肥胖症，长年瘫痪在床，一年到头吃喝拉撒都在床上，家庭条件困窘，生活坎坷重重。老队长临终前，拉着来看望他的唐志明说："志明啊，我快不行了，可我放不下那两个傻儿子啊。"看着生命垂危的老队长，唐志明郑重许下承诺，答应帮他照顾好两个儿子。

为此，唐志明主动向村里报备，自愿担任兄弟二人的监护志愿者，照顾他们的生活起居。16 年来，他坚守承诺，帮助兄弟俩收种粮食，改造危房，料理日常生活，逢年过节为他们购买新衣服、改善伙食。兄弟俩先后 6 次生病住院，都是唐志明将他们及时送去医院救治并照顾到出院。

老大唐志稳有抽烟喝酒的嗜好，用钱无度，唐志明从资金管理入手，每月用特困供养补助费置办好必备的生活用品，每个星期给一次零用钱，其他储蓄起来以备急需。每笔收支都及时记账，定期报告资金使用情况。老二唐志桥生活不能自理，时常大小便失控，唐志明不厌其烦地帮他擦洗身子、更换衣服。在他精心照顾下，兄弟俩一直过着安稳的生活。

一句承诺，16 年的守护。唐志明早已把照顾兄弟二人当成了他一生都要践行的责任，用凡人的一诺千金诠释了道德力量的厚重。

（江苏省文明办供稿）

吴爱图

无言的承诺　无声的坚守 她将一万多个日夜献给一条小小渡轮

人物故事 THE STORY

吴爱图，女，1971 年生，"象农渡 98"轮船长。

铜钱礁岛位于浙江省宁波市象山县石浦港的东北角，岛上通往石浦镇唯一的交通工具只有一艘"象农渡 98"轮船。1988 年前，为了帮父亲分担繁忙的渡船工作，17 岁的吴爱图登上了轮船，从卖票收钱一直做到船长。父亲临退休前，吴爱图承诺父亲，会继续坚守船长的岗位，守住这条村民们出行的唯一通道。从 17 岁到 50 岁整整 33 年，吴爱图已在这条水上航线上运送了 450 余万人次，从未出过一次事故。其间因为至亲遭遇意外离世，她一度想放弃这份职业，但想起对父亲、对村民的承诺，她最终选择回到了驾驶舱。

每天，吴爱图在几平方米的驾驶舱里从早忙到晚，不仅枯燥，有时也很危险。"有一次涨潮了，一排船的缆绳断了，那排船顺着潮水压向我开的渡船，当时我吓坏了，赶紧掉头，逃过一劫。"吴爱图回忆起当时的情景还是心有余悸。铜钱礁岛停靠了 100 多艘渔船，这对每次停靠渡轮是一个考验，但吴爱图凭借精湛的技术和全神贯注的工作态度，从没出过一次事故。

浪的执着，礁的顽强，舵的责任。船再小，也载着生命。三十三载的坚守，四百五十万人次的从容摆渡。每个传奇的背后，隐藏着坚守和执着。涛拍浦港岸，风颂船女心。

（浙江省文明办供稿）

郑　杰

非遗传承人坚守食醋制作质量 信守对客户的承诺

人物故事 THE STORY

郑杰，男，1961年生，中共党员，河南省驻马店市"非遗"保护项目第9代传承人。

郑杰经常对子女和员工说："老祖宗传下来的不光是手艺，更是良心。我们就是要做良心醋。"2003年2月，受"非典"疫情的影响，市场价格在短时间内上涨了几倍，郑杰仍然按约定的价格向合作方发了货。仅这一笔生意，郑杰就减少收入近十万元，但郑杰却说："做生意讲究的就是诚实守信，我说过的话就是合同。"

2014年小麦收获季节，公司与种植户签订小麦收购协议，约定小麦每公斤收购价2.1元，由种植户暂时储存，公司需用时再送到厂里，然后称重付款。没想到由于市场行情变化，一个月以后当地市场价跌至每公斤1.6元左右。有人劝郑杰说，可以按市场价收购，乡里乡亲也能理解。但是郑杰坚决不同意，他说人无信不立，如果不按合同执行，今后还怎么做人！

郑杰信守祖辈"卖醋不卖良心"的祖训，把诚实守信作为企业的立足之本，坚持诚信经营，回报社会，长期帮扶贫困大学生、失学儿童、生活困难老党员等群体，已累计捐款捐物达20余万元。诚实守信的郑杰得到了一致好评，和他接触过的人都说，郑杰是个实在人！

（河南省文明办供稿）

舒在则

退伍老兵义务守护烈士陵园16年

人物故事 THE STORY

舒在则，男，1953年生，中共党员，湖北省黄石市阳新县龙港镇坜上村退伍军人。

52年前，16岁的舒在则跟随部队到老挝参加了"援老抗美"战争。在部队里，他学习文化，提高觉悟，在党旗下宣誓"一生跟党走"。1976年退伍，舒在则回到阳新龙港老家，成为一名泥瓦匠。当时有着"小莫斯科"之称的龙港是鄂东南特委所在地，是闻名全国的苏区之一，至今还有彭德怀故居、鄂东南特委机关、彭杨学校等40余处革命旧址且保存完好。2005年夏天的一次晨练，舒在则来到离家一里路的狮子山上，偶然发现一座红军烈士陵园。这里安葬着原中共鄂东南特委书记吴致民和3011名红军将士的忠骨。

看着日渐荒芜、无人看守和管理的陵园，舒在则难过得几个晚上睡不着觉。"我要守护好这些烈士。"舒在则作了个周围人都不理解的决定。而这一句承诺，他一坚持就是16年。他一个人带着一把柴刀、一把扫帚、一把小锄头来到陵园割草、扫地、种花、种树，16年来一直都没有停歇。10米高的烈士纪念碑周围长满了荒草，有的水泥地面、路基已经破损，舒在则就从山下运来红砖补上，自费几千元将纪念碑修葺一新。

"我将初心不改，始终如一，永守先烈军魂。"舒在则说，只要走得动，他还会一直为烈士陵园义务清扫。

（湖北省文明办供稿）

刘 洋

立足本职讲解工作
爱岗敬业发扬红色传统

人物 THE STORY 故事

刘洋，男，1984年生，中共党员，北京李大钊故居管理处主任。

李大钊故居是北大红楼与中国共产党早期北京革命活动旧址保护传承利用中的一个重要点位。刘洋认真落实“这是一项重要政治任务，也是迎接建党一百周年重要工作”的要求。在改陈工作中，刘洋经常白天忙完行政性工作，晚饭后再回到单位继续编写方案，展览大纲三次更名，十易其稿才最终确定方案。

刘洋从初入故居时从事的社教岗位，通过十余年勤勉工作至今，依然坚守在讲解工作第一线。无论严冬酷暑，他一直用自己的脚步丈量着故居的展线，将自己的讲解服务视为故居与观众沟通的桥梁，像纽带一样拉近了故居和观众的距离。刘洋打造的“传播大钊思想 践行雷锋精神”“清明时节 缅怀名人 走进故居”、主题党日活动等主题教育活动，广泛面向党员、群众、中小学生开展爱国主义教育，培养爱国情怀，不仅令故居社会知名度不断扩大，观众量也逐年攀升，活动内容和教育意义也得到了社会各界一致认可。

刘洋时刻铭记自己是红色基因的传承者，必须宣传好“不忘初心、牢记使命”的主题。利用自己丰富的讲解内容，深入浅出地讲述了早期共产党人勇于担当、坚守初心的一面，切实做到了把红色资源利用好，把红色传统发扬好，把红色基因传承好。

（首都文明办供稿）

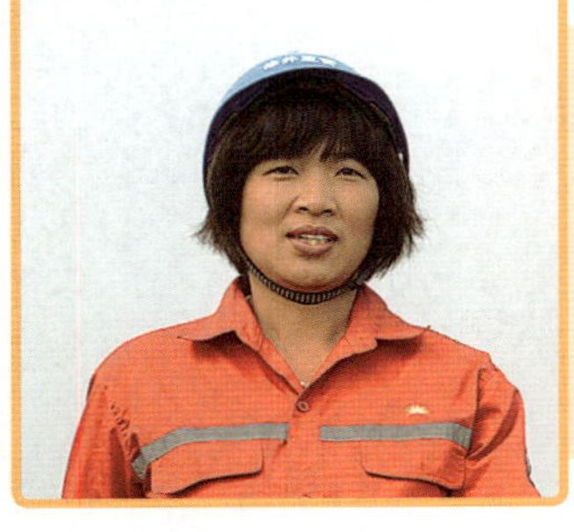

尹瑞新

油田工程师扎根一线
创新技术手段挑战技术难题

人物 THE STORY 故事

尹瑞新，女，1972年生，中共党员，中国石油大港油田公司采油三厂高级工程师。

坚韧不拔，立足岗位攻坚克难。针对采油三厂油井偏磨腐蚀严重、维护上修居高不下的技术难题，尹瑞新带领团队扎根现场，通过先后近20种技术研究试验，探索出以油管内衬技术为主的管理模式，先后研发了7项产品，提出了11种配套方法。通过团队努力，该项目共取得14项科技成果。尹瑞新研发的产品累计治理偏磨腐蚀油井938口，减少原油损失3.15万吨，综合创效2.6亿元。

相互扶持，享受工作快乐生活。尹瑞新和李彬夫妻俩，都是大港油田采油三厂从事修井工艺的技术人员，25年来二人一直扎根一线，兢兢业业。两人共同研发4项专利，共同取得2项软件著作，他们发明的打捞工具使成功率由62%提高到91%，发明的井口整改工具使费用降低60%。因为热爱，他们把工作当作生活，享受其中的快乐。因为质朴，他们坚守在采油三厂边远矿区，以厂为家，无私奉献。

尹瑞新心存感恩，扎根基层，在共建和谐“小家”，奉献石油“大家”的过程中，不断幸福成长，在岗位上敬业奉献，用质朴与坚忍追逐着心中不灭的梦想，用付出与奉献践行着新时期石油人的责任与担当。

（天津市文明办供稿）

何先熬

公交司机成立模范车组 19 年来把乘客当成亲人

何先熬，男，1968 年生，中共党员，天津市滨海新区公共交通集团有限公司第二分公司驾驶员。

19 年来，他始终秉承一颗真心对待乘客，“开心乘车，温暖同行”就是他的工作理念。他秉承“助人开心自己就开心”的工作原则，始终以一颗真心对待乘客，就像对待亲人一样。为了防止身体不适的老年乘客在乘车时突发疾病，他还在车内准备了速效救心丸、降压药等常用药品，以备不时之需。根据天气情况，他还会适时在车内增设爱心雨伞、防寒毛巾、防滑垫、保暖坐垫等便民设施，方便乘客按需取用。何师傅始终用这种信念服务着乘客，也换来了乘客们的好评，近年来收到表扬信和表扬电话 500 多次。

照顾特需，“六个一”宗旨贯穿车厢服务。多年来，何先熬根据实践积累的服务经验总结出一套“六个一”服务法，即一个笑脸、一声问候、一句关爱、一声叮嘱、一句带好、一个祝福。归纳起来，就是要做到微笑服务，主动询问，耐心倾听乘客的需求，想在乘客前面，为乘客诚心服务，主动帮扶。

2017 年，由何先熬牵头，车队其他两位优秀驾驶员共同组成的“老何车组”正式挂牌，继续秉承何先熬在运营工作中“六个一”真情服务先进做法，把热心服务群众的做法持续推广出去。

（天津市文明办供稿）

张　磊

男护工把伤残军人当亲人 无私奉献护理事业 20 年

张磊，男，1979 年生，中共党员，河北省退役军人总医院荣军一科护理员。

河北省退役军人总医院荣军一科的服务对象主要是全省一级至五级伤残军人，他们都曾为祖国作出积极贡献，后来因战或因病致残，大多高位截瘫，生活不能自理。有一年冬天晚上 12 点，伤残军人老周给张磊打电话说要排便。病员点名要他护理，张磊二话没说，蹬车赶到病区。他一边耐心地给老周揉肚子，一边陪他聊天，2 个小时过去了，他的手又痛又胀，双脚麻木，结束后缓了几分钟才能走路。

2016 年 7 月 19 日，当地突降暴雨，张磊担心病区进水，刚刚休息的他顾不上穿雨衣，直接冲出门抱起沙袋，在雨中经过 2 个多小时奋战，把病区一一做好防水，确保伤残军人安全过夜。一次，科里一名伤残军人突发脑出血，不能饮食，需进行鼻饲，他开动脑筋想办法，琢磨出科学使用鼻饲管的方法，不仅干净，还避免了鼻饲管滑脱、呛咳，这条方便有效的办法后来在医院护理工作中得到广泛推广。

寒来暑往，无论是来回好几次抱着病号做透析，还是日常协助他们吃饭穿衣、洗澡翻身，他都事无巨细、无微不至地呵护着这些英雄。他经常熬粥、炖酥肉、买果蔬给伤残军人，陪伴他们过年过节，给予他们家一般的温暖。

（河北省文明办供稿）

李 佳

社区支部书记二十年如一日 做好群众工作

人物 THE STORY 故事

李佳，女，1975年生，中共党员，内蒙古自治区锡林郭勒盟锡林浩特市爱民社区党委书记、主任。

作为社区党委书记，李佳的工作繁杂而琐碎，近20年的社区工作中，她兢兢业业、一丝不苟，总是第一时间把党的声音传达到千家万户、把党的温暖送到每个居民的心坎里。

"把人民放在心中最高位置，全力为群众排忧解难。"她牢记自己的职责与居民的期盼，将工作方向定位为"爱在社区，情暖居民"，希望通过用心服务，让居民都能过上幸福生活。

居民小琴的丈夫是三级残疾，孩子患有智力障碍。小琴一家的处境，李佳看在眼里、急在心上，她主动联系民政部门，为小琴申请了低保和廉租房，还安排小琴的丈夫担任残联协管员。社区居民冯阿姨虽然每月有1400元的退休金，但由于身患胰腺癌，每月近1500元的医疗支出着实让她犯难。为了帮冯阿姨减轻负担，李佳协调供热公司，为她减免了近5年的取暖费……这样的事不胜枚举。在日复一日的工作中，李佳把群众的事当成自己的事，为居民的急难愁盼日夜奔忙着。

（内蒙古自治区文明办供稿）

张玉英

"六点校长"守初心 躬耕教育四十载

人物 THE STORY 故事

张玉英，女，满族，1966年生，中共党员，吉林省长春市朝阳区明德小学党总支部书记、校长。在任校长的17年里，她每天坚持早上六点上班，晚上六点下班。被领导和同事称为"六点校长"，被家长和孩子称为"校长妈妈"。

2020年，她率先创建学校疫情防控"大三区"和班级"小三区"，成为长春市疫情防控样板校。2021年1月，她率50名党员教师承担辖区居民核酸检测工作，72小时的坚守，完成了辖区内5000余名居民核酸检测的工作，但却未能到病床前看望病危的母亲，母亲的离世也成了张玉英心中无法抹去的伤痛与遗憾。

2021年8月，张玉英任明德小学党支部书记、校长。由于地理位置所限，学校没有室内卫生间，孩子们每天要在课间跑出教学楼去解手，她既心疼又着急。在充分调研、广泛论证的基础上，她将学校每一楼层的水房进行改造，解决学校多年没有室内卫生间的大难题。"可爱作业、自助餐作业、微作业……"成为吉林省"双减"工作的典范。"儿童数学研究"的特色品牌得以在教育部分享成果经验。

"无怨无悔做教育，一生一世爱孩子。"这是张玉英初登讲台时常说的一句话。她是这样说的，也是这样做的。

（吉林省文明办供稿）

宋大兵

环卫工人 13 年累计清运垃圾超 6 万吨

人物故事 THE STORY

宋大兵，男，1969 年生，中共党员，江苏省连云港经济技术开发区朝阳街道市政公司垃圾转运清洁工。

从 2008 年开始，宋大兵坚守垃圾清运岗位一线，负责辖区主次干道 400 余个垃圾桶收集清运工作。13 年里，累计收集清运 200 万桶，运送的垃圾总量超过 6 万吨，行车总里程超过 38 万公里。垃圾清运工作不仅辛苦，有时甚至会有粪尿在抬装时溅洒到身上，13 年里宋大兵只请过 7 天假，而这 7 天假匆忙而心酸。父亲去世送行 2 天，为母亲看病、送行 5 天，领导表示让他多在家待几天，他却想，母亲生前就爱干净，如果因为他不上班使街道环境不够洁净了，她老人家会生气的。13 年里，宋大兵带领环卫工人向一个个脏乱差的卫生死角发起攻坚战，每逢节假日，垃圾量增长数倍，为确保街道垃圾日产日清，他加班加点清运，每天工作时长 15 个小时以上。

宋大兵通过自身艰苦的努力，为我们营造出干净整洁的社会环境，在平凡的岗位上，谱写了精彩人生。

（江苏省文明办供稿）

刘树安

村书记取致富“真经” 带领“特困树”变身“样板材”

人物故事 THE STORY

刘树安，男，1961 年生，中共党员，江苏省句容市天王镇唐陵村党委书记、村委会主任。

2006 年，从事建筑业的刘树安已是身家千万的富翁，但彼时，自己的家乡唐陵村集体负债 100 多万元，是个典型的贫困村。为了家乡的发展，他临危受命，放弃个人事业，于 2007 年回乡担任党组织书记。刘树安立足唐陵生态资源优势，带领村民走“苗木种植”发展之路，于 2008 年成立苗木合作社，三年就摘掉了“穷帽子”。

为了发展和壮大苗木产业，刘树安自掏腰包垫付 500 万元，兴建 152 亩苗木交易市场，并引入上市公司、成立苗木商会、兴建花木市场、打造电商平台。在他的带领下，花木交易市场创成国家级农业产业化龙头企业，与高校、科研机构合作创建唐陵新优苗木研究院，培养发展了 1200 多位农民经纪人和科技示范户。截至 2021 年 11 月，唐陵村村集体年收入 725 万元，人均 5.4 万元。“我会带着全村的干部和百姓，苦干、实干、创新干，干出更优异的成绩，争做乡村全面振兴的排头兵。”谈及唐陵村未来的发展，刘树安说。

（江苏省文明办供稿）

周云鹏

护林员日巡三十六公里 二十六年如一日守护山林

人物故事 THE STORY

周云鹏，男，1954年生，中共党员，江苏省徐州市睢宁县古邳镇岠山林场护林员。

每天早上6点，周云鹏就从9.3公里外的家里出发，7点开始巡查，每天在山上巡护的时间不会低于12个小时，每天整线巡查至少3次，还要爬上24米高的防火瞭望塔仔细观察。等山上所有人离开后，他才能下山回家。护林员常年穿梭在山林中巡查，周云鹏说他一年要穿坏20多双军用球鞋。一天36公里，一年就是13000余公里。

看山守林没有节假日，周云鹏已经十几年没有回家过年，每到大年三十晚上，他和12名同事24小时坚守在岠山。巡查不能按时吃饭，每天中午煎饼卷盐豆、一大杯水，吃完休息一会儿又投入巡查中去。

遇到春节和清明，周云鹏会不断向上山的游客进行防火宣传。为守护山林，周云鹏把家里的事全部交给妻子陈伟侠，老父亲病重，他没有尽孝；儿子、女儿很少陪伴；家里的6亩责任田，是妻子负责种收。

2009年，睢宁县委、县政府再次对岠山进行大规模的植树造林活动。山上没有水源，214.6米的海拔、崎岖难走的道路也让运水上山困难重重。周云鹏和他队友使用了13台机器，将水从山脚下一级一级抽到一个个修好的蓄水池里，再浇灌到一棵棵树苗上。每一棵树一星期浇一遍，连续浇5个月，才能确保树木成活率。等到三年后验收时，山上的树成活率达到95%。（江苏省文明办供稿）

钱俊贤

敬业奉献

“精致农村”的探路者 新农村建设的领路人

钱俊贤，男，1963年生，中共党员，江苏省江阴市璜土镇璜土村党委书记、村民委员会主任。

钱俊贤自2006年担任璜土村党支部书记以来，坚持以发展村集体经济、提升村民福祉为第一要务，以“家园当公园一样建设与管理”为理念，通过大力推行“三务公开”、制定“廉政建设八条铁律”等，有效凝聚了全体党员干部和村民建设家园的人心士气，形成了富有璜土村特色的“五大工作模式”，为推进村庄全面建设快速发展奠定了坚实基础。

自2017年以来，璜土村累计投入资金5000余万元，先后完成全村20个自然村新农村建设改造。硬化道路20余万平方米；新增路灯450余盏，新建改建公厕12个，新增绿化5万多平方米，全部86条家河完成整治，雨污分流工作全面完成，建成“璜土村文体活动中心”“村民宴会厅”等便民惠民场所和党建文化园、廉政文化园等20个特色主题文化园，圆满完成“全面文化主题自然村”建设。文旅项目“胡子小镇”初见雏形，正成为周边市民休憩、打卡新去处，集体经济和村民收入新的增长点。

在钱俊贤的带领下，璜土村走出了一条产业富村、勤廉带村、文化强村、道德兴村的新路子，先后获评全国文明村、全国村庄整治示范村。

（江苏省文明办供稿）

李立峰

她始终冲锋在与疾病斗争的最前沿

人物 THE STORY 故事

李立峰，女，1977年生，中共党员，浙江省舟山市普陀医院感染科护士长。

从业25年来，她时刻牢记医务工作者的责任和使命，着一身白衣奔走在与疾病抗击的最前线。在工作中，她是一丝不苟的护士长，承担起病区的院感质控职责，带领护士团队与感染科医生完美配合；在工作之余，她又是细心体贴的同事和朋友，尽量配合每个职工的生活需求进行排班，尽力为他们排忧解难。在她的带领下，感染科护理团队的整体业务水平稳步提升，筑起了一道守护生命安全的坚固防线。

新冠疫情暴发后，她作为病区护士长责无旁贷地承担起疫情防控工作的重担，从发热门诊到隔离病房，始终冲锋在第一线，毫无退缩。2021年4月，普陀医院接到了收治12名感染“德尔塔”变异毒株船员的任务，她毅然选择驻扎在医院，负责与上级专家对接，逐人制订护理方案。从标本采样后的密封消毒规范操作，到患者送检的防护和消杀，再到病区保洁工作的监督，她细心规范、优化每个流程。经过连续89天的奋战，终于迎来胜利的曙光：12名船员全部治愈，且无一例院感事件发生。其间虽然错过了陪同女儿高考，但她毫无怨言。宝剑锋从磨砺出，梅花香自苦寒来，在她的不懈努力下，感染科护理团队以零感染、零掉队的骄人成绩交出了一份满意的答卷。

（浙江省文明办供稿）

宋良友

长津湖老兵脱下戎装当矿工 深藏战功70载

人物 THE STORY 故事

宋良友，男，1928年生，生前系安徽省淮北市烈山矿退休工人。在抗美援朝战争中荣立两次一等功、两次三等功、三次四等功，并被志愿军总部授予“战斗英雄”称号。

1950年11月，宋良友与战友们奔赴抗美援朝的战场，身高1米73的他身材壮实，是轻机枪手，还是尖刀组成员，每次战斗都冲在最前面。长津湖战役中，打退敌人数十次进攻后受重伤。因表现英勇，宋良友荣立一等功，在第五次战役的一次突围战斗中，再次荣立一等功。

从朝鲜战场返回国内，宋良友脱下戎装成为淮南大通煤矿的一名砌砖工人。1958年11月，他主动报名北上支援淮北，来到淮北矿区第一座投产的煤矿——烈山煤矿。1961年4月的一天，正带着徒弟三人在井下作业的宋良友，凭着灵敏嗅觉提前发现塌方迹象，他沉着镇定，带领工友脱险。得知井下其他工作面还有被困人员，宋良友重返险境，持续奋战10多个小时，救出众多工友。

1984年，宋良友以普通矿工的身份从烈山煤矿退休。他从不以功臣自居，从未向组织提出任何要求。直到2019年，中华人民共和国成立70周年之际，淮北市烈山区退役军人事务服务中心采集老兵信息时，才发现在宋良友的档案里，记录着老人大大小小7次立功。

（安徽省文明办供稿）

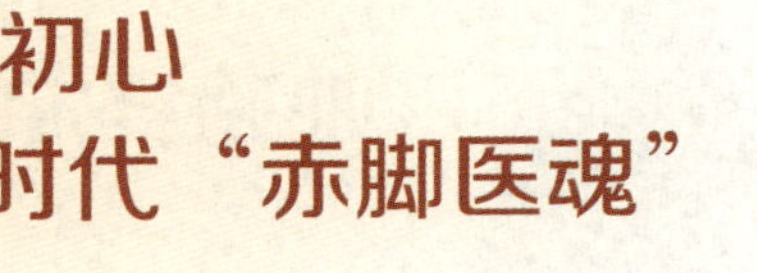

杨怀林

敬业奉献

36 载扎根乡村践初心 无悔担当诠释新时代“赤脚医魂”

人物 THE STORY 故事

杨怀林，女，1965 年生，中共党员，安徽省蚌埠市马城镇白衣村“赤脚”医生，兼任村妇联主席。

20 世纪 80 年代，白衣村是怀远县远郊乡镇的偏僻村庄，经济水平落后，卫生条件差。当时，年轻的杨怀林本可以在城镇找到一份更好的工作，但她 3 次选择放弃、坚守山村，不顾现实的困难，一人撑起一间卫生室，成为村里唯一的“赤脚医生”。从此，她的药箱不离身，夜间急诊随叫随到且不计报酬，开始了乡村“健康守护者”的生涯，走村入户上门接诊患者 36 年，累计行程 12 万里，把整个青春都留在了乡村。在她的带动下，白衣村彻底改变了 80 年代医疗空白的局面，拥有了远近闻名的乡村卫生室，成为全镇村级卫生室的标杆，基本实现“小病不出村”，迎来了健康新时代。

杨怀林把健康留给乡村，把沧桑留给自己。2019 年底被查出患上淋巴癌，但她仍热爱这份职业，“这是我的天职，我在岗，我才安心！”经历生死考验手术和几十次放化疗后，在家养病的杨怀林又穿上了白大褂，照样“逆行”出诊。36 年的坚守，她用自己的辛苦付出，护佑白衣村 1500 余户近 6000 人消除疾患、化险为夷，帮扶患者治病资金高达 30 余万元。“在我身体条件允许的情况下，我会一直干到底。因为村民离不开我，我也离不开他们。”杨怀林说。

（安徽省文明办供稿）

徐开锋

敬业奉献

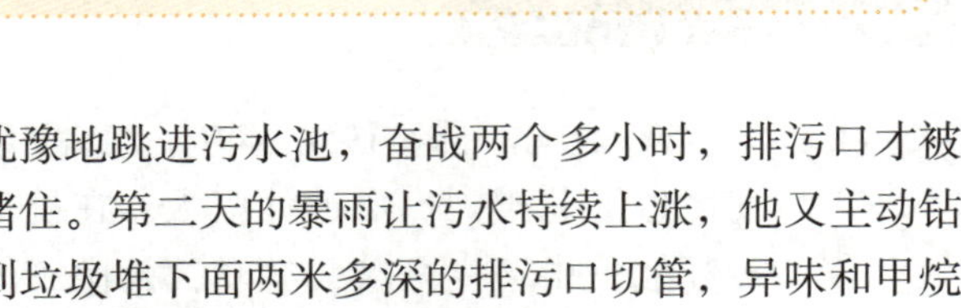

环卫工人 21 年不惧脏苦累 甘当城市“美容师”

人物 THE STORY 故事

徐开锋，男，1978 年生，中共党员，安徽省宣城市宣州区环卫处古泉生活垃圾卫生填埋场推土机驾驶员。

2000 年退伍回乡后，垃圾成堆的道叉河成了他的“新战场”。无论严寒酷暑，他都穿着胶鞋扛着工具，一段段清理河道。一次清理垃圾时，踩到了淤泥里的大铁钉，铁钉穿过了脚心。2007 年，他被调到锦城路担任环卫工。每天早上 4 点多就准时出现在街头，一直要忙到下午 5 点多才能下班。2010 年 11 月，他又被调到离家 20 公里的垃圾处理厂，每天的工作是开着推土机把 500 多吨的生活垃圾推平压实。滑溜溜的垃圾特别容易让人摔倒，他已经记不清自己摔了多少次。

一次暴雨，造成存在污水外泄的隐患，他毫不犹豫地跳进污水池，奋战两个多小时，排污口才被堵住。第二天的暴雨让污水持续上涨，他又主动钻到垃圾堆下面两米多深的排污口切管，异味和甲烷让他中毒晕倒，送医院抢救后才苏醒过来。

他还自学膜焊接技能，经过一个多月的奋战，和大家完成了约两万平方米 HDPE 膜的覆盖，垃圾库区全部实现雨污分流，有效防止垃圾渗滤液外泄，确保垃圾填埋场安全度汛。

就这样，这个“特别能吃苦、能战斗、能忍耐、能团结、能奉献”的环卫人，在最脏最苦最累的岗位上一干就是 21 年，将满腔的情和爱倾注到环卫事业上，用辛勤的汗水诠释着平凡的人生。

（安徽省文明办供稿）

田长荣

老教师 30 年用爱培育　桃李满天下

人物故事 THE STORY

田长荣，男，1968 年生，江西省赣州市崇义县崇义中学老师。

“田老师，祝您教师节快乐!”每年教师节或是传统节日，田长荣都会收到许多祝福。他自 1991 年毕业后扎根教育 30 载，先后担任了高三班主任 14 届，承担高三数学教学工作 16 年。

多年来，他发现很多农村孩子填报志愿时比较盲目和随大流，因此，他每月专门开设一节课，积极引导学生做好职业生涯规划。2014 届毕业生小林语言模仿能力强，田长荣引导鼓励她把目标定在大城市中相关的语言类专业上，并不断激励、鞭策她。后来，小林如愿考取中国传媒大学葡萄牙语专业。

作为班主任，田长荣三十年如一日对自己学生饱含关爱之情，既教授学业又为他们排忧解难。每逢开学，就是田长荣最为忙碌的时间。他总是逐个了解班级内每一位学生的家庭经济情况，对经济困难不能按时交学费的同学，除了帮助其办理缓交手续及助学贷款外，还常常积极与学校、社会联系，帮助学生寻找勤工俭学岗位，为他们争取“阳光助学金”。

田长荣三十年如一日为每一位学生的健康成长提供条件、铺设舞台。他兢兢业业工作，用专业指导学生未来；他关爱贫困家庭学生，每月为特困生资助生活费，课后为他们补习功课，努力让每个学生不掉队。他用教育之光阻断贫困代际传递，指引了莘莘学子的人生道路。

（江西省文明办供稿）

曾文萍

“启音人”24 年真情守护无声天使

人物故事 THE STORY

曾文萍，女，1975 年生，中共党员，江西省南昌市启音学校教师。

1997 年，非特教专业的曾文萍来到了江西省南昌市启音学校任教。为了尽快融入这个特殊的世界，从没学过手语的她边工作边学习，努力提高手语技能。如今她业务功底扎实，担任江西省及南昌市电视台新闻节目手语翻译，是聋人圈里知名的手语翻译。疫情来袭时，她不光站在志愿服务聋人的前端，更是义务担当新闻媒体手语翻译，向聋人传播抗疫政策和知识。

曾文萍不仅教书更着重育人，担任政教处主任期间，全校 200 多名学生，她能清楚地说出每个人的姓名、班级和特点，凭着一颗爱心和善心，曾文萍成为孩子们心中无话不谈的“文子姐姐”，再调皮的学生也非常尊重她。2018 年，曾文萍在学校组建逐梦跆拳道队，学体育专业的她一直都积极带领孩子们参加田径、舞蹈、篮球等比赛，均获得优异成绩，她想用竞技的方式让孩子们更坚强更自信。2019 年和 2021 年，她带领的跆拳道队两次在全国残运会上取得两块金牌、一块银牌、两块铜牌。

从事特殊教育 24 年，曾文萍坦言，见证孩子们成长的过程也是自己成长的过程。“捧着一颗心来，不带半根草去。”她时刻铭记，未曾改变过自己的初心，在这个特殊的无声世界里发光发热。

（江西省文明办供稿）

吴文清

“绿衣使者”坚守乡村邮路 29 年

人物故事 THE STORY

吴文清，男，1974 年生，中共党员，中国邮政集团有限公司江西省宜春市宜丰县分公司双峰邮政所邮递员。

1992 年，吴文清“子承父业”跟着父亲踏上山路，去给乡亲们送邮件，19 岁的他从此开启了 29 年孤独坚守的邮递路。一条长 127 公里蜿蜒曲折的山路，串联了 14 个村庄，吴文清带着他的邮包，每周走 3 遍，一步步、一年年，一走便是 29 年。遇上冰雪天，别说骑车，走路都会摔跤，大雪封山时他只能带着砍刀，在深山竹林中开出一条路来，才能过得去。遇到梅雨季节道路被淹，他扛起邮包赤脚蹚过 20 多米宽的河。他记不清走坏了多少双鞋子，骑坏多少辆自行车，报废了多少辆摩托车。或许只有身上的伤疤和腰椎间盘突出、膝关节风湿等职业病才能让他偶尔想起这条路上流过的血与汗。他成了联通山里山外的桥梁，成为村民们的心灵寄托。长年累月，往里面贴了不少钱，毫不利己，一心利人。

2020 年，一场突如其来的疫情让双峰的道路封了，吴文清又多了一个角色——小镇“捎带哥”，每天把乡亲们需要采购的物资列成清单，再到镇上采购，然后顺道给他们送过去。

“只要我还在坚守，大山的邮路就会多一分保障，村落就会多一分活力，山里老人就会多一分便利。”这是他坚守邮路的初心，在平凡的岗位上书写着不平凡的人生，用滴水光辉照亮山乡光芒。

（江西省文明办供稿）

吴文波

村支书开拓实干　打造美丽乡村

人物故事 THE STORY

吴文波，男，1973 年生，中共党员，山东省淄博市临淄区小铁佛村原党支部书记、村委会主任。

曾经的小铁佛村深受“脏乱差”的困扰。为建设美丽乡村，彻底提升村容村貌，吴文波带领全体村民完成了村南、村西垃圾沟的清理，整治村内空闲院落 25 处、房屋 70 间，建成小铁佛村贾思勰广场和乡村记忆馆广场。全面硬化全长 970 米的南进村路，对全村 3 条大街和 17 条胡同进行了清理和绿化补植，全村实现“硬化、绿化、亮化、美化、净化”全覆盖。

村民生活环境得到改善的同时，吴文波还着手提升村民们的生活质量。2016 年，小铁佛村提前完成贫困人口脱贫任务，率先迈入“后扶贫时代”。2018 年以来，吴文波带领村民逐渐摸索出一条“以销定产”的蔬菜生产销售新思路，最大限度地帮助村民规避投入风险，也让蔬菜的销路有了保障。同时吴文波规划建设了铁佛休闲农业综合体，通过休闲农业带动乡村休闲旅游，形成集研学体验、观光采摘、餐饮娱乐、休闲民宿于一体的农业综合体项目，村民可以通过土地、资金入股或企业购买村内服务等多种形式参与分红，实现了村集体经济从无到有的突破。

2021 年，吴文波离任村党支部书记后，把更多的精力投入带动村民提高蔬菜种植质量和产量中，继续为提高村民收入贡献着力量。

（山东省文明办供稿）

贾雪花

女赤脚医生用大爱守护山村乡亲 53 年

人物故事 THE STORY

贾雪花，女，1952 年生，河南省焦作市修武县云台山镇一斗水村村医。

修武县云台山镇一斗水村因地处偏远山区，生活在这里的人们下一次山就要在一条陡峭的山路上行走 20 多公里。“看病难”成了小山村的大问题。为了解决村民看病难的问题，1968 年，一斗水村选派贾雪花到修武县参加医疗培训。贾雪花勤奋好学，掌握了很多医疗技术。培训结束后，她回到了一斗水村，成为村里第一个“赤脚”女医生。无论刮风下雨，只要有病人，贾雪花背起医药箱就出诊，在崎岖的山路上不知摔过多少次跤，走破了多少双鞋。一有时间，她还要背上柳条筐上山采摘中草药，晾晒制作好后免费给村民服用。在这个偏远山村，贾雪花已经坚守了 53 年，为无数个病人解除病痛，良好的医德受到附近百姓的赞誉，就连河南辉县、山西陵川县的村民也来找她看病。她所在的一斗水村卫生所也于 2006 年 8 月被河南省卫生厅授予“示范村卫生所”称号。

“现在条件好了，路通了，但我年纪越来越大，体力跟不上了。自从换了膝关节，走路也不方便，遇到小病、急病，我还坚持出诊，希望我还能为乡邻再坚持干几年。”贾雪花说。

（河南省文明办供稿）

缪向水

攻坚“卡脖子”难题 中国芯一定要中国造

敬业奉献

人物故事 THE STORY

缪向水，男，1965 年生，湖北省华中科技大学集成电路学院院长。

2007 年，缪向水放弃国外六倍于国内的年薪，毅然回国投身祖国和人民的科学研究及高等教育事业。身边不少人觉得他是摔了“金饭碗”，缪向水却义无反顾。扎根存储器领域 32 年，从事芯片研究的他清楚地知道，中国的芯片技术落后于世界，追赶上去需要时间。“芯片是国之重器，相关核心技术必须掌握在自己手上，岂能被别人随便卡住脖子！”

无数个夜晚，华中科技大学集成电路学院实验室里灯火通明。在缪向水带领下，百余人的团队正全力研发“下一代存储器芯片”，把祖国的需要当作奋斗目标。“解决国家‘卡脖子’问题、满足国家重大需求的荣誉感和使命感是金钱永远无法买到的。”对自己正在从事的研究，缪向水信心满满。在他看来，大家都有这样的“中国芯”，祖国的“芯”脏才能跳跃得更有力。

以“科研报国”为驱动，缪向水步履不停，瞄准“卡脖子”难题，坚持“两条腿走路”，既重视接地气的技术市场化，又着眼前瞻性的应用基础研究。多年来，他授权 93 项专利给行业龙头企业并合作开发芯片产品、出版了国内第 1 本忆阻器专著《忆阻器导论》、在《科学》等国际顶级学术期刊发表了研究成果。他用自己的智慧与汗水，在攻克“卡脖子”难题的道路上一路向前，他也坚信，难题一定会解决。

（湖北省文明办供稿）

姚元翔

示范引领谋产业　倾心为民办实事

人物 THE STORY 故事

姚元翔，男，侗族，1969年生，中共党员，湖北省恩施土家族苗族自治州宣恩县椒园镇黄坪村党支部书记。

十几年前，黄坪村还是一个穷苦的小山村，但在2020年，黄坪村摇身一变成为“全国文明村镇”。这样的华丽蜕变得益于姚元翔10余年如一日地为民办实事。他不惧风险挑战，抓住机遇，改革产业结构，鼓励村民种植梨树。终于，在2015年实现整村脱贫出列，2020年村民人均收入达到2万元，建成标准化黄金梨园2450亩，年产黄金梨1200吨，年综合销售收入达1200余万元，村合作社吸纳社员498户。

“梨”的故事一直在黄坪村延续。在姚元翔的带领下，首届黄金梨采摘节成功举办，黄金梨打响了名气，走出了一条特色产业道路；2017年首届梨花节顺利举行，“梨IP”逐渐深入人心，如今黄坪村每年接待游客20余万人次，从贫困村变成远近闻名的旅游村、富裕村。而“梨”的故事还在发展，“帮理郎”队伍是姚元翔取“梨”的谐音成立的一支多元化文明实践志愿服务队，目前已有273名志愿者，长期活跃在扶贫帮困、移风易俗、生态环保、文明旅游等领域。

春来秋去十余载，姚元翔始终坚守在黄坪村，他坚信：“有梦想，心就不会枯；有土地，梦就不会枯；把梦种进土地，开出花，结出果，活着就有意义！”

（湖北省文明办供稿）

敬业奉献

蔡明镜

“90后”女孩扎根乡村 把教学点变成守护留守儿童梦想的家园

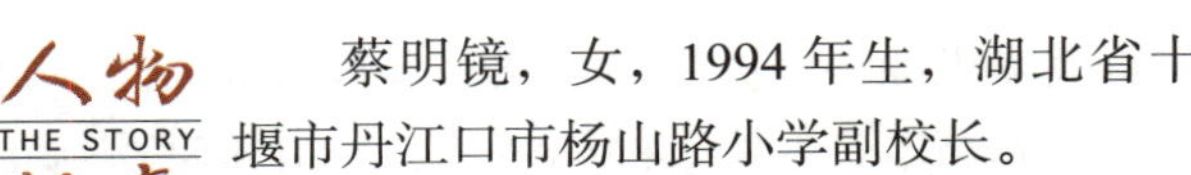

人物 THE STORY 故事

蔡明镜，女，1994年生，湖北省十堰市丹江口市杨山路小学副校长。

2016年9月，蔡明镜来到丹江口市一个偏远教学点——龙山镇彭家沟小学，开启了她的教师生涯。初到学校时，面对梦想只是外出打工的学生，她从阅读入手，通过购买书籍、做绘本课件、募捐图书等方法丰富学校存书种类，激发学生们的求知欲。教学资源有限，她就费尽心思创新教学方法，为学生们举办青春T台秀、编排欢乐舞蹈、开设创意课程，让学生在趣味化教学中增长知识、开阔视野。她先后募集30万多元，让孩子们有机会去北京研学，领略读万卷书、行万里路的真谛。她建立网络课堂，不仅为乡村孩子引入专业的音乐、美术、舞蹈、编程等课程，还帮助老教师适应现代化教学模式。

她热衷公益事业，借助互联网为西藏、新疆的孩子上网课，受邀在公益平台和孩子们一起开展“大山里的读书会”直播活动，面向全国网友展示乡村孩子因阅读而发生的变化，一个多小时的直播点击量就达30多万次。

蔡明镜不忘立德树人的教育初心，带领山区孩子认识多彩的世界，用青春和爱为孩子们带来诗和远方，用行动编织着振兴乡村教育的梦想。

（湖北省文明办供稿）

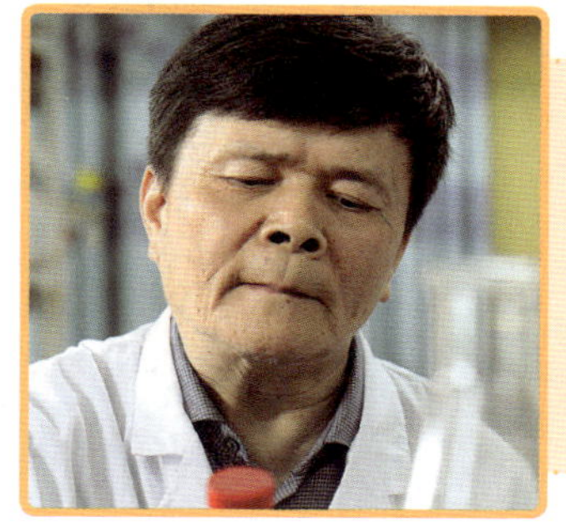

丁德馨

大学教授与病痛抗争四十多年 护卫“核工业粮食”安全

人物 THE STORY 故事

丁德馨，男，1958年生，中共党员，博士、教授、博士生导师，南华大学学术委员会主任，铀矿冶生物技术国防科技创新团队带头人、国防重点学科实验室主任。

20世纪90年代，南华大学（衡阳工学院）丁德馨老师心里只有一个信念：“老一辈历经千辛万苦建立的中国核工业，对国家安全至关重要，得有人守住这个点。”为了尽快掌握地浸采铀技术，1990年他前往澳大利亚学习，两年后他谢绝澳大利亚某大学的挽留，毅然回国。2005年，他领衔的采矿工程（铀矿采冶）专业获得博士学位授权。2007年，他领衔创建了全国唯一的铀矿冶生物技术国防重点学科实验室。2009年，他领衔设立了矿业工程（铀矿采冶）博士后科研流动站。2010年他领衔的矿业工程（铀矿采冶）成为一级学科博士学位授权点。从1998年至今，他为核工业共培养了4388名本科生、120余名研究生。他通过20余年的艰辛努力，领衔为我国核工业建成了唯一培养铀矿采冶学士、硕士、博士、博士后的完整学科体系。

丁德馨克服了强直性脊柱炎、脑卒中病痛，矢志不渝地致力于铀矿采冶的学科建设、人才培养和科学研究，成就了一个学科一个行业，被誉为“核工业粮食安全”的护卫者、中国铀矿采冶学科的“拓荒牛”。35年来，他领衔攻克了多项关键技术，获国防科学技术奖、湖南省技术发明奖、湖南省科技进步奖10余项，国家发明专利授权40余项。

（湖南省文明办供稿）

赖国明

驻村扶贫8年 带领村民走出“致富路”

人物 THE STORY 故事

赖国明，男，1978年生，中共党员，广东省珠海市市场监督管理局二级主任科员。

自2013年起，赖国明在8年间先后到茂名市3个村庄开展扶贫工作，共帮助202户贫困户845人脱贫，贫困户年人均收入从0.4万元增长到2.1万元，贫困村人均收入从0.9万元增长到1.96万元，村集体收入从0.6万元增长到12万元。

赖国明聚焦产业扶贫，用百香果打通村民致富路，通过打造百香果特色产业，向贫困户提供种苗和化肥，发动贫困户种植百香果1000多亩，人均年增收2000元。他还引进种植大户建成香水柠檬种植示范基地，每亩土地增收约1.8万元，带动20户贫困户稳定就业。

赖国明关心教育事业，先后争取帮扶资金270多万元，对东村小学、幸福小学和张屋小学进行升级改造。通过奖教奖学活动、加建课室、修缮教学楼和教工宿舍、增添教学设备、配备新校服等措施，帮助幸福小学的教学质量从全镇第19名提升到第1名。此外，赖国明探索解决群众看病难问题，带动了信宜市超过10家镇级卫生院增加了新设备，大大改善了当地医疗条件。2016年，面对严重洪灾，赖国明带领村干部转移受灾群众137人，在生死存亡之际营救落水群众7人。

（广东省文明办供稿）

黄英雄

乡村教师扎根大山 36 年 三尺讲台托起孩子的求知梦

人物 THE STORY 故事

黄英雄，男，壮族，1963 年生，广西壮族自治区河池市东兰县三石镇乾尔小学教师。

黄英雄自 1986 年开始从事教育工作，先后在东兰县三石镇 5 个教学点任教。仅泗爷小学这个教学点他就坚守了 16 个年头。16 年里，黄英雄是泗爷小学唯一的教职工，他既是讲台上的教师，也是食堂工友，还是学生们的保姆。作为教师，他既负责语文、数学课的教学，又担任美术、音乐、体育老师；作为学校食堂“工友”，黄英雄要为 30 多名学生做好一日三餐；作为“保姆”，他既帮留守儿童换洗尿裤，还给残疾儿童喂饭，带着学生看病就医。孩子们全部入睡后，才能回到办公室备课。他还掏出自己微薄的工资买了一辆三轮车作为食堂采购车，每周日都要出山拉满满一车菜回来，确保学生们能正常开饭。他以校为家，“一肩挑”撑起了整所学校。日积月累的奔波劳碌，让他落下了腰病。

“我们曾多次动员他调到镇中心小学任教，他都婉言拒绝了。”三石镇中心小学校长说道。而黄英雄给的理由是：“我离不开这些孩子，如果调走，偏远的校点不会再有老师愿意来，这个校点将和其他村校点一样被取消，30 多名留守儿童将要到更远的镇上上学，我要坚守在这里直到我退休，坚守我当初对群众许下的诺言，让这里的留守儿童就近接受教育。”

他在大山里呵护孩子们的梦，也是在成就自己的梦想，他的梦想就是让更多的孩子实现自己的梦想。

（广西壮族自治区文明办供稿）

王海兵

敬业奉献

破解“卡脖子”难题 夜以继日攻坚不言累

人物 THE STORY 故事

王海兵，男，1978 年生，中共党员，重庆青山工业有限责任公司传动系统研究院院长。

自小就对机械感兴趣的王海兵，从重庆工学院汽车与拖拉机专业毕业后便进入青山公司工作，现已有 20 个年头。

自动变速器的核心技术，一直掌握在国外大型汽车集团和专业变速器生产企业手中。2007 年，青山公司决定加快自动变速器（AMT）产品项目产业化步伐，王海兵被委以项目设计开发主管的重任。

一开始，设计组只有 3 个人，面临用户需求不明晰，供应商不知道怎么做，甚至有的零部件都不知找谁做的问题，王海兵鼓励大家直面困难。那段

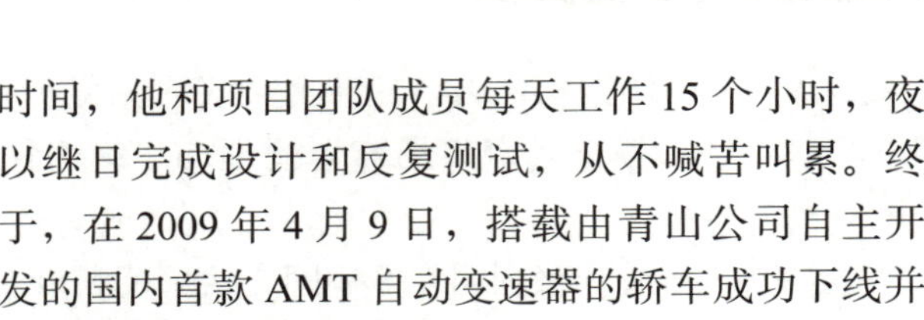

时间，他和项目团队成员每天工作 15 个小时，夜以继日完成设计和反复测试，从不喊苦叫累。终于，在 2009 年 4 月 9 日，搭载由青山公司自主开发的国内首款 AMT 自动变速器的轿车成功下线并量产，实现自动变速器产业化。

2008 年，王海兵再次临危受命，率队开发出 DCT 自动变速器。2016 年 8 月 9 日，搭载 DCT 自动变速器的汽车上市，打破国外公司对 DCT 自动变速器的技术垄断；2018 年，DCT 迭代升级，7 速自动变速器实现量产；2019 年，DCT 产销量达 10 万台；2020 年，DCT 产销量达 43 万台。

（重庆市文明办供稿）

杨永根

37 年专注矛盾化解 基层治理“老杨”有办法

人物故事 THE STORY

杨永根，男，1962 年生，重庆高新区金凤镇老杨群众工作站站长。

“有事找老杨，老杨帮您忙。”在重庆高新区，群众对这句话一点也不陌生。老杨名叫杨永根，从事矛盾纠纷调解和基层社会治理工作 37 年，以真心、耐心、诚心，赢得群众信任和支持。

一说起老杨，大家都会竖起大拇指，但杨永根并非天生的调解“好手”。1984 年，他刚接触群众工作，也不懂如何与老百姓打交道，更别说从中劝解协调。但凭着一股不甘落后的较真劲儿，他反复观察、不断总结，一步步成为群众认得出、叫得响的“业务达人”。

访民情、听民声、解民忧，37 年间，经老杨牵头调解的矛盾纠纷达 2800 余件次，调解兑现民工工资 2.13 亿元，解决工伤意外伤害赔偿 460 余件次，涉及金额高达 3750 万元，实现纠纷调解“零反弹”。

老杨将自己从事基层信访调解工作的心得体会、方法经验归纳提炼为“老杨工作法”，包括群众工作“人、法、德、智、事”五字诀，纠纷化解“忍、静、听、看、说”五技巧，民事调解“问、查、议、调、办”五部曲，并通过“老带新”的方式，形成“‘老杨’牵‘小杨’、‘小杨’挑‘大梁’”的基层治理新格局。

（重庆市文明办供稿）

宋质民

靠边停车 拉好手刹 公交车驾驶员用生命守护乘客安全

人物故事 THE STORY

宋质民，男，1972 年生，生前系四川省广安市广泰公共交通有限责任公司公交驾驶员。

宋质民是广安市广泰公交公司 6 路公交车驾驶员，每天往返在广安职业技术学院至市人民医院一线。2021 年 7 月 18 日 5 时 40 分，他像往常一样乘坐职工班车上班。发车前，他都会做好刹车、方向、轮胎气压等的日常检查，并做好车厢卫生。监控显示，10 时 30 分，在终点市人民医院站，宋质民打扫完车辆，驾车向广安职业技术学院方向行驶。10 时 52 分 12 秒，车辆驶离环溪二路希望小学二校区公交站。行驶过程中，宋质民用手在胸口狠狠捶打了几下，脸色痛苦。10 时 53 分 6 秒，临近华都花园下坡路段红绿灯前，他努力给车辆减速，靠边刹车，又拉好手刹，让公交车稳稳停在路边。这时，宋质民头一歪，靠倒在车门上。此时正是交通高峰时段，车上乘客很多，前方 300 多米就是一个陡坡。突然靠边停车，乘客们很惊讶。乘客姜女士发现宋质民脸色苍白，已经昏迷，立刻拨打急救电话，一名男乘客拨打了报警电话。

12 时 20 分，抢救无效，宋质民去世。

尽管有着近 30 年的驾龄，但他从不因此松弛懈怠。“把好手中方向盘，乘客生命放心间”是他常挂在嘴边的一句话，他是这样说的，也用生命践行。

（四川省文明办供稿）

潘仲勇　朱木群

教师夫妻21年坚守深山 为山区孩子托起求学梦

人物 THE STORY 故事

潘仲勇，男，1979年生，贵州省黔东南苗族侗族自治州镇远县报京乡松柏村坪玉教学点教师；朱木群，女，1981年生，贵州省黔东南苗族侗族自治州镇远县报京乡松柏村坪玉教学点工作人员。二人系夫妻关系。

2000年，潘仲勇从黎平民族师范学校毕业后，被分配到坪玉教学。虽然校舍简陋、没有正规的操场、路面全是泥巴路，一起被分配来的代课教师早已离开，学生也走了一拨又一拨，他却拒绝了调往中心小学的工作机会，选择坚守在坪玉。

2002年，他与当地姑娘朱木群结婚，往后近二十年的日子里，朱木群不仅是他的妻子，也是他的“后勤”。在教学点，潘仲勇一人负责所有教学任务，朱木群则一人分饰多角，既是食堂“厨师”，也是督促学生们勤洗手、讲卫生的生活“老师”，还是护送孩子们放学回家的“安全员”，更是陪伴孩子课间游戏、聊天的“知心妈妈”。得益于朱木群的分担，潘仲勇减少了许多“后顾之忧”。在坪玉，留守未成年人占了大部分，他们常年与父母分离，只能与爷爷奶奶孤独相伴，害怕与陌生人相处。孩子们更多时候是在潘仲勇夫妇的呵护与陪伴中长大，他们是老师，但更像是父母。

执教二十余载，潘仲勇夫妇将300多名学生送出了大山，近年来，随着当地教育资源整合，教学点生源不断减少，但他们依然选择坚持，为山区孩子托起求学梦。

（贵州省文明办供稿）

付艳红

“小事不出社区”　好党员的真情付出

人物 THE STORY 故事

付艳红，女，1968年生，中共党员，云南省昆明市五华区莲华街道学府社区党委书记、主任。

2010年，付艳红负责社区工作后，主持制定社区工作规划，在社区营造了资源共享、共驻共建的良好氛围。基于付艳红在居民群众中的影响力，2013年8月，昆明市五华区司法局在苏家塘社区人民调解委员会设立了以付艳红名字命名的工作室。截至2021年，调解室共接到调解件314起，成功调解299起，调解成功率达95%，其中包括化解可能“民转刑”案件15起，确保了辖区无激化案件、“民转刑”案件和自杀事件的发生，维护了辖区稳定。

苏家塘社区里居住着一个和外婆相依为命的女孩小丽（化名），生活极为困难。付艳红为小丽申请了低保，联系了学校，让她在减免一切费用的基础上能够好好读书。平日里，付艳红经常去看望小丽，关心她的生活起居，自己掏钱给她买生活和学习用品等。付艳红总是像唤自己的孩子一样亲昵地唤她为“小丽”。

这样的帮扶事迹还有很多，无论是对智力残疾的孤儿小晶（化名）的帮扶，还是坚持十余年对社区13位孤寡老人的照顾，付艳红总说：“苦点累点都没关系，无论是调解矛盾纠纷还是帮扶困难居民，只要能把存在的问题解决，就是我最高兴和最骄傲的事情。”

（云南省文明办供稿）

王玉权

乡村医生王玉权扎根一线二十余载 甘当边远山村的健康守护者

人物 THE STORY 故事

王玉权，男，1971 年生，中共党员，云南省昆明市石林县大可乡南大村村委会卫生室医生。

1971 年，王玉权出生于大可乡南大村。1993 年从昆明市第二职业技术学校毕业后，王玉权一直扎根在南大村乡村卫生第一线。

刚毕业的王玉权，靠着借来的 1500 元及从县医药公司赊来的药品，将诊所艰难地办了起来。提起创业之初的艰辛，王玉权的妻子说："要换作别人，早跑了。"有时贫困的村民赊得药柜上的药都快没有了，还收不上钱。对于村民们赊的账，刚开始王玉权还用个小本本记着，后来就不记了。

有一年大年三十晚上凌晨两点，同村的一位女孩上吐下泻，父亲找到王玉权救治。从看病到开药，王玉权一直守到第二天 6 点，待女孩病情稳定后才离开。

李大姐家住结胜村委会大窑枝村，到乡卫生院看病比到南大村近得多，但李大姐每次都舍近求远。"每次到这里请王医生看看，吃药、打针后，感觉要舒服很多。"身体的明显好转让李大姐对王玉权信任有加。

20 多年的岁月风雨，王玉权就像一团火，温暖着乡亲们的心。如今，王玉权不仅要给病人看病，还负责村里的医疗、防疫、公共卫生等工作。虽然肩上的担子不轻，但王玉权很开心，能为村里做点事，王玉权感到很满足。

（云南省文明办供稿）

高建国

林场老职工坚守一线 50 载 垦荒植绿不负青山

人物 THE STORY 故事

高建国，男，1951 年生，陕西省长武县红星林场退休职工。

南水河畔、重山之间，万木葱茏、绿树成荫，这里就是占地 2.6 万亩的长武县红星国有生态林场。1971 年 1 月，20 岁的高建国被分配到长武县红星林场参加工作。

20 世纪七八十年代的红星林场，山荒草低，水土流失，生态环境几近崩溃。来到林场，高建国被分配到芦子沟管理点任生产组长，带领 2 名工友负责 1200 亩荒地的植树造林任务。每天 7 点，高建国起床去林场干活，9 点左右回到护林点的窑洞里，煮一点干活时顺带挖的野菜、热两个高粱面馒头，草草吃完早饭就再次来到林场，顶着太阳一干就是四五个小时。这样清苦劳累的日子，高建国在芦子沟一干就是 3 年。

从 1971 年参加工作开始到 1989 年的 18 年里，高建国先后在芦子沟、桐树塬、董兴等 7 个管理点工作。如今，高建国栽植的 10 多万株刺槐松柏已遍布林区的沟沟坎坎，长成了参天大树，这一切，渗透着建林人高建国 50 年的汗水心血。

高建国舍小家、顾大家，将自己的大半生奉献给了造林事业，他勤勤恳恳，任劳任怨，用自己的执着坚守和无私奉献，筑起了生态保护的绿色长城，谱写了一曲"人不负青山，青山定不负人"的壮丽诗篇！

（陕西省委文明办供稿）

王瑞萍

“调解专家”扎根基层为群众解忧 一声所长一生重托

人物 THE STORY 故事

王瑞萍，女，1989年生，中共党员，现任宁夏回族自治区中卫市沙坡头区司法局宣和司法所所长。王瑞萍长期扎根基层、为民服务，曾两次因公受伤。8年来经她主持调解的矛盾纠纷达1600多件，为群众挽回各类损失5600余万元，解答群众法律咨询1000多起，累计接受管理200多名社区矫正对象，并无一人再次犯罪。

2015年3月29日，宣和村吴某倒车时将在车后轮玩耍的女孩闫某当场碾压致死。闫某亲属悲痛至极并聚集30多人要求找到吴某的儿子一命抵一命。接到报案后，王瑞萍连夜主持双方进行调解，通过一天一夜持续地讲法律、摆事实，动之以情、晓之以理，双方最终达成和解协议。

2017年，苏某因犯诈骗罪被判有期徒刑3年缓刑5年。王瑞萍在走访中了解到苏某全家7口人居住在54平方米的砖瓦房中，一家人的生活全靠妻子在家务农艰难维持。为了解决苏某的家庭困难，王瑞萍联系当地技校，对苏某夫妇进行养殖和刺绣培训，并帮助苏某申请临时救助金和无息贷款，对接企业对其进行爱心捐助，顺利帮苏某一家渡过难关。

她常说：“每当我为老百姓调解一起纠纷，为受到家庭暴力的妇女伸张一次正义，为辛苦工作的农民工要回一笔工资，看到社区矫正对象重新融入社会走上幸福生活的道路，这种成就感和幸福感是任何荣誉都换不来的。”

（宁夏回族自治区文明办供稿）

李　玲

孝老爱亲传佳话 十八年如一日照顾瘫痪母亲

人物 THE STORY 故事

李玲，女，1955年生，中共党员，北京市丰台区右安门街道玉林西里社区居民。

李玲的母亲已经九十岁高龄，2002年时因突发脑梗死，造成了偏瘫，留下了终身残疾。随着年龄的逐渐增长，又出现了糖尿病和阿尔茨海默病的症状。为了照顾母亲，李玲辞去了银行的工作，提前办理了退休手续，全身心地投入，来照顾母亲。十九年来，母亲瘫痪在床，因为她的精心照顾没有生过一次褥疮。街坊四邻有时候问她照顾老人累不累？她说：“能够照顾老妈，伺候老妈，让我觉得特别幸福。”

2016年她的爱人王小弟被查出左侧股骨头缺血性坏死，进行了人工股骨头转置换手术，术后还未完全恢复，2017年又被查出了右侧股骨头缺血性坏死，也要进行手术，而且有瘫痪的风险。两侧大手术后既要保证刀口不能感染，又要防止褥疮，李玲每天上好闹钟，按时定点地为丈夫进行翻身。通过李玲对丈夫在生活上给予悉心照料，在精神上给予鼓励，经过两年多的康复训练，李玲的丈夫现在已经能像正常人一样走路。

李玲作为一名党员，没有放弃对社会应尽的义务。她虽已退休多年，不能像当年那样为国家、为社会作更多的贡献，但照顾好自己的家庭，同样也是减轻社会的负担。李玲在平凡的家庭生活中让日子过得和谐美满、生活过得闪亮温馨，折射出人性最美好的光芒。

（首都文明办供稿）

贡志超

情比金坚　九年如一日照顾患癌妻子

人物 THE STORY 故事

贡志超，男，1983 年生，中建三局工程总承包公司安装分公司项目经理。

2014 年 2 月，就在贡志超夫妻即将迎来家庭新成员之际，厄运不期而至。妻子怀孕产检时发现纵隔内长有 11×10 厘米的大型肿瘤，后确诊为癌症。“保大还是保小”这个只能在电视里看到的剧情在贡志超身上上演。为了保住妻子生命，贡志超放弃成为一名父亲的机会，他陪妻子先后进行 3 次手术、10 余次化疗和 20 余次放疗，开始了与病魔的漫长抗争。

“感觉好些了吗，我要上班去了，有什么情况立马联系我。”从清晨的问候，到日常作息的料理，这个细心的男人在照料病妻的日日夜夜里，温柔备至、细心周到。与病魔抗争需要坚强的体魄，为此，贡志超不仅经常为妻子加油鼓劲，还想方设法为她补充营养，以前很少下厨的他，如今已经成为样样精通的大厨。

癌症的治疗与康复，意味着巨额的花费开销。为了给妻子治病，他卖掉仅有的一套房子，取消了一切个人开支。为了更好地照料妻子，贡志超主动学习病理知识，几乎成了半个医药专家，为了向一位知名中医学习理疗知识，他前后 10 多次上门请教，用一片赤诚打动了对方。

对于妻子与父母，对于婚姻和家庭，对于工作和事业，贡志超用他的一言一行，交出了一份无悔的答卷。

（天津市文明办供稿）

于邦怀

七旬老人精心赡养病残老叔四十年

人物 THE STORY 故事

于邦怀，男，1951 年生，河北省衡水市故城县武官寨镇卯庄村村民。

40 余年来，他和妻子、儿女一直精心照顾着无儿无女的聋哑叔叔于树江。不管多忙，于邦怀都及时给老人洗衣服、晒被子、打扫房间；担心老人夏天热，就特意给老人装了空调；老人牙口不好，于邦怀就把饭菜煮烂些，他用自己的实际行动诠释着孝敬的真谛。孝敬长辈本是晚辈分内之事，但于邦怀与老伴于恩云几十年如一日的坚持，更令人钦佩。出生于 1931 年的于树江，年幼时因病成了聋哑人，智力也受到了影响。于邦怀成家后，奶奶提出让他们两口子照顾聋哑叔叔。百善孝为先，于邦怀深知这个道理，看到叔叔一个人生活不容易，就和妻子就承担了照顾叔叔的重任。根据政策规定，于邦怀本可以替叔叔申请进入养老院享受集中供养待遇，但为了更好地照顾老人，他放弃了申请。

在于邦怀的言传身教下，家里的小辈耳濡目染，优良的家风被延续下去。于邦怀年龄大了，照顾叔叔起居有些吃力，他的儿女就主动承担起了这份责任。

一家人的孝老事迹在村里有口皆碑，温暖、感动着身边的许多人，也诠释了普通农村家庭崇尚“尊老、爱老、孝老”的传统，在当地群众中引起了强烈反响，得到了百姓的共鸣和响应，起到带动示范的作用。

（河北省文明办供稿）

兰毅辉

男子孝心创造奇迹 照顾瘫痪母亲17年

人物 THE STORY 故事

兰毅辉，男，1974年生，中共党员，黑龙江省大庆市人大常委会干部。

1998年，为照顾和陪伴在农村的父母和姥姥，兰毅辉大学毕业后选择回到家乡大庆市。2003年，他的母亲不幸坠入两米多深的菜窖，腰椎骨折。卧床期间，同时检查出患有高血压，2个月内突发两次脑出血，从此瘫痪在床。

母亲瘫痪后，医生曾断言她的生命可能只剩半年时间，但兰毅辉通过自己的努力让母亲的寿命延长了17年。他日夜操劳，研究治疗方案、找专家诊治，平日里给母亲擦身、消毒、喂流食、换尿垫，无微不至。“刚出院时我母亲带着鼻饲管，我就每天反复给她喝水、喝米汤，训练吞咽功能，终于在4个月后拔掉了鼻饲管，能吃流食了。”兰毅辉说。为了防止肌肉萎缩，他坚持每天给母亲按摩、翻身，还特意盖了一座平房把全家搬了进去，并且在平房的院子里搭了各种架子、双杠，给母亲做站立、行走训练。为了母亲他甚至熟练掌握了针灸、点滴等“医术”。

2020年11月4日，兰毅辉的母亲离世。母亲离世时，他因工作没能赶回来，这也成为他一生最大的遗憾。“母亲的一生是勤劳的一生，也是贤德的一生，她在平凡中积蓄了世界上最伟大的爱，是我人生中最重要的人。”兰毅辉含泪写下了《祭母亲》，记录了他对母亲深深的爱。

（黑龙江省文明办供稿）

王　红

好儿媳26年独自支撑一个家 丈夫去世后悉心照料重病婆婆

人物 THE STORY 故事

王红，女，1970年生，江苏省盐城市阜宁县阜城街道向阳社区居民。

1995年5月，王红的丈夫因病丧失劳动能力，家庭的重担落到了王红一人肩上。2005年9月，丈夫患上脑萎缩，生活无法自理，王红一边照料丈夫，一边努力赚钱补贴家用。2015年3月，丈夫病重离世，王红一如既往将公婆当作亲生父母悉心照料，婆婆三次生病入院治疗，王红都全程陪护直至婆婆康复。

2018年3月，婆婆因急性胰腺炎转入ICU，当婆婆得知治疗费高昂后，坚决拒绝进一步治疗，经过王红的耐心劝导，婆婆最终放下负担接受治疗，病情逐渐转好。2018年7月，婆婆被查出结肠癌，王红立即带婆婆到处求医，担心婆婆的身体状况没办法配合医院列出的20多项术前检查，她辗转多家医院，找寻更好的治疗方案。终于有一家江苏省内医院表示，只要婆婆的身体状况能达到手术标准，便可进行手术。王红欣喜不已，想方设法给婆婆补充营养，调养好身体，手术期间，更是寸步不离守在手术室门口等待，直至手术成功。术后在王红精心照料下，婆婆身体很快好转。

26年来，为了给丈夫和婆婆看病，王红背上了20多万元的债务，但她从未放弃对公婆的赡养。婆婆每次提起王红都感慨地说：“是儿媳妇三次把我从阎王手中抢回来，今生遇上了好儿媳！”

（江苏省文明办供稿）

舒建梅

好儿媳一手撑起五口之家 用行动诠释孝顺真谛

人物故事 THE STORY

舒建梅，女，1963 年生，浙江省宁波市江北区甬江街道湾头社区居民。

舒建梅的父亲早逝，母亲患有高血压，自父亲去世后，她就把母亲接到自己家生活，一照顾就是 10 多年。舒建梅的婆婆因双眼糖尿病性视网膜及黄斑水肿基本失明，公公经诊断患上左肾盂高级别癌和双侧前列腺癌，需要终身进行前列腺癌内分泌治疗。为更好照顾重病的公公婆婆，她主动将他们接到家中，83 平方米的房子住了五口人，公公婆婆一间，自己母亲一间，她跟她老公“蜗居”在客厅折叠沙发。

在舒建梅的细心照顾下，三位老人的身体都恢复得很好，她还关照到老人的精神需求：婆婆爱聊天，她每天陪着唠嗑；公公爱听越剧，她买了一台半导体收音机；母亲爱看连续剧，她提前帮忙下载好。从年初到年尾，从早到晚，舒建梅一刻也闲不下来。每一位老人都有专门的药物，光是婆婆一个人的药就有十几种，都需要一一安排妥当。除此之外，每隔几天就要去医院挂号，带着老人住院、配药，一拿药就是满满两大包。

为了更好地照顾三位老人，舒建梅她放弃了喜欢的广场舞，放弃了自己的交际圈，也放弃了儿孙绕膝的日常。即使孙子出生，她也分身乏术无法照顾，只能看着视频和照片来慰藉思念。她常说，要把老人当成一块宝来爱护，她也这么做了。3600 多个日日夜夜，舒建梅用实际行动诠释了孝顺的真谛。

（浙江省文明办供稿）

陈寿云

孝老爱亲

40 年含辛茹苦不言弃 “大义哥哥”演绎孝悌家风

人物故事 THE STORY

陈寿云，男，1956 年生，安徽省马鞍山市和县善厚镇皂角村青阳自然村村民。

1972 年，陈寿云的父亲罹患癌症，辗转多家医院，医治无效，于次年秋天离世。家里没了顶梁柱，母亲又体弱多病，生活的重担便全都压在了 17 岁的陈寿云肩上。每天早上天蒙蒙亮，陈寿云便赶去生产队做工，早出晚归挣工分。冬日里总是三点多就起床，背着一根扁担去挑河堤，每一趟都要挑上 150 多斤的沙土。陈寿云像一头老黄牛，埋头苦干，一心只想着让母亲和弟弟吃饱穿暖，不用受冻挨饿。

弟弟们陆续到了谈婚论嫁的年龄。可一母四子本就艰难度日，三个弟弟娶妻更是一笔不小的开支。于是，陈寿云背着行囊，独自一人外出打工，攒了一点钱就寄回家，帮衬着弟弟们成家立业。等到老四提亲时，家徒四壁。无奈之下，陈寿云只好冬夜里冒着风雪赶去镇上一户人家借钱。弟弟们一个个娶妻生子，盖上了新房，他却孤身一人一直守着那间住了二十多年的棚屋。

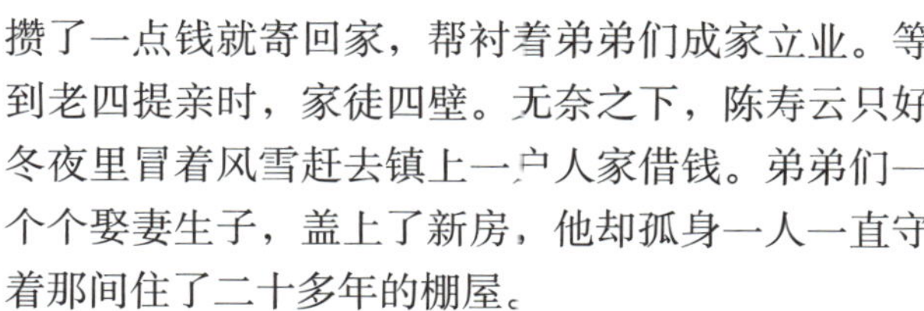

陈寿云的侄子侄女们也慢慢长大了，要去县城读高中，弟弟弟媳都在外打工，如果回来陪读，家里就断了经济来源。这时陈寿云又主动站出来担下陪读的担子。在城里陪着四个孩子读书期间，陈寿云精心照顾他们，包揽了所有的家务。从 2005 年到 2017 年，整整 12 年，直到最小的侄女高考结束，他才背起行囊回家。考虑到兄弟们打工挣钱供侄儿辈上大学，他又扛起了照顾母亲的责任。

（安徽省文明办供稿）

周绪民

八旬“铁汉”照顾瘫痪弟弟六十余年 呵护失明母亲和患病妻子

人物 THE STORY 故事

周绪民，男，1937年生，江西省萍乡市莲花县南岭乡砚溪村村民。

1958年，周绪民刚满19岁的弟弟周治民，双脚剧痛，被诊断患有类风湿性关节炎，不断加重的病情让弟弟瘫痪在床。周绪民毫不犹豫挑起了照顾弟弟的重担，不断劝慰开导弟弟坚定生活信心，鼓起生活勇气。1973年，周绪民与妻子结婚后，在妻子的支持下，他把周治民接到自己家里，每天悉心照顾着弟弟的日常生活起居，日复一日，年复一年，从无怨言。在周绪民的细心照顾下，瘫痪了60余年的周治民身心状态一直保持良好。

1990年，周绪民年过八旬的父亲去世，同年75岁高龄的母亲双眼失明，照顾母亲的重担又落在了周绪民的肩上。周绪民每天早出晚归干活回来，不管再累再苦，都会先把母亲的饭菜做好送到她手上，晚上还给母亲洗澡、洗脚。在他的悉心呵护下，母亲活到了90岁。

本来家里已经有瘫痪的弟弟和双目失明的母亲需要照顾，不料家庭又遭遇变故：1992年，妻子李年秀患上严重胃病，先后动了两次手术，治疗效果不佳。生活的磨难再次袭来，周绪民默默顽强面对。在他的悉心照料下，直到2004年，妻子李年秀的病情有了明显好转，可以正常生活。如今，李年秀身体依然还较健康，两老相依相伴。周绪民用实际行动，传承传统美德，谱写了一曲孝老爱亲的感人赞歌。

（江西省文明办供稿）

凌永清

暖心丈夫悉心照料卧床妻子29年

人物 THE STORY 故事

凌永清，男，1938年生，江西省九江市共青城市金湖乡和平村村民。

凌永清曾是浙江移民，1962年，他在当地和已经恋爱了3年的余爱珠结为夫妻。1969年，他们搬迁至共青城市金湖乡和平村，在这里生儿育女、劳动生活，日子虽不富裕，却也和睦幸福。本以为可以这样相濡以沫携手一生，却在1992年生出了变故。那时的余爱珠刚满55岁，却因为一次意外跌倒，导致右半身瘫痪，只能卧床养病。虽然在凌永清悉心的照料下，余爱珠也慢慢能下地走路，但命运似乎总爱捉弄这对苦命的夫妻，2002年，余爱珠又摔了一跤，这一摔，余爱珠便再也起不来了。

换尿片、喂饭喂药、清理大小便、揉捏按摩，从1992年起，凌永清开始了长达29年的看护之路。因为凌永清的悉心照料，余爱珠的身上始终干净清爽，她的糖尿病、高血压也没有加重。余爱珠的身体经常会觉得疼痛，只要一有空，凌永清就会给她按摩来缓解些许疼痛。有时晚上痛得厉害时，凌永清就起来不停地给她揉捏按摩。余爱珠生病前喜欢在院子里养花种草，凌永清便成了这方面的“土”专家，他们家的院落一年四季草木葱茏、鲜花盛开。

在近60年的婚姻生活中，凌永清和妻子始终坚守着“执子之手与子偕老”的美好誓言，诠释着“深情共白头”的人间真情。

（江西省文明办供稿）

刘国华

穷且益坚
以残疾之躯勤劳苦干奉养病残亲人

人物 THE STORY 故事

刘国华，男，1965年生，四川省甘孜藏族自治州康定市孔玉乡崩沙村保洁员。

说起刘国华，崩沙村里的人都会竖起大拇指。“养父母住院那段时间，刘国华在两间病房之间不停穿梭，为二老洗衣喂饭、擦身换衣、喂药吸痰，无论是医生护士还是病友，都以为他就是老人的亲儿子。”崩沙村支部书记吴明康说。养父母病逝后多年，刘国华每每对人谈起他们，思念之情依然溢于言表。

养父的弟弟冯长命，患有听力障碍，一直没有成家。哥哥去世后，冯长命病倒了，生活难以自理。刘国华二话没说，主动承担起照顾的责任。起初，他天天都到冯长命家转一圈，看看他有什么需要；后来，为了更好地照顾，他干脆把冯长命接到了家里照料。长期的陪伴，让冯长命对这个侄子更加依赖：房顶漏水了，等刘国华来修；灯不亮了，等刘国华来换；水果吃完了，等刘国华买回来。如今，冯长命已年逾八旬，每当村干部来看望，他总是比画着心中对拖累侄儿的愧疚。这时，刘国华总是紧紧握着他的手说：“你要好好的，要长命百岁。”

其实，早在1998年，刘国华就因摔伤脊椎而残疾，家里一贫如洗。如今，国家的扶贫政策好，又有各级干部的帮助支持，刘国华在7亩玉米地之外，又搞起了羊肚菌种植，还在村里当保洁员，一年有5万多元的收入，这下，再也不用发愁了。

（四川省文明办供稿）

十二月

梁亚栒

关心关爱孤独症儿童 为“星星的孩子”营造温馨港湾

人物 THE STORY 故事

梁亚栒，女，1977年生，天津市西青区爱星筑梦公益服务中心理事长，天津市遇见星星科技发展有限公司总经理。

2013年，梁亚栒开始组织参加关爱孤独症儿童公益活动。8年的公益活动，她从一名志愿者成长为发起人，帮助了更多的人。

2021年8月，孤独症儿童豆豆（化名）的母亲不幸离世，留下了老母亲和患有孤独症的14岁儿子豆豆。梁亚栒号召爱心人士，为这位母亲操持了葬礼，随后开始着手办理豆豆的帮扶手续。她在民政局、社区、街道不停奔走，决定靠自己的力量给豆豆一个温馨的家。为帮助豆豆敞开心扉，梁亚栒带着他来到溪秀苑阳光工场，这个“工场”是天津首家辅助性就业站，在社区和爱心人士的帮助下，这里为残障人士等弱势群体提供了就业通道。她希望豆豆能在这里通过日常培训，掌握一定的工作技能和独立生活的能力。像豆豆这样的孤独症儿童还有很多，为了给他们营造一个舒适温馨的生活空间，也为实现父母与孩子的“双养老”，梁亚栒同其他志愿者一起选址，筹集资金，租下了一处500余平方米的房屋，作为天津首家心智障碍者的集体宿舍——“星星社区”。

8年来，梁亚栒始终坚持奉献社会，投身公益事业，截至2021年10月，发起的公益组织已长期帮扶378户家庭。

（天津市文明办供稿）

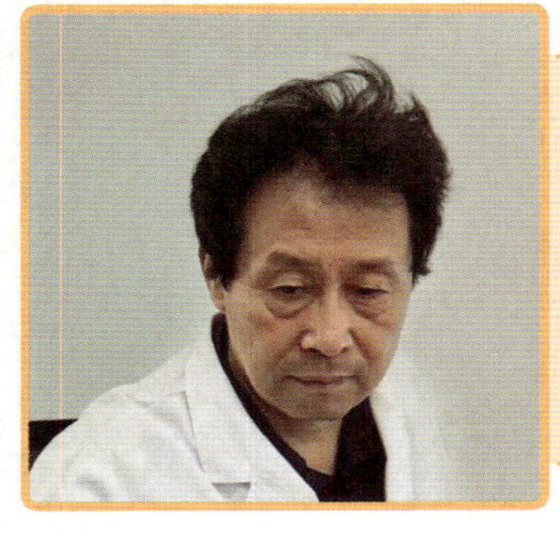

李卫国

退休医生开展公益讲座 义诊为患者排忧解难

人物 THE STORY 故事

李卫国，男，1955年生，民进会员，天津市吉恩中医门诊医生。

从医40多年来，李卫国始终把患者的利益放在第一位。“不开大处方，不乱收费，让患者花小钱治大病”是他经常挂在嘴边的话。在诊疗的病人中有一位强直性脊柱炎患者，拿到病人的检查结果发现存在肾衰竭的风险后，他为了不耽误病人治疗，第一时间联系对方上门提供服务，待病人病情稳定后才护送就医。

作为基层医生，李卫国积极投身社会公益，带领中医团队参加多个社区的讲座、义诊活动，向社区老年人普及慢性病的防控、季节性疾病预防与治疗、药品使用常识等，在传播知识的同时，为社区居民开方、讲解、发放健康教育宣传材料。多年来，他共走进社区开展活动300余场。

环卫工人一直是李卫国关心关怀的对象，他经常免费为附近街道的环卫工开展义务巡诊，向环卫工宣传关注身体健康的重要性，告诉他们要把各种疾病控制在萌芽状态。2018年以来，他累计为200余位环卫工逐一诊脉，并从中筛查出多名患有高血压、糖尿病、贫血症等慢性病的职工，提出了最佳治疗意见并督促其复查。不管是寒冬酷暑，还是风霜雨雪，李卫国从未间断义诊的脚步。

（天津市文明办供稿）

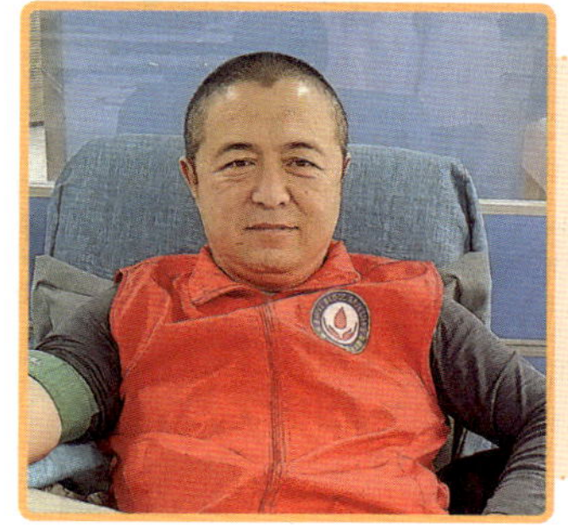

杜　贺

石油工人无偿献血 24 年 用爱心与奉献书写对党的忠诚

人物 THE STORY 故事

杜贺，男，1975 年生，中共党员，吉林省松原市大庆钻探工程公司运输二公司搬运分公司修理队队员。无偿献血不难，难的是二十四年如一日的坚持。作为一名普通的油田工人，杜贺做到了。他用执着与爱心书写奉献绚烂的青春。

2008 年 6 月 1 日，正陪着孩子学习的杜贺接到电话，吉林油田总医院骨科接收一外伤急救患者手术，急需 400 毫升血液，血库没有血源，需要他紧急输血。杜贺二话没说就赶到血站献血 400 毫升，使患者得到了及时救治。事后，患者家属非常感谢，杜贺却淡淡地说："这是我应该做的，能为救治患者出一分力，对我是一种莫大的欣慰。"

24 年来，他先后 167 次自愿无偿献血，献血量累计达 57800 毫升（其中捐献全血 4000 毫升，单采血小板 269 个治疗量），用实际行动诠释着爱与生命的价值。2008 年 4 月，松原市无偿献血志愿者服务队正式成立，杜贺第一个报名加入。之后无论是去敬老院慰问、抗洪抢险前线、捐助贫困学生、义务宣传无偿献血知识等，大家总能看到杜贺的身影。2011 年 8 月，11 岁的小女孩欢欢发生意外，全身百分之七十的皮肤重度烧伤，失去双亲的她在医院无人照料。杜贺得知后，克服工作上的重重困难，历经 3 个月的不懈努力，使欢欢基本康复出院。多年来，他不怕苦，不怕累，他奉献着、他快乐着。

（吉林省文明办供稿）

腾玉龙

列车员多年来义务宣传 带动身边人捐献眼角膜

人物 THE STORY 故事

腾玉龙，男，1965 年生，黑龙江省铁力市居民，哈尔滨铁路局客运段列车员。

腾玉龙时刻践行着"奉献、友爱、互助、进步"的志愿服务精神，将义务宣传遗体捐献当成毕生事业。2009 年，腾玉龙一家人全部签订遗体捐献协议，成为全国首个眼角膜、身体器官和造血干细胞捐献志愿者家庭。在腾玉龙的宣传和带动下，2016 年 2 月 17 日，腾玉龙所在的郑州车队第七乘务班组共 8 名志愿者签订了捐献眼角膜的协议书。2017 年 9 月 22 日，刚刚调任宝清车队不足半月的腾玉龙带领车队的 20 名同事一起签署了捐献眼角膜的协议。2021 年 7 月 14 日，36 名铁力市民郑重地在遗体眼角膜、器官捐献志愿书上写下自己的名字。

闲暇之余，腾玉龙还带领全家人帮助身边的困难群众，帮助他们解决生活中遇到的难题。2020 年初疫情暴发，他主动奔向抗疫第一线，就是在这次支援中，繁重的工作使他本已坏死的股骨头完全塌陷；2020 年底，尚处在手术恢复期的他毅然决然地投入到抗疫工作中，这种奉献精神感动了许多人。

帮助别人是腾玉龙一直在做的事，在他的带动下，无私奉献、助人为乐的精神将代代传承，共同奏响向上向善的华美乐章。

（黑龙江省文明办供稿）

夏金义

退休老党员为21位烈士找到回家路

人物 THE STORY 故事

夏金义，男，1952年生，中共党员，江苏省宿迁市宿豫区委老干部局夕阳红报道组成员。

2017年，时任侍岭镇通信报道员的夏金义与抗战退伍老兵唐斯才在一次采访中相识，唐斯才便委托夏金义帮忙寻找不知牺牲在何地的表弟朱大川。接到委托后，夏金义踏上了寻找烈士朱大川的旅程。经过多方奔走，终于在上海原川沙县小营房烈士陵园中找到了朱大川的名字。寻找朱大川烈士的事情给了夏金义很大触动，革命烈士们为了今天的幸福生活献出生命，他们的家人却因为不知他们安葬在哪里而无法前往祭扫，想到这儿，夏金义决定要寻找更多的失联烈士。之后的四年里，夏金义辗转上海、四平、沈阳等地，共寻找到21位与家人失联的烈士，帮助这些在外牺牲的烈士找到回家的路。

作为一名志愿者，夏金义数十年如一日地践行着雷锋精神。他曾帮助宿豫区侍岭镇佟庄村的赵秀芝找回了烈士女儿的身份。疫情期间，68岁的夏金义每天骑行50多公里，跑遍全镇各个村、组，宣传疫情防控知识。他还致力于弘扬红色精神，走进校园、乡村、社区等地，为师生和广大干群讲述党的光辉历史，累计宣讲50余场次，受教人数达3万余人。

虽已年近古稀，可夏老的笔锋依旧锐利。“我愿在有生之年，继续努力向雷锋同志和英烈学习，补足精神之钙，在新征程中弘扬爱国主义精神，为党为国为人民做更多更有益的好事和实事。”

（江苏省文明办供稿）

蔡洪运　王庆平

热心夫妻守护58名乡村儿童18载照亮求学路

人物 THE STORY 故事

蔡洪运，男，1953年生，江苏省新沂市新店小学退休教师；王庆平，女，1957年生，江苏省新沂市新店镇刘庄村村民。

蔡洪运曾是新沂市新店镇骆马湖水上小学的教师，2003年，骆马湖水上小学合并到新店镇小学，因身体原因，蔡洪运被安排管理学校学生宿舍，负责渔民孩子的生活起居。随着住宿学生慢慢减少，学校将寄宿制改为走读制。可对于家长长期在渔船上或者外出打工的孩子来说，生活和学习成了大问题。一些家长专门找到蔡洪运夫妇俩，希望他们能帮助照看孩子。蔡洪运的子女们考虑到老两口年龄偏大，开始时坚决反对。但是这些孩子家中各有各的难处，老两口很是心疼，于是说服了子女，收留了这些孩子。从开始的暂住到2010年的常住，蔡洪运夫妻俩的几间小屋就成了孩子们最温暖的“避风港”。

从2003年开始，夫妻俩陆续照顾了58名孩子。每天早上，王庆平4点就起床给孩子们准备早饭，饭后送孩子们去学校，返回家中便开始忙着收拾床铺、洗衣服和准备午饭。孩子们放学后，蔡洪运还要检查、辅导孩子们作业。晚上孩子们入睡后，老两口每夜要起床几遍给他们盖被子，一天下来常常累得腰酸背痛。

为了这些孩子，本该享清福的蔡洪运和王庆平扛起了这份“甜蜜的负担”，这一扛就是18年。

（江苏省文明办供稿）

姚炜平

公益达人 19 年坚持初心 汇集群众齐做公益

人物故事 THE STORY

姚炜平，男，1984 年生，中共党员，江苏省靖江市 179 志愿者协会会长。

2002 年 4 月，18 岁的姚炜平第一次走上献血车，献出了人生第一份全血，从此开始了每隔半年献血一次的公益历程。截至 2021 年 12 月，姚炜平累计献全血（血小板）215 次，折合献血总量达 315200 毫升，连续多年被授予“全国无偿献血奉献奖金奖”荣誉称号。

公益助人的道路上，他以身作则，发起成立靖江市 179 志愿者协会，呼吁更多的人走进奉献行列。179，即“一起走”。每逢周末，他都会带领 179 志愿者走进敬老院，帮老人捶背、剪指甲、擦洗身体，陪老人聊天，与老人们成为“忘年之交”。长期为靖江乡村儿童开设“筑梦课堂”，开设学业、兴趣、安全、心理、社会等课程，让孩子们感受到真情陪伴、安全守护，燃起对未来的信心与希望。14 年来，他带领靖江市 179 志愿者协会从创建初始的 4 人，发展到现有的注册志愿者 2000 多人，定期开展关爱儿童、保护河道、消防演练等多种形式的志愿活动，累计 6 万多人次参加，志愿时长超过 11 万小时，开展活动 3000 余次，受益群体达 15000 多人。

哪里需要温暖，哪里就有姚炜平奉献青春的身影。多年如一日的公益实践，他像一颗螺丝钉，用爱与温情传递着志愿精神。

（江苏省文明办供稿）

赵一鸣

烈士后人践行“红色之诺” 二十余载帮助四十余名贫困学子圆梦

人物故事 THE STORY

赵一鸣，男，1971 年生，中共党员，江苏省盐城市亭湖区好人志愿者协会常务理事、副秘书长。

赵一鸣的爷爷赵平是解放战争中英勇牺牲的革命烈士，赵一鸣从小对爷爷充满崇拜之情并下定决心，“我要像爷爷一样，做一个勇于奉献的人”。他信守“红色之诺”，传承祖父的革命精神，先后帮扶 40 余名家境贫困的学生继续学业，还积极参与扶贫救难、帮残敬老、修路筑桥等公益事业，累计投入近 60 万元。

20 多年来，赵一鸣虽然工作和生活几经波折，但他从未动摇过公益助学的信念，他积极响应“慈善一日捐”活动，逢年过节，总是一次不落地前往当地敬老院、儿童福利院进行慰问活动。爱心传承接力，岁月见证诺言，在他的影响下，女儿也经常到敬老院和福利院献爱心。

他积极参与“为农户代言　助农奔小康”活动，为民办实事，助力农户拓宽农产品销路，多方奔走协调解决居民群众关心的排污排水及“行路难”等问题，先后帮助群众调解矛盾纠纷案件 20 余起。2019 年汛期，海纯幼儿园旁的教师公寓地势低洼、水道不畅，给老百姓生活带来极大不便。赵一鸣多方奔走调研，形成翔实报告，并向有关部门建议。在他的积极推动下，当地政府加大投入力度对该路段进行了整治。他还利用社会资源，尽己所能帮助群众解决再就业等问题，受到当地群众的称赞。

（江苏省文明办供稿）

陶岳贵

九旬老党员义务理发21年暖心助人

人物 THE STORY 故事

陶岳贵，男，1932年生，中共党员，浙江省丽水市缙云县七里乡大园村村民。

有一双手，褶皱粗糙，布满老茧；有一双手，因为长期使用手推剪，右手无名指已经严重变形，这双手的主人叫陶岳贵。他曾是穿梭于战火之间英勇抗日的少年战士；他曾是行走在田间地头服务乡邻25年的老村支书；如今的他是年近古稀又拾起剃刀，21年免费为留守老人理发的普通志愿者。

陶爷爷在工作期间，坚持不吃老百姓一顿饭，不收老百姓一分钱，实践着“党员要向党报恩，活一天就要为老百姓服务一天”的庄严承诺。他的足迹遍及全乡各个村庄，每个月都会翻山越岭、跋山涉水徒步到张公桥、双港桥、山岭下等各个村庄，为当地村民提供免费理发服务。

21年来，他用脚步踏出了5万里的长征路，足迹遍及附近乡镇的每个村庄。20多年来，他用坏了18个电推剪，自掏腰包贴补了数万元。陶爷爷到底为多少人免费理发过，连他自己都说不出个准确数字了，可四里八乡的群众心里，都有一本明白账。陶爷爷自1959年加入中国共产党以后，始终牢记入党的初心。他说只要身体允许，这条“长征路”就会一直坚持走下去。

（浙江省文明办供稿）

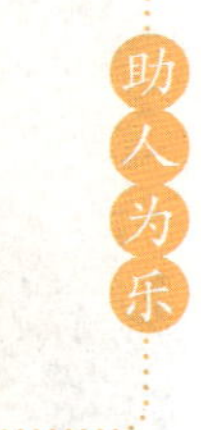

王祥云

公益路上的“资深火速侠”用爱温暖他人

人物 THE STORY 故事

王祥云，男，1974年生，中共党员，浙江省温岭市火速志愿队队长。

王祥云是一名资深的“公益达人”，2003年开始投身公益活动，一直坚守在服务群众的最前线。2013年4月，王祥云组织发起“爱心面包”微公益项目，每天晚上，他和队员们穿梭在大街小巷，从打烊的面包店收取当天没卖完的面包，连夜送往环卫之家、福利院、养老院、民工子弟学校、建筑工地，为环卫工人、老人、孩子以及通宵工作的保安、护工等人群提供第二天的免费早餐。10年来，送餐队伍扩大到500多人，范围辐射温岭7个乡镇（街道），累计送出90多万个“爱心面包”，服务群众近8万人次，累计节约资金1000余万元。继“爱心面包”后，王祥云还带领团队开展“爱心粮仓”“爱心助学”“爱心助农”“爱心驿站”“爱心年夜饭”“爱心大礼包”等系列“爱心+”微公益项目。2020年新冠疫情期间，王祥云与队友逆行而上，发起“蓝红丝带·火速相伴”公益微项目，利用私家车免费接送30名困难尿毒症患者往返医院380趟，25天接送里程两万多公里，没有一个病人被落下，没有一个病人因接送迟到而耽误做透析。

在王祥云的带领下，秉持着“火一样的热情，火一样的速度”的火速志愿队已经走过风雨兼程的18年，在温岭这片充满温情的土地上，不断开辟着新的征程。

（浙江省文明办供稿）

曹荣安
坚持学雷锋一辈子

人物故事 THE STORY

曹荣安，男，1938年生，中共党员，金华雷锋事迹馆创办人。

1982年受“将来一滴水将与血液等价”邮票感触，曹荣安投身环保事业成为一名志愿者。1998年退休后，曹荣安更是全身心投入环保志愿工作，他利用微薄的退休金创建金华首个环保组织——金华绿色之友。2010年，他几乎耗尽了自己一生的积蓄，拿出了一万多件各类学雷锋藏品、资料，创办全国首个“雷锋文化”主题民间雷锋馆。为了让场馆有生机有活力，他发起成立了金华雷锋事迹馆志愿者委员会，设立“雷锋讲堂”，组建“雷锋志愿者”服务队，积极提供藏品支持全国各地雷锋馆创建工作。2020年创新举办“全国网上学雷锋论坛”，把金华学雷锋的做法推广到了全国，成为传承雷锋精神和红色革命文化的“新高地”。目前，金华雷锋事迹馆志愿者委员会有13名委员，2300余名志愿者，感召他们集中起来的，就是曹荣安。39年来，曹荣安躬身环保事业，传播仁善之美、践行雷锋精神，个人公益捐款80余万元，开展宣讲2000余场次，开展各类志愿服务活动3600余场次，接待国内外各界人士20万余人次，带领志愿团队与俄、日、韩等国的环保组织交流经验，被大家称为“环保老人”“雷锋老人”。

（浙江省文明办供稿）

王伟民

“60后”党员投身公益献爱心

人物故事 THE STORY

王伟民，男，1969年生，中共党员，安徽省宿州市埇桥红十字应急救援大队队长。

一到暑假，各种溺水的新闻就开始出现，每每看到相关统计数据，王伟民就感到非常心痛。2015年，王伟民成立汴河景区防溺水公益值守点。6年来，他化解各类险情130余起，直接从死亡线上挽回27人生命；他自费录制的防溺水警示教育片在217所中小学校放映，开展进校园安全教育320余场，惠及师生40余万名。

2015年以来，他每年1—3月组织实施“暖冬行动”，累计救助临时遇困人员400余人次；寻回因阿尔茨海默病走失老人、离家出走青少年、精神失常人员350余名。在安徽六安、合肥以及河南等其他省市参与救灾4次，累计转移群众2000余人。

他每周开展“益夜市”志愿服务项目2次，向市民普及急救知识，教授急救技能，累计开展活动127次，发放手册8万本，惠及市民20余万名，让全民学急救、全民会急救成为大家的共识。

2020年，新冠疫情发生后，王伟民闻讯而动，连续43天坚守一线，每天连续工作10个小时以上，累计测量体温5500余人，发放宣传单5万余份，运送防疫物资近80吨，全面消杀386个公共场所、170所中小学、56家机关企事业单位。

（安徽省文明办供稿）

陶广军

助就业　当红娘　扶贫弱 盲人党员 11 载助人为乐报党恩

人物故事 THE STORY

陶广军，男，1970 年生，中共党员，安徽鸿运来康养生馆经营户。

他眼盲心亮助就业：1991 年，21 岁的陶广军遭遇意外事故导致双目失明，母亲的爱、社会关怀，帮助他调整心态，重燃生活信心。他先后赴芜湖、上海学艺，成为指法娴熟的盲人按摩师，2010 年返乡创办鸿运来康养生馆。11 年来，陶广军已免费为 100 余名残疾人提供技能培训，吸纳 30 多名盲人就业。

他乐于助人当红娘："残疾人就业难，恋爱婚姻更是难上加难。"基于这一想法，陶广军创办蚌埠市首家专门为残疾人服务的"向日葵"残障人婚姻介绍所，残疾人均可免费登记征婚，给残疾人朋友当起了红娘。截至 2021 年，他已帮助 20 余名残疾人收获爱情，找到另一半。

他热心公益扶贫弱："我走到今天，得到太多关爱，我要把这份爱传递下去。"为兑现自己的诺言，11 年来，陶广军始终不忘党和人民的恩情，热心公益事业、乐于帮助他人，截至 2021 年，他已累计捐款近 10 万元，帮助孤寡老人、困难儿童等 50 余人，资助困难家庭 20 多户。

（安徽省文明办供稿）

江前木　江迎春

诚信兄弟兑现 6 年之约 完成遗体和眼角膜捐献

人物故事 THE STORY

江前木，男，1957 年生；江迎春，男，1963 年生，二人生前系安徽省铜陵市义安区顺安镇居民。

2020 年，江前木不幸身染恶疾。病危之际，江前木曾多次向家人交代，一定要帮他捐出遗体和眼角膜。2021 年 8 月 12 日中午，江前木因病医治无效离世。为帮助江前木实现生前遗愿，他的家人随即联系了铜陵市红十字会，在工作人员的帮助下完成了捐赠手续，成功摘取了江前木的一对眼角膜，其遗体随即被运往皖南医学院遗体捐赠接收站。

捐赠遗体和眼角膜既是江前木的遗愿，也是他与弟弟江迎春的一个爱心约定。原来早在 2014 年，弟弟江迎春在弥留之际，提出捐献遗体和眼角膜的想法。身为哥哥的江前木十分赞同弟弟的想法，并约定百年之后也会捐出眼角膜和遗体。2015 年 4 月，江迎春因病离世，江前木第一时间联系了铜陵市红十字会，捐出弟弟的遗体和眼角膜，成功帮助两位眼疾患者获得光明。

时隔 6 年，虽然时光流转，兄弟俩的大爱之诺却从未改变。他们用另一种方式延续生命，让光明照亮黑暗、大爱温暖铜都。

（安徽省文明办供稿）

彭启萍

19 年无悔奉献 做一颗永不生锈的螺丝钉

人物故事 THE STORY

彭启萍，女，1973 年生，江西省萍乡市湘东区志愿者协会会长。

2002 年 1 月，彭启萍第一次参加献血，当她了解到萍乡市血库以及相关资源的稀缺情况时，她的内心被触动了。她决心尽自己最大的努力帮助缓解血库血液的稀缺情况，于是便常常去献血。作为一名红十字献血志愿者，这一坚持便是 19 年。这 19 年来，她累计献血 10000 多毫升。

2012 年 9 月，彭启萍与志同道合的伙伴一起，组建了湘东区志愿者协会，倡导发起“月季花行动”，为特困妇女及其家庭提供心理咨询、家务辅导等帮扶服务。她还带领团队筹集 30 余万元，为 75 户困难家庭免费更换照明线路，改善生活环境。

在走访困难家庭时，彭启萍发现读小学六年级的小亮家境十分困窘，了解了他的家庭具体情况后，彭启萍联系爱心人士“一对一”结对帮扶，定期看望小亮，送去米油、学费等，2018 年小亮成功考上了大学。

彭启萍成了孩子们的“爱心妈妈”。在“小天使关爱行动”中，她带领志愿者为 312 个农民工子女、留守儿童送去价值 13 万元的温暖包物资，为 465 个儿童实现“微心愿”，为全区 325 个困难儿童赠送免费奶粉，建立 4 所“太阳花守望之家”，购买了电脑、课桌、图书、体育器材等物资，价值 5 万元；她关注未成年人身心健康，关爱乡村小学生，开展“五防知识进校园”；她联合爱心企业商家为困难学生募捐学费、生活费、购买学习文具和资料、赠送自行车、捐赠粮油等用品。（江西省文明办供稿）

汪周孝

古稀老人义务守护红色历史遗址 15 载

人物故事 THE STORY

汪周孝，男，中共党员，1948 年生，江西省景德镇市乐平市十里岗镇石塘村村民。

多年来，他以弘扬方志敏同志的精神信念为己任，在收集整理方志敏在篁坞以及篁坞人民革命斗争历史的路上，上下求索，协助相关工作人员“留住红色乡愁”。沿着革命历史路径，他走遍了弋阳、德兴、乐平、鄱阳等方志敏烈士战斗过的地方，认识他的人称他是“方志敏革命足迹活地图”。退休后，他更是主动融入村、镇、市三级党史研究，参与党史、地方志、档案资料编辑工作，协助收集历史文化材料，参与编撰了《篁坞革命历史》《方志敏在篁坞的 43 天》等文稿和书籍。

汪周孝的家与方志敏旧居相隔不到 100 米，方志敏烈士纪念碑就立于汪周孝家门口。自退休以来，他发挥自身余热，义务承担起篁坞方志敏旧居、方志敏烈士纪念碑、革命烈士陵园、敏枫亭等景点日常卫生的清理管护工作。只为了那份无言的责任，每天一早，汪周孝都会拿起抹布水桶，扛起旧扫把，不疾不徐地清扫、擦拭。除了打扫卫生、看护陈列物品，接待一批批客人外，汪周孝每天还要对旧居进行消防检查，15 年如一日。在他的细心守护下，方志敏旧居从未发生过火灾、盗窃等事故。他常说：“守好红色阵地，传承红色基因，为子孙后代留住珍贵的革命历史资源并将其发扬光大，才是对革命烈士真正的告慰。”

（江西省文明办供稿）

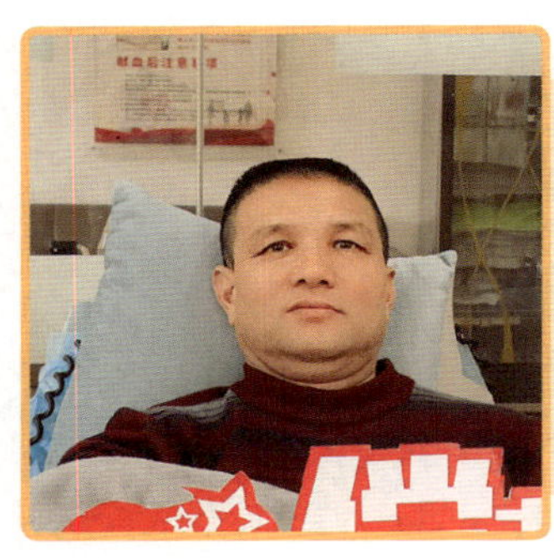

钟宏权

十六年无偿献血百余次的乡村好汉

人物故事 THE STORY

钟宏权，男，1970年生，中共党员，江西省赣州市信丰县脐橙场党支部书记、场长。

2005年4月11日，钟宏权在信丰县陈毅广场入口处遇见一辆流动献血车，上前询问后便挽起袖子，开始了他的献血之路。虎山乡去县城的车程大概要一个小时。每次献血的时候，钟宏权都要一大早起床，做好献血的准备工作。截至2021年，钟宏权已无偿献血113次，累计捐献全血7300毫升、血浆1200毫升、血小板治疗量175.5个。

除了无偿献血，他也时刻关心家乡，只要是有利于村民的事他都不落下。2000年，他回到虎山乡承包200亩荒地开始自己的脐橙种植创业之路，解决村民就业15人。21年过去，现在已带领100余户村民种植3000余亩脐橙，年产值达到2500万元，16户贫困户实现脱贫致富。同时，他也时刻关心家乡的教育、乡村全面振兴等事业。从1998年为家乡建桥捐款起，23年间他总共为家乡的各项事业捐款18万余元。

多年来，钟宏权始终牢记为人民服务的宗旨，保持着对党忠诚、无私奉献的本色。“我要尽自己的能力，为家乡的各项事业献出一份微薄之力。”钟宏权说。

（江西省文明办供稿）

林　宁

油城小伙热心公益 在志愿服务中发光发热

人物故事 THE STORY

林宁，男，1987年生，中共党员，山东省胜利油田供水分公司员工、东营市义工协会副会长，累计参加志愿服务500多场次，2800余小时。

2010年，青海玉树地震，当时还是一名军人的林宁随部队赶往震中救援，蓝天救援队的英勇和无畏深深震撼了他，奉献大爱如同一颗种子深埋心底。2013年，脱下军装的他开启了志愿服务之路。在他的大力倡议精心筹划下，东营红十字蓝天救援队成功组建，改写了山东省只有本地区没有蓝天救援队的历史。偶然一次，在得知某村一户因病致贫的村民西瓜滞销后，他主动上门走访，和同事们利用业余时间整理视频资料，通过网络进行宣传，并组织了4次西瓜义卖，售卖出的西瓜总重量达3万余斤。面对新冠疫情袭来，他自筹资金1.4万余元购置消杀设备、用品，组织工友为各小区进行消杀作业，惠及200余个居民小区、自然村。复工复产复学期间，他又组织工友为近10家企业、20所幼儿园、48所学校进行全面消杀，配合支持疫情防控工作。2021年7月，河南省发生洪灾。他通过所在组织，筹集消毒液、急救药品、食品、日用品等抗洪抢险应急物资驰援河南省鹤壁市浚县小河镇。

投身公益7年，走过了一段段温暖路程。他先后组织参与“关爱空巢老人”“爱心送考”“守护折翼天使”“爱心斑马线”等志愿活动，在爱心企业、爱心人士的帮助支持下，资助困境儿童300余名，贫困大学生70多名。

（山东省文明办供稿）

宫继玲

幼儿教师用陪伴托起困境儿童明天的太阳

人物故事 THE STORY

宫继玲，女，1976年生，山东省淄博市高青县东邹路幼儿园园长。

宫继玲有一个梦想，那就是用自己的所学、所长帮助更多家庭和孩子，为社会献出爱心。2018年9月，一次偶然的机会，她在朋友的邀请下，一起加入了麦田公益组织。在一次麦田陪伴活动中，宫继玲认识了女孩小夕（化名）。小夕的母亲从小患脊髓灰质炎落下残疾，父亲因反应迟钝而行动懒散，小夕就一直跟着爷爷奶奶住。作为一名心理咨询师，宫继玲深知原生家庭对孩子的影响。她主动进行家访，接小夕到她家，教小夕洗头、整理书包、一起学习、参加团体活动，经过爱的陪伴，让小夕打开了心的世界。她用爱温暖了这个家庭，用正能量唤起了这个家庭的希望。

2019年大年初一，她带着女儿一起去看望了高青县黑里寨镇的诗琪、格瑞（均为化名）；2020年春节前夕，她又带着女儿发放"新年新衣"，从花沟镇到木李镇，从常家镇到高城镇，凛冽寒风、嘴唇干裂依然挡不住她见孩子们的心，一件件新衣服穿在孩子们身上，温暖在她的心里。

宫继玲作为高青麦田公益组织的骨干，3年间组织参与"一对一"助学款发放120余人次，惠及86人，发放助学款15万余元；参与"焕新乐园"和"爱心小屋"走访调查、房间粉刷、家具安装、爱心陪伴等活动200余次，惠及48人，用大爱为困境儿童托起了明天的太阳。

（山东省文明办供稿）

徐玉华

爱心老师22载无私助学托起4000余名贫困学子求学梦

人物故事 THE STORY

徐玉华，女，1977年生，中共党员，湖北省宜昌市远安县旧县镇安鹿小学教师，兼任远安县玉华爱心助学工作室党支部书记、理事长。

1999年8月，徐玉华怀揣着"教师梦"，大学毕业后回到家乡远安县乡村学校教书。细心的她发现，很多贫困学子的求学之路异常艰辛。"不能让他们掉队。"这是她的初心，亦当作使命。从此，她将自己微薄的工资去除日常生活所需的费用后，其余全部用于资助贫困学生。

为了帮助更多孩子，2012年7月，徐玉华开始向网络借力。通过家访"摸底"困难孩子的具体情况，再将家访情况发布在网络上，呼吁爱心人士伸出援手。很快，正能量被传递，先后有10多个省市的爱心朋友与她对接完成资助，这种连锁反应迅速在爱心人士和困难学生之间架起了一座爱心桥。随着爱心人士增多，徐玉华所有的休息日都奔赴在家访路上，即使双踝骨折也未停歇。

徐玉华的善举得到远安县委、县政府等多部门的支持和帮助，2017年5月17日，远安县玉华爱心助学工作室成立。公开、透明的管理让网络助学之路越走越宽，目前，已有180余人加入到她的爱心助学团队，筹集来自全国各地的助学金330余万元、爱心物资7000余件、爱心书籍6000多册，累计资助困难学生4000余人。

（湖北省文明办供稿）

陈兹方

身残志坚创业脱贫　心怀感恩回馈乡梓

人物 THE STORY 故事　陈兹方，男，土家族，1989年生，湖北省恩施土家族苗族自治州巴东县陈兹方生态农业专业合作社理事长。

陈兹方先天无臂，4岁学会站立、走路，7岁以脚代手，开始自理生活。他从没因自己是残疾人而自暴自弃，坚信就算没有手，只要有脚，也能走出困境。

2012年，陈兹方学会用脚上QQ、上网查资料。2016年，他萌生了开网店的想法，在当地党委政府支持下，微店"陈兹方铺子"开张，当年实现营业收入50万元，顺利脱贫。受过别人的帮助，他心怀感恩。致富后的他始终不忘为贫困户搭把手，尽自己所能帮助别人，带着乡亲们一起富。

从2017年开始，他发挥自身优势，依托网络电商，通过线上直播、短视频帮助乡亲们销售土特产，累计销售农特产品两万余单，带动270户农户、500多人增收致富。从2018年11月起，他开始聘用贫困户到"陈兹方铺子"工作，先后为300余人次提供就业机会。陈兹方授人以鱼更授人以渔，为了增强家乡父老自我造血功能，从种植到采摘再到发货，他都将经验毫无保留地传授给乡亲们。2019年，陈兹方又主动加入乡村巡回宣讲队，先后在全县12个乡镇开展公益宣讲60多场次，通过"现身说脱贫"，跟大家分享创业故事，传授电商技巧，惠及群众累计2.3万余人次。

（湖北省文明办供稿）

黄学宇

山区教师扎根基层23年
带领学生成为志愿服务"生力军"

人物 THE STORY 故事　黄学宇，男，1976年生，中共党员，广东省潮州市饶平县钱东中学团委副书记。

黄学宇自1998年开始参加志愿活动，作为一名山区贫困县的普通教师，他省吃俭用先后捐款超43万元，其中向广东省青少年发展基金会捐赠超26万元。

2014年，他发起组建钱东镇志愿者协会并任秘书长，连续多年开展"钱东助学"行动、"暖冬行动"服务、扶贫助困等公益项目，累计筹款200多万元，帮助困难群众近2000人次；常态化开展卫生整治、交通劝导、应急救援、心理咨询等10多项公益行动，把钱东镇小东社区打造成"广东省最美志愿服务社区"。

黄学宇在积极参与志愿服务的同时，还带动学生加入志愿者行列，组织学生与各自村居的特困、孤寡老人结对照顾，共帮扶照顾老人近100名。每年春节，他还精心组织"春暖行动"，带领学生上门探访看望孤寡老人。

2020年新冠疫情发生后，黄学宇第一时间投入发动300多名志愿者参与疫情防控工作，发起"抗疫助农"行动，为滞销果农销售柑橘7万多斤。黄学宇扎根乡村守初心，23载挥洒青春热血，在青年学生心中埋下志愿服务的种子，让文明之花在潮州大地上处处绽放。

（广东省文明办供稿）

彭道明

理想信念高于天 九旬老兵用快板讲党史故事

人物 THE STORY 故事

彭道明，男，1931年生，中共党员，重庆市万州区关心下一代工作委员会理想信念宣教团成员。

1954年，彭道明如愿在东北参军入伍，成为一名抗美援朝志愿军战士。那时的他便萌生了“报效祖国，永不回头，永不言悔”的信念。

退伍回到家乡后，彭道明在万州区第一人民医院工作，直到1982年退休。在单位里，他一直都是文艺骨干，不仅把单位里的文艺活动组织得有声有色，还经常创作一些通俗接地气的快板、小品等文艺节目，深受大家欢迎。

在基层宣讲政策时，彭道明发现很多农村都存在着父母外出务工，留下老人孩子在家里的社会现象。由于老人忙于农活，孩子教育成了问题，于是他萌生了到学校去给孩子们开展义务宣讲的想法。从1990年开始，彭道明深入多所学校，运用金钱板说唱，对青少年进行革命传统、理想信念和思想道德教育。

30年来，彭道明创作文艺作品1000余个，记满大大小小30多个本子，深入机关、学校、社区、企事业单位，义务宣讲红色记忆主题党课6500余场，受众超过150万人次。不仅走遍了万州所有的中小学，他还以万州为圆心，足迹踏遍重庆一半的区县，甚至远到鄂西、川东、陕南的一些学校和乡镇，徒步行程超5万公里。

（重庆市文明办供稿）

张文彬

耄耋老人捐赠毕生积蓄30万元 助力第二故乡教育事业

人物 THE STORY 故事

张文彬，男，1930年生，四川省雅安市宝兴县教育局退休职工。

“张老本是四川省南充市人，在雅安市宝兴县教育战线工作三十余年，将一生都献给了教育事业。”宝兴县教育局人事股股长陶英说。

91岁高龄的张文彬终身未婚，无儿无女，1990年退休后每月工资仅200元。他一生勤俭，却将工资所得都用于帮困助学。

张文彬常说：“教育是一个国家的根本，我们不能让一个孩子在教育上掉队。”1994年，他立下遗嘱：将财物全部用作山区贫困学生助学金。2020年末，他兑现承诺，将毕生积蓄30万元捐给了宝兴县教育局，专门资助当地山区的贫困学子。

2009年，张文彬在报纸上看到一位被孤寡老人收养的弃婴考上大学却无力承担学费时，他联系到这个孩子，每年给予2400元资助，直至其大学毕业。“孩子大学毕业后，还专门来宝兴看我！”回忆过往，张文彬满脸幸福，“我还奖励了她1000元，让她继续努力回报社会”。

除了资助困难学生，张文彬还经常资助当地的孤寡老人。高国贵老人生活困难，张文彬将自己的老龄补贴资助给他，直至高国贵符合政策被安排住进敬老院，张文彬已向高国贵老人提供资助1万余元；对于生活困难的肖真福（音）老人，张文彬不仅资助日常花销，在老人去世后还主动为其操办后事……

他遵从着“有奉献才有价值，有价值才有幸福，有幸福才有快乐”的人生信条，一生未变。

（四川省文明办供稿）

唐建华

助学帮困 12 载　11 学子圆大学梦

人物故事 THE STORY

唐建华，男，1973 年生，陕西省渭南市蒲城县椿林镇石道村人。

2012 年 9 月，唐建华和朋友聊天时偶然得知蒲城县荆姚镇唐村 13 岁王小小（化名）父母双亡，与患有智力障碍的哥哥相依为命。得知小小家情况特殊，唐建华决定每年资助 2000 元帮助王小小完成学业。如今，王小小已经顺利从渭南师范学院毕业，拥有了自己的事业。

在唐建华资助的贫困孩子里，小张是一个特殊的女孩。小时候遭遇家庭变故，寄养在姑姑家。尽管过着寄人篱下的生活，但小张却懂得感恩，勤快好学，喜欢帮助别人。唐建华了解到小张的情况后，又是同情又是心疼，便开始每年资助小张 2000 元，直到小张大学毕业。

从 2010 年至今，唐建华为公益事业累计捐款捐物 26 万余元，持续资助 11 名贫困学子顺利完成学业，让 14 名贫困退役军人上岗就业，63 名群众稳定就业。新冠疫情和商洛洪灾发生后，他个人捐赠 5 万多元的防疫用品和灾后重建资金，用爱心诠释着新时代志愿者服务精神。“目前已经有四个孩子走上新的工作岗位，他们有的为人师表、有的乐于助人，用自己的行动回报社会，传递了正能量。”唐建华自豪地说。

但行好事，莫问前程。未来唐建华将继续做好志愿服务工作，带动更多身边有能力、有爱心的朋友参与志愿服务活动，让更多的人享受志愿服务的乐趣。

（陕西省委文明办供稿）

麦麦提伊敏 · 赛麦尔

立志返乡闯天地　带领乡亲共致富

人物故事 THE STORY

麦麦提伊敏·赛麦尔，男，维吾尔族，1986 年生，新疆维吾尔自治区喀什地区泽普县金牛养殖农民专业合作社理事长。

2014 年，麦麦提伊敏·赛麦尔从伊犁职业技术学院动物防疫与检疫专业毕业后，他的脑海中浮现出的第一个想法就是要用所学到的专业优势回乡干一番事业，于是他毅然决然地回到了家乡，带领有共同想法的 6 户农民创办了泽普县金牛养殖农民专业合作社。2015 年，合作社发展陷入困境，当地党委、政府及时给予了他政策和资金方面的扶持，帮助他渡过了难关，并逐步发展壮大。在他创业成功后，积极鼓励和引导左邻右舍加入合作社，共同发展致富，合作社从最初入股的 6 户农户增加到如今的 318 户，每年给乡亲们分红都在 60 万元以上。

为进一步拓展农民增收渠道，2019 年，合作社承包了 56 户农民流转出的 1000 亩土地，平均每亩向农户返还利润 600 元。通过土地流转，村里共解放劳动力 85 人，返聘农民 35 名就业，流转出来的土地，用于集中种植饲草，降低饲草成本；同时，合作社禽畜粪便也可以当作肥料来增强土地肥力，为农作物增收，形成了良性循环。

“下一步合作社要扩大养殖规模，进一步提高收益，带领更多群众，提供更多就业岗位，让合作社成为大家增收致富的好平台”。麦麦提伊敏·赛麦尔说。

（新疆维吾尔自治区文明办供稿）

陈茂昌

老党员退休不退志 永远走在学雷锋的路上

人物故事 THE STORY

陈茂昌，男，1945年生，中共党员，新疆生产建设兵团第四师退休干部。

陈茂昌退休不退志，常年坚持为群众宣讲党的方针政策，积极参加社会公益活动，用实际行动践行雷锋精神，尽己所能帮助有困难的人。迄今为止，他已为职工群众免费理发8022人次，免费擦鞋2250人次，宣讲受众多达5万余人次。

陈茂昌19岁从上海来到新疆伊犁支边，在工作41年期间，他踏实肯干，被广大干部群众称为“老黄牛”。退休后，陈茂昌放下领导干部的身份，经常上门为独居老人、住院病人免费理发，在闹市区摆摊给各族群众免费擦皮鞋，融入各族群众生活。同时，他发挥自身职业特长，在和群众聊天中宣讲党的方针政策。他的足迹遍布16个团场、15个连队、10个地方乡镇以及50多个社区、8家医院、6个敬老院和1所福利院。

陈茂昌生活极其简朴，一件外套可以穿十几年，却先后为少数民族贫困群众捐款1万多元，为灾区、家庭困难的在校学生捐款捐物近4万元。

2021年3月5日，陈茂昌给群众理完发，在伊宁市宣传部干部的陪同下，来到伊宁市红十字会完成了遗体和眼角膜捐赠签字。

在2021年“七一”前夕，陈茂昌把1万元特殊党费交纳到了师市委组织部。

（新疆生产建设兵团文明办供稿）

吴恩国

红衣大爷冰湖救人后悄然离去

人物故事 THE STORY

吴恩国，男，1955年生，辽宁省沈阳市于洪区迎宾路街道丁香社区居民。

2021年11月14日，沈阳刚下过暴雪。积雪未融，天寒地冻。沈阳于洪区的丁香湖也开始结冰，正是这时，湖边突然有人大喊：“有人落水了！”原来是一名女子坠入湖中。关键时刻，一个身穿着红色背心的白发大爷突然跃入水中。

当时情况十分危急，落水者呛了很多水，加上湖水冰冷，已经失去意识，脸朝下漂在了水面上，而且离岸边已经二三十米远了。大爷奋力游到落水者身边，把她的身子翻过来，然后小心地托举着她的头，慢慢往岸边游。这时，旁边群众刘欢也下到水中，在离岸边十米的地方接应，帮助大爷一起把落水女子抬到了岸上。上岸后，女子尚有气息，周围热心群众都围上来帮忙，有的拨打120急救电话，有的为女子盖上衣服，大爷见女子没有大碍，便拿起衣物放心地离开了。冰雪湖面上，大爷身上湿透的红色背心儿和白发分外显眼，有岸边的群众拍下了视频上传网络，“红衣大爷”冰湖救人的视频一下子就火了。

救人者就是吴恩国，当时已67岁。当天救人后，吴大爷悄悄回了家，都没和家人提起这回事儿。还是后来他救人的视频在网上“火”了以后，女儿才知道，原来爸爸做了这么英勇的事儿。“我和妈妈在家给爸爸炒了几个菜，给他开了个家庭表彰会。”吴大爷的女儿说。

善良，是一道藏不住的光，能驱散冬日里的寒冷。红衣大爷吴恩国，就是这样的一道光。

（辽宁省文明办供稿）

张秀芳

停车管理员及时搭建路边产房 助孕妇顺利生产

人物 THE STORY 故事

张秀芳，女，1971 年生，江苏省连云港市灌南县李集镇和兴村村民。

2021 年 9 月 20 日 10 时许，张秀芳正在杭州市上城区岳王路上开展停车收费管理工作，突然看到一位孕妇捂着肚子，脸色很差。张秀芳是两个孩子的妈妈，之前有过助产士的经验，她赶紧上前询问孕妇的预产期，孕妇的婆婆请张秀芳帮忙找张凳子让媳妇坐下休息。正在这时，张秀芳发现孕妇的羊水已经破了，必须马上处理。“我以前有过助产士工作经验，你们听我的。”张秀芳一边拿雨衣往地上铺，一边交代孕妇丈夫请附近医生来帮忙。可还没等雨衣铺好，心急的宝宝已经露出了脑袋。张秀芳迅速召集女同志组成人墙将孕妇围了起来，之后一边托住宝宝的脑袋，一边指导孕妇用力。三四分钟后，一个男宝宝平安降生了。张秀芳抱过孩子，把绕在身上的脐带理顺并送到妈妈怀里。随后，医生护士赶到现场，立即对孕妇和宝宝做了处理，临走前还不忘给张秀芳竖起大拇指。

（江苏省文明办供稿）

夏恩代

油锅起火引爆炸 邻居冲入火海勇救援

人物 THE STORY 故事

夏恩代，男，1990 年生，福建省福鼎市桐城街道玉塘村委会工作人员。

2021 年 2 月 21 日 19 时 10 分许，福鼎市桐城街道玉塘村一村民因使用燃气灶炸菜籽油时温度过高，引起爆炸燃烧。

住在隔壁的夏恩代立即冲进火场施救，他进入厨房看到油锅的大火到处喷射，由于时间紧迫，他拿到一床棉被轻微打湿就直接捂盖在油锅上，隔绝空气，阻止火势继续蔓延。油锅的火暂时被扑灭了，但抽油烟机和天花板的火越来越大，火焰炙烤着夏恩代的头皮和脸颊，再加上呛人的浓烟，这时厚重的棉被突然从他的手下掉落，拉翻了油锅，滚烫的热油瞬时倾覆在他的两条大腿上。

油锅倾倒后随即发生了爆燃，火光直接笼罩了夏恩代全身。可顾不上身体的疼痛，夏恩代继续察看，火势已被基本控制，下楼看到 119 消防车，便跑回家用自来水冲烫伤处降温。

由于双腿、面部、手臂等部位被严重烫伤，夏恩代被送到医院医治，并进行了双大腿坏死组织切痂植皮术。夏恩代的医疗费高达 14 万元，可考虑到邻居家的遭遇，他和家人决定自家承担一半的费用，让邻居感动不已。

熟悉夏恩代的人，都知道他是名马拉松健将。对于此次重伤可能影响运动生涯，夏恩代表示，没有后悔，当时情况自己不可能置身事外，可以成功避免一场火灾爆炸事故，自己就感到满足了。

（福建省委文明办供稿）

张细女

公交女司机路遇三轮车自燃 奋不顾身飞奔救火

人物 THE STORY 故事

张细女，女，1979 年生，江西省南昌公交顺瑞运输有限公司驾驶员。

2021 年 10 月 30 日，张细女驾驶 319 路公交车从汽车北站行驶至二塘乡政府路段时，突然发现前方道路上有一辆三轮车厢上的货物燃起了熊熊火焰，还有杂物随着火势飞溅。张细女看到后果断处置，第一时间靠边停稳车辆，并飞速从车上拎着灭火器帮忙灭火。

当时，三轮车满载着日光灯管，因灯管易燃，火越烧越旺，部分烧着的车管纸壳从车上散下来，落在地面上，导致起火范围不断扩大。针对该情况，张细女手持灭火器进行喷射，热心乘客赶紧拿着桶去就近公共厕所取水进行扑灭，尽力缩小主要燃烧物的起火范围，使火势得到有效控制。

“火势还是比较大，一个灭火器用完又跑回车里拿另一个灭火器进行灭火，最后，和热心乘客一起将三轮车推至就近公用厕所取水进行扑灭。”张细女说。为不耽误营运，她灭完火，安置好三轮车后，驾车继续行驶。

“回到车里，乘客们都很理解，还说这个驾驶员真不错，听得我心里暖暖的。”张细女表示，“相信任何人看到这种情况，在力所能及的范围内，都会选择帮一把。同时，单位上经常组织我们开展安全培训和消防演练，灭火的这些动作我都很熟悉。”

（江西省文明办供稿）

倪小福

好汉子危急时刻勇救溺水儿童

人物 THE STORY 故事

倪小福，男，1982 年生，江西省鹰潭市余江区邓埠镇倪桂村村民，余江游泳协会副会长。

2021 年 7 月 6 日 18 时 50 分左右，倪小福像往日一样带着儿子来到村里水库游泳。因为带着小孩，所以倪小福在浅水区。虽是浅水区但也有两三米深。出于习惯，倪小福会一边游泳一边四处查看。突然他发现离他不远的深水区有一双手在向上举着，不见头部，似乎是一个小孩正在拼命挣扎。

没有丝毫迟疑，倪小福吩咐儿子快上岸，便奋力向小孩游去。游到小孩近旁发现小孩正手脚乱蹬，已差不多没有了力气，眼看就要沉入水底。倪小福当即托住小孩，用手一拉，小孩头部方才露出水面，随即将他救上了岸。

事情发生后第二天，他又自费 900 元买了一个救生浮板，与几位游泳爱好者一起组成一个救生小分队。之后的每个夏季，他都主动报名参与“暑期防溺水—白塔河巡逻”志愿服务项目。白天，倪小福在白塔河畔和一群志愿者义务巡逻，傍晚五点至七点，他带着一群游泳爱好者在水库锻炼，并担任起“巡视员”的职责，时刻关注游泳者的安全，应对突发事件不下五六起。

倪小福平时也十分热心，经常为村里的孤寡老人赞助钱款，村民遇上困难，能力范围内，他都尽力去帮。“上去救人是出于本能，我想谁碰上了都会伸出援手。”朴实无华的言语凸显了他见义勇为、乐于助人的生活态度。

（江西省文明办供稿）

梁 浩
志愿者 12 年救人水火彰显浩然大义

人物 THE STORY 故事

梁浩，男，1973 年生，河南豫南新能源汽车产业园负责人。

2019 年 10 月，漯河星火民兵救援队成立，梁浩作为队长，数十次参与水上救援，并劝返轻生者多人。2021 年 2 月 27 日中午，梁浩跟往常一样和队友一起在市区沙澧河边开展防溺水宣传。在太行山路沙河桥附近，一名年轻女子乘人不备跳河轻生，梁浩紧跟着跳入了冰冷的河水中，奋力一扑拉住了她的衣角，在队友的全力配合下，经过十多分钟努力，终于将女子救上了岸。

2021 年 7 月，河南遭遇特大洪涝灾害。“灾情就是命令。”7 月 22 日，梁浩连夜带领星火救援队携带救援物资驰援郑州、安阳，及时把救灾物资分发到受灾群众手中。安阳灾情得到缓解后，他们又转战到灾情更为严重的新乡市牧野区和卫辉市。一周的时间，梁浩和救援队员们冒着随时被电击、被洪水冲走的危险，转移护送受困群众 80 余名，为受困群众输送生活物资 200 余件。梁浩协调 30 余辆运输车辆，冒着酷暑把价值 50 多万元的各类救灾物资分别送到安阳市殷都区、新乡市牧野区、卫辉市和扶沟县，解决受困群众的燃眉之急。

12 年来，梁浩累计捐款 70 多万元，筹集社会慈善基金 200 多万元，默默地支持着自己热爱的公益事业。

（河南省文明办供稿）

见义勇为

刘锋华
退伍老兵两闯火海勇救两人

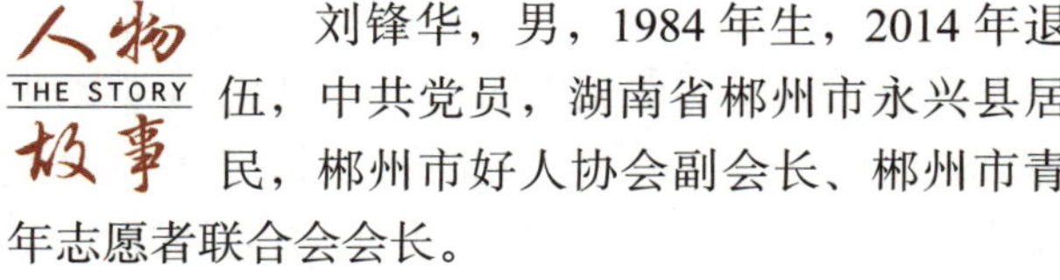

人物 THE STORY 故事

刘锋华，男，1984 年生，2014 年退伍，中共党员，湖南省郴州市永兴县居民，郴州市好人协会副会长、郴州市青年志愿者联合会会长。

2016 年 2 月 6 日上午 9 时许，郴州市永兴县马田镇马田大市场附近居民小军家中冒出滚滚浓烟。邻居从房门的两侧泼水救火，但浓烟弥漫，进去救孩子的人因烟熏火燎还没找到小孩即被迫退出。

正在此时，值完夜班的刘锋华经过这里，听说有两个孩子被困房内，危在旦夕，他决定冒险试一试，没想到刚刚冲进客厅，头发就被烧焦，眼睛呛得流泪，只能中途而返。第二次，刘锋华在群众的协助下，抱着浇湿的棉被，猛冲进屋里盖住一处明火。他在黑暗中不慎右脚踏入一处地面积水，不料一股电流将他重重地击倒在地，瞬间几乎失去知觉。躺在地上的刘锋华缓过神来后，他的第一反应就是房间内还有两个身处危险的小孩，必须尽快救出来，于是他顺势匍匐前进，摸索着推开卧室房门，从床头摸到床尾，从衣柜摸到桌椅，终于在窗户下摸到了孩子。他奋力站起，一把抱起两个孩子，奋不顾身地向门口冲去。

十多天后，面对前来致谢的小军家人，刘锋华朴实地说道：“我也是初为人父的人，爱子心切，孩子们现在安然无恙就是最好的了。乡里乡亲的，这也是我应该做的，不必放在心上。”

（湖南省文明办供稿）

庞继兵　谢安全

青年教师舍生忘死 勇闯火海挽救他人生命

人物 THE STORY 故事

庞继兵，男，1981 年生，中共党员，广西壮族自治区玉林市博白县龙潭镇高山村小学教师；谢安全，男，1981 年生，广西壮族自治区玉林市博白县龙潭中学教师。

2021 年 10 月 16 日下午，广西博白县龙潭镇车站斜对面的一栋居民房发生火灾，现场的滚滚浓烟从窗口喷出，形势危急。这时，龙潭镇高山村小学老师庞继兵从学校开车回家途经此处，看到火情后，他紧急靠边停车，确认灾情后第一时间拨打火警电话，迅速拿起随车灭火器冲进了浓烟滚滚的火灾（二楼）现场，挪步对准“火蛇”不断喷射。就在他的灭火器即将用完时，博白县龙潭中学的谢安全也拿着灭火器冲了进来，他们一边灭火、一边呼喊，提醒楼上居民往安全位置撤离。尽管现场浓烟熏得他们睁不开眼睛、喘不过气来，但为了人民生命财产安全，他们没有畏惧退缩，与接警赶到的消防救援人员一起，将火情控制、扑灭，成功抢救出了被困在火场中的两个大人和四个小孩。

博白县消防大队大队长谭钦说：“当时的情况非常危急，他们冒着生命危险灭火，为消防员的到来争取了宝贵的时间，如果迟到三五分钟，后果不堪设想！”获救孩子父亲感动地说：“我赶不回来，还好有他们。在这样危险的情况下，庞老师和谢老师不顾个人安危，营救我的孩子，我非常感激他们！”

（广西壮族自治区文明办供稿）

加拉斯 · 艾德力拜

大学生勇救落水群众彰显人间大爱

人物 THE STORY 故事

加拉斯 · 艾德力拜，男，哈萨克族，1999 年生，原为上海财经大学公共经济与管理学院学生。

2021 年 8 月 29 日 13 时 50 分左右，贵州黎平县高屯街道红军桥下游 20 米，两名男子深陷河中央的旋涡里，水已经没过了脖子。其中一名男子意识已经不太清醒，另一名男子从背后扶住他的胸口，不停地在水里挣扎，浅一点的河边上有一名女子正大声呼救。

此时，刚在岸边农家乐吃完饭的加拉斯 · 艾德力拜听到呼救声后，迅速朝着河边跑去。他一边跑一边将身上的衣服、书包往旁边一丢，随即跳进河里，往落水者身边游去。当他游到河中间，发现河底有暗流和旋涡。河水较深，他感觉自己也被吸住，施救十分艰难。他努力了几次，都不能成功靠近落水者。

闻讯赶来的群众从附近找来救生圈，向河中抛去。加拉斯 · 艾德力拜接到救生圈后，努力递给意识清醒的男子。待男子接住救生圈，他奋力拉拽着两人向岸边游去。最终靠着救生圈，三人漂到了浅一点的河边。在群众的协力救助下，三人成功脱险。

（贵州省文明办供稿）

荆 涛

邮递员奋勇施救轻生老人

人物故事 THE STORY

荆涛，男，1973 年生，中共党员，中国邮政陕西省公司安康市分公司五里邮政支局邮递员。

2021 年 2 月 26 日早上，春寒料峭，月河结着薄薄的一层冰，不时呼啸而来的寒风，使得路上行人寥寥无几。寒风中的荆涛紧裹工服，加快速度骑着车前往单位上班。当他行至月河边时，突然听闻一女子大声疾呼："救命啊，有人落水啦！"不远处，只见落水者在河水中上下挣扎，上衣已不见踪影。他立马停车，边跑边脱掉工服，跳进河里，经过 10 余分钟拖拽施救，最终将落水男子从冰冷刺骨的河水中拖上了岸。事后得知，被救老人姓刘，因家庭变故起了轻生的念头，老人被救上岸后情绪非常激动，经过荆涛和民警耐心劝说才终于放弃了轻生的念头。

荆涛勇救落水老人的事迹被路过群众拍成视频上传到抖音后，网友纷纷对他的善举进行点赞留言，其中，有认出他的网友留言："他 2020 年还救过一个小孩，这个邮递员人挺好的。"据了解，这位轻生老人已经是熟悉水性的荆涛在河边救的第 10 个人了。

面对媒体采访，荆涛表示救人这事都没给妻子说过，还是外甥在网上刷到了他救人的视频，打电话询问，妻子才知道。"因为我做的就是一些普普通通的小事，没有必要让大家都知道。"

（陕西省委文明办供稿）

唐先义

退伍老兵一句承诺信守终身 义务宣讲英烈事迹只为薪火相传

人物故事 THE STORY

唐先义，男，1934 年生，中共党员，安徽省滁州市全椒县石沛镇周岗烈士陵园义务讲解员。

唐先义自幼随父亲参加革命，深受红色熏陶，后来又奔赴抗美援朝战场前线，浴血奋战保家卫国。复员后，他义务担任全椒县周岗烈士陵园讲解员。作为军人和烈士的后代，让更多的人了解发生在周岗的革命历史是他开展义务宣讲的初衷。

他坚持义务宣讲 50 余载，自 1968 年起，家住滁州市区的他骑着自行车每周往返 80 余公里到周岗烈士陵园，为前去瞻仰的人们义务讲解。为了丰富宣讲内容，他主动到烈士家属和村民家中深入了解革命历史，并查阅大量书籍、资料，累计宣讲 1100 余场，受益群众 102 万余人。

多年来，唐先义竭尽所能支持家乡建设，自费修缮烈士纪念碑，为家乡学校捐资助学，省吃俭用捐助家乡敬老院。

他将"英烈事迹薪火相传"作为自己的使命和已故亲人的承诺，每年清明节，带领子孙后代来到烈士陵园，献花、默哀、敬礼，传承红色家风，赓续精神血脉。他还表示今后要让自己的儿子、孙子接过接力棒，继续讲述革命历史，让红色基因代代相传。

（安徽省文明办供稿）

马盈安

无声承诺 退役军人为烈属功臣尽孝近四十载

人物故事 THE STORY

马盈安，男，1964 年生，中共党员，湖北省十堰市竹溪县光荣院副院长。

1984 年，战友周奇林在对越自卫反击战者阴山战役中光荣牺牲。“袍泽之谊，没齿难忘。你已为国尽忠，我来替你尽孝。”为了能让烈士的母亲安度晚年，马盈安毅然决然地放弃了上军校的机会，于 1985 年退伍回乡照顾周奇林烈士的母亲秦明秀。22 年如一日，他把秦明秀当成自己的母亲悉心照料，直至老人 2007 年因病去世，他和妻子为老人守夜、披麻戴孝把老人的遗体送上山。乡亲们都说：“马盈安就像她的亲生儿子，对她太孝顺了。”

马盈安工作的竹溪县光荣院，供养对象是老烈属、残疾军人、复员军人、军属等，曾是一名军人的马盈安深知他们为国家建设所作的牺牲和奉献。光荣院是国家为他们养老作出的“承诺”，而马盈安就是“践诺人”。带着政府沉甸甸的“嘱托”，为了让这些“老功臣”安享晚年，马盈安与其他同志一道种粮、种菜、养鸡、养猪增加收入，不管是脏活，还是重活，他都抢在前面带头干。20 年来，无论什么时候，只要院里有紧急情况，马盈安总是第一个赶到现场。

马盈安守着没有约定的诺言坚守近 40 年，更用真情和汗水义无反顾、无怨无悔为老兵服务，为烈属们尽孝。

（湖北省文明办供稿）

赵所林

坚守公道诚信之秤 经营清白豆腐人生

人物故事 THE STORY

赵所林，男，1963 年生，陕西省榆林市米脂县银州街道办东街村村民。

1986 年，刚成家的赵所林从父亲手中接过祖传豆腐加工的作坊，坚持诚实为本、守信为荣，采用传统手工做豆腐，从不缺斤少两，30 余年如一日，坚守心中诚信之秤，经营朴实豆腐人生。

赵所林的手工豆腐远近闻名，限量保质，定时出售。每天早上 7 点，总会有老顾客在米脂县银州北路林苑小区门前等待赵所林和他那辆拉着豆腐的三轮车。他每天固定加工 40 斤黄豆、生产 180 块豆腐。手工做豆腐工艺复杂，成本高、效率低。每当有人建议用机器加工豆腐时，赵所林说：“慢工出细活，手工豆腐做起来费事，但吃起来香”。他精选豆子、磨豆子、滤豆渣、煮豆浆、点卤水，从不因市场变化增减分量，从不以次充好缺斤少两。“萝卜快了不洗泥，何不把豆腐做小一点，数量能多些？”他摇头说：“分量变小了，钱是多赚了，但自己心里不舒服，做人做事要诚信，这样生意才能长久。”多年来，面对顾客遗落的物品，他不为所动，直到物归原主，才会放心离开。

清白光可鉴，诚信亮人生。赵所林尽本分、守信用，用诚信创造幸福生活的同时，也温暖着身边人，书写了方方正正、清清白白的“豆腐人生”，赢得了顾客的信赖。

（陕西省委文明办供稿）

庞星火

疾控卫士保健康　疫情防控显担当

人物故事 THE STORY

庞星火，女，1959 年生，中共党员，北京市疾控中心党委委员、副主任，主任医师。

她多年从事传染病防控工作，在北京市疫情防控战中，负责市疾控中心疫情防控现场工作，主要协调全市疾控力量，主持开展流调、密切管理等工作，为首都疫情防控阻击战作出了积极贡献。

2020 年，新冠疫情发生后，庞星火 100 余次来到北京市新冠疫情防控工作新闻发布会的现场，介绍确诊病例流行病学调查情况，发布典型案例，讲解健康知识，通报病例情况，热切回应市民关注。她一直都在一线靠前指挥，疫情期间，北京大学国际医院有一名急诊科护士被确诊，庞星火接到疫情报告后连夜赶到了医院，她带领同事在这里确定了疫情处置方案以及追踪密切接触者的路径。作为新闻发言人的庞星火，在系统了解病例的“前因后果”之外，还要将之变成浅显易懂的小故事，让市民掌握一手信息。在同事眼里，庞星火是充满热情、兢兢业业的庞大姐；在市民眼里，庞星火是亲切和蔼、值得信赖的“星火故事会会长”。

疫情就是命令，防控就是责任。庞星火始终在用实际行动诠释着这句话，在平凡岗位上忠诚尽责，无私奉献，为人民生命健康筑牢坚固防线。

（首都文明办供稿）

张　昊

硬核航天人一招一式铸就热防护“神器”

人物故事 THE STORY

张昊，男，1980 年生，中共党员，中国航天科工三院 306 所副所长。

2007 年，从中国科学院博士毕业后，张昊放弃了多家外企、高校以及民企伸来的橄榄枝，选择来到 306 所，成为一名航天人，先后担任国家重点武器型号主任设计师、所级技术负责人。自参加工作以来，张昊长期从事先进热防护材料的研究工作，勇于开拓创新，取得一系列突出成果：开发的二氧化硅气凝胶热防护材料成功应用于长征五号运载火箭、天舟一号货运飞船、嫦娥四号探测器和十余型武器型号；该类材料还应用于特种服装、新能源动力电池、工业保温等领域，成为中国航天科工三院材料领域产业化发展的重要方向。他说：一切成果都来自一招一式、踏踏实实的“修炼”。

展望“十四五”，张昊和团队对气凝胶材料提出了“更高性能、更多功能”的研究目标，盼望着他们研发的气凝胶材料在新能源汽车、工业保温和建筑节能等领域扩大应用，为中国实现碳达峰和碳中和作出自己的贡献。

（首都文明办供稿）

王 将

规划师务实创新勇担当创造冰雪奇缘

人物故事 THE STORY

王将，男，1988 年生，中共党员，河北省张家口市崇礼区太子城管委会城建科副科长。

北京冬奥会火炬台点燃圣火的瞬间，王将像卸下千斤重担，激动的泪水在眼眶中打转。看着自己一项项工作成果在冬奥会中得到呈现，几年的苦累辛酸，那刻，给了他最好的答案。2014 年开始，王将从事冬奥规划编制及管理相关工作，先后参与完成冬奥场馆规划等一系列体现中国元素、地域特色、国际标准和奥运标准的规划成果。

在冬奥系列规划编制期间（2016 年开始），王将每周都要前往清华大学与各个团队进行沟通对接。由于清华设计团队教授们白天忙于教学，只能将工作安排到晚上 7 点以后。当时，京张高铁、京礼高速还未开通，每次对接王将都得坐四个多小时的车前往会议室。开完会，基本都是凌晨一两点钟，他一刻也不敢耽搁，拖着疲惫的身子匆匆坐车赶回单位，继续工作。一个个披星戴月的日子，镌刻着王将无尽的努力。当问及王将："你每天这样超负荷工作能受得了吗？孩子那么小，你长时间不回家，家人不埋怨吗？"王将笑着说：我也是凡人啊，但能亲身参与冬奥建设本身就很幸运，能为冬奥贡献力量，任何困难都可以克服！

在王将看来，规划工作只要悉心耕耘、精心谱曲，照样能苦中作乐，为自己的人生弹奏出精彩乐章，为冬奥会贡献自己的力量！

（河北省文明办供稿）

姜 政

基层干部用心用情做好征迁工作

人物故事 THE STORY

姜政，男，1990 年生，河北省雄安新区容城县人力资源和社会保障局城乡居民基本医疗保险管理服务中心科员。

2021 年 5 月底，姜政首次被抽调为南文村回迁工作队员。他共包户 18 户，这 18 户分别居住在 18 个不同的地方，除了有一户在县城，大多分散居住在临近的白沟，还有更远的定兴、高碑店。面对任务，姜政不辞辛劳奔波，坚持到每一户家里，反复奔波，长期坚持到分包的每一户家庭走访。

群众有矛盾，存在邻里产权纠纷，他就牵线搭桥从中说和；群众不理解，心里预期有落差，他就不厌其烦解释政策，解开回迁户的心结和疑虑。他与分包群众打成一片，常常都是忙到夜里两三点钟才回家，对群众生活起居、衣食住行都如数家珍。

有回迁户不好做工作，姜政一早就赶过去，买了 20 个热腾腾的包子、两碗粥，甘当送饭的"外卖小哥"。有回迁群众车祸住院，他主动到医院看望。南文村的一户困难家庭急需更换租住房屋，他自费雇车，出钱出力帮忙搬家。有回迁群众发的位置偏离很严重，他大雨天硬生生在湿滑泥泞的野树林里摸索了 3 公里。即使是这样，面对回迁户的需求，姜政还是拍着胸脯说："有什么事您就找我，我马上到。"

他对征迁群众细心周到的服务，赢得了群众的信任和支持，有群众曾竖起大拇指说："这真是个好人，是个好干部。"

（河北省文明办供稿）

刘美红

“华北工匠”扎根一线 34 年 誓做创新奉献的石油人

人物 THE STORY 故事

刘美红，男，1968 年生，中共党员，华北油田第三采油厂饶阳采油作业区集输工。

1987 年，刚参加工作的刘美红从事过多个工种，因为爱思考爱动手，很快掌握了维修、电焊等专业技能，并自修取得大专学历。刘美红说：“石油行业不是一门只会苦干的粗活，要想干出水平，技术提升很重要。”怎么才能把活干得更巧更快？这种简单的想法让刘美红开始了革新之路。2004 年冬，工区部分油井管线老化腐蚀，加之不法分子打孔盗油，管线穿孔漏失严重。堵漏焊补，就得停井停输。能不能不停井不泄压，直接焊补？同事们都觉得不靠谱，但刘美红不服输，连续十几天没回家，多次深入现场琢磨研究，研制出了“集输管线带压补漏工具”，实现了输油管线带压补漏，避免了停井泄压影响产量。

面对近年来油田数字化建设新形势新要求，已经 55 岁的刘美红依然坚持不懈钻研专业技术。工作以来，他共组织完成快速更换调整皮带装置、传导介质防冻堵引压短节装置等创新成果 53 项，取得国家专利 60 项，并在油田各单位广泛推广应用，累计创造经济效益 9000 余万元。

作为油田技能专家，让更多基层员工有绝活、会革新、多创效，是刘美红一直以来的责任与担当。如今，他的徒弟大多已成为创新技术能手、技术带头人，拥有多个科技项目、技术成果，累计创效 700 余万元，集众智、汇众力效果充分彰显。

（河北省文明办供稿）

敬业奉献

梁　飞

税务工作者扎根基层 深钻业务练就过硬本领

人物 THE STORY 故事

梁飞，男，1980 年生，中共党员，国家税务总局乌拉特中旗税务局第二分局党支部书记、局长。

作为一名刚入职的税务新兵，梁飞总觉得压力很大，但他本着谦虚好学的态度，在各个岗位上刻苦钻研。2018 年，大规模减税降费政策在全国开始实施，为了全面落实减税降费政策，他大量查阅相关文件，仔细对比新旧政策变化，并准备一本自己的“难题集”，随时翻出来研究学习，就这样，梁飞以不服输的劲头，成为单位里的佼佼者。

2019 年金税三期并库工作全面启动。面对各项工作头绪众多，梁飞与时间赛跑，夜以继日地工作。他反复研究，仔细推敲，解决了很多不断衍生出来的新难题，最终提出了行之有效的解决方法，他研究提出的修改方法也在全市推行。

梁飞在基层税收征管这条战线上奋斗了 20 年。2017 年，内蒙古自治区税务局抽调梁飞参加欠税公告流程测试，测试组形成的欠税公告流程被国家税务总局采纳；2020 年，梁飞根据税务系统数据库并库撰写的“金税三期税收管理系统批量定额采集核定操作手册”，目前仍在全区税务系统推广使用；2022 年，梁飞入选全区税务系统征管人才库。他用实际行动诠释了一名税务干部应有的担当，以克难攻坚的勇气和担当，将初心使命书写在祖国边疆基层的“税务蓝”上。

（内蒙古自治区文明办供稿）

马文彬

模范列车长用行动践行承诺 爱心温暖每位乘客

人物 THE STORY 故事

马文彬，男，1974年生，中共党员，现任中国铁路哈尔滨局集团有限公司哈尔滨客运段广州车队Z238次5组列车长。

自2010年任列车长以来，马文彬始终坚持把满足旅客需求作为首要责任，以敬业奉献为准则，热心为旅客排忧解难，共收到表扬信81封、锦旗14面，拾到旅客遗失手机、电脑、首饰等财物价值15万余元。

2021年7月20日，马文彬担当的广州东至哈尔滨西Z236次列车受河南暴雨影响，晚点近70个小时，车上共有1216名旅客。在列车餐饮供应告急的情况下，他两次冒雨在列车停靠的海棠寺站、郑州站蹚着没膝深的积水，为旅客购买蔬菜、大米，还辗转为车上婴儿和糖尿病旅客买来了奶粉和胰岛素，解决了旅客餐饮和重点旅客的应急食品、药品问题。由于列车受阻断电，造成集便器厕所无法排污而影响使用，马文彬毫不犹豫地带领乘务班组进行清掏，解决了旅客的难题。最终，马文彬将列车上1216名旅客平安带回哈尔滨西站。

马文彬结合多年服务经验，总结了耐心回答询问不急躁、真心解决困难不退缩、热心帮扶重点不图报、细心服务不添乱、虚心接受意见不敷衍的"五心五不"工作法，在全车队推广。

列车有终点，马文彬的服务却永远没有止境。"列车不仅代表铁路形象，也是黑龙江的流动名片，旅客的满意是他最大的心愿。"马文彬说。

（黑龙江省文明办供稿）

敬业奉献

张玉花

31载青春岁月献给无垠宇宙

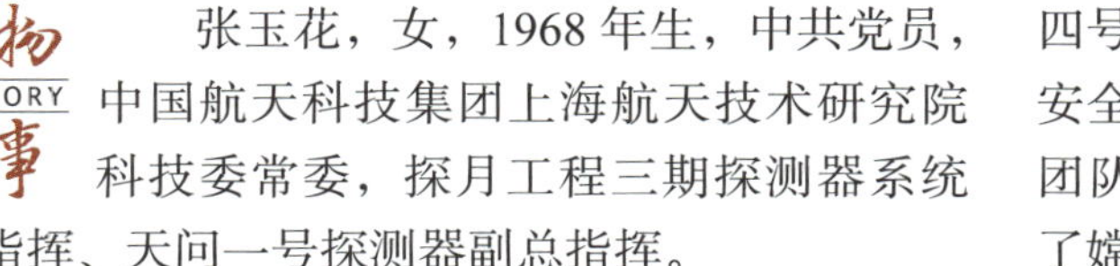

人物 THE STORY 故事

张玉花，女，1968年生，中共党员，中国航天科技集团上海航天技术研究院科技委常委，探月工程三期探测器系统副总指挥、天问一号探测器副总指挥。

1990年，张玉花大学毕业后来到中国航天科技集团上海航天技术研究院805所工作，作为主要成员参加了我国载人航天工程测控通信分系统论证工作。载人航天工程启动后，她又作为主要人员参加了载人飞船电源分系统的研制工作。1999年至2007年，张玉花作为805所载人航天行政负责人，带队顺利完成了神舟一号至神舟七号飞船靶场试验与发射任务。

2008年，张玉花又开启了上海航天技术研究院嫦娥团队的探月之旅。2015年嫦娥四号立项。嫦娥四号移动分系统面对"探测器总体组"和"着陆与安全分离组"两项独立评估的过程中，张玉花带着团队一起，完成了12类共144项试验，最终保障了嫦娥四号、玉兔二号良好的运行状态。

2021年2月10日，天问一号火星探测器开始实施火星制动捕获主发动机点火，标志着我国首次火星探测任务"绕、着、巡"三大目标中的环绕目标顺利达成。实施制动捕获任务的环绕器研制团队领头人正是张玉花。面对困难，她带着团队没有丝毫退缩历经10年攻坚克难，终于迎来了第一颗人造火星卫星，中国人探索太阳系以及行星际探测的序幕就此拉开……

（上海市文明办供稿）

顾凤娟

下岗女工自学成金牌导游 二十余载光阴讲好苏州故事

人物 THE STORY 故事

顾凤娟，女，1976年生，江苏省苏州海外旅游有限公司导游、姑苏区凤仪文化艺术工作室负责人。

1999年，顾凤娟从服装厂下岗，毫无基础的她凭着一腔热情孜孜不倦地学习，在2001年自学考取了导游证，从此开始了自己的导游职业生涯。为了讲好苏州故事，她先后阅读3000多本书籍，深挖地方文化，梳理知识脉络，自编生动有趣的讲解词180余万字。她拜师学唱苏州评弹，一丝不苟地练习普通话的吐字发音，利用业余时间搜寻与苏州文化有关的小道具，把鲜活的苏州生活介绍给每个聆听者。优质的内容加上生动的形式，造就了她独特的讲解风格。20年来，她累计接待文化旅游团队2500余场次，服务游客超5万人次，不仅零事故零投诉，还使更多人爱上苏州，收获了行业内外的广泛赞誉。

2020年疫情发生后，旅游行业受到巨大的冲击，顾凤娟毫不气馁，带领团队创新求变，原创研发苏州城市"微旅行"线路50余条。她还毫无保留地"传帮带"，通过线上授课等形式对新人进行专业培训，多年来累计逾6万人受益，带动更多人讲好苏州故事，助力文旅行业复苏。

（江苏省文明办供稿）

吴兴林

乡村教师情系故土 扎根乡村守望教育事业

人物 THE STORY 故事

吴兴林，男，1981年生，中共党员，江苏省南京市栖霞区龙潭中心小学副校长。

从师范院校毕业的那一天，吴兴林就立志做一名扎根乡村教育事业的守望者。在他的教学生涯中，曾多次可以选择到城区学校任职，但他却毅然选择了家乡条件最差的乡村小学，成为一名乡村教师。吴兴林明白，那一双双求知若渴的眼睛背后，是乡村孩子对自己的依赖，这让他更加坚定扎根乡村的决心。吴兴林还动员同是教师的爱人留在乡村，共同振兴家乡教育。为了离学校近便于工作，他不仅把家搬到学校附近，女儿出生后也一直放在身边的农村学校就读，至今已坚守乡村教育20年。

乡村教师虽然岗位平凡，但吴兴林志存高远，苦心钻研，提出了"灵动语文"的教学主张，使得教学质量提升迅速。他还成立名师工作室，带领学校的语文教师共同进步，许多青年教师成为学科骨干。20年来，在他的帮助下，许多留守儿童克服困难，完成学业，考上了大学。

吴兴林以校为家，当父亲重病在床时，身为独子的他白天忙工作，晚上在医院照顾父亲，一个月下来瘦了10斤，但他从未请过一天假，始终兢兢业业做好每项工作。

甘将心血化雨石，润出桃花一片红。吴兴林坚信，只要辛勤耕耘、挥洒汗水，一定会让家乡的教育事业越来越好。

（江苏省文明办供稿）

史春峰

村支书化誓言为行动 带领村民走上脱贫致富路

人物故事 THE STORY

史春峰，男，1981年生，中共党员，江苏省淮安市盱眙县天泉湖镇陡山村党总支书记、村委会主任。

从前的陡山村，村民除务农外，就靠着砍毛竹、编鸡笼换取微薄收入。史春峰暗下决心，要改变陡山村的面貌。他向省农科院专家请教，尝试在村里开荒育林，引进山核桃种植。经历无数次失败，核桃种植获得成功，周边40多户农民纷纷加入，跟着他一起种起了核桃。史春峰免费为农民提供核桃苗，教给他们种植技术，带着大家一起富，让荒山变成了“聚宝盆”。

2016年村“两委”换届，史春峰当选村党总支书记，为让更多的村民富起来，他号召村民把土地流转给集体，然后由集体承包给种植大户，搞规模化种植，让村民的利益最大化。在他的带领下，陡山村村民人均增收万余元，5年内实现了村集体收入从12万元到110万元的攀升。史春峰还积极动员村民开办农家乐、民宿和采摘园等，组织村民赴外地学习乡村旅游经验。如今，陡山村成为远近闻名的富裕村。

近年来，史春峰以实施农房改善项目为契机，积极向上争取项目资金超亿元，打造“生态环境美如画、历史文化韵如诗”的桃李天泉居住区。同时，他依托村党群服务中心，先后打造“木之坊”“望乡”等12个三次产业融合示范项目，深入挖掘当地红色文化，建设总面积500余亩的淮南新四军后勤基地，形成了红色文化和绿色山水有机融合的乡村旅游新模式。

（江苏省文明办供稿）

王国平

潜心科研近三十载　引领企业大发展

人物故事 THE STORY

王国平，男，1974年生，中共党员，浙江大洋生物科技股份有限公司研发中心主任。

1992年，刚进单位时，王国平被安排到最艰苦的生产一线岗位锻炼。由于善于思考，身上又有一股不服输的劲头，通过几个月的锻炼，他便被调配去了化验室做质量分析检测，逐渐成为公司管理层的一员。不过本职工作干得越久，他愈加发现认知的匮乏，恰逢2006年，公司出于转型升级的需要，与浙大签订了一个项目合作，当时就派了王国平作为项目牵头人去学习，王国平毅然选择放弃优渥的管理层待遇，从主管又做回了学徒，如饥似渴地开始学习起了新的知识。

在浙江大学，为了方便学习和研究，他“蜗居”在实验室旁5平方米的小房间里，一待就是5年。科学研究虽然很苦，但是凭借着他扎实牢固的技术功底、逆难而上的攻坚精神，上下求索的科研态度，他的化工事业从此扬帆起航。这位昔日的高中生，凭借刻苦自学，成为公司第一位高级工程师，主持并承担国家重大新药创制、“863”和“国家火炬计划”等国家和省部级科技攻关项目。

王国平带领团队克难攻坚，全力以赴加快技术创新，将浙江大洋生物科技集团股份有限公司推向全球盐酸氨丙啉领先地位，提升了我国兽药在国际上的竞争力。

（浙江省文明办供稿）

刘 霞

一心为民 农技人服务农民助增收
矢志不渝 好劳模扎根乡村谋振兴

人物 THE STORY 故事

刘霞，女，1969年生，中共党员，安徽省合肥市肥东县农业技术综合服务中心店埠区域站站长。

刘霞在基层从事农技推广工作三十多年，带病坚守一线促增收。1997年8月，她在自己身患乙肝的情况下，投入一场严重的水稻稻飞虱灾情大战中，由于物资短缺，她不分昼夜带着同事到外地调配物资，几天几夜都没合眼，因劳累过度她晕倒在田间被送往医院。躺在病床上，她心里还想着虫情防治情况，每天输液一结束，她就让同事送她到田间地头，参与防治，终于从虫口中夺下了粮食。刘霞主动请缨并承担全国基层农技推广补助项目试验示范基地的建设任务，在店埠镇群力村建立200多亩的试验示范基地，全年开展“稻—油”两季作物轮作，努力构建“农技站+试验示范基地+农户”推广模式，通过“讲给农民听，做给农民看，带着农民干”，让农民“看得见、摸得着”，以此推进新技术的推广应用。每年展示油菜、水稻新品种35个以上，推广实用技术20项以上，完成各类试验示范近25项，开展培训观摩活动10场次以上。2015年，她所带领的店埠区域站被认定为“全国五星乡镇农技推广机构”。

刘霞还热心社会公益，长期参与志愿服务活动，定期为困难群众捐资捐物，牵头组建“农博士志愿服务队”。

（安徽省文明办供稿）

刘晓妮

“80后”女干部扎根一线
真情付出做群众“贴心人”

人物 THE STORY 故事

刘晓妮，女，1988年生，中共党员，安徽省阜阳市阜南县龙王乡党委书记。

2020年7月，淮河流域持续降水，淮河水位不断抬升。7月19日，蒙洼蓄洪区接到蓄洪通知，海拔28.5米以下的居民必须在20日凌晨3点前撤离。蓄洪区已经13年没有蓄洪，时任郜台乡党委副书记的刘晓妮所包点的曹台村又位于蓄洪区最下游，防汛任务最为艰巨。接到通知后，刘晓妮穿着雨鞋在坝底来回穿梭，拎着喇叭反复宣传、催促，挨家挨户耐心安抚农户，亲自动手帮助搬离。凌晨2点50分左右，全乡289户807人撤离任务圆满完成。之后，刘晓妮又到已转移的农户家查看生活状况、做安抚工作，还组织对庄台卫生进行大清理、维修塌陷路段，做群众生产生活的保障员。

蓄洪的前4天，她只在车里睡了8个小时，看着晒得黝黑的刘晓妮，乡亲们都心疼得不得了，吃的、穿的、遮阳的、挡雨的，恨不得把东西都给这个能干的“闺女”！

2021年5月，因工作需要，刘晓妮调任阜南县龙王乡党委副书记、张长，后任龙王乡党委书记。新的环境、新的角色，她初心不变，努力践行为人民服务的宗旨，扎根偏远地区，无怨无悔，把青春年华奉献给乡村事业！

（安徽省文明办供稿）

张怀东

逐梦地质 29 载　找矿报国践初心

人物 THE STORY 故事

张怀东，男，1972 年生，中共党员，安徽省地矿局 313 地质队副总工程师、地质矿产研究室主任。

29 年来，他先后主持完成了 10 多项国家级、省部级综合性基础地质调查、矿产勘查及地质科研项目，其中安徽省金寨县沙坪沟钼矿普查项目更是探得了钼金属资源量达 245 万吨，世界第二、亚洲第一的巨型钼矿床，结束了大别山东段无世界级大矿的历史，几代地质人的找矿梦终于实现。谈及这次找矿，张怀东百感交集。接下任务前，有人就曾断言“大别山腹地无大矿可探”，张怀东不甘心就此放弃，牢记初心不动摇，多次组织地质专家实地考察，学习经验，带领团队在野外奋战数年，才得硕果。“工作虽然艰苦，但意义远大于磨难！”张怀东说。

一代人有一代人的长征，那几年，为了找矿，张怀东平均每年有 300 多天都在崇山峻岭间穿梭，遇见岩层就敲敲打打，观摩形态走势，有时为了沿直线观测石头流线走向，还要蹚水渡河。29 年来，他的足迹遍布大别山腹地长达 10 万多公里，他用脚步丈量初心，走出了一条地质人的“长征路”。

（安徽省文明办供稿）

汪品峰

“老支书”绘就乡村全面振兴“新蓝图”

人物 THE STORY 故事

汪品峰，男，1971 年生，中共党员，安徽省安庆市岳西县主簿镇党委委员，兼任主簿镇大歇村党支部书记、村委会主任。

汪品峰自 2008 年担任村党支部书记以来，抓住脱贫攻坚、美丽乡村建设等重大政策机遇，团结带领村“两委”一班人，敢闯敢创、苦干实干，干成了一件又一件大事难事好事，将大歇村从一个一穷二白的纯山村，蜕变成远近闻名的幸福新山村。他坚持建强堡垒，完善基础设施，自己带头垫钱建成设施齐全、功能完善的新村部；实施高山移民，易地搬迁 23 户，大力发展茭白、茶叶等传统产业，做活农文旅融合文章，把废弃多年的“502”三线工厂改造成爱国主义国防教育基地，开发大歇湾漂流、企业拓展基地、青少年冬夏令营基地、星空帐篷营地等系列旅游项目，带动创业就业 210 多人，农文旅融合新业态蓄势待发。高质量建成全国乡村治理示范村、国家 3A 级旅游景区、省级研学旅游示范基地、省级乡村干部实训基地等。

如今的大歇村，绿水青山环绕，红瓦白墙辉映，村容村貌整洁，农民人均纯收入高出全省平均水平 16%，人均存款达到 4 万元。

有人问汪品峰，天天忙得跟陀螺一样，什么时候歇一歇？汪品峰哈哈一笑，“好日子还在前头，在乡村全面振兴的道路上不能停歇！”

（安徽省文明办供稿）

李安平

“孟戏迷”坚守37年唱孟戏 传承非遗守初心

人物故事 THE STORY

李安平，男，1968年生，中共党员，江西省抚州市广昌县盱源孟戏剧团副团长。

李安平的父亲李金生是广昌县甘竹镇大路背业余剧团老生及净角业余演员，在父亲的熏陶下，李安平从小就是个“孟戏迷”。

1984年，16岁的李安平加入甘竹大路背业余爱好者剧团学戏，师从谢传福老艺人。刚学习孟戏时，李安平一年只能唱好一句词，两三年都未必能唱好一段词。为了学好孟戏，李安平全身心投入，无论是拿着镰刀还是捧着饭碗，嘴里总是反复练习师傅教他的唱词，天天不间断地吊嗓子、练唱腔、走台步。学戏虽难，可李安平偏偏越唱越喜欢，他说：“只要唱起孟戏，感觉一切烦恼都没有了！”

1995年，李安平正式上台演出，此时他学孟戏、在剧团跑龙套已有10年。之后，李安平一发不可收拾，传承了师傅孟戏全套曲调，逐渐掌握了唱、演、编排等各项技能，成为大路背剧团的“男一号”“台柱子”。为保护孟戏传承，李安平对孟戏有曲牌名的96支曲调加上无曲牌名的曲调共计140余支，进行了整理成册，并带领剧团成员，创作编排了本土特色的《送别》（何文渊的故事）、《红莲花开》等多个创新剧。

2018年，孟戏走进了广昌第二小学的特色文化课堂，李安平被聘请为技术指导老师，每周与孟戏班负责老师一起为孩子们上课，培养出一批学孟戏的孩子。

（江西省文明办供稿）

敬业奉献

陈和平

患重病仍坚守岗位 让爱流淌在三尺讲台的女教师

人物故事 THE STORY

陈和平，女，1968年生，中共党员，江西省萍乡市安源区通济小学教师。

2012年9月，陈和平发现自己左边乳房有一粒黄豆大小的硬块，时常感觉左肋下隐隐作痛，有时晚上睡到半夜还会痛醒，因工作繁忙，班里事情多，陈和平没放在心上。2012年11月的一天，上午上完课后，陈和平忽然头晕目眩，一下子栽倒在办公室门口，到医院诊断为乳腺癌二期。

诊断结果犹如晴天霹雳，但陈和平立即调整好心态，经受了6次化疗、25次放疗。接受治疗半年后，陈和平的身体状况逐渐好转。怀揣着对教育事业的无限忠诚和热爱，也为了尽早见到心心念念的学生们，陈和平毫不犹豫地决定，继续回到学校教书育人，和可爱的孩子们在一起。

因为这场大病，陈和平的免疫力变得很差，总是随身携带着药品。由于腋下的淋巴被全部挖空，上课板书时，只要手抬高一点，陈和平的腋下就会一阵阵地发疼，额头也直冒冷汗，声音也愈加嘶哑。有时一堂课的时间站下来，陈和平的双脚也酸痛无力，像踩在棉花上一样，她回家要躺上近一个小时身体才能缓过来。

“虽然身体还是有些乏力，但是和学生们在一起，我过得既充实又开心，会忘记自己还在生病。”每当提起自己还坚守在讲台上时，她脸上都会出现淡淡的笑容。

（江西省文明办供稿）

闵嗣生

好校长坚守基层25年 为教育事业奉献微光

人物故事 THE STORY

闵嗣生，男，1975年生，中共党员，江西省宜春市奉新县第一中学党委书记、校长。

经过25年对教学的潜心钻研，闵嗣生逐步成长为全国知名度较高的教师和教师培训专家。但他依然数十年如一日热爱课堂，以精益求精的态度认真对待每一堂课，无论岗位怎样变化，他始终站在教学一线带头上课，为教师们树好榜样、作出表率。闵嗣生在国家级期刊上发表论文10余篇，在省级以上媒体发表稿件30多篇，在市级以上教学技能比赛获奖20余次。

2020年，学校通过了解情况，发现有281名学生在经济、学业等方面存在困难，占学生总数的4.9%。这个看似微小的数据，一直揪着闵嗣生的心。为此，闵嗣生在学校建立“党建三联”帮扶机制，即党小组联系年级、党员干部联系班级、党员教师联系贫困学生，并探索推行了“123”党建工作法，助推教育扶贫。

分管教学工作17年来，为了提高教师综合素质，闵嗣生邀请省内外教育教学一线专家来校授课，一批青年教师逐渐成长为教学中坚力量，93人被评为高级教师，学校被教育部评为“班主任国家级远程培训先进单位”。

甘为孺子育英才，克勤尽力细心裁。“我会努力引导学生树立更加远大的理想，为国家培养更多社会主义的合格建设者和可靠接班人。”闵嗣生说。

（江西省文明办供稿）

尹伟宁

降低锻件成本　提高生产效率 二十年如一日潜心锻造技术革新

人物故事 THE STORY

尹伟宁，男，1972年生，中共党员，山东省威海市文登威力工具集团有限公司锻造车间主任、高级技师。

1996年，尹伟宁大学毕业后进入文登威力工具集团有限公司从事锻造工作。锻工车间艰苦的环境和工友们的高强度劳动，激发了他要创新改造锻压线的想法。在赴日本知名企业考察学习后，经过连续100多天的艰苦奋战，尹伟宁终于掌握了生产流程的关键步骤。文登威力工具集团有了这一技术，大大减少了原材料消耗，提高了生产效率。

尝到改造“甜头”的尹伟宁在创新锻造技术上更有“劲头”，他先后主持对公司原有25条摩擦锻压线的改造工作，使每条生产线减员三分之二，效率提高4倍；设计开发的适应模锻锤锻压的中间模座及相关模具，使换模时间降至原来的四分之一。在技改的路上，尹伟宁愈发得心应手，仅取得的国家实用新型专利就有12项，带来的直接经济效益达5000余万元。

尹伟宁说，他就是一名普通的工匠，他所做的就是秉持“干一行，爱一行，钻一行”的“工匠精神”，在自己的工作岗位上持续对技术进行改进、对锻件进行优化、对行业进行提升。因为这份坚持与信念，“万能锻造工”尹伟宁在技术创新、设备改造的路上越走越顺畅。

（山东省文明办供稿）

李建军

科技“播种者”帮助贫困村民增收

人物故事 THE STORY

李建军，男，1964 年生，中共党员，河南师范大学生命科学学院副教授。

2009 年，李建军担任河南省科技特派员对接国家级贫困县——封丘县。当时，封丘县种植的金银花点片死亡现象严重，平均亩产只有 70 多公斤。李建军扎根基层，通过政、产、学、研、用合作模式，研发推广金银花良种繁育技术、配套栽培技术和初加工技术，还引入公司合作把产品推向国内外。在李建军科研成果的推动下，目前，封丘县金银花新品种繁育推广 500 多万株，种植面积达 2 万多亩。封丘县贾庄金银花合作社带动周边 1000 多户脱贫致富，受益群众 5000 多人。

2009 年至今，李建军带领团队经过潜心研究，选育出金银花、皂荚、地黄等新品种 10 个。其中金银花新品种“豫金 1 号”和皂荚新品种“皂福 1 号”“皂福 2 号”获得了国家植物新品种权保护证书，“豫金 1 号”荣获“2020 年中国好品种”称号。这些新品种在河南、山东、河北、四川等多个省市“开枝散叶”，累计种植面积超 50 万亩，让种植户累计增收超过 10 亿元。

2021 年 7 月，河南新乡遭遇特大暴雨洪涝灾害，李建军冲在救灾一线，为种植户提供技术指导，避免遭受更大经济损失。作为河南省青少年科技教育精准服务试点工作指导专家，他致力于将中医药知识科普到大中小学，在青少年心中播撒科技的种子。

（河南省文明办供稿）

董晶晶

青年教师投身特教十八年 培养残障学生两千余人

人物故事 THE STORY

董晶晶，女，1982 年生，中共党员，河南省郑州师范学院特殊教育学院教师、学院残疾人艺术团团长。

董晶晶在特殊教育岗位上坚守了 18 年来。为了能给残障学生们提供一个展示自我、建立自信的平台，2009 年，她提议并在校方的关心和指导下，组建成立了郑州师范学院残疾人艺术团。艺术团自成立以来，每晚的排练几乎从没有间断过，董晶晶更是晚上 9 点之前几乎没有离开过学校，甚至在孕期，她也依然坚持排练，产后两个月因为放不下学生，她迅速回归自己的岗位。

每四年一届的全国残疾人文艺汇演需要封闭训练 60 天，董晶晶顾不上年幼的儿子，与学生同吃同住，每天坚持高强度的训练，连续三届代表河南省参加全国残疾人文艺汇演均荣获全国一等奖。她还组织成立了残障学生志愿服务队，累计已开展各类志愿活动 100 余场。

在董晶晶的带领下，艺术团站在了中央电视台的舞台，站在了各大专业舞蹈赛事的舞台上，并斩获多项殊荣。她先后带领艺术团 10 余次登上中央电视台，并获得《出彩中国人》年度总冠军。她创作、指导的艺术作品 10 部获得国家级大奖。

（河南省文明办供稿）

段 凯

“疫苗研发尖兵”临危受命 为疫情防控贡献“硬核”力量

人物故事 THE STORY

段凯，男，1971年生，中共党员，湖北省武汉生物制品研究所有限责任公司党委书记、总经理。

段凯执着坚守科研一线二十余载，将全部心血投身于传染病预防事业。多年来，他承担国家科技重大专项、省市重点攻关计划等20余项，带领企业进入增长快车道，成功上市肠道病毒71型疫苗、四价流感裂解疫苗和新冠灭活疫苗3个新产品，为保障民众健康作出卓越贡献。

新冠疫情期间，他主动作为、勇挑重任，带领团队全力以赴推进疫情防控工作，全线出击跑出科研加速度，全域作战保障疫苗研制进度，充分发挥多元化科研力量优势，为推进疫情防控工作贡献硬核力量，研发的康复者血浆疗法效果显著，大大降低了患者死亡率，成为救治危重症患者的“压舱石”。

为早日研发出新冠疫苗，段凯带领团队夜以继日、连续奋战，仅用98天就研制出全球首个新冠病毒灭活疫苗。为加快构筑新冠病毒免疫屏障，他组织力量投入新冠疫苗扩产，每日“三班倒”，与病毒“零距离”，用实际行动响应人民所需，及时保质保量供应优质疫苗，为全国抗疫提供了有力保障。

（湖北省文明办供稿）

麦 贰

祖国大陆最南端的守望者 让千万旅客安全过渡琼州海峡

人物故事 THE STORY

麦贰，男，1965年生，中共党员，广东省湛江市海事局徐闻县海事处南山海巡执法大队大队长。

2003年1月7日，中国第一条跨海铁路粤海铁路通道正式开通运营，从此结束了海南与大陆不通火车的历史。次年1月麦贰加入湛江海事局徐闻海事处，踏上了“人民海事为人民”的使命之路。

近20年扎根海角一隅，麦贰的足迹踏遍港口的每一处，守护着琼州海峡“黄金大通道”的安全畅通。他牵头编写国内首部火车轮渡监管指南，保障轮渡客列的准点率达到90%以上。2020年初新冠疫情暴发，麦贰主动申请留下，直面疫情感染的风险，带领团队开辟了琼州海峡疫情防控应急物资和民生物资“绿色通道”，累计保障738万吨物资运输畅通。以他命名的“麦贰劳模创新工作室”，成为一批批海事青年成长成才的“沃土”。

在中国大陆最南端的边陲小镇，18年来，麦贰每个除夕夜都在值班执勤中度过，累计保障火车轮渡平安输送旅客2000余万人次，从未发生过一起重大船舶水上交通安全事故。麦贰凭着一股对海事工作执着追求的干劲，维护着琼州海峡的水上交通运输秩序，为旅客架起一道安全渡海的桥梁。

（广东省文明办供稿）

黄永勇　黄秀碧

教师伉俪为山区孩子打开梦想大门

人物故事 THE STORY

黄永勇，男，壮族，1970年生，中共党员，广西壮族自治区百色市德保县东凌镇那王小学校长；黄秀碧，女，壮族，1972年生，广西壮族自治区百色市德保县东凌镇那王小学教师。

黄永勇和黄秀碧夫妻俩为方便当地留守儿童上学，守着一座远离城市，位于大山环绕处，只有32名学生的村中唯一教学点。他们以学校为家，将学校里所有孩子当成自己的儿女般疼爱和呵护，既是老师，又是“爸妈”，这里成为村民口中的“夫妻学校”。

1987年高中毕业后，黄永勇就来到东凌镇陇门村德金小学当代课教师，之后辗转几个教学点，于2004年调到了新屯村那王教学点。这里条件艰苦，别的老师都不愿意来，即使来了也待不久。“我们走了，这里的孩子怎么办？”黄永勇朴实的话语道出了对山里教育的真情，他已经待了34年。1997年因为理想信念而结合后，黄永勇和黄秀碧夫妻俩便开始“以校为家”的教学生涯，一起坚守了24年，他们扎根大山，不为外物所吸引，年复一年，培养了一批批优秀学子走出大山，走向社会，走上不同的工作岗位，看着他们用知识摆脱贫穷落后的帽子，这无疑是对教师这个职业最丰厚的回报。

在这样的大山里，如果他们走了，家离中心校远的孩子们就面临辍学。“在这里，我们是孩子们的希望，我们热爱大山，热爱教书，我们一定要守住这里直到退休。”黄永勇和黄秀碧都这么说。

（广西壮族自治区文明办供稿）

陈少清

好“的姐”竭诚服务点亮城市文明之光

人物故事 THE STORY

陈少清，女，1968年生，现为广西壮族自治区北海市润捷城市公共交通运输有限公司出租汽车驾驶员。

2007年，陈少清成为一名出租车驾驶员。当时北海出租车市场还未像现在这么规范，不少司机都靠“一口价”拉客，坚持打表计费的陈少清就像一股清流，但她的坚持却招来许多同行的不解。陈少清说：“做人要实诚、要有底线，损人不利己的事不能做，虽然我赚的钱少，但我对得起良心、对得起乘客，我要给孩子做好榜样。”

为给乘客提供更优质的服务，保证不论乘客何时上车，都能有良好的乘车体验，陈少清的出租车总是保持着整洁的车容和良好的车内卫生，车内各项设施均完好有效，车坐垫、座套更是随脏随换，自己的仪表着装也务必整洁端正。

陈少清14年的出租车司机生涯里，从未发生过道路交通安全事故，也保持着“零投诉”的纪录。她的努力赢得了乘客们的肯定，也赢得了不少“粉丝”。过去14年里，她共拾到乘客遗留车上的手机20多部、行李箱15个，钱包、相机、信用卡等财物更是数不胜数，价值超过8万元，但每一次她都将失物如数上交公司，甚至自己驾车免费给乘客送回失物。

干一行、爱一行，在陈少清身上体现得淋漓尽致。14年坚守如一，陈少清用她的敬业奉献精神，为社会各界树立了良好的榜样。

（广西壮族自治区文明办供稿）

王 健

父子接力坚守红色灯塔 51 年

人物故事 THE STORY 王健，男，1968 年生，中共党员，交通运输部南海航海保障中心海口航标处职工。

临高灯塔，矗立在临高角，为一代代渔民护航。守护这座百年灯塔的是父子两代人。父亲王光民是新中国成立后临高灯塔的第一代守灯员，那个时候条件艰苦，完全是依靠人工点灯和熄灯。这项工作，王光民整整做了 33 年。

父亲的坚守在王健心中种下了一颗种子。2003 年，王健放弃了前往繁华都市的机会，接过了父亲值守灯塔的接力棒。每天，他爬上狭窄的楼梯，按时点亮灯塔的航灯、熄灭航灯。写灯塔值班日志，用羊皮纸擦拭灯器，用清水清洁塔身、灯笼及支撑灯塔的钢杆，王健也做了整整 18 年。

2016 年 5 月 19 日，交通运输部南海航海保障中心临高灯塔党性锤炼基地挂牌成立后，王健担负起讲解员的职责。每天，他变得更加忙碌，向前来学习的党员讲述灯塔的历史和老一辈蓝色铁军守塔的故事，向青少年讲解海洋文化和科普航标知识。

他说："每当看到这座百年灯塔塔身光泽闪亮，崭新如初地屹立在祖国的海角，为船舶保驾护航时，我的内心总会因为自己守护着这片海洋而感到无比的自豪与喜悦。"

（海南省文明办供稿）

王明先

疏浚三十余年 管网"清道夫"畅通"城市血管"

人物故事 THE STORY 王明先，男，1970 年生，中共党员，重庆市北碚区市政设施管理处疏浚组组长。

穿戴防水裤、防护面具、安全帽等防护装备，然后下沉到地下管网，用铁铲、箩筐清除淤泥和垃圾。这样的动作，王明先每天重复数次。从事一线疏浚工作 30 余年，他负责 251 公里下水道的疏浚任务，日日与既脏又臭的窨井相伴，被誉为"城市'血管'清道夫"。

2016 年 2 月，蔡家岗街道汪家堡片区污水管网严重堵塞。为探明堵塞原因，下降井中的两名工人先后被不明气体熏晕。生死时刻，王明先临危不乱，和同事戴上防毒面具展开紧急施救，将被困同事成功带回地面。

除了地下管网疏浚任务外，王明先还承担着北碚城区市政设施应急抢险任务。2019 年 10 月 3 日凌晨，北碚突降暴雨，卢作孚广场街心花园污水管网流水不畅，王明先带领疏浚组一直奋战到天亮。

2020 年 8 月，上游普降暴雨，嘉陵江北碚段超过警戒水位，由于江水倒灌，北碚滨江路隧道出现大量积水，存在严重安全隐患。险情就是命令，接到任务的王明先带领市政抢险应急队连夜出动，进入黢黑、泥泞的地下隧道深处进行抽水作业，最终将险情控制。

（重庆市文明办供稿）

林雪玉

外来媳妇扎根贫困村 誓带村民共同致富

人物故事 THE STORY

林雪玉，女，1981年生，贵州省黔西南布依族苗族自治州兴仁市大山镇猪槽箐村村党支部书记兼村委会主任。

2014年底，为照顾生病的婆婆，一直在广东打工的林雪玉跟随丈夫回到猪槽箐村。婆婆身体有所好转后，她准备启程回广东，但是看到勤劳善良的父老乡亲仍过着穷困的日子，深受触动，经考虑决定放弃高薪工作，选择留下和大家一起改变贫穷落后的面貌。

2015年初，林雪玉参加村干部竞选，担任村治保主任。一年的工作经验累积，让她获得了村民的信任与支持。2016年，林雪玉当选村委会主任。

她带领村民先后完成全村12.45公里的通组路、8公里串户路建设，165户庭院硬化，安置路灯790盏，修建卫生厕所294户，新建或改造住房119户，全村安全饮用水通水率达100%。通过一系列基础设施建设，猪槽箐村人居环境有了很大改善。

2019年3月，她积极争取东西部协作帮扶资金478万元，启动"阳光玫瑰"葡萄基地建设，采取"党支部＋公司＋合作社＋基地＋贫困户"模式，通过土地流转、吸纳务工、入股分红等方式拓宽村民收入渠道，带动全村原贫困户实现稳定增收。

为推动乡风治理，林雪玉组织修改完善村规民约，建立村民议事会、红白理事会等，定期开展文明家庭评选，让村民自评、互评、公开评，晒家风、晒家训。她用自己的智慧与汗水，让猪槽箐村焕发出新的光彩。

（贵州省文明办供稿）

李德寿

社区干部带领归侨侨眷创收致富 齐心协力共建美好社区

人物故事 THE STORY

李德寿，男，1972年生，越南归侨，中共党员，现任云南省保山市昌宁县柯街镇华侨社区居民委员会党总支书记、居民委员会主任、市县人大代表。

1978年，6岁的李德寿同家人从越南河洋省箐门县回到祖国，被安置到华侨农场六队。高中毕业后，李德寿投入到华侨农场建设中，然而传统的生产模式始终制约着发展。李德寿听到相隔50多公里的湾甸乡正在规模发展蔬菜种植，且效益可观。他便组织30多个亲戚朋友到湾甸发展蔬菜种植产业。通过近3年的摸索实践，逐步探索出了一套成熟的蔬菜种植技术，效益逐步显现。

李德寿种植的反季大棚蔬菜获得成功后，社区居民纷纷效仿种植，他将滴灌节水、测土配方施肥、使用有机农药等种植技术无偿传授给社区居民，从此华侨社区大棚蔬菜种植开始了规模发展，种植面积和效益逐年增加。截至2021年，全社区大棚蔬菜种植面积达到3800亩，产值达6000万元以上，土地产值从过去的1000多元跃至20000多元，蔬菜产业成为华侨社区居民增收致富的支柱产业。2012年，他全票当选为华侨社区党总支书记，社区也先后被评为"全国社区侨务工作示范单位""云南省文明村镇"等。

（云南省文明办供稿）

彭鑫亮

基层庭长数十年坚守法庭 手握正义化解群众矛盾

人物故事 THE STORY

彭鑫亮，男，1979年生，中共党员，云南省怒江傈僳族自治州中级人民法院执行局执行裁判庭庭长。

彭鑫亮刚参加工作时所在的兰坪县曾被列为全国三区三州深度贫困县之一，同时也是少数民族聚居地，14个少数民族人口占总人口的98%以上，矛盾的化解事关民族团结和边疆稳定。彭鑫亮虽名为庭长，但整个法庭只有他和书记员两人，他身兼审判员、执行员、保安员、驾驶员、炊事员、保洁员等“职务”，因此被人戏称为“多功能庭长”。

为不影响群众劳作，他经常带着干警抢在群众劳作前或后去找当事人。“假日法庭”取代了周末休息，手机24小时开机。他审结的1000多个案件中，调撤率达85%以上，审结案件中无一发回重审，无重大改判，无一涉诉上访。

19年来，彭鑫亮奔波在群山峡谷中的各个少数民族村寨，调处了大量的矛盾纠纷，让当事双方化干戈为玉帛。他坚守公正廉洁党员准则，铁肩担起公平和正义，用实际行动把胸前熠熠发光的法徽打造成了守护和谐的平安符。彭鑫亮办的每一个案件都坚持原则，他的公平和正义赢得了当地百姓一片赞誉声。

（云南省文明办供稿）

阿旺西若

放牧守边半个世纪　措嘎湖畔忠诚奉献

人物故事 THE STORY

阿旺西若，男，藏族，1959年生，西藏自治区山南市隆子县扎日乡桑巴东村村民。

措嘎湖位于祖国边境，由于环境恶劣，生活不便，留在此地的9户牧民陆续搬离。到2003年，措嘎湖畔就剩下了1户人家——阿旺西若和哥哥吾金多吉两人。昔日的邻居曾多次劝说阿旺西若兄弟俩和大家一起下山，可阿旺西若坚决不同意：“我们都走了，这里的雪山、草场，还有这美丽的措嘎湖就没人守护了。”这一守，就是18年。在这18年里，阿旺西若兄弟俩放牧巡边，走过山头堆砌标识，爬过山顶瞭望观察，将措嘎湖一带的每一座雪山、每一片牧场，甚至每一棵大树、每一块石头都记在了心里。每年冬天的措嘎湖畔大雪封山，不适宜放牧，但阿旺西若依然攀爬雪山峭壁，看看国旗是否还在飘扬，看看房屋是否受到破坏。“只要国旗在，心里就踏实了。”这也是多年来，阿旺西若的坚持。

2017年9月，哥哥因病去世。“哥哥走了，措嘎湖不能没人守。那里是我们祖祖辈辈生活的土地，只要有人在，家才能看得好，这块土地才能守得住。只要我还能走，我就得守下去。”50多岁才遇到自己的“另一半”，阿旺西若非常疼爱自己的妻子，但面对妻子要求搬离措嘎湖的请求，阿旺西若坚决地说：“让我搬下去，绝对不可能。”从此，在这个家庭，搬离措嘎湖成为禁语，谁都不再说起。

（西藏自治区文明办供稿）

凤侃社

扎根山区三十余年种桃育李的乡村教师

人物 THE STORY 故事

凤侃社，男，1965年生，中共党员，陕西省铜川市第五中学数学教师。

1989年大学毕业，他到李家塔小学任教。面对用水难、吃住难和学生大面积厌学、年轻教师纷纷调离的现状，凤侃社选择了顽强坚守。他每天早上顾不上吃早餐，提前一个小时到校，跟学生一起打扫卫生后，组织学生晨读，检查学生各科背诵情况，下午放学给学生无偿辅导一节课。就这样一直坚持了三十多年，累计辅导2400多次，学生的成绩得到大幅度提高，中考数学单科成绩累计七年居全区第一。

长期过度劳累，造成身体严重透支。2005年5月，他患上了腰间盘突出，疼得他直不起腰迈不开步，领导劝他休息，医生让他住院。但中考在即，他心急如焚，一边吃药，一边上班，直至学生走向考场。2008年4月，他因病急须手术，但他实在不忍心耽搁学生一节课，硬是把手术拖到五一长假。

30多年来，他累计帮扶家庭特困学生6名，有效转化问题生30多名，劝返濒临辍学学生60多人。他放弃了去司法局和进机关工作的机会，拒绝了私立学校的高薪诱惑，婉拒了市属学校的诚邀。

凤侃社老师30余年扎根山区，坚守教育初心，牢记育人使命，无怨无悔把自己的青春奉献给了农村学校，书写着一个平凡教育者的伟大情怀！

（陕西省委文明办供稿）

罗日盖

草原站长扎根高原40载 守护三江源生态

敬业奉献

人物 THE STORY 故事

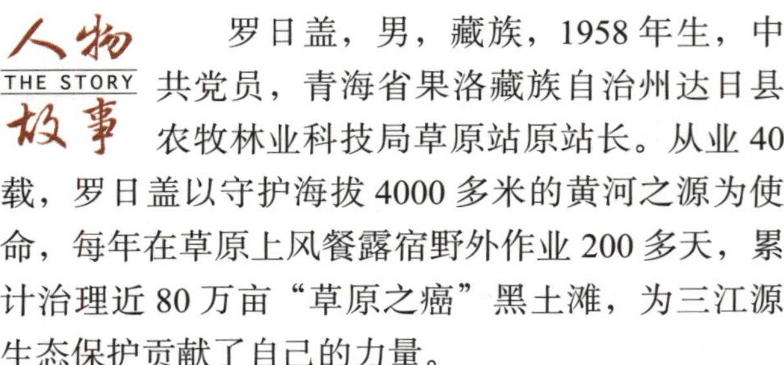

罗日盖，男，藏族，1958年生，中共党员，青海省果洛藏族自治州达日县农牧林业科技局草原站原站长。从业40载，罗日盖以守护海拔4000多米的黄河之源为使命，每年在草原上风餐露宿野外作业200多天，累计治理近80万亩“草原之癌”黑土滩，为三江源生态保护贡献了自己的力量。

1981年，22岁的罗日盖被分配到果洛州达日县草原站。此时的达日县草原，饱受“黑土滩之苦”，土质差，土壤松，雨水过后寸草不生，漆黑的土地连牛羊都不愿驻足。罗日盖狠下决心，一定要种草，种一片、活一片、绿一片，“脱掉几层皮，也要把黑土滩变回绿草原！”

治理黑土滩，源头在种草。但是果洛州平均海拔超过4000米，年平均气温零下0.5摄氏度，牧草存活率仅20%到30%。关键在于选择草籽，合理养护。“跑断这双腿，也要找到好草籽。”没有任何种草经验的罗日盖从零开始，一种种试、一季季种、一次次测。白天蹲在草场测数据、找问题，晚上总结原因、请教方法，罗日盖帐篷的灯常常亮到凌晨。对比近20种草籽后，罗日盖发现中华羊茅草、冷地早熟禾两种草籽适合种植，并探索出“混播混种”的方法。

在罗日盖的努力下，达日县黑土滩等草原生态治理工作取得了前所未有的成绩。昔日牲畜绝迹的近80万亩黑土滩，如今变成了牛羊遍地的绿草原。

（青海省文明办供稿）

周全中

乡村教师不忘初心坚守讲台 助学子成就梦想

人物故事 THE STORY

周全中，男，1973年生，中共党员，青海省海东市第一中学语文特级教师。从教以来，他潜心研究并形成独特的教学方法，用爱心和专业的教育理念教育呵护乡村学子。

1991年，周全中从青海省乐都师范学校毕业后，下决心要用所学的知识回报乡梓，培育更多的农村孩子。为了提高教学水平，周全中不断钻研新的教研课题。针对学生语文阅读量不足的情况，他给学生印发累计364万字的课外阅读材料，培养学生爱阅读、读好书的习惯，帮助很多农村孩子插上了展翅高飞的双翼。

在周全中的教学生涯中，学生们给他起了许多亲切的“外号”，其中“鸡蛋老师”叫得最响。从2007年开始，为了给班里的住校生加强营养，每年高考倒计时100天起，周全中自掏腰包，每天给高三住校生煮一个鸡蛋，并亲自送到学生手中。时间久了，大家都亲切地称他为“鸡蛋老师”。

师者，传道授业解惑者也。周全中始终不忘从教初心，那就是言传身教、潜移默化。每次走进教室，他从来不会闲着：地上杂乱的纸片，他弯腰去捡；桌上凌乱的书籍，他随手整理。教室就是他的家，教书就是他最重要的事，是一生的事业。他的这一切都被全班学生看在眼里，记在心里。在他的影响下，全班学生被深深感染，乐观和自信洋溢在每个学生脸上。

（青海省文明办供稿）

马　菊

青年税务人执着坚守10年为民服务

人物故事 THE STORY

马菊，女，回族，1986年生，中共党员，现任宁夏回族自治区吴忠市税务局督察内审科科长。

自2010年进入税务系统以来，马菊始终奋战在稽查工作前沿。白天跟着师傅工作，随身携带一个笔记本，随时记下不懂的地方，晚上回来收集行业检查方法、税种必查点，凭着认真与执着，7年间参与检查企业近80户，查处税款达1500余万元，守好了征管最后一道“关口”。

2018年开始推进国地税征管体制改革，随着优化营商环境、减税降费等国家政策的执行，在经济形势严峻、案件来源复杂的大背景下，罚与不罚、逃与不逃、征与不征、定罪与不定罪的定性工作是摆在她面前的首要难题。马菊抱着从零开始的态度，把经验丰富的老前辈、思维活跃的新同事作为学习的榜样，筹划组织案情分析和审理会，她始终坚持稽查问题反馈机制，做到审理工作全过程留痕，3年来所在审理部门共向检查部门反馈案件95起，最大限度规范了稽查案件查办质量。

面对个别房地产企业频繁更换财务人员、售房发票留存不完整、收入成本结算没有规律可循等问题，她将检查方向瞄准了契税交易台账，通过内查外调第三方信息取得了企业真实的销售记录，从7个开发项目的5000多条交易信息中找到了企业低抵高卖的顶账房记录，涉及房屋100多套，金额2000余万元，为国家挽回税款损失300余万元。

（宁夏回族自治区文明办供稿）

郭玉军

好丈夫不离不弃呵护高位截瘫妻子 11 年让妻子重获新生

人物故事 THE STORY

郭玉军，男，1962 年生，中共党员，原为山西省忻州市粮油储运公司职工。

2011 年 5 月 7 日郭玉军妻子宋春梅不幸从二楼坠落昏迷，他倾其所有为妻子治疗，虽保住了妻子的生命，但她从此高位截瘫。摔伤后妻子从头到脚骨折有七八处之多，且记忆力丧失，伴有糖尿病、褥疮等情况。为了让妻子尽快恢复健康，郭玉军向医生请教学习如何照顾病情危重的妻子。出院后为了生活、还债，他决定带着妻子上班，每日帮妻子起床梳洗、解大小便、穿衣吃饭、推拿按摩、换药，琐碎重复的生活风雨无阻。功夫不负有心人，在郭玉军精心照顾下，妻子的记忆、骨伤、褥疮慢慢痊愈。

2013 年，郭玉军自行设计了简易器具：集置物锻炼于一体的多功能桌架、方便上下床的升降平移机、支撑双臂辅助站立的双杠及靠背板，辅助妻子恢复生理机能，11 个年头妻子身体肌肉未出现萎缩。

为了让妻子融入社会，他陪同妻子参加忻州残友活动；带妻子游遍忻州的景点、公园；换着花样为妻子做饭菜；为妻子营造整洁温馨的生活环境；为妻子制造浪漫的生日氛围。渐渐地，妻子的心态好了起来，坦然正视命运的安排。现在她经常把自己的快乐生活发朋友圈，他们俩的恩爱榜样也感染着其他残友，促成了一对残友的婚姻。。

（山西省文明办供稿）

隋信凤

坚强农妇不离不弃倾尽所有照顾瘫痪丈夫 13 年

孝老爱亲

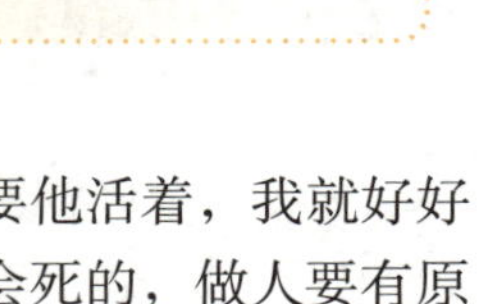

人物故事 THE STORY

隋信凤，女，1968 年生，黑龙江省齐齐哈尔市克山县克山镇城郊村村民。

1988 年，20 岁的隋信凤经人介绍认识了 23 岁老实肯干的于清江，两人相识相知相恋，不久就组建了自己的小家。日子虽过得清贫辛苦，但他们对未来美好的生活充满了希望，始终坚信只要不怕苦、不怕累，靠着自己勤劳的双手，日子总有一天会好起来。

2008 年，于清江在工地干活时不幸被掉落的楼板砸中，送往医院紧急救治后，头部以下彻底丧失知觉，高位截瘫，终日瘫痪在床。仅仅初步治疗，就已将家里的全部积蓄和受伤赔偿款全部花光。当时有很多人劝她改嫁，给孩子谋条出路。但她总是面带微笑，语气坚定地说：“不，老于是我的丈夫、孩子的爹，不论将来怎样，只要他活着，我就好好照顾他、陪着他，没有我，他会死的，做人要有原则底线。”

13 年间，隋信凤端水喂饭、按摩推拿、复位保健、擦拭身体、倒排泄物日复一日。仅翻身护理这一项，她每天就要重复 30 多次，晚上更是没睡过一个安稳觉。这些烦琐的照料工作让身材瘦小的隋信凤积劳成疾，患上了心脏病、颈椎病和脑梗死，但她却 13 年如一日，始终没有过一句怨言。

2021 年 4 月，老于带着对妻子的愧疚和感激永远地离开了人世，留给隋信凤的是无尽的思念和满满的回忆。

（黑龙江省文明办供稿）

沈志林

好弟弟43年如初 守护残障长兄一家平安

人物故事 THE STORY

沈志林，男，1957年生，浙江省嘉兴市海盐县望海街道永福社区居民。

沈志林待兄如父，打小就是自家残障哥哥的依靠，从照顾日常起居到操持家里家外，无不尽心尽力，陪伴哥哥经历了结婚、生子等人生大事。但由于遗传性的智力残障，侄女也患有智力残疾，这一噩耗击垮了沈志林的大嫂，在一个夜晚选择了轻生，虽被及时救下，但留下后遗症，无法正常工作和照顾孩子。沈志林只能一边照顾哥嫂，一边承担起了抚养侄女的重担，洗衣、喂饭、穿衣，将侄女视如己出。在沈志林的悉心呵护之下，侄女能够生活自理，也有了稳定的工作，还找了一位身心健康的丈夫，这让沈志林感到无比欣慰。

但天不遂人愿，侄女生下的侄孙也有智力残障这种疾病，而侄女婿又于2017年被查出肺癌晚期，不到半年便因医治无效而去世，大哥一家的重担又都压在了沈志林的身上。他继续为操持哥哥一家、照顾大侄孙而忙碌。因为智力问题，侄孙没有上学，长大后的他只能做一些简单的工作。沈志林多方联系跑动，才终于在海盐县望海街道新亚阳光庇护中心为侄孙找到一份可以自给自足的工作。因为担心侄孙上下班的安全问题，沈志林不厌其烦地每天陪着侄孙坐公交车上下班，一遍遍教他怎么自己坐公交车。

如今，他虽已过花甲之年，仍依旧雷打不动定时往哥哥家跑，悉心照料着哥哥一家，践行着自己对已故双亲的承诺。

（浙江省文明办供稿）

童乾娣

贤惠妻子用爱撑起一片天

人物故事 THE STORY

童乾娣，女，1970年生，福建省龙岩市武平县桃溪镇江坑村村民。

1993年，童乾娣与武平县桃溪镇江坑村村民兰洪养结为夫妻。婚后，两夫妻购买了一辆龙马小车跑运输，家庭虽然不算很富裕，但日子也过得有滋有味。

噩梦从2006年开始。2006年12月17日兰洪养在外出跑运输途中，因下雨路滑，车辆坠入深渊。经抢救，最终保住了性命，却成了下身重残，胸部以下都不能动弹。家里的“顶梁柱”倒了，主要收入来源中断，为给丈夫治疗家中债台高筑，家中还有3个正在读小学的孩子，整个家庭的重担一下全部压在了童乾娣一个人的肩上。

童乾娣不惧艰苦，15年来，每天坚持为丈夫穿衣、喂饭、喂水、端屎端尿。为维持生计，一边到田里做农活，一边照料丈夫，过度的劳累使她喘不过气来，沉重的负担压得她直不起腰。

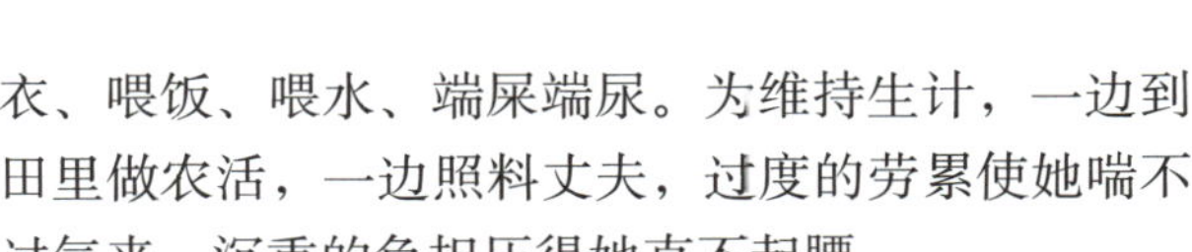

“身体的累是次要的，主要是心理负担重。”当初，她向亲朋好友借了10万元，有人担心她“只借不还”，童乾娣表态，“我一定会还清！”后来童乾娣通过帮人打工和饲养家禽攒钱，不仅还清了债务，还保证了丈夫的医疗费用及3个孩子的学习所需。

如今，童乾娣的孩子们已经长大成人，3个孩子先后被清华大学、闽南师范大学、广东省工业大学录取，家里生活条件有了一定的改善。

2014年8月，中央电视台经济频道专程来她家进行采访并用15分钟时间专题报道了她的事迹。

（福建省委文明办供稿）

唐玉香

孝媳 17 年不离不弃　独自撑起一个家

人物故事 THE STORY

唐玉香，女，1974 年生，山东省德州市武城县广运街道兴隆社区居民。

2006 年，唐玉香的丈夫在一次突发事故中不幸离世。突如其来的塌天大祸，让唐玉香痛不欲生，几乎哭干了一生的泪水。她看着年迈公婆痛苦无助的眼神，抚摸着腹中小脚乱蹬的孩子，毅然决定留下来照顾公婆、抚养孩子。为了一家人的生活，她一边种着农田，一边四处打工，什么脏活累活，什么苦活险活，只要能挣到钱，她都拼了命去干。

2014 年，唐玉香的婆婆被查出罹患淋巴癌晚期，有不少人劝她放弃婆婆的治疗，可她摇摇头说："他（丈夫）走了，俺就是老人的闺女，婆婆就是俺亲娘，怎么也不能眼看着老人活受罪。"婆婆患病期间，唐玉香喂水喂饭、洗衣做饭，几乎天天守在老人床前精心照顾，再苦再累毫无怨言，直到几个月后老人撒手人寰。

2020 年 7 月，唐玉香的公公因车祸导致脑干出血，躺在医院病床上昏迷不醒，尽管她天天守在医院里精心伺候着老人，可几个月过去了，老人依然没有好转的迹象。高昂的医药费，令这个贫困的家庭实在难以承受，唐玉香只好在几个老家叔伯和公公战友的帮助下，把公公接到家中照顾。唐玉香天天守在床前，精心照顾着昏迷不醒的老人。她为老人端屎端尿、洗衣做饭，一小勺一小勺地为老人喂饭，有时一顿饭就要喂两个多小时。就这样，公公昏迷了一年多，她就照顾了一年多，再苦再累，从没说过半句怨言。

（山东省文明办供稿）

马永恩

"00 后"男孩 14 年
无微不至照料截瘫父亲

人物故事 THE STORY

马永恩，男，2000 年生，河南省驻马店市平舆县老王岗乡人，黄河科技学院（济源校区）学生。

2007 年 9 月，马永恩的父亲马小全在广东顺德一家工厂打工时，突患急性脊柱炎，颈部以下失去知觉，生活不能自理，母亲因承受不了家庭压力而离家出走，年幼的马永恩独自撑起了这个家。

2020 年 10 月 9 日，黄河科技学院新生开学的第一天，马永恩拎着大包小包的行李，身后跟着坐在轮椅上的父亲。在人潮涌动的校门口，显得格外引人注目。

每天，马永恩除了上课和照顾父亲外，还在辅导员的帮助下勤工俭学，在食堂和图书馆做兼职。"每天早上四五点钟起床。"马永恩说，早上在食堂做完兼职后，再赶去上课，每天都很忙，但很充实。14 年来，无论春夏秋冬，马永恩每天都早早起床洗衣服、做饭，照顾父亲起床、吃药；中午的时候，他还经常用轮椅推着父亲到院子里晒太阳，呼吸新鲜空气，和父亲聊天；晚上，他还会为父亲按摩双腿。

"我觉得将来日子一定会越来越好。"对未来充满希望的马永恩说，他有个梦想，就是像电影《背起爸爸上学》里讲的那样，努力学习，好好生活。

（河南省文明办供稿）

闫瑞英

年复一年　不言放弃　无私呵护患病养子

人物故事 THE STORY

闫瑞英，女，1945年生，河南省濮阳市开发区幸福街道办事处王堌碾村村民。

闫瑞英35年前抱养了一名弃婴作为养子，孩子患有先天性软骨病和脑性瘫痪，从出生那天起便已丧失生活自理能力。闫瑞英家庭条件本就不好，丈夫也是疾病缠身，抱养患病养子后就更是雪上加霜。亲戚朋友都劝她放弃，可闫瑞英偏偏不听，把他当作亲生儿子对待，她用瘦弱的肩膀扛起照顾养子和家庭的重担，日复一日，年复一年，不言放弃。

在养子12岁那年，闫瑞英老两口带着他去北京看病，生活的重担虽然压得他们喘不过气来，但在一个多月的持续治疗过程中，儿子的懂事让他们舍不得放弃。乖巧懂事的孩子早已住进了闫瑞英心里，成为她的精神寄托，养子离不开她，她也割舍不下养子。无论日子多么艰辛困苦，她从没有放弃养子的念头，尽自己最大能力，到处奔波，求医问药，坚持为养子进行康复治疗。

时间一天天过去，养子在闫瑞英的呵护下慢慢长大，闫瑞英也在慢慢变老。养子越来越重，闫瑞英照顾他也感觉越来越吃力，生活的磨难曾让闫瑞英有过轻生的念头，可是每当看到轮椅上瘫痪养子那渴求母爱的眼神，闫瑞英就积极调整心态，凭着一股不向困难低头的韧劲坚强地撑下去。她用30多年的无私付出，诠释了一位母亲“为母则刚、大爱无疆”的精神。

（河南省文明办供稿）

邓利雄

柔弱女子挑起家庭重担　照料瘫痪丈夫23年

人物故事 THE STORY

邓利雄，女，1969年生，湖南省长沙市岳麓区嵇家山村村民。

1993年，24岁的邓利雄从湖南邵阳新邵县嫁到长沙嵇家山村，丈夫勤劳又老实，小两口有了孩子以后，工作有干劲，生活有奔头。1999年，丈夫李军强开着三轮车，不小心翻到路边水沟里，虽然保住了一条命，但因脊椎受伤，下半身瘫痪。

丈夫出院后，由于受伤过重，只能在床上静躺，不能坐轮椅，自己也不能翻身，大小便都在床上。她每天夜里都要为丈夫翻身、按摩三四次，瘦弱的她几个月几乎没睡过一个好觉，腰累得直不起来，这一坚持就是20多年。这些年来，在邓利雄的悉心照料下，李军强从没长过褥疮。

屋漏偏逢连夜雨。2013年起，邓利雄的公公婆婆又相继患脑卒中。面对3个瘫痪、重病的病人和1个孩子，邓利雄也曾感到无助，但擦干眼泪后，她依旧笑对生活，为家人撑起一片天。

20多年过去，她一一送走公婆。在邓利雄的精心照顾下，虽然家里有瘫痪在床的病人，但她家屋里屋外有条有理，房间一尘不染，李军强面色红润，下半身甚至能进行简单的移动了。“我一辈子都感激她。”李军强紧紧握住妻子的手。邓利雄轻轻擦掉眼角的泪，露出微笑：“一晃20多年，总算是熬了过来。”

（湖南省文明办供稿）

廖　红

小小“钢铁侠”日打三份工 养活残疾妈妈和姐姐

人物故事 THE STORY

廖红，男，1989年生，湖南省湘潭市湘乡市月山镇白龙村桥湾村民组村民。

廖红是一位身高不足80厘米的“小矮人”。一家五口人，母亲、大姐和他三人都是脆骨症患者（俗称“玻璃人”）。面对残酷的现实、困难的家境，廖红克服残疾带来的种种不便，勇担家庭重任，坚强乐观生活，用常人无法想象的顽强意志，靠着独自一人赴长沙擦鞋、卖水果等多份工作养活了母亲和大姐。

2020年，廖红母亲在摔了一跤之后，腿脚彻底不能动弹。因为担心家中的母亲和大姐，廖红将她们都接来了长沙就近照顾。廖红本就行动不便，加上生活不能自理的妈妈和姐姐，生活越发艰难，但他丝毫不觉得她们是累赘，反而觉得一家人住在一起，能互相照顾很幸福。

为了维持一家人的生计、赚钱给妈妈治病，廖红每天凌晨四五点就起床收拾准备出摊卖水果。卖完水果之后又骑着三轮车辗转水果市场去进货，为第二天的出摊做准备，一直要忙到天黑才能拖着一身疲惫赶回家。回到家还要帮助姐姐料理家务，帮助行动不便的母亲洗漱，待全部收拾妥当了之后他才能安心睡觉休息。

周围的邻居都夸廖红不容易、有孝心，他却总觉得“自己做得还不够，没能让妈妈和姐姐住到更舒适一点的房子，吃得更好一点”。

（湖南省文明办供稿）

郑秀英

领养女婴罹患重疾 好妈妈倾其所有为她托起希望人生

人物故事 THE STORY

郑秀英，女，1970年生，广东省韶关市武江区武江南社区居民。

郑秀英的爱人是一名孤儿，自幼靠吃“百家饭”长大，夫妻俩对社会心存感恩，一直希望通过领养弃婴的方式回报社会。2010年，郑秀英的亲生女儿大学毕业走上工作岗位后，郑秀英夫妇走进福利院领养了一名女婴，然而孩子在10个月大时被确诊患有B型重症地中海贫血。

虽然孩子和自己并无血缘关系，但郑秀英不顾亲朋好友的劝说，不离不弃带着孩子四处求医问药，依靠输血和打排铁针维持生命，等待合适时机进行干细胞移植手术。多年来，郑秀英夫妇始终视女孩如己出，每月带着女孩到广州、深圳等地的医院进行针对性治疗，风雨无阻，从未间断。

2018年，深圳市儿童医院传来了孩子可以进行干细胞移植手术的好消息，然而高昂的治疗费用让早已掏空积蓄的郑秀英一家陷入困境，在社会各界爱心人士的帮助下，女孩成功进行干细胞移植手术，逐渐恢复健康。

郑秀英夫妇不抛弃不放弃，用跨越血缘的大爱为女孩托起了希望人生，演绎了一段横亘于血缘之上的骨肉亲情。如今，郑秀英夫妇没有停止回报社会的脚步，发起成立韶关市地贫家长会，向市民宣传地贫知识，为地贫患儿家庭提供信息帮助，为更多地贫家庭带去希望。

（广东省文明办供稿）

李文英

17 年悉心照顾多病养父及年迈奶奶 用行动践行“孝善”美德

人物 THE STORY 故事

李文英，女，1988 年生，四川省自贡市富顺县板桥镇龙乘村村民。

1988 年，67 岁的杨乾芳老人收养了一名弃婴，取名李文英。因家里贫穷，当时年近 40 岁的儿子李元厚一直未婚，李文英便成了他唯一的女儿。

李文英读初中时，养父李元厚患上肺结核病，需长期吃药且不能正常劳动，家境每况愈下。初中毕业后，16 岁的李文英便主动承担起照顾养父和奶奶的责任。为尽快还清养父生病欠下的3万元债务，她辗转无锡、上海等地打工还清了债务。2014 年返乡和同龄的刘军监结婚。

2016 年，养父因车祸去世，原本患病的奶奶伤心欲绝致病情加重瘫痪在床，李文英承担起赡养老人的责任，一日三餐变着花样给奶奶做饭，无微不至地照顾奶奶的生活起居。2021 年，已满百岁的奶奶又双腿骨折，李文英给奶奶端屎端尿，从无怨言。奶奶耳背，说话要大声说几遍才能听不清，但李文英未急过眼；天气晴好时，李文英经常抱奶奶出去晒太阳；一有空就陪着奶奶拉家常。在李文英悉心照顾下，奶奶一直面色红润、衣着整洁。2018 年，夫妻俩创业搞家具维修，开起服务网店，李文英在家经营网店，方便照顾奶奶和儿子，丈夫则上门服务，诚信优质的服务深受好评，加之孝老之举得到了大家的关照，生意很快有了起色，闲余时还接些零活儿，收入增加不少。就这样日复一日，春去秋回，李文英用行动践行着“百善孝为先”的传统美德。

（四川省文明办供稿）

杨兴琴

好儿媳扛起生活重担 18 年 用爱心撑起多难家庭

人物 THE STORY 故事

杨兴琴，女，1975 年生，贵州省毕节市大方县鼎新乡新发村村民。

1998 年，杨兴琴与同组村民周安银结为伉俪。由于公婆体弱多病，小叔子患有智力障碍，生活不能自理，一家人的生计全靠丈夫担着。为了让丈夫安心挣钱养家，杨兴琴不仅伺候公公婆婆起居、照顾生活不能自理的小叔子，还独自承担家里的农活。天有不测风云。2003 年，丈夫周安银因意外去世，家里的顶梁柱轰然倒下，杨兴琴瞬间崩溃了。看着两个嗷嗷待哺的孩子，体弱多病的公公婆婆和智力障碍的小叔子，杨兴琴强忍泪水，振作起来。

杨兴琴起早贪黑操持着整个家，她的善良大义、勤劳肯干，深深打动了同组村民周安孟，愿意来到杨兴琴家，与她一起承担照顾前夫家人的重担。自此夫妻二人风雨同舟、齐心协力，共同撑起这个多难的家庭。

公婆年事已高，照顾小叔子的责任就落到杨兴琴一人肩上，像照顾自己的孩子一样照顾着小叔子。在家里，小叔子也最听嫂子杨兴琴的话，杨兴琴教他一些简单农活，他会很听话跟着她学，也会学得很起劲，平时像黏着母亲一样，总是黏着杨兴琴。

杨兴琴用大爱诠释长嫂如母的情怀，用朴实、善良与爱心感动着身边的每一个人，在当地被传为佳话。

（贵州省文明办供稿）

高德会

六旬老人三十余年照顾多位患病家人

人物 THE STORY 故事

高德会，男，1954年生，甘肃省酒泉市玉门下西号乡川北镇村村民。

1983年，80岁的奶奶病倒了，高德会看在眼里，急在心头。他搬到奶奶家，白天干农活，晚上照顾被病痛折磨的奶奶，几乎是夜夜不能寐。老人病重瘫在床上，生活不能自理，吃喝拉撒全由高德会照顾。高德会这一照顾就是11年，直到老人安详去世。

1996年，由于岳母常年卧床，生活不能自理，导致病情加重，双目失明，岳父和妻子也都患有重病无法照顾病人。高德会又担起了照顾岳母的重任，他白天种地放羊干农活，晚上为岳母洗衣做饭，打扫卫生，把家里收拾得干干净净。

高德会的妻子患有脊髓灰质炎，眼睛也有残疾，成家后，他就担起照顾妻子的重任。每天天没亮就起身，洗衣做饭，打扫卫生，然后又扛着锄头去地里干活。等妻子醒了，他又赶回家帮妻子穿衣、洗脸、喂饭，37年如一日。

岳母去世后的第二年，高德会岳父的糖尿病加重，严重时生活不能自理。高德会常常是伺候完妻子又接着伺候岳父。他患有高血压，几次干活时晕倒在地里，作为家里的顶梁柱，他自己不说更不让邻居告诉家人，就一个人这么扛着。

37年来，高德会精心照顾着家人，用一颗善良的心对待身边的每一个人，用自己的实际行动树立了孝老爱亲的好榜样。

（甘肃省文明办供稿）

李兴明

百善孝为先
淳朴农民义务赡养7位老人

孝老爱亲

人物 THE STORY 故事

李兴明，男，1955年生，中共党员，甘肃省白银市白银区水川镇均安村村民。

李兴明二叔二婶年轻时因病无法生育，父母便将年幼的李兴明过继给他们抚养。成年后的李兴明对于自己的身世，没有半句怨言，他在自己能力所及范围内让四位老人过上了安逸舒适的生活。虽然辛劳，但一家老小其乐融融、无限欢愉。可是好景不长，二叔患上了小脑萎缩症，不能下地，瘫痪在床。无数个日夜，李兴明始终如一照顾直到老人去世。

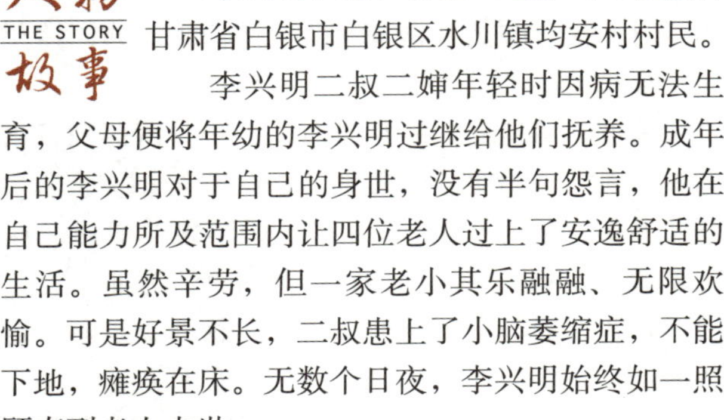

二叔去世没有几个年头，李兴明的母亲又患上了脑血栓，经过极力抢救，虽然摆脱了生命危险，但落得半身不遂，他不敢有丝毫的懈怠，母亲的病床前夜夜有他的身影。无论是患有小脑萎缩的二叔，还是生活不能自理的母亲，无论是失去老伴的二婶，还是年事已高的父亲，李兴明面对他们的暴躁呻吟、絮叨，他都面带笑容，耐心疏导。

天道无亲，常于善人。人们常说：“做一件好事容易，难的是做一辈子好事。”而李兴明却一件接一件、一桩接一桩不辞辛劳地做着好事。几十年来，除了李兴明父母、二叔二婶之外，他还把与自己几乎没有血缘关系的六叔六婶毅然接回了家中赡养，就这样六叔六婶在他们家一住就是十来年，如今八十多岁的六婶身体依然硬朗，六婶时常红着眼睛说她的命真好。

（甘肃省文明办供稿）

赵军平

庄稼汉一肩挑起两家庭 两姓更比一家亲

人物故事 THE STORY 赵军平，男，1973 年生，甘肃省庆阳市合水县店子乡双柳树村吕家堡子组村民。

赵军平原为合水县太莪乡人，自幼家境贫寒，2001 年与离异的贾巧会结婚，租住于店子乡店子村。结婚第二年便生育一子，虽然生活平淡，但一家三口其乐融融，生活幸福。

谁知妻子贾巧会的前夫吕兴玉突然精神失常，须常年住院治疗，留下其年迈的母亲张凤梅和年幼的儿子吕小波无人照料。赵军平思忖再三，对妻子说："把老人和娃娃都接过来吧，咱们养活。"可这一句承诺，让原本就不富裕的家庭生活更加艰难，但夫妻二人无怨无悔、患难与共，毅然决然地挑起了赡养老人和照顾孩子的重担。

可好景不长，张凤梅老人突然瘫痪，大小便失禁，不能言语。夫妻俩就轮流给老人喂饭、梳头洗脸、擦拭身体，从不嫌弃。也有乡邻半开玩笑地问赵军平到底图个啥，赵军平只是呵呵一笑，"应承了的事，那就得算数么！"直到 2021 年老人去世，赵军平坚持了 14 年。

赵军平用 20 年的时光照顾着没有血缘关系的老人和孩子，用自己并不宽厚的肩膀挑起了两个家庭的重担，用真情诠释着人间大爱，他的事迹不仅感染着周围的乡邻，也感染着每一个知道这个故事的人。

（甘肃省文明办供稿）

丁凤贤

孝顺儿媳独自赡养公婆 24 载传佳话

人物故事 THE STORY 丁凤贤，女，1963 年生，宁夏回族自治区石嘴山市平罗县黄渠桥镇通润村村民。

丁凤贤原本有个幸福家庭，善良的公婆、勤劳的丈夫、懂事的儿女，生活虽拮据，但夫妻相濡以沫，生活得幸福和谐。然而，一切都在 1997 年丈夫因车祸不幸离世的那一刻改变了。

家中没了顶梁柱，看着 10 岁的女儿和 3 岁的儿子以及年迈体弱多病的公婆，丁凤贤容不得自己悲伤太久，紧咬牙关迅速振作起来，扛起了三代人的家庭重担。白天下地干活，晚上做饭、做家务，辅导孩子功课，每天都要忙到很晚。有人好心劝她："孩子还小，不如改嫁吧。"可丁凤贤却一口回绝："我喊他们一天爸妈，那他们就是我一辈子的爸妈，我绝不离开他们。"

24 年间，她精心奉养公婆，把儿女抚养成人，在公公患病离世后全身心照顾婆婆。每天 6 点多准时起床为婆婆泡茶、做饭、洗脸、梳头，把婆婆安顿好了再下地干活。身患阿尔茨海默病的婆婆虽已 89 岁高龄，不记得很多事，却依然记得丁凤贤这个不是亲生女儿却胜似亲生女儿的好儿媳。

因婆婆有 60 多年的党龄，且生活困难，当地为照顾老人曾提出让老人免费入住养老院，却被丁凤贤婉言谢绝了："20 多年相依为命，我们早就分不开了，只要我活着一天就会悉心奉养婆婆。"她的事迹被口口相传，成为周边群众争相学习的榜样。

（宁夏回族自治区文明办供稿）

后 记

伟大时代呼唤伟大精神，崇高事业需要榜样引领。自2008年以来，中央精神文明建设办公室持续组织开展网上“我推荐我评议身边好人”活动，坚持弘扬和践行社会主义核心价值观，定期推评助人为乐、见义勇为、诚实守信、敬业奉献、孝老爱亲的身边好人入选“中国好人榜”，生动展示平凡英雄风采。多年来，活动充分利用互联网创新先进典型宣传，广泛发动群众，深入扎根基层，接地气、聚人气、有生气、树正气，产生了热烈社会反响和积极教育效果，成为网上网下互动、群众广泛参与的网络文明主题传播活动品牌。

2021年，经各地认真推荐、网友评议和专家评审把关等，共推选出1100余人（组）荣登“中国好人榜”。先后在浙江嘉兴、湖南长沙、河南开封、江西吉安、贵州遵义、广西百色、甘肃武威、重庆沙坪坝、四川达州、广东珠海、湖北武汉等地举办11场“中国好人榜”发布活动，深情讲述身边榜样的感人故事，大力弘扬主旋律、汇聚正能量、提振精气神，不断激发人民群众见贤思齐、崇德向善的精神追求。

本书按照“中国好人”上榜时间顺序，分类别编排，力求通过简洁生动的文字、图文并茂的形式，鲜活展现“中国好人”以及千千万万身边好人们的高尚精神品质和感恩奋进力量，引导人们争做崇高道德践行者、文明风尚维护者、美好生活创造者。

在本书编辑出版过程中，各省（区、市）和新疆生产建设兵团精神文明建设办公室负责同志认真审核把关，各地精神文明建设办公室、文明网的特约编辑和很多同志做了大量艰苦细致的工作。人民出版社对本书出版给予了大力支持。在此，一并表示衷心感谢。由于时间仓促及条件所限，书中难免有疏漏之处，敬请读者指正。

编　　者

2024 年 12 月